Kompendien
für Studium, Praxis und Fortbildung

Karl-Heinz Ruder | René Pöltl

Polizeirecht Baden-Württemberg

9. Auflage

Die Deutsche Nationalbibliothek verzeichnet diese Publikation in
der Deutschen Nationalbibliografie; detaillierte bibliografische
Daten sind im Internet über http://dnb.d-nb.de abrufbar.

ISBN 978-3-8487-4984-3 (Print)
ISBN 978-3-8452-9092-8 (ePDF)

9. Auflage 2021
© Nomos Verlagsgesellschaft, Baden-Baden 2021. Gesamtverantwortung für Druck und
Herstellung bei der Nomos Verlagsgesellschaft mbH & Co. KG. Alle Rechte, auch die des Nach-
drucks von Auszügen, der fotomechanischen Wiedergabe und der Übersetzung, vorbehalten.
Gedruckt auf alterungsbeständigem Papier.

Vorwort

Mit der nunmehr vorliegenden 9. Auflage ist die Autorenschaft für das bestens eingeführte und bewährte Kompendium zum Polizeirecht in alleiniger Verantwortung auf meine Person übergegangen. Ich danke Karl-Heinz Ruder, der über eine lange Zeitspanne verantwortlicher Autor dieses Standardwerks zum Polizeirecht war, und dem Verlag sehr herzlich, dass sie mir das entsprechende Vertrauen geschenkt haben. Ich werde versuchen, das Werk im Sinne von Karl-Heinz Ruder fortzuführen.

Die letzte Auflage des Kompendiums zum Polizeirecht ist vor sechs Jahren erschienen. Eine frühere Neuauflage war angedacht, hätte aber wenig Sinn gemacht, da der Landesgesetzgeber eine umfassende Änderung des PolG angekündigt hatte, um die Umsetzung der DSLR 2016/680 in das Polizeirecht des Landes zu gewährleisten. Es war abzusehen, dass dies zu größeren Ergänzungen und Änderungen des PolG führen würde. Durch Art. 1 des Gesetzes zur Umsetzung der Richtlinie (EU) 2016/680 für die Polizei in Baden-Württemberg und zur Änderung weiterer polizeilicher Vorschriften vom 6.10.2020 wurde eine vollständige Neufassung des PolG beschlossen, die für die Neuauflage umfassende Neubearbeitungen und Überarbeitungen erforderlich machte. Neben der Neufassung des PolG hatte es bereits zuvor eine intensive Tätigkeit des Landesgesetzgebers im Bereich des Polizeirechts gegeben. Daneben ergaben sich aber auch vielfache Änderungen aus Rechtsprechung, Literatur und der Gesetzgebung des Bundes und der EU. Im Einzelnen waren vor allem zu berücksichtigen:

- Das Gesetz zur Änderung des Polizeigesetzes vom 28.11.2017 (Terrorismusbekämpfung), das Gesetz zur Abwehr alkoholbedingter Störungen der öffentlichen Sicherheit vom 28.11.2017 (Polizeiverordnung zum Alkoholkonsumverbot) und das Gesetz zur Umsetzung der Polizeistruktur 2020 vom 26.3.2019 (Überarbeitung der Polizeireform).
- Darüber hinaus ergaben sich umfassende Änderungen des Kompendiums durch die DSGVO, die DSRL 2016/680 und die neuen Datenschutzgesetze des Bundes und des Landes BW.
- Weitere Änderungen und Ergänzungen des Kompendiums folgten aus dem EU-Recht (Überführung von vertraglichen Vereinbarungen in das geschriebene Recht der EU, Etablierung einer Europäischen Staatsanwaltschaft), aus der Neufassung des BKAG, aus dem Erlass des Landesinformationsfreiheitsgesetzes, aus der Diskussion über den Reformbedarf des PolG, aus der weitergehenden Etablierung einer „drohenden Gefahr", aus der zunehmenden Forderung nach einer Kennzeichnungspflicht von Polizeivollzugsbeamten, aus der Öffentlichkeitsarbeit der Polizei im Internet, aus der Rechtsprechung des BVerfG zum Datenschutzrecht (BKAG-Urteil, BNDG-Urteil, Urteil „Bestandsdatenauskunft II", Urteil „Antiterrordateigesetz II", Beschluss „elektronische Fußfessel") und zur Zulässigkeit der Sterbehilfe, aus der neuen Rechtsprechung des BGH zur Doppelfunktionalität der polizeilichen Tätigkeit, aus den Ergänzungen des StGB zum Schutz von Rettungskräften, aus der Diskussion über die Kostenerstattung der Polizei wegen Einsätzen bei Spielen des Profifußballs (Land Bremen), aus den rechtsextremistischen Straftaten des „Nationalsozialistischen Untergrunds" (NSU), der Ermordung des Kasseler Regierungspräsidenten Dr. Walter Lübcke und dem Attentat auf die jüdische Synagoge in Halle, aus den besonderen Anforderungen der Terrorismusbekämpfung (Attentat am Berlin-Charlottenburger Breitscheidplatz), aus der sog. „Stuttgarter Randale-Nacht", aus der Diskussion über Rassismus und rechte Tendenzen in der Polizei und aus dem Verbot sog. Reichskriegsflaggen.

- Die Auswirkungen der globalen Corona-Pandemie und ihre Bewältigung mittels auf der Grundlage des IfSG durch die Polizeibehörden erlassener und durchgesetzter Maßnahmen.
- Schließlich erforderte die Neufassung des PolG durch das Gesetz zur Umsetzung der Richtlinie (EU) 2016/680 für die Polizei in Baden-Württemberg und zur Änderung weiterer polizeilicher Vorschriften vom 6.10.2020 eine umfassende Überarbeitung und Neubearbeitung des Kompendiums. Vor allem die Umsetzung des EU-Datenschutzrechts wurde vollständig in das Kompendium eingearbeitet und machte eine weitgehende Neubearbeitung des § 10 zum Datenschutzrecht notwendig.

Die Überarbeitung des Kompendiums befindet sich insgesamt auf aktuellem Stand. Literatur und Rechtsprechung wurden durchgängig bis Januar 2021 berücksichtigt, soweit möglich auch darüber hinaus. Zur besseren Übersichtlichkeit wurden ab dieser Neuauflage die Randnummern auf die einzelnen Kapitel umgestellt und ein Abkürzungsverzeichnis eingeführt.

Wegen der umfassenden Erweiterungen des PolG mit der Neufassung 2020 hat der Umfang des Kompendiums zugenommen. Es war Verlag und Autor wichtig, dass die Leser*innen weiterhin in der Lage sein werden, sich im Polizeirecht Baden-Württemberg mit allen für Ausbildung und Praxis wichtigen Themen grundlegend vertraut zu machen, das gilt auch für den besonders umfassenden und komplexen Bereich des neuen Datenschutzrechts für die Polizei, der nunmehr gut die Hälfte des PolG BW umfasst und der in § 10 und teilweise auch in § 11 des Kompendiums dargestellt ist. Teile der Neubearbeitung, die über den Kernbereich des Polizeirechts hinausgehen oder nicht zwingend Teil des gedruckten Buchs sein müssen, werden den Nutzer*innen ab dieser Neuauflage ergänzend zum Buch online angeboten, darunter auch ein umfassendes Abkürzungs- und Literaturverzeichnis.

Ich danke meiner langjährigen Assistentin Sabrina Cass, die mir seit vielen Jahren beruflich souverän zur Seite steht, für ihre vielfache Unterstützung. Danken möchte ich auch meinem Lektor beim Nomos-Verlag Dr. Peter Schmidt für die vertrauensvolle und kompetente Begleitung der Neuauflage. Mein ganz besonderer Dank gilt meiner Familie – meiner Ehefrau Stefanie Braner-Pöltl und meinen Kindern Dominic und Amélie –, die mich trotz der intensiven zusätzlichen Arbeit an diesem Buch, die letztlich zulasten der Familie ging, mit großem Verständnis begleitet hat.

Ich hoffe, dass die Neuauflage auf positives Interesse bei der Leserschaft stößt. Wie immer habe ich versucht, mit größtmöglicher Sorgfalt zu arbeiten. Dennoch können sich an der einen oder anderen Stelle Fehler eingeschlichen haben. Ich freue mich daher über alle Hinweise aus der Leserschaft, die zur weiteren Verbesserung des Kompendiums führen können. Hinweise können mir jederzeit unter der E-Mail-Adresse „info@polizeirecht-bw.de" gegeben werden. Für die 9. Auflage danke ich Herrn Ropertz, Stuttgart, für seine guten Hinweise.

Schwetzingen im Februar 2021 René Pöltl

Inhaltsverzeichnis

§ 1 Entwicklung des Polizeirechts	15
I. Entwicklung des Polizeibegriffs	15
1. Der Polizeibegriff bis 1945	15
2. Die Entwicklung der Polizei nach 1945	18
3. Die Entwicklung in Baden-Württemberg	28
II. Europäische Zusammenarbeit	35
1. Grundlagen der polizeilichen Kooperation	35
2. Sicherheitsbehörden auf EU-Ebene	39
3. Sonstige Arten der Zusammenarbeit	45
III. Entwicklung und Reformbedarf des PolG BW	47
1. Entwicklung des PolG BW	47
2. Reformbedürftigkeit des PolG BW	48
§ 2: Gesetzgebungsbefugnisse auf dem Gebiet des Polizei- und Ordnungsrechts	51
I. Gesetzgebungsbefugnis der Länder	51
II. Gesetzgebungsbefugnis des Bundes	52
1. Geschriebene Zuständigkeiten	52
2. Zuständigkeiten kraft Sachzusammenhangs	53
3. Verwaltungskompetenzen im Bereich des Polizei- und Ordnungsrechts	54
III. Musterentwurf eines einheitlichen Polizeigesetzes des Bundes und der Länder	54
§ 3: Die Organisation der Polizei	57
I. Organisation der Polizeibehörden	57
1. Allgemeines	57
2. Allgemeine Polizeibehörden	60
3. Zuständigkeiten	61
4. Besondere Polizeibehörden	62
5. Dienst- und Fachaufsicht	63
6. Weisungsrecht und Unterrichtungspflicht	65
II. Organisation des Polizeivollzugsdienstes	66
1. Der Aufbau des Polizeivollzugsdienstes	66
2. Aufsicht und Kontrolle	69
3. Kennzeichnungspflicht der Polizeivollzugsbeamten	71
III. Aufgabenverteilung zwischen Polizeibehörden und Polizeivollzugsdienst	72
1. Grundsätzliches Verhältnis Polizeibehörden – Polizeivollzugsdienst	72
2. Sachliche Zuständigkeit des Polizeivollzugsdienstes	73
3. Wahrnehmung vollzugspolizeilicher Aufgaben durch das Innenministerium	76
IV. Wahrnehmung polizeilicher Aufgaben durch gemeindliche Vollzugsbedienstete	77
1. Allgemeines	77
2. Aufgaben und Befugnisse	77
V. Freiwilliger Polizeidienst	79
1. Allgemeines	79

	2. Aufgaben und Befugnisse	79
VI.	Wahrnehmung polizeilicher Aufgaben durch Beliehene	79
VII.	Private Sicherheitsdienste	80
	1. Allgemeines	80
	2. Grenzen der Privatisierung	81
	3. Gewerberechtliche Erlaubnispflicht	82
VIII.	Subsidiäre Zuständigkeiten der Polizei	83
	1. Tätigwerden für andere Stellen gem. § 2 Abs. 1 PolG	83
	2. Schutz privater Rechte gem. § 2 Abs. 2 PolG	84
IX.	Zuständigkeit gegenüber anderen Hoheitsträgern	89
	1. Materielle Polizeipflicht der Träger öffentlicher Gewalt	89
	2. Grundsatz: Keine Anordnungs- und Vollstreckungsbefugnisse	89
	3. Ausnahmen	89
X.	Örtliche Zuständigkeiten	90
	1. Polizeibehörden	90
	2. Polizeivollzugsdienst	91
XI.	Amtshandlungen „fremder" Polizei- und Vollzugsbeamter im Zuständigkeitsbereich des Landes	92
	1. Allgemeines und Gesetzeszweck	92
	2. Amtshandlungen von Polizeibeamten anderer Bundesländer	92
	3. Amtshandlungen von Polizeibeamten des Bundes	93
	4. Amtshandlungen von ausländischen Vollzugsbeamten	93
XII.	Amtshandlungen außerhalb des Zuständigkeitsbereichs des Landes BW	93

§ 4: Die Aufgaben der Polizei 95
    I. Präventive und repressive Aufgaben 95
        1. Gefahrenabwehr 95
        2. Erweiterung der Aufgaben durch sog. Vorfeldtätigkeiten 95
        3. Öffentlichkeitsarbeit in sozialen Netzwerken 98
    II. Übertragene Aufgaben 100
        1. Verfolgung von Straftaten und Ordnungswidrigkeiten 100
        2. Weitere übertragene Aufgaben 100
    III. Zuweisung der Aufgabe der Gefahrenabwehr 100
        1. Unterscheidung zwischen Aufgaben und Befugnissen 100
        2. § 1 Abs. 1 PolG als Zuweisungsnorm 101
        3. Befugnisse im Gefahrenvorfeld 101
        4. Spezialfall öffentliche Warnung 101
    IV. Grundsätze für die Feststellung einer Polizeigefahr 102
        1. Begriff der Gefahr 102
        2. Einzelne Gefahrenbegriffe 106
        3. Gefahrenverdacht und Gefahrerforschung 112
        4. Das Schutzgut der öffentlichen Sicherheit 114
        5. Das Schutzgut der öffentlichen Ordnung 122
        6. Die Störung der öffentlichen Sicherheit und Ordnung 125
        7. Öffentliches Interesse 125

§ 5: Der Adressat der polizeilichen Maßnahme 127
    I. Polizeipflicht 127
    II. Theorie der unmittelbaren Verursachung 128
        1. Ursachenzusammenhang 128
        2. Theorie der unmittelbaren Verursachung 129
        3. Der Zweckveranlasser 129

III. Der Handlungsstörer	131
1. Allgemeines	131
2. Verantwortlichkeit für eigenes Verhalten (§ 6 Abs. 1 PolG)	132
3. Verantwortlichkeit für fremdes Verhalten (§ 6 Abs. 2 und 3 PolG)	133
IV. Der Zustandsstörer	135
1. Allgemeines	135
2. Verantwortlichkeit des Eigentümers	136
3. Verantwortlichkeit des Inhabers der tatsächlichen Gewalt	138
V. Rechtsnachfolge in die Polizeipflicht	139
1. Allgemeines	139
2. Rechtsnachfolge in die durch Polizeiverfügung konkretisierte Polizeipflicht	139
3. Rechtsnachfolge in die kraft Gesetzes abstrakt bestehende Polizeipflicht	141
VI. Verjährung der Polizeipflicht	142
VII. Auswahl unter mehreren Verantwortlichen	143
1. Allgemeines	143
2. Auswahl des Polizeipflichtigen zur Gefahrenabwehr	144
3. Störerauswahl auf Kostenebene	145
VIII. Die Inanspruchnahme Nichtverantwortlicher	147
1. Allgemeines	147
2. Die Tatbestandsvoraussetzungen des § 9 PolG	148
3. Anspruch auf Entschädigung	151
§ 6: Die Polizeiverfügung	**152**
I. Begriffe, Rechtscharakter	152
1. Verwaltungsakt der Polizei	152
2. Abgrenzung zum Realakt	153
3. Grundvoraussetzung: Vorliegen einer konkreten Gefahr	153
II. Ermächtigungsgrundlage	156
1. Allgemeines	156
2. Grundsatz des Gesetzesvorbehalts	156
3. Spezialermächtigungen	156
4. Die Generalklausel	161
III. Formelle Rechtmäßigkeitsvoraussetzungen	163
1. Zuständigkeiten	163
2. Formvorschriften	163
3. Verfahrensvorschriften	164
IV. Bestimmung des Adressaten	166
V. Ermessen	166
1. Allgemeines	166
2. Pflichtgemäße Ermessensausübung	167
3. Ermessensreduzierung und Anspruch auf Einschreiten	167
VI. Grundsatz der Verhältnismäßigkeit	168
VII. Bestimmtheitsgrundsatz	169
VIII. Bekanntgabe	170
IX. Förmliche Rechtsbehelfe	171
1. Rechtsbehelfsbelehrung	171
2. Widerspruch	172
3. Anfechtungsklage	172
X. Vollstreckung	173
XI. Im Besonderen: Die polizeiliche Unterbringung von Obdachlosen	174
1. Gesellschaftliche Tragweite	174

2. Die unfreiwillige Obdachlosigkeit als Störung der öffentlichen Sicherheit — 174
3. Die Zuständigkeit der Ortspolizeibehörde — 176
4. Vorrang der Selbsthilfe — 177
5. Anspruch auf Einweisung — 177
6. Anschlussunterbringung von Flüchtlingen — 178
7. Mindestanforderungen an eine menschenwürdige Unterkunft — 179
8. Abgrenzung zum Sozialrecht — 180
9. Maßnahmen der Ortspolizeibehörde — 181

§ 7: **Der Realakt** — 185
  I. Begriff — 185
    1. Allgemeines — 185
    2. Beispiele für Realakte der Polizei — 185
    3. Gefährderansprache — 186
    4. Abgrenzung zum Verwaltungsakt — 187
  II. Rechtmäßigkeitsanforderungen — 187
  III. Rechtsschutz — 188

§ 8: **Die unmittelbare Ausführung** — 191
  I. Begriff — 191
  II. Rechtscharakter — 191
  III. Rechtmäßigkeitsvoraussetzungen — 192
    1. Fiktive Grundverfügung — 192
    2. Zusätzliche Voraussetzungen des § 8 Abs. 1 S. 1 PolG — 193
  IV. Abgrenzung zu Vollstreckungsmaßnahmen — 194
  V. Selbst- und Fremdvornahme — 195
  VI. Kostenersatz — 195
  VII. Rechtsschutz — 195
  VIII. Im Besonderen: Abschleppmaßnahmen — 196
    1. Eingriffsermächtigungen — 196
    2. Zuwiderhandlungen gegen Verkehrszeichen und -einrichtungen — 196
    3. Abschleppen im Wege der unmittelbaren Ausführung — 198
    4. Sicherstellung gem. § 37 Abs. 1 PolG — 199
    5. Beschlagnahme gem. § 38 Abs. 1 PolG — 199
    6. Verhältnismäßigkeit — 199

§ 9: **Die Polizeiverordnung** — 202
  I. Begriff und Bedeutung — 202
    1. Allgemeines — 202
    2. Abgrenzung zum Verwaltungsakt — 202
    3. Abgrenzung zu Benutzungsordnungen — 203
  II. Rechtmäßigkeitsvoraussetzungen — 204
    1. Materielle Rechtmäßigkeit — 205
    2. Formelle Rechtmäßigkeit — 224
  III. Prüfung durch die Aufsichtsbehörde und Weisungsrecht — 230
  IV. Aufhebung oder Änderung — 230
  V. Bußgeldbewehrung — 231
  VI. Einziehung von Gegenständen (§ 26 Abs. 3 PolG) — 232
  VII. Rechtsfolgen bei Verstößen — 232
  VIII. Förmliche Rechtsbehelfe — 232
    1. Normenkontrollverfahren gem. § 47 VwGO — 232
    2. Inzidente Normenkontrolle — 233

Inhaltsverzeichnis

    3. Verfassungsbeschwerde   233

§ 10: Verarbeitung von Daten   235
    I. Grundlagen des Datenschutzrechts   235
        1. Allgemeines   235
        2. Recht auf informationelle Selbstbestimmung / Schutz des Kernbereichs privater Lebensgestaltung   235
        3. Schutz des Kernbereichs privater Lebensgestaltung   239
    II. Rechtsgrundlagen des Datenschutzes   242
        1. EU Datenschutz-Grundverordnung   242
        2. EU-Datenschutz-Richtlinie 2016/680 Polizei/Justiz   244
        3. Datenschutzrecht des Bundes   247
        4. Datenschutzrecht BW   255
    III. Grundsystematik im Datenschutzrecht (Gesamtüberblick)   261
        1. DSGVO und nationales Recht   262
        2. DSLR 2016/680 und nationales Recht (PolG BW)   262
        3. Datenschutzgesetze und spezielle Datenschutzregelungen   263
        4. Zusammenwirken der Datenschutzregelungen   263
        5. Vorgehensweise im Datenschutz   264
    IV. Grundlagen des Datenschutzrechts nach dem PolG 2020   265
        1. Allgemeines   265
        2. Grundlegende Inhalte des PolG 2020 zum Datenschutz   269
        3. Grundlegende Systematik des PolG 2020 zum Datenschutz   269
    V. Allgemeine Datenschutznormen (§§ 11 bis 16 PolG)   270
        1. Allgemeines   270
        2. Anwendungsbereich (§ 11 PolG)   271
        3. Begriffsbestimmungen (§ 12 PolG)   274
        4. Allgemeine Grundsätze (§ 13 PolG)   276
        5. Allgemeine Regeln für die Datenerhebung (§ 14 PolG)   284
        6. Allgemeine Regeln für die weitere Datenverarbeitung (§ 15 PolG)   287
        7. Allgemeine Regeln für Datenübermittelung (§ 16 PolG)   302
    VI. Datenverarbeitung bei polizeilichen Einzelmaßnahmen / verdeckte Ermittlungsbefugnisse / weitere Datenverarbeitung / Datenübermittlung (§§ 42 bis 62 PolG)   306
        1. Allgemeines   306
        2. Einwilligung in Datenverarbeitung (§ 42 PolG)   307
        3. Befragung und Datenerhebung (§ 43 PolG)   318
        4. Offener Einsatz technischer Mittel zur Bild- und Tonaufzeichnung (§ 44 PolG)   324
        5. Aufzeichnung eingehender Telefonanrufe (§ 45 PolG)   348
        6. Projektbezogene gemeinsame Dateien mit dem Landesamt für Verfassungsschutz (§ 46 PolG)   353
        7. Datenabgleich (§ 47 PolG)   356
        8. Rasterfahndung (§ 48 PolG)   358
        9. Besondere Mittel der Datenerhebung (§ 49 PolG)   365
        10. Datenerhebung in oder aus Wohnungen (§ 50 PolG)   384
        11. Einsatz automatischer Kennzeichensysteme (§ 51 PolG)   393
        12. Telekommunikationsdaten (§§ 52 bis 55 PolG)   401
        13. Ausschreibung von Personen und Fahrzeugen (§ 56 PolG)   429

§ 11: Polizeiliche Einzelmaßnahmen – Spezialermächtigungen   434
    I. Allgemeines   434
        1. Verhältnis zur Generalermächtigung der §§ 1, 3 PolG   434

2. Verhältnis zu anderen Spezialvorschriften außerhalb des PolG	435
3. Rechtscharakter	435
4. Zuständigkeit	436
II. Einzelmaßnahmen	437
1. Personenfeststellung (§ 27 PolG)	437
2. Vorladung (§ 28 PolG)	454
3. Gefährderansprache und -anschreiben, Gefährdetenansprache (§ 29 PolG)	456
4. Platzverweis, Aufenthaltsverbot, Wohnungsverweis, Rückkehrverbot und Annäherungsverbot (§ 30 PolG)	465
5. Aufenthaltsvorgabe und Kontaktverbot (§ 31 PolG)	474
6. Elektronische Aufenthaltsüberwachung (§ 32 PolG)	483
7. Gewahrsam (§ 33 PolG)	497
8. Durchsuchung von Personen (§ 34 PolG)	509
9. Durchsuchung von Sachen (§ 35 PolG)	517
10. Betreten und Durchsuchung von Wohnungen (§ 36 PolG)	524
11. Sicherstellung (§ 37 PolG)	531
12. Beschlagnahme (§ 38 PolG)	534
13. Einziehung (§ 39 PolG)	544
14. Vernehmung (§ 40 PolG)	547
15. Erkennungsdienstliche Maßnahmen (§ 41 PolG)	548
§ 12: Polizeizwang	**554**
I. Allgemeines	554
II. Zwangsmittel	555
1. Allgemeines	555
2. Zwangsgeld	556
3. Zwangshaft	557
4. Ersatzvornahme	557
5. Unmittelbarer Zwang	558
III. Vorliegen eines vollstreckbaren Verwaltungsakts	558
1. Vollstreckungsfähiger Verwaltungsakt	558
2. Vollstreckbarer Verwaltungsakt	559
IV. Vollstreckungsverfahren	564
1. Allgemeines	564
2. Androhung	565
3. Festsetzung	566
4. Anwendung	566
5. Adressat der Vollstreckung	567
6. Vollstreckungsbehörde	568
7. Auswahl des Zwangsmittels	569
8. Einstellung der Vollstreckung	569
V. Unmittelbarer Zwang	570
1. Begriffe und Mittel	570
2. Durchführung und Begrenzungen	572
3. Schusswaffengebrauch	574
4. Notrechtsvorbehalt	579
5. Gebrauch von Explosivmitteln (§ 69 PolG)	580
VI. Rechtsschutz	583
1. Rechtsschutz gegen Vollstreckungsmaßnahmen im Bereich der Gefahrenabwehr	583
2. Rechtsschutz gegen Vollstreckungsmaßnahmen im Straf- und Ordnungswidrigkeitenverfahren	584

Inhaltsverzeichnis

§ 13: Die Polizei im Straf- und Ordnungswidrigkeitenverfahren	585
I. Die Polizei im Strafverfahren	585
1. Aufgabenübertragung durch die Strafprozessordnung	585
2. Aufgaben der Polizei im Strafverfahren	585
3. Eingriffsermächtigungen und Befugnisse	587
4. Abgrenzungsprobleme	588
II. Die Polizei im Ordnungswidrigkeitenverfahren	592
§ 14: Entschädigungs- und Ausgleichsansprüche für polizeiliche Maßnahmen	593
I. Allgemeines	593
II. Entschädigung bei rechtmäßigen Maßnahmen	593
1. Ansprüche des Störers	593
2. Ansprüche des Nichtstörers gem. § 100 PolG	594
3. Ansprüche des Anscheinsstörers gem. § 100 Abs. 1 PolG analog	595
4. Ansprüche unbeteiligter Dritter	597
5. Ansprüche freiwilliger Helfer	597
6. Anspruch aus enteignungsgleichem Eingriff und Aufopferungsanspruch	598
III. Entschädigung bei rechtswidrigen Maßnahmen	598
1. Ansprüche wegen schuldhaft rechtswidriger Maßnahmen	598
2. Ansprüche des rechtswidrig in Anspruch genommenen Nichtstörers	600
§ 15: Kosten der Polizei	601
I. Allgemeines	601
II. Kosten und Kostenträgerschaft	601
1. Kosten	601
2. Kostenträger	602
III. Polizeikostenersatz von Dritten	603
1. Einführung in die Problematik	603
2. Erfordernis einer Ermächtigungsgrundlage	604
3. Festsetzung durch Kostenbescheid	604
4. Einzelne Kostenerstattungsansprüche	606
5. Kostenersatz für öffentliche Leistungen nach dem Landesgebührengesetz	610
6. Im Besonderen: Gebührenerhebung bei missbräuchlicher Veranlassung von Polizeieinsätzen (Nr. 15.8 GebVerz)	612
7. Zurückhaltungsbefugnis	613
8. Kostenersatz bei privaten Großveranstaltungen und Demonstrationen	613
Sachregister	621

ACHTUNG:
- Verzeichnis der Schaubilder,
- Verzeichnis weiterer Literatur,
- den Rest von Kapitel 10 sowie
- Kapitel 16

finden Sie unter: www.polizeirecht-bw.nomos.de

§ 1 Entwicklung des Polizeirechts

I. Entwicklung des Polizeibegriffs
1. Der Polizeibegriff bis 1945
a) Der Ursprung des Polizeibegriffs

Das Wort „Polizei" stammt aus dem Griechischen: **„politeia"** und bedeutete ursprünglich so viel wie „Verfassung des Staates", „Zusammenwirken der Staatsorgane" oder „Zusammenspiel der Staatsfunktionen". Im alten Rom wurde unter **„politia"** die republikanische Verfassung und die sie tragende allgemeine Verwaltungstätigkeit verstanden.[1]

1

b) Der Polizeibegriff in Deutschland

In Deutschland taucht das Wort **„Polizey"** erstmals im 15. Jahrhundert auf und bezeichnet dort einen **„Zustand guter Ordnung des Gemeinwesens"**.[2] Eine Gliederung der Staatstätigkeit hatte noch nicht stattgefunden, das Wort „Polizey" umfasste die gesamte staatliche Verwaltung. Dieser Begriff der Polizei lag den Reichspolizeiverordnungen von 1530, 1548 und 1577 sowie den Landespolizeiordnungen zugrunde. Im Laufe der weiteren Entwicklung wurden aus dem Polizeibegriff die auswärtigen Angelegenheiten, das Finanz- und Heerwesen sowie die Justiz ausgegliedert.[3]

2

In der Zeit des **Absolutismus** wurde die Polizei zum Verwaltungsinstrument des Staatsoberhauptes, das an rechtliche Schranken praktisch nicht mehr gebunden war. Der Landesherr konnte die **„Wohlfahrt"** seiner Bürger bis in alle Einzelheiten regeln: „Die Policeywissenschaft aber lehret, wie das innerliche und äußerliche Wesen eines Staates in guter Verfassung, zu eines jeden und zur allgemeinen Glückseligkeit zu erhalten sey. Das innerliche Wesen eines Staates begreift in sich die Menge der Einwohner, derselben christliches, tugendhaftes Leben und Wandeln, Gesundheit, Politesse, Nahrung und Reichtum; das äußerliche aber besteht in guter Ordnung der Personen und Sachen, wie auch Zierlichkeit des Landes".[4] Die Polizeigewalt wurde zum juristischen Inbegriff der absoluten Herrschaft.[5]

3

In der Geschichte der Verwaltung wird der absolute Staat auch als **Polizeistaat** bezeichnet. Gegen diese umfassende Zuständigkeit der Polizei wandte sich die **Philosophie der Aufklärung**.[6] Im Jahr 1770 forderte der Göttinger Staatsrechtsprofessor Johann Stephan Pütter: „Aufgabe der Polizei ist die Sorge für die Abwendung bevorstehender Gefahren; die Wohlfahrt zu fördern ist nicht eigentlich Aufgabe der Polizei" (Institutiones juris publici Germanici, 1770, 6. Auflage 1802, Cap. III § 331).[7] Die Ausgrenzung der Wohlfahrt aus dem Begriff der Polizei konnte sich jedoch in der Folgezeit nicht durchsetzen. Zwar ist im **Preußischen Allgemeinen Landrecht** (PrALR) vom 1.6.1794 in § 10 Teil II, Titel 17, ausgeführt: „Die nöthigen Anstalten zur Erhaltung der öffentlichen Ruhe, Sicherheit und Ordnung und zur Abwendung der dem Publiko, oder einzelnen Mitgliedern desselben bevorstehenden Gefahr zu treffen, ist das Amt der Polizey".[8]

4

Wie sich aus der Stellung dieser Vorschrift im Gesetzestitel „Von der Gerichtsbarkeit" ergibt, sollte damit aber keine Ausgrenzung der „Wohlfahrtspolizei" vorgenommen wer-

5

---

1 Vgl. dazu auch Drews/Wacke/Vogel/Martens, Gefahrenabwehr, § 1 Nr. 2 (S. 2).
2 Götz/Geis, Allgemeines Polizei- und Ordnungsrecht, § 1 Rn 2.
3 Stolleis, in: Lisken/Denninger, Handbuch des Polizeirechts, Kap. A Rn 5 a.
4 Justus Christoph Dithmar, Einleitung in die ökonomischen Policey- und Cameral-Wissenschaften, 1. Auflage 1731, Abt. IV § 4, zitiert nach Lohse/Heinrich.
5 Kingreen/Poscher, Polizei- und Ordnungsrecht, § 1 Rn 4; Möstl, in: Möstl/Trurnit, Polizeirecht BW, Rn 55.
6 Götz/Geis, Allgemeines Polizei- und Ordnungsrecht, § 1 Rn 6.
7 Schenke, Polizei- und Ordnungsrecht, § 1 Rn 3.
8 Zitiert nach Pappermann, S. 166.

den, sondern lediglich die Abgrenzung der polizeilichen von der ordentlichen Gerichtsbarkeit.[9] Auch die preußische „Verordnung wegen verbesserter Einrichtung der Provinzial-Polizei- und Finanzbehörden" aus dem Jahr 1808 ging ebenso wie das **preußische Gesetz über die Polizeiverwaltung vom 11.3.1850** von einer „fast unbegrenzten" Polizeigewalt aus: „Sie fängt da an, wo die Rechtspflege, die Finanz- u. Kriegsverwaltung aufhört und umgekehrt. Was Staatsgesetze und höhere Verordnungen ungeregelt gelassen haben, muss, wenn es im örtlichen Interesse ist, polizeilich geregelt werden".[10]

6 Erst mit der Durchsetzung des liberalen bürgerlichen Rechtsstaates im **19. Jahrhundert** kam es auch zu einer **Begrenzung des Polizeibegriffs**.[11] Die **süddeutschen Staaten** erließen **Polizeistrafgesetzbücher** (wüPolStGB von 1839/1871, hessPolStGB von 1847, bayPolStGB von 1861/1871 und badPolStGB von 1863/1871). Diese Polizeistrafgesetzbücher enthielten zum einen Ermächtigungen zum Erlass von Polizeiverordnungen, zum anderen spezielle Verbotstatbestände mit Strafandrohungen. In **Württemberg** wurden – soweit nicht spezielle Verbotstatbestände vorhanden waren – polizeiliche Einzelmaßnahmen auf den gewohnheitsrechtlich geltenden materiellen Polizeibegriff gestützt. Der besagte, „dass den Polizeibehörden als Ausfluss der in der allgemeinen Staatsgewalt enthaltenen Polizeigewalt das Recht zusteht, in dem ihrer Fürsorge anvertrauten Bereich der öffentlichen Verwaltung und innerhalb ihrer gesetzlichen Grenzen die unumgängliche Ordnung im Gemeinwesen entsprechend den Bedürfnissen der Bevölkerung gegen drohende Gefahren zu schützen und hierbei die persönliche Handlungsfreiheit des Einzelnen entsprechend zu beschränken".[12] Demgegenüber enthielt das **badische PolStGB** vom 30.10.1863 in § 30 eine Generalermächtigung für die Beseitigung aller rechts- und ordnungswidrigen Zustände: „Neben den Bestimmungen des gegenwärtigen Gesetzbuches bleibt den Polizeibehörden die Befugnis vorbehalten, auch unabhängig von der strafrechtlichen Verfolgung rechts- und ordnungswidrige Zustände innerhalb ihrer Zuständigkeit zu beseitigen und deren Entstehung und Fortsetzung zu hindern".[13]

7 Für die **preußischen Staaten** war die Rechtsprechung des **preußischen Oberverwaltungsgerichts** (PrOVG) richtungsweisend. In seinem berühmt gewordenen **Kreuzberg-Urteil** vom 14.6.1882 entschied das Gericht, dass die Verwaltungsgerichte befugt sind, Polizeiverordnungen auf ihre Rechtsgültigkeit zu überprüfen und dass die Polizei nicht befugt ist, über den in § 10 Teil II, Titel 17 ALR gezogenen Rahmen hinaus tätig zu werden. Das PrOVG erklärte eine Berliner Polizeiverordnung für ungültig, die das Bebauen des Kreuzbergs, auf dem ein Kriegerdenkmal stand, um der schönen Aussicht willen verboten hatte.[14] Als einzige in Frage kommende Ermächtigungsgrundlage für eine Ablehnung der Baugenehmigung bzw. zum Schutz des Denkmals sah das Gericht § 10 II 17 ALR an, der aber hier nicht eingreife, da er nur der Gefahrenabwehr, nicht aber der „positiven Förderung des Gemeinwohls" diene. Das Gericht stellte fest, dass in diesem Fall die Polizei ihre Befugnisse überschritten habe und dass die ästhetischen, wohlfahrtspolizeilichen Gründe der Polizei keine Befugnis gäben, mit staatlichem Zwang eine Bebauung in der von einem Grundstückseigentümer gewünschten Weise zu verhindern. Die Bedeutung der Entscheidung lag vor allem darin, dass das Handeln der Polizei an eine **Ermächtigungsgrundlage** gebunden und auf die **Aufgabe der Gefahrenabwehr** beschränkt wurde – sie sollte sich jeder gestaltenden Förderung der Wohlfahrt enthalten. Unter Polizei wurde nun **jedwede Gefahrenabwehr** verstanden,

---

9 Preu, S. 274 ff.
10 Erläuterungen der preußischen Regierung zum preußischen Gesetz über die Polizeiverwaltung, zitiert nach Clausen, Der Landkreis 1984, S. 260.
11 Ibler, in: Ennuschat/Ibler/Remmert, Öffentliches Recht BW, § 2 Rn 4; Schmidt, Polizei- und Ordnungsrecht, Rn 6.
12 Vgl. Urteil VGH Stuttgart, 2. Senat, ESVGH 2, 109, zitiert nach Schlez.
13 Vgl. Pioch, Polizeirecht, Rn 70.
14 Kreuzberg-Urteil, PrOVG E 9, 353 ff., und VBlBW 1993, 271, mit Anm. Kroeschell.

I. Entwicklung des Polizeibegriffs

gleichgültig von welcher Verwaltungsbehörde sie vorgenommen wurde. So wurde fortan von Bau-, Fremden-, Fischerei-, Gesundheits-, Markt-, Versammlungspolizei etc. gesprochen.

Die Rechtsprechung des PrOVG führte schließlich zur Regelung des § 14 im **preußischen Polizeiverwaltungsgesetz** vom 1.6.1931: „Die Polizeibehörden haben im Rahmen der geltenden Gesetze die nach pflichtmäßigem Ermessen notwendigen Maßnahmen zu treffen, um von der Allgemeinheit oder dem Einzelnen Gefahren abzuwehren, durch die die öffentliche Sicherheit oder Ordnung bedroht wird. Daneben haben die Polizeibehörden diejenigen Aufgaben zu erfüllen, die ihnen durch Gesetz besonders übertragen sind".[15]

8

Schaubild Nr. 1:
Entwicklung der polizeilichen Generalklausel
PrALR § 10, Teil II, Titel 17 vom 1.6.1794:
Die nötigen Anstalten zur Erhaltung der öffentlichen Ruhe, Sicherheit und Ordnung und zur Abwendung der dem Publico oder einzelnen Mitgliedern desselben bevorstehenden Gefahr zu treffen, ist das Amt der Polizei.
Badisches Polizeistrafgesetzbuch vom 31.10.1863, § 30:
Neben den Bestimmungen des gegenwärtigen Gesetzbuches bleibt den Polizeibehörden die Befugnis vorbehalten, auch unabhängig von der strafgerichtlichen Verfolgung rechts- oder ordnungswidrige Zustände innerhalb ihrer Zuständigkeit zu beseitigen und deren Entstehung und Fortsetzung zu hindern.
Preuß. Polizeiverwaltungsgesetz (PrPVG) vom 1.6.1931, § 14:
Die Polizeibehörden haben im Rahmen der geltenden Gesetze die nach pflichtmäßigem Ermessen notwendigen Maßnahmen zu treffen, um von der Allgemeinheit oder dem einzelnen Gefahren abzuwehren, durch die die öffentliche Sicherheit oder Ordnung bedroht wird. Daneben haben die Polizeibehörden diejenigen Aufgaben zu erfüllen, die ihnen durch Gesetz besonders übertragen sind.
Zum Vergleich: PolG Baden-Württemberg in der Fassung vom 6.10.2020 (GBl. S. 735, ber. S. 1092):
§ 1: (1) Die Polizei hat die Aufgabe, von dem einzelnen und dem Gemeinwesen Gefahren abzuwehren, durch die die öffentliche Sicherheit oder Ordnung bedroht wird, und Störungen der öffentlichen Sicherheit oder Ordnung zu beseitigen, soweit es im öffentlichen Interesse geboten ist. Sie hat insbesondere die verfassungsmäßige Ordnung und die ungehinderte Ausübung der staatsbürgerlichen Rechte zu gewährleisten.
(2) Außerdem hat die Polizei die ihr durch andere Rechtsvorschriften übertragenen Aufgaben wahrzunehmen.
§ 3: Die Polizei hat innerhalb der durch das Recht gesetzten Schranken zur Wahrnehmung ihrer Aufgaben diejenigen Maßnahmen zu treffen, die ihr nach pflichtmäßigem Ermessen erforderlich erscheinen.

In der **nationalsozialistischen Zeit** gingen die Rechte der Länder auf dem Gebiet des Polizeirechts auf das Reich über.[16] Die Polizei wurde ganz in den Dienst der nationalsozialistischen Ideologie gestellt. Ihre Aufgabe war nunmehr der Schutz der „Volksgemeinschaft". Im Jahre 1936 wurde die politische Polizei der Länder zu einer reichseinheitlichen **Geheimen Staatspolizei** (Gestapo)[17] zusammengefasst sowie ein **Reichskriminalpolizeiamt** gegründet. Der Auftrag der Gestapo war „die Bekämpfung aller staatsgefährlichen Bestrebungen im gesamten Staatsgebiet".[18] Ihre Verfügungen unter-

9

---

15 PrPVG, GS S. 77.
16 Art. 2 Abs. 1 des Gesetzes über den Neuaufbau des Reiches vom 30.1.1934 (RGBl. I S. 75).
17 Zur Organisationskultur der Gestapo vgl. Becker, in: Lüdtke/Reinke/Sturm, Polizei, Gewalt und Staat, S. 249 ff.; Paul, in: Topographie des Terrors, S. 170 bis 181; vgl. auch Gemmerich, Sonderpolizeien, S. 20.
18 § 1 Abs. 1 S. 1 des Preußischen Gesetzes über die Geheime Staatspolizei vom 10.2.1936 (PGS S. 21).

lagen keiner verwaltungsgerichtlichen Nachprüfung.[19] In erschreckendem Ausmaß wurden rechtsstaatliche Bindungen preisgegeben und die Polizei zu einem gefügigen Werkzeug der Nationalsozialisten umfunktioniert.[20] So wurde die Generalklausel durch Formulierungen wie „jedes von der völkischen Ordnung und von der Führung des Reichs für wichtig gehaltene Gut sei mit polizeilichen Mitteln zu schützen" pervertiert.[21] Durch die Gestapo und das sie stützende und steuernde nationalsozialistische System fand eine „Entgrenzung der politisch-polizeilichen Methoden bis hin zum Massen- und Völkermord" statt.[22] Das **Gestapogesetz** des Jahres 1936 bestärkte die Möglichkeit der Verhängung einer „Schutzhaft" durch die Gestapo, die einen unbefristeten Freiheitsentzug ohne rechtförmliches Verfahren zuließ[23], und die letztlich auf die §§ 1, 2 der Verordnung des Reichspräsidenten zum Schutz von Volk und Staat" vom 28.2.1933[24] zurückging, die nur einen Tag nach dem Reichstagsbrand erlassen worden war. Zur Zerstörung rechtsstaatlicher Grundlagen trug in erheblichem Maße auch die Justiz bei, die allzu bereitwillig die nationalsozialistische Ideologie zur Grundlage ihrer Rechtsprechung machte.[25] Mithin hatte sich in Deutschland ein **totaler Polizeistaat** etabliert.[26]

2. Die Entwicklung der Polizei nach 1945
a) Neubeginn nach 1945

10 Nach dem Zweiten Weltkrieg wurde die Polizeigewalt zunächst durch die **Militärpolizei** der Siegermächte und deren Hilfspolizisten ausgeübt. Die steigende Nachkriegskriminalität machte bald wieder die Aufstellung deutscher Polizeieinheiten erforderlich. Die Neuorganisation verlief aber in den einzelnen Besatzungszonen unterschiedlich. Die bei den Konferenzen von Jalta und Potsdam entwickelten allgemeinen Grundsätze, die eine Entmilitarisierung, Entnazifizierung, Demokratisierung und Dezentralisierung Deutschlands vorsahen, wurden nur teilweise umgesetzt.[27]

11 Unter dem Stichwort **„Entpolizeilichung"** wurden in den Ländern Bayern, Berlin, Hamburg, Hessen, Niedersachsen, Nordrhein-Westfalen und Schleswig-Holstein (amerikanische/englische Besatzungszonen) die Aufgaben der Verwaltungspolizei (etwa Melde- und Ausländerwesen) aus der Polizeiorganisation ausgegliedert und eine Trennung zwischen Ordnungs- bzw. Sicherheitsbehörden einerseits und Polizeivollzugsdienst andererseits eingeführt.[28] Unter Polizei wurde in diesen Ländern organisatorisch nur noch der Vollzugsdienst verstanden (**sog. Ordnungsbehörden- oder Trennsystem**, vgl. Schaubild Nr. 3; vgl. auch § 3 Rn 5).[29]

12 Demgegenüber wurde in BW, Bremen und im Saarland – der preußischen Tradition folgend – an einem einheitlichen Polizeibegriff festgehalten, und sowohl die Verwaltungs- bzw. Ordnungsbehörden als auch der Vollzugsdienst als Polizei organisiert (**sog. Polizeibehörden- oder Einheitssystem**, vgl. Schaubild Nr. 2; vgl. auch § 3 Rn 6).[30]

13 Mit der **Gründung der Bundesrepublik** im Jahre 1949 war der Weg für eine eigene Gestaltung des Staates und somit auch der Polizeiorganisation frei. Zwar dauerte die

---

19 § 7 des Preußischen Gesetzes über die Geheime Staatspolizei.
20 Stolleis, in: Lisken/Denninger, Handbuch des Polizeirechts, Kap. A Rn 64; Kniesel/Braun/Keller, Besonderes Polizei- und Ordnungsrecht, Rn 3.
21 Vgl. etwa die damalige Kommentierung von Maunz, Gestalt und Recht der Polizei (1943), S. 56.
22 So zutr. Paul, in: Topographie des Terrors, S. 170, 175.
23 Paul, in: Topographie des Terrors, S. 170, 175.
24 Reichsgesetzblatt 1933 S. 83.
25 Würtenberger/Heckmann/Tanneberger, Polizeirecht BW, § 1 Rn 14.
26 Götz/Geis, Allgemeines Polizei- und Ordnungsrecht, § 1 Rn 12.
27 Siehe die Übersicht über die unterschiedliche Umsetzung und Entwicklung bei Stolleis, in: Lisken/Denninger, Handbuch des Polizeirechts, Kap. A.
28 Möstl, in: Möstl/Trurnit, Polizeirecht BW, Rn 55.
29 Wehr, Polizeirecht, Rn 18; Thiel, Polizei- und Ordnungsrecht, § 3 Rn 14; Hofmann/Lukosek/Schulte-Rudzio, GSZ 2020, 233, 237 ff.
30 Ibler, in: Ennuschat/Ibler/Remmert, Öffentliches Recht BW, § 2 Rn 9; Thiel, Polizei- und Ordnungsrecht, § 3 Rn 13, 17; Bruckert/Frey/Kron/Marz, Besonderes Verwaltungsrecht, Rn 77.

Besatzungsherrschaft mit entsprechenden Vorbehaltsrechten und Richtlinienbefugnissen der Alliierten bis 1955 fort. Mit dem Inkrafttreten des GG in der ersten Fassung vom 23.5.1949 konnten aber grundsätzliche Weichenstellungen für eine „Restauration der Polizei" getroffen werden. Im Gegensatz zur Weimarer Verfassung hat das GG dem Bund keine generelle Gesetzgebungszuständigkeit im Bereich der Polizei eingeräumt. Durch die Übertragung der grundlegenden Polizeizuständigkeiten auf die Länder sollte die erneute Schaffung einer zentralen Polizeidienststelle auf Bundesebene (Gestapo) verhindert werden.[31] Im Laufe der fünfziger Jahre erließen alle Länder entsprechende Polizeigesetze.[32]

In der **sowjetisch besetzten Zone** (Gebiet der ehemaligen DDR) bestimmte zunächst die Militäradministration bzw. Kontrollkommission das polizeiliche Handeln. Durch Erlass der Deutschen Verwaltung des Inneren vom 12.5.1949 erhielt die deutsche Polizei in dieser Zone offiziell den Namen **Deutsche Volkspolizei**. Am 11.6.1968 wurde das **Volkspolizeigesetz** (VoPolG) erlassen, das bis zum Inkrafttreten der neuen Polizeigesetze in den neuen Bundesländern galt. Die Volkspolizei unterstand seit Gründung der DDR dem Ministerium des Innern. Sie war zentralistisch organisiert und hatte die Zielsetzungen des sozialistischen Einheitsstaates zu verwirklichen. Zur Volkspolizei zählte daher auch der **Staatssicherheitsdienst (SSD oder „Stasi")**. Dieser war die politische Geheimpolizei der DDR mit dem eigens geschaffenen **Ministerium für Staatssicherheit**. Die „Stasi" unterhielt ein ausgeklügeltes Spitzelsystem mit exekutiven Befugnissen für Verhaftungen, Vernehmungen und zur Unterdrückung jeglicher Opposition. Nach der Wende wurde der Staatssicherheitsdienst aufgelöst. Durch das „Gesetz über die Aufgaben und Befugnisse der Polizei" vom 13.9.1990 (Übergangs-PAG, GBl. DDR I S. 1489) hatte die damalige Volkskammer der DDR eine Übergangsregelung geschaffen, die bis zum Inkrafttreten eigener Polizeigesetze der neuen Bundesländer, längstens bis zum 31.12.1991, galt. Heute verfügen **alle 16 Bundesländer** über **eigene Polizeigesetze**.[33]

14

b) Auswirkungen der deutschen Wiedervereinigung

Nach 1990 erfolgten zentrale Weichenstellungen für eine verstärkte europäische und internationale polizeiliche Zusammenarbeit und für eine stetige Erweiterung der Befugnisse der Polizei und Strafverfolgungsbehörden. Im Jahre 1992 trat das **Gesetz zur Bekämpfung des illegalen Rauschgifthandels und anderer Erscheinungsformen der Organisierten Kriminalität (OrgKG)** in Kraft (BGBl. I S. 1226). Die **Atommülltransporte** (Castor-Transporte) ab April 1995 erforderten in diesem Umfang bisher nicht gekannte länderübergreifende Polizeieinsätze. Durch die Neufassung des **Gesetzes über das Bundeskriminalamt und die Zusammenarbeit des Bundes und der Länder in kriminalpolizeilichen Angelegenheiten (BKAG)** vom 7.7.1997 (BGBl. I S. 1650) und schließlich durch das **Verbrechensbekämpfungsgesetz** vom 4.5.1998 (BGBl. I S. 845) wurden den Sicherheits- und Strafverfolgungsbehörden weitere Befugnisse übertragen.[34]

15

c) Islamistischer Terrorismus I

Nach den **Terroranschlägen vom 11.9.2001** in New York, Pennsylvania und Washington D.C. wurde die Sicherheitspolitik sowohl auf europäischer Ebene als auch in Deutschland weiter ausgebaut.[35] So wurden die Zuständigkeiten von **Europol** erweitert und die europäische Stelle **EUROJUST** zur Verstärkung der Bekämpfung der organi-

16

---

31 Ebert, LKV 2018, 399.
32 Stolleis, in: Lisken/Denninger, Handbuch des Polizeirechts, Kap. A Rn 73 ff.
33 Zum Überblick vgl. Gusy, Polizei- und Ordnungsrecht, Rn 31, mit Literaturhinweisen.
34 Vgl. im Einzelnen Petri, in: Lisken/Denninger, Handbuch des Polizeirechts, Kap. A Rn 116 ff.
35 Zum durch den Terrorismus veränderten Sicherheitsverständnis und seiner verfassungsrechtlichen Einordnung vgl. Hofmann/Lukosek/Schulte-Rudzio, GSZ 2020, 233 ff.

sierten Kriminalität eingerichtet (vgl. § 1 Rn 46 ff.). Am 14.12.2004 wurde in Berlin das **Gemeinsame Terrorismusabwehrzentrum (GTAZ)** eingerichtet und am 22.12.2006 vom Bundestag das **Gemeinsame Dateiengesetz** erlassen (BGBl. I S. 3409). Im Jahre 2009 wurde von der Ständigen Konferenz der Innenminister und -senatoren des Bundes und der Länder das **Programm „Innere Sicherheit"** neu herausgegeben, welches den verstärkten Informationsaustausch zwischen Jugend- und Gesundheitsämtern, Schulen, Polizei-, Ordnungs- und Justizbehörden zum Ziel hatte. Durch die Neufassung des **BKAG** vom 12.11.2008 wurden der Behörde erneut erweiterte Zuständigkeiten wie etwa die Durchführung von Online-Durchsuchungen, insbesondere zur Bekämpfung des internationalen Terrorismus, eingeräumt.[36]

d) Rechtsextremistischer Terror

17 Trotz der nachhaltigen Bemühungen des Staates, die Zusammenarbeit und Vernetzung von Sicherheitsbehörden und Geheimdiensten auf Bundes- und auf Landesebene zu verstärken, konnten die Morde einer Gruppe rechtsextremer Terroristen durch die **„Zwickauer Terrorzelle"** nicht verhindert werden. Die Mitglieder dieser Terrorgruppe gehörten der terroristischen Vereinigung **„Nationalsozialistischer Untergrund" (NSU)** an, die aus der rechtsextremen Szene der 1990er Jahre hervorging. Dem NSU werden unter anderem eine Mordserie in den Jahren 2000 bis 2006, das Nagelbomben-Attentat in Köln im Jahr 2004 und der Mord an einer Polizistin in Heilbronn im Jahr 2007 zugeordnet. Der Generalbundesanwalt beim Bundesgerichtshof bezeichnete den NSU als „rechtsextremistische Gruppierung", deren Zweck es gewesen sei, „aus einer fremden- und staatsfeindlichen Gesinnung heraus vor allem Mitbürger ausländischer Herkunft zu töten".[37]

Das Versagen von Sicherheitsbehörden wie Verfassungsschutzämtern, MAD und Polizei führte zu zahlreichen Rücktritten und Entlassungen verantwortlicher Behördenleiter. Nachlässigkeiten, Vernichtung von Akten, der Einsatz von V-Personen, Ermittlungspannen und organisatorische Defizite wurden im **„NSU-Ausschuss"** des Deutschen Bundestages sowie in einzelnen Bundesländern untersucht. Der **2. Untersuchungsausschuss** des Bundestages zur Mordserie des Nationalsozialistischen Untergrundes (NSU) legte seinen Abschlussbericht am 22.8.2013 vor.[38] Bei der Vorstellung des Abschlussberichts übten die beiden Vorsitzenden sowie die fünf Fraktionsobleute des Untersuchungsausschusses scharfe Kritik an den Sicherheitsinstanzen. Im Bericht heißt es dazu u. a.: „Deutlich geworden sind durch die Auswertung von Akten und die Befragung von Zeugen schwere behördliche Versäumnisse und Fehler sowie Organisationsmängel bis hin zum Organisationsversagen bei Behörden von Bund und Ländern vor allem bei Informationsaustausch, Analysefähigkeit, Mitarbeiterauswahl und Prioritätensetzung. Fehlleistungen, Fehleinschätzungen und Versäumnisse einzelner Behördenmitarbeiter/innen haben vor allem deshalb erheblich zum Misserfolg der Strafverfolgungsbehörden und Verfassungsschutzämter beigetragen, weil sie teilweise über Jahre nicht erkannt und korrigiert wurden".[39] Der NSU-Ausschuss hat zahlreiche Empfehlungen für alle betroffenen Bereiche der Sicherheits-, Polizei- und Justizbehörden gegeben.[40] Der **3. Untersuchungsausschuss** sollte „zu den Taten der NSU – aufbauend auf den Ergebnissen des 2. Untersuchungsausschusses der 17. Wahlperiode – Fragestellungen beleuchten, die seinerzeit etwa aus Zeitgründen oder mit Rücksicht auf die noch nicht eröffnete Hauptverhandlung vor dem Oberlandesgericht München ausgespart blieben beziehungsweise zu denen eine zufriedenstellende Aufklärung nicht mög-

---

36 Zu den Einzelheiten vgl. Petri, in: Lisken/Denninger, Handbuch des Polizeirechts, Kap. A Rn 116 ff.
37 Pressemitteilung vom 13.11.2011 anlässlich des Haftbefehls gegen Beate Tschäpe wegen mutmaßlicher Mitgliedschaft in der terroristischen Vereinigung NSU.
38 BT-Drs. 17/14600.
39 BT-Drs. 17/14600, S. 832.
40 BT-Drs. 17/14600, S. 861 bis 867.

lich war, die aber jetzt aufgrund neuer Erkenntnisse oder neuen Beweismaterials möglich erscheint".[41] Er legte am 23.6.2017 seinen Abschlussbericht vor, worin er die Ergebnisse des 2. Untersuchungsausschusses bekräftigte.[42]

Der Prozess gegen das einzige noch lebende Mitglied der „Zwickauer Terrorzelle" Beate Tschäpe und weitere Angeklagte wurde am 6.5.2013 vor dem OLG München eröffnet.[43] Mit **Urteil des OLG München vom 11.7.2018** – 6 St 3/12[44], dessen 3025 Seiten lange Begründung am 21.4.2020 zu den Akten genommen wurde, wurde die Hauptangeklagte Beate Tschäpe wegen Mordes in 9 Fällen, wegen versuchten Mordes in zahlreichen Fällen, wegen Raubüberfällen und wegen Mitgliedschaft in einer terroristischen Vereinigung zu einer lebenslangen Freiheitsstrafe mit Feststellung der besonderen Schwere der Schuld verurteilt. Gegen die weiteren Mitangeklagten wurden unterschiedliche Freiheitsstrafen verhängt.[45]

Am **2.6.2019** wurde der **Kassler Regierungspräsident Dr. Walter Lübcke ermordet**. Schnell stellte sich im Rahmen der polizeilichen Ermittlungen heraus, dass der Ermordung offensichtlich ein **rechtsextremistisches Motiv** zugrunde lag, nachdem Walter Lübcke sich zuvor stark wahrnehmbar für Flüchtlinge eingesetzt hatte und sich seitdem zahlreichen Bedrohungen – vor allem auch in den neuen Medien – ausgesetzt sah.[46] Am **9.10.2019** kam es **in Halle zu einem rechtsextremistischen Anschlag mit zahlreichen Opfern**. Der Attentäter hatte am höchsten jüdischen Feiertag Jom Kippur versucht, in der Synagoge in Halle ein Blutbad anzurichten und in diesem Kontext zwei Menschen erschossen.[47]

Die Ermordung Walter Lübckes und das Attentat von Halle haben auf dramatische Weise deutlich gemacht, dass **vom Rechtsextremismus in Deutschland nach wie vor erhebliche Gefahren** für den Staat, die Allgemeinheit und Einzelne **ausgehen**. Diese wurden in den vergangenen Jahren **von den deutschen Sicherheitsbehörden in dieser Dimension nicht erkannt**. Im **Sicherheitsbericht 2019** des Landes BW[48] wurde festgestellt, dass eine anhaltend hohe Gefahr rechtsterroristischer Ereignisse bestehe und dass das Internet in diesem Kontext Raum für ausgeprägten Verbalradikalismus und Hasspostings biete, oft mit hohem Dunkelfeld.[49] Der **Verfassungsschutzbericht BW 2019**[50] verzeichnet einen **deutlichen Anstieg** rechtsextremistischer Personen und rechtsextremistisch motivierter Straftaten[51], ebenso der **Verfassungsschutzbericht 2019 des Bundes**.[52]

e) Räumung des Stuttgarter Schlossparks im Jahr 2010

Der massive **Polizeieinsatz am 30.11.2010** zur Räumung des Schlossparks in **Stuttgart** (sog. „schwarzer Donnerstag")[53] sorgte über längere Zeit für heftige und kontro-

---

41 BT-Drs. 18/12950, S. 37.
42 BT-Drs. 18/12950, S. 1176.
43 Vgl. dazu etwa Pichl, HRRS 2016, 142 ff.
44 Nach 5 Jahren Prozessdauer, über 400 Prozesstagen und 30 Mio. € Kosten (Sasse, NJ 2018, 373).
45 Vgl. dazu auch die – positive – Rechtseinschätzung des Urteils durch Sasse, NJ 2018, 373 f.
46 Der (Haupt)Täter wurde zu einer lebenslangen Freiheitsstrafe mit Feststellung der besonderen Schwere der Schuld verurteilt und die Anordnung der Sicherungsverwahrung gegen ihn vorbehalten (OLG Frankfurt, Urt. v. 28.1.2021 – 5-2 StE 1/20 - 5a - 3/20).
47 Der Täter wurde zu einer lebenslangen Freiheitsstrafe mit Feststellung der besonderen Schwere der Schuld und Unterbringung in der Sicherungsverwahrung verurteilt (OLG Naumburg, Urt. v. 21.12.2020 – 1 St 1/20).
48 Sicherheitsbericht „Sicherheit 2019" des Landes BW, hrsg vom Ministerium für Inneres, Digitalisierung und Migration Baden-Württemberg, veröffentlicht am 23.3.2020.
49 Sicherheitsbericht 2019, S. 109 f.
50 Verfassungsschutzbericht Baden-Württemberg 2019, hrsg vom Ministerium für Inneres, Digitalisierung und Migration Baden-Württemberg, vorgestellt am 15.6.2020.
51 Verfassungsschutzbericht BW 2019, S. 140, 142 f., 147 bis 153.
52 Verfassungsschutzbericht des Bundes 2019, hrsg vom Bundesministerium des Innern, für Bau und Heimat, vorgestellt am 9.7.2020, S. 151.
53 Vgl. dazu etwa Bilger/Warrlich, in: Stuttgarter Zeitung vom 28.9.2020, S. 3: „Als Schwarzer Donnerstag ging der Tag in die Landesgeschichte ein."

verse Diskussionen über das Verhältnis Politik und Polizei und über die Angemessenheit des Einsatzes polizeilicher Zwangsmittel. Damals demonstrierten tausende Bürger gegen das Milliardenprojekt der Deutschen Bahn zum Umbau des Stuttgarter Hauptbahnhofs („Stuttgart 21", „S 21"). Sog. „Parkschützer" ketteten sich an Bäume, die dem Bau weichen sollten. Durch den Einsatz von Wasserwerfern und Polizeigewalt wurden rund 160 Menschen verletzt.

Ende 2013 setzte der baden-württembergische Landtag den **2. Untersuchungsausschuss** zum eskalierten Polizeieinsatz gegen Stuttgart-21-Gegner ein. Dieser sollte klären, ob die damalige Regierung Einfluss auf den umstrittenen Polizeieinsatz bei Stuttgart-21-Protesten genommen hatte. Ein erster Ausschuss hatte bis Januar 2011 die Verantwortlichkeiten für das massive Vorgehen der Beamten untersucht. Der Untersuchungsausschuss „Aufklärung einer politischen Einflussnahme der CDU-geführten Landesregierung Mappus auf den Polizeieinsatz vom 30.9.2010 im Stuttgarter Schlossgarten und auf die Ergebnisse des Untersuchungsausschusses 2010/2011" legte unter dem 13.4.2016 einen umfangreichen Bericht vor.[54] Neben umfassenden Feststellungen und Schlussfolgerungen zum Sachverhalt[55] wurden Empfehlungen zu Gesetzinitiativen und Anpassungen gegeben, die vor allem die Rechte von Untersuchungsausschüssen und die Aktenordnungen der Landesministerien betrafen.[56] Von den Parteien CDU und FDP wurden zwei umfassende abweichende Voten abgegeben.[57]

Das **VG Stuttgart** stellte die Menschenansammlung im Stuttgarter Schlossgarten vom 30.9.2010 unter den **Schutz des Versammlungsrecht** (Art. 8 GG) und ging davon aus, dass es sich weder um eine reine Verhinderungsblockade handelte noch von der Versammlung in größerem Umfang Gewalttätigkeiten ausgingen. Die gegen die Teilnehmer der Versammlung ausgesprochenen Platzverweise und deren Durchsetzung mittels Polizeizwang waren wegen der Polizeifestigkeit des Versammlungsrechts (vgl. dazu § 6 Rn 15) rechtswidrig.[58]

f) Geheimdienstliche Überwachungsmaßnahmen

19 Anfang Juni 2013 sorgten die Enthüllungen des US-amerikanischen Whistleblowers und ehemaligen Geheimdienstmitarbeiters Edward Snowden von als Top Secret gekennzeichneten Dokumenten der **National Security Agency (NSA)** über die **globale Überwachungs- und Spionagetätigkeiten der Geheimdienste** für weltweites Entsetzen und Fassungslosigkeit. Offensichtlich haben vor allem die Vereinigten Staaten und das Vereinigte Königreich Großbritannien seit spätestens 2007 in großem Umfang die Telekommunikation und insbesondere das Internet global und verdachtsunabhängig überwacht. Zur Rechtfertigung wurde bzw. wird von den Verantwortlichen immer wieder darauf hingewiesen, dass die Maßnahmen zur Vorbeugung terroristischer Anschläge erforderlich seien. In mehreren betroffenen Ländern haben Bürgerrechtsorganisationen gegen die massenhafte Überwachung der Bevölkerung protestiert und vor den Gefahren eines Überwachungsstaats gewarnt.

Die Folgen dieser umfassenden und systematischen Verletzungen des Rechts auf informationelle Selbstbestimmung auch deutscher Politiker – u. a. der Bundeskanzlerin – und der Bürger insgesamt sind nach wie vor nicht ausgestanden. Nach monatelangem Streit wurde Anfang 2014 in Berlin ein **Untersuchungsausschuss** eingesetzt, der vor allem Licht in das Dunkel der geheimdienstlichen Tätigkeiten der Amerikaner bringen sollte. Unabhängig von der politischen Aufarbeitung des Abhörskandals stellten sich die Fragen, warum die deutschen Sicherheitsbehörden diese massenhaften Rechtsbrü-

---

54 LT-Drs. 15/8008.
55 Ergebnisse in LT-Drs. 15/8008, S. 444.
56 LT-Drs. 15/8008, S. 445.
57 LT-Drs. 15/8008, S. 446 ff.
58 VG Stuttgart, openJur 2015, 21316.

che durch die ausländischen Geheimdienste nicht erkannt bzw. nicht offenbart haben, und ob und wie künftig die Bundesbürger vor derartigen Aktivitäten besser geschützt werden können. Der „Snowden-Untersuchungsausschuss legte am 23.6.2017 seinen Abschlussbericht vor.[59] Die Schlussfolgerungen und politischen wie rechtlichen Bewertungen einschließlich der Sondervoten sind sehr umfassend ausgefallen.[60] Im Kern wird die **Notwendigkeit geheimdienstlicher Tätigkeiten** anerkannt, im Detail wird aber eine **sensiblere und die Rechte der Bürger bewahrende Vorgehens- und Arbeitsweise** angemahnt.

Die **EU** hat auf die Enthüllungen durch Edward Snowden auch dahin gehend reagiert, dass sie durch die **Richtlinie (EU) 2019/1937 des Europäischen Parlaments und des Rates vom 23.10.2019 zum Schutz von Personen, die Verstöße gegen das Unionsrecht melden**[61] Presseinformanten unter besonderen Schutz gestellt hat.[62] Die EU möchte damit erreichen, dass Hinweise auf Verstöße gegen das EU-Recht nicht aus Angst vor Repressalien unterdrückt und die Hinweisgeber besonders geschützt werden: „Es sollten gemeinsame Mindeststandards zur Gewährleistung eines wirksamen Hinweisgeberschutzes in Rechtsakten und Politikbereichen gelten, in denen die Notwendigkeit besteht, die Rechtsdurchsetzung zu verbessern, eine unzureichende Meldung von Verstößen durch Hinweisgeber die Rechtsdurchsetzung wesentlich beeinträchtigt und Verstöße gegen das Unionsrecht das öffentliche Interesse ernsthaft schädigen können."[63] Die EU-RL 2019/1937 ist **bis zum 17.12.2021** in das deutsche Recht umzusetzen.[64]

Das **BVerfG** hat in seinem richtungsweisenden **BNDG-Urteil**[65] für die Tätigkeit des BND festgestellt, dass „die Einräumung der Befugnis zur Auslandsaufklärung im Wege der strategischen Fernmeldeüberwachung durch Art. 10 Abs. 1 GG nicht von vornherein ausgeschlossen ist. Obwohl sie nicht auf konkrete und objektiviert bestimmte Anlassfälle begrenzt ist und damit ohne Eingriffsschwelle zu schweren Grundrechtseingriffen berechtigt, kann sie durch das Ziel der Auslandsaufklärung und deren besondere Handlungsbedingungen bei hinreichend begrenzter Ausgestaltung vor Art. 10 Abs. 1 GG und dem Verhältnismäßigkeitsgrundsatz gerechtfertigt werden."[66] Es hat aber deutlich gemacht, dass die **Grundrechte auch für die Auslandaufklärung** gelten und dass das GG eine **globale und pauschale Überwachung** auch zu Zwecken der Auslandsaufklärung **nicht zulässt**, vor allem müssen die **Daten der Inlandskommunikation ausgesondert** werden.[67]

g) Kölner Silvesternacht 2015/16

In der **Silvesternacht 2015/2016** kam es in **Köln** zu zahlreichen sexuellen Übergriffen von Personen mit Migrationshintergrund auf sich im öffentlichen Raum aufhaltende Frauen. Dies führte zu einer intensiven öffentlichen Diskussion durch die Medien und die Politik. In der Silvesternacht 2016/2017 setzten die Kölner Polizei und die weiteren Sicherheitsbehörden in Reaktion auf die Ereignisse des Vorjahres ein Sicherheitskonzept um, das dafür sorgte, dass erneute Ausschreitungen unterbunden werden konnten. Starke Kritik gab es im Nachfeld zu diesem Polizeieinsatz aber zum Thema „**Racial Profiling**". Beim sog. Racial Profiling wird ein Täter- oder Verdächtigenprofil unter

---

59 BT-Drs. 18/12850.
60 BT-Drs. 18/12850, S. 1265 bis 1705.
61 EU ABl. L 305 vom 26.11.2019, S. 17–56.
62 Vgl. dazu auch Tinnefeld, DuD 2020, 391 ff.
63 Erwägungsgrund 35 der EU-RL 2019/1937, EU ABl. L 305, S. 17.
64 Art. 26 Abs. 1 EU-RL 2019/1937.
65 BVerfG, NJW 2020, 2235 ff. = DVBl 2020, 945 ff., mit zust. Anm. Durner, 951 ff.; JA 2020, 631, mit zust. Anm. Muckel, 635.
66 BVerfG, NJW 2020, 2235, 2248 (Rn 143).
67 BVerfG, NJW 2020, 2235, 2238 (Rn 68 ff. [Geltung der Grundrechte], 2250 (Rn 168 [keine unbeschränkte Auslandsüberwachung], 2251 (Rn 170 ff. [Aussonderung der Inlandsdaten]).

Rückgriff auf die Ethnie/Rasse einer Person als Differenzierungsmerkmal erstellt.[68] Das sog. Racial Profiling ist jedenfalls dann verfassungsrechtlich unzulässig, wenn es zum **tragenden Motiv des polizeilichen Handelns** geworden ist.[69] Es ist als Teil eines sachlich begründeten typisierten Vorgehens aber nicht unzulässig[70], vor allem, wenn die Anknüpfung an die Hautfarbe nur ein **Teil eines Motivbündels** ist.[71] Die öffentliche Diskussion hat aber deutlich gemacht, dass die Polizei gehalten ist, **mit zur Diskriminierung geeigneten Handlungen und Vorgehensweise sehr sensibel und zurückhaltend umzugehen**. Vgl. dazu auch die weitergehenden Ausführungen in § 5 Rn 40.

h) Islamistischer Terrorismus II

21 Gravierende Auswirkungen auf Inhalte und Systematik des Polizei-, Ordnungs- und Sicherheitsrecht des Bundes und der Länder hatte der **terroristische Anschlag auf den Berlin-Charlottenburger Weihnachtsmarkt am Breitscheidplatz am 19.12.2016**[72]. Der Täter nutzte einen Lkw als Tatwaffe, durch die Kollision mit dem Lkw starben 11 Besucher des Weihnachtsmarktes und weitere 55 Besucher wurden verletzt. Dem Täter – dem aus Tunesien stammenden **islamistischen Terroristen Anis Amri** – war es gelungen, trotz polizeilicher Erkenntnisse in Bezug auf seinen Status als terroristischer Gefährder durch das deutsche Netz der polizeilichen und ausländerrechtlichen Überwachung zu schlüpfen, indem er mehrfache Ortswechsel innerhalb der deutschen Bundesländer vornahm. Zudem konnte er nach dem Attentat über Frankreich nach Italien fliehen, wo er durch italienische Polizeikräfte erschossen wurde.

Durch das Attentat vom 19.12.2016 und die anschließende Flucht des Täters wurden **eklatante Schwächen der deutschen Polizei- und Sicherheitsstruktur** offengelegt.[73] Es war nicht gelungen, die Erkenntnisse einzelner Sicherheits- und der Polizeieinheiten des Bundes und der Länder so untereinander auszutauschen, dass eine erkannte Gefährdung hätte gebannt werden können. Unter anderem hatte der marokkanische Geheimdienst dem BND eine Gefährderwarnung zukommen lassen. Auch zwischen den Sicherheitseinheiten der betroffenen Bundesländer fand keine ausreichende Kommunikation und Information statt.

22 Als Ausfluss des Attentats vom 19.12.2016 wurden deutschlandweit die **Sicherheitsanforderungen an öffentliche Veranstaltungen erheblich verschärft**. Zudem hat eine intensive sicherheitspolitische Diskussion begonnen, die bis heute andauert.[74] Die Verschärfung der Bedrohungslage durch terroristische Anschläge hat in verschiedenen Bundesländern zu Änderungen der Polizeigesetze geführt. Dies gilt auch für BW, wo durch **das Gesetz zur Änderung des Polizeigesetzes vom 28.11.2017**[75] entsprechende Änderungen des PolG umgesetzt wurden.[76] Der Gesetzgeber gab dazu folgende Begründung an: „Angesichts der anhaltend hohen abstrakten Gefahr terroristischer Anschläge, insbesondere aus dem islamistischen Spektrum, müssen die polizeilichen Eingriffsbefugnisse dringend verbessert werden, um dieser vom internationalen Terrorismus ausgehenden Bedrohung wirksamer als bisher begegnen zu können. Für eine effektive Bekämpfung von terroristischen Gefahren müssen insbesondere die notwendigen rechtlichen Voraussetzungen gegeben sein. Zu diesem Zweck sollen im PolG

---

68 Froese, DVBl 2017, 293; Schneider/Olk, JURA 2018, 936, 942.
69 OVG NRW, NVwZ 2018, 1497, 1500 (Rn 42), mit zustimmender Anmerkung Kerkemeyer, NVwZ 2018, 1501 f.; Schneider/Olk, 936; JURA 2018, 943.
70 Froese, DVBl 2017, 293 ff., 295.
71 OVG NRW, NVwZ 2018, 1497, 1500 (Rn 43).
72 Zu den Auswirkungen des islamistischen Terrorismus auf die Sicherheitslage vgl. auch Goertz, Die Polizei 2018, 313 ff.
73 Vgl. dazu Schmidt, Die Polizei 2020, 348 ff.; Ebert, LKV 2018, 399, 402.
74 Vgl. dazu etwa Schmidt, Die Polizei 2020, 348 ff.; Strobl, BWGZ 2017, 77 f.; krit. dazu Logvinov, Die Polizei 2018, 262 ff.
75 GBl. S. 624.
76 Vgl. dazu im Einzelnen die entsprechenden Erläuterungen vor allem in § 1 Rn 31, § 10 Rn 504 ff., § 11 Rn 101 ff., Rn 130 ff.

I. Entwicklung des Polizeibegriffs

neue präventiv-polizeiliche Befugnisse zur Telekommunikationsüberwachung (TKÜ) sowie zur Quellen-TKÜ geschaffen werden. Auch der Erlass von Aufenthaltsvorgaben und Kontaktverboten gegenüber islamistischen Gefährdern und deren Kontrolle über eine elektronische Aufenthaltsüberwachung können einen wichtigen Beitrag zur Verhütung terroristischer Straftaten leisten."[77] Durch das **PolG 2020** wurden **weitere Spezialbefugnisse der Polizei** geschaffen (vgl. dazu die Ausführungen in § 1 Rn 35).

Am 1.3.2018 wurde vom Bundestag auf der Grundlage verschiedener Anträge der Bundestags-Fraktionen[78] einstimmig ein **Untersuchungsausschuss zum Terroranschlag auf dem Breitscheidplatz** in Berlin vom 19.12.2016 (sog. „Amri-Untersuchungsausschuss") eingesetzt.[79] Der Ausschuss soll den Anschlag und seine Hintergründe aufklären und sich ein Gesamtbild vom Handeln der zuständigen Behörden verschaffen. Aufbauend auf den Untersuchungsergebnissen soll er Empfehlungen für die Arbeit der im Untersuchungsauftrag benannten Behörden sowie für die Betreuung und Unterstützung von Hinterbliebenen und Opfern solcher Anschläge entwickeln. Seine Arbeit ist (Stand November 2020) noch nicht abgeschlossen.

Es steht außer Frage, dass sich die Polizei und ihre gesetzlichen Befugnisse zunehmend in einem **Spannungsfeld zwischen Verbrechensverhütung und Bewahrung der Bürgerrechte** befinden.[80] Die richtige Balance dieser unterschiedlichen Ausprägungen des Polizeirechts wird eine der grundlegende Herausforderungen der kommenden Jahre sein.

Rechtspolitisch muss konstatiert werden, dass die rechtsgeschichtlich bedingte Systematik des deutschen Polizei- und Sicherheitsrechts **deutliche kommunikative und organisatorische Risiken und Schwächen** aufweist. Die Aufteilung des Polizeirechts zwischen Bund und Ländern, die Differenzierung und strikte Trennung zwischen Geheimdienst- und Polizeibehörden[81] und die Aufgabenverteilung zwischen Polizeibehörden und Polizeivollzugsdienst[82] führen dazu, dass grundlegende Erkenntnisse einzelner Sicherheits- und Polizeistellen Gefahr laufen, nicht an die für die konkrete Gefahrenabwehr fachlich wie sachlich zuständige Stelle weitergeleitet zu werden. Das durch deutsches und EU-Recht gebildete Polizeirecht erscheint zersplitterter denn je.[83] Die **Architektur des deutschen Sicherheitsapparates ist sehr komplex und schwer steuerbar**.

Änderungen und Verbesserung der deutschen Sicherheitsarchitektur sind **zwingend notwendig**, um künftig besser gewährleisten zu können, dass mögliche Bedrohungen für die Sicherheit der Allgemeinheit frühzeitig und umfassend erkannt werden.[84] Dabei muss aber beachtet werden, dass nach den Erfahrungen des Dritten Reiches und der DDR eine **grundlegende Abkehr vom Trennungsgebot und der Aufgabenverteilung zwischen Bund und Ländern** ausscheidet. Entscheidend wird daher sein, die **Zusammenarbeit** der deutschen Sicherheits- und Polizeibehörde zu vereinfachen und grundlegend zu **verbessern**. Es bleibt abzuwarten, wie die weitere rechtspolitische Diskussion verläuft und welche Maßnahmen die Gesetzgeber von Bund und Ländern ergreifen. Dringend abzuraten ist von politischem Aktionismus, gefragt und ausschließlich weiterführend sind **grundlegende sachorientierte Lösungen**.

---

77 LT-Drs. 16/2741, S. 1.
78 BT-Drs. 19/455, 19/229, 19/418, 19/248 und 19/943.
79 BT-Plenarprot. 19/17, S. 1404.
80 Vgl. dazu grundlegend Knape, Die Polizei 2018, 290 ff.
81 Sog. Trennungsgebot, vgl. dazu etwa Würtenberger/Heckmann/Tanneberger, Polizeirecht BW, § 3 Rn 30.
82 Vgl. exemplarisch dazu etwa VGH BW, VBIBW 2018, 316, 318 ff. (mit zust. Anm. Nachbaur, VBIBW 2018, 320 ff.), wonach die Polizeibehörden für die Gefährderansprache sachlich zuständig sind und nicht der Polizeivollzugsdienst.
83 So zu Recht Ebert, LKV 2018, 399, 401: „Die ursprünglich gewollte „Einheit in Vielfalt" ist passé".
84 Vgl. dazu auch Bäcker, GSZ 2018, 213 ff.

Der **Verfassungsschutzbericht des Bundes für das Jahr 2019**[85] schätzt die **Gefährdungslage** durch den islamistischen Terrorismus in Deutschland als **weiterhin hoch** ein.[86]

i) Corona-Pandemie

24 Im **März 2020** ereilte die Bundesrepublik Deutschland nach China und vielen anderen Ländern der Welt sowie der gesamten EU die sog. **Corona-Pandemie**. Diese wurde durch das neuartige **Coronavirus SARS-CoV-2** ausgelöst, das sich rasend schnell um die globalisierte Welt verbreitete. Gegen dieses Coronavirus bestand kein wirksamer Impfschutz, zudem fehlten geeignete Behandlungsmedikamente. Durch das Virus erkrankten sehr schnell abertausende Menschen weltweit[87], viele vor allem ältere Menschen starben nach einer Infektion mit dem Virus. Es handelte sich um die **größte gesellschaftliche und rechtspolitische Krise in Deutschland** seit 1945, die alle Teile der Bevölkerung umfasste.

Der Schutz der Bevölkerung machte **umfassende Schutzmaßnahmen** erforderlich.[88] **Bund und Länder** agierten hier in einem engen und insgesamt guten Zusammenspiel, legten **gemeinsame Leitziele und Maßnahmen** fest, die Länder bestanden allerdings auch auf der **Berücksichtigung lokaler und regionaler Besonderheiten**, was teils zu unübersichtlichen Regulierungsszenarien führte. Die Umsetzung der infektionsschutzrechtlich gebotenen polizeilichen Maßnahmen erfolgte durch die Länder, die Ortspolizeibehörden und die Gesundheitsämter. Rechtsgrundlage waren die **§§ 32 und 28 Abs. 1 S. 1, 28 a IfSG**.[89] Zu ergreifende Maßnahmen mit dem Ziel der Unterbindung sozialer Kontakte waren u. a. die Untersagung von Veranstaltungen und Versammlungen, eine Begrenzung der Begegnung im öffentlichen und privaten Raum, die Schließung praktisch aller öffentlicher und vieler privaten Einrichtungen sowie fast aller Geschäfte und der Gaststätten. In **BW** wurden diese Maßnahmen durch die von der Landesregierung erstmals am 16.3.2020 auf der Grundlage von § 32 i. V. m. §§ 28 bis 31 IfSG erlassene **Verordnung über infektionsschützende Maßnahmen gegen die Ausbreitung des Virus SARS-CoV-2 (Corona-Verordnung – CoronaVO)** umgesetzt.[90] Die Corona-VO erfuhr am 17.3.2020, 9.5.2020, 23.6.2020, 30.11.2020 und 7.3.2021 eine Neufassung. Mit **Wirkung ab dem 23.3.2020** wurde für ganz BW angeordnet, dass im öffentlichen Raum ein **Verweilen in Gruppen von mehr als 2 Personen untersagt** ist. Mit Wirkung **ab dem 2.11.2020** wurde ein erneuter **Teil-Shutdown** angeordnet, **ab dem 16.12.2020** dann ein **umfassender Shutdown mit Ausgangsverboten**.[91] Diese vehementen Eingriffe in die Aufenthaltsbestimmungs-, Versammlungs- und Bewegungsfreiheit der Menschen waren grundsätzlich durch die erhebliche und konkrete Bedrohung von Leib und Leben durch das Corona-Virus SARS-CoV-2 geboten und gerechtfer-

---

85 Vgl. dazu Fn 50.
86 Verfassungsschutzbericht Bund 2019, S. 173.
87 Am **1.3.2020** waren weltweit ca. 88.000 Menschen mit dem Corona-Virus SARS-CoV-2 infiziert und 10.000 Menschen verstorben. Am **31.1.2021** waren in 192 Ländern der Welt bereits **103 Mio. Menschen** als mit dem SARS-CoV-2-Virus infiziert erfasst worden, darunter **2,2 Mio. verstorbene Menschen** (Quelle: Johns Hopkins University).
88 Plogmann, ZLVR 2020, 64: „Politische Akteure und staatliche Strukturen befinden sich in einem noch nie da gewesenen Stresstest."
89 § 28 a PolG wurde als spezielle Regelung „zur Verhinderung der Verbreitung der Coronavirus-Krankheit-2019 (COVID-19)" durch Art. 1 des Gesetzes vom 18.11.2020 (BGBl. I S. 2379) in das IfSG eingefügt. Vgl. dazu eingehender § 6 Rn 14.
90 Zur rechtlichen Umsetzung der Corona-Maßnahmen in den einzelnen Bundesländern vgl. Timm, ZVR-Online Dok. 09/2020, Rn 3 ff.
91 Bestätigt durch VGH BW, openJur 2021, 16 (Rn 22 ff.).

I. Entwicklung des Polizeibegriffs

tigt.[92] In den gerichtlichen Eilverfahren[93] wurden Bedenken geäußert, ob § 28 Abs. 1 IfSG als weitgehende Ermächtigungsgrundlage dem Verfassungsrecht genüge.[94] Das **BVerfG**[95] machte deutlich, dass die notwendigen starken Grundrechtseinschränkungen eine **ständige Überprüfung der Notwendigkeit** der ergriffenen Maßnahmen erforderten.[96] Zudem hat es entschieden, dass die Auswirkungen der Einschränkung von Grundrechten bei jeder Entscheidung (hier: Untersagung einer Versammlung) in das **Ermessen der zuständigen Behörde** einfließen müssten.[97] Der **VGH BW** hielt die Begrenzung der Verkaufsflächen nach Wiedereröffnung der Einzelhandelsgeschäfte ab 20.4.2020 auf 800 qm für nicht mit dem Gleichheitssatz vereinbar.[98] Zudem hielt er die vom Land BW (in der sog. „Corona-VO Einzelhandel") vorgesehene **Richtgröße für die Beschränkung der Kunden in Geschäften** auf eine Person pro 20 qm Verkaufsfläche wegen fehlender Bestimmtheit für unwirksam.[99] Im Oktober 2020 setzte der VGH BW das vom Land BW erlassene **Betriebsverbot für Prostitutionsstätten**[100] und das **Beherbergungsverbot** für Personen aus Regionen in Deutschland mit besonders hohen Corona-Fallzahlen[101] wegen Unverhältnismäßigkeit außer Vollzug, im Februar 2021 das landesweit geltende **nächtliche Ausgangsverbot**[102]. Ein umfassender Überblick über die gesetzlichen Regelungen und die **mehr als 2.600 Gerichtsentscheidungen** (Stand Februar 2021) zu den staatlichen Maßnahmen gegen die Ausbreitung des SARS-CoV-2-Virus findet sich unter „www.dejure.org/corona-pandemie".

In der Krise zeigte sich, dass zwar die föderale Struktur das Risiko zu langwieriger und uneinheitlicher Entscheidungsprozesse birgt (was aber insgesamt gut überwunden werden konnte), dass aber das **spezialpolizeiliche gesetzliche Instrumentarium** (hier vor allem das Infektionsschutzrecht) **insgesamt gut funktioniert**.[103] Die föderale Struktur ermöglichte darüber hinaus **differenzierte**, den örtlichen und regionalen Besonderheiten angepasste **Schutzmaßnahmen**.

---

92 So etwa BVerfG, NJW 2020, 1427, 1428 (Rn 13 f.); NVwZ 2020, 876, 877 f. (Rn 6 ff.); NVwZ 2020, 878, 879 f. (Rn 7 ff.); NVwZ-RR 2020, 761, 762 (Rn 8); VGH BW, VBlBW 2020, 322 ff.; openJur 2020, 34823 (Rn 26, 32 ff.); openJur 2020, 34829 (Rn 26 ff.); openJur 2020, 34840 (Rn 38 ff.); openJur 2020, 77648 (Rn 31 ff.); Michl, JuS 2020, 507 ff. Von einer Verfassungswidrigkeit landesweiter Ausgangsverbote geht Schmitt, NJW 2020, 1626 ff., aus, **a. A.** etwa Ziekow, DVBl 2020, 732 ff. Hase, JZ 2020, 697, 703, mahnt im Angesicht der globalen Pandemie-Situation den Wirklichkeitsbezug einer kritischen Verfassungsdiskussion an. Krit. insgesamt auch Leitmeier, DÖV 2020, 645ff., u. Fuchs, DÖV 2020, 653 ff.
93 Guter Überblick in ZLVR 2020, 69 bis 76.
94 VGH BW, openJur 2020, 34793 (Rn 28 ff.).
95 Übersicht der Rechtsprechung des BVerfG zu den sog. Corona-Fällen bei Zuck/Zuck, NJW 2020, 2302 ff.
96 NJW 2020, 1427, 1428 (Rn 14). In diesem Sinne auch Gundling, ZLVR 2020, 31, 38 ff. Vgl. zur Wahrung der Verhältnismäßigkeit auch Murswiek, NVwZ 2021, 281 f.; Riedner/Müller, VR 2021, 87 ff.; Barthel/Leutheusser-Schnarrenberger, DVP 2020, 259 ff.; Siegel, NVwZ 2020, 577, 580 f.; zum Verhältnis verschiedener Grundrechte Schmitz/Neubert, NVwZ 2020, 666, 667 ff.; zur Verhältnismäßigkeit bei Hotelschließungen Welter, ZVR-Online Dok. 05/2020, Rn 37 ff.
97 BVerfG, NJW 2020, 1426, 1427 (Rn 13), mit Anm. Sachs JuS 2020, 474 ff. Ebenso die Entscheidungen des BVerfG, NVwZ 2020, 1749, 1750 f. (Rn 10 f.), NVwZ 2020, 711, 712 (Rn 20 ff.), u. NVwZ 2020, 783, 784 f. (Rn 13 ff.); vgl. auch VGH BW, DÖV 2020, 790 f. (Ls.), u. openJur 2020, 71141 (Rn 20 f.).
98 VGH BW, VBlBW 2020, 333 ff.
99 VGH BW, DVBl 2020, 1154, 1159 f. (Rn 38 ff.) = VBlBW 2021, 42.
100 VGH BW, openJur 2020, 74510.
101 VGH BW, COVuR 2020, 711, 712 ff. (Rn 13 ff.) = DÖV 2021, 45 (Ls.).
102 VGH BW, openJur 2021, 5374 (Rn 27 ff.).
103 Vgl. dazu auch Gundling, ZLVR 2020, 31, 37 f.: „Kein Grund, den Föderalismus zu beseitigen." Ein positives Zwischenfazit der föderalen Maßnahmen zieht insgesamt auch Plogmann, ZLVR 2020, 64 ff.

Schaubild Nr. 2
Polizeibehördensystem, z.B. in Baden-Württemberg

(sog. *Einheitsprinzip*, vgl. § 1 Rn 11, § 3 Rn 3, 6):

Polizeibehördensystem

Wahrnehmung polizeilicher Aufgaben (§§ 1, 2 PolG) durch die Polizei
auf der Grundlage eines einheitlichen Polizeigesetzes

POLIZEI (§ 104 PolG) =:

Polizeibehörden
§§ 106 ff. PolG

Polizeivollzugsdienst
§§ 115 ff. PolG / §§ 10 ff. DVOPolG

Allgemeine Polizeibehörden:
Innenministerium
Landespolizeibehörden (Regierungspräsidien)
Kreispolizeibehörden (untere Verwaltungsbehörden)
Ortspolizeibehörden (Gemeinden)

Polizeidienststellen:
Regionale Polizeipräsidien (§ 23 DVOPolG)
Polizeipräsidium Einsatz (§§ 15 ff. DVOPolG)
Landeskriminalamt (§§ 10 ff. DVOPolG)

Einrichtungen für den Polizeivollzugsdienst
(§ 115 Abs. 3 PolG):

1. Hochschule für Polizei Baden-Württemberg
2. Das Präsidium Technik, Logistik, Service der Polizei

Schaubild Nr. 3
Ordnungsbehörden-/Trennsystem

(vgl. § 1 Rn 11, § 3 Rn 3, 5):

Ordnungsbehörden-/Trennsystem

Wahrnehmung polizeilicher Aufgaben durch Ordnungs-, Sicherheits- und Verwaltungsbehörden und durch die Polizei (= Polizeivollzugsdienst) auf der Grundlage eines Ordnungsbehördengesetzes und eines Polizeigesetzes (vgl. z.B. Gesetz über Aufbau und Befugnisse der Ordnungsbehörden in Brandenburg (Bbg OBG) und Gesetz über Aufgaben, Befugnisse und Organisation der Polizei im Land Brandenburg, Brandenburgisches Polizeigesetz – BbgPolG).

Ordnungs-, Sicherheits., Verwaltungsbehörden   **POLIZEI** (= Polizeivollzugsdienst)

3. Die Entwicklung in Baden-Württemberg
a) Anfänge der Rechtsentwicklung

25 Nach der Bildung des Landes BW im Jahr 1952[104] wurde die Organisation des staatlichen Polizeivollzugsdienstes zunächst durch Verordnungen der vorläufigen Regierung vereinheitlicht.[105] Am 21.11.1955 wurde für das neue Bundesland ein **einheitliches Polizeigesetz** für Baden-Württemberg erlassen (GBl. S. 249), neu bekanntgemacht am 16.1.1968 (GBl. S. 369). Unter Beibehaltung des Polizeistrafrechts regelte das Gesetz zusammenfassend die Aufgaben, Rechte, Organisation und Kosten der Polizei. Unter „Polizei" waren sowohl die Polizeibehörden als auch der Polizeivollzugsdienst zu ver-

---

104 Zur Rechtslage vor dem Jahr 1952 vgl. etwa Trurnit, in: Möstl/Trurnit, Polizeirecht BW, Rn 9.
105 Zur Entwicklung vgl. Stephan/Deger, Polizeigesetz BW, Einf. Rn 4 ff.

I. Entwicklung des Polizeibegriffs

stehen. Hauptaufgabe der Polizei war, von dem einzelnen und dem Gemeinwesen Gefahren abzuwehren, durch die „Recht und Ordnung" bedroht werden, soweit es im öffentlichen Interesse geboten ist (vgl. § 1 Abs. 1 PolG, Fassung 1968).
Seither wurde das PolG immer wieder geändert und ergänzt. Die wichtigsten Änderungen sind:[106]

b) Änderungen der Jahre 1974 bis 1996

Durch **Gesetz vom 2.7.1974** zur Ablösung des Polizeistrafrechts wurde das Polizeistrafrecht abgeschafft und in BW erstmals eine volle Rechtsvereinheitlichung erreicht. In § 1 Abs. 1 PolG wurden die Begriffspaare „Recht und Ordnung" durch die unbestimmten Rechtsbegriffe „öffentliche Sicherheit und Ordnung" ersetzt.[107] Mit **Gesetz vom 3.3.1976** wurden der Polizei zur Bekämpfung des Terrorismus neue bzw. erweiterte Ermächtigungsgrundlagen gegeben.[108] Durch das **Änderungsgesetz vom 22.10.1991** (GBl. S. 625) und die Neubekanntmachung durch Gesetz vom 13.1.1992 (GBl. S. 1) wurden in das PolG zum Schutz des Rechts auf informationelle Selbstbestimmung bereichsspezifische **Regelungen zur Datenerhebung und Verarbeitung** aufgenommen. Der Gesetzgeber hatte dadurch den Anforderungen des Volkszählungsurteils Rechnung getragen.[109] Weiterhin wurden der sog. gezielte Rettungsschuss geregelt und nähere Bestimmungen zur Abgrenzung der Zuständigkeiten zwischen Polizeibehörden und Polizeivollzugsdienst und zur Dienst- und Fachaufsicht eingeführt. Am **16.9.1994** wurde die **Verordnung des Innenministeriums zur Durchführung des Polizeigesetzes** (DVO PolG) erlassen (GBl. S. 567). Diese Verordnung, die seither mehrfach geändert wurde, enthält zahlreiche Erläuterungen insbesondere zur Durchführung von Einzelmaßnahmen und zu den Aufgaben und zur Gliederung des Polizeivollzugsdienstes. Mit **Gesetz vom 22.7.1996** wurden u. a. die Ermächtigungsgrundlage für verdachtsunabhängige Personenfeststellungen in öffentlichen Einrichtungen des internationalen Verkehrs und auf Durchgangsstraßen und die sog. Schleierfahndung ermöglicht (GBl. S. 501). In der **Verwaltungsvorschrift des Innenministeriums** zur Durchführung des Polizeigesetzes (VwV PolG) vom 18.7.1997 wurden wichtige Hinweise zur Auslegung einzelner Vorschriften des Polizeigesetzes gegeben (GABl. Nr. 11 S. 406 ff.).

26

c) Änderungen des Jahres 2004 (Verwaltungsstruktur)

Durch das **Gesetz zur Reform der Verwaltungsstruktur, Justizreform und zur Erweiterung des kommunalen Handlungsspielraums** (Verwaltungsstruktur- Reformgesetz [VRG]) **vom 1.7.2004** wurde die Organisation der Polizei teilweise neu geregelt (GBl. S. 469). Durch das Gesetz sollten die Einheit der staatlichen Verwaltung als Voraussetzung für integrierte Entscheidungen verwirklicht und der **dreistufige Verwaltungsaufbau** zum prägenden Element der Landesverwaltung ausgestaltet werden. Die Bündelungsfunktion der Regierungspräsidien, der Landratsämter und der Stadtkreise zur Erfüllung staatlicher Aufgaben wurde wesentlich erweitert und gestärkt. Im Grundsatz wurden die Landesoberbehörden sowie die höheren Sonderbehörden in die Regierungspräsidien, die unteren Sonderbehörden in die Landratsämter als Staatsbehörden und die Bürgermeisterämter in die Stadtkreise eingegliedert.[110] Weitere Organisationsänderungen betrafen die **staatlichen Sonderbehörden** wie die Forstämter und Forstdi-

27

---

[106] Vgl. im Einzelnen auch Stephan, in: Stephan/Deger, Polizeigesetz BW, Einf. IV, Änderungen des Polizeigesetzes nach 1955, sowie nachfolgend die Übersicht über alle Änderungen des PolG seit 1992 in Rn 71.
[107] GBl. S. 210; vgl. auch Erlass des Innenministeriums über die Durchführung des Gesetzes zur Ablösung des Polizeistrafrechts, GABl. 1974, S. 1009.
[108] GBl. S. 171.
[109] BVerfGE 65, 1.
[110] VRG Art. 1 [Übertragung von Aufgaben auf die unteren Verwaltungsbehörden], Art. 2 [Übertragung von Aufgaben auf die Regierungspräsidien], Art. 3 [Veränderungen bei der Landespolizei], Dritter Teil [Anpassungen im Bereich des Innenministeriums] und Art. 27 [Änderungen des Polizeigesetzes].

rektionen, Straßenbauämter, Gewässerdirektionen, Staatliche Gewerbeaufsichtsämter, Landesgewerbeamt, Landesgesundheitsamt etc., deren Aufgaben vorwiegend auf die Regierungspräsidien übertragen wurden.

d) Änderungen des Jahres 2008 (Überwachung / Datenschutz)

28 Eine weitere gravierende Änderung erfuhr das Polizeirecht durch das **Gesetz zur Änderung des Polizeigesetzes vom 18.11.2008** (GBl. S. 390). Durch dieses Änderungsgesetz wurden u. a. in **§ 9 a PolG (= § 10 PolG 2020)** das Zeugnisverweigerungsrecht neu eingeführt und in **§ 21 Abs. 1 und 3 PolG (= § 44 PolG 2020)** die Zulässigkeit der Videoüberwachung bei öffentlichen Veranstaltungen und Ansammlungen und an öffentlich zugänglichen Orten erweitert. Auch datenschutzrechtliche Regelungen wurden neu gefasst bzw. neu in das Gesetz eingeführt, wie etwa **§ 22 Abs. 3 PolG (= § 49 PolG 2020)** (längerfristige Observation durch den verdeckten Einsatz technischer Mittel), **§ 22 a PolG (= § 51 PolG 2020)** (Einsatz automatischer Kennzeichenlesesysteme). Der Einsatz technischer Mittel zur Datenerhebung in oder aus Wohnungen und die Erhebung von Verkehrsdaten ohne Wissen der betroffenen Person wurden in **§ 23 PolG (= § 50 PolG 2020)** erweitert. Die Regelung des § 23 a PolG (= §§ 53 bis 55 PolG 2020) über polizeiliche Maßnahmen mit Bezug auf die **Telekommunikation** wurde an die neuere Rechtsprechung des BVerfG (BVerfGE 130, 151) angepasst. In **§ 27 a PolG (= § 30 PolG 2020)** wurde eine spezielle Ermächtigungsgrundlage für die Anordnung eines Platzverweises, eines Betretungs- und Aufenthaltsverbots, eines Wohnungsverweises und eines Rückkehr- und Annäherungsverbots zur Bekämpfung der häuslichen Gewalt eingeführt (vgl. auch **§ 84 a PolG [= § 133 PolG 2020]**). Weitere Änderungen betrafen einzelne Standardmaßnahmen und die Datenerhebung und -verarbeitung. In **§ 83 a PolG (= § 129 PolG 2020)** wurde für die Polizei eine Zurückbehaltungsbefugnis gesetzlich geregelt.

e) Änderungen der Jahre 2013 / 2019 (Polizeistrukturreform)

29 Mit dem **Gesetz zur Umsetzung der Polizeistrukturreform** (Polizeistrukturreformgesetz [PolRG]) **vom 23.7.2013** wurde erneut eine Polizeireform durchgeführt, die vor allem eine Änderung der Polizeistrukturen zum Ziel hatte (GBl. S. 233). Das PolRG mit insgesamt 39 Artikeln trat zum 1.1.2014 in Kraft.

Das Reformgesetz wurde auf der Grundlage der Vorschläge einer Projektgruppe ausgearbeitet und beinhaltete im Wesentlichen **5 Eckpunkte** (vgl. Art. 1, §§ 1 und 2 PolRG [Veränderungen bei der Landespolizei, Aufgabenübertragungen]):

1. Verschmelzung der vier Landespolizeidirektionen bei den Regierungspräsidien mit den 37 Polizeipräsidien und Polizeidirektionen zu **zwölf** vergleichbar leistungsstarken und regional zuständigen **Polizeipräsidien** mit unmittelbarer Anbindung an das Innenministerium;
2. Bündelung der Einsatzeinheiten der bisherigen Bereitschaftspolizei und aller Spezialeinheiten in einem **Polizeipräsidium Einsatz**;
3. Integration der technischen Aufgabenwahrnehmung in einem **Präsidium Technik, Logistik, Service der Polizei**;
4. Bündelung der polizeilichen Aus- und Fortbildung sowie Personalgewinnung bei **einem** Bildungsträger, der **Hochschule für Polizei Baden-Württemberg**;
5. Umgestaltung des **LKA** zu einer **Zentral- und Servicestelle**.

Ziel der Reform war die **Schaffung einheitlicher Voraussetzungen für eine effektive, professionelle und bürgernahe Polizeiarbeit**.[111]

Neben den organisationsrechtlichen Regelungen für die Neustrukturierung der Polizei mussten zur Anpassung des geltenden Rechts weitere Gesetze geändert werden, wie

---

111 Stephan, in: Stephan/Deger, Polizeigesetz BW, Einf. Rn 45 ff.; Brommer, Polizeigesetz BW, Vorwort, S. 4.

etwa das Landesbeamtengesetz, Ernennungsgesetz, Chancengleichheitsgesetz, Meldegesetz etc.

Die Polizeistrukturreform war von Anfang an **stark umstritten**. Kritiker hielten sie für „überdimensioniert" und überhastet. Durch Beschluss des **VG Karlsruhe** vom 14.2.2014 wurde das Auswahlverfahren des Innenministeriums zur Besetzung der Führungsposten bei den regionalen Polizeipräsidien beanstandet und musste daher Anfang 2014 neu durchgeführt werden.[112] Ob das Hauptziel der Reform, durch Änderung der Organisationsstrukturen eine personelle Verstärkung der „operativen Basis" – also der Polizeiarbeit vor Ort –[113] erreicht werden kann, ist noch nicht abschließend sicher. Die vorgesehenen Modifikationen der Reform (vgl. sogleich § 1 Rn 31) deuten Reformschwächen in bestimmten Bereichen an. Die zunehmende Bereitschaft von Kommunen, zur Gewährleistung der öffentlichen Sicherheit im Stadtgebiet eigene Ordnungsdienste einzusetzen, lassen das Erreichen der Zielsetzung bezweifeln.

30

Die (mehrfachen) Organisationsreformen führten auch dazu, dass der **Polizeivollzugsdienst** innerhalb des Landes sowohl in sachlicher als auch in personeller Hinsicht über einen noch stärkeren **eigenen** Behörden- und Verwaltungsaufbau verfügt und sich somit gegenüber anderen staatlichen / kommunalen Behörden weiter abgrenzt und verselbstständigt. In einem demokratischen Staatswesen muss diese Entwicklung der „Polizei" zu einer Art „Sonderverwaltung" innerhalb der staatlichen Verwaltungsorganisation grundsätzlich kritisch gesehen werden.

Die **Auswirkungen der Polizeireform 2013** wurden durch die Landesregierung in der 16. Wahlperiode **evaluiert**.[114] Im September 2017 wurde das Umsetzungsprojekt „Evaluierung der Polizeistrukturreform Baden-Württemberg (Projekt Polizeistruktur 2020)" eingerichtet, das die im Abschlussbericht des Lenkungsausschusses „Evaluierung der Polizeistrukturreform Baden-Württemberg (EvaPol)" dargelegten Handlungsempfehlungen tiefgreifend prüfte und die für die Erstellung einer Kabinettsvorlage erforderlichen Ergebnisse erarbeitete.[115] Die Landesregierung beschloss auf Grundlage der Evaluierungsergebnisse die **Polizeistruktur 2020**.[116] Mit der Neustruktur will der Gesetzgeber „einen wichtigen Beitrag zur Stärkung der öffentlichen Sicherheit und zur Verbesserung des Sicherheitsgefühls in der Bevölkerung" leisten.[117] Durch das **Gesetz zur Umsetzung der Polizeistruktur 2020** (Polizeistrukturgesetz 2020 – PolSG2020)[118] vom 26.3.2019 wurde die Polizeireform 2013 in Teilen wieder geändert oder modifiziert. Im Wesentlichen bedeutete dies:

31

- Die **Anzahl der Polizeipräsidien** wurde von zuvor 12 **auf** nunmehr **13 erhöht**. Das Polizeipräsidium Tuttlingen wurde aufgelöst, in Pforzheim und Ravensburg entstanden zwei neue Polizeipräsidien. Der Bodenseekreis sowie die Landkreise Ravensburg und Sigmaringen bilden das neue Polizeipräsidium mit Sitz in Ravensburg; der Sitz der Kriminalpolizeidirektion verblieb in Friedrichshafen. Die Landkreise Calw, Freudenstadt und der Enzkreis bilden zusammen mit dem Stadtkreis Pforzheim das neue Polizeipräsidium mit Sitz in Pforzheim; der Sitz der Kriminalpolizeidirektion ist in Calw.[119]

---

112 VG Karlsruhe, openJur 2014, 1155.
113 LT-Drs. 15/3496, S. 46.
114 Vgl. dazu eingehender die Ausführungen des Innenministers in LT-Plenarprot. 16/86, S. 5219.
115 LT-Drs 16/4162, S. 2.
116 Pressemitteilung des Landes BW vom 24.7.2018.
117 LT-Drs. 16/5603, S. 12.
118 GBl. S. 93. Zum Gesetzgebungsverfahren vgl. Gesetzentwurf LT-Drs. 16/5603; erste Gesetzesberatung LT-Plenarprot. 16/86, S. 5218 bis 5225; Beschlussempfehlung und Bericht des Ausschusses für Inneres, Digitalisierung und Migration LT-Drs. 16/5846; zweite Gesetzesberatung LT-Plenarprot. 16/87, S. 5262 bis 5274; Gesetzesbeschluss LT-Drs. 16/5932.
119 Vgl. auch die Übersicht in LT-Drs. 16/5603, S. 11, 13.

- Die **örtlichen Zuschnitte** der Polizeipräsidien wurden umfassend **modifiziert**. Das Polizeipräsidium Tuttlingen wurde aufgelöst und der regionale Zuschnitt der Polizeipräsidien Karlsruhe, Konstanz und Reutlingen verändert.
- Die **Zuständigkeiten** des Polizeivollzugsdienstes für **Verkehrsunfälle** wurden geändert. Einfach gelagerte Verkehrsunfälle mit schweren Folgen werden durch die Polizeireviere aufgenommen, die spezialisierte Verkehrsunfallaufnahme wird daneben beibehalten.

Die Polizeistruktur 2020 **ist seit dem 1.1.2020 in Kraft**.[120] Im **Juni 2020** hat das Land BW dem Landtag den aktuellen **Bericht über die durch das Polizeistrukturreformgesetz erzielten Effizienzgewinne** für das Jahr 2019 vorgelegt.[121] Für die Zukunft soll auf weitere Effizienzberichte verzichtet werden.

f) Änderungen des Jahres 2017 (Terrorismusbekämpfung)

32 Durch das **Gesetz zur Änderung des Polizeigesetzes vom 28.11.2017**[122] wurde eine umfassende Ergänzung des PolG vorgenommen. Das Gesetz diente in erster Linie der **Verbesserung der Terrorismusbekämpfung**. Es ist eine Reaktion auf die Erkenntnisse aus dem Attentat auf den Berliner Weihnachtsmarkt am 19.12.2016. Ein Teil der neuen Regelungen ist zudem Ergebnis der vom 15. Landtag von BW beschlossenen Handlungsempfehlungen, die der NSU-Untersuchungsausschuss des Bundestags gegeben hatte[123].

Der Gesetzgeber wollte die aus seiner Sicht für eine wirksame Terrorismusbekämpfung **notwendigen Eingriffsbefugnisse** der Polizei in das PolG einfügen.[124] Zu diesem Zweck wurden im PolG folgende Ergänzungen vorgenommen:

1. Mit § 21 Abs. 4 PolG (= § 44 Abs. 4 PolG 2020) wurde die Möglichkeit der automatischen Auswertung von Bildaufzeichnungen geschaffen.
2. Auf der Grundlage des § 23 b PolG (= § 54 PolG 2020) kann die Polizei ohne Wissen der betroffenen Person deren Telekommunikation überwachen.
3. § 27 b PolG (= § 31 PolG 2020) ermöglicht der Polizei zur Verhütung terroristischer Straftaten den Erlass einer Aufenthaltsvorgabe oder eines Kontaktverbots.
4. Durch § 27 c PolG (= § 32 PolG 2020) wurde zur Verhütung terroristischer Straftaten die Möglichkeit zur Anordnung einer elektronischen Aufenthaltsüberwachung geschaffen.
5. Durch § 54 a PolG (= § 69 PolG 2020) wird der Polizei in bestimmten Fällen der Gebrauch von Explosivmitteln erlaubt.

Mit den aufgeführten Gesetzesänderungen sollen **bessere Aufklärung und Erkenntnisgewinnung zur Aufdeckung islamistisch-terroristischer Strukturen** ermöglicht werden. Nach der Landesregierung „ist alles daran zu setzen, Personen, die unerkannt und konspirativ Anschläge vorbereiten, aufzuspüren und schwerste Straftaten zu verhindern. Wirksame Terrorismus- und Kriminalitätsbekämpfung muss deshalb, soweit dies verfassungsrechtlich möglich ist, bereits im Vorfeld konkreter Straftaten ansetzen."[125]

Bis Ende des Jahres 2018 wurden die **neu geschaffenen Eingriffsrechte** von der Polizei **kaum genutzt**. Zwei Anträgen gem. § 27 b PolG (= § 31 PolG 2020) wurde vom zuständigen Gericht nicht entsprochen, § 27 c PolG (= § 32 PolG 2020) kam in keinem

---

120 Art. 5 PolSG2020 (GBl. S. 96).
121 LT-Drs. 16/8213 v. 4.6.2020.
122 GBl. S. 624. Zum Gesetzgebungsverfahren vgl. Gesetzentwurf LT-Drs. 16/2741; erste Gesetzesberatung LT-Plenarprot. 16/42, S. 2380 bis 2396; Beschlussempfehlung und Bericht des mitberatenden Ständigen Ausschusses und des federführenden Ausschusses für Inneres, Digitalisierung und Migration LT-Drs. 16/2915; zweite Gesetzesberatung LT-Plenarprot. 16/47, S. 2723 bis 2838; Gesetzbeschluss LT-Drs. 16/3011.
123 Vgl. LT-Drs. 15/8000, S. 972, sowie § 1 Rn 17.
124 LT-Drs. 16/2741, S. 1, 20.
125 LT-Drs. 16/2741, S. 20.

I. Entwicklung des Polizeibegriffs

Fall zur Anwendung.[126] Dennoch gehen die Regierungsparteien davon aus, dass die Erweiterung der polizeilichen Eingriffsmöglichkeiten im Hinblick auf mögliche angespannte Sicherheitslagen richtig war.[127]

Vor allem die **grundlegenden Eingriffe in die informationelle Selbstbestimmung** durch die Möglichkeiten der Telekommunikationsüberwachung (TKÜ) waren im Gesetzgebungsverfahren umstritten. Unter anderem fragten sich die Abgeordneten, ob es bereits technische Lösungen (Software) gäbe, die geeignet seien, die verfassungsrechtlich gebotenen Grenzen der Quellen-TKÜ sicher zu gewährleisten.[128] Mehrheitlich waren sich die Abgeordneten aber einig, dass es verbesserte Maßnahmen zur Terrorismusbekämpfung geben müsse.

Es steht außer Frage, dass die Ergänzungen des PolG **geeignete Maßnahmen zur Terrorismusbekämpfung** darstellen. Es bleibt abzuwarten, welche präventiven Erfolge damit in der Praxis erreicht werden können. Wichtig wird sein, dass die durch das Verfassungsrecht bedingten **datenschutzrechtlichen Grenzen eingehalten** werden und das Recht der informationellen Selbstbestimmung gewahrt bleibt. Hier wird der **Überwachung durch die Datenschutzbeauftragten** grundlegende Bedeutung zukommen.

g) Änderungen des Jahres 2017 (Alkoholkonsumverbot)

Durch das **Gesetz zur Abwehr alkoholbedingter Störungen der öffentlichen Sicherheit** vom 28.11.2017[129] wurde § 10 a PolG (= § 18 PolG 2020) neu in das PolG eingefügt. Über § 18 PolG kann durch Polizeiverordnung der **Alkoholkonsum an örtlichen Brennpunkten zeitlich begrenzt untersagt** werden. Mit der neuen gesetzlichen Regelung sollen die Kommunen in die Lage versetzt werden, alkoholbedingten Straftaten und Ordnungswidrigkeiten an diesen Örtlichkeiten vor allem in den Abend- und Nachtstunden an Wochenenden oder vor Feiertagen wirksamer entgegenzutreten; die Ortspolizeibehörden sollen gezielt gegen alkoholbedingte Störungen der öffentlichen Sicherheit vorgehen können.[130]

Die Neuregelung in § 18 PolG war eine **Reaktion auf die Rechtsprechung des VGH BW**, wonach örtliche Alkoholkonsumverbote in der Regel nicht durch eine auf § 10 PolG 1992 (= § 17 PolG 2020) gestützte Polizeiverordnung ausgesprochen werden können.[131] Der VGH BW hatte darauf hingewiesen, dass es hierzu einer eigenständigen Regelung durch den Gesetzgeber bedürfe.[132] In Reaktion auf diese Rechtsprechung hatten die **kommunalen Spitzenverbände** darauf gedrängt, dass durch das Land eine geeignete gesetzliche Rechtsgrundlage geschaffen werde.[133]

Angesichts der vom Gesetzgeber in § 18 PolG vorgesehenen stringenten und umfassenden Tatbestandsvoraussetzungen für den Erlass eines Alkoholkonsumverbots bestehen **erhebliche Zweifel**, dass in der Praxis entsprechende Rechtsverordnungen **eine größere Rolle** spielen werden.[134] Tatsächlich wurde die Möglichkeit bis Ende 2018 nur von wenigen Gemeinden in Baden-Württemberg genutzt.[135]

---

126 LT-Drs. 16/5076, S. 4.
127 Stuttgarter Zeitung vom 17.10.2018, S. 7.
128 LT-Plenarprot. 16/42, S. 2389, 2391.
129 GBl. S. 631. Zum Gesetzgebungsverfahren vgl. Gesetzentwurf LT-Drs. 16/2741; erste Gesetzesberatung LT-Plenarprot. 16/42, S. 2380 bis 2396; Beschlussempfehlung und Bericht des mitberatenden Ständigen Ausschusses und des federführenden Ausschusses für Inneres, Digitalisierung und Migration, LT-Drs. 16/2915; zweite Gesetzesberatung LT-Plenarprot. 16/47, S. 2723 bis 2838; Gesetzesbeschluss LT-Drs. 16/3012.
130 LT-Drs. 16/2741, S. 1, 22 ff.
131 VGH BW, VBlBW 2010, 33 (fehlende Bestimmtheit einer Rechtsverordnung), VBlBW 2010, 29 (keine hinreichende Gefahr durch Alkoholkonsum im öffentlichen Raum). Vgl. dazu auch Braun, BWGZ 2018, 76 f.; Pöltl, VBlBW 2018, 221, 223 ff.
132 VGH BW, VBlBW 2010, 29, 33.
133 Vgl. dazu eingehend Pöltl, VBlBW 2018, 221, 226, sowie § 9 Rn 26 ff.
134 Braun, BWGZ 2018, 76, 81 f.; Pöltl, VBlBW 2018, 221, 233 f.
135 LT-Drs. 5076, S. 4.

h) Änderungen des Jahres 2020 (Neufassung PolG / EU-Datenschutzrecht)

35 Durch das **Gesetz zur Umsetzung der Richtlinie (EU) 2016/680 für die Polizei in Baden-Württemberg und zur Änderung weiterer polizeilicher Vorschriften vom 6.10.2020**[136] hat das PolG **weitreichende Änderungen und Ergänzungen** erfahren und eine vollständige **Neufassung** erhalten. Das Gesetz diente vor allem **drei Zielen**[137]:

1. **Umsetzung** der **DSRL 2016/680** in das PolG. Zu diesem Zweck wurden nicht nur die zuvor bereits bestehenden datenschutzrechtlichen Normen ergänzt und erweitert, sondern **zahlreiche neue datenschutzrechtliche Normen** erlassen. Zudem fanden verschiedene Anpassungen statt, die der **Rechtsprechung des BVerfG** zur Geltung verhelfen. Nunmehr befassen sich fast die Hälfte der im PolG enthaltenen Normen mit dem Datenschutz der Polizei (vgl. dazu auch die Ausführungen in § 1 Rn 68).
2. Die umfangreichen **Ausführungen und Vorgaben des BVerfG** in seinem **Urteil vom 20.4.2016 (BKAG-Urteil)**[138] wurden in das PolG BW **eingearbeitet**. Dies betrifft vor allem die eingriffsintensiven Polizeibefugnisnormen. Gleiches gilt für die **Vorgaben des BVerfG zum Einsatz automatischer Kennzeichenlesesysteme**.[139]
3. Es wurden Änderungen und Ergänzungen des PolG vorgenommen, um **Gefahren vor allem des internationalen Terrorismus** sowie im Bereich der **häuslichen oder sexuellen Gewalt** noch wirksamer begegnen zu können. Zu diesem Zweck wurden die **polizeilichen Befugnisnormen effektiviert**.[140]

Im Einzelnen wurden folgende grundlegende **Änderungen und Ergänzungen** vorgenommen:

1. In den **§§ 11 bis 16, 42 bis 62 und 70 bis 99 PolG** finden sich nunmehr **umfassende Regelungen des Datenschutzes** durch die Polizei. Neben den bis 2020 geltenden Datenschutzregelungen wurden zahlreiche neue Normen zur Umsetzung der DSRL 2016/680 eingefügt. Darüber hinaus finden sich neue Regelungen für den polizeilichen Datenabgleich und für Auskünfte an Gerichtsvollzieher.
2. In das PolG wurden mit **§ 15 PolG und weiteren Änderungen** umfassende Regelungen zur sog. **hypothetischen Datenneuerhebung** aufgenommen. Dies ist der grundlegenden Rechtsprechung des BVerfG[141] geschuldet.
3. In **§ 27 PolG** wurde in Abs. 1 mit der neuen Nr. 2 eine neue Rechtsgrundlage eingefügt, die eine **zusätzliche Personenfeststellung** unter bestimmten Voraussetzungen bei Veranstaltungen und Ansammlungen ermöglicht.
4. Mit **§ 29 PolG** wurde eine eigenständige neue Norm eingefügt, welche die **Gefährderansprache** regelt. Bislang konnten Gefährderansprachen mangels spezieller polizeilicher Eingriffsnormen nur auf die Generalklausel der §§ 1, 3 PolG gestützt werden.[142]
5. In **§§ 34, 35 PolG** wurde in Abs. 1 mit der neuen Nr. 3 eine neue Rechtsgrundlage eingefügt, die eine **zusätzliche Durchsuchung von Personen und Sachen** unter bestimmten Voraussetzungen bei Veranstaltungen und Ansammlungen ermöglicht.

---

136 GBl. S. 735, ber. S. 1092. Zum Gesetzgebungsverfahren vgl. Gesetzentwurf LT-Drs. 16/8484; erste Gesetzesberatung LT-Plenarprot. 16/126, S. 7788 bis 7796; Beschlussempfehlung und Bericht des mitberatenden Ständigen Ausschusses und des federführenden Ausschusses für Inneres, Digitalisierung und Migration LT-Drs. 16/8811; zweite Gesetzesberatung LT-Plenarprot. 16/127/, S. 7851 bis 7867; Gesetzesbeschluss LT-Drs. 16/8886.
137 LT-Drs. 8484, S. 1.
138 BVerfGE 141, 220 ff.
139 BVerfG, NJW 2019, 842 ff.
140 LT-Drs. 8484, S. 1, 117 ff.
141 BVerfGE 141, 220, 326 ff. (Rn 284 ff.).
142 VGH BW, VBlBW 2018, 316, 318, mit Anm. Nachbaur VBlBW 2018, 320 ff.; VG Saarland, Beschl. v. 6.3.2014 – 6 K 1102/13; Herberger, VBlBW 2015, 445, 447; Nachbaur, VBlBW 2021, 55, 65.

6. In **§ 44 PolG** wurde der **Einsatz sog. Bodycams auch in Wohnungen und Arbeits-, Betriebs- und Geschäftsräumen** gestattet. Der Einsatz und die Nutzung der Aufnahmen sind an bestimmte Voraussetzungen geknüpft (dringende Gefahr für Leib oder Leben).
7. In **§ 45 PolG** wurde ausdrücklich die **Speicherung von Notrufen und Anrufen** auf bestimmte weitere Telefonnummern geregelt.

Die **verschiedenen Inhalte des Gesetzes** waren – bis auf die umfangreichen Ergänzungen im Datenschutz zur Umsetzung der DSRL 2016/680 – zwischen den beiden Regierungsparteien **sehr umstritten**. Es kam darüber zum offenen politischen Disput.[143] Eine Einigung konnte erst im Dezember 2019 herbeigeführt werden.[144] Auch in der Öffentlichkeit kam es zu **Diskussionen und Protesten** gegen geplante Änderungen des PolG.[145] Die Fraktion Bündnis 90/Die Grünen hat nach eigenen Angaben die Ausweitung der Schleierfahndung, die Onlinedurchsuchung sowie die Ausweitung des Gewahrsams, der DNA-Analyse und des „großen Lauschangriffs" verhindert.[146] Der Innenminister wollte sich weiter dafür einsetzen, dass es künftig eine gesetzliche Ermächtigung im PolG für **Online-Durchsuchungen** geben soll (vgl. dazu auch § 10 Rn 464).[147]

Ergänzende Gesetzesänderungen erfolgten durch das **Gesetz zur Anpassung landesrechtlicher Rechtsvorschriften an die Neufassung des Polizeigesetzes** (Polizeigesetz-Anpassungsgesetz – PolGAnpG) vom 3.2.2021.[148]

II. Europäische Zusammenarbeit

1. Grundlagen der polizeilichen Kooperation

a) Europäisierung des Polizeirechts

Die Bedeutung des EU-Rechts und des internationalen Rechts für die Tätigkeit der Polizei nimmt ständig zu. Das Zusammenwachsen Europas erfordert auch eine stärkere Zusammenarbeit der europäischen Polizei in Sicherheitsfragen. Es gibt im Bereich des Sicherheits- und Polizeirechts eine zunehmende **Europäisierungstendenz**[149], ein **europäisches Polizeirecht** ist im Entstehen.[150] Allerdings liegt der Schwerpunkt der internationalen Kooperation beim Bund und nicht bei den Ländern. Es steht außer Frage, dass die grenzüberschreitende Kriminalität angesichts offener europäischer Binnengrenzen und eines grenzfreien elektronischen Marktes (Internet etc.) zunimmt und zunehmend schwerer zu bekämpfen ist.[151]

Ein wesentliches Motiv für die polizeiliche Zusammenarbeit in (West-)Europa war in den 70er Jahren die Bedrohung durch terroristische Gewalttaten. Bei der Tagung des Europäischen Rats im Dezember 1975 in Rom wurde erstmals ein Gremium eingerichtet, die sog. **TREVI-Gruppe** (**T**errorismus-**R**adicalisme-**E**xtremisme-**Vio**lance), die sich ab 1976 auf Ministerebene regelmäßig zu Konsultationen traf. Von dieser TREVI-Kooperation als Planungs- und Koordinationsinstanz gingen bedeutende Impulse für die Zusammenarbeit der Polizei in Europa aus. Im **Vertrag von Maastricht** über die Europäische Union vom 7.2.1992 wurde die polizeiliche Zusammenarbeit zur Verhütung und Bekämpfung des Terrorismus, des illegalen Drogenhandels und sonstiger schwerwie-

---

143 Dies dauerte bis unmittelbar vor dem Gesetzgebungsverfahren an, vgl. dazu etwa Rieger, in: Stuttgarter Zeitung vom 9.7.2020.
144 Vgl. dazu etwa Stuttgarter Zeitung vom 5.12.2019, vom 12.12.2019 und vom 1.10.2020.
145 Stuttgarter Zeitung vom 13.7.2019: „Bei einer Demonstration gegen geplante Verschärfungen des Polizeigesetzes von Baden-Württemberg kommt es zu einem Konflikt: Die Protestierenden und die Polizei geraten aneinander."
146 Veröffentlichung der Fraktion Bündnis 90/Die Grünen auf ihrer Homepage vom 4.3.2020. Ebenso Sckerl, LT-Plenarprot. 16/127, S. 7853.
147 So etwa Ludwigsburger Kreiszeitung vom 22.12.2019.
148 GBl. S. 53; Gesetzentwurf: LT-Drs. 16/9241.
149 Kingreen/Poscher, Polizei- und Ordnungsrecht, § 1 Rn 35; Gärditz, GSZ 2017, 1, 5 f.
150 Möstl, in: Möstl/Trurnit, Polizeirecht BW, Rn 65.
151 Vgl. dazu etwa Hartmann/Holland/Holland, S. 103 ff.

gender Formen der internationalen Kriminalität vereinbart (BGBl. II S. 1253). Diese Form der intergouvernementalen Kooperation wurde als „dritte Säule" neben den Verträgen über die Europäische Wirtschaftsgemeinschaft (als erste) und der gemeinsamen Außen- und Sicherheitspolitik (als zweite) unter dem gemeinsamen Dach der EU bezeichnet.[152] Es soll eine **europäischer Raum der Freiheit, der Sicherheit und des Rechts** entstehen.[153] In dem Vertrag wurde erstmals die Schaffung eines europäischen Polizeiamtes namens „**Europol**" vereinbart (vgl. § 1 Rn 46).

37 Im **Vertrag von Amsterdam** über die Europäische Union vom 2.10.1997 (BGBl. 1998 II S. 387) wurden alle Bestimmungen über den „freien Personenverkehr" (Zollangelegenheiten, Außengrenzen, Visum, Asyl- und Einwanderungspolitik) in den Gemeinschaftsbereich überführt. Die Zusammenarbeit im Bereich der Polizeiangelegenheiten blieb aber weiterhin weitgehend den zwischenstaatlichen Regelungen überlassen. Nach langen Verhandlungen wurde am 26.2.2001 der **Vertrag von Nizza** unterzeichnet. Neben dem bereits bestehenden Europäischen **Polizeiamt „Europol"** (vgl. § 1 Rn 46) wurde im Bereich der justiziellen Zusammenarbeit die Koordinierungsstelle „**Eurojust**" geschaffen, die verstärkt europaweit die strafrechtlichen Ermittlungen unterstützen und die Bearbeitung von Rechtshilfeersuchen vereinfachen sollte. In Deutschland trat am 18.5.2004 das sog. **Eurojust-Gesetz** – EJG – in Kraft (BGBl. I S. 1902, vgl. § 1 Rn 52), nunmehr in der Fassung vom 9.12.2019 (BGBl. I S. 2010); vgl. § 1 Rn 52.

b) Schengener Informationssystem (SIS)

38 Am 14.6.1985 beschlossen die Regierungschefs von Frankreich, den Benelux-Ländern und der Bundesrepublik Deutschland in Schengen/Luxemburg das **Schengener Übereinkommen** über den schrittweisen Abbau ihrer Binnengrenzen (SchÜK)[154] – **Schengen I** –. Am 19.6.1990 schlossen diese **Vertragspartner das Schengener Durchführungsübereinkommen (SDÜ) – Schengen II** –, das in Deutschland am 1.9.1993 in Kraft trat (BGBl. II S. 1013). Diesem Übereinkommen sind weitere Staaten beigetreten, so etwa 1990 Italien, 1991 Spanien, und 2004 die Schweiz als nicht EU-Staat. Gem. Art. 3 der Akte zum Beitrittsvertrag waren die Übereinkommen bzw. der „Schengen Besitzstand" für weitere zehn Beitrittsstaaten ab 1.5.2004 verbindlich. Mit Bulgarien und Rumänien wurden 2005 entsprechende Regelungen getroffen.

Das Schengener Durchführungsabkommen ist in acht Abschnitte gegliedert. Titel III (Polizei und Sicherheit) enthält Regelungen über die polizeiliche Zusammenarbeit (Art. 39 bis 47 SDÜ) und über die Rechtshilfe in Strafsachen. Art. 92 bis 119 SDÜ regeln den Aufbau und die Funktion des „Schengener Informationssystems". Das **Schengener Informationssystem (SIS)** soll als datengestütztes Fahndungssystem den für Kontrollen im Inland, an den gemeinsamen Außengrenzen und für die Visumsvergabe zuständigen Behörden zur Verfügung stehen. Jeder Vertragsstaat hat eine nationale Stelle verbindlich festgelegt, die alle Aufgaben im Rahmen der Informationsbeschaffung, der Informationsübermittlung und der Koordination wahrnimmt. Diese Stellen werden **SIRENE** (Supplementary Information Request at the National Entrees) genannt. Die SIRENE für Deutschland wurde beim BKA eingerichtet.[155]

39 Durch die **Verordnung (EG) 2424/2001 des Rates vom 6.12.2001** über die Entwicklung des Schengener Informationssystems der zweiten Generation (SIS II)[156] und den **Ratsbeschluss 2007/533/JI vom 12.6.2007** über die Einrichtung, den Betrieb und die Nutzung des Schengener Informationssystems der zweiten Generation (SIS II)[157] wurde

---

152 Di Fabio, DÖV 1997, 94, 96.
153 Möstl, in: Möstl/Trurnit, Polizeirecht BW, Rn 65, 66.
154 GMBl. 1986 S. 79.
155 Art. 6 des Gesetzes zum Schengener Übereineinkommen (BGBl. 1993 II S. 1011).
156 EU ABl. L 328/4 vom 13.12.2001.
157 EU ABl. L 205/63 vom 7.8.2007. Für im deutschen Recht anwendbar erklärt durch das Gesetz zum Schengener Informationssystem der zweiten Generation (SIS-II-Gesetz) vom 6.6.2009 (BGBl. I S. 1226).

II. Europäische Zusammenarbeit

mit **SIS II** eine modernisierte und erweitere Version von SIS etabliert.[158] Diese ist **am 9.4.2013 in Betrieb gegangen**. SIS II ermöglicht auch die **Verarbeitung biometrischer Daten**. Die Regelungen zu SIS in den Art. 92 bis 119 SDÜ treten erst mit umfassendem Funktionieren des SIS II in allen Mitgliedsstaaten der EU außer Kraft (Art. 68 Abs. 1, 71 Abs. 2, 3 Ratsbeschluss 2007/533/JI). Dies ist bislang noch nicht geschehen, die EU-Kommission hatte erst am 21.12.2016 dem Europäischen Parlament und dem Rat den erforderlichen umfassenden Bericht über SIS II abgegeben.[159]

Mit der **Verordnung (EU) 2018/1862 des Europäischen Parlaments und des Rates vom 28.11.2018** über die Einrichtung, den Betrieb und die Nutzung des Schengener Informationssystems (SIS) im Bereich der polizeilichen Zusammenarbeit und der justiziellen Zusammenarbeit in Strafsachen[160] wurden die **Regelungen für die Nutzung von SIS in den Bereichen der Polizei und der Justiz völlig neu aufgestellt** (sie wird ergänzt durch die Verordnungen [EU] 2018/1860 [Nutzung von SIS bei der Rückkehr illegal aufhältiger Drittstaatsangehöriger][161] und 2018/1861 [Nutzung von SIS im Bereich der Grenzkontrollen][162] vom 28.11.2018; alle 3 Verordnungen sollen trotz unterschiedlicher Rechtsgrundlagen sicherstellen, dass **SIS als ein einziges Informationssystem** betrieben wird[163]). Die neuen Regelungen des SIS werden mit Inbetriebnahme des SIS auf der Grundlage der Verordnung (EU) 2018/1862 in Kraft treten (dies wird bis spätestens zum 28.12.2021 der Fall sein [vgl. dazu Art. 79 Abs. 2 der Verordnung]), zugleich werden alle bislang bestehenden Regelungen ersetzt, vor allem die des SDÜ (bereits durch den Ratsbeschluss 2007/533/JI erfolgt), der Verordnung (EG) 2424/2001 und des Ratsbeschluss 2007/533/JI (vgl. Art. 78, 79 der Verordnung [EU] 2018/1862).[164] In die Verordnung (EU) 2018/1862 sind die Erkenntnisse der EU-Kommission aus dem notwendigen umfassenden Test von SIS II (gem. Art. 71 Abs. 3 Buchst. c Ratsbeschluss 2007/533/JI) eingeflossen.[165] In SIS werden **neue Datenkategorien** aufgenommen, um schnelle Ergebnisse erzielen zu können, die **Verarbeitung biometrischer und daktyloskopischer Daten** soll ermöglicht werden, eine **automatisierte Fingerabdruck-Identifizierung** wird implementiert, der **DNA-Abgleich** wird unter bestimmten Voraussetzungen erlaubt, das **Anhalten** und die **Befragung von Personen** werden vorgesehen. Zudem enthält die Verordnung (EU) 2018/1862 die notwendigen besonderen **datenschutzrechtlichen Regelungen** im Anwendungsbereich von SIS. Der **Ratsbeschluss 2007/533/JI** wurde bis zu seinem Außerkrafttreten **geändert** und an die kommende Neuregelung von SIS angepasst (Art. 77 der Verordnung [EU] 2018/1862). Nach **Aufhebung** des **Ratsbeschlusses 2007/533/JI** werden alle Verweisungen auf den Ratsbeschluss durch die Regelungen der Verordnung (EU) 2018/1862 ersetzt (so Art. 78 Abs. 2 der VO), hierfür wurde eine **Entsprechungstabelle** in den Anhang des Verordnung genommen.

Mit der **Verordnung (EU) 2019/818 des Europäischen Parlaments und des Rates vom 20.5.2019** zur Errichtung eines Rahmen der Interoperabilität zwischen EU-Informationssystemen (polizeiliche und justizielle Zusammenarbeit, Asyl und Migration) und zur Änderung der Verordnungen (EU) 2018/1726, (EU) 2018/1862 und (EU) 2019/816[166] ist ein weiterer wichtiger Schritt im Informationsaustausch zwischen den Polizeibehörden innerhalb der EU erfolgt. Es soll durch unterschiedliche technische Systeme eine

40

41

---

158 SIS II wird (Stand Februar 2021) von 30 europäischen Ländern angewandt (LT-Drs. 16/9917, S. 2 Fn 1).Vgl. dazu auch Aden, in: Lisken/Denninger, Handbuch des Polizeirecht, Kap. N Rn 205 bis 212; Bock, in: Schenke/Graulich/Ruthig, Sicherheitsrecht, § 17 BVerfSchG, Rn 17 f.
159 Erwägungsgrund 3 zur Verordnung (EU) 2018/1862, EU ABl. L 312, S. 56.
160 EU ABl. L 312/56 vom 7.12.2018, geändert durch die Verordnung (EU) 2019/818 vom 20.5.2020 (EU ABl. L 135/85 vom 22.5.2019, ber. EU ABl. L 10/5 vom 15.1.2020).
161 EU ABl. L 312/1 vom 7.12.2018.
162 EU ABl. L 312/14 vom 7.12.2018.
163 Erwägungsgrund 5 zur Verordnung (EU) 2018/1862, EU ABl. L 312, S. 57.
164 Erwägungsgrund 84 zur Verordnung (EU) 2018/1862, EU ABl. L 312, S. 66.
165 Erwägungsgrund 3 zur Verordnung (EU) 2018/1862, EU ABl. L 312, S. 56.
166 EU ABl. L 135/85 vom 22.5.2019, ber. EU ABl. L 10/5 vom 15.1.2020.

deutlich verbesserte Interoperabilität zwischen den einzelnen Datenbanken erreicht werden.[167] Zu diesem Zweck werden vier neue Datenabgleichsysteme eingeführt: European search portal (**ESP**), biometric matching system (**BMS**), common identity repository (**CIR**) und multiple-identity detector (**MID**).[168] Insgesamt soll eine deutliche **Verbesserung der Identitätskontrollen** innerhalb der EU erreicht werden (Art. 2 der Verordnung [EU] 2019/818). Auch **SIS** soll in das neue Datenverbundsystem eingebunden werden (Art. 3 Abs. 1 der Verordnung [EU] 2019/818).

c) Schengen-Acquis

42 Im **Vertrag von Amsterdam** wurde vereinbart, die Schengener Abkommen in das EU-Recht zu integrieren (sog. „**Schengen-Acquis**"). Diese Änderung ist am 1.5.1999 in Kraft getreten. Die Details der Einbeziehung der Schengener Abkommen sowie der darauf aufbauenden Beschlüsse („Schengen-Besitzstand") regelt das dem Vertrag von Amsterdam beigefügte **Schengen-Protokoll**.[169] Aufgrund der Einbeziehung des Schengener Abkommens in den Rechtsrahmen der EU gelten die Schengener Abkommen nicht mehr als völkerrechtliche Verträge zwischen den Mitgliedsstaaten, sondern als Rechtsakte der EU. Daher konnte die EU mittlerweile große Teile des Schengener Durchführungsübereinkommens aufheben und durch EU-Verordnungen ersetzen.

Durch die Verordnung (EG) Nr. 562/2006 des Europäischen Parlaments und des Rates vom 15.3.2006 über einen Gemeinschaftskodex für das Überschreiten der Grenzen durch Personen (**Schengener Grenzkodex**)[170] wurden die zuvor in den Schengener Übereinkommen enthaltenen Vereinbarungen als unmittelbares EU-Recht kodifiziert. Die Verordnung wurde in den Folgejahren mehrfach und in wesentlichen Punkten geändert. Aus Gründen der Übersichtlichkeit und Klarheit wurde sie deshalb als **Verordnung (EU) 2016/399 des Europäischen Parlaments und des Rates vom 9.3.2016 über einen Gemeinschaftskodex für das Überschreiten der Grenzen durch Personen** (Schengener Grenzkodex)[171] neu kodifiziert. Dabei wird nochmals festgestellt, dass der Aufbau eines Raums, in dem der freie Personenverkehr über die Binnengrenzen hinweg gewährleistet ist, eine der größten Errungenschaften der EU ist[172]

d) Vertrag von Lissabon

43 Durch den **Vertrag von Lissabon** wurde am 1.12.2008 die polizeiliche Zusammenarbeit auf der Ebene der EU auf eine neue Grundlage gestellt und eine neue Stufe der Zusammenarbeit erreicht. Das BVerfG hat entschieden, dass das (deutsche) Zustimmungsgesetz zu dem Vertragswerk verfassungsgemäß ist; demgegenüber verstieß das Begleitgesetz zum Vertrag nach Auffassung des Gerichts gegen Art. 38 Abs. 1 GG i. V. m. Art. 23 Abs. 1 GG, da Beteiligungsrechte des Deutschen Bundestags und des Bundesrates nicht im erforderlichen Umfang ausgestaltet worden waren.[173]

Der Vertrag von Lissabon setzt sich aus zwei Verträgen zusammen, dem **Vertrag über die Europäische Union (EUV)** und dem **Vertrag über die Arbeitsweise der Europäischen Union (AEUV)**. Beide Verträge sind gleichrangig und betreffen eine einheitliche Union, welche die Europäische Gemeinschaft ersetzt und deren Rechtsnachfolgerin

---

167 Erwägungsgrund 8 zur Verordnung (EU) 2019/818, EU ABl. L 135, S. 86.
168 Erwägungsgrund 9 zur Verordnung (EU) 2019/818, EU ABl. L 135, S. 86.
169 Vertrag von Amsterdam zur Änderung des Vertrags über die Europäische Union, der Verträge zur Gründung der Europäischen Gemeinschaften sowie einiger damit zusammenhängender Rechtsakte – Protokolle – Protokoll zum Vertrag über die Europäische Union und zum Vertrag zur Gründung der Europäische Gemeinschaft – Protokoll zur Einbeziehung des Schengen-Besitzstands in den Rahmen der Europäischen Union (EU ABl. C 340 vom 10.11.1997, S. 93).
170 EU ABl. L 105 vom 13.4.2006, S. 1.
171 EU ABl. L 77, S. 1. Vgl. dazu auch Becker, ZJS 2017, 705.
172 Erwägungsgrund 22 zur Verordnung (EU) 2019/818, EU ABl. L 135, S. 87.
173 BVerfGE 123, 186.

II. Europäische Zusammenarbeit

ist.[174] In **Art. 67 Abs. 1 AEUV** wird das Ziel einer einheitlichen Europäischen Union deklariert: „Die Union bildet einen Raum der Freiheit, Sicherheit und des Rechts, in dem die Grundrechte und die verschiedenen Rechtsordnungen und -traditionen der Mitgliedstaaten geachtet werden". Gem. **Art. 67 Abs. 3 AEUV** wirkt die Union darauf hin, „durch Maßnahmen zur Verhütung und Bekämpfung von Kriminalität, sowie von Rassismus und Fremdenfeindlichkeit, zur Koordinierung und Zusammenarbeit von Polizeibehörden und Organen der Strafrechtspflege und den anderen zuständigen Behörden, sowie durch gegenseitige Anerkennung strafrechtlicher Entscheidungen und erforderlichenfalls durch die Angleichung der strafrechtlichen Rechtsvorschriften ein hohes Maß an Sicherheit zu gewährleisten". Die Zuständigkeiten der EU erstrecken sich auf polizeiliche und justizielle Aufgaben in den Bereichen Kontrolle der Außengrenzen, Asyl, Einwanderung und Verhütung und Bekämpfung der Kriminalität (vgl. Art. 3 Abs. 2 EUV).

Eine zentrale Rolle bei der Umsetzung dieser Zielsetzungen nimmt der **Rat der EU** ein, der gemeinsam mit dem Europäischen Parlament für die Gesetzgebung zuständig ist und Haushaltsbefugnisse ausübt (Art. 16 Abs. 1 EUV). Für die polizeiliche und justizielle Zusammenarbeit in Strafsachen (PJZS) nach Art. 67 bis 89 AEUV ist der **Rat für Justiz und Inneres** zuständig. Seine Beratungen werden vom **Ausschuss der ständigen Vertreter der Regierungen der Mitgliedstaaten (AStV)** vorbereitet. Gem. Art. 71 AEUV wurde am 25.2.2010 der **Ständige Ausschuss für die operative Zusammenarbeit im Bereich der inneren Sicherheit (COSI)** eingerichtet.[175]

e) Interpol

Die **Internationale kriminalpolizeiliche Organisation Interpol**, auch **ICPO–Interpol** genannt (*International Criminal Police Organization*), ist eine internationale Organisation zur Stärkung der Zusammenarbeit nationaler Polizeibehörden. Sie wurde 1923 in Wien gegründet und hat ihren Sitz in Lyon. Derzeit hat Interpol 190 Mitgliedstaaten. In der Bundesrepublik werden die Aufgaben der internationalen Zusammenarbeit zur Strafverfolgung vom BKA wahrgenommen (§ 3 BKAG, vgl. § 16 Rn 2). **44**

f) EU-Polizeirecht

Zusammenfassend lässt sich feststellen, dass die europäischen Sicherheitsagenturen immer mehr an Bedeutung gewinnen. Mit Recht weist *Aden* darauf hin, dass trotz der Vereinheitlichung des Sicherheits- und Polizeirechts auf europäischer Ebene immer noch **erhebliche Kohärenzdefizite** bestehen und den einzelnen Mitgliedsstaaten immer noch erhebliche Einzelbefugnisse zukommen, so dass eher von einem europäischen **Sicherheitskooperationsrecht** die Rede sein kann.[176] Daneben kommt dem grundlegenden Schutz des Einzelnen vor Eingriffen in seine Grundrechte auch auf EU-Ebene eine immer größere Bedeutung zu.[177] Als Beispiel dafür sei etwa auf die Richtlinie der EU 2006/24/EG zur **Vorratsdatenspeicherung von Daten** hingewiesen, die durch die Entscheidung des **EuGH** vom 8.4.2014 „gekippt" wurde, weil sie mit der Charta der Grundrechte der EU nicht vereinbar war.[178] **45**

2. Sicherheitsbehörden auf EU-Ebene

a) Europol

Im **Vertrag von Maastricht** vom 7.2.1992 (BGBl. II S. 1253 ff.) wurde erstmals die Schaffung eines europäischen Polizeiamtes namens „Europol" vereinbart und durch das Übereinkommen aufgrund von Artikel K.3 des Vertrags über die Europäische Union **46**

---

174 Art. 1 Abs. 3 S. 2 EUV; Aden, in: Lisken/Denninger, Handbuch des Polizeirechts, Kap. N Rn 1.
175 Vgl. im Einzelnen Aden, in: Lisken/Denninger, Handbuch des Polizeirechts, Kap. N Rn 10 f.
176 Aden, in: Lisken/Denninger, Handbuch des Polizeirechts, Kap. N Rn 360 f.
177 Aden, in: Lisken/Denninger, Handbuch des Polizeirechts, Kap. N Rn 364 f.
178 EuGH, NJW 2014, 2169 ff.

über die Errichtung eines Europäischen Polizeiamts (Europol-Übereinkommen)[179] geregelt.[180] Das Polizeiamt war ursprünglich (vgl. sogleich § 1 Rn 47) eine durch völkerrechtlichen Vertrag gegründete internationale Organisation mit eigener Rechtspersönlichkeit. Das Amt, das seinen Sitz in Den Haag hat, nahm am 1.7.1999 seine Tätigkeit auf. Rechtsgrundlage seiner Einrichtung war zunächst das Europol-Übereinkommen der Mitgliedstaaten der EU vom 26.7.1995 – kurz genannt: Europol-Konvention, abgekürzt EPK.[181]

Ohne das Europol-Übereinkommen förmlich aufzuheben, beschloss der Europäische Rat am 6.4.2009 auf Vorschlag der Kommission die Errichtung des Europäischen Polizeiamtes.[182] Durch diesen **Ratsbeschluss (RbEuropol)** wurden das Europol-Übereinkommen der Mitgliedstaaten und das Protokoll über die Vorrechte und Immunitäten für Europol, die Mitglieder seiner Organe, die stellvertretenden Direktionen und die Bediensteten von Europol (EPK) ersetzt (Art. 62 RbEuropol). Seit 1.10.2010 ist Europol eine **Agentur der EU**.[183] mit weitestgehender **Rechts- und Geschäftsfähigkeit in den Mitgliedsstaaten**.[184] Rechtsgrundlage für die Organisation und für die Aufgaben und Zuständigkeiten des Polizeiamtes war bis 2016 der Beschluss des Rates vom 6.4.2009 zur Errichtung des Europäischen Polizeiamts (Europol) – 2009/371/JI –[185] mit seinen einzelnen Artikeln.[186] Die Bundesrepublik stimmte durch das Gesetz zur Umsetzung des Beschlusses des Rates 2009/371/JI vom 6.4.2009 (Europol-Gesetz) der Errichtung des Polizeiamtes uneingeschränkt zu.[187]

47 Gem. **Art. 88 Abs. 2 AEUV** werden die Tätigkeiten und die Funktionsweise von Europol durch eine gemäß dem ordentlichen Gesetzgebungsverfahren angenommene Verordnung geregelt. Auf dieser Grundlage wurde die **Verordnung (EU) 2016/794 des europäischen Parlaments und des Rates vom 11.5.2016 über die Agentur der Europäischen Union für die Zusammenarbeit auf dem Gebiet der Strafverfolgung (Europol)** und zur Ersetzung und Aufhebung der Beschlüsse 2009/371/JI, 2009/934/JI, 2009/935/JI, 2009/936/JI und 2009/968/JI des Rates erlassen.[188] Diese Verordnung regelt nunmehr **mit unmittelbarer Geltung in allen Mitgliedsstaaten der EU** umfassend alle Europol betreffenden Rechtsfragen.

Europol ist nach wie vor eine **Agentur der EU mit eigener Rechtspersönlichkeit** (Art. 62 Abs. 1 EuropolVO). **Effizienz und Aufgabenwahrnehmung** von Europol wurden durch die EuropolVO **erhöht**. Nach wie vor kommt es wesentlich auf die **Unterstützung durch die Mitgliedsstaaten** an[189]

48 Gem. **Art. 3 Abs. 1 EuropolVO unterstützt und verstärkt Europol** die **Tätigkeit der zuständigen Behörden der Mitgliedstaaten** sowie deren gegenseitige Zusammenarbeit bei der Verhütung und Bekämpfung der zwei oder mehr Mitgliedstaaten betreffenden schweren Kriminalität, des Terrorismus und der Kriminalitätsformen, die ein gemeinsames Interesse verletzen, das Gegenstand einer Politik der Union ist, wie in Anhang I der VO aufgeführt.

---

179 EU ABl. C 316 v. 27.11.1995, S. 1.
180 Vgl. zur Entstehungsgeschichte Schröder, Kriminalistik 2018, 410 f.
181 EU ABL. C 316 v. 27.11.1995.
182 Beschluss 2009/371/JI des Rates vom 6.4.2009 zur Errichtung des Europäischen Polizeiamts (Europol), EU ABl. L 121 v. 15.5.2009, S. 37.
183 Esser, Europäisches Strafrecht, § 3 Rn 27.
184 Ambos, Internationales Strafrecht, § 13 Rn 8.
185 EU ABl. L 121/37 v. 15.5.2009, S. 37.
186 Vgl. dazu auch Aden, in: Lisken/Denninger, Handbuch des Polizeirechts, Kap. N Rn 100 f.
187 BGBl. 1997 II S. 2150: Gesetz zu dem Übereinkommen vom 26.7.1995 aufgrund von Art. K.3 der Europäischen Union über die Einrichtung eines europäischen Polizeiamts (Europol-Gesetz) vom 16.12.1997.
188 EU ABl. L 135 v. 24.5.2016, S. 53 (EuropolVO). Zur Entstehungsgeschichte vgl. Schröder, Kriminalistik 2018, 410, 411 f.; Aden, in: Lisken/Denninger, Handbuch des Polizeirechts, Kap. N Rn 102.
189 Schröder, Kriminalistik 2018, 410, 415; Esser, Europäisches Strafrecht, § 3 Rn 40.

In **Art. 4 EuropolVO** werden im Einzelnen die Haupt- und zusätzlichen Aufgaben aufgelistet. Danach sammelt, speichert, verarbeitet, analysiert die Polizeibehörde Informationen und Erkenntnisse und unterrichtet die zuständigen Behörden der Mitgliedstaaten (Art. 5 Abs. 1 lit. a, b EuropolVO). Für die Informationsverarbeitung nutzt das Polizeiamt das **Europol-Informationssystem** und **Arbeitsdateien zu Analysezwecken** (vgl. Art. 17 ff. EuropolVO). Zugriff auf dieses Recherchesystem haben u. a. die nationalen Stellen der Mitgliedstaaten, Verbindungsbeamte und weitere Einrichtungen bzw. Europol-Beschäftigte (vgl. Art. 20 EuropolVO).

Organe von Europol sind der **Verwaltungsrat** und der **Exekutivdirektor** (Art. 9 EuropolVO).[190] Gem. § 6 Abs. 1 Europol-Gesetz[191] benennt für Deutschland das Bundesministerium des Innern die Mitglieder des Verwaltungsrates.[192] Die Leitung von Europol untersteht einem **Exekutivdirektor** (Art. 16 Abs. 1 EuropolVO), der vom Rat der EU ernannt wird (§ 54 Abs. 2 EuropolVO).

49

Die sog. **„nationalen Stellen"** sind die Verbindungsstellen zwischen dem Polizeiamt und den einzelnen Mitgliedstaaten (vgl. Art. 7 EuropolVO). In Deutschland nimmt das BKA diese Funktion wahr. Von dort aus werden auch die Verbindungsbeamten zu Europol entsandt, die die nationalen Verbindungsbüros bei Europol bilden (Art. 8 EuropolVO).

Der Verwaltungsrat verabschiedet jährlich einen **Jahresbericht** über die Tätigkeit von Europol im Vorjahr (Art. 11 Abs. 1 lit. c EuropolVO). Dieser Bericht wird dem Rat zur Genehmigung vorgelegt, und von diesem dem Europäischen Parlament zur Information weitergeleitet.

Die Verantwortung für die Verarbeitung der Daten obliegt grundsätzlich dem Mitgliedstaat, der die Daten eingegeben oder übermittelt hat (vgl. Art. 38 Abs. 2 EuropolVO). Für Deutschland nimmt diese Aufgabe das BKA wahr. Aus Art. 36, 37 EuropolVO folgt ein **Anspruch auf Auskunft / Berichtigung** über die bei Europol gespeicherten Daten.

50

Gem. **Art. 51 Abs. 1 EuropolVO** wird die **Kontrolle der Tätigkeiten von Europol** durch das Europäische Parlament zusammen mit den nationalen Parlamenten ausgeübt. Dafür wird ein spezieller Gemeinsamer Parlamentarischer Kontrollausschuss gebildet, den die nationalen Parlamente und der zuständige Ausschuss des Europäischen Parlaments gemeinsam einsetzen. Die Arbeitsweise und die Geschäftsordnung des Gemeinsamen Parlamentarischen Kontrollausschusses werden vom Europäischen Parlament und den nationalen Parlamenten gemäß Art. 9 des Protokolls Nr. 1 gemeinsam festgelegt.

51

b) Eurojust und Europäische Staatsanwaltschaft

aa) Eurojust

Eurojust oder **European Union Agency for Criminal Justice Cooperation** (Agentur der Europäischen Union für justizielle Zusammenarbeit in Strafsachen) ist die Justizbehörde der EU mit Sitz in Den Haag. Eurojust hat mit eigener Rechtspersönlichkeit den **Status einer EU-Agentur** (Art. 1 Abs. 1 VO [EU] 2018/1727) und koordiniert grenzüberschreitende Strafverfahren auf europäischer Ebene. Des Weiteren soll sie die Arbeit der nationalen Justizbehörden Europas im Bereich der grenzüberschreitenden organisierten Kriminalität koordinieren und den Informationsaustausch zwischen den nationalen Justiz- und Polizeibehörden fördern. Arbeitsbereiche sind unter anderem die Terrorismusbekämpfung, die Bekämpfung und Prävention des illegalen Waffenhandels, des Drogenhandels, des Menschenhandels, der Kinderpornografie und der Geldwäsche.

52

---

190 Vgl. dazu eingehend auch Schenke, Polizei- und Ordnungsrecht, Rn 466; Esser, Europäisches Strafrecht, § 3 Rn 45 ff.; Satzger, Europäisches Strafrecht, § 10 Rn 4.
191 Europol-Gesetz vom 16.12.1997 (BGBl. II S. 2150), zuletzt geändert durch Art. 2 des Gesetzes vom 23.6.2017 (BGBl. I S. 1882).
192 Vgl. Aden, in: Lisken/Denninger, Handbuch des Polizeirechts, Kap. N Rn 116.

Eurojust wurde 1999 auf Grundlage einer **Vereinbarung des Europäischen Rates in Tampere** mit Beschluss des Rates der Europäischen Union vom 28.2.2002 über die Errichtung von Eurojust zur Verstärkung der Bekämpfung der schweren Kriminalität gegründet.[193] Durch das **Eurojust-Gesetz (EJG)** vom 12.5.2004 hatte Deutschland den Ratsbeschluss umgesetzt (BGBl. I S. 902). Mit dem Vertrag von Lissabon wurde Eurojust auch ausdrücklich im Primärrecht verankert (Art. 85 AEUV). Darüber hinaus sieht der Vertrag von Lissabon vor, dass die Mitgliedstaaten im Falle einer Einigung ausgehend von Eurojust eine Europäische Staatsanwaltschaft einsetzen können (Art. 86 AEUV). Mit der **Verordnung (EU) 2018/1727 des Europäischen Parlaments und des Rates vom 14.11.2018 betreffend die Agentur der Europäischen Union für justizielle Zusammenarbeit in Strafsachen (Eurojust) und zur Ersetzung und Aufhebung des Beschlusses 2002/187/JI des Rates**[194] wurde die Arbeit von Eurojust auf eine neue unionsrechtliche Grundlage gestellt.[195] In deutsches Recht wurde der unionsrechtliche Rechtsrahmen ergänzend durch das **Eurojust-Gesetz**[196] umgesetzt.[197]

53 Eurojust hat den **Auftrag**, die **Koordinierung und Zusammenarbeit zwischen den nationalen Behörden**, die für die Ermittlung und Verfolgung von schwerer Kriminalität zuständig sind, **zu unterstützen und zu verstärken**, wenn zwei oder mehr Mitgliedstaaten betroffen sind oder eine Verfolgung auf gemeinsamer Grundlage erforderlich ist (Art. 85 Abs. 1 AEUV sowie Art. 2 Abs. 1 VO [EU] 2018/1727).[198] Die einbezogenen schweren Straftaten sind im Anhang 1 der Verordnung (EU) 2018/1727 aufgezählt. Die Mitgliedstaaten entsenden jeweils ein nationales Mitglied sowie stellvertretende Mitglieder zu Eurojust.[199] Die Gesamtheit der nationalen Mitglieder bildet das Eurojust-Kollegium. Durch die Verordnung (EU) 2018/1727 soll auch die **Zusammenarbeit zwischen Europol und der Europäischen Staatsanwaltschaft** verbessert und zugleich die jeweilige Zuständigkeit festgelegt werden.[200]

bb) Europäische Staatsanwaltschaft

54 Gem. **Art. 86 Abs. 1 AEUV** kann der Rat zur Bekämpfung von Straftaten zum Nachteil der finanziellen Interessen der Europäischen Union durch eine auf der Grundlage eines einstimmigen Beschlusses nach Zustimmung des europäischen Parlaments erlassenen Verordnung ausgehend von Eurojust eine **Europäische Staatsanwaltschaft** einsetzen. Inzwischen wurde die **Verordnung (EU) 2017/1939 des Rates vom 12.10.2017 zur Durchführung einer Verstärkten Zusammenarbeit zur Errichtung der Europäischen Staatsanwaltschaft (EUStA)** erlassen.[201] Die Zuständigkeit der EUStA ist nach dem AEUV auf **Straftaten zum Nachteil der finanziellen Interessen der Union** beschränkt.[202] Die Aufgaben der EUStA sollten daher in der strafrechtlichen Untersuchung und Verfolgung sowie der Anklageerhebung in Bezug auf Personen bestehen, die Straftaten zum Nachteil der finanziellen Interessen der Union im Sinne der Richtlinie (EU) 2017/1371 des Europäischen Parlaments und des Rates und untrennbar damit verbundene Straftaten begangen haben. Für eine Ausdehnung ihrer Zuständigkeit auf

---

193 Beschluss 2002/187/JI des Rates (RbEurojust, ABL. EGl. 63 v. 6.3.2002, S. 1), durch Beschluss 2009/426/JI vom 16.12.2008 in einigen Punkten geändert und neu gefasst. Vgl. zur Entstehung eingehender Esser, StV 2020, 636.
194 EU ABl. L 295, S. 138.
195 Vgl. dazu eingehend Esser, StV 2019, 636 ff.
196 Art. 1 des Gesetzes zur Durchführung der Eurojust-Verordnung vom 9.12.2019 (BGBl. I S. 2010).
197 Vgl. auch Esser, StV 2020, 636, 642 f.
198 Vgl. dazu eingehender Esser, StV 2020, 636, 634 f., u. Europäisches Strafrecht, § 3 Rn 61 ff., 66 ff.; Satzger, Europäisches Strafrecht, § 10 Rn 13.
199 Gem. § 2 Abs. 1 S. 1 Eurojust-Gesetz wird das Mitglied vom Bundesjustizministerium benannt.
200 Erwägungsgrund 8 der Verordnung (EU) 2018/1727 (EU ABl. L 295, S. 138), vgl. dazu auch Stober, StV 2020, 636, 641.
201 EU ABl. L 283, S. 1. Vgl. zur Vorgeschichte Esser, Europäisches Strafrecht, § 3 Rn 81 ff.; Satzger, Europäisches Strafrecht, § 10 Rn 22 ff.
202 Vgl. auch Magnus, HRRS 2018, 143, 146 bis 149.

schwere Straftaten mit grenzüberschreitender Dimension wäre ein einstimmiger Beschluss des Europäischen Rates erforderlich gewesen, der aber nicht zustande gekommen war.[203]

Der EU-Rat geht davon aus, dass sich – im Einklang mit dem Subsidiaritätsprinzip – die **Bekämpfung von Straftaten zum Nachteil der finanziellen Interessen der Union** in Anbetracht ihres Umfangs und ihrer Wirkungen **besser auf Unionsebene verwirklichen** lässt.[204] Im Sinne des Grundsatzes der loyalen Zusammenarbeit sollten die EUStA und die zuständigen nationalen Behörden einander unterstützen und unterrichten, damit die Straftaten, die in die Zuständigkeit der EUStA fallen, wirksam bekämpft werden können.[205]

Die **Organisationsstruktur der EUStA** soll eine schnelle und effiziente Entscheidungsfindung in Bezug auf die Durchführung strafrechtlicher Ermittlungen und von Strafverfolgungsmaßnahmen ermöglichen, unabhängig davon, ob ein oder mehrere Mitgliedstaaten betroffen sind. Ferner sollte die Struktur sicherstellen, dass alle nationalen Rechtsordnungen und -traditionen der Mitgliedstaaten in der EUStA vertreten sind und dass Staatsanwälte, die Kenntnisse über die einzelnen Rechtsordnungen besitzen, grundsätzlich Ermittlungen und Strafverfolgungsmaßnahmen in ihren jeweiligen Mitgliedstaaten durchführen. Zu diesem Zweck ist gem. **Art 3 Abs. 1 VO (EU) 2017/1939** die **EUStA eine unteilbare Einrichtung der Union** mit eigener Rechtspersönlichkeit, die als eine einheitliche Behörde handelt.[206] Die zentrale Ebene besteht gem. **Art. 10 bis 12 VO (EU) 2017/1939** aus dem **Europäischen Generalstaatsanwalt**, welcher der Leiter der EUStA insgesamt und der Leiter des Kollegiums Europäischer Staatsanwälte ist, den **Ständigen Kammern** und den **Europäischen Staatsanwälten**. Das **Kollegium der EUStA** besteht gem. **Art. 9 Abs. 1 VO (EU) 2017/1939** aus dem Europäischen Generalstaatsanwalt und einem Europäischen Staatsanwalt je Mitgliedstaat. Die dezentrale Ebene besteht gem. **Art. 13 (EU) 2017/1939** aus den **Delegierten Europäischen Staatsanwälten**, die in den Mitgliedstaaten angesiedelt sind.[207]

55

Die VO (EU) 2017/1939 ist im **November 2017 in Kraft getreten** und **gilt unmittelbar in allen Mitgliedsstaaten** der EU.[208]

Die Einrichtung der EUStA ist grundsätzlich zu begrüßen, da sie Voraussetzung für eine einheitliche Verfolgung der in ihrem Zuständigkeitsbereich liegenden Straftaten im Bereich der EU ist.[209] Die **Ausgestaltung ihrer Organisation und Zuständigkeiten** durch die Verordnung (EU) 2017/1939 ist aber durchaus **komplex**. Vor allem die sog. Delegierten Europäischen Staatsanwälte, die in den jeweiligen Mitgliedstaaten tätig sind, haben faktisch zwei Vorgesetzte, was zu Komplikationen führen kann.[210]

56

c) Europäische Grenzschutzagentur Frontex

Die **Europäische Grenzschutzagentur „Frontex"** ist eine **Gemeinschaftsagentur der EU** mit Sitz in Warschau. Frontex wurde im Jahr 2004 durch die Verordnung (EG) des

57

---

203 Erwägungsgründe 7, 11 der Verordnung (EU ABl. L 283, S. 1 f.).
204 Erwägungsgrund 12 der Verordnung (EU ABl. L 283, S. 2).
205 Erwägungsgrund 14 der Verordnung (EU ABl. L 283, S. 2). Die gute Kooperation der EUStA mit den nationalen Strafverfolgungsbehörden wird zwingende Voraussetzungen für den Erfolg der EUStA sein (Magnus, HRRS 2018, 143, 155).
206 Vgl. eingehender dazu Magnus, HRRS 2018, 143, 144.
207 Erwägungsgründe 20, 21 der Verordnung (EU ABl. L 283, S. 3); Magnus, HRRS 2018, 143, 144.
208 Art. 120 Abs. 1 VO (EU) 2017/1939. Zum Anwendungsvorrang des europäischen Rechts vgl. Magnus, HRRS 2018, 143, 145.
209 Ebenso Magnus, HRRS 2018, 143, 154 f.
210 Magnus, HRRS 2018, 143, 144: „Zwei-Hüte-Modell". Magnus schlägt zu Recht vor, dass in allen Fällen, die in Zuständigkeit der EUStA fallen, der nationale Staatsanwalt nur den Weisungen seiner EUStA unterworfen ist. Dennoch werden auch in diesen Fällen in der Praxis Abgrenzungsprobleme unvermeidbar sein.

Rates der Europäischen Union „zur Errichtung einer Europäischen Agentur für die operative Zusammenarbeit an den Außengrenzen der Europäischen Union" errichtet.[211]

Grundlage der Einrichtung der Europäischen Grenzschutzagentur ist die Regelung in Art. 77 Abs. 1 c AEUV, wonach die EU schrittweise ein integriertes Grenzschutzsystem an den Außengrenzen einführen soll. Sie hat die Aufgabe, schrittweise die mitgliedstaatlichen Grenzpolizeien zu koordinieren und ein **integriertes Grenzschutzsystem an den Außengrenzen der gesamten EU** einzuführen. Die Agentur koordiniert die operative Zusammenarbeit der EU-Mitgliedstaaten und unterstützt diese bei der Ausbildung nationaler Grenzschutzbeamter. Sie erstellt Risiko- und Gefahrenanalysen bzgl. der EU-Außengrenzen und soll eine ausgewogene Verteilung der vorhandenen Überwachungs- und Sicherheitsressourcen entlang der Grenzen sicherstellen. Weiterhin koordiniert sie die operative Zusammenarbeit zwischen den Mitgliedstaaten und unterstützt Mitgliedstaaten in Situationen, die unmittelbar einen erhöhten technischen und personellen Bedarf erfordern.

Mittlerweile richtet sich die Tätigkeit von Frontex nach der **Verordnung (EU) 2016/1624 des Europäischen Parlaments und des Rates vom 14.9.2016 über die Europäische Grenz- und Küstenwache** und zur Änderung der Verordnung (EU) 2016/399 des Europäischen Parlaments und des Rates sowie zur Aufhebung der Verordnung (EG) Nr. 863/2007 des Europäischen Parlaments und des Rates, der Verordnung (EG) Nr. 2007/2004 des Rates und der Entscheidung des Rates 2005/267/EG.[212] Die EU möchte auf dieser Grundlage den Schutz der EU-Außengrenzen weiter verstärken: „In Anbetracht dessen muss der Schutz der Außengrenzen aufbauend auf der Arbeit von Frontex verstärkt und Frontex zu einer Agentur mit geteilter Verantwortung für den Schutz der Außengrenzen ausgebaut werden."[213] Der Name der Agentur lautet **nunmehr „Europäische Agentur für die Grenz- und Küstenwache"**.[214]

58 **Einsatz- bzw. Operationsgebiete** von Frontex sind vor allem das östliche Mittelmeer (Griechenland, Bulgarien), die Kanarischen Inseln, die Küste Nord- und Westafrikas und von Malta und Süditalien. Tragische Unglücksfälle mit hunderten von ertrunkenen Flüchtlingen insbesondere vor der italienischen Mittelmeerinsel Lampedusa haben die Tätigkeit und auch die Problematik der Arbeit der Agentur erneut in das öffentliche Bewusstsein gerückt. Immer wieder wurde / wird gegen Grenzbeamte der Agentur der Vorwurf erhoben, Menschenrechte zu verletzen und Menschen in Seenot nicht geholfen zu haben. Am 16.4.2014 stimmte das europäische Parlament über die **Seeaußengrenzenverordnung** ab und regelte den Umgang von Frontex mit Flüchtlingsbooten. Der Verordnungstext verpflichtet die an einem Seeeinsatz beteiligten Einsatzkräfte ausdrücklich, während des Einsatzes jedem in Seenot befindlichen Schiff und jeder in Seenot befindlichen Person Hilfe zu leisten.[215] Im Herbst 2013 organisierte die italienische Marine und Küstenwache die Operation **Mare Nostrum** und rettete im Verlauf des Jahres 2014 tausenden von Flüchtlingen das Leben. Wegen der ausgebliebenen Unterstützung durch andere EU-Länder stellte Italien seine Marineaktion Ende 2014 ein. Durch die **Operation Triton** unter Führung der EU-Grenzagentur Frontex sollte die Aktion „Mare Nostrum" teilweise weitergeführt werden. Primäre Aufgabe der Operation Triton war aber nicht die Seenotrettung, sondern die Sicherung der EU-Außengrenze vor illegaler Einwanderung. Sie dauerte von November 2014 bis Januar 2018. Seit Februar 2018 wird von Frontex die **Operation Themis** durchgeführt, Italien bei der Grenzsicherung unterstützt. Hauptzielrichtung ist die Durchsetzung der Sicherung der EU-Außengrenzen, implementiert ist auch die Rettung schiffbrüchiger Flüchtlinge („search and

---

211 EG Verordnung Nr. 2007/2004 (ABl. L 349 v. 25.11.2004, S. 1).
212 ABl. L 251 vom 16.9.2016, S. 21.
213 Erwägungsgrund 10 der Verordnung (EU) 2016/1624 (EU ABl. L 251, S. 2).
214 Art. 6 Abs. 1 S. 1 VO (EU) 2016/1624.
215 Der Rat der Europäischen Union nahm die Verordnung am 13.5.2014 an; vgl. auch Richtlinie 2013/32/EU (Asylverfahrensrichtlinie).

rescue"). Zudem gibt es im östlichen Mittelmeer seit dem Jahr 2006 die **Operation Poseidon** und auf der westlichen Mittelmeerroute seit Mai 2015 die **Operation Indalo**. Mit der **Operation Sophia** wurde zwischen Mai 2015 und März 2020 gezielt gegen Schleuser vorgegangen. Laut EU-Rat konnten durch die verschiedenen Rettungsoperationen der EU seit dem Jahr 2015 rund **500.000 Menschenleben gerettet** werden.[216]

Durch die **Flüchtlingskrise** der Jahre 2015 und 2016 wurde deutlich, dass es auch innerhalb des Schengen-Raums einen **Bedarf an Grenzkontrollen** geben kann. Die EU hat hierauf reagiert und entsprechende Möglichkeiten im Schengener Grenzkodex vorgesehen. So sieht Kapitel II „Vorübergehende Wiedereinführung von Grenzkontrollen an den Binnengrenzen" in den **Art. 25 bis 35 Schengener Grenzkodex** unterschiedliche Fälle und Möglichkeiten vor, auch in den Binnengrenzen **Kontrollen vorübergehend wieder einzuführen**.

Art. 25 Abs. 1 Schengener Grenzkodex bestimmt hierzu: „Ist im Raum ohne Kontrollen an den Binnengrenzen die öffentliche Ordnung oder die innere Sicherheit in einem Mitgliedstaat ernsthaft bedroht, so ist diesem Mitgliedstaat unter außergewöhnlichen Umständen die Wiedereinführung von Kontrollen an allen oder bestimmten Abschnitten seiner Binnengrenzen für einen begrenzten Zeitraum von höchstens 30 Tagen oder für die vorhersehbare Dauer der ernsthaften Bedrohung, wenn ihre Dauer den Zeitraum von 30 Tagen überschreitet, gestattet. Die vorübergehende Wiedereinführung von Kontrollen an den Binnengrenzen darf in Umfang und Dauer nicht über das Maß hinausgehen, das zur Bewältigung der ernsthaften Bedrohung unbedingt erforderlich ist."

Die EU führt dazu aus, dass es in einem Raum ohne Kontrollen an den Binnengrenzen einer gemeinsamen Antwort auf Situationen bedarf, die eine **ernsthafte Bedrohung für die öffentliche Ordnung oder die innere Sicherheit** dieses Raums, von Teilen dieses Raums oder eines oder mehrerer ihrer Mitgliedstaaten darstellen. Deshalb wird die vorübergehende Wiedereinführung von Kontrollen an den Binnengrenzen unter außergewöhnlichen Umständen gestattet, ohne dass der Grundsatz des freien Personenverkehrs berührt wird. Vorübergehende Binnengrenzkontrollen stellen eine **Ausnahme** dar und müssen den **Grundsatz der Verhältnismäßigkeit** wahren. Der Umfang und die Dauer der vorübergehenden Wiedereinführung solcher Maßnahmen sind auf das zur Bewältigung einer ernsthaften Bedrohung für die öffentliche Ordnung oder die innere Sicherheit **unbedingt erforderliche Mindestmaß** zu begrenzen.[217]

Von der **Möglichkeit der Grenzschließungen** innerhalb des Schengen-Raums wurde im **Frühjahr 2020** als Reaktion auf die **Corona-Pandemie** und die rasante Verbreitung des Virus SARS-CoV-2 im europäischen Raum **umfassend Gebrauch gemacht**.[218] Damit sollte eine unkontrollierte Verbreitung des Virus über die einzelnen Staatsgrenzen hinaus verhindert werden.[219] Ab Mitte Mai 2020 wurden die Grenzen wieder zunehmend geöffnet.

3. Sonstige Arten der Zusammenarbeit
a) Ratsbeschluss Prüm

Neben den genannten Formen der Zusammenarbeit gibt es eine Vielzahl von Übereinkommen zwischen EU-Mitgliedstaaten über die Rechtshilfe in Strafsachen und weitere zwischenstaatliche Abkommen zur Intensivierung der grenzüberschreitenden Zusammenarbeit. Ein Beispiel ist das **Sieben-Länder-Abkommen von Prüm** vom 27.5.2005 über die Vertiefung der grenzüberschreitenden Zusammenarbeit, insbesondere zur Be-

---

216 Offizielle Information des EU-Rats, Stand April 2020, vgl. „www.consilium.europa.eu."
217 Erwägungsgrund 22 des Schengener Grenzkodex (EU ABl. L 77, S. 3).
218 Vgl. dazu etwa Brunner, in: Die Zeit online vom 15.5.2020: „Wo früher der Eiserne Vorhang stand, wuchs der Kontinent zusammen. Jetzt dominiert wieder die Grenze."
219 Vgl. dazu eingehend die umfassende Mitteilung der EU-Kommission „COVID-19" im EU ABl. C 102 I, S. 3 ff., vom 20.3.2020.

kämpfung des Terrorismus, der grenzüberschreitenden Kriminalität und der illegalen Migration.[220] Am 26.8.2008 ist der „Beschluss des Rates 2008/615/JI vom 23.6.2008 zur **Vertiefung der grenzüberschreitenden Zusammenarbeit**, insbesondere zur Bekämpfung des Terrorismus und der grenzüberschreitenden Kriminalität" (Ratsbeschluss Prüm) in Kraft getreten. Hierdurch wurden die wesentlichen Inhalte des Prümer Vertrages in den Rechtsrahmen der EU überführt.[221]

Der Vertrag regelt den **automatisierten Austausch von DNA-Daten, Fingerabdruckdaten und Daten aus Kraftfahrzeugregistern** zwischen den Staaten. Das automatisierte Verfahren bedeutet eine enorme Zeitersparnis und einen erheblichen Effizienzgewinn für die Strafverfolgungsbehörden. Daneben regelt der Vertrag den Informationsaustausch über terroristische Gefährder und Hooligans und sieht verschiedene Formen der operativen polizeilichen Zusammenarbeit, wie etwa gemeinsame Streifen und polizeiliche Hilfeleistung bei Unglücksfällen und Großereignissen, vor. Er enthält zudem umfangreiche Datenschutzbestimmungen, die insbesondere für den automatisierten Datenaustausch „maßgeschneidert" wurden.

Am **5.7.2018** wurde dem Ausschuss der Ständigen Vertreter des EU-Rats vom Generalsekretariat der Entwurf „von Schlussfolgerungen des Rates zur Umsetzung der "PRÜMER BESCHLÜSSE" zehn Jahre nach ihrer Annahme" vorgelegt.[222] Damit soll die Prüm-Zusammenarbeit erweitert und ein **„Next Generation Prüm"** (auch „Prüm.ng" genannt) erreicht werden. In dem Entwurfspapier wird u. a. empfohlen, die Ausweitung der operativen Vernetzung untereinander im Hinblick auf den automatisierten Austausch von DNA-Dateien, daktyloskopischen Daten und Fahrzeugregisterdaten fortzusetzen und den Prümer Arbeitsablauf hinsichtlich weiterer Entwicklungen im Hinblick auf mögliche neue biometrische Technologien, etwa **Gesichtserkennungssysteme**, zu bewerten.[223] Europol soll künftig einbezogen werden. Der **Austausch von Folgedaten** im Prüm-System soll zudem **automatisiert** werden. Bislang werden nur Ergebnisse nach dem Prinzip „Treffer / kein Treffer" angezeigt, nach diesem „ersten Schritt" müssen die Ermittler eine Anforderung weiterer Daten an die entsprechende Behörde senden. Künftig soll dieser „zweite Schritt" ohne menschliches Zutun erfolgen. Hierzu sollen sich die Mitgliedstaaten auf „Kerndaten" einigen, die dann „innerhalb von Sekunden oder Minuten" übertragen werden können.

b) Kooperation mit direkten Grenzstaaten

61 Mit allen Nachbarstaaten Deutschlands bestehen **bilaterale Polizeiverträge**, die teilweise über den Schengen-Standard hinausgehen, und um deren Weiterentwicklung und Ergänzung die Bundesregierung sich fortlaufend und erfolgreich bemüht. Wesentliche Merkmale der Verträge sind Regelungen zu grenzüberschreitenden Polizeieinsätzen (etwa Observation, kontrollierte Lieferungen, Nacheile), zu gemeinsamen polizeilichen Einsatzformen (etwa gemischte Streifen), über den gegenseitigen Informationsaustausch und gemeinsame Zentren, sowie zur grenzüberschreitenden personellen Unterstützung.[224]

---

220 Siehe Gesetz zur Umsetzung des Vertrags vom 10.7.2006 (BGBl. I S. 1458).
221 Deutschland setzte den Ratsbeschluss Prüm mit dem Gesetz zur Umsetzung des Beschlusses des Rates 2008/615/JI vom 23.6.2008 zur Vertiefung der grenzüberschreitenden Zusammenarbeit, insbesondere zur Bekämpfung des Terrorismus und der grenzüberschreitenden Kriminalität (BGBl. I S. 2507) innerstaatlich weiter um. Es ist seit dem 5.8.2009 in Kraft. Durch eine Verweisung erklärt **§ 60 Abs. 2 PolG** die Bestimmungen des Ratsbeschlusses bei der polizeilichen Zusammenarbeit mit den Mitgliedstaaten der Union „anwendbar" (vgl. dazu auch die Hinweise unter § 10 Rn 579).
222 Vorgangs-Nr. 10550/18.
223 Entwurfspapier S. 5.
224 So wurden u. a. folgende **bilaterale Vereinbarungen** abgeschlossen: mit Belgien Abkommen vom 27.3.2000 (BGBl. 2002 II S. 1532), mit Dänemark vom 21.3.2001 (BGBl. 2002 II S. 1536), mit Luxemburg vom 24.10.1995 (BGBl. 1996 II S. 1203), mit den Niederlanden vom 17.4.1996 (BGBl. 1997 II S. 702), mit Österreich der deutsch-österreichische Polizei- und Justizvertrag vom 10.11./19.12.2003 (BGBl. 2005 II S. 857), mit Polen das Abkommen vom 18.2.2002 (Vertragsgesetz vom 27.3.2003, BGBl. 2003 II S. 218 ff.)

In den **Gemeinsamen Zentren** arbeiten die Polizei- und Zollbehörden der Partnerstaaten mit Zuständigkeiten im gemeinsamen Grenzgebiet unter einem Dach zusammen. In Deutschland sind das die Bundespolizei, die Polizeien der Länder und der Zoll. Die Gemeinsamen Zentren fördern den grenzüberschreitenden Informationsaustausch und unterstützen die zuständigen Polizei- und Zollbehörden bei der Erfüllung ihrer operativen Aufgaben. Insbesondere helfen die Gemeinsamen Zentren bei der Überwindung sprachlicher Barrieren.

Das „Abkommen zwischen Deutschland und der **Regierung der Französischen Republik** über die Zusammenarbeit der Polizei- und Zollbehörden in den Grenzgebieten" regelt seit 1997 deren Kooperation. In Offenburg wurde ein deutsch-französisches Kooperationszentrum errichtet, in dem Polizeibeamte beider Staaten zusammenarbeiten (BGBl. II 1998 S. 2479).

Noch deutlich weiter reicht der Vertrag zwischen der BRD und der **Schweizerischen Eidgenossenschaft** über die grenzüberschreitende polizeiliche und justizielle Zusammenarbeit vom 27.4.1999 (BGBl. II 2001 S. 946 ff.). Diese Vereinbarung räumt den Vertragsparteien – was in einem Europa ohne Grenzen zwingend notwendig erscheint – grenzüberschreitende Hoheitsbefugnisse ein und erlaubt Einsätze zum Zwecke einer effektiven Strafverfolgung und vorbeugenden Abwehr von Straftaten auf dem Staatsgebiet des Anderen. Ermöglicht werden u. a. die grenzüberschreitende Observation, die Nacheile, ein Festhalterecht, verdeckte Ermittlungen und gemischt-nationale Streifen bzw. Ermittlungsgruppen (vgl. Art. 14 ff. des deutsch-schweizerischen Polizeivertrages).

III. Entwicklung und Reformbedarf des PolG BW
1. Entwicklung des PolG BW

Das PolG BW wurde in seiner Erstfassung im Jahr 1955 erlassen.[225] Bis Ende 2017 hatte es **35 Änderungen größerer und kleinerer Art** erfahren.[226] Durch die fortlaufenden gesetzlichen Änderungen konnte das PolG stets an aktuelle Veränderungen tatsächlicher, gesellschaftlicher, politischer und rechtlicher Natur angepasst werden. Die Änderungen haben – insbesondere in den vergangenen Jahren – allerdings auch dazu geführt, dass sich Struktur, Übersichtlichkeit und Verständlichkeit des PolG eher verschlechtert haben.

Ab der Neufassung des PolG im Jahr 1992[227] hatte das PolG folgende **17 Änderungen** erfahren:

1. § 13 (= § 21 PolG 2020) geändert durch Art. 10 § 1 des Gesetzes vom 7.2.1994 (GBl. S. 73),
2. § 26 (= § 27 PolG 2020) geändert durch Gesetz vom 22.7.1996 (GBl. S. 501),
3. §§ 23, 37 und 38 (= §§ 11 ff., 50 PolG 2020) geändert durch Gesetz vom 15.12.1998 (GBl. S. 660),
4. §§ 18, 21, 42, 70, 72, 73 und 76 (= §§ 16, 26, 44, 115, 117, 118, 121 PolG 2020) geändert durch Art. 1 des Gesetzes vom 19.12.2000 (GBl. S. 752),
5. mehrfach geändert durch Art. 27 des Gesetzes vom 1.7.2004 (GBl. S. 469),
6. §§ 15, 62 und 82 (= §§ 23, 107, 127 PolG 2020) geändert durch Art. 14 des Gesetzes vom 14.10.2008 (GBl. S. 313, 324),
7. mehrfach geändert durch Gesetz vom 18.11.2008 (GBl. S. 390), geändert durch Art. 2 des Gesetzes vom 20.11.2012 (GBl. S. 625, 630),

---

und mit der Tschechischen Republik das Abkommen vom 19.9.2000 (BGBl. 2002 II S. 790). Vgl. zur polizeilichen Tätigkeit in Grenzgebieten auch Kalthoff, Die Polizei 2017, 266 ff.
225 Gesetz vom 21.11.1955 (GBl. 249).
226 Vgl. Nachbaur, VBlBW 2018, 45 (mit Fn 2).
227 PolG in der Fassung vom 13.1.1992 (GBl. 1992, S. 1, ber. S. 596, ber. 1993 S. 155), aufgehoben durch Art. 5 S. 2 des Gesetzes vom 6.10.2020 (GBl. S. 735, 786).

8. §§ 28 und 31 (= §§ 33, 36 PolG 2020) geändert durch Art. 11 des Gesetzes vom 4.5.2009 (GBl. S. 195, 199),
9. mehrfach geändert durch Art. 1 des Gesetzes vom 20.11.2012 (GBl. S. 625),
10. § 28 Abs. 5 aufgehoben durch Art. 2 des Gesetzes vom 4.12.2012 (GBl. S. 657, 658),
11. mehrfach geändert durch Art. 13 des Gesetzes vom 23.7.2013 (GBl. S. 233, 239),
12. § 23 a (= §§ 52, 53 PolG 2020) geändert durch Art. 1 des Gesetzes vom 25.2.2014 (GBl. S. 77),
13. §§ 28 und 60 (= §§ 33, 105 PolG 2020) geändert durch Art. 4 des Gesetzes vom 29.7.2014 (GBl. S. 378, 379),
14. § 21 (= § 44 PolG 2020) geändert durch Gesetz vom 18.10.2016 (GBl. S. 569),
15. Inhaltsübersicht und §§ 9 a, 20, 21 und 84 (= §§ 10, 43, 44 und 130 PolG 2020) geändert sowie §§ 23 b, 27 b, 27 c, 54 a, 84 b und 85 (= §§ 54, 31, 32, 69 PolG 2020) neu eingefügt durch Art. 1 des Gesetzes vom 28.11.2017 (GBl. S. 624),
16. §§ 13 und 14 (= §§ 21, 22 PolG 2020) geändert, § 10 a (= § 18 PolG 2020) neu eingefügt durch Art. 1 des Gesetzes vom 28.11.2017 (GBl. S. 631),
17. § 76 (= § 121 PolG 2020) geändert durch Art. 3 Nr. 1 des Gesetzes vom 26.3.2019 (GBl. S. 93).

Durch **Art. 1 des Gesetzes zur Umsetzung der Richtline (EU) 2016/680 für die Polizei in Baden-Württemberg** vom 6.10.2020[228] wurde das **PolG vollständig neu gefasst und neu erlassen** (PolG 2020). Neben einer neuen Gliederung größerer Teile des PolG, die auch verschiedene Paragrafenänderungen bestehender Normen nach sich gezogen hat, wurden umfassende Regelungen zur Umsetzung des EU-Datenschutzrechts[229] eingefügt und neue polizeiliche Rechtsgrundlagen vorgesehen.

2. Reformbedürftigkeit des PolG BW
a) Reaktionismus des Gesetzgebers

66 Das **PolG BW** hat sich in den vergangenen Jahrzehnten **dem Grunde nach bewährt**. Es ist eine verlässliche gesetzliche Grundlage für die im Schwerpunkt der Gefahrenabwehr und Störungsbeseitigung dienende Arbeit der Polizei. Es ist aber nicht zu verkennen, dass der Gesetzgeber immer häufiger auf aktuelle gesellschaftliche und polizeiliche Entwicklungen durch Gesetzesänderungen und -ergänzungen reagiert. Häufig liegen diesen Änderungen emotional geführte politische Diskussionen über die Sicherheit in Deutschland zugrunde. Dies führt immer wieder zu hektischen Reaktionen und „mit heißer Nadel gestrickten" Gesetzänderungen und -ergänzungen. Hinzu kommen die veränderten rechtlichen Anforderungen, die sich aus der Rechtsprechung der Verwaltungsgerichte und insbesondere des BVerfG ergeben und die Eingang in das PolG gefunden haben. *Nachbaur* weist dabei nicht zu Unrecht darauf hin, dass die **Reaktionszeiten des Gesetzgebers** auf notwendige Gesetzesanpassungen **teilweise deutlich zu lang** sind.[230]

67 Andererseits ist nicht zu verkennen, dass sich der Gesetzgeber mittlerweile einer **Vielzahl tatsächlicher und rechtlicher Herausforderungen** ausgesetzt sieht. Neben der Bedrohung durch den internationalen Terrorismus und dem Autoritätsverlust des Staates und seiner Bediensteten – betroffen sind vielfach Polizeivollzugsbeamte und Rettungshelfer – in zunehmend größeren Teilen der Bevölkerung, sind vor allem die immer höheren Anforderungen der nationalen und europäischen höchstrichterlichen Recht-

---

228 GBl. S 735, ber. S. 1092; vgl. dazu Pöltl, VBlBW 2021, 45 ff.
229 Richtlinie (EU) 2016/680 des europäischen Parlaments und des Rates vom 27.4.2016 zum Schutz natürlicher Personen bei der Verarbeitung personenbezogener Daten durch die zuständigen Behörden zum Zwecke der Verhütung, Ermittlung, Aufdeckung oder Verfolgung von Straftaten oder der Strafvollstreckung sowie zum freien Datenverkehr und zur Aufhebung des Rahmenbeschlusses 2008/977/JI des Rates (EU ABl. L 119, S. 89).
230 Nachbaur, VBlBW 2018, 45.

sprechung kaum mehr zu bewältigen.[231] Der Gesetzgeber muss zwischen der wünschenswerten und erforderlichen Klarheit und Bestimmtheit des Gesetzes, der Komplexität der Rechtsfragen und den verfassungsrechtlichen Vorgaben Lösungen finden. Das gleich schon fast der **Quadratur des juristischen Kreises**.

b) Strukturelle Schwächen des PolG BW

Das **PolG BW leidet zunehmend an strukturellen Schwächen**.[232] Aus Angst vor rechtlichen, vor allem verfassungsrechtlichen Konsequenzen neigt der Gesetzgeber zur Überregulierung, was zu einer **Überfrachtung zahlreicher Normen des PolG** geführt hat.[233] Besonders deutlich wird dies im Bereich des Datenschutzes. Beispielhaft sei hier der durch Art. 1 Nr. 4 des Gesetzes zur Änderung des Polizeigesetzes vom 28.11.2017[234] eingeführte § 54 PolG (früher § 23 b PolG) – Überwachung der Telekommunikation – genannt. Er wurde vom Gesetzgeber so umfangreich ausgestaltet, dass nur diese einzelne Norm im Gesetzblatt einen Umfang von 4 (sic!) Druckseiten einnimmt (S. 624 bis 627) und dabei 9 (ursprünglich sogar 14) Absätze umfasst. Die Norm ist so komplex gestaltet, dass sie für den Rechtsanwender nur noch mit größtem Aufwand und ausgeprägtem Rechtsverstand zu erfassen ist, so etwa die in Abs. 9 vorgegebenen Maßnahmen zum Schutz der Privatsphäre.[235] Es grenzt schon fast an eine **Zumutung, was hier dem Rechtsanwender** – der Polizei – bei der Gesetzanwendung nur dieser einen Norm **abverlangt wird**. Auch für die **Normadressaten** – die Bürger – dürften viele Normen des PolG kaum mehr verständlich sein.

68

Die umfangreich veränderte und ergänzte **Neufassung** des PolG durch **Art. 1 des Gesetzes zur Umsetzung der Richtline (EU) 2016/680 für die Polizei in Baden-Württemberg** hat leider zu keiner Verbesserung geführt.[236] Allein die **Umsetzung der DSRL 2016/680** in das PolG hat dieses derart im Umfang aufgebläht, dass die Kernnormen der polizeilichen Arbeit in den Hintergrund gedrängt werden. Statt 86 Paragrafen umfasst die seit Januar 2021 gültige Fassung des PolG nunmehr **135 Paragrafen, beinahe die Hälfte** davon befassen sich mit dem **Datenschutz** bei der Polizei. Hier wurde **leider die Chance verpasst**, die Neufassung für eine **Neustruktur des polizeirechtlichen Normengefüges** zu nutzen. Wie es im Bereich des Datenschutzes hätte besser gehen können, hat der Bundesgesetzgeber mit der gelungenen Umsetzung der DSLR 2016/680 im BDSG gezeigt, dessen Teil 3 die Bestimmungen für Verarbeitungen zu Zwecken gem. Art. 1 DSRL 2016/680 enthält. Der **Bundesgesetzgeber** hatte das Ziel, beide Unionsakte in einem nationalen Gesetz umzusetzen, um beide Bereiche möglichst zu harmonisieren.[237] Damit hat er zugleich die Datenschutzregelungen in den ordnungs- und strafrechtlichen Spezialgesetzen deutlich reduziert.

Ähnlich verhält es sich mit dem durch Art. 1 Nr. 1 des **Gesetzes zur Abwehr alkoholbedingter Störungen der öffentlichen Sicherheit** vom 28.11.2017[238] in das PolG eingefügten § 18 PolG (früher § 10 a PolG). Die Voraussetzungen dieser Norm wurden so stringent formuliert, dass der Erlass einer den Alkoholkonsum im öffentlichen Raum un-

69

---

231 Möstl, BayVBl 2018, 156.
232 Vgl. dazu eingehender Trurnit, in: Möstl/Trurnit, Polizeirecht BW, Rn 28 ff.
233 Ebenso Nachbaur, VBlBW 2018, 45, u. in: Möstl/Trurnit, Polizeirecht BW, § 27 b Rn 21: „Eingriffsermächtigungen in Romanform", sowie Trurnit, in: Möstl/Trurnit, Polizeirecht BW, Rn 28; Pöltl, VBlBW 2021, 45.
234 GBl. S. 624.
235 Krit. ebenso der 36. Tätigkeitsbericht Datenschutz 2020 des Landesbeauftragten für Datenschutz und Informationsfreiheit Baden-Württemberg, S. 85: „Einzelne Paragrafen sind derart komplex, dass sie auch für Datenschutzexperten nur schwer zu verstehen sind."
236 Wie hier Nachbaur, VBlBW 2021, 55, 65 f., sowie der 36. Tätigkeitsbericht Datenschutz 2020 des Landesbeauftragten für Datenschutz und Informationsfreiheit Baden-Württemberg, S. 84 ff.; a. A. Sckerl, LT-Plenarprot. 16/127, S. 7851: „deutlich gestiegene Übersichtlichkeit."
237 Kühling, NJW 2017, 1985, 1986. Ebenso etwa auch das Datenschutzgesetz Niedersachen (Nds. GVBl. 2018, S. 66), das die Vorgaben der in seinem Zweiten Teil (§§ 23 bis 58) umsetzt. Vgl. auch Pöltl, VBlBW 2021, 45 f.
238 GBl. S. 631.

tersagenden Polizeiverordnung in der Praxis kaum möglich sein wird.[239] Hier wurde das Gesetz so eng gefasst, dass der Polizei kaum Handlungsspielräume bleiben, sie am Ende faktisch handlungsunfähig bleibt. Dies **widerspricht dem Grundgedanken einer effektiven Polizeiarbeit**, welche die Bürger in der Mehrheit vor Gefährdungen und Störungen schützen soll, diese berechtigte Erwartung aber durch Überregulierung nur noch schwer zu erfüllen ist.

70 Im Ergebnis hat das PolG durch die zuvor aufgezeigten Änderungen längst den **Idealzustand eines knapp und präzise formulierten Gesetzes verloren**, das dem Rechtsanwender einen klaren Rechtsrahmen vorgibt, der bei der rechtlichen Bewältigung von Lebenssachverhalten auch die zwingend notwendigen Anwendungsspielräume (durch unbestimmte Rechtsbegriffe und Ermessenstatbestände) gewährt.[240] Der notwendige Vertrauensvorschuss des Gesetzgebers an den sachkundigen Rechtsanwender ist der Sorge vor gerichtlich festgestellten Normdefiziten gewichen. Dies entspricht auch der allgemein zu beobachtenden „Reglementierungswut" der deutschen Gesetzgebung.

c) Änderungsbedarf des PolG BW

71 Der **Änderungsbedarf für das PolG BW** ist **umfassend**. *Nachbaur* und *Trurnit* haben hierauf zutreffend und ausführlich hingewiesen.[241] Dabei ist der Änderungsbedarf aber nicht nur im Detail einzelner Normen gegeben, sondern eher **grundlegender Natur**. Leider hat der Landesgesetzgeber mit dem **PolG 2020** die Chance verpasst, die Struktur des PolG grundlegend zu reformieren und zu verbessern. Durch die **erhebliche Ausweitung der Normen** – beinahe die Hälfte der Normen im PolG befasst sich nunmehr mit dem Datenschutz – und der **Komplexität vieler Regelungen** ist eher das Gegenteil passiert. Dies ist zwar dem EU-Datenschutzrecht, der Rechtsprechung des BVerfG zum Datenschutzrecht (BKAG-Urteil) und der Umsetzung der DSRL 2016/680 geschuldet, im Ergebnis aber leider wenig überzeugend. Der Gesetzesanwender – die Polizei – und die Gesetzesadressaten – potenzielle Gefährder und Störer, aber auch die zu schützenden Bürger/innen – haben gegenüber dem Gesetzgeber einen berechtigten **Anspruch auf klare, verständliche und in der Praxis anwendbare Gesetze**. Diesem Anspruch kann das PolG BW in der aktuell vorliegenden Fassung des PolG 2020 kaum mehr gerecht werden.

---

239 Vgl. dazu Braun, BWGZ 2018, 76, 81 f.; Pöltl, VBlBW 2018, 221, 233 f., sowie § 9 Rn 26 ff.
240 Wie hier Trurnit, in: Möstl/Trurnit, Polizeirecht BW, Rn 28: „erhebliche Anwendungsprobleme".
241 Nachbaur, VBlBW 2018, 45, 46 ff., 97 ff., u. VBlBW 2021, 55, 65 f.; Trurnit, in: Möstl/Trurnit, Polizeirecht BW, Rn 28 bis 38.

§ 2: Gesetzgebungsbefugnisse auf dem Gebiet des Polizei- und Ordnungsrechts

I. Gesetzgebungsbefugnis der Länder

Das GG sieht – anders als etwa die Weimarer Reichsverfassung – keine generelle Gesetzgebungszuständigkeit des Bundes im Bereich des Polizei- bzw. Ordnungsrechts vor. Das Recht der Gesetzgebung haben gem. Art. 70 GG die Länder, soweit das Grundgesetz keine andere Regelung trifft oder zulässt. Somit ist das Sachgebiet „Allgemeines Polizeirecht" grundsätzlich **Gegenstand der Ländergesetzgebung**. Als allgemeines Polizeirecht werden die Regelungen bezeichnet, bei denen die Aufrechterhaltung der öffentlichen Sicherheit und Ordnung den alleinigen und unmittelbaren Gesetzeszweck bildet. Nur sie können einem selbstständigen Sachbereich zugerechnet werden, der auch als **Polizeirecht im engeren Sinne** bezeichnet wird und der in die Gesetzgebungskompetenz der Länder fällt.[1] Alle Bundesländer haben jeweils nach dem dort vorherrschenden Einheits- oder Trennsystem (vgl. § 1 Rn 11, § 3 Rn 3, 5f.) Polizei- bzw. Ordnungsgesetze erlassen. Das Land BW hat von seiner Gesetzgebungsbefugnis aus Art. 30, 70ff. GG erstmals durch Erlass des **PolG vom 21.11.1955** Gebrauch gemacht. Seither wurde das PolG mehrfach und teilweise nachhaltig geändert.[2] Zutreffend weist *Gusy* darauf hin, dass der frühere Grundsatz der Landeszuständigkeit infolge zahlreicher Durchbrechungen zwischenzeitlich „fast zur Restkompetenz" geworden ist.[3]

Grundlegendere Diskussionen zur Gesetzgebungszuständigkeit der Länder löste die im Jahr 2018 durch das Land Bayern erfolgte Einrichtung einer eigenen **Landes-Grenzpolizei** aus.[4] Hier muss richtigerweise davon ausgegangen werden, dass die Länder nur solche gesetzliche Regelungen erlassen dürfen, die **nicht unmittelbar dem Grenzschutz dienen**, da diese Aufgabe dem Bund durch Art. 73 Nr. 5 GG abschließend zugewiesen ist. Denkbar sind aber Befugnisse der Landespolizei, die durch den Grenzverkehr ausgelöst sind, aber letztlich vorrangig der konkreten Gefahrenabwehr dienen.[5] Das **BVerfG** hat betont, dass die dem Bund zugewiesene Aufgabe des Grenzschutzes nicht bewirken dürfe, dass die Bundespolizei allgemeine, mit der Landespolizei konkurrierende Befugnisse erlange.[6] Der **BayVerfGH** hat entschieden, dass der bayerische Landesgesetzgeber zwar befugt war, der bayerischen Landespolizei mit Art. 5 POG grenzpolizeiliche Fahndungsdienste im Rahmen der Schleierfahndung organisatorisch zuzuweisen und diesen Bereich als „Bayerische Grenzpolizei" zu bezeichnen, dass er aber **keine Gesetzgebungsbefugnis** hatte, mit Art. 29 PAG **Regelungen im Bereich des materiellen Grenzschutzrechts** zu erlassen. Der BayVerfGH hat hierin einen „schwerwiegenden Verstoß gegen die Kompetenzordnung des Grundgesetzes" gesehen.[7]

---

1 BVerfGE 8, 143, 149.
2 Vgl. die Übersicht in § 1 Rn 25 ff.
3 Gusy, Polizei- und Ordnungsrecht, Rn 14.
4 Gesetz zur Errichtung der Bayerischen Grenzpolizei vom 24.7.2018 (GVBl. S. 607). Zur Entstehungsgeschichte vgl. Walter, NVwZ 2018, 1685 ff.
5 In diesem Sinne auch Ferreau, JA 2021, 48, 51; Walter, BayVBl 2020, 7, 11 ff., u. Die Polizei 2020, 49, 50; Kingreen/Schönberger, NVwZ 2018, 1825, 1826.
6 BVerfG, NVwZ 1998, 495.
7 BayVerfGH, NJW 2020, 3429, 3432 f. (Rn 58 ff.), 3433 ff. (Rn 72 ff.), mit zust. Anm. Ogorek, 3435 f. = NVwZ-RR 2020, 1124 ff., BayVBl 2020, 803 ff.; ebenso Ferreau, JA 2021, 48, 51; vgl. auch Waldhoff, JuS 2021, 286 ff.

II. Gesetzgebungsbefugnis des Bundes

2 Das **GG** enthält **sowohl formelle als auch materielle Regelungen** für die Organisation und das Handeln der Polizei auf der Ebene des Bundes. Vor allem aus Art. 73 GG (ausschließliche) und Art. 74 GG (konkurrierende Gesetzgebungszuständigkeit) ergeben sich Kompetenzen des Bundes zum Erlass präventivrechtlicher Regelungen.

Beispiel: Wie schwierig im Einzelfall die **Abgrenzung** der Gesetzgebungszuständigkeiten zwischen dem Bund und den Ländern auf dem Gebiet des Gefahrenabwehrrechts sein kann, zeigt ein Urteil des BVerfG.[8] Dort wurde die Gesetzgebungskompetenz des Bundes zur Festlegung eines Einfuhr- und Verbringungsverbotes für bestimmte gefährliche Hunde bejaht und insoweit das **Hundeverbringungs- und -einfuhrbeschränkungsgesetz** des Bundes vom 12.4.2001 für verfassungsmäßig gehalten. Das im gleichen Gesetz festgelegte **Züchtungsverbot** wurde demgegenüber für nichtig erklärt, weil dem Bund für diese Regelung die Gesetzgebungskompetenz fehlt. Nach Auffassung des BVerfG dient diese Regelung in erster Linie nicht der Vermeidung von Schmerzen, Leiden oder Schäden bei Tieren (= Tierschutz, für den der Bund zuständig ist), sondern dem Schutz des Lebens und der Gesundheit von Menschen und damit der Gefahrenabwehr, für die grundsätzlich die Länder zuständig sind. Der Bund war somit für das festgelegte Züchtungsverbot nicht zuständig.

1. Geschriebene Zuständigkeiten

3 **Beispiele** für ausdrückliche Kompetenzen des Bundes:

a) Ausschließliche Gesetzgebungszuständigkeit (Art. 73 GG)

Der Bund hat die ausschließliche Gesetzgebungskompetenz für folgende, dem Recht der Gefahrenabwehr zuzurechnende Gebiete:

- Die auswärtigen Angelegenheiten sowie die Verteidigung einschließlich des Schutzes der Zivilbevölkerung (Nr. 1);
- Freizügigkeit, Passwesen, Melde- und Ausweiswesen, die Ein- und Auswanderung und die Auslieferung (Nr. 3);
- Zoll, Grenzschutz und Außenwirtschaft (Nr. 5)[9];
- Luft- und Eisenbahnverkehr (Nr. 6 und 6 a);
- in bestimmten Fällen die Abwehr von Gefahren des internationalen Terrorismus durch das Bundeskriminalamt (Nr. 9 a);
- Zusammenarbeit des Bundes und der Länder in der Kriminalpolizei (Nr. 10 a), zum Verfassungsschutz (Nr. 10 b) und zum Schutze gegen Bestrebungen im Bundesgebiet, die durch Anwendung von Gewalt oder darauf gerichtete Vorbereitungshandlungen auswärtige Belange der Bundesrepublik Deutschland gefährden (Nr. 10 c) sowie die Errichtung eines Bundeskriminalpolizeiamtes und die internationale Verbrechensbekämpfung;
- Waffen- und Sprengstoffrecht (Nr. 12 GG).

Aufgrund dieser Ermächtigungsnormen hat der Bund zahlreiche Regelungen in Bundespolizeigesetzen erlassen, so etwa im Gesetz über die Bundespolizei (Bundespolizeigesetz – BPolG, vgl. § 16 Rn 5) oder im Gesetz über das Bundeskriminalamt und die Zusammenarbeit des Bundes und der Länder in kriminalpolizeilichen Angelegenheiten (BKAG) vom 7.7.1997 (vgl. § 16 Rn 2).

b) Konkurrierende Gesetzgebungszuständigkeit (Art. 74 GG)

4 Auch im Bereich der konkurrierenden Gesetzgebungszuständigkeit hat der Bund zahlreiche Gesetze im Zusammenhang mit präventivrechtlichen Regelungen erlassen. Die konkurrierende Gesetzgebung erstreckt sich im Bereich der Polizei insbesondere auf folgende Gebiete:

---

8 BVerfG, NVwZ 2004, 597.
9 Vgl. dazu eingehend Kingreen/Schönberger, NVwZ 2018, 1825 ff.

II. Gesetzgebungsbefugnis des Bundes

- Strafrecht, Gerichtsverfassung, gerichtliches Verfahren (Nr. 1);
- Aufenthalts- und Niederlassungsrecht der Ausländer (Nr. 4);
- Recht der Wirtschaft, insbesondere das Gewerbe- und Gaststättenrecht, Spielhallen und der Schaustellung von Personen (Nr. 11);
- Gesundheits- und Infektionsschutz (Nr. 19);
- Lebensmittelrecht, Pflanzenschutz, Tierschutz (Nr. 20);
- Hochsee- und Küstenschifffahrt (Nr. 21);
- Straßenverkehr (Nr. 22);
- Abfallwirtschaft, Luftreinhaltung, Lärmbekämpfung (Nr. 24).

Wichtiges Beispiel in diesem Zusammenhang sind die Regelungen des **Strafprozessrechts**, nach dem der Polizei insbesondere die (repressive) Aufgabe der Aufklärung begangener Straftaten gem. § 163 StPO obliegt (vgl. § 4 Rn 11, § 13 Rn 1 ff.).

Das PolG ermächtigt in mehreren Vorschriften zu **Maßnahmen zur vorbeugenden Bekämpfung von Straftaten**. Im Zusammenhang mit einer verfassungskonformen Auslegung dieses unbestimmten Rechtsbegriffs in § 49 Abs. 2 und 3 PolG (Einsatz technischer Mittel zur vorbeugenden Bekämpfung von Straftaten), hat der **VGH BW** entschieden, dass dieser Begriff nur die Verhütung von Straftaten (Verhinderungsvorsorge, also die präventive Zielrichtung der Vorschrift), umfasst, nicht jedoch die Verfolgung künftiger Straftaten (Strafverfolgungsvorsorge, repressive Zielrichtung). Zur Begründung wies der VGH BW unter Bezugnahme auf die Rechtsprechung des BVerfG zur Telekommunikationsüberwachung nach dem NdsSOG (BVerfGE 113, 348) darauf hin, dass ein **Bundesland die Gesetzgebungskompetenz nur für die Verhütung von Straftaten habe**, nicht aber für die Vorsorge für die spätere Verfolgung von Straftaten. Die Verhinderung von Straftaten erfasst präventive Maßnahmen, die drohende Rechtsgutverletzungen von vornherein und in einem Stadium verhindern sollen, in dem es noch nicht zu strafwürdigem Unrecht gekommen ist. Aus diesem Grund liegt die Verhinderung von Straftaten in der Gesetzgebungskompetenz eines Landes für die **Gefahrenabwehr** nach Art. 70 Abs. 1 GG. Die **Vorsorge für die spätere Verfolgung von Straftaten** ist dagegen dem „gerichtlichen Verfahren" (vgl. Art. 74 Abs. 1 Nr. 1 GG) und damit der konkurrierenden Gesetzgebungstätigkeit des Bundes zuzuordnen. Da der Bundesgesetzgeber die Überwachung der Telekommunikation in der StPO zu Zwecken der Strafverfolgung umfassend geregelt hat, bleibt für eine Gesetzgebung auf Landesebene für Maßnahmen der Vorsorge für die spätere Verfolgung von Straftaten kein Raum mehr.[10]

Beispiel: Diskutiert wird die Gesetzgebungszuständigkeit des Landes BW für die Regelung zum **Einsatz von Bodycams** durch den Polizeivollzugsdienst in § 44 Abs. 5 PolG. Die Frage ist strittig, weil Bodycams über die länger gespeicherte Videoaufzeichnung faktisch auch repressiven strafrechtlichen Zwecken dienen, da die Videoaufzeichnung in einem anschließenden Strafverfahren Grundlage der Strafverfolgung gegenüber den erfassten Personen sein kann. Die h. M. in der rechtswissenschaftlichen Literatur geht aber zutreffend davon aus, dass die Gesetzgebungszuständigkeit des Landes BW gegeben war, da die Bodycams vorrangig dem Schutz der Beamten des Polizeivollzugsdienstes und Dritter dienen. Vgl. dazu eingehender § 10 Rn 248 ff., **250**.

2. Zuständigkeiten kraft Sachzusammenhangs

Neben diesen geschriebenen Gesetzgebungszuständigkeiten auf dem Gebiet des Polizei- und Ordnungsrechts besitzt der Bund auch Kompetenzen unter dem Gesichtspunkt der sog. **Annex-Kompetenz**. Nach Auffassung des BVerfG sind für die Abgrenzung der Gesetzgebungskompetenz Normen, die der Aufrechterhaltung der öffentlichen Sicherheit und Ordnung in einem bestimmten Sachgebiet dienen, jeweils dem Sachbereich zuzurechnen, zu dem sie in einem notwendigen Zusammenhang stehen. Die Ordnungsgewalt kann als Annex (= Anhängsel) des Sachgebiets erscheinen, auf

---

10 VGH BW, DVBl 2014, 1002; vgl. auch die Hinweise in § 4 Rn 5 f.

dem sie tätig wird. Die Zuständigkeit zur Gesetzgebung in diesem Sachbereich umfasst dann auch die Regelung der Ordnungsgewalt (Polizeigewalt).[11]

Beispiele:
- Als Annex des **Straßenverkehrsrechts** wurde die Abwehr von Gefahren angesehen, die von außen auf den Straßenverkehr einwirken.[12]
- Die Ausweitung der Kompetenzen der **Bundespolizei** (früher „BGS") auf den **Eisenbahn- und Luftverkehrsbereich** wurde vom BVerfG wegen der tradierten Verwaltungskompetenz des Bundes auf diesen Gebieten als Ausübung einer entsprechenden Annexkompetenz angesehen.[13]
- Dem Bund steht als Annex seiner ausschließlichen Gesetzgebungskompetenz für die Verteidigung die Befugnis zur Regelung des gefahrenabwehrenden **Brandschutzes** für Bundeswehreinrichtungen zu.[14]

In der Praxis kommt es entscheidend darauf an, dass der Bund der Bundespolizei keine allgemeinen Aufgaben zuweisen kann, sondern dass die Bundespolizei verfassungsrechtlich immer eine **„Polizei mit begrenzten Aufgaben"** bleiben muss.[15] Die Grundkompetenz und Zuständigkeit der Länder für das Polizeirecht muss gewahrt bleiben.

3. Verwaltungskompetenzen im Bereich des Polizei- und Ordnungsrechts

7 Die Verwaltung der Landespolizei und ihre Organisation sind im PolG von BW als Landesrecht einheitlich geregelt. Das PolG regelt daher sowohl die Organisation der Polizeibehörden als auch des Polizeivollzugsdienstes (vgl. § 3 Rn 1 ff.). Nach **Art. 83 GG** führen die Länder auch die Bundesgesetze als eigene Angelegenheit aus, soweit das GG keine andere Regelung trifft oder zulässt.[16] Die Länder haben somit eine umfassende Verwaltungszuständigkeit: Sie – und nicht der Bund – regeln grundsätzlich das Verfahren zur Einrichtung der Behörden bei der Ausführung der Bundesgesetze. Im Bereich des Polizei- und Ordnungsrechts gibt es aber zahlreiche Ausnahmen von diesem Grundsatz. Sowohl die **Vollzugspolizeien des Bundes** wie etwa das BKA (§ 16 Rn 2) als auch die **besonderen Sicherheitsbehörden des Bundes** wie das Bundesamt für Verfassungsschutz, MAD und BND (vgl. § 16 Rn 12 ff.) verfügen über eine eigene, mit eigenem Verwaltungsaufbau ausgestattete (Bundes)-Verwaltung und -Organisation nach Art. 87 Abs. 1 und 3 GG[17]. In den letzten Jahren ist festzustellen, dass der Bund mit der Begründung der Terrorismusbekämpfung und Globalisierung immer mehr Aufgaben der Polizei- und Ordnungsverwaltung an sich zieht. Als Beispiel sei hier nur die Diskussion über die Ausweitung der Befugnisse der Besonderen Sicherheitsbehörden und damit unmittelbar einhergehend die Aufweichung des sog. Trennungsprinzips angeführt (vgl. dazu § 16 Rn 12 ff.).

III. Musterentwurf eines einheitlichen Polizeigesetzes des Bundes und der Länder

8 Die Zuständigkeit der Länder für die Gesetzgebung auf dem Gebiet des allgemeinen Polizeirechts unterstreicht zwar ihre Eigenständigkeit, führt aber zu unterschiedlichen Polizei- und Ordnungsgesetzen in den verschiedenen Bundesländern. Als Beispiel wird auf die unterschiedlichen Vorschriften der einzelnen Bundesländer zur Haltung gefährlicher Hunde (§ 9 Rn 12 ff.) oder auf die unterschiedliche Beurteilung der Zulässigkeit eines sog. Glasverbots für bestimmte Veranstaltungen (vgl. § 6 Rn 8 bzw. § 9 Rn 24) hingewiesen. Es gab und gibt daher immer wieder Bemühungen, das Polizeirecht bundes-

---

[11] BVerfGE 3, 407; 8, 143, 149 ff.; VGH BW, BWVPr. 1995, 134; Thiel, Polizei- und Ordnungsrecht, § 1 Rn 13.
[12] BVerwGE 28, 310.
[13] BVerfGE 97, 198, 218; vgl. dazu auch Bäcker, in: Lisken/Denninger, Handbuch des Polizeirechts, Kap. B Rn 166 ff.
[14] VGH BW, BWVPr. 1995, 134.
[15] Bäcker, in: Lisken/Denninger, Handbuch des Polizeirechts, Kap. B Rn 165.
[16] BVerfGE 55, 318.
[17] Vgl. dazu auch Kingreen/Schönberger, NVwZ 2018, 1825 ff.

weit zu vereinheitlichen.[18] Bereits im Jahre 1972 forderte die ständige Konferenz der Innenminister und -senatoren des Bundes und der Länder (IMK) in dem „Programm für die innere Sicherheit in der Bundesrepublik Deutschland" für das materielle Polizeirecht einen Musterentwurf, der von den Ländern übernommen werden sollte.[19] Mit Beschluss vom 25.11.1977 hat die Innenministerkonferenz den **Musterentwurf eines einheitlichen Polizeigesetzes des Bundes und der Länder** vorgelegt.[20] Dieser Musterentwurf (**ME PolG**) sollte als unverbindliche Leitlinie dem jeweiligen Landesgesetzgeber dienen und auf diesem Wege für das gesamte Bundesgebiet sukzessive möglichst einheitliche Rechtsgrundlagen herbeiführen.

Der Entwurf löste in der Rechtslehre und in der Öffentlichkeit teilweise heftige Diskussionen aus. Im Jahre 1977 legten acht Wissenschaftler („Arbeitskreis Polizeirecht") einen **„Alternativentwurf einheitlicher Polizeigesetze des Bundes und der Länder"** (AE) vor. Am 12.3.1986 wurde von der IMK als Fortschreibung des ME PolG ein **Vorentwurf zur Änderung des Musterentwurfes eines Polizeigesetzes** (VEME PolG) ausgearbeitet, dessen Ziel vor allem eine möglichst ländereinheitliche, polizeiliche Datenerhebung und -verarbeitung war. 9

Zwischenzeitlich haben die **meisten Bundesländer ihre Polizeigesetze**, insbesondere ihre Vorschriften über Datenerhebung und weitere Verarbeitung, zwar an den Musterentwurf **angepasst**. Die Hoffnung, dass auf der Grundlage des Musterentwurfs ein einheitliches Polizeirecht aller Bundesländer entstehen könnte, hat sich indes nur teilweise erfüllt. In der föderalistischen Bundesrepublik scheint ein einheitliches Polizeirecht nicht möglich zu sein. Andererseits wird eine Angleichung des Polizei- und Ordnungsrechts der einzelnen Bundesländer durch die regelmäßigen Zusammenkünfte und Vereinbarungen der **Innenministerkonferenzen** erreicht. 10

Auf der Grundlage eines **Beschlusses der Ständigen Konferenz der Innenminister vom Juni 2017** soll aktuell ein **neuer Musterentwurf** eines einheitlichen Polizeigesetzes erarbeitet werden.[21] Ob absehbar eine Chance auf Vereinheitlichung der Polizeigesetze der Bundesländer besteht, ist allerdings fraglich.[22] 11

---

18 Überblick über die Entwicklung bei Struzina/Kaiser, BayVBl 2020, 509 ff., u. Thiel, Die Verwaltung 2020, 1, 9 f. Grundlegend auch Graulich, GSZ 2019, 9 ff.
19 GABl. 1974 S. 497.
20 Zum Inhalt vgl. etwa Drews/Wacke/Vogel/Martens, Gefahrenabwehr, § 2 Nr. 2 (S. 19 f.).
21 Vgl. dazu Möstl, Die Verwaltung 2020, 21 ff.; Thiel, Die Verwaltung 2020, 1, 10 ff.
22 Vgl. dazu eingehender Struzina/Kaiser, BayVBl 2020, 509, 511 ff.: „gemischtes Bild".

Schaubild Nr. 4
Prüfung polizeilicher Zuständigkeiten

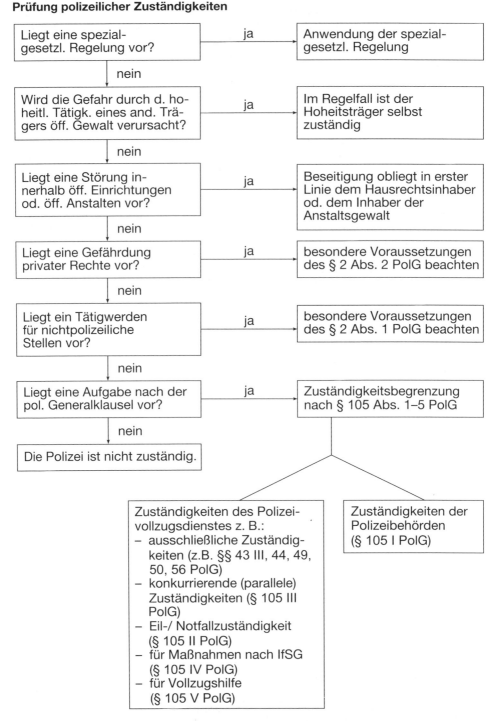

§ 3: Die Organisation der Polizei

I. Organisation der Polizeibehörden
1. Allgemeines

a) Formeller und materieller Polizeibegriff

Unter dem **Begriff der Polizei** werden unterschiedliche staatliche und kommunale Behörden, Aufgaben und Tätigkeiten verstanden. Je nach Betrachtungsweise wird von der Polizei im institutionellen, materiellen oder formellen Sinn gesprochen. Allerdings werden die Begriffe nicht immer einheitlich verwendet. Im Einzelfall ist daher festzulegen, welcher Polizeibegriff gemeint ist.

aa) Der formelle (institutionelle) Polizeibegriff

Der **formelle (auch institutioneller oder organisatorischer) Polizeibegriff** beinhaltet die **Summe aller Tätigkeiten**, die in den Zuständigkeitsbereich der Behörden fallen, die institutionell zur Polizei gerechnet werden.[1]

Beispiel: Eine (nur) formell-polizeiliche Tätigkeit ist die Ermittlungstätigkeit der Polizei im Strafverfahren. Diese Aufgabe dient nicht der Gefahrenabwehr und ist deshalb keine materiell-polizeiliche Tätigkeit.

Polizei im formellen (institutionellen) Sinne sind alle Behörden und Dienststellen, die der Organisation (Institution) „Polizei" zugerechnet werden. In BW sind dies nach dem **Polizeibehördensystem** (Einheitssystem) sowohl die Polizeibehörden (§§ 106 ff. PolG) als auch der Polizeivollzugsdienst (§§ 115 ff. PolG, vgl. Schaubild Nr. 2).[2] Bei dieser Unterscheidung kommt es allein auf die organisatorische Zuordnung an. Für die Zuordnung sind weder die Art und Weise der Zuständigkeit noch die Aufgabenerfüllung maßgebend.

In den meisten Bundesländern wird dagegen nach dem **Trennungsprinzip** unter „Polizei" regelmäßig nur der Polizeivollzugsdienst mit seinen Polizeibehörden und Dienststellen verstanden. Die Regelungen für die Ordnungs-, Verwaltungs- und Sicherheitsbehörden einerseits und für den Polizeivollzugsdienst andererseits sind in diesen Bundesländern teilweise in getrennten Gesetzen enthalten.[3]

---

1 Drews/Wacke/Vogel/Martens, Gefahrenabwehr, § 3 Nr. 1 (S. 33); siehe auch Schaubild Nr. 5.
2 Wehr, Polizeirecht, Rn 19; Bruckert/Frey/Kron/Marz, Besonderes Verwaltungsrecht, Rn 78.
3 Vgl. etwa BbgPolG ↔ BbgOBG; PolG NRW ↔ OBG NRW; SächsPBG ↔ SächsPVDG (seit 2019); ThürPAG ↔ ThürOBG. Siehe dazu auch die Übersicht bei Gusy, Polizei- und Ordnungsrecht, Rn 31, mit Literaturhinweisen.

Schaubild Nr. 5

Institutioneller (organisatorischer) Polizeibegriff in Baden-Württemberg

(§ 104 PolG)

POLIZEI sind:

Allgemeine Polizeibehörden
nach § 106 Abs. 1 Nr. 1 – 4 PolG:

Polizeidienststellen und
Einrichtungen des
Polizeivollzugsdienstes
nach §§ 115 ff. PolG / §§ 10 DVO PolG:

Polizeidienststellen:

- Zuständige Ministerien
 als oberste Landespolizeibehörden
 - § 106 Abs. 1 Nr. 1 PolG

- regionale Polizeipräsidien
 - § 115 Abs. 1 Nr. 1 PolG

- Regierungspräsidien
 als Landespolizeibehörden
 - § 106 Abs. 1 Nr. 2 PolG

- Polizeipräsidium Einsatz
 - § 115 Abs. 1 Nr. 2 PolG

- Untere Verwaltungsbehörden
 als Kreispolizeibehörden
 - § 106 Abs. 1 Nr. 3 PolG

- Landeskriminalamt
 - § 115 Abs. 1 Nr. 3 PolG

Einrichtungen:

- Gemeinden
 als Ortspolizeibehörden
 - § 106 Abs. 1 Nr. 4 PolG

- Hochschule für Polizei
 - § 115 Abs. 2 Nr. 1 PolG

- Präsidium Technik, Logistik,
 Service der Polizei
 - § 115 Abs. 2 Nr. 2 PolG

Besondere Polizeibehörden
nach § 106 Abs. 2 PolG:

Behörden der unmittelbaren Landesverwaltung (z.B. das frühere Gewerbeaufsichtsamt, Eichamt, Landesgewerbeamt u. dgl.). Durch das Verwaltungsstruktur-Reformgesetz vom 1.7.2004 (GBl. S. 469) wurden diese besonderen Polizeibehörden in die allgemeinen Polizeibehörden integriert. § 106 Abs. 2 PolG hat daher keine praktische Bedeutung mehr.

bb) Der materielle Polizeibegriff

4   Der **materielle Polizeibegriff** findet sich in **§ 1 Abs. 1 PolG**. Polizei im materiellen Sinne ist somit derjenige Teil der hoheitlichen Verwaltungstätigkeit, der die **Abwehr von Gefahren** oder die **Beseitigung von Störungen** zum Gegenstand hat. Das bedeutet, dass alle Rechtsnormen, die Fragen der Gefahrenabwehr regeln, zum materiellen Polizeirecht zählen. Mit Recht weist Gusy darauf hin, dass sich dieser materielle Polizeibegriff „aufgelöst" hat, weil undeutlich bleibt, was geschützt und was abgewehrt werden soll, da die Aufgabe der Gefahrenabwehr nicht nur von der Polizei, sondern auch von einer Vielzahl von Sonderbehörden wahrgenommen wird.[4]

---

4   Gusy, Polizei- und Ordnungsrecht, Rn 4, 8; siehe auch Schaubild Nr. 6.

I. Organisation der Polizeibehörden

Beispiel: Die **Katastrophenschutzbehörden** haben die Aufgabe, die Bekämpfung von Katastrophen vorzubereiten, Katastrophen zu bekämpfen und bei der vorläufigen Beseitigung von Katastrophenschäden mitzuwirken (vgl. §§ 1, 2 und 3 LKatSG). Die Wahrnehmung dieser Aufgabe ist inhaltlich Gefahrenabwehr und damit eine polizeiliche Tätigkeit im materiellen Sinne. Institutionell gesehen sind aber die Katastrophenschutzbehörden keine Polizei, sondern (untere) Verwaltungsbehörden. Die Ortspolizeibehörden werden an der Wahrnehmung der Einsatzaufgaben des Katastrophenschutzes nur „beteiligt".

cc) Begriff der „Polizei"

Die Organisation der **Polizei** umfasst in BW gem. § 104 PolG nach dem sog. **Polizeibehörden-** oder **Einheitssystem** die **Polizeibehörden** und den **Polizeivollzugsdienst**. Die Aufgaben der Polizei obliegen daher sowohl den Polizeibehörden als auch den Beamten des Polizeivollzugsdienstes. Beide sind „Polizei" und für beide gelten die Regelungen des PolG. Ihr gemeinsamer Auftrag ist gem. § 1 PolG der Schutz der öffentlichen Sicherheit oder Ordnung, wobei das PolG ihnen im Einzelnen unterschiedliche Funktionen, Aufgaben und Befugnisse zuweist (vgl. Schaubild Nr. 2).

Im Unterschied dazu beruht das **Trennsystem** auf einer organisatorischen Trennung von Polizei-, Sicherheits- und Ordnungsbehörden. Der Aufbau, die Zuständigkeiten und die Befugnisse sind regelmäßig in getrennten Gesetzen geregelt. So verfügt etwa Brandenburg sowohl über ein Gesetz über Aufgaben, Befugnisse und Organisation der Polizei (Brandenburgisches Polizeigesetz – BbgPolG) als auch über ein Gesetz über Aufbau und Befugnisse der Ordnungsbehörden (Ordnungsbehördengesetz – OBG). **Beim Trennsystem wird unter „Polizei" nur der Polizeivollzugsdienst verstanden. Polizeirecht ist hier die Summe der Rechtsnormen, die** den Polizeivollzugsdienst **organisieren, berechtigen und verpflichten.**

Schaubild Nr. 6
Materieller und formeller Polizeibegriff in Baden-Württemberg

Aufgaben der Polizei: Gefahrenabwehr und Störungsbeseitigung **materieller Polizeibegriff** vgl. § 1 Abs. 1 PolG	andere Aufgaben (vgl. § 1 Abs. 2 PolG, etwa Strafverfolgung, Verfolgung von Ordnungswidrigkeiten)
Zuständigkeit der Polizei im institutionellen Sinne **formeller Polizeibegriff** (Polizeibehörden u. Polizeivollzugsdienst § 104 PolG)	Zuständigkeit anderer Stellen (vgl. § 2 Abs. 1 PolG)

Die **Organisation der Polizei** ist im PolG BW in den **§§ 104 bis 126 PolG** näher geregelt. Die letzte größere **Organisationsänderung** erfolgte durch das **Polizeistrukturreformgesetz (PolRG)** vom 23.7.2013, das am 1.1.2014 in Kraft getreten ist. Durch diese Polizeireform sollte vor allem der Polizeivollzugsdienst organisatorisch für die aktuellen Herausforderungen der inneren Sicherheit gewappnet und mehr Personal in die Fläche gebracht werden (vgl. im Einzelnen § 1 Rn 29 ff.). Durch das **PolSG2020** wurde die Polizeireform 2013 mit Wirkung ab 1.1.2020 in Teilen wieder geändert und modifiziert.[5]

Die Organisation der Polizei umfasst gem. § 104 PolG nach dem in BW geltenden **Einheits- bzw. Polizeibehördensystem**:[6]

- die Polizeibehörden (Nr. 1)

und

---
5 Vgl. dazu eingehender § 1 Rn 31.
6 Thiel, Polizei- und Ordnungsrecht, § 3 Rn 13, 17, 26, 28; Trurnit, in: Möstl/Trurnit, Polizeirecht BW, Rn 4.

- den Polizeivollzugsdienst mit seinen Beamten (Polizeibeamte) (Nr. 2).[7]

Die **Polizeibehörden** sind in allgemeine Polizeibehörden (§ 106 Abs. 1 PolG) und besondere Polizeibehörden (§ 106 Abs. 2 PolG) gegliedert. Verwendet das PolG den Begriff „Polizeibehörde", sind damit regelmäßig beide Arten von Polizeibehörden gemeint (vgl. etwa §§ 105 Abs. 1, 111 Abs. 1 und 112 bis 114 PolG).

2. Allgemeine Polizeibehörden

7 **Allgemeine Polizeibehörden** sind die in § 106 PolG aufgeführten Behörden. § 106 Abs. 1 PolG legt grundsätzlich den **vierstufigen Aufbau** der allgemeinen Polizeibehörden fest. Hierbei handelt es sich sowohl um staatliche als auch um kommunale Verwaltungsbehörden.

Folgende Behörden sind allgemeine Polizeibehörden (vgl. §§ 106, 107 PolG):

a) Ministerien als oberste Landespolizeibehörden

8 Gem. § 106 Abs. 1 Nr. 1 PolG sind allgemeine Polizeibehörden die obersten Landespolizeibehörden. Das sind gem. § 107 Abs. 1 PolG die zuständigen **Ministerien**, nach deren jeweiligen Geschäftsbereichen Aufgaben der Gefahrenabwehr zu erfüllen sind (vgl. § 8 LVwG). Neben der Leitung und **Aufsicht** obliegen den Ministerien auch **erstinstanzliche Polizeiaufgaben**. Wichtiges Beispiel hierfür ist die Zuständigkeit zum Erlass von Polizeiverordnungen nach § 17 PolG (§ 9 Rn 1 ff.). Die Zuständigkeit der Ministerien im Einzelnen richtet sich nach der MinGeschAbgrBek in der jeweils gültigen Fassung (vgl. auch § 9 LVwG). Zum Geschäftsbereich des **Innenministeriums** gehören etwa die öffentliche Sicherheit und Ordnung.[8]

b) Regierungspräsidien als Landespolizeibehörden

9 Gem. § 106 Abs. 1 Nr. 2 PolG sind allgemeine Polizeibehörden die Landespolizeibehörden. Das sind gem. § 107 Abs. 2 PolG die **Regierungspräsidien**. Gem. § 11 Abs. 1 LVwG ist das Landesgebiet in vier Regierungsbezirke (Stuttgart, Karlsruhe, Freiburg und Tübingen) eingeteilt. Für jeden Regierungsbezirk besteht ein Regierungspräsidium (§ 11 Abs. 2 LVwG). Die Regierungspräsidien sind gem. § 10 LVwG auch allgemeine Verwaltungsbehörden. Sie sind gem. § 13 LVwG in ihrem jeweiligen Regierungsbezirk (§ 12 LVwG) für die ihnen durch Gesetz oder Rechtsverordnung zugewiesenen Aufgaben zuständig. Die Regierungspräsidien unterliegen als Landespolizeibehörde der Dienst- und Fachaufsicht durch das Innenministerium bzw. durch die zuständigen Ministerien (vgl. § 108 Abs. 1, 2, § 109 PolG).

c) Untere Verwaltungsbehörden als Kreispolizeibehörden

10 Gem. § 106 Abs. 1 Nr. 3 PolG sind allgemeine Polizeibehörden die Kreispolizeibehörden. Das sind gem. § 107 Abs. 3 PolG die **unteren Verwaltungsbehörden**. Untere Verwaltungsbehörden sind gem. § 15 Abs. 1 LVwG in den Landkreisen die Landratsämter (vgl. § 1 Abs. 3 S. 2 LKrO) sowie nach Maßgabe des § 19 LVwG die Großen Kreisstädte und die Verwaltungsgemeinschaften nach Maßgabe des § 17 LVwG und in den Stadtkreisen die Gemeinden. Gem. § 18 LVwG sind die unteren Verwaltungsbehörden für alle ihnen durch Gesetz oder Rechtsverordnung zugewiesenen staatlichen Verwaltungsaufgaben zuständig. Die Kreispolizeibehörden sind je nach ihrer Organisation entweder staatliche oder kommunale Verwaltungsbehörden.

§ 15 Abs. 2 LVwG stellt klar, dass die Aufgaben der unteren Verwaltungsbehörden von den Stadtkreisen, Großen Kreisstädten und Verwaltungsgemeinschaften als Pflichtaufgaben nach Weisung erfüllt werden. **Pflichtaufgaben nach Weisung** sind Aufgaben, zu

---

7 Ibler, in: Ennuschat/Ibler/Remmert, Öffentliches Recht BW, § 2 Rn 13, 24.
8 Vgl. Art 1 II Nr. 7 der MinGeschAbgrBek.

I. Organisation der Polizeibehörden

deren Wahrnehmung die Verwaltungsträger gesetzlich verpflichtet sind (vgl. etwa § 2 Abs. 3 GemO). Zuständig für die Erfüllung ist gem. § 44 Abs. 3 S. 1 GemO der **Bürgermeister**. Der Gemeinderat als Hauptverwaltungsorgan der Gemeinde (§§ 23, 24 Abs. 1 GemO) hat nur bestimmte Auskunfts- und Kontrollrechte[9].

Die Kreispolizeibehörden unterliegen der **Dienst- und Fachaufsicht** durch die Regierungspräsidien und durch die zuständigen Ministerien (vgl. §§ 108 Abs. 1 Nr. 2 und 109 Nr. 2 PolG). Innerhalb der Landkreise ist der **Landrat** als Leiter des Landratsamts als Staatsbehörde zuständig (§§ 1 Abs. 3, 42, 53 Abs. 1 LKrO). Er unterliegt den Weisungen der Fachaufsichtsbehörden und der Dienstaufsicht des Regierungspräsidiums (§ 53 Abs. 1 LKrO).

d) Gemeinden als Ortspolizeibehörden

Gem. § 106 Abs. 1 Nr. 4 PolG sind allgemeine Polizeibehörden die Ortspolizeibehörden. Das sind gem. § 107 Abs. 4 PolG die Gemeinden (einschließlich der Stadtkreise und Großen Kreisstädte, vgl. § 3 GemO). Sie nehmen die ihnen durch das PolG übertragenen Aufgaben als Pflichtaufgabe nach Weisung wahr (§ 107 Abs. 4 S. 2 PolG i. V. m. § 2 Abs. 3 GemO). Zuständig für die Erfüllung ist gem. § 44 Abs. 3 S. 1 GemO der **Bürgermeister** (vgl. § 3 Rn 10). Die Gemeinden unterliegen bei der Wahrnehmung der Pflichtaufgaben nach Weisung der **Fachaufsicht** (§ 129 GemO, § 109 Nr. 3 PolG) und der Dienstaufsicht (§ 108 Abs. 1 Nr. 3 PolG). 11

3. Zuständigkeiten

a) Instanzielle Zuständigkeit der allgemeinen Polizeibehörde

Durch die instanzielle Zuständigkeit wird festgelegt, welche Stelle bzw. **Verwaltungsstufe innerhalb eines mehrstufigen Behördenaufbaus** für die Wahrnehmung einer Aufgabe zuständig ist. Die instanzielle Zuständigkeit stellt einen Unterfall der sachlichen Zuständigkeit dar. 12

Im Bereich des PolG wird hierdurch bestimmt, welche Polizeibehörde (§§ 106, 107 PolG) bzw. Polizeidienststelle (§ 115 PolG) innerhalb des sachlichen Zuständigkeitsbereichs tätig wird. Im Regelfall werden die Aufgaben der Gefahrenabwehr von der untersten Instanz wahrgenommen (vgl. § 3 Rn 13 und 28 ff.).

b) Grundsatz der Zuständigkeit der Ortspolizeibehörde

Der Aufbau der allgemeinen Polizeibehörden gem. **§ 106 Abs. 1 PolG** ist vierstufig und wird von dem Grundsatz beherrscht, dass Aufgaben, die von nachgeordneten Behörden zuverlässig und zweckmäßig erledigt werden können, diesen zuzuweisen sind (vgl. Art. 70 Abs. 1 S. 2 LV). Mit dieser Regelung soll erreicht werden, dass grundsätzlich nur **eine** Polizeibehörde zuständig sein kann.[10] 13

Gem. § 111 Abs. 1 PolG wird die sachliche Zuständigkeit der Polizeibehörden von den fachlich zuständigen Ministerien im Einvernehmen mit dem Innenministerium bestimmt. Diese Bestimmung kann nur durch **Rechtsverordnung** erfolgen.[11]

Gem. **§ 111 Abs. 2 PolG** sind die Ortspolizeibehörden sachlich zuständig, soweit nichts anderes bestimmt ist. Innerhalb des vierstufigen Verwaltungsaufbaus der Polizeibehörden sind somit grundsätzlich die Gemeinden als **Ortspolizeibehörden (instanziell) zuständig**. Es kann folglich von einer „Zuständigkeitsvermutung" zugunsten der Ortspolizeibehörde gesprochen werden. 14

Fall 1: Bewohner A wohnt am Rande einer Parkanlage am Ufer der durch D fließenden Elz. Er stellt fest, dass durch das ständige Füttern von Enten und Gänsen auch auf seinem Grundstück

---

9 Vgl. dazu Engel/Heilshorn, Kommunalrecht BW, § 14 Rn 9 bis 13 u. § 15 Rn 24.
10 Stephan, in: Stephan/Deger, Polizeigesetz BW, § 66 Rn 1.
11 Stephan, in: Stephan/Deger, Polizeigesetz BW, § 66 Rn 6 m. w. N.

immer mehr **Ratten** auftreten. Er begibt sich deshalb zur Gemeindeverwaltung – Ortspolizeibehörde – von D und bittet um die Durchführung geeigneter Maßnahmen, insbesondere um ein **Fütterungsverbot** für Enten und ähnliche Kleintiere.

Da „nichts anderes bestimmt ist", also Spezialgesetze nicht vorhanden sind, ist D im **Fall 1** gem. § 111 Abs. 4 i. V. m. § 106 Abs. 1 Nr. 4 PolG die sachlich zuständige allgemeine Polizeibehörde, um die durch die Fütterung der Tiere verstärkt auftretende Rattenplage und damit eine Gefahr für die öffentliche Sicherheit zu bekämpfen. D kann etwa gem. §§ 1, 3 und 17 PolG in einer Polizeiverordnung ein Fütterungsverbot festlegen (siehe § 9 Rn 1 ff.).

15 Gem. **§ 111 Abs. 1 PolG** oder durch spezielle Zuweisungsregelungen im Gesetz kann diese Vermutung widerlegt und durch das fachlich zuständige Ministerium die Zuständigkeit einer anderen (allgemeinen) Polizeibehörde begründet werden.

c) Zuständigkeits- und Instanzenverschiebungen

16 Gem. **§ 112 PolG** ist eine Verschiebung der instanziellen Zuständigkeit u. a. möglich bei:

- Wahrnehmung der Aufgaben der zuständigen Polizeibehörde durch die zur Fachaufsicht zuständigen Behörden bei Gefahr im Verzug (§ 112 Abs. 1, § 109 PolG: **Notzuständigkeit der Fachaufsichtsbehörden**).
- Wahrnehmung der Aufgaben einer übergeordneten Polizeibehörde durch jede Polizeibehörde bei Gefahr im Verzug (§ 112 Abs. 2 PolG: **Notzuständigkeit der nachgeordneten allgemeinen Behörden**).

In beiden Fällen handeln die Behörden im eigenen Namen und nicht an Stelle der an sich zuständigen Behörde. **Verantwortlich** für die Rechtmäßigkeit der Maßnahme ist daher der Träger der tätig gewordenen Behörde.

- **Selbsteintrittsrecht** der Fachaufsichtsbehörde im Falle der Weigerung einer Polizeibehörde, einer ihr erteilten Weisung zu folgen (**§ 110 Abs. 2 PolG**, vgl. § 3 Rn 26).

Die zuständige Polizeibehörde ist **unverzüglich zu unterrichten** (§ 112 Abs. 3 PolG). In **§ 112 Abs. 4 PolG** wird ausdrücklich klargestellt, dass diese Zuständigkeitsverschiebungen nicht für den Erlass von Polizeiverordnungen gelten (vgl. §§ 21, 22 PolG).

4. Besondere Polizeibehörden

a) Allgemeines

17 Besondere Polizeibehörden sind gem. **§ 106 Abs. 2 PolG** Verwaltungsbehörden, die aufgrund besonderer Rechtsvorschriften polizeiliche Aufgaben wahrnehmen, die nicht allgemeine Polizeibehörden gem. § 106 Abs. 1 PolG sind und die nicht zu den „anderen Stellen" i. S. d. § 2 Abs. 1 S. 1 PolG zählen (siehe auch Schaubild Nr. 5).

Eine Behörde kann daher **nicht gleichzeitig allgemeine und besondere Polizeibehörde** sein. Die besondere Polizeibehörde muss gegenüber den Behörden, denen die Funktion der allgemeinen Polizeibehörde gem. § 106 Abs. 1 PolG übertragen ist, organisatorisch verselbstständigt sein und über eine eigene Organisation außerhalb der Regelung des § 107 PolG verfügen. In Betracht kommen nur Behörden der unmittelbaren Landesverwaltung.[12]

18 Durch das **Gesetz zur Reform der Verwaltungsstruktur** (VRG) im Jahre 2004 wurden die wichtigsten besonderen Polizeibehörden aufgelöst und in die Landratsämter und Stadtkreise integriert (vgl. § 1 Rn 27). So werden etwa die von den früheren staatlichen Gewerbeaufsichtsämtern wahrgenommenen fachtechnischen Aufgaben nunmehr von den Regierungspräsidien bzw. von den Landratsämtern und den Stadtkreisen als untere Verwaltungsbehörden wahrgenommen (vgl. Art. 1 Abs. 6 und Art. 2 Abs. 7 VRG).

---

12 Stephan, in: Stephan/Deger, Polizeigesetz BW, § 61 Rn 12.

I. Organisation der Polizeibehörden

Gem. Art. 1 Abs. 3 VRG gingen die von den staatlichen Forstbehörden gem. §§ 65 ff. LWaldG wahrgenommenen Aufgaben auf die unteren Verwaltungsbehörden und die Aufgaben der Forstdirektionen auf die Regierungspräsidien Freiburg und Tübingen über (Art. 2 Abs. 3 VRG). Die Aufgaben der Bergaufsicht gem. §§ 69 ff. BBergG wurden auf das Regierungspräsidium Freiburg übertragen. Mit Recht weisen Stephan/Deger darauf hin, dass § 106 Abs. 2 PolG mit dem Erlass des VRG keine praktische Bedeutung mehr hat.[13]

b) Sonderstellung der Landtagspräsidentin

Die Präsidentin des Landtags von BW nimmt eine Sonderstellung ein. Gem. **Art. 32 Abs. 2 S. 1 LV** obliegt ihr die Ausübung der **Polizeigewalt im Sitzungsgebäude des Landtags**. Sie ist berechtigt, zur Erhaltung der Funktionsfähigkeit des Parlaments Maßnahmen der Gefahrenabwehr gem. §§ 1, 3 PolG zu erlassen (etwa Verfügungen oder Verordnungen). Sie besitzt eine **ausschließliche Zuständigkeit**. Die Befugnisse der allgemeinen Polizeibehörden und des Polizeivollzugsdienstes werden durch die Polizeigewalt der Präsidentin verdrängt.[14] Die Polizei hat ihr auf Ersuchen **Amtshilfe** zu leisten. Ohne ein derartiges Ersuchen sind weder die Polizeibehörde noch die Vollzugsbeamten berechtigt, polizeiliche Maßnahmen im Sitzungsgebäude wahrzunehmen.[15]

19

Beispiel: In der 78. Sitzung des 16. Landtags von BW am 12.12.2018 tätigte der Landtagsabgeordnete der AfD-Fraktion Stefan Räpple in Richtung der SPD-Fraktion den Zwischenruf „So sind sie, die roten Terroristen!" Die Landtagspräsidentin ermahnte ihn daraufhin: „Deshalb bekommen Sie jetzt einen Ordnungsruf. Sollten Sie so etwas noch einmal wiederholen, erfolgt ein Sitzungsausschluss."[16] Nachdem es in der Folge zu weiteren verbalen Auseinandersetzungen durch den Landtagsabgeordneten Räpple gekommen war, wurde er durch die Landtagspräsidentin der Sitzung verwiesen.[17] Weil er den Saal trotz mehrfacher Aufforderung des Landtagspräsidiums nicht verlassen wollte, wurde die Sitzung unterbrochen.[18] Der Landtagsabgeordnete Räpple musste anschließend von der Polizei aus dem Saal begleitet werden. Die Landtagspräsidentin schloss den Landtagsabgeordneten Räpple für drei Sitzungstage von der Sitzung des Landtags aus.
Der **VerfGH BW** wies einen Eilantrag des Landtagsabgeordneten Räpple gegen seinen Sitzungsausschluss zurück.[19] Er führte zur Begründung aus, dass ein durch die Landtagspräsidentin von der Sitzung ausgeschlossenes Mitglied des Landtags den Sitzungssaal sofort zu verlassen haben und dass die für eine Missachtung dieses Gebots vorgesehene Sanktion der Geschäftsordnung des Landtags (drei Tage Ausschluss von den Sitzungen des Landtags) verfassungsrechtlich nicht zu beanstanden sei.[20]
Im Verlauf der 16. Wahlperiode des Landtags von BW kam es zu **weiteren Vorfällen** dieser Art, etwa in der 122. Sitzung am 24.6.2020 durch den AfD-Abgeordneten Dr. Heinrich Fichtner, der nach Ausschluss aus der Sitzung durch die Landtagspräsidentin von der Polizei aus dem Plenarsaal getragen werden musste. Ein gegen den von der Landtagspräsidentin anschließend verhängten Sitzungsausschluss gestellter Antrag auf Erlass einer einstweiligen Anordnung wurde vom VerfGH BW zurückgewiesen.[21]

5. Dienst- und Fachaufsicht

Die Polizeibehörden unterliegen bei der Wahrnehmung ihrer Aufgaben der **Dienst- und Fachaufsicht**.

---

13 Stephan, in: Stephan/Deger, Polizeigesetz BW, § 61 Rn 12.
14 Sander, in: Belz/Mußmann/Kahlert/Sander, Polizeigesetz BW, § 61 Rn 7; Friehe, DÖV 2016, 521; StGH BW, VBIBW 1988, 211 („Zählsorgetelefon").
15 Vgl. Köhler, DVBI 1992, 1577.
16 LT-Plenarprot. 16/78, S. 4678.
17 LT-Plenarprot. 16/78, S. 4688.
18 LT-Plenarprot. 16/78, S. 4688.
19 VerfGH BW, NVwZ 2019, 1437 = VBIBW 2020, 56.
20 VerfGH BW, NVwZ 2019, 1437.
21 VerfGH BW, openJur 2020, 33304.

a) Dienstaufsicht

20 **§ 108 PolG** regelt die Dienstaufsicht über die allgemeinen Polizeibehörden. Gem. § 3 Abs. 1 LVwG erstreckt sich die **Dienstaufsicht** auf den Aufbau, die innere Ordnung, den Einsatz und die Verteilung von Personal- und Sachmitteln, die allgemeine Geschäftsführung und die Personalangelegenheiten einer Behörde (organisatorische und personalrechtliche Aufsicht). Zur Dienstaufsicht zählt auch die Entscheidung über **Dienstaufsichtsbeschwerden,** mit der Dritte die Verletzung von Dienstpflichten durch Polizeibeamte geltend machen können (Art. 17 GG). Die **Mittel der Dienstaufsicht** werden im PolG nicht ausdrücklich genannt. Sie ergeben sich aus dem Begriff der Dienstaufsicht und dem umfassenden Weisungsrecht der Dienstaufsichtsbehörden gem. § 110 Abs. 1 PolG, § 3 Abs. 1 und 3 LVwG. Die Aufsichtsbehörden können sich über dienstliche Vorgänge informieren, Akten anfordern und Beanstandungen oder dienstliche Weisungen erteilen.

21 Die zuständigen Behörden für die Ausübung der Dienstaufsicht über die allgemeinen Polizeibehörden ergeben sich aus § 108 PolG. Oberste Dienstaufsichtsbehörde ist das Innenministerium. Anders als bei der allgemeinen Staatsaufsicht (§§ 20 ff. LVwG) führen nach dem **Prinzip der Parallelaufsicht** nicht nur die nächsthöheren Aufsichtsbehörden über die unmittelbar nachgeordneten, sondern alle höherrangigen über ihnen nachgeordnete Polizeibehörden die Aufsicht. Im Bereich der Polizei sind somit alle im Instanzenzug übergeordneten Behörden **nebeneinander zur Dienstaufsicht befugt** bzw. konkurrierend zuständig. Ausgenommen von dieser konkurrierenden Zuständigkeit sind gem. § 108 Abs. 1 Nr. 1 PolG nur die Regierungspräsidien.

Beispiel: Die Ortspolizeibehörde O einer kleinen Gemeinde kann sowohl von der Kreispolizeibehörde (Landratsamt) als auch vom Regierungspräsidium (Landespolizeibehörde) oder sogar direkt vom Innenministerium angewiesen werden, eine widerrechtliche Hausbesetzung in der Gemeinde polizeilich zu beenden (vgl. § 108 Abs. 1 Nr. 3 b PolG). Nach Möglichkeit soll aber nur die unmittelbare Aufsichtsbehörde Maßnahmen der Dienstaufsicht vornehmen.

Die Berechtigung der staatlichen Behörden zur Ausübung auch der Dienstaufsicht über die kommunalen allgemeinen Polizeibehörden stellt einen **verfassungsrechtlich bedenklichen Fremdkörper** im System der Verwaltungsorganisation dar. Denn grundsätzlich sind die staatlichen Behörden nur zur Rechts- bzw. Fachaufsicht befugt (vgl. etwa § 21 LVwG).[22]

b) Fachaufsicht

22 **§ 109 PolG** regelt die Zuständigkeiten der **Fachaufsicht** über die allgemeinen Polizeibehörden. Gem. § 3 Abs. 2 LVwG erstreckt sich die Fachaufsicht auf die rechtmäßige und zweckmäßige Wahrnehmung der fachlichen Verwaltungsangelegenheiten der Behörde. Sie umfasst sowohl die Prüfung der Gesetzmäßigkeit der Verwaltung (Rechtsaufsicht) als auch die der Zweckmäßigkeit einer Maßnahme einschließlich der Ausübung des Ermessens (§ 40 LVwVfG). Wichtigstes Mittel der Fachaufsicht ist ein umfassendes Weisungsrecht (§ 3 Rn 24 ff.).

23 Die für die Ausübung der **Fachaufsicht** über die allgemeinen Polizeibehörden **zuständigen Behörden** ergeben sich aus § 109 PolG. Nach dem **Prinzip der Parallelaufsicht** üben – mit Ausnahme der Aufsicht über die Landespolizeibehörden – die höheren allgemeinen Polizeibehörden die Fachaufsicht über die untergeordneten Polizeibehörden aus. Die Fachaufsichtsbehörden sind mit den für die Ausübung der Dienstaufsicht zuständigen Behörden identisch.

---

22 So auch Sander, in: Belz/Mußmann/Kahlert/Sander, Polizeigesetz BW, § 63 Rn 2. Nach Stephan, in: Stephan/Deger (Polizeigesetz BW, § 65 Rn 9) soll mit dieser staatlichen Kontrolle über die kommunalen Polizeibehörden die unmittelbar mit dem Staatszweck verbundene Aufgabe der Gewährleistung der öffentlichen Sicherheit und Ordnung sichergestellt werden.

I. Organisation der Polizeibehörden

6. Weisungsrecht und Unterrichtungspflicht
a) Weisungsrecht
aa) Allgemeines

Gem. **§ 110 Abs. 1 S. 1 PolG** können die zur Dienst- oder Fachaufsicht zuständigen Behörden den allgemeinen Polizeibehörden im Rahmen ihrer Zuständigkeit „unbeschränkt Weisungen erteilen". Mit diesem **Weisungsrecht** können die Aufsichtsbehörden jederzeit in die Verwaltung der allgemeinen Polizeibehörden eingreifen. Die allgemeinen Polizeibehörden haben diesen **Weisungen Folge zu leisten** (§ 110 Abs. 1 S. 2 PolG). Das Weisungsrecht ist unentbehrliches Mittel für die ordnungsgemäße Ausübung der Dienst- und Fachaufsicht. Seine besondere Bedeutung liegt in der Ermächtigung der staatlichen Aufsichtsbehörden, das Weisungsrecht auch gegenüber den (rechtlich verselbstständigten) kommunalen Ortspolizeibehörden (Stadtkreise, Große Kreisstädte oder Gemeinden) auszuüben (vgl. Art. 75 Abs. 2 LV, § 2 Abs. 3 GemO). Der Grund für diese staatlichen Aufsichtsrechte liegt darin, dass die **Gefahrenabwehr** eine **staatliche Aufgabe** ist. Die Aufsichts- und Weisungsbefugnisse dienen der Koordination und der Vereinheitlichung der Verwaltungstätigkeit sowie der Kontrolle der einzelnen Behörde[23]. Das Weisungsrecht besteht gem. § 110 Abs. 1 PolG **nur im Rahmen der eigenen Zuständigkeit der Aufsichtsbehörde**. Die Aufsichtsbehörde hat daher zu prüfen, ob sie für Maßnahmen der Dienst- oder Fachaufsicht oder für beides zuständig ist. Zudem kann die Aufsichtsbehörde nur zu denjenigen Maßnahmen anweisen, zu deren Durchführung die angewiesene Behörde sachlich und örtlich zuständig ist. „Unbeschränktes" Weisungsrecht bedeutet, dass sich das Weisungsrecht auf alle Tätigkeitsbereiche – einschließlich der Ermessensausübung durch die weisungsunterworfene Behörde – erstreckt. Bei der Ausübung des Weisungsrechts muss die Aufsichtsbehörde aber nach dem Rechtsstaatsprinzip das Gesetz beachten.

Eine bestimmte **Form** ist für die Weisung nicht vorgeschrieben. Sie kann schriftlich, mündlich oder auf sonstige Weise erteilt werden. Die Schriftform empfiehlt sich jedoch aus Beweis- und Kostengründen. Der angewiesenen Polizeibehörde wird empfohlen, vor der Ausführung einer Maßnahme auf die schriftliche Erteilung einer Weisung zu bestehen. Im Außenverhältnis handelt es sich bei jeder Maßnahme der angewiesenen Behörde, die diese aufgrund einer Weisung erlässt, um ihre eigene Anordnung und nicht um eine Anordnung der Aufsichtsbehörde. Die angewiesene Behörde ist daher auch in erster Linie für die Rechtmäßigkeit und Rechtsfolgen der erlassenen Maßnahme verantwortlich. Bei fehlerhafter Weisung können ggf. Regressansprüche geltend gemacht werden (vgl. etwa die Kostenerstattungspflicht gem. § 129 Abs. 5 GemO).

bb) Rechtsschutz

Gem. **§ 110 Abs. 1 S. 2 PolG** haben die allgemeinen Polizeibehörden den Weisungen Folge zu leisten. Die angewiesene Polizeibehörde bzw. deren Rechtsträger ist daher verpflichtet, die angeordnete Maßnahme auszuführen. **Förmliche Rechtsbehelfe** wie Widerspruch oder Anfechtungsklage sind gegen dienstliche oder fachliche Weisungen **grundsätzlich nicht zulässig**, da Weisungen lediglich behördeninterner Natur sind und mangels Außenwirkung keine Verwaltungsakte gem. § 35 LVwVfG darstellen.[24] Dies gilt auch gegenüber einer Gemeinde als Ortspolizeibehörde, sofern diese im übertragenen Wirkungskreis handelt. Eine Weisung besitzt nur dann **ausnahmsweise Außenwirkung**, wenn sie in ihrer Wirkung über den Bereich der Weisungsunterworfenheit der Gemeinde hinausgeht und diese zugleich in einem ihr als Selbstverwaltungskörperschaft zustehendem Recht trifft. Dies kann insbesondere dann der Fall sein, wenn eine Weisung in unzulässiger Weise in das Recht auf kommunale Selbstverwaltung ein-

---
23 Vgl. auch Maurer/Waldhoff, Allgemeines Verwaltungsrecht, § 22 Rn 23 ff.
24 VGH BW, VBlBW 1994, 191, 192; BVerwG, Buchholz 442.151, § 45 StVO Nr. 32. Vgl. zur Abgrenzung zwischen VA und innerdienstlicher Weisung auch HambOVG, DVBl 2014, 1337.

greift.[25] Im Bereich des Polizeirechts ist eine Gemeinde bei der Ausübung des Weisungsrechts regelmäßig nicht in einer ihr als Trägerin der Selbstverwaltung zustehenden Rechtsposition betroffen. Förmliche Rechtsbehelfe sind deshalb grundsätzlich unzulässig.[26] Die angewiesene Behörde hat die Möglichkeit, im Wege einer **Gegenvorstellung** Bedenken gegen eine Weisung vorzutragen, insbesondere gegen deren Rechtmäßigkeit.[27]

cc) Aufsichtsbehördliches Selbsteintrittsrecht

26 Leistet die Polizeibehörde einer ihr erteilten Weisung keine Folge, so kann an Stelle der Polizeibehörde jede zur Fachaufsicht zuständige Behörde (§ 109 PolG) die erforderlichen Maßnahmen ergreifen (§ 110 Abs. 2 PolG). Das **Selbsteintrittsrecht** ermächtigt jede Fachaufsichtsbehörde, die erforderlichen Anordnungen an Stelle der angewiesenen Behörde zu treffen. Die aufgrund des Selbsteintritts durchgeführte Maßnahme wird der eigentlich zuständigen Polizeibehörde auch hinsichtlich der Rechtsbehelfe und Kosten zugerechnet, weil die Aufsichtsbehörde nur „an Stelle" der an sich zuständigen Behörde gehandelt hat (sog. **Aufsichtsvertretung**).[28] Der Fachaufsichtsbehörde obliegt ebenso die Aufgabe der Gefahrenabwehr. Im Übrigen liegen weder die Voraussetzungen einer Stellvertretung noch die einer Geschäftsführung ohne Auftrag vor. Für den Erlass von Polizeiverordnungen gilt die hiervon abweichende Regelung des **§ 14 PolG**, wonach die Polizeiverordnung von der nächsthöheren zur Fachaufsicht zuständigen Behörde zu erlassen ist.

b) Unterrichtungspflicht

27 Neben dem Weisungsrecht normiert **§ 110 Abs. 3 PolG** die **Verpflichtung** der allgemeinen Polizeibehörden, die Fachaufsichtsbehörden von allen „sachdienlichen Wahrnehmungen" zu **unterrichten**. Die Unterrichtungspflicht ist wichtige Voraussetzung für eine wirksame Ausübung der Dienst- und Fachaufsicht. Zu informieren ist nur die **unmittelbar übergeordnete Aufsichtsbehörde**. Bei der Übermittlung von personenbezogenen Daten ist § 59 Abs. 1 PolG zu beachten. Danach dürfen nur Daten übermittelt werden, die zur Wahrnehmung polizeilicher Aufgaben erforderlich sind (vgl. § 10 Rn 572).

II. Organisation des Polizeivollzugsdienstes
1. Der Aufbau des Polizeivollzugsdienstes

28 Der Aufbau und die Gliederung des Polizeivollzugsdienstes ist im Grundsatz in § 115 Abs. 1 PolG geregelt. Seine Neuorganisation geht auf das Polizeistrukturreformgesetz (PolRG) vom 23.7.2013 und das PolSG2020 zurück (siehe dazu § 1 Rn 29 ff., 32, § 3 Rn 6). Weitere Organisations-, Gliederungs- und Aufgabenzuordnungen enthält die **DVO PolG**. Schließlich sind in der **Verwaltungsvorschrift des Innenministeriums über die Organisation des Polizeivollzugsdienstes (VwV-PolOrg)** wichtige Regelungen insbesondere zur Gliederung der einzelnen Dienststellen festgelegt.

Die Vielzahl der unterschiedlichen Organisationsregelungen macht den Aufbau des Polizeivollzugsdienstes, seiner Dienststellen und Zuständigkeiten wenig transparent und nicht immer nachvollziehbar.

Oberste Führungsstelle für den gesamten Polizeivollzugsdienst des Landes ist das **Innenministerium**. Gem. §§ 117, 118 PolG führt es die Dienst- und Fachaufsicht über

---

25 VGH BW zum Weisungsrecht der höheren Straßenverkehrsbehörde wegen Anordnung einer Tempo 30 km/h Zone durch eine Gemeinde in ihrer Zuständigkeit als untere Straßenverkehrsbehörde, VBlBW 1994, 191, 192; so auch VG Regensburg, Urt. v. 5.7.2000 – RO 9 K 99.627.
26 BVerwG, DÖV 1995, 512.
27 Stephan, in: Stephan/Deger, Polizeigesetz BW, § 64 Rn 7.
28 Mit Recht krit. zu dieser „Stellvertretung in der Gefahrenabwehr" Würtenberger/Heckmann/Tanneberger, Polizeirecht BW, § 5 Rn 24.

II. Organisation des Polizeivollzugsdienstes

die Polizei. Innerhalb des Innenministeriums ist das **Landespolizeipräsidium** (Abteilung 3 mit den Referaten 31 bis 35) zuständig (vgl. Nr. 2.1 VwV-PolOrg). Die Behörde wird von der **Landespolizeipräsidentin** geleitet.[29]

Gem. § 122 Abs. 1 PolG erfüllt das Innenministerium vollzugspolizeiliche Aufgaben, soweit dies zur landeseinheitlichen Wahrnehmung erforderlich ist.

a) Polizeidienststellen des Landes

Nach dem durch das Polizeistrukturreformgesetz neu gefassten **§ 115 Abs. 1 PolG** (PolRG, vgl. § 1 Rn 29, § 3 Rn 6) unterhält das Land seit dem 1.1.2014 für den Polizeivollzugsdienst folgende Polizeidienststellen: 29

- Nr. 1: die regionalen Polizeipräsidien;
- Nr. 2: das Polizeipräsidium Einsatz;
- Nr. 3: das LKA.

aa) Die regionalen Polizeidienststellen

„Polizeidienststellen" sind organisatorisch verselbstständigte Gliederungseinheiten des Polizeivollzugsdienstes. Sie sind Behörden i. S. d. Verwaltungsrechts (§ 1 Abs. 4 LVwVfG) und öffentliche Stellen i. S. d. LVwVG und LDSG. Gem. § 120 PolG sind die Polizeidienststellen im ganzen Landesgebiet örtlich zuständig; in der Regel sollen sie jedoch nur in ihrem Dienstbezirk tätig werden. Die Zuordnung der jeweiligen Dienstbezirke ist in § 121 PolG regelt. 30

Die frühere Organisation des Polizeivollzugsdienstes mit den Regierungspräsidien und den diesen nachgeordneten Polizeipräsidien bzw. -direktionen wurde durch das PolRG von 2013 abgeschafft. Ziel der Polizeireform war die Verschmelzung der vier Landespolizeidirektionen mit den 37 Polizeipräsidien und Polizeidirektionen zu **zwölf (seit 1.1.2020: dreizehn** [vgl. dazu § 1 Rn 31]) vergleichbar leistungsstarken und regional zuständigen **Polizeipräsidien** mit der unmittelbareren Anbindung an das Landespolizeipräsidium im Innenministerium.[30] Aufgrund der Ermächtigung in § 116 PolG hat das Innenministerium durch die neu gefasste **DVO PolG** diese Zielsetzung umgesetzt. Wie sich aus § 121 PolG (Dienstbezirke) ergibt, sind nunmehr in BW, verteilt auf die größeren Städte, insgesamt **13 Dienstbezirke** (bis 31.12.2019: 12 [vgl. dazu § 1 Rn 31]) für die regionalen Polizeipräsidien vorhanden. Jedes Polizeipräsidium ist für mehrere Stadt- und Landkreise zuständig. 31

Die regionalen Polizeipräsidien sind in die Direktion Polizeireviere, Kriminalpolizeidirektion und Verkehrspolizeidirektion gegliedert.[31] Gem. **§ 23 DVO PolG** obliegen der **Schutz- und Kriminalpolizei** bei den regionalen Polizeipräsidien die Aufgaben des Polizeivollzugsdienstes, soweit nicht das LKA oder das Polizeipräsidium Einsatz zuständig ist. Die Aufgaben der **Kriminalpolizei**, zu denen vor allem die Verfolgung von schwerer Kriminalität und die Bekämpfung der Jugendkriminalität und -verwahrlosung gehören, sind näher in § 23 Abs. 2 DVO PolG beschrieben.

Die **Schutzpolizei** bei den regionalen Polizeipräsidien nimmt gem. § 23 Abs. 3 DVO PolG die in Abs. 1 genannten Aufgaben wahr, soweit diese nicht nach Abs. 2 der Kriminalpolizei oder gem. § 18 DVO PolG der **Wasserschutzpolizei** obliegen. Die **Schutzpolizei** besitzt damit gegenüber der Kriminalpolizei (nur) eine **Auffangzuständigkeit**. Weiterhin hat die Schutzpolizei gem. § 23 Abs. 3 S. 2 DVO PolG vor allem bei **Gefahr im Verzug** unaufschiebbare Maßnahmen durchzuführen.

---

29 Anlage 1 zu Nr. 2.3 VwV-PolOrg.
30 Vgl. Art. 1 PolRG, Veränderungen bei der Landespolizei, § 2, Aufgabenübertragung (§ 1 Rn 29 ff.); vgl. auch Stephan, in: Stephan/Deger, Polizeigesetz BW, § 70 Rn 4 f..
31 Nr. 1 der Anlage 2 zu Nr. 1.3 und 2.3 VwV-PolOrg.

Im Zuge der Umstrukturierung erhielten die regionalen Polizeipräsidien jeweils eine Verwaltung, eine **Direktion Polizeireviere**, eine **Schutzpolizeidirektion** (bis 31.12.2019: Direktion Polizeireviere und Verkehrspolizeidirektion)[32] und eine **Kriminalpolizeidirektion** sowie ein professionelles **Führungs- und Lagezentrum** für die Bearbeitung von Notrufen und Maßnahmen zur polizeilichen Einsatzsteuerung.

Im **dienstrechtlichen Sinne** sind nur die Polizeipräsidien „**Behörde**", nicht dagegen die zuvor genannten Untergliederungen der Präsidien.[33]

bb) Polizeipräsidium Einsatz

32 Gem. **§ 15 DVO PolG** unterstützt das **Polizeipräsidium Einsatz** die übrigen Polizeidienststellen mit der **Bereitschaftspolizei**, den **Spezialeinheiten** und der **Polizeihubschrauberstaffel** bei der Aufgabenwahrnehmung, soweit dies für die operative Einsatzbewältigung erforderlich ist. Die **Aufgaben** des Polizeipräsidiums Einsatz werden in **§ 16 DVO PolG** näher beschrieben. Dazu gehören der Betrieb des **Technikzentrums für Spezialeinheiten** (Nr. 1), die Fortbildung der geschlossenen Einsatzeinheiten (Nr. 2), **Personenschutz** (Nr. 3), Trainings- und Kompetenzzentrum für **Polizeihundeführer** (Nr. 4), **Koordination** des Einsatzes von Spezialkräften (Nr. 5), Sammlung und Bewertung von einsatzbezogenen Informationen (Nr. 6) und Hilfeleistung bei schweren Katastrophen etc. (Nr. 7). Mit diesen Regelungen sollen die Einsatzeinheiten der bisherigen Bereitschaftspolizei sowie der Spezialeinheiten stärker gebündelt werden.

In **§ 17 DVO PolG** sind nähere Vorschriften zum **Einsatz** der Bereitschaftspolizei, der Direktion Spezialeinheiten sowie der Hubschrauberstaffel enthalten.

Aus **§ 18 Abs. 1 DVO PolG** ergibt sich weiterhin, dass das Polizeipräsidium Einsatz die Aufgaben der **Wasserschutzpolizei** wahrnimmt, die unter Nr. 1 bis 3 näher bezeichnet werden.

cc) Landeskriminalamt

33 Nach der Zielvorstellung des PolRG soll das **Landeskriminalamt** (LKA) zu einer **kriminalpolizeilichen Zentral- und Servicestelle** ausgebaut werden, aber auch originäre Ermittlungsaufgaben erfüllen.

Gem. **§ 10 DVO PolG** obliegt dem LKA die fachliche Leitung und **Beaufsichtigung der polizeilichen Kriminalitätsbekämpfung** sowie **der Kriminal- und Verkehrsunfallprävention**. Weiterhin hat es auf die Zusammenarbeit aller Polizeidienststellen in diesen Aufgabenbereichen hinzuwirken. Das LKA kann die zur Durchführung seiner Aufgaben erforderlichen fachlichen **Weisungen** erteilen. Allgemeine Weisungen grundsätzlicher Art bedürfen der Zustimmung des Innenministeriums (§ 10 Abs. 2 DVO PolG).

Die zentrale Aufgabenwahrnehmung im Einzelnen folgt aus **§ 11 Nr. 1 bis 20 DVO PolG**.

In **§ 12 DVO PolG** wird die Zuständigkeit des LKA für die polizeilichen Aufgaben auf dem Gebiet der **Strafverfolgung** näher festgelegt (Verfolgungszuständigkeit).

Aus **§ 12 Abs. 7 DVO PolG** ergibt sich die sachliche Zuständigkeit des LKA für Maßnahmen der Gefahrenabwehr.

§ 13 DVO PolG regelt die Zusammenarbeit des LKA mit anderen Polizeidienststellen, insbesondere die Übermittlung von Daten, Nachrichten, Unterlagen und gegenseitige Unterrichtung.

In **§ 14 DVO PolG** wird die **Weisungsbefugnis der Staatsanwaltschaft** festgelegt.

Gem. **§ 118 PolG** übt das **LKA** die **Fachaufsicht** über die Polizeidienststellen aus und sorgt dadurch für landesweit einheitliche Standards bei der Kriminalitätsbekämpfung.

---

32 Vgl. LT-Drs. 16/5603, S. 11.
33 VGH BW, NVwZ-RR 2016, 393 (Ls.) = openJur 2016,3557 (Volltext, dort Rn 9).

II. Organisation des Polizeivollzugsdienstes

Aus **Nr. 3 VwV KURS** folgt, dass beim LKA eine **Gemeinsame Zentralstelle (GRZ KURS)** innerhalb der Landeskonzeption zum Umgang mit rückfallgefährdeten Sexualstraftätern (KURS) eingerichtet ist; sie führt u. a. **Bewertungsbesprechungen** durch.

b) Einrichtungen für den Polizeivollzugsdienst
aa) Hochschule für Polizei Baden-Württemberg
Nach der Polizeistrukturreform 2013 ist die **Hochschule für Polizei Baden-Württemberg** die **einzige Aus- und Fortbildungseinrichtung** in BW für den Polizeivollzugsdienst.[34] Diese Aufgaben hat sie von der Bereitschaftspolizei und der Akademie der Polizei übernommen, die zwischenzeitlich aufgelöst wurde.[35] Weiterhin hat die Hochschule die Aufgabe eines **Polizeipräsidiums Bildung** übertragen bekommen.[36]

34

bb) Polizeipräsidium Technik, Logistik, Service der Polizei
Die Aufgaben des durch das Polizeireformstrukturgesetz neu eingerichteten Präsidiums Technik, Logistik, Service richten sich nach **§ 19 Abs. 1 DVO PolG**. Gem. § 19 Abs. 1 S. 3 DVO PolG ist dem Präsidium das **Landespolizeiorchester** zugeordnet. Gem. **§ 19 Abs. 2 S. 1 DVO PolG** kann das Präsidium **fachliche Weisungen** erteilen.

35

2. Aufsicht und Kontrolle
a) Allgemeines
Der Polizeivollzugsdienst unterliegt **umfassender staatlicher Kontrolle**. Allerdings wird zunehmend diskutiert, ob diese innerstaatliche Kontrolle angesichts einer „**Cop Culture**" ausreichend sein soll. Diese Cop Culture soll dadurch ausgezeichnet sein, dass staatliche Kontroll- und Aufsichtsstellen grundsätzlich „polizeifreundlich" sind und dazu neigen, Kontroll- und Aufsichtsentscheidungen zugunsten der Polizei zu treffen. Insofern werden immer wieder Forderungen erhoben, zur Kontrolle und Aufsicht der Polizei **unabhängige Kommissionen** oder **Beauftragte** zu installieren, die über eine deutlich ausgeprägte Unabhängigkeit verfügen.[37]

36

b) Dienstaufsicht
Gem. **§ 117 PolG** wird die Dienstaufsicht über die Polizeidienststellen sowie über das Präsidium Technik, Logistik, Service durch das **Innenministerium** wahrgenommen.[38]

37

c) Fachaufsicht
Gem. **§ 118 Abs. 1 S. 1 PolG** wird die Fachaufsicht über die Polizeidienststellen (§ 115 Abs. 1 Nr. 1 bis 3 PolG) sowie über das Präsidium Technik, Logistik, Service (§ 115 Abs. 2 Nr. 2 PolG) grundsätzlich durch das **Innenministerium** wahrgenommen. Nimmt der Polizeivollzugsdienst Aufgaben gem. **§ 105 Abs. 2 PolG** (also in Not- und Eilfällen), gem. **§ 105 Abs. 4 PolG** (Maßnahmen nach dem IfSG) oder auf **Weisung der Polizeibehörden** wahr, sind gem. **§ 118 Abs. 1 S. 2 PolG** zuständige Fachaufsichtsbehörden die allgemeinen Polizeibehörden gem. § 106 Abs. 1 Nr. 1 bis 3 PolG.

38

---

34 Stephan, in: Stephan/Deger, Polizeigesetz BW, § 70 Rn 13.
35 Polizeistrukturreformgesetz (PRG) vom 23.7.2013 (GBl. S. 244); Landeshochschulgesetz, geändert durch Art. 3 des PRG.
36 Vgl. im Einzelnen dazu (krit.) Stephan, in: Stephan/Deger, Polizeigesetz BW, § 70 Rn 13.
37 Vgl. dazu eingehend van Ooyen, Die Polizei 2019, 327, 330 ff., mit Hinweis auf das Europarecht und die Notwendigkeit einer weitergehenden Überwachung; Thiel, KriPoZ 2019, 167 ff.
38 Der Begriff der Dienstaufsicht entspricht der Regelung in § 108 PolG, vgl. § 3 Rn 15; Stephan, in: Stephan/Deger, Polizeigesetz BW, § 72 Rn 2.

Gem. **§ 118 Abs. 2 PolG** führt das **LKA** die Fachaufsicht über die kriminalpolizeiliche Tätigkeit des Polizeivollzugsdienstes (vgl. auch § 10 Abs. 2 DVO PolG).[39]

39 Die **Fachaufsicht** umfasst sowohl die **Rechtsaufsicht** als auch die sog. **Zweckmäßigkeitsaufsicht**.[40] Unentbehrliche Mittel der Fachaufsicht sind gem. **§ 119 Abs. 1 PolG** das **Weisungsrecht** und die **Unterrichtungspflicht**. Obwohl dies nicht eindeutig aus dem Wortlaut des § 119 PolG folgt, ist das Weisungsrecht nicht beschränkt. Die anweisende Stelle muss den Rahmen der Zuständigkeit der angewiesenen Polizeidienststelle beachten. Ein **Selbsteintrittsrecht** besteht im Unterschied zur Regelung des § 109 PolG nicht.[41]

Bei nicht personenbezogenen Daten besteht eine umfassende Unterrichtungspflicht. **§ 119 Abs. 2 S. 2 PolG** stellt klar, dass **personenbezogene Daten** dagegen nur unter den Voraussetzungen des **§ 59 Abs. 1 PolG** übermittelt werden dürfen.

40 Die **Ortspolizeibehörden** haben gem. §§ 117 und 118 PolG weder Dienst- noch Fachaufsicht gegenüber den Polizeidienststellen. Dennoch gewährt ihnen **§ 119 Abs. 1 S. 1 PolG** ein Weisungsrecht. Sie können deshalb im Rahmen ihrer eigenen Zuständigkeit den Polizeidienststellen **fachliche Weisungen** erteilen. Zu Weisungen, die sich auf Maßnahmen der Dienstaufsicht erstrecken, sind sie nicht befugt. In sachlicher Hinsicht besteht das Weisungsrecht für die Maßnahmen des Polizeivollzugsdienstes, die dieser sowohl im Rahmen der Eil- und Notzuständigkeit gem. § 105 Abs. 2 PolG als auch im Wege der Parallelzuständigkeit gem. § 105 Abs. 3 PolG durchführt.[42] Kein Weisungsrecht der Ortspolizeibehörde besteht für Maßnahmen, für die der Polizeivollzugsdienst **ausschließlich zuständig** ist (etwa für erkennungsdienstliche Maßnahmen gem. § 41 PolG). Wichtiger Anwendungsfall für das Weisungsrecht sind Maßnahmen des Polizeivollzugsdienstes im Zusammenhang mit der Vollstreckung ortspolizeilicher Grundverfügungen. Hierbei sind die Beschränkungen des § 105 Abs. 5 PolG zu beachten.

Gem. **§ 119 Abs. 1 S. 2 PolG** haben die Polizeidienststellen den Weisungen Folge zu leisten (**Folgepflicht**). Die Ortspolizeibehörde trägt die Verantwortung für die Rechtmäßigkeit der von ihr erteilten Weisung.

41 Die Fachaufsichtsbehörden sind in bestimmten Fällen auch **Widerspruchsbehörde**. Gem. **§ 73 Abs. 1 S. 2 Nr. 1 VwGO** entscheidet grundsätzlich die „nächsthöhere Behörde" über einen Widerspruch. Die Zuständigkeit der Widerspruchsbehörde bei Verwaltungsakten von Polizeidienststellen richtet sich nach § 118 Abs. 1 i. V. m. § 115 PolG. Grundsätzlich entscheiden daher Behörden des Polizeivollzugsdienstes über Widersprüche der ihnen untergeordneten Vollzugsbehörden.

Soweit der Polizeivollzugsdienst im Wege der Eilzuständigkeit handelt, enthält § 16 AGVwGO eine **Sonderregelung**. Gem. **§ 16 AGVwGO** ist nächsthöhere Behörde i. S. d. § 73 Abs. 1 S. 2 Nr. 1 VwGO bei **Verwaltungsakten einer Polizeidienststelle bei Maßnahmen gem. § 105 Abs. 2 PolG** die **unterste** nach § 118 PolG zur Fachaufsicht zuständige **allgemeine Polizeibehörde**. Das ist gem. § 106 Abs. 1 Nr. 3 i. V. m. § 105 Abs. 2 PolG die jeweilige **Kreispolizeibehörde**. Nur in diesen Ausnahmefällen entscheidet eine allgemeine Polizeibehörde über Maßnahmen des Vollzugsdienstes.

Fall 2: Nachdem eine Versammlung zu eskalieren droht, lösen Beamte des Polizeireviers von E die Versammlung gem. § 15 Abs. 3, 4 VersammlG i. V. m. § 105 Abs. 2 PolG auf, da Eile geboten ist. Versammlungsleiter L legt gegen diese Maßnahme gem. §§ 58 ff. VwGO Widerspruch ein.

Bei der Auflösungsverfügung im **Fall 2** handelt es sich um einen Verwaltungsakt einer Polizeidienststelle gem. § 115 Abs. 1 Nr. 1 PolG. Da die Beamten eine Maßnahme gem. § 105 Abs. 2 PolG durchgeführt haben, gilt die Sonderregung des § 118 Abs. 1 S. 2

---

39 Vgl. im Einzelnen – auch zur Kritik an der „komplizierten und unübersichtlichen" Regelung – Stephan, in: Stephan/Deger, Polizeigesetz BW, § 73 Rn 3.
40 Vgl. Hinweise zu den §§ 109, 110 PolG in § 3 Rn 22 f.
41 Sander, in: Belz/Mußmann/Kahlert/Sander, Polizeigesetz BW, § 74 Rn 4.
42 Stephan, in: Stephan/Deger, Polizeigesetz BW, § 74 Rn 2 m. w. N.; Zeitler/Trurnit, Polizeirecht BW, Rn 72.

PolG. Zuständige **Widerspruchsbehörde** ist gem. § 73 Abs. 1 S. 2 Nr. 1 VwGO i. V. m. § 16 AGVwGO die unterste nach § 118 PolG zur Fachaufsicht zuständige allgemeine Polizeibehörde. Das ist die **Kreispolizeibehörde** gem. § 106 Abs. 1 Nr. 3 PolG. Da gem. § 106 Abs. 1 Nr. 2 PolG nach den Kreispolizeibehörden die Landespolizeibehörden „nächsthöhere Behörde" sind, entscheiden in den Fällen des § 118 Abs. 1 S. 2 PolG die Regierungspräsidien (Nr. 2) bzw. die obersten Landespolizeibehörden (Nr. 1) gem. § 73 Abs. 1 S. 2 Nr. 2 VwGO selbst über den Widerspruch gegen einen von ihnen erlassenen Verwaltungsakt. Das Innenministerium ist zwar Fachaufsichtsbehörde, entscheidet aber nicht über Widersprüche gegen Verwaltungsakte der Polizeidienststellen.[43]

3. Kennzeichnungspflicht der Polizeivollzugsbeamten

Schon seit Jahrzehnten wird bundesweit die Diskussion geführt, ob für die Polizeivollzugsbeamten eine **Kennzeichnungspflicht** eingeführt werden soll.[44] Dadurch soll es ermöglicht werden, Dienstvergehen einzelner Polizeivollzugsbeamter konkreten Personen zuordnen zu können, um diese Dienstvergehen ahnden zu können. Die Argumente für und gegen eine Kennzeichnungspflicht sind vielfältig.[45] Verschiedene Bundesländer haben entsprechende Regelungen getroffen.[46] Das **BVerwG** hat entschieden, dass eine gesetzlich verankerte Kennzeichnungspflicht zwar zulasten der betroffenen Polizeibeamten in das **Recht der informationellen Selbstbestimmung** eingreife[47], dieser Eingriff aber **verhältnismäßig** sei und damit das Verfassungsrecht nicht verletze.[48] Insbesondere verfolge die Kennzeichnungspflicht mit der Stärkung der Transparenz der Polizeiarbeit und der Erleichterung der straf- und disziplinarrechtlichen Aufklärung des rechtswidrigen Verhaltens von Polizeivollzugsbediensteten legitime Ziele.[49]

42

Im Angesicht eines **veränderten bürgerlichen Transparenzverständnisses** gegenüber dem Staat spricht einiges dafür, eine Kennzeichnungspflicht für Polizeivollzugsbeamte zumindest für die Einsatzlagen einzuführen, in denen der **Anonymität der Vollzugsbeamten**[50] keine grundlegende Bedeutung zukommt. Die Kennzeichnung kann durch **Namensangabe** oder Verwendung einer **Identifizierungsnummer** erfolgen. Die Erfahrungen in Hessen mit der dortigen Kennzeichnungspflicht sind bislang positiv.[51] In NRW wurde die Kennzeichnungspflicht im Jahr 2016 eingeführt.[52] Wichtig ist aber der Schutz der Polizeivollzugsbeamten vor unzulässigen Einschränkungen ihres Persönlichkeitsrechts.[53]

Die **fehlende Kennzeichnung** eines Polizeibeamten, die zu einer Einschränkung der Effektivität des Strafverfahrens führt, weil der einer Straftat verdächtigte und behelmte Polizeibeamte nicht ermittelt werden kann, ist geeignet, zu einer **Verletzung von Art. 3**

---

43 Stephan, in: Stephan/Deger, Polizeirecht BW, § 73 Rn 4. § 16 AGVwGO wurde durch Art. 7 des Polizeistrukturreformgesetzes vom 23.7.2013 geändert (§ 1 Rn 29 ff.). Die frühere Zuständigkeitsregelung des § 16 Abs. 2 AGVwGO wurde aufgehoben.
44 Guckelberger, DÖV 2018, 421; Braun, Die Polizei 2017, 172 ff.; Ertl, Knaust, DVBl 2017, 876 f.; DÖV 2016, 23.
45 Vgl. dazu den Überblick bei Guckelberger, DÖV 2018, 421, 422 f.; Braun/Albrecht, DÖV 2015, 937, 939 f.: „kundenorientierte Maßnahme".
46 Vgl. dazu die Übersicht bei Knaust, DVBl 2017, 876, 877 f.
47 BVerwG, NVwZ 2020, 247, 248 (Rn 15 f.), mit zust. Anm. Ebert, Die Polizei 2020, 188 f., u. Hebeler, JA 2020, 638, 639; zust. auch Evers, JuS 2020, 1177, 1180.
48 BVerwG, NVwZ 2020, 247, 249 ff. (Rn 26 ff.), mit zust. Anm. Ebert, Die Polizei 2020, 188 f., u. Hebeler, JA 2020, 638, 639.
49 BVerwG, NVwZ 2020, 247, 249 (Rn 30), mit zust. Anm. Ebert, Die Polizei 2020, 188 f., u. Hebeler, JA 2020, 638, 639; zust. auch Evers, JuS 2020, 1177, 1181 f.
50 Zu deren Notwendigkeit vgl. Ebert, Die Polizei 2018, 249 ff.
51 So Guckelberger, DÖV 2018, 421, 423.
52 In § 6 a PolG NRW, eingefügt durch Art. 1 Nr. 2 des Vierten Gesetzes zur Änderung des Polizeigesetzes des Landes Nordrhein-Westfalen vom 6.12.2016 (GVB. S. 1061).
53 Vgl. dazu eingehend Braun, Die Polizei 2017, 172, 173 ff.; ebenso Knaust, DVBl 2017, 876, 880 ff.

EMRK zu führen.[54] Aus dem **Rechtsstaats- und Demokratieprinzip** könnte eine verfassungsrechtliche Verpflichtung zur Kennzeichnung von Polizeibeamten folgen.[55]
In **BW** vereinbarte die Regierungskoalition von Bündnis 90/Die Grünen und der SPD 2011 in ihrem Koalitionsvertrag die Einführung einer individualisierten anonymisierten Kennzeichnung von Polizisten bei Großveranstaltungen.[56] Im Dezember 2014 kündigte der damalige Innenminister Reinhold Gall die Einführung der Kennzeichnungspflicht im Jahr 2015 an.[57] Im November 2015 wurde bekannt gegeben, dass die Kennzeichnungspflicht nicht vor der nächsten Wahl eingeführt werde. In der Koalitionsvereinbarung der Grün-Schwarzen Landesregierung 2016 wurde ausdrücklich vereinbart, dass die Kennzeichnungspflicht in deren Legislaturperiode nicht umgesetzt wird.[58] Im Rahmen der umfassenden Änderung und Neufassung des PolG im Jahr 2020[59] wurde keine Kennzeichnungspflicht eingeführt. Ob und wann ggf. eine Kennzeichnungspflicht in BW eingeführt wird, ist damit bis auf Weiteres offen.

III. Aufgabenverteilung zwischen Polizeibehörden und Polizeivollzugsdienst
1. Grundsätzliches Verhältnis Polizeibehörden – Polizeivollzugsdienst

43   Gem. § 105 Abs. 1 PolG ist für die Wahrnehmung der polizeilichen Aufgaben die **Polizeibehörde** zuständig, soweit das PolG nichts anderes bestimmt. Es gelten somit der **Grundsatz und die Vermutung**, dass die **Polizeibehörde für die Abwehr von Gefahren und zur Beseitigung von Störungen** der öffentlichen Sicherheit oder Ordnung sachlich **zuständig** ist.

Beispiel: Die **sachliche Zuständigkeit** bezieht sich auf die der Behörde zugewiesenen Sachaufgaben.[60] Gem. § 111 Abs. 2 PolG sind regelmäßig die **Ortspolizeibehörden sachlich zuständig** (Zuständigkeitsvermutung). Dieser Grundsatz wird durchbrochen und die Vermutung widerlegt, wenn und soweit das PolG „etwas anderes bestimmt", d. h. das PolG dem Polizeivollzugsdienst ausdrücklich – parallel zur Zuständigkeit der Polizeibehörde oder ausschließlich – bestimmte Zuständigkeiten gewährt. Durch die mehrmalige Änderung des § 105 Abs. 3 PolG wurde etwa der Zuständigkeitsbereich des Polizeivollzugsdienstes in den letzten Jahren mehrfach erweitert.[61]

44   Das PolG muss daher genau dahin gehend gelesen werden, ob „der Polizei" und, wenn ja, welcher – der Polizeibehörde oder dem Polizeivollzugsdienst – Zuständigkeiten eingeräumt werden (vgl. etwa §§ 1, 17, §§ 36 ff., 43 Abs. 1 bis 3, PolG). Ist eine polizeiliche Aufgabe nicht ausdrücklich dem Polizeivollzugsdienst oder einer anderen Stelle zugewiesen, ist für die Wahrnehmung die Polizeibehörde zuständig.

45   Die sachliche Zuständigkeit der Polizeibehörden wird gem. **§ 111 PolG** von dem fachlich zuständigen **Ministerium** im Einvernehmen mit dem Innenministerium bestimmt. § 111 PolG spricht nur von Polizeibehörden allgemein, gilt also sowohl für die allgemeinen Polizeibehörden als auch für die Sonderpolizeibehörden. Die Bestimmung durch den fachlich zuständigen Minister ist einmal eine Ressortbestimmung (allgemeine oder besondere Polizeibehörde) und zum anderen eine Instanzenbestimmung (welche Stufe der allgemeinen oder besonderen Polizeibehörde).

---

54 EGMR, NJW 2018, 3763, 3768 (Rn 99) = EuGRZ 2018, 142, 152.
55 Knaust, DVBl 2017, 876, 877 bis 880.
56 Koalitionsvertrag zwischen Bündnis 90/Die Grünen und SPD Baden-Württemberg 2011 bis 2016, S. 66: „Wir werden eine individualisierte anonymisierte Kennzeichnung der Polizei bei sog. „Großlagen" einführen, unter strikter Wahrung des Rechts auf informationelle Selbstbestimmung der Polizistinnen und Polizisten."
57 In: Stuttgarter Nachrichten vom 30.12.2014.
58 Koalitionsvertrag zwischen Bündnis 90/Die Grünen Baden-Württemberg und der CDU Baden-Württemberg 2016 bis 2021, S. 60: „Eine individuelle Kennzeichnungspflicht für Polizeibeamtinnen und -beamte werden wir in dieser Legislaturperiode nicht einführen."
59 Durch Art. 1 des Gesetzes zur Umsetzung der Richtlinie (EU) 2016/680 für die Polizei in Baden-Württemberg und zur Änderung weiterer polizeirechtlicher Vorschriften vom 6.10.2020 (GBl. S. 735, ber. S. 1092).
60 Maurer/Waldhoff, Allgemeines Verwaltungsrecht, § 21 Rn 47.
61 Vgl. Änderungsgesetz vom 22.10.1991 (GBl. S. 625); Änderungsgesetz vom 18.11.2008 (GBl. S. 390); Änderungsgesetz vom 20.12.2012 (GBl. S. 625); Neufassung durch Art. 1 des Gesetzes vom 6.10.2020 (GBl. S. 735, ber. S. 1092); vgl. auch die Übersicht über die Gesetzesänderungen in § 1 Rn 25 ff.

III. Aufgabenverteilung zwischen Polizeibehörden und Polizeivollzugsdienst

Wegen des **Grundsatzes des Gesetzesvorbehalts** kann die Regelung der sachlichen Zuständigkeit der Polizeibehörden nur durch eine Rechtsverordnung oder ein Gesetz im formellen Sinn erfolgen.
Beispiel: Gem. § 50 Abs. 2 BestattG i. V. m. § 30 der Rechtsverordnung des Sozialministeriums zur Durchführung des Bestattungsgesetzes (Bestattungsverordnung) vom 15.9.2000 (GBl. S. 669) ist die Ortspolizeibehörde die zuständige Behörde für Maßnahmen nach dem BestattG.

An die **Annahme einer planwidrigen Regelungslücke**, die über den Weg der **Analogie** ohne ausdrückliche gesetzliche Regelung eine Zuständigkeit des Polizeivollzugsdienstes begründet, sind **strenge Anforderungen** zu stellen.[62] Der Zuständigkeitsvorrang der Ortspolizeibehörde entspricht dem Grundgedanken des PolG, dass auf der Grundlage des Trennprinzips[63] grundlegende polizeiliche Aufgaben und Entscheidungen in der Hand der Ordnungsbehörden liegen, um eine „Allmacht des Polizeivollzugsdienst" zu verhindern. Grundsätzlich ist davon auszugehen, dass der Gesetzgeber die sachliche Zuständigkeit abschließend und in Kenntnis der Sachlage getroffen hat. 46

2. Sachliche Zuständigkeit des Polizeivollzugsdienstes
a) Ausschließliche Zuständigkeiten

Dem **Polizeivollzugsdienst** werden durch das PolG teilweise **ausschließliche** Zuständigkeiten übertragen und der Grundsatz des § 105 Abs. 1 PolG insoweit durchbrochen. 47

Ausschließliche Zuständigkeiten besitzt der Polizeivollzugsdienst nach den Befugnisnormen des PolG insbesondere für die **Datenerhebung** und ihrer weiteren Verarbeitung sowie für bestimmte **Standardmaßnahmen**.[64]

Weitere ausschließliche Zuständigkeiten können sich aus speziellen Gesetzen wie der **StPO** ergeben.

b) Parallelzuständigkeiten

Gem. **§ 105 Abs. 3 PolG** ist der Polizeivollzugsdienst **neben** den Polizeibehörden für bestimmte Standardmaßnahmen und Datenerhebungen zuständig. Durch diesen Gesetzeswortlaut[65] wurde klargestellt, dass der Polizeivollzugsdienst die in der Vorschrift aufgezählten „vollzugstypischen" Aufgaben in **eigener** Zuständigkeit wahrnimmt. 48

Im Einzelnen handelt es sich um folgende Maßnahmen:
- Personenfeststellung gem. § 27 PolG,
- Vorladung gem. § 28 PolG,
- Gefährderansprache und -anschreiben, Gefährdetenansprache gem. § 29 PolG,
- Platzverweis gem. § 30 Abs. 1 PolG,
- weitere Standardmaßnahmen gem. §§ 33 bis 38 PolG[66],
- Verarbeitung personenbezogener Daten aufgrund einer Einwilligung gem. § 42 PolG,
- Befragung und Datenerhebung gem. § 43 Abs. 1, 2 PolG,
- Datenübermittlungen gem. §§ 59 bis 61 PolG.

Sofern in **Spezialgesetzen** Befugnisse eingeräumt sind, die den Standardmaßnahmen des PolG entsprechen, greift die eigene parallele Zuständigkeit des Polizeivollzugsdienstes gem. § 105 Abs. 3 PolG nicht. Vgl. etwa **§ 1 Abs. 3 GastVO**, wonach für die

---
62 In diesem Sinne auch VGH BW, VBlBW 2018, 316 ff. (dort Rn 43 ff.).
63 Vgl. dazu etwa Würtenberger/Heckmann/Tanneberger, Polizeirecht BW, § 1 Rn 16.
64 Vgl. etwa § 38 Abs. 2, § 41, § 43 Abs. 3, § 44 Abs. 1 bis 4, 9, §§ 47 bis 56, 43 Abs. 3, §§ 65 bis 69 PolG.
65 Letzte Änderung der Vorschrift durch Art. 1 des Gesetzes zur Umsetzung der Richtlinie (EU) 2016/680 für die Polizei in Baden-Württemberg und zur Änderung weiterer polizeirechtlicher Vorschriften vom 6.10.2020 (GBl. S. 735, ber. S. 1092).
66 Wie etwa § 30 Abs. 3 PolG beim Wohnungsverweis zeigt, ist die vom Gesetzgeber vorgenommene Aufteilung der Zuständigkeiten nicht immer nachvollziehbar. So kann der Polizeivollzugsdienst einen Wohnungsverweis nur auf höchstens 4 Tage erlassen. Demgegenüber kann die Polizeibehörde die Maßnahme auf höchstens zwei Wochen anordnen. Ein sachlicher Grund für diese unterschiedliche Regelung ist nicht zu erkennen.

Nachschau gem. § 22 Abs. 2 GastG auch der Polizeivollzugsdienst zuständig ist, womit eine spezialgesetzliche Parallelzuständigkeit neben den Gaststättenbehörden (vgl. § 1 Abs. 1, 2, 4 bis 6 GastVO) begründet wird.[67]

49 Eine **weitere Zuständigkeit** des Polizeivollzugsdienstes folgt aus der Sondervorschrift des **§ 105 Abs. 4 PolG** für bestimmte Maßnahmen gem. **§§ 25 Abs. 1 und 26 IfSG**.[68] Die dort genannten Ermittlungspflichten und Anordnungsbefugnisse etwa zur Blutentnahme oder für körperliche Untersuchungen bestehen parallel zu den Aufgaben der Gesundheitsämter.[69]

§ 105 Abs. 4 PolG regelt nicht nur die **Zuständigkeit** des Polizeivollzugsdienstes. Die Vorschrift stellt vielmehr auch die **Ermächtigungsgrundlage** zur Durchführung der dort genannten Maßnahmen dar. Zu beachten sind weiterhin die Zuständigkeiten der Ortspolizeibehörde nach dem IfSG.[70]

c) Eil- oder Notfallzuständigkeit
aa) Allgemeines

50 Gem. **§ 105 Abs. 2 PolG** nimmt der Polizeivollzugsdienst vorbehaltlich anderer Anordnungen der Polizeibehörde die polizeilichen Aufgaben gem. § 1 Abs. 1 PolG wahr, wenn ein sofortiges Tätigwerden erforderlich erscheint. Die Vorschrift regelt das Einschreiten des Polizeivollzugsdienstes **anstelle der Polizeibehörde**, wenn diese in Not- und Eilfällen **nicht sofort tätig werden kann**. § 105 Abs. 2 PolG begründet eine subsidiäre Zuständigkeit des Polizeivollzugsdienstes (sog. **Eil- oder Notfallzuständigkeit**). Gesetzgeberisches Ziel ist, dem Polizeivollzugsdienst ein rasches Eingreifen zu ermöglichen (sog. **Erstzuständigkeit vor Ort**). Die unverzügliche Gefahrenabwehr soll nicht an der Aufteilung der sachlichen Zuständigkeiten innerhalb der Polizei scheitern. Die Zuständigkeitsregelung darf deshalb nicht eng ausgelegt werden. In den Fällen der Eil- oder Notzuständigkeit wird der Polizeivollzugsdienst **aufgrund eigener Zuständigkeit**, im eigenen Namen und mit rechtlicher Wirkung für das Land als Träger des Polizeivollzugsdienstes tätig.[71]

51 Durch den **Vorbehalt** anderer Anordnungen der Polizeibehörde in **§ 105 Abs. 2 PolG** kommt der **Entscheidungsvorrang der Polizeibehörden** zum Ausdruck. Danach steht die Entscheidung des Polizeivollzugsdienstes gem. § 105 Abs. 2 PolG unter dem Vorbehalt, dass die Polizeibehörde eine andere Entscheidung trifft, sobald sie tätig werden kann. Die Polizeibehörde kann daher Maßnahmen des Vollzugsdienstes im Rahmen des § 105 Abs. 2 PolG aufheben oder abändern.[72]

bb) Die Tatbestandvoraussetzungen im Einzelnen

52 Die **Merkmale für das sofortige Tätigwerden** wurden aus der Rechtsprechung zum unbestimmten Rechtsbegriff „Gefahr im Verzug" entwickelt. **Gefahr im Verzug** liegt dann vor, wenn zur Verhinderung eines drohenden Schadens sofort eingeschritten werden muss, weil ein Abwarten bis zum Eingreifen der an sich zuständigen Behörde den Erfolg der notwendigen Maßnahmen erschweren oder vereiteln würde. Ein sofortiges

---

67 Tille, GewArch 2017, 184, 187.
68 § 105 Abs. 4 PolG wurde durch Änderungsgesetz vom 20.11.2012 (GBl. S 625, 630) eingefügt.
69 Durch das Sonderbehörden-Eingliederungsgesetz vom 12.12.1994 (GBl. S. 653) und das Gesetz über den öffentlichen Gesundheitsdienst vom 12.12.1994 (GBl. S. 663) wurden die früheren Gesundheitsämter als selbstständige Behörden aufgehoben und in die Landesverwaltung eingegliedert; vgl. Stephan, in: Stephan/Deger, Polizeigesetz BW, § 61 Rn 16 m. w. N.
70 Vgl. Verordnung des Landessozialministeriums über die Zuständigkeiten nach dem Infektionsschutzgesetz vom 19.7.2007, GBl. Nr. 13, S. 361, die für bestimmte Maßnahmen die sachliche Zuständigkeit der Ortspolizeibehörde festlegt.
71 Stephan, in: Stephan/Deger, Polizeigesetz BW, § 60 Rn 6 ff.
72 Stephan, in: Stephan/Deger, Polizeigesetz BW, § 60 Rn 10; Sander, in: Belz/Mußmann/Kahlert/Sander, Polizeigesetz BW, § 60 Rn 13. Weitere Hinweise zur Auslegung der Vorschrift enthält die VwV PolG (Nr. 3).

Tätigwerden ist demnach erforderlich, wenn aus Sicht des handelnden Beamten ein **Eil- oder Notfall** vorliegt.[73]

Dem Polizeivollzugsdienst kommt in Bezug auf die Beurteilung der Eilbedürftigkeit ein **Einschätzungsspielraum** zu.[74] Maßgebend ist die Beurteilung nach den Verhältnissen und dem Erkenntnisstand im Zeitpunkt des Erlasses der Maßnahme.[75] Ein Not- oder Eilfall muss somit nicht objektiv vorliegen. Maßgebend ist allein, ob der Polizeibeamte vor Ort bei Überprüfung der Sachlage aus seiner Sicht ein polizeiliches Einschreiten für erforderlich halten durfte.

53

Da durch die Neufassung der Vorschrift das frühere Kriterium der „Nichterreichbarkeit" weggefallen ist, muss der Vollzugsbeamte bei zutreffender Würdigung der Lage nicht zunächst versuchen, die Entscheidung der Polizeibehörde herbeizuführen. Vielmehr kann er unmittelbar selbst entscheiden.[76]

54

Fall 3: Der Polizeivollzugsbeamte P stellt bei seiner Streife in der Innenstadt von E fest, dass es Hundehalter H trotz eines eindeutigen Gebots in der örtlichen Polizeiverordnung zulässt, dass sein Hund auf einem Gehweg seine Notdurft verrichtet. Der ebenfalls in der Polizeiverordnung festgelegten Beseitigungspflicht für Hundekot kommt H ebenfalls nicht nach. P weist durch entsprechende Anordnung H an, den Hundekot sofort zu beseitigen und droht Ersatzvornahme an.

Für die Anordnung im **Fall 3** auf der Grundlage der polizeilichen Generalklausel gem. §§ 1, 3 PolG i. V. m. den Bestimmungen der örtlichen Polizeiverordnung ist P gem. § 105 Abs. 2 PolG zuständig. Eine vorherige Rückfrage bei der allgemeinen Polizeibehörde ist nicht erforderlich, weil der Polizeivollzugsbeamte an Stelle der Behörde handeln kann.

d) Vollzugshilfe

Gem. **§ 105 Abs. 5 PolG** leistet der Polizeivollzugsdienst Vollzugshilfe. Die **Vollzugshilfe** stellt eine besondere Form der Amtshilfe dar, die in der Ausführung von Vollzugshandlungen besteht. Sie setzt eine im Rahmen der Zuständigkeitsordnung getroffene behördliche Anordnung voraus.[77] Unter **Vollzugshandlungen** fallen nach der Formulierung in Abs. 5 vor allem die Tätigkeiten der Polizeibeamten, die unmittelbar der – notfalls zwangsweisen – Durchführung von Rechtsvorschriften oder von behördlichen, gerichtlichen Anordnungen dienen und deren sachgerechte Durchführung besondere Fähigkeiten, Kenntnisse oder Mittel des Polizeivollzugsdienstes voraussetzt.[78] Die um Amts- oder Vollstreckungshilfe ersuchende Vollstreckungsbehörde bleibt **Herrin des Vollstreckungsverfahrens**.[79]

55

Fall 4: Die Gemeinde O – Ortspolizeibehörde – beabsichtigt, die in eine Notunterkunft eingewiesene F in eine andere Unterkunft umzusetzen und erlässt eine entsprechende vollstreckbare Umsetzungsverfügung. Da F die ihr zugewiesene Notunterkunft nicht freiwillig räumen will, setzt O den Räumungstermin fest, und droht das Zwangsmittel unmittelbarer Zwang an. O spricht mit dem Polizeivollzugsdienst den Räumungstermin ab. Für den Fall, dass F nicht freiwillig die Notunterkunft räumt, bittet O den Vollzugsdienst um Vollzugshilfe bei der Vollstreckung der Verfügung (vgl. auch § 65 PolG).

Im **Fall 4** besteht die Vollzugshandlung in der Vollstreckung der Räumungsverfügung, insbesondere in der Anwendung des Zwangsmittels unmittelbarer Zwang als letzte Stufe des Vollstreckungsverfahrens (vgl. § 12 Rn 39).

Weitere Beispiele für Vollzugshandlungen sind verstärkte Polizeipräsenz bei einer Demonstration, Geschwindigkeitsmessungen vor verkehrsrechtlichen Entscheidungen der

---

73 VGH BW, VBlBW 2005, 431, 433; Beck/Ryter, Fälle und Lösungen, S. 25; vgl. auch § 4 Rn 35.
74 Trurnit, Eingriffsrecht, Rn 89.
75 Beck/Ryter, Fälle und Lösungen, S. 25.
76 Durch das Änderungsgesetz vom 22.10.1991 (GBl. S. 625) wurde die damals einschlägige Regelung des § 46 Abs. 2 PolG geändert; vgl. Stephan, in: Stephan/Deger, Polizeigesetz BW, § 60 Rn 1 u. 7 m. w. N.
77 VGH BW, VBlBW 1997, 66, 67.
78 Vgl. Stephan, in: Stephan/Deger, Polizeigesetz BW, § 60 Rn 16.
79 VGH BW, openJur 2021, 5377 (Rn 6).

Straßenverkehrsbehörde, regelmäßige Beobachtungen / Streifen in Parkanlagen zur Einschätzung einer Gefahrenlage durch die Ortspolizeibehörde, Suche nach einer vermissten Person etc.

56 Eine Amts- bzw. Vollzugshilfe liegt nicht vor, wenn der Vollzugsdienst im Rahmen eines bestehenden Weisungsrechtes etwa gem. § 119 PolG tätig wird.

Neben der Vollzugshilfe besteht die allgemeine Pflicht des Polizeivollzugsdienstes zur Leistung von **Amtshilfe** (Art. 35 GG, §§ 4 bis 8 LVwVfG).[80]

3. Wahrnehmung vollzugspolizeilicher Aufgaben durch das Innenministerium
a) Wahrnehmung landeseinheitlicher Aufgaben

57 Das **Innenministerium** ist nicht nur eine der obersten Landespolizeibehörden (§ 107 Abs. 1 PolG), sondern auch oberste Dienstaufsichtsbehörde (§ 117 Abs. 1 PolG) und teilweise auch oberste Fachaufsichtsbehörde (§ 118 Abs. 1 PolG). Als oberste allgemeine Polizeibehörde übt es über die Polizeibehörden und Polizeidienststellen des Landes die Dienst- und Fachaufsicht aus (§§ 108 Abs. 2, 109, 117 und 118 Abs. 1 PolG) einschließlich des Weisungsrechts (§§ 110 Abs. 1, 118 Abs. 1 und 119 Abs. 1 PolG).

Bestimmte Aufgaben des Polizeivollzugsdienstes wie etwa die Einstufung von gefährdeten Personen und Objekten oder die Anordnung von Schutzmaßnahmen erfordern eine **landeseinheitliche Regelung**. Für die Wahrnehmung dieser landeseinheitlichen polizeilichen Vollzugsaufgaben überträgt **§ 122 Abs. 1 PolG** dem Innenministerium als oberster Führungsstelle des Polizeivollzugsdienst die **sachliche und instanzielle Zuständigkeit** für die Wahrnehmung vollzugspolizeilicher Aufgaben, „soweit dies zur landeseinheitlichen Wahrnehmung erforderlich ist".

Unter den Voraussetzungen des § 122 Abs. 1 PolG ist die oberste Dienstbehörde berechtigt, Maßnahmen gem. § 105 Abs. 3 PolG oder andere Befugnisse des Polizeivollzugsdienstes wie etwa die meisten Standardmaßnahmen **selbst** durchzuführen (**Selbsteintrittsrecht**). Das Ministerium kann sich hierbei der gesamten vollzugspolizeilichen Einsatz- und Hilfsmittel einschließlich des Rückgriffs auf Dateien bedienen. Hierbei handelt die Behörde an Stelle der sonst sachlich zuständigen Polizeidienststelle.[81]

b) Sonstige Zuständigkeiten

58 Gem. **§ 122 Abs. 2 PolG** kann sich das Innenministerium vorübergehend die Polizeikräfte des Landes (vgl. § 115 PolG) unmittelbar unterstellen und sie einsetzen, wenn eine Polizeidienststelle nicht in der Lage ist, ihre Aufgaben wahrzunehmen. Dies ist etwa der Fall, wenn erhebliche Störungen der öffentlichen Sicherheit oder Ordnung drohen oder bereits eingetreten sind (Hilfe bei Naturkatastrophen oder schweren Unglücksfällen nach Art. 35 Abs. 2 u. 3 GG, § 1 Abs. 1 LKatSG und bei Fällen des Inneren Notstandes nach Art. 91 Abs. 1 GG).

59 Gem. **§ 122 Abs. 3 PolG** kann bei Gefahr im Verzug (§ 4 Rn 35) auch ein Polizeipräsidium (vgl. § 115 Abs. 1 Nr. 1 PolG) Maßnahmen nach Abs. 2 treffen, wenn ein rechtzeitiges Tätigwerden des Innenministeriums nicht erreichbar erscheint. Der Fall, dass das Innenministerium nicht erreichbar ist, dürfte aber in der Praxis kaum vorkommen, da das **Lagezentrum** im Innenministerium grundsätzlich ständig – auch außerhalb der regelmäßigen Dienstzeiten – erreichbar ist.

---

80 Vgl. im Einzelnen Zeitler/Trurnit, Polizeirecht BW, Rn 93.
81 Stephan, in: Stephan/Deger, Polizeigesetz BW, § 77 Rn 4.

IV. Wahrnehmung polizeilicher Aufgaben durch gemeindliche Vollzugsbedienstete
1. Allgemeines

Gem. § 125 Abs. 1 PolG können sich die **Ortspolizeibehörden** zur Wahrnehmung bestimmter, auf den Gemeindebereich beschränkter polizeilicher Aufgaben des **Gemeindevollzugsdienstes** (GVD) bedienen. Andere Träger öffentlicher Verwaltung wie Landratsämter oder Landkreise können keine Vollzugsbediensteten einstellen. Die Vollzugsbediensteten müssen in einem **Dienstverhältnis zur Gemeinde** stehen. Sie sind daher kommunale Beschäftigte. Ihr Vorgesetzter und Dienstvorgesetzter ist gem. § 44 Abs. 4 GemO der Bürgermeister, der ihnen im Rahmen des § 53 GemO regelmäßig durch eine Dienstanweisung Aufgaben zur Wahrnehmung überträgt. Die Gemeinde entscheidet grundsätzlich in eigener Verantwortung und auf ihre Kosten über die Ausbildung, Dienstkleidung, Ausrüstung und Vergütung der Bediensteten. Dieses Ermessen kann aber durch entsprechende Durchführungsvorschriften des Innenministeriums gem. § 130 Abs. 1 S. 1 Nr. 7 PolG eingeschränkt werden. Die **örtliche Zuständigkeit** ist auf das Gemeindegebiet (§ 7 GemO) beschränkt, die Bediensteten können deshalb ihre Aufgaben nur im Gemeindebereich wahrnehmen. Da sie kommunale Beschäftigte sind, sind sie keine Beamten des Polizeivollzugsdienstes i. S. d. § 104 Nr. 2 PolG. Wie § 125 Abs. 2 PolG festlegt, haben sie aber bei der Erledigung ihrer polizeilichen Dienstverrichtungen die **Rechtsstellung von Polizeibeamten**. Diese Gleichstellung gilt aber nur, soweit die Vollzugsbediensteten die ihnen gem. § 31 Abs. 1, 2 DVO PolG übertragenen Aufgaben wahrnehmen. Zur immer wieder diskutierten Frage einer **einheitlichen standardisierten Ausbildung der Gemeindesvollzugsbediensteten** siehe LT-Drs. 16/7769 v. 19.2.2020.

60

2. Aufgaben und Befugnisse

Welche **Aufgaben** im Einzelnen auf die Gemeindevollzugsbediensteten übertragen werden können, ist in **§ 31 DVO PolG** geregelt. In **Abs. 1 S. 1** hat das Innenministerium einen konkreten Aufgabenkatalog erstellt. Jede Gemeinde (Bürgermeister) kann selbst entscheiden, welche Aufgaben aus dieser Auflistung „ihr" GVD wahrnehmen soll. Zu den Aufgaben zählen etwa der Vollzug von Gemeindesatzungen und Polizeiverordnungen, die Durchführung von straßenverkehrsrechtlichen Maßnahmen und Überwachungen im Bereich des Umwelt- und Feldschutzes und des Veterinärwesens.[82] Die Aufgaben des Vollzugsdienstes sind nicht auf die sachliche Zuständigkeit einer Ortspolizeibehörde beschränkt, sondern können diese sogar noch erweitern. Die Aufgabenübertragung durch den Bürgermeister erfolgt regelmäßig im Rahmen einer **Dienstanweisung**.

61

Fall 5: Im Rahmen einer Dienstanweisung über Aufgaben und Zuständigkeiten des Gemeindevollzugsdienstes überträgt der Bürgermeister von E dem GVD gem. § 31 Abs. 1 S. 1 Nr. 2 a DVO PolG die Aufgabe des Vollzugs der Vorschriften über das Halten und Parken nach der StVO. Bei einer Verkehrskontrolle in der X-Straße wird das Fahrzeug des H beanstandet, das dort verkehrswidrig im absoluten Halteverbot abgestellt ist. H wird gebührenpflichtig verwarnt[83] (vgl. § 56 Abs. 1 OWiG).

Durch die Zuständigkeitsübertragung ist im **Fall 5** der GVD für die Verwarnung sachlich zuständig. Die Ermächtigung erstreckt sich ausschließlich auf die Überwachung des „ruhenden" Verkehrs. Der GVD wäre daher etwa nicht befugt, einen in der X-Straße vorbeirasenden rücksichtslosen Radfahrer anzuhalten bzw. zu verwarnen.

Gem. **§ 32 DVO PolG** muss die Gemeinde die Übertragung von polizeilichen Vollzugsaufgaben öffentlich bekanntmachen (vgl. § 1 DVO GemO). Gem. **§ 31 Abs. 3 DVO PolG** hat die Ortspolizeibehörde den Polizeivollzugsdienst über den Umfang der Aufgaben-

---
82 Siehe Aufgabenkatalog in § 31 Abs. 1 S. 1 Nr. 1 bis 9 DVO PolG.
83 Vgl. §§ 56 Abs. 1, 57 Abs. 2 und 58 OWiG; VwV über die Erteilung von Verwarnungen durch die Polizei vom 27.12.2012 (GABl. 2013, S. 55).

übertragung bzw. -wahrnehmung nach § 31 Abs. 1, 2 DVO PolG an den gemeindlichen Vollzugsdienst zu unterrichten.

62 Die Befugnisse der Vollzugsbediensteten können sich aus dem PolG, aus dem OWiG sowie aus anderen Gesetzen (etwa StrG, Polizeiverordnungen, StVO etc.) ergeben. Sie sind von vornherein auf die Aufgabenbereiche beschränkt, die gem. § 31 DVO PolG übertragen wurden.[84] (Nur) im Rahmen der übertragenen Aufgaben sind die gemeindlichen Vollzugsbediensteten insbesondere befugt:
- als Vertreter der Gemeinde kommunale Aufgaben wie Botendienste, Zustellungen, Ermittlungstätigkeiten etc. vorzunehmen;
- Aufgaben der Ortspolizeibehörde wahrzunehmen und in dieser Funktion Maßnahmen auf der Grundlage der **polizeilichen Generalklausel** gem. §§ 1, 3 PolG zu ergreifen (§ 105 Abs. 1 PolG);
- als Vertreter einer „Polizei" (= allgemeine Polizeibehörde) die **Standardbefugnisse** der §§ 27 ff. PolG auszuüben, soweit das PolG in diesen Vorschriften nicht nur den Polizeivollzugsdienst ermächtigt und wenn diese Maßnahmen zur Wahrnehmung der ihnen übertragenen Aufgaben erforderlich sind[85];
- gem. **§ 65 PolG unmittelbaren Zwang** als letzte Stufe der Verwaltungsvollstreckung anzuwenden[86];
- **Vollzugshilfe** gem. § 105 Abs. 5 PolG zu leisten (vgl. § 3 Rn 55).

Die Gemeindevollzugsbediensteten sind keine Polizeivollzugsbeamten. Deshalb stehen ihnen nicht die Befugnisse gem. **§ 105 Abs. 2 PolG** (Eil- und Notzuständigkeit) zu, weil dadurch die Bediensteten grundsätzlich **alle** polizeilichen Befugnisse ausüben könnten.[87] Auch die Wahrnehmung von Aufgaben, für die der Polizeivollzugsdienst **ausschließlich** zuständig ist (etwa Maßnahmen zur vorbeugenden Bekämpfung von Straftaten gem. §§ 43 Abs. 3, 48, 49 PolG etc. [vgl. dazu auch § 10 Rn 202 ff.]), ist ausgeschlossen.[88] Diese Befugnisse sind ausschließlich dem Polizeivollzugsdienst vorbehalten.

63 Soweit die Verfolgung von Straftaten zu den gem. § 31 DVO PolG übertragenen Aufgaben gehört, haben die gemeindlichen Vollzugsbediensteten die **Rechte und Pflichten von Polizeibeamten** nach der StPO. Im Rahmen dieser Aufgaben sind sie **Ermittlungspersonen der Staatsanwaltschaft** gem. § 152 GVG (vgl. § 13 Rn 4). Neben den polizeilichen Vollzugsaufgaben können die Bediensteten ferner als **Außenbeamte der Bußgeldstelle** eingesetzt werden und gem. §§ 56 ff. OWiG Verwarnungen aussprechen oder als **Vollstreckungsbeamte** gem. § 5 S. 1 LVwVG tätig werden.

64 Anders als die Polizeivollzugsbeamten gehören die Gemeindevollzugsbediensteten nach den Bestimmungen des WaffG nicht zu dem Personenkreis, der zum Führen einer **Schusswaffe** berechtigt ist. Sie sind keine Polizeivollzugsbeamten i. S. d. § 6 Abs. 1 WaffG und auch nicht gem. § 5 DVO WaffG von der Anwendung des WaffG freigestellt und deshalb von der Anwendung des WaffG ausgeschlossen.[89] Demgegenüber bestehen gegen das Mitführen von – nicht unter das WaffG fallenden – Abwehrmitteln vor allem zum Eigenschutz wie etwa **Reizstoff-Sprühdosen** grundsätzlich keine Bedenken.

---

84 So mit Recht Gassner, VBlBW 2013, 281, 285.
85 Nach der hier vertretenen Auffassung wird der GVD in diesen Fällen nicht im Rahmen einer Parallelzuständigkeit als Polizeivollzugsdienst tätig (so Stephan/Deger, Polizeigesetz BW, § 80 Rn 24), sondern als Vertreter einer Polizeibehörde. Mit Recht weist Gassner (VBlBW 2013, 281, 285) darauf hin, dass der GVD nicht befugt ist, als „Polizeivollzugsdienst" dessen Befugnisse wahrzunehmen.
86 **Str.**, so auch Deger, in: Stephan/Deger, Polizeigesetz BW, § 51 Rn 3; **a. A.** Gassner, VBlBW 2013, 281, 285; vgl. auch § 12 Rn 39.
87 Stephan, in: Stephan/Deger, Polizeigesetz BW, § 80 Rn 24.
88 Gassner, VBlBW 2013, 281, 285; Stephan, in: Stephan/Deger, Polizeigesetz BW, § 80 Rn 25.
89 Nach Stephan, in: Stephan/Deger, Polizeigesetz BW, § 80 Rn 12, soll ausnahmsweise eine Bewaffnung mit Schusswaffen gem. § 3 DVO WaffG i. V. m. § 55 Abs. 2 WaffG in Frage kommen. Dieser Auffassung kann nicht gefolgt werden. Schon aus grundsätzlichen Erwägungen sollte der Schusswaffengebrauch ausschließlich den speziell dafür ausgebildeten Beamten des Polizeivollzugsdienstes vorbehalten bleiben.

Zur Wahrnehmung der konkurrierenden Zuständigkeiten ist eine **enge Zusammenarbeit** zwischen den Beamten des Polizeivollzugsdienstes und den gemeindlichen Vollzugsbediensteten unumgänglich. Dies kann etwa durch die Teilnahme an regelmäßigen gemeinsamen Dienstbesprechungen, Fortbildungskursen, Durchführung gemeinsamer Streifen etc. geschehen.

V. Freiwilliger Polizeidienst

1. Allgemeines

Durch Gesetz vom 18.6.1963 über den freiwilligen Polizeidienst (FPolDG) wurde in BW als einem der ersten Länder in Deutschland ein **Freiwilliger Polizeidienst** eingeführt.[90] Der Freiwillige Polizeidienst ist ein **Teil des Polizeivollzugsdienstes**. Er umfasst die Personen, die sich freiwillig für die Wahrnehmung von Aufgaben des Polizeivollzugsdienstes im Rahmen eines besonderen öffentlich-rechtlichen Dienstverhältnisses zur Verfügung gestellt haben, ohne Polizeibeamte (Beamte im staatsrechtlichen Sinn) zu sein und die entsprechend verpflichtet worden sind (§§ 1 Abs. 2 und 4 Abs. 2 FPolDG).

2. Aufgaben und Befugnisse

Der Freiwillige Polizeidienst verstärkt den örtlichen Polizeivollzugsdienst nur bei Aufruf (Reservefunktion). Dieser erfolgt, wenn die Polizei die ihr nach § 1 PolG obliegenden Aufgaben mit den vorhandenen Beamten des Polizeivollzugsdienstes nicht erfüllen kann (§§ 1 Abs. 3, 5 Abs. 1 FPolDG). Der freiwillige Polizeidienst soll in der Regel jedoch nur zur Sicherung von Gebäuden und Anlagen, zur Sicherung und Überwachung des Straßenverkehrs, zum Streifendienst, zum Kraftfahrdienst, Fernmeldedienst und zu ähnlichen technischen Diensten eingesetzt werden (§ 1 Abs. 3 FPolDG).

Beispiel: Bei Großsportereignissen wie etwa Fußballbundesligaspielen wird der Freiwillige Polizeidienst zur Verkehrsregelung herangezogen.

Die Angehörigen des Freiwilligen Polizeidienstes haben bei der Erledigung ihrer polizeilichen Dienstverrichtungen Dritten gegenüber die **Stellung von Polizeibeamten** i. S. d. PolG (§ 6 Abs. 1 FPolDG). Soweit sich aus dem FPolDG nichts anderes ergibt, finden die für den Polizeivollzugsdienst geltenden Vorschriften des PolG auf den Freiwilligen Polizeidienst Anwendung (§ 1 Abs. 4 FPolDG). Sie sind **keine Ermittlungspersonen der Staatsanwaltschaft**. Das ergibt ein Umkehrschluss aus der abschließenden Aufzählung in der Verordnung der Landesregierung über die Hilfsbeamten der Staatsanwaltschaft, in welcher der Freiwillige Polizeidienst keine Erwähnung findet. Dies mit der Folge, dass ihnen die entsprechenden strafprozessualen Befugnisse nicht zustehen.

VI. Wahrnehmung polizeilicher Aufgaben durch Beliehene

Grundsätzlich sind nur juristische Personen des öffentlichen Rechts Träger öffentlicher Verwaltung (vgl. Art. 69 LV). Im Einzelfall können aber auch **Private mit hoheitlichen Kompetenzen** ausgestattet sein, die diese selbstständig als sog. **Beliehene bzw. beliehene Unternehmen** im eigenen Namen ausüben. Beliehene sind natürliche oder juristische Personen des Privatrechts, denen die Kompetenz zur selbstständigen hoheitlichen Wahrnehmung bestimmter Verwaltungsaufgaben im eigenen Namen übertragen worden ist.[91] Dadurch erlangen sie die Stellung eines Verwaltungsträgers.[92] Voraussetzung ist, dass die **Übertragung hoheitlicher Befugnisse durch Gesetz** oder **aufgrund eines Gesetzes durch Verwaltungsakt** erfolgt (sog. institutioneller Gesetzes-

---

90 Das Gesetz wurde zuletzt durch Art. 14 des Polizeireformstrukturgesetzes vom 23.7.2013 geändert (GBl. S. 233, 240]; vgl. dazu § 1 Rn 29]).
91 Basten, Recht der Polizei, Rn 560.
92 Danne/Roth, NVwZ 2020, 1633, 1634.

vorbehalt).⁹³ Neben dem Gesetzesvorbehalt, der vor allem das „Ob" einer Beleihung betrifft, bedarf es auch eines besonderen **Bestellungsakts**, der die wesentliche Modalitäten regelt.⁹⁴ Sind ihnen auf diesem Wege Aufgaben des öffentlichen Rechts und in dessen Handlungsformen übertragen, sind sie Behörden i. S. d. § 1 LVwVfG. Übertragungen polizeilicher Aufgaben und Befugnisse auf Privatpersonen oder auf ähnliche Einrichtungen, die nicht in diesen Formen erfolgen, sind unzulässig.⁹⁵

Das **OLG Frankfurt** hat in mehreren Entscheidungen zutreffend festgellt, dass der **Einsatz von privaten Dienstleistern zur Überwachung des ruhenden Verkehrs gesetzeswidrig** ist und dass die **Verkehrsüberwachung** und Sanktionierung bei Verstößen eine **hoheitliche Kernaufgabe** ist.⁹⁶ Da keine gesetzliche Übertragungsbefugnis an Private besteht, kann diese hoheitliche Kernaufgabe nicht allein durch einen Privaten erledigt werden. Wenn sich die Behörde eines Privaten bedient (etwa durch Nutzung von durch Private gestellter Überwachungstechnik), dann muss die **Behörde** stets **Herrin des Verfahrens** bleiben.⁹⁷

Bei der Ausübung ihrer Tätigkeit haben rechtmäßig beliehene Personen die **Stellung von Polizeibeamten**. Ihre Maßnahmen sind, soweit sie auf unmittelbare Rechtswirkungen nach außen gerichtet sind, Verwaltungsakte. Für schuldhafte Pflichtverletzungen haftet die Körperschaft, die sie mit hoheitlichen Befugnissen ausgestattet hat.

68 **Beispiel:** Beliehene, denen polizeiliche Aufgaben und Befugnisse durch Gesetz bzw. auf der Grundlage eines Gesetzes und hierauf gestützten Verwaltungsakt eingeräumt sind oder übertragen wurden, sind **Luftfahrzeugführer**, die für die Aufrechterhaltung der Sicherheit an Bord zu sorgen haben⁹⁸, **Forstschutzbeauftragte** (§§ 79 Abs. 2 Nr. 4, 81, 82 LWaldG), anerkannte **Wildtierschützer** – nach früherem Recht (LJagdG) „bestätigte Jagdaufseher" – (§ 48 Abs. 2 JWMG) und **Fischereiaufseher** (§ 50 Abs. 1, 2 und 4 LFischG).

VII. Private Sicherheitsdienste

1. Allgemeines

69 Private Sicherheitsdienste („**Security**") erhalten wegen des anscheinend gestiegenen Bedarfs immer mehr Bedeutung.⁹⁹ Die Anzahl der Beschäftigen im Sicherheitsgewerbe dürfte bundesweit die Anzahl an Polizeibeamten erreicht haben.¹⁰⁰ Sie arbeiten bei privaten Unternehmen, zunehmend aber auch bei staatlichen oder kommunalen Stellen. Von ihren *privaten* Auftraggebern werden sie etwa bei der Transportbewachung, beim Personenbegleitschutz, bei der Überwachung von Banken, Geschäften, Produktionsbetrieben, Großsportveranstaltungen etc. eingesetzt. Auch im *öffentlichen* Bereich wie etwa im öffentlichen Personennahverkehr, in öffentlichen Einrichtungen wie Asylbewerber- und Flüchtlingsheimen, Bahnhöfen, Fußgängerpassagen, als „Stadtteilwache" (sog. „schwarze Sheriffs") etc. sind sie zunehmend tätig. Private Sicherheitsdienste erfüllen heute in weiten Bereichen die originären polizeilichen Aufgaben der vorbeugenden Bekämpfung von Straftaten.

---

93 Vgl. dazu auch Brenner, NJW 2020, 700 (Anm. zu OLG Frankfurt, NJW 2020, 696); Danne/Roth, NVwZ 2020, 1633, 1636.
94 BVerwG, NVwZ 2011, 368; Gusy, Polizei- und Ordnungsrecht, Rn 164 m. w. N.; Maurer/Waldhoff, Allgemeines Verwaltungsrecht, § 23 Rn 63 ff.; zur Beleihung vgl. auch Knorr, VBlBW 2012, 8, 9; VGH BW zur Privatisierung der Bewährungs- und Gerichtshilfe, VBlBW 2013, 219.
95 Deger, in: Stephan/Deger, Polizeigesetz BW, § 1 Rn 9.
96 Grundlegend dazu OLG Frankfurt, NStZ-RR 2017, 188 ff.; bestätigt durch OLG Frankfurt, NJW 2020, 696 ff., mit sehr deutlich zust. Anm. Brenner, NJW 2020, 700; zust. auch Danne/Roth, NVwZ 2020, 1633, 1637.
97 OLG Frankfurt, NStZ-RR 2017, 188, 190.
98 Vgl. § 12 Abs. 1 S. 1 LuftSiG; Kniesel, in: Lisken/Denninger, Handbuch des Polizeirechts, Kap. J IV Rn 37.
99 Vgl. zu Umfang und Bedeutung des privaten Sicherheitsgewerbes etwa Schoch, in: Schoch, Besonderes Verwaltungsrecht, Kap. 1 Rn 132 ff.; zur Distanzierung der Politik gegenüber dem Sicherheitsgewerbe vgl. Stober, GSZ 2020, 141, er sieht aber die Notwendigkeit einer „dualen Sicherheitsverantwortung" (GSZ 2020, 193, 194), das private Sicherheitsgewerbe sei „unentbehrlich" (195).
100 Stober, GSZ 2020, 141, 145 f.

VII. Private Sicherheitsdienste

Die Zunahme des Einsatzes privater Sicherheitsdienste stellt einen **„schleichenden Paradigmenwechsel"**[101] dar und hängt eng mit dem Rückzug der Polizei aus öffentlichen Bereichen zusammen. Es ist nicht von der Hand zu weisen, dass die zunehmende Privatisierung im Gefahrenabwehrrecht **grundlegende Konflikte mit dem Rechtsstaatsprinzip** auslöst.[102] Hinzu kommen – etwa während der im Jahr 2015/2016 stattgefundenen sog. Flüchtlingskrise – auch privat organisierte Bürgerwehren hinzu, bei denen sich Bürger für die Verbesserung der Sicherheit im öffentlichen Raum zusammenschließen.[103]

2. Grenzen der Privatisierung

Der Auftrag der Polizei einerseits und der der privaten Sicherheitsdienste andererseits unterscheiden sich vor allem in rechtlicher Hinsicht. Aufgabe der Polizei ist es, im **öffentlichen Interesse** die öffentliche Sicherheit zu gewährleisten. Demgegenüber ist es grundsätzlich Aufgabe privater Sicherheitsdienste, **private Interessen und Rechtsgüter** zu schützen; ihnen geht es nicht um eine „allseitige Rechtsverwirklichung", sondern um die Durchsetzung ausschließlich der einseitigen Belange ihrer Auftraggeber.[104] Aus diesen Gründen haben Sicherheitsunternehmen und ihre Mitarbeiter „nur" das Recht, die privaten Rechte auszuüben, die ihrem Auftraggeber zustehen (vgl. § 34 a Abs. 5 GewO). Ihre Befugnisse sind im Wesentlichen auf die jedermann kraft Gesetzes zustehenden privaten Rechte beschränkt, wie etwa auf Schutz- und Selbsthilferechte gem. §§ 859, 226 ff. BGB, Notwehr-, Nothilfe und Notstandsrechte gem. §§ 32 ff. StGB, § 16 OWiG und strafprozessuale Verfolgungsrechte gem. § 127 StPO. Diese privatrechtlichen Vorschriften regeln sowohl die Voraussetzungen eines Tätigwerdens privater Sicherheitsdienste als auch Inhalt und Grenzen der Rechte, die ihnen zustehen. 70

Das **staatliche Gewaltmonopol** (vgl. auch § 12 Rn 1), das verfassungsrechtlich aus dem Rechtsstaatsprinzip hergeleitet wird, gibt grundsätzlich **nur dem Staat** das **Recht zum Einsatz körperlicher Gewalt und physischen Zwangs**.[105] Nach dem Grundsatz des Gesetzesvorbehalts bedürfen entsprechende Eingriffe ausdrücklicher **gesetzlicher Regelung**. Solche landesgesetzliche Regelungen enthalten die §§ 63 ff. PolG. Dabei obliegt die Anwendung unmittelbaren Zwangs allein den Beamten des Polizeivollzugsdienstes (§ 65 PolG) und zwar unter den in §§ 66 ff. PolG abschließend aufgezählten Voraussetzungen. Vergleichbare bundesgesetzliche Normierungen existieren im UZwG. Demgegenüber sind gesetzliche Möglichkeiten, **hoheitliche Zwangsmaßnahmen** auf Private zu übertragen, nicht vorgesehen. Den privaten Sicherheitsdiensten stehen somit derartige Eingriffsrechte gegenüber Dritten grundsätzlich nicht zu. 71

Beispiel: Eine private „Security" hat in der städtischen U-Bahn einen „Graffitisprayer" auf frischer Tat ertappt und hält ihn bis zum Eintreffen der Polizei fest. Die Sicherheitsleute haben nur ein vorläufiges Festnahmerecht gem. § 127 StPO. Weitergehende Befugnisse wie Gewahrsamnahme, Identitätsfeststellung, Durchsuchung etc. stehen ihnen nicht zu.

Im Rahmen der Benutzung einer privaten Einrichtung wie etwa einem Fußballstadion kann sich aus den Benutzungs-/Vertragsbestimmungen, denen sich der Benutzer unterwirft, ein Recht von privaten Aufsichtspersonen zur Kontrolle und weitergehender Maßnahmen ergeben.

---

101 So zutr. Stober, GSZ 2020, 141, 146.
102 Pewestorf, in: Pewestorf/Söllner/Tölle, Polizei- und Ordnungsrecht, § 1 ASOG, Rn 6; Thiel, Polizei- und Ordnungsrecht, § 1 Rn 28 (zur Beleihung); **a. A.** etwa Bäcker, in: Lisken/Denninger, Handbuch des Polizeirechts, Kap. B Rn 268 f. Vgl. auch Lassahn, AöR 2018, 471, 490 f.: „Irritation des staatlichen Gewaltmonopols".
103 Vgl. dazu eingehend Lassahn, AöR 2018, 471, 474 ff.
104 So zutr. Gusy, Polizei- und Ordnungsrecht, Rn 162.
105 Ibler, in: Ennuschat/Ibler/Remmert, Öffentliches Recht BW, § 2 Rn 21; Lassahn, AöR 2018, 471, 484 ff.

Beispiel: Eine (privatrechtliche) Stadionordnung, die beim Kauf der Eintrittskarte im Regelfall rechtsgeschäftlich anerkannt wird, kann Ermächtigungen zum Durchsuchen von Stadionbesuchern durch den privaten Ordnungsdienst des Veranstalters enthalten.

Derartige Eingriffe auf vertraglicher Grundlage beurteilen sich allerdings nach Zivilrecht und stellen **kein hoheitliches Handeln** dar.

3. Gewerberechtliche Erlaubnispflicht

72 Dass das private Sicherheitsgewerbe mit Problemen und Risiken verbunden ist, hat auch der Gesetzgeber erkannt. Demzufolge ist diese Form der gewerblichen Betätigung gem. **§ 34 a GewO** i. V. m. der Verordnung über das Bewachungsgewerbe (BewachV) erlaubnispflichtig.[106] Demnach bedarf derjenige, der gewerbsmäßig Leben oder Eigentum fremder Personen bewachen will (Bewachungsgewerbe) der **Erlaubnis** der zuständigen Behörde (§ 34 a Abs. 1 S. 1 GewO). Die Erlaubnis ist zu versagen, wenn Tatsachen die Annahme rechtfertigen, dass der Antragsteller die für den Gewerbebetrieb erforderliche **Zuverlässigkeit** nicht besitzt, die für den Gewerbebetrieb erforderlichen Mittel oder entsprechenden Sicherheiten nicht nachweist, den Rechtskenntnisnachweis der Industrie- und Handelskammer nicht erbringt oder den Nachweis einer Haftpflichtversicherung nicht erbringt (§ 34 a Abs. 1 S. 3 Nr. 1 bis 4 GewO). Zudem dürfen vom Gewerbebetreibenden nur Personen beschäftigt werden, die die erforderliche Zuverlässigkeit besitzen und durch eine Bescheinigung der Industrie- und Handelskammer nachweisen, dass sie über die für die Ausübung des Gewerbes notwendigen rechtlichen und fachlichen Grundlagen unterrichtet worden und mit ihnen vertraut sind (§ 34 a Abs. 1 a S. 1 GewO). Für bestimmte Bewachungstätigkeiten ist darüber hinaus ein erweiterter Sachkundenachweis der Industrie- und Handelskammer erforderlich (§ 34 a Abs. 1 a S. 2 GewO). Auf diesem Wege ist es dem Staat möglich, bereits im Vorfeld auf die privaten Sicherheitsdienste Einfluss zu nehmen. Zum Führen von **Schusswaffen** bedürfen die Sicherheitsunternehmen einer Erlaubnis gem. §§ 28 ff. WaffG.[107]

Immer wieder weisen Presseberichte über Rechtsverletzungen und Übergriffe durch Mitarbeiter darauf hin, dass die Überwachung der privaten Sicherheitsdienste durch die staatlichen Aufsichtsämter oftmals unzureichend ist.[108] Eine Verbesserung soll durch **§ 11 b GewO**[109] erreicht werden, auf dessen Grundlage zum 1.6.2019 ein **Bewacherregister** erstellt wurde[110], in dem bundesweit Daten zu Bewachungsgewerbetreibenden und Bewachungspersonal elektronisch auswertbar zu erfassen und auf dem aktuellen Stand zu halten sind. Die gesetzliche Umsetzung erfolgte im Detail durch die **BewachV**. Damit können im Rahmen des Erlaubnisverfahrens sowie bei Kontrollen vor Ort die notwendigen Informationen über das Vorliegen des erforderlichen Unterrichtungs- bzw. Sachkundenachweises sowie über die Zuverlässigkeit durch Einsichtnahme in das Register schnell beschafft werden. Dies ist insbesondere bei Kontrollen vor Ort wichtig, da Gewerbetreibende häufig bundesweit tätig sind, Bewachungspersonal bundesweit eingesetzt wird und die vor Ort zuständige Behörde keine Kenntnis darüber hat, ob das eingesetzte Bewachungspersonal gemäß § 9 Abs. 3 BewachV gemeldet wurde, über

---

106 Schoch, in: Schoch, Besonderes Verwaltungsrecht, Kap. 1 Rn 136. Vgl. zur gewerberechtlichen Rechtsstellung von **Privatdetektiven** Vahle, DVP 2018, 467 ff.
107 Zur Auflage, einen bewaffneten Werksschutz einzurichten, vgl. BVerwG, DVBl 1989, 517; zur Eigensicherung von Flughäfen vgl. BVerwG, DVBl 1986, 896; zur Sicherung von Häfen vgl. VG Düsseldorf, NWVBl 2012, 280.
108 Während der sog. Flüchtlingskrise der Jahre 2015/2016 soll es immer wieder zu Übergriffen von Mitarbeitern privater Sicherheitsdienste gegenüber Flüchtlingen in Flüchtlingsunterkünften gekommen sein. Vgl. dazu etwa Ernst, GewArch 2021, 14, Ritsch, GewArch 2021, 15 f., u. Fischer, in: Süddeutsche Zeitung Online vom 14.5.2017. Die Ursachen sind indes vielschichtig, u. a. werden die Sicherheits-Mitarbeiter schlecht bezahlt und es sind dort regelmäßig Personen mit rechtspolitischer Gesinnung tätig.
109 Die Regelung (§ 11 b GewO) wurde durch Art. 1 Nr. 2 des Zweiten Gesetzes zur Änderung bewachungsrechtlicher Vorschriften vom 29.11.2018 (BGBl. I S. 2666) mit Wirkung zum 1.1.2019 eingefügt. Vgl. auch Stober, GewArch 2019, 469, 470 ff.
110 Vgl. dazu eingehender Ernst, GewArch 2021, 14 f.; Eisenmenger, GSZ 2020, 66 ff.

den erforderlichen Unterrichtungs- oder Sachkundenachweis verfügt und zuverlässig ist.[111] Das zentrale Bewacherregister wird beim **Bundesamt für Wirtschaft und Ausfuhrkontrolle (BAFA)** geführt.

VIII. Subsidiäre Zuständigkeiten der Polizei
1. Tätigwerden für andere Stellen gem. § 2 Abs. 1 PolG

§ 2 Abs. 1 PolG begründet eine Eilzuständigkeit der Polizei für andere Stellen bei Gefahr im Verzug. Ist zur Wahrnehmung einer polizeilichen Aufgabe nach gesetzlicher Vorschrift eine andere Stelle zuständig, und erscheint deren rechtzeitiges Tätigwerden bei Gefahr im Verzug nicht erreichbar, so hat die Polizei die **notwendigen vorläufigen** Maßnahmen zu treffen (**Notzuständigkeit** der Polizei).

Beispiel: Die Polizei leistet nach einem Verkehrsunfall einem eingeklemmten Fahrer bis zum Eintreffen der Feuerwehr erste Hilfe. Gem. § 2 Abs. 1 Nr. 2 FwG hat die **Feuerwehr** zur Rettung von Menschen aus lebensbedrohlichen Lagen technische Hilfe zu leisten. Gem. § 1 Abs. 1 S. 2 FwG ist sie von der Polizei unabhängig. Die Feuerwehr ist daher eine „andere Stelle" i. S. d. § 2 Abs. 1 PolG.

a) Andere Stellen

Da das PolG von einem einheitlichen Polizeibegriff (vgl. § 104 PolG) ausgeht, können **andere Stellen i. S. d. § 2 Abs. 1 S. 1 PolG** nur solche Stellen sein, die weder allgemeine oder besondere Polizeibehörden sind, noch zum Polizeivollzugsdienst gehören, aber dennoch polizeiliche Aufgaben wahrnehmen (materieller Polizeibegriff). Andere Stellen in diesem Sinne sind Behörden, die zwar auch Aufgaben der Gefahrenabwehr erfüllen, aber nicht zur Organisation der Polizei gehören.[112] Sie können sich deshalb auch nicht der Befugnisse des PolG bedienen. Derartige **nichtpolizeiliche Stellen** sind etwa:

- **Gefahrenabwehrbehörden des Landes BW**, die im Einzelfall für Aufgaben der Gefahrenabwehr zuständig sind, deren **hauptsächlicher Tätigkeitsbereich** jedoch auf einem anderen Gebiet als der Gefahrenabwehr liegt (etwa das Jugendamt, das zum Schutze Jugendlicher vor Verwahrlosung gem. §§ 42, 43 SGB VIII oder gem. § 26 LKJHG tätig wird;[113]
- Behörden, Einrichtungen usw., die schwerpunktmäßig zwar Aufgaben der Gefahrenabwehr wahrnehmen, aber **durch gesetzliche Regelung** ausdrücklich **nicht der Polizei zugeordnet** sind (etwa Feuerwehr, siehe Beispielsfall in § 3 Rn 73) oder Landesamt für Verfassungsschutz (vgl. §§ 3 Abs. 1, 5 Abs. 3 LVSG);
- **Beliehene** (§ 3 Rn 67 ff.);
- **Verwaltungsbehörden** mit Aufgaben der Gefahrenabwehr wie etwa Baurechts-, Forst-, Gaststätten- und Gewerbebehörden;[114]
- **Gefahrenabwehrbehörden des Bundes** wie etwa das BKA und die Bundespolizei, Wasser- und Schifffahrtsverwaltung, Organe der Bundeswehr mit polizeilichen Befugnissen (etwa Feldjäger) etc.

b) Gefahr im Verzug

Gefahr im Verzug liegt vor, wenn zur Verhinderung eines drohenden Schadens sofort eingeschritten werden muss, weil ein Abwarten bis zum Eingreifen der an sich zuständigen Behörde den **Erfolg** der notwendigen Maßnahme **erschweren oder vereiteln** würde.[115] Ob die polizeiliche Maßnahme unaufschiebbar ist oder nicht, beurteilt sich hierbei nach den Verhältnissen und dem Erkenntnisstand im Zeitpunkt des Erlasses der

---

111 So die Begründung des Gesetzgebers in BT-Drs. 18/8558, S. 16 f.; Ernst, GewArch 2021, 14. Zur Umsetzung im Einzelnen vgl. Ritsch, GewArch 2021, 15, 16 ff.
112 Zeitler/Trurnit, Polizeirecht BW, Rn 52; Thiel, Polizei- und Ordnungsrecht, § 4 Rn 36 ff.
113 Vgl. Zeitler/Trurnit, Polizeirecht BW, Rn 55.
114 Deger, in: Stephan/Deger, Polizeigesetz BW, § 2 Rn 4.
115 VGH BW, VBlBW 2005, 431; vgl. auch § 4 Rn 35.

Maßnahme. Liegen diese Voraussetzungen nicht vor, kann die Polizei nicht (rechtmäßig) tätig werden.

c) Kein rechtzeitiges Tätigwerden der anderen Stelle

76 Maßgebend ist, ob aus der Sicht der Polizei das rechtzeitige Tätigwerden der anderen, an und für sich zuständigen Stelle nicht erreichbar **erscheint**. Nicht erforderlich ist also, dass die an und für sich zuständige Stelle tatsächlich nicht erreichbar ist.[116]
Nicht erreichbar erscheint die andere Stelle, wenn etwa
- die Dringlichkeit der Gefahrenlage eine Unterrichtung zunächst nicht zulässt,
- aus technischen Gründen eine Unterrichtung zunächst nicht möglich ist (etwa keine Telefon- oder Funkverbindung in der Nähe),
- sie zwar unterrichtet ist, aber nicht oder nicht rechtzeitig eingreifen kann,
- sie nicht besetzt ist (etwa wegen Dienstschluss oder an Feiertagen),
- sich nicht klären lässt, ob sie eingreifen wird.

Will die zuständige Behörde **bewusst und erkennbar nicht eingreifen**, ist ein Tätigwerden der Polizei für die andere Stelle regelmäßig ausgeschlossen. Nur bei erheblichen Gefahren für besonders wichtige Rechtsgüter (Leben, Gesundheit oder Menschenwürde) oder bei Strafbarkeit des Nichteingreifens kann in diesem Fall die Notzuständigkeit bejaht werden.

d) Vorläufige Maßnahmen

77 Die Polizei ist nur zuständig, um die **notwendigen vorläufigen, unaufschiebbaren Maßnahmen** zu treffen. Regelmäßig ist die Ortspolizeibehörde (§§ 105 Abs. 1, 111 Abs. 2 PolG) zuständig, in Eil- und Notfällen auch der Polizeivollzugsdienst gem. § 105 Abs. 2 PolG. In allen Fällen kann die Polizei nur auf der Grundlage des Polizeigesetzes und nicht nach den Befugnissen der anderen Stelle tätig werden.

e) Unverzügliche Unterrichtung und Kostenerstattung

78 Die zuständige Stelle ist **unverzüglich**, d. h. ohne schuldhaftes Zögern, zu unterrichten (§ 2 Abs. 1 S. 2 PolG, § 121 BGB). Strittig ist, ob die andere, nichtpolizeiliche Stelle, für die die Polizei tätig geworden ist, der Polizei die **Kosten** der getroffenen Maßnahmen **erstatten** muss. Da andere gesetzliche Anspruchsgrundlagen nicht bestehen, käme allenfalls eine Erstattung nach den Grundsätzen über die Geschäftsführung ohne Auftrag analog §§ 677 ff. BGB in Betracht. Dem steht allerdings der Grundsatz des Gesetzesvorbehalts entgegen. Danach kommen staatliche Ersatzansprüche grundsätzlich nur im Rahmen einer ausdrücklichen Regelung in Frage und nicht im Wege der Analogie.[117]

2. Schutz privater Rechte gem. § 2 Abs. 2 PolG

a) Subsidiäre Zuständigkeit

79 Gem. **§ 2 Abs. 2 PolG** obliegt der Polizei der Schutz privater Rechte nur dann, wenn gerichtlicher Schutz nicht rechtzeitig zu erlangen ist, und wenn ohne polizeiliche Hilfe die Gefahr besteht, dass die Verwirklichung des Rechts vereitelt oder wesentlich erschwert wird. Die Vorschrift ist eine **Aufgabenzuweisungsnorm** (vgl. § 4 Rn 13). Die Polizei besitzt für den Schutz privater Rechte nur eine **subsidiäre Zuständigkeit**.[118] Zwar sind auch Privatrechte wie etwa Eigentum oder Besitz polizeiliche Schutzgüter. Ihr Schutz obliegt aber primär den ordentlichen Gerichten (§ 13 GVG). Nur wenn dieser **zivilgerichtliche Schutz nicht rechtzeitig** zu erlangen ist und ein Notfall besteht, ist die

---

[116] VGH BW, VBlBW 1990, 300, 301 m. w. N.
[117] Deger, in: Stephan/Deger, Polizeigesetz BW, § 2 Rn 12; Sander, in: Belz/Mußmann/Kahlert/Sander, Polizeigesetz BW, § 2 Rn 10.
[118] Trurnit, in: Möstl/Trurnit, Polizeirecht BW, § 2 Rn 44.

VIII. Subsidiäre Zuständigkeiten der Polizei

Polizei auch für den Schutz privater Rechte zuständig. Hier kommt auch die grundrechtlich garantierte **Privatautonomie** zum Ausdruck.[119]

b) Voraussetzungen im Einzelnen
Im Einzelnen müssen für ein polizeiliches Einschreiten zum Schutz privater Rechte folgende Voraussetzungen vorliegen (vgl. auch Schaubild Nr. 7):

aa) Schutz privater Rechte
Privates Recht i. S. d. § 2 Abs. 2 PolG ist eine Rechtsposition, die ihre Grundlage **ausschließlich** (vgl. § 3 Rn 85) in der Privatrechtsordnung (etwa im BGB, HGB, Arbeitsrecht) hat. Dazu gehören Eigentum, Besitz, vertragliche Ansprüche, Forderungen aus unerlaubter Handlung (§§ 823 ff. BGB), Pfandrechte und sonstige Nutzungsrechte an beweglichen oder unbeweglichen Sachen. Vereinfacht ausgedrückt sind hierunter **alle privatrechtlichen Rechtsansprüche und Güter** zu verstehen, deren Schutz prinzipiell durch Inanspruchnahme der ordentlichen Gerichte möglich ist.[120] Darunter fallen auch Individualgüter wie Menschenwürde, Ehre, Leben, Gesundheit und Freiheit.[121]

Beispiele:
- Unter den Schutz des § 2 Abs. 2 PolG kann das **Recht einer Privatperson am eigenen Bild** fallen. Auch das **Fotografieren einer Person**, die sich nicht im persönlichen Rückzugsbereich, sondern in der Öffentlichkeit aufhält, kann gegen das allgemeine Persönlichkeitsrecht verstoßen und nach Maßgabe des § 2 Abs. 2 PolG das Einschreiten der Polizei rechtfertigen.[122]
- Unter privates Recht i. S. d. § 2 Abs. 2 PolG kann auch das **Recht eines Polizeibeamten am eigenen Bild** fallen. Voraussetzung ist, dass konkrete Anhaltspunkte für eine bevorstehende Verbreitung des Bildes unter Verstoß gegen §§ 22, 23, 33 KunstUrhG bestehen.[123]

Etwas anderes gilt, wenn gerichtlicher Rechtsschutz nicht rechtzeitig zu erlangen ist und ohne polizeiliche Hilfe die Gefahr besteht, dass die Rechtsverwirklichung vereitelt oder wesentlich erschwert wird (vgl. § 3 Rn 83)[124].

bb) Antrag des Berechtigten und Glaubhaftmachung
Der Schutz privater Rechte wird nur auf **Antrag** – nicht von Amts wegen – gewährt. Ein Tätigwerden der Polizei aus eigener Motivation – von Amts wegen – wäre unzulässig.[125] Eine besondere Form ist nicht erforderlich. Er kann schriftlich, mündlich oder auch konkludent gestellt werden. Will man den vorläufigen Schutz des § 2 Abs. 2 PolG nicht leer laufen lassen, dürfen die Anforderungen an diese Antragstellung nicht überspannt werden. Andernfalls würde man die materielle Berechtigung der rechtsuchenden Person auf wirkungsvolle Soforthilfe an formalen Hürden scheitern lassen, die das PolG in diesem Zusammenhang gerade nicht vorsieht. Andererseits ist es nicht Aufgabe der Polizei, unklare Sachverhalte oder schwierige Rechtsfragen zugunsten des Rechtssuchenden erst noch aufzuklären. Vielmehr kann vom Rechtssuchenden erwartet werden,

---

[119] So zutr. Thiel, Polizei- und Ordnungsrecht, § 4 Rn 28.
[120] Deger, in: Stephan/Deger, Polizeigesetz BW, § 2 Rn 15; Gusy, Polizei- und Ordnungsrecht, Rn 91; vgl. auch Thiel, Polizei- und Ordnungsrecht, § 4 Rn 30.
[121] Vgl. dazu eingehender Trurnit, in: Möstl/Trurnit, Polizeirecht BW, § 2 Rn 45 bis 49.
[122] VGH BW, NVwZ-RR 2008, 700.
[123] VGH BW, NVwZ 2001, 1292, 1293; OVG NRW, DÖV 2001, 476; OVG RP, NVwZ-RR 1998, 237. Das ist der Fall, wenn die Aufnahmen nicht den Vorgang des Polizeieinsatzes an sich erfassen, sondern die Person des Polizisten, und wenn an einer Verbreitung des Bildes kein besonderes öffentliches Informationsinteresse besteht (VGH BW a. a. O.). Grundsätzlich müssen solchermaßen abgelichtete Polizeibeamte zum Schutz ihres Rechtes aus § 22 S. 1 KunstUrhG – wie eine Privatperson – zivilgerichtliche Hilfe in Anspruch nehmen (vgl. VGH BW, VBlBW 1995, 282). Zur Unzulässigkeit eines generellen Fotografierverbots gegenüber einem Pressefotografen vgl. VGH BW, VBlBW 2011, 23.
[124] Trurnit, in: Möstl/Trurnit, Polizeirecht BW, § 2 Rn 54 ff.
[125] Trurnit, in: Möstl/Trurnit, Polizeirecht BW, § 2 Rn 50.

dass er die Tatsachen entsprechend § 294 ZPO **glaubhaft** macht, aufgrund derer er ein Einschreiten der Polizei begehrt.[126]

cc) Kein rechtzeitiger gerichtlicher Schutz

82 Die Polizei darf zum Schutz ausschließlich privater Rechte nur dann tätig werden, wenn **gerichtlicher Schutz nicht rechtzeitig** zu erlangen ist. Grundvoraussetzung hierfür ist stets, dass ein entsprechender Rechtsschutz überhaupt dem Grunde nach besteht. Denn der rechtssuchenden Person sollen mittels § 2 Abs. 2 PolG nur von der Rechtsordnung gedeckte (aber derzeit unerreichbare) Rechte vorübergehend gesichert, nicht jedoch weiter gehende Vorteile verschafft werden. § 2 Abs. 2 PolG kommt daher insbesondere dann zur Anwendung, wenn ein zivilprozessualer Eilrechtsschutz, wie Arrest oder einstweilige Verfügung gem. §§ 916 ff. und 935 ff. ZPO, zwar gesetzlich möglich wäre, dieser aber aus zeitlichen Gründen (etwa wegen fehlendem Bereitschaftsdienst) zu spät kommen würde. Dem steht gleich, wenn die zivilrechtliche Durchsetzung mit besonderen Schwierigkeiten, die einen **wirksamen Rechtsschutz** faktisch unerreichbar machen, verbunden wäre.[127] Ebenso scheidet eine Verweisung auf den Zivilrechtsweg aus, wenn der akut gebotene Schutz im konkreten Fall nach **allgemeinen Erfahrungswerten** dort nicht gewährleistet ist.[128]

Beispiel: Allein der Umstand, dass der Fotograf die Herausgabe eines Filmes verweigert, reicht für ein Eingreifen nach § 2 Abs. 2 PolG nicht aus, wenn die Entscheidung über die Verbreitung der Bilder noch bei der Redaktion liegt. Handelt es sich aber um ein Presseorgan, das dem Persönlichkeitsschutz erfahrungsgemäß nicht immer mit der gebotenen Rücksichtnahme begegnet, kann der betroffenen Person der erkennbar aussichtslose Zivilrechtsschutz nicht zugemutet werden.[129]

dd) Rechtsvereitelung oder -erschwerung

83 Ein polizeiliches Einschreiten zum Schutz von (reinen) Privatrechten kommt außerdem nur dann in Betracht, wenn andernfalls die Verwirklichung des jeweiligen Rechts vereitelt oder wesentlich erschwert würde (§ 2 Abs. 2 PolG). Ist die berechtigte Person hingegen selbst in der Lage, mit eigenen rechtlichen oder tatsächlichen Mitteln auf **zumutbare** Weise ihre Rechtsposition zu sichern, scheidet ein polizeilicher Eingriff aus.

Zu fragen ist also stets, ob die betroffene Person, anstatt polizeiliche Hilfe in Anspruch nehmen zu dürfen, nicht auf die Vorschriften der **Selbsthilfe** (etwa §§ 229, 230, 561, 581 Abs. 2, 704, 859, 860, 910, 962 BGB) verwiesen werden muss. Dies ist jeweils eine Frage des Einzelfalls, die ebenfalls anhand der tatsächlichen und rechtlichen Probleme bei der möglichen eigenen Rechtsdurchsetzung zu beantworten ist.[130]

---

[126] Deger, in: Stephan/Deger, Polizeigesetz BW, § 2 Rn 15; Trurnit, in: Möstl/Trurnit, Polizeirecht BW, § 2 Rn 52 ff.; VG Karlsruhe, openJur 2012, 63081.
[127] Vgl. dazu OLG Köln, NJW 1982, 1888; VG Freiburg, NJW 1979, 2060 ff.; VGH BW, VBlBW 1995, 282.
[128] VGH BW, NVwZ 2001, 1292, 1294.
[129] VGH BW, NVwZ 2001, 1292, 1293.
[130] VG Freiburg, NJW 1979, 2060, 2061.

VIII. Subsidiäre Zuständigkeiten der Polizei

Schaubild Nr. 7

Schutz privater Rechte

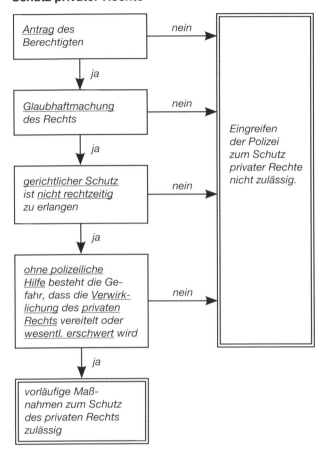

c) Vorläufige Maßnahmen

Die Polizei darf grundsätzlich nur vorläufige Sicherungsmaßnahmen treffen, bis das zuständige ordentliche Gericht tätig werden kann.[131] Die polizeiliche Handlung darf die **endgültige Anspruchsverwirklichung nicht vorwegnehmen** und auch keine privaten Ansprüche durchsetzen, welche vom Anspruchsteller nicht ausgeübt werden bzw. verloren sind. Praktisch kommt daher vor allem die Feststellung der Personalien in Betracht, um die Durchsetzbarkeit zivilrechtlicher Ansprüche zu sichern. Daneben ist auch die vorübergehende Beschlagnahme gem. § 38 PolG in der polizeilichen Praxis bedeutsam.[132] Die Polizei darf ihre Maßnahmen in allen Anwendungsfällen des § 2 Abs. 2 PolG nur so lange aufrechterhalten, bis die berechtigte Person Rechtsschutz vor den Gerichten erlangen kann.

Beispiel: Die Vernichtung eines eingezogenen Films gem. § 39 Abs. 1, 3 PolG ist keine **vorläufige** Sicherungsmaßnahme. Eine derartige Maßnahme ist im Rahmen des § 2 Abs. 2 PolG nicht zulässig.[133]

---

131 Thiel, Polizei- und Ordnungsrecht, § 4 Rn 35.
132 VGH BW, NVwZ 2001, 1292, 1295.
133 VGH BW, VBlBW 1995, 282, 284.

d) Primäre Zuständigkeit der Polizei?

85 Die subsidiäre Zuständigkeit besteht nur hinsichtlich der **Rechtsansprüche und Rechtsgüter**, die **nicht gleichzeitig durch Normen des öffentlichen Rechts geschützt sind** (etwa Straf- und Ordnungswidrigkeitenrecht, verwaltungsrechtliche Ge- und Verbote).[134] Insoweit handelt es sich um Schutzgüter der öffentlichen Sicherheit im Anwendungsbereich des § 1 Abs. 1 PolG. Wird das private Recht **zusätzlich** durch Bestimmungen des **öffentlichen** Rechts geschützt, wird das Schutzgut der öffentlichen Sicherheit gem. § 1 Abs. 1 PolG verletzt. Die Polizei ist dann in diesem Fall nicht nur subsidiär, sondern primär zuständig. Es ist daher stets zu prüfen, ob der Angriff auf das Individualrechtsgut nicht zugleich auch gegen eine Norm des öffentlichen Rechts verstößt.

Beispiele:

- Bei **häuslicher Gewalt** werden nicht nur private Rechte der Opfer (Gesundheit, Eigentum) beeinträchtigt, sondern zugleich auch Strafrechtstatbestände wie etwa Körperverletzung (§§ 223, 224 StGB) erfüllt. Aus diesem Grund ist die Polizei **primär** für Maßnahmen der Bekämpfung der Gewalt und nicht nur subsidiär zuständig. Wegen der erheblichen Gefährlichkeit der Tathandlung und des hohen Rangs der betroffenen Rechtsgüter hängt ein polizeiliches Einschreiten nicht von der Stellung eines **Strafantrags** ab. Vielmehr ist das polizeiliche Ermessen zum Schutz der bedrohten Grundrechte regelmäßig auf Null reduziert[135] (vgl. § 6 Rn 30 bzw. § 11 Rn 98). Bei den Polizeipräsidien Mannheim und Ulm wurde im Jahr 2020 im Rahmen eines **Pilotprojekts** zur besseren Bekämpfung häuslicher Gewalt je eine **Koordinierungsstelle Häusliche Gewalt** eingerichtet, die eine effektivere Vernetzung der Abläufe in Fällen häuslicher Gewalt sicherstellen soll.
- Im Falle einer widerrechtlichen **Hausbesetzung** werden private Eigentums- bzw. Besitzrechte verletzt und zugleich Straftatbestände (etwa Hausfriedensbruch gem. § 123 StGB) erfüllt, also Normen des öffentlichen Rechtes verletzt. In diesen Fällen kann die Polizei auf der Grundlage der Generalermächtigung gem. §§ 1, 3 PolG einschreiten, ohne dass es der weiteren Voraussetzungen des § 2 Abs. 2 PolG bedarf.[136] Liegt in diesen Fällen kein **Strafantrag** der betroffenen Person vor (vgl. § 123 Abs. 2 StGB), wirkt sich das auf das Entscheidungsermessen aus; wenn schon der Rechtsinhaber kein Interesse an einer Strafverfolgung hat, muss die Polizei nicht zum Schutz seines privaten Rechts einschreiten.[137]
- Zum Schutz der öffentlichen Sicherheit kann auch das **Abschleppen eines Kfz von einem privaten Stellplatz** im Wege der unmittelbaren Ausführung in Frage kommen. So ist die Maßnahme gerechtfertigt, wenn ein Verkehrsteilnehmer absichtlich das Wegfahren eines anderen Fahrzeuges blockiert und dadurch nicht nur den Fahrzeughalter in seinem privaten Eigentumsrecht (vgl. § 903 BGB) beeinträchtigt, sondern gleichzeitig erkennbar den (öffentlich-rechtlichen) Straftatbestand einer **Nötigung** im Sinne des § 240 StGB erfüllt.[138] Grundsätzlich stehen aber in diesen Fällen dem betroffenen Grundstückseigentümer die **Selbsthilferechte** zu (etwa gem. § 859 BGB).[139]

Wird bei einem **Antragsdelikt** gleichzeitig gegen Strafrechtstatbestände verstoßen, muss bei der **Ausübung des Entschließungsermessens** nach der Schwere und Bedeutung der Rechtsgüter unterschieden werden (vgl. § 6 Rn 28 ff.). Liegt eine Körperverletzung (§§ 223, 230 StGB) vor, ist grundsätzlich das Ermessen „auf Null" reduziert; die Polizei muss in diesen Fällen auch dann einschreiten, wenn kein **Strafantrag** des betroffenen Opfers vorliegt. Demgegenüber kann die Polizei beim Vorliegen eines Hausfriedensbruchs (§ 123 StGB) oder dem Straftatbestand einer Beleidigung (§§ 185, 194 Abs. 1 S. 1 StGB) im Rahmen des ihr zustehenden pflichtgemäßen Ermessens entscheiden, ob sie ein Einschreiten von der Stellung eines Strafantrags abhängig macht.

---

134 Trurnit, Eingriffsrecht, Rn 49.
135 So auch Denninger, in: Lisken/Denninger, Handbuch des Polizeirechts, Kap. D Rn 18.
136 So auch Zeitler/Trurnit, Polizeirecht BW, Rn 87.
137 Denninger, in: Lisken/Denninger, Handbuch des Polizeirechts, Kap. D Rn 18.
138 OVG Saarland, NJW 1994, 878, 879.
139 Vgl. Herrler, in: Palandt, § 859 BGB Rn 4; Deger, in: Stephan/Deger, Polizeigesetz BW, § 2 Rn 18; BGH, NJW 2012, 528.

IX. Zuständigkeit gegenüber anderen Hoheitsträgern
1. Materielle Polizeipflicht der Träger öffentlicher Gewalt
Gem. Art. 20 Abs. 3 GG sind die hoheitlich handelnden Organe des Staates an Recht und Gesetz gebunden. Die Behörden des Staates (Bund und Land), der Gemeinden und andere öffentlich-rechtliche Körperschaften haben sich (mindestens) genauso an die Vorschriften zum Schutz der öffentlichen Sicherheit zu halten wie Privatpersonen. Daher müssen selbst Bundesbehörden auch landesgesetzliche Polizeigesetze beachten. **Dementsprechend gilt das materielle Polizeirecht auch ihnen gegenüber uneingeschränkt.** Hoheitsträger sind daher nicht nur verpflichtet, die materiellen Normen des Polizeirechts, sondern auch fremde Kompetenzen, Befugnisse und Rechtsgüter zu beachten.[140]

86

Beispiele:
- Bei der Planung / Genehmigung und dem **Betrieb einer kommunalen Mehrzweckhalle** (= öffentliche Einrichtung i. S. d. § 10 GemO) ist eine Gemeinde an die Bestimmungen des BauBG und der LBO gebunden. Sie muss deshalb in eigener Zuständigkeit die Vorschriften zum Brand- und Immissionsschutz beachten.[141]
- Nach der Kontrolle im Bahnhofsbereich von E fahren Bundespolizeibeamte mit ihrem Einsatzfahrzeug in die Fußgängerzone von E, um sich dort erschöpft mit Kaffee und Kuchen zu versorgen. Die Beamten der Bundespolizei sind in diesem Fall verpflichtet, von sich aus die **Regelungen der StVO** zu beachten. Sie sind daher nicht befugt, mit dem Polizeiauto in eine Fußgängerzone zu fahren, nur um dort Brötchen für ihren Mittagskaffee einzukaufen.

2. Grundsatz: Keine Anordnungs- und Vollstreckungsbefugnisse
Von der Frage, ob Hoheitsträger materiellrechtlich an die Normen des Polizeirechts gebunden sind, ist die Frage zu unterscheiden, ob die Polizei **ihnen gegenüber Maßnahmen der Gefahrenabwehr ergreifen** darf. Dies wird in Rechtslehre und Rechtsprechung vielfach verneint: Eine Hoheitsverwaltung dürfe nicht mit Anordnungen oder gar Zwang in die hoheitliche Tätigkeit einer anderen Hoheitsverwaltung eingreifen. Diese habe vielmehr selbst die Gesetze einzuhalten. Soweit ein Träger öffentlicher Gewalt nicht seinen gesetzlichen Verpflichtungen nachkomme, könne und dürfe die Polizei grundsätzlich nicht mit polizeilichen Mitteln gegen sie vorgehen. Für einen Eingriff fehle ihr die sachliche Zuständigkeit. Sie habe deshalb auch nicht das Recht, einer anderen Behörde die Ausübung ihrer gesetzlichen Aufgaben zu untersagen.[142] **Hoheitsträger** sollen deshalb **nicht formell polizeipflichtig** sein[143], es dürfe zwischen Hoheitsträgern kein System der Über-/Unterordnung geben.[144]

87

3. Ausnahmen
Mit Recht wird diese **Auffassung zunehmend kritisiert**. Nachdem die Aufrechterhaltung der öffentlichen Sicherheit ureigene Aufgabe der jeweiligen Polizeibehörde ist, muss richtigerweise davon ausgegangen werden, dass der andere Hoheitsträger mit

88

---

140 H. L., vgl. Denninger, in: Lisken/Denninger, Handbuch des Polizeirechts, Kap. D Rn 97 ff.; Deger, in: Stephan/Deger, Polizeigesetz BW, § 6 Rn 7; Gusy, Polizei- und Ordnungsrecht, Rn 140.
141 Vgl. BVerwG: Die Deutsche Bundesbahn hat mit eigenen Kräften dafür zu sorgen, dass eine ihren Betriebszwecken dienende Abwasserreinigungsanlage den Anforderungen einer kommunalen Entwässerungssatzung an die Sicherheit und Ordnung der Anlage entspricht (NVwZ 1990, 563). Vgl. auch BVerwG, wonach die zuständige Immissionsschutzbehörde befugt ist, einer Gemeinde den beim Betrieb ihrer kommunalen Einrichtung einzuhaltenden Immissionsrichtwert anzuordnen (NVwZ 2003, 346).
142 BVerwG NVwZ 1990, 563; Denninger, in: Lisken/Denninger, Handbuch des Polizeirechts, Kap. D Rn 100; Deger, in: Stephan/Deger, Polizeigesetz BW, § 6 Rn 7 m. w. N. Teilweise wird die Auffassung vertreten, dass die Hoheitsträger formell nicht polizeipflichtig sind (etwa VGH BW, VBlBW 1996, 351; HessVGH, NVwZ 2002, 889). Zur Vollstreckung gegen die öffentliche Hand aus einem Verpflichtungsurteil vgl. BayVGH, NVwZ-RR 2014, 370.
143 Vgl. etwa VGH BW, VBlBW 1996, 351; HessVGH, NVwZ 2002, 889; VG Neustadt, openJur 2020, 69030 (Rn 44); Allewelt/Roggan, NJW 2020, 3424, 3427.
144 VG Neustadt, openJur 2020, 69030 (Rn 44).

seinem Kompetenzbereich zurücktreten muss, wenn und soweit er gegen die öffentliche Sicherheit verstößt. Zumindest kann die Polizei einen säumigen Hoheitsträger schriftlich auf bestimmte Missstände hinweisen und Abhilfe einfordern. Auch kann die Aufsichtsbehörde eingeschaltet werden. Bei schwerwiegenden Verstößen ist auch die **Anordnung** entsprechender Gefahrenabwehrmaßnahmen möglich.[145] Der **Durchsetzung bzw. Vollstreckung** derartiger Maßnahmen steht aber das Vollstreckungshindernis des § 22 LVwVG entgegen.

In jedem Fall müssen dort Ausnahmen gelten, wo es um besonders **eilbedürftige Maßnahmen** bzw. um **hochrangige Rechtsgüter** geht. In derlei Fällen ist die Polizei berechtigt, auch gegenüber anderen Hoheitsträgern tätig zu werden, um aus Gründen der Gewährleistung der öffentlichen Sicherheit vorläufig schützende Maßnahmen zu treffen.[146]

89 Richten sich die Polizeimaßnahmen gegen das **privatrechtliche (fiskalische) Handeln des Hoheitsträgers**, ist er wie ein Privater zu behandeln. In diesem Fall können gegen ihn polizeirechtliche Maßnahmen erlassen werden.

Fall 6: Bei der wöchentlichen Reinigung der Dienstfahrzeuge des Finanzamtes (= Bundesverwaltung) in E stellt die Ortspolizeibehörde fest, dass der zuständige Hausmeister regelmäßig gegen die Bestimmungen der örtlichen Polizeiverordnung zum Schutze der Umwelt verstößt.

Im **Fall 6** handelt die Behörde im fiskalischen Bereich. Die Polizei kann diese Verstöße beanstanden und ggf. auch ahnden.

90 Erfüllt ein Hoheitsträger dagegen öffentliche Aufgaben in privatrechtlichen Handlungsformen, bleibt es bei dem Grundsatz, dass die Polizei nicht berechtigt ist, gegen den Hoheitsträger Anordnungen zu erlassen.[147]

X. Örtliche Zuständigkeiten

Die örtliche Zuständigkeit betrifft den räumlichen Tätigkeitsbereich der Behörde. Sie bestimmt also darüber, ob sich die Polizei in X oder in Y mit einer bestimmten Angelegenheit zu befassen hat.[148]

1. Polizeibehörden
a) Grundsatz

91 Soweit keine sondergesetzlichen Zuständigkeiten bestehen, ist die örtliche Zuständigkeit der Polizeibehörden (allgemeine und besondere) grundsätzlich auf ihren Dienstbezirk beschränkt (**§ 113 Abs. 1 S. 1 PolG**). **Dienstbezirk** ist bei den **Ortspolizeibehörden** der Gemeinden, Großen Kreisstädte und Stadtkreise das **Gemeindegebiet** (§ 7 GemO), beim Landratsamt als Kreisbehörde das **Gebiet des Landkreises**, bei den Regierungspräsidien (Landespolizeibehörden) der **Regierungsbezirk** und bei den obersten Landespolizeibehörden (Ministerien) das **Landesgebiet** (vgl. § 107 Abs. 1 bis 4 PolG).

Fall 7: Ein Obdachloser, der in der Gemeinde A durch Zwangsräumung obdachlos wurde, begibt sich in die Gemeinde B; dort beantragt er seine Einweisung in eine Notunterkunft.

Anknüpfungspunkt ist der Ort, an welchem die polizeiliche Aufgabe wahrzunehmen ist (§ 113 Abs. 1 S. 2 Hs. 1 PolG), also an welchem die Gefahrenquelle oder die Störung eingetreten ist. Im **Fall 7** ist die Ortspolizeibehörde von B örtlich und sachlich für die Beseitigung der Obdachlosigkeit zuständig. Denn der Obdachlose hält sich auf

---

145 Ebenso etwa Ibler, in: Ennuschat/Ibler/Remmert, Öffentliches Recht BW, § 2 Rn 233.
146 So mit Recht Denninger, in: Lisken/Denninger, Handbuch des Polizeirechts, Kap. D Rn 100; Deger, in: Stephan/Deger, Polizeigesetz BW, § 6 Rn 7 m. w. N.; Rausch, Landesrecht BW, § 3 Rn 351.
147 Deger, in: Stephan/Deger, Polizeigesetz BW, § 6 Rn 7; Würtenberger/Heckmann/Tanneberger, Polizeirecht BW, § 5 Rn 348 m. w. N.
148 Maurer/Waldhoff, Allgemeines Verwaltungsrecht, § 21 Rn 48.

X. Örtliche Zuständigkeiten

dem Gemeindegebiet von B auf und in diesem Bereich werden Maßnahmen der Gefahrenabwehr (hier die Einweisung) erforderlich. Es kommt nicht darauf an, an welchem Ort die Obdachlosigkeit entstanden ist.[149] Rechtsmissbräuchlich und daher unbeachtlich ist aber der Verweis einer an sich zuständigen Ortspolizeibehörde auf das größere Wohnungsangebot in einer Nachbargemeinde; die zuständige Ortspolizeibehörde kann sich dadurch nicht ihrer originären Polizeipflichtigkeit entledigen.[150]

b) Ausnahmen

Der Grundsatz des § 113 Abs. 1 S. 2 PolG hat **drei Ausnahmen**: 92

a) Durch **Rechtsverordnung** kann **zum Zwecke der Verwaltungsvereinfachung** etwas anderes bestimmt werden (§ 113 Abs. 1 S. 2 Hs. 2 PolG).

Beispiel: § 2 S. 2 der Verordnung über Zuständigkeiten nach dem Versammlungsgesetz (VersGZuVO v. 25. 5.1977, GBl. S. 196).

b) Bei **Gefahr im Verzug** begründet **§ 113 Abs. 2 S. 1 PolG** eine **örtliche Notzuständigkeit** der Polizeibehörde, die an den Dienstbezirk einer Polizeibehörde angrenzt, die nicht rechtzeitig tätig werden kann. Liegen die Voraussetzungen für ein polizeiliches Einschreiten vor, kann die benachbarte Polizeibehörde ausnahmsweise in einem „fremden" Dienstbezirk tätig werden. Sie handelt hierbei – wie im Fall des § 112 Abs. 2 PolG – im eigenen Namen kraft eigener Zuständigkeit und wird also nicht „an Stelle" der für diesen Bezirk an sich zuständigen Behörde tätig. Die Notzuständigkeit gilt nur innerhalb der Landesgrenzen. Die zuständige Polizeibehörde ist von den getroffenen Maßnahmen unverzüglich (= sofort, d. h. ohne schuldhaftes Zögern) zu **unterrichten** (§ 113 Abs. 2 **S. 2** PolG).

c) Bei **überörtlichen polizeilichen Aufgaben** wird die Zuständigkeit von der Behörde geregelt bzw. festgelegt, welche die Fachaufsicht über die beteiligten örtlichen Polizeibehörden führt, **soweit** die polizeiliche Aufgabe in mehreren Dienstbezirken **zweckmäßig nur einheitlich wahrgenommen** werden kann (§ 114 PolG). Die Vorschrift soll bei **sog. bezirksübergreifenden Aufgaben** eine einheitliche Bearbeitung einzelner konkreter polizeilicher Aufgaben ermöglichen, die sich über mehrere Dienstbezirke erstrecken. Die Zuständigkeit wird von der gemeinsamen Fachaufsichtsbehörde der betroffenen Polizeibehörden geregelt (vgl. § 109 PolG).

Beispiel: Eine Großveranstaltung (Autorennen, Flugtag, Nato-Gipfel) oder ein Unglücksfall wirken sich auf den Zuständigkeitsbereich mehrerer Ortspolizeibehörden aus.

2. Polizeivollzugsdienst

Gem. **§ 120 S. 1 PolG** sind die Polizeidienststellen (§ 115 Abs. 1 PolG) **im ganzen Land** 93 zuständig. Sie sollen „in der Regel jedoch nur in ihrem Dienstbezirk tätig werden" (§ 120 **S. 1** PolG). **§ 121 Abs. 1 PolG** regelt die Dienstbezirke der regionalen Polizeipräsidien. Im Unterschied zu den früheren Polizeidirektionen sind die regionalen Polizeipräsidien – mit Ausnahme des Polizeipräsidiums Stuttgart – auf mehrere Land- und/oder Stadtkreise verteilt.

§ 121 Abs. 2 PolG legt fest, dass Dienstbezirk des **LKA** und des **Polizeipräsidiums Einsatz** das (ganze) Landesgebiet ist. Die Vorschrift soll innerhalb des gesamten Polizeivollzugsdienstes eine effektive Polizeiarbeit gewährleisten.

---

[149] VGH BW, NVwZ-RR 1996, 439; vgl. § 6 Rn 50.
[150] VGH BW, VBlBW 2020, 210, 211 f.; vgl. dazu auch § 6 Rn 50.

XI. Amtshandlungen „fremder" Polizei- und Vollzugsbeamter im Zuständigkeitsbereich des Landes

1. Allgemeines und Gesetzeszweck

94 In § 123 Abs. 1 und 2 PolG ist geregelt, unter welchen Voraussetzungen Polizeibeamte bzw. Polizeidienststellen **anderer Bundesländer / des Bundes** in BW Amtshandlungen vornehmen können. **Zweck** der Bestimmungen ist, bei länder- und grenzüberschreitenden Einsätzen die Arbeit der Polizei zu erleichtern und effektiver zu gestalten. Dies gilt insbesondere im Hinblick auf den Wegfall der Grenzkontrollen in der EU (vgl. § 1 Rn 38 ff.). Hierbei ist zu unterscheiden, ob die landesfremden Vollzugsbeamten (nur) ermächtigt werden, im Zuständigkeitsbereich von BW mit rechtlicher Wirkung für die baden-württembergischen Polizeidienststellen tätig zu werden (vgl. § 123 Abs. 2 S. 2 PolG), oder ob ihnen Zuständigkeiten zur Wahrnehmung polizeilicher Aufgaben in BW übertragen werden, mit der Folge, dass die Dienststellen in BW nicht mehr zuständig sind (vgl. § 123 Abs. 1 Nr. 5 PolG).

2. Amtshandlungen von Polizeibeamten anderer Bundesländer

95 Die Fälle, in denen **Polizeibeamte** (vgl. § 104 Nr. 2 PolG) **eines anderen Landes** bzw. des **Bundes** (vgl. § 123 Abs. 3 PolG) **in BW tätig werden können**, sind in **§ 123 Abs. 1 S. 1 Nr. 1 bis 5 PolG** abschließend aufgezählt. Dazu gehören etwa **Amtshandlungen** in bestimmten Einzelfällen auf Anforderung oder mit Zustimmung einer zuständigen Stelle (§ 123 Abs. 1 S. 1 Nr. 1 PolG), Rechts- und Amtshilfe zur Aufrechterhaltung oder Wiederherstellung der öffentlichen Sicherheit, oder bei Unglücksfällen oder Naturkatastrophen gem. Art. 35 Abs. 2 und 3 GG, oder zur Abwehr von drohenden Gefahren für den Bestand des Bundes (§ 123 Abs. 1 S. 1 Nr. 2 PolG), zur Abwehr einer gegenwärtigen erheblichen Gefahr, zur Verfolgung von Straftaten auf frischer Tat, oder zur Verfolgung und Wiederergreifung Entwichener (§ 123 Abs. 1 S. 1 Nr. 3 PolG) oder zur Erfüllung polizeilicher Aufgaben im Zusammenhang mit Transporten von Personen oder von Sachen (§ 123 Abs. 1 S. 1 Nr. 4 PolG) – also in den Fällen der sog. **grenzüberschreitenden Nachbarhilfe bzw. der polizeilichen Nacheile**, wie etwa bei Gefangenentransporten oder Beförderung von gefährlichen Sachen (Atommüll).[151]

96 In § 123 Abs. 1 S. 1 **Nr. 5** PolG wird das Land ermächtigt, mit anderen Bundesländern **Verwaltungsabkommen** abzuschließen. Durch diese Übereinkünfte werden entweder die landesfremden Vollzugsbeamten ermächtigt, in BW in Einzelfällen weitere Amtshandlungen im Bereich der Gefahrenabwehr vorzunehmen, oder es werden ihnen dauerhaft Zuständigkeiten zur Wahrnehmung polizeilicher Aufgaben in BW übertragen. Ist Letzteres der Fall, sind die baden-württembergischen Polizeidienststellen nicht mehr zuständig und auch nicht mehr verantwortlich für die Maßnahmen der landesfremden Polizeibeamten. Im **Abkommen der Länder über die erweiterte Zuständigkeit der Polizei bei der Strafverfolgung** werden etwa landesfremde Polizeidienststellen ermächtigt, in BW Amtshandlungen vorzunehmen.[152] Ein Beispiel für die Übertragung von Zuständigkeiten auf landesfremde Polizeibeamte ist das Verwaltungsabkommen über die Wahrnehmung verkehrspolizeilicher Vollzugsaufgaben auf verschiedenen Autobahnabschnitten zwischen BW, Bayern, Rheinland-Pfalz und Hessen (vgl. §§ 27 Abs. 1 u. 3, 28 Nr. 1 und 29 DVO PolG).

97 In den Fällen des § 123 Abs. 1 S. 1 Nr. 1 bis 5 PolG haben die landesfremden Polizeibeamten gem. **§ 123 Abs. 2 S. 1 PolG** „die gleichen Befugnisse" wie die Vollzugsbeamten des Landes. Dies bedeutet, dass Rechtsgrundlage der polizeilichen Maßnahmen das PolG BW ist und nicht das jeweilige Landesrecht der tätig gewordenen landesfremden Vollzugsbeamten. Soweit landesfremde Vollzugsbeamte im Rahmen des § 123 PolG er-

---

[151] Vgl. Stephan, in: Stephan/Deger, Polizeigesetz BW, § 78 Rn 2 ff.
[152] Bekanntmachung vom 2.4.1993 (GABl. 1993 S. 719).

mächtigt sind, polizeiliche Maßnahmen in BW durchzuführen, werden ihre Maßnahmen gem. **§ 123 Abs. 2 S. 2 PolG** der Polizeidienststelle zugeordnet, in deren örtlichen und sachlichen Zuständigkeitsbereich sie (in BW) tätig geworden sind. Gem. **§ 123 Abs. 2 S. 3 PolG** unterliegen die landesfremden Polizeibeamten den Weisungen der baden-württembergischen Polizeidienststellen.

Rechtsbehelfe gegen Maßnahmen landesfremder Polizeibeamter oder Amtshaftungsansprüche sind gegen das Land BW zu richten.[153] Soweit landesfremden Polizeibeamten im Rahmen von Abkommen gem. § 123 Abs. 1 S. 1 Nr. 5 PolG Zuständigkeiten übertragen wurden, gelten die Regelungen in Abs. 2 S. 2 u. 3 nicht. In diesem Fall werden die landesfremden Polizeibeamte in **eigener** Zuständigkeit in BW tätig.

3. Amtshandlungen von Polizeibeamten des Bundes

Gem. **§ 123 Abs. 3 S. 1 PolG** können im Rahmen der Bestimmungen des **§ 123 Abs. 1 S. 1 Nr. 1 bis 5, Abs. 2 PolG** auch Polizeibeamte des Bundes (vgl. § 1 BPolG) in BW tätig werden. Für diese Polizeibeamten gelten dieselben Regelungen wie für die Polizeibeamten eines anderen Landes (§ 3 Rn 100 ff.).[154] Durch das **Änderungsgesetz vom 18.11.2008** wurde der Anwendungsbereich der Regelung auch auf Vollzugsbeamte der **Zollverwaltung** erweitert.[155]

98

4. Amtshandlungen von ausländischen Vollzugsbeamten

Durch das **Änderungsgesetz vom 18.11.2008** wurde der polizeiliche Einsatz von **Vollzugsbeamten anderer Staaten** im Zuständigkeitsbereich des Landes in § 123 PolG (früher § 78 PolG) neu geregelt.[156] Der Zusammenarbeit mit ausländischen Polizeibehörden oder Polizeidienststellen kommt nicht nur bei der Aufklärung von Straftaten, sondern auch bei der Gefahrenabwehr und der vorbeugenden Bekämpfung von Straftaten wachsende Bedeutung zu. Polizeibeamte anderer Staaten dürfen Amtshandlungen in BW zum einen aufgrund völkerrechtlicher Vereinbarungen vornehmen.[157] Da der Abschluss völkerrechtlicher Verträge nicht immer oder nicht immer zeitnah möglich ist, wurde durch die Einfügung des **§ 123 Abs. 3 S. 2 PolG** zum anderen die Möglichkeit geschaffen, ausländische Polizeibeamte auch dann einzusetzen, wenn das **Innenministerium** Amtshandlungen ausländischer Polizeibehörden oder Polizeidienststellen allgemein oder im Einzelfall zustimmt. Für die Eingriffsbefugnisse der ausländischen Polizeibeamten gelten dann die Regelungen des PolG, insbesondere gem. § 123 Abs. 3 PolG.

99

Die wesentlichen Vorschriften des in **§ 123 Abs. 3 S. 2 PolG** genannten Abkommens (**Ratsbeschluss Prüm**) **wurden durch die Gesetzesänderung** übernommen. Für die Datenübermittlung innerhalb der EU gilt seit dem Jahr 2021 **§ 60 PolG** (vgl. dazu eingehender § 10 Rn 577 bis 579).

XII. Amtshandlungen außerhalb des Zuständigkeitsbereichs des Landes BW

Die Polizeibeamten von BW dürfen gem. **§ 124 Abs. 1 S. 1 PolG** im Zuständigkeitsbereich **eines anderen Bundeslandes oder des Bundes** Amtshandlungen nur dann vornehmen, wenn einer der in § 123 Abs. 1 PolG abschließend aufgeführten Fälle oder wenn die Voraussetzungen des Art. 91 Abs. 2 GG vorliegen und wenn das jeweilige Landes- oder Bundesrecht dies vorsieht. Vollzugsbeamte des Landes können etwa

100

---

153 Stephan, in: Stephan/Deger, Polizeigesetz BW, § 78 Rn 9.
154 Vgl. dazu Beispielsfall „Bettler oder Dealer", Besprechung der Aufsichtsarbeit Staatsprüfung Herbst 2005 zu Amtshandlungen der Bundespolizei im Bahnhofsbereich, VBlBW 2010, 49, 68.
155 GBl. S. 390, 400.
156 GBl. S. 390, 400.
157 Vgl. etwa die **Schengener Abkommen** über den schrittweisen Abbau der Kontrollen an den gemeinsamen Grenzen, § 1 Rn 38.

Amtshandlungen zur Wahrnehmung von Aufgaben der Bundespolizei gem. § 64 Abs. 1 S. 1 Nr. 1 und 2 BPolG vornehmen. Gem. § 167 GVG sind die Polizeibeamten eines deutschen Landes im Wege der Nacheile ermächtigt, die Verfolgung eines Flüchtigen in dem Gebiet eines anderen deutschen Landes fortzusetzen und den Flüchtigen dort zu ergreifen. Die Befugnisse der außerhalb der Landesgrenzen in einem anderen Bundesland eingesetzten Polizeibeamten richten sich nach den Polizeigesetzen der Länder, in welchen der Einsatz erfolgt. Rechtsschutz, Amtshaftungsansprüche usw. gegen Maßnahmen der in einem anderen Bundesland eingesetzten Beamten lassen sich nicht einheitlich bestimmen, weil dies weitgehend vom Recht des jeweiligen Bundeslandes abhängig ist.[158]

101 **Außerhalb der deutschen Grenzen** – also im Ausland – dürfen Polizeibeamte des Landes BW gem. **§ 124 Abs. 1 S. 2 PolG** tätig werden, soweit dies durch **völkerrechtliche Verträge** oder durch **Beschluss des EU-Rates 2008/615/JI** geregelt ist (vgl. § 1 Rn 60 ff. und § 10 Rn 579) oder wenn es das Recht des jeweiligen Staates vorsieht. **§ 124 Abs. 2 PolG** sieht in bestimmten Fällen die grenzüberschreitende Unterstützung anderer Länder durch Polizeibeamte des Landes BW vor. Eine Verpflichtung des Landes BW, Polizeikräfte in ein anderes Bundesland zu entsenden, kann sich insbesondere aus dem **Grundsatz des bundesfreundlichen Verhaltens** gem. Art. 35 Abs. 2 S. 2, Abs. 3 und 91 Abs. 1 GG ergeben.

---

158 Vgl. Würtenberger/Heckmann/Tanneberger, Polizeirecht BW, § 5 Rn 16.

§ 4: Die Aufgaben der Polizei

I. Präventive und repressive Aufgaben

Die Aufgaben der Polizei werden nach herkömmlicher Auffassung in **zwei große Aufgabenkategorien** eingeteilt: In die Gefahren abwehrenden (präventiven) und in die Straftaten sowie Ordnungswidrigkeiten verfolgenden (repressiven) Aufgaben. Diese Einteilung findet sich auch in § 1 PolG wieder. Gem. § 1 Abs. 1 PolG obliegt der Polizei die Aufgabe der **Gefahrenabwehr**. Gem. § 1 Abs. 2 PolG hat die Polizei außerdem die ihr durch andere Rechtsvorschriften übertragenen Aufgaben wahrzunehmen.

1. Gefahrenabwehr

Klassische Aufgabe der Polizei ist gem. § 1 Abs. 1 S. 1 PolG, den **Schutz der öffentlichen Sicherheit** zu gewährleisten. Sicherheit ist die Sicherheit von Rechtsgütern.[1] Primäre Aufgabe der Polizei ist deshalb, konkrete Gefahren für diese Rechtsgüter abzuwehren und Störungen zu beseitigen. **Gefahrenabwehr** i. S. d. § 1 Abs. 1 PolG hat den Schutz des vorhandenen Bestandes an Rechten, Rechtsgütern und Rechtsnormen zum Ziel.

Aufgabe der Polizei im demokratischen Rechtsstaat ist weiterhin die Aufrechterhaltung des Rechtsfriedens und der **inneren Sicherheit**. Gem. § 1 Abs. 1 S. 2 PolG hat die Polizei „insbesondere die verfassungsmäßige Ordnung und die ungehinderte Ausübung der staatsbürgerlichen Rechte zu gewährleisten". Durch diese Regelung wird die Aufgabe der Gefahrenabwehr nach § 1 Abs. 1 S. 1 PolG teilweise erweitert. Der Bestand des Staates und seiner Einrichtungen ist zwar bereits ein Schutzgut der öffentlichen Sicherheit; der Aufzählung der **verfassungsmäßigen Ordnung** in § 1 Abs. 1 S. 2 PolG kommt somit keine weitergehende Bedeutung zu. Die dort darüber hinaus aufgeführte Gewährleistung der ungehinderten Ausübung der staatsbürgerlichen Rechte erweitert dagegen die Aufgabe der Gefahrenabwehr nach § 1 Abs. 1 S. 1 PolG. Denn die Ausübung dieser Rechte fällt nicht in den Schutzbereich der öffentlichen Sicherheit. Zu den **staatsbürgerlichen Rechten** (vgl. Art. 33 Abs. 1 GG) zählen insbesondere die Vorschriften über das Wahlrecht (Art. 28, 38 GG), über die Aufgaben und Rechtsstellung der Parteien (Art. 21 GG), über die Zulassung zu öffentlichen Ämtern (Art. 33 Abs. 2 GG) und zum Petitionsrecht (Art. 17 GG, 35 a LV).

2. Erweiterung der Aufgaben durch sog. Vorfeldtätigkeiten

Durch die Erweiterung des Sicherheitsauftrages und der damit zusammenhängenden Übertragung immer neuer Aufgaben auf die Polizei in den vergangenen Jahren hat sich die „klassische" Aufgabenaufteilung zwischen Prävention und Repression nachhaltig verändert. Dem Bereich der **Gefahrenabwehr** werden Aufgaben zur **vorbeugenden Bekämpfung von Straftaten und zur sog. Gefahrenvorsorge** zugeordnet (vgl. sogleich § 4 Rn 5). Entscheidender rechtlicher Gesichtspunkt ist hierbei, dass sich diese Maßnahmen zumindest teilweise nicht gegen einen bestimmten Störer oder Verantwortlichen richten, sondern jedermann treffen können, wie es etwa bei der Videoüberwachung öffentlicher Räume (vgl. § 10 Rn 235 ff.), Rasterfahndung (vgl. § 10 Rn 325 ff.) oder Schleierfahndung (verdachts- und ereignisunabhängige Polizeikontrollen [vgl. § 11 Rn 39 ff.]) der Fall ist. Nach dem Menschenbild des GG darf aber die Polizei nicht jedermann als potenziellen Rechtsbrecher betrachten; vielmehr hat sie grundsätzlich von der Verfassungstreue der Bürger auszugehen.[2] Eine weitere Dynamik hat die Diskussion um die **Vorverlagerung von Eingriffsbefugnissen** aufgrund der zunehmenden Gefährdun-

---

1 Gusy, Polizei- und Ordnungsrecht, Rn 80.
2 BVerfG, NJW 1967, 1192.

gen durch den **internationalen Terrorismus** erfahren. Es ist nicht von der Hand zu weisen, dass der Terrorismus eine stetige latente Gefährdung darstellt, die sich jederzeit realisieren kann.[3] Das **BVerfG** hat in seiner grundlegenden Entscheidung aus dem Jahr 2016 (**BKAG-Urteil**) der Polizei hier auch umfassende vorgelagerte Eingriffsrechte zugestanden.[4]

Die Erweiterung der Polizeiaufgaben in das sog. **Vorfeld einer Gefahr** greift nachhaltig in die herkömmliche **Polizeirechtsdogmatik** ein, die zur Abgrenzung der Aufgaben im präventiven Bereich auf den Grundbegriffen von Störer und konkreter Gefahr einerseits und im repressiven Bereich auf Anfangsverdacht einer bestimmten Straftat und Beschuldigteneigenschaft andererseits aufgebaut ist. In der Literatur wird deshalb vorgeschlagen, an Stelle der „Dichotomie von Prävention und Repression" von einer „**Dreiheit der Polizeiaufgaben**" (Gefahrenabwehr, Strafverfolgung und Prävention) zu sprechen. Unter dem Begriff der **Prävention** werden dann die Aufgaben der Straftatenverhütung, Verfolgungsvorsorge und der Sicherheitsvorsorge zusammengefasst.[5]

Im Unterschied zu anderen Bundesländern stellt das PolG BW bzw. die Aufgabenzuweisungsnorm des § 1 Abs. 1 PolG nicht klar, welche Aufgaben die Polizei im Vorfeld der Gefahr zu erfüllen hat.[6] Diese Notwendigkeit hat der Gesetzgeber auch nicht bei der Änderung des Polizeigesetzes vom 18.11.2008, im Polizeistrukturreformgesetz vom 23.7.2013 und bei der Neufassung des PolG durch Art. 1 des Gesetzes vom 6.10.2020 gesehen.[7] Ein Hinweis auf die Aufgabenerweiterung findet sich lediglich in der **VwV PolG** zu § 1 PolG, wonach die **vorbeugende Bekämpfung von Straftaten** die Verhütung von Straftaten und die Vorsorge für die Verfolgung künftiger Straftaten umfassen soll. Zwar wird die **Verhütung von Straftaten** seit jeher als Unterfall der Gefahrenabwehr und somit als eine polizeiliche Aufgabe im Rahmen der Gefahrenabwehr gem. § 1 PolG angesehen.[8] Dennoch ist es schon aus Gründen der Rechtsklarheit und Sicherheit erforderlich, dass das PolG – und nicht eine Verwaltungsvorschrift – klar definiert, welche Aufgaben die Polizei wahrzunehmen hat und was unter den jeweiligen unbestimmten Rechtsbegriffen zu verstehen ist. Dies gilt erst recht, seit die Polizei im Zeichen der Bedrohung durch den internationalen Terrorismus die der Verhinderung von Gefährdungen der öffentlichen und Sicherheit und Ordnung und der Straftatenverfolgung vorgelagerten **Kontrollen deutlich intensiviert** hat.[9]

Die hier vorgetragene Kritik wird durch das Urteil des **VGH BW** zur Auslegung des Begriffs der **vorbeugenden Bekämpfung von Straftaten** vom 15.5.2014 bestätigt.[10] Danach umfasst dieser Begriff **nur die Verhütung von Straftaten**, nicht jedoch die Vorsorge für die Verfolgung künftiger Straftaten (vgl. sogleich § 4 Rn 6).

4 In **Bayern** wurde – unter starkem Protest von Teilen der Bevölkerung[11] – das **BayPAG** um zusätzliche Befugnisse der Polizei erweitert.[12] Unter anderem wurde die polizeiliche

---

3 Insoweit zutr. Möstl, DVBl 2020, 160 ff.; vgl. dazu auch Cormann/Schönemann/Wagner, JZ 2020, 86.
4 BVerfGE 141, 220 ff.
5 Denninger, in: Lisken/Denninger, Handbuch des Polizeirechts, Kap. D Rn 3, 5.
6 Vgl. etwa § 1 Abs. 4 HSOG: „Die Polizeibehörden haben auch zu erwartende Straftaten zu verhüten sowie für die Verfolgung künftiger Straftaten vorzusorgen (vorbeugende Bekämpfung von Straftaten)". Vgl. dazu auch HambOVG, DÖV 2015, 804 (Ls.). Zu Bayern vgl. § 4 Rn 4.
7 Zur berechtigten begrifflichen Kritik vgl. etwa Kahlert, in: Belz/Mußmann/Kahlert/Sander, Polizeigesetz BW, § 20 PolG Rn 42. Zur aus Sicht des Landesgesetzgeber fehlenden Notwendigkeit zur Konkretisierung grundlegender Begrifflichkeiten im PolG vgl. LT-Drs. 16/8484, S. 201 f.
8 Deger, in: Stephan/Deger, Polizeigesetz BW, § 1 Rn 4; vgl. auch den Vorentwurf zur Änderung des Musterentwurfs eines einheitlichen Polizeigesetzes des Bundes und der Länder vom 12.1.1984 (VEME), der dem Begriff der „Gefahrenabwehr" die vorbeugende Bekämpfung von Straftaten und Maßnahmen zur Vorbereitung auf die Gefahrenabwehr zusammengefasst hatte.
9 Zutr. insoweit Tomerius, DVBl 2017, 1399, 1400, 1402 ff.
10 VGH BW, VBlBW 2015, 167 ff.
11 Rick, StudZR WissON 2018, 232.
12 Gesetz zur effektiveren Überwachung gefährlicher Personen vom 24.7.2017 (BayGVBl. S. 388). Vgl. Gesetzentwurf LT-Drs. 17/16299 v. 4.4.2017.

I. Präventive und repressive Aufgaben

Generalklausel durch den neuen **Art. 11 Abs. 3 PAG**[13] um eine Regelung erweitert, die es der Polizei ermöglicht, „die notwendigen Maßnahmen zu treffen, um den Sachverhalt aufzuklären und die Entstehung einer Gefahr für ein bedeutendes Rechtsgut zu verhindern". Damit wurde eine ausdrückliche **Ermächtigung zum Tätigkeitwerden der Polizei im Gefahrenvorfeld** geschaffen, es genügt eine **drohende Gefahr** für das Tätigwerden der Polizei[14], wenn die weiteren in Art. 11 Abs. 3 PAG genannten Voraussetzungen erfüllt sind. Von den Befürwortern der neuen Gesetzeslage wird davon ausgegangen, dass es sich um keine umfassende Erweiterung der polizeilichen Befugnisse im Vorfeld einer Gefahrenlage handle, da die „drohende Gefahr" immer noch hinreichend konkretisiert sein müsse[15], was aber in großen Teilen der rechtswissenschaftlichen Literatur zu Recht abgelehnt wird.[16] Die anhaltende Kritik an der „Absenkung der polizeilichen Eingriffsschwelle" hat zu mehreren Verfassungsbeschwerden gegen das PAG geführt.[17]

a) Vorbeugende Bekämpfung von Straftaten

Unter dem unbestimmten Rechtsbegriff der **vorbeugenden Bekämpfung von Straftaten** werden einerseits Maßnahmen zur **Verhütung von Straftaten** und andererseits Maßnahmen zur **Vorsorge** für die Verfolgung künftiger Straftaten verstanden. **Vorbeugung** wird als Unterfall der Gefahrenabwehr angesehen.[18] Die Maßnahmen setzen weder das Vorliegen einer Gefahr noch eine bereits begangene Straftat bzw. einen Tatverdacht voraus. Die Maßnahmen zur **Verhütung von Straftaten** sollen im Vorfeld einer Gefahr drohende Rechtsgutverletzungen von vornherein und in einem Stadium verhindern, in dem es noch nicht zu strafbaren Handlungen gekommen ist. Diese Maßnahmen haben daher eine präventive Zielrichtung.[19]

5

Demgegenüber dienen Maßnahmen zur **Vorsorge für die spätere Verfolgung von Straftaten** repressiven Zwecken, da die Maßnahmen darauf abzielen, künftige vorsätzlich begangene Straftaten schnell und erfolgreich aufklären zu können.[20] Unter **Vorsorge** soll hierbei auch die Bereitstellung von sächlichen Hilfsmitteln für die Wahrnehmung der Aufgaben, die der Polizei zur Erforschung und Aufklärung von Straftaten durch § 163 StPO zugewiesen sind, fallen. Darunter sollen vor allem die technischen Mittel zur Datenerhebung und die weitere Verarbeitung fallen. So ermächtigt etwa § 43 Abs. 3 PolG den Polizeivollzugsdienst, über die Personen i. S. d. § 70 Nr. 3 bis 5 PolG Daten zum Zweck der vorbeugenden Bekämpfung von Straftaten zu erheben.[21]

---

13 Durch § 1 Nr. 2 a des Gesetzes zur effektiveren Überwachung gefährlicher Personen. Art. 11 Abs. 3 S. 1 PAG lautet: „Die Polizei kann unbeschadet der Abs. 1 und 2 die notwendigen Maßnahmen treffen, um den Sachverhalt aufzuklären und die Entstehung einer Gefahr für ein bedeutendes Rechtsgut zu verhindern, wenn im Einzelfall das individuelle Verhalten einer Person die konkrete Wahrscheinlichkeit begründet oder Vorbereitungshandlungen für sich oder zusammen mit weiteren bestimmten Tatsachen den Schluss auf ein seiner Art nach konkretisiertes Geschehen zulassen, wonach in absehbarer Zeit Angriffe von erheblicher Intensität oder Auswirkung zu erwarten sind (drohende Gefahr), soweit nicht die Art. 12 bis 65 die Befugnisse der Polizei besonders regeln." Vgl. dazu etwa Holzner, DÖV 2018, 946 ff.; Rick, StudZR WissOn 2018, 232, 233 ff.
14 Vgl. § 4 Rn 37 ff.
15 Möstl, BayVBl 2018, 156, 158 ff.; Ogorek, JZ 2019, 63, 68 ff.
16 Enders, DÖV 2019, 205, 208 ff.; Welzel/Ellner, DÖV 2019, 211, 21 ff.; Löffelmann, BayVBl 2019, 121, 131 f.; Kulick, AöR 2018, 175, 210 f.; Rick, StudZR WissON 2018, 232, 244 ff.; Weinrich, NVwZ 2018, 1680, 1682; ebenso Pham/Pongratz, ZJS 2018, 396, 398 ff.
17 So wurde etwa von Studierenden der Rechtswissenschaften an der Universität München Popularklage vor dem Bayerischen Verfassungsgerichtshof gem. Art. 98 S. 4 der Bayerischen Verfassung erhoben (vgl. dazu Pham/Pongratz, ZJS 2018, 396 f.).
18 VGH BW, NJW 1987, 3022.
19 So VGH BW, VBlBW 2015, 167, 170.
20 Mit Recht krit. zu diesen „Begriffsunterscheidungen" Stephan, in: Stephan/Deger, Polizeigesetz BW, § 20 Rn 20, u. Zeitler/Trurnit, Polizeirecht BW, Rn 81.
21 Mit Recht weist Stephan, in: Stephan/Deger, Polizeigesetz BW, § 20 Rn 21, darauf hin, dass dem Begriff der „vorbeugenden Bekämpfung von Straftaten" die Tatbestandsmerkmalen eigene **Begrenzungsfunktion** für staatliches Handeln **fehlt** und daher nahezu unbeschränkte Maßnahmen wie etwa die Datenerhebung gem. § 20 Abs. 3 PolG zu erlauben scheint; ähnlich krit. Zeitler/Trurnit, Polizeirecht BW, Rn 81. Vgl. auch die Hinweise in § 4 Rn 15.

6   Im **Urteil vom 15.5.2014** hat der **VGH BW** der in der Literatur gegen eine weite Auslegung des unbestimmten Rechtsbegriffs vorgetragenen Kritik Rechnung getragen. Im Zusammenhang mit einer Klage auf Feststellung der Rechtswidrigkeit des verdeckten Einsatzes technischer Mittel gem. § 22 Abs. 2 und 3 PolG 1992 hat das **Gericht festgestellt, dass der Begriff der vorbeugenden Bekämpfung von Straftaten bei der gebotenen verfassungskonformen Auslegung nur die Verhütung von Straftaten (Verhinderungsvorsorge) umfasse,** nicht jedoch die Vorsorge für die Verfolgung künftiger Straftaten (Strafverfolgungsvorsorge). Der Einsatz besonderer Mittel müsse, so der VGH BW, primär auf die Verhütung von Straftaten ausgerichtet sein (präventive Zielrichtung). Unter Bezugnahme auf die Entscheidung des BVerfG zur Telekommunikationsüberwachung[22] wies der VGH BW in den Gründen darauf hin, dass die Vorsorge für die spätere Verfolgung von Straftaten (repressive Zielrichtung) dem gerichtlichen Verfahren und damit der konkurrierenden Gesetzgebungskompetenz des Bundes gem. Art. 74 Abs. 1 Nr. 1 GG zuzuordnen sei. Da der Bundesgesetzgeber die Überwachung der Telekommunikation in den §§ 100 a, 110 b, 100 g und 100 i StPO umfassend geregelt habe, fehle den Ländern eine entsprechende Gesetzgebungskompetenz für repressive Maßnahmen im Bereich der Strafverfolgungsvorsorge.[23]

Diese **Entscheidung des VGH BW** zur dargestellten verfassungskonformen Auslegung des Begriffs der vorbeugenden Bekämpfung von Straftaten hat **grundsätzliche Bedeutung** und gilt für alle Fälle, in denen der Gesetzgeber diesen Begriff verwendet.

b) Gefahrenvorsorge

7   Unter dem unbestimmten Rechtsbegriff der **Gefahrenvorsorge** werden polizeiliche Tätigkeiten und Maßnahmen verstanden, die bereits die Entstehung einer Gefahr verhindern sollen. Darunter fallen Streifentätigkeiten, Verkehrsregelungen, Präsenz bei Veranstaltungen wie Fußballspielen, Pop-Konzerten, Stadtfesten etc., Verkehrserziehung, kommunale Kriminalprävention, Erstellung von Kriminal- und Unfallstatistiken, Aufklärungs- und Beratungstätigkeiten wie etwa die Aktion „Drogen – Nicht mit uns" oder über Sicherungsmaßnahmen zur Vermeidung von Einbrüchen.[24]

3. Öffentlichkeitsarbeit in sozialen Netzwerken

8   Auch die Polizei muss sich den Herausforderungen des Internet-Zeitalters und der sozialen Netzwerke stellen.[25] Hierin liegen viele Chancen, aber auch Risiken, da der Staat – anders als Private – bei seinem Handeln gesetzlichen Restriktionen unterliegt. Erstmals einer größeren Öffentlichkeit wurde die **Nutzung sozialer Netzwerke durch die Polizei** bekannt, als die Münchener Polizei bei einer Großeinsatzlage während eines Amoklaufs im Bereich eines Einkaufszentrums via Twitter umfassende laufende Informationen an die Allgemeinheit gab.[26] Zum einen berichtete die Münchener Polizei stets aktualisiert über den Stand des Polizeieinsatzes, überdies nutzte sie Twitter auch für Hinweise und Warnungen an die Bevölkerung, um auf deren Verhalten während des Polizeieinsatzes Einfluss zu nehmen. Die Art und Weise dieser aktuellen Öffentlichkeitsarbeit über Twitter fand sehr positive Zustimmung.[27]

Die Tätigkeit der Polizei in den sozialen Netzwerke wird aber durchaus auch **kritisch** gesehen: „Die Polizei ist bei Twitter sichtbarer als in den Fußgängerzonen vieler Klein-

---

22 BVerfGE 113, 348.
23 VGH BW, DVBl 2014, 1002 ff.
24 Deger, in: Stephan/Deger, Polizeigesetz BW § 1 Rn 5, der zwischen allgemeiner und besonderer Gefahrenvorsorge unterscheidet; Zeitler/Trurnit, Polizeirecht BW, Rn 76.
25 Vgl. dazu Schabacker, Polizeiliche Presse- und Öffentlichkeitsarbeit, S. 7 ff.; Schmitt, JB InfoR 2019, 1 ff., 5 ff.; Wilke, Die Polizei 2018, 337 ff.
26 Bei einem Amoklauf am 22.6.2016 tötete der 18-jährige Schüler David S. im Bereich des Olympia-Einkaufszentrums im Münchener Stadtbezirk Moosach neun Menschen, fünf weitere verletzte er durch Schüsse.
27 Vgl. statt vieler: Spiegel Online am 23.7.2016: „So stolz auf die Münchner Polizei".

I. Präventive und repressive Aufgaben

städte."[28] Die Betätigung der Polizei in den sozialen Netzwerken unterliegt der Gefahr, dass sie – um den Nutzerkreis der sozialen Netzwerke mit seiner Sprache zu erreichen – unter Nutzung lockerer und witziger Sprache dem **Gebot staatlicher Neutralität und Sachlichkeit** nicht mehr entspricht.[29] Nicht zu Unrecht wird darauf hingewiesen, dass die Polizei sich weder auf die Meinungsfreiheit noch auf sonstige Grundrechte berufen kann, wenn sie in der Öffentlichkeit der sozialen Netzwerke agiert.[30] Auch hier sind Zurückhaltung und Vorsicht geboten.

Grundsätzlich können die **Einsatzbereiche der sozialen Netzwerke** durch die Polizei wie folgt kategorisiert werden:[31]
- allgemeine Selbstdarstellung der Polizei und ihrer Arbeit,
- allgemeine Bekanntmachungen und Informationen der Polizei,
- Veröffentlichung von Hoheitsakten durch die Polizei,
- Kommunikation und Erläuterung von polizeilichem Handeln durch die Polizei,
- offener Dialog mit der Bevölkerung durch die Polizei.

Die **Rechtsgrundlagen** für die Kommunikation über soziale Netzwerke unterscheiden sich je nach kommuniziertem Inhalt: Soweit durch die Polizei **bloße Informationen** in eigener Sache (Werbung für die Polizeiarbeit) oder zur Information der Bevölkerung über bestimmte Sachverhalte (Warnungen und Hinweise allgemeiner Art) erfolgen, sind diese als **Annex** der eigentlichen Aufgabenerfüllung der Polizei grundsätzlich allgemein zulässig, einer gesonderten Rechtsgrundlage bedarf es mangels Rechtsaktqualität nicht.[32] Hier gilt die Rechtsprechung des BVerfG zu öffentlichen staatlichen Warnungen entsprechend (vgl. dazu § 4 Rn 17). Nutzt die Polizei die sozialen Medien im Rahmen ihrer Kernaufgabe der **Gefahrenabwehr** (etwa bei akuten Einsatzlagen), dann folgt die Zulässigkeit der Kommunikation über soziale Netzwerke unmittelbar aus der polizeilichen Generalklausel der §§ 1, 3 PolG.[33] Die Polizei nutzt hier die neuen Kommunikationskanäle zur Erfüllung ihrer originären polizeilichen Aufgaben. Grundlegend ist aber zu beachten, dass die Tätigkeit der Polizei in den sozialen Netzwerken zwingend **durch ihre gesetzliche Aufgabenerfüllung begrenzt** wird.[34] Posts und andere wertende Beiträge als **Gegen(Reaktion)** auf Mitteilungen oder Handlungen der Polizei in den sozialen Medien können von der Polizei auf der Grundlage der §§ 1, 3 PolG nur **geblockt** werden, wenn sie eine Störung der öffentlichen Sicherheit oder Ordnung darstellen; hierbei spielt wegen des besonderen grundrechtlichen Schutzes der Meinungsfreiheit vor allem der Grundsatz der **Verhältnismäßigkeit** eine grundlegende Rolle.[35]

Soweit die Polizei soziale Netzwerke nutzt, unterliegt sie den allgemeinen Anforderungen, die an die **Verantwortlichkeit für die eingestellten Inhalte** zu stellen sind.[36]

Wenn die Polizei Informationen über soziale Netzwerke veröffentlicht, hat sie die allgemeinen **datenschutzrechtlichen Regelungen** (vgl. dazu eingehend § 11) zu beachten. Sie hat vor allem die Persönlichkeitsrechte der von Informationsveröffentlichungen betroffenen Personen (etwa bei Fahndungsaufrufen) zu wahren.[37] Auch die Wahrung des **staatlichen Neutralitätsgebots** kann eine Rolle spielen.[38]

---

28 So etwa Laskus, Sollte sich die Polizei über soziale Medien profilieren?, in: Süddeutsche Zeitung online vom 13.7.2020.
29 Vgl. dazu auch Schmitt, JB InfoR 2019, 1, 8 f.; krit. auch Tschorr, NJW 2020, 3755, 3758 f.
30 Schmitt, Warum Polizeibehörden nicht beliebig twittern dürfen, in: Netzpolitik.org vom 7.7.2020.
31 Ingold, VerwArch 2017, 240, 244 f.; vgl. auch Bilsdorfer, Polizeiliche Öffentlichkeitsarbeit, S. 91 ff.; Schmitt, JB InfoR 2019, 1, 9 ff., 15 ff.; Kühnhenrich, Die Polizei 2015, 3.
32 Im Ergebnis ebenso Ingold, VerwArch 2017, 240, 248 m. w. N., u. Tschorr, NJW 2020, 3755 (Twitter).
33 Zu Einschränkungen im Bereich des Versammlungsrechts vgl. Schmitt, JB InfoR 2019, 1, 8 bis 30.
34 So zutr. auch Schmitt, JB InfoR 2019, 1, 25, u. Warum Polizeibehörden nicht beliebig twittern dürfen, in: Netzpolitik.org vom 7.7.2020. Vgl. auch Schabacker, Polizeiliche Presse- und Öffentlichkeitsarbeit, S. 18 ff.
35 Vgl. dazu Tschorr, NVwZ 2020, 1488, 1490 f.
36 Vgl. dazu Kühnhenrich, Die Polizei 2015, 3, 41 ff., zu Facebook; Milker, NVwZ 2018, 1751, 1753 ff., zu Twitter und Facebook.
37 Vgl. dazu eingehend Ingold, VerwArch 2017, 240, 248 ff.; ebenso Kühnhenrich, Die Polizei 2015, 3, 44 f.
38 So zutr. Schmitt, JB InfoR 2019, 1, 26; Ingold, VerwArch 2017, 240, 255 ff.

II. Übertragene Aufgaben
1. Verfolgung von Straftaten und Ordnungswidrigkeiten

11 Nach der sog. Brückenvorschrift des **§ 1 Abs. 2 PolG** hat die Polizei auch die ihr durch andere Rechtsvorschriften **übertragenen Aufgaben** wahrzunehmen. Hierzu zählen insbesondere die **Aufklärung und Verfolgung von Straftaten** nach der StPO und **von Ordnungswidrigkeiten** nach dem OWiG. Insoweit sind in erster Linie die Bestimmungen des Strafverfahrensrechts (vgl. §§ 161, 163 StPO) und des Ordnungswidrigkeitenrechts (§ 53 OWiG) anzuwenden. Dennoch darf nicht übersehen werden, dass es sich auch hierbei um die Wahrnehmung polizeilicher Aufgaben handelt. Wenn und soweit in den Spezialgesetzen eigene Regelungen fehlen, ist das PolG ergänzend heranzuziehen bzw. anzuwenden. Dementsprechend darf die Polizei etwa bei der Erforschung von Straftaten (§ 163 Abs. 1 S. 1 StPO) keine Ermittlungsmaßnahmen ergreifen, die mit anderen gesetzlichen Vorschriften – insbesondere des PolG – unvereinbar sind (§ 163 Abs. 1 S. 2 StPO). Zur **Abgrenzung der Aufgaben** im präventiven und repressiven Bereich vgl. im einzelnen § 13 Rn 11 ff.

2. Weitere übertragene Aufgaben

12 Weitere Aufgaben gem. **§ 1 Abs. 2 PolG** können der Polizei **nur durch Gesetz oder Rechtsverordnung** – nicht durch Satzung oder Verwaltungsvorschrift – übertragen werden. Hierbei kann es sich um besondere Aufgaben der Gefahrenabwehr, aber auch um sonstige Aufgaben handeln. Durch Rechtsvorschrift übertragen sind etwa der **Schutz privater Rechte** gem. § 2 Abs. 2 PolG (§ 3 Rn 79 ff.) und die **Amtshilfe** gem. Art. 35 Abs. 2 GG, 35 Abs. 3 LV, §§ 1, 2 Nr. 2 LVwVfG (vgl. § 3 Rn 55 f.).

III. Zuweisung der Aufgabe der Gefahrenabwehr
1. Unterscheidung zwischen Aufgaben und Befugnissen

13 Das PolG trennt zwischen der Zuweisung von Aufgaben an die Polizei und der Frage, welche Befugnisse bzw. Rechte sie bei der Wahrnehmung ihrer Aufgaben hat. Mit der **Aufgabenzuweisung** durch eine Regelung im PolG wird die Polizei noch nicht „automatisch" berechtigt bzw. ermächtigt, bestimmte Maßnahmen durchzuführen.[39] **Aufgabenzuweisungsnormen** geben der Polizei lediglich das Recht, im Bereich ihrer Zuständigkeit Handlungen vorzunehmen, für die sie keiner besonderen gesetzlichen Ermächtigung bedarf, und soweit diese nicht ausdrücklich untersagt sind. Handlungen ohne Eingriffscharakter sind im Rahmen einer Aufgabenzuweisungsnorm grundsätzlich zulässig.[40] Hierbei hat die Polizei nach dem Grundsatz des Gesetzesvorrangs allerdings die sonstigen Rechtsvorschriften, insbesondere die Grundsätze der Störerauswahl, der Verhältnismäßigkeit und die Zuständigkeitsregeln, zu beachten. Von der Zuweisung der Aufgabe der Gefahrenabwehr ist die Frage zu unterscheiden, ob und unter welchen Voraussetzungen die Polizei zu Maßnahmen befugt ist, die in Rechte eingreifen. Für **Rechtseingriffe** bedarf es nach dem Grundsatz des Gesetzesvorbehalts einer zusätzlichen gesetzlichen **Befugnisnorm** (= Ermächtigungsnorm). Derartige Ermächtigungen sind etwa die §§ 1, 3 PolG als Generalermächtigung für Maßnahmen der Gefahrenabwehr oder die Spezialermächtigungen in den §§ 27 ff. PolG für die Durchführung sog. Standardmaßnahmen.

Beispiel: Die Polizei erlässt „**Gefährderanschreiben**" an Fußballfans oder Demonstranten im Vorfeld bestimmter Veranstaltungen. Je nach Formulierung und Inhalt der Schreiben (sog. Gefährderansprache) sind diese vom maßgeblichen objektiven Empfängerhorizont entweder als allgemeine Hinweise auf die Sach- und Rechtslage oder als unverbindlicher Ratschlag zu werten, ohne jeden Regelungscharakter.[41] Enthalten die Schreiben dagegen die Aufforderung, der Veranstaltung

---

[39] Thiel, Polizei- und Ordnungsrecht, § 6 Rn 3.
[40] Vgl. dazu auch Geis, Fälle zum Polizei- und Ordnungsrecht, Rn 28 f.
[41] Götz/Geis, Allgemeines Polizei- und Ordnungsrecht, § 23 Rn 23.

fern zu bleiben, ist eine Befugnisnorm / Eingriffsermächtigung erforderlich, da es sich um eine polizeiliche Maßnahme mit grundrechtseingreifender Wirkung handelt. Die Aufgabenzuweisungsnorm des § 1 Abs. 1 PolG rechtfertigt nicht Eingriffe in die Rechte Dritter. Dazu bedarf es vielmehr einer speziellen Ermächtigungsgrundlage (vgl. NdsOVG, NJW 2006, 391), die es mit § 29 PolG seit dem Jahr 2021 gibt. Vgl. zur Gefährderansprache auch OVG LSA, NVwZ-RR 2012, 720, und § 7 Rn 3 sowie § 11 Rn 61 ff.).

Die **Anwendbarkeit** der **Befugnisnorm** bestimmt sich nach der jeweils wahrzunehmenden Aufgabe. Dementsprechend sind Eingriffsbefugnisse nach dem PolG nur im präventiven Bereich, strafprozessuale nur im repressiven Bereich zulässig.

2. § 1 Abs. 1 PolG als Zuweisungsnorm

Durch **§ 1 Abs. 1 PolG** wird der Polizei die allgemeine Aufgabe der Gefahrenabwehr zugewiesen. Zum einen wird der **Polizei** – und nicht anderen Verwaltungsträgern – die allgemeine Aufgabe der Gefahrenabwehr zugewiesen. Als sog. **Aufgabenabgrenzungsnorm** beschränkt die Aufgabenzuweisungsnorm zugleich auch die Aufgaben der Polizei und bestimmt dadurch – vorbehaltlich spezialgesetzlicher Regelungen – den äußeren Kreis rechtlich zulässiger Polizeitätigkeit. Zugewiesen sind der Polizei im Bereich der Gefahrenabwehr die in § 1 Abs. 1 S. 1 u. 2 PolG genannten Aufgaben (§ 4 Rn 1 ff.).   14

3. Befugnisse im Gefahrenvorfeld

Nach **h. L.** werden sowohl Maßnahmen zur vorbeugenden Bekämpfung von Straftaten als auch zur Vorbereitung auf die Gefahrenabwehr von der Aufgabenzuweisungsnorm des § 1 Abs. 1 PolG erfasst (vgl. auch die Hinweise in § 4 Rn 5).   15

Ein großer Teil der sog. **Vorfeldtätigkeiten** sind von ihrer Rechtsform her betrachtet regelmäßig Realakte, die nicht in die Rechte Dritter eingreifen und deshalb keiner Eingriffsbefugnis bedürfen. Hierzu gehören insbesondere Maßnahmen der Polizei in der Präventions- und Sicherheitsarbeit.[42]

Beispiel: Die Erstellung eines jährlichen (anonymisierten) **Verkehrsunfallberichts** durch den Verkehrsdienst eines regionalen Polizeipräsidiums analysiert das in einer Gemeinde im vergangenen Jahr vorgekommene Unfallgeschehen und versucht, Vorschläge und Hinweise zur Verbesserung der Verkehrssituation und zur Vermeidung von Unfällen zu geben. Mit dieser typischen Maßnahme der Gefahrenvorsorge sind keinerlei Eingriffe in die Rechte der Bürger verbunden. Die Befugnis zur Erstellung des Berichts folgt aus der Aufgabenzuweisung des § 1 Abs. 1 S. 1 PolG.

Andere Vorfeldtätigkeiten besitzen demgegenüber **Eingriffscharakter**. Nach dem Grundsatz des Gesetzesvorbehaltes bedürfen sie deshalb einer speziellen Befugnisnorm.

Beispiele für Befugnisnormen zur vorbeugenden Bekämpfung von Straftaten: 16
- Datenerhebung gem. §§ 43 Abs. 3, 49 Abs. 1 S. 1 Nr. 2 bis 4, 51 Abs. 1, 53 Abs. 1 S. 1 Nr. 2 bis 5 PolG;
- Ausschreibung von Personen und Kennzeichen gem. § 56 Abs. 1 PolG;
- erkennungsdienstliche Maßnahmen gem. § 41 Abs. 1 Nr. 2 PolG.
- Datenspeicherung gem. § 75 Abs. 3 PolG.

4. Spezialfall öffentliche Warnung

Als Vorfeldmaßnahme zur Gefahrenvermeidung bedienen sich Hoheitsträger auch der öffentlichen Warnung, insbesondere über Rundfunk, Fernsehen, Presse und die neuen Medien. Sie ist im **Medienzeitalter** häufig weitaus wirkungsvoller als klassisches staatliches Eingriffshandeln durch Verbotsverfügungen, Auflagen etc. Solche öffentlichen Warnungen stellen im Regelfall erhebliche Belastungen für die betroffenen Personen dar.[43] Sie führen oft zu langwierigen und aufwendigen Rechtsstreitigkeiten über mehrere Instanzen hinweg. Dreh- und Angelpunkt ist dabei stets die Frage, ob und unter wel-   17

---
42 Siehe dazu etwa Hepp/Fasel, Die Polizei 2013, 41.
43 Götz/Geis, Polizei- und Ordnungsrecht, § 7 Rn 11; Voßkuhle/Kaiser, JuS 2018, 343, 344.

chen Voraussetzungen derartig **publikumswirksames staatliches Handeln** zulässig ist.

Staatliche Warnungen stellen mangels Rechtsqualität **keinen Eingriff im klassischen Sinne** dar.[44] Nach der Rechtsprechung des BVerfG stellen zumindest zutreffende und sachlich gehaltene Informationen **keinen Grundrechtseingriff** dar. Sie sind als staatliche Aufgabe, die Öffentlichkeit im Rahmen der Staatsleitung über wichtige Vorgänge zu unterrichten, zulässig, soweit hierbei die **grundgesetzliche Kompetenzordnung** beachtet wird.[45] Sofern ein Realakt vorliegt (vgl. § 7 Rn 1 ff.), stellt die Aufgabenzuweisungsnorm des § 1 Abs. 1 PolG eine ausreichende Rechtsgrundlage für derartige Warnungen dar.[46] Zu Frage der **Anhörungspflicht** betroffener Personen oder Firmen vor Durchführung einer staatlichen Warnung vgl. Lang, ZJS 2020, 234, 237.

Beispiele aus der Rechtsprechung:
- **Warnung vor Jugendsekten** durch ein Faltblatt der Kriminalpolizei als schlicht-hoheitliches Handeln (VGH BW, VBlBW 1989, 185).
- Zur Herausgabe der **Broschüre „Maßnahmen gegen Rechtsextremismus**: Ein Handlungsleitfaden für kommunale Entscheidungsträger" vgl. VerfGH RP, DÖV 2008, 242.
- Veröffentlichung der **„Sektenbroschüre"** durch die Bundesregierung **„Transzendentale Meditation"** (BVerfG, NJW 2003, 1305, und VGH BW, NJW 1996, 2116).
- Warnungen vor der Religions- oder Weltanschauungsgemeinschaft **„Scientology"** (BVerfG, NJW 2002, 2626, und HambOVG, NVwZ 1995, 498).
- §§ 40, 40 a LFGB stellen Spezialermächtigungen für öffentliche **Warnungen vor Lebens- und Futtermitteln** dar.[47] Zur Veröffentlichung von Verstößen gegen lebensmittelrechtliche Vorschriften vgl. VGH BW, NVwZ 2013, 1020.
- Zum **Anspruch auf Unterlassen der Warnung** vor dem Verkauf von **E-Zigaretten** vgl. OVG NRW, DVBl 2013, 1462.

Allerdings hat das **BVerfG** deutlich gemacht, dass **staatliches Informationshandeln an Art. 12 Abs. 1 GG zu messen** ist, wenn es in seiner Zielsetzung und seinen mittelbar-faktischen Wirkungen einem Eingriff in die Berufsfreiheit gleichkommt.[48] In seinem Beschluss hat das BVerfG grundsätzlich entschieden, dass der in Streit stehende § 40 LFGB geeignet, erforderlich und verhältnismäßig im engeren Sinne sei[49] und deutlich gemacht, dass auch **ohne Gesundheitsgefährdung** staatliche Warnungen verfassungsrechtlich nicht zu beanstanden seien. Es sah aber § 40 LFGB insofern als unverhältnismäßig an, als im Gesetz eine zeitliche Begrenzung der Informationsverarbeitung fehle.[50]

IV. Grundsätze für die Feststellung einer Polizeigefahr
1. Begriff der Gefahr
a) Überblick

18 Der **Begriff** der Gefahr wird im PolG in den verschiedensten Regelungen und **in mehrfachen Abstufungen** verwendet.[51] Er ist der **zentrale Begriff** des Polizei- und Ordnungsrechts.[52] Während die §§ 1, 3 PolG nur von einer „drohenden Gefahr" für die öffentliche Sicherheit oder Ordnung ausgehen (ebenso etwa § 40 Abs. 1 Nr. 2 PolG), ist in

---

44 Voßkuhle/Kaiser, JuS 2018, 343, 344; Lang, ZJS 2020, 234, 237; Trurnit, in: Möstl/Trurnit, Polizeirecht BW, § 3 Rn 36; krit. dazu Möstl, GewArch 2015, 1, 2.
45 BVerfG, NJW 2002, 2621 u. 2626, sowie VGH BW, NJW 1996, 2116.
46 VGH BW, NVwZ 1989, 279, 280; Trurnit, Eingriffsrecht, Rn 107; vgl. auch Ibler, in: Ennuschat/Ibler/Remmert, Öffentliches Recht BW, § 2 Rn 156.
47 Vgl. dazu Becker, NVwZ 2018, 1032; Hamm, NJW 2018, 2099, 2100.
48 BVerfG, NVwZ 2018, 1056 ff. mit Anm. Wiemers, NVwZ 2018, 1062 f.; Becker, NVwZ 2018, 1032 ff.; vgl. dazu auch Möstl, GewArch 2015, 1, 2.
49 BVerfG, NVwZ 2018, 1056, 1058 bis 1061 (Rn 30 bis 55).
50 NVwZ 2018, 1056, 1061 f. (Rn 56 bis 64). Kritisch dazu Hamm, NJW 2018, 2099, 2100: „überschätzter Wert der Befristung im globalen Internet".
51 Vgl. dazu etwa auch den Überblick über die einzelnen Gefahrenbegriffe bei Borsdorff, in: Möllers, Wörterbuch der Polizei, S. 878 bis 880. Zur historischen Entwicklung vgl. Dietrich, S. 69 bis 73.
52 Pieroth, GSZ 2018, 133, 134.

anderen Bestimmungen des PolG etwa von „erheblicher Gefahr" (etwa § 30 Abs. 3, § 32 Abs. 3 Nr. 4, Abs. 4 Nr. 4, § 40 Abs. 1 Nr. 1, § 44 Abs. 1 Nr. 2, § 51 Abs. 2 Nr. 2, § 54 Abs. 1 Nr. 1, § 61 Abs. 1 Nr. 2, Abs. 5 Nr. 3, § 123 Abs. 1 Nr. 3 PolG), von einer „unmittelbar bevorstehenden Gefahr" (§ 9 Abs. 1, § 40 Abs. 1 Nr. 1 PolG), von „Gefahr für Leben, Leib und Gesundheit" oder „Gefahr für Leib, Leben oder Freiheit" (etwa § 10 Abs. 2, § 28 Abs. 1 Nr. 3, § 32 Abs. 2 Nr. 4, § 34 Abs. 2, 3, § 40 Abs. 1 Nr. 2, § 43 Abs. 1, § 44 Abs. 5, 8, § 48 Abs. 1, § 49 Abs. 1 Nr. 1, § 50 Abs. 1, § 51 Abs. 1, § 52 Abs. 1, § 54 Abs. 1 Nr. 1, § 105 Abs. 1 PolG), von „gegenwärtigen Gefahr" oder „gegenwärtigen Lebensgefahr" (§§ 32 Abs. 2 Nr. 4, Abs. 4 Nr. 4, § 67 Abs. 2, § 68 Abs. 2, § 123 Abs. 1 Nr. 3 PolG), von einer „gegenwärtigen erheblichen Gefahr" (§ 61 Abs. 4 Nr. 3 PolG), von „der dringenden Gefahr" (§ 36 Abs. 1 S. 1, § 44 Abs. 8 S. 2 PolG) oder auch von „Gefahr im Verzug" die Rede (etwa §§ 2 Abs. 1 S. 1, § 15 Abs. 3 S. 6 Hs. 2, § 31 Abs. 3 S. 4, § 32 Abs. 5 S. 4, § 36 Abs. 5, § 40 Abs. 4 S. 4, 6, § 50 Abs. 5 S. 1, § 53 Abs. 5 S. 1, § 54 Abs. 7 S. 1, § 112 Abs. 1, § 113 Abs. 2 S. 1, § 122 Abs. 3 S. 1 PolG). Da es im PolG keinen einheitlichen Gefahrenbegriff gibt, muss jeweils im Einzelfall beurteilt werden, welche Anforderungen das Gesetz an den jeweiligen Gefahrenbegriff als Voraussetzung für die Durchführung polizeilicher Maßnahmen knüpft (vgl. sogleich § 4 Rn 20 ff.).

Schaubild Nr. 8

Gefahrenbegriff – Wahrscheinlichkeit des Schadens

bloße Möglichkeit des Schadenseintrittes ist nicht ausreichend	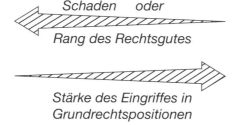 Schaden oder Rang des Rechtsgutes Stärke des Eingriffes in Grundrechtspositionen	Gewissheit des Schadenseintrittes ist nicht erforderlich

b) Allgemeine Bedeutung der Gefahr

Der unbestimmte Rechtsbegriff der **Gefahr** ist für das gesamte Polizeirecht von ausschlaggebender Bedeutung:[53] 19
- Nach herkömmlicher Auffassung können Maßnahmen nach dem PolG nur dann ergriffen werden, wenn und soweit eine Gefahr im polizeirechtlichen Sinne vorliegt;
- bei der Beurteilung der Voraussetzungen der einzelnen Eingriffsermächtigungen muss die im Gesetz genannte Gefahrenlage bestehen (vgl. §§ 1, 3, 27 ff. und 63 ff. PolG);
- der Gefahrenbegriff ist für die Abgrenzung zur repressiven Tätigkeit der Polizei ausschlaggebend (§ 13 Rn 11 ff.);
- der Begriff der Gefahr dient der Abgrenzung der Zuständigkeiten zwischen Polizeibehörde und Polizeivollzugsdienst (vgl. etwa §§ 2 Abs. 1, 112 Abs. 1, Abs. 2, 113 Abs. 2 PolG).

c) Der Gefahrenbegriff

aa) Gefahr oder Belästigung?

Nach ständiger Rechtsprechung liegt eine **„Gefahr"** für die öffentliche Sicherheit vor, 20 wenn bei bestimmten Arten von Verhaltensweisen oder Zuständen nach allgemeiner

---
[53] Krit. („nicht klar konturiert") dazu etwa Vormann/Schönemann/Wagner, JZ 2020, 86, 88.

Lebenserfahrung oder fachlichen Erkenntnissen mit hinreichender Wahrscheinlichkeit ein Schaden für die polizeilichen Schutzgüter im Einzelfall, d. h. eine konkrete Gefahrenlage, einzutreten pflegt.[54] Dabei hängt der zu fordernde Wahrscheinlichkeitsgrad von der Bedeutung der gefährdeten Rechtsgüter sowie dem Ausmaß des möglichen Schadens ab.[55] Bloße **Belästigungen, Unbequemlichkeiten und Geschmacklosigkeiten** werden vom polizeilichen Gefahren- bzw. Schadensbegriff nicht erfasst.[56] Wann die **Gefahrenschwelle** überschritten wird, ist stets einzelfallabhängig. Hierbei ist anhand objektiver Kriterien (etwa nach Ort, Zeit, sowie Intensität einer Gefahrenlage) zu entscheiden, und nicht auf das subjektive Empfinden Einzelner abzustellen.

Beispiele:
- **Hundegebell** kann tagsüber (nur) belästigend und nachts gesundheitsgefährdend sein (Würtenberger/Heckmann/Tanneberger, Polizeirecht BW, § 5 Rn 272, unter Hinweis auf PrOVGE 88, 209).
- Der „normale" **Alkoholgenuss** auf öffentlichen Plätzen, auch durch Angehörige einer Randgruppe, stellt keine ordnungsrechtlich relevante Gefahrenlage dar; bloße Belästigungen überschreiten die Gefahrenschwelle nicht und rechtfertigen daher kein ordnungsrechtliches Einschreiten. Vorsorgemaßnahmen sind unzulässig (VGH BW, VBlBW 2010, 29).

21 Der Gefahrenbegriff ist durch die allgemein anerkannte und über die Rechtswissenschaft und die Rechtsprechung über Jahre ausgeformte Definition **hinreichend bestimmt** und genügt insbesondere den Anforderungen des Art. 20 Abs. 3 GG.[57]

bb) Schaden

22 Gefahrenabwehr dient der Abwehr eines Schadens. Als **Schaden** gilt nach ständiger Rechtsprechung eine nicht unerhebliche Minderung eines tatsächlich vorhandenen normalen Bestandes an Gütern oder Werten durch von außen kommende Einflüsse.[58] Diese Begriffsbestimmung erscheint wenig praxistauglich. Vorzugswürdig ist deshalb unter Schaden die Verletzung der unter die öffentliche Sicherheit oder Ordnung fallenden Normen, Rechte und Rechtsgüter zu verstehen. Anders formuliert liegt ein Schaden dann vor, wenn ein **polizeiliches Schutzgut verletzt oder gemindert** wird.

cc) Drohen des Schadenseintritts

23 Maßgebliches Kriterium zur Feststellung einer Gefahr ist die hinreichende Wahrscheinlichkeit des Schadenseintritts. Ein **Schaden droht**, wenn sein **Eintritt wahrscheinlich** und nicht nur theoretisch möglich ist. Erforderlich ist also keine Gewissheit des **Schadenseintritts**. Doch genügt nicht dessen bloße Möglichkeit. Der Schaden muss regelmäßig und typischerweise, wenn auch nicht ausnahmslos, zu erwarten sein.[59] Die Anforderungen, die an das **Maß der Wahrscheinlichkeit** zu stellen sind, schwanken nach der sog. **„Je-desto-Formel"** mit der Bedeutung der beeinträchtigten Rechtsgüter.[60] Geht es um den Schutz besonders hochwertiger Rechtsgüter, wie etwa Leben und Gesundheit von Menschen, so kann auch die entferntere Möglichkeit eines Schadenseintritts ausreichen.[61] Anders herum ist bei geringwertigeren Rechtsgütern ein höheres

---

54 Trurnit, in: Möstl/Trurnit, Polizeirecht BW, § 1 Rn 17; Thiel, Polizei- und Ordnungsrecht, § 8 Rn 5; Fabis, S. 81; Meyer, JA 2017, 1259; Schenke, JuS 2018, 505, 506; Möstl, DVBl 2020, 160, 163 ff.
55 VGH BW, BWGZ 2013, 1 (Unzulässigkeit präventiver „Glasmitführungsverbote" in Polizeiverordnung); VGH BW, VBlBW 2010, 29, 30 (Unzulässigkeit eines generellen Alkoholkonsumverbots in Polizeiverordnung); Meyer, JA 2017, 1259.
56 VGH BW, VBlBW 2003, 31, 33.
57 Ibler, in: Ennuschat/Ibler/Remmert, Öffentliches Recht BW, § 2 Rn. 84; Dietrich, S. 69, 73.
58 VGH BW, VBlBW 1999, 101, 104.
59 VGH BW, VBlBW 2010, 29, 31.
60 Trurnit, Eingriffsrecht, Rn 37; Basten, Recht der Polizei, Rn 588; Schenke, JuS 2018, 505, 506; Hamann, DVP 2016, 311, 314; Bruckert/Frey/Kron/Marz, Besonderes Verwaltungsrecht, Rn 111.
61 Würtenberger/Heckmann/Tanneberger, Polizeirecht BW, § 5 Rn 276; Ibler, in: Ennuschat/Ibler/Remmert, Öffentliches Recht BW, § 2 Rn 92; Wehr, Polizeirecht, Rn 80; Bialon/Springer, Eingriffsrecht, Kap. 3 Rn 6; Pewestorf, in: Pewestorf/Söllner/Tölle, Polizei- und Ordnungsrecht, § 1 ASOG Rn 14; Vahle, DVP 2015, 311, 314; VGH BW, VBlBW 2010, 31.

Maß an Schädigungswahrscheinlichkeit nötig. Der **Gefahrenbegriff** ist somit **relativ**, weil der erforderliche Wahrscheinlichkeitsgrad vom Wert des zu schützenden Rechtsguts, aber auch vom Rang des Rechtsguts abhängt, in das eingegriffen werden soll.

dd) Subjektiver Gefahrenbegriff

Richtigerweise wird von der **h. M.** dem polizeilichen Handeln ein **subjektiver Gefahrbegriff** zugrundgelegt: Es wird davon ausgegangen, dass es für die Beurteilung einer Gefahrenlage nicht auf die objektiven Fakten ankommt, sondern auf die **nachvollziehbare Einschätzung der Lage durch die jeweils zur Entscheidung aufgerufenen Mitarbeiter der Polizei**.[62] Dies hat u. a. zur Folge, dass die polizeilichen Maßnahmen auch dann rechtmäßig sind und bleiben, wenn sich nachträglich herausstellt, dass tatsächlich nicht mit hinreichender Wahrscheinlichkeit von einem Schadenseintritt auszugehen war, dies für die handelnden Mitarbeiter der Polizei aber nicht zu erkennen war (vgl. dazu sogleich § 4 Rn 25 f., 38).

24

ee) Beurteilungszeitpunkt

Das Urteil über den Geschehensablauf beruht auf einer **Prognose**.[63] Diese Gefahrenprognose ist sowohl beim Vorliegen einer abstrakten als auch einer konkreten Gefahr zu stellen. Für die Beurteilung der Rechtmäßigkeit einer Gefahrenprognose ist der Kenntnisstand der Polizei im Zeitpunkt ihres Einschreitens maßgebend (sog. **subjektiver Gefahrenbegriff**). Hat die Polizei die Lage **ex ante**, also im Zeitpunkt ihrer Entscheidung, zutreffend eingeschätzt, dann wird die getroffene Maßnahme **ex post** – also nachträglich betrachtet – nicht deshalb rechtswidrig, weil die Entwicklung anders als prognostiziert verlaufen ist.[64] Ist die Behörde mangels genügender Erkenntnisse über die Einzelheiten der zu regelnden Sachverhalte und / oder über die maßgeblichen Kausalverläufe zu der erforderlichen Gefahrenprognose nicht im Stande, liegt keine Gefahr, sondern – allenfalls – eine mögliche Gefahr oder ein Gefahrenverdacht vor.[65]

25

Beispiel: Eine Regelung in einer **Polizeiverordnung,** wonach es im zeitlichen und örtlichen Geltungsbereich der Verordnung auf den öffentlich zugänglichen Flächen verboten ist, **alkoholische Getränke** zu konsumieren oder mit sich zu führen, ist nur dann von der Ermächtigungsgrundlage des § 17 i. V. m. § 1 PolG gedeckt, wenn hinreichende Anhaltspunkte dafür vorliegen, dass das verbotene Verhalten regelmäßig und typischerweise Gewaltdelikte zur Folge hat. Der VGH BW hat im entschiedenen Fall das Vorliegen einer Gefahr verneint, weil keine hinreichenden Anhaltspunkte dafür vorlagen, dass das nach Zeit und Ort verbotene Verhalten regelmäßig und typischerweise Gewaltdelikte zur Folge hat. Das Verbot in der Polizeiverordnung wurde deshalb für nichtig erklärt (VBlBW 2010, 29).[66]

Ist die Polizei hingegen bereits bei ihrer Einschätzung im Zeitpunkt der Entscheidung aufgrund eines vorwerfbaren Irrtums von einer Gefahrenlage ausgegangen, obwohl bei sachgerechter Würdigung objektiv keine ausreichenden Anhaltspunkte für eine Gefahr für die öffentliche Sicherheit oder Ordnung bestanden hat, lag im polizeirechtlichen Sinne keine Gefahr vor, sondern eine sog. **Schein- oder Putativgefahr** (vgl. § 4 Rn 40). Hierauf gestützte Maßnahmen sind rechtswidrig.

ff) Beurteilungsgrundlagen

Die polizeiliche Prognoseentscheidung muss auf einer **verlässlichen Grundlage** basieren, also auf Tatsachen, auf der **allgemeinen Lebenserfahrung** oder auf speziellen polizeilichen, wissenschaftlichen oder technischen **Kenntnissen**.[67] Bloße Vermutungen

26

---

62 Vgl. dazu ausführlich Meyer, JA 2017, 1259, 1260–1262, 1265–1267.
63 Trurnit, JURA 2019, 258, 263; Bruckert/Frey/Kron/Marz, Besonderes Verwaltungsrecht, Rn 110.
64 VGH BW, BWGZ 1991, 68; Zeitler/Trurnit, Polizeirecht BW, Rn 190; Kenntner, Öffentliches Recht BW, Kap. A Rn 74; Wehr, Polizeirecht, Rn 82; Meyer, JA 2017, 1259 f.
65 VGH BW, VBlBW 2010, 29, 31.
66 Vgl. dazu eingehender Pöltl, VBlBW 2018, 221, 223 ff.
67 Trurnit, in: Möstl/Trurnit, Polizeirecht BW, § 1 Rn 19.

oder Verdächtigungen reichen demgegenüber nicht aus.[68] Problematisch sind vor allem Hinweise aus der Bevölkerung. Insoweit ist vor einem polizeilichen Einschreiten sorgfältig zu prüfen, von wem die Mitteilung (= „Anzeige") stammt bzw. ob weitere Anhaltspunkte für die behauptete Gefahr gegeben sind. Dies gilt insbesondere bei sog. anonymen Anzeigen.

Beispiel: Geht bei der Polizei eine absenderlose Liste mit zahlreichen Gaststätten und Lokalen sowie anderen Einrichtungen (unter anderem der Mensa einer Uni) ein, in denen sich angeblich Ausländer ohne Aufenthaltserlaubnis aufhalten, so kann allein dieser „Rundumschlag" nicht als Grundlage für dortige Identitätsfeststellungen dienen (VG München, NVwZ-RR 2000, 155).

2. Einzelne Gefahrenbegriffe

27 Im Ordnungsrecht ist zwischen **verschiedenen Gefahrenbegriffen** zu unterscheiden:

a) Konkrete Gefahr

28 Eine **konkrete Gefahr** ist Voraussetzung für eingreifende **Einzelmaßnahmen**, wie etwa den Erlass einer Polizeiverfügung.[69] Sie besteht dann, wenn **in dem zu beurteilenden konkreten Einzelfall** in überschaubarer Zukunft mit dem Schadenseintritt hinreichend wahrscheinlich gerechnet werden muss bzw. eine Sachlage gegeben ist, die bei ungehindertem Geschehensablauf in absehbarer Zeit mit hinreichender Wahrscheinlichkeit zu einem Schaden führen wird.[70] Die **bloß entfernte Möglichkeit** des Schadenseintritts reicht grundsätzlich nicht aus[71], etwas anderes gilt aber in Fällen der drohenden Verletzung von Leben und Gesundheit.[72]

Beispiele:
- In einer Gemeinde streunt ein **herrenloser Hund** durch die Straßen. Es besteht die Gefahr, dass er auf die Fahrbahn läuft und einen Verkehrsunfall verursacht. Nachdem es der Polizei nicht gelingt, die verantwortliche Halterin unter der auf dem Hundehalsband angegebenen Telefonnummer zu erreichen, verbringt die Polizei den Hund im Wege der unmittelbaren Ausführung in ein Tierheim (vgl. HessVGH, DVBl 1995, 370).
- Der Stuttgarter Oberbürgermeister spricht für den Cannstatter Wasen ein sog. „**Kuttenverbot**" aus, das es Motorradclubs verbietet, auf dem Wasen mit szenetypischen Kutten Schaulaufen durchzuführen, nachdem es in den vergangenen Jahren bei solchen Aufmärschen immer wieder zu schwerwiegenden Auseinandersetzungen mit Körperverletzungs- und sogar Tötungsdelikten gekommen ist (vgl. dazu Debus, VBlBW 2018, 394 f., 434 ff.; Knappe/Thelen, JURA 2018, 829, 832 ff.; zur Vereinbarkeit des Kuttenverbots mit Art. 9 GG vgl. BVerfG, NVwZ 2020, 1424, 1425 ff. [Rn 26 ff.]).

Im ersten Beispiel („herrenloser Hund") lag eine **konkrete** Gefährdung der öffentlichen Sicherheit vor, weil jederzeit damit gerechnet werden musste, dass der Hund einen Verkehrsunfall verursacht. Gleiches gilt im zweiten Beispiel („Kuttenverbot"), weil es in den vergangenen Jahren bei den Treffen auf dem Wasen immer zu gewalttätigen Auseinandersetzungen gekommen ist.

b) Abstrakte Gefahr

aa) Allgemeines

29 Eine **abstrakte Gefahr** liegt vor, wenn der Eintritt eines konkreten Schadens regelmäßig und typischerweise zu erwarten ist.[73] Die Feststellung einer abstrakten Gefahr verlangt eine in tatsächlicher Hinsicht genügend abgesicherte Prognose. Ihr Vorliegen ist

---

68 Würtenberger/Heckmann/Tanneberger, Polizeirecht BW, § 5 Rn 274 ff.
69 Schenke, JuS 2018, 505, 506.
70 VGH BW, VBlBW 2013, 12, 14; Trurnit, in: Möstl/Trurnit, Polizeirecht BW, § 1 Rn 18; Graulich, in: Lisken/Denninger, Handbuch des Polizeirechts, Kap. E Rn 187; Borsdorff, in: Möllers, Wörterbuch der Polizei, S. 878; Basten, Recht der Polizei, Rn 589, 605.
71 Vahle, DVP 2015, 311, 314; Beck/Ryter, Fälle und Lösungen. S. 18.
72 Debus, VBlBW 2018, 394, 434, 437 m. w. N zu einem sog. „Kuttenverbot".
73 VGH BW, BWGZ 2013, 77, 78; VGH BW, VBlBW 2010, 29, 31; Trurnit, in: Möstl/Trurnit, Polizeirecht BW, § 1 Rn 21; Borsdorff, in: Möllers, Wörterbuch der Polizei, S. 879.

etwa Voraussetzung für den Erlass einer **Polizeiverordnung** gem. §§ 17 ff. PolG (vgl. § 9 Rn 14, 20).

bb) Unterscheidung abstrakte und konkrete Gefahr

Beide Gefahrenbegriffe (konkrete und abstrakte Gefahr) stellen, was den zu erwartenden Eintritt eines Schadens anbelangt, die gleichen Anforderungen an die Wahrscheinlichkeit. Der Unterschied liegt im Bezugspunkt der Gefahrenprognose bzw. in der **Betrachtungsweise**: Eine konkrete Gefahr liegt vor, wenn in dem zu beurteilenden konkreten Einzelfall in überschaubarer Zukunft mit dem Schadenseintritt hinreichend wahrscheinlich gerechnet werden muss; eine abstrakte Gefahr ist gegeben, wenn eine generell-abstrakte Betrachtung für bestimmte Arten von Verhaltensweisen oder Zuständen zu dem Ergebnis führt, dass mit derselben Wahrscheinlichkeit in irgendeinem Einzelfall ein Schaden einzutreten pflegt, dieser Einzelfall aber ex-ante noch nicht identifiziert werden kann, so dass Anlass besteht, dass die Polizei den Eintritt des Schadens mit einem generell-abstrakten Rechtssatz verhindert.[74] Auch die Feststellung einer abstrakten Gefahr verlangt eine in tatsächlicher Hinsicht genügend abgesicherte Prognose.[75]

30

c) Erhebliche Gefahr

Als erhebliche Gefahr wird eine qualitativ gesteigerte Gefahr bezeichnet, durch die entweder bedeutsame Rechtsgüter gefährdet werden oder bei denen der Umfang des Schadens bzw. die Intensität der Störung erheblich sind (vgl. etwa § 49 Abs. 1 PolG).[76] **Erheblichkeit** ist anzunehmen, wenn die Verletzung eines Vergehenstatbestandes nach dem StGB unmittelbar bevorsteht oder bereits eingetreten ist und noch fortwirkt.[77]

31

d) Unmittelbar bevorstehende oder gegenwärtige Gefahr

Eine **unmittelbar bevorstehende Gefahr** (vgl. etwa § 33 Abs. 1 Nr. 1 PolG) bzw. **Störung** ist bei einer Sachlage gegeben, bei der die Einwirkung des schädigenden Ereignisses bereits begonnen hat, oder bei der diese Einwirkung / der Eintritt des Schadens nach allgemeiner Erfahrung sofort oder in allernächster Zeit bevorsteht und als gewiss anzusehen ist, falls nicht eingeschritten wird. An die zeitliche Nähe und an die Wahrscheinlichkeit des Schadenseintritts sind strenge Anforderungen zu stellen.[78] Eine **gegenwärtige Gefahr** (vgl. etwa § 67 Abs. 2 PolG) besteht dann, wenn die Schädigung in allernächster Zeit mit an Sicherheit grenzender Wahrscheinlichkeit bevorsteht, oder die Einwirkung des schädigenden Ereignisses schon begonnen hat.[79] Die Begriffe unmittelbar bevorstehende und gegenwärtige Gefahr sind praktisch gleichbedeutend.

32

e) Dringende Gefahr

Der Begriff der dringenden Gefahr wird in § 36 Abs. 1 S. 1 PolG verwendet. Eine **dringende Gefahr** ist dann gegeben, wenn der baldige Eintritt eines Schadens an einem **wichtigen** Rechtsgut droht, falls nicht alsbald eingeschritten wird.[80] Es muss also ein ernsthafter Schaden an einem wichtigen Rechtsgut drohen.

33

---

74 Vgl. dazu auch Basten, Recht der Polizei, Rn 595; Bialon/Springer, Eingriffsrecht, Kap. 3 Rn 2.
75 So VGH BW, BWGZ 2013, 77, 78, unter Bezugnahme auf BVerwG, BWGZ 1998, 3. Vgl. auch die Hinweise in § 9 Rn 20 ff.
76 Beck/Ryter, Fälle und Lösungen, S. 21.
77 BVerwG, NJW 1974, 807, u. VGH BW, VBlBW 1986, 308.
78 Vgl. VGH BW, VBlBW 2013, 178 (Rn 57); VGH BW, NJW 2006, 635; VGH BW, VBlBW 2001, 102; vgl. auch die Legaldefinition in § 2 Nr. 3 b BremPolG.
79 BVerfG, NJW 2006, 1939.
80 BVerwGE 47, 31, 40, u. NJW 1975, 130.

f) Gemeine Gefahr

34 Der Begriff der gemeinen Gefahr wird etwa in § 36 Abs. 1 S. 2 PolG verwendet. Eine **gemeine Gefahr** liegt vor, wenn die Gefährdung in ihrer Ausdehnung unbestimmt ist und für eine **unbestimmte Zahl** von Personen oder Sachen besteht (etwa Überschwemmungen, Brände, giftige Gaswolken, Seuchen, Explosionen etc.). Maßgebend ist nicht die Schwere der Gefahr, sondern die Gefährdung einer Vielzahl von Personen bzw. Sachgütern.[81]

g) Gefahr im Verzug

35 **Gefahr im Verzug** ist gegeben, wenn zur Verhinderung eines drohenden Schadens sofort eingeschritten werden muss, weil ein Abwarten bis zum Eingreifen der an sich zuständigen Behörde den Erfolg der notwendigen Maßnahmen erschweren oder vereiteln würde, die polizeilichen Maßnahmen also unaufschiebbar sind.[82] Ob dies der Fall ist, beurteilt sich nach den Verhältnissen und dem Erkenntnisstand im **Zeitpunkt** des Erlasses einer polizeilichen Maßnahme. Der Polizei ist bei der Beurteilung ein **Einschätzungsspielraum** gegeben. Ihre Einschätzung kann gerichtlich nur dann beanstandet werden, wenn sie offensichtlich von unzutreffenden Voraussetzungen ausging, die sich bereits im Zeitpunkt der Entscheidung erkennen ließen.

Die Durchführung von Maßnahmen bei Gefahr im Verzug ist regelmäßig mit einer **Zuständigkeitsverschiebung** verbunden. An Stelle der an sich zuständigen Stelle geht wegen der Eilbedürftigkeit der Maßnahme die Zuständigkeit zur Anordnung auf eine andere Stelle über. So ist etwa die (subsidiäre) Zuständigkeit der Polizei für die Wahrnehmung einer Aufgabe gem. § 2 Abs. 1 PolG (Tätigwerden für andere Stellen) begründet (vgl. § 3 Rn 73 ff.). Dasselbe gilt für die Maßnahmen der Polizeibehörden und Polizeidienststellen gem. §§ 112 Abs. 1, 113 Abs. 2, 122 Abs. 3 PolG. Vielfach darf die Polizei bei Gefahr im Verzug auch (vorübergehend) anstelle des an sich zuständigen Gerichts handeln (vgl. etwa § 10 Rn 386, 422, 498, 526, 542, § 11 Rn 121, 163, 269). Wegen dieser Zuständigkeitsverschiebungen sind an das Vorliegen der Voraussetzungen des Verzugs strenge Anforderungen zu stellen.

h) Latente Gefahr

36 Unter **latenter oder potenzieller Gefahr** wird die einer Sache von vornherein anhaftende Gefahr verstanden, die jedoch erst später durch Hinzutreten weiterer Umstände akut wird, und dann zum Einschreiten gegen den Gewalthaber der latent gefährlichen Sache als Störer berechtigen soll.[83] Diese Auffassung übersieht jedoch, dass die (nachträglich) beanstandete sog. latent gefährliche Sache in der Regel rechtmäßig erstellt und betrieben wurde, der Gewalthaber daher nur von einer ihm zustehenden Befugnis Gebrauch macht. Da es für das Vorliegen einer Gefahr allein auf die gegenwärtige Situation und nicht darauf ankommt, ob bereits früher eine – noch verborgene – Gefahr existiert hat, rechtfertigt allein das Vorliegen dieser „Gefahr" keine polizeilichen Maßnahmen.

i) Drohende Gefahr

37 Die **drohende Gefahr** als Voraussetzung für polizeiliche Maßnahmen wird rechtswissenschaftlich und rechtspolitisch zunehmend diskutiert.[84] Das **BVerfG** hat eine drohende Gefahr in seinem **BKAG-Urteil** und in seinem **zweiten Beschluss zur Bestandsdatenauskunft** ausdrücklich als ausreichende Rechtsgrundlage für Eingriffe der Polizei

---

81 Deger, in: Stephan/Deger, Polizeigesetz BW, § 31 Rn 24.
82 VGH BW, VBlBW 1990, 300, 301.
83 Vgl. hierzu „Schweinemästerfall" des OVG NRW, OVGE 11, 250; Deger, in: Stephan/Deger, Polizeigesetz BW, § 1 Rn 36: „keine Gefahr", ebenso Trurnit, in: Möstl/Trurnit, Polizeirecht BW, § 1 Rn 29.
84 Rick, StudZR WissON 2018, 232, 242: „polizeirechtliche Dogmatik im Wandel".

zugelassen, wenn es um die Bekämpfung terroristischer Gefahren oder den Schutz herausgehobener Rechtsgüter geht:[85] „Der Gesetzgeber ist von Verfassung wegen aber nicht von vornherein für jede Art der Aufgabenwahrnehmung auf die Schaffung von Eingriffstatbeständen beschränkt, die dem tradierten sicherheitsrechtlichen Modell der Abwehr konkreter, unmittelbar bevorstehender oder gegenwärtiger Gefahren entsprechen. Vielmehr kann er die **Grenzen für bestimmte Bereiche mit dem Ziel schon der Straftatenverhütung** auch **weiter ziehen**, indem er die Anforderungen an die Vorhersehbarkeit des Kausalverlaufs reduziert. Allerdings müssen die Eingriffsgrundlagen auch dann eine hinreichend konkretisierte Gefahr in dem Sinne verlangen, dass zumindest tatsächliche Anhaltspunkte für die Entstehung einer konkreten Gefahr für die Schutzgüter bestehen ...... In Bezug auf terroristische Straftaten, die oft durch lang geplante Taten von bisher nicht straffällig gewordenen Einzelnen an nicht vorhersehbaren Orten und in ganz verschiedener Weise verübt werden, können Überwachungsmaßnahmen auch dann erlaubt werden, wenn zwar noch nicht ein seiner Art nach konkretisiertes und zeitlich absehbares Geschehen erkennbar ist, jedoch das individuelle Verhalten einer Person die konkrete Wahrscheinlichkeit begründet, dass sie solche Straftaten in überschaubarer Zukunft begehen wird. Denkbar ist das etwa, wenn eine Person aus einem Ausbildungslager für Terroristen im Ausland in die Bundesrepublik Deutschland einreist."[86] Diese Aussagen des BVerfG werden vielfach dahin gehend ausgelegt, dass eine **allgemeine Erweiterung des Gefahrenbegriffs** erfolgt[87] und diese Vorverlagerung der Eingriffsbefugnisse auch in anderen Bereichen des Polizeirechts möglich sei.[88] Hierfür könnte jedenfalls die Formulierung „für bestimmte Bereiche" sprechen. In seinem zweiten Beschluss zur Bestandsdatenauskunft hat das BVerfG nochmals verdeutlicht, dass Voraussetzung stets eine tatsachenbezogene Grundlage sei. Auch die im Gefahrenabwehrrecht anerkannten Eingriffsschwellen der „drohenden Gefahr", die in zeitlicher Hinsicht ins Vorfeld verlagert seien, setzten **tatsächliche Anhaltspunkte für die Entstehung einer konkreten Gefahr** voraus.[89]

Das Land **Bayern** hat mit seiner in der Öffentlichkeit sehr umstrittenen Änderung des BayPAG[90] in § 11 Abs. 3 BayPAG die drohende Gefahr als **„zusätzliche Gefahrbegriffskategorie"** nach den Maßgaben des BKAG-Urteils des BVerfG zur besseren Erfassung vor allem von Vorbereitungshandlungen eingeführt.[91] Damit wird der Polizei, wenn eine aus zu erwartenden Gewalttaten von erheblicher Intensität oder Auswirkung resultierende Gefahr für bestimmte bedeutende Rechtsgüter zu besorgen ist, neben Maßnahmen der Sachverhaltsaufklärung erforderlichenfalls auch gestattet, Maßnahmen zur Abwehr der (weiteren) Entstehung der Gefahr zu treffen und hierzu auch bereits in den Kausalverlauf einzugreifen.[92] 38

Gem. § 11 Abs. 3 S. 1 BayPAG wird die **drohende Gefahr wie folgt definiert**:[93] „Die Polizei kann unbeschadet der Absätze 1 und 2 die notwendigen Maßnahmen treffen,

---

85 Vgl. dazu auch Möstl, BayVBl 2020, 649 ff.; Trurnit, JURA 2019, 258, 265 f.; Rick, StudZR WissON 2018, 232, 244 ff.
86 BVerfGE 141, 220, 328 (Rn 112); best. durch BVerfG (Bestandsdatenauskunft II), NJW 2020, 2699, 2710 (Rn 148 f.), 2711 (Rn 152).
87 In diesem Sinne etwa Thiel, Polizei- und Ordnungsrecht, § 8 Rn 73. Vgl. dazu den Überblick über den Diskussionsstand bei Enders, DÖV 2019, 205 bis 207, u. Thiel, Die Verwaltung 2020, 1, 3 ff.
88 Möstl, DVBl 2020, 160, 165 ff., u. Die Verwaltung 2020, 21, 31 ff.
89 BVerfG (Bestandsdatenauskunft II), NJW 2020, 2699, 2711 (Rn 152); ebenso BVerfG („elektronische Fußfessel"), Beschl. v. 1.12 2020 – 2 BvR 916/11 (Rn 205).
90 Durch das Gesetz zur effektiveren Überwachung gefährlicher Personen vom 24.7.2017 (BayGVBl. S. 388); vgl. dazu den Gesetzentwurf LT-Drs. 17/16299 v. 4.4.2017. Zur Entstehung Weinrich, NVwZ 2018, 1680 f. Vgl. auch § 4 Rn 4.
91 LT-Drs. 17/16299, S. 2, 9 ff.
92 LT-Drs. 17/16299, S. 2, 9 ff. Zust. Ebert, LKV 2018, 399, 401; Holzner, DÖV 2018, 946 ff., 950 f.; ablehnend etwa Löffelmann, GSZ 2018, 85, 87; Weinrich, NVwZ 2018, 1680, 1682; diff. Trurnit, JURA 2019, 258, 266; krit. Dietrich, S. 69, 79: „gesetzgeberischer Exzess."
93 Vgl. dazu auch eingehend Welzel/Ellner, DÖV 2019, 211, 214–217; Pham/Pongratz, ZJS 2018, 396, 397; Rick, StudZR WissON 2018, 232, 233 ff.

um den Sachverhalt aufzuklären und die Entstehung einer Gefahr für ein bedeutendes Rechtsgut zu verhindern, wenn im Einzelfall das individuelle Verhalten einer Person die konkrete Wahrscheinlichkeit begründet oder Vorbereitungshandlungen für sich oder zusammen mit weiteren bestimmten Tatsachen den Schluss auf ein seiner Art nach konkretisiertes Geschehen zulassen, wonach in absehbarer Zeit Gewalttaten von erheblicher Intensität oder Auswirkung zu erwarten sind (drohende Gefahr), soweit nicht die Art. 12 bis 48 die Befugnisse der Polizei besonders regeln." In § 11 Abs. 3 S. 2 BayPAG werden die erfassten bedeutenden Rechtsgüter abschließend aufgezählt (der Bestand oder die Sicherheit des Bundes oder eines Landes, Leben, Gesundheit oder Freiheit, die sexuelle Selbstbestimmung, erhebliche Eigentumspositionen oder Sachen, deren Erhalt im besonderen öffentlichen Interesse liegt). Damit gibt es in Bayern nunmehr eine **allgemein gültige Eingriffsnorm** der Polizei für drohende Gefahren, auch wenn diese auf den Schutz besonderer Rechtsgüter begrenzt ist. Die Polizei darf in Bayern damit bereits **im Vorfeld einer Gefahr** tätig werden und Maßnahmen ergreifen.[94]

39 Das **PolG BW** kennt einer konkreten oder abstrakten Gefahr **vorgelagerte Eingriffsbefugnisse** der Polizei bislang nur in eng begrenzten Fällen. So reicht etwa gem. **§ 29 Abs. 1 PolG** für die Durchführung einer Gefährderansprache, gem. **§ 31 Abs. 1 PolG** für Anordnung einer Aufenthaltsvorgabe oder gem. **§ 32 Abs. 1 PolG** für die Anordnung einer elektronischen Aufenthaltsüberwachung bereits ein – im Gesetz definierter – Gefahrverdacht aus (vgl. dazu eingehend § 11 Rn 66, 108, 136).[95] Eine **allgemeine Eingriffsbefugnis bei drohender Gefahr** sieht das PolG BW dagegen nicht vor. Es ist dem Gesetzgeber auch zu empfehlen, dessen Einführung grundlegend und kritisch zu prüfen.[96] Zwar gibt es nachvollziehbare Argumente dafür, dass eine solche Eingriffsbefugnis angesichts zunehmend vorgelagerter Gefährdungen und Geschehensabläufe rechtspolitisch angezeigt sein könnte[97] und dass wegen der weiteren Tatbestandsvoraussetzungen in § 11 Abs. 3 BayPAG die „drohende Gefahr" immer noch hinreichend konkretisiert ist[98], die Übertragbarkeit der vom BVerfG im BKAG-Urteil für den Bereich des Terrorismus angestellten verfassungsrechtlichen Überlegungen auf größere Bereiche der allgemeinen Gefahrenabwehr dürfte aber rechtsdogmatisch schwer begründbar sein.[99] *Enders* spricht hier zu Recht von einer „Verflüssigung des rechtsdogmatischen Kernbestands der rechtsstaatlichen Gefahrenabwehr".[100] Das BVerfG hat sein Zugeständnis einer vorgelagerten Gefahr nur im Bereich von Überwachungsmaßnahmen und Datenerhebungen vorgesehen, nicht für den gesamten Bereich des Gefahrenabwehrrechts.[101] Auch dürfte eine der **Bestimmtheit** genügende Gesetzesformulierung sehr schwer zu finden sein.[102] Sie erscheint in jedem Fall nur bei drohender Verletzung

---

94 Pham/Pongratz, ZJS 2018, 396, 397; Rick, StudZR WissON 2018, 232, 234 f.
95 Vgl. dazu auch Kulick, AöR 2018, 175, 208 f.
96 In diesem Sinne wohl auch Trurnit, in: Möstl/Trurnit, Polizeirecht BW, § 1 Rn 30 b.
97 Vgl. dazu etwa Leisner-Egensperger, DÖV 2018, 677, 681 ff.; Ebert, LKV 2018, 399, 401; Holzner, DÖV 2018, 946, 949 f.
98 Möstl, BayVBl 2018, 156, 158 ff.; Ogorek, JZ 2019, 63, 68 ff., zu Recht krit. dagegen Weinrich, NVwZ 2018, 1680, 1682.
99 So zutr. etwa Pieroth, Die Verwaltung 2020, 39, 44 ff., u. GSZ 2018, 133, 135; Enders, DÖV 2019, 205, 208 ff.; Welzel/Ellner, DÖV 2019, 211, 217 ff.; Kulick, AöR 2018, 175, 210 f.; Weinrich, NVwZ 2018, 1680, 1682; ebenso Pham/Pongratz, ZJS 2018, 396, 398 f.; Fabis, S. 81, 93; eine schwierige Vereinbarkeit mit der EMRK sehen Lenk/Wiedmann, BayVBl 2018, 803 ff., 808; **a. A.** Möstl, Die Verwaltung 2020, 21, 31 ff., u. BayVBl 2020, 649, 651; Schmid/Wenner, BayVBl 2019, 109, 110 f.; Thiel, Polizei- und Ordnungsrecht, § 8 Rn 73.
100 Enders, DÖV 2019, 205, 207.
101 So zutr. Enders, DÖV 2019, 205, 210; ebenso Welzel/Ellner, DÖV 2019, 211, 212 f.; i. E. auch Löffelmann, BayVBl 2019, 212, 131 f.
102 Vgl. zu diesen Bedenken auch Kingreen/Poscher, Polizei- und Ordnungsrecht, § 8 Rn 18; Welzel/Ellner, DÖV 2019, 211, 218; Löffelmann, GSZ 2018, 85, 87 f.; Pham/Pongratz, ZJS 2018, 396, 397 f.; Rick, StudZR WissON 2018, 232, 244 ff.; **a. A.** Schmid/Wenner, BayVBl 2019, 109, 110.

höchstrangiger Rechtsgüter (Staat, Leib, Leben) überhaupt vertretbar.[103] Angesichts zahlreicher spezieller polizeilicher Eingriffsnormen ist nicht erkennbar, dass es darüber hinaus einer weitergehenden allgemeinen Eingriffsnorm bei Vorliegen einer drohenden Gefahr bedürfte, die der Polizei umfassendere Vorfeldbefugnisse einräumt. Auch aus rechtspolitischen Erwägungen ist hier eher Rückhaltung geboten, da die Gefahr eines **staatlichen Generalverdachts mit polizeilichem Verhinderungsdrang** nicht von der Hand zu weisen ist.

j) Scheingefahr

Bei der **Scheingefahr** (= **Putativgefahr**) liegt eine Sachlage vor, die objektiv betrachtet keine Gefahr für die öffentliche Sicherheit oder Ordnung darstellt – **die Gefahr besteht nur „zum Schein"**. Dennoch geht die Polizei aufgrund einer fehlerhaften Einschätzung der Sachlage vom Vorliegen einer Gefahr aus. Die Polizei nimmt irrtümlich das Vorliegen einer Gefahr an, obwohl bei vernünftiger „objektivierender" Betrachtung hierzu keinerlei Anlass besteht.[104]

40

Fall 8: Die Polizei wird von einer Person um Hilfe gerufen, weil aus der Wohnung ihres Nachbarn besorgniserregende Geräusche zu vernehmen sind. Vor Ort stellt die Polizei fest, dass in der Wohnung Licht brennt und aus der Wohnung immer wieder dieselben Schreie und Schüsse zu hören sind. Sonstige Anhaltspunkte, dass in der Wohnung gewalttätige Auseinandersetzungen stattfinden, gibt es nicht. Ein Nachbar weist darauf hin, dass der Wohnungsinhaber oft gewalttätige Videos anschaut und schwerhörig ist. Ohne sich weiter zu informieren, bricht die Polizei gewaltsam in die Wohnung ein, wo sie den Wohnungsinhaber schlafend vor dem laufenden Videogerät vorfindet.

Im **Fall 8** lag **objektiv** keine Gefahrensituation vor. Das Abspielen des Videofilms gefährdet die öffentliche Sicherheit oder Ordnung nicht. Aufgrund einer **Fehleinschätzung der Sachlage** ging die Polizei irrtümlich davon aus, dass eine Gefahr für Leib und Leben bestand. Bei verständiger und sachgerechter Würdigung der Situation aus der **Sicht „ex ante"** – also im Zeitpunkt vor dem Öffnen der Haustür – lagen keine ausreichenden Anhaltspunkte für eine Gefährdung von Rechtsgütern vor. Der Gefahrenverdacht war nicht ausreichend begründet, denn die Polizei hat auch keine weiteren Ermittlungen vorgenommen. Die Schreie und Schüsse wurden falsch interpretiert. Hier lag seitens der Polizei ein Tatbestandsirrtum vor, der zu einer unzutreffenden Prognose führte. In diesem Fall waren keine polizeilichen Maßnahmen gerechtfertigt. Das gewaltsame Eindringen in die Wohnung war daher rechtswidrig.[105]

k) Anscheinsgefahr

Von der Scheingefahr (= Putativgefahr) ist die **Anscheinsgefahr** zu unterscheiden. Eine **Anscheinsgefahr** besteht, wenn sich nach verständiger Würdigung der Umstände **ex ante** (also im Zeitpunkt der Entscheidung) eine Gefahr ergibt, obwohl sich die Lage **ex post** (= nachträglich) als ungefährlich erweist und zu keinem Zeitpunkt eine wirkliche Gefahr für ein polizeiliches Schutzgut bestand.[106] Für ihr Vorliegen ist entscheidend, ob der handelnde Beamte aus der ex-ante Sicht mit Blick auf die ihm tatsächlich zur Verfügung stehenden Informationen aufgrund hinreichender Anhaltspunkte vom Vorliegen einer Gefahr ausgehen konnte, und diese Prognose dem Urteil eines fähigen, besonnenen und sachkundigen Amtswalters entspricht. Im Fall einer Anscheinsgefahr zweifelt die Polizei wegen der ihr vorliegenden Informationen nicht am tatsächlichen Vorliegen

41

---

103 Ebenso Kingreen/Poscher, Polizei- und Ordnungsrecht, § 8 Rn 18; Zaremba, DÖV 2019, 221; 223; Leisner-Egensperger, DÖV 2018, 677, 685 f.; Löffelmann, GSZ 2018, 85, 87; Pieroth, GSZ 2018, 133, 135.
104 Denninger, in: Lisken/Denninger, Handbuch des Polizeirechts, Kap. D Rn 50; Zeitler/Trurnit, Polizeirecht BW, Rn 199; Schenke, JuS 2018, 505, 507 f.; Vahle, DVP 2015, 311, 314.
105 Thiel, Polizei- und Ordnungsrecht, § 8 Rn 59. Zur **Abgrenzung** der Scheingefahr von der Anscheinsgefahr vgl. auch VGH BW, BWGZ 1991, 68, 69, u. NVwZ 1991, 493.
106 Schenke, JuS 2018, 505, 507; Vahle, DVP 2015, 311, 314; Trurnit, in: Möstl/Trurnit, Polizeirecht BW, § 1 Rn 23.

einer Gefahr, obwohl schon zu diesem Zeitpunkt objektiv feststeht, dass eine solche nicht existiert.[107]

Fall 9: Der Firma X wurde ein 60 x 40 x 30 cm großes Paket geliefert, Absender „United Arab Emirates", versehen mit entsprechendem Staatswappen. Die Nachforschungen des Sicherheitsbeauftragten der Firma X ergeben, dass das Paket nicht vom angegebenen Absender, sondern anonym verschickt worden ist. Wegen der Begleitumstände wird der Sicherheitsbeauftragte misstrauisch; er befürchtet, dass es sich bei dem Paket um eine unkonventionelle Spreng- oder Brandvorrichtung handeln könnte und alarmiert deshalb die Polizei. Diese fordert beim LKA zur weiteren Untersuchung des Pakets zwei Delaborierer an, die per Hubschrauber zu der Firma eingeflogen werden. Beim Öffnen des Paketes stellen sie fest, dass sich darin nur Verpackungsmaterial befindet. Kurze Zeit später stellt sich heraus, dass sich der Absender des Pakets nur einen Scherz erlauben wollte.[108]

Im **Fall 9** lag eine Anscheinsgefahr vor. Aus der ex-ante Sicht mit Blick auf die den Polizeibeamten tatsächlich zur Verfügung stehenden Informationen konnten diese auf der Grundlage hinreichender Anhaltspunkte vom Vorliegen einer Gefahr ausgehen.[109]

Überwiegend wird die Anscheinsgefahr als **echte Gefahr** im polizeirechtlichen Sinne verstanden.[110] Sie berechtigt daher zu allen notwendigen Maßnahmen. Nur so kann die Effektivität der Gefahrenabwehr sichergestellt werden, da eine Gefahrenabwehrmaßnahme typischerweise auf einer vorhergehenden Prognoseentscheidung beruht.

42 Der **Anscheinsstörer** ist Störer im Sinne des Polizeirechts. Durch die Anscheinsgefahr wird die öffentliche Sicherheit bedroht, so dass eine polizeiliche Maßnahme, die aufgrund einer Anscheinsgefahr im Rahmen präventiven Rechtsgüterschutzes erfolgt, nicht deshalb (ex tunc) rechtswidrig wird, weil die prognostische Entwicklung nicht eingetreten ist.[111] Ob dem Anscheinsstörer gegenüber dem Staat ein Ausgleichs- bzw. Entschädigungsanspruch zusteht, wird in der Rechtslehre unterschiedlich beurteilt.[112]

43 Stellt sich nach dem Eingreifen der Polizei heraus, dass entgegen der Auffassung zum Zeitpunkt des polizeilichen Handelns tatsächlich kein Schaden drohte, so muss die Polizei alle bereits getätigten Maßnahmen unverzüglich aufheben, sofern sich daraus noch Beeinträchtigungen für die betroffenen Personen ergeben.[113]

I) Lebensgefahr

44 **Lebensgefahr** (vgl. etwa § 68 Abs. 2 PolG) liegt vor, wenn die Zerstörung eines Menschenlebens oder eine schwere, im allgemeinen lebensgefährliche Beeinträchtigung der menschlichen Gesundheit droht. In vielen Fällen ist die Lebensgefahr mit der **Gesundheitsgefahr** verbunden, so etwa bei der Durchsuchung einer Person nach Waffen gem. § 34 Abs. 2 PolG (Gefahr für Leib und Leben). Die Verbindung von Lebens- und Gesundheitsgefahr lässt darauf schließen, dass nur schwere Gesundheitsgefahren genügen.[114]

3. Gefahrenverdacht und Gefahrerforschung

45 Von der Anscheinsgefahr ist der Gefahrenverdacht zu unterscheiden. Beim **Gefahrenverdacht** hält die Polizei aufgrund objektiver Umstände das Vorhandensein der Gefahr zwar für möglich, nicht aber für sicher. Die Polizei ist nicht sicher, ob tatsächlich eine Gefahr vorliegt. Zwar bestehen Anhaltspunkte, die den Verdacht einer Gefahr begrün-

---

107 VGH BW, VBlBW 2014, 56; VGH BW, VBlBW 2011, 155; Deger, in: Stephan/Deger, Polizeigesetz BW, § 1 Rn 34; vgl. auch § 14 Rn 9 ff.
108 Sachverhalt entnommen aus VGH BW, VBlBW 2014, 56.
109 VGH BW, VBlBW 2014, 56; zu einem weiteren Beispiel vgl. VGH BW, VBlBW 2011, 155, 157; VGH BW, VBlBW 2011, 350.
110 Meyer, JA 2017, 1259, 1262 f.; Schenke, JuS 2018, 505, 507.
111 Vgl. OVG NRW, DVBl 2013, 931, und Urteilsbesprechung von Waldhoff zum Verhältnis zwischen ordnungsrechtlicher Verantwortlichkeit und zivilrechtlicher Innenverhältnis einer Personenmehrheit, JA 2014, 383.
112 Vgl. die Hinweise in § 14 Rn 9 ff.
113 So zutr. Schenke, JuS 2018, 505, 507.
114 Deger, in: Stephan/Deger, Polizeigesetz BW, § 1 Rn 25.

den. Wegen Unsicherheiten bei der Ermittlung des Sachverhalts oder bei der Prognose des weiteren Kausalverlaufs wird aber die Entscheidung über die Wahrscheinlichkeit eines Schadenseintritts erschwert.[115] Deshalb wird der Gefahrenverdacht auch als „eine Gefahr geringeren Wahrscheinlichkeitsgrades" bezeichnet.[116]

Beim Gefahrenverdacht sind die Abwehrmaßnahmen vorrangig auf die Klärung der Gefahrensituation zu richten.[117] In besonderen Fällen, wie etwa bei einer möglichen unmittelbaren Gefahr für Leib und Leben, können die notwendigen Maßnahmen über die bloß vorläufige Klärung und Sicherung hinaus den Charakter endgültiger Gefahrenabwehr annehmen.[118]

Der Gefahrenverdacht ist insbesondere im Bereich des Altlastenrechts von erheblicher praktischer Bedeutung.

Fall 10: Das zuständige Landratsamt stellt nach Bodenluftuntersuchungen fest, dass der Boden eines Grundstücks verunreinigt ist. Es ordnet deshalb gegenüber dem Eigentümer Probebohrungen an. Hierdurch soll das Ausmaß der Verschmutzung festgestellt werden, um entscheiden zu können, ob Sanierungsmaßnahmen erforderlich sind (VGH BW, DÖV 1991, 167).

Im **Fall 10** lassen die aufgefundenen Schadstoffe befürchten, dass der ganze Boden kontaminiert und deshalb das Grundwasser gefährdet ist. Die zuständige Behörde ist sich aber noch nicht sicher, welches Ausmaß die Verunreinigung hat. Sie kann deshalb im Zeitpunkt ihrer Entscheidung nicht mit hinreichender Sicherheit einen Schadenseintritt prognostizieren. Es liegt daher ein Gefahrenverdacht vor.[119]

Die angeordnete Untersuchungsmaßnahme stellt eine **Gefahrerforschungsmaßnahme** dar, die im Fall 10 (§ 4 Rn 45) als Vorbereitungsmaßnahme auf die Behebung einer für die Wasserwirtschaft bestehenden Gefahr gerichtet ist. Derartige Maßnahmen sind Verfügungen der zuständigen Behörden zur Ermittlung oder Untersuchung einer Gefahrenlage, ihrer Ursache, ihres Umfangs und ihres Verursachers durch Messungen, Bodensondierungen oder Probebohrungen etc. (Gefahrerforschungs-, Störererforschungseingriff).[120]

46

Gefahrerforschungsmaßnahmen bedürfen einer gesetzlichen **Ermächtigungsgrundlage**.[121] Sie werden regelmäßig auf **Spezialermächtigungen** gestützt.[122] Dies gilt insbesondere für Maßnahmen auf der Grundlage des § 9 Abs. 2 BBodSchG („Gefährdungsabschätzung und Untersuchungsanordnungen"). Die **vor** dem Inkrafttreten des BBodSchG im Jahre 1998 geführte Diskussion, ob die polizeiliche Generalklausel der §§ 1, 3 PolG als Ermächtigungsgrundlage für Gefahrerforschungsmaßnahmen herangezogen werden kann[123], wenn eine Spezialvorschrift nicht vorhanden ist, hat sich deshalb in der Verwaltungspraxis mehr oder weniger erledigt.[124] Grundsätzlich muss aber beim Vorliegen einer konkreten Gefahr der Rückgriff auf das Polizeirecht bejaht werden.[125] Demgegenüber können Maßnahmen der Gefahrenerforschung nicht auf den Untersuchungsgrundsatz des § 24 LVwVfG gestützt werden.

---

115 Schenke, JuS 2018, 505, 508.
116 Knemeyer, Polizei- und Ordnungsrecht, Rn 70 m. w. N. Rausch, Landesrecht BW, § 3 Rn 45, hält den „Gefahrverdacht" für einen der „obskursten und diffusesten" Begriffe des Polizeirechts.
117 Vahle, DVP 2015, 311, 315; Thiel, Polizei- und Ordnungsrecht, § 8 Rn 62; Trurnit, in: Möstl/Trurnit, Polizeirecht BW, § 1 Rn 27; vgl. auch Schwarz, JA 2020, 321, 324 ff., zum Gefahrverdacht im IfSG.
118 VGH BW, VBlBW 2014, 56, 57; Deger, in: Stephan/Deger, Polizeigesetz BW, § 1 Rn 25; **krit.** dazu etwa Tomerius, DVBl 2019, 1581, 1583.
119 VGH BW, DÖV 1991, 167.
120 Kenntner, Öffentliches Recht BW, Kap. A Rn 76 f.
121 Kießling, VerwArch 2017, 282, 283 ff.
122 Vgl. auch Schenke, JuS 2018, 505, 509.
123 Dafür i. E. etwa Ibler, in: Ennuschat/Ibler/Remmert, Öffentliches Recht BW, § 2 Rn 116.
124 Vgl. dazu auch Ibler, in: Ennuschat/Ibler/Remmert, Öffentliches Recht BW, § 2 Rn 111, mit weiteren Beispielen.
125 VGH BW, VBlBW 1990, 469; Deger, in: Stephan/Deger, Polizeigesetz BW, § 1 Rn 29 m. w. N.

47 Bestehen keine spezialgesetzlichen Ermächtigungen, können Gefahrerforschungsmaßnahmen auf die **polizeiliche Generalklausel** der §§ 1, 3 PolG gestützt werden.[126] Dabei ist aber zu beachten, dass es keine Maßnahmen „ins Blaue hinein" geben kann. Vielmehr muss die Polizei sehr gründlich prüfen, wie konkret der Verdacht eines möglichen Schadenseintritts ist. Je konkreter die zugrundeliegenden Anhaltspunkte sind, desto eher handelt die Polizei ermessenfehlerfrei, wenn sie ihre Gefahrerforschungsmaßnahmen auf die §§ 1, 3 PolG stützt. Die **Eingriffsschwelle** ist umso geringer, je größer die Gefahr und die Bedeutung des bedrohten Rechtsguts ist.[127]

4. Das Schutzgut der öffentlichen Sicherheit
a) Definition
48 Der Begriff der **öffentlichen Sicherheit** des § 1 Abs. 1 PolG ist ein **unbestimmter Rechtsbegriff**. Er wird im PolG nicht ausdrücklich definiert. In ständiger Rechtsprechung hat sich aber eine **allseits anerkannte Definition** herausgebildet: Die öffentliche Sicherheit umfasst die Unversehrtheit der Individualrechtsgüter Leben, Gesundheit, Ehre, Freiheit, Eigentum und Vermögen der Bürger; weiterhin die Unverletzlichkeit des Staates, seiner Einrichtungen und Veranstaltungen sowie der objektiven Rechtsordnung allgemein.[128] Zwischenzeitlich ist das Normengeflecht in der Bundesrepublik Deutschland so dicht, dass die Individualrechtsgüter nahezu vollständig durch eigene Rechtsnormen geschützt sind. Der Rückgriff auf die Individualrechtsgüter als solche ist damit weitgehend entbehrlich geworden.

b) Schutz des Staates und seiner Einrichtungen und Veranstaltungen
aa) Schutz der freiheitlichen demokratischen Grundordnung
49 Der Schutz der verfassungsmäßigen Ordnung ist in **§ 1 Abs. 1 S. 2 PolG** ausdrücklich als Aufgabe der Polizei festgelegt. Der **Schutz der Verfassung und der freiheitlichen demokratischen Grundordnung** (Art. 20 GG) ist daher Schutzgut der öffentlichen Sicherheit. Zur verfassungsmäßigen Ordnung gehören u. a. wichtige Verfassungsgrundsätze wie der Grundsatz der Gewaltenteilung (Art. 20 Abs. 2 GG, 25 Abs. 1 LV), der Gesetzmäßigkeit (Art. 20 Abs. 3 GG, 25 Abs. 2 LV), der Verantwortlichkeit der Regierung gegenüber dem Parlament (Art. 67, 68 GG, 54 LV), die Unabhängigkeit der Gerichte (Art. 20 Abs. 3, 97 GG, 25 Abs. 3 LV) und der föderale Aufbau der Bundesrepublik (Art. 28 GG). Weiterhin konkretisieren die Bestimmungen im **StGB** den Schutz der verfassungsmäßigen Ordnung (vgl. §§ 80 ff., §§ 93 ff., §§ 102 ff., §§ 109 ff., §§ 113, 114 StGB) oder Straftatbestände zum Haus-, Landfriedens-, Verwahrungs- und Verstrickungsbruch (§§ 123 ff., 133, 136 StGB).

Beispiel: Eine Bedrohung der verfassungsmäßigen Ordnung und damit der öffentlichen Sicherheit hatte der Staatsgerichtshof BW in der Unterstützung von Boykottaktionen gegen die **Volkszählung** (etwa das sog. „Zählsorge-Telefon") durch Landtagsabgeordnete der Fraktion der „Grünen" gesehen (vgl. StGH BW, VBlBW 1988, 211 ff.).

---

[126] Ebenso Schenke, JuS 2018, 505, 509 ff.; Vahle, DVP 2015, 311, 316; krit. zust. Thiel, Polizei- und Ordnungsrecht, § 8 Rn 65.
[127] Kießling, VerwArch 2017, 282, 285 ff. m. w. N. aus der Rechtsprechung (294 ff.).
[128] VGH BW, NVwZ 2001, 1299. In anderen Landespolizeigesetzen existiert eine **Legaldefinition**: Vgl. etwa § 2 Nr. 2 BremPolG, wo die öffentliche Sicherheit als „Unverletzlichkeit der objektiven Rechtsordnung, der subjektiven Rechte und Rechtsgüter des Einzelnen sowie der Einrichtungen und Veranstaltungen des Staates und der sonstigen Hoheitsträger" definiert wird; vgl. auch § 3 Nr. 1 SOG LSA und § 54 Nr. 1 ThürOBG.

bb) Schutz staatlicher Einrichtungen und Veranstaltungen

(1) Schutzumfang

Geschützt werden Einrichtungen des Staates und ihre Funktionsfähigkeit vor rechtswidrigen Behinderungen ihrer ordnungsgemäßen Tätigkeit.[129] Dazu gehören etwa die Parlamente des Bundes und der Länder, Regierungen, Gerichte, Behörden, Universitäten, Botschaften, Konsulate, Schulen, Bahnhöfe, Museen, öffentliche Verkehrs- und Versorgungsbetriebe, Einrichtungen der Polizei und (andere) (öffentliche) Einrichtungen.[130]

50

Beispiel: Der obdachlose O, der zur Beseitigung seiner unfreiwilligen Obdachlosigkeit in eine gemeindliche **Notunterkunft** eingewiesen wurde, bezieht eigenmächtig einen weiteren Raum. Die Ortspolizeibehörde benötigt diesen Raum dringend für die Unterbringung / Einweisung einer anderen obdachlosen Person. Durch sein Vorgehen beeinträchtigt O die Funktionsfähigkeit der gemeindlichen Obdachlosenunterkunft. Die zuständige Ortspolizeibehörde kann deshalb die Räumung des Raumes anordnen (VGH BW, VBlBW 1992, 25, 26; vgl. dazu auch § 6 Rn 64).

Die gemeinschaftsbezogene Schutzrichtung der öffentlichen Sicherheit umfasst auch die sog. **kollektiven Rechtsgüter** wie Natur und Landschaft, Umweltschutz, öffentliche Wasserversorgung, Gesundheit etc., deren Schutz mit Rücksicht auf das Leben in der staatlich organisierten Gemeinschaft geboten ist.[131] Der Schutz dieser Rechtsgüter erfolgt regelmäßig durch Spezialgesetze und spezielle Ermächtigungen (etwa im BBodSchG, BNatSchG, TierSG, BImSchG, IfSG etc.).

51

Der Schutzbereich der öffentlichen Sicherheit ist auch beeinträchtigt, wenn **Veranstaltungen des Staates** wie etwa Staatsbesuche, militärische Übungen, öffentliche Vereidigungen von Bundeswehrsoldaten oder die Tätigkeit der Polizei selbst gestört werden.[132] Hier ist zu beachten, dass jede Art von gewaltlos und ohne Ehrenverletzung geäußerter **Kritik** an staatlichen Organen durch die Grundrechte auf Meinungsfreiheit, Kunstfreiheit und unter Umständen auch der Versammlungsfreiheit geschützt ist. Es ist keine Aufgabe der Polizei, den Staat bzw. seine Organe vor Kritik zu schützen.[133]

52

Auch die **Behinderung von Einsätzen der Polizei-, Hilfs- und Rettungsdienste** durch sog. „Gaffer" ist grundsätzlich eine Störung staatlicher Veranstaltungen (Rettungseinsatz = Veranstaltung) und kann auf dieser Grundlage die öffentliche Sicherheit beeinträchtigen und polizeiliche Maßnahmen wie etwa einen Platzverweis gem. § 30 Abs. 1 PolG rechtfertigen.[134] Allerdings ist zu beachten, dass

- das **bloße Beobachten** von Rettungseinsätzen bei Unfällen und Unglücken für sich allein nicht ausreicht, sondern dass es durch das Beobachten zu unmittelbaren Beeinträchtigungen der Einsatzkräfte und des Einsatzes oder zu Folgestörungen (etwa Staubildung) kommen muss;
- das „Gaffen" in Form der Beeinträchtigung von Einsatzkräften mittlerweile mit unterschiedlichen Tatbeständen als **Ordnungswidrigkeit** und als **Straftat** geahndet wird, so dass in aller Regel die objektive Rechtsordnung beeinträchtigt wird (vgl. dazu eingehend § 4 Rn 61), so dass ein Rückgriff auf die Störung staatlicher Veranstaltungen nicht notwendig ist.

Die **Warnung anderer Verkehrsteilnehmer** vor polizeilichen Maßnahmen wie etwa Geschwindigkeitsmessungen beeinträchtigt nicht die öffentliche Sicherheit. Mit Ausnahme der Regelung in § 16 Abs. 1 StVO (Schall- und Leuchtzeichen wie etwa Einsatz einer

53

---

129 Vahle, DVP 2015, 311, 313.
130 Denninger, in: Lisken/Denninger, Handbuch des Polizeirechts, Kap. D Rn 22.
131 Würtenberger/Heckmann/Tanneberger, Polizeirecht BW, § 5 Rn 264; VGH BW, NVwZ 1998, 166; VGH BW, VBlBW 1992, 211, 213.
132 Deger, in: Stephan/Deger, Polizeigesetz BW, § 1 Rn 46; BGH, NJW 2013, 2916 (Zuparken einer Geschwindigkeitsmessanlage).
133 Gusy, Polizei- und Ordnungsrecht, Rn 88.
134 Vgl. dazu auch Gusy, Polizei- und Ordnungsrecht, Rn 83, mit Verweis auf die inzwischen bestehenden konkreten Rechtsgrundlagen für einen Platzverweis gegen Gaffer in den PolG anderer Bundesländer.

Lichthupe) gibt es kein gesetzliches Verbot derartiger Warnungen.[135] Demgegenüber stellt die Nutzung eines **Radarwarngeräts** eine Störung der öffentlichen Sicherheit dar, da dessen Nutzung durch **§ 23 Abs. 1 c StVO** untersagt ist (vgl. auch § 11 Rn **286, 307**).[136]

(2) Exkurs: Polizei und Hausrecht

54 Vor allem bei der Durchsetzung von Hausverboten für öffentliche Dienstgebäude stellt sich die Frage, ob und welche Befugnisse die Polizei hat. Hierbei müssen folgende Grundsätze beachtet werden:

Fall 11: O wohnt schon seit Monaten illegal in einem Wohnwagen in einem Rebgelände. Als ihn die zuständige Baurechtsbehörde zum Verlassen auffordert, begibt sich O mehrfach ins Rathaus, wo er sich sehr aggressiv verhält und Mitarbeiter bedroht. Bürgermeister B erteilt ihm daraufhin für drei Monate ein Hausverbot für das Rathausgebäude. Gleichzeitig bittet er die Polizei, für die Durchsetzung des Hausverbots zu sorgen.

(1) Das **Hausrecht** gewährt jedem Hausrechtsinhaber (regelmäßig der Eigentümer / Berechtigte eines Grundstücks, Gebäudes oder einer Wohnung) das **Zutritts- und Aufenthaltsbestimmungsrecht** von Personen sowie die Befugnis, für die Benutzung seines Herrschaftsbereiches Verhaltens- und Ordnungsregeln aufzustellen. Hierbei ist zwischen dem privaten und öffentlichen Hausrecht zu unterscheiden. Das **private Hausrecht** wird aus den Regelungen des Besitzes (§§ 854 ff. BGB) und den Eigentumsregelungen (§§ 903, 1004 BGB) hergeleitet und gewährt das Recht, darüber zu entscheiden, wer sich in dem vom Hausrecht abgedeckten Bereich aufhalten darf und wie er sich dort zu verhalten hat. Das **öffentliche Hausrecht** besteht an Grundstücken oder Gebäuden, die durch Widmung der vorgesehenen Bereiche für die Zwecke der öffentlichen Verwaltung zweckgebunden sind. Es wird als Ausfluss der **Ordnungs- bzw. Anstaltsgewalt** bzw. der öffentlich-rechtlichen Sachherrschaft angesehen und dient der Durchsetzung der Funktionsfähigkeit der öffentlichen Einrichtung. Inhaber des Hausrechts ist der zuständige Dienststellen- bzw. Behördenleiter. Ihm steht das Recht zu, alle Maßnahmen zu treffen, die geeignet und erforderlich sind, um den ordnungsgemäßen Betrieb der Einrichtung / Anstalt zu gewährleisten. Hierzu zählt die Befugnis, durch **Hausverbot** über den Zutritt und das Verweilen im öffentlichen Gebäude zu entscheiden und Störer / Benutzer aus dem Dienstgebäude zu weisen und ihnen das Betreten für die Zukunft zu untersagen.[137] Wegen der öffentlich-rechtlichen **Zweckbindung** der Räumlichkeiten ist die Ausübung des Hausrechts aber **beschränkt**. Denn grundsätzlich hat im Rahmen der Widmung jedermann Zutritt zu einem öffentlichen Gebäude. Über das Hausrecht können daher nur die Störungen verhindert werden, die eine sachgemäße Erfüllung der Verwaltungsaufgaben gefährden oder verhindern. Im **Fall 11** ist die Beschränkung des (öffentlichen) Zutrittsrechts durch das aggressive Verhalten des O gerechtfertigt.

55 **(2)** Die **rechtliche Zuordnung** des Hausrechts bzw. eines Hausverbots als zivil- oder öffentlich-rechtliche Maßnahme bestimmt sich nach dem **Zweck der Maßnahme**.

---

[135] Wie hier Gusy, Polizei- und Ordnungsrecht, Rn 83; Deger, in: Stephan/Deger, Polizeigesetz BW, § 1 Rn 46; a. A. etwa Götz/Geis, Polizei- und Ordnungsrecht, § 4 Rn 42; Vahle, DVP 2015, 311, 313; VG Saarland, DAR 2004, 668; OVG NRW, DÖV 1997, 512.

[136] § 23 Abs. 1 c S. 1, 2 StVO lautet: Wer ein Fahrzeug führt, darf ein technisches Gerät nicht betreiben oder betriebsbereit mitführen, das dafür bestimmt ist, Verkehrsüberwachungsmaßnahmen anzuzeigen oder zu stören. Das gilt insbesondere für Geräte zur Störung oder Anzeige von Geschwindigkeitsmessungen (Radarwarn- oder Laserstörgeräte). Bei anderen technischen Geräten, die neben anderen Nutzungszwecken auch zur Anzeige oder Störung von Verkehrsüberwachungsmaßnahmen verwendet werden können, dürfen die entsprechenden Gerätefunktionen nicht verwendet werden." Durch Nr. 247 des Bußgeldkatalogs ist ein Bußgeld in Höhe von 75 € vorgesehen.

[137] OVG NRW, NJW 1995, 814; Stelkens, JURA 2010, 363, 365; im Einzelnen ist vieles **str.**, vgl. Deger, in: Stephan/Deger, Polizeigesetz BW, § 1 Rn 44.

Ein Hausverbot ist öffentlich-rechtlicher Natur, wenn und soweit es der Sicherung der Erfüllung der öffentlichen Aufgaben im Verwaltungsgebäude dient, ohne Rücksicht darauf, aus welchen Gründen der Besucher das Gebäude betritt.[138] Soweit das Hausverbot in öffentlich-rechtlicher Form erlassen wird, liegt ein Verwaltungsakt vor. Das Hausrecht endet an den Grenzen des Grundstücks des Hoheitsträgers.

(3) Da das Hausrecht kein höchstpersönliches Recht darstellt, kann es grundsätzlich übertragen werden. Dies gilt sowohl für das private als auch für das öffentliche Hausrecht. So kann etwa ein privater Hauseigentümer einen Sicherheitsdienst oder ein Behördenleiter einen Wachdienst mit der Wahrung des Hausrechts beauftragen. Eine **Übertragung des Hausrechts** auf Hoheitsträger bzw. auf die Polizei oder einzelne Polizeibeamte durch private Hausrechtsinhaber oder Behördenleiter ist hingegen **nicht zulässig**. Dies würde dem Grundsatz der Gesetzmäßigkeit (Gesetzesvorbehalt) widersprechen. Denn die Ausübung des Hausrechts stellt keine Ermächtigungsgrundlage für hoheitliches Verhalten dar.[139]

(4) Zum **Schutz des privaten Hausrechts** kann die Polizei grundsätzlich nur Maßnahmen zum Schutze der privaten Rechte gem. § 2 Abs. 2 PolG – also nur subsidiär – ergreifen (vgl. § 3 Rn 79 ff.). Etwas anderes gilt nur, wenn durch die Beeinträchtigung des privaten Hausrechts zugleich ein strafbares Verhalten vorliegt und somit nicht mehr ausschließlich ein privates Recht bedroht bzw. verletzt ist. Das Hausrecht wird als Rechtsgut des § 123 StGB geschützt. Wenn daher etwa durch ein Verhalten eines Störers der Straftatbestand eines Hausfriedensbruchs erfüllt wird, liegt eine Beeinträchtigung der öffentlichen Sicherheit vor, mit der Folge, dass die Polizei im Rahmen ihres pflichtgemäßen Ermessens einschreiten und etwa Standardmaßnahmen wie Platzverweise, Aufenthaltsverbote etc. ergreifen bzw. vollstrecken kann.[140] Zu beachten ist in diesem Zusammenhang, dass es sich beim Hausfriedensbruch um ein **Antragsdelikt** handelt. Stellt der verletzte Rechtsinhaber keinen Strafantrag und dokumentiert dadurch, dass er kein Interesse an einer Strafverfolgung oder an polizeilichen Maßnahmen hat, braucht die Polizei im Rahmen ihres pflichtgemäßen Ermessens nicht einzuschreiten.[141]

(5) Bei der **Durchsetzung eines Hausverbots im öffentlichen Bereich** muss differenziert werden:
- Wurde das Hausverbot aus privatrechtlichen Gründen ausgesprochen, gelten die Ausführungen zuvor unter § 4 Rn 57. Grundsätzlich kann daher die Polizei nur unter den Voraussetzungen des § 2 Abs. 2 PolG zum Schutz der privaten Rechte eines Hoheitsträgers eingreifen. Wurde bereits ein Hausverbot ausgesprochen und weigert sich trotzdem der Adressat dieser Maßnahme, das Dienstgebäude zu verlassen, ist regelmäßig das Schutzgut der öffentlichen Sicherheit beeinträchtigt (strafbares Verhalten gem. § 123 StGB) mit der Folge, dass die Polizei im Rahmen ihres pflichtgemäßen Ermessens einschreiten und entsprechende Verfügungen erlassen bzw. vollstrecken kann (vgl. sogleich § 4 Rn 59).
- Hat der (öffentliche) Hausrechtsinhaber ein öffentlich-rechtliches Hausverbot erteilt, liegt regelmäßig ein (Grund)Verwaltungsakt vor, der im Falle von Zuwiderhandlungen zu vollstrecken ist. In diesem Fall kann die Polizei nur im Wege der

---

138 **Str.**; so auch Ramm, DVBl 2011, 1506, 1507; Maurer/Waldhoff, Allgemeines Verwaltungsrecht, § 3 Rn 35 m. w. N.; VG Neustadt, LKRZ 2010, 178; nach dem BGH soll es dagegen darauf ankommen, ob der Besucher die Einrichtung zur Wahrnehmung öffentlich-rechtlicher Angelegenheiten (etwa Einreichung eines Antrags auf Grundsicherung für Arbeitssuchende nach SGB II) oder zur Erledigung privatrechtlicher Geschäfte (Verkauf von Büromaterial) betritt (BGHZ 33, 230); vgl. auch VG Gießen zur Rechtmäßigkeit eines öffentlich-rechtlichen Hausverbots auf der Grundlage im HessHochschG, Urt. v. 24.1.2011 – 4 K 1800/10.Gl., u. Michl/Roos, LKRZ 2012, 50; VG Saarlouis, NJW 2012, 3803.
139 Vgl. im Einzelnen Ramm, DVBl 2011, 1506, 1507 f.
140 Vgl. im Einzelnen Ramm, DVBl 2011, 1506, 1507 f.
141 Denninger, in: Lisken/Denninger, Handbuch des Polizeirechts, Kap. D Rn 18.

Amtshilfe bei der Vollstreckung der Grundverfügung des Hoheitsträgers Maßnahmen ergreifen, etwa bei der Anwendung des unmittelbaren Zwangs.

c) Schutz der objektiven Rechtsordnung
aa) Allgemeines

59 Zur Gefahrenabwehr gehört auch der Schutz der objektiven Rechtsordnung. Unter diesen Schutzbereich fallen grundsätzlich **alle geschriebenen Normen der Rechtsordnung**, gleichgültig, ob sie aus dem öffentlichen oder privaten Recht hergeleitet werden.[142] Dennoch kann nicht jeder (drohende) Verstoß gegen eine Rechtsnorm eine abzuwehrende Verletzung der öffentlichen Sicherheit darstellen und ein polizeiliches Eingreifen rechtfertigen. Mit Recht weist *Deger* darauf hin, dass aus rechtstaatlichen Gründen eine Begrenzung notwendig ist.[143] Aus diesen Gründen hat die Polizei (nur) die Aufgabe, die Gefahr der Verletzung von **Normen des öffentlichen Rechts** abzuwehren, die sich mit **zwingenden** Anforderungen, Geboten oder Verboten an den Einzelnen wenden. Beim Schutz öffentlich-rechtlicher Normen ist grundsätzlich erforderlich, dass diese ein konkretes Ge- oder Verbot enthalten und durch ein Tun oder Unterlassen des Einzelnen verletzt werden können.[144] Zu diesen Normen gehören die formellen **Gesetze** wie die Strafgesetze oder gesetzlichen Ordnungswidrigkeiten-Tatbestände und verwaltungsrechtliche Gesetze, die zwingend ein bestimmtes Handeln vorschreiben oder untersagen. Weiterhin werden von dem Schutzgut auch **untergesetzliche Rechtsnormen** (Rechtsverordnungen, Satzungen) erfasst. Schließlich können auch **Allgemeinverfügungen** zwingende Gebote und Verbote begründen, wenn sie auf einer gesetzlichen Grundlage beruhen und die Konkretisierung einer gesetzlichen Norm darstellen.[145]

Angesichts der mittlerweile vorhandenen Normendichte stellt die Rechtsordnung das **wichtigste Schutzgut des Polizeirechts** dar[146] und ist der Hauptanwendungsfall der polizeilichen Tätigkeit zur Abwehr von Störungen der öffentlichen Sicherheit oder Ordnung. Die Durchsetzung der Rechtsordnung ist **grundlegende Säule der polizeilichen Arbeit**.

60 Der **Schutz privater Rechte** obliegt gem. § 2 Abs. 2 PolG grundsätzlich dem privaten Rechtsinhaber und nicht der Polizei (vgl. § 3 Rn 79 ff.). Nur wenn der Angriff auf ein Privatrechtsgut zugleich gegen eine Norm des öffentlichen Rechts (etwa Strafrecht) verstößt, liegt auch eine Beeinträchtigung der öffentlichen Sicherheit vor (vgl. zuvor § 4 Rn 59). Bei **Antragsdelikten** muss nach der Gefährlichkeit und nach dem Rang eines Rechtsgutes differenziert werden:

- Bei Delikten wie Hausfriedensbruch (§ 123 StGB) oder Beleidigung (§ 185, 194 Abs. 1 S. 1 StGB) führt das Fehlen eines Strafantrags im Rahmen des polizeilichen Ermessens dazu, dass die Polizei grundsätzlich nicht zum Schutz des (privaten) Rechts verpflichtet ist. Denn wenn schon der Rechtsinhaber kein Interesse an einer Strafverfolgung zeigt, ist es nicht die Aufgabe der Polizei, sein Recht zu schützen.
- Bei vorsätzlicher Körperverletzung (§§ 223, 230 StGB) dagegen darf die Polizei ihr präventives Handeln nicht vom Verhalten des Verletzten (Antragstellung) abhängig machen.[147]
- **Beispiel: Häusliche Gewalt** beeinträchtigt nicht nur Grundrechte der Opfer, sondern erfüllt regelmäßig Straftatbestände wie Körperverletzung (§§ 223, 230 StGB) und stellt deshalb eine Gefahr für die öffentliche Sicherheit dar. Das polizeiliche Einschreiten erfordert nicht die Vorlage eines Strafantrags (§ 11 Rn 95 ff., 98).

---

142 Vahle, DVP 2015, 311, 312.
143 Deger, in: Stephan/Deger, Polizeigesetz BW, § 1 Rn 59.
144 Deger, in: Stephan/Deger, Polizeigesetz BW, § 1 Rn 59; VGH BW, NVwZ 1994, 1233, 1234; Denninger, in: Lisken/Denninger, Handbuch des Polizeirechts, Kap. D Rn 17.
145 Vgl. dazu Neumann, VBlBW 2014, 357, 386, 387.
146 Wehr, Polizeirecht, Rn 30.
147 So mit Recht Denninger, in: Lisken/Denninger, Handbuch des Polizeirechts, Kap. D Rn 18.

bb) Beispiele

Zur Verdeutlichung des Umfangs des Schutzguts **objektive Rechtsordnung** einige 61
Beispiele:
- **Begehung von Ordnungswidrigkeiten**, etwa Verstöße gegen § 121 OWiG (Halten gefährlicher Tiere) oder Verstöße **gegen die Halterpflichten** gem. §§ 4, 5, 8 VwVgH; vgl. dazu § 9 Rn 12 ff.).
- **Beeinträchtigungen der Sicherheits- und Rettungskräfte** bei Einsätzen durch **Gaffer** oder **Übergriffe** sind nunmehr mehrfach gesetzlich verboten und als Ordnungswidrigkeit oder Straftat sanktioniert. Gem. **Nr. 50 des Bußgeldkatalogs** zur BKatV wird mit einem Bußgeld von bis zu 320 Euro belangt, wer bei stockendem Verkehr auf einer Autobahn oder Außerortsstraße für die Durchfahrt von Polizei- oder Hilfsfahrzeugen keine vorschriftsmäßige Gasse bildet, was faktisch bei im Kfz sitzenden Schaulustigen (Gaffer) der Fall ist. Durch das 52. Gesetz zur Änderung des Strafgesetzbuches – **Stärkung des Schutzes von Vollstreckungsbeamten und Rettungskräften** (StrÄndG 52) vom 23.5.2017 (BGBl. I S. 1226)[148] wurden verschiedene gesetzliche Regelungen zum Schutz von Unfallopfern und Rettungskräften in das StGB eingefügt.[149] Gem. **§ 323 c Abs. 2 StGB** macht sich strafbar, wer eine Person behindert, die bei einem Unglücksfall einem Dritten Hilfe leistet oder leisten will. Das Tatbestandsmerkmal des Behinderns i. S. d. § 323 c Abs. 2 StGB setzt eine **spürbare, nicht unerhebliche Störung der Rettungstätigkeit** voraus. Daher müssen die Hilfsmaßnahmen der hilfeleistenden Person mindestens erschwert werden, wie zum Beispiel durch Beschädigung von technischem Gerät, durch Versperren eines Wegs, durch Nichtbeiseitetreten, durch Blockieren von Notfallgassen oder durch Beeinträchtigung der Tätigkeit von Ärzten und Krankenhauspersonal in der Notaufnahme.[150] Gem. **§ 115 Abs. 3 S. 1 StGB** macht sich strafbar, wer bei Unglücksfällen, gemeiner Gefahr oder Not Hilfeleistende der Feuerwehr, des Katastrophenschutzes oder eines Rettungsdienstes durch Gewalt oder durch Drohung mit Gewalt bei der Ausübung ihrer Tätigkeit behindert. Die Anfertigung von **Fotos oder Filmaufnahmen** von Unfallopfern stellt eine **Straftat** gem. **§ 201 a Abs. 1 Nr. 2 StGB** dar, die **weitere Verwendung** eines solchen Fotos ist gem. § 201 a Abs. 1 Nr. 3, Abs. 2 StGB strafbar.[151] Das **AG Berlin Tiergarten** verurteilte einen den Einsatz von Rettungskräften behindernden Autofahrer wegen Behinderung hilfeleistender Personen und gemeinschädlicher Sachbeschädigung zu einer Geldstrafe in Höhe von 1.800 Euro.[152]
- Verstöße gegen ein **Tierfütterungsverbot** in einer örtlichen Polizeiverordnung (VG Stuttgart, openJur 2014, 20018 [Taubenfütterungsverbot]; vgl. auch VGH BW, VBlBW 2006, 103).
- **Begehung von Straftaten** (etwa Maßnahmen gegen **Stalking**, Verstoß gegen § 238 StGB) oder illegales **Hütchenspiel** (§§ 284, 263 StGB; VG Frankfurt, NVwZ 2003, 1407).
- Die Frage, ob „**Flatrate-Angebote**" in Bordellen eine Störung der öffentlichen Sicherheit oder Ordnung darstellen (vgl. dazu auch § 4 Rn 68), wurde mittlerweile durch den Gesetzgeber geklärt. Gem. **§ 14 Abs. 2 Nr. 1 ProstSchG** ist die Betriebserlaubnis für ein Bordell zu versagen, wenn durch das Betriebskonzept des Bordells der Ausbeutung von Prostituierten Vorschub geleistet wird. Der Gesetzgeber hat hierzu ausgeführt, dass dies „regelmäßig bei sog. Flat-Rate-Bordellen der Fall sein

---
148 Vgl. dazu BT-Drs. 18/11161 und 18/12153.
149 Vgl. dazu Schiemann, NJW 2017, 1846, 1848, u. KriPoZ 2020, 269, 271; Nehm, ZRP 2016, 158; krit. dazu etwa Voss, DRiZ 2017, 163.
150 BT-Drs. 18/12153, S. 7.
151 Zu den geplanten weiteren Verschärfungen des Strafrechts gegenüber Gaffern vgl. Lenk, KriPoZ 2019, 361 ff.
152 AG Berlin-Tiergarten, Urt. v. 28.8.2018 – 269 Ds 20/18.

dürfte, wo zumindest nach außen der Anschein erweckt und damit geworben wird, dass die in einer Prostitutionsstätte anwesenden Prostituierten unterschiedslos zu einem an den Betreiber zu entrichtenden Pauschalpreis jederzeit für jeden Kunden verfügbar sind."[153] Damit liegt in diesen Fällen regelmäßig eine Störung der öffentlichen Sicherheit vor.
- Die **Abwehr von Drohnen** wegen potenzieller Gefährdung des Luftraums und von Personen (Arzt/Fährmann/Schuster, DÖV 2020, 866, 871; vgl. auch Giemulla/Hoppe, GSZ 2020, 123, 127).

d) Schutz der subjektiven Rechte und Rechtsgüter des Einzelnen

62 Aus § 1 Abs. 1 S. 1 PolG folgt, dass die Polizei den **Einzelnen** zu schützen hat. Dessen Individualrechte sind auch Schutzgüter der öffentlichen Sicherheit. Dazu gehören insbesondere die **Grundrechte** wie Schutz des Lebens, der Gesundheit, der Freiheit und Ehre, des allgemeinen Persönlichkeitsrechtes und des Vermögens (Eigentum und Besitz).[154]

Die Grundrechte sind zunächst **subjektive Rechte des Einzelnen**. In dieser klassischen Funktion sind sie **Abwehrrechte** gegen die staatliche Gewalt und damit auch gegen das polizeiliche Handeln. Insoweit kann der Grundrechtsträger vom Staat verlangen, verfassungswidrige Eingriffe in das jeweilige Grundrecht zu unterlassen, und / oder die Folgen solcher bereits vorgenommener Eingriffe zu beseitigen. Gegen gesetzwidrige Eingriffe in seine Grundrechte kann sich der betroffene Bürger wehren.[155]

Beispiel: Ein betroffener Verkehrsteilnehmer kann sich unter Berufung auf sein Recht auf informationelle Selbstbestimmung durch eine Verfassungsbeschwerde gegen die Auferlegung eines Bußgeldes / Zurückweisung seines Einspruchs durch die Gerichte wehren, wenn bei der Verkehrsüberwachung von der zuständigen Behörde zum Nachweis einer Geschwindigkeitsüberschreitung sein Bild in unzulässiger Weise durch Videoaufzeichnung festgehalten wurde (BVerfG, NJW 2009, 3293).

63 Nach ständiger Rechtsprechung des **BVerfG** erschöpfen sich die **Grundrechte** nicht als **subjektive Abwehrrechte** gegenüber Eingriffen in die Freiheits- und Eigentumsrechte des Einzelnen (§ 4 Rn 62). **Vielmehr ergeben sich aus den Grundrechten Handlungspflichten des Staates.** Ohne die Garantie eines gewaltfreien Zustandes unter den Menschen und eines gewissen Maßes an Sicherheit können grundlegende Verfassungsprinzipien wie das Demokratiegebot, das Sozialstaats- und Rechtsstaatsprinzip nicht realisiert werden. Denn ohne staatliches Handeln kann der Einzelne von seinen Freiheitsrechten keinen Gebrauch machen. Ein Staat, der Freiheit und Gleichheit garantieren will, muss diese Grundrechte nicht nur respektieren, sondern auch gegen Beeinträchtigungen durch Dritte schützen.[156]

Aus den einzelnen Grundrechten folgen in der Regel keine bestimmten Handlungsvorgaben. Direkt aus Grundrechten abgeleitete Leistungsrechte werden daher grundsätzlich von der Rechtslehre nicht anerkannt. Vielmehr ist es Sache des Gesetzgebers, ein Schutzkonzept aufzustellen und normativ umzusetzen.[157] Beispielsweise ergeben sich Ansprüche auf staatliche Zuwendungen und Unterstützungen aus den Sozialgesetzbüchern I bis XII.

Bei der Erfüllung der staatlichen **Schutzpflichten** kommt dem Staat ein erheblicher Ermessens-, Einschätzungs-, Wertungs- und Gestaltungsraum zu. Staatliche Stellen sind grundsätzlich nur verpflichtet, ihr **Ermessen** pflichtgemäß auszuüben. In **Ausnahmefällen** kann sich die Schutzpflicht des Staates aus Art. 2 Abs. 2 S. 1 GG zu einem **Anspruch auf Erhaltung der notwenigen Lebensgrundlagen** verdichten. Ein derartiger

---
153 BT-Drs. 18/8556, S. 78 f.
154 Vahle, DVP 2015, 311, 312.
155 Kingreen/Poscher, Grundrechte, Rn 118 ff.
156 Vgl. grundlegend BVerfGE 49, 140 ff.; Gusy, Polizei- und Ordnungsrecht, Rn 73.
157 BVerfG, NVwZ 2001, 908, u. VBlBW 2009, 85.

Anspruch ist zu bejahen, wenn das Leben unmittelbar bedroht ist. Drohen etwa ernstliche Gefahren für das Leben, die Gesundheit oder für andere wichtige Rechtsgüter eines Menschen, wird das behördliche Ermessen auf Null reduziert und ein **Anspruch auf polizeiliches Einschreiten** anerkannt.[158]

Beispiel: Polizeivollzugsbeamte finden bei einer Parkkontrolle bei Außentemperaturen von minus 10 Grad den angetrunkenen Obdachlosen O schlafend auf einer Parkbank. Zum Schutz seines Lebens sind die Beamten verpflichtet, den O vor dem Erfrierungstod zu schützen. Ihr Ermessen ist in diesem Fall „auf Null" reduziert (vgl. Ruder, wohnungslos, 2011, 105).

In seiner **Lüth-Entscheidung** aus dem Jahre 1958 hat das **BVerfG** erstmals den Grundrechtskatalog als **objektive Wertordnung** interpretiert. Danach sind die Grundrechte als verfassungsrechtliche Grundentscheidung zu verstehen und strahlen als solche in alle Rechtsbereiche aus.[159] Eine objektiv-rechtliche Wirkung der Grundrechte ist ihre **Schutzpflichtdimension**. Der Schutz der Grundrechte ist der Polizei ausdrücklich durch die Regelung in **Art. 1 Abs. 1 S. 2 GG** aufgetragen. Auch aus Art. 2 Abs. 1 LV folgt, dass die im GG festgelegten Grundrechte und staatsbürgerlichen Rechte Bestandteil der Landesverfassung und unmittelbar geltendes Landesrecht sind. Diese Schutzpflicht umfasst auch die Pflicht zur Risikoabwehr und gebietet, die Gefahr von Grundrechtsverletzungen einzudämmen.[160] Die **Grundrechte** sind auch **Grundelemente objektiver Ordnung des Gemeinwesens**. In dieser Funktion bestimmen sie die Grundlagen und Inhalte unserer freiheitlich demokratischen Rechtsordnung (vgl. Art. 1 Abs. 2 GG). Die Leitziele und Wertordnung des GG, die den Schutz der Freiheit und der Menschenwürde als obersten Zweck allen Rechtes anerkennen, und die den Bürgern einen Schutzanspruch vermitteln, gelten deshalb als **Maßstab auch für das polizeiliche Handeln**.[161] 64

Diese **Ausstrahlungswirkung** zeigt sich in der Notwendigkeit, die Gesetze bzw. unbestimmte Rechtsbegriffe grundrechtsorientiert bzw. grundrechtskonform auszulegen. Dies bedeutet, dass auch ordnungsrechtliche Normen – insbesondere im Bereich der polizeilichen Generalklausel und bei unbestimmten Rechtsbegriffen – **grundrechtsorientiert auszulegen** sind.[162]

Beispiele:
- **Anordnung eines Wohnungsverweises** gem. § 30 Abs. 3 PolG zum Schutz der Grundrechte der Opfer auf Leben und körperlicher Unversehrtheit (vgl. § 11 Rn 95 ff.).
- **Einweisung eines Obdachlosen** in eine Unterkunft zum Schutz seiner Gesundheit und Menschenwürde (§ 6 Rn 52 ff.).

Zu den geschützten Individualgütern gehören auch die **staatsbürgerlichen Rechte**, deren ungehinderte Ausübung die Polizei gem. **§ 1 Abs. 1 S. 2 PolG** zu gewährleisten hat (etwa aktives und passives Wahlrecht, Petitionsrecht, Recht auf Einlegung von Verfassungsbeschwerden und Recht auf den gesetzlichen Richter). Allerdings ist es grundsätzlich nicht Aufgabe der Polizei, private Rechte, Ansprüche etc., deren Durchsetzung vor den ordentlichen Gerichten erreicht werden kann, zu schützen. Der Schutz von privatrechtlichen Forderungen und Ansprüchen (etwa gem. §§ 823 ff. BGB) obliegt der Polizei nur unter den Voraussetzungen des § 2 Abs. 2 PolG (vgl. § 3 Rn 79 ff.). 65

---

158 H. L., vgl. BVerwGE 1, 159, 161 ff.; Di Fabio, in: Maunz-Dürig, GG, Art. 2 GG, Rn 45: „Sicherung der Existenzgrundlage"; Jarass, in: Jarass/Pieroth, Grundgesetz, Art. 2 GG, Rn 93: Anspruch, „vor dem Verhungern bewahrt zu werden"; Ruder, wohnungslos 2011, 105.
159 BVerfGE 7, 198.
160 BVerfGE 79, 174; 201, 202. So verpflichtet etwa das aus Art. 2 Abs. 1 GG abgeleitete Grundrecht auf informationelle Selbstbestimmung zu Aufklärungs-, Auskunfts- und Löschungspflichten sowie zu Verwertungsverboten (BVerfGE 113, 29, 58).
161 BVerfGE 2, 12; vgl. Hopfauf, in: Schmidt-Bleibtreu/Hofmann//Henneke, GG, Einl., Rn 238, 304 ff.
162 Kühling, JuS 2014, 481 ff.

5. Das Schutzgut der öffentlichen Ordnung
a) Allgemeines

66 Das Schutzgut der „öffentlichen Ordnung" wird – im Gegensatz zum Begriff der öffentlichen Sicherheit, für den sich in § 1 Abs. 1 S. 2 PolG eine Teilaufgabenbeschreibung findet – in § 1 Abs. 1 PolG nicht definiert. Nach einer aus der amtlichen Begründung zu § 14 PrPVG (vgl. § 1 Rn 8) abgeleiteten Definition des PrOVG, die von der **h. L.** übernommen wurde, wird unter diesem Rechtsbegriff „die Gesamtheit der **ungeschriebenen Regeln** für das Verhalten in der Öffentlichkeit verstanden, deren Befolgung nach den jeweils herrschenden sozialen und ethischen Anschauungen als unerlässliche Voraussetzung eines geordneten menschlichen bzw. staatsbürgerlichen Zusammenlebens innerhalb eines bestimmten Gebiets angesehen wird".[163] Zusammengefasst enthält der Begriff der öffentlichen Ordnung zwei wesentliche Elemente: Er setzt erstens ein nach **außen** in Erscheinung tretendes Verhalten voraus. Die zu beurteilende Handlung muss daher öffentlich – und nicht im privaten Bereich – geschehen. Zweitens muss eine ungeschriebene, aber **anerkannte Sozialnorm** tangiert sein, d. h. eine soziale oder ethische Wertvorstellung, die – am GG gemessen –, von der ganz überwiegenden Mehrheit der Bevölkerung in einem bestimmten Bezirk (= örtlicher Bereich) getragen wird.

Für einen **Rückgriff auf das Schutzgut der öffentlichen Ordnung** ist dann **kein Raum**, wenn die Materie (Verbot, Gebot etc.) normativ geregelt ist, da sie dann ausschließlich unter den Begriff der öffentlichen Sicherheit fällt.[164] Wegen seiner Unbestimmtheit ist das Schutzgut „öffentliche Ordnung" gegenüber der öffentlichen Sicherheit **subsidiär**.[165] Es muss daher strikt zwischen geschriebenen und ungeschriebenen Verhaltensregeln bzw. Normen unterschieden werden. Mit der zunehmenden rechtlichen „Durchnormierung" fast aller Lebensbereiche ist das **Anwendungsgebiet** des unbestimmten Rechtsbegriffs „öffentliche Ordnung" **erheblich geschrumpft**.[166] Insofern stellt sich bereits die Frage nach der Notwendigkeit dieses Schutzgutes. Weiterhin zeigt die Entwicklung des Rechts, dass frühere Anwendungsbereiche des Schutzgutes „öffentliche Ordnung" durch den nachhaltigen Wandel sozialer und ethischer Wertvorstellungen heute weggefallen sind. Nach der Liberalisierung des Sexualstrafrechts durch das Erste Strafrechtsreformgesetz (BGBl. 1973 I S. 1725) fielen etwa unter den Begriff der öffentlichen Ordnung nicht mehr Tatbestände wie die Ausübung der Prostitution, Konkubinat, Homosexualität, Striptease-Darbietungen, der Betrieb von Bordellen, Dirnenwohnheimen etc. Oder, um ein weiteres Beispiel zu nennen: Der Verkauf von Mikroabhörgeräten wurde früher als Störung der öffentlichen Ordnung angesehen; nach heutigem Recht verstößt dieses Verhalten gegen § 201 StGB und beeinträchtigt somit die öffentliche Sicherheit.[167] Auch sittlich umstrittene Veranstaltungen gewerblicher Art sind zwischenzeitlich in Sondergesetzen geregelt (vgl. etwa § 33 a GewO, § 4 Abs. 1 Nr. 1 GastG). Der Anwendungsbereich des Begriffs der „öffentlichen Ordnung" ist daher aktuell nahezu „auf Null" reduziert[168], ihm kommt lediglich noch eine **Reservefunktion** vor.[169]

---

163 Drews/Wacke/Vogel/Martens, Gefahrenabwehr, § 16 Nr. 1 (S. 245); Deger, in: Stephan/Deger, Polizeigesetz BW, § 1 Rn 1; Zeidler/Trurnit, Polizeirecht BW, Rn 180; Attendorn/Schnell, NVwZ 2020, 1224, 1225; vgl. auch BVerfG, DVBl 2001, 1054, 1055.
164 Bialon/Springer, Eingriffsrecht, Kap. 3 Rn 28.
165 Trurnit, in: Möstl/Trurnit, Polizeirecht BW, § 1 Rn 43; Ibler, in: Ennuschat/Ibler/Remmert, Öffentliches Rechts BW, § 2 Rn 77 b; Vahle, DVP 2015, 311, 313; **a. A.** Thiel, Polizei- und Ordnungsrecht, § 8 Rn 36: „aliud".
166 So mit Recht Denninger, in: Lisken/Denninger, Handbuch des Polizeirechts, Kap. D Rn 35; Götz/Geis, Polizei- und Ordnungsrecht, § 5 Rn 5 f.; Vahle, DVP 2015, 311, 313: „randständige Auffangfunktion".
167 VGH BW, DVBl 1972, 503; VG Berlin, NJW 1983, 1014.
168 Vgl. dazu aber auch Wehr, Polizeirecht, Rn 61 („Reservefunktion"), sowie zu möglichen Anwendungsbereichen Wehr a. a. O. (Rn 64 ff.), Basten, Recht der Polizei, Rn 640 („verzichtbar"), Hutner/Strecker, Handbuch Ordnungsrecht BW („immer geringere Bedeutung"), Rn 10, und Götz/Geis, Polizei- und Ordnungsrecht, § 5 Rn 16 ff.
169 Zutr. Thiel, Polizei- und Ordnungsrecht, § 8 Rn 35.

IV. Grundsätze für die Feststellung einer Polizeigefahr

Umstritten ist das Schutzgut der „öffentlichen Ordnung" insbesondere bei polizeilichen Maßnahmen gegen den **Rechtsextremismus**. Es wurde wiederholt die Auffassung vertreten, rechtsradikale Veranstaltungen seien per se eine Störung der öffentlichen Ordnung und könnten daher ohne Weiteres verboten werden.[170] Das **BVerwG** hat „im Anschluss an die Rechtsprechung des BVerfG" die Auffassung vertreten, dass Gründe der öffentlichen Ordnung zum Erlass eines **Versammlungsverbots** berechtigen, wenn Gefahren nicht aus dem Inhalt, sondern aus der Art und Weise der Durchführung der Versammlung drohen, sofern Auflagen zur Gefahrenabwehr nicht ausreichen.[171] Nach Auffassung des BVerfG rechtfertigt eine **bloße Gefährdung der öffentlichen Ordnung** regelmäßig **kein Versammlungsverbot,** sondern allenfalls **beschränkende Auflagen**, wie etwa das Verbot des Mitführens von Trommeln und Fahnen oder des Marschierens in Marschordnung.[172] In diesem Zusammenhang wird sogar von einer **Renaissance der öffentlichen Ordnung** gesprochen.[173]

67

Das Land Bremen hat durch „Erlass zum Umgang mit dem öffentlichen Zeigen von Reichskriegsflaggen" des Innensenators vom 14.9.2020 die **öffentliche Verwendung sog. Reichkriegsflaggen** auf der Grundlage des BremPolG untersagt. Laut Begründung des Erlasses stellt die Verwendung der Reichskriegsflagge in der Öffentlichkeit „eine nachhaltige Beeinträchtigung der Voraussetzungen für ein geordnetes staatsbürgerliches Zusammenleben und damit eine **Gefahr für die öffentliche Ordnung**" dar. Andere Bundesländer – etwa Niedersachsen – haben ähnlich reagiert und gleiche Verbote erlassen. Anlass war die öffentliche Nutzung von Reichskriegsflaggen vor dem Reichstag in Berlin durch Rechtsextremisten im Rahmen einer „Anti-Corona-Demonstration" am 29.8.2020. Die **Stadt Konstanz** hat unter Rückgriff auf das Schutzgut der öffentlichen Ordnung aus Anlass mehrerer „Anti-Corona-Demonstration" am 3.10.2020 die Nutzung vom Reichskriegsflaggen, Kaiserreichsflaggen und Zeichen, die einen deutlichen Bezug zur Zeit oder zu den Verbrechen des Nationalsozialismus herstellen, untersagt. Die **Rechtsprechung** sieht versammlungsrechtliche Verbote der Verwendung von Reichskriegsflaggen überwiegend als **rechtswidrig** an.[174]

Die Bedeutung, Problematik und Relativität des Schutzguts öffentliche Ordnung zeigen auch folgende **Beispiele aus der Rechtsprechung**:

68

- **Damenboxkämpfe** wurden als Verstoß gegen die öffentliche Ordnung angesehen (PrOVG 91, 93).
- **„Damen-Schlamm-Catchen oben ohne"** war nach Ansicht der Rechtsprechung der guten Ordnung des Zusammenlebens ebenso abträglich (BayVGH, DÖV 1984, 562) wie ein **Dirnenwohnheim,** das nur 100 m von einem Gymnasium entfernt war (VGH BW, VBlBW 1984, 178).
- Gleiches galt für das **„Nacktgehen"** (OVG NRW, NJW 1997, 1180; VGH BW, NJW 2003, 234; VG Karlsruhe, NJW 2005, 3658.) bzw. das **Zurschaustellen des nackten Körpers** in der Öffentlichkeit als angebliche „Interaktionskunst" (OVG NRW, DÖV 1996, 1052).
- Eine **Peep-Show** soll – im Gegensatz zum Striptease – gegen die öffentliche Ordnung verstoßen (vgl. BVerwG, NVwZ 1987, 411).
- Die Aufführung des Theaterstücks **„Der Stellvertreter"** von R. Hochhuth darf auch in einer überwiegend katholischen Gemeinde nicht verboten werden (so damals BVerwG, NJW 1999, 304).

---

170 OVG NRW, NJW 2001, 2111, 2113.
171 BVerwG, NVwZ 2014, 883.
172 BVerfGE 111, 147, 156 ff.; Gusy, Polizei- und Ordnungsrecht, Rn 100.
173 Vgl. Kniesel, NJW 1996, 2606, 2608. Vgl. dazu auch eingehend Attendorn/Schnell, NVwZ 2020, 1224, 1225 ff.
174 OVG Bremen, NVwZ 2021, 92, mit Anm. Ullrich; NdsOVG, openJur 2020, 77504 (Rn 45); ebenso Sander, in: Belz/Mußmann/Kahlert/Sander, Polizeigesetz BW, § 1 Rn 39a.

- **Gewerblich veranstaltete Laserspiele** (sog. **Paintball- oder Gotchaspiele**), bei denen Tötungshandlungen simuliert werden, können im Hinblick auf Art. 1 Abs. 1 GG gegen die öffentliche Ordnung verstoßen (für Verbote: BVerwG, NVwZ 2002, 598; OVG NRW, GewArch 2001, 71; vgl. auch EuGH, NVwZ 2004, 1471). Zum **„Quasar"-Spiel** bzw. zum Betrieb eines **Laserdomes** vgl. VGH BW, VBlBW 2004, 378.
- Zur Beurteilung des sog. **Free Fight** und **MMA** („gemischte Kampfkünste" = Mixed Martial Arts) vgl. VG Gießen, SpuRr 2012, 42 und Beitrag / Urteilsbesprechung Jacob, NVwZ 2013, 1131, 1132. Das VG Gießen hat im einstweiligen Rechtsschutzverfahren die Untersagungsverfügung der Polizeibehörde auf der Grundlage eines Verstoßes gegen die öffentliche Ordnung „gekippt".
- Zur Frage, ob **„Flatrate-Angebote"** in Bordellen eine Gefahr für die öffentliche Ordnung darstellen, vgl. Bader, VBlBW 2011, 242, der dies u. a. mit Blick auf die fehlende Sittenwidrigkeit der Prostitution ablehnt.[175] Ob allerdings solche „Flatrate-Angebote" mit dem Grundsatz der Menschenwürde vereinbar sind, erscheint zweifelhaft. Die Frage wurde mittlerweile mit dem Inkrafttreten des ProstSchG geklärt, weil gem. **§ 14 Abs. 2 Nr. 1 ProstSchG** die Betriebserlaubnis zu versagen ist, wenn durch das Betriebskonzept des Bordells der Ausbeutung von Prostituierten Vorschub geleistet wird (vgl. dazu eingehender § 4 Rn 61). Damit liegt in diesen Fällen eine Störung der öffentlichen Sicherheit vor, so dass ein Rückgriff auf das subsidiäre Tatbestandsmerkmal „öffentliche Ordnung" ausscheidet.

b) Schutzgut öffentliche Ordnung als Auffangtatbestand

69 Die Verfassungsmäßigkeit des Schutzgutes öffentliche Ordnung wird vor allem in der Literatur in Frage gestellt.[176] Zur Begründung verweist etwa *Denninger* auf das **Demokratiegebot** (Art. 20 Abs. 2 GG). Dieses fordert, dass der Gesetzgeber seine vornehmste Aufgabe selbst wahrnimmt, nämlich jede Ordnung eines Lebensbereichs durch Sätze objektiven Rechts auf eine Willensentschließung der vom Volke bestellten Gesetzgebungsorgane zurückführt und dabei unter Abwägung der verschiedenen, unter Umständen widerstreitenden Interessen, über die von der Verfassung offen gelassenen Fragen des Zusammenlebens, entscheidet.[177] Diesen Bedenken ist im Grundsatz zuzustimmen.

In der Verwaltungspraxis ist allerdings zu berücksichtigen, dass sich BW, wie die meisten Bundesländer, dafür entschieden hat, in § 1 Abs 1 PolG die **öffentliche Ordnung als eigenständiges Schutzgut beizubehalten**.[178] Auch in Art. 13 Abs. 7 GG und Art. 35 Abs. 2 S. 1 GG wird der Begriff verwendet. Schon im Hinblick auf diese Gesetzeslage und im Hinblick auf das Urteil des BVerwG vom 26.2.2014[179] zum Versammlungsverbot aus Gründen der öffentlichen Ordnung (vgl. dazu eigehender § 4 Rn 67) ist davon auszugehen, dass in Einzelfällen Maßnahmen der Polizei auf einen Verstoß gegen die „öffentliche Ordnung" gestützt werden können. Dem Schutzgut kommt inso-

---

175 Die Sittenwidrigkeit der Prostitution dürfte bereits mit dem im Jahr 2002 erlassenen Prostitutionsgesetz, spätestens aber mit dem Inkrafttreten des ProstSchG entfallen sein, das eine umfassende Regelung der Prostitution in einem gewerberechtlichen Sinn (BT-Drs. 18/8556, S. 63: „Mit der Einführung einer eigenständigen Anmeldepflicht wird für Prostituierte nun ein eigener Status ‚sui generis' bereitgestellt, der den Besonderheiten der Ausübung der Prostitution Rechnung trägt") etabliert hat. Vgl. dazu BT-Drs. 18/8556, S. 1: „Mit dem 2002 eingeführten Prostitutionsgesetz (ProstG) wurde klargestellt, dass die zwischen den Prostituierten und ihren Kunden und Kundinnen geschlossenen Vereinbarungen nicht mehr sittenwidrig und damit nicht mehr zivilrechtlich unwirksam seien". Vgl. eingehender dazu auch Pöltl, Gaststättenrecht, § 4 GastG Rn 51 bis 71, VBlBW 2003, 181 ff., Puella Publica 2004, S. 1, 5 f., Öttinger, GewArch 2016, 365, 367 ff.
176 So etwa Denninger, in: Lisken/Denninger, Handbuch des Polizeirechts, Kap. D Rn 36 ff. m. w. N.
177 Denninger, in: Lisken/Denninger, Handbuch des Polizeirechts, Kap. D Rn 36.
178 Auch mit der Neufassung des PolG durch Art. 1 des Gesetzes zur Umsetzung der Richtlinie (EU) 2016/680 für die Polizei in Baden-Württemberg und zur Änderung weiterer polizeirechtlicher Vorschriften vom 6.10.2020 (GB. S. 735, ber. S. 1092) wurde keine diesbezügliche Änderung vorgesehen.
179 BVerwG, NVwZ 2014, 883.

weit eine „Reservefunktion" zu.[180] Bei der Heranziehung des unbestimmten Rechtsbegriffs ist aber im Hinblick auf die genannten verfassungsrechtlichen Bedenken **Zurückhaltung** geboten.[181] Über die „öffentliche Ordnung" können somit lediglich Handlungen erfasst werden, die unter der Strafbarkeitsschwelle (einschließlich Nebenstraf- und Ordnungswidrigkeitenrecht) liegen. Weiterhin sind die verfassungsrechtlichen Wertmaßstäbe und insbesondere die Grundrechte (Meinungsfreiheit, allgemeines Persönlichkeitsrecht etc.) zu berücksichtigen. Und schließlich ist es nicht die Aufgabe der Polizei, in einer pluralistischen demokratischen Gesellschaft Fragen der Religion, Kunst, Moral und „Sittlichkeit" zu entscheiden.[182] Unter Beachtung dieser Anforderungen kann in begründeten Ausnahmefällen auf das Schutzgut der öffentlichen Ordnung zurückgegriffen werden.

6. Die Störung der öffentlichen Sicherheit und Ordnung

Gemäß § 1 Abs. 1 PolG hat die Polizei u. a. die Aufgabe, **Störungen** der öffentlichen Sicherheit oder Ordnung zu beseitigen. Eine Störung in diesem Sinne liegt vor, wenn sich die **Polizeigefahr verwirklicht** hat – wenn also bei einem Schutzgut bereits ein Schaden entstanden ist und fortwirkt. Die **Beseitigung dieser Störung** stellt regelmäßig eine **Maßnahme der Gefahrenabwehr** dar, weil dadurch weitere, intensivere oder längere Gefahren bzw. (auch erneute) Störungen unterbunden werden. Aus diesem Grund wird der Begriff der Störung vielfach für überflüssig gehalten. **70**

7. Öffentliches Interesse

Ein Einschreiten der Polizei gem. § 1 Abs. 1 S. 1 PolG setzt voraus, dass die Gefahrenabwehr **im öffentlichen Interesse geboten** ist. Gleichzeitig obliegt der Polizei nur der Schutz der öffentlichen Sicherheit oder Ordnung. Daraus wird gelegentlich der Schluss gezogen, dass Maßnahmen zur Gefahrenabwehr nur dann zulässig sind, „wenn die Gefährdung in die Öffentlichkeit ausstrahlt".[183] Der Begriff des öffentlichen Interesses ist aber **kein gesondert zu prüfendes Tatbestandsmerkmal**. Denn die drohende Verletzung der Schutzgüter der öffentlichen Sicherheit oder Ordnung rechtfertigt immer ein polizeiliches Einschreiten. Dies gilt insbesondere dann, wenn Gefahren von der Allgemeinheit abgewehrt werden. Das gilt **auch bei der Verletzung privater Rechte**, da diese ebenfalls Schutzgut der öffentlichen Sicherheit sind. Jedoch hindert hier der Subsidiaritätsgrundsatz des § 2 Abs. 2 PolG regelmäßig ein Einschreiten der Polizei (vgl. § 3 Rn 79 ff.). **71**

---

180 **H. L.**, Deger, in: Stephan/Deger, Polizeigesetz BW, § 1 Rn 67; Zeitler/Trurnit, Polizeirecht BW, Rn 179; Bader, VBlBW 2011, 242, 247; vgl. auch § 4 Rn 66.
181 Ebenso Trurnit, in: Möstl/Trurnit, Polizeirecht BW, § 1 Rn 45.
182 Ebenso etwa Bruckert/Frey/Kron/Marz, Besonderes Verwaltungsrecht, Rn 81.
183 Drews/Wacke/Vogel/Martens, Gefahrenabwehr, § 14 (S. 229).

Schaubild Nr. 9
Polizeiliche Maßnahmen (§ 3)

Die POLIZEI	Die Organisation der Polizei umfasst: ■ die Polizeibehörden ■ den Polizeivollzugsdienst mit seinen Beamten
hat INNERHALB DER DURCH DAS RECHT GESETZTEN SCHRANKEN	insbesondere ■ Grundrechte (vgl. § 4 PolG) ■ Zuständigkeiten anderer Stellen (vgl. § 2 PolG) ■ Vorschriften des PolG etwa § 5, §§ 6 bis 9, §§ 27 ff. PolG ■ spezialgesetzliche Vorschriften außerhalb des PolG, etwa VersammlG
zur Wahrung ihrer AUFGABEN	Gefahrenabwehr und Störungsbeseitigung (vgl. § 1 Abs. 1 PolG)
diejenigen MASSNAHMEN zu treffen,	alle nach außen in Erscheinung tretenden Tätigkeiten, insbesondere ■ Polizeiverfügung ■ polizeiliche Erlaubnisse ■ Polizeiverordnung ■ Standardmaßnahmen ■ Verarbeitung von Daten ■ Polizeizwang
die ihr nach PFLICHTGEMÄSSEM	sachlich, dem Zweck der Ermächtigung entsprechend ausgeübt (vgl. § 40 LVwVfG) und dem Prinzip des geringstmöglichen Eingriffs (§ 5 Abs. 1 PolG) und dem Grundsatz der Verhältnismäßigkeit (§ 5 Abs. 2 PolG) entsprechend
ERMESSEN	Entschließungsermessen (Frage nach dem „ob" des Einschreitens) und Auswahlermessen (Frage nach dem „wie" des Einschreitens)
ERFORDERLICH erscheinen.	jede Maßnahme, die zur Erreichung der polizeilichen Aufgabe objektiv – und sei es nur teilweise – nicht nur unwesentlich beiträgt (geeignet ist).

§ 5: Der Adressat der polizeilichen Maßnahme

I. Polizeipflicht

Unter **Polizeipflicht** wird die **allgemeine Rechtspflicht** zur Unterlassung von Störungen der öffentlichen Sicherheit oder Ordnung verstanden.[1] Demgemäß hat jeder sein Verhalten und den Zustand seiner Sachen so einzurichten, dass daraus keine Störungen oder Gefahren für die polizeilichen Schutzgüter entstehen.[2] Wer sich hieran durch sein polizeiwidriges Verhalten oder indem er einen polizeiwidrigen Zustand schafft, nicht hält, ist **Störer**. Er ist damit **materiell polizeipflichtig** und kann dem Grunde nach ordnungsrechtlich in Anspruch genommen werden.

Ausgangspunkt der Zurechnung dieser Pflichten ist das Kriterium der **Verantwortlichkeit**. Es bildet die wesentliche Grundlage für die Legitimation von Grundrechtseingriffen gegenüber betroffenen Personen.[3]

Bei der Feststellung der Polizeipflicht kommt es nicht auf zivilrechtliche Geschäftsfähigkeit (§§ 104 ff. BGB), Verantwortlichkeit (§§ 276 ff. BGB), Deliktsfähigkeit (§§ 827 ff. BGB), Strafmündigkeit (§ 19 StGB) oder verwaltungsverfahrensrechtliche Handlungsfähigkeit (§ 12 LVwVfG) an. **Ziel** der polizeilichen Inanspruchnahme ist die **Vermeidung bzw. Abwehr einer Gefahr**, nicht eine Schuldzuweisung. Die materielle Polizeipflicht trifft daher dem Grunde nach alle natürlichen Personen (so etwa auch Ausländer, Abgeordnete, Diplomaten, Angehörige der Stationierungsstreitkräfte etc.) und juristischen Personen des Privatrechts (etwa AG, GmbH, e. V.). Den juristischen Personen des Privatrechts werden wegen ihrer körperschaftlichen Struktur die OHG, KG und die nicht rechtsfähigen Vereine gleichgestellt.[4] Für die juristischen Personen des öffentlichen Rechts gilt im Ausgangspunkt nichts anderes. Sie haben ihr Verhalten und den Zustand ihrer Sachen ebenfalls so einzurichten, dass daraus keine Störungen oder Gefahren für die öffentliche Sicherheit oder Ordnung entstehen (vgl. § 3 Rn 86 ff.). Auch sie sind vollumfänglich an das Polizeirecht gebunden (vgl. Art. 20 Abs. 3 GG).

Vom Bestehen einer Polizeipflicht ist die Frage zu unterscheiden, **gegen wen** (= welchen Adressaten) sich die polizeiliche Maßnahme zu richten hat bzw. richten darf. Diese Frage ist – **soweit nicht spezialgesetzlich geregelt** – anhand der §§ 6, 7 und 9 PolG zu beantworten. **§§ 6 und 7 PolG** haben hierbei zunächst die sog. **Störer** im Blick, die wegen ihrer Verantwortlichkeit für eine polizeiwidrige Situation **polizeipflichtig** sind. Wer für eine Gefahr / Störung der öffentlichen Sicherheit verantwortlich ist, kann somit primär in Anspruch genommen werden. Über § 6 PolG ist der **Handlungsstörer** (= Verhaltensstörer) möglicher Adressat. Die Vorschrift knüpft dabei an das Verhalten von Personen selbst an (§ 6 Abs. 1 PolG). Sie rechnet dem Verantwortlichen aber auch das Verhalten anderer wegen bestimmter Haftungstatbestände zu (§ 6 Abs. 2, 3 PolG). § 7 PolG erweitert den Kreis der Verantwortlichen auf Personen, welche die tatsächliche Gewalt über eine gefährliche Sache ausüben – die sog. **Zustandsstörer**. Gegenüber anderen Personen können polizeiliche Maßnahmen nur im Fall **polizeilichen Notstandes** unter den Voraussetzungen des § 9 PolG getroffen werden.

Mit Recht weisen Zeitler/Trurnit darauf hin, dass sich mit der Verlagerung der Präventionstätigkeit des Staates in das sog. Vorfeld der Gefahrenabwehr die Grenzen zwischen Störer und Nichtstörer verwischen.[5] So sind etwa die §§ 6, 7 PolG nicht anwendbar,

---

[1] Trurnit, in: Möstl/Trurnit, Polizeirecht BW, § 6 Rn 4.
[2] Drews/Wacke/Vogel/Martens, Gefahrenabwehr, § 19 Nr. 3 (S. 293).
[3] Gusy, Polizei- und Ordnungsrecht, Rn 325.
[4] VGH BW, VBlBW 1996, 221.
[5] Zeitler/Trurnit, Polizeirecht BW, Rn 235.

wenn sich polizeiliche Maßnahmen gegen jedermann richten (vgl. etwa die Personenfeststellung gem. § 27 Abs. 1 Nr. 2 bis 6 PolG).

4 Weder für die Verhaltensverantwortlichkeit gem. § 6 PolG noch für die Zustandsverantwortlichkeit gem. § 7 PolG kommt es auf ein Verschulden des Störers an. Ausreichend ist vielmehr, dass die Bedrohung oder Störung **durch** das Verhalten der Person(en) oder Sache(n) hervorgerufen wird. Es geht um effiziente polizeiliche Gefahrenabwehr und nicht darum, jemanden für Störungen zur Rechenschaft zu ziehen. Die **Polizeipflicht** ist daher **verschuldensunabhängig**.

Schaubild Nr. 10
Adressaten pol. Maßnahmen gem. §§ 6-9 PolG

Störer			
§ 6 Verursacher (Verhaltens- od. Handlungsverantwortlichkeit)	§ 7 Zustandsverantwortlichkeit	§ 8 unmittelbare Ausführung	§ 9 polizeilicher Notstand (Maßnahmen gegenüber unbeteiligten Personen als allerletztes Mittel)
Beim Zusammentreffen mehrerer Störer besteht Auswahlermessen		nur, wenn Maßnahmen gegen Störer (§§ 6, 7) nicht möglich	nur, wenn Maßnahmen gegen Störer (§§ 6, 7) oder unmittelbare Ausführung nicht möglich oder unverhältnismäßig

II. Theorie der unmittelbaren Verursachung
1. Ursachenzusammenhang

5 Zur Bestimmung des Störers bedarf es eines **Ursachenzusammenhangs** zwischen der Gefahr oder Störung einerseits und dem Verhalten oder Zustand andererseits. **Ausgangspunkt** aller Lösungsversuche ist die sog. „**conditio-sine-qua-non-Formel**". Nach der hierzu geltenden **Bedingungs- oder Äquivalenztheorie** des Reichsgerichts ist jedes Verhalten kausal, das nicht hinweg gedacht werden kann, ohne dass der eingetretene Erfolg entfiele.[6] Diese Kausalitätsformel ist für das Polizeirecht jedoch zu weit. Denn ursächlich für jede Störung wäre – überspitzt formuliert – danach bereits der Beginn der Menschheitsgeschichte. Daher wurde zunächst versucht, die aus dem Zivilrecht bekannte **Adäquanztheorie** ins Polizeirecht zu übertragen. Danach kämen nur solche Bedingungen als Ursachen im Sinne polizeirechtlicher Verantwortlichkeit in Betracht, die nach der Erfahrung des Lebens allgemein geeignet sind, eine Gefahr oder Störung der eingetretenen Art herbeizuführen. Auch diese Theorie hat sich jedoch nicht durchgesetzt. Denn was nach der Lebenserfahrung allgemein gefahr- oder störungsgeeignet ist, ist nahezu willkürlich. Dementsprechend wurde die **Theorie der rechtswidrigen Verursachung** entwickelt. Danach besteht eine Polizeipflichtigkeit dann, wenn der eigene Rechtskreis überschritten wird. Das ist der Fall, wenn Rechtsvorschriften verletzt werden, die sich an den Störer wenden.[7] Auch diese Theorie besitzt indes eine Schwäche. Sie greift nur dort, wo spezielle gesetzliche Verhaltens- oder Verkehrssicherungspflichten bestehen.[8]

---

6 RGSt 44, 230, 244.
7 Pietzcker, DVBl 1984, 458 m. w. N.
8 Zur Entwicklung vgl. Poscher/Rusteberg, JuS 2011, 1082, 1083.

2. Theorie der unmittelbaren Verursachung

Aus diesen Gründen hat sich in Rechtsprechung und Literatur seit längerem die **Theorie der unmittelbaren Verursachung** durchgesetzt. Störer ist danach, wer bei wertender Betrachtung unter Einbeziehung aller Umstände des jeweiligen Einzelfalls die **polizeiliche Gefahrenschwelle überschritten** und dadurch die unmittelbare Ursache für den Eintritt der Gefahr gesetzt hat.[9]

Die Gefahrengrenze ist nicht überschritten, solange und soweit von Rechten Gebrauch gemacht wird, die **betroffene Person** sich also **mit der Rechtsordnung im Einklang** befindet.

Beispiel: A stellt seinen PKW ordnungsgemäß und den Verkehr nicht behindernd ab. Später parkt auf der gegenüberliegenden Seite B seinen PKW so, dass für andere Verkehrsteilnehmer nicht mehr ausreichend Platz zum Rangieren bleibt. Technisch könnte dieses Problem zwar auch durch die Entfernung des Fahrzeugs des A gelöst werden. A ist jedoch nicht Störer, weil er seinen Rechtskreis nicht verlassen und legal gehandelt hat. Er kann deshalb nicht auf Kostenersatz in Anspruch genommen werden.

Bei Verstößen gegen strafrechtliche oder öffentlich-rechtliche Verbots- bzw. Gebotsnormen ist demgegenüber grundsätzlich immer die Störereigenschaft zu bejahen.[10]

Beispiel: Ehemann E verprügelt zu Hause seine Frau. Sein Verhalten erfüllt den Straftatbestand eines strafbaren Verhaltens (etwa Körperverletzung gem. § 223 StGB). Damit beeinträchtigt er das Schutzgut der öffentlichen Sicherheit. Er ist Störer im polizeirechtlichen Sinne. Gegen ihn können deshalb Maßnahmen gem. § 30 Abs. 3 PolG gerichtet werden (vgl. § 11 Rn 95 ff.).

3. Der Zweckveranlasser

Die nur mittelbare Verursachung führt grundsätzlich nicht zur Polizeipflicht. Dieser Grundsatz erfährt in Gestalt des sog. „Zweckveranlassers" jedoch eine wichtige Ausnahme. Es sind nämlich auch Konstellationen denkbar, in denen sich eine Person **selbst** scheinbar rechtmäßig verhält, durch ihr Verhalten aber **Dritte** zu Störungen der öffentlichen Sicherheit oder Ordnung veranlasst. **Zweckveranlasser** (und damit Handlungsstörer i. S. d. § 6 PolG) ist nur derjenige, der eine Störung der öffentlichen Sicherheit oder Ordnung herbeiführt, indem er den Erfolg, d. h. die Störung **subjektiv bezweckt**, oder wenn sich die Störung als Folge seines Verhaltens **zwangsläufig** einstellt.[11]

Folge der Einstufung als Zweckveranlasser ist, dass die betroffene Person polizeipflichtig ist und als **Störer** zum Adressaten einer Gefahrenabwehrmaßnahme gemacht werden und als Kostenschuldner haften kann. Das Vorhandensein eines Zweckveranlassers sperrt nicht die Polizeipflichtigkeit derjenigen, die durch die Zweckveranlassung veranlasst nachfolgend handeln; diese Personen sind ebenfalls Störer und können als Adressaten von polizeilichen Maßnahmen (neben dem Zweckveranlasser) in Anspruch genommen werden (§ 5 Rn 39 ff.).

Beispiele:
- Der Inhaber eines Ladens kann für **Schaufensterwerbung** verantwortlich sein, die Menschenmassen anzieht und hierdurch den Verkehr behindert.[12]
- Der Lebensmittelhändler kann als Zweckveranlasser für nächtliche Lieferungen und damit für Störungen der Nachtruhe der Nachbarschaft in Anspruch genommen werden, wenn er seine Lieferanten lediglich auf ein **nächtliches Lieferverbot** hinweist, ihnen aber weiterhin die

---

9 VGH BW, openJur 2020, 34060 (Rn 74); Denninger, in: Lisken/Denninger, Handbuch des Polizeirechts, Kap. D Rn 79; Trurnit, in: Möstl/Trurnit, Polizeirecht BW, § 6 Rn 12; Thiel, Polizei- und Ordnungsrecht, § 8 Rn 95; VGH BW, VBlBW 2013, 178; vgl. auch § 5 Rn 13.
10 VG Freiburg, VBlBW 1994, 212.
11 VGH BW, NVwZ-RR 1995, 663; Trurnit, in: Möstl/Trurnit, Polizeirecht BW, § 6 Rn 16.
12 PrOVG 40, 216 und 85, 270, sowie HessVGH, DÖV 1992, 753, 754; vgl. dazu auch Peters/Rind, LKV 2017, 251, 254.

Schlüssel für seine Räume überlässt.[13] Maßnahmen können aber auch gegen die Lieferanten als Verhaltensstörer ergriffen werden.

- Nach der gebotenen wertenden Betrachtungsweise kann ein als „Veranlasser" auftretender **Hintermann** (mit)verantwortlich sein, wenn dessen Handlung zwar nicht die polizeirechtliche Gefahrenschwelle überschritten hat, aber mit der durch den Verursacher unmittelbar herbeigeführten Gefahr oder Störung eine **natürliche Einheit** bildet, die die Einbeziehung des Hintermanns in die Polizeipflicht rechtfertigt. Eine derartige natürliche Einheit besteht typischerweise beim „Zweckveranlasser" als demjenigen, der die durch den Verursacher bewirkte Polizeiwidrigkeit gezielt ausgelöst hat.[14]
- Bei unzureichenden Sicherungsmaßnahmen ist der **Heimbetreiber** als Zweckveranlasser für die durch die Rückbeförderung eines entlaufenen Heimbewohners durch die Polizei entstandenen **Kosten** verantwortlich.[15]
- Wer im Geltungsbereich einer Sperrgebietsverordnung, welche die Prostitutionsausübung verbietet, Prostituierten wissentlich Raum zur **Ausübung der Prostitution** überlässt, ist polizeirechtlich als Verhaltensstörer (Zweckveranlasser) für die Störung der öffentlichen Sicherheit verantwortlich, die im Verstoß der Prostituierten gegen die Verordnung liegt.[16]
- Der **Betreiber eines Lebensmittelmarktes** B verkauft insbesondere abends unter Beachtung des JuSchG an Dritte **alkoholische Getränke**. Diese Getränke werden dann von diesen an Jugendliche weitergegeben. Folge ist, dass so alkoholisierte Jugendliche in den Abendstunden auf einem benachbarten städtischen Platz regelmäßig für Randale sorgen. Die Polizei will diesen Alkoholkonsum unterbinden und gegen B vorgehen. Da sich B legal verhält, kann er auch nicht über die Rechtsfigur des Zweckveranlassers für die Randale der alkoholisierten Jugendlichen verantwortlich gemacht werden.[17]

9 In jüngerer Zeit wird über die sog. **Veranstalterverantwortlichkeit** bei Großveranstaltungen, insbesondere bei Fußballspielen diskutiert. Hier stellt sich insbesondere wegen der hohen Polizeieinsatzkosten die Frage, ob und inwieweit die Veranstalter für Gefahren und **Störungen durch Hooligans** polizeirechtlich über die Rechtsfigur des Zweckveranlassers **verantwortlich** gemacht werden können. Zuschauerausschreitungen werden aber vom Veranstalter regelmäßig nicht billigend in Kauf genommen, weil er selbst unter zivilrechtlichen Haftungsgesichtspunkten und wegen möglicher verbandsrechtlicher Strafen eine störungsfreie Veranstaltung wünscht.[18] Mit der Veranstaltung macht der Veranstalter regelmäßig von seinen Grundrechten der Berufsfreiheit (Art. 12 GG) oder der allgemeinen Handlungsfreiheit (Art. 2 Abs. 1 GG) Gebrauch. Daher haftet er auch nach der **Theorie der unmittelbaren Verursachung** nicht für das Fehlverhalten von Besuchern der Veranstaltung. Er kann deshalb auch nicht als Zweckveranlasser in Anspruch genommen werden, wenn es trotz gebotener organisatorischer Vorkehrungen zu Ausschreitungen kommt.[19]

10 Der – häufig minderjährige – **Veranstalter einer sog. „Facebook-Party"** kann **nicht ohne Weiteres** als **Zweckveranlasser** angesehen werden.[20] Bei einer Facebook-Party erfolgt die Einladung für eine (zumeist private) Veranstaltung über einen Post bei Face-

---

13 OVG NRW, JA 2008, 238.
14 BVerwG zur Rechtmäßigkeit eines Leistungsbescheids gegenüber einem Wiedereinfuhrpflichtigen bei illegaler Abfallverbringung (JA 2007, 317). Zur Zurechnung des die öffentliche Sicherheit gefährdenden Verhaltens Dritter, wenn dieses Verhalten von dem Handelnden ausdrücklich beabsichtigt ist, vgl. VG Hamburg (Heranziehung des Veranstalters einer Sportgroßveranstaltung **als Verhaltensverantwortlichen** [DÖV 2012, 855] und dazu HambOVG (DVBl 2012, 784); im Unterschied zum VG Hamburg hat das OVG in der die Beschwerde zurückweisenden Entscheidung das Vorliegen der Voraussetzungen für eine Inanspruchnahme des Veranstalters **als Nichtstörer im polizeilichen Notstand** grundsätzlich bejaht. Vgl. auch Beutel, Die Polizei 2014, 117, u. die Hinweise in § 5 Rn 20 u. § 15 Rn 42 ff.
15 VG Saarland, LKRZ 2009, 423.
16 HessVGH, NVwZ-RR 1992, 1111; Kenntner, Öffentliches Recht BW, Kap. A Rn 86.
17 Siehe Fallbesprechung Jann, Sonderbeilage VBlBW 5/2010, 18; OVG NRW: Kioskverkäufer als Zweckveranlasser des im Straßenkarnevals von den Jecken auf der Straße weggeworfenen Glasabfalls (DÖV 2012, 488 [Rn 45 ff.]; VGH BW, NJW 2005, 238 f.
18 Zum privatrechtlichen Stadionverbot vgl. BVerfG, NJW 2018, 1667 (= BayVBl 2019, 17), wonach es für ein Stadionverbot keiner Straftat der betroffenen Person bedarf, sondern eine auf Tatsachen beruhende Besorgnis ausreicht, dass künftig von der betroffenen Person Störungen verursacht werden.
19 Deger, in: Stephan/Deger, Polizeigesetz BW, § 6 Rn 10; Böhm, NJW 2015, 3000, 3001 f.; Brüning, VerwArch 2015, 417, 420 bis 423; krit. auch Kenntner, Öffentliches Recht BW, Kap. A Rn 86; **a. A.** wohl Peters/Rind, LKV 2017, 251, 254 f. Vgl. auch die weiteren Ausführungen in § 5 Rn 20 u. § 15 Rn 42 ff.
20 Herberger, VBlBW 2018, 445, 448.

book. Ausschreitungen bei einer Facebook-Party sind nicht der Regelfall und können vom Organisator nicht als typische Folge seiner in Facebook geposteten Einladung angesehen werden. Facebook dient bei der Einladung von Facebook-Freunden nur als einer von vielen möglichen Kommunikationswegen (E-Mail, SMS, WhatsApp, Snapchat, Instagram etc.). Eine Einladung für die Allgemeinheit kann nur erfolgen, wenn der entsprechende Post – zumeist versehentlich – nicht nur an die eigenen „Freunde", sondern an die Allgemeinheit der Facebook-Nutzer erfolgt (was etwa über den „Veranstaltungs-Post" geschehen kann). Auch **Teilen oder Weiterleiten der Einladung** können dem Organisator nicht ohne Weiteres zugerechnet werden, da sie durch Dritte ohne sein Zutun erfolgen. Der Veranstalter genügt regelmäßig seiner **Sorgfaltspflicht**, wenn er seine Freunde auffordert, die Einladung nicht zu teilen oder an andere weiterzuleiten.

Eine Zweckveranlassung kann in diesen Fällen nur begründet werden, wenn der Organisator der Veranstaltung bei der Nutzung der elektronischen Medien **die zu erwartende allgemeine Sorgfalt außer Acht gelassen** oder die **Einladung absichtlich an die Allgemeinheit** versandt hat. Unter diesen Voraussetzungen muss er sich Exzesse von Gästen, die zu einer Gefahr oder Störung der öffentliche Sicherheit oder Ordnung führen, zurechnen lassen.

Die **Rechtsfigur des Zweckveranlassers** spielt auch im Bereich des **Versammlungsrechts** eine Rolle, insbesondere dann, wenn eine „rechte" Demonstration „linke" Gegendemonstranten auf den Plan ruft (oder umgekehrt). Da diese Konstellation erfahrungsgemäß häufig mit **gewalttätigen Auseinandersetzungen** verbunden ist, wird erwogen, über die Figur des Zweckveranlassers die **Ausgangsveranstaltung** zu verbieten, vor allem dann, wenn von dieser Provokationen etc. ausgehen.[21] Grundsätzlich sind polizeiliche Maßnahmen gegen die Personen zu richten, die durch ihr Verhalten unmittelbar eine Gefahr verursachen. Verhält sich ein Veranstalter einer Demonstration friedlich und gehen Störungen lediglich von Gegendemonstrationen oder anderen Störergruppen aus, sind die **Gegendemonstranten** Adressat polizeilicher Maßnahmen. Demgegenüber ist die Durchführung der **Ausgangsversammlung**, deren Teilnehmer sich friedlich verhalten, von der Polizei zu schützen.[22] Mit Rücksicht auf Art. 5 Abs. 1 GG und die Versammlungsfreiheit als Minderheitenrecht kommt die **Rechtsfigur des Zweckveranlassers** als Begründung einer Störereigenschaft einer – friedlichen – Versammlung (= Ausgangsversammlung) grundsätzlich nicht in Betracht. Selbst wenn die Figur des Zweckveranlassers versammlungsrechtlich herangezogen werden könnte, setzte ihre Anwendung voraus, dass der vom Veranstalter angegebene Zweck nur Vorwand und die Provokation von Gegengewalt das eigentliche vom Veranstalter „objektiv" oder gar „subjektiv" bezweckte Vorhaben ist. Soweit die in der Versammlung geäußerten Inhalte in einer Demokratie trotz ihrer Missbilligung etwa durch die Mehrheit der Bevölkerung oder auch nur durch die Gegendemonstranten verfassungsrechtlich zu tolerieren sind, kann die Zweckveranlassung als Begründung für die Störereigenschaft nicht auf diese Inhalte gestützt werden.[23]

Ein entsprechendes Verbot kann allenfalls unter den strengen Voraussetzungen des **polizeilichen Notstandes** gem. § 9 PolG in Betracht kommen (§ 5 Rn 47 ff.).[24]

III. Der Handlungsstörer
1. Allgemeines

Verursacht eine Person durch ihr Verhalten eine Gefahr, sind polizeiliche Maßnahmen gegen sie zu richten. Sie ist gem. § 6 PolG **Verhaltensverantwortliche.** Hierbei ist zu

---
21 Vgl. etwa VG Minden, NVwZ 1988, 663.
22 BVerfG, NVwZ 2006, 1049; vgl. auch § 2 Abs. 2 VersammlG, der die Störung von Versammlungen verbietet.
23 So BVerfG, NVwZ 2000, 1406, 1407; Kniesel/Poscher, in: Lisken/Denninger, Handbuch des Polizeirechts, Kap. K Rn 351.
24 Vgl. dazu BVerfG, NVwZ-RR 2007, 641; vgl. auch § 5 Rn 50.

unterscheiden: Zum einen kann die Polizei ihre Maßnahmen gegenüber derjenigen Person treffen, welche die öffentliche Sicherheit oder Ordnung durch ihr **eigenes Verhalten** bedroht oder stört (§ 6 Abs. 1 PolG). Zum anderen kann einer Person unter bestimmten Voraussetzungen auch **fremdes Verhalten** zugerechnet und hierdurch die Störereigenschaft begründet werden (§ 6 Abs. 2 u. 3 PolG).

2. Verantwortlichkeit für eigenes Verhalten (§ 6 Abs. 1 PolG)

13 **Verhaltensverantwortlichkeit** bedeutet Verantwortlichkeit für die Verursachung von Gefahren für die öffentliche Sicherheit oder Ordnung bzw. von Störungen dieser Schutzgüter durch menschliches Verhalten. Die Verhaltensverantwortlichkeit einer Person wird in erster Linie durch ihr eigenes Verhalten begründet (§ 6 Abs. 1 PolG). **Verhaltensstörer** im polizeirechtlichen Sinne ist nur derjenige, dessen Verhalten die eingetretene Störung unmittelbar verursacht, also selbst im konkreten Fall die polizeiliche Gefahrengrenze überschreitet. Wann dies der Fall ist, kann nicht generell, sondern nur anhand einer **wertenden Betrachtung** der Umstände des Einzelfalls bestimmt werden, wonach zu fragen ist, wer die eigentliche und wesentliche Ursache für den polizeiwidrigen Erfolg gesetzt hat. Nur durch diese wertende Betrachtung des Verhältnisses zwischen dem Zurechnungsgrund und der Gefahr lässt sich ermitteln, ob eine unmittelbare Verursachung im Sinne eines hinreichend engen Wirkungs- und Verantwortungszusammenhangs zwischen der Gefahr oder der Störung und dem Verhalten der Person vorliegt, die deren Pflichtigkeit als zumutbar rechtfertigt.[25] Unter **Verhalten** ist dabei sowohl das positive **Tun** als auch das **Unterlassen** zu verstehen. Die Verhaltensverantwortlichkeit setzt weder Geschäfts- noch Deliktsfähigkeit oder Verschulden voraus. Das **Verhalten** muss **nicht** von einem **Handlungswillen** getragen sein, so dass etwa auch ein Epileptiker oder Betrunkener Handlungsstörer sein kann. Entscheidend ist die objektive Gefahrenlage. Deshalb können auch Kinder, juristische Personen und nicht rechtsfähige Personenvereinigungen als Polizeipflichtige in Anspruch genommen werden.

Beispiel: Die 13-jährige T ist mit ihrem Lieblingshund „Wauzi" unterwegs. Obwohl der Leinenzwang für ihre Strecke durch entsprechende Regelung in der Polizeiverordnung angeordnet ist, nimmt sie den Hund nicht an die Leine. Durch ihr Verhalten verstößt T gegen die Polizeiverordnung und beeinträchtigt die öffentliche Sicherheit. Obwohl T nur eingeschränkt geschäfts- und deliktsfähig ist (vgl. §§ 2, 106, 828 Abs. 1 BGB), ist sie gem. § 6 Abs. 1 PolG **Störerin** und damit Adressat von polizeilichen Maßnahmen zur Durchsetzung des Leinenzwangs (vgl. auch § 6 Abs. 2 PolG).

14 Zur in Rechtsprechung und Literatur umstrittenen Frage, ob dem **nicht geschäftsfähigen** minderjährigen **Störer** ein durch die Polizei erlassener Verwaltungsakt bei Eilbedürftigkeit und Nichterreichbarkeit der Personenberechtigten **wirksam bekanntgegeben** werden kann, vgl. Schenke, JuS 2016, 507 ff. m. w. N. Sofern diese Möglichkeit abgelehnt wird (so etwa Schenke a. a. O), kann die notwendige polizeiliche Maßnahme im Wege der unmittelbaren Ausführung oder des Sofortvollzugs durchgesetzt werden.[26]

15 Ein **Unterlassen** ist für das Bestehen einer Polizeipflicht nur relevant, wenn sich aus einer **Gebotsnorm** eine **Rechtspflicht zum Handeln** ergibt.[27] Als entsprechende Regelungen kommen insbesondere **öffentlich-rechtliche Vorschriften** in Betracht, wie etwa § 323 c StGB, der eine Pflicht zur Hilfeleistung bei Unglücksfällen oder gemeiner Gefahr bzw. Not festschreibt (Abs. 1) und die Behinderung von Rettungskräften bei ihren Einsätzen unter Strafe stellt (Abs. 2). Ferner ergeben sich aus § 32 Abs. 1 S. 2 StVO Pflichten zur Beseitigung von Verunreinigungen und zur Sicherung von Verkehrshindernissen. Praxisrelevant ist überdies § 41 Abs. 2 StrG, der die Möglichkeit von Wegereinigungssatzungen eröffnet, sowie § 42 StrG mit seiner Pflicht, Straßenverunrei-

---

25 VGH BW, VBIBW 2013, 178 ff. (Rn 50).
26 Schenke, JuS 2016, 507, 509 ff.
27 Thiel, Polizei- und Ordnungsrecht, § 8 Rn 88; Trurnit, in: Möstl/Trurnit, Polizeirecht BW, § 6 Rn 10.

gungen zu beseitigen. All diese Normen zielen eigens auf Gefahrvermeidung ab und sind geeignet, die Eigenschaft als Handlungsstörer durch Unterlassen zu begründen.
Dasselbe gilt auch für die **Bestattungspflicht** von Angehörigen gem. §§ 30, 31 BestattG.

Fall 12: Tochter T des Verstorbenen V teilt in einem Telefonat der Gemeinde O mit, dass ihr Vater V verstorben ist. Sie weist darauf hin, dass sie die einzige noch lebende Verwandte ist. Weil sich V um sie aber nie gekümmert habe, sei sie nicht bereit, für seine Bestattung zu sorgen.

T ist im **Fall 12** gem. §§ 31 Abs. 1 i. V. m. 21 Abs. 1 Nr. 1 BestattG **bestattungspflichtige Angehörige**. § 31 Abs. 1 BestattG normiert eine (öffentlich-rechtliche) Verpflichtung der T zur Bestattung ihres Vaters.
Weigert sich T, ihrer gesetzlichen Verpflichtung nachzukommen, hat die **Ortspolizeibehörde** (O) gem. § 31 Abs. 2 BestattG die **Bestattung zu veranlassen**.[28]
O hat zwei Möglichkeiten:
- Die Behörde kann durch Erlass eines (vollziehbaren) Verwaltungsaktes T verpflichten, ihrer Bestattungspflicht nachzukommen und versuchen, diese Grundverfügung zu vollstrecken.
- In der Praxis wird sie aber regelmäßig den zweiten Weg gehen: O veranlasst durch die Beauftragung eines Bestattungsunternehmens die Bestattung des V im Wege der unmittelbaren Ausführung (§ 8 Rn 1 ff.). Danach nimmt sie gem. § 31 Abs. 2 BestattG durch Erlass eines entsprechenden Kostenbescheids die T zum Ersatz ihrer verauslagten Bestattungskosten in Anspruch.[29]

Eine Rechtspflicht zur Vermeidung von Gefahren kann sich auch aus (nur) **zivilrechtlichen Handlungspflichten** ergeben. Bei der Frage des Handlungsstörers durch Unterlassen geht es darum, ob eine **Pflicht zur Gefahrvermeidung** besteht oder nicht. So zielen privatrechtliche Verkehrssicherungspflichten oder Schutzgesetze auf die Vermeidung von Gefahren oder den Eintritt von Rechtsgutsverletzungen ab. Werden Leib und Leben von Personen durch die Verletzung derartiger privater Sicherungspflichten gefährdet, muss grundsätzlich eine Verhaltensverantwortlichkeit bejaht werden können.[30]

3. Verantwortlichkeit für fremdes Verhalten (§ 6 Abs. 2 und 3 PolG)

Zusätzlich zur Einstandspflicht für eigenes Verhalten kann gem. § 6 Abs. 2 und 3 PolG auch eine Verantwortlichkeit für fremdes Verhalten bestehen – die sog. **Zusatzverantwortlichkeit** (nicht zu verwechseln mit der Zustandsverantwortlichkeit gem. § 7 PolG).

a) Zusatzverantwortlichkeit des Personensorgeberechtigten und des Betreuers

Im Falle von Störungen von Personen, die in ihrer Geschäftsfähigkeit zumindest beschränkt sind, erweitert § 6 Abs. 2 PolG den Kreis der Störer in zweifacher Hinsicht: Zum einen kann die Polizei bei Bedrohungen oder Störungen, die durch eine Person verursacht werden, die das 16. Lebensjahr noch nicht vollendet hat, auch gegenüber den Personensorgeberechtigten einschreiten (§ 6 Abs. 2 S. 1 PolG). Welchen Personen die **Personensorge** obliegt, beurteilt sich nach dem BGB. Im Falle verheirateter **Eltern** trifft sie beide Elternteile, soweit ihnen die Personensorge obliegt (§§ 1626 ff. BGB.; vgl. auch §§ 1671 bis 1681 BGB). Fällt die elterliche Sorge aus, tritt die Personensorge des Vormunds für das minderjährige Mündel an ihre Stelle (§§ 1773, 1793 BGB). Ist für eine volljährige Person ein **Betreuer** bestellt (§§ 1896 ff., 1901 BGB), trifft diesen gem. § 6 Abs. 2 S. 2 PolG die Zusatzverantwortlichkeit.

16

17

---

28 Zur Zuständigkeit von O vgl. § 50 Abs. 2 BestattG i. V. m. § 31 Abs. 3 BestattVO.
29 Zur Bestattungspflicht vgl. VGH BW, BWGZ 2010, 312; VBlBW 2008, 137; Repkewitz, VBlBW 2010, 228.
30 **Str.**, wie hier auch Trurnit, in: Möstl/Trurnit, Polizeirecht BW, § 6 Rn 10.1; Schenke, Polizei- und Ordnungsrecht, Rn 239 m. w. N. Nach Deger, in: Stephan/Deger, Polizeigesetz BW, § 6 PolG Rn 4, etwa soll die Verletzung bloßer zivilrechtlicher Vorschriften allenfalls zur Zustandshaftung führen.

b) Zusatzverantwortlichkeit des Geschäftsherrn für den Verrichtungsgehilfen

18 Ist die Bedrohung oder Störung durch eine Person verursacht worden, die von einem anderen zu einer Verrichtung bestellt worden ist, kann die Polizei ihre Maßnahmen auch gegenüber dem anderen treffen (§ 6 Abs. 3 PolG). Hiermit ist die Zusatzverantwortlichkeit des Geschäftsherrn für den Verrichtungsgehilfen geregelt. **Verrichtungsgehilfe im polizeirechtlichen Sinn** ist dabei jeder, dem von einem anderen, von dessen Weisung er abhängig ist, eine Tätigkeit übertragen wurde. Für das **Weisungsrecht** reicht es aus, dass der Geschäftsherr die Tätigkeit des Handelnden jederzeit beschränken, untersagen oder nach Zeit und Umfang bestimmen kann. Dabei ist die Art des Rechtsverhältnisses zwischen dem Gehilfen und dem Geschäftsherrn ohne Bedeutung. Ausschlaggebend ist allein, dass der Bestellte bei Ausführung der Verrichtung vom Willen des Bestellers abhängig ist, mag er im Übrigen auch selbstständig arbeiten.[31] Damit gelten für den Verrichtungsgehilfen **vom Ansatz** her die gleichen Voraussetzungen **wie im Bereich des § 831 BGB**. In Ausführung der Verrichtung handelt der Gehilfe auch dann noch, wenn er auftragswidrig dem geäußerten oder mutmaßlichen Willen des Geschäftsherrn und seinen wohlverstandenen Interessen zuwiderhandelt.[32] Selbst wenn ein Verrichtungsgehilfe entgegen dem Willen des Geschäftsherrn und dessen Auftrag handelt, ändert sich an der Einstandspflicht nichts, solange es sich um eine nicht aus dem Kreis oder allgemeinen Rahmen der anvertrauten Aufgabe und dem damit verbundenen **Risikobereich des Geschäftsherrn** herausfallende Übertretung handelt.

Beispiel: Unternehmer U beauftragt seine Beschäftigten, Behälter, die mit einer teerhaltigen Flüssigkeit gefüllt sind, **ordnungsgemäß** zu entsorgen. Diese halten sich jedoch nicht an diese Anweisung und kippen die Flüssigkeit kurzerhand in einen Grundwassersee. Das Verhalten der Beschäftigten ändert nichts an der Einstandspflicht des U, weil das Verhalten der Mitarbeiter noch zu seinem Risikobereich gehört.[33]

Das die Zusatzhaftung begründende **Abhängigkeitsverhältnis** entfällt jedoch, wenn der Gehilfe einer klaren und speziellen Weisung zur Ausführung des Auftrags zuwiderhandelt und dadurch eine Gefahr verursacht.

19 § 831 Abs. 1 S. 2 BGB eröffnet dem Geschäftsherrn im Zivilrecht die Möglichkeit, sich für die Verfehlung seiner Verrichtungsgehilfen zu entlasten, wenn er den Nachweis führen kann, dass er sie sorgfältig ausgesucht und überwacht hat (sog. **Exkulpationsmöglichkeit**). Hierauf kann sich der Geschäftsherr im Rahmen des § 6 Abs. 3 PolG **nicht** berufen. Denn wenn die Störerverantwortlichkeit **verschuldensunabhängig** ist und selbst Schuldunfähige polizeirechtlich in Anspruch genommen werden können (§ 5 Rn 2, 13), kann sich der Geschäftsherr in Bezug auf seine Störereigenschaft auch nicht durch sorgfältige Auswahl oder Überwachung seiner Gehilfen „exkulpieren".[34]

Durch das Hinzutreten weiterer Verantwortlicher gem. § 6 Abs. 2 u. 3 PolG wird der **eigentliche Störer** i. S. d. § 6 Abs. 1 PolG **nicht aus der Verantwortung gelassen**. Dies zeigt zum einen der eindeutige **Wortlaut** des § 6 Abs. 2 u. 3 PolG: Danach kann die Polizei ihre Maßnahmen „auch" gegenüber demjenigen treffen (§ 6 Abs. 2 PolG) bzw. „auch" gegenüber dem anderen treffen (§ 6 Abs. 3 PolG). Zum anderen folgt dies aus **Sinn und Zweck der Norm**. Bei § 6 Abs. 2 und 3 PolG geht es darum, den Kreis der Haftpflichtigen zu erweitern. Der eigentlich Störende und der Zusatzverantwortliche sind daher nebeneinander Störer i. S. d. Polizeirechts. Für die **Störerauswahl** gelten im Übrigen die allgemeinen Grundsätze (§ 5 Rn 39 ff.).

---

31 VGH BW, NJW 1993, 1543, 1544 m. w. N.
32 Denninger, in: Lisken/Denninger, Handbuch des Polizeirechts, Kap. D Rn 105.
33 OVG NRW, DVBl 1973, 924, 927.
34 Denninger, in: Lisken/Denninger, Handbuch des Polizeirechts, Kap. D Rn 105.

c) Exkurs: Zurechnung des Verhaltens Dritter bei Herbeiführung eines Sonderrisikos?

In der Rechtslehre wird teilweise auch eine polizeirechtliche Zurechnung des Verhaltens Dritter bejaht, wenn es „zwangsläufige" Folge der in Rede stehenden Handlung ist. In diesen Fällen soll es nicht – wie beim sog. Zweckveranlasser – auf den „bezweckten Erfolg", sondern darauf ankommen, ob die zu beurteilende Handlung ein besonderes, vorhersehbares Risiko eines bestimmten Verhaltens Dritter schafft, das es rechtfertigt, die daraus entstehende Gefahr dem **Hintermann** zuzurechnen.

Fall 13: Die Stadt Hamburg untersagte auf der Grundlage der polizeilichen Generalermächtigung einem Fußballverein **als Verhaltensverantwortlichen** durch entsprechende sofort vollziehbare Verfügung, Eintrittskarten für ein bevorstehendes Fußballspiel an einen Gästeverein abzugeben. Nach Auffassung der Ordnungsbehörde musste wegen der Erfahrungen bei vorausgegangenen Spielen mit hoher Wahrscheinlichkeit davon ausgegangen werden, dass es bei dem Aufeinandertreffen von Problemfangruppen beider Vereine zu Ausschreitungen und strafbaren Handlungen kommen wird. Mit der Verfügung sollten diese Gefahren für die öffentliche Sicherheit abgewehrt werden.

Nach Auffassung des **VG Hamburg** war dieses Vorgehen der Behörde im **Fall 13** im Ergebnis rechtmäßig. Der das Fußballspiel austragende Verein konnte als Verhaltensverantwortlicher in Anspruch genommen werden, weil er durch die beabsichtigte Abgabe von Eintrittskarten an den Gästeverein ein derartiges objektives **„Sonderrisiko"** für die befürchteten Auseinandersetzungen und damit für die Gefährdung der öffentlichen Sicherheit herbeiführen würde. Das Gericht lehnte deshalb den Antrag des Fußballvereins, die aufschiebende Wirkung der Untersagungsverfügung wieder herzustellen, ab.[35]

Das **HambOVG** wies zwar im Ergebnis die Beschwerde des Fußballvereins gegen diesen Beschluss zurück. In den Gründen vertrat das OVG aber die Auffassung, dass im zu entscheidenden Fall beim Vorliegen der Voraussetzungen des polizeilichen Notstandes (in BW: § 9 PolG) die **Inanspruchnahme** des Fußballvereins **als Nichtstörer** in Frage kommen könne. Dieser Beurteilung ist zuzustimmen. Eine extensive Auslegung des Begriffs der Verhaltensverantwortlichkeit ist abzulehnen.[36]

IV. Der Zustandsstörer

1. Allgemeines

Wird die öffentliche Sicherheit oder Ordnung durch den Zustand einer Sache bedroht oder gestört, so hat die Polizei ihre Maßnahmen gegenüber dem **Eigentümer** oder gegenüber demjenigen zu treffen, der die **tatsächliche Gewalt über die Sache** ausübt (**§ 7 PolG**). Die polizeiliche Verantwortlichkeit des Eigentümers oder des Inhabers der tatsächlichen Gewalt für den Zustand von Sachen ist Ausfluss der tatsächlichen und rechtlichen **Sachherrschaft**, welche die Nutzung der Sache mit den sich daraus ergebenden Vorteilen ermöglicht.[37] Wer entsprechende Herrschaftsbefugnisse inne hat, kann und muss dafür sorgen, dass andere nicht durch den gefährlichen Zustand einer Sache gestört oder gar geschädigt werden – oder anders formuliert: Wer die Sache für seine Zwecke rechtmäßig nutzen kann, muss gefährliche Nutzungen unterlassen.[38]

Die Gefahr kann durch **Eigenschaften der Sache** oder durch ihre **Lage in der Umwelt / im Raum** begründet werden. Die Gefahrenquelle muss ihren Sitz in der Sache selbst haben. Bei einem **Grundstück** ist unerheblich, ob der polizei- und ordnungs-

---

35 Vgl. VG Hamburg (Heranziehung des Veranstalters einer Sportgroßveranstaltung **als Verhaltensverantwortlichen** [DÖV 2012, 855] und dazu HambOVG (DVBl 2012, 784); im Unterschied zum VG Hamburg hat das OVG in der die Beschwerde zurückweisenden Entscheidung das Vorliegen der Voraussetzungen für eine Inanspruchnahme des Veranstalters **als Nichtstörer im polizeilichen Notstand** grundsätzlich bejaht. Vgl. dazu Beutel, Die Polizei 2014, 117, u. die Hinweise in § 5 Rn 7 ff.
36 HambOVG, DVBl 2012, 784.
37 BVerwG, Beschl. v. 22.7.2020 – 6 B 9.20 (Rn 9).
38 Gusy, Polizei- und Ordnungsrecht, Rn 350.

rechtswidrige Zustand der Sache durch Dritte oder durch höhere Gewalt herbeigeführt worden ist.[39]

2. Verantwortlichkeit des Eigentümers
a) Eigentum i. S. d. § 7 PolG

22 Der **polizeirechtliche Eigentumsbegriff** stimmt mit dem zivilrechtlichen Eigentumsbegriff überein.[40] Entscheidend ist damit, wer **nach bürgerlichem Recht** Eigentümer ist. Das Polizeirecht geht also auch vom **Sachbegriff des § 90 BGB** aus. Sachen sind demnach nur (bewegliche oder unbewegliche) körperliche Gegenstände. Das setzt räumliche Abgrenzbarkeit voraus.[41]

Fall 14: E ist Eigentümer eines Grundstücks, auf dem in früheren Jahren ein Bergwerk betrieben wurde. Unter dem Grundstück befinden sich mehrere Stollen bzw. Hohlräume, die auf dem Grundstück immer wieder zu Tagesbrüchen und Einstürzen führen. Wegen der damit verbundenen Einsturzgefahren und Gefährdung der öffentlichen Sicherheit erlässt das Regierungspräsidium, zuständig für stillgelegte „untertägige" Bergwerke, zur Abwehr von Gefahren, durch die die öffentliche Sicherheit bedroht wird, eine entsprechende Verfügung, durch die dem E das Betreten seines Grundstücks untersagt wird.

Das VG Freiburg hat im **Fall 14** die Auffassung vertreten, dass das Altbergwerk Teil des Grundstücks des E geworden ist und E deshalb Zustandsstörer sei. Demgegenüber hat der **VGH BW** im Berufungsverfahren entschieden, dass E nicht Zustandsstörer sei. Zwar erstrecke sich das Grundstückseigentum gem. § 905 S. 1 BGB grundsätzlich auch auf den Erdkörper unter der Oberfläche. Das **Bergwerkseigentum** sei davon jedoch nicht erfasst. Die Gefahr für die öffentliche Sicherheit gehe, so der VGH BW, nicht vom Grundstück, sondern von der Instabilität der Stollen darunter aus.[42]

23 **Allgemeingüter** wie die freie Luft, fließendes Wasser oder Grundwasser sind mangels Abgrenzbarkeit dem Grunde nach keine Sachen. Zur Sache werden sie unabhängig von ihrem Aggregatzustand erst, wenn sie durch Fassung in einem Behältnis eine körperliche Begrenzung erfahren, so etwa das Wasser in der Flasche oder das Gas im Tank. **Tiere** sind gem. § 1 TierSchG, **§ 90 a BGB** keine Sachen, sondern Mitgeschöpfe. Mangels gegenteiliger polizeirechtlicher Regelung sind aber auf Tiere die für Sachen geltenden Vorschriften entsprechend anzuwenden (§ 90 a S. 2 BGB).

24 Die Verantwortlichkeit beginnt mit dem **Eigentumserwerb** und damit mit dem Beginn des Einwirkungsrechts. Für den **Eigentumsübergang** an beweglichen Sachen gelten die §§ 929 ff. BGB. Für den Grundstückserwerb bedarf es der zivilrechtlichen Einigung (Auflassung) und der Eintragung der Rechtsänderung im Grundbuch gem. §§ 873, 925 BGB.[43] **Miteigentümer** gelten als Eigentümer; jeder von ihnen ist verantwortlich. Auch der **Sicherungseigentümer** kann polizeipflichtig sein.[44] Der **Erbbauberechtigte** ist hingegen kein zivilrechtlicher Eigentümer und damit nicht Zustandsstörer i. S. d. § 7 PolG, sofern er nicht zugleich Inhaber der tatsächlichen Gewalt über die störende Sache ist.[45]

b) Haftungsbegrenzungen bei Eigentumsbeeinträchtigung

25 Grundsätzlich ist jeder, dessen Sache eine Gefahr verursacht, verantwortlich. Haftungsbegrenzungen ergeben sich insbesondere aus dem **Grundsatz der unmittelbaren Verursachung**, welcher auch für den Zustandsstörer gilt. Auch hier ist deshalb eine **wer-**

---

39 BVerwG, Beschl. v. 22.7.2020 – 6 B 9.20 (Rn 9).
40 VGH BW, BWVPr 1996, 234; Trurnit, in: Möstl/Trurnit, Polizeirecht BW, § 7 Rn 5.
41 Vgl. Ellenberger, in: Palandt, § 90 BGB Rn 1.
42 VGH BW, VBlBW 2013, 178 ff. (Rn 46): Abänderung des Urteils des VG Freiburg v. 30.10.2010 – 3 K 1259/08.
43 VGH BW, BWGZ, 1996, 234, 235.
44 VGH BW, BWVPr 1978, 150; Deger, in: Stephan/Deger, Polizeigesetz BW, § 7 Rn 10.
45 VGH BW, VBlBW 1997, 463; **a. A.** – auch wegen der dortigen Gesetzeslage – OVG BB, NJW 2012, 3673; vgl. auch OVG NRW, JuS 2013, 378, mit Urteilsbesprechung von Waldhoff.

tende Betrachtung vorzunehmen (vgl. § 5 Rn 6). Anknüpfungspunkt ist die (zumindest) normative Sachherrschaft über und die Einflussmöglichkeit auf eine gefährliche Sache und die sich daraus ergebende Pflicht, für die Störungsfreiheit zu sorgen.[46]

Gem. § 7 PolG haftet der Eigentümer nur, wenn und soweit er rechtlich oder tatsächlich auf den Zustand der Sache einwirken kann. An einer solchen Einwirkungsmöglichkeit fehlt es, wenn die **Sache gegen den Willen des Eigentümers entzogen** wird, also etwa durch Diebstahl oder wenn die Sache – etwa durch Naturschutzrecht – der Allgemeinheit genauso zur Verfügung steht wie dem Eigentümer. Ebenso verhält es sich bei **Verlust des Eigentums** durch Veräußerung, Verbindung, Vermischung oder Verarbeitung gem. §§ 946 ff. BGB. Denn die Zustandsverantwortlichkeit knüpft an die **zivilrechtliche Sachherrschaft** an und damit an die rechtliche und tatsächliche Einwirkungsmöglichkeit auf die Sache.[47] Dementsprechend behält der Eigentümer die rechtliche Sachherrschaft und damit die Störerposition i. S. d. § 7 PolG, wenn er wegen eines Schuldverhältnisses wie Leihe, Pacht oder Miete einem Dritten lediglich die tatsächliche Sachherrschaft überlässt. Die Verantwortlichkeit lebt außerdem dann wieder auf, wenn der Verfügungsberechtigte die Sachherrschaft wiedererlangt (wenn etwa die abhanden gekommene Sache gefunden und dem Eigentümer zurückgegeben wird).

c) Sonderproblem der Eigentumsaufgabe

Das Zivilrecht ermöglicht es dem Eigentümer, sein Eigentum zu veräußern, oder seine Rechtsposition durch **einseitigen Willensakt** aufzugeben. Zur Aufgabe des Eigentums an einer beweglichen Sache genügt die Besitzaufgabe bei gleichzeitiger Absicht, auf das Eigentum zu verzichten (§ 959 BGB). Das Eigentum an einem Grundstück kann durch Verzichtserklärung gegenüber dem Grundbuchamt und entsprechende Eintragung im Grundbuch aufgegeben werden (§ 928 Abs. 1 BGB). Mit der Aufgabe des Eigentums wird die Sache **herrenlos** (vgl. § 959 BGB). Fraglich ist, ob der Eigentümer hierdurch zugleich seine Störereigenschaft i. S. d. § 7 PolG verliert. Diese Frage wird in Literatur und Rechtsprechung seit jeher kontrovers diskutiert. Der praktische Hintergrund der Diskussion liegt auf der Hand: Die zivilrechtlichen Vorschriften laden den Eigentümer gefährlicher Sachen geradezu ein, sich durch bloße Eigentumsaufgabe (Dereliktion) **aus der polizeirechtlichen Verantwortung zu stehlen**. So könnten insbesondere Altlastengrundstücke anstelle einer kostenaufwendigen Sanierung einfach aufgegeben, und schrottreife Pkws im öffentlichen Verkehrsraum stehen gelassen werden, anstatt sie ordnungsgemäß zu beseitigen.

Das PolG sieht für diesen Fall – im Unterschied zu fast allen anderen Bundesländern – keine gesetzliche Regelung vor.[48] Zur Lösung der Problematik ist deshalb eine **differenzierte Vorgehensweise** angezeigt, die eine angemessene **Risikoverteilung** zwischen dem Eigentümer und der Allgemeinheit herbeiführt. Hierzu hat die **Rechtsprechung** folgende Grundsätze aufgestellt:

Grundsätzlich endet die Zustandsverantwortlichkeit gem. § 7 PolG dem Grunde nach durch wirksame Veräußerung oder Eigentumsaufgabe.[49] Somit kann der frühere Eigentümer **grundsätzlich** nicht mehr als Zustandsstörer in Anspruch genommen werden.

Zur **Vermeidung des Missbrauchs** bedarf dieser Grundsatz jedoch einer **Einschränkung nach allgemeinen zivilrechtlichen Grundsätzen**: Danach ist ein Rechtsgeschäft, das gegen die guten Sitten verstößt, nichtig (§ 138 BGB). Um ein solches nichti-

---

[46] VGH BW, VBlBW 2013, 178 ff. (Rn 48).
[47] VGH BW, NJW 1992, 64, 65; Trurnit, in: Möstl/Trurnit, Polizeirecht BW, § 7 Rn 7.
[48] Vgl. etwa § 5 Abs. 3 PolG NRW, § 7 Abs. 3 HSOG: „Geht die Gefahr von einer herrenlosen Sache aus, so können die Maßnahmen gegen diejenigen Personen gerichtet werden, die das Eigentum an der Sache aufgegeben haben."
[49] VGH BW, NVwZ-RR 1991, 27: „Die Haftung als Zustandsstörer endet mit der Aufgabe der tatsächlichen Gewalt über den polizeiwidrigen Zustand.; Graf, in: Pöltl/Ruder, Öffentliche Sicherheit und Ordnung, Stichwort „Dereliktion".

ges Rechtsgeschäft handelt es sich, wenn die Eigentumsaufgabe allein darauf abzielt, die Kosten der Gefahrbeseitigung in erheblichem Umfang auf die Allgemeinheit abzuwälzen.[50] Schon hierdurch lassen sich sozialunverträgliche Dereliktionen wie etwa die Aufgabe eines Altlastengrundstücks oder eines schrottreifen Fahrzeugs im Wesentlichen regeln.[51]

Darüber hinaus ist ein weiterer Gesichtspunkt zu beachten: Wer sein Eigentum an einer gefährlichen Sache in der Absicht aufgibt, sich der Zustandsverantwortlichkeit zu entziehen, kann ggf. als **Verhaltensverantwortlicher** herangezogen werden. Er wird sozusagen zum **Handlungsstörer durch Dereliktion**. So ist es etwa dem Halter / Fahrer eines Fahrzeugs sowohl nach straßen-, straßenverkehrs- als auch nach abfallrechtlichen Vorschriften verboten, sein nicht mehr zugelassenes Fahrzeug auf einer Straße / in der Landschaft stehen zu lassen (§ 16 StrG [Sondernutzung], §§ 27 StVZO, 32 StVO und § 20 Abs. 4 KrWG). In diesen Fällen kann der Derelinquent gem. § 6 PolG in Anspruch genommen werden, weil er durch sein Verhalten (= Abstellen des Fahrzeugs) die öffentliche Sicherheit beeinträchtigt hat.

Im **Bodenschutzrecht** ist das Problem, sich der Haftung durch Dereliktion entziehen zu wollen, durch **§ 4 Abs. 3 S. 4 BBodSchG** spezialgesetzlich geregelt: Danach bleibt zur Sanierung eines Altlastengrundstücks auch derjenige verpflichtet, der „das Eigentum an einem solchen Grundstück aufgibt".

d) Verfassungsrechtliche Beschränkungen

28 Die früher vertretene **h. L.** bestand auf der vollen Zustandsverantwortlichkeit ohne Rücksicht darauf, ob Dritte (etwa Tankwagenfahrer), höhere Gewalt wie Naturkatastrophen (Überschwemmung, Orkan, Hagelschlag etc.) oder Krieg oder der Zufall den gefährlichen Zustand einer Sache herbeigeführt haben. Auch heute besteht weitgehend Einigkeit darüber, dass in Fällen der höheren Gewalt oder der Schädigung durch Dritte grundsätzlich die Zustandsverantwortlichkeit uneingeschränkt zu bejahen ist.[52] Im Hinblick auf die Eigentumsgarantie des Art. 14 GG und unter Berücksichtigung des Grundsatzes der Verhältnismäßigkeit hat das **BVerfG** aber Grundsätze zur **verfassungskonformen Auslegung** der bodenschutzrechtlichen Zustandsverantwortlichkeit aufgestellt, wenn etwa der Eigentümer nicht selbst das Grundstück belastet hat oder die Belastung oder das Risiko nicht kannte. Hierbei kommt es entscheidend auf das Verhältnis Kostenbelastung / Verkehrswert des Grundstücks an.[53]

3. Verantwortlichkeit des Inhabers der tatsächlichen Gewalt

29 **Inhaber der tatsächlichen Gewalt** ist, wer die Sachherrschaft über eine Sache ausübt, also in der Lage ist, tatsächlich auf sie einzuwirken. Auf den Rechtsgrund der Inhaberschaft der tatsächlichen Gewalt kommt es nicht an. Entscheidend ist allein die tatsächliche Beziehung der Person zu einer Sache, die ihr eine entsprechende **Einflussnahme** ermöglicht. Inhaber der tatsächlichen Gewalt i. S. d. § 7 PolG ist der die tatsächliche Gewalt über die Sache ausübende **unmittelbare Besitzer** i. S. d. § 854 BGB. **Gewaltinhaber** sind etwa der Mieter, Pächter, Nießbraucher (§ 1036 BGB), Erbbauberechtigte, Verwahrer, aber auch der Finder, Schwarzfahrer und der Insolvenzverwalter. Auch der **Besitzdiener** gem. § 855 BGB kann als Zustandsstörer in Anspruch genommen werden, wenn und soweit er die tatsächliche Gewalt über die Sache für den Besitzer ausübt (etwa Hausangestellte; bei den Eltern lebende minderjährige Kinder an Woh-

---

50 VGH BW, VBlBW 1998, 312; zust. etwa Graf, in: Pöltl/Ruder, Öffentliche Sicherheit und Ordnung, Stichwort „doppelfunktionale Maßnahme"; Trurnit, in: Möstl/Trurnit, Polizeirecht BW, § 7 Rn 17.
51 Poscher/Rusteberg, JuS 2011, 1082, 1084.
52 BVerwG, Beschl. v. 22.7.2020 – 6 B 9.20 (Rn 9); Denninger, in: Lisken/Denninger, Handbuch des Polizeirechts, Kap. D Rn 119 ff.
53 BVerfG, NJW 2000, 2573 ff.; Denninger, in: Lisken/Denninger, Handbuch des Polizeirechts, Kap. D Rn 121: „Risikoverteilungsgedanke".

nung / Hausrat). Gleiches gilt bei den Rechtsinstituten des Erbenbesitzers (§ 857 BGB) und des mittelbaren Besitzers (§ 858 BGB). Auch hier kommt es in ordnungsrechtlicher Sicht nur darauf an, wer die tatsächliche Herrschaft über die Sache ausübt und deshalb als Störer in Anspruch genommen werden kann. Dementsprechend kann auch der unrechtmäßige Besitzer (etwa der Dieb) Inhaber der tatsächlichen Gewalt i. S. d. § 7 PolG sein. Da der **Dieb** die Sachgewalt gegen oder zumindest ohne den Willen des Eigentümers ausübt, entfällt dessen eigene, zusätzliche Verantwortlichkeit als Zustandsstörer.

V. Rechtsnachfolge in die Polizeipflicht
1. Allgemeines

Unter dem Begriff der Rechtsnachfolge in die Polizeipflicht werden verschiedene Rechtsfragen erörtert. Insbesondere geht es um die Problematik, ob und unter welchen Voraussetzungen die polizeiliche Verantwortlichkeit – also eine Rechtspflicht – von einer Person auf deren Rechtsnachfolger übergehen kann. Die Rechtslehre unterscheidet hierbei zwischen der Rechtsnachfolge in die durch eine Polizeiverfügung konkretisierte Verantwortlichkeit (§ 5 Rn 31 ff.) und der lediglich kraft Gesetzes abstrakt bestehenden Polizeipflicht (§ 5 Rn 35 ff.). 30

Schaubild Nr. 11
Rechtsnachfolge in die durch Polizeiverfügung konkretisierte Polizeipflicht

Verhaltensstörer			Zustandsstörer	
Einzelrechtsrechtsnachfolge	Gesamtrechtsnachfolge		Einzelrechtsnachfolge	Gesamtrechtsnachfolge
	vertretbare Handlung	höchstpersönliche Handlung		
nicht möglich	möglich	nicht möglich	möglich	möglich
	Rechtsgrund §§ 1922, 1967 BGB entsprechend		teilw. wird Objektbezogenheit der Polizeipflicht als Rechtsgrund gesehen	Rechtsgrund §§ 1922, 1967 BGB entsprechend

2. Rechtsnachfolge in die durch Polizeiverfügung konkretisierte Polizeipflicht
a) Allgemeines

Durch **eine Verfügung** (= Verwaltungsakt) an einen bestimmten Adressaten bestimmt die Polizei, welche Person **konkret polizeipflichtig** ist. 31

Fall 15: Weil eine zu einer öffentlichen Straße hin gelegene Hauswand akut einsturzgefährdet ist, erlässt die zuständige Behörde zur Abwehr von Gefahren für Passanten gegenüber dem Grundstückseigentümer E eine sofort vollziehbare Abbruchverfügung. Kurz nach der Zustellung der Verfügung stirbt E. Sein alleiniger Erbe ist R.
Ist R als Rechtsnachfolger des E verpflichtet, die gegenüber E erlassene Abbruchverfügung zu beachten und die Hauswand umgehend zu beseitigen? Kann er gegen die Verfügung erfolgreich Widerspruch / Klage einreichen?
Kann die Behörde gegenüber R die Abbruchverfügung vollstrecken, ohne nochmals ihm gegenüber eine neue Grundverfügung erlassen zu müssen?

Früher wurde die Ansicht vertreten, alle öffentlich-rechtlichen Rechte und Pflichten und damit auch die Polizeipflicht eines Adressaten seien höchstpersönlicher Natur und daher nicht übertragbar.[54] Eine gegenüber einem Störer erlassene Verfügung konnte folglich weder gegenüber seinem Einzel- noch gegenüber seinem Gesamtrechtsnachfolger, also auch nicht gegenüber dem Erben wirken bzw. vollstreckt werden. Im **Fall 15** würde dies bedeuten, dass die Behörde gegenüber dem Erben R eine neue Verfügung erlassen und diese ihm gegenüber vollstrecken müsste.

Nach **heute h. M.** verpflichtet das öffentliche Recht auch zur Durchführung von Handlungen, die nicht höchstpersönlicher Natur sind und infolgedessen auch von anderen Personen durchgeführt bzw. vorgenommen werden können (sog. vertretbare Handlungen, vgl. § 12 Rn 9). Für die Vollstreckung derartiger Pflichten bzw. Verfügungen (etwa Abbruch eines baufälligen Gebäudes, Abschleppen eines verbotswidrig geparkten Pkw) sieht das Vollstreckungsrecht regelmäßig das Zwangsmittel der Ersatzvornahme vor (§§ 63 Abs. 1 PolG, 25 LVwVG). In diesen Fällen wird grundsätzlich eine Rechtsnachfolge in die durch Verwaltungsakt konkretisierte Polizeipflicht unter den nachfolgenden Voraussetzungen bejaht.[55]

b) Rechtsnachfolgefähigkeit und Übergangstatbestand

32 Die Frage, ob die Verantwortlichkeit des Störers auf seinen Rechtsnachfolger übergeht bzw. ob ein Rechtnachfolger verpflichtet ist, die gegenüber seinem Rechtsvorgänger erlassene Verfügung zu befolgen, hängt davon ab, ob die Maßnahme der Behörde rechtsnachfolgefähig ist und ob ein sog. **Übertragungstatbestand** vorliegt.[56] Diese Grundsätze gelten sowohl für die Rechtsnachfolge in die Verhaltens- als auch in die Zustandsverantwortlichkeit.[57] Verfügungen, die zu vertretbaren Handlungen verpflichten und denen nicht nur von einer ganz bestimmten Person nachgekommen werden kann, sind **rechtsnachfolgefähig**. So kann etwa eine baurechtliche **Abbruchverfügung** auch vom nachfolgenden Grundstückseigentümer als Zustandsstörer erfüllt werden.[58] Im **Fall 15** handelt es sich bei dem Abbruch der Hauswand um eine vertretbare Handlung, die Verpflichtung des E zum Abbruch ist somit rechtsnachfolgefähig. Handelt es sich hingegen um Pflichten, die höchstpersönlich sind, so sind diese von vornherein nicht rechtsnachfolgefähig. Dies ist etwa bei Unterlassungspflichten der Fall, die sich an einen ganz bestimmten Adressaten richten.[59] Die Rechtsnachfolge**fähigkeit** ist Grundvoraussetzung für den Übergang der Polizeipflicht auf den Rechtsnachfolger. Zusätzlich bedarf es denknotwendig noch des Rechts**übergangs**. Um in die Rechte des neuen Inhabers eingreifen zu können, ist nach dem Grundsatz des Gesetzesvorbehalts für die Überleitung der öffentlich-rechtlichen Pflichten eine **gesetzliche Grundlage** erforderlich. Welche Gesetzesgrundlagen in Betracht kommen, ist **str.**

Bei der **Zustandsverantwortlichkeit** vertritt die Rechtsprechung die Ansicht, dass beim Vorliegen eines **Gesamtrechtsnachfolgetatbestands** grundsätzlich eine Nachfolge in die (konkretisierte) Polizeipflicht zu bejahen ist. Die gegenüber einem Zustandsverantwortlichen bereits erlassene Polizeiverfügung wirkt somit auch gegenüber dessen Rechtsnachfolgern; eine neue Verfügung muss nicht ergehen. So gehen im **Erbfall** die nachfolgefähigen Polizeipflichten des Erblassers aus der Zustandshaftung entsprechend §§ 1922, 1967 BGB auf den / die Erben als Gesamtrechtsnachfolger über.[60] Eine

---

54 Schenke, Polizei- und Ordnungsrecht, Rn 292.
55 Vgl. dazu etwa Trurnit, in: Möstl/Trurnit, Polizeirecht BW, § 6 Rn 25.
56 Ibler, in: Ennuschat/Ibler/Remmert, Öffentliches Recht BW, § 2 Rn 236.
57 **Str.**, zum Meinungsstand vgl. Denninger, in: Lisken/Denninger, Handbuch des Polizeirechts, Kap. D Rn 123 ff.; Deger, in: Stephan/Deger, Polizeigesetz BW, § 7 Rn 23.
58 VGH BW, NJW 1977, 861.
59 BVerwGE 64, 105, 110, u. VGH BW, NJW 1977, 861.
60 BVerwG, NVwZ 2006, 928 zur Sanierungsverpflichtung einer Altlast; Denninger, in: Lisken/Denninger, Handbuch des Polizeirechts, Kap. D Rn 123 ff.; VGH BW, VBlBW 1988, 110.

Übergangsfähigkeit kann sich auch aus den Bestimmungen des Gesellschaftsrechts (etwa aus den §§ 25 Abs. 1, 27 Abs. 1, 28 Abs. 1 HGB) ergeben. Im **Fall 15** ist R als Erbe und (Gesamt-)Rechtsnachfolger des E somit verpflichtet, die Abbruchverfügung, die gegenüber E erlassen worden ist, zu erfüllen. Als Polizeipflichtiger kann er gegen die Verfügung Rechtsbehelfe einlegen. Kommt er der Verpflichtung nicht nach, kann die Behörde die gegen E erlassene Grundverfügung R gegenüber vollstrecken. Allerdings muss sie dem R die gegen E erlassene Grundverfügung unter dem Gesichtspunkt des § 43 LVwVfG vorher bekanntgeben.[61]

Die hier genannten Grundsätze gelten auch für die Fälle der **Sonder- bzw. Einzelrechtsnachfolge**.[62] Würde Grundstückseigentümer E **im Fall 15** das Grundstück an R durch entsprechenden **Kaufvertrag** (= Einzelrechtsnachfolge) veräußern, muss wie folgt unterschieden werden: 33

Als neuer Eigentümer des Grundstücks wird R mit Erwerb des Eigentums gem. § 7 PolG zustandspflichtig und ist somit kraft Gesetzes für den Zustand der einsturzgefährdeten Hausmauer verantwortlich. Diese Zustandsverantwortlichkeit des R wird neu begründet. Die Behörde kann somit R unmittelbar durch den **Erlass einer neuen Grundverfügung** als Zustandsstörer für die Beseitigung in Anspruch nehmen.

Die weitere Frage ist, ob R im **Fall 15** als Rechtsnachfolger des E (zusätzlich) verpflichtet ist, die gegenüber E **bereits erlassene Grundverfügung** zu beachten, und ob und unter welchen Voraussetzungen die Behörde den gegenüber E erlassenen Grundverwaltungsakt gegenüber **R** vollstrecken kann. Dies ist nach der hier vertretenen Auffassung wegen des **dinglichen Charakters** der Zustandshaftung aus Gründen der Effizienz und Verfahrensökonomie grundsätzlich zu bejahen. Die alte – bestandskräftige – Grundverfügung gegen E müsste allerdings, um gegenüber R als Rechtsnachfolger **vollstreckt** werden zu können, durch einen neuen, gegen diesen (R) gerichteten Verwaltungsakt „vollzugsfähig" gemacht (vgl. § 43 LVwVfG) und deshalb dem Rechtsnachfolger R zunächst einmal bekanntgemacht werden, um ihm den Einwand fehlender Rechtsnachfolge zu ermöglichen.[63] 34

Eine Rechtsnachfolge in konkretisierte Pflichten aus der **Verhaltensverantwortlichkeit** kommt nur in Frage, wenn ein Fall der Gesamtrechtsnachfolge vorliegt und wenn es sich um vertretbare Leistungen handelt, die auch ein Dritter erfüllen kann. In der Praxis geht es hierbei regelmäßig um die Kosten einer Ersatzvornahme oder einer unmittelbaren Ausführung, welche die Polizei gegenüber den Erben eines Verantwortlichen geltend macht. Der Übergang einer derartigen Verpflichtung, die auf vermögenswerte Leistungen gerichtet ist, ist grundsätzlich zu bejahen.[64]

Beispiel: Weil H sein Fahrzeug im absoluten Halteverbot abgestellt hat, wird es von der Polizei im Wege der Ersatzvornahme abgeschleppt. Dem H wird ein entsprechender Kostenbescheid zugestellt. Kurz danach verstirbt H. Als Rechtsnachfolger des H ist der Alleinerbe E verpflichtet, die bereits durch Bescheid gegenüber H festgesetzten Abschleppkosten zu bezahlen.

3. Rechtsnachfolge in die kraft Gesetzes abstrakt bestehende Polizeipflicht

In diesen Fällen ergibt sich eine Polizeipflicht unmittelbar aus dem Gesetz; eine entsprechende konkretisierende Verfügung wurde von der Behörde (noch) nicht erlassen. 35

Im Bereich der **Zustandshaftung** regelt das **Gesetz**, wer unter welchen Umständen für den Zustand einer Sache polizeipflichtig ist (etwa § 7 PolG und § 4 Abs. 2 BBodSchG). Rückt eine Person in die Rechtsposition des früheren Störers ein, so verwirklicht nunmehr sie den jeweiligen normierten Haftungstatbestand. Ihr gegenüber entsteht die ge-

---

61 Vgl. Denninger, in: Lisken/Denninger, Handbuch des Polizeirechts, Kap. D Rn 126.
62 **Str.**, vgl. HessVGH, NVwZ 1985, 281, und OVG NRW, NVwZ 1987, 427; **a. A.** NdsOVG, BRS 35, Nr. 132; Deger, in: Stephan/Deger, Polizeigesetz BW, § 7 Rn 23.
63 Vgl. Denninger, in: Lisken/Denninger, Handbuch des Polizeirechts, Kap. D Rn 126.
64 So auch Denninger, in: Lisken/Denninger, Handbuch des Polizeirechts, Kap. D Rn 128.

setzlich geregelte Zustandsverantwortlichkeit also ohne Weiteres, ohne dass es hierfür eines Übertragungsaktes bedürfte. So wird etwa mit Erwerb eines Altlastengrundstücks der Neueigentümer kraft Gesetzes sanierungspflichtig i. S. d. § 4 Abs. 2 BBodSchG, oder der neue Halter eines aggressiven Hundes zum Zustandsstörers gem. § 7 PolG. Im Bereich der Zustandsverantwortlichkeit scheidet daher eine Rechtsnachfolge in die „abstrakt" bestehende Polizeipflicht aus, da die Zustandsverantwortlichkeit beim „alten" Pflichtigen endet und beim „neuen" erstmals entsteht.[65]

36 Im Bereich der **Verhaltensverantwortlichkeit** wird von der Rechtsprechung eine Rechtsnachfolge in die abstrakt bestehende, also nicht durch Verwaltungsakt konkretisierte Polizeipflicht, anerkannt.[66] Die Literatur macht die Möglichkeit einer Rechtsnachfolge hingegen überwiegend vom Vorhandensein eines gesonderten Übergangstatbestands abhängig und beruft sich auf den Grundsatz des Gesetzesvorbehalts.[67] Die Verhaltensverantwortlichkeit knüpft entweder an die Verursachung einer Gefahr an, die eine Person selbst verursacht hat (§ 6 Abs. 1 PolG), oder für die sie kraft Gesetzes einstandspflichtig ist (§ 6 Abs. 2 u. Abs. 3 PolG). Es geht daher regelmäßig um **höchstpersönliche Rechtspositionen**, die **nicht übergangsfähig** sind. Schon aus diesen Gründen kommt in diesen Fällen eine Rechtsnachfolge grundsätzlich nicht in Betracht.[68]

VI. Verjährung der Polizeipflicht

37 Die Frage, ob und inwieweit ordnungsrechtliche Pflichten verjähren können, stellt sich in zweifacher Hinsicht: Zum einen ist auf Primärebene an die **Polizeipflicht als solche** zu denken und zu entscheiden, ob der Polizeipflichtige seiner Inanspruchnahme durch polizeiliche Maßnahmen irgendwann einmal den Zeitablauf entgegen halten kann. Zum anderen geht es darum, inwieweit ein Polizeipflichtiger im Hinblick auf die ihn treffende **Kostenlast** (Sekundärebene) die Einrede der Verjährung erheben kann.

Eine **Verjährung** der Polizeipflicht **scheidet** grundsätzlich **aus**.[69] Dementsprechend kann gegenüber der Verhaltens- oder Zustandsverantwortlichkeit nicht die Einrede der Verjährung erhoben werden: Die Polizeipflicht besteht unabhängig davon, wie lange sie schon andauert.[70] Die Polizeipflicht einer Person beruht auf der hoheitlich durchsetzbaren Verpflichtung, eine Gefahr im Interesse der Allgemeinheit abzuwehren. Bei der primären Polizeipflicht scheidet daher auch eine entsprechende Anwendung zivilrechtlicher Verjährungsvorschriften aus. Ein analoger Rückgriff auf die §§ 194 ff. BGB ist ausgeschlossen. Eingriffsbefugnisse sind keine Ansprüche, die durch Nichtgebrauch preisgegeben werden können.[71] Aus diesen Gründen sind auch **Verzicht** und **Verwirkung** als Beendigungstatbestände abzulehnen.

Auf der **Kostenebene (Sekundärebene)** gelten die gesetzlichen Regelungen zur Verjährung öffentlich-rechtlicher Kostenersatzansprüche. Teilweise wird die Verjährung in Spezialgesetzen geregelt (vgl. etwa § 24 Abs. 2 S. 3 bis 5 BBodSchG). Zum anderen ist **§ 195 BGB** zu beachten, wonach die regelmäßige Verjährungsfrist drei Jahre beträgt. Unter diese Regelung fallen nach **h. M.** alle öffentlich-rechtlichen Ansprüche, soweit keine speziellen Verjährungsvorschriften direkt oder entsprechend anwendbar sind. Dies bedeutet, dass die (öffentlich-rechtlichen) Ansprüche der Polizei auf Kostenersatz grundsätzlich in drei Jahren verjähren, da es sich um vermögensrechtliche Forderungen der öffentlichen Hand handelt.[72]

---

65 Sander, in: Belz/Mußmann/Kahlert/Sander, Polizeigesetz BW, § 7 Rn 11c.
66 BVerwGE 125, 325.
67 Poscher/Rusteberg, JuS 2011, 1082, 1084 m. w. N.
68 Wie hier etwa Trurnit, in: Möstl/Trurnit, Polizeirecht BW, § 6 Rn 26, 29.
69 Trurnit, in: Möstl/Trurnit, Polizeirecht BW, § 6 Rn 31.
70 Vgl. VGH BW, VBlBW 2008, 339, 342 m. w. N.
71 Gusy, Polizei- und Ordnungsrecht, Rn 364.
72 Vgl. Ellenberger, in: Palandt, § 195 BGB Rn 20 m. w. N.; Schenke, Polizei- und Ordnungsrecht, Rn 283.

VII. Auswahl unter mehreren Verantwortlichen

Beim Zusammentreffen mehrerer Störer steht die Polizei vor der Frage, welche bzw. welchen Verantwortlichen sie in Anspruch nimmt. Dies ist in zweifacher Hinsicht zu beurteilen: Zum einen auf der **Primärebene der Gefahrenabwehr** (siehe § 5 Rn 41 f.) und zum anderen auf der **Sekundärebene der Kostenerstattung** (siehe § 5 Rn 43 ff.). Für die Ermessensentscheidungen gelten unterschiedliche Maßstäbe. Im Einzelnen gelten folgende Grundsätze: 38

1. Allgemeines

Oft ergeben sich Fallkonstellationen, bei denen mehrere Personen für ein- und dieselbe Gefahr oder Störung polizeirechtlich zur Verantwortung gezogen werden können. So können etwa die Verhaltens- und Zustandsverantwortlichkeit zusammentreffen oder zugleich mehrere Verhaltens- bzw. Zustandsstörer verantwortlich sein. 39

Beispiel: Ein Baggerführer beschädigt bei Grabarbeiten die Zuleitung zu einem Tank. Hier kommt sowohl der Baggerführer als Handlungsstörer in Betracht als auch der Grundstückseigentümer als Zustandsstörer.[73]

Die Auswahl unter mehreren Polizeipflichtigen ist eine **Ermessensentscheidung**[74] (Auswahlermessen, vgl. § 6 Rn 28 ff.). Die Eröffnung dieser Auswahlmöglichkeit begründet zugleich die rechtliche Obliegenheit, vom Ermessen Gebrauch zu machen und das Ermessen in fehlerfreier Weise auszuüben. Hierbei ist zwischen der primären Ebene (Störerauswahl für Maßnahmen der Gefahrenabwehr) und der sekundären Ebene (Auswahl unter mehreren Kostenpflichtigen) zu unterscheiden. Dabei sind die Auswahlkriterien nicht notwendigerweise identisch.

Unzulässiges Kriterium für die Störerauswahl kann das sog. „**Racial Profiling**" sein. Beim Racial Profiling wird ein Täter- oder Verdächtigtenprofil unter Rückgriff auf die Ethnie / Rasse einer Person als Differenzierungsmerkmal erstellt.[75] Das Racial Profiling ist jedenfalls dann verfassungsrechtlich unzulässig, wenn es **tragendes Motiv des polizeilichen Handelns** ist.[76] Es ist als **Teil eines sachlich begründeten typisierten Vorgehens** aber nicht unzulässig[77], vor allem, wenn die Anknüpfung an die Hautfarbe oder Herkunft nur ein **Teil eines Motivbündels** ist.[78] In jedem Fall ist bei gruppenbezogenen Differenzierungen Zurückhaltung angezeigt. 40

Beispiel: Die Personengruppen „der Flüchtlinge", „der Asylbewerber", „der Linken" oder „der Rechten" können als solche nicht pauschal verdächtigt und zu potenziellen Störern oder Zielgruppen von Polizeieinsätzen gemacht werden. Nur wenn eindeutige Kriterien und Hinweise vorliegen, dass aus bestimmten Personengruppen konkrete Gefahren drohen, die nicht einzelnen Personen oder Teilen aus der Gruppe zugeordnet werden können, ist eine polizeiliche Typisierung mit dem Verfassungsrecht – insbesondere mit Art. 3 GG – vereinbar.

Die **Tötung des Afroamerikaners George Floyd** (durch Ersticken) in Minneapolis im US-Bundesstaat Minnesota am **25.5.2020** durch einen Polizisten, der Goerge Floyd durch den Druck mit dem Knie auf den Hals am Boden fixierte (wobei George Floyd mehr als 20 Mal auf seine Atemnot hingewiesen hatte), führte zu einer weltweiten Bewegung gegen Rassismus unter dem Leitmotto „**Black Lives Matters**" (die Bewegung Black Lives Matters existiert bereits seit dem Jahr 2013). Dabei ging es vor allem auch um Polizeigewalt und Rassismus innerhalb der Polizei. In Deutschland wurde diese Diskussion ebenfalls ausgelöst, neben Rassismus im Allgemeinen ging es dabei auch um die Zulässigkeit des Racial Profiling durch die Polizei und auch um das Thema „**Ras-**

---

[73] VGH BW, VBlBW 1990, 31.
[74] Peters/Rind, LKV 2017, 251, 253.
[75] Boysen, JURA 2020, 1192 f.; Froese, DVBl 2017, 293; Schneider/Olk, JURA 2018, 936, 942.
[76] OVG NRW, NVwZ 2018, 1497, 1500 (Rn 42), mit zust. Anm. Kerkemeyer, NVwZ 2018, 1501 f.; Tomerius, DVBl 2019, 1581, 1586, 1587 f.; Schneider/Olk, JURA 2018, 936, 943; Waldhoff, JuS 2019, 95 f.
[77] Vgl. dazu eingehend Froese, DVBl 2017, 293 ff.
[78] OVG NRW, NVwZ 2018, 1497, 1500 (Rn 43).

sismus bei der deutschen Polizei".[79] Im **September 2020** wurden verschiedene **rassistische und diskriminierende Vorfälle bei der Polizei** bekannt, in Berlin und in NRW wurden rechtsextreme Chatgruppen innerhalb der Polizei aufgedeckt, die beteiligten Polizeibeamten umgehend vorläufig vom Dienst suspendiert und Ermittlungen eingeleitet. Die Diskussion über den Umgang mit diesem Phänomen dauert an.

Die **Europäische Kommission gegen Rassismus und Intoleranz (ECRI)** hat in ihrem ECRI-Bericht über Deutschland[80] **empfohlen**, dass die Polizeibehörden des Bundes und der Länder ein **Rechtsgutachten** über die Notwendigkeit der Abstimmung ihrer Bestimmungen zur Überprüfungs- und anderen Ermittlungstätigkeiten mit der neueren höchstrichterlichen Rechtsprechung der Verwaltungsgerichtsbarkeit **erstellen lassen**. Es solle eine systematische Untersuchung der Frage des Racial Profiling erfolgen, die zur Empfehlungen führe, Racial Profiling nachhaltig zu verhindern und die Zahl unbegründeter Polizeikontrollen zu reduzieren.[81] Die ECRI geht allerdings in ihrem Bericht fälschlicherweise davon aus, dass sich der VGH BW in seiner in Bezug genommenen Entscheidung[82] mit der Frage des Racial Profiling befasst habe, richtigerweise ging es in dieser Entscheidung aber um die unionsrechtliche Notwendigkeit eines Grenzbezugs für anlasslose Personenkontrollen bei der sog. Schleierfahndung (vgl. dazu eingehender § 11 Rn 47). Nach einer **Studie der Universität Bochum** kommt es im Polizeialltag immer wieder zu **Ungleichbehandlungen** gegenüber Personen mit Migrationshintergrund, da das polizeiliche Handeln der Polizeivollzugsbeamten zu einem großen Teil auf **Erfahrungswissen** basiert: „Bestandteil dieses Wissens können auch (unbewusste) stereotype und kulturalisierende Vorurteile bezüglich bestimmter Gruppen sein, sei es aufgrund negativer (beruflicher) Erfahrungen, sei es aufgrund von Erzählungen Dritter oder diskriminierender Diskurse innerhalb der Gesellschaft".[83]

Der **Bundesinnenminister** lehnte die Erstellung eines solchen Gutachtens ab, da Racial Profiling durch die Polizei nach deutschem Recht generell rechtlich unzulässig sei[84], was zu einer umfassenderen politischen Diskussion führte. Im Oktober 2020 einigte sich die Bundesregierung auf die Erstellung eines umfassenderen Gutachtens zur Frage, wie sich Extremismus, Rassismus und Antisemitismus insgesamt auf die Arbeit der Polizei auswirkten. Der **Landesinnenminister** machte im Landtag BW deutlich, dass eine Prüfung der polizeilichen Disziplinarstatistik der vergangenen fünf Jahre in der ersten Jahreshälfte 2020 ergeben habe, dass die Landespolizei kein strukturelles Rassismus- oder Diskriminierungsproblem habe. Seit dem 1.1.2015 habe es lediglich **26 Disziplinarfälle** mit dem Vorwurf von diskriminierenden Verhaltensweisen gegeben. Das betreffe nur rund 0,1 Prozent der 24.500 Polizeibeamten.[85]

2. Auswahl des Polizeipflichtigen zur Gefahrenabwehr

41 Auf der **primären Ebene** geht es aus einer ex-ante Sicht um die Gefahrenabwehr. Leitender Gesichtspunkt für die Störerauswahl ist die **Effektivität der Gefahrenabwehr**: Anzustreben ist die schnelle und wirksame Gefahrenbeseitigung.[86] Ein gesetzliches **Rangverhältnis** zur gefahrenabwehrrechtlichen Heranziehung von Störern gibt es nicht.[87] Bei der Ausübung des Auswahlermessens hat sich die Behörde in erster Linie

---

79 Eingehender dazu Acker, Polizei & Wissenschaft 4/2020, 39 ff.
80 ECRI-Bericht über Deutschland (Sechste Prüfrunde), Stand: 19.6.2019, verabschiedet am 10.12.2019, veröffentlicht am 17.3.2020.
81 ECRI-Bericht 2020, S. 39 (Rn 107, 108), S. 45 (Rn 15).
82 VGH BW, NVwZ 2018, 1893 ff. (Rn 21 ff.).
83 Abdul-Rahman/Espín Grau/Klaus/Singelnstein, Rassismus und Diskriminierungserfahrungen im Kontext polizeilicher Gewaltausübung, S. 33.
84 Pressemitteilung der DPA vom 5.7.2020. Die Ablehnung des Bundesinnenministers führte zu einer umfassenderen kritischen politischen Diskussion.
85 LT-Plenarprot. 16/126, S. 7789.
86 Peters/Rind, LKV 2017, 251, 253; Trurnit, in: Möstl/Trurnit, Polizeirecht BW, § 6 Rn 36 f.
87 Trurnit, in: Möstl/Trurnit, Polizeirecht BW, § 6 Rn 39.

von dem Gesichtspunkt der effektiven Gefahrenabwehr unter Berücksichtigung des Grundsatzes der Verhältnismäßigkeit leiten zu lassen. Dies schließt nicht aus, dass daneben auch andere Gesichtspunkte berücksichtigt werden; dies kann etwa die größere Gefahrennähe eines der Störer sein. Ferner darf die Behörde bereits auf der Primärebene den Gesichtspunkt der gerechten Lastenverteilung berücksichtigen.[88]

Die Polizei übt ihr Ermessen dann pflichtgemäß aus, wenn sie den Verantwortlichen in Anspruch nimmt, der die Gefahr am **schnellsten und wirksamsten** beseitigen kann. Hierbei sind bei der Entscheidung insbesondere die Kriterien der Sachnähe, Zumutbarkeit und Billigkeit als Ausfluss des Grundsatzes der Verhältnismäßigkeit zu berücksichtigen.

Auswahlkriterien sind unter anderem: 42

- Es ist gerechtfertigt, denjenigen Störer heranzuziehen, der die Gefahr **am schnellsten** und mit geringerem Aufwand als ein anderer Störer beseitigen kann. **Leistungsfähige Störer** sind vor weniger leistungsfähigen in Anspruch zu nehmen. Die Leistungsfähigkeit muss in tatsächlicher und rechtlicher Hinsicht bestehen.[89]
- Einen allgemeinen Grundsatz, wonach der Verhaltensstörer stets vor dem Zustandsstörer heranzuziehen wäre, gibt es nicht. Zwischen der Inanspruchnahme des Handlungsstörers gem. § 6 PolG und des Zustandsstörers gem. § 7 PolG besteht **kein Rangverhältnis**.[90]
- Zulässig ist es, bei Eilbedürftigkeit einer Maßnahme einen **anwesenden** Störer vor Abwesenden in Anspruch zu nehmen.
- Sind nach den genannten Kriterien **mehrere verhaltensverantwortliche Störer** vorhanden, können alle gemeinsam oder auch eine Person allein herangezogen werden. Die Inanspruchnahme einer Person wird vor allem dann in Frage kommen, wenn diese zeitlich oder örtlich der Gefahr am nächsten steht. Die Behörde ist nicht verpflichtet, den Störer in Anspruch zu nehmen, der zeitlich als letzter die Gefahr verursacht hat.[91]
- Ein **Einschreiten gegen den Zustandsstörer**, der auch Inhaber der tatsächlichen Gewalt und wirtschaftlich leistungsfähig ist, ist jedenfalls dann nicht ermessensfehlerhaft, wenn aus rechtlichen oder tatsächlichen Gründen unklar ist, ob und in welchem Umfang die Haftung anderer Personen als Gesamtrechtsnachfolger in Betracht kommt.[92]
- Zulässig ist es, den **Zustandsverantwortlichen** vor dem Handlungsstörer in Anspruch zu nehmen, wenn dies zur Gefahrenabwehr langfristig erfolgsversprechender ist.[93]
- Eine **Mehrzahl von Zustandsstörern** kann insgesamt in Anspruch genommen werden, etwa wenn in einer Wohnungseigentumsanlage der Brandschutz für das gesamte Gebäude sichergestellt werden muss.[94]
- Bei einer **Mitverantwortlichkeit** der Polizei kann die alleinige Heranziehung eines Störers zur Gefahrenbekämpfung unter Berücksichtigung der Grundsätze des § 254 BGB (Mitverschulden) ermessensfehlerhaft sein.

3. Störerauswahl auf Kostenebene

Bei der Entscheidung über einen Kostenersatz steht der Polizei in dreierlei Hinsicht ein 43
Ermessen zu: Ob sie überhaupt Kostenersatz verlangt (Entschließungsermessen), von wem sie Kostenersatz fordert (Auswahlermessen) und schließlich in welcher Höhe sie

---
88 VGH BW, VBlBW 2013, 189 ff. (Rn 36).
89 Vgl. Gusy, Polizei- und Ordnungsrechtrecht, Rn 371 m. w. N.
90 VGH BW, NVwZ-RR 2002, 16, 17 m. w. N.
91 BayVGH, BayVBl 1978, 340.
92 VGH BW, VBlBW 2013, 189, zur bodenschutzrechtlichen Störerauswahl; ähnlich VGH BW, VBlBW 2002, 73.
93 OVG NRW, NJW 2000, 2124.
94 Peters/Rind, LKV 2017, 251, 253 f. m. w. N.

einen Kostenpflichtigen zum Kostenersatz in Anspruch nimmt. Hier geht es in erster Linie um das **Auswahlermessen**, also um die Frage, welcher Störer nach der erfolgten Gefahrenabwehr aus einer Mehrheit von Polizeipflichtigen (Handlungs- und/oder Zustandsstörer) zur Erstattung der Polizeikosten herangezogen wird (vgl. zum Ermessen § 6 Rn 28 ff.).
Grundsätzlich kann die Behörde nach **Zweckmäßigkeitsgesichtspunkten** auswählen, von wem sie die Kosten einziehen will. Die Ausübung des Ermessens ist nur durch das **Willkürverbot** und offensichtliche **Unbilligkeit** begrenzt. Anders als auf der primären Ebene der Gefahrenabwehr ist für den Erlass eines Bescheids über die Anforderung von Kosten eine **ex-post-Betrachtung** geboten. Hierbei präjudiziert die Störerauswahl auf der primären Ebene nicht die **Auswahl des Kostenschuldners** bzw. der Kostenschuldner bei mehreren Kostenpflichtigen.

44 Folgende **Fallgruppen** sind hierbei zu unterscheiden:
- Haben mehrere Störer **im bewussten und gewollten Zusammenwirken** eine Gefahr verursacht und kann jedem von ihnen die Störung der öffentlichen Sicherheit voll zugerechnet werden, haftet jeder dieser Verantwortlichen der Polizei gegenüber als **Gesamtschuldner** für die (vollen) Kosten. Gem. § 421 S. 1 BGB kann die Polizei in diesen Fällen „nach ihrem Belieben" von jedem der Störer / Schuldner die Erstattung der ihr entstandenen Kosten ganz oder zu einem Teil fordern und den in Anspruch Genommenen auf einen eventuellen Ausgleichsanspruch gegenüber dem oder den mithaftenden weiteren Gesamtschuldner/n gem. § 426 BGB verweisen.[95] Die Erfüllung durch einen Gesamtschuldner wirkt auch für die übrigen Schuldner (§ 422 BGB).
- Haben **mehrere Störer unabhängig voneinander** in einem konkreten Fall eine Störung der öffentlichen Sicherheit verursacht, sind die Störer grundsätzlich nur für ihren Anteil an der Verursachung des die Gefahrenabwehr auslösenden Ereignisses haftbar. Schadensbeiträge Dritter müssen sie sich nicht zurechnen lassen.[96] Unter **gleichrangig Verpflichteten** muss die Auswahl des bzw. der Kostenpflichtigen nach dem Gebot der gerechten Lastenverteilung[97] erfolgen, falls keine speziellen Ermessensdirektiven zum Tragen kommen. Diese Vorgabe findet ihre rechtliche Grundlage im Willkürverbot des Art. 3 Abs. 1 GG.[98] Der Grundsatz der gerechten Lastenverteilung verhindert, dass – vor allem, wenn mehrere Störer auf der primären Ebene zur Gefahrenabwehr durch Verwaltungsakt verpflichtet worden waren – ohne hinreichendem sachlichen Grund **einem** der Verpflichteten allein die Kostenlast auferlegt wird. Demgemäß haften mehrere Störer vom Ansatz her nur für ihren Anteil an der Verursachung des polizeiwidrigen Zustands (sog. **pro-rata-Grundsatz**). Die Polizei ist in diesen Fällen berechtigt bzw. verpflichtet, jeden Störer (nur) in dem Umfang zu den Kosten einer polizeilichen Maßnahme heranzuziehen, in welchem er an der Gefahrenlage mitgewirkt hat. Jeder Störer haftet somit grundsätzlich nur in Höhe seines Verursachungsanteils. Eine Gesamtschuld ist grundsätzlich ausgeschlossen. Um diesen Anteil festzulegen, ist die Behörde verpflichtet, den Sachverhalt nach den Grundsätzen des § 24 LVwVfG so weit wie möglich aufzuklären und die Kosten in dem Leistungsbescheid entsprechend aufzuteilen.

Beispiel: Da mehrere **Teilnehmer einer Sitzblockade** die mehrfache Aufforderung, die Straße zu räumen, nicht beachten, wendet die Polizei zur Durchsetzung / Vollstreckung des Platzverweises unmittelbaren Zwang an. Bei der Aufforderung, die Straße zu räumen, handelt es sich um eine **höchstpersönliche Verpflichtung** jedes Einzelnen. Eine Gesamtschuld scheidet des-

---

95 Deger, in: Stephan/Deger, Polizeigesetz BW, § 7 Rn 22; Würtenberger/Heckmann/Tanneberger, Polizeirecht BW, § 5 Rn 364 m. w. N.; BayVGH, BayVBl 2000, 149, 150.
96 HambOVG, NVwZ 1990, 788.
97 Trurnit, in: Möstl/Trurnit, Polizeirecht BW, § 6 Rn 40.
98 VGH BW, NVwZ-RR 2012, 387 ff. (Rn 25).

halb grundsätzlich aus. Bei der Kostenerstattung geht es ausschließlich um individuell zurechenbare Folgen des störenden Verhaltens.[99]

Da in diesen Fällen **keine Gesamtschuldnerschaft** vorliegt[100] – etwas anderes gilt nur, wenn das Polizeirecht ausdrücklich einen Ausgleich zwischen verschiedenen Störern vorsieht –[101], bedeutet dies in der Praxis, dass die Polizei nicht nur das Risiko der Nachweisbarkeit des jeweiligen, dem einzelnen Störer zuzurechnenden Kostenanteils trägt, sondern auch das Ausfallrisiko, wenn einer der Störer seinen Anteil nicht bezahlen kann. Ist dagegen eine individuelle Zuordnung des einzelnen Verursachungsbeitrags eines Störers nicht möglich, ist eine gesamtschuldnerische Inanspruchnahme aller Verantwortlichen nicht zu beanstanden.[102]

Bei einer **Konkurrenz von Handlungs- und Zustandsstörung** ist sowohl der Handlungs- als auch der Zustandsstörer jeweils in vollem Umfang für die polizeirechtliche Störerhaftung und für die Kostenfolge verantwortlich. In diesen Fällen ist das Auswahlermessen der Polizei (nur) durch den Gleichheitsgrundsatz und den Grundsatz der Verhältnismäßigkeit begrenzt. **45**

Fall 16: Fahrer F parkt das Fahrzeug des Halters H im absoluten Halteverbot. Die Polizei lässt deshalb den Pkw im Wege der **Ersatzvornahme** abschleppen. Störer der öffentlichen Sicherheit sind sowohl F als auch H. Als Kostenschuldner kommen sowohl F als Handlungsstörer und H als Zustandsstörer in Frage. Bei der Auswahl des Kostenschuldners kann die Polizei im Rahmen ihres Auswahlermessens grundsätzlich sowohl F als auch H für den gesamten Betrag der Abschleppkosten, aber auch jeden einzeln für den anteiligen (hier hälftigen) Betrag in Anspruch nehmen. In der Praxis allerdings wird die Behörde den Gesamtbetrag nur gegenüber einem Störer durch Erlass eines entsprechenden Kostenbescheids festsetzen.

Ist der Zustandsstörer lediglich „Opfer" des Handlungsstörers, erfordert der Grundsatz der Gleichbehandlung und der Verhältnismäßigkeit, im **Fall 16** allein einen Kostenbescheid gegen den Handlungsstörer (F) zu erlassen.[103]

Im Übrigen dürfen die Anforderungen an die Ermessensentscheidung der Polizei über die Kostenverteilung bei mehreren Stören nicht überspannt werden. Nach dem **Effektivitätsgrundsatz** kann die Polizei bei der Auswahl eines Kostenschuldners den wirtschaftlich Leistungsfähigsten heranziehen, damit der Kostenaufwand für die Behörde möglichst umfassend und betragsdeckend eingesetzt wird.[104] Ein **Ermessensfehler** liegt vor, wenn die Behörde bei ihrer Auswahlentscheidung nicht berücksichtigt hat, dass durch sie mehrere Personen als Verantwortliche in Anspruch genommen werden konnten. Dies ist etwa der Fall, wenn die Polizei zum Ersatz ihrer entstandenen Kosten den Zustandsstörer mit der Begründung in Anspruch nimmt, die Zahlung werde ihn wirtschaftlich nicht ruinieren, und der Handlungsstörer sei leistungsunfähig, ohne diese Annahme überprüft zu haben.[105] **46**

VIII. Die Inanspruchnahme Nichtverantwortlicher
1. Allgemeines

Gem. **§ 9 Abs. 1 PolG** kann die Polizei als **Ultima Ratio** (= äußerstes Mittel)[106] Maßnahmen gegenüber anderen als in den §§ 6 und 7 PolG bezeichneten Personen treffen – also gegenüber Personen, die weder Verhaltens- noch Zustandsverantwortliche, sondern **Unbeteiligte** sind (sog. **Notstandspflichtige**). Derartige Maßnahmen sind auf Ausnahmefälle beschränkt und nur unter den engen Grenzen des § 9 PolG zulässig. **47**

---

99 Würtenberger/Heckmann/Tanneberger, Polizeirecht BW, § 5 Rn 363.
100 So ausdrücklich BGH, NJW 2014, 2730, 2731 (Rn 14); krit. dazu etwa Zimmermann, NVwZ 2015, 787, 788 ff.
101 BGH, NJW 2014, 2730, 3731 (Rn 15).
102 VGH BW, VBlBW 1991, 30.
103 VGH BW, NVwZ 1990, 781, 784.
104 BVerwG, NJW 2003, 2255.
105 VGH BW, NVwZ 1990, 179.
106 Barczak, Die Verwaltung 2016, 157, 178; Reinhardt, in: Möstl/Trurnit, Polizeirecht BW, § 9 Rn 5; VG Karlsruhe, Beschl. v. 28.6.2020 – 1 K 3155/20 (Rn 13).

Man spricht deshalb auch von **„polizeilichem Notstand"**, der **ausnahmsweise** die Inanspruchnahme nichtverantwortlicher Dritter für Maßnahmen der Gefahrenabwehr rechtfertigt (siehe auch Schaubild Nr. 12).[107] § 9 PolG stellt **keine Ermächtigungsgrundlage** dar, sondern bestimmt ausschließlich, welche unbeteiligte Person **Adressat** einer polizeilichen Maßnahme sein kann.[108] Die Inanspruchnahme eines Notstandspflichtigen ist nur möglich, wenn die allgemeinen Voraussetzungen einer polizeilichen Eingriffsermächtigung (etwa §§ 1, 3 PolG) vorliegen *und* die zusätzlichen Voraussetzungen des § 9 PolG dessen Inanspruchnahme zulassen. Voraussetzung ist insbesondere das Vorliegen einer **unmittelbar bevorstehenden** Gefahr.[109] Die rechtliche Möglichkeit, gegen unbeteiligte Dritte belastende Maßnahmen vorzunehmen, markiert eine Grenzlinie rechtsstaatlichen Polizeirechts.[110] Da von den Unbeteiligten regelmäßig ein Sonderopfer verlangt wird, haben sie gem. **§ 100 PolG** einen **Anspruch auf Entschädigung** (vgl. § 14 Rn 3 ff.).

Zur **rechtsgeschichtlichen Entwicklung** des sog. polizeilichen Notstands vgl. Barczak, Die Verwaltung 2016, 157, 159 bis 165.

Beispiele:
- Die Gemeinde erlässt als Ortspolizeibehörde gem. § 38 PolG gegenüber einem Wohnungseigentümer eine **Beschlagnahmeverfügung**, um dadurch die Verfügungsbefugnis über die Wohnung zu erhalten **und die bisherigen Mieter zur Vermeidung** ihrer **Obdachlosigkeit** in die bisher genutzten Räume einweisen zu können. Der Wohnungseigentümer ist Unbeteiligter i. S. d. § 9 PolG, da er weder Handlungs- noch Zustandsstörer ist. Als Ausgleich für den Eingriff in sein Eigentumsrecht erhält er eine Entschädigung – regelmäßig in Höhe der bisher von den Mietern entrichteten Miete (vgl. § 11 Rn 300 ff.).
- **Verbote von Risikoveranstaltungen gegenüber einem Veranstalter**, um dadurch erhebliche Gewalttätigkeiten zu vermeiden, wie etwa bei Fußballspielen (vgl. HambOVG zur Frage, unter welchen Voraussetzungen die Inanspruchnahme eines Fußballvereins als Nichtstörer in Betracht kommt zum Zweck der Abwehr von Störungen der öffentlichen Sicherheit, die anlässlich eines bevorstehenden Fußballspiels in Form gewalttätiger Ausschreitungen der Anhänger beider Vereine mit an Sicherheit grenzender Wahrscheinlichkeit zu erwarten sind).[111] Vgl. dazu die Hinweise unter § 5 Rn 9 und 20 u. § 15 Rn 42 ff.).
- Polizeiliche Maßnahmen gegen die **Teilnehmer einer friedlichen und legalen Demonstration** beim Zusammentreffen von **Demonstranten** und **Gegendemonstranten**, um dadurch gewalttätige Auseinandersetzungen mit Gefahren für Leib und Leben zu vermeiden.[112]
- Ist ungewiss, wann sich auf einem Grundstück, unter dem sich ehemalige Bergwerksstollen befinden, eine auf Dauer bestehende **Tagesbruchgefahr** realisieren wird, fehlt es an einer die Inanspruchnahme des Nichtstörers rechtfertigenden **unmittelbar** bevorstehenden Störung (VGH BW, VBlBW 2013, 178; vgl. Hinweise unter § 4 Rn 32 u. § 5 Rn 22).

2. Die Tatbestandsvoraussetzungen des § 9 PolG

a) Anwendungsbereich

48 Maßnahmen gem. § 9 PolG kommen nur dort in Betracht, wo keine **spezialgesetzlichen Regelungen** die Inanspruchnahme bestimmter Personen vorschreiben.[113] Solche Vorschriften finden sich etwa im Bereich der Datenerhebung, wo mitunter „von vornherein" im Rahmen der Ausweitung der Prävention in das sog. Gefahrvorfeld polizeiliche Maßnahmen gegen Unbeteiligte (also Personen, die weder Verhaltens- noch Zustandsstörer sind) zugelassen werden (vgl. etwa § 43 PolG, [Befragung und Datenerhebung]). Zum anderen erlauben spezielle Ordnungsgesetze die Inanspruchnahme bestimmter nichtverantwortlicher Personen (etwa § 20 BPolG, Hilfs- und Leistungspflich-

---

107 Barczak, Die Verwaltung 2016, 157 ff.; Kießling, JA 2016, 483, 484.
108 Deger, in: Stephan/Deger, Polizeigesetz BW, § 9 Rn 4; Reinhardt, in: Möstl/Trurnit, Polizeirecht BW, § 9 Rn 3.
109 Barczak, Die Verwaltung 2016, 157, 176 bis 178; Kießling, JA 2016, 483, 484.
110 Denninger, in: Lisken/Denninger, Handbuch des Polizeirechts, Kap. D Rn 140.
111 HambOVG, DVBl 2012, 784 ff.
112 Vgl. dazu Denninger, in: Lisken/Denninger, Handbuch des Polizeirechts, Kap. D Rn 146 ff.; BVerfG NVwZ 2006, 1049.
113 Barczak, Die Verwaltung 2016, 157, 167 bis 170.

VIII. Die Inanspruchnahme Nichtverantwortlicher

ten gem. §§ 31 ff. FwG und 25 ff. LKatSG). Im Anwendungsbereich dieser Vorschriften hat der Gesetzgeber sich gezielt für die Inanspruchnahme unbeteiligter Personen entschieden. Soweit diese Sondervorschriften bestehen, kann nicht auf die allgemeine Vorschrift des § 9 Abs. 1 PolG zurückgegriffen werden.

b) Unmittelbar bevorstehende Störung

Maßnahmen gem. § 9 PolG sind nur zulässig, wenn **eine Störung** der öffentlichen Sicherheit und Ordnung **unmittelbar bevorsteht**. Der Begriff der „unmittelbar bevorstehenden Störung" stellt strenge Anforderungen sowohl an die **zeitliche Nähe** eines Schadens als auch an die **Wahrscheinlichkeit seines Eintritts**, weil polizeiliche Notstandsmaßnahmen in die Rechte Dritter eingreifen.[114] Eine unmittelbar bevorstehende Störung liegt nur vor, wenn der Eintritt der Störung nach allgemeiner Erfahrung sofort oder in allernächster Zeit bevorsteht und als gewiss anzusehen ist, falls nicht eingeschritten wird. Allein die allgemeine Vermutung, es werde zu einer Störung der öffentlichen Sicherheit kommen, genügt nicht. Vielmehr bedarf es des Nachweises begründeter Tatsachen, die nicht nur die mehr oder weniger entfernte Möglichkeit einer Gefährdung absehbarerweise besorgen lassen.[115]

49

Schaubild Nr. 12

Polizeilicher Notstand

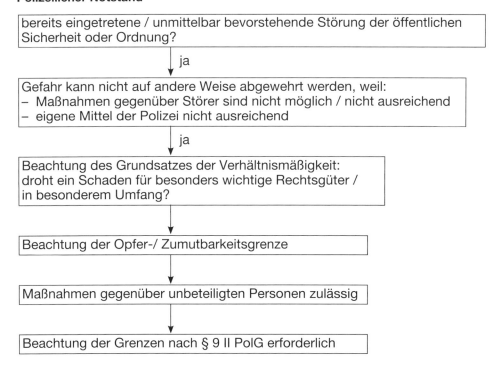

---

[114] Reinhardt, in: Möstl/Trurnit, Polizeirecht BW, § 9 Rn 11.
[115] Ständige Rechtsprechung; vgl. VGH BW, VBlBW 2013, 178 ff. (Rn 58); VGH BW, NJW 2006, 636; vgl. auch § 4 Rn 32.

c) Nachrangigkeit der Inanspruchnahme Unbeteiligter

50 Gem. § 9 Abs. 1 PolG kann die Polizei ihre Maßnahmen nur treffen, wenn eine unmittelbar bevorstehende Störung der öffentlichen Sicherheit oder Ordnung **auf andere Weise nicht verhindert**, oder eine bereits eingetretene Störung **nicht beseitigt** werden kann.[116] Dies ist nach dem Gesetzeswortlaut insbesondere dann der Fall, „wenn die eigenen Mittel der Polizei nicht ausreichen oder wenn durch Maßnahmen gegenüber den Verantwortlichen ein Schaden herbeigeführt würde, der erkennbar außer Verhältnis zum beabsichtigten Erfolg steht". Vor jedem **Notstandseingriff** hat die Polizei also zu prüfen, ob durch den Einsatz eigener Mittel oder durch die Inanspruchnahme eines Störers gem. §§ 6, 7 PolG die Gefahr mit Aussicht auf Erfolg abgewehrt werden kann (sog. **Nachrangigkeit des Notstandseingriffs**). Zu den eigenen Mitteln der Polizei zählen etwa eine entsprechende Personalstärke, Ausrüstung von Einsatzkräften, Dienstfahrzeuge, Absperrvorrichtungen, Notunterkünfte, organisatorische Maßnahmen etc. – aber auch die Möglichkeit, Dritte durch vertragliche Regelungen beauftragen zu können.

Beispiel: Wegen des mit einer Beschlagnahme von Wohnraum verbundenen Eingriffs in das Eigentumsrecht eines Hauseigentümers sind an diese Maßnahme **hohe Anforderungen** zu stellen. Bevor die Ortspolizeibehörde eine Wohnung zur Unterbringung von Obdachlosen beschlagnahmt, muss sie darlegen, dass sie im fraglichen Zeitpunkt keine freien gemeindeeigenen Unterkünfte zur Unterbringung Obdachloser hat und ihr auch die Beschaffung solcher Unterkünfte bei Dritten (etwa Hotel- bzw. Pensionszimmer, Ferienwohnung) nicht rechtzeitig möglich ist.[117]

Der **Grundsatz der Nachrangigkeit** gilt selbst dann, wenn die Gefahrenabwehr durch den Einsatz eigener Mittel höhere Kosten als die Inanspruchnahme eines Unbeteiligten verursacht[118] oder der Aufwand für die Polizei deutlich größer wäre.[119] Der in § 9 Abs. 1 S. 1 PolG genannte Grundsatz der Verhältnismäßigkeit gilt nur im Verhältnis Verantwortlicher – Nichtverantwortlicher und nicht zwischen der Polizei und einem Nichtstörer. Die **vorrangige Heranziehung eines Verantwortlichen** gem. §§ 6, 7 PolG scheidet dann aus, wenn ein Störer überhaupt nicht vorhanden ist oder wenn er nicht in der Lage ist, die Gefahr zu verhindern oder zu beseitigen. Allein die **Weigerung** eines Störers, die Polizeipflicht zu erfüllen, rechtfertigt noch keine Maßnahmen gegenüber Unbeteiligten.

Beispiel: Die Inanspruchnahme des Veranstalters einer rechtmäßigen Versammlung zur Abwehr einer gewaltbereiten Gegendemonstration kommt grundsätzlich nicht in Betracht. Denn wer sich rechtmäßig verhält, handelt erlaubt (Art. 8 Abs. 1 GG). Das Grundrecht der Versammlungsfreiheit verlangt, dass die Durchführung einer friedlichen Versammlung zu schützen ist und dass Maßnahmen primär gegen die Störer zu richten sind. Derjenige, der sich an die Gesetze hält, soll grundsätzlich nicht Adressat polizeilicher Maßnahmen werden. Ein Verbot einer rechtmäßigen Veranstaltung gegenüber dem Veranstalter als Nichtverantwortlichem gem. § 9 PolG kann daher nur in begründeten Ausnahmefällen als Ultima Ratio in Betracht kommen. Dies ist etwa der Fall, wenn Maßnahmen gegen die Gegendemonstration keinen Erfolg versprechen, und wenn die Polizei zugleich mit eigenen Kräften nicht in der Lage ist, die (erste, friedliche) Versammlung zu schützen.[120]

d) Verhältnismäßigkeit und Zumutbarkeitsgrenze

51 Wie bei jeder polizeilichen Maßnahme ist auch bei der Inanspruchnahme Notstandspflichtiger der Grundsatz der Verhältnismäßigkeit zu beachten (vgl. §§ 3, 5 PolG u. § 6 Rn 33). Regelmäßig kommt daher die Inanspruchnahme eines Nichtstörers nur in Betracht, wenn durch die bevorstehende oder bereits eingetretene Störung ein **besonders hochwertiges Rechtsgut** betroffen ist.[121]

---

116 Barczak, Die Verwaltung 2016, 157, 178 ff.
117 **H. M.**, vgl. Ruder/Bätge, Obdachlosigkeit, S. 197 bis 199, Singer, JA 2017, 975, 980 f., jeweils m. w. N.; OVG Saarland, Beschl. v. 14.4.2014 – 1 B 213/14; VG Oldenburg, openJur 2012, 69543 (Rn 23) m. w. N.; VG Frankfurt, openJur 2012, 34762 (Rn 39); VGH BW, BWVPr 1984, 15.
118 Sander, in: Belz/Mußmann/Kahlert/Sander, Polizeigesetz BW, § 9 Rn 6; Singler, JA 2017, 975, 981; Barczak, Die Verwaltung 2016, 157, 180.
119 Reinhardt, in: Möstl/Trurnit, Polizeirecht BW, § 9 Rn 14.
120 BVerfG, NVwZ 2006, 1049; vgl. § 5 Rn 11.
121 VG Karlsruhe, Beschl. v. 28.6.2020 – 1 K 3155/20 (Rn 13).

Beispiel: Die Eltern eines volljährigen, vollziehbar ausreisepflichtigen Ausländers können auf der Grundlage des § 9 PolG nicht zur **Mitwirkung bei der Passbeschaffung** verpflichtet werden, da der nicht rechtmäßige Aufenthalt eines Ausländers im Bundesgebiet keine ausreichende unmittelbare Gefahr für hochwertige Rechtsgüter i. S. d. § 9 Abs. 1 PolG darstellt (VG Karlsruhe, Beschl. v. 28.6.2020 – 1 K 3155/20 [Rn 14]).

Die Inanspruchnahme ist auf das **sachlich und zeitlich unbedingt Erforderliche** zu schränken. Bei der Verhältnismäßigkeitsprüfung ist besonders darauf zu achten, dass die nicht verantwortliche Person ohne erhebliche eigene Gefährdung oder Verletzung höherwertiger Pflichten in Anspruch genommen werden kann und dass die Zumutbarkeits- und Opfergrenzen nicht überschritten werden. Die **Zumutbarkeit des Eingriffs** wird durch eine **Opfergrenze** konkretisiert[122], die in jedem Einzelfall gesondert festzulegen ist.

Die Inanspruchnahme ist etwa unzumutbar, wenn sie für die unbeteiligte dritte Person zu einer erheblichen eigenen Gefährdung führen (etwa Heranziehung bei Explosions- oder Infektionsgefahr) oder von ihr die Verletzung höherwertiger Pflichten verlangt würde (vgl. auch § 6 Abs. 1 Nr. 4 MEPolG).

e) Zeitliches Übermaßverbot

Gem. **§ 9 Abs. 2 PolG** dürfen Maßnahmen gegenüber Notstandspflichtigen nur aufrechterhalten werden, „solange die Voraussetzungen des Absatzes 1 vorliegen". Diese Regelung ist Ausfluss des Grundsatzes der Verhältnismäßigkeit im engeren Sinne (Übermaßverbot), der Maßnahmen gegenüber Nichtstörern sachlich und zeitlich begrenzt (vgl. § 6 Rn 33). Gegen die unbeteiligte Person kommen daher regelmäßig nur **vorläufige Maßnahmen** in Betracht, die von vornherein unter strengen Maßstäben zu befristen sind. So darf etwa gem. § 38 Abs. 4 S. 2 PolG die Beschlagnahme (etwa einer Wohnung) vorbehaltlich besonderer gesetzlicher Regelung nicht länger als sechs Monate aufrechterhalten werden. Die Behörde ist verpflichtet, in der Beschlagnahmeverfügung an einen Wohnungseigentümer zur Einweisung von obdachlosen Personen genau anzugeben, wie lange die Beschlagnahme längstens aufrechterhalten werden soll (vgl. § 11 Rn 293).

52

Nach Wegfall der für die Inanspruchnahme des Nichtstörers erforderlichen Voraussetzungen ist die Behörde verpflichtet, die Inanspruchnahme aufzuheben. § 9 Abs. 2 PolG gewährt dem Nichtverantwortlichen einen **Anspruch auf ständige Prüfung und auf unverzügliche Aufhebung**.

Werden nach einer Inanspruchnahme die Rechte des Nichtverantwortlichen beeinträchtigt, kann ein **Folgenbeseitigungsanspruch** in Betracht kommen. Dieser Anspruch gibt dem „Nichtstörer" das Recht, von der Polizei die Beseitigung der unmittelbaren tatsächlichen Folgen ihrer Notstandsmaßnahme zu verlangen. So hat etwa der private Wohnungseigentümer gegenüber der Ortspolizeibehörde einen Folgenbeseitigungsanspruch, der die Behörde verpflichtet, nach Ablauf der Beschlagnahmefrist auf ihre Kosten eine zur Abwehr von Obdachlosigkeit beschlagnahmte Wohnung **geräumt** an den Eigentümer herauszugeben (vgl. § 11 Rn 304).

3. Anspruch auf Entschädigung

Gem. **§ 100 PolG** kann der Notstandspflichtige eine **angemessene Entschädigung** verlangen. Dieser Entschädigungsanspruch (Aufopferungsanspruch[123]) soll das Sonderopfer ausgleichen, das dem Nichtverantwortlichen durch den Eingriff in seine Rechte entstanden ist. Der Anspruch gewährt keinen vollen Schadensersatz, sondern nur einen angemessenen Schadensausgleich in Geld (zu den Einzelheiten siehe § 14 Rn 3 ff.).

53

---

122 Barczak, Die Verwaltung 2016, 157, 181 f.
123 Reinhardt, in: Möstl/Trurnit, Polizeirecht BW, § 9 Rn 25.

§ 6: Die Polizeiverfügung

I. Begriffe, Rechtscharakter
1. Verwaltungsakt der Polizei

1 Die Polizeiverfügung ist ein **Verwaltungsakt der Polizei, durch den auf dem Gebiet der Gefahrenabwehr ein Gebot oder Verbot angeordnet wird**.[1] Adressat des Verwaltungsaktes ist regelmäßig ein Polizeipflichtiger gem. §§ 6, 7 PolG; die Maßnahme kann sich aber auch gegen einen Unbeteiligten richten (vgl. etwa § 9 PolG). Sowohl die Polizeibehörden (§§ 1 ff. PolG) als auch die Polizeidienststellen (§§ 115 ff. PolG) können Polizeiverfügungen erlassen. Die **Polizeibehörden** und die **Polizeidienststellen** sind **Behörden i. S. d. § 1 LVwVfG** (vgl. § 1 Abs. 2 LVwVfG).

Das PolG nennt den Begriff der Polizeiverfügung nicht ausdrücklich. Es spricht nur von Maßnahmen (§§ 3, 5 ff. PolG) bzw. Einzelmaßnahmen (§§ 27 ff. PolG).[2] Dennoch stellt die Polizeiverfügung die **wichtigste Einzelmaßnahme zur Wahrnehmung** und **Durchsetzung der Aufgabe der Gefahrenabwehr** dar.

Die Polizeiverfügung ist ein **klassisches Mittel der Ordnungs- bzw. Eingriffsverwaltung**, bei der die Polizei einseitig anordnend und befehlend in die Rechte Dritter eingreift und notfalls ihre Maßnahmen auch gegen den Willen der betroffenen Personen zwangsweise durchsetzt. Sie gebietet oder verbietet regelmäßig ein bestimmtes Tun, Dulden oder Unterlassen und erzeugt als unmittelbare Rechtsfolge eine Handlungs-, Duldungs- oder Unterlassungspflicht. In vielen Fällen stellt sie die **Grundverfügung** (= Grundverwaltungsakt) dar, die nach den §§ 63 ff. PolG im Wege der Verwaltungsvollstreckung durchgesetzt wird.

Fall 17: Nachdem die von einer Nachbarin herbeigerufenen Polizeivollzugsbeamten feststellen, dass der M gegenüber seiner Ehefrau F gewalttätig geworden ist und ihr mit weiteren Schlägen droht, erteilen sie ihm einen Wohnungsverweis und fordern ihn zum Verlassen der Wohnung auf. Da M nicht freiwillig die Wohnung verlassen will, verbringen sie ihn unter Anwendung unmittelbaren Zwangs aus der Wohnung.

Im **Fall 17** wird die auf der Grundlage des § 30 Abs. 3 PolG erlassene Polizeiverfügung „Wohnungsverweis" als Grundverwaltungsakt gem. §§ 63, 64, 66 PolG i. V. m. den Vorschriften des LVwVG vollstreckt (vgl. dazu auch § 12 Rn 1 ff.).

2 Eine polizeiliche Verfügung kann aber auch in Form eines **gestaltenden bzw. feststellenden Verwaltungsaktes** ergehen.

Beispiel: Die Ortspolizeibehörde weist den Obdachlosen O zum Schutz seiner Grundrechte in eine Notunterkunft ein. Diese **Einweisungsverfügung** hat sowohl eine begünstigende als auch eine belastende Wirkung. Der Betroffene erhält die Möglichkeit, eine Unterkunft zu beziehen (begünstigende Wirkung). Er kann – muss aber nicht – die Notunterkunft beziehen. Gleichzeitig beinhaltet die Verfügung die (belastende) Feststellung, dass die Behörde mit der Bereitstellung dieser Unterkunft alle erforderlichen Maßnahmen zur Gefahrenabwehr ergriffen hat. Mit der Wirksamkeit der Einweisungsverfügung (= Bekanntgabe) wird dem Anspruch des O auf Einweisung Rechnung getragen. Die Einweisungsverfügung ist deshalb ein gestaltender bzw. feststellender Verwaltungsakt (vgl. § 6 Rn 63).

3 In vielen Fällen werden polizeiliche Verwaltungsakte auch in Form einer **Erlaubnis** erlassen. Die Erlaubnis stellt einen begünstigenden, rechtsgestaltenden Verwaltungsakt i. S. d. § 35 LVwVfG dar. Regelmäßig wird sie nur auf Antrag erteilt und ist daher ein mitwirkungsbedürftiger Verwaltungsakt. Vor allem im Bereich der Ordnungsverwaltung bestehen sog. gesetzliche **Verbote mit Erlaubnisvorbehalt**. In diesen Fällen erhält die Verwaltung die Möglichkeit, einen Vorgang **präventiv** unter dem Gesichtspunkt der Ge-

---

[1] Trurnit, in: Möstl/Trurnit, Polizeirecht BW, § 3 Rn 5.
[2] Der Begriff der Polizeiverfügung wurde in § 40 PrPVG erstmals definiert; vgl. auch die Legaldefinition in § 16 Abs. 1, 2 SOG MV.

fahrenabwehr zu prüfen und durch die Erteilung einer Erlaubnis die Voraussetzungen für die rechtmäßige Durchführung einer an sich erwünschten Betätigung zu schaffen. Durch die Erteilung der sog. Kontrollerlaubnis wird das in einer Rechtsvorschrift enthaltene Verbot für den Einzelfall aufgehoben.

Beispiele:
- **Sondernutzungserlaubnis** gem. § 16 StrG;
- gem. § 3 HuV BW / Nr. 3.1 VwVgH bedarf das Halten eines Kampfhundes, der älter als 6 Monate ist, grundsätzlich der Erlaubnis der Ortspolizeibehörde. In § 3 Abs. 2 VwVgH sind die Voraussetzungen für die Erteilung der Erlaubnis näher festgelegt (vgl. § 9 Rn 12 ff.).

Durch eine Erlaubnis kann aber auch eine Ausnahme bewilligt bzw. ein Dispens erteilt werden (sog. **repressives Verbot mit Befreiungsvorbehalt**). In diesen Fällen wird durch ein (gesetzliches) Verbot ein sozial unerwünschtes oder schädliches Verhalten grundsätzlich verboten. Nur unter besonderen Voraussetzungen kann eine **Ausnahme** von dem Verbot bewilligt werden.

Beispiel: Nach einer **städtischen Polizeiverordnung** zum Schutz vor umweltschädlichem Verhalten ist bei öffentlichen Veranstaltungen im Freien zum Schutze der Nachtruhe der **Betrieb von Lautsprechern** und Verstärkeranlagen nach 22.00 Uhr untersagt. Die Ortspolizeibehörde kann in begründeten Fällen von diesem Verbot eine Ausnahme erteilen (etwa beim Jubiläumsfest eines Vereins).

2. Abgrenzung zum Realakt

Eine Polizeiverfügung liegt nur vor, wenn es sich um einen **Verwaltungsakt i. S. d. § 35 LVwVfG** handelt. Für den Erlass und für die Vollstreckung einer Polizeiverfügung gelten die allgemeinen Bestimmungen des Verwaltungsverfahrens (LVwVfG), des Verwaltungsprozessrechts (VwGO) und der Verwaltungsvollstreckung (LVwVG), soweit keine spezielleren Regelungen – insbesondere solche des Polizeirechts – vorgehen.

Demgegenüber handelt es sich bei einem **Realakt** nicht um eine Polizeiverfügung. Bei dieser Handlungsform liegt begrifflich (nur) ein schlichtes Verwaltungshandeln vor, das nach dem Willen der Behörde keine unmittelbare Rechtswirkung erzeugen soll und nur auf einen tatsächlichen Erfolg gerichtet ist (vgl. auch die Hinweise in § 7 Rn 1 ff.).

3. Grundvoraussetzung: Vorliegen einer konkreten Gefahr

Der Erlass einer Polizeiverfügung im klassischen Sinn (§ 6 Rn 1) setzt das Bestehen einer **konkreten Gefahr** für die öffentliche Sicherheit und Ordnung voraus (§ 4 Rn 28). Dies gilt sowohl für den Erlass einer Einzel- als auch einer Allgemeinverfügung. Reine **Vorsorgemaßnahmen** zur Abwehr möglicher Beeinträchtigungen im Gefahrenvorfeld rechtfertigen nicht den Erlass einer Polizeiverfügung.[3] Eine konkrete Gefahr liegt (nur) vor, wenn in dem zu beurteilenden konkreten Einzelfall in überschaubarer Zukunft bei ungehindertem Geschehensablauf mit hinreichender Wahrscheinlichkeit mit dem Eintritt eines Schadens gerechnet werden muss. Der Schadenseintritt braucht nicht mit Gewissheit zu erwarten sein. Andererseits ist aber die Möglichkeit des Schadenseintritts nicht ausreichend. Der erforderliche Grad der Wahrscheinlichkeit ist abhängig vom Rang des Rechtsgutes, in das eingegriffen werden soll, sowie vom Rang des polizeilichen Schutzgutes.[4]

---

[3] Insoweit gelten dieselben Grundsätze wie für den Erlass einer Polizeiverordnung, vgl. VGH BW, BWGZ 2013, 77 ff. (Rn 54 ff.), sowie § 9 Rn 24.
[4] VGH BW, VBlBW 2013, 178 ff. (Rn 56); VBlBW 2011, 23, 24. Die Gefahrenlage unterscheidet sich dadurch wesentlich von der beim Erlass einer Polizeiverordnung, für die eine abstrakte Gefahr ausreicht (zur Abgrenzung vgl. § 4 Rn 30).

a) Einzelverfügung

6 Eine Polizeiverfügung kann als **Einzelverfügung** zur Regelung eines konkreten Einzelfalls gegen einen bestimmten Adressaten gerichtet sein. In diesem Fall richtet sich die Maßnahme gegen einen oder mehrere namentlich bekannte Störer bzw. polizeipflichtige Personen. Die Verfügung wird direkt der polizeipflichtigen Person gegenüber bekanntgegeben.

Fall 18: Pressefotograf F beabsichtigt, den Einsatz eines Spezialkommandos der Polizei (SEK) in einer Fußgängerzone zu fotografieren. Bei dem Einsatz soll ein sich in Untersuchungshaft befindlicher mutmaßliche Sicherheitschef einer russischen Mafia zur Behandlung seiner Augen bei einem Augenarzt vorgeführt werden. Der Einsatzleiter E untersagt dem F das Fotografieren und droht für den Fall der Zuwiderhandlung die Beschlagnahme der Kamera und des Filmmaterials an. E befürchtete u. a., dass seine Beamten durch die Bildaufnahmen enttarnt und dadurch die Einsatzfähigkeit des Sonderkommandos gefährdet werden könnte.[5]

Die Untersagung, von dem Einsatz Bildaufnahmen zu machen, stellt im **Fall 18** eine (mündlich erlassene) Polizeiverfügung dar. Das **Fotografierverbot** (= Grundverfügung) und die Androhung eines Zwangsmittels im Falle der Zuwiderhandlung wurden unmittelbar gegenüber dem F als namentlich bekannten (vermeintlichem) Handlungsstörer gem. § 6 PolG ausgesprochen. Für den Erlass und für die Vollstreckung dieser Einzelverfügung gelten die allgemeinen Grundsätze des Verwaltungsverfahrens- und Vollstreckungsrechts.

b) Allgemeinverfügung

7 Eine Polizeiverfügung kann auch als **Allgemeinverfügung** i. S. d. § 35 S. 2 LVwVfG erlassen werden. Allgemeinverfügungen sind Verwaltungsakte, die sich an einen nach allgemeinen Merkmalen bestimmten oder bestimmbaren Personenkreis richten, oder welche die öffentlich-rechtliche Eigenschaft einer Sache oder die Benutzung einer solchen Sache durch die Allgemeinheit betreffen.[6] Die Allgemeinverfügung weist somit vor allem in Bezug auf den Adressatenkreis Besonderheiten auf. Sie ist nicht an einen ganz (namentlich) bestimmten, individuellen Adressaten gerichtet; sie ermöglicht vielmehr die Bekanntgabe einer Anordnung gegenüber einem nach allgemeinen Kriterien bestimmten oder zumindest bestimmbaren Kreis von Adressaten. Durch die Verfügung soll ein **Personenkreis** als polizeipflichtige Personen erfasst werden, der dadurch individualisiert wird, dass die von der Regelung betroffenen Personen durch die Beziehung zu dem in der Verfügung genannten Sachverhalt gekennzeichnet sind.

Fall 19: Die Ortspolizeibehörde K bringt in Erfahrung, dass in mehreren sozialen Netzwerken und Internetforen zur Teilnahme an einer X-Party in einem Freibad der Stadt zu einer bestimmten Zeit am kommenden Sonntagnachmittag als öffentliche Veranstaltung aufgerufen wird. Weder wurde vom Veranstalter eine Erlaubnis zur Benutzung der öffentlichen Einrichtung beantragt noch sind der Behörde sonstige Vorbereitungsmaßnahmen zur Durchführung der Party bekannt. Die Stadt befürchtet, dass die Veranstaltung ausufert und dass erhebliche Gefahren für die öffentliche Sicherheit durch unvorhersehbare, gruppendynamische Entwicklungen und negative Begleiterscheinungen durch übermäßigen Alkoholkonsum, Verschmutzung etc. entstehen. Sie will deshalb die sog. **Facebook-Party** verbieten.

- Die Ortspolizeibehörde kann im **Fall 19** eine entsprechende Polizeiverfügung zum Verbot der Veranstaltung und der Teilnahme auf der Grundlage der polizeilichen Generalermächtigung der §§ 1, 3 PolG erlassen (= Grundverfügung). Frage ist aber, an wen die Behörde die Untersagungsverfügung „adressiert" bzw. richtet. Da die Teilnehmer namentlich nicht bekannt sind und eine individuelle Bekanntgabe auf erhebliche praktische Probleme stoßen würde, kann K das Verbot im Wege einer Allge-

---

5 Vgl. VGH BW, VBlBW 2011, 23. Der VGH BW hat der Klage auf nachträgliche Feststellung der Rechtswidrigkeit eines Fotografierverbots, das auf die Generalermächtigung der §§ 1, 3 PolG gestützt worden war, grundsätzlich stattgegeben. Zum Fotografierverbot vgl. auch die Hinweise in § 11 Rn 299.
6 Maurer/Waldhoff, Allgemeines Verwaltungsrecht, § 9 Rn 30 ff.; Trurnit, in: Möstl/Trurnit, Polizeirecht BW, § 3 Rn 6.

I. Begriffe, Rechtscharakter

meinverfügung erlassen. Adressat der Verfügung sind alle potenziellen Teilnehmer der Party. Damit ist auch der Kreis der Polizeipflichtigen individualisierbar.[7]

Allgemeinverfügungen im Bereich der **Gefahrenabwehr** kommen dann in Betracht, wenn der Kreis der Adressaten namentlich feststeht oder wenn die individuelle Bekanntgabe der Verfügung auf erhebliche Schwierigkeiten stoßen würde. Das ist insbesondere bei eilbedürftigen Verfügungen der Fall.[8] **8**

Beispiele:
- Zur Zulässigkeit des Verbots des **Mitführens und Benutzens von Glasbehältnissen** während der **Karnevalstage** in Köln durch Allgemeinverfügung vgl. OVG NRW, NVwZ-RR 2012, 470 (vgl. dazu auch Schoch, JURA 2012, 858, u. die Hinweise in § 9 Rn 24). Mit Recht weist *Deger* darauf hin, dass eine derartige Allgemeinverfügung „für mehrere Tage möglich ist, sogar gegen Nichtstörer". Die Stadt **Konstanz** etwa erlässt jedes Jahr jeweils für den „schmutzigen Donnerstag" eine entsprechende Allgemeinverfügung. Dieses Vorgehen kann nur empfohlen werden.[9]
- Zur Zulässigkeit eines **Glasmitführungsverbots** bei einem **Schützenfest** vgl. VG Düsseldorf, openJur 2013, 16268 (Rn 12 ff.). Nach Auffassung des Gerichts kann das aus Art. 2 Abs. 1 GG resultierende Recht, im Freien Getränke aus Glasflaschen zu konsumieren, zum Schutz der menschlichen Unversehrtheit aus Anlass der besonderen Umstände eines Schützenfestes (Scherbenmeer) für wenige Tage im Jahr eingeschränkt werden. Dem ist grundsätzlich zuzustimmen.
- Das **generelle Verbot von Menschenansammlungen**, die sich freitags auf einem innerstädtischen Platz einfinden, um das Wochenende einzuläuten, kann (in Hessen) weder als Allgemeinverfügung noch im Rahmen einer Gefahrenabwehrverordnung erlassen werden (HessVGH, LKRZ 2014, 289). Die Gründe dieser Entscheidung dürften auch für die Rechtslage in BW gelten.
- VG Ansbach zu einem **Betretungsverbot** für „akustisch erkennbare, provokative oder aufwiegerische" Anhänger eines Bundesligafanclubs, die in Gruppen von mehreren Personen vor einem Fußballspiel in der Nähe des Stadions auftreten (openJur 2012, 131425 [Rn 24 ff.]).
- Zum Verbot von **„Chaos-Tagen" von Punks** vgl. BayOLG, NVwZ 2000, 467; zur Rechtswidrigkeit einer auf die polizeiliche Generalklausel gestützten Allgemeinverfügung, wonach sich Angehörige, die der sog. „**Punkszene**" angehören, zu bestimmten Zeiten nicht auf einem bestimmten öffentlichen Platz aufhalten dürfen, vgl. VGH BW, VBlBW 2003, 31.
- Auch **Verkehrszeichen** sind Allgemeinverfügungen, soweit sie Gebote oder Verbote enthalten, ebenso **Zeichen und Weisungen der Polizeibeamten** (vgl. VGH BW, VBlBW 2011, 275, und § 6 Rn 9).
- Ein **präventives Versammlungsverbot** in Gestalt einer Allgemeinverfügung, das auch friedliche Versammlungen erfasst, darf nur unter den Voraussetzungen des polizeilichen Notstandes erlassen werden (VGH BW, VBlBW 2014, 147).

Die **Bekanntgabe** der Allgemeinverfügung richtet sich nach § 41 Abs. 3 S. 2 LVwVfG. Danach darf eine Allgemeinverfügung auch dann öffentlich bekanntgegeben werden, wenn eine Bekanntgabe an die Beteiligten untunlich ist. **9**

Untunlich bedeutet, dass die individuelle Bekanntgabe wegen der Natur des in Rede stehenden Verwaltungsaktes nicht möglich oder jedenfalls mit erheblichen Schwierigkeiten verbunden wäre, etwa weil nicht mit Sicherheit feststellbar ist, wer betroffen ist.[10] Die Bekanntgabe der schriftlichen Verfügung wird dadurch bewirkt, dass der verfügende Teil (erlassende Behörde, Adressaten, die Anordnungen im vollen Wortlaut, Unterschrift bzw. Namensangabe) öffentlich bekanntgemacht wird. Zusätzlich muss die Bekanntgabe der Allgemeinverfügung den Hinweis enthalten, an welchem Ort die Verfügung im vollen Wortlaut einschließlich Begründung eingesehen werden kann. Zum **Zeitpunkt der Wirksamkeit** der Verfügung enthält § 41 Abs. 4 LVwVfG eine Sonderregelung.

---

7 Vgl. auch Herberger, VBlBW 2015, 445 ff.; Levin/Schwarz, DVBl 2012, 10 ff.
8 Zur Abgrenzung zu den Regelungen einer **Polizeiverordnung** vgl. die Hinweise in § 9 Rn 2.
9 Deger, in: Stephan/Deger, Polizeigesetz BW, § 3 Rn 17.
10 VGH BW, VBlBW 2014, 147 ff.

II. Ermächtigungsgrundlage
1. Allgemeines

10 Polizeiverfügungen sind **Verwaltungsakte**. Die Prüfung ihrer Rechtmäßigkeit richtet sich deshalb nach den **allgemeinen Grundsätzen des Verwaltungsrechts**. Zu prüfen sind insbesondere das Vorliegen einer Ermächtigungsgrundlage und die formellen und materiellen Rechtmäßigkeitsvoraussetzungen.[11]

2. Grundsatz des Gesetzesvorbehalts

11 Nach dem **Grundsatz des Gesetzesvorbehalts** (Art. 20 Abs. 3 GG) bedarf jeder Eingriff in die Freiheits- und Vermögensrechte des Einzelnen einer **Ermächtigungsgrundlage** in einem (formellen) Gesetz. Da durch die Polizeiverfügung als klassisches Instrument der **Eingriffsverwaltung** regelmäßig in die Rechte Dritter eingegriffen wird, muss die Maßnahme auf eine Ermächtigungsgrundlage gestützt werden.[12] Eine Polizeiverfügung, die ohne Vorliegen einer Ermächtigungsgrundlage erlassen wird, ist rechtswidrig, weil gegen einen wesentlichen Grundsatz des materiellen Rechts verstoßen wurde.[13]

12 In § 1 Abs. 1 PolG wird der Polizei die Aufgabe der Gefahrenabwehr zugewiesen. Die Bestimmung ermächtigt aber nicht zu Eingriffen in die Rechtssphäre des Einzelnen. § 1 PolG ist als **Aufgabenzuweisungsnorm** lediglich Rechtsgrundlage für das nicht eingreifende Tätigwerden der Polizei (etwa Aufklärungs-, Überwachungs-, Belehrungstätigkeiten, vgl. § 4 Rn 13 ff.).

Gem. § 3 PolG hat die Polizei diejenigen Maßnahmen zu treffen, „die ihr nach pflichtgemäßem Ermessen erforderlich erscheinen". § 3 PolG räumt der Polizei somit innerhalb der ihr durch das Recht gesetzten Schranken allgemeine Befugnisse zur Wahrnehmung ihrer Aufgaben – insbesondere zu Eingriffen in Freiheits- und Vermögensrechte (§ 1 PolG) – ein. Aus diesem Grund bilden die **§§ 1, 3 PolG** zusammen die sog. **polizeiliche Generalklausel oder Generalermächtigung** (§ 6 Rn 19 ff.), die sowohl die Polizeibehörden als auch den Polizeivollzugsdienst zum Erlass von Verfügungen und Anordnungen ermächtigt.

3. Spezialermächtigungen
a) Allgemeines

13 Nach dem **Grundsatz der Spezialität** geht ein spezielleres Gesetz allgemeinen Gesetzen vor („lex specialis derogat legi generali").[14] Umgekehrt darf entsprechend dem **Grundsatz der Subsidiarität** auf die Generalklausel der §§ 1, 3 PolG nur dann zurückgegriffen werden, wenn und soweit keine Spezialermächtigung besteht.[15] Die Anwendung der Generalermächtigung ist ausgeschlossen, wenn und soweit eine Spezialermächtigung den betreffenden Komplex **abschließend** regelt. Ob dies der Fall ist, muss im Einzelfall durch Auslegung ermittelt werden. Mittlerweile haben Bundes- und Landesgesetzgeber eine **Vielzahl spezialgesetzlicher Eingriffsermächtigungen** geschaffen, so dass ein Rückgriff auf die polizeirechtliche Generalklausel häufig ausscheidet.[16]

---

11 Zum Musterbeispiel der Prüfung der Rechtmäßigkeit einer Polizeiverfügung vgl. Baumann, VBlBW 2012, 363, 397; Poscher/Rusteberg, JuS 2011, 888, 984.
12 Ferreau, JA 2021, 48, 50; Vahle, DVP 2015, 311.
13 VGH BW, BWVPr 1996, 92; Maurer/Waldhoff, Allgemeines Verwaltungsrecht, § 6 Rn 16; BVerwGE 41, 106, 108 ff.; vgl. auch Art. 58 LV.
14 Kniesel/Braun/Keller, Besonderes Polizei- und Ordnungsrecht, Rn 22.
15 Graulich, in: Lisken/Denninger, Handbuch des Polizeirechts, Kap. E Rn 193; Schoch, in: Schoch, Besonderes Verwaltungsrecht, Kap. 1 Rn 197 ff.; Kingreen/Poscher, Polizei- und Ordnungsrecht, § 5 Rn 11; Ibler, in: Ennuschat/Ibler/Remmert, Öffentliches Recht BW, § 2 Rn 175; Trurnit, Einführung ins Polizeirecht, § 97; Thiel, Polizei- und Ordnungsrecht, § 6 Rn 4, 6, 10; Hamann, DVP 2019, 311, 312 f.; Vahle, DVP 2015, 311, 315; vgl. auch Peters/Rind, LKV 2017, 251, 252 f., u. Beckermann, DÖV 2020, 144, 147 ff., zum Verhältnis des allgemeinen und besonderen Ordnungsrechts.
16 Götz/Geis, Polizei- und Ordnungsrecht, § 1 Rn 7 ff.; Kingreen/Poscher, Polizei- und Ordnungsrecht, § 5 Rn 12.

II. Ermächtigungsgrundlage

Spezialermächtigungen haben somit grundsätzlich **Anwendungsvorrang**. Bevor eine eingreifende Maßnahme auf die §§ 1, 3 PolG gestützt werden kann, muss die Polizei folglich prüfen, ob und inwieweit eine Spezialermächtigung vorliegt und ob und inwieweit darin spezielle Maßnahmen vorgesehen sind.[17]

Bei der Prüfung ist somit folgende **Reihenfolge** zu beachten (sog. **dreistufige Subsidiarität**, vgl. Schaubild Nr. 13[18]):
- Spezielle Ermächtigung in einem Bundes- oder Landesgesetz,
- spezielle Ermächtigung im PolG, etwa zur Durchführung von polizeilichen Standardmaßnahmen (§§ 27 bis 41 PolG),
- Anwendung der Generalklausel (§§ 1, 3 PolG).

Schaubild Nr. 13
Verhältnis Generalklausel – Spezialermächtigung

Spezialermächtigung vorhanden?	1.1. In einem Bundesgesetz?	Rangfolge
	1.2 In einem Landesgesetz (ohne PolG)?	
	2. Im PolG?, etwa polizeiliche Standardmaßnahmen (§§ 27 ff. PolG)?	
Generalklausel	3. polizeiliche Generalklausel (§§ 1, 3 PolG)	

Spezialermächtigungen können sich aus einem Bundes-, Landes- oder auch aus dem PolG ergeben. Eine gute (nicht abschließende) **Übersicht** findet sich bei Ibler, in: Ennuschat/Ibler/Remmert, Öffentliches Recht BW, § 2 Rn 358b.

b) Bundesgesetzliche Spezialermächtigungen

Gemäß **Art. 31 GG** („Bundesrecht bricht Landesrecht") gehen bundesgesetzliche Regelungen Landesgesetzen vor. Entgegenstehendes oder inhaltlich widersprechendes Landesrecht ist nichtig.

Beispiele spezieller Regelungen in Bundesgesetzen:
- Verfügungen gem. **§§ 7, 8, 10 PaßG, § 2 PAuswG** (etwa eine Ausreiseuntersagung gegen gewaltbereite Personen vgl. VGH BW, VBIBW 2005, 231; VG Frankfurt, openJur 2014, 20538 [Rn 25 ff.], zur Ausreiseuntersagung für gewalttätigen Hooligan zu einem Fußballspiel im Ausland). Maßnahmen gem. **§§ 15 ff. VersammlG** (siehe § 6 Rn 15).
- Maßnahmen zur Verhütung gem. **§§ 16 ff.** und zur Bekämpfung gem. **§§ 28 ff. IfSG, § 64 Abs. 4 PolG** von übertragbaren Krankheiten (vgl. auch § 3 Rn 49); vgl. dazu (insbesondere zum sog. „**Messie-Syndrom**") Stollenwerk, KommJur 2011, 206; VG Stuttgart, NJW 2004, 1404; OVG NRW, DVBl 2010, 1455. Das IfSG ist ein **bundesrechtliches Sonderordnungsgesetz der Gefahrenabwehr** (Timm, ZVR-Online Dok. 09/2020, Rn 2). Die spezialgesetzlichen Befugnisse des Infektionsschutzes waren die zentrale Rechtsgrundlage während der **Corona-Pandemie**, die durch die rasante Verbreitung des **Coronavirus SARS-CoV-2** aus China kommend ausgelöst wurde. Die zum Schutz der Bevölkerung notwendigen Maßnahmen der Ortspolizeibehörden wurden auf **§ 28 Abs. 1 S. 1 IfSG** gestützt[19], der eine **Generalklausel** darstellt, welche die zuständigen Behörden **zum Handeln verpflichtet und die zum Schutz der Bevölkerung vor den vom Coronavirus SARS-CoV-2 ausgehenden Gefahren erlassenen Beschränkungen**

---
17 H. L., vgl. Deger, in: Stephan/Deger, Polizeigesetz BW, § 3 Rn 7 m. w. N.; Zeitler/Trurnit, Polizeirecht BW, Rn 113.
18 Vgl. auch Würtenberger/Heckmann/Tanneberger, Polizeirecht BW, § 5 Rn 31 ff.
19 Zur im Jahr 2020 erlassenen Neufassung vgl. Häberle/Lutz, Infektionsschutzgesetz, § 28 IfSG Rn 1; Timm, ZVR-Online Dok. 09/2020, Rn 13 ff.; Welter, ZVR-Online Dok. 05/2020, Rn 18 ff.; Barthel/Weidemann, DVP 2020, 171 ff.

ermöglichte[20] (vgl. statt vieler etwa VGH BW, openJur 2020, 34793 [bestätigt durch BVerfG, Beschl. v. 28.4.2020 – 1 BvR 899/20], VBlBW 2020, 414, VBlBW 2020, 422, VBlBW 2021, 42; VG Freiburg, openJur 2020, 34753 [Rn 18 ff.]; VG Stuttgart, Beschl. v. 14.3.2020 – 16 K 1466/20 (Rn 4 ff.); BayVGH, NJW 2020, 1236, 1237 ff. [Rn 34 ff.]; BayVGH, NJW 2020, 1240; VG Bayreuth, BeckRS 2020, 3610 [Rn 41]; BayVerfGH, NVwZ 2020, 624, 625 f. [Rn 18]; OVG MV, openJur 2020, 12979 [Rn 26 ff.], openJur 2020, 3995 [Rn 8 ff.]; OVG Schleswig, NJW 2020, 1382, 1383 f. [Rn 24 ff.]; SächsOVG, NJW 2020, 1384, 1385 f. [Rn 9 ff.]; OVG BB, NJW 2020, 1454 f. [Rn 6 ff.]; VG Oldenburg, openJur 2020, 11509 [Rn 10 ff.], openJur 2020, 11508 [Rn 9 ff.]; VG Hannover, openJur 2020, 11657 [Rn 12 ff.]; Schwarz, JA 2020, 321, 324 ff.; Neumann/Hyckel, LKV 2020, 208 ff.). Auf die zunehmenden und längerfristigen Einschränkungen verschiedener Grundrechte durch die notwendigen behördlichen Infektionsschutzmaßnahmen reagierte der Bundesgesetzgeber mit dem neuen **§ 28 a IfSG**[21], der die Art der zulässigen Schutzmaßnahmen nicht abschließend („insbesondere") in Abs. 1 auflistet, deren Erlass an weitere Voraussetzungen knüpft („für die Dauer der Feststellung einer epidemischen Lage von nationaler Tragweite"), in Abs. 2 verfassungsrechtlich angezeigte Grenzen für Einschränkungen der Grundrechte der Versammlungs- und Glaubensfreiheit vorsieht und in Abs. 3 eine an Infektionsschwellenwerten orientierte regional differenzierte Vorgehensweise vorgibt. Die vom Land BW erlassene **Corona-VO in den Fassungen vom 16.3.2020, 17.3.2020, 9.5.2020, 23.6.2020 und 30.11.2020** erging auf der Grundlage von § 32 i. V. m. §§ 28 bis 31 IfSG. Vgl. eingehender dazu die Ausführungen in § 1 Rn 24.

- Die Spezialregelungen des **§ 46 Abs. 2 bis 4 WaffG** schließen zumindest in der Regel den Rückgriff auf allgemeines Polizeirecht aus. Das WaffG regelt in § 46 Abs. 2, Abs. 4 S. 1 Nr. 1, S. 2, Abs. 3 S. 1, unter welchen Voraussetzungen eine **Sicherstellung** von Waffen und eine **Wohnungsdurchsuchung** vorgenommen werden können, nämlich nur in den Fällen der Rücknahme, des Widerrufs oder des Erlöschens der Erlaubnis nach erfolgloser Fristsetzung oder eines vollziehbaren Verbots oder soweit Tatsachen die Annahme rechtfertigen, dass die Waffen oder Munition missbräuchlich verwendet werden sollen. Als Spezialregelungen gehen diese Vorschriften den allgemeinen Bestimmungen des Polizeirechts vor (OLG München, BayVBl 2020, 493 [Rn 221]; OLG Hamm NVwZ-RR 2010, 921/922).
- Maßnahmen gem. **§§ 1, 14 ff., 38 ff. BPolG**, vgl. § 16 Rn 5.
- Maßnahmen gem. **§§ 17 bis 29 TierSG**.
- Maßnahmen gem. **§ 16 a TierSchG**; § 16 a TierSchG ermächtigt nicht zu tierschutzrechtlichen Anordnungen der **Gefahrenvorsorge** oder zu **Gefahrerforschungsmaßnahmen** im Vorfeld konkreter tierschutzrechtlicher Gefahren, VGH BW, VBlBW 2013, 31; zu § 16 a TierSchG vgl. auch Ionescu, VBlBW 2013, 438, 473.
- **Warnungen** vor gesundheitsschädlichen Lebensmitteln gem. **§ 40 LFGB**, vgl. § 4 Rn 17.
- Für eine auf **§ 32 StVO i. V. m. §§ 1, 3 PolG** gestützte **Anordnung zur Beseitigung eines Verkehrshindernisses** ist gem. § 44 Abs. 1 S. 1 StVO als Straßenverkehrsbehörde die untere Verwaltungsbehörde zuständig, nicht hingegen die Ortspolizeibehörde (VGH BW, VBlBW 2015, 296, 297; a. A. VGH BW, BWGZ 2008, 950). Die §§ 1, 3 PolG bilden i. V. m. § 32 StVO lediglich die notwendige Eingriffsermächtigung, begründen aber keine eigene Zuständigkeit der Polizeibehörde auf der Grundlage des Polizeirechts.
- Maßnahmen gem. **§ 17 Abs. 1 StVZO** (Einschränkung und Entziehung der Kfz-Zulassung) verbieten als spezialgesetzliche Regelung den Rückgriff auf die polizeiliche Generalklausel. Als Spezialvorschrift schließt es § 17 Abs. 1 StVZO aus, dass die Polizei ein Fahrzeug, das sich als nicht vorschriftsmäßig erweist (etwa abgefahrene Reifen [§ 36 Abs. 2 StVO]), gem. § 33 PolG beschlagnahmt oder auf der Grundlage der Generalermächtigung gem. §§ 1, 3, 8 PolG abschleppt (VGH BW, BWVPr 1994, 16; Zeitler/Trurnit, Polizeirecht BW, Rn 117).
- Gem. **§ 1 Abs. 2 VereinsG** kann zur Wahrung der öffentlichen Sicherheit oder Ordnung gegen Vereine, die die Vereinsfreiheit (§ 1 VereinsG) missbrauchen, nur nach Maßgabe des VereinsG eingeschritten werden. Ein **Vereinsverbot** durch die zuständige Behörde (§ 3 Abs. 2 VereinsG) ist nur unter den (abschließenden) Voraussetzungen des Art. 9 Abs. 2 GG i. V. m. § 3 Abs. 1 VereinsG zulässig. Danach darf ein Verein erst dann als verboten behandelt werden, wenn durch Verfügung der Verbotsbehörde festgestellt ist, dass seine Zwecke oder seine Tätigkeit den Strafgesetzen zuwiderlaufen oder dass er sich gegen die verfassungsmäßige Ordnung

---

20 Eingehender dazu Siegel, NVwZ 2020, 577 ff., sowie Timm, ZVR-Online Dok. 09/2020, Rn 6 ff. Vgl. auch den Überblick über die Rechtsprechung bei Maaß, NVwZ 2020, 589 ff.; vgl. zudem Schmitz/Neubert, NVwZ 2020, 666 ff.; Guckelberger, NVwZ-Extra 9a/2020, 1, 4 ff.; Bender, NVwZ-Extra 9b/2020, 1, 2; Giesberts/Gayger/Weyand, NVwZ 2020, 417 ff.

21 § 28 a PolG wurde als spezielle Regelung „zur Verhinderung der Verbreitung der Coronavirus-Krankheit-2019 (COVID-19)" durch Art. 1 Nr. 17 des Gesetzes vom 18.11.2020 (BGBl. I S. 2379, 2400) in das IFSG eingefügt. Gesetzentwurf, BT-Drs. 19/23944; Beschlussempfehlung und Bericht des Ausschusses für Gesundheit, 19/24334. Vgl. dazu Eibenstein, COVuR 2020, 856 ff.; Greve, NKW 2020, 1786 ff., u. Sangs, NJW 2020, 1780 ff.

oder den Gedanken der Völkerverständigung richtet.[22] Das allgemeine Polizeirecht ist anwendbar, wenn es sich um eine Vereinstätigkeit handelt, die nicht von Art. 9 Abs. 2 GG geschützt wird, sondern den jeweiligen allgemein zur Anwendung gelangenden Grundrechten wie etwa Art. 5 Abs. 1, Art. 12 oder Art. 14 GG unterfällt.[23] Besondere Regelungen gelten gem. §§ 14, 15 VereinsG i. V. m. §§ 19 ff. DVO zum VereinsG für **Ausländervereine** und ausländische Vereine. Mit dem Verbot ist regelmäßig die Beschlagnahme und die Einziehung des Vereinsvermögens verbunden.[24]

Beispiele:
- Zum Verbot eines eingetragenen Vereins der „**Hells Angels-Bewegung**" durch das Innenministerium Schleswig-Holstein vgl. BVerwG, Beschl. v. 16.9.2014 – 6 B 31/14 –, mit krit. Anm. von Albrecht, ZVR-Online Dok. Nr. 17/2015.
- Zum Vereinsverbot wegen **salafistischer Bestrebungen – DawaFFM**[25] – durch das Bundesministerium des Innern vgl. BVerwG, NVwZ 2014, 1583.

c) Exkurs: Polizeifestigkeit des Versammlungsrechts

Das VersammlG des Bundes, das in BW unverändert weiter gilt[26], und die neuen Versammlungsgesetze der Länder sind einschränkende Gesetze i. S. d. Art. 8 Abs. 2 GG. Sie sollen einen angemessenen Ausgleich zwischen dem Grundrechtsschutz des Art. 8 GG einerseits und kollidierenden Rechtsgütern der Allgemeinheit und Dritter andererseits leisten. Die Versammlungsgesetze regeln grundsätzlich **abschließend**, unter welchen Voraussetzungen Versammlungen durchgeführt, beschränkt oder verboten werden dürfen. Die speziellen Regelungen der Versammlungsgesetze verdrängen als **leges speciales** die Ermächtigungsgrundlagen der Polizeigesetze der Länder.[27] Aus diesem Grund sind **Rückgriffe auf Befugnisnormen der Polizeigesetze grundsätzlich nicht zulässig** (sog. **Polizeifestigkeit** der Versammlungs- und Demonstrationsfreiheit).[28] Die Polizei muss deshalb in jedem Einzelfall prüfen, ob eine Zusammenkunft unter dem Schutz des Art. 8 GG steht. Ist dies der Fall, können versammlungsbezogene Eingriffe nur auf die speziellen Vorschriften des VersammlG gestützt werden.[29] **Soweit das VersammlG nicht, noch nicht oder nicht mehr anzuwenden ist**, können Maßnahmen nach dem **PolG** ergriffen werden.[30] Dies gilt insbesondere für gesundheits- bzw. seuchenspezifische Aspekte oder für feuer- bzw. baupolizeiliche Aspekte, wenn es sich also nicht um versammlungsspezifische Gefahren handelt. Das Versammlungsrecht entfaltet zudem **generell keine Sperrwirkung für polizeiliche Maßnahmen der Strafverfolgung**.[31]

Das **BVerwG** geht davon aus, dass die Polizeifestigkeit des Versammlungsfreiheit nur gilt, **soweit das VersammlG abschließende Regelungen hinsichtlich der polizeili-**

---

22 BVerwG, NVwZ 2010, 446. Vgl. auch Baudewin, NVwZ 2013, 1049.
23 Würtenberger/Heckmann/Tanneberger, Polizeirecht BW, § 5 Rn 108.
24 BVerwG, NVwZ 2013, 521; Deger, in: Stephan/Deger, Polizeigesetz BW, § 4 Rn 43.
25 Der Namensbestandteil Dawa steht für Missionierung, die drei Buchstaben FFM kürzen die Stadt Frankfurt am Main ab.
26 Vgl. dazu Trurnit, JURA 2019, 1252 f.; Brenneisen/Staack/Dähling, Die Polizei 2020, 252, 253.
27 Groscurth, in: Peters/Janz, Versammlungsrecht, Kap. G Rn 9; Schoch, in: Schoch, Besonderes Verwaltungsrecht, Kap. 1 Rn 210.
28 BVerwG, NVwZ 2019, 1281 (Rn 8), mit Anm. Detterbeck, NVwZ 2019, 1282 f., u. Hebeler, JA 2020, 240; Kniesel/Poschner, in: Lisken/Denninger, Handbuch des Polizeirechts, Kap. K Rn 24, 28 ff.; Groscurth, in: Peters/Janz, Versammlungsrecht, Kap. G Rn 9, 23; Thiel, Polizei- und Ordnungsrecht, § 6 Rn 14, § 18 Rn 2; Kniesel/Braun/Keller, Besonderes Polizei- und Ordnungsrecht, Rn 126; Brenneisen/Staack/Dähling, Die Polizei 2020, 252, 254 f.; Enders, JURA 2020, 569, 570 f.; Fischer-Uebler/Gölzer, JA 2020, 683; Schulte/Glückert, JURA 2020, 179, 183; Trurnit, JURA 2019, 1252, 1253; Weber, NJ 2019, 472, 473; Buchholtz, JuS 2018, 889, 893; Froese, JA 2015, 679.
29 Froese, JA 2015, 679 f.
30 H. M.; vgl. Deger, in: Stephan/Deger, Polizeigesetz BW, § 4 Rn 35; Groscurth, in: Peters/Janz, Versammlungsrecht, Kap. G Rn 10 ff.; Thiel, Polizei- und Ordnungsrecht, § 18 Rn 2; VGH BW, VBlBW 2010, 468; VG Karlsruhe, VBlBW 2016, 124, 126; VG Stuttgart, VBlBW 2016, 155, 157; Gusy, Polizei- und Ordnungsrecht, Rn 419; Fischer-Uebler/Gölzer, JA 2020, 683; Enders, JURA 2020, 569, 570 f., 575 f.; Weber, NJ 2019, 472, 473 f.; Froese, JA 2015, 679, 680; Scheidler, NVwZ 2013, 1449, 1451; Schäffer, Die Polizei 2012, 183.
31 Trurnit, JURA 2019, 1252, 1261.

chen **Eingriffsbefugnisse enthält**.[32] Es sieht die Notwendigkeit, für die Abwehr von Gefahren, die im Zusammenhang mit einer Versammlung von dieser und ggf. von den Versammlungsteilnehmern ausgehen, in Ermangelung einer speziellen versammlungsrechtlichen Regelung auf das der allgemeinen Gefahrenabwehr dienende Polizeirecht der Länder zurückzugreifen.[33] Im konkreten Fall ging das BVerwG davon aus, dass die Anwendung unmittelbaren Zwangs durch die Polizei zur Durchsetzung einer Anordnung zur Verlegung einer Sitzblockade rechtmäßig war und auf die entsprechende Eingriffsermächtigung des Landespolizeigesetzes gestützt werden konnte. Es vertritt damit eine gegenüber dem BVerfG (NVwZ 2011, 422, zu einem auf das Polizeirecht gestützten Platzverweis während einer Versammlung) differenziertere Auffassung.[34] Dieser ist zuzustimmen, soweit und solange durch den Rückgriff auf das Polizeirecht nur offensichtliche Regelungslücken des Versammlungsrechts geschlossen werden. Auch in diesen Fällen muss es möglich sein, Gefahren für die öffentliche Sicherheit und Ordnung abzuwehren, die von einer Versammlung ausgehen. Das Versammlungsrecht kann und darf nicht als Schutzschild für Gefährdungen und Störungen der öffentlichen Sicherheit und Ordnung missbraucht werden. Staat und Polizei bleibt es aber verwehrt, das Polizeirecht zur Aushöhlung der Versammlungsfreiheit zu nutzen. Deshalb kommt ein Rückgriff auf das Polizeirecht nur in Frage, um **rechtmäßige versammlungsrechtliche Anordnungen, Gebote und Verfügungen durchzusetzen**.[35]

16 **Beispiele:**
- Die **Versammlungsgesetze** gehen als **Spezialgesetze** dem allgemeinen Polizeirecht vor, mit der Folge, dass auf Letzteres gestützte Maßnahmen gegen eine Person, insbesondere in Form eines Platzverweises, ausscheiden, solange sich diese in einer Versammlung befindet und sich auf die Versammlungsfreiheit berufen kann. Dieser Schutz endet erst mit der eindeutigen Auflösung der Versammlung oder dem eindeutigen Ausschluss der teilnehmenden Person von einer Versammlung (BVerfG, NVwZ 2011, 422). **Diff.** dagegen BVerwG, NVwZ 2019, 1281 (Rn 8, 11), mit Anm. Detterbeck.
- Ein **Alkoholverbot** kann auf das VersammlG (hier: § 15 Abs. 1 VersammlG Sachsen) gestützt werden, wenn die vom Alkoholkonsum verursachte Enthemmung der Versammlungsteilnehmer zu Gefahren für andere Personen führt (SächsOVG, NJW 2018, 2429, 2430 [Rn 17] mit Besprechung Hebeler, JA 2019, 77 f.).
- Wenn ein **Kameradschaftsabend** Rechtsgerichteter bereits vom Schutzbereich der Versammlungsfreiheit erfasst ist, kann eine **Razzia** nicht auf das PolG gestützt werden (VGH BW, NVwZ 1998, 761, 763).
- Während einer noch nicht aufgelösten Versammlung dürfen Versammlungsteilnehmer nicht nach präventivpolizeilichen Vorschriften **eingekesselt** werden (OVG NRW, NVwZ 2001, 1315).
- Nach **Auflösung** einer Versammlung können Versammlungsteilnehmer aufgrund polizeigesetzlicher Regelungen in **Gewahrsam** genommen werden, wenn die Voraussetzungen für eine Ingewahrsamnahme vorliegen (OLG Celle, NVwZ-RR 2006, 254).
- **Vor Beginn einer Versammlung** schließt das VersammlG nach **h. M.** eine Anwendung des PolG nicht aus. Dies gilt etwa für die Durchsuchung von Fahrzeugen und bei der Beschlagnahme von Waffen, die auf der Anreise mitgeführt werden, gelten (BVerwGE 129, 142; VGH BW, DÖV 2001, 218; Deger, in: Stephan/Deger, Polizeigesetz BW, § 17 Rn 9 m. w. N.; im Einzelnen ist vieles **str.**).
- Ist das **Versammlungslokal baufällig**, kann die zuständige Baurechtsbehörde Maßnahmen nach der LBO ergreifen. In diesem Fall gilt der Grundsatz der „Polizeifestigkeit des Versammlungsrechts" nicht (Gusy, Polizei- und Ordnungsrecht, Rn 419).
- Die **Sperrwirkung des Versammlungsrechts** gilt nicht nur für polizeiliche Anordnungen gegenüber den Teilnehmern einer Versammlung, sondern auch für **Folgemaßnahmen**, insbesondere zur **Vollstreckung einer polizeilichen Anordnung** (VG Stuttgart, openJur 2015, 21316).

---

32 BVerwG, NVwZ 2019, 1281 (Rn 8), mit Anm. Detterbeck, NVwZ 2019, 1282 f., u. Waldhoff, JuS 2020, 191; Rausch, Landesrecht BW, § 3 Rn 412; Enders, JURA 2020, 569, 571.
33 BVerwG, NVwZ 2019, 1281 (Rn 8), mit Anm. Detterbeck, NVwZ 2019, 1282 f., u. Waldhoff, JuS 2020, 191.
34 Vgl. dazu auch BVerwG, Beschl. v. 3.5.2019 – 6 B 149.18 (Rn 11) = NVwZ 2019, 1281 (Rn 11 dort nicht mehr abgedruckt).
35 So auch im vom BVerwG, NVwZ 2019, 1281, entschiedenen Fall. Zum **diff. Meinungsstand** in der Literatur vgl. ausführlich Groscurth, in: Peters/Janz, Versammlungsrecht, Kap. G Rn 27 bis 32.

d) Landesgesetzliche Spezialermächtigungen

Beispiele: 17

- Maßnahmen der Baurechtsbehörde gem. **§§ 47, 49, 64, 65 LBO** (etwa Baueinstellung, Abbruchanordnung). Das Bauordnungsrecht dient der **präventiven Gefahrenabwehr** (Dürr/Leven/Speckmaier, Baurecht BW, Rn 200). Mit **§ 47 LBO** steht der Baurechtsbehörde eine den §§ 1, 3 PolG entsprechende **Generalklausel** zur Verfügung (Dürr/Leven/Speckmaier, Baurecht BW, Rn 282).
- Maßnahmen der Katastrophenschutzbehörde gem. **§§ 1 ff. LKatSG**; vgl. Peters/Hesselbarth, VBIBW 2014, 130; Gusy, DÖV 2011, 299.
- Maßnahmen nach dem **LNRSchG**. Zum Verbot des Rauchens von **Wasserpfeifen** (Shisha-Lokale) vgl. BVerfG, NVwZ-2011, 294; OVG NRW, NVwZ 2014, 92. Zum Nichtraucherschutz in BW vgl. auch Pöltl, KommPraxis spezial 2007, 199 ff.
- Maßnahmen der Ortspolizeibehörde gem. §§ 30, 31 Abs. 2, 50 Abs. 2 **BestattG** i. V. m. § 30 der BestattVO und § 62 Abs. 4 S. 1 PolG.

e) Standardmaßnahmen des PolG als abschließende Spezialvorschriften

Die Standardmaßnahmen in den §§ 27 bis 41 PolG sind spezielle Ermächtigungsgrundlagen (vgl. auch §§ 11 bis 24 MEPolG). Sie regeln die zur Gefahrenabwehr erforderlichen Einzelmaßnahmen **abschließend**. Die dort vorgesehenen Maßnahmen können deshalb nicht ergänzend auf die Generalermächtigung der §§ 1, 3 PolG gestützt werden (vgl. § 6 Rn 13 u. § 11 Rn 1 ff.).[36] 18

Beispiel: Gem. § 38 Abs. 1 PolG ist die Polizei zur **Beschlagnahme** einer Sache nur dann berechtigt, wenn dies zum Schutz des Einzelnen oder des Gemeinwesens gegen eine **unmittelbar** bevorstehende Störung erforderlich ist. Für diese Standardmaßnahme genügt es somit nicht, dass lediglich eine Gefahr für die öffentliche Sicherheit i. S. d. §§ 1, 3 PolG besteht (VGH BW, VBIBW 1997, 349, u. 1996, 373, 374; vgl. § 11 Rn 286).

4. Die Generalklausel

a) Allgemeines

Nach der polizeilichen Generalklausel (§§ 1, 3 PolG)[37] hat die Polizei die Aufgabe, von dem Einzelnen und dem Gemeinwesen Gefahren abzuwehren, durch die die öffentliche Sicherheit oder Ordnung bedroht wird, und Störungen zu beseitigen, soweit es im öffentlichen Interesse geboten ist. Nach dem Grundsatz der Subsidiarität ist in jedem Einzelfall zuerst zu prüfen, ob eine Maßnahme auf eine **Spezialermächtigung** außerhalb oder innerhalb des PolG gestützt, und ob bzw. inwieweit das PolG **neben** einem Spezialgesetz angewandt werden kann (vgl. § 6 Rn 13 u. § 11 Rn 1 ff.). Soweit keine spezialgesetzliche Ermächtigungsgrundlage und keine Standardbefugnisse gem. §§ 27 ff. PolG in Betracht kommen, ist zu entscheiden, ob eine **Polizeiverfügung zur Abwehr einer Gefahr** für die öffentliche Sicherheit und Ordnung aufgrund der Generalermächtigung der §§ 1, 3 PolG erlassen werden kann.[38] 19

Ein Tätigwerden zum Zweck der Gefahrenabwehr durch Polizeiverfügung setzt in jedem Fall eine **konkrete** Gefahr voraus (vgl. § 6 Rn 5). Die auf die Gefahrenabwehr zielende polizeiliche Generalklausel deckt **keine Maßnahmen der Gefahrenvorsorge**. Schadensmöglichkeiten, die sich deshalb nicht ausschließen lassen, weil nach dem derzeitigen Wissensstand bestimmte Ursachenzusammenhänge weder bejaht noch verneint werden können, begründen keine Gefahr, sondern lediglich einen Gefahrenverdacht oder ein „Besorgnispotential".[39]

Die polizeiliche Generalklausel ist auf eher **komplexe und atypische Gefahrenlagen** ausgerichtet. Dazu gehören auch **neue**, nach Art und Ausmaß **bislang nicht bekannte Gefahren**. Da der Gesetzgeber nicht sämtliche künftige Gefahren und alle daraufhin zu

---

36 Schoch, in: Schoch, Besonderes Verwaltungsrecht, Kap. 1 Rn 225 ff.
37 Zu ihrer Vereinbarkeit mit dem Verfassungsrecht vgl. Basten, Recht der Polizei, Rn 494.
38 Borsdorff, in: Möllers, Wörterbuch der Polizei, S. 933 ff.; Thiel, Polizei- und Ordnungsrecht, § 6 Rn 10 ff.
39 So VGH BW, VBIBW 2013, 178 ff. (Rn 57).

treffenden Maßnahmen im Einzelnen voraussehen und detailliert regeln kann, besitzt die Generalklausel in dieser Hinsicht eine **bedeutende Auffangfunktion**.

b) **Beispiele für Polizeiverfügungen aufgrund der Generalermächtigung**

20
- **Meldeauflagen** gegenüber „**Hooligans**", gewaltbereiten Globalisierungsgegnern oder anderen Personen können auf die §§ 1, 3 PolG gestützt werden (Kirchhoff, NVwZ 2020, 1617, 1618 ff.). Eine Meldeauflage ist das Gebot, sich für die Dauer einer bestimmten Zeit in regelmäßigen Abständen oder zu bestimmten Zeiten auf einer Polizeidienststelle einzufinden (Kirchhoff, NJW 2020, 1617). Ihr Zweck besteht darin, den Adressaten daran zu hindern, dass er sich an einen bestimmten Ort begibt oder dass er andere Orte als den seines Wohnortes aufsucht. Oft wird die Polizeiverfügung auch als flankierende Maßnahme für eine Passversagung bzw. Passbeschränkung angeordnet. Sie ergeht als Grundverwaltungsakt schriftlich und wird regelmäßig mit einer Zwangsgeldandrohung versehen (vgl. Graulich, in: Lisken/Denninger, Handbuch des Polizeirechts, Kap. E Rn 235 ff.; Götz/Geis, Polizei- und Ordnungsrecht, § 4 Rn 12; Kirchhoff, NVwZ 2020, 1617, 1618; Przybulewski, Die Polizei 2018, 240, 247; Benrath, DVBl 2017, 868, 873 ff; Schönrock/Knape, Die Polizei 2012, 280; Schucht, NVwZ 2011, 709; VGH BW, VBlBW 2000, 474; etwa zu einer rechtswidrigen Meldeauflage vgl. VG Oldenburg, openJur 2012, 69536 [Rn 18 ff.]); angesichts der zunehmenden Häufigkeit polizeilicher Meldeauflagen sollte für diese eine **spezialgesetzliche Ermächtigungslage** im PolG BW geschaffen werden (in diesem Sinne auch Kirchhoff, NVwZ 2020, 1617, 1621 f.);
- die **Gefährderansprache** (vgl. zu Begriff und Bedeutung vgl. § 11 Rn 67) findet in BW ihre Rechtsgrundlage seit Erlass des **PolG 2020** nicht mehr in den §§ 1, 3 PolG (so noch zutreffend VGH BW, VBlBW 2018, 316 ff. [dort Rn 40]; Stollwerck, LKV 2016, 103, 107), sondern nunmehr in der spezialgesetzlichen Regelung des **§ 29 PolG** (vgl. dazu § 11 Rn 61 ff.);
- zeitlich und räumlich beschränktes Verbot des **Mitführens und Benutzens von Glasbehältnissen** in Form der Allgemeinverfügung bei bestimmten örtlichen Veranstaltungen (Fastnacht, Feste), vgl. § 6 Rn 8, § 9 Rn 2, 24;
- Untersagung von **Bildaufnahmen** während eines SEK-Einsatzes zum Schutz der Funktionsfähigkeit des Staates (vgl. dazu VGH BW, VBlBW 2011, 23, der im konkreten Fall das polizeiliche Fotografierverbot beanstandet hat); vgl. auch § 6 Rn 6;
- das **Blocken eines Beitrags auf Facebook, Twitter** etc. durch die Polizei, wobei wegen des Rechts auf freie Meinungsäußerung hier insbesondere der Grundsatz der Verhältnis-mäßigkeit zu beachten ist (vgl. dazu Tschorr, NVwZ 2020, 1488, 1490 f.);
- Bekämpfung der **Ambrosia-Pflanze** (vgl. Eiermann/Steffens, VBlBW 2009, 419);
- **Einweisung, Umsetzung von Obdachlosen** in gemeindliche Unterkünfte (vgl. § 6 Rn 63 ff.);
- Erlass einer **Räumungsverfügung durch die Ortspolizeibehörde** nach Ablauf der Frist für die Beschlagnahme einer Wohnung (§ 6 Rn 66);
- Verfügungen wegen Lärmbelästigungen, etwa durch **Kuhglockengeläut** (VGH BW, VBlBW 1996, 232) oder durch **Halten eines Hahns** (OVG NRW, NVwZ-RR 2002, 331); vgl. auch Zuck, VBlBW 2011, 265;
- Maßnahmen zur Durchsetzung der Verbote nach dem **FTG**;
- Verbot einer **Facebook-Party** (vgl. § 6 Rn 7);
- Bekämpfung von Gefahren durch den **Einsatz von Drohnen** im Luftraum, (a. A. Arzt/Fährmann/Schuster, DÖV 2020, 866, 875: Generalklausel wegen der Schwere des Eingriffs zu unbestimmt); vgl. dazu auch Giemulla/Hoppe, GSZ 2020, 123 ff.;
- **Schutz** von Frauen **vor aggressiven Gehweg-Beratungsangeboten** eines Vereins für den Schutz des ungeborenen Lebens (VG Freiburg, openJur 2012, 63957 [Rn 7 ff.], bestätigt durch VGH BW, VBlBW 2011, 468); vgl. dazu Siegel, NVwZ 2013,

479; Sennekamp, VBlBW 2012, 40 ff.; Deger, in: Stephan/Deger, Polizeigesetz BW, § 4 Rn 49;
- die **Durchsetzung** eines durch eine kommunale Zweckentfremdungssatzung auf der Grundlage des ZwEWG festgelegten **Zweckentfremdungsverbots** (hier: Nutzung einer Wohnung als Ferienwohnung) kann auf die Generalklausel der §§ 1, 3 PolG gestützt werden (VG Freiburg, openJur 2020, 34800 [Rn 65 ff.]);
- die **Dauerobservation von Straftätern**, die aus der Sicherungshaft entlassen werden, aber weiterhin als gefährlich eingestuft werden, darf nach einer Entscheidung des BVerfG – nach einer Übergangszeit – nicht mehr auf die polizeiliche Generalklausel gestützt werden (BVerfG, DÖV 2013, 198; VGH BW, openJur 2013, 15384; Deger, in: Stephan/Deger, Polizeigesetz BW, § 3 Rn 18; vgl. auch Hinweise zu § 49 Abs. 2 PolG in § 10 Rn 364).

III. Formelle Rechtmäßigkeitsvoraussetzungen
1. Zuständigkeiten

Die Polizei (§ 104 PolG) muss beim Erlass einer Polizeiverfügung zunächst prüfen, ob Maßnahmen aufgrund des PolG oder von **Spezialregelungen** in Betracht kommen. Maßnahmen, die aufgrund des PolG ergriffen werden, sind gegenüber spezialgesetzlichen Verfügungen nachrangig (subsidiär). Wenn und soweit Spezialgesetze die Aufgabe der Gefahrenabwehr anderen Behörden zuweisen, ist die Polizei nicht zuständig. Weiterhin sind eventuelle **subsidiäre Zuständigkeiten** beim Tätigwerden für andere Stellen gem. § 2 Abs. 1 PolG und zum Schutz privater Rechte gem. § 2 Abs. 2 PolG zu beachten (§ 3 Rn 73 ff. und 79 ff.). 21

Die Polizei muss beim Erlass einer Polizeiverfügung überdies die Regelungen über die sachlichen, örtlichen und instanziellen Zuständigkeiten beachten. Bei der **sachlichen Zuständigkeit**, die über die Berechtigung zur Wahrnehmung eines bestimmten Aufgabenbereiches entscheidet, ist zu prüfen, ob Spezialregelungen bestehen, die der Aufgabenverteilung nach dem PolG vorgehen. Fehlen derartige Vorschriften, richtet sich die Abgrenzung zwischen den Aufgaben der Polizeibehörde und denen des Polizeivollzugsdienstes nach § 105 PolG (§ 3 Rn 43 ff.). Die **örtliche Zuständigkeit** richtet sich nach **§ 114 PolG** (§ 3 Rn 91 ff.), soweit nicht spezialgesetzliche Regelungen vorliegen (vgl. etwa § 7 LKatSG, § 2 VersG-ZuVO). § 114 PolG geht als speziellere Regelung der des § 3 LVwVfG vor. Bei der **instanziellen Zuständigkeit** gilt der Grundsatz, dass die Aufgaben der Gefahrenabwehr von der untersten Instanz wahrgenommen werden. Grundsätzlich sind danach innerhalb der allgemeinen Polizeibehörden die Ortspolizeibehörden (§ 111 Abs. 2 PolG) instanziell zum Erlass einer Polizeiverfügung zuständig. 22

2. Formvorschriften

Eine bestimmte Form schreibt das PolG für Polizeiverfügungen im Regelfall nicht vor. Sie können daher nach dem **Grundsatz der Formfreiheit von Verwaltungsakten** schriftlich, mündlich oder in anderer Weise ergehen.[40] Nur einige wenige Bestimmungen ordnen die Schriftform an, so etwa § 39 Abs. 1 S. 2 PolG für den Fall der Einziehung (§ 11 Rn 309). Ferner ist gemäß § 37 Abs. 2 S. 2 LVwVfG unter den dortigen Voraussetzungen ein mündlicher Verwaltungsakt schriftlich zu bestätigen. Für schriftliche und elektronische polizeiliche Verfügungen gelten in Abweichung von den Regelungen des § 126 BGB bestimmte Mindesterfordernisse nach **§ 37 Abs. 3 LVwVfG**. 23

Auch wenn die schriftliche Abfassung im Einzelfall nicht gesetzlich vorgeschrieben ist, empfiehlt es sich schon aus Gründen der **Rechtssicherheit und Rechtsklarheit**, eine Polizeiverfügung **schriftlich** zu erlassen, zumal wenn sie als Grundlage für eine nachfolgende Vollstreckung dienen soll. Weiterhin ist **§ 39 LVwVfG** zu beachten, wonach ein

---

40 Vgl. § 37 Abs. 2 S. 1 LVwVfG; Ramsauer, in: Kopp/Ramsauer, § 37 VwVfG Rn 18.

schriftlicher oder schriftlich bestätigter Verwaltungsakt zu begründen ist. Diese **Begründungspflicht** stellt ein wesentliches Erfordernis jedes rechtsstaatlichen Verfahrens dar und gilt deshalb gerade für eingreifende Maßnahmen der Polizei. Die Begründung muss alle Umstände und maßgeblichen Faktoren des zu entscheidenden Falls berücksichtigen.

3. Verfahrensvorschriften

24 Wichtige Regelungen, die die Polizei beim Erlass einer Polizeiverfügung zu beachten hat, sind die **Verfahrensgrundsätze der §§ 9 ff. LVwVfG**. Dazu gehören u. a. der Untersuchungsgrundsatz (§ 24 LVwVfG), sog. Beratungs- und Auskunftspflichten gem. § 25 LVwVfG, die Anhörung Beteiligter nach § 28 LVwVfG und das Recht auf Akteneinsicht gem. § 29 LVwVfG.

§ 28 Abs. 1 LVwVfG legt die Verpflichtung zur **Anhörung** der beteiligten Personen, die durch die Polizeiverfügung in ihren Rechten (negativ) betroffen werden können, fest. Die Regelung trägt dem grundsätzlichen Recht des Bürgers auf Gehör im Verwaltungsverfahren Rechnung und stellt das wichtigste Recht der Beteiligten im Verfahren dar.[41]
§ 28 Abs. 2 LVwVfG sieht mehrere Ausnahmen von der Anhörungspflicht vor, u. a. nach **N. 1** bei Gefahr im Verzug oder nach **Nr. 4** beim Erlass einer Allgemeinverfügung. Gem. **§ 28 Abs. 3 LVwVfG** hat eine Anhörung zu unterbleiben, wenn zwingendes öffentliches Interesse (etwa Lebensgefahr) entgegensteht. Eine Unterlassung der Anhörung hat, wenn keine Ausnahmen greifen, die Rechtswidrigkeit der Polizeiverfügung zur Folge.[42] Allerdings sieht **§ 45 Abs. 1 Nr. 3 LVwVfG** die Heilung des Verfahrensfehlers vor, wenn die Anhörung nachgeholt wird. Wichtiger Fall der Nachholung ist die nachträgliche Anhörung im Widerspruchsverfahren gem. §§ 45 Abs. 2 LVwVfG, §§ 44 a, 68 ff. VwGO vor der Entscheidung über den Widerspruch bzw. bis zum Abschluss des gerichtlichen Verfahrens.

Wird eine Polizeiverfügung in Form der **Allgemeinverfügung** erlassen, ist bei der Bekanntgabe der Hinweis gem. **§ 41 Abs. 4 LVwVfG**, wo die Verfügung mit der Begründung eingesehen werden kann, entbehrlich, wenn die Allgemeinverfügung **im vollen Wortlaut** einschließlich Begründung und Rechtsbehelfsbelehrung bekanntgegeben worden ist.[43]

25 Das **Recht auf Akteneinsicht** bedeutet, dass den Beteiligten auf Wunsch Einsicht in die von der Behörde geführten Akten, soweit sie das Verfahren betreffen, sowie in sonstige von der Behörde im Wege der Amtshilfe beigezogenen Akten anderer Behörden, Gerichtsakten etc. zu gewähren ist, soweit deren Kenntnis zur Geltendmachung oder Verteidigung ihrer Rechte und rechtlichen Interessen erforderlich ist.[44]

Die Akteneinsicht muss grundsätzlich bei der zur Gewährung von Akteneinsicht verpflichteten Stelle gewährt werden und schließt die **Aktenzusendung** grundsätzlich nicht ein. Beantragt ein Rechtsanwalt Akteneinsicht im Wege der Zusendung der Akten, erfolgt die Versendung der Akten als zusätzliche Leistung, die Grundlage eines eigenständigen **Gebührentatbestands** sein kann.[45] Sie muss in einer Weise gewährt werden, dass sich die daran interessierten Personen unter zumutbaren Bedingungen über den Inhalt der Akten informieren können. Andere Formen der Akteneinsicht stehen im Ermessen der Behörde. Die Vorschrift gewährt zwar keinen Anspruch auf Herstellung von Abschriften bzw. Kopien von Akten oder Aktenteilen. Der allgemeine Anspruch auf ermessensfehlerfreie Entscheidung der Behörde wird aber zugunsten der Beteiligten

---

41 Zur Verletzung des Anspruchs auf Gewährung rechtlichen Gehörs vgl. VGH BW, DVBl 2014, 604; BGH, NVwZ-RR 2014, 864.
42 Ramsauer, in: Kopp/Ramsauer, § 28 VwVfG Rn 78.
43 VGH BW, DVBl 2020, 888 ff.
44 Ramsauer, in: Kopp/Ramsauer, § 29 VwVfG Rn 13.
45 Vgl. VGH BW, VBlBW 2014, 355.

regelmäßig auf Null reduziert sein, weshalb der Wunsch, auf eigene Kosten Ablichtungen herstellen zu dürfen, nur bei Vorliegen besonderer Gründe abgelehnt werden darf. Dabei spielt der zeitliche Aufwand für die Überwachung des Kopiervorgangs keine Rolle.[46]

Weitergehende Akteneinsichts- und Informationsrechte ergeben sich unter dem Einfluss des Unionsrechts und des internationalen Rechts aus speziellen **Informationszugangsgesetzen**.[47] Gem. § 1 Abs. 2 LIFG etwa haben Antragsberechtigte nach Maßgabe des LIFG gegenüber den informationspflichtigen Stellen einen **Anspruch auf Zugang zu amtlichen Informationen**. Der Anspruch auf Informationen gilt grundsätzlich auch gegenüber der Polizei. Ausgenommen vom Anwendungsbereich sind gem. § 2 Abs. 2 Nr. 3 LIFG nur die Gerichte, die Strafverfolgungs-, Strafvollstreckungs- und Maßregelvollzugsbehörden sowie Disziplinarbehörden, soweit sie als Organe der Rechtspflege oder aufgrund besonderer Rechtsvorschriften in richterlicher oder sachlicher Unabhängigkeit tätig werden. Insoweit kommt eine Befreiung der Polizei nur in Betracht, soweit sie als Hilfsorgan der Staatsanwaltschaft in einem Strafverfahren tätig ist. Der Gesetzgeber hat dies ausdrücklich klargestellt: „Der Begriff der Strafverfolgungsbehörden ist in einem funktionellen Sinne zu verstehen und erfasst auch die Polizei, sofern sie repressiv, also zur Verfolgung und Aufklärung von Straftaten und Ordnungswidrigkeiten tätig wird".[48] Soweit die Polizei also **im Bereich der Gefahrenabwehr tätig** ist, fällt sie in den **Anwendungsbereich des LIFG**.

Der **Informationsanspruch** gegenüber der Polizei erfährt aber eine **wichtige Einschränkung**: Gem. § 4 Abs. 1 Nr. 2 LIFG besteht der Anspruch auf Informationszugang nicht, soweit und solange das Bekanntwerden der Informationen **nachteilige Auswirkungen** haben kann **auf die Belange der äußeren oder öffentlichen Sicherheit**. Der Zugang zu den Informationen darf damit versagt werden, wenn es für den Schutz von besonderen öffentlichen Belangen im Einzelfall erforderlich ist. Die informationspflichtige Stelle (= Polizei) trägt dafür die **Darlegungslast**.[49] Nichtsdestoweniger kann diese sich in bestimmten Konstellationen auf einen Beurteilungsspielraum berufen.[50]

Der Begriff „**Belange der öffentlichen Sicherheit**" knüpft an das Polizei- und Ordnungsrecht an.[51] Öffentliche Sicherheit umfasst die Unversehrtheit der Rechtsordnung und der grundlegenden Einrichtungen und Veranstaltungen des Staates sowie die Unversehrtheit von Gesundheit, Ehre, Freiheit, Eigentum und sonstigen Rechtsgütern der Bürgerinnen und Bürger. Daher besteht etwa kein Anspruch auf Informationszugang in Bezug auf Akten zu Sicherheitsthemen.[52] Die Polizei kann daher vor allem dann die begehrte Auskunft ablehnen, wenn diese **Belange der öffentlichen Sicherheit gefährden** würde. Allein die Erschwerung der polizeilichen Arbeit reicht dagegen nicht aus.

Fall 20: Der Ortspolizeibehörde O liegen Erkenntnisse vor, dass der aus Syrien stammende G der islamistischen Szene angehört. Sie prüft aktuell in enger Abstimmung mit der Polizei, dem Landesverfassungsschutz und der Ausländerbehörde, welche polizeilichen und ausländerrechtlichen Maßnahmen getroffen werden können, um die von G ausgehende Gefahr für die Allgemeinheit zu beseitigen. Die Ehefrau E des G erbittet von der Ortspolizeibehörde gem. § 1 Abs. 2 LIFG umfassende Auskunft darüber, welche Erkenntnisse über ihren Ehemann G vorliegen. G hat sein Einverständnis zur Auskunft durch die Polizeibehörde erklärt (§ 5 Abs. 1 LIFG).

---

46 So auch Ramsauer, in: Kopp/Ramsauer, § 29 VwVfG Rn 41.
47 Vgl. etwa das Informationsfreiheitsgesetz (LIG) des Bundes von 2005 und das Landesinformationsfreiheitsgesetz Baden-Württemberg (LIFG) aus dem Jahr 2015. Zu den Anforderungen an eine gesetzliche Grundlage für staatliches Informationshandeln vgl. VGH BW, DVBl 2013, 1063.
48 LT-Drs. 15/7720, S. 60; Sicko, in: Debus, Informationszugangsrecht BW, § 2 LIFG Rn 51.
49 Debus, in: Debus, Informationszugangsrecht BW, § 4 LIFG Rn 33.
50 LT-Drs. 15/7720, S. 64; vgl. dazu auch Debus, in: Debus, Informationszugangsrecht BW, § 4 LIFG Rn 33.
51 VG Stuttgart, openJur 2020, 33474 (Rn 43).
52 LT-Drs. 15/7720, S. 65; ebenso VG Stuttgart, openJur 2020, 33474 (Rn 43), für den Fall einer Bekanntgabe der Gefährdungslagebilder und Rahmenbefehle zu Stuttgart 21.

Im **Fall 20** kann und wird die Ortspolizeibehörde die erbetene Auskunft unter Berufung auf § 4 Abs. 1 Nr. 2 LIFG verweigern. Angesichts der von G ausgehenden Gefährdung der Allgemeinheit wären „Belange der öffentlichen Sicherheit" tangiert, wenn seine Ehefrau E und G selbst Kenntnis vom Ermittlungsstand und von den weiteren Überlegungen der O erlangen würden.

IV. Bestimmung des Adressaten

27 Bei der Frage, welche Person Adressat einer Polizeiverfügung ist, sind die Regelungen der §§ 6 ff. PolG und des § 40 LVwVfG zu beachten. Die Polizei muss insbesondere prüfen, ob ein Spezialgesetz den Adressaten bestimmt, ob ein oder mehrere Handlungs- oder Zustandsstörer in Betracht kommen, wer von mehreren Störern in Anspruch genommen werden kann, ob – in Ausnahmefällen – Maßnahmen gegen Unbeteiligte (§ 9 PolG) ergriffen werden können, ob eine Rechtsnachfolge in die Polizeipflicht vorliegt usw. Maßgebend sind hierbei die Grundsätze über den Adressaten einer polizeilichen Maßnahme (vgl. im einzelnen § 5 Rn 1 ff.).

Schaubild Nr. 14
Polizeiliches Ermessen

Vorliegen einer Gefahr für die oder einer Störung der öffentlichen Sicherheit oder Ordnung?	Rechtsfrage (§ 4 Rn 18 ff.)
Soll eingeschritten werden?	Entschließungsermessen (Opportunitätsprinzip), § 6 Rn 28 ff.)
Gegen wen darf eingeschritten werden?	Rechtsfrage (§ 5 Rn 1 ff., § 6 Rn 27)
Welcher Störer (von mehreren) soll in Anspruch genommen werden?	Auswahlermessen (§ 5 Rn 38 ff.)
Welche Maßnahmen sind geeignet / erforderlich?	Rechtsfrage (§ 6 Rn 33)
Welche unter verschiedenen möglichen/ geeigneten Maßnahmen sind auszuwählen?	Auswahlermessen (§ 6 Rn 28 ff.)

V. Ermessen
1. Allgemeines

28 Gem. **§ 3 PolG** hat die Polizei zur Wahrnehmung ihrer Aufgaben diejenigen Maßnahmen zu treffen, die ihr innerhalb der durch das Recht gesetzten Schranken nach pflichtgemäßem Ermessen erforderlich erscheinen (vgl. Schaubild Nr. 14, polizeiliches Ermessen). Für polizeiliche Maßnahmen **im Bereich der Gefahrenabwehr** gilt demnach das sog. **Opportunitätsprinzip**: Liegen die gesetzlichen Voraussetzungen für eine Maßnahme vor, steht es im pflichtgemäßem Ermessen der Polizei, **ob** sie einzelne zulässige Maßnahmen durchführt (**Entschließungsermessen**), und **wie** sie tätig wird – also welche von mehreren zulässigen Maßnahmen sie im Einzelfall wählt (**Auswahlermessen**). Der Polizei ist mithin ein **Spielraum** bei ihren Entscheidungen eingeräumt.[53] Insbesondere ist sie nicht **in jedem Fall** zum Einschreiten verpflichtet. Bei geringen oder nur vorübergehenden Verstößen gegen die öffentliche Sicherheit kann die Polizei im Rahmen ihres pflichtgemäßen Ermessens auch untätig bleiben. Dieses Opportunitätsprinzip gilt

---

53 Deger, in: Stephan/Deger, Polizeigesetz BW, § 3 Rn 20; Trurnit, Eingriffsrecht, Rn 23 f., 101.

aber nur für Maßnahmen der Polizei im Bereich der Gefahrenabwehr. **Im Bereich der Strafverfolgung** ist die Polizei nach dem **Legalitätsprinzip** zum Tätigwerden verpflichtet (§§ 163, 152 ff. StPO, vgl. § 13 Rn 1 ff.).

2. Pflichtgemäße Ermessensausübung

Gem. **§ 3 PolG** hat die Polizei die Maßnahmen zu treffen, die ihr nach **pflichtgemäßem** Ermessen erforderlich erscheinen. Ermessen bedeutet daher nicht „schrankenlose Freiheit", sondern ist gebunden. Es muss pflichtgemäß ausgeübt werden und hat sich innerhalb der durch das Recht gesetzten Schranken zu halten. Die Bindungen des § 40 LVwVfG und ihrer Überprüfung durch die Gerichte (§ 114 VwGO) gelten auch hier.[54] Pflichtgemäß ausgeübt ist das Ermessen, wenn es nach **sachlichen**, dem **Zweck der Ermächtigung entsprechenden** Gesichtspunkten betätigt wird, dem Prinzip des **geringstmöglichen Eingriffs** i. S. d. § 5 Abs. 1 PolG und dem **Grundsatz der Verhältnismäßigkeit** im engeren Sinne (§ 5 Abs. 2 PolG) entspricht. Eine Begrenzung des Ermessens kann sich insbesondere aus dem **Grundsatz der Gleichbehandlung** (Art. 3 Abs. 1 GG) ergeben.

29

3. Ermessensreduzierung und Anspruch auf Einschreiten

Gem. **§ 3 PolG** handelt die Polizei nach pflichtgemäßem Ermessen. Grundsätzlich hat der Einzelne daher keinen Anspruch auf ihr Tätigwerden bzw. auf ein **ganz bestimmtes Tun**. Bei erheblichen Gefahren für bedeutsame Rechtsgüter kann der Ermessensspielraum der Polizei aber reduziert werden und sich zu einer **Pflicht zum Einschreiten** verdichten. Sind etwa wichtige Rechtsgüter wie Leben, körperliche Unversehrtheit oder Freiheit gefährdet, ist grundsätzlich eine Verpflichtung zum polizeilichen Handeln gegeben, denn hinsichtlich dieser Rechtsgüter besteht eine umfassende **Schutzpflicht des Staates** (vgl. § 4 Rn 59 ff.). Drohen ernstliche Gefahren für diese Rechtsgüter und kann die Polizei eingreifen, ohne dass andere, gleichwertige Rechtsgüter gefährdet oder vernachlässigt werden, liegt eine sog. **Ermessensreduzierung auf Null** vor.[55] In diesen Fällen ist nur noch **eine** Entscheidung ermessensfehlerfrei: Das bedrohte individuelle Rechtsgut ist durch bestimmte Maßnahmen zu schützen.[56] Ist eine derartige Ermessensschrumpfung auf Null gegeben, kann sich der Anspruch des Einzelnen auf fehlerfreie Ausübung des Ermessens zu einem **Anspruch auf Einschreiten** verdichten. Da nach heutiger Ansicht sowohl Spezialermächtigungen der Gefahrenabwehr als auch die Generalklausel nicht nur der Allgemeinheit, sondern auch dem Schutz individueller Rechte, Rechtsgüter oder rechtlich geschützter Eigeninteressen dienen, folgt aus diesen Bestimmungen ein subjektiv-öffentliches Recht auf Einschreiten, wenn nur noch die Entscheidung des Einschreitens pflichtgemäß ist.[57] Bleibt die Polizei in den Fällen der Ermessensreduzierung auf Null untätig, kann ggf. ein **Amtshaftungsanspruch** gem. Art. 34 GG i. V. m. § 839 BGB bestehen.

30

Beispiele für behördliche Ermessensreduzierungen:

31

- **Anspruch eines Obdachlosen auf Zuweisung einer Notunterkunft** wegen seines verfassungsrechtlich geschützten Rechts auf körperliche Unversehrtheit (§ 6 Rn 52).
- **Anspruch eines Wohnungseigentümers auf Räumung** der beschlagnahmten Wohnung nach Ablauf der Beschlagnahmefrist (VGH BW, VBlBW 1997, 187; § 6 Rn 66).
- Fraglich ist, ob ein Anspruch des Grundeigentümers auf polizeiliches Einschreiten bei **Hausbesetzungen** besteht. Grundsätzlich ist das private Eigentumsrecht gem. § 2 Abs. 2 PolG privatrechtlich mittels Räumungsurteil und mithilfe des Gerichtsvollziehers durchzusetzen. Bei einer

---

54 Gusy, Polizei- und Ordnungsrecht, Rn 392 m. w. N.
55 Peine/Siegel, Allgemeines Verwaltungsrecht, Rn 218.
56 Vgl. Ramsauer, in: Kopp/Ramsauer, § 40 LVwVfG Rn 69; Graulich, in: Lisken/Denninger, Handbuch des Polizeirechts, Kap. E Rn 114 ff.; Deger, in: Stephan/Deger, Polizeigesetz BW, § 3 Rn 22; Zeitler/Trurnit, Polizeirecht BW, Rn 221; Huttner/Strecker, Handbuch Ordnungsrecht BW, Rn 68.
57 Zum Anspruch auf polizeiliches Einschreiten vgl. auch Albers, VBlBW 4/2004, Sonderbeilage, Fall 5.

Hausbesetzung wird zwar regelmäßig die öffentliche Sicherheit beeinträchtigt (§ 123 StGB). Dennoch stellt sich auch bei Vorliegen eines Strafantrages die Frage, ob der zu erwartende polizeiliche Aufwand noch im angemessenen Verhältnis zum Nutzen der Allgemeinheit steht (vgl. Hinweise in § 4 Rn 57).
- **Anspruch der Opfer häuslicher Gewalt auf polizeiliches Einschreiten** zum Schutz vor der (drohenden) Verletzung seiner Grundrechte bei Vorliegen einer erheblichen Gefahr (§ 4 Rn 57 u. § 11 Rn 98).
- **Anspruch von Anwohnern eines öffentliches Platzes** auf Einschreiten der Polizei **wegen unzumutbarer nächtlicher Lärmbelästigung**, wenn die maßgeblichen Immissionsrichtwerte überschritten werden (VG Freiburg, openJur 2020, 34146 [Rn 26 ff.]).

32 Für die Ausübung des Ermessens gelten die **Grundsätze des § 40 LVwVfG**. Danach hat die Polizei ihr Ermessen entsprechend dem Zweck der Ermächtigung sachgemäß auszuüben und die gesetzlichen Schranken des Ermessens einzuhalten. Leitlinie ist „eine effektive Gewährleistung von Sicherheit und Ordnung".[58]

Polizeiverfügungen, welche die Grundsätze über die Ausübung des Ermessens nach § 40 LVwVfG verletzen, sind rechtswidrig und in schweren Fällen nichtig.[59] Ermessensentscheidungen unterliegen der gerichtlichen Kontrolle gem. § 114 VwGO. Gem. § 114 S. 2 VwGO kann die Verwaltungsbehörde ihre Ermessenserwägungen hinsichtlich des Verwaltungsakts auch noch im verwaltungsgerichtlichen Verfahren ergänzen (vgl. auch § 45 Abs. 1 Nr. 2 LVwVfG).

VI. Grundsatz der Verhältnismäßigkeit

33 Beim Erlass einer Polizeiverfügung wird das Ermessen der Polizei **durch den Grundsatz der Verhältnismäßigkeit begrenzt**. Dieser Grundsatz hat verfassungsrechtlichen Rang und ist in den §§ 3 und 5 PolG, aber auch etwa in der abgestuften Regelung der §§ 67, 68 PolG (Schusswaffengebrauch) ausgeprägt. Insbesondere spielt der Grundsatz eine wichtige Rolle bei der Auslegung von unbestimmten Rechtsbegriffen und bei Generalklauseln, die zu Eingriffen in die Freiheitsrechte ermächtigen.[60]

Die Terminologie in der Rechtslehre ist nicht einheitlich. Teilweise wird auch vom **Übermaßverbot bzw. vom Grundsatz der Verhältnismäßigkeit im weiteren bzw. engeren Sinne** gesprochen.[61] Auch die Regelung in § 5 PolG lässt die notwendige Klarheit vermissen.

Bei der Prüfung, ob eine Maßnahme der Polizei verhältnismäßig ist, sind nach der **h. L.** folgende **Grundsätze** zu beachten:
- **Grundsatz der Geeignetheit** – also die Frage, ob die angeordnete Maßnahme geeignet ist, den erstrebten polizeilichen Zweck zumindest zu fördern bzw. zu erreichen. Ungeeignet ist etwa eine Maßnahme, die einen tatsächlich oder rechtlich unmöglichen Erfolg verlangt oder die an einen falschen Adressaten gerichtet ist.[62]
- **Grundsatz oder Gebot der Erforderlichkeit.** Dieser Grundsatz kommt in § 5 Abs. 1 PolG zum Ausdruck (Gebot des mildesten Mittels, Mindesteingriff). Er verlangt, dass zur Bekämpfung einer Gefahr oder Störung unter mehreren gleichermaßen geeigneten Mitteln dasjenige ausgewählt wird, das zur geringsten Beeinträchtigung der zur Bekämpfung der Gefahr in Anspruch genommenen Person und der Allgemeinheit führt.[63]
- Die **Beschlagnahme von Wagen einer Wagenburg** ist unverhältnismäßig, wenn die Störung der öffentlichen Sicherheit auch durch eine Räumungsverfügung beseitigt werden kann (VGH BW, DVBl 1998, 96).

---

58 Würtenberger/Heckmann/Tanneberger, Polizeirecht BW, § 5 Rn 350; Deger, in: Stephan/Deger, Polizeigesetz BW, § 3 Rn 27.
59 Ramsauer, in: Kopp/Ramsauer, § 40 VwVfG Rn 94.
60 Das BVerfG fordert immer wieder die „strikte Beachtung des Grundsatzes der Verhältnismäßigkeit" (vgl. etwa im sog. Brokdorf-Beschluss, BVerfGE 69, 315); Zeitler/Trurnit, Polizeirecht BW, Rn 226.
61 Vgl. dazu Deger, in: Stephan/Deger, Polizeigesetz BW, § 5 Rn 3.
62 Gusy, Polizei- und Ordnungsrecht, Rn 397; Kastner, in: Möstl/Trurnit, Polizeirecht BW, § 5 Rn 8 ff.
63 Kastner, in: Möstl/Trurnit, Polizeirecht BW, § 5 Rn 11 ff.

- **Standardmaßnahmen** wie etwa Platzverweise, Aufenthaltsverbote, Wohnungsverweise, Gewahrsam, Beschlagnahme und Sicherstellung sind zu beenden, wenn der polizeiliche Zweck erreicht ist (vgl. etwa § 38 Abs. 4 S. 1 PolG).
- **Grundsatz der Angemessenheit**. Dieser Grundsatz ist in § 5 Abs. 2 PolG normiert (Verhältnismäßigkeit im engeren Sinn, Übermaßverbot). Hier ist zu prüfen, ob die Maßnahme zumindest nicht völlig außer Verhältnis zu dem beabsichtigten Erfolg steht. Die Behörde darf nicht mit ihrem Vorgehen „das Kind mit dem Bade ausschütten".[64] Die durch den Eingriff bewirkten Nachteile dürfen nicht schwerer wiegen als die Nachteile, die ohne den Eingriff entstehen. Hier ist eine **Güterabwägung** zwischen den Belangen des Einzelnen und denjenigen der Allgemeinheit vorzunehmen.[65]

  Beispiel: Die Anordnung, den Hund regelmäßig auszuführen, ist als milderes Mittel gegenüber einer Wegnahme und einem Hundehalteverbot in Betracht zu ziehen (VG Stuttgart, VBlBW 2011, 286).
- Kann den von einem gem. § 2 HuV BW als gefährlicher Hund eingestuften Hund ausgehenden Gefahren für die Gesundheit von Menschen bereits durch die Anordnung des **Leinenzwangs** wirksam begegnet werden, kann es hinsichtlich des zugleich verfügten **Maulkorbzwangs** an dem erforderlichen besonderen Vollzugsinteresse fehlen (VGH BW, VBlBW 2011, 185 [= BWGZ 2011, 204 ff. mit Anm. des Gemeindetags]).

VII. Bestimmtheitsgrundsatz

Gem. **§ 37 Abs. 1 LVwVfG** muss ein Verwaltungsakt – also auch eine Polizeiverfügung – inhaltlich hinreichend bestimmt sein. Dies bedeutet, dass aus der getroffenen Regelung in der Verfügung Zweck, Sinn und Gehalt so vollständig, klar und unzweideutig erkennbar sein müssen, dass die betroffenen Personen ihr Verhalten danach richten können.[66] Maßstab für die Bestimmtheit ist, ob die Verfügung **ohne weitere Konkretisierung** als Grundlage für eine **Verwaltungsvollstreckung** dienen kann. Das Erfordernis hinreichender Bestimmtheit eines Verwaltungsakts verlangt, dass eine Ordnungsverfügung schon wegen ihrer Titelfunktion aus sich heraus verständlich ist. Von der betroffenen Person kann nicht gefordert werden, dass sie unter Hinzuziehung eines Dritten erforscht, was von ihr im Einzelnen verlangt wird. Für die **inhaltliche Bestimmtheit** genügt es, dass aus dem gesamten Inhalt des Verwaltungsaktes und aus dem Zusammenhang – vor allem aus der von der Behörde gegebenen Begründung und aus den den Beteiligten bekannten näheren Umständen des Erlasses – im Wege der an den Grundsätzen von Treu und Glauben orientierten **Auslegung** hinreichende Klarheit gewonnen werden kann. Hierbei ist entsprechend § 133 BGB auf den erklärten Willen aus Sicht eines verständigen Empfängers abzustellen.[67] Demgegenüber ist die Angabe eines bestimmten Mittels nicht erforderlich, da es nicht Aufgabe des Staates ist, der betroffenen Person, von deren Handlung oder Unterlassung die Störung ausgeht, das Mittel aufzuzeigen, das zur Beseitigung der Störung am besten geeignet ist.

Beispiele:
- Der **Begriff des „ruhestörenden Lärms"** ist hinreichend bestimmt. Für seine Auslegung kann auf die Regelung des § 117 OWiG zurückgegriffen werden (VGH BW, VBlBW 1997, 346).
- Eine **Ordnungsverfügung**, durch die einem Hundehalter aufgegeben wird, seinen Hund „innerhalb der geschlossenen Ortschaft" an der Leine zu führen, ist nicht hinreichend bestimmt. Gerade an der Peripherie der Städte ist es im Einzelfall höchst zweifelhaft, ob man sich noch innerhalb oder bereits außerhalb der geschlossenen Ortschaft befindet (OVG NRW, NVwZ 1988, 659). Vgl. auch § 9 Rn 2.

---

64 Drews/Wacke/Vogel/Martens, Gefahrenabwehr, § 24 Nr. 6 (S. 391).
65 Kastner, in: Möstl/Trurnit, Polizeirecht BW, § 5 Rn 16 ff.
66 Trurnit, in: Möstl/Trurnit, Polizeirecht BW, § 3 Rn 9.
67 VGH BW, VBlBW 2014, 147 ff.

- Bei der Erteilung eines **Aufenthaltsverbotes** gem. § 30 Abs. 2 PolG müssen sowohl der räumliche Bereich als auch die zeitlichen Grenzen des Verbots angegeben werden. Der örtliche Bereich ist durch Angabe von Straßennamen, Beifügung eines Auszugs aus dem Stadtplan etc. genau zu beschreiben bzw. zu umgrenzen. Darüber hinaus gebietet es der Bestimmtheitsgrundsatz, dass diejenigen Verhaltensweisen und Verrichtungen konkret bezeichnet werden, die von dem Aufenthaltsverbot nicht erfasst sind.
- Ist ein **Verwaltungsakt** wegen inhaltlicher Unbestimmtheit **nicht vollstreckungsfähig**, schließt dieser Mangel Maßnahmen in der Verwaltungsvollstreckung aus (VGH BW, VBlBW 2013, 341).

VIII. Bekanntgabe

36 Die Bekanntgabe einer Polizeiverfügung richtet sich nach **§ 41 LVwVfG**. Danach ist der Verwaltungsakt derjenigen beteiligten Person bekanntzugeben, für die er bestimmt oder die von ihm betroffen ist. Die Bekanntgabe der Verfügung ist Voraussetzung für ihre **Rechtswirksamkeit**.

Beispiel: Die **Einziehungsverfügung** gem. § 39 Abs. 1 PolG wird gem. § 43 Abs. 1 LVwVfG mit ihrer Bekanntgabe wirksam (vgl. § 11 Rn 306). Ab diesem Zeitpunkt tritt auch ihre Rechtswirkung – der Eigentumswechsel – ein.[68]

Der Zeitpunkt der wirksamen Bekanntgabe ist auch für den Beginn der Widerspruchsfrist gem. § 70 Abs. 1 VwGO maßgebend.

Die Auswahl der **Form** der Bekanntgabe steht im Ermessen der Behörde. Sie kann eine mündliche Verfügung durch Mitarbeiter direkt der betroffenen Person gegenüber bekanntgeben. Bei schriftlichen Anordnungen kann sie die Verfügung dem Adressaten per Boten überbringen, durch die Post übermitteln, oder förmlich zustellen lassen, oder auch persönlich übergeben.

Bei der Übermittlung einer Verfügung durch die **Post** (Normalbrief) gilt gem. § 4 LVwZG, § 41 Abs. 2 LVwVfG die Zustellung bzw. Bekanntgabe mit dem 3. Tag nach der Aufgabe zur Post als erfolgt, es sei denn, das Schriftstück ist nicht oder zu einem späteren Zeitpunkt zugegangen. Bei der Zusendung durch **Einschreibebrief** erfolgt gem. § 4 LVwZG die Bekanntgabe mit der Aushändigung bzw. Abholung. Wird der Brief nicht bei der Post abgeholt, ist keine wirksame Bekanntgabe erfolgt. Mit dem Einlieferungsschein kann letztlich nur der Nachweis geführt werden, dass das Schreiben bei der Post abgegeben wurde. Will die Behörde sicher gehen, dass eine Polizeiverfügung rechtswirksam bekanntgegeben wird, kommt nur die förmliche Zustellung in Betracht (siehe nachfolgend).

Für die **elektronische Zustellung** gelten die besonderen Regelungen des § 5 Abs. 5 bis 7 LVwZG sowie des § 5 a LVwZG.[69] § 5 a LVwZG enthält eine Sonderregelung zur elektronische Zustellung gegen Abholbestätigung über De-Mail-Dienste. Grundsätzlich gilt, dass eine behördliche Zustellung im elektronischen Wege (vor allem E-Mail) möglich ist und zur wirksamen Bekanntgabe führt. Vor allem wegen der Beweislast der wirksamen Zustellung sind die Vorgaben des § 5 Abs. 5 bis 7 LVwZG bzw. des § 5 a LVwZG zu beachten.

Die **Beweislast für die Bekanntgabe** der Verfügung trifft im Zweifelsfalle die Behörde (vgl. § 4 Abs. 2 S. 2 LVwZG, § 41 Abs 2 LVwVfG). Die Einhaltung von Sorgfaltspflichten ersetzt die Bekanntgabe nicht, wenn der Zugang der Verfügung bestritten wird und die Behörde die Bekanntgabe nicht nachweisen kann.[70] Selbst wenn die gesetzlich vorgeschriebene Zustellung weder stattgefunden hat noch beabsichtigt war, genügt für die Wirksamkeit der Verfügung, dass die Behörde dem Adressaten von deren Inhalt formlos Kenntnis gibt. Der Nachweis der formlosen Bekanntgabe kann durch geeignete **Beweismittel** erfolgen. Hat sich eine Behörde für eine förmliche Zustellung entschieden,

---

68 VGH BW, VBlBW 2007, 351; vgl. auch die Hinweise in § 11 Rn 305 ff.
69 § 5 a LVwZG wurde durch Art. 5 des Gesetzes vom 17.12.2015 (GBl. S. 1191, 1199) neu eingefügt.
70 NdsOVG, NVwZ-RR 2007, 365.

kann die fehlgeschlagene Zustellung nicht in eine formlose Bekanntgabe umgedeutet werden.

Die Bekanntgabe einer Polizeiverfügung an einen **gesetzliche Vertreter** (etwa die Eltern, vgl. §§ 1626 ff. BGB) richtet sich nach § 6 LVwZG, an einen **Bevollmächtigten** (etwa Rechtsanwalt) nach § 7 LVwZG. 37

Zur in Rechtsprechung und Literatur umstrittenen Frage, ob dem **nicht geschäftsfähigen** minderjährigen **Störer** ein durch die Polizei erlassener Verwaltungsakt bei Eilbedürftigkeit und Nichterreichbarkeit der Personenberechtigten **wirksam bekanntgegeben** werden kann, vgl. Schenke, JuS 2016, 50 ff. m. w. N., sowie § 5 Rn 14.

Ist eine Person nicht geschäftsfähig und damit auch **nicht handlungsfähig** für das Verwaltungsverfahren i. S. d. § 12 Abs. 1 Nr. 1 LVwVfG, ist die Zustellung unwirksam.[71] Nach OVG NRW können sofort vollziehbare Anordnungen auch Personen, deren freie Willensbestimmung durch **Alkoholwirkung** vorübergehend ausgeschlossen ist, wirksam bekanntgegeben und unter besonderer Berücksichtigung des Grundsatzes der Verhältnismäßigkeit im Wege des Verwaltungszwangs vollstreckt werden.[72] 38

Die **Zustellung** ist die wichtigste förmliche Bekanntgabe einer Verfügung. Hierbei sind die Vorschriften des **LVwZG** zu beachten. Die Zustellung durch die Post mit Zustellungsurkunde ist in § 3 LVwZG und die mittels Einschreiben in § 4 LVwZG geregelt. § 5 LVwZG enthält nähere Ausführungsvorschriften zur Zustellung durch die Behörde gegen Empfangsbekenntnis. Bei einer Zustellung an einen Bevollmächtigten (etwa Rechtsanwalt) mittels **Empfangsbekenntnis** ist gem. § 7 LVwZG der maßgebliche **Zustellungszeitpunkt** nicht das Datum des Eingangsstempels, sondern der Unterschrift des Anwalts unter das Empfangsbekenntnis.[73] Sind von einer Verfügung mehrere Personen betroffen, muss sie grundsätzlich an jede bewirkt werden (§ 8 LVwZG). Betrifft ein zusammengefasster Bescheid **Ehegatten** oder Ehegatten mit ihren Kindern oder Alleinstehende mit ihren Kindern, so reicht es gem. § 8 S. 1 LVwZG für die **Zustellung an alle Beteiligten** aus, wenn ihnen **eine** Ausfertigung unter ihrer gemeinsamen Anschrift zugestellt wird. Soweit sie dies im Einzelfall beantragt haben, ist der Bescheid den Beteiligten jeweils einzeln zuzustellen (§ 8 S. 2 LVwZG). 39

Der Adressat einer Polizeiverfügung muss nicht über einen festen Wohnsitz oder eine **ladungsfähige Anschrift** verfügen. Zur Wirksamkeit der Verfügung reicht die Bekanntgabe gem. §§ 41, 43 LVwVfG etwa durch Aushändigung aus.

Im Übrigen trifft die Behörde bei der **öffentlichen Zustellung** gem. § 11 LVwZG eine Aufklärungspflicht. Danach hat die Behörde nach der Anordnung der öffentlichen Zustellung einer Verfügung den Verwaltungsakt und seine Bekanntgabe „unter Kontrolle zu halten" und die betroffene Person ggf. auf die bereits erfolgte öffentliche Zustellung und den deswegen drohenden Ablauf der Widerspruchsfrist hinzuweisen.[74]

IX. Förmliche Rechtsbehelfe

1. Rechtsbehelfsbelehrung

Da die Polizeiverfügung einen Verwaltungsakt darstellt, können hiergegen die **förmlichen Rechtsbehelfe der VwGO** – also insbesondere Widerspruch und Klage gem. **§§ 68 ff., 40 ff. VwGO** – erhoben werden. Eine ordnungsgemäße Rechtsbehelfsbelehrung (vgl. § 58 VwGO) ist für den Erlass einer Verfügung keine Wirksamkeitsvoraussetzung. Unterbleibt eine Belehrung oder ist sie unrichtig bzw. unvollständig, tritt an Stelle der in den §§ 70, 74 VwGO geregelten **einmonatigen Rechtsbehelfsfrist** die **Jahresfrist** des § 58 Abs. 2 VwGO. Schreibfehler oder ähnliche offenbare Unrichtigkeiten in 40

---

71 Vgl. VGH BW, VBlBW 2011, 160.
72 DVBl 2009, 1396.
73 VG Lüneburg, NVwZ-RR 2005, 365, unter Hinweis auf BVerfG, NJW 2001, 1563 ff., u. BVerwGE 58, 107, 108 ff.
74 VGH BW, VBlBW 2009, 115.

einer Rechtsbehelfsbelehrung fallen allerdings in der Regel nicht unter § 58 Abs. 2 VwGO. Die Berichtigung einer Entscheidung wegen offenbarer Unrichtigkeiten durch ein Gericht hat grundsätzlich keinen Einfluss auf Beginn und Lauf von Rechtsmittelfristen.[75]

2. Widerspruch

41 Im Widerspruchsverfahren werden **Rechtmäßigkeit und Zweckmäßigkeit** der polizeilichen Verfügung nachgeprüft (vgl. § 68 Abs. 1 VwGO). In BW muss vor einer verwaltungsgerichtlichen Klage **Widerspruch** eingelegt werden (§§ 68 ff. VwGO).[76] **Form** und **Frist** des Widerspruchs sind in § 70 VwGO geregelt. Ein Widerspruchsverfahren ist über die gesetzlich geregelten Fälle hinaus ausnahmsweise auch dann **entbehrlich**, wenn dessen Zweck bereits Rechnung getragen ist oder dieser ohnehin nicht mehr erreicht werden kann.[77] Der Widerspruch hat schriftlich oder zur Niederschrift zu erfolgen.

Die Ausgangsbehörde, die ihre mit einem Widerspruch angegriffene Maßnahme als rechtswidrig erkennt, hat die ihr vor Erlass eines Widerspruchsbescheids zustehende **Wahl zwischen Abhilfe- und Rücknahme** nach pflichtgemäßem Ermessen zu treffen. Hilft die Ausgangsbehörde dem Widerspruch nicht ab (vgl. § 72 VwGO), legt sie die Akten der Widerspruchsbehörde zur Entscheidung vor. Diese erlässt, wenn sie den Widerspruch für unbegründet hält, einen **Widerspruchsbescheid**. Dieser ist zu begründen, mit einer Rechtsmittelbelehrung zu versehen und zuzustellen (§ 73 VwGO). Ein zureichender Grund für die **Nichtbescheidung** des Widerspruchs i. S. d. § 75 S. 3 VwGO muss objektiv vorliegen und tatsächlich die (wesentliche Mit-) Ursache für die ausbleibende Widerspruchsentscheidung sein.[78] Das Widerspruchsverfahren endet mit der Zustellung des Widerspruchsbescheids.[79]

Grundsätzlich ist die nächsthöhere Behörde, d. h. die Behörde, welche die Fachaufsicht über die Ausgangsbehörde führt, zuständige Widerspruchsbehörde (§ 73 Abs. 1 S. 1 VwGO). Besondere Regelungen zur Bestimmung der zuständigen Widerspruchsbehörde enthält das AGVwGO BW. Gem. **§ 16 S. 1 AGVwGO** ist nächsthöhere Behörde i. S. d. § 73 Abs. 1 S. 2 Nr. 1 VwGO **bei Verwaltungsakten einer Polizeidienststelle** bei Maßnahmen nach § 105 Abs. 2 PolG die unterste gem. § 118 PolG zur Fachaufsicht zuständige allgemeine Polizeibehörde (vgl. § 3 Rn 41).

3. Anfechtungsklage

42 Mit der **Anfechtungsklage** kann die Aufhebung einer polizeilichen Verfügung durch das Verwaltungsgericht begehrt werden (§§ 42 Abs. 1, 82, 113 Abs. 1 VwGO). Voraussetzung für die Zulässigkeit der Anfechtungsklage ist, dass die angegriffene polizeiliche Maßnahme ein Verwaltungsakt (§ 35 VwVfG) ist. Äußerungen oder Maßnahmen einer Behörde, die nach dem erkennbaren Willen eine rechtliche Regelung erst ankündigen oder diese vorbereiten, sind – auch wenn sie der betroffenen Person zugehen – kein Verwaltungsakt.

Gegenstand der Anfechtungsklage ist gem. § 79 Abs. 1 Nr. 1 VwGO der ursprüngliche Verwaltungsakt in der Gestalt, die er durch den Widerspruchsbescheid gefunden hat, gem. § 79 Abs. 1 Nr. 2 VwGO der Abhilfebescheid oder Widerspruchsbescheid, wenn dieser erstmals eine Beschwer enthält (vgl. auch § 79 Abs. 2 VwGO).

---

[75] VGH BW, VBlBW 2014, 117.
[76] Zum Verfahren vgl. Schübel-Pfister, JuS 2014, 412; zur Prüfung der Zulässigkeit und Begründetheit eines Widerspruchs vgl. Baumann, VBlBW 2012, 363, 397.
[77] BVerwG, NVwZ 2011, 501; im entschiedenen Fall hatte die Ausgangsbehörde, die zugleich Widerspruchsbehörde war, den Bescheid aufgrund einer bindenden Weisung der Rechtsaufsichtsbehörde erlassen.
[78] VGH BW, NVwZ-RR 2011, 224.
[79] OVG NRW, NVwZ-RR 2005, 450 f.

Aus **§ 132 Abs. 3 PolG** folgt die Besonderheit, dass eine **Anfechtungsklage ausgeschlossen** ist, wenn eine richterliche Entscheidung nach dem PolG ergangen ist. Erfasst werden durch diese Regelung alle Fälle, in denen das PolG einen **Richtervorbehalt** vorsieht, die vorgesehene Maßnahme der Polizei also von einer vorherigen richterlichen Entscheidung abhängt (so etwa in den Fällen der §§ 31 Abs. 3, 32 Abs. 5, 33 Abs. 3 S. 2, 36 Abs. 5, 38 Abs. 5 S. 2, 44 Abs. 6, 48 Abs. 3, 49 Abs. 4, 50 Abs. 2, 53 Abs. 2, 54 Abs. 4, 55 Abs. 1 S. 3 PolG). Ist eine solche Entscheidung auf Antrag der Polizei ergangen, richtet sich das zulässige Rechtsmittel gegen diese richterliche Entscheidung, die Beschreitung des verwaltungsgerichtlichen Rechtswegs ist dagegen durch § 132 Abs. 3 PolG ausgeschlossen. Damit soll die parallele Beschreitung zweier Rechtswege vermieden werden.

X. Vollstreckung

Wird eine von der Polizei erlassene Verfügung vom Polizeipflichtigen nicht freiwillig befolgt, muss die Polizei die Möglichkeit haben, ihren Verwaltungsakt notfalls auch gegen den Willen der betroffenen Person durchzusetzen bzw. zu vollstrecken. Ansonsten wäre die Verfügung ein stumpfes Schwert. Durch den Erlass einer (vollstreckbaren) Polizeiverfügung kann sich die Polizei deshalb *selbst* einen **Vollstreckungstitel** (= Grundverfügung) schaffen, ohne dass sie vorher die Gerichte bemühen muss. Außerdem kann sie **mit eigenen Vollzugsorganen vollstrecken**, ohne spezielle Vollstreckungsorgane wie etwa einen Gerichtsvollzieher einschalten zu müssen. Es kann deshalb von einer „Vollstreckung aus einem Guss" gesprochen werden (vgl. im Einzelnen § 12 Rn 1 ff.).

43

Die **Vollstreckung** einer Polizeiverfügung **erfolgt nach den Grundsätzen des sog. Polizeizwangs**. In § 63 PolG werden abschließend die **Zwangsmittel** bezeichnet, mit denen ein vorausgegangener Verwaltungsakt (= Polizeiverfügung) vollstreckt werden kann: Zwangsgeld, Zwangshaft, Ersatzvornahme und sog. unmittelbarer Zwang. Diese Zwangsmittel sind keine Strafen oder Bußen, sondern **Beugemittel**, mit denen ein bestimmtes Verhalten des Polizeipflichtigen oder die Herstellung eines bestimmten Zustandes erzwungen werden soll. Die Zwangsmittel können deshalb wiederholt eingesetzt werden (vgl. § 19 Abs. 4 LVwVfG), und sie können **neben** Strafen bzw. Bußgeldern verhängt werden.

Gem. **§ 63 Abs. 1 PolG** wendet die Polizei die Zwangsmittel Zwangsgeld, Zwangshaft und Ersatzvornahme nach den **Vorschriften des LVwVG** an. Die Zulässigkeit und Durchführung dieser Zwangsmittel richten sich daher nach dem allgemeinen Verwaltungsvollstreckungsrecht. Demgegenüber hat die Polizei gem. **§ 63 Abs. 2 PolG** das Zwangsmittel **unmittelbarer Zwang** nach den Bestimmungen des PolG anzuwenden. In § 66 Abs. 1 Abs. 5 PolG wird allerdings ausdrücklich bestimmt, dass für die Anwendung des unmittelbaren Zwanges zur Vollstreckung von Verwaltungsakten der Polizei im Übrigen bestimmte, **einzelne** Vorschriften des LVwVG ebenfalls gelten.

Grundvoraussetzung für eine Vollstreckung ist das Vorliegen eines vollstreckungsfähigen Verwaltungsakts, gleichgültig, ob er auf ein Gebot (etwa Herausgabe einer Sache), auf eine Duldung (Beschlagnahme) oder eine Unterlassung (Verbot) gerichtet ist (vgl. § 1 LVwVG).

Beispiel: Bevor die Polizei bei einer **Geiselnahme** den Gangster durch einen sog. finalen Rettungsschuss als allerletztes Mittel gezielt niederschießt, muss sie diesem gegenüber eine Polizeiverfügung erlassen und ihn unter Androhung des Schusswaffengebrauchs zur Beseitigung der Gefahr für die öffentliche Sicherheit auffordern. Formal-rechtlich betrachtet dient der Schusswaffengebrauch der Durchsetzung einer vorher erlassenen und vollstreckbaren Polizeiverfügung (vgl. § 12 Rn 12 ff.).

XI. Im Besonderen: Die polizeiliche Unterbringung von Obdachlosen
1. Gesellschaftliche Tragweite

44 Die **Wohnungsnot** und die Obdachlosigkeit beschäftigten in den vergangenen Jahren in zunehmendem Maße Politik, Gesellschaft, Wissenschaft, Behörden und Gerichte. Die überaus umfangreiche **Aufnahme von Flüchtlingen** – vor allem aus den Bürgerkriegsgebieten in Syrien – durch die Bundesregierung in den Jahren 2015 und 2016 hat den Wohnungsmarkt nochmals zusätzlich angespannt.[80] Die polizeirechtliche Unterbringung von Menschen ohne Obdach gehört längst zum Behördenalltag vieler Gemeindeverwaltungen. Da der Begriff der Wohnungslosigkeit unterschiedlich interpretiert wird, und da es in der Bundesrepublik nach wie vor keine einheitliche bundesweite Wohnungsnotfallstatistik gibt, ist es nicht einfach, verlässliche Zahlen zu erhalten. Die **Bundesarbeitsgemeinschaft (BAG) Wohnungslosenhilfe e.V.** in Bielefeld schätzt für das Jahr 2018[81] die Gesamtzahl der in Deutschland wohnungslos gewordenen Menschen auf rund 422.000 Personen. Hierzu kommen noch weitere 436.000 wohnungslose anerkannte Flüchtlinge. Von den wohnungslosen Personen lebten 2018 rund 41.000 Personen ohne jede Unterkunft auf der Straße. Die BAG gibt für den **Stichtag 30.6.2018** die Anzahl der wohnungslosen Personen im kommunalen und freigemeinnützigen Hilfesystem mit ca. 140.000 Personen an, hinzu kommen ca. 402.000 wohnungslose anerkannte Flüchtlinge in zentralen Gemeinschaftsunterkünften oder in dezentraler Unterbringung.

Nach einer von der **Liga der Freien Wohlfahrtspflege in Baden-Württemberg** – Ausschusses Arbeit und Existenzsicherung, Unterausschuss Straffälligenhilfe/Wohnungslosenhilfe –, Stuttgart, zum **25.10.2020** durchgeführten **Stichtagserhebung** wurden in BW 11.421 wohnungslose Personen ermittelt, die von 349 Kommunen und freien Einrichtungen betreut wurden.[82] **Seit dem Jahr 2013** sind dies in BW **stets über 11.000 Personen**.[83] Neben dem hohen Anteil wohnungsloser Frauen wird in der Erhebung auch auf den hohen Anteil (rund 9 %) vor allem junger Erwachsener in der Wohnungslosenhilfe verwiesen.[84] Die Kommunen werden deshalb auch in Zukunft mit den Problemen der Wohnungslosigkeit befasst sein. Die Obdachlosigkeit ist hierbei nicht nur ein Problem von Angehörigen von Randgruppen; betroffen sind angesichts der „neuen Armut" zunehmend auch Familien und vor allem Alleinerziehende.

45 Die Rechtslehre unterscheidet **zwei Formen**, nämlich die freiwillige und die unfreiwillige Obdachlosigkeit.

2. Die unfreiwillige Obdachlosigkeit als Störung der öffentlichen Sicherheit

46 **Unfreiwillige Obdachlosigkeit** liegt nach der **h. L.** vor, wenn die betroffene Person nicht Tag und Nacht über eine Unterkunft verfügt, die Schutz vor den Unbilden des Wetters bietet, Raum für die notwendigsten Lebensbedürfnisse lässt und den Anforderungen an eine menschenwürdige Unterkunft genügt, und sie nicht aufgrund freiwilligen, selbstbestimmten Willensentschlusses ohne eine solche Unterkunft in Zukunft leben will.[85] Die betroffene Person hat, um eine gängige Formulierung zu gebrauchen, kein „Dach über dem Kopf" und muss deshalb ihr Leben tagsüber und auch in der Nacht im Freien – also auf der Straße, in Einkaufspassagen, an Hauseingängen, in Parkanlagen oder unter einer Brücke – verbringen. Dies ist etwa nicht der Fall, wenn sich eine zuvor obdachlose Person zu einer mehrwöchigen Behandlung in einer Reha-

---

80 Ruder, VBlBW 2017, 1 f. m. w. N., u. KommJur 2020, 401.
81 Vgl. dazu Pressemitteilung der BAG vom 11.11.2019.
82 Liga Stichtagserhebung 2020, S. 4, 8.
83 Liga Stichtagserhebung 2020, S. 8.
84 Liga Stichtagserhebung 2020, S. 16, 30 ff., 34 ff.
85 VGH BW, openJur 2020, 34534 (Rn 9) = NVwZ-RR 2020, 206 (Ls.); VBlBW 1996, 233; VG Sigmaringen, openJur 2012, 67155 (Rn 26).

Klinik befindet.[86] **Entscheidend ist weiterhin, dass die betroffene Person mit diesem Zustand nicht einverstanden ist.** Klassisches Beispiel ist die drohende Obdachlosigkeit nach der Durchführung einer zivilrechtlichen Zwangsräumung einer Mietwohnung durch den Vermieter. Da die obdachlose Person mit ihrem Zustand nicht einverstanden ist, wird sie sich im Regelfall an die zuständige Behörden wenden, um Hilfe bzw. eine (Not-) Unterkunft zu erhalten. **Endet die befristete Einweisung** in eine Obdachloseunterkunft, entsteht die Obdachlosigkeit jeweils erneut, solange die betroffene Person weiterhin über keine eigene Wohnung verfügt.[87]

Das **Schutzgut der öffentlichen Sicherheit** beinhaltet u. a. die Individualrechtsgüter Leben, körperliche Unversehrtheit, Gesundheit, persönliche Ehre sowie Ehe und Familie und Menschenwürde. Durch den Zustand der Obdachlosigkeit werden mehrere **Grundrechte** einer betroffenen Person in unterschiedlicher Intensität gefährdet, insbesondere ihr Recht auf Leben und auf körperliche Unversehrtheit (Art. 2 Abs. 2 GG), auf freie Entfaltung der Persönlichkeit (Art. 2 Abs. 1 GG), auf Schutz der Menschenwürde (Art. 1 Abs. 1 GG), ggf. auch auf Schutz der Familie (Art. 6 GG) und des Eigentums (Art. 14 GG).[88]

Ist die betroffene Person mit der Gefährdung bzw. Beeinträchtigung dieser Rechte nicht einverstanden, stellt ihre Obdachlosigkeit regelmäßig eine **Störung der öffentlichen Sicherheit** dar.[89] Die zuständige Polizeibehörde ist deshalb verpflichtet, im Rahmen des ihr zustehenden Ermessens diese Grundrechte zu schützen und gefahrenabwehrende Maßnahmen zu ergreifen.[90] Zeigt die unfreiwillig obdachlose Person ein **sozialschädliches Verhalten**, das eine „Unterbringungsunfähigkeit" in einer Gemeinschaftsunterkunft bewirkt, bleibt hiervon die generelle Verpflichtung zur Abwehr der durch die Obdachlosigkeit begründeten Störung unberührt.[91] Wenn die betroffene Person selbst nicht in der Lage ist, ihre persönliche Lage realistisch einzuschätzen – etwa wegen einer psychischen Erkrankung –, ist für die Beurteilung der Frage der Freiwilligkeit der Obdachlosigkeit ggf. auch auf das **Handeln des für die obdachlose Person bestellten Betreuers** abzustellen.[92]

Nach früherem Recht wurde die (unfreiwillige) Obdachlosigkeit allgemein als **Störung der öffentlichen Ordnung** angesehen.[93] Teilweise wird diese Ansicht auch noch vereinzelt vertreten.[94] Ein Rückgriff auf dieses unbestimmte Schutzgut ist im Regelfall aber nicht erforderlich, weil die unfreiwillige Obdachlosigkeit wegen der Beeinträchtigung der Grundrechte der betroffenen Person bereits eine Gefahr für die öffentliche Sicherheit i. S. d. § 1 Abs. 1 PolG darstellt.

Freiwillig obdachlos sind diejenigen Menschen, die – gleichgültig aus welchen Gründen – mit einem Leben „unter freiem Himmel" mehr oder weniger einverstanden sind.[95] Oft entspricht die Obdachlosigkeit ihrer Überzeugung oder Lebensphilosophie, wie es vor allem in den Sommermonaten bei nicht sesshaften Personen der Fall ist. Nach **heutigem Rechtsverständnis** stellen diese Erscheinungsformen der Obdachlosigkeit

47

---

86 VG Freiburg, openJur 2020, 34569 (Rn 12); Ruder, KommJur 2020, 401, 403.
87 VGH BW, openJur 2020, 34775 (dort Rn 10).
88 Ruder, KommJur 2020, 401, 402.
89 Ruder, KommJur 2020, 401, 403 f., Die Polizei 2019, 242, 243, 244 f., u. VBIBW 2017, 1, 4 f. m. w. N.; Huttner/Strecker, Handbuch Ordnungsrecht BW, Rn 18; Graf, in: Pöltl/Ruder, Öffentliche Sicherheit und Ordnung, Stichwort „Obdachlosigkeit"; Götz/Geis, Polizei- und Ordnungsrecht, § 4 Rn 23; Geis, Fälle zum Polizei- und Ordnungsrecht, Rn 590; Waldhoff, JuS 2020, 380, 381.
90 **H. L.**; vgl. VGH BW, VBIBW 1997, 187, u. VBIBW 1996, 220; BremOVG, NVwZ-RR 2013, 361; OVG Sachsen, Beschl. v. 30.7.2013 – 3 B 380/13 (Rn 10); Graulich, in: Lisken/Denninger, Handbuch des Polizeirechts, Kap. E Rn 223; Ruder, NVwZ 2012, 1283, 1284; Deger, in: Stephan/Deger, Polizeigesetz BW, § 1 Rn 76.
91 VGH BW, VBIBW 2020, 248, 249; BayVGH, DÖV 2018, 532 (Ls.); Ruder, KommJur 2020, 401, 404 f.
92 VGH BW, VBIBW 2020, 248, 249.
93 Vgl. dazu etwa Drews/Wacke/Vogel/Martens, Gefahrenabwehr, § 16 Nr. 3 c (S. 258), wobei Martens in seiner Bearbeitung des § 16 der letzten 9. Aufl. 1986 eine Störung der öffentlichen Sicherheit befürwortete.
94 Vgl. etwa BayVGH, BayVBl 2007, 439; VGH BW, BWVPr 1996, 140.
95 Ruder, VBIBW 2017, 1, 4, u. KommJur 2020, 401, 404.

einen von der Rechtsordnung akzeptierten oder zumindest tolerierten Zustand dar. Die Polizei- bzw. Ordnungsgesetze der Länder kennen keine vergleichbaren Tatbestände mehr in Bezug auf die Strafbarkeit der Obdachlosigkeit. Die Entscheidung jedes Einzelnen, bei Tag und Nacht im Freien zu leben, ist Ausdruck und Folge des nach Art. 2 Abs. 1 GG geschützten Grundrechtes auf die freie Entfaltung der Persönlichkeit. Dieses Grundrecht schützt die Selbstverwirklichung des Menschen nach seinen eigenen Vorstellungen. Die freiwillige Obdachlosigkeit stellt in der Regel **keine polizeiliche Gefahr** dar, die mit Mitteln des polizeilichen Obdachlosenrechts zu beseitigen ist.[96]

48 Aus diesen Grundsätzen folgt, dass sich eine freiwillige Obdachlosigkeit jederzeit in eine unfreiwillige **umwandeln** kann. Eine obdachlose Person, die bisher freiwillig ohne Obdach gelebt hat, kann diesen Zustand dadurch beenden, dass sie nicht mehr weiter ihr Leben im Freien verbringen **will**. Ab diesem Zeitpunkt ist die Obdachlosigkeit nicht mehr freiwillig mit der Folge, dass eine polizeirechtliche Gefahrenlage droht.[97]

3. Die Zuständigkeit der Ortspolizeibehörde

49 Als unterste allgemeine Polizeibehörde (§§ 106 Abs. 1 Nr. 4, 107 Abs. 4 und 111 Abs. 2 PolG) sind regelmäßig die Gemeinden als **Ortspolizeibehörden** für die Unterbringung von unfreiwillig Obdachlosen **sachlich zuständig**.[98] Da es sich hierbei um eine **Pflichtaufgabe nach Weisung** handelt (§ 107 Abs. 4 S. 2 PolG), liegt gem. §§ 2 Abs. 3, 44 Abs. 3 GemO die **Organkompetenz beim Bürgermeister**. Der Gemeinderat als Hauptverwaltungsorgan (§ 23 GemO) hat lediglich Informations- bzw. Anfragerechte (vgl. § 24 Abs. 3 und 4 GemO).[99]

50 **Örtlich zuständig** für die Abwehr der aus der Obdachlosigkeit drohenden Gefahren ist die Polizeibehörde, in deren Bezirk die polizeiliche Aufgabe wahrzunehmen ist (§ 113 Abs. 1 PolG). Im Fall der Einweisung von obdachlosen Personen ist die **Ortspolizeibehörde örtlich zuständig, in deren Zuständigkeitsbereich sich die obdachlose Person tatsächlich aufhält** und die Unterbringung begehrt.[100] Darauf, wo wegen des Verlustes der bisherigen Wohnung die Obdachlosigkeit eingetreten ist bzw. die obdachlose Person ihren letzten Wohnsitz hatte, kommt es nicht an, wenn die von der Obdachlosigkeit betroffene Person sich im Bezirk der dortigen Ortspolizei tatsächlich nicht mehr aufhält.[101] Dass die obdachlose Person damit den Ort ihrer Unterbringung mitbestimmen kann, ist im Hinblick auf das in Art. 11 Abs. 1 GG verbürgte **Grundrecht der Freizügigkeit** grundsätzlich – bis zur Grenze des Rechtsmissbrauchs – hinzunehmen.[102] Maßgeblich ist daher auch nicht, wo sie gemeldet war oder in welcher Gemeinde sie zuletzt ihren gewöhnlichen Aufenthalt hatte.[103]

Beispiele:
- Der Obdachlose O war bisher in eine Notunterkunft der Gemeinde E eingewiesen. Er verlässt diese Gemeinde und beantragt wenige Stunden später seine Unterbringung in der Gemeinde F. Da er sich nunmehr in dem Bezirk der Ortspolizeibehörde von F tatsächlich aufhält, ist F grundsätzlich für die Einweisung zuständig, wenn O unfreiwillig obdachlos ist.
- Wenn sich der Obdachlose O nach seiner Entlassung aus einer Reha-Klinik in der Gemeinde H unmittelbar in die Gemeinde E begibt, in der er sich vor der Behandlungsmaßnahme aufgehalten und eine Unterbringung wegen Obdachlosigkeit beansprucht hatte, begründet dies (wieder)

---

96 VGH BW, VBlBW 1996, 233; Ruder, Die Polizei 2019, 242, 243, u. VBlBW 2017, 1, 4; Huttner/Strecker, Handbuch Ordnungsrecht BW, Rn 19.
97 HessVGH, NVwZ 1992, 503, 504.
98 Ruder, KommJur 2020, 401, 403.
99 Vgl. Engel/Heilshorn, Kommunalrecht BW, § 14 Rn 9 ff., § 15 Rn 24.
100 VGH BW, VBlBW 2020, 210. 211 f., mit Bespr. Waldhoff, JuS 2020, 380, 382; VG Freiburg, openJur 2020, 34569 (Rn 19); Ruder, KommJur 2020, 401, 406; VBlBW 2017, 1, 5.
101 BayVGH, BayVBl 2020, 197.
102 VGH BW, VBlBW 2020, 210, 211 f., zust. Ruder, KommJur 2020, 401, 405; VG Freiburg, openJur 2020, 34569 (Rn 19).
103 **H. L.**, vgl. VGH BW, BWVPr 1996, 140; VG Würzburg, openJur 2013, 31372; VG Augsburg, BeckRS 2012, 5426.

die örtliche Zuständigkeit der Gemeinde E für seine Unterbringung wegen unfreiwilliger Obdachlosigkeit (VG Freiburg, openJur 2020, 34569 [Rn 20]).

Die örtlich zuständige Behörde kann sich **nicht** dadurch **ihrer Aufgabe der Gefahrenabwehr entledigen**, indem sie den Obdachlosen, der bislang in der Gemeinde lebt und dort auch offensichtlich weiterhin leben will, auf ein größeres Wohnungsangebot in einer anderen Gemeinde verweist.[104] Ein Obdachloser ist nicht verpflichtet, seine Bemühungen zur Selbsthilfe auch auf andere Gemeindegebiete auszudehnen.[105]

4. Vorrang der Selbsthilfe

Die **Selbsthilfe** der betroffenen Person hat stets **Vorrang** vor Maßnahmen der Polizeibehörde. Falls sie mit eigenen Mitteln eine drohende oder bestehende Obdachlosigkeit vermeiden bzw. beseitigen kann, liegt regelmäßig keine Gefahr im polizeirechtlichen Sinne vor.[106] Zumindest ist in diesen Fällen ein Einschreiten der Polizei nicht erforderlich.[107] Verfügt die betroffene Person etwa über Vermögen, Geld, ein Sparbuch etc., so dass sie finanziell in der Lage wäre, selbst eine Wohnung bzw. ein Pensionszimmer zu mieten, besteht keine Unterbringungspflicht der Polizeibehörde.[108] Als obdachlos im rechtlichen Sinne gilt nicht, wer zwar über keine den Mindestanforderungen genügende Unterkunft verfügt, sich aber eine solche unter Ausschöpfung aller ihm zu Gebote stehender zumutbarer Eigenmaßnahmen auch finanzieller Art verschaffen kann.[109]

5. Anspruch auf Einweisung

Verfügt eine obdachlose Person nicht über eine Unterkunft, die Schutz vor den Unbilden des Wetters bietet und Raum für die notwendigsten Lebensbedürfnisse lässt, und kann sie sich nicht selbst helfen, muss die Gemeinde als Ortspolizeibehörde **ein vorläufiges und befristetes Unterkommen einfacher Art zur Verfügung stellen**. Zwar treffen die Polizeibehörden ihre Anordnungen nach pflichtgemäßem Ermessen (Opportunitätsprinzip). Nach allgemeiner Auffassung wird aber das der Behörde eingeräumte Ermessen eingeschränkt bzw. reduziert, wenn höchste Rechtsgüter wie das Leben oder die körperliche Unversehrtheit eines Menschen bedroht sind. Da durch die (unfreiwillige) Obdachlosigkeit elementare Grundrechte akut gefährdet werden, wird nach h. L. das der Behörde eingeräumte Entschließungsermessen **„auf Null reduziert"**: Es gibt nur noch eine rechtmäßige Entscheidung, nämlich die betroffene Person notdürftig unterzubringen (sog. Ermessensschrumpfung auf Null; vgl. § 6 Rn 30). Der Anspruch der obdachlosen Person auf eine ermessensfehlerfreie Verwaltungsentscheidung verdichtet sich in diesen Fällen auf einen **Einweisungsanspruch**, der darauf gerichtet ist, ihm vorläufig und befristet ein vorübergehendes Unterkommen einfacher Art zu gewähren.[110] Die Ortspolizeibehörde kann ihre Verpflichtung zur Einweisung nicht dadurch umgehen, dass sie einer obdachlosen Person anbietet, die Kosten für eine Weiter- oder Rückreise an einen anderen Ort zu übernehmen.[111]

Liegt die Ermessensschrumpfung vor, hat die Polizeibehörde nur noch Handlungsermessen hinsichtlich Größe, Einrichtung, Ausstattung und sonstiger Verhältnisse der Unterbringung. Die Notunterkunft muss den Mindestanforderungen an eine menschenwürdige Unterbringung entsprechen. Grundsätzlich besteht seitens einer obdachlosen Per-

---

104 VGH BW, VBIBW 2020, 210, 211 f.
105 VGH BW, VBIBW 2020, 210, 211 f.; BayVGH, BayVBl 2018, 559 (Rn 10).
106 Huttner/Strecker, Handbuch Ordnungsrecht BW, Rn 19; Ruder, KommJur 2020, 401, 447.
107 Ruder, Die Polizei 2019, 242, 246 ff., u. VBIBW 2017, 1, 6; VG Freiburg, openJur 2020, 33536 (Rn 13).
108 Vgl. VG Osnabrück, openJur 2012, 39565 (Rn 14 f.); Ruder, KommJur 2020, 401, 447 f.
109 So VG München, openJur 2012, 128358 (Rn 17 f.).
110 **H. L.**, vgl. VGH BW, BWVP 1996, 161, 162; SächsOVG, Beschl. v. 30.7.2013 – 3 B 380/13 (Rn 10); OVG MV, NJW 2010, 1097; Ruder, KommJur 2020, 401, 4040, u. Die Polizei 2019, 242, 245; Deger, in: Stephan/Deger, Polizeigesetz BW, § 3 PolG Rn 22; Zeitler/Trurnit, Polizeirecht BW, Rn 222; vgl. auch die Hinweise in § 6 Rn 30 ff.
111 VG Oldenburg, NVwZ-RR 2014, 195.

son Anspruch auf **ganztägige Unterbringung**.[112] Das Ordnungsrecht gewährt hingegen **keinen Rechtsanspruch auf Zuteilung einer Wohnung**, da die Sicherung einer dauerhaften Unterkunft grundsätzlich Aufgabe des zuständigen Sozialhilfeträgers ist, nicht aber der Ortspolizeibehörde.

54 Der Anspruch auf Einweisung steht jeder Person zu, die unfreiwillig obdachlos ist. Auf die **Nationalität** kommt es grundsätzlich nicht an. Eine Ausnahme gilt etwa für die Personen, die nach dem AsylG Asyl beantragt haben und für deren Unterbringung nach dem FlüAG die staatlichen Behörden (Landratsämter als untere Aufnahmebehörden) zuständig sind.

55 Der Anspruch auf vorübergehende Einweisung wird gerichtlich durch die Erhebung einer **Verpflichtungsklage** gem. § 42 Abs. 2 VwGO geltend gemacht. In Eilfällen kann die betroffene Person den **Erlass einer einstweiligen Anordnung** gem. § 123 VwGO beantragen, mit dem Ziel, die Behörde zu verpflichten, sie vorläufig in eine Obdachlosenunterkunft einzuweisen. Der Antragsteller hat einen dahingehenden Anordnungsanspruch und Anordnungsgrund glaubhaft zu machen. Dabei reicht es zur **Glaubhaftmachung** aus, wenn die obdachlose Person im verwaltungsgerichtlichen Verfahren eine eidesstattliche Erklärung abgibt, aus der sich ergibt, dass sie nicht über ein Obdach verfügt.[113]

56 Von der Zuständigkeit für die Durchführung polizeirechtlicher Maßnahmen durch die Ortspolizeibehörde ist die Aufgabe der Gemeinden zu unterscheiden, geeignete Räume, Wohnungen, Unterkünfte etc. für die Einweisung der Obdachlosen bereitzustellen und zu unterhalten. In den Fällen, in denen die obdachlose Person einen **Anspruch auf eine Unterkunft hat, muss die Gemeinde geeignete Räume zur Verfügung stellen**. Eine Gemeinde kann sich ihrer Verpflichtung, obdachlose Personen vorübergehend unterzubringen, nicht mit dem Hinweis auf ihre mangelnde Leistungsfähigkeit oder auf Unmöglichkeit bzw. Unvermögen (§§ 275, 326 BGB) entziehen.[114] Die Gemeinde kann obdachlose Personen in gemeindeeigenen oder in angemieteten Räumen unterbringen. Notfalls muss sie Räume / Container kaufen bzw. anmieten. Sie verstößt gegen ihre Amtspflichten, wenn sie nicht oder nicht rechtzeitig für die Beschaffung oder Errichtung von Notunterkünften sorgt. Notfalls muss die Rechtsaufsichtsbehörde die Gemeinde anweisen, Notunterkünfte bereit zu stellen.

6. Anschlussunterbringung von Flüchtlingen

57 Durch die **massive Aufnahme von Flüchtlingen** – vor allem aus Syrien und dem Nahen Osten – in den Jahren 2015 und 2016 sind die Gemeinden durch die ihnen obliegende Anschlussunterbringung (vgl. sogleich § 6 Rn 58) vor massive Herausforderungen gestellt worden. Der bereits zuvor allgemein angespannte Wohnungsmarkt in Deutschland bewirkte für die Gemeinden eine kaum zu bewältigende Aufgabe (vgl. dazu auch § 6 Rn 44). In diesem Kontext stellt sich die Frage, inwieweit ggf. ein **Rückgriff auf das allgemeine Polizeirecht** möglich ist, um Flüchtlinge in Wohnungen unterzubringen.

58 Gem. §§ 17 S. 1, 18 Abs. 2 **FlüAG** werden den Gemeinden die Personen zugeteilt, die nach dem Abschluss des Asylverfahrens im Wege der sog. **Anschlussunterbringung** von den Gemeinden unterzubringen sind.[115] Die Zuteilung in die Anschlussunterbringung richtet sich im Einzelnen nach den Vorschriften der **DVO FlüAG**. Die – teilweise sehr weitgehenden – Hinweise der DVO FlüAG zu den Mindeststandards vor allem in Gemeinschaftsunterkünften während der vorläufigen Unterbringung sind für die Anschlussunterbringung in den Kommunen nicht verbindlich. Für die Anschlussunterbrin-

---

112 BayVGH, NVwZ-RR 2017, 575, 576 (Rn 8).
113 VGH BW, VBlBW 1996, 233.
114 **H. L.**, vgl. VGH BW, VBlBW 1996, 233, 234; OVG NRW, NVwZ 1991, 692.
115 Ruder, VBlBW 2017, 1, 2.

XI. Im Besonderen: Die polizeiliche Unterbringung von Obdachlosen

gung gelten vielmehr die hier dargestellten allgemeinen Grundsätze über die Unterbringung von obdachlosen Personen.

Ein **allgemeiner Rückgriff auf die polizeiliche Generalklausel der §§ 1, 3 PolG** zur Unterbringung der Vielzahl von den Gemeinden gem. §§ 17 S. 1, 18 Abs. 2 FlüAG zugewiesenen Flüchtlingen ist **nicht möglich**.[116] Es fehlt an der notwendigen Grundlage für den entsprechenden Eingriff.[117] Hinzu kommt, dass die **Beschlagnahme privater Wohnungen nur Ultima Ratio** sein kann[118], woran es in aller Regel bei der Unterbringung von Flüchtlingen fehlen wird, da es der Gemeinde zumutbar ist, alle anderen – auch sehr kostenintensive – Unterbringungsmaßnahmen (etwa Container, Anmietung von Häusern und Gewerbeimmobilien) vorrangig zu ergreifen[119], zumal den Gemeinden staatliche Erstattungsansprüche (vgl. etwa § 18 Abs. 4 FlüAG) zustehen (die allerdings in der Regel nicht kostendeckend sind). Vielfach wird bei Asylbewerbern – vor allem aus sicheren Drittstatten – auch **keine freiwillige Obdachlosigkeit** (vgl. dazu oben § 6 Rn 46 ff.) vorliegen.[120]

7. Mindestanforderungen an eine menschenwürdige Unterkunft

Aus dem Überbrückungscharakter der polizeirechtlichen Unterbringung einer obdachlosen Person wird gefolgert, dass sich die betroffene Person nur vorübergehend und behelfsmäßig in der zugewiesenen Unterkunft einrichten soll. Durch die Unterbringung sollen die **elementarsten Lebensbedürfnisse** ohne gesundheitliche oder sonstige Gefahren befriedigt werden. Die an eine Normalwohnung zu stellenden Anforderungen bezüglich Lage, Größe, Einrichtung und sonstiger Verhältnisse müssen nicht erfüllt sein. Es reicht vielmehr aus, eine Unterkunft bereitzuhalten, die vorübergehend Schutz vor den Unbilden des Wetters bietet, Raum für die notwendigsten Lebensbedürfnisse lässt und insgesamt den Anforderungen an eine **menschenwürdige Unterkunft genügt**.[121]

Die Anforderungen an eine menschenwürdige Unterkunft sind im Laufe der Zeit Schwankungen unterworfen, die vom Wandel der Verhältnisse bestimmt sind, wobei das allgemeine zivilisatorische Niveau zu berücksichtigen ist. Dafür ist nicht nur eine Entwicklung im Sinne einer Verbesserung der Lebensverhältnisse maßgeblich, sondern auch eine Entwicklung der Anforderungen nach unten denkbar, wenn es hierfür – etwa infolge von Flüchtlingswellen und dem damit verbundenen Unterbringungsbedarf – sachliche Gründe gibt.[122] Ob eine Unterkunft wegen ihrer Lage, Größe, Ausstattung, Möblierung etc. den **Mindestanforderungen** entspricht, muss **im Einzelfall** entschieden werden.[123] So muss die zugewiesene Unterkunft etwa nach **OVG NRW** den schutzwürdigen Belangen von minderjährigen Kindern Rechnung tragen und nach ihrem Zuschnitt Rückzugsmöglichkeit für einzelne (erwachsene) Familienangehörige bieten.[124] Wohnungsaufsichtsrechtliche Anforderungen von **9 m² je Bewohner über 6 Jahre** können als Ausgangspunkt für die einzelfallbezogene Würdigung dienen.[125]

---

116 Anders, Die Polizei 2016, 139 f.; **a. A.** Dombert, LKV 2015, 529, 531.
117 Anders, Die Polizei 2016, 140.
118 Fischer, NVwZ 2015, 1644, 1646 f.; Dombert, LKV 2015, 529, 532; Guckelberger/Kollmann/Schmidt, DVBl 2016, 1088, 1091 f.; Anders, Die Polizei 2016, 140; Ruder/Bätge, Obdachlosigkeit, S. 197 bis 199.
119 NdsOVG, NVwZ 2016, 164, 166 f. (Rn 30 bis 34); Pfeffer/Steffahn, ZJS 2016, 732, 738.
120 Anders, Die Polizei 2016, 141 f.
121 H. M., vgl. VGH BW, VBlBW 1997, 187; OVG NRW, NWVBl 2020, 303 ff. = openJur 2020, 3438 (Rn 13); OVG NRW, DÖV 2018, 533 (Ls.); VG Augsburg, openJur 2015, 1336 (Rn 46); Deger, in: Stephan/Deger, Polizeigesetz BW, § 1 Rn 76; Ruder, KommJur 2020, 401, 448 f., u. NVwZ 2012, 1283, 1286; Graulich, in: Lisken/Denninger, Handbuch des Polizeirechts, Kap. E Rn 225; zu den Einzelheiten vgl. Ruder/Bätge, Obdachlosigkeit, S. 117 bis 130 m. w. N.
122 VGH BW, DÖV 1994, 569; OVG NRW, NWVBl 2020, 303 ff. = openJur 2020, 3438 (Rn 19).
123 OVG NRW, NWVBl 2020, 303 ff. = openJur 2020, 3438 (Rn 15); OVG NRW, DÖV 2018, 533 (Ls.): Besondere Anforderungen bei einem körperbehinderten Obdachlosen; VG Augsburg, openJur 2015, 1336 (Rn 47).
124 OVG NRW, DVBl 2020, 823, 825 (Rn 16, 24).
125 OVG NRW, DVBl 2020, 823, 825 (Rn 21); i. E. ebenso VG Augsburg, openJur 2015, 1336 (Rn 49); vgl. auch VG Neustadt, Beschl. vom 3.6.2014 – 5 L 469/14.NW: 10 m² je Bewohner (ebenso Ruder, KommJur 2020, 401, 447, 449).

Nach **HessVGH** gehören zur Mindestausstattung „ein hinreichend großer Raum, der genügend Schutz vor Witterungsverhältnissen bietet, wozu im Winter die ausreichende Beheizbarkeit gehört, hygienische Grundanforderungen wie genügende sanitäre Anlagen, also eine Waschmöglichkeit und ein WC, eine einfache Kochstelle und eine notdürftige Möblierung mit mindestens einem Bett und einem Schrank bzw. Kommode sowie elektrische Beleuchtung".[126]

Beispiel: Nach **VG Neustadt** ist eine Obdachlosenunterkunft für ein Paar mit 8-jähriger Tochter dann **nicht** mehr als **menschenwürdig** anzusehen, wenn der Familie zur alleinigen Nutzung nur ein Raum von einer Größe von 25 qm ohne Rückzugsmöglichkeit zugewiesen wird und die Behörde in diesem Fall davon ausgehen musste, dass die Obdachlosenunterkunft nicht nur eine vorübergehende Notlösung sein wird (Beschl. v. 3.6.2014 – 5 L 469/14.NW).

Nach **VG Mainz** ist eine Gemeinde nicht verpflichtet, einer alleinstehenden Person eine zwei Zimmer große, abgeschlossene Wohnung zur Verfügung zu stellen. Der Obdachlose hat lediglich Anspruch auf einfachste Unterbringung und Gewährleistung seiner notwendigsten Bedürfnisse, wozu nicht jede religiöse Ausgestaltung seines Privatlebens gehört (NVwZ-RR 2013, 363). Auch das **VG Potsdam** lehnte den von einer alleinstehenden Person geltend gemachten Anspruch auf Zuteilung einer mehr als 1-Zimmer-Wohnung ab. Der Anspruch auf menschenwürdige Unterbringung einer obdachlosen Person sei nur vorläufig und in unspezifischer Art und Weise soweit es Größe, Örtlichkeit oder Ausstattung betreffe (VG Potsdam, openJur 2020, 41086 [Rn 13]).

Das **VG Stuttgart** hat entschieden, dass die Unterbringung in einer Obdachlosenunterkunft nicht deshalb unzumutbar ist, weil es in dieser keinen Fernsehanschluss gibt (openJur 2018, 8912 [Rn 44]).

8. Abgrenzung zum Sozialrecht

61 Die **Abgrenzung** zwischen polizeirechtlichen und sozialhilferechtlichen Maßnahmen richtet sich nach den unterschiedlichen Aufgabenbereichen. Die Polizei hat durch ihre Maßnahmen eine konkrete Gefahr für die öffentliche Sicherheit abzuwehren. Durch die Einweisung der obdachlosen Person in eine **Notunterkunft** wird ein **akuter Notstand (Gefahrenlage) beseitigt**[127] und der betroffenen Person provisorisch und behelfsmäßig zum Schutz ihrer Grundrechte die Nutzung einer Notunterkunft ermöglicht. Der durch das Polizeirecht herbeigeführte Zustand darf aber weder von der Verwaltung noch von der betroffenen Person als Dauerlösung angesehen werden.[128] Die polizeirechtliche Unterbringung hat lediglich **Überbrückungscharakter** und soll nicht eine Normalwohnung auf Dauer ersetzen. Das **Sozialrecht** ist demgegenüber ein **Leistungsrecht**: Im Fall bestehender Bedürftigkeit hat die betroffene Person im Rahmen der gesetzlichen Vorschriften gegen den Sozialhilfeträger entsprechende Ansprüche auf Geld-, Sachdienstleistungen oder persönliche Hilfe. Diese Leistungen sollen insbesondere dazu eingesetzt werden, dass eine unfreiwillige Obdachlosigkeit erst gar nicht eintritt. Wegen des **Nachrangs des Polizeirechts** gegenüber dem Sozialrecht[129] ist es einer betroffenen Person grundsätzlich zuzumuten, vor der Inanspruchnahme obdachlosenpolizeilicher Hilfe etwaige sozialhilferechtlichen Ansprüche zu verfolgen.[130] Hinzu kommt, dass die Gewährung der Sozialhilfe nicht von einem Antrag, sondern lediglich von der Kenntnis der zuständigen Behörde von den Voraussetzungen des Leistungsanspruchs abhängt.[131] Allein vor diesem Hintergrund hat das **Sozialrecht fachliche und zeitliche Priorität gegenüber dem reaktiven Ordnungsrecht**. Aufgabe der Sozialhilfe ist es somit in erster Linie, den Eintritt der Obdachlosigkeit möglichst zu vermeiden und eine

---

126 HessVGH, DVBl 1991, 1371.
127 VG Berlin, LKV 2017, 571.
128 VGH BW, VBlBW 2020, 248, 249 f.
129 VGH BW, VBlBW 2020, 248 ff., 250; VG Berlin, LKV 2017, 571; Ruder, KommJur 2020, 401, 405.
130 So BremOVG, NVwZ-RR 2013, 361; ebenso VG Berlin, LKV 2017, 571 f.
131 VGH BW, VBlBW 2020, 248, 250.

längerfristige und vor allem dauerhafte Lösung anzustreben. Die Gewährung und Sicherung der **Unterkunft auf Dauer** ist, soweit sich die hilfsbedürftige Person nicht selbst helfen kann und nicht Hilfe von anderen erhält, grundsätzlich Aufgabe der zuständigen Träger der Sozialhilfe, nicht der Ortspolizeibehörde.[132]

Beispiel: Nach **VG Berlin** kann bereits **nach drei Monaten** die ordnungsbehördliche Unterbringung einer rumänischen Familie mit vier minderjährigen Kindern in ein Dauerwohnen „umschlagen", so dass kein Anspruch auf Einweisung durch die zuständige Polizeibehörde mehr geltend gemacht werden kann (VG Berlin, LKV 2017, 571, 572). Es obliegt in diesen Fällen den von Obdachlosigkeit bedrohten Personen, sich intensiv und mit Unterstützung des zuständigen Sozialhilfeträgers um eine Wohnung zu kümmern.

9. Maßnahmen der Ortspolizeibehörde

Die wichtigsten Maßnahmen der Ortspolizeibehörde im Zusammenhang mit der Unterbringung von Obdachlosen sind folgende Polizeiverfügungen: 62

a) Einweisungsverfügung

Die Einweisungsverfügung ist das wichtigste Mittel der Polizei, um gefahrenabwehrende Maßnahmen gegen die unfreiwillige Obdachlosigkeit durchzuführen. Der Verwaltungsakt, der auf der polizeilichen Generalklausel der §§ 1, 3 PolG beruht[133], eröffnet der obdachlosen Person die **Möglichkeit, die** zugewiesene **Unterkunft zu nutzen**. Eine **Verpflichtung**, diese auch tatsächlich zu benutzen, wird dagegen **nicht begründet**.[134] 63

Soweit der obdachlosen Person durch die Einweisung die Möglichkeit eröffnet wird, die Unterkunft zu nutzen, liegt ein **begünstigender Verwaltungsakt** vor. Die Einweisungsverfügung ist aber zugleich auch ein **belastender Verwaltungsakt**, weil die Zuweisung einer **bestimmten** Unterkunft zugleich die behördliche Feststellung enthält, dass mit der Bereitstellung **dieser** Unterkunft die Polizeibehörde ihre Verpflichtung zur Unterbringung der obdachlosen Person erfüllt hat.

Durch die polizeirechtliche Einweisung entsteht regelmäßig zwischen der eingewiesenen Person und der Gemeinde als Trägerin der Unterkunft ein **öffentlich-rechtliches Gebrauchs- bzw. Benutzungsverhältnis**, da die polizeirechtliche Unterbringung der obdachlosen Person dem hoheitlichen Bereich der Verwaltung zuzuordnen ist.[135] Der **Zweck der polizeilichen Unterbringung** besteht in einer nur vorübergehenden Zuweisung einer Notunterkunft. Da durch die Einweisung in eine Notunterkunft **kein Besitzstand** bzw. kein Bleiberecht der obdachlosen Person begründet wird, hat die obdachlose Person kein eigenes Recht auf Verweilen in der konkreten Unterkunft. Sie kann aus sachgerechten Gründen vielmehr in eine andere Unterkunft umgesetzt werden.[136]

Die Gemeinden sind berechtigt, das Benutzungsverhältnis durch **Satzung** zu regeln. Die **Satzungsgewalt** wird durch den Einrichtungszweck begrenzt. Einschränkungen des Entfaltungsrechts der Bewohner können durch den **Anstaltszweck** gerechtfertigt sein. Der Zweck der Einrichtung besteht in der „möglichst störungsfreien und menschenwürdigen Unterkunft von Obdachlosen….; wegen ihres Überbrückungscharakters soll die Unterkunft nur ein vorübergehendes Unterkommen einfachster Art gewährleisten".[137] Ein **Mitbestimmungsrecht** ist den Benutzern nicht einzuräumen.

In der Praxis stellt sich immer wieder die Frage, ob und welche **Sanktionsmöglichkeiten** bestehen, wenn eine eingewiesene Person etwa nachhaltig ihre Pflichten nicht erfüllt, gegen die Benutzungssatzung oder Hausordnung verstößt, die überlassene Unter- 64

---

132 VGH BW, BWVPr 1996, 140; Ruder/Bätge, Obdachlosigkeit, S. 235 ff.
133 Vgl. dazu grundlegend Singler, JA 2017, 975 bis 978.
134 VGH BW, BWVPr 1996, 141; SächsOVG, Beschl. v. 30.7.2013 – 3 B 380/13 (Rn 10).
135 Sonderrechts-Zuordnungstheorie, vgl. Maurer/Waldhoff, Allgemeines Verwaltungsrecht, § 3 Rn 13.
136 VGH BW, NJW 1993, 1027; BremOVG, DÖV 1994, 221, 222.
137 VGH BW, VBlBW 1995, 15, zum Satzungsmuster des Gemeindetages BW, BWGZ 1990, 194.

kunft beschädigt oder die Benutzungsgebühr nicht bezahlt. Die Ortspolizeibehörde hat die Möglichkeit, die Person umzusetzen und dadurch ggf. den **Standard der Unterbringung zu reduzieren** (etwa Einweisung in eine Gemeinschaftsunterkunft statt bisher Einzelunterbringung), ggf. auch **auf einfachsten Standard**[138], oder ein Ordnungswidrigkeiten-Verfahren einzuleiten. **Verfassungsrechtliche Bedenken** bestehen indes gegen die Beendigung der Einweisung / Räumung der Unterkunft **ohne gleichzeitiges Angebot einer Nutzungsmöglichkeit** in einer anderen Notunterkunft. Die grundrechtliche Schutzpflicht des Staates gebietet auch in diesen Fällen, dass die für die Gewährleistung der öffentlichen Sicherheit zuständige Behörde nicht selbst durch ihr Verhalten (Aufhebung der Einweisungsverfügung / Räumung der Unterkunft **ohne gleichzeitiges Angebot einer Ersatzunterkunft**) das Schutzgut der öffentlichen Sicherheit gefährdet.[139]

Fall 21: Der verheiratete O ist schon seit längerer Zeit zur Vermeidung seiner Obdachlosigkeit in eine Unterkunft der Gemeinde G eingewiesen. Nachdem es in den letzten Monaten immer wieder zu gewalttätigen Auseinandersetzungen gekommen war und O sein aggressives Verhalten fortsetzte, hob G die Einweisungsverfügung auf und ordnete die Räumung der Notunterkunft an. Eine Ersatzunterkunft wird dem O nicht angeboten. G ist der Meinung, es sei ihr nicht länger zumutbar, den O wegen seiner sozialen Unverträglichkeit unterzubringen.

Da G im **Fall 21** verpflichtet ist, den O zum Schutz seiner Grundrechte notdürftig unterzubringen, hat O nach der hier vertretenen Meinung trotz seines Verhaltens und der nachhaltigen Verstöße gegen die Hausordnung einen Unterbringungsanspruch gegenüber G. Die Ortspolizeibehörde kann ihn deshalb nicht einfach „auf die Straße setzen", sondern muss ihn weiterhin unterbringen.[140]

b) **Umsetzungsverfügung**

65 Die **Umsetzung einer obdachlosen Person von einer zugewiesenen** gemeindlichen **Notunterkunft in eine andere** erfolgt durch den Erlass einer Polizeiverfügung (Umsetzungsverfügung). **Ermächtigungsgrundlage** für die Umsetzungsverfügung ist die Generalklausel der §§ 1, 3 PolG. Die **Umsetzungsverfügung** muss, sofern eine Einweisungsverfügung hinsichtlich der bisherigen Unterkunft vorliegt, diese aufheben, eine Räumungsverfügung hinsichtlich der bisherigen Unterkunft enthalten und die Einweisung in eine neue Unterkunft anordnen. Die obdachlose Person besitzt **keinen Rechtsanspruch auf Verbleiben** in der ihr konkret zugewiesenen Unterkunft.[141] Die Umsetzungsverfügung beendet die Rechtmäßigkeit der Inanspruchnahme der bisherigen Unterkunft. Die Zuweisung der neuen Unterkunft eröffnet der betroffenen Person die Möglichkeit, die zugewiesene Unterkunft zu nutzen und sich darin notdürftig einzurichten.[142]

Eine Umsetzung von einer zugewiesenen in eine andere zumutbare Unterkunft ist dann rechtmäßig, wenn sie aus die Maßnahme rechtfertigenden sachlichen Gründen erfolgt. **Sachliche Gründe** für eine Umsetzung sind etwa der Verkauf des Anwesens, in dem die Notunterkünfte eingerichtet sind oder eine anderweitige Nutzungsbestimmung der Unterkunft.[143]

---

138 VGH BW, VBlBW 2020, 248, 249: „vorübergehender Schutz vor den Unbilden des Wetters und Raum für die notwendigsten Lebensbedürfnisse".
139 So auch Ehmann, Obdachlosigkeit, S. 32. Die Auffassung des VG München, wonach die polizeirechtliche Unterbringung eines Obdachlosen dessen Unterbringungsfähigkeit und -willigkeit voraussetzt, ist deshalb abzulehnen (VG München, Beschl. v. 24.10.2002 – M 22 E 02.2459). Vgl. auch BayVGH, NJW 2018, 559, 560 (Rn 12, 14).
140 Zu Sanktionsmöglichkeiten vgl. auch VG Augsburg, openJur 2013, 22297 (Rn 29 ff.); VG Osnabrück zur Unterbringung eines Obdachlosen nach erteiltem Hausverbot für **alle** Notunterkünfte, openJur 2012, 68148 (Rn 29 ff.); vgl. auch VG Osnabrück: Die Einweisung in eine Obdachlosenunterkunft darf nicht vorenthalten werden, weil oder solange der Obdachlose die für die Obdachlosenunterkunft von ihm erhobenen Benutzungsgebühren nicht entrichtet (openJur 2012, 69945 [Rn 34]).
141 BayVGH, NVwZ-RR 2017, 973 (Rn 8).
142 **H. L.**, vgl. HessVGH, LKRZ 2011, 217; VG Düsseldorf, openJur 2014, 216 (Rn 29 ff.); VG Frankfurt, openJur 2012, 34866 (Rn 27 ff.).
143 VGH BW, BWVPr 1993, 90; BremOVG, DÖV 1994, 221, 222; BayVGH, NVwZ-RR 2017, 973, 974 (Rn 9).

Fall 22: Der obdachlose O wurde vor ein paar Jahren in die gemeindliche Notunterkunft in der X-Straße eingewiesen. Jetzt will die Ortspolizeibehörde der Gemeinde das Gebäude, in dem sich die Unterkunft befindet, verkaufen. O soll deshalb in die Notunterkunft in der Y-Straße umgesetzt werden.

Im **Fall 22** ist eine Umsetzung des O sachlich gerechtfertigt und somit rechtmäßig.

Auch das **Erfordernis einer angemessenen Bewirtschaftung** der von der Gemeinde vorgehaltenen Unterkünfte einschließlich des Bestrebens, die Inanspruchnahme privaten Wohnraums zurückzuführen, gehört zu den sachgerechten Umsetzungsgründen. Die Belegung einer Notunterkunft mit anderen Personen rechtfertigt ebenfalls eine Umsetzung. Die Gemeinde ist auch berechtigt, eine Person im Falle einer **„Unterbringungsunfähigkeit"** umzusetzen, vor allem wenn diese sich sozialwidrig verhält, etwa indem sie sich nicht an die Hausordnung hält oder sonst nachhaltig gegen Pflichten verstößt. In diesem Fall wird die Gemeinde aber nicht von ihrer Pflicht zur Gefahrenabwehr entbunden und muss daher in jedem Fall eine andere Unterkunft zur Abwendung der (fortdauernden) Obdachlosigkeit anbieten.[144] Rechtswidrig ist die Maßnahme, wenn sie **willkürlich**, also ohne einen sie rechtfertigenden sachlichen Grund erfolgt.[145]

c) Räumungsverfügung

Der Erlass einer Räumungsverfügung ist erforderlich, wenn eine eingewiesene Person nach Beendigung der Einweisung – im Falle einer Umsetzung oder nach Beendigung einer Beschlagnahme – nicht freiwillig die ihr zugewiesene Notunterkunft räumt. Ermächtigungsgrundlage ist regelmäßig die polizeirechtliche Generalklausel gem. §§ 1, 3 PolG. Das Schutzgut der öffentlichen Sicherheit umfasst auch die **Funktionsfähigkeit staatlicher Einrichtungen** (vgl. § 4 Rn 49 ff.). Durch das eigenmächtige Verbleiben einer Person in einer gemeindlichen Einrichtung wird die Funktionsfähigkeit dieser Einrichtung beeinträchtigt, da es etwa nicht möglich ist, eine andere Person in die Unterkunft einzuweisen.[146]

Im Falle der widerrechtlichen Nutzung einer zuvor **beschlagnahmten** privaten Wohnung liegt eine Gefahr für die öffentliche Sicherheit vor, da das Eigentumsrecht beeinträchtigt wird. Die Subsidiaritätsklausel beim Schutz privater Rechte gem. § 2 Abs. 2 PolG steht der Räumungsverfügung nicht entgegen, da die Eigentumsbeeinträchtigung auf einer polizeirechtlichen Maßnahme (= Beschlagnahme) beruht und die Behörde verpflichtet ist, nach einer Beschlagnahme die Wohnung geräumt an den Inhaber zurückzugeben. Der als Nichtstörer in Anspruch genommene Eigentümer hat in diesem Fall einen **Folgebeseitigungsanspruch**.[147]

d) Beschlagnahme von Wohnungen

Die Beschlagnahme von Sachen (= einer Wohnung) gem. **§ 38 PolG** stellt eine **Polizeiverfügung** im klassischen Sinne dar. Durch diese Maßnahme wird der berechtigten Person die tatsächliche Sachherrschaft über ihre Sache entzogen und zwischen ihr und der Polizei ein **öffentlich-rechtliches Verwahrungsverhältnis** begründet. Adressat ist regelmäßig der Wohnungseigentümer als Nichtstörer, so dass die Maßnahme nur unter den engen Voraussetzungen der **§§ 9 und 38 PolG** durchgeführt werden darf. Diese polizeiliche Einzelmaßnahme ist daher nur zulässig, wenn die **Voraussetzungen des polizeilichen Notstandes gem. § 9 PolG vorliegen** (vgl. § 5 Rn 47 ff.).[148]

---

144 BayVGH, NJW 2018, 559, 560 (Rn 12, 14).
145 H. L., vgl. VGH BW, VBlBW 1987, 301; HessVGH, NVwZ-RR 2011, 474; VG Frankfurt, openJur 2012, 34866 (Rn 27 ff.); OVG Berlin, NVwZ 1989, 989; VG Augsburg, openJur 2013, 8 (Rn 30 ff.); VG Augsburg, openJur 2012, 128544 (Rn 44 ff.).
146 VGH BW, VBlBW 1993, 382.
147 VGH BW, NJW 1990, 2770; Graulich, in: Lisken/Denninger, Handbuch des Polizeirechts, Kap. E Rn 227.
148 Vgl. dazu Anwar/Unger, StudZR 2019, 139, 146 f.

Durch die Einweisung des bisherigen Mieters oder einer obdachlosen Person in die beschlagnahmten Räume wird zwischen der Polizeibehörde und der eingewiesenen Person ebenfalls ein **öffentlich-rechtliches Benutzungsverhältnis** begründet. Demgegenüber bleiben die Rechtsverhältnisse zwischen dem Wohnungseigentümer (früherer Vermieter) und der eingewiesenen Person (früherer Mieter) privatrechtlicher Natur.

§ 7: Der Realakt

I. Begriff
1. Allgemeines

Der sog. Realakt stellt neben dem Erlass von Rechtsnormen und Verwaltungsakten 1 eine **weitere Handlungsform im System des Polizeirechts** dar. Terminologie, Rechtsnatur, Rechtmäßigkeitsvoraussetzungen, Rechtsschutz und weitere Probleme werden nicht einheitlich beurteilt. Viele Fragen sind strittig. Dies zeigt sich schon an den unterschiedlichen Begriffen, mit denen dieses Rechtsinstitut bezeichnet wird: Verwaltungsrealakt, Realhandlung, schlichtes, tatsächliches oder faktisches Verwaltungshandeln, Tathandlung, Tatmaßnahme, schlicht-hoheitliche Maßnahme, Maßnahme ohne regelnden Charakter, regelungsersetzender Realakt etc.

Zu den Realakten zählen unter dem **Oberbegriff des schlichten Verwaltungshandelns** vor allem solche Maßnahmen, die nach dem Willen der Behörde keine unmittelbare Rechtswirkung erzeugen[1] – also den faktischen (tatsächlichen) Verwaltungshandlungen zugeordnet werden. Es handelt sich somit um alle diejenigen Verwaltungsmaßnahmen, die nicht auf einen Rechtserfolg, sondern auf einen **tatsächlichen Erfolg** gerichtet sind bzw. um Tathandlungen verwaltungsrechtlicher Subjekte ohne Verbindlichkeit und ohne Regelungsgehalt.[2] In der Literatur wird gelegentlich auch zwischen **Wissenserklärungen** (etwa Auskünfte, Belehrungen, Warnungen, Berichte, Ansprachen) und tatsächlichen **Verrichtungen** (etwa Fahrt mit dem Dienstwagen, Reinigung einer Straße, körperliche Tätigkeiten) unterschieden.[3]

2. Beispiele für Realakte der Polizei

Als **Realakt** sind u. a. **folgende Maßnahmen** der Polizei einzuordnen:[4] 2

- Die **unmittelbare Ausführung** gem. § 8 Abs. 1 PolG (etwa Abschleppen eines Kfz, vgl. § 8 Rn 1 ff.);
- die **Anwendung von Zwangsmitteln** als letzte Stufe der Verwaltungsvollstreckung wie die Durchführung der Ersatzvornahme oder des unmittelbaren Zwangs (**str.**, vgl. § 12 Rn 39 ff.);
- **Maßnahmen der Datenerhebung und -verarbeitung** wie etwa die Observation (§ 49 Abs. 1, 2 Nr. 1 PolG), der verdeckte Einsatz technischer Mittel zur Anfertigung von Lichtbildern und Tonaufzeichnungen (§ 49 Abs. 1, 2 Nr. 2 PolG) oder der Einsatz eines verdeckten Ermittlers (§ 49 Abs. 1, 2 Nr. 4 PolG);
- **Sicherstellung** gem. § 37 PolG vor der Unterrichtung des Berechtigten über die durchgeführte Maßnahme nach Abs. 2 (vgl. § 11 Rn 274);
- die bloße **Androhung der Beschlagnahme** eines Hundes unter bestimmten Voraussetzungen (VGH BW, openJur 2020, 68931 [Rn 26]).
- **Beratungen**, Belehrungen, Hinweise, Mahnungen ohne Bindungswirkungen etc.;
- Durchführung von **Aufklärungsaktionen** wie etwa zur Sicherung eines Gebäudes vor Einbrüchen, Aktionen wie „Die Kriminalpolizei rät";
- Maßnahmen im Rahmen der **Kriminalprävention**[5];
- **Organisationshandlungen** wie Anlage einer Unfallstatistik, des Jahresverkehrsunfallberichtes des Verkehrsdienstes, Kriminalitätslagebilder für Gemeinden etc.;

---
[1] Bull/Mehde, Allgemeines Verwaltungsrecht, Rn 280; Peine/Siegel, Allgemeines Verwaltungsrecht, Rn 831 f.; VGH BW, openJur 2020, 68931 (Rn 26).
[2] Korte, in: Wolff/Bachof/Stober/Kluth, Verwaltungsrecht I, § 57 Rn 2; Maurer/Waldhoff, Allgemeines Verwaltungsrecht, § 15 Rn 1; Lang, ZJS 2020, 234, 235.
[3] Graulich, in: Lisken/Denninger, Handbuch des Polizeirechts, Kap. E Rn 32.
[4] Vgl. auch Trurnit, in: Möstl/Trurnit, Polizeirecht BW, § 3 Rn 10.
[5] Vgl. dazu Bölkow/Sonka, Die Polizei 2013, 140; Steffen, Die Polizei 2013, 192.

- Verrichtungen wie **Streifengänge**, Kontrollfahrten, Beweissicherung, Tatortarbeit, Aufstellen von Hinweistafeln, Beseitigung von Unfallfolgen wie Wegräumen von Glasscherben, Entfernung einer Ölspur, etc.;[6]
- die sog. **Online-Streifenfahrt im Internet**, bei der die Polizei in allgemein zugänglichen Online-Plattformen (Internet, Facebook, Twitter etc.) nach polizeirechtlich relevanten Informationen und Hinweisen sucht;[7]
- dienstliche **Äußerungen** ohne Verwaltungsaktcharakter wie etwa Tatsachenbehauptungen, Werturteile einer Behörde;
- behördliche **Warnungen** und Empfehlungen, soweit sie sich auf eine reine Informationsübermittlung beschränken (vgl. § 4 Rn 167 u. § 7 Rn 8).

3. Gefährderansprache

3 Durch die sog. **Gefährderansprache** wendet sich die Polizei im Frühstadium von Gefahren durch Anschreiben, Hausbesuche, Telefonate oder Gespräche etc. an einen potenziellen Störer, um ihn auf die Rechtslage hinzuweisen, über unzulässige Aktionen bei Versammlungen oder sonstigen Aktivitäten aufzuklären, oder um ihm unverbindliche Ratschläge zur Vermeidung von Sanktionen zu erteilen. Die Polizei will damit erreichen, dass der Gesprächspartner im Vorfeld von Gefahren über die Gesetzeslage und Rechtsfolgen bei Verstößen informiert ist und dass er ggf. die persönliche Ansprache durch die Polizei zum Anlass nimmt, sich rechtstreu zu verhalten. **Vorrangiges Ziel** es damit, das **Verhalten einer Person zu beeinflussen** und diese **von der Begehung von Straftaten abzuhalten**.[8]

Beispiel: Die Ortspolizeibehörde O beobachtet mit zunehmender Sorge, dass bei den letzten städtischen Veranstaltungen immer wieder eine Gruppe Heranwachsender durch übermäßigen Alkoholkonsum, Gewaltbereitschaft und Aggressivität aufgefallen ist. O befürchtet, dass es beim nächsten Fest in der Innenstadt wieder zu gewalttätigen Auseinandersetzungen kommen wird. Sie lädt deshalb die bekannten Personen zu einem Gespräch ein, in dem sie unverbindlich auf die Rechtslage (etwa Vorschriften der örtlichen Polizeiverordnung) und auf eventuelle Rechtsfolgen / Sanktionen hinweist. Sie macht über dieses Gespräch auch einen Aktenvermerk, der den Teilnehmern zugesandt wird. O hofft, dass die Heranwachsenden durch dieses Vorgehen sensibilisiert sind und dass formelle Maßnahmen wie der Erlass von Polizeiverfügungen (Aufenthaltsverbote für das nächste Stadtfest), Bußgeld- und Strafverfahren mit entsprechenden Rechtsverfahren vermieden werden können.

4 Ihre **Rechtsgrundlage** fand die Gefährderansprache bis zum Jahr 2020 in der Generalklausel der §§ 1, 3 PolG.[9] Im **PolG 2020** findet sich nunmehr eine **spezialgesetzliche Eingriffsgrundlage** für Gefährderansprache, Gefährderanschreiben und Gefährdetenansprache in § 29 PolG (vgl. dazu eingehend § 11 Rn 61 ff.).

Sie ist nur zulässig, wenn **konkrete Anhaltspunkte** vorliegen, dass sich die anzusprechende Person tatsächlich in gefahrbegründender Weise an Aktivitäten, welche die öffentliche Sicherheit beeinträchtigen, beteiligen wird.[10] Soweit sich die Ansprache auf belehrende Hinweise oder Warnungen mit dem Ziel der Verhütung von Straftaten beschränkt, liegt kein Grundrechtseingriff vor, der einer Ermächtigungsgrundlage bedarf. Vielmehr ergibt sich das Recht der Polizei zur präventiven Gefährderansprache aus der Aufgabenzuweisung des § 1 PolG.[11]

---

6 Geis, Fälle zum Polizei- und Ordnungsrecht, Rn 2 bis 16.
7 Zutr. Herberger, VBlBW 2015, 445, 446 m. w. N.
8 VGH BW, VBlBW 2018, 316, 318, mit Anm. Nachbaur VBlBW 2018, 320 ff., u. Vahle, DVP 2019, 41 ff.; Stollwerck, LKV 2016, 103, 107.
9 VGH BW, VBlBW 2018, 316, 318, mit Anm. Nachbaur VBlBW 2018, 320 ff., u. Vahle, DVP 2019, 41 ff.; ebenso VG Saarland, Beschl. v. 6.3.2014 – 6 K 1102/13; Graulich, in: Lisken/Denninger, Handbuch des Polizeirechts, Kap. E Rn 234; Herberger, VBlBW 2015, 445, 447.
10 Herberger, VBlBW 2015, 445, 447.
11 Vgl. Gusy, Polizei- und Ordnungsrecht, Rn 316; Deger, in: Stephan/Deger, Polizeigesetz BW, § 3 Rn 15. Vgl. auch § 4 Rn 13.

Beschränkt sich eine **Gefährderansprache** nicht auf warnende Hinweise, sondern werden **darüber hinaus Ge- und/oder Verbote ausgesprochen** bzw. der Gesprächsteilnehmer aufgefordert, bestimmte Handlungen und Verhaltensweisen zu unterlassen, so handelt es sich nicht um einen Realakt, sondern um einen anfechtbaren Verwaltungsakt.[12]

Sachlich zuständig für die Durchführung einer Gefährderansprache war bis zum Jahr 2020 die Ortspolizeibehörde, nicht der Polizeivollzugsdienst[13]. Durch das **PolG 2020** wurde in § 105 Abs. 3 PolG ausdrücklich die **Parallelzuständigkeit von Ortspolizeibehörde und Polizeivollzugsdienst** für Gefährderansprache, Gefährderanschreiben und Gefährdetenansprache vorgesehen (vgl. dazu eingehender § 3 Rn 48, § 11 Rn 64).

4. Abgrenzung zum Verwaltungsakt

Während eine **Polizeiverfügung** darauf gerichtet ist, eine **Rechtsfolge** herbeizuführen, zielt der Realakt auf einen tatsächlichen Erfolg. **Realakte** sind rein tatsächliche Verwaltungshandlungen, die in einem öffentlich-rechtlichen Sachzusammenhang stehen, aber **keinen Regelungsgehalt** besitzen. Aus diesem Grund sind Realakte keine Verwaltungsakte, da sie grundsätzlich keine Rechtswirkung nach außen setzen.[14]

Beispiele:
- Durch die **unmittelbare Ausführung** gem. § 8 Abs. 1 PolG führt die Polizei tatsächlich eine Maßnahme aus, ohne dass eine vorherige Anordnung an den Störer ergeht. Da die Maßnahme nicht auf einen Rechtserfolg gerichtet ist, besitzt sie auch nicht die Qualität eines Verwaltungsaktes.
- Beschränkt sich eine **Gefährderansprache** nicht auf warnende Hinweise, sondern werden darüber hinaus Ge- und / oder Verbote ausgesprochen, so handelt es sich bei dieser Maßnahme nicht (mehr) um einen Realakt, sondern um einen anfechtbaren Verwaltungsakt (§ 7 Rn 4).[15]
- Die **Abgrenzung** ist **schwierig** und muss **in jedem Einzelfall** vorgenommen werden.
- Von einem Teil der Rechtslehre wird die Auffassung vertreten, dass in der Anordnung, eine polizeiliche Maßnahme tatsächlich auszuführen, der Erlass einer konkludenten Duldungsverfügung liege, die den Adressaten verpflichte, das jeweilige angeordnete polizeiliche Handeln zu dulden. Damit besäße etwa praktisch jede polizeiliche Zwangsmaßnahme Verwaltungsaktcharakter, weil ihr eine Duldungsverfügung zugrunde liegt. Die Auffassung, in jeder polizeilichen Zwangsmaßnahme den Erlass einer Duldungsverfügung „hineinzulesen", ist schon aus rechtssystematischen Gründen abzulehnen. Auch aus Gründen des Rechtsschutzes bedarf es dieser Auslegung nicht.

II. Rechtmäßigkeitsanforderungen

Wie jedes polizeiliche Handeln, so unterliegt auch der Realakt einer Prüfung der Rechtmäßigkeit. Zwar ist wegen der vielen Erscheinungsformen eine einheitliche Beurteilung nicht möglich. Es gelten dennoch die allgemeinen **Verfahrens- und Verwaltungsgrundsätze** zur formellen und materiellen Rechtmäßigkeitsprüfung des Verwaltungshandelns (vgl. § 6 Rn 24 ff.).[16]

Bei der Durchführung eines Realaktes hat die Polizei insbesondere den Grundsatz des Gesetzesvorbehalts zu beachten. Soweit mit dem Realakt **kein Rechtseingriff** verbunden ist, bedarf es keiner speziellen Ermächtigung; vielmehr wird in der jeweiligen **Auf-**

---

12 So OVG LSA, NVwZ-RR 2012, 720. Im entschiedenen Fall hatte die Behörde in einer Aktennotiz über die Besprechung u. a. dazu aufgefordert, „keine Störungen der öffentlichen Sicherheit vorzunehmen, nicht zu solchen aufzufordern und sich nicht an diesen zu beteiligen". Das OVG hat der Anfechtungsklage eines Betroffenen gegen diese Maßnahme stattgegeben, weil für die Gefährderansprache in Form des Verwaltungsaktes keine ausreichende Ermächtigungsgrundlage gegeben war, da eine konkrete Gefahrenlage nicht bestanden hatte (NVwZ-RR 2012 [Rn 33]).
13 So noch VGH BW, VBIBW 2018, 316, 318 ff., mit zust. Anm. von Nachbaur, VBIBW 2018, 320 ff., u. Vahle, DVP 2019, 41 ff.
14 Walter, Die Polizei 1991, 133, 134; Peine/Siegel, Allgemeines Verwaltungsrecht, Rn 831 f.
15 OVG SA, NVwZ-RR 2012, 720. Vgl. dazu auch die weiteren Ausführungen in § 11 Rn 63.
16 Peine/Siegel, Allgemeines Verwaltungsrecht, Rn 836.

gabenzuweisungsnorm eine ausreichende Rechtsgrundlage für eine schlicht-hoheitliche Tätigkeit gesehen.

Beispiele:
- Im Rahmen eines kriminalpolizeilichen Vorbeugeprogramms warnt das Innenministerium in einem speziell an Jugendliche gerichteten **Faltblatt „Sackgasse Jugendsekten"** vor den Gefahren, die von Jugendsekten ausgehen.[17]
- Der polizeiliche Hinweis **„Vorsicht im Umgang mit Silvesterknallern"** weist keinen Bezug zu individuellen Rechten auf und ist somit „grundrechtsneutral". Die Befugnis zur Herstellung / Verbreitung dieser Hinweise auf einem Flyer folgt aus der Aufgabenzuweisung des § 1 PolG.

8 **Warnungen** sind Informationen an die Öffentlichkeit oder bestimmte Dritte in Verbindung mit der Aufforderung zu einem bestimmten Tun oder Unterlassen. Sie erschöpfen sich grundsätzlich in einer bloßen Informationsübermittlung und haben daher keinen **Eingriffscharakter**. Sie sind regelmäßig als Realakte zu qualifizieren, welche die Polizei im Rahmen der Erfüllung ihrer Aufgabe der Gefahrenabwehr gem. § 1 PolG ausführt. Die in § 1 PolG umschriebene polizeiliche **Gefahrenabwehraufgabe** umfasst auch die vorbeugende Tätigkeit. Wird die Polizei hierbei schlicht-hoheitlich tätig, ohne dass damit ein Rechtseingriff verbunden ist, bedarf sie weder einer besonderen Ermächtigungsgrundlage noch setzt ihr Tätigwerden voraus, dass eine konkrete Gefahr vorliegt. Einer Ermächtigungsgrundlage bedarf es erst, wenn die Warnung in die Rechte von Privatpersonen eingreift und damit grundrechtseingreifende Qualität erreicht.[18]

Beispiel: Die **spezielle Ermächtigungsgrundlage** des § 40 LFGB ermächtigt die zuständige Behörde zu **öffentlichen Warnungen** vor gesundheitlichen Gefahren oder nicht verkehrsfähigen Lebensmitteln.

Vgl. dazu eingehender auch die Ausführungen in § 4 Rn 17.

9 Als Ermächtigungsgrundlage für einen Realakt, der grundrechtseingreifende Qualität erreicht, kann die polizeirechtliche Generalermächtigung gem. §§ 1, 3 PolG in Betracht kommen.

Beispiel: Ein Fahrzeug wird im Wege der unmittelbaren Ausführung abgeschleppt. Diese Maßnahme ist nur rechtmäßig, wenn die Voraussetzungen für den Erlass einer fiktiven Grundverfügung vorliegen – also insbesondere eine Gefahr für die öffentliche Sicherheit und eine entsprechende Eingriffsermächtigung. Da Spezialermächtigungen nicht gegeben sind, kommt als Befugnisnorm nur die polizeiliche Generalklausel gem. §§ 1, 3 PolG in Betracht (vgl. das Beispiel in § 8 Rn 3).

10 Bei einem Realakt, der in die Rechte Dritter eingreift, sind bestimmte **Verfahrensbestimmungen**, die beim Erlass eines Verwaltungsaktes zu beachten sind, wie die **Anhörung** (§ 28 LVwVfG)[19] und **Begründung** (§ 39 LVwVfG), **entsprechend** anzuwenden (§ 6 Rn 24). Ist der Realakt gegen eine bestimmte Person gerichtet, muss eine konkrete Gefahr vorliegen. So ist etwa bei behördlichen Warnungen, die in subjektive Rechte Dritter eingreifen, grundsätzlich eine Anhörung geboten.[20] Im Übrigen gelten die allgemeinen Grundsätze über die Rechtmäßigkeit des polizeilichen Handelns (Ermessen, Grundsatz der Verhältnismäßigkeit).

Der durch einen rechtswidrigen Realakt in seinen Rechten verletzte Bürger hat einen entsprechenden **Beseitigungs- und Wiederherstellungsanspruch**. Ferner kann er ggf. einen Schadensersatz- oder Entschädigungsanspruch geltend machen.[21]

III. Rechtsschutz

11 Als Rechtsschutz gegen Realakte, die eine subjektive Rechtsverletzung beinhalten, kommen vor allem die **allgemeine Leistungsklage** gem. §§ 43 Abs. 2 S. 1, 111, 113

---

17 Vgl. VGH BW, BWVPr 1989, 86.
18 Deger, in: Stephan/Deger, Polizeigesetz BW, § 3 Rn 16; Gusy, Polizei- und Ordnungsrecht, Rn 317 m. w. N.; Trurnit, in: Möstl/Trurnit, Polizeirecht BW, § 3 Rn 36.
19 **H. M.**, vgl. dazu etwa Lang, ZJS 2020, 234, 235 ff.
20 So auch Hochmuth, NVwZ 2003, 30, 35.
21 Vgl. Maurer/Waldhoff, Allgemeines Verwaltungsrecht, § 15 Rn 6.

III. Rechtsschutz

Abs. 4, 169 Abs. 2 und 170 VwGO[22] oder die **Feststellungsklage** gem. § 43 VwGO in Betracht. Dauert die Rechtsbeeinträchtigung noch an, kann die Leistungsklage in Form einer **Klage auf Unterlassung** eines Realaktes bzw. auf Rückgängigmachung des Eingriffs bzw. Beseitigung der durch einen Realakt geschaffenen Fakten erhoben werden.[23] Anfechtungs- oder Verpflichtungsklage scheiden dagegen grundsätzlich aus, da kein Verwaltungsakt vorliegt. Deshalb ist auch **kein Widerspruchsverfahren** durchzuführen.

Geht es um die **nachträgliche Feststellung** der Rechtswidrigkeit eines in der Hauptsache erledigten Realakts, kommt als Klageart die (nachträgliche einfache) Feststellungsklage in Betracht. Der Kläger muss gem. § 43 Abs. 1 VwGO ein berechtigtes Interesse an der baldigen Feststellung besitzen.[24]

Die Feststellung der Rechtswidrigkeit eines Realakts kann auch im Rahmen der Anfechtung eines Kosten- bzw. Leistungsbescheids inzident erfolgen (vgl. § 15 Rn 8 ff.).

---

22 Peine/Siegel, Allgemeines Verwaltungsrecht, Rn 838.
23 Vgl. etwa VGH BW, BWVPr 1989, 85.
24 Vgl. als Beispiel VGH BW zur nachträglichen Feststellung der Rechtswidrigkeit eines Fotografierverbots bei dem Einsatz eines Spezialkommandos der Polizei, VBlBW 2011, 23.

Schaubild Nr. 15

Unmittelbare Ausführung einer Maßnahme (§ 8 Abs. 1 PolG)

(Prüfschema)

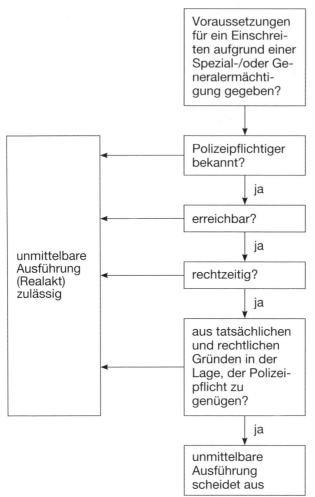

§ 8: Die unmittelbare Ausführung

I. Begriff

Unter bestimmten Voraussetzungen kann die Polizei – mit eigenen Mitteln oder durch Beauftragung Dritter – an der Stelle des Verantwortlichen oder für diesen Maßnahmen der Gefahrenabwehr ergreifen. Gem. **§ 8 Abs. 1 PolG** ist dieser Zwangsmitteleinsatz aber **nur** zulässig, wenn „der polizeiliche Zweck durch Maßnahmen gegen die in den §§ 6 und 7 bezeichneten Personen nicht oder nicht rechtzeitig erreicht werden kann". § 8 PolG stellt daher eine Ausnahme von dem Grundsatz dar, dass die Polizei in erster Linie Maßnahmen der Gefahrenabwehr gegen die polizeipflichtige Person gem. §§ 6, 7 PolG ergreift.

1

Das Einschreiten durch unmittelbare Ausführung setzt voraus, dass die **Gefahr nicht oder nicht rechtzeitig durch den Erlass oder die Vollstreckung einer Polizeiverfügung gegen einen Störer (polizeipflichtige Person) abgewehrt werden kann**. Ein Störer kann etwa dann nicht in Anspruch genommen werden, wenn er nicht (rechtzeitig) erreichbar bzw. auffindbar ist oder wenn er nicht in der Lage ist, die Gefahr zu beseitigen.

Fall 23: Ein Kfz wird vom Halter H an einer engen Straßenstelle abgestellt. Dadurch wird der Straßenverkehr blockiert. Da der Aufenthaltsort von H nicht bekannt und H auch nicht erreichbar ist, kann er nicht als Zustandsstörer selbst in Anspruch genommen und zur Beseitigung aufgefordert werden. Aus diesem Grund beauftragt der Polizeivollzugsdienst ein Abschleppunternehmen mit der Beseitigung des Verkehrshindernisses.

Im **Fall 23** hat die Polizei selbst die Handlung vorgenommen, die dem H als dem primär Verantwortlichen (= Störer) oblag.[1] Mangels Adressaten konnte aber keine Verfügung (= Verwaltungsakt) gegen den Polizeipflichtigen erlassen werden. Im Interesse der anderen Verkehrsteilnehmer konnte die Polizei nicht warten, bis H irgendwann selbst sein Fahrzeug beseitigt. Da das Fahrzeug verkehrswidrig abgestellt war, konnte die Polizei auch rechtmäßig das ausführen, wozu eigentlich H verpflichtet gewesen wäre.

II. Rechtscharakter

Die **Rechtsnatur** der unmittelbaren Ausführung ist **strittig**. Wie der **Fall 23** in § 8 Rn 1 zeigt, erfolgt bei der unmittelbaren Ausführung der **Einsatz eines Zwangsmittels, ohne dass vorher ein Verwaltungsakt erlassen wurde**. Zumindest fehlt es an der Wirksamkeitsvoraussetzung der Bekanntgabe gem. § 43 Abs. 1 S. 1 LVwVfG. Deshalb ist diese Maßnahme als **Realakt** zur Gefahrenabwehr zu qualifizieren.[2] Die Grundsätze über das Verfahren zum Erlass und zur Vollstreckung eines Verwaltungsakts (LVwVfG / LVwVG) sind somit grundsätzlich **nicht** anzuwenden.

2

§ 8 Abs. 1 PolG ist **keine Befugnisnorm**. Die Vorschrift ermächtigt die Polizei nicht, eine Verfügung zu erlassen, sondern legt nur die Voraussetzungen fest, unter denen die Polizei durch tatsächliches Handeln eine Gefahr selbst beseitigen kann. Da die Polizei nur anstelle der oder für die verantwortliche Person handelt, kommen für die unmittelbare Ausführung **nur vertretbare Handlungen** in Betracht, also Handlungen, bei denen die Vornahme durch einen Dritten rechtlich zulässig ist und bei denen es tatsächlich

---

[1] H ist zwar Verhaltensverantwortlicher gem. § 6 Abs. 1 PolG. Als Halter des Fahrzeugs kann H aber zusätzlich als Zustandsstörer gem. § 7 PolG in Anspruch genommen werden. Denn er ist zumindest Inhaber der tatsächlichen Gewalt über „sein" Fahrzeug (vgl. Deger, in: Stephan/Deger, Polizeigesetz BW, § 7 Rn 14, 21, unter Hinweis auf VGH BW, NJW 2007, 2058). Da H aber nicht erreichbar ist, kommt er als Adressat einer eilbedürftigen Maßnahme nicht in Frage.

[2] VGH BW, VBlBW 1991, 434; Deger, in: Stephan/Deger, Polizeigesetz BW, § 8 Rn 2 m. w.N.; Kastner, in: Möstl/Trurnit, Polizeirecht BW, § 8 Rn 3; Neckenich, VBlBW 2019, 80; Bruckert/Frey/Kron/Marz, Besonderes Verwaltungsrecht, Rn 119; vgl. auch § 7 Rn 1 ff.

und wirtschaftlich gleich bleibt, ob sie die pflichtige Person oder eine andere Person vornimmt (vgl. § 12 Rn 9).

III. Rechtmäßigkeitsvoraussetzungen
1. Fiktive Grundverfügung

3   § 8 Abs. 1 PolG legt die Voraussetzungen fest, unter denen die Polizei durch tatsächliches Handeln zur Gefahrenabwehr selbst tätig werden kann. Die Tatbestandsvoraussetzungen der unmittelbaren Ausführung sind von der ausgeführten Maßnahme abhängig. Dies folgt aus dem Rechtscharakter der unmittelbaren Ausführung. Hier handelt die Polizei **anstelle** des Polizeipflichtigen. Die Maßnahme ist daher nur rechtmäßig, wenn alle Voraussetzungen für eine gedachte Verfügung gegenüber dem Störer vorliegen. Zu prüfen ist jeweils, ob der Erlass einer **fiktiven Grundverfügung** sowohl in formeller als auch materieller Hinsicht rechtmäßig wäre.[3] Insbesondere müssen die Tatbestandsvoraussetzungen einer speziellen Eingriffsnorm oder der polizeilichen Generalklausel erfüllt sein und die allgemeinen polizeirechtlichen Voraussetzungen wie Verfahrens- und Formbestimmungen, fehlerfreie Ermessensausübung, Verhältnismäßigkeit etc. vorliegen. Zudem muss die für die gedachte Verfügung zuständige Behörde gehandelt haben.

Fall 24: Kfz-Halter H ist mit seinem Pkw in der Innenstadt von S unterwegs. Wegen eines technischen Defekts geht an seinem Fahrzeug gar nichts mehr. Er stellt es deshalb mittig auf der zweiten Fahrspur einer verkehrsreichen Straße links ab und verlässt das Fahrzeug ohne jede Absicherung. Unglücklicherweise ist auch sein Handy „außer Betrieb". Nachdem H nicht erreichbar ist, lässt die Polizei bei anbrechender Dunkelheit das Fahrzeug von einer Abschleppfirma umsetzen und stellte dem H durch entsprechenden Leistungsbescheid die Kosten in Rechnung.[4]

Im **Fall 24** waren die Voraussetzungen der Durchführung einer rechtmäßigen unmittelbaren Ausführung gegeben: Die Voraussetzungen einer **fiktiven Räumungsverfügung** gegen H lagen vor. Das Fahrzeug des H behinderte massiv den Verkehr und stellte eine Störung der öffentlichen Sicherheit dar. Polizeiliche Maßnahmen auf der Grundlage der polizeilichen Generalermächtigung der §§ 1, 3 PolG waren daher berechtigt. Da H als Störer nicht erreichbar war und da sein Pkw bei anbrechender Dunkelheit mitten auf der Fahrspur der Straße ohne jede Absicherung stand und erheblich den Verkehr behinderte, war das Umsetzen zur Beseitigung der Gefahrenlage notwendig. Eine Verfügung gegen H konnte nicht erlassen werden, da er als Adressat nicht erreichbar war.

Fall 25: Die Polizei fängt einen streunenden, herrenlosen und **aggressiven Hund** ein und verbringt ihn zum Tierheim. Die Ermittlungen ergeben, dass der Hund dem Eigentümer E weggelaufen ist.

Im **Fall 25** lagen die Voraussetzungen für **Maßnahmen der Gefahrenabwehr** im Wege der unmittelbaren Ausführung vor. Zum Zeitpunkt des polizeilichen Einschreitens war die Haltereigenschaft des E nicht bekannt. Aus diesem Grund konnte der polizeiliche Zweck (= Gefahrenabwehr) durch Maßnahmen gegen den E als Störer (= Erlass einer Grundverfügung gegen den Eigentümer / Inhaber der tatsächlichen Gewalt) nicht bzw. nicht rechtzeitig erreicht werden. Wären der Polizei Name und Anschrift des E bekannt gewesen, hätte ggf. die Gefahr durch den Erlass einer Polizeiverfügung gegen E (etwa Anordnung des Leinenzwangs) beseitigt werden können (= Prüfung einer fiktiven Grundverfügung). Da im vorliegenden Fall eine rechtmäßige unmittelbare Ausführung vorlag, waren auch die Voraussetzungen für eine Kostenerhebung gem. § 8 Abs. 2 PolG gegen E gegeben.[5]

---

[3] Zust. Kastner, in: Möstl/Trurnit, Polizeirecht BW, § 8 Rn 4; zum Prüfungsschema vgl. Hartmann, VBlBW 2012, 279, 323 ff.; vgl. auch Bruckert/Frey/Kron/Marz, Besonderes Verwaltungsrecht, Rn 122.
[4] Vgl. VG Ansbach, openJur 2012, 120217 (Rn 22 ff.).
[5] HessVGH, NJW 1995, 2123; zur Kostenerhebung vgl. § 15 Rn 14 ff.

III. Rechtmäßigkeitsvoraussetzungen

War im **Fall 25** dagegen der Hund **herrenlos** und bestand somit kein Eigentum (vgl. §§ 958, 960 BGB), konnte mangels eines Polizeipflichtigen bzw. Adressaten keine Polizeiverfügung gegen einen Berechtigten bzw. Verantwortlichen erlassen werden (sog. fiktive Grundverfügung). In diesem Fall beseitigte zwar die Polizei die Gefahr mit eigenen Mitteln durch tatsächliches Handeln. Dennoch lag formal betrachtet keine unmittelbare Ausführung i. S. d. § 8 Abs. 1 PolG vor. Denn in diesem Fall konnte wegen der Herrenlosigkeit des Tieres „mangels Adressaten" keine Verfügung gegen einen Berechtigten bzw. Polizeipflichtigen ergehen. Aus diesem Grund kommt auch ein Kostenersatz gem. § 8 Abs. 2 PolG nicht in Betracht (vgl. § 15 Rn 14).

2. Zusätzliche Voraussetzungen des § 8 Abs. 1 S. 1 PolG

a) Allgemeines

Die fiktive (rechtmäßige) Grundverfügung kann nur dann unmittelbar ausgeführt werden, wenn der polizeiliche **Zweck** durch Maßnahmen **gegen die in den §§ 6 und 7 PolG bezeichneten Personen nicht oder nicht rechtzeitig** erreicht werden kann. Vor der unmittelbaren Ausführung muss die Polizei daher prüfen, ob sie die Gefahr durch den Erlass und die Vollstreckung einer Verfügung gegen die polizeipflichtige Person rechtzeitig abwehren kann. Die unmittelbare Ausführung ist mithin nur zulässig, wenn **kein Handlungs- oder Zustandsstörer** vorhanden, **erreichbar** oder zur Gefahrenabwehr in der Lage ist. Der Zweck der Maßnahme ist auch dann nicht rechtzeitig erreichbar, wenn die verantwortliche Person nicht mit zumutbarem Aufwand ermittelt werden kann, wenn sie nicht mehr existiert oder nicht (mehr) in Anspruch genommen werden kann bzw. darf.[6] In keinem Fall darf auf die Inanspruchnahme eines bekannten und leistungsfähigen Störers verzichtet werden.[7] Abzustellen ist auf den **Zeitpunkt** der Durchführung der Maßnahmen durch die Polizei.[8]

4

b) Rechtzeitige Zweckerreichung

Der polizeiliche Zweck kann dann nicht rechtzeitig erreicht werden, wenn die **Maßnahme keinen Aufschub duldet** und eine Verfügung an die verantwortliche Person **nicht rechtzeitig ergehen** oder von dieser nicht rechtzeitig ausgeführt werden kann. Im **Interesse der effektiven Gefahrenabwehr** sind die Anforderungen an diese Prüfungspflicht nicht hoch. So kann die Polizei die Voraussetzungen für ihr unmittelbares Tätigwerden nicht dadurch herbeiführen, dass sie auf die Inanspruchnahme eines ihr bekannten und leistungsfähigen Störers verzichtet.[9] Bei ungewissen Erfolgsaussichten und nicht abzusehenden Verzögerungen ist die Polizei bei konkreter Gefahrenlage nicht gehalten, weitergehende Ermittlungen zum Störer anzustellen.[10]

5

Beispiele:
- Es widerspräche der effektiven Gefahrenabwehr, wenn vor einer Abschleppmaßnahme der Halter oder Führer eines Kfz erst durch **Anfrage bei der Kfz-Zulassungsstelle** ermittelt werden müsste.[11]
- Die Polizei findet bei einer **Außenbereichskontrolle** in einem ehemaligen Industriegelände Fässer, die mit einem umweltgefährdenden Inhalt gefüllt sind und akut auszulaufen drohen. Die Ermittlung der verantwortlichen Person würde zu viel Zeit in Anspruch nehmen. Die Polizei beseitigt deshalb die Fässer selbst im Wege der unmittelbaren Ausführung.[12]
- Nach **VG Karlsruhe** soll ein wegen seines jahrelangen schlechten Gesundheitszustandes zur Gefahrenabwehr **ungeeigneter Störer** einem nicht rechtzeitig erreichbaren Störer gleichste-

---

6 VGH BW, NVwZ 1986, 325.
7 Deger, in: Stephan/Deger, Polizeigesetz BW, § 8 Rn 3, unter Hinweis auf VGH BW, VBlBW 1993, 298.
8 OVG Schleswig, NVwZ 2020, 160, 161 (Rn 33).
9 VGH BW, VBlBW 1993, 298.
10 OVG Schleswig, NVwZ-RR 2020, 160, 161 ff. (Rn 32 ff.).
11 VGH BW, VBlBW 1991, 434.
12 Vgl. OVG LSA, Beschl. v. 18.12.2003 – 2 L 43/03.

hen.¹³ Mit dieser Argumentation hat das Gericht das Betreten einer verwahrlosten Wohnung zur Durchführung von Maßnahmen gem. § 16 IfSG im Wege der unmittelbaren Ausführung gerechtfertigt. Die Entscheidung erscheint problematisch, da im vorliegenden Fall der Wohnungsinhaber / Störer selbst in der Wohnung anwesend war und somit als Adressat eines Verwaltungsaktes in Frage gekommen wäre.

- Die Polizei beauftragt die gemeindliche **Feuerwehr** mit der Öffnung einer Wohnungstür, da sie davon ausgeht, dass sich in der Wohnung eine hilflose Person befindet.¹⁴

c) Pflichtgemäßes Ermessen

6 Ob die Polizei im Wege der unmittelbaren Ausführung handelt oder nicht, steht in ihrem **pflichtgemäßen Ermessen** (§ 6 Rn 28 ff.). Für die Ausübung dieses Ermessens gelten die allgemeinen Grundsätze, auch wenn kein Verwaltungsakt erlassen wird. Bei der Prüfung der **Verhältnismäßigkeit** von Zweck und Mittel ist eine Interessens- und Rechtsgüterabwägung durchzuführen (vgl. § 5 PolG sowie § 6 Rn 33). Die Polizei hat auch pflichtgemäß zu entscheiden, ob sie selbst mit ihren eigenen Mitteln und Kräften eine Gefahr abwehrt (etwa ein rechtswidrig abgestelltes Fahrzeug mit eigenen Mitteln abschleppt) oder Dritte mit der Gefahrenbeseitigung beauftragt (das Fahrzeug also durch ein Abschleppunternehmen abschleppen lässt). Dies gilt insbesondere im Hinblick auf die Kostenfolgen für die betroffene Person. Ist die Polizei selbst ohne besondere Mühewaltung mit eigenen sachkundigen Kräften und eigener Ausrüstung zur unmittelbaren Ausführung in der Lage, wäre eine kostenintensive Beauftragung eines Dritten ermessensfehlerhaft. Muss ein Dritter herangezogen werden, besteht bei mehreren in Frage kommenden Beauftragten polizeiliches **Auswahlermessen**.¹⁵

d) Unverzügliche Unterrichtung

7 Gem. § 8 Abs. 1 S. 2 PolG ist die von der Maßnahme betroffene Person – also regelmäßig der Störer bzw. Polizeipflichtige – unverzüglich von der unmittelbaren Ausführung zu unterrichten.

IV. Abgrenzung zu Vollstreckungsmaßnahmen

8 Die unmittelbare Ausführung ist von **Maßnahmen der Verwaltungsvollstreckung** bzw. **des Polizeizwangs gem. §§ 63 ff. PolG** und insbesondere von der Ersatzvornahme **zu unterscheiden**. Bei der Verwaltungsvollstreckung und somit auch bei der Ersatzvornahme geht es um die verwaltungsrechtliche **Vollstreckung eines bereits ergangenen Verwaltungsakts**. Demgegenüber ist die unmittelbare Ausführung nicht dem Verwaltungszwang zuzuordnen. Geht es darum, einen **vorhandenen Verwaltungsakt** durchzusetzen, sind die §§ 63 ff. PolG anwendbar, fehlt ein solcher, kommt eine Maßnahme gem. § 8 PolG in Betracht. Unmittelbare Ausführung und Ersatzvornahme unterscheiden sich daher nach dem Vorliegen einer Grundverfügung.¹⁶ **Körperliche Gewalt** ist etwa immer als unmittelbarer Zwang zu qualifizieren.¹⁷

Fall 26: Der **Schwerbehinderte** S parkt am Wochenende seinen Pkw auf einem Sonderparkplatz für Schwerbehinderte. Der Parkplatz ist durch ein entsprechendes Verkehrszeichen (VZ 314 mit Zusatzschild Nr. 857) ausgewiesen. S vergisst, seinen Parkausweis gut lesbar am Armaturenbrett anzubringen. Nach einer Parkdauer von mehr als 30 Minuten wird sein Fahrzeug auf Anordnung des Polizeivollzugsdienstes abgeschleppt.

Die Anordnung des Vollzugsdienstes, das Fahrzeug abzuschleppen, stellt im **Fall 26** eine **Ersatzvornahme** gem. §§ 63 Abs. 1 PolG 1, 25 LVwVG dar. Der dieser Vollstreckung vorausgegangene Verwaltungsakt („Grundverfügung") ist in dem Gebot des aufgestellten Verkehrszeichens zu sehen, ein auf dem Sonderparkplatz unerlaubt parken-

---

13 VG Karlsruhe, openJur 2012, 67556 (Rn 21).
14 VGH BW, VBlBW 2011, 153.
15 VGH BW, VBlBW 2011, 153, 154.
16 VGH BW, DÖV 1996, 84; problematisch: VG Karlsruhe, openJur 2012, 67556 (Rn 17).
17 Neckenich, VBlBW 2019, 80, 81.

VII. Rechtsschutz

des Kraftfahrzeug wegzufahren. Denn die in Verkehrszeichen enthaltenen Gebote stehen den vollziehbaren Verwaltungsakten i. S. d. § 80 Abs. 2 Nr. 2 VwGO gleich. Zu beachten ist allerdings die Zuständigkeit für die Vollstreckung der Ge- und Verbote von Verkehrszeichen. Verkehrszeichen sind Grundverfügungen der Straßenverkehrsbehörde (vgl. § 45 StVO), für deren Vollstreckung grundsätzlich diese Behörde zuständig ist.[18]
Im **Fall 26** war die Zuständigkeit des Polizeivollzugsdienstes gem. § 105 Abs. 2 PolG gegeben (Not- und Eilzuständigkeit).[19]

V. Selbst- und Fremdvornahme

Gem. **§ 8 Abs. 1 PolG** kann die **Polizei** eine Maßnahme unmittelbar ausführen. Die Ausführung kann von ihr selbst (Selbstvornahme) oder auch durch einen beauftragten Dritten (Fremdvornahme) vorgenommen werden (etwa durch ein Abschleppunternehmen). Sachlich zuständig sind sowohl die Polizeibehörden als auch der Polizeivollzugsdienst (§§ 104, 105 PolG). Da § 8 Abs. 1 PolG nicht zu Eingriffen in die Rechte Dritter ermächtigt, sondern eine Ermächtigung voraussetzt, richtet sich die Zuständigkeit für die Ausführung der Maßnahme (= Erlass einer fiktiven Grundverfügung) nach der die Polizei zu einer Maßnahme ermächtigenden Vorschrift (vgl. § 8 Rn 3). **Andere Stellen** i. S. d. § 2 Abs. 2 PolG (vgl. § 3 Rn 74) sind **nicht berechtigt**, Maßnahmen gem. § 8 Abs. 1 PolG durchzuführen. Die **Beauftragung eines Dritten** liegt somit nicht vor, wenn Stellen, die aufgrund eines gesetzlichen Auftrags Hilfe leisten (etwa Feuerwehr, technisches Hilfswerk), in Erfüllung dieser Verpflichtung tätig werden.[20]

Wirkt die gemeindliche **Feuerwehr** auf Anforderung der Polizei bei einem Polizeieinsatz mit und erfüllt sie dadurch eine eigene Aufgabe gem. § 2 Abs. 2 FwG, so ist Rechtsgrundlage für den **Kostenerstattungsanspruch** der Feuerwehr nicht § 8 Abs. 2 PolG, sondern § 34 Abs. 2 FwG. Die Polizei kann die Feuerwehrkosten auch dann nicht als Auslagen gem. § 8 Abs. 2 PolG gegenüber dem Kostenpflichtigen geltend machen, wenn sie selbst zu Unrecht als Kostenschuldnerin (hier durch die Feuerwehr) in Anspruch genommen wird.[21]

VI. Kostenersatz

Gem. **§ 8 Abs. 2 PolG** sind die in den §§ 6, 7 PolG bezeichneten Personen verpflichtet, der Polizei die durch die unmittelbare Ausführung entstandenen Kosten zu ersetzen. Diese **Anspruchsgrundlage** gibt der Polizei das Recht, durch **Kostenbescheid** die zu ersetzenden Kosten dem eigentlich Polizeipflichtigen auf „Sekundärebene" gegenüber geltend zu machen und notfalls gem. § 8 Abs. 2 S. 2 PolG im Verwaltungsvollstreckungsverfahren festzusetzen bzw. beizutreiben. Die **Kostenerstattungspflicht** gem. § 8 Abs. 2 PolG besteht nur, wenn es sich um eine formell und materiell **rechtmäßige** Ausführung einer Maßnahme gehandelt hat.[22] Im Einzelnen wird auf die Ausführungen unter § 15 Rn 14 ff. verwiesen.

VII. Rechtsschutz

Da die **unmittelbare Ausführung** keinen Verwaltungsakt, sondern einen **Realakt** darstellt, kommt für eine gerichtliche Überprüfung nur die allgemeine **Feststellungsklage** gem. § 43 Abs. 1 VwGO in Betracht[23] und zwar regelmäßig mit dem Antrag, (nachträglich) festzustellen, dass die Polizei nicht berechtigt war, eine bestimmte Maßnahme un-

---

18 VGH BW, VBlBW 2004, 213; vgl. auch § 8 Rn 14.
19 **Str.**: Der VGH BW hat diese Frage offen gelassen (vgl. § 8 Fn 18); vgl. auch Deger, in: Stephan/Deger, Polizeigesetz BW, § 8 Rn 10 m. w. N.
20 Sander, in: Belz/Mußmann/Kahlert/Sander, Polizeigesetz BW, § 8 Rn 9.
21 VGH BW, VBlBW 2011, 153.
22 Kastner, in: Möstl/Trurnit, Polizeirecht BW, § 8 Rn 27.
23 Kastner, in: Möstl/Trurnit, Polizeirecht BW, § 8 Rn 40.

mittelbar auszuführen (vgl. § 7 Rn 11, § 12 Rn 84). Einstweiliger Rechtsschutz gegen Maßnahmen, die zwar begonnen, aber noch nicht vollständig ausgeführt wurden, kann im Verfahren auf Erlass einer einstweiligen Anordnung gem. § 123 VwGO angestrebt werden.

12 In vielen Fällen wird die Rechtmäßigkeit der unmittelbaren Ausführung „inzident" – also im Rahmen der Anfechtung des Kostenbescheids – überprüft. Der **Kostenbescheid gem. § 8 Abs. 2 PolG** stellt einen **Verwaltungsakt** dar, der durch Widerspruch und Anfechtungsklage gem. §§ 68 ff., 42 Abs. 1, 113 Abs. 1 VwGO angefochten werden kann (vgl. § 15 Rn 14 ff.). Prüfungsmaßstab ist insbesondere der Grundsatz der Verhältnismäßigkeit. Ist die zugrundeliegende unmittelbare Ausführung rechtswidrig, besteht grundsätzlich keine Kostenerstattungspflicht.[24]

VIII. Im Besonderen: Abschleppmaßnahmen
1. Eingriffsermächtigungen

13 Das Abschleppen von Kraftfahrzeugen stellt einen Schwerpunkt der polizeilichen Tätigkeit im Straßenverkehr dar. Als **Ermächtigungsgrundlagen** für Abschleppmaßnahmen kommen insbesondere folgende Vorschriften in Betracht:

- Abschleppmaßnahme wegen **Zuwiderhandlungen gegen Verkehrszeichen und -einrichtungen** durch Einzelanordnung / Allgemeinverfügung und deren Vollstreckung im Wege der Ersatzvornahme (vgl. § 8 Rn 14 ff.).
- Abschleppmaßnahme auf der **Grundlage der polizeilichen Generalermächtigung im Wege der unmittelbaren Ausführung** (vgl. § 8 Rn 20).
- Abschleppen durch **Sicherstellung** gem. § 37 PolG (vgl. § 8 Rn 21).
- Abschleppen durch **Beschlagnahme** gem. § 38 PolG (vgl. § 8 Rn 22).

Die Unterscheidung zwischen diesen Ermächtigungsgrundlagen ist wichtig, weil sowohl für die Durchführung der Maßnahme als auch für die Kostenerstattung unterschiedliche Rechtsgrundlagen gelten.

2. Zuwiderhandlungen gegen Verkehrszeichen und -einrichtungen

14 Besteht ein Verkehrsverstoß in der Missachtung eines **Verkehrszeichens** (etwa „Halteverbot") oder wird eine **Verkehrseinrichtung** nicht richtig bedient (etwa „abgelaufene" Parkuhr), liegt ein Verstoß gegen die öffentliche Sicherheit gem. § 1 PolG vor. Nach der sog. **Verkehrszeichenrechtsprechung** sind die durch Verkehrszeichen und -einrichtungen angeordneten Verkehrsregelungen **Verwaltungsakte in Form der Allgemeinverfügung**[25] und enthalten neben der Verbotsanordnung zugleich auch das sofort vollziehbare Gebot, ein unerlaubt abgestelltes Fahrzeug wegzufahren, sog. **Wegfahrgebot**. Das Abschleppen durch Anordnung der zuständigen Behörde stellt die Vollstreckung des Verwaltungsaktes in der Form der Allgemeinverfügung gem. § 35 S. 2 LVwVfG sowohl bei Verkehrszeichen[26] als auch bei Verkehrseinrichtungen[27] dar. Formal betrachtet handelt es sich bei diesem Wegfahrgebot um eine (vollstreckbare) **Grundverfügung**, die im Wege der Ersatzvornahme nach den Bestimmungen des jeweiligen Landesverwaltungsvollstreckungsrechts durchgesetzt wird.

Nach **h. L.** gilt das **Wegfahrgebot** auch für den **Kfz-Halter**, der nicht selbst das Fahrzeug führt bzw. rechtswidrig abgestellt hat. Er wird als Verkehrsteilnehmer betrachtet,

---

24 VGH BW, VBlBW 2007, 350; zum Prüfungsschema vgl. etwa Hartmann, VBlBW 2012, 279, 321 ff.; vgl. auch § 15 Rn 9.
25 Kastner, in: Möstl/Trurnit, Polizeirecht BW, § 8 Rn 7.
26 BVerfG, NJW 2009, 3642; BVerfGE 27, 181, 183; OVG BB, NJW 2018, 3470, 3471 (Rn 14).
27 VGH BW, VBlBW 2010, 196, 197; BVerwG DÖV 1988, 694.

VIII. Im Besonderen: Abschleppmaßnahmen

demgegenüber ein Verkehrszeichen unmittelbar wirkt, ohne dass es auf die Wahrnehmung bzw. Bekanntgabe ankommt.[28]

Zuständige Behörde ist grundsätzlich die **Straßenverkehrsbehörde**.[29] Ihre Zuständigkeit beruht auf dem allgemeinen Grundsatz, dass für die zwangsweise Durchsetzung eines Verwaltungsaktes diejenige Behörde zuständig ist, die den Verwaltungsakt erlassen hat (vgl. § 44 Abs. 1 StVO i. V. m. § 45 StVO). Der Polizeivollzugsdienst ist gem. § 60 Abs. 2 PolG in Not- und Eilfällen zuständig.[30]

Voraussetzung für eine rechtmäßige Abschleppmaßnahme wegen eines Verstoßes gegen ein Verkehrszeichen ist grundsätzlich, dass seiner Aufstellung eine verkehrsrechtliche Anordnung der zuständigen Straßenverkehrsbehörde zugrunde liegt (vgl. § 45 StVO). Ein **Verkehrszeichen** ist etwa **unwirksam** (Schein-Verwaltungsakt bzw. Nichtakt), wenn seiner Aufstellung durch einen Privaten keine verkehrsrechtliche Anordnung der zuständigen Behörde vorausgegangen ist.[31]

Beispiele für Abschleppmaßnahmen im Wege der Ersatzvornahme wegen Verkehrszeichen / -einrichtungen:[32]   15

- Mit dem Abschleppen eines Fahrzeugs aus einer **Halteverbotszone (VZ 290.1, Anwohnerzone)** wird das sofort vollziehbare (§ 80 Abs. 2 S. 1 Nr. 2 VwGO in entsprechender Anwendung) Wegfahrgebot vollstreckt, das aus dem Verstoß gegen die Regelung über das Zonenhalteverbot nach der StVO folgt.[33]
- Das Abschleppen eines verbotswidrig auf einem **Sonderparkplatz für Schwerbehinderte** abgestellten Kraftfahrzeugs kann gegenüber dem Kraftfahrzeugführer im Wege der Ersatzvornahme vollstreckt werden.[34]
- Ein Fahrzeug, das verbotswidrig im absoluten Halteverbot auf einer als **Brandschutzzone** gekennzeichneten Fläche abgestellt wurde, kann gegenüber dem Kraftfahrzeugführer im Wege der Ersatzvornahme abgeschleppt werden.[35]
- Das Verkehrszeichen VZ 229 (**Taxenstand**) enthält ein Wegfahrgebot.[36]
- Die **Einleitung einer Abschleppmaßnahme** eines Fahrzeugs aus dem Bereich eines absoluten Halteverbots / Kostenersatz (VZ 283) ist rechtmäßig.[37] Vgl. zur sog. Leerfahrt auch die Ausführungen in § 15 Rn 33.

Der rechtliche Charakter einer Abschleppmaßnahme steht und fällt mit der **Existenz eines Verwaltungsaktes**. Hierbei treten zahlreiche **Einzelprobleme** auf: 16

a) Verwaltungsakte wirken gem. § 43 Abs. 1 S. 1 VwVfG erst dann, wenn sie der betroffenen Person bekanntgegeben wurden. Nach Auffassung des **BVerwG** werden Verkehrszeichen gem. §§ 39 und 45 StVO **durch ihre Aufstellung** öffentlich bekanntgegeben. Unerheblich ist, ob der jeweilige Verkehrsteilnehmer das Verkehrszeichen tatsächlich wahrgenommen hat. Es genügt vielmehr, dass es so aufgestellt worden ist, dass ein **durchschnittlicher Verkehrsteilnehmer** bei Einhaltung der gem. § 1 StVO erforderlichen Sorgfalt es **erfassen konnte**.[38] Es reicht aus, wenn das Verkehrszeichen **objektiv erkennbar** ist. Praktisch bedeutsam wird diese Rechtsprechung vor allem beim Abschleppen von Fahrzeugen im Fall eines nachträglich aufgestellten oder geänderten Verkehrszeichens.

Beispiel: A parkt sein Fahrzeug auf einer öffentlichen Straße und begibt sich für mehrere Wochen ins Krankenhaus. Nach drei Wochen und noch während des Krankenhausaufenthalts stellt die zuständige Behörde im maßgeblichen Straßenabschnitt **mobile Halteverbotsschilder** zur Durchfüh-

---

28 BVerwG, NJW 1997, 1021; VGH BW, VBlBW 2007, 350; vgl. dazu auch Klenner, JuS 2020, 1040, 1042; mit Recht krit. zu dieser „Fiktion": Deger, in: Stephan/Deger, Polizeigesetz BW, § 8 Rn 8 m. w. N.
29 VGH BW, VBlBW 2004, 213; vgl. auch Beispielsfall in § 8 Rn 8.
30 **Str.**, vgl. auch § 8 Rn 8.
31 VGH BW, VBlBW 2010, 198.
32 Siehe auch die Zusammenstellung bei Deger, in: Stephan/Deger, Polizeigesetz BW, § 8 Rn 7.
33 VGH BW, VBlBW 2010, 196.
34 VGH BW, NVwZ-RR 2003, 558.
35 VGH BW, VBlBW 2003, 74.
36 HessVGH, DÖV 2013, 442.
37 VG Düsseldorf, openJur 2014, 15487 (Rn 25 ff.).
38 BVerwG, NJW 2008, 2867; Rebler, Die Polizei 2019, 243 f.

rung eines Straßenfests auf und lässt das Kfz nach weiteren vier Tagen abschleppen. Nach der Rechtsprechung des BVerwG konnte die Abschleppmaßnahme in diesem Fall im Wege der **Zwangsvollstreckung gem. §§ 63 Abs. 1 PolG, 25 LVwVG** vorgenommen werden. Das Halteverbot ist mit der Aufstellung bekanntgegeben und damit wirksam geworden. Ein durchschnittlicher Verkehrsteilnehmer hätte das Wegfahrgebot bei Einhaltung der gem. § 1 StVO erforderlichen Sorgfalt, jedenfalls bis zu seiner Vollstreckung ohne Weiteres erfassen können. Deshalb galt das Halteverbot auch für A.[39]

17 b) In Fortführung dieser Rechtsprechung vertritt die **h. M.** die Auffassung, dass ein zunächst erlaubt abgestelltes Kraftfahrzeug **ab dem vierten Tag** der Geltung einer geänderten Verkehrsregelung im Wege der Ersatzvornahme auf Kosten des Halters abgeschleppt werden kann[40], auch wenn der betroffene Kfz-Halter keine Kenntnis von der Änderung der Verkehrsführung hatte (**Vorlaufzeit von 3 vollen Tagen**).[41] Diese Vorlaufzeit von mindestens 3 Tagen erfolgt **ohne Differenzierung nach Wochentagen oder Ferienzeiten** und erfordert **keine stundenscharfe Berechnung** mit Protokollierungszwang der Behörde.[42] Nach Meinung insbesondere des VGH BW darf der Verkehrsteilnehmer nicht darauf vertrauen, dass die Verkehrsverhältnisse unverändert bleiben. Der VGH BW hat sich der vom BVerwG vertretenen Leitlinie angeschlossen, wonach eine Kostenbelastung für ein Abschleppen am vierten Tag nach dem Aufstellen des Verkehrszeichens nicht unverhältnismäßig ist.[43]

18 c) Umgekehrt sind auch Fälle denkbar, in denen ein **Verkehrszeichen** oder eine **Verkehrseinrichtung** zwar beim Abstellen eines Fahrzeugs wirksam war, aber nicht mehr im Zeitpunkt der Vollstreckung.

Beispiel: Wird ein **Parkscheinautomat** abgedeckt und auf dem Seitenstreifen ein Halteverbot eingerichtet, um nach einer Fahrbahnbeschädigung den Verkehr nunmehr dort entlang zu führen, entfällt das mit der Parkscheinregelung verbundene Gebot, das verbotswidrig abgestellte Fahrzeug alsbald zu entfernen. Das Abschleppen eines ohne Parkschein parkenden Fahrzeugs kann dann nicht mehr als Ersatzvornahme qualifiziert werden. Hier kommt nur eine **unmittelbare Ausführung i. S. d. § 8 PolG** in Betracht.[44]

19 d) Die Frage, wann nach der Aufstellung eines Verkehrszeichens die **Widerspruchsfrist** gem. § 58 Abs. 2 VwGO (ein Jahr) zu laufen beginnt, ist umstritten. Nach **BVerwG** beginnt für einen Verkehrsteilnehmer die Frist für die Anfechtung eines Verkehrsverbots, das durch Verkehrszeichen bekanntgegeben wird, zu laufen, wenn er zum ersten Mal auf das Verkehrszeichen trifft. Die Frist wird für ihn nicht erneut ausgelöst, wenn er sich dem Verkehrszeichen später ein weiteres Mal gegenübersieht.[45] Dieser Rechtsprechung hat sich der VGH BW angeschlossen.[46]

3. Abschleppen im Wege der unmittelbaren Ausführung

20 Wird ein Fahrzeug unter **Missachtung (nur) gesetzlich festgelegter Ver- bzw. Gebote** abgestellt und ergibt sich ein Park- oder Halteverbot direkt aus der StVO, **ohne dass es noch einer Umsetzung durch ein Verkehrszeichen oder einer Verkehrseinrichtung bedarf**, liegt ein Verstoß gegen die öffentliche Sicherheit vor, so dass polizeiliche Maßnahmen auf der Grundlage der Generalermächtigung der §§ 1, 3 PolG gegen den Störer zulässig sind.

Beispiel: Fahrzeugführer H parkt sein Fahrzeug in rechtswidriger Weise vor einer privaten Grundstückszufahrt. In diesem Fall verbietet weder ein Verkehrszeichen noch eine Verkehrseinrichtung

---

39 BVerwGE 102, 316, 318.
40 BVerwG, NJW 2018, 2910, 2912 (Rn 31) mit Bespr. Hebeler, JA 2019, 398 ff.
41 BVerwG, NJW 2018, 2910, 2911 (Rn 23) mit Bespr. Hebeler, JA 2019, 398 ff.
42 BVerwG, NJW 2018, 2910, 2912 (Rn 29 f.) mit Bespr. Hebeler JA 2019, 398 ff.
43 VGH BW, VBlBW 2007, 350; krit. dazu Graulich, in: Lisken/Denninger, Handbuch des Polizeirechts, Kap. E Rn 221; Deger, in: Stephan/Deger, Polizeigesetz BW, § 8 Rn 18.
44 HambOVG, NVwZ-RR 2001, 694.
45 BVerwG, NVwZ-RR 2011, 93.
46 VGH BW, VBlBW 2011, 275.

VIII. Im Besonderen: Abschleppmaßnahmen

das Parken. Der Verstoß gegen die Vorschriften der StVO ergibt sich vielmehr direkt aus dem Gesetz.[47]

Kann der Störer (Fahrer / Halter) nicht oder nicht rechtzeitig erreicht werden, kommt (nur) eine Abschleppmaßnahme gem. § 8 Abs. 1 PolG in Betracht. In diesen Fällen liegt keine Grundverfügung vor, die zu vollstrecken wäre (vgl. § 8 Rn 1, 8).[48]

4. Sicherstellung gem. § 37 Abs. 1 PolG

Abschleppmaßnahmen können unter Umständen auch in Form der **Sicherstellung** durchgeführt werden (vgl. § 11 Rn 273 ff., insbes. Rn 278). Eine Sicherstellung ist zulässig, wenn diese Maßnahme erforderlich ist, um den Eigentümer oder den rechtmäßigen Inhaber der tatsächlichen Gewalt vor Verlust oder Beschädigung **der Sache selbst** zu schützen. Zum einen muss also eine Verlust- oder Schädigungsgefahr bestehen. Zum anderen muss geprüft werden, ob an Stelle der Sicherstellung eine andere geeignete Maßnahme getroffen werden kann, die den Eigentümer oder rechtmäßigen Inhaber der tatsächlichen Gewalt geringer belastet (vgl. § 5 Abs. 1 PolG). 21

Beispiele:
- Das Abschleppen eines abgestellten Fahrzeugs, bei dem ein **Seitenfenster** versehentlich offen gelassen wurde, ist im Wege der Sicherstellung zum Zwecke der Eigentumssicherung zulässig, wenn sich das Fenster nicht schließen lässt.[49]
- Ist ein Fahrzeug im Wege der **Unterschlagung** entwendet worden und befindet sich die Polizei zwischenzeitlich im Besitz der Fahrzeugschlüssel, darf sie das Fahrzeug nicht zum Zwecke der Sicherstellung abschleppen lassen. Hier reicht es aus, den Schlüssel mit auf die Dienststelle zu nehmen und von dort aus den Eigentümer zu benachrichtigen.[50]

5. Beschlagnahme gem. § 38 Abs. 1 PolG

Das Abschleppen eines Kfz kann auch als **Beschlagnahme** gem. § 38 Abs. 1 PolG gerechtfertigt sein. Dies gilt insbesondere, wenn das Abschleppen zum Schutz eines Einzelnen oder des Gemeinwesens gegen eine unmittelbar bevorstehende Störung der öffentlichen Sicherheit oder Ordnung bzw. zur Beseitigung derselben erforderlich ist (§ 38 Abs. 1 Nr. 1 PolG [vgl. § 11 Rn 286]). Während die Sicherstellung eine Gefahr für das Fahrzeug voraussetzt, geht es bei der Beschlagnahme um eine **vom Fahrzeug ausgehende Gefährdung oder Störung der öffentlichen Sicherheit**. 22

Beispiel: Bei einem im öffentlichen Verkehrsraum abgestellten **Autowrack** liegt zum einen ein Verstoß gegen abfallrechtliche Vorschriften vor. Zum anderen besteht die Gefahr, dass spielende Kinder sich am Wrack verletzen. Zum Schutz der Kinder vor dieser Verletzungsgefahr kann das Autowrack von der Polizei beschlagnahmt werden.

Demgegenüber kann die Beseitigung einer Gefahr, die von einem **bloßen Verkehrsverstoß** ausgeht, nicht auf § 38 Abs. 1 Nr. 1 PolG gestützt werden. Eine Beschlagnahme kommt erst dann in Betracht, wenn die Gefahr nur dadurch beseitigt werden kann, dass die Polizei den Eigentümer oder Besitzer von der **Sachherrschaft** über ein Fahrzeug ausschließt. Beim „normalen" Falschparken hängt die Gefahr aber nicht mit der Herrschaft über die Sache zusammen, sondern lediglich mit ihrer **Lage im Verkehrsraum**. Eine Abschleppmaßnahme durch Beschlagnahme des Fahrzeugs gem. § 38 PolG scheidet deshalb in diesen Fällen aus.

6. Verhältnismäßigkeit

Unabhängig davon, ob die Abschleppmaßnahme als unmittelbare Ausführung gem. § 8 Abs. 1 PolG, als Ersatzvornahme gem. § 63 Abs. 1 PolG i. V. m. § 25 LVwVG, als Sicher- 23

---

[47] HambOVG, NJW 2001, 3647.
[48] Gleiches gilt bei polizeilichen Maßnahmen der Gefahrenabwehr, die durch Abschleppen des Fahrzeugs beseitigt werden sollen (vgl. dazu Basten, Recht der Polizei, Rn 692).
[49] BayVGH, NJW 2001, 1960.
[50] VG Darmstadt, NVwZ-RR 2001, 796.

stellung gem. § 37 Abs. 1 PolG oder als Beschlagnahme gem. § 38 Abs. 1 PolG erfolgt, hat die Polizei stets den **Verhältnismäßigkeitsgrundsatz** zu beachten (vgl. § 5 PolG; vgl. auch § 6 Rn 33). In jedem Fall ist somit die Frage zu beantworten, ob die durch das Abstellen des Fahrzeugs hervorgerufene Störung der öffentlichen Sicherheit auf andere, weniger einschneidende Weise als durch das Abschleppen beseitigt werden kann. Selbst wenn die Tatbestandsvoraussetzungen der jeweiligen Eingriffsnorm erfüllt sind, darf die Polizei nur geeignete, erforderliche und angemessene Maßnahmen ergreifen.

Zur Frage, wann dies der Fall ist, hat sich eine umfangreiche Rechtsprechung entwickelt.[51] Befindet sich etwa die polizeipflichtige Person in **Ruf- oder Sichtweite**, ist eine Abschleppmaßnahme grundsätzlich unverhältnismäßig. Andererseits besteht keine **Nachforschungspflicht**. Die Polizei ist deshalb nicht verpflichtet, Ermittlungen zum Verbleib der verantwortlichen Person anzustellen oder gar eine Halterabfrage zu starten.[52] Nur wenn konkrete Hinweise auf die Erreichbarkeit und Bereitschaft zum umgehenden Entfernen des Fahrzeugs vorliegen, kann eine Nachforschung in Betracht kommen. Das Hinterlassen der **Handynummer** oder der Mitteilung, sofort zu erscheinen, reichen grundsätzlich nicht aus.[53]

Im Falle einer **Behinderung** von anderen Verkehrsteilnehmern ist ein Abschleppen grundsätzlich immer geboten. Hierbei ist nicht erforderlich, dass bereits eine akute Verkehrsbehinderung eingetreten ist oder unmittelbar bevorsteht. Vielmehr muss aus Sicht der Polizei auch die Möglichkeit bestehen, bereits **im Vorfeld** einer akuten oder konkreten Behinderung des Verkehrs gegen Fahrzeuglenker vorzugehen, die bestehende Ge- oder Verbote missachten. Die Rechtslehre verlangt in diesen Fällen eine **Abwägung** zwischen den Nachteilen, die mit einer Abschleppmaßnahme verbunden sind und dem bezweckten Erfolg. Der vor Ort anwesende Polizeibeamte hat eine **Prognose** zu erstellen, wobei die Anforderungen an die Beurteilung durch den Vollzugsbeamten nicht „allzu hoch" angesetzt werden dürfen. Es genügt eine sachgerechte Einschätzung der zu erwartenden Geschehnisse.[54]

24 Bei sog. **qualifizierten Verkehrsverstößen** (Parken im Halteverbot, auf Schwerbehindertenparkplätzen, in einer Feuerwehrzufahrt etc.) bedarf es dagegen keiner Feststellung, ob eine konkrete, über die Rechtsverletzung hinausgehende Beeinträchtigung der Sicherheit und Leichtigkeit des Straßenverkehrs gegeben ist. Hier reicht die Möglichkeit einer konkreten Behinderung aus.[55] Dasselbe gilt bei **schwerwiegenden** Verkehrsverstößen und Verkehrsbehinderungen.

Beispiele aus der Rechtsprechung:
- Im Regelfall ist die Polizei nicht verpflichtet, vor einer Abschleppmaßnahme zu dem Fahrer / Halter einen **Kontaktierungsversuch** zu unternehmen, wenn es keine hinreichend klaren Anhaltspunkte dafür gibt, dass sich der Fahrer des Fahrzeugs in unmittelbarer Nähe befindet und nach einer polizeilichen Aufforderung dazu in der Lage wäre, umgehend zu erscheinen und das Fahrzeug zu entfernen.[56]
- Eine Abschleppmaßnahme kann ausnahmsweise unverhältnismäßig sein, wenn in der Umgebung ausreichende Parkplätze vorhanden sind und durch das rechtswidrige Abstellen eines Fahrzeugs keine konkrete Behinderung des Verkehrs vorliegt.[57] Das Abschleppen eines Pkw von einem **Busparkplatz** ohne konkrete Behinderung ist wegen der Beeinträchtigung der bestimmungsgemäßen Funktion des öffentlichen Verkehrsraums gerechtfertigt.[58]

---

51 Deger, in: Stephan/Deger, Polizeigesetz BW, § 8 Rn 17.
52 So auch Graulich, in: Lisken/Denninger, Handbuch des Polizeirechts, Kap. E Rn 215; Klenner, JuS 2020, 1040, 1043f.
53 HambOVG, NJW 2001, 3647.
54 BayVGH, BayVBl 2007, 249 m. w. N.
55 Graulich, in: Lisken/Denninger, Handbuch des Polizeirechts, Kap. E Rn 212, 217.
56 HambOVG, NVwZ-RR 2010, 263, 264.
57 HambOVG, NVwZ-RR 2009, 995, mit Bespr. Waldhoff, JuS 2010, 279.
58 OVG NRW, DÖV 1999, 305.

VIII. Im Besonderen: Abschleppmaßnahmen

- Ein verbotswidrig auf einem **Behindertenparkplatz** abgestelltes Fahrzeug darf sofort abgeschleppt werden.[59]
- Ein verbotswidrig in einer **Brandschutzzone** abgestelltes Fahrzeug kann gegenüber dem Kraftfahrzeugführer im Wege der Ersatzvornahme abgeschleppt werden.[60]
- **Verhältnismäßig** ist es, ein Fahrzeug, das eine „**Ladezone**" (VZ 286) länger als eine halbe Stunde blockiert hat, abzuschleppen.[61]
- Aus **Fußgängerzonen** dürfen regelmäßig Motorräder, Motorroller und Zweiräder abgeschleppt werden.[62]

Der **Grundsatz der Verhältnismäßigkeit** kann es im Einzelfall gebieten, ein Fahrzeug an Stelle des Abschleppens zu **versetzen** oder **umzusetzen**.[63] Diese weniger eingreifende Maßnahme ist immer dann angezeigt, wenn eine Verbringung des Fahrzeugs an einen anderen Ort zur Gefahrenabwehr nicht erforderlich ist. Die Prüfung dieser Erforderlichkeit hat sich am Zweck der Abschleppmaßnahme zu orientieren. Schon aus haftungs- und verkehrsrechtlichen Gründen ist die Entscheidung, ein verbotswidrig abgestelltes Fahrzeug abzuschleppen, grundsätzlich ermessensfehlerfrei. Nur in Ausnahmefällen kann es geboten sein, ein Fahrzeug lediglich zu versetzen, weil alle weiteren Maßnahmen unverhältnismäßig wären.

Beispiel: Die Stadt E hat einem Zirkus ihren Festplatz für eine Veranstaltung vertraglich überlassen. Dort wurde ein Kfz verbotswidrig abgestellt. Wenn ein **Umsetzen des Fahrzeugs** um wenige Meter möglich wäre und ausreichen würde, um den Platz für die Aufstellung des Zirkuszeltes frei zu machen, ist das Versetzen des Fahrzeugs die geeignete und gebotene polizeiliche Maßnahme, wenn in unmittelbarer Nähe geeignete öffentliche Parkplätze zur Verfügung stehen.

---

59 OVG Schleswig, NVwZ-RR 2003, 647.
60 VGH BW, VBlBW 2003, 74.
61 OVG NRW, NVwZ 1998, 990.
62 VG Mainz, LKRZ 2012, 415.
63 Deger, in: Stephan/Deger, Polizeigesetz BW, § 8 Rn 15.

§ 9: Die Polizeiverordnung

I. Begriff und Bedeutung
1. Allgemeines

1 Die **§§ 17 bis 26 PolG**[1] enthalten die **gesetzlichen Grundlagen zum Erlass von Rechtsverordnungen** durch die Polizeibehörden. Neben der allgemeinen Rechtsgrundlage des **§ 17 PolG** zum Erlass von Polizeiverordnungen wurde mit Wirkung zum 8.12.2017 durch das **Gesetz zur Abwehr alkoholbedingter Störungen der öffentlichen Sicherheit**[2] mit § 18 PolG eine spezielle Ermächtigungsgrundlage zum Erlass von **Alkoholkonsumverboten** im öffentlichen Raum geschaffen.
Gem. **§ 17 Abs. 1 PolG** können die allgemeinen Polizeibehörden (§ 107 PolG) zur Wahrnehmung ihrer Aufgaben polizeiliche Gebote oder Verbote erlassen, die für eine unbestimmte Anzahl von Fällen an eine unbestimmte Anzahl von Personen gerichtet sind.
Gem. **§ 18 Abs. 1 PolG** können die Ortspolizeibehörden örtlich und zeitlich begrenzte Alkoholkonsumverbote für den öffentlichen Raum erlassen, um alkoholbedingte Störungen der öffentlichen Sicherheit zu unterbinden.
Derartige Polizeiverordnungen (= Verordnungen zur Gefahrenabwehr, Gefahrenabwehrverordnungen, Verordnungen über die öffentliche Sicherheit und Ordnung) sind spezielle **Rechtsverordnungen**, die abstrakt-generelle behördliche Anordnungen zur Abwehr von Gefahren enthalten. Sie sind Gesetze im materiellen Sinn, haben Außenwirkung und binden die staatliche Gewalt (Art. 20 Abs. 3 GG). Sie enthalten Verbote, Gebote und Ermächtigungsgrundlagen zum Erlass gefahrenabwehrender Verwaltungsakte. Polizeiverordnungen sind ein anerkanntes und unentbehrliches Instrument der Polizeibehörden, „um ein zeitlich, örtlich und sachlich flexibles Handeln auch ohne detaillierte Vorentscheidungen des parlamentarischen Gesetzgebers zu ermöglichen".[3] Dennoch ist die **Bedeutung** der Polizeiverordnungen rückläufig, denn viele Sachverhalte, die früher in Verordnungen bestimmt wurden, sind heute in speziellen Gesetzen geregelt. Wichtigster **Anwendungsfall** sind Polizeiverordnungen der Gemeinden, die diese als Ortspolizeibehörde gem. §§ 1, 17 ff. PolG erlassen.

Beispiele für Polizeiverordnungen:
- **Muster des Gemeindetags BW für eine Polizeiverordnung gegen umweltschädliches Verhalten**, Belästigungen der Allgemeinheit, zum Schutz der Grün- und Erholungsanlagen und über das Anbringen von Hausnummern (polizeiliche Umweltschutzverordnung), aktualisierte Fassung BWGZ 2011, 990, 993 ff.; BWGZ 2007, 54.
- **Polizeiverordnung des Innenministeriums und des Ministeriums Ländlicher Raum über das Halten gefährlicher Hunde** vom 3.8.2000 (HuV BW, vgl. § 9 Rn 12 ff.).

2. Abgrenzung zum Verwaltungsakt

2 **Polizeiverordnungen** beinhalten Gebote oder Verbote, die für eine **unbestimmte Anzahl von Fällen** an eine **unbestimmte Anzahl von Personen** gerichtet sind (vgl. § 17 Abs. 1 PolG).[4] Nur wenn **beide** Voraussetzungen vorliegen, kann eine Polizeiverordnung auf der Grundlage der §§ 17, 18 PolG erlassen werden. Demgegenüber regelt ein **Verwaltungsakt** einen **Einzelfall** (§ 35 S. 1 LVwVfG), der in Form einer Allgemeinverfügung

---

1 Bis zum Jahr 2021 die §§ 10 bis 18 PolG 1992.
2 GBl. S. 631. Vgl. zur Entstehungsgeschichte und den Inhalten Pöltl, VBlBW 2018, 221, 227 ff. Gesetzesmaterialien: Gesetzentwurf LT-Drs. 16/2741; erste Beratung Plenarprot. 16/42, S. 2380 bis 2396; Beschlussempfehlung des Ausschusses für Inneres, Digitalisierung und Migration LT-Drs. 16/2915; zweite Beratung Plenarprot. 16/476, S. 2723 bis 2738; Gesetzesbeschluss LT-Drs. 16/3012.
3 VGH BW, VBlBW 2002, 292, 293.
4 Wehser, DVP 2018, 140 f., u. DVP 2017, 54, 55.

I. Begriff und Bedeutung

auch an einen **bestimmten oder bestimmbaren** Personenkreis gerichtet sein kann (§ 35 S. 2 LVwVfG).

Die Polizeiverordnung ist insbesondere von der **Allgemeinverfügung** zu unterscheiden. Auch wenn sich die Allgemeinverfügung an einen nach allgemeinen Merkmalen bestimmten Personenkreis richtet, ist sie ein Verwaltungsakt, also eine **Einzelfallentscheidung** (vgl. § 6 Rn 7 ff.).[5] Demgegenüber enthält die Polizeiverordnung **abstrakt-generelle Regelungen** für eine unbestimmte Anzahl von Fällen. Regelmäßig gilt die Polizeiverordnung für einen längeren Zeitraum und für einen größeren örtlichen Geltungsbereich, während die Allgemeinverfügung zeitlich und örtlich begrenzte Regelungen enthält.[6]

Beispiele: 3
- Allgemeinverfügung der Stadt Konstanz über das **Verbot des Mitführens und der Verwendung von Glasbehältnissen** in Teilbereichen der Konstanzer Altstadt jeweils am **Schmutzigen Donnerstag**. In diesem Fall ist das Verbot zeitlich und örtlich begrenzt. Vgl. auch die Hinweise in § 6 Rn 7 ff.
- Ein zeitlich befristetes **Aufenthaltsverbot**, um dem öffentlichen Alkoholkonsum in Gruppen von Angehörigen der sog. „Trinker- und der Punkerszene" vorzubeugen, ist eine Allgemeinverfügung i. S. d. § 35 S. 2 LVwVfG, wenn keine abstrakt-generelle Regelung für eine unbestimmte Vielzahl von Gefahrenlagen und Personen getroffen wird. Andernfalls müsste das Verbot in der Rechtsform der – im PolG zur Bekämpfung abstrakter Gefahren ausdrücklich vorgesehenen – Polizeiverordnung gem. § 10 PolG 1992 (= § 17 PolG), nunmehr § 18 PolG als lex specialis, erlassen werden (VGH BW, VBlBW 2003, 31).
- Erlass einer **Polizeiverordnung** gegen umweltschädliches Verhalten. Die Regelungen (beispielsweise zum Schutz vor Tiergefahren) sind längerfristig angelegt und gelten für das gesamte Gemeindegebiet (siehe Muster des Gemeindetags BW, BWGZ 2011, 990 ff.).

Im Einzelfall kann sich die Abgrenzung als schwierig erweisen. In der Rechtslehre und Literatur werden dazu unterschiedliche Theorien insbesondere zur Rechtsschutzform vertreten.[7]

3. Abgrenzung zu Benutzungsordnungen

Die Polizeiverordnung ist ferner von **Benutzungs- und Satzungsregelungen für Anstalten des öffentlichen Rechts abzugrenzen, insbesondere für öffentliche Einrichtungen** wie Spielplätze, Schwimmbäder etc. Bei der Festlegung der Benutzungsregeln hat der Träger der öffentlichen Einrichtung einen weiten Gestaltungsspielraum. Grenzen des Ermessens ergeben sich aus der Zweckbestimmung der Einrichtung (Anstalts- bzw. Einrichtungszweck) sowie aus allgemein öffentlich-rechtlichen Bindungen des Hoheitsträgers (etwa dem Willkürverbot). Der konkrete Leistungszweck ist zentraler Gegenstand der gemeindlichen Einrichtung; sämtliche Benutzungsbedingungen haben sich daran zu orientieren.[8] 4

Beispiel: Zweck der gemeindlichen **Einrichtung einer Obdachlosenunterkunft** ist die möglichst störungsfreie und menschenwürdige Unterkunft von Obdachlosen. Dieser **Einrichtungszweck** rechtfertigt **Satzungsregelungen, die das Entfaltungsrecht der Bewohner einschränken,** etwa hinsichtlich Tierhaltung, Besuchsverkehr, Instandhaltungspflichten etc. (VGH BW, VBlBW 1995, 15).

Demgegenüber darf eine **Polizeiverordnung** nur erlassen werden, um vom Einzelnen 5 und vom Gemeinwesen Gefahren abzuwehren, durch die die öffentliche Sicherheit oder Ordnung bedroht wird, und um Störungen der öffentlichen Sicherheit oder Ordnung zu beseitigen, soweit dies im öffentlichen Interesse geboten ist. Eine Polizeiverordnung stellt Verbotsregelungen und Gebote **zur Abwehr von Gefahren** auf. Durch sie wird

---

5 Wehser, DVP 2017, 54, 55; Reinhardt, in: Möstl/Trurnit, Polizeirecht BW, § 10 Rn 4.
6 Vgl. eingehender Reinhardt, in: Möstl/Trurnit, Polizeirecht BW, § 10 Rn 4.
7 Vgl. dazu die Hinweise von Marsch, VBlBW 2012, 6, 7. Zur Abgrenzung vgl. auch BVerwG, Beschl. v. 29.7.2014 – 6 B 42.14.
8 VGH BW, VBlBW 1995, 15, 16.

nicht etwa verbotenes Verhalten erlaubt, sondern es wird aus Gründen der Gefahrenabwehr ein bestimmtes Verhalten untersagt oder gefordert. Durch eine Polizeiverordnung kann deshalb keine Regelung des Benutzungsverhältnisses in der Weise erfolgen, dass abschließende positive Nutzungszeiten der Einrichtung festgesetzt werden; vielmehr bestimmt sich der zulässige Nutzungsumfang insbesondere nach der Widmung der Einrichtung.[9]

Beispiel: Eine kommunale **Polizeiverordnung** („Lärm von öffentlichen Spielplätzen") regelt, dass die Benutzung öffentlicher Spielplätze zu genau angegebenen Zeiten erlaubt ist (etwa in der Zeit vom 01.04. bis 30.09. eines Jahres jeweils von 8.00 bis 12.00 Uhr.

Nach Auffassung des VGH BW hat die Ortspolizeibehörde / Gemeinde in diesem Fall in der Polizeiverordnung die Nutzung der öffentlichen Einrichtung nicht zur Abwehr von Gefahren geregelt. Vielmehr wurde die Nutzung der öffentlichen Einrichtung abschließend in der Weise bestimmt, dass konkrete Nutzungszeiten positiv festgesetzt wurden. Eine derartige Regelung ist aber auf der Grundlage des Polizeirechts nicht zulässig (VBlBW 2013, 27, 28).

Zulässig ist folgende Bestimmung durch die Ortspolizeibehörde in einer Polizeiverordnung:

„Sport- und Spielstätten, die weniger als 50 m von der Wohnbebauung entfernt sind, dürfen in der Zeit zwischen 22.00 und 7.00 Uhr nicht benutzt werden".[10]

Schaubild Nr. 16
Die Polizeiverordnung im System der Rechtsvorschriften
(Hierarchie der Rechtsquellen):

Bundesrecht (Art. 31 GG)
Grundgesetz, formelles Gesetz, Rechtsverordnung
Landesrecht Landesverfassung formelles Gesetz Rechtsverordnung einer übergeordneten Behörde (§ 19 PolG) spezielle Polizeiverordnung **Örtliche Polizeiverordnung aufgrund §§ 17 ff. PolG** Satzung

II. Rechtmäßigkeitsvoraussetzungen

6 Aufgrund der Ergänzung des PolG durch das Gesetz zur Abwehr alkoholbedingter Störungen der öffentlichen Sicherheit (vgl. oben § 9 Rn 1) ist beim Erlass einer Polizeiverordnung **zwischen den tatbestandlichen Voraussetzungen des § 17 PolG und des § 18 PolG** zu unterscheiden. Der Gesetzgeber hat hier **unterschiedliche formelle und materielle Rechtmäßigkeitsvoraussetzungen** vorgesehen. Beim Erlass einer Polizeiverordnung gem. § 1 Abs. 1 i. V. m. § 17 Abs. 1 oder § 18 PolG sind folgende Gesichtspunkte zu beachten:

---

9 VGH BW, VBlBW 2013, 27; vgl. dazu Bespr. von Waldhoff, JuS 2013, 287.
10 Vgl. Muster des Gemeindetags zu einer Polizeiverordnung gegen umweltschädliches Verhalten, BWGZ 2011, 990, 993, § 4: Lärm von Sport- und Spielplätzen.

1. Materielle Rechtmäßigkeit
a) Ermächtigungsgrundlage
aa) Verfassungskonformität der §§ 17 und 18 PolG

Die **Generalklausel** des § 17 Abs. 1 PolG ist **verfassungsrechtlich unbedenklich** und entspricht den Anforderungen des Art. 61 Abs. 1 S. 2 LV. Nach der Rechtsprechung des BVerfG muss sich Inhalt, Zweck und Ausmaß der Ermächtigung nicht ausdrücklich aus dem Text des ermächtigenden Gesetzes ermitteln lassen. Die Aufgaben der Polizei sind durch Rechtsprechung und Literatur heute derart abgegrenzt und inhaltlich ausgefüllt, dass der verfassungsrechtlichen Forderung Genüge getan ist.[11] 7

Die Ermächtigungsgrundlage des **§ 18 PolG** begegnet **keinen verfassungsrechtlichen Bedenken**. Der Gesetzgeber hat sich beim Erlass der Regelung umfassend und inhaltlich zutreffend mit der Frage der Vereinbarkeit mit dem Verfassungsrecht befasst.[12] Die Einschränkung der durch Art. 2 Abs. 1 GG geschützten allgemeinen Handlungsfreiheit ist verhältnismäßig. Der **Erlass einer Polizeiverordnung auf der Grundlage des § 18 PolG** erscheint unter den dortigen Tatbestandsvoraussetzungen grundsätzlich **geeignet, erforderlich und verhältnismäßig im engeren Sinne**.[13] § 18 PolG ist in seinem Anwendungsbereich so eng und klar gefasst, dass er nur zur Anwendung kommen kann, wenn durch Alkoholkonsum im öffentlichen Raum erhebliche dauerhafte Störungen der öffentlichen Sicherheit vorliegen oder zumindest zu erwarten sind. Unter den **klar begrenzten und eng gefassten tatbestandlichen Voraussetzungen** des § 18 PolG darf eine dem Schutz der Allgemeinheit dienende Einschränkung der allgemeinen Handlungsfreiheit, die ein örtlich und zeitlich befristetes Alkoholkonsumverbot bewirkt, vom Gesetzgeber vorgesehen werden, es bestehen diesbezüglich keine durchgreifenden verfassungsrechtlichen Bedenken.[14]

Inhalt, Zweck und Ausmaß der allgemeinen Ermächtigung zum Erlass von Polizei- 8
verordnungen ergeben sich im Übrigen aus den §§ 1 bis 9 PolG, die auch für den Erlass von Polizeiverordnungen gem. §§ 17 und 18 PolG gelten, und aus den durch die Rechtsprechung entwickelten allgemeinen Grundsätzen.

bb) Spezialermächtigungen

Nach dem **Grundsatz des Gesetzesvorbehalts** (Art. 20 Abs. 3 GG) benötigt die Polizei 9
für den Erlass einer Polizeiverordnung eine gesetzliche Ermächtigung. Als Ermächtigungsgrundlage kommt die **Generalermächtigung des § 17 Abs. 1 i. V. m. § 1 PolG** in Betracht, wenn ein spezielles Gefahrenabwehrgesetz nicht vorliegt. Polizeiverordnungen auf der Grundlage des § 17 Abs. 1 PolG können daher nicht erlassen werden, wenn und soweit die Wahrnehmung bestimmter polizeilicher Aufgaben in Spezialgesetzen abschließend geregelt ist.[15] Landesrechtliche **Spezialermächtigungen** für den Erlass von Polizeiverordnungen sind etwa § 21 Abs. 2 WG, § 70 LWaldG, § 8 KurorteG und § 15 Abs. 2 BestattG.

Keine Polizeiverordnungen i. S. d. § 17 PolG sind **Rechtsverordnungen**, die auf der 10
Grundlage besonderer Ermächtigungen erlassen werden können, wenn sie nicht aus-

---

11 H. M.: BVerfGE 54, 143, 144, u. VGH BW, VBlBW 2002, 292; Deger, in: Stephan/Deger, Polizeigesetz BW, § 10 Rn 2.
12 LT-Drs. 16/2741, S. 22 bis 25.
13 Vgl. dazu eingehender Reinhardt, in: Möstl/Trurnit, Polizeirecht BW, § 10 a Rn 1.1.
14 Vgl. dazu die gute Begründung in LT-Drs. 16/2741, S. 22 bis 25; ebenso etwa SächsOVG, SächsVBl 2017, 278, 282 (Rn 39); BVerfGE 90, 145, 171; VGH BW, VBlBW 2002, 292, 295 ff. (zu gefährlichen Hunden); Reinhardt, in: Möstl/Trurnit, Polizeirecht BW, § 10 a Rn 1; Pöltl, VBlBW 2018, 221, 234; Schenke, Polizei- und Ordnungsrecht, Rn 625 mit Fn 49 unter Bezugnahme auf § 27 a ThürOBG; ausführlich Köppert, S. 183 bis 211 (dort insb. S. 196 bis 206).
15 VGH BW, NVwZ 1988, 168; Wehser, DVP 2017, 54, 57.

drücklich als Polizeiverordnung bezeichnet werden. Nach dem Grundsatz der Spezialität gehen sie der allgemeinen Ermächtigungsgrundlage des § 17 PolG vor.[16]

Beispiele:
- **Sperrzeitverordnungen** gem. §§ 9, 11 GastVO; vgl. dazu VGH BW, VBlBW 2013, 70; OVG NRW, NVwZ-RR 2012, 516; Bader, „Skandal im Sperrbezirk", Examens-Klausurbesprechung, VBlBW 2011, 205 (Sachverhalt), 242 (Lösungsvorschlag).
- Eine Gemeinde beabsichtigt, eine Rechtsverordnung zu erlassen, durch die die **Ausübung des Gemeingebrauchs an einem Baggersee** sowie das Verhalten im Seeuferbereich näher geregelt werden soll. Die Verordnung teilt den See und den Uferbereich in verschiedene Zonen ein (Gemeingebrauch, Betriebsgelände für Kiesabbau und Naturschutzgebiet) und beschränkt insbesondere im Uferbereich und in der Naturschutzzone das Tauchen. Ermächtigungsgrundlage für den Erlass dieser Rechtsverordnung (= Mischverordnung) ist nicht § 17 PolG, sondern die Spezialregelung des § 21 Abs. 2 WG (vgl. dazu VGH BW, VBlBW 2001, 324; Muster für Rechtsverordnungen für die Benutzung eines **Baggersees** und über das **Verbot des Gemeingebrauchs** am Badesee in BWGZ 1996, 497 ff.). Zur Abgrenzung von polizei- und wasserrechtlichen Regelungen gem. **§ 21 Abs. 2 Nr. 2 WG** im „Uferbereich" vgl. auch Kibele, VBIBW 2013, 88, 90 ff.: Danach schließt **§ 21 Abs. 2 Nr. 2 WG als Spezialvorschrift** polizeirechtliche Regelungen des Verhaltens im Uferbereich von Gewässern aus.
  - Die allgemeine Polizeibehörde kann gem. § 17 Abs. 1, § 1 Abs. 1 PolG zur Verhütung der von verwilderten Haustauben ausgehenden Gefahren, insbesondere für das Eigentum und die menschliche Gesundheit **Taubenfütterungsverbote** im Stadtgebiet erlassen. Die allgemeine polizeirechtliche Ermächtigung zum Erlass dieses Verbots wird nicht durch spezialgesetzliche Vorschriften wie dem Infektionsschutzgesetz (IfSG [früher Bundesseuchengesetz]) verdrängt. Auch soweit das Taubenfütterungsverbot den Gesundheitsschutz im Auge hat, dient es der Verhinderung von Gesundheitsgefahren, die nicht von übertragbaren Krankheiten i. S. d. IfSG ausgehen. Die Gebote des Tierschutzes stehen dem Fütterungsverbot ebenfalls nicht entgegen (VGH BW, BWGZ 2006, 326; VG Stuttgart, openJur 2014, 20018; BayVGH, openJur 2014, 19841).
  - Das **Recht zum Betreten** der freien Landschaft (§ 43 f. NatSchG i. V. m. § 59 Abs. 1 BNatSchG) und des Waldes (§ 37 LWaldG) stellen abschließende spezialgesetzliche Regelungen dar. Das PolG enthält daher keine ausreichende Ermächtigung, um in einer Polizeiverordnung **Vorschriften zum Schutz von Skiwanderwegen und Langlaufloipen** zu erlassen (Gemeindetag BW zu § 28 Abs. 2 WG a. F., BWGZ 1999, 788).

cc) Alkoholbedingte Störungen (§ 18 PolG)

11 Mit **§ 18 PolG** hat der Gesetzgeber innerhalb des PolG eine **weitere Ermächtigungsgrundlage** zum Erlass einer Polizeiverordnung geschaffen. Es stellt sich die Frage, wie § 18 PolG im Verhältnis zu § 17 PolG zu sehen ist. Aus dem Sonderanwendungsbereich des § 18 PolG auf „alkoholbedingte Störungen" ist zu folgern, dass § 18 PolG **lex specialis bei alkoholbedingten Störungen im öffentlichen Raum** ist. Im Fall von alkoholbedingten Störungen ist **kein Rückgriff auf § 17 PolG** möglich, auch nicht, wenn einzelne Fallkonstellationen durch § 18 PolG nicht erfasst werden; eine Umgehung der umfassenden Tatbestandsbegrenzungen des § 18 PolG ist nicht möglich. Werden Regelungen zur Bekämpfung alkoholbedingter Störungen im öffentlichen Raum getroffen, müssen diese auf § 18 PolG gestützt werden und dessen tatbestandlichen Voraussetzungen genügen.[17] Im Einzelfall kann allerdings der **Erlass einer Allgemeinverfügung** oder **von Auflagen** für ein örtlich und zeitlich beschränktes Alkoholkonsumverbot in Betracht kommen, etwa auf Grundlage der §§ 1,3 PolG oder des VersammlG, sofern durch den Alkoholkonsum eine konkrete Gefahr für die öffentliche Sicherheit oder Ordnung zu erwarten ist.[18] Während bei § 18 PolG die allgemeinen, durch den Alkoholverzehr in der Öffentlichkeit möglicherweise verursachten Gefahren für die öffentliche Sicherheit und Ordnung zu beurteilen sind, geht es in diesen Fallkonstellationen um die

---

16 Deger, in: Stephan/Deger, Polizeigesetz BW, § 10 Rn 4.
17 Vgl. dazu Pöltl, VBlBW 2018, 221, 233.
18 So zutr. Reinhardt, in: Möstl/Trurnit, Polizeirecht BW, § 10 a, Rn 1.2; ebenso SächsOVG, NJW 2018, 2429 f. (Rn 16), für eine Versammlung, bei der „mit fortlaufender Dauer der Veranstaltung die durch Programm und Charakter geförderte aggressive Grundstimmung durch übermäßigen Alkoholkonsum" deutlich gesteigert werden dürfte.

Gefahren des Alkoholkonsums in einer spezifischen Situation, die durch besondere Umstände geprägt ist.[19]

dd) Insbesondere: Polizeiverordnung über das Halten gefährlicher Hunde
(1) Rechtsgrundlagen

Aufgrund zahlreicher Beißattacken durch Hunde – insbesondere durch sog. **„Kampfhunde"** – wurden in den Bundesländern **Gefahrhundeverordnungen** erlassen.[20] Dies führte zu einer Vielzahl von Gerichtsverfahren und zu einer kaum noch zu überblickenden Rechtsprechung. Jedes einzelne Bundesland verfügt über eigene Regelungen zum Schutz der Gefahren vor gefährlichen Hunden. Die Rechtslage ist daher uneinheitlich und nach wie vor in einzelnen Punkten umstritten.[21]

12

Immer wieder wird – vor allem bei aktuellen Fällen von Beißattacken durch Hunde – die Forderung nach Einführung eines **„Hundeführerscheins"** gestellt. Hier soll die Haltung von Hunden unter den Vorbehalt eines Hundebefähigungsnachweises gestellt werden. Ob eine solche mit erheblichem zusätzlichen Veraltungsaufwand verbundene Lösung geeignet wäre, die von einzelnen Hunden ausgehende Gefährlichkeit signifikant zu verringern, muss bezweifelt werden.[22]

Ermächtigungsgrundlage für Maßnahmen gegen Gefahrhunde ist in **BW** die **Polizeiverordnung des Innenministeriums und des Ministeriums Ländlicher Raum über das Halten gefährlicher Hunde vom 3.8.2000**.[23] Die **Verwaltungsvorschrift des Innenministeriums und des Ministeriums Ländlicher Raum vom 15.12.2003/16.2.2011/6.11.2018** enthält weitere konkrete Hinweise zur Umsetzung der Polizeiverordnung.[24]

13

Anordnungen auf der Grundlage der HuV BW wirken grundsätzlich **nicht im Ausland**, da die HuV BW keine exterritoriale Anwendung vorsieht.[25] Entsprechende behördliche Anordnungen sind im Ausland wirkungslos, das gilt etwa für die Anordnung eines Maulkorbzwangs.[26]

Für Maßnahmen der Ortspolizeibehörden zur Abwehr von Gefahren durch Hunde gilt **folgende Rangfolge**:
- Anwendung der speziellen Vorschriften der HuV BW i. V. m. der VwVgH;
- Anwendung spezieller Regelungen einer örtlichen Polizeiverordnung gem. § 17 PolG (etwa zum Leinenzwang);
- Maßnahmen auf der Grundlage der polizeilichen Generalklausel gem. §§ 1, 3 PolG (etwa zum Schutz vor Tierlärm[27]).

---

19 SächsOVG, NJW 2018, 2429 (Rn 15).
20 Vgl. zur Rechtsentwicklung Gängel, NJ 2020, 340, 341 ff., und zur Entwicklung der Hundepopulationen und der Beißvorfälle NJ 2020, 340, 345 ff.
21 Zur Übersicht vgl. Graulich, in: Lisken/Denninger, Handbuch des Polizeirechts, Kap. E Rn 53 mit Fn 68.
22 Vgl. dazu etwa Braun, BWGZ 2018, 305 f.
23 HuV BW, GBl. S. 574, zuletzt geändert durch Art. 116 der Verordnung vom 25.1.2012 (GBl. S. 65, 79). Die ursprüngliche Polizeiverordnung vom 28.8.1991 (GBl. S. 542) wurde vom VGH BW teilweise aufgehoben (VGH BW, NVwZ 1992, 1105). Der **VGH BW** wies die Normenkontrollanträge von Hundehaltern gegen die neu gefasste Verordnung vom 3.8.2000 als unbegründet zurück (VGH BW, VBlBW 2003, 354); das **BVerwG** hat die Nichtzulassungsbeschwerden gegen diese Entscheidung verworfen (BVerwG, Beschl. v. 4.9.2002 – 6 BN 3.02, 6 BN 5.02, 6 BN 4.02 und 6 VR 7.02).
24 Die Verwaltungsvorschrift des Innenministeriums und des Ministeriums für Ländlichen Raum und Verbraucherschutz zur Polizeiverordnung des Innenministeriums und des Ministeriums für Ländlichen Raum und Verbraucherschutz über das Halten gefährlicher Hunde (VwVgH) in der Fassung vom 6.8.2018 – Az.: 3–1119.5/34–9142.25 – (GABl. S. 426).
25 In diesem Sinne auch OVG LSA, NJW 2019, 2417, 2418 (Rn 19), für das LSAHundeG.
26 OVG LSA, NJW 2019, 2417, 2418 (Rn 24).
27 Vgl. dazu etwa Peters/Rind, LKV 2017, 251, 256.

(2) Vorliegen einer abstrakten Gefahr

14 Der **VGH BW** hat das Vorliegen einer **abstrakten Gefahr** für die öffentliche Sicherheit oder Ordnung i. S. d. § 17 Abs. 1 PolG zum Erlass der HuV BW bejaht. Diese liegt bei einer Sachlage vor, die nach **allgemeiner Lebenserfahrung** oder **fachlichen Erkenntnissen** mit hinreichender Wahrscheinlichkeit das Eintreten einer konkreten Gefahrenlage möglich erscheinen lässt. Der dabei zu **fordernde Wahrscheinlichkeitsgrad** hängt von der **Bedeutung** der gefährdeten Rechtsgüter sowie dem **Ausmaß** des möglichen Schadens ab. Aufgrund der von Tieren allgemein ausgehenden Gefahr eines spontanen und unbeherrschbaren aggressiven Verhaltens gegen Menschen müssen auch Regelungen über die Hundehaltung – insbesondere für **Hunde ab einer gewissen Größe und Stärke** – im Wege polizeirechtlicher Verordnungsermächtigung getroffen werden können.[28] Die HuV BW verstößt auch nicht gegen das Bestimmtheitsgebot (§ 9 Rn 42), den Grundsatz der Verhältnismäßigkeit (§ 9 Rn 43), den Gleichheitsgrundsatz (§ 9 Rn 44) und gegen höherrangiges Recht (§ 9 Rn 45).[29] Zum (nicht bestehenden) Anspruch auf **Erlass einer Regelung zur Anleinpflicht aller Arten von Hunde** aus Gründen der Gleichbehandlung vgl. BayVerfGH, NVwZ-RR 2019, 929 ff.

(3) Begriffsbestimmungen

15 Die HuV BW unterscheidet in den §§ 1, 2 HuV BW / Nr. 1 und 2 VwVgH **Maßnahmen** gegen folgende Hunde:
- **Kampfhunde:**
  - Kampfhunde gem. § 1 Abs. 1 HuV BW („abstrakter Begriff", vgl. Erläuterungen dazu in Nr. 1.1, dort Nr. 1.1.1 und 1.1.2 VwVgH);
  - Kampfhunde kraft Vermutung – § 1 Abs. 2 HuV BW; vgl. Erläuterungen dazu in Nr. 1.2, dort Nr. 1.2.1 bis 1.2.3 VwVgH; der Gesetzgeber durfte bei den in der Regelung genannten Hunderassen davon ausgehen, dass diese eine angeborene hohe Kampfkraft und Aggressivität zeigen und diese eine grundlegende Gefährlichkeit für Menschen und Tiere mit sich bringt[30]; bei **Kreuzungen** ist von Kampfhunden i. S. d. § 1 Abs. 2 HuV auszugehen, wenn mindestens ein Elternteil des betroffenen Hundes zu den in der Regelung genannten Rassen gehört[31];
  - Kampfhunde kraft Rasse und Feststellung im Einzelfall – § 1 Abs. 3 HuV BW; vgl. Erläuterungen dazu in Nr. 1.3, dort Nr. 1.3.1 und 1.3.2 VwVgH;
  - Kampfhunde i. S. d. Regelung der Nr. 1.1.3 VwVgH: „Neben den in § 1 Abs. 2 und 3 HuV BW genannten Hunden können auch andere Hunde die Eigenschaft als Kampfhund haben".
  - Um das Ziel des § 1 HuV BW einer effektiven Gefahrenabwehr zu erreichen und sicherzustellen, sind an das Vorliegen der Tatbestandsvoraussetzungen der Regelung **keine allzu hohen Anforderungen** zu stellen. Die zuständige Polizeibehörde ist berechtigt, bei der **Feststellung der Eigenschaft als Kampfhund** auf **alle geeigneten Methoden** zurückzugreifen.[32]
  - Wer einen **Kampfhund** nach § 1 Abs. 2 HuV BW **als Halter übernimmt**, hat sich ab diesem Zeitpunkt **selbstständig und aktiv** um die Erfüllung der sich aus der HuV BW und anderen gesetzlichen Regelungen ergebenden Voraussetzungen für die Haltung des Hundes zu **kümmern**.[33]

---

28 Vgl. zur Beurteilung dieser Rechtsfrage durch BVerfG und BVerwG auch Wehser, DVP 2017, 54, 58 f.
29 VGH BW, VBlBW 2002, 292, 293; vgl. auch Gassner, VBIBW 2011, 376, 377; Graulich, in: Lisken/Denninger, Handbuch des Polizeirechts, Kap. E Rn 53 ff.; BayVGH, BayVBl 2019, 743 ff.
30 VGH BW, VBlBW 2021, 72, 74; vgl. auch BayVGH, openJur 2020, 71319 (Rn 4) = BeckRS 2020, 20523.
31 VG Karlsruhe, openJur 2020, 34884 (Rn 20).
32 VGH BW, VBlBW 2021, 72, 74.
33 VGH BW, openJur 2020, 76935 (Rn 27) = DÖV 2021, 176 (Ls.).

- **Gefährliche Hunde:**
- Gem. § 2 S. 1 HuV BW gelten als gefährliche Hunde solche Hunde, die nicht bereits Kampfhunde i. S. d. § 1 HuV BW sind und die wegen ihres Verhaltens die Annahme rechtfertigen, dass durch sie eine Gefahr für Leben und Gesundheit von Menschen und Tieren besteht.[34] § 2 S. 2 HuV BW nennt folgende Regelbeispiele:
- Bissiger Hund gem. § 2 S. 2 Nr. 1 HuV BW; vgl. Erläuterungen dazu in Nr. 2.1 VwVgH;
- anspringender Hund gem. § 2 S. 2 Nr. 2 HuV BW; vgl. Erläuterungen dazu in Nr. 2.2 VwVgH;
- hetzender oder reißender Hund gem. § 2 S. 2 Nr. 3 HuV BW; vgl. Erläuterungen dazu in Nr. 2.3 VwVgH.
- **Sonstige Hunde**, die nicht unter die Vorschriften der HuV BW / VwVgH fallen.

(4) Maßnahmen gegen gefährliche Hunde

Die HuV BW sieht für gefährliche Hunde als Oberbegriff folgende Maßnahmen vor: **16**

Bei Kampfhunden:

Die **Haltung** von **Kampfhunden (§ 1 Abs. 1 HUV BW)**, die älter als 6 Monate sind, bedarf gem. § 3 Abs. 1 HuV BW i. V. m. Nr. 3 VwVgH einer **Erlaubnis** (Verbot mit Erlaubnisvorbehalt, vgl. § 6 Rn 3). Die **Erlaubnisvoraussetzungen** gem. § 3 Abs. 2 HuV BW (berechtigtes Interesse, Zuverlässigkeit und Sachkunde) sind in Nr. 3.2 VwVgH näher geregelt. Kann eine Erlaubnis nicht erteilt werden, hat die Ortspolizeibehörde nach der speziellen **Ermächtigungsgrundlage** des **§ 3 Abs. 3 HuV BW** durch eine entsprechende Polizeiverfügung die **Haltung des Tieres** zu untersagen.[35]

Der **VGH BW** hat entschieden, dass eine **Haltungsuntersagung** in der Regel **unverhältnismäßig** ist, wenn (kumulativ)
- **keine Bedenken gegen die Zuverlässigkeit** oder Sachkunde des Halters bestehen,
- der Halter **unverzüglich** nach Begründung der Haltereigenschaft für den betroffenen Hund eine **Erlaubnis** nach § 3 Abs. 1 HuV BW **beantragt** hat und
- der Halter den **Hund zur Prüfung** nach § 1 Abs. 4 HuV BW **anmeldet** sowie diese Prüfung binnen einer angemessenen **Frist von in der Regel drei Monaten** durchführt.[36]

Zur Durchsetzung des Haltungsverbots kommen **Beschlagnahme und Einziehung** des Hundes in Betracht (Nr. 3.3 S. 2 VwVgH zu § 3 Abs. 3 HuV BW).[37]

Besondere Halterpflichten folgen aus § 4 HuV BW. Danach bestehen gem. § 4 Abs. 1 HuV BW i. V. m. Nr. 4 VwVgH u. a.: **17**
- Für Kampfhunde[38] und Hunde der in § 1 Abs. 2 und 3 HuV BW genannten Rassen und ihrer Kreuzungen **Pflicht zur sicheren Haltung** (§ 4 Abs. 1 HuV BW, Nr. 4.1 VwVgH);
- für Kampfhunde besondere **Anforderungen an die Führung des Hundes durch Dritte** (§ 4 Abs. 2 HuV BW, Nr. 4.2.1 und 4.2.2 VwVgH);
- für Kampfhunde und Hunde der in § 1 Abs. 2 und 3 HuV BW genannten Rassen und ihrer Kreuzungen, die älter als 6 Monate sind, **Leinenpflicht** und unabhängig vom Alter **Kennzeichnungspflicht** (§ 4 Abs. 3 HuV BW, Nr. 4.3.1 und 4.3.2 VwVgH);

---

34 Vgl. dazu auch Gängel, NJ 2020, 340, 342 f.
35 Nach VGH BW setzt ein allgemeines Hundehaltungsverbot auf der Grundlage der Generalermächtigung (§§ 1, 3 PolG) regelmäßig schwerwiegende Bedenken gegen die Zuverlässigkeit des Halters voraus (VBlBW 2011, 425).
36 VGH BW, openJur 2020, 76935 (Rn 24) = DÖV 2021, 176 (Ls.).
37 Zur Beschlagnahme eines Hundes vgl. VGH BW, VBlBW 2014, 377: Im entschiedenen Fall war die Beschlagnahme rechtswidrig, weil sie länger als sechs Monate aufrechterhalten worden war. Zur rechtmäßigen Beschlagnahme und Einziehung eines Kampfhundes (American Staffordshire Terrier) vgl. VG Freiburg, openJur 2020, 79255 (Rn 19 ff.).
38 Vgl. zur Verfassungsmäßigkeit des Kampfhundebegriffs ausführlich BayVGH, BayVBl 2019, 743 ff.

- für Kampfhunde, die älter als sechs Monate sind, **Maulkorbzwang** (§ 4 Abs. 2 HuV BW, Nr. 4 VwVgH);
- beim Führen von Kampfhunden und von Hunden der in § 1 Abs. 2 und 3 HuV BW genannten Rassen und ihrer Kreuzungen außerhalb des befriedeten Besitztums **Mitführpflicht bestimmter Erlaubnis- / Nachweispapiere** (§ 4 Abs. 5 HuV BW).

Bei gefährlichen Hunden i. S. d. § 2 HuV BW:
- Besondere **Anforderungen an die Führung des Hundes durch Dritte** (§ 4 Abs. 2 HuV BW, Nr. 4.1, 4.2.1 und 4.2.2 VwVgH);
- **Leinenpflicht** (vgl. § 4 Abs. 3 S. 1 HuV BW);
- **Maulkorbpflicht** außerhalb des befriedeten Besitztums (§ 4 Abs. 4 HuV BW).

(5) Feststellung der Gefährlichkeit

18 Nach den Regelungen der HuV BW hat die **Ortspolizeibehörde** die Eigenschaft eines Hundes als Kampfhund oder als gefährlicher Hund i. S. d. § 2 HuV BW mit den sich daraus jeweils ergebenden Rechtsfolgen durch **Verwaltungsakt** festzustellen. Die HuV BW sieht ein umfangreiches und detailliertes Verfahren zur Feststellung der Kampfhundeeigenschaft, zur Erlaubniserteilung oder zur Gefährlichkeit eines Hundes nach § 2 HuV BW vor (vgl. Nr. 1.4 der VwVgH zu § 1 Abs. 4 HuV BW). **Ermächtigungsgrundlage** für die Feststellung der Eigenschaft als Kampfhund / Gefährlichkeit ist § 1 Abs. 4 bzw. § 2 HuV BW.[39] Insbesondere bei gefährlichen Hunden gem. § 2 HuV BW kann die **Feststellung der Gefährlichkeit** auch inzident durch die Anordnung eines Leinen- und Maulkorbzwangs auf der Grundlage des § 4 HuV BW erfolgen.[40] Adressat der Verfügung ist regelmäßig der Hundehalter. Für die **Hundehaltereigenschaft** im polizeirechtlichen Sinne kommt es entscheidend auf die tatsächliche Sachherrschaft und die daraus folgende gefahrenrelevante Einwirkungsmöglichkeit an.[41]

Fall 27: Halter H ist Eigentümer von „Aika", einer Australian Shepherd-Hündin. Nachweislich der Akten hat die Hündin schon zweimal ohne besonderen Anlass im Beisein von H Spaziergänger gebissen und verletzt. Die Ortspolizeibehörde O beabsichtigt, Aika als gefährlichen Hund i. S. d. § 2 HuV BW einzustufen und H dazu zu bringen, die daraus folgenden Halterpflichten (Leinen- und Maulkorbzwang) zu beachten.

Gefährliche Hunde i. S. d. § 2 S. 2 Nr. 1 HuV BW sind insbesondere Hunde, die bissig sind. Gem. Nr. 2.1 Abs. 1 S. 1 VwVgH ist ein Hund in der Regel als **bissig** anzusehen, wenn er eine Person „gebissen hat und es sich hierbei nicht nur um eine Reaktion auf einen Angriff oder um ein bewusst herausgefordertes Verhalten handelt".[42] Die **Anlage 6 a** zu Nr. 2.1 VwVgH enthält Hinweise und Fragebögen zur Beurteilung von Beißvorfällen mit Hunden. Ggf. kann O im **Fall 27** auch ein Sachverständigengutachten einholen (vgl. Nr. 2.4 Abs. 3 VwVgH). Von einem gefährlichen Hund i. S. d. § 2 HuV BW kann ggf. auch bereits nach einem **erstmaligen Bissvorfall** ausgegangen werden.[43]

Kommt im **Fall 27** O im Rahmen ihres Ermessens zum Ergebnis, dass Aika „bissig" ist, kann sie an H eine entsprechende Verfügung erlassen, in der die Gefährlichkeit des Hundes festgestellt und die Halterpflichten des § 4 HuV BW i. V. m. Nr. 4 VwVgH angeordnet werden. Bei der Anordnung der Halterpflichten bzw. bei der Anordnung ihrer sofortigen Vollziehung im überwiegenden öffentlichen Interesse gem. § 80 Abs. 2 S. 1 Nr. 4 VwGO (vgl. § 12 Rn 25 ff.) muss die Behörde den **Grundsatz der Verhältnismäßigkeit**

---

39 Str.: Vgl. Gassner, VBlBW 2011, 376, 379; zur Einstufung eines Hundes als gefährlich vgl. auch OVG RP, KommJur 2013, 358.
40 Vgl. etwa VG Freiburg, Beschl. v. 5.2.2001 – 7 K 2015/01; VG Karlsruhe, openJur 2012, 61932 (Rn 17 ff.); VGH BW, VBlBW 2011, 185 f. (Rn 6); ebenso BayVGH, BayVBl 2021, 122, 123 f.
41 VGH BW, VBlBW 2011, 425.
42 Nach ständiger Rechtsprechung ist ein Hund bissig, der bereits einmal im Beisein eines Verantwortlichen einen Menschen gebissen und dabei verletzt hat, vgl. VGH BW, NVwZ-RR 1993, 411. Vgl. dazu auch Waldhoff, JuS 2018, 93, 95 m. w. N.; Abbate, ZJS 2020, 126, 130 f.
43 OVG BB, LKV 2017, 34, 35, mit Anm. Neubauer.

beachten. Bei gefährlichen Hunden ist nach Ansicht des VGH BW die Anordnung eines **Maulkorbzwangs** nicht immer angemessen.[44] Auch die Ausdehnung eines Maulkorbzwangs auf Bereiche außerhalb bewohnter Gebiete kann mangels konkreter Gefahr unverhältnismäßig sein.[45] Andererseits ist das **(Fehl)Verhalten von Menschen, die Angst vor Hunden haben**, dem Hund zuzurechnen, da das Verhalten von Hunden grundsätzlich unberechenbar ist.[46] Von arglosen Menschen kann nicht erwartet werden, dass sie sich gegenüber aggressiven oder bedrängenden Hunden angstfrei und fachkundig verhalten.

ee) Insbesondere: Geräte- und Maschinenlärmschutzverordnung

Die Geräte- und Maschinenlärmschutzverordnung vom 29.8.2002 (32. BImSchV)[47] regelt als Teil des Gewerberechts abschließend den anlagebezogenen Lärm von Geräte- und Maschinenarten, die im Anhang der Verordnung einzeln aufgeführt sind, wie etwa **Baumaschinen** und **Heimwerkergeräte.** Nach der vom **VGH BW** vorgenommenen Abgrenzung knüpft der vom BImSchG geregelte Sachbereich der Lärmbekämpfung an die Errichtung und den Betrieb von Anlagen an und ist somit **anlagenbezogen**. Demgegenüber werden vom *menschlichen Verhalten* (verhaltensbezogen) ausgehende Emissionen grundsätzlich nicht vom Regelungsbereich des BImSchG erfasst.[48] Daraus folgt: Soweit die spezialgesetzliche Vorschriften der 32. BImSchV (anlagenbezogene Betriebsregelungen für Geräte und Maschinen) gelten, ist kein Raum für die Anwendung des Polizeirechts. Die Ortspolizeibehörden sind nur befugt, in einer Polizeiverordnung Regelungen zum Schutz vor verhaltensbezogenen Lärmbelästigungen zu treffen.

19

Beispiel: Bestimmungen in einer örtlichen Polizeiverordnung **zum Schutz der Mittagsruhe** sind unwirksam, wenn sie *Geräte* oder *Maschinen* betreffen, deren anlagenbezogener Betrieb in der Geräte- und Maschinenlärmschutzverordnung geregelt ist (etwa der Betrieb bestimmter Rasenmäher). Sind in der örtlichen Polizeiverordnung für bestimmte lärmverursachende *Verhaltensweisen* (etwa Teppichklopfen oder Holzspalten) Benutzungszeiten festgelegt, die nicht von der Geräte- und Maschinenlärmschutzverordnung erfasst werden, ist die Zuständigkeit der Ortspolizeibehörde gegeben (vgl. § 5: Haus- und Gartenarbeiten des Musters des Gemeindetags für eine Polizeiverordnung gegen umweltschädliches Verhalten [BWGZ 2011, 990, 993]).

b) Voraussetzungen des § 17 Abs. 1 PolG
aa) Abstrakte Gefahr und Ursachenzusammenhang

Gem. **§ 17 Abs. 1 S. 1 PolG** setzt der Erlass einer Polizeiverordnung eine Gefahr für die öffentliche Sicherheit oder Ordnung voraus. Es muss daher eine **Aufgabe der Gefahrenabwehr gem. § 1 Abs. 1 PolG** zugrunde liegen. **Eine Polizeiverordnung muss demnach den Zweck haben, vom Einzelnen und vom Gemeinwesen Gefahren abzuwehren, durch die die öffentliche Sicherheit oder Ordnung bedroht wird, soweit es im öffentlichen Interesse geboten ist.**

20

Für den Erlass einer Polizeiverordnung gem. § 17 PolG ist das Vorliegen einer **abstrakten Gefahr** für das Schutzgut erforderlich. Diese setzt eine nach allgemeiner Lebenserfahrung oder fachlichen Erkenntnissen bestehende Sachlage voraus, die bei ungehindertem Geschehensablauf mit hinreichender Wahrscheinlichkeit das Eintreten einer konkreten Gefahr als möglich erscheinen lässt.[49] Die Gefahr liegt vor, wenn der Eintritt

---

44 Vgl. VGH BW: „Kann den von einem als gefährlich eingestuften Hund ausgehenden Gefahren für die Gesundheit von Menschen bereits durch die Anordnung des Leinenzwangs wirksam begegnet werden, kann es hinsichtlich des zugleich verfügten Maulkorbzwangs an dem erforderlichen besonderen Vollzugsinteresse fehlen" (VBlBW 2011, 185). Vgl. zur Verhältnismäßigkeit von Maßnahmen gegen gefährliche Hunde auch Vockeroth, DVP 2018, 298, 300.
45 BayVGH, NVwZ-RR 2017, 784 (= BayVBl 2017, 95), mit Bespr. Waldhoff, JuS 2018, 93, 95.
46 VG Stuttgart, openJur 2020, 33691 (Rn 8).
47 Geräte- und Maschinenlärmschutzverordnung vom 29.8.2002 (BGBl. I S. 3478), zuletzt geändert durch Art. 110 der Verordnung vom 19.6.2020 (BGBl. I S. 1328).
48 VGH BW, VBlBW 1997, 346.
49 Reinhardt, in: Möstl/Trurnit, Polizeirecht BW, § 10 Rn 10; Wehser, DVP 2017, 54, 58.

eines konkreten Schadens **regelmäßig** und **typischerweise** zu erwarten ist. Die **Feststellung einer abstrakten Gefahr** verlangt eine in tatsächlicher Hinsicht genügend abgesicherte Prognose: Es müssen – bei abstrakt genereller Betrachtung – hinreichende Anhaltspunkte dafür vorhanden sein, die den Schluss auf den drohenden Eintritt von Schäden rechtfertigen.[50] Abzugrenzen ist die Gefahr vom bloßen Gefahrenverdacht und von sog. Vorsorgemaßnahmen, die den Erlass einer Verordnung nicht rechtfertigen (vgl. § 9 Rn 24).

21 Beispiele:
- Das **Abspritzen von Fahrzeugen auf öffentlichen Straßen kann durch Polizeiverordnung verboten werden** (vgl. Mustersatzung des Gemeindetags, BWGZ 2011, 990, 994). Untersuchungen haben ergeben, dass sich beim Abspritzen – im Unterschied zum bloßen Abwaschen – ölhaltige Stoffe am Fahrzeug lösen, in die Abwasserbeseitigung gelangen und dort zu Schäden führen. Zudem können beim Abspritzen Passanten auf der Straße belästigt oder gefährdet werden. Soll das **Autowaschen auf Privatgrundstücken** verboten werden, gehen die speziellen örtlichen Satzungsregelungen zur Oberflächen- bzw. Abwasserbeseitigung vor.
- Die **Regelung der Beseitigungspflicht für Hundekot** durch Polizeiverordnung ist nach **h. L.** zulässig. **Gem. § 11 des Musters einer Polizeiverordnung des Gemeindetags BW** hat der Halter oder Führer eines Hundes dafür zu sorgen, dass dieser seine Notdurft nicht auf Gehwegen, in Grün- und Erholungsanlagen oder in fremden Vorgärten verrichtet. Dennoch dort abgelegter Hundekot ist unverzüglich zu beseitigen. Die Verunreinigung der Straßen, Grün- und Erholungsanlagen durch Hundekot stellt eine **Gesundheitsgefährdung** dar. Die Einstufung von Hundekot als Abfall schließt die Regelung in einer Polizeiverordnung nicht aus. Während es im Abfallrecht vorrangig um die **ordnungsgemäße Entsorgung** der angefallenen Abfälle geht, schützt die Polizeiverordnung vor den durch die Verunreinigung entstehenden Gefahren.
- Auch Regelungen zum **Betteln** sind zulässig. Allerdings muss unterschieden werden: Das Betteln in seiner „stillen", also nicht aggressiven, beleidigenden oder betrügerischen Erscheinungsform beeinträchtigt nicht die öffentliche Sicherheit.[51] Ein **generelles Verbot des Bettelns** wird deshalb nicht durch die polizeiliche Generalermächtigung gedeckt. Demgegenüber kann das die körperliche Nähe suchende oder sonst besonders aufdringliche Betteln verboten werden.[52] Das **gewerbliche Betteln** stellt eine straßenrechtliche Sondernutzung dar, mit der Folge, dass für entsprechende Regelungen / Verbote der Träger der Straßenbaulast zuständig ist.
- Der **Aufstieg von sog. Himmelslaternen im Luftraum** kann wegen Brandgefahr durch Polizeiverordnung verboten werden. Ausnahmen kommen nur in Betracht, wenn sich die Brandgefahr im Einzelfall hinreichend sicher ausschließen lässt.[53] In BW wurde durch § 1 der Polizeiverordnung des Innenministeriums zur Verhütung von Gefahren durch unbemannte ballonartige Leuchtkörper (**Himmelslaternenverordnung**) vom 24.1.2012 (GBl. S 62), geändert durch Art. 7 des Gesetzes vom 3.2.2021 (GBl. S. 53, 54), das Aufsteigenlassen von Himmelslaternen verboten.
- Das „**Niederlassen außerhalb von Freischankflächen ausschließlich oder überwiegend zum Zwecke des Alkoholgenusses**" kann nicht pauschal durch Polizeiverordnung untersagt werden. Nach Auffassung des VGH BW bildet § 17 Abs. 1 i. V. m. § 1 Abs. 1 PolG hierfür keine ausreichende Grundlage: Die in der Polizeiverordnung beschriebene Verhaltensweise ist keine Gefahr für die Störung der öffentlichen Sicherheit oder Ordnung, sondern lediglich ein Ärgernis: „Das Vermeiden bloßer Ärgernisse für die Kommunen stellt aber kein polizeiliches Schutzgut dar".[54] Nunmehr gilt § 18 PolG als lex specialis (vgl. dazu § 9 Rn 26 ff.).

22 Die **Festlegung des Leinenzwangs zum Schutz der öffentlichen Grün- und Erholungsanlagen und anderer gefährdeter Orte** – wie etwa einer Innenstadt – wird von der Ermächtigung des § 17 Abs. 1 PolG gedeckt. Der **VGH BW** hat mehrfach entschieden, dass erholungssuchende Benutzer öffentlicher Anlagen, vor allem ältere Menschen und Kleinkinder, durch das unberechenbare Verhalten freilaufender Hunde (Um-

---

50 Ständige Rechtsprechung: VGH BW, VBlBW 2013, 12, 14; VBIBW 2010, 29. Vgl. auch § 4 Rn 29 f.
51 Wie hier etwa Geis, Fälle zum Polizei- und Ordnungsrecht, Rn 953; Enzensperger, NJW 2018, 3550, 3552 f.
52 Vgl. VGH BW, VBlBW 1998, 428; VBIBW 1999, 101, 104; Deger, in: Stephan/Deger, Polizeigesetz BW, § 10 Rn 18; § 15 des Musters des Gemeindetags BW für eine Polizeiverordnung gegen umweltschädliches Verhalten, BWGZ 2011, 990, 995: „Belästigung der Allgemeinheit"; Enzensperger, NJW 2018, 3550, 3552 f.; Schoch, JURA 2012, 858, 863; ebenso NdsOVG, DÖV 2017, 736 f. (Ls.).
53 BVerwGE 160, 157, 159 (Rn 13), 162 ff. (Rn 20 ff.). Vgl. dazu eingehend Kalscheuer, KommJur 2019, 207 ff. In der **Silvesternacht 2019/2020** kam es im **Krefelder Zoo** zu einem Großbrand im Affenhaus, bei dem über 50 Tiere getötet wurden. Der Brand war durch eine Fluglaterne ausgelöst worden.
54 VGH BW, VBlBW 1999, 101; vgl. auch VGH BW, VBIBW 2010, 29.

herjagen, Schnappen, Anspringen, Nachrennen, Beschnüffeln etc.) – aber auch durch Verunreinigungen – typischerweise mit hinreichender Wahrscheinlichkeit erheblich belästigt und gesundheitlich gefährdet werden. Zur Abwehr dieser Gefahren ist das Gebot, Hunde in öffentlichen Anlagen oder an sonst gefährdeten Orten (etwa Fußgängerzone, Spazierwege, Innenbereich) an der Leine zu führen, geeignet und verhältnismäßig.[55] Nach Ansicht des **OLG Hamm** soll eine Regelung, die ohne Rücksicht auf Art und Größe der Hunderassen für das gesamte Gemeindegebiet einen generellen **Leinenzwang** festlegt, gegen das Übermaßverbot verstoßen.[56]

Weitere Voraussetzung ist der **Ursachenzusammenhang** zwischen dem zu regelnden Sachverhalt (etwa aggressives Betteln) und dadurch bedingt regelmäßig und typischerweise eintretenden Gefahren bzw. Folgeerscheinungen (etwa Belästigungen, Beleidigungen, Körperverletzungen etc.). Der fehlende Nachweis dieses Zusammenhangs bzw. einer Gefahr war für den VGH BW der Grund, Regelungen in Polizeiverordnungen zur Beschränkung des Alkoholkonsums auf öffentlichen Flächen für unzulässig bzw. nichtig zu erklären. Das Gericht sah in derartigen Verboten bloße Vorsorgemaßnahmen (vgl. sogleich § 9 Rn 24).[57] 23

bb) Unzulässigkeit von Vorsorgemaßnahmen

Eine Regelung in einer Polizeiverordnung, die nicht der Gefahren*abwehr*, sondern nur der Gefahren***vorsorge*** dient, hält sich nicht im Rahmen der gesetzlichen Ermächtigung von § 17 i. V. m. § 1 PolG.[58] Existieren keine hinreichenden Anhaltspunkte, dass ein Verhalten regelmäßig und typischerweise zu Störungen der öffentlichen Sicherheit oder Ordnung führt, liegt allenfalls ein Gefahren***verdacht*** vor und keine abstrakte Gefahr. Ein Gefahrenverdacht rechtfertigt keine Polizeiverordnung. Es ist vielmehr Aufgabe des Gesetzgebers, unter Abwägung widerstreitender Interessen und grundrechtlicher Vorgaben die Rechtsgrundlagen für abstrakt-generelle Grundrechtseingriffe zu schaffen.[59] 24

Beispiele:
- Eine **Regelung in einer Polizeiverordnung, wonach es im zeitlichen und örtlichen Geltungsbereich der Verordnung auf den öffentlich zugänglichen Flächen verboten ist, alkoholische Getränke zu konsumieren** oder in Konsumabsicht mit sich zu führen, wäre nur dann durch die Ermächtigungsgrundlage des § 17 i. V. m. § 1 PolG gedeckt, wenn hinreichende Anhaltspunkte dafür vorliegen, dass das verbotene Verhalten regelmäßig und typischerweise Gewaltdelikte zur Folge hat. Weil die dem Verbot zugrundeliegenden Studien einen Zusammenhang zwischen Alkoholkonsum und Gewalttaten nicht hinreichend sicher belegen konnten, hatte der VGH BW die Polizeiverordnung der Stadt Freiburg vom 22.7.2008 zur Bekämpfung von Folgen des übermäßigen Alkoholkonsums und den damit verbundenen Gewaltexzessen durch Normenkontrollurteil für unwirksam erklärt (VGH BW, VBIBW 2010, 29). Vgl. dazu auch Götz/Geis, Polizei- und Ordnungsrecht, § 4 Rn 19 bis 22; Pöltl, VBIBW 2018, 221, 223 ff.; Hecker, NVwZ 2010, 359, 360; Ruder, KommPraxis spezial 2009, 174, 176 f.; Pewestorf, in: Pewestorf/Söllner/Tölle, Polizei- und Ordnungsrecht, § 56 Rn 7, u. DVBl 2009, 1396, 1398; Kaufmann, ZJS 2010, 261, 267; Winkelmüller/Misera, LKV 2010, 259, 260 f.; Köppert, S. 215 f. Rechtsgrundlage für Alkoholkonsumverbote im öffentlichen Raum ist nunmehr **§ 18 PolG** (vgl. dazu § 9 Rn 26 ff.).
- Diese Rechtsprechung hat der **VGH BW** bei der Prüfung des sog. **„Konstanzer Glasverbots"** bestätigt. Im entschiedenen Fall hatte die Stadt Konstanz am 21.7.2011 eine Polizeiverordnung zum Schutz des frei zugänglichen Seeufers vor Verunreinigungen und den damit verbundenen Gefahren erlassen. In den §§ 2, 4 dieser Verordnung wurde u. a. das Mitführen von Glasflaschen, Gläsern etc. verboten, „wenn aufgrund der konkreten Umstände die Absicht erkennbar ist, dass deren Inhalt beim dauerhaften Verweilen im Geltungsbereich der Verordnung konsu-

---

55 VGH BW, VBIBW 2008, 134; OVG RP, DÖV 2007, 82; BayVGH, BayVBl 2021, 122, 123 f. (für große Hunde); Deger, in: Stephan/Deger, Polizeigesetz BW, § 10 Rn 11; NdsOVG, NVwZ 1991, 693; Waldhoff, JuS 2018, 93, 96.
56 OLG Hamm, NVwZ 2002, 765.
57 Schoch, JURA 2012, 858, 860; VGH BW, VBIBW 2010, 29; VGH BW BWGZ 2013, 77. Alkoholkonsum allein stellt keine polizeiliche Gefahr dar, vgl. dazu Pöltl, VBIBW 2018, 221, 224; Herberger, VBIBW 2015, 445, 449.
58 Reinhardt, in: Möstl/Trurnit, Polizeirecht BW, § 10 Rn 10.
59 VGH BW, VBIBW 2010, 29. Zust. etwa Schmidt, Polizei- und Ordnungsrecht, Rn 869; Ruder, KommJur 2009, S. 46 f.; Pöltl, VBIBW 2018, 221, 224.

miert werden soll" (VGH BW, VBlBW 2013, 12 ff.). Eine derartige Regelung ist nach VGH BW von § 17 Abs. 1 PolG nur gedeckt, wenn hinreichende Anhaltspunkte dafür vorliegen, dass das verbotene Verhalten regelmäßig und typischerweise erhebliche Rechtsgutverletzungen zur Folge hat (a. a. O).[60]

cc) Rechtsprechungsübersicht

25 Die Zulässigkeit von Regelungen in einer Polizeiverordnung zur **Einschränkung des Alkoholkonsums** auf öffentlichen Straßen und Plätzen wird in Literatur und Rechtsprechung teilweise unterschiedlich beurteilt.[61] Der VGH BW hatte in seinen beiden NK-Urteilen des Jahres 2009[62] sehr deutlich gemacht, dass ein Alkoholkonsumverbot im öffentlichen Raum durch eine Rechtsverordnung gem. § 17 PolG **nur unter sehr engen Voraussetzungen** erlassen werden kann. Mit § 18 PolG wurde nunmehr eine **spezialgesetzliche Rechtsgrundlage** für Alkoholkonsumverbote im öffentlichen Raum erlassen. Des Weiteren sind folgende jüngere Gerichtsentscheidungen von Bedeutung:

- OVG RP zum (nach Meinung des Gerichts fragwürdigen) **Verbot des Mitführens und Verzehrens von hochprozentigen alkoholischen Getränken** auf einem Weinfest in einer Gefahrenabwehrverordnung zur Verhütung von Gewaltdelikten (LKRZ 2012, 427);
- OLG Braunschweig zur grundsätzlich zulässigen Einschränkung des Konsums von Alkohol auf öffentlichen Straßen durch eine Polizeiverordnung / Rechtmäßigkeit eines bußgeldbewehrten **Alkoholkonsumverbots** und zur Unzulässigkeit eines Alkoholverbots für den gesamten Innenstadtbereich (openJur 2013, 43119);
- OVG RP zur Zulässigkeit eines in der Verordnung partiell angeordneten **Alkoholverbots** (DVBl 2013, 330);
- OVG LSA zur **Begrenzung des Alkoholkonsums** in der Öffentlichkeit: Eine Regelung in der Polizeiverordnung ist nur zulässig, wenn hinreichende Anhaltspunkte dafür vorliegen, dass das verbotene Verhalten regelmäßig und typischerweise zu einer Beeinträchtigung der durch die Ermächtigung geschützten Rechtsgüter führt (DVP 2011, 211);
- NdsOVG zur Zulässigkeit eines zum Schutz der Bewohner erlassenen, auf eine 214 Meter lange Straße und die Nachtstunden von Samstag, Sonntag sowie auf einzelne Feiertage begrenztes **Alkoholkonsumverbot** (DÖV 2013, 241);
- SächsOVG zur Notwendigkeit der **Mitursächlichkeit des Alkoholkonsums** bei Störungen als Voraussetzungen zum Erlass eines Alkoholkonsumverbots durch Rechtsverordnung. Es müssen danach Anhaltspunkte vorliegen, die eine Alkoholbeeinflussung der begangenen Straftat objektiv vermuten lassen (SächsVBl 2017, 278 [Rn 29]);
- OVG BB zur **Konkretisierung eines Alkoholkonsumverbots**: Allein das Konsumieren oder Genießen von Alkohol in der Öffentlichkeit verletzt regelmäßig kein Schutzgut der öffentlichen Sicherheit; zur **Verhältnismäßigkeit**: Die Erforderlichkeit eines Verbotes dürfte zu verneinen sein, wenn der betroffenen Kommune bereits ohne die Rechtsverordnung weitreichende Mittel zur Verfügung stehen, deren konsequente Durchführung vergleichbar erfolgreich sein dürfte (Urt. v. 14.7.2017 – OVG 12 S 7.17, ZVR-Online Dok. Nr. 06/2019; ebenso VG Düsseldorf, DVP 2021, 71).

c) Voraussetzungen des § 18 PolG

26 Für den Erlass einer **Rechtsverordnung zum Erlass eines Alkoholkonsumverbots im öffentlichen Raum** hat der Gesetzgeber in § 18 PolG **umfassende tatbestandliche Voraussetzungen** vorgesehen. Die Anforderungen sind so zahlreich und eng gefasst, dass davon ausgegangen werden muss, dass auf der Grundlage des § 18 PolG erlas-

---

60 Vgl. dazu auch Wehser, DVP 2018, 140, 141 f.
61 Vgl. auch die Übersicht bei Pöltl, VBlBW 2018, 221, 223 ff., sowie Schoch, JURA 2012, 858, 860.
62 VGH BW, VBlBW 2010, 29 ff., u VBlBW 2010, 33 ff.

sene Rechtsverordnungen in der kommunalen Praxis keine größere Rolle spielen werden.[63] Tatsächlich hatten bis Ende 2018 nur wenige Gemeinden von dieser Möglichkeit Gebrauch gemacht[64], bis Mitte 2020 hatte sich dies nicht geändert.[65] So hatte etwa die Stadt Karlsruhe für den Bereich des Werderplatzes ein Alkoholkonsumverbot durch Polizeiverordnung auf der Grundlage des § 18 PolG erlassen.[66] Vor allem für kleinere Gemeinden und Städte scheidet eine Anwendung des § 18 PolG mangels Erfüllbarkeit der tatbestandlichen Voraussetzungen regelmäßig aus.[67] Hinzu kommt, dass die Ortspolizeibehörden mit einer **Vielzahl unbestimmter Rechtsbegriffe** konfrontiert werden, deren Anwendung sie vor besondere Herausforderungen stellt.[68]

Bei der Anwendung des § 18 PolG ist zu beachten, dass es durch die deutsche Rechtsordnung **kein grundsätzliches Alkoholkonsumverbot im öffentlichen Raum** gibt. Der nichtstörende Alkoholkonsum im öffentlichen Raum ist grundsätzlich erlaubt und kann ordnungsrechtlich nicht beanstandet werden.[69] Der Alkoholkonsum im öffentlichen Raum wird durch die in **Art. 2 Abs. 1 GG** grundrechtlich verankerte **allgemeine Handlungsfreiheit** geschützt.[70]

Zu den Begriffen „Alkohol" und „alkoholisches Getränk" vgl. die weitergehenden Ausführungen bei Reinhardt, in: Möstl/Trurnit, Polizeirecht BW, § 10 a Rn 3 bis 3.3. Richtigerweise ist als Grenzwert für ein alkoholisches Getränk ein **Alkoholgehalt von mindesten 0,5 Volumenprozent** vorauszusetzen.[71]

aa) Anwendungsvoraussetzungen § 18 Abs. 1 PolG

Der **Anwendungsbereich des § 18 Abs. 1 PolG** setzt für den Erlass einer Polizeiverordnung voraus:

(1) Öffentlicher Ort

Die Ermächtigung gilt nur für **öffentlich zugängliche Orte**, wie dem Wortlaut des § 18 Abs. 1 PolG klar zu entnehmen ist. „Öffentlicher Ort" ist ein **unbestimmter Rechtsbegriff**, der einem eigenen Beurteilungsspielraum der Kommune (Ortspolizeibehörde) unterliegt.

Die Formulierung „öffentlich zugängliche Orte" könnte nahelegen, dass auch allgemein zugängliche Privatgrundstücke und -flächen erfasst werden. Der Gesetzgeber hat hierzu aber ausgeführt, „dass in nichtöffentlichen Bereichen innerhalb des Geltungsbereichs der Polizeiverordnung, also beispielsweise in Wohnungen oder auch Gaststätten einschließlich der genehmigten Außenbewirtschaftungsflächen, weiterhin Alkohol konsumiert werden darf."[72] Damit werden **nur öffentliche Flächen vom Geltungsbereich des Gesetzes erfasst**, die entsprechend gewidmet sind.[73] Das werden in der Regel nur öffentliche Straßen, Plätze und vergleichbare Flächen (Parkanlagen, Spielflächen etc.) sein. Privatflächen sind dem Geltungsbereich entzogen, stehen sie im Eigentum

---

63 Pschorr, DÖV 2019, 389, 394: „wahrscheinlich leerlaufen". Krit. dazu auch Braun, BWGZ 2018, 76 f., 82; Pöltl, VBIBW 2018, 221, 233 f.; Rausch, Landesrecht BW, § 3 Rn 333. Vgl. dazu auch die Glosse in BWGZ 2017, 107.
64 LT-Drs. 16/5076, S. 4.
65 Erhardt, die:gemeinde 8/2020, 8, 10.
66 Beschluss des Gemeinderats der Stadt Karlsruhe vom 11.12.2018 (vgl. Beschlussvorlage 2018/0790).
67 Erhardt, die:gemeinde 8/2020, 8, 10.
68 Braun, BWGZ 2018, 76, 77 : „Ein Festival der unbestimmten Rechtsbegriffe"; krit. ebenso Rausch, Landesrecht BW, § 3 Rn 331 bis 333.
69 Zur Einschätzung der Auswirkungen der von Alkoholkonsum ausgehenden Beeinträchtigungen und der dagegen ergriffenen hoheitlichen Maßnahmen vgl. Kemmer/Taefi, Polizei & Wissenschaft 4/2020, 51 ff.
70 Vgl. dazu eingehender Pöltl, VBIBW 2018, 221, 222 m. w. N.; ebenso Wehser, DVP 2017, 54, 59; BVerfGE 90, 145, 171; OVG LSA; DVP 2011, 211, 215; Hebeler/Schäfer, DVBI 2009, 1424, 1426; Ruder, KommJur 2009, 46, 48; Erhardt, die:gemeinde 8/2020, 8, 11.
71 Reinhardt, in: Möstl/Trurnit, Polizeirecht BW, § 10 a Rn 4 m. w. N.
72 LT-Drs. 16/2741, S. 26.
73 **A. A.** Reinhardt, in: Möstl/Trurnit, Polizeirecht BW, § 10 a Rn 4, 4.1.

der Kommune oder der öffentlichen Hand, wäre das **Hausrecht**[74] ausreichendes und richtiges Mittel zur Bekämpfung von alkoholbedingten Störungen aus der Nutzung der Grundstücke. Im Kern will der Landesgesetzgeber mit § 18 PolG den Kommunen ermöglichen, grundlegende alkoholbedingte Störungen im öffentlichen Raum (also auf den öffentlichen Straßen und Plätzen einer Gemeinde) zu unterbinden.

Das **Durchqueren der Verbotszone mit alkoholischen Getränken** ist auch im Geltungsbereich einer Rechtsverordnung nach § 18 PolG **gestattet**, ebenso das Mitführen alkoholischer Getränke, wenn diese in nichtöffentlichen Bereichen innerhalb der Verbotszone konsumiert werden sollen.[75]

(2) Ausschluss konzessionierter Gaststättenbetriebe

28 § 18 Abs. 1 PolG stellt klar, dass der Geltungsbereich einer Rechtsverordnung nicht für Gebäude und Außenbewirtschaftungsflächen von Gewerbebetrieben gilt, für die eine Erlaubnis oder Gestattung nach gaststättenrechtlichen Vorschriften vorliegt. Damit erfasst der **Geltungsbereich einer Rechtsverordnung nach § 18 PolG konzessionierte Gaststättenbetriebe nicht**. Soweit Gewerbebetriebe eine Gaststättenerlaubnis oder eine gaststättenrechtliche Gestattung zum Ausschank alkoholischer Getränke haben, müssen von diesen ausgehende Störungen über die Regelungen des Gaststättenrechts abgehandelt werden.

(3) Erhebliche Störungen

29 § 18 Abs. 1 Nr. 1 PolG stellt darauf ab, dass Störungen auf die **Begehung alkoholbedingter Straftaten oder Ordnungswidrigkeiten** zurückzuführen sind. Damit wird zweierlei deutlich: Zum einen geht es nicht um Störungen aller Art, sondern nur um solche, die durch Straftaten oder Ordnungswidrigkeiten ausgelöst werden. Zum anderen ist ein Rückgriff auf die öffentliche Ordnung im Rahmen des § 18 PolG nicht möglich.

Die begangenen **Straftaten und Ordnungswidrigkeiten** müssen **alkoholbedingt** sein. Hierbei handelt es sich um einen **unbestimmten Rechtsbegriff**, dessen Anwendung den Kommunen einen eigenen Beurteilungsspielraum gibt. Der Gesetzgeber führt zu diesem Begriff nichts weiter aus. Gemessen an der allgemeinen Lebenserfahrung und den Erkenntnissen der Kriminologie ist davon auszugehen, dass mit „alkoholbedingt" nicht gemeint sein kann, dass der Alkoholkonsum der alleinige Grund für die Begehung der Straftaten ist. Alkohol ist bei einer Vielzahl von Straftaten mitkausaler Grund für die Begehung von Straftaten, selten aber alleinige Ursache.[76] Würde der Alkoholkonsum als alleinige Ursache für die begangenen Straftaten und Ordnungswidrigkeiten vorausgesetzt, liefe § 18 PolG faktisch ins Leere.[77] Es reicht damit grundsätzlich aus, dass der **Alkoholkonsum mitursächlich für die Begehung der Straftaten und Ordnungswidrigkeiten** war.[78]

Allerdings sagt das Gesetz auch klar, dass die **Mitkausalität des Alkoholkonsums** für die Begehung der Straftaten und Ordnungswidrigkeiten **zwingende Voraussetzung** für die Anwendung des § 18 PolG ist. Dies bedeutet für die Praxis, dass ein Rückgriff auf die allgemeine Polizeistatistik keinesfalls ausreichend ist.[79] Vielmehr muss die Kommune gemeinsam mit der Polizei eine Faktenlage zugrunde legen, aus der deutlich wird,

---

74 Vgl. zum Hausrecht auch die Ausführungen in § 4 Rn 54 ff.
75 So eindeutig LT-Drs. 16/2741, S. 26.
76 SächsOVG, SächsVBl 2017, 278, 281 (Rn 26); Kölbel, in: Eisenberg/Kölbel, Kriminologie, § 59 Rn 12; ebenso Brettel, in: Göppinger, Kriminologie, § 27 Rn 45; Schwind, Kriminologie, § 26 Rn 1; Bock, Kriminologie, Rn 664 f.; Wehser, DVP 2017, 54, 59; vgl. auch Kaiser/Schöch/Kinzig, Kriminologie, Kap. 4 Rn 10 ff.; Neubacher, Kriminologie, Kap. 19 Rn 2, 6; Geis, Fälle zum Polizei- und Ordnungsrecht, Rn 118 bis 121.
77 Ebenso SächsOVG, SächsVBl 2017, 278, 281 (Rn 24) zu § 9 a SächsPolG (nunmehr seit dem Jahr 2019: § 33 SächsPBG).
78 Ebenso Reinhardt, in: Möstl/Trurnit, Polizeirecht BW, § 10 a Rn 8.
79 Wie hier auch VGH BW, VBlBW 2010, 29, 32; Reinhardt, in: Möstl/Trurnit, Polizeirecht BW, § 10 a Rn 8.

II. Rechtmäßigkeitsvoraussetzungen

inwieweit der Alkoholkonsum mitursächlich für die entstandenen und zu erwartenden weiteren Störungen ist. Maßstab ist der **Kausalzusammenhang** zwischen Alkoholkonsum und Straftat oder Ordnungswidrigkeit.[80] Es wird also unumgänglich sein, die insgesamt begangenen Straftaten und Ordnungswidrigkeiten so zu erfassen, dass aus der **Statistik nachvollziehbar deutlich** wird, **welche Arten und Anzahl an Straftaten und Ordnungswidrigkeiten durch Alkoholkonsum mitverursacht** wurden.

(4) Hohe Belastung
§ 18 Abs. 1 PolG verlangt, dass den **Störungen im öffentlichen Raum eine erhebliche Relevanz** zukommt. Der Gesetzgeber beschreibt dieses Tatbestandsmerkmal dadurch, dass er zum einen auf die „Häufigkeit" oder die „Bedeutung" der begangenen alkoholbedingten Straftaten und Ordnungswidrigkeiten abstellt, und zum anderen fordert, dass sich die dadurch entstehende Belastung am betroffenen Ort „deutlich" von anderen Orten im Gemeindegebiet abhebt. Der Gesetzgeber geht mehrfach von einem „örtlichen Brennpunkt" aus.[81] Die Prüfung dieser Voraussetzungen erfordert eine **Gesamtbetrachtung aller relevanten Umstände**.[82]

Die Merkmale **„Häufigkeit"** und **„Bedeutung"** müssen **nicht kumulativ** vorliegen, sondern es reicht dem Grunde nach aus, dass eine der beiden Tatbestandsvarianten erfüllt ist.[83] In der Praxis werden regelmäßig beide Tatbestandsmerkmale erfüllt sein. In beiden Fällen handelt es sich um **unbestimmte Rechtsbegriffe**, die einem eigenen Beurteilungsspielraum der Kommune (Ortspolizeibehörde) unterliegen. Der Gesetzgeber verlangt für den Nachweis der Häufigkeit oder Bedeutung einen Beleg durch **polizeiliche Erkenntnisse**.

Von einer **Häufigkeit** kann ausgegangen werden, wenn in dem betroffenen Bereich **erheblich mehr Straftaten und Ordnungswidrigkeiten** begangen werden **als im übrigen Gemeindegebiet**. Die Häufigkeit unterliegt damit sowohl einer **objektiven** als auch einer **relativen Komponente**. Die objektive Komponente stellt auf die absolute Anzahl der an dem öffentlichen Ort begangenen Straftaten und Ordnungswidrigkeiten ab. Es muss also die Anzahl der dort begangenen Delikte erfasst und dokumentiert werden. Die relative Komponente verlangt einen Vergleich mit der Anzahl der begangenen Straftaten und Ordnungswidrigkeiten im übrigen Gemeindegebiet.

In der Gesetzbegründung finden sich weitergehende Ausführungen zur objektiven Komponente der „Häufung" dahin gehend, dass auf der Grundlage einer Erhebung der Polizeidienststellen in BW aus dem Jahr 2010 versucht wurde, **Schwellenwerte** zu ermitteln, die der Gesetzgeber als **Orientierungsrahmen** ansieht. Bei einer hohen absoluten Belastung (mehr als 100 Straftaten und/oder Ordnungswidrigkeiten pro Jahr) soll die Regelvermutung für das Vorliegen eines „Brennpunktes" sprechen. Bei Werten unter 50 soll ein örtlicher „Brennpunkt" in der Regel zu verneinen sein. Bei einem Wert zwischen 50 und 100 Straftaten und/oder Ordnungswidrigkeiten pro Jahr soll es vor allem auf die konkreten Umstände des Einzelfalls ankommen. Das Vorliegen eines „Brennpunkts" soll auch vom Ausmaß der Belastung in zeitlicher Hinsicht abhängen: Je häufiger und regelmäßiger die Situationen eintreten, die typischerweise zu den festgestellten Belastungen führen, desto eher könne von einem „Brennpunkt" ausgegangen werden."[84]

Bei diesen **Anwendungshinweisen des Gesetzgebers** ist insofern **Zurückhaltung geboten**, als es bei der Beurteilung des Vorliegens einer abstrakten Gefahr für die öf-

---

80 Pschorr, DÖV 2019, 389, 392; vgl. dazu auch Geis, Fälle zum Polizei- und Ordnungsrecht, Rn 118 bis 121.
81 LT-Drs. 16/2741, S. 26.
82 Braun, BWGZ 2018, 76, 78.
83 Wie hier Reinhardt, in: Möstl/Trurnit, Polizeirecht BW, § 10 a Rn 7.
84 LT-Drs. 16/2741, S. 26 f.

fentliche Sicherheit stets nur auf den **jeweiligen Einzelfall** ankommen kann.[85] Dabei werden die Struktur der Gemeinde, die Größe der Gemeinde, die allgemeine Kriminalitätsbelastung und weitere relevante Faktoren einzubeziehen sein.[86] Die vom Gesetzgeber genannten Zahlen aus dem Jahr 2010 können weitere wichtige Anhaltspunkte sein.

32 Straftaten und Ordnungswidrigkeiten von **Bedeutung** liegen vor, wenn sie **aufgrund ihrer Schwere deutlich über das Normalmaß alkoholbedingter Delikte hinausgehen**. Aufgrund der durch Art. 2 Abs. 1 GG geschützten allgemeinen Handlungsfreiheit können normale Begleiterscheinungen von Alkoholkonsum (wie leichte Beleidigungen oder einfachste Körperverletzungen wie Anrempeln) regelmäßig – wenn überhaupt – nur über die Häufigkeit tatbestandsrelevant sein. Das Merkmal der „Bedeutung" wird nur von schwerwiegenderen Straftaten erfüllt werden können, das können etwa erheblichere Körperverletzungen, Sexualstraftatdelikte, schwerere Eigentumsdelikte und Sachbeschädigungen, schwerwiegende Verstöße gegen den Jugendschutz oder vergleichbare Straftaten sein.

Regelmäßig werden hier **Ordnungswidrigkeiten** nicht in Betracht kommen, da ihnen lediglich eine „Denkzettelfunktion" zukommt und der Gesetzgeber dies bei der Schwere der erfassten Delikte bereits berücksichtigt hat. Ordnungswidrigkeiten reichen daher nur aus, wenn sie über das übliche Maß deutlich hinausgehen. Ein Beispiel hierfür können Lärmbelästigungen sein, die aufgrund ihrer Stärke signifikant über den in den gesetzlichen oder technischen Regelwerken vorgegebenen Grenz- und Richtwerten liegen. Treten solche als Ordnungswidrigkeit geahndete Beeinträchtigen regelmäßig auf, kann dies eine Bedeutung i. S. d. § 18 Abs. 1 Nr. 1 PolG belegen.[87]

33 Schließlich verlangt § 18 Abs. 1 Nr. 1 PolG noch, dass sich die **Belastung des betroffenen Gebiets deutlich von der des übrigen Gemeindegebiets abhebt**. Es handelt sich dabei um eine relative Komponente zur Ermittlung von „Häufigkeit" und „Bedeutung". Die Vergleichsfläche muss von ihrer Prägung und Charakteristik der Fläche des potenziellen „Brennpunkts" ähnlich sein.[88] Die betroffene Kommune muss daher nicht nur Anzahl, Bedeutung und Alkoholbezug der im betroffenen öffentlichen Raum begangenen Straftaten und Ordnungswidrigkeiten detailliert erfassen, sondern dies muss wegen des zwingenden Vergleichs auch für das in Bezug genommene Vergleichsgebiet geschehen.[89]

Der Gesetzgeber macht zahlenmäßige Angaben zum deutlichen Abheben, indem er ausführt, dass eine „deutliche Mehrbelastung in der Regel bei einer vier- bis fünffachen Belastung im Verhältnis zur Vergleichsfläche angenommen werden" könne. Dieser Anwendungshinweis muss kritisch gesehen werden, denn nur im **jeweiligen Einzelfall** kann beurteilt werden, ob die Art und Menge der Störungen die erforderliche Vergleichsrelevanz hat.[90] In der Praxis wird man von einer Häufung und besonderen Bedeutung vielfach bereits ausgehen können, wenn die **Anzahl der Straftaten zumindest doppelt so hoch wie im übrigen Gemeindegebiet** ist.

(5) Künftige Störungen

34 **§ 18 Abs. 1 Nr. 4 PolG** verlangt, dass Tatsachen die Annahme rechtfertigen, dass an dem betroffenen öffentlichen Ort **auch künftig mit der Begehung alkoholbedingter Straftaten oder Ordnungswidrigkeiten zu rechnen** ist. Es reicht mithin nicht aus, dass Störungen mit der erforderlichen Intensität begangen wurden, sondern es muss

---

85 Ebenso Pschorr, DÖV 2019, 389, 392; krit. auch Reinhardt, in: Möstl/Trurnit, Polizeirecht BW, § 10 a Rn 7.1, 7.2.
86 Ebenso Braun, BWGZ 2018, 76, 80.
87 Reinhardt, in: Möstl/Trurnit, Polizeirecht BW, § 10 a Rn 7.2; Pöltl, VBlBW 2018, 221, 231 m. w. N.; diff. Braun, BWGZ 2018, 76, 78; **a. A.** Pschorr, DÖV 2019, 389, 391.
88 LT-Drs. 16/2741, S. 27.
89 Vgl. dazu eingehender Pöltl, VBlBW 2018, 221, 231.
90 Ähnlich Braun, BWGZ 2018, 76, 78.

auf den betroffenen Flächen auch künftig mit entsprechenden Belastungen zu rechnen sein, um ein Verbot zu rechtfertigen. Hier wird der Kommune in ihrer Funktion als Ortpolizeibehörde eine **sachliche Prognose** abverlangt.[91] Kriterien sind die Dauer und Intensität der bisher begangenen alkoholbedingten Straftaten und Ordnungswidrigkeiten, der Nachweis fehlender alternativer wirksamer Maßnahmen und ernsthafte Anhaltspunkte für eine Fortsetzung der bisherigen erheblichen Störungen.[92] Dabei muss eine **nicht nur unerhebliche Wahrscheinlichkeit für weitere Straftaten und Ordnungswidrigkeiten** gegeben sein. Aus dem Kontext mit der Nr. 1 des § 18 Abs. 1 PolG ist zu folgern, dass nicht nur die künftig zu erwartende Begehung irgendwelcher Straftaten und Ordnungswidrigkeiten ausreicht, sondern dass auch die künftigen Delikte die **Intensität und Bedeutung der bisherigen Störungen** bewirken müssen.

(6) Menschenmenge

Aus **§ 18 Abs. 1 Nr. 2 PolG** folgt, dass an dem zum Erlass der Polizeiverordnung vorgesehenen öffentlichen Ort **regelmäßig eine Menschenmenge anzutreffen** sein muss. Damit erfolgt eine **Abgrenzung** des Anwendungsbereichs des § 18 Abs. 1 PolG **zu den polizeilichen Einzelmaßnahmen**. Gehen die Störungen von einer überschaubaren Anzahl einzelner Personen aus, dann kann und muss gegen die Störer mit polizeilichen Einzelmaßnahmen vorgegangen werden. Es sind deutliche Zweifel angebracht, dass der vom Gesetzgeber verwendete Begriff „Menschenmenge" noch im Sinne des Verfassungsrechts hinreichend bestimmt ist.[93]

35

Es sind deutliche Zweifel angebracht, dass der vom Gesetzgeber verwendete Begriff „Menschenmenge" noch im Sinne des Verfassungsrechts hinreichend bestimmt ist[94], auch wenn er ebenfalls in § 68 Abs. 3 PolG vorkommt (vgl. dazu § 13 Rn 63). Jenseits dieser verfassungsrechtlichen Bedenken ist **„Menschenmenge"** ein **unbestimmter Rechtsbegriff** und unterliegt damit einem behördlichen Beurteilungsspielraum.[95] Es ist schwierig, hier eine konkrete Zahl zu nennen, ab der eine Menschenmenge im Sinne der Norm anzunehmen ist. Zwar spricht der Gesetzgeber von zumindest 50 Personen[96], dem Zweck der gesetzlichen Regelung dürfte es aber entsprechen, eine **Einzelfallbetrachtung** vorzunehmen und von einer solchen Menschenmenge auszugehen, wenn die Polizei und die kommunalen Ordnungsbehörden aufgrund der vorhandenen Anzahl an Menschen nicht mehr in der Lage sind, mit anderen geeigneten polizeilichen Maßnahmen die Situation so in den Griff zu bekommen, dass die dort begangenen Störungen sicher und nachhaltig unterbunden werden können.[97] Die Zahl von 50 Personen kann hierfür ein geeigneter Richtwert sein.

„Regelmäßig" meint wiederholend bzw. immer wieder. Hierfür reicht es aus, wenn sich eine Menschenmenge in nicht allzu großen Abständen immer wieder an dem betroffenen Ort versammelt. Bei größeren zeitlichen Abständen wird dieses Tatbestandsmerkmal eher nicht erfüllt sein, **Jahrestage** (1. Mai etc.) dürften aber darunter fallen.[98]

(7) Verhältnismäßigkeit

Gem. **§ 18 Abs. 1 Nr. 3 PolG** ist Voraussetzung für den Erlass einer Polizeiverordnung, dass **mit anderen polizeilichen Maßnahmen keine nachhaltige Entlastung** erreicht werden kann. Der Gesetzgeber statuiert damit den **Grundsatz der Verhältnismäßig-**

36

---

91 Ebenso Braun, BWGZ 2018, 76, 79: „Prognose auf der Basis von Tatsachen."; Pschorr, DÖV 2019, 389, 303.
92 Vgl. dazu auch Braun, BWGZ 2018, 76, 79.
93 So zutr. Pschorr, DÖV 2019, 389, 293.
94 So zutr. Pschorr, DÖV 2019, 389, 293.
95 **A. A.** hinsichtlich des behördlichen Beurteilungsspielraums Rausch, Landesrecht BW, § 3 Rn 333.
96 LT-Drs. 16/2741, S. 27.
97 Krit. zu den vom Gesetzgeber genannten Schwellenwerten auch Braun, BWGZ 2018, 76, 80 f.
98 Zutr. Reinhardt, in: Möstl/Trurnit, Polizeirecht BW, § 10 a Rn 9; Pschorr, DÖV 2019, 389, 393.

keit unmittelbar im Gesetz. Der Erlass einer Polizeiverordnung auf der Grundlage des § 18 PolG ist damit **Ultima Ratio**.[99] Die Kommunen haben im Rahmen der Ausübung ihres Ermessens zu prüfen, ob es nicht mildere, ebenso effektive Mittel gibt, um die Situation an einem örtlichen „Brennpunkt" zu entschärfen. Für die Praxis bedeutet dies, dass ein Rückgriff auf § 18 PolG erst in Betracht kommt, wenn die Kommune in ihrer Funktion als Ortspolizeibehörde **alle anderen polizeirechtlichen Mittel ausgeschöpft** hat.

Mildere kommunale und polizeiliche Maßnahmen in diesem Sinne sind Präventionsmaßnahmen aller Art, verstärkte Streifentätigkeit, das gezielte Ansprechen alkoholisierter Personen, Ermahnungen, Platzverweise und Aufenthaltsverbote. Diese milderen Mittel müssen **ernsthaft und über längere Zeit zur Anwendung gekommen sein**, ohne dass eine nachhaltige Verbesserung erreicht werden konnte. Richtigerweise sollte bei Alkoholexzessen im öffentlichen Raum ein **gestuftes Verfahren polizeilicher Maßnahmen** zur Anwendung kommen.[100]

bb) Zeitliche und örtliche Begrenzung
(1) Räumliche Begrenzung

37 Aus dem Anwendungsbereich und Zweck des § 18 PolG ergibt sich, dass der **räumliche Geltungsbereich des** durch die Polizeiverordnung angeordneten **Alkoholkonsumverbots** in der Verordnung **eindeutig festgelegt** werden muss. Dies ist zum einen der hinreichenden Bestimmtheit der Rechtsverordnung geschuldet, zum anderen darf das Alkoholkonsumverbot räumlich nur so weit ausgedehnt werden, dass sein Geltungsbereich den tatbestandlichen Anforderungen des § 18 Abs. 1 PolG genügt. Unschädlich ist dabei, wenn der räumliche Geltungsbereich auf zur Kontrolle des Verbots **zwingend notwendige Zu- und Abgangsbereiche** ausgedehnt wird. Im Kern darf aber nur der eigentliche „Brennpunkt" erfasst und geschützt werden.

In der **Praxis** erfolgt die Definition des räumlichen Geltungsbereichs durch eine **Aufzählung** der begrenzenden Straßen und Plätze sowie der öffentlichen Flächen innerhalb der Fläche, und durch Hinzufügen eines Lageplans, in dem der Geltungsbereich der Rechtsverordnung kenntlich gemacht ist.

(2) Zeitliche Begrenzung

38 § 18 Abs. 2 PolG verlangt eine **zeitliche Beschränkung des Alkoholkonsumverbots**. Das Verbot soll **auf bestimmte Tage und an diesen zeitlich beschränkt** werden. Auch dies ist Ausdruck der Verhältnismäßigkeit: Das Verbot soll in der Regel nur so lange gelten wie es aufgrund der Umstände des Einzelfalls erforderlich erscheint. Der Gesetzgeber führt dazu aus, dass Verbote auch an „Brennpunkten" nur zu den Zeiten gerechtfertigt seien, an denen erfahrungsgemäß mit Störungen der öffentlichen Sicherheit und Ordnung zu rechnen sei. Dies werde insbesondere in den Abend- und Nachtstunden an den Wochenenden und vor Feiertagen der Fall sein.[101]

Die Rechtsverordnung **muss im Regelfall** („soll") eine zeitliche Regelung enthalten, die das Alkoholkonsumverbot auf bestimmte Tage und Zeiten an diesen Tagen begrenzt. In der Regel sind dies die Abend- und Nachtzeiten von Freitag bis Sonntag und an Feiertagen; in manchen Städten können noch die Mittwoche und Donnerstage hinzukommen. „Soll" bedeutet, dass ein **Abweichen** von dieser Vorgabe **nur in atypischen Fallkonstellationen** in Betracht kommt. In der Praxis ist ein zeitlich unbegrenztes – also durchgehendes – Alkoholkonsumverbot kaum denkbar.[102]

---

99 Reinhardt, in: Möstl/Trurnit, Polizeirecht BW, § 10 a Rn 10; Braun, BWGZ 2018, 76, 79, u. bei Erhardt, die:gemeinde 8/2020, 8, 12; Rausch, Landesrecht BW, § 3 Rn 333.
100 Zutr. Braun, BWGZ 2018, 76, 79.
101 LT-Drs. 2741, S. 27; vgl. dazu auch Braun, BWGZ 2018, 76, 79.
102 Braun, BWGZ 2018, 76, 79, 81 f.; i. E. ebenso Reinhardt, in: Möstl/Trurnit, Polizeirecht BW, § 10 a Rn 12.

cc) Befristung

Gem. § 18 Abs. 3 PolG sind **Polizeiverordnungen** nach § 18 Abs. 1 PolG zu **befristen**. 39 Der Gesetzgeber macht keine Angabe zur Dauer der Befristung. Als Ausfluss des Grundsatzes der Verhältnismäßigkeit ist davon auszugehen, dass die Geltungsdauer der Rechtsverordnung **nur so lange** sein darf, **wie für den angestrebten Zweck** (nachhaltiges Unterbinden der alkoholbedingten Störungen) **zwingend erforderlich und notwendig** erscheint.[103] Eine darüber hinausgehende Einschränkung der durch Art. 2 Abs. 1 GG geschützten allgemeinen Handlungsfreiheit wäre rechtswidrig. Darüber hinaus kommt den Ortspolizeibehörden die Pflicht zu, die Berechtigung der Rechtsverordnung auch **nach deren Erlass dauernd** zu **überprüfen** und bei Wegfall der Erlassvoraussetzungen sofort zu reagieren.[104]

dd) Polizeiliche Maßnahmen

Sofern die tatbestandlichen Voraussetzungen des § 18 Abs. 1 PolG erfüllt sind, kann 40 durch die Polizeiverordnung sowohl der **Konsum von Alkohol als auch das Mitführen von alkoholischen Getränken zum Konsum an diesem Ort** untersagt werden. Es werden mithin der Konsum von Alkohol und das Mitführen von Alkohol zum Zweck des Konsums untersagt. Beide **Untersagungstatbestände sind alternativ** („oder"), werden aber regelmäßig in Kombination zur Anwendung kommen. Beim Untersagen des Mitführens von Alkohol zum Konsum wird sich in der Praxis häufig das Problem des Nachweises ergeben, ob der Alkohol mitgeführt wird, um ihn am von der Verbotszone erfassten öffentlichen Ort zu konsumieren. Der Gesetzgeber hat klargestellt, dass es nicht untersagt werden kann, mitgebrachten Alkohol durch die Verbotszone zu bringen oder innerhalb der Verbotszone an privaten Orten zu konsumieren.[105]

ee) Muster einer Polizeiverordnung gem. § 18 PolG

Die Inhalte einer Polizeiverordnung gem. § 18 PolG variieren je nach zugrundeliegen- 41 dem Sachverhalt und örtlichen Verhältnissen. Die Grundstruktur könnte indes wie folgt aussehen:

Polizeiverordnung der Gemeinde / Stadt XXXXX
über ein Alkoholkonsumverbot
in der XXXXX-Straße / auf dem XXXXX-Platz
vom XXXXX (Datum), Amtsblatt vom XXXXX (Datum)

Aufgrund von § 18 Abs. 1 i V. m. § 1 Abs. 1 sowie § 26 Polizeigesetz Baden-Württemberg in der Fassung der Bekanntmachung vom 6.10.2020 (GBl. S. 735, ber. S. 1092), zuletzt geändert durch Gesetz vom XXXXX (GBl. XXXXX), sowie § 44 Abs. 3 Gemeindeordnung Baden-Württemberg in der Fassung vom 24.7.2000 (GBl. S. 582, ber. S 698), zuletzt geändert durch Gesetz vom XXXXX (GBl. XXXXX), erlässt der Gemeinderat der Gemeinde / Stadt XXXXX am XXXXX *(Datum)* folgende Polizeiverordnung:

§ 1
Geltungsbereich

(1) Diese Polizeiverordnung gilt für den Bereich der XXXXX-Straße, / des XXXX-Platzes in XXXXX *(Name der Gemeinde / Stadt)*. Der Geltungsbereich liegt zwischen XXXXX-Straße und XXXXX-Straße ..... *(schriftliche Bezeichnung der begrenzenden Straßen und Plätze)* und ergibt sich aus dem beigefügten Lageplan, in dem der Geltungsbereich farblich gekennzeichnet ist.

---

[103] Reinhardt, in: Möstl/Trunit, Polizeirecht BW, § 10 a Rn 13, geht von einer regelmäßigen Gesamtdauer von **maximal 2 bis 3 Jahren** aus.
[104] Braun, BWGZ 2018, 76, 79.
[105] LT-Drs. 16/2741, S. 26; Reinhardt, in: Möstl/Trunit, Polizeirecht BW, § 10 a Rn 3.

(2) Der in der Anlage beigefügte Lageplan ist Bestandteil dieser Polizeiverordnung.

§ 2
Alkoholkonsumverbot

(1) In dem durch § 1 festgelegten Geltungsbereich dieser Polizeiverordnung ist an öffentlich zugänglichen Orten außerhalb von Gebäuden und Außenbewirtschaftungsflächen von Gewerbetreibenden während den Öffnungszeiten, für die eine Erlaubnis oder Gestattung nach gaststättenrechtlichen Vorschriften vorliegt, untersagt:
(a) Alkoholische Getränke zu konsumieren oder
(b) alkoholische Getränke zum Konsum im Geltungsbereich des Verbots mitzuführen.
(2) Das Alkoholkonsumverbot gilt im Zeitraum vom 1. April bis zum 31. Oktober jeden Jahres, jeweils donnerstags bis samstags von 18 bis 24 Uhr und sonntags von 11 Uhr bis 20 Uhr.

§ 3
Ausnahmen

In Einzelfällen oder aus Anlass besonderer Ereignisse kann die Ortspolizeibehörde auf vorherigen Antrag Ausnahmen von diesem Verbot zulassen, sofern keine öffentlichen Interessen entgegenstehen.

§ 4
Ordnungswidrigkeiten

(1) Ordnungswidrig handelt, wer
1. entgegen § 2 Abs. 1 a in dem in § 1 bezeichneten Bereich alkoholische Getränke konsumiert,
2. entgegen § 2 Abs. 1 b in dem in § 1 bezeichneten Bereich alkoholische Getränke zum Konsum im Geltungsbereich des Verbots mitführt.
(2) Abs. 1 gilt nicht, soweit der Alkoholkonsum außerhalb der in § 2 Abs. 2 genannten Zeiten erfolgt oder eine Ausnahme gem. § 3 erteilt wurde.
(3) Die Ordnungswidrigkeiten können mit einer Geldbuße von bis zu 5.000 Euro geahndet werden.

§ 5
Inkrafttreten und Befristung

Diese Polizeiverordnung tritt am XXXXX (Datum) in Kraft und ist befristet bis zum XXXXX (Datum).
Gemeinde/ Stadt XXXXX
Die / der Bürgermeister/in

d) Bestimmtheit und Vollständigkeit

42   Das **Rechtsstaatsprinzip** und die aus ihm folgenden **Gebote der Normklarheit und Justitiabilität** fordern vom Normgeber, dass er abstrakt-generelle Verbote so klar und bestimmt fasst, dass die betroffene Person die Rechtslage, d. h. Inhalt und Grenzen von Gebots- und Verbotsnormen, in zumutbarer Weise erkennen und ihr Verhalten danach ausrichten kann.[106] Das in einer Polizeiverordnung statuierte Verbot muss deshalb in seinem zeitlichen und räumlichen Geltungsbereich sowie seinem Inhalt nach ausreichend bestimmt sein. Erforderlich sind **Bestimmtheit** und **Vollständigkeit** der Verordnung. Das **rechtsstaatliche Gebot hinreichender Bestimmtheit von Normen** zwingt den Normgeber nicht, Normtatbestände stets mit genau erfassten Maßstäben zu umschreiben. Generalklauseln und unbestimmte, der Ausfüllung bedürftige Begriffe sind schon deshalb grundsätzlich zulässig, weil sich die Vielfalt der Verwaltungsaufgaben nicht immer in klar umrissenen Begriffen einfangen lässt. Der Normgeber ist gehalten,

---

106   Reinhardt, in: Möstl/Trurnit, Polizeirecht BW, § 10 Rn 16.

seine Regelungen so bestimmt zu fassen, wie dies nach der Eigenart der zu ordnenden Lebenssachverhalte und mit Rücksicht auf den Normzweck möglich ist.[107]

Beispiele:
- Das **Verbot in einer Polizeiverordnung**, auf öffentlichen Straßen und in öffentlichen Anlagen außerhalb von Freischankflächen oder Einrichtungen wie Grillstellen **ausschließlich oder überwiegend zum Zwecke des Alkoholgenusses zu lagern oder dort dauerhaft zu verweilen**, wenn dessen Auswirkungen geeignet sind, Dritte erheblich zu belästigen, ist wegen fehlender Bestimmtheit unwirksam. Die Tatbestandsmerkmale in der Verordnung müssen eine hinreichende Abgrenzung zwischen verbotenem und noch zulässigem Verhalten ermöglichen (VGH BW, VBlBW 2010, 29, 33; so auch OVG LSA, DVP 2011, 211).
- Die **räumliche Abgrenzung des Geltungsbereichs eines Leinenzwangs für Hunde** muss im Text oder als Anlage einer Polizeiverordnung vorgenommen werden. Sie darf nicht der Verwaltung zur beliebigen Konkretisierung und Veränderung überlassen werden. Eine Polizeiverordnung, die auf den bauplanungsrechtlichen Begriff des Innenbereichs Bezug nimmt, genügt den Anforderungen an die Bestimmtheit (VGH BW, VBlBW 2008, 134, 135 ff.).
- Gem. **§ 1 Abs. 1 HuV BW** sind **Kampfhunde** „Hunde, bei denen wegen rassespezifischer Merkmale, durch Zucht oder im Einzelfall wegen ihrer Haltung oder Ausbildung von einer gesteigerten Aggressivität und Gefährlichkeit gegenüber Menschen oder Tieren auszugehen ist." Nach Ansicht des VGH BW ist diese Legaldefinition hinreichend bestimmt bzw. bestimmbar. Das rechtsstaatliche **Gebot hinreichender Bestimmtheit** ist auch nicht deshalb verletzt, weil die Zuordnung bestimmter Hundekreuzungen zu einer Hunderasse im Einzelfall eine sachverständige Klärung erfordern mag (VGH BW, VBlBW 2002, 284).

e) Grundsatz der Verhältnismäßigkeit

Die Regelungen in einer Polizeiverordnung dürfen nicht gegen den Grundsatz der Verhältnismäßigkeit verstoßen. Sie müssen zur Abwehr von Gefahren für die öffentliche Sicherheit oder Ordnung geeignet sein, den geringsten Eingriff darstellen und angemessen sein (§ 5 PolG, vgl. § 6 Rn 33). Für ein Alkoholkonsumverbot im öffentlichen Raum folgt die Verhältnismäßigkeit im engeren Sinne unmittelbar aus § 18 Abs. 1 Nr. 3 PolG.

43

Beispiele:
- Eine Polizeiverordnung, wonach nur für den Bereich einer Fußgängerzone ein **Leinenzwang für Hunde** angeordnet wird, ist **verhältnismäßig**. Sie stellt im Vergleich zu einer Vorschrift, die das Mitnehmen der Hunde in diesem Bereich ganz verbieten würde, das mildere Mittel dar (VGH BW, BWGZ 1989, 54, 56).
- Der Erlass eines umfassenden **Alkoholkonsumverbots** durch eine Gefahrenabwehrverordnung allein zu dem Zweck, die von den zum Alkoholkonsum verwendeten **Glasbehältnissen** möglicherweise ausgehenden Gefahren zu verhindern, ist regelmäßig unverhältnismäßig (OVG LSA, DVP 2011, 211).

f) Grundsatz der Gleichbehandlung

Beim Erlass einer Polizeiverordnung muss die Behörde den Grundsatz der Gleichbehandlung beachten. Der **allgemeine Gleichheitssatz** aus Art. 3 Abs. 1 GG **gebietet**, wesentlich Gleiches gleich und wesentlich Ungleiches seiner Eigenart entsprechend verschieden zu behandeln. Seine Anwendung beruht auf einem Vergleich von Lebensverhältnissen, die nie in allen, sondern nur in einzelnen Elementen übereinstimmen. Der **Gleichheitssatz** ist dann **verletzt**, wenn eine vom Verordnungsgeber vorgenommene Differenzierung sich nicht auf einen vernünftigen oder sonst wie einleuchtenden Grund zurückführen lässt. Insbesondere darf die Behörde bei der Formulierung der Verbote und Gebote in einer Polizeiverordnung **nicht willkürlich** – also ohne Vorliegen eines sachlich einleuchtenden Grundes – unterschiedliche Regelungen vornehmen. Bei zahlreichen Sachverhalten, die von den Regelungen einer Polizeiverordnung erfasst werden, sind (notwendige) **Typisierungen** zulässig.[108]

44

---

107 VGH BW, VBlBW 2010, 29, 33; Zeitler/Trurnit, Polizeirecht BW, Rn 1002.
108 Reinhardt, in: Möstl/Trurnit, Polizeirecht BW, § 10 Rn 19 a.

Beispiel: Die in § 1 **HuV BW** getroffene Unterscheidung zwischen Hunden, deren Kampfhundeeigenschaft *vermutet* wird und solchen, die im *Einzelfall* als gefährlich anzusehen sind, ist mit dem Gleichheitssatz vereinbar (VGH BW, VBlBW 2002, 292, 295). Andererseits verstößt eine Aufzählung der als Kampfhunde geltenden Hunderassen in einer Verordnung gegen das **Gleichbehandlungsgebot,** wenn es der Verordnungsgeber ohne erkennbaren sachlichen Grund unterlässt, auch andere gefährliche Hunderassen in die Aufzählung der sog. **Kampfhunde** aufzunehmen (VGH BW, NVwZ 1992, 1105).

g) Vereinbarkeit mit höherrangigem Recht

45 Gem. **§ 19 PolG** dürfen Polizeiverordnungen nicht mit Gesetzen oder mit Rechtsverordnungen übergeordneter Behörden im Widerspruch stehen. Mit dieser Bestimmung bringt das PolG den **Grundsatz des Gesetzesvorrangs** bzw. des Vorrangs der ranghöheren Norm zum Ausdruck und legt die Reihenfolge der Polizeiverordnungen innerhalb der **Normenhierarchie** fest (vgl. Schaubild Nr. 16). **Rechtsnormen höherrangigen Rechts** sind insbesondere Bestimmungen aus dem EU-Recht, soweit sie gegenüber dem innerstaatlichen Recht Vorrang besitzen (etwa EU-Vertrag, EU-Verordnungen, EU-Ratsbeschlüsse), Bundesrecht (Grundgesetz, formelle Gesetze, Rechtsverordnungen, vgl. Art. 31 GG) und Landesrecht (Landesverfassung und formelle Gesetze, Rechtsverordnungen). Ein Widerspruch gegen höherrangiges Recht liegt auch vor, wenn ein Spezialgesetz eine abschließende Regelung enthält (etwa das VersammlG) und wenn die Polizeiverordnung höherrangige Regelungen ergänzen oder erweitern würde. Verstößt eine Polizeiverordnung gegen höherrangiges Recht, ist sie von Anfang an nichtig (vgl. § 24 Abs. 2 Hs 2 PolG). Kollidiert die Verordnung mit einer rangniedrigen Norm (etwa mit einer kommunalen Satzung), geht die Polizeiverordnung vor.[109]

Beispiel: Die Vorschriften der Polizeiverordnung des Innenministeriums und des Ministeriums Ländlicher Raum über das Halten gefährlicher Hunde (HuV BW) gehen den Regelungen einer örtlichen Polizeiverordnung vor. So kann etwa eine Ortspolizeibehörde nicht in ihrer Polizeiverordnung gem. § 17 PolG die Kampfhundeeigenschaft definieren, da § 1 HuV BW dazu eine abschließende Regelung enthält. Gem. § 6 HuV BW kann die Ortspolizeibehörde aber „weitergehende" Regelungen in einer örtlichen Polizeiverordnung vornehmen, wie etwa zum Leinenzwang für Hunde.

2. Formelle Rechtmäßigkeit

a) Zuständigkeit

46 Bei der Zuständigkeit ist zwischen dem Erlass einer Rechtsverordnung auf der allgemeinen Ermächtigungsgrundlage des § 17 PolG und einer Rechtsverordnung auf der speziellen Rechtsgrundlage des § 18 PolG zu unterscheiden. Mit dem Gesetz zur Abwehr alkoholbedingter Störungen der öffentlichen Sicherheit[110] hat der Gesetzgeber für eine Rechtverordnung nach § 18 PolG eine abweiche Zuständigkeitsregelung eingeführt.

aa) Sachliche Zuständigkeit

(1) Rechtsverordnung gem. § 17 PolG

Gem. **§ 17 Abs. 1 PolG** können die **allgemeinen Polizeibehörden** Polizeiverordnungen erlassen. **Sachlich zuständig** sind somit gem. §§ 106 Abs. 1, 107 PolG die Behörden, etwa die Gemeinden als Ortspolizeibehörden. Die **besonderen Polizeibehörden** (§ 106 Abs. 2 PolG) sind nicht ermächtigt, Polizeiverordnungen gem. §§ 17 ff. PolG zu erlassen.[111] Sie können dies nur aufgrund spezieller Ermächtigungen. Der **Polizeivollzugsdienst** (§§ 115 ff. PolG) besitzt keine Befugnis zum Erlass einer Polizeiverordnung. Eine derartige Zuständigkeit lässt sich auch nicht aus der **Parallelzuständigkeit** des § 105

---

109 Kahlert, in: Belz/Mußmann/Kahlert/Sander, Polizeigesetz BW, § 11 Rn 5; Reinhardt, in: Möstl/Trurnit, Polizeirecht BW, § 11 Rn 1.2.
110 GBl. S. 631.
111 Reinhardt, in: Möstl/Trurnit, Polizeirecht BW, § 10 Rn 5.

Abs. 2 PolG herleiten. Fälle, in denen ein **sofortiges** Tätigwerden durch Erlass einer Polizeiverordnung erforderlich erscheint, sind nicht denkbar.

(2) Rechtsverordnung gem. § 18 PolG

Gem. **§ 18 PolG** erfolgt der Erlass einer Rechtsverordnung zur Beseitigung alkoholbedingter Störungen durch die **Ortspolizeibehörde**. Aus **§ 107 Abs. 4 S. 1 PolG** folgt unmittelbar, dass dies die **Gemeinden** sind.

47

bb) Instanzielle Zuständigkeit

(1) Rechtsverordnung gem. § 17 PolG

Für den Erlass von Polizeiverordnungen gem. **§ 17 PolG** besteht **keine Vermutung der Zuständigkeit der Ortspolizeibehörden** (vgl. § 111 Abs. 2 PolG). Vielmehr sind die allgemeinen Polizeibehörden nebeneinander zuständig (sog. konkurrierende Zuständigkeit). Für das Gebiet einer kreisangehörigen kleineren Gemeinde kann daher **jede allgemeine Polizeibehörde** eine Polizeiverordnung erlassen, also sowohl die Gemeinde selbst als Ortspolizeibehörde, die Kreispolizeibehörde als untere Verwaltungsbehörde (Landratsamt), das Regierungspräsidium als Landespolizeibehörde oder das Ministerium. Ohne sachliche Gründe kann die höhere Polizeibehörde wegen Art. 70 Abs. 1 S. 2 LV nicht anstelle der nachgeordneten Behörde tätig werden.[112] Verordnungen übergeordneter Behörden haben Vorrang (§§ 19, 24 Abs. 2 PolG).

48

Dementsprechend kommt der Regelung in **§ 22 PolG**, wonach die zur Fachaufsicht zuständige Behörde ein sog. **Selbsteintrittsrecht** besitzt, wenig praktische Bedeutung zu. Denn die eintrittsberechtigte Behörde (§ 109 PolG) ist bereits gem. § 21 PolG für den Erlass einer Polizeiverordnung für den Geltungsbereich der nachgeordneten Polizeibehörde zuständig. Praktische Bedeutung hat das Selbsteintrittsrecht gem. § 22 PolG nur, wenn eine kommunale Vertretungskörperschaft (etwa Gemeinderat oder Kreistag) die gem. § 23 PolG zum Erlass einer Polizeiverordnung vorgesehene Zustimmung versagt.

Gem. **§ 21 S. 1 PolG** werden Polizeiverordnungen von den Ministerien innerhalb ihres Geschäftsbereichs oder von den übrigen allgemeinen Polizeibehörden für ihren Dienstbezirk erlassen.

Beispiel: Da die HuV BW sowohl den **Geschäftsbereich** des Innenministeriums als auch den des Ministeriums Ländlicher Raum betrifft, muss sie gemeinsam erlassen werden (vgl. VGH BW, NVwZ 1992, 1105).

(2) Rechtsverordnung gem. § 18 PolG

Aus **§ 18 PolG** folgt für den Erlass einer Polizeiverordnung zwecks Alkoholkonsumverbot im öffentlichen Raum die unmittelbare Zuständigkeit der **Ortspolizeibehörde**. Ortspolizeibehörde sind gem. **§ 107 Abs. 4 S. 1 PolG** die **Gemeinden**. Zum Selbsteintrittsrecht vgl. § 9 Rn 53.

49

cc) Organzuständigkeit

(1) Rechtsverordnung gem. § 17 PolG

Die Wahrnehmung der Aufgaben nach dem PolG stellt in kommunalrechtlicher Hinsicht eine Pflichtaufgabe nach Weisung dar (vgl. § 2 Abs. 3, § 44 Abs. 3 GemO). Für den Erlass von **Polizeiverordnungen gem. § 17 PolG** (vgl. § 107 Abs. 4 S. 1 PolG) ist daher gem. **§ 21 S. 2 PolG** der **Bürgermeister zuständig**[113] und nicht der Gemeinderat als

50

---

112 Deger, in: Stephan/Deger, Polizeigesetz BW, § 13 Rn 1.
113 Vgl. Engel/Heilshorn, Kommunalrecht BW, § 15 Rn 22; Reinhardt, in: Möstl/Trurnit, Polizeirecht BW, § 13 Rn 4.

Hauptverwaltungsorgan der Gemeinde (§§ 23, 24 GemO).[114] Wird eine Polizeiverordnung gem. § 17 PolG nicht vom Bürgermeister, sondern vom Gemeinderat erlassen, hat innerhalb der Gemeinde nicht das zuständige Organ gehandelt. Eine solche Polizeiverordnung ist **nicht wirksam** erlassen.[115] Hierbei hat der Bürgermeister die **Zustimmungsvorbehalte des § 23 PolG** zu beachten: Gem. 23 Abs. 1, 2 PolG bedürfen Polizeiverordnungen, die **länger als einen Monat gelten** sollen, der **Zustimmung des Gemeinderats** (vgl. dazu § 9 Rn 59).

Der Gemeinderat besitzt die sog. **Befassungskompetenz** und kann somit polizeirechtliche Angelegenheiten beraten und darüber Beschluss fassen. Eine Verpflichtung des Bürgermeisters zur Vollziehung derartiger Beschlüsse besteht indes nicht.

(2) Rechtsverordnung gem. § 18 PolG

51 Gem. **§ 18 PolG** erfolgt der Erlass der Rechtsverordnung durch die Ortspolizeibehörde. Aus § 17 Abs. 1 PolG i. V. m. § 21 S. 1 PolG in der seit 8.12.2017 geltenden Fassung folgt, dass die unmittelbare Zuständigkeit des Bürgermeisters auf § 17 PolG begrenzt ist und für § 18 PolG nicht gilt. Somit **gelten die allgemeinen Zuständigkeitsregelungen**.

Gem. § 107 Abs. 4 S. 1 PolG sind **Ortspolizeibehörden die Gemeinden**. Gem. § 107 Abs. 4 S. 2 PolG handelt es sich um eine Pflichtaufgabe nach Weisung. Aus § 44 Abs. 3 S. 1 GemO folgt, dass der Bürgermeister Weisungsaufgaben in eigener Zuständigkeit erledigt, soweit gesetzlich nichts anderes bestimmt ist. Abweichend hiervon ist der Gemeinderat für den Erlass von Satzungen und Rechtsverordnungen zuständig, soweit Vorschriften anderer Gesetze nicht entgegenstehen.[116] Daraus folgt, dass für den Erlass einer Rechtsverordnung gem. § 18 PolG die **originäre Zuständigkeit für den Erlass beim Gemeinderat** liegt.[117] Das besondere Zustimmungserfordernis des § 23 Abs. 2 PolG (Geltungsdauer länger als einen Monat) läuft dabei ins Leere.[118]

52 Die abschließende Zuständigkeit des Gemeinderats für den Erlass einer Rechtsverordnung gem. § 18 PolG dürfte und sollte in der kommunalpolitischen Praxis dazu führen, dass sich der **Gemeinderat intensiver mit den Voraussetzungen und Rechtsfragen für den Erlass der Rechtsverordnung befasst**. Der die **Beschlussvorlage** erstellende Bürgermeister muss dafür Sorge tragen, dass in der Beschlussbegründung eine ausführliche Auseinandersetzung mit allen tatbestandlichen Voraussetzungen des § 18 PolG erfolgt und dass insbesondere deutlich wird, dass der Gemeinderat das ihm beim Erlass der Rechtsverordnung zukommende Ermessen in der Gemeinderatssitzung richtig und vollständig ausgeübt hat. Andernfalls läuft die Gemeinde Gefahr, dass der Beschluss einer gerichtlichen Überprüfung nicht standhält. Dies führt ohne Zweifel zu einem erheblichen Begründungsaufwand bei der Erstellung der gemeinderätlichen Beschlussvorlage durch den Bürgermeister und die Verwaltung.

Darüber hinaus muss der **Bürgermeister** bei vom Gemeinderat beschlossenen Rechtsverordnungen nach § 18 PolG als Ausfluss der ihm gem. § 43 Abs. 2 GemO obliegenden **Pflicht zur Wahrung der Gesetzmäßigkeit** von Gemeinderatsbeschlüssen stets **prüfen**, ob die besonderen Tatbestandsvoraussetzungen des § 18 PolG für den Erlass

---

114 § 13 S. 1 PolG wurde durch das Art. 1 Nr. 2 des Gesetzes zur Abwehr alkoholbedingter Störungen der öffentlichen Sicherheit vom 28.11.2017 (GBl. S. 631) dahin gehend ergänzt, dass § 13 PolG nunmehr nur für gem. § 17 PolG erlassene Polizeiverordnungen gilt, dagegen nicht für Polizeiverordnungen nach § 18 PolG.
115 VGH BW, VBlBW 2014, 292, Ls. Ziff. 1.
116 Engel/Heilshorn, Kommunalrecht BW, § 15 Rn 25.
117 Ebenso ausdrücklich LT-Drs. 16/2741, S. 28: „Für den Erlass von Polizeiverordnungen nach § 10 a ist daher nach § 44 Abs. 3 S. 1 GemO der Gemeinderat zuständig." Vgl. auch Reinhardt, in: Möstl/Trurnit, Polizeirecht BW, § 10 a Rn 14; Braun, BWGZ 2018, 76, 81; Ibler, in: Ennuschat/Ibler/Remmert, Öffentliches Recht BW, § 2 Rn 376b; Rausch, Landesrecht BW, § 3 Rn 330.
118 Ebenso Braun, BWGZ 2018, 76, 81.

einer Rechtsverordnung gegeben sind. Ist dies nicht der Fall, muss er dem **Gemeinderatsbeschluss** gem. § 43 Abs. 1 S. 1 GemO **widersprechen**.
Wegen der ausschließlichen Zuständigkeit des Gemeinderats für den Erlass einer Rechtsverordnung gem. § 18 PolG gibt es bei einer solchen Rechtsverordnung **kein Selbsteintrittsrecht der Fachaufsichtsbehörden**, was durch eine Änderung des § 22 PolG klargestellt ist.[119] Hier setzt sich die beim Gemeinderat besonders ausgeprägte und durch Art. 28 Abs. 1, 2 GG und Art. 72 Abs. 1 LV geschützte Selbstverwaltungsgarantie durch.

(3) Verbundener Verordnungstext der Rechtsverordnungen gem. §§ 17, 18 PolG
Es wäre grundsätzlich rechtlich möglich, **auf § 17 PolG und § 18 PolG** beruhende polizeirechtliche Regelungen **in einer einzigen Rechtsverordnung** zu erlassen. Praktisch wird sich dies aber kaum umsetzen lassen, da Rechtsverordnungen gem. § 17 PolG vom Bürgermeister mit Zustimmung des Gemeinderats erlassen werden, während Rechtsverordnungen gem. § 18 PolG unmittelbar vom Gemeinderat zu erlassen sind. Diese zwei Zuständigkeiten lassen sich in einem Verordnungstext und einer gemeinderätlichen Beschlussvorlage kaum vereinen. Hinzu kommt, dass Rechtsverordnungen gem. § 18 PolG zu befristen sind und die Befristung dem Grundsatz der Verhältnismäßigkeit genügen muss, während Rechtsverordnungen gem. § 17 PolG in der Regel erst nach 20 Jahren außer Kraft treten.

dd) Örtliche Zuständigkeit
Die **örtliche Zuständigkeit** richtet sich nach **§ 21 i. V. m. § 113 PolG**. Mit Ausnahme der Ministerien ist der **Dienstbezirk** der jeweiligen allgemeinen Polizeibehörde bzw. Teile davon maßgebend. Bei den Gemeinden als Ortspolizeibehörden beschränkt sich die örtliche Zuständigkeit auf das **Gemeindegebiet** (§§ 1 Abs. 4, 7 GemO; vgl. auch § 8 LKrO und §§ 8 bis 11 LVG). Eine Gemeinde als Ortspolizeibehörde kann folglich nur für ihren Zuständigkeitsbereich Polizeiverordnungen erlassen. Zur Herbeiführung möglichst einheitlicher Regelungen empfiehlt es sich, zwischen benachbarten Gemeinden die polizeilichen Ver- und Gebote aufeinander abzustimmen.

Beispiel: Die Gemeinde G erlässt für einen Geh- und Radweg auf einem Hochwasserdamm einen **Leinenzwang für Hunde**. Dieser Leinenzwang endet an der Gemeindegrenze von G. Wird von der Nachbargemeinde N nicht eine gleichlautende Polizeiverordnung erlassen, können die Hunde bei gleicher Gefahrenlage auf dem Gemeindegebiet von N frei herumlaufen.

b) Form- und Sollerfordernisse
aa) Allgemeines
§ 20 PolG legt in **Abs. 1** sog. **zwingende Formerfordernisse** und in **Abs. 2** sog. **Sollerfordernisse** fest. Die Beachtung der Anforderungen gem. § 20 Abs. 1 PolG ist zwingende Voraussetzung für die Gültigkeit einer Polizeiverordnung (vgl. § 19 PolG). Verstößt eine Polizeibehörde beim Erlass einer Polizeiverordnung gegen diese zwingenden Grundsätze, ist die Verordnung insgesamt von Anfang an ungültig bzw. **nichtig**, eine Heilung der von § 20 PolG erfassten Verstöße ist nicht möglich.[120] Die Feststellung der Ungültigkeit gem. § 24 Abs. 2 PolG hat nur deklaratorische Bedeutung. Obwohl die Polizeibehörden verpflichtet sind, auch die Sollvorschriften der Absätze 2 und 3 zu beachten, führt deren Nichtbeachtung nicht zur Ungültigkeit der Verordnung.

---
119 LT-Drs. 16/2741, S. 28; Braun, BWGZ 2018, 76, 81.
120 Reinhardt, in: Möstl/Trurnit, Polizeirecht BW, § 12 Rn 4 f.

bb) Zwingende Formerfordernisse des § 20 Abs. 1 PolG

57 Gem. **§ 20 Abs. 1 Nr. 1 PolG muss** jede Polizeiverordnung die Rechtsgrundlage angeben, die zu ihrem Erlass ermächtigt (vgl. Art. 61 Abs. 1 S. 3 LV). **Rechtsgrundlage** in diesem Sinne ist die gesetzliche Ermächtigung im formellen Sinne, also diejenige Gesetzesnorm, die einem bestimmten Adressaten die Befugnis zur Rechtssetzung durch Rechtsverordnung erteilt. Sonstige Normen des ermächtigenden Gesetzes, welche die Ermächtigung nach Inhalt, Zweck und Ausmaß weiter konkretisieren, unterliegen nicht dem **Zitiergebot**. Beruht eine Vorschrift auf mehreren gleichrangigen gesetzlichen Ermächtigungen, so sind sie alle anzugeben. Ob dies in der Einleitungsformel oder an anderer Stelle der Verordnung geschieht, ist verfassungsrechtlich unerheblich. Eine Polizeiverordnung, die keine bzw. nur nicht einschlägige Ermächtigungsgrundlagen angibt, kann selbst dann keinen Bestand haben, wenn eine sie tragende, jedoch nicht genannte Ermächtigungsgrundlage tatsächlich vorhanden ist.[121] Unschädlich ist es hingegen, wenn eine Polizeiverordnung neben einer richtigen Ermächtigungsgrundlage eine unzutreffende angibt.

58 Gem. **§ 20 Abs. 1 Nr. 2 PolG** muss die Polizeiverordnung die **erlassende** Behörde (allgemeine Polizeibehörde i. S. d. §§ 106, 107 PolG) bezeichnen. Wo dies geschieht (etwa in der Überschrift, im Vorspruch, bei der Unterschrift), ist unerheblich.

Formulierungsbeispiel: Verordnung der **Ortspolizeibehörde der Großen Kreisstadt Emmendingen** gegen umweltschädliches Verhalten und Belästigung der Allgemeinheit (Polizeiliche Umweltschutzverordnung).

59 Gem. **§ 20 Abs. 1 Nr. 3 PolG** muss eine Polizeiverordnung, die länger als einen Monat gelten soll, darauf hinweisen, dass die nach **§ 23 PolG** erforderliche Zustimmung der kommunalen Vertretungskörperschaft erteilt ist. Für die Gültigkeit der Polizeiverordnung ist zwingende Voraussetzung, dass das zuständige Kollegialorgan **tatsächlich** im Rahmen einer ordnungsgemäßen Beratung und Beschlussfassung nach den jeweiligen kommunalverfassungsrechtlichen Bestimmungen die Zustimmung erteilt hat. Das **Zustimmungsbedürfnis** darf nicht dadurch umgangen werden, dass die erlassende Polizeibehörde die Polizeiverordnung mehrmals hintereinander mit einer Geltungsdauer von jeweils unter einem Monat erlässt. Die Zustimmung nach § 23 PolG ergeht einheitlich für die ganze Rechtsverordnung.

cc) Sollerfordernisse des § 20 Abs. 2 PolG

60 Gem. **§ 20 Abs. 2 Nr. 1 PolG** soll die Polizeiverordnung eine ihren **Inhalt kennzeichnende Überschrift** tragen. Gem. **Nr. 2** soll in der Überschrift das Wort „Polizeiverordnung" verwendet werden.

Beispiel: Polizeiverordnung des Innenministeriums und des Ministeriums Ländlicher Raum **über das Halten gefährlicher Hunde** (HuV BW, vgl. § 9 Rn 12 ff.).

Gem. **§ 20 Abs. 2 Nr. 3 PolG** soll der Tag bestimmt werden, an dem die Verordnung in Kraft tritt („Die Polizeiverordnung tritt am 1.4.2015 in Kraft", vgl. § 9 Rn 64).

c) Ausfertigung

61 Polizeiverordnungen müssen von der Stelle, die sie erlässt, ausgefertigt werden (Art. 63 Abs. 2 LV). Obwohl das PolG dies nicht erwähnt, ist die Ausfertigung einer Polizeiverordnung **Wirksamkeitsvoraussetzung**. Polizeiverordnungen sind von der Stelle, die sie erlässt, auszufertigen. Die Ausfertigung hat als sog. **Authentizitätsfunktion** die Aufgabe, mit öffentlich-rechtlicher Wirkung zu bezeugen, dass der textliche sowie ggf. zeichnerische Inhalt der Urkunde mit dem Willen des Rechtsetzungsberechtigten übereinstimmt (Identitätsnachweis) und die für die Rechtswirksamkeit maßgebenden Umstände beachtet sind (Verfahrensnachweis). Für die ordnungsgemäße Ausfertigung ist

---
121 VGH BW, BWGZ 2012, 875, 876; Deger, in: Stephan/Deger, Polizeigesetz BW, § 12 Rn 3.

erforderlich, dass die erlassende Behörde das **Original** der Polizeiverordnung mit vollem Text mit der **Unterschrift** des Behördenleiters oder seines ständigen Vertreters und mit Amtsbezeichnung und Datum versieht und bei den Akten aufbewahrt. Wesentliche Mängel der Ausfertigung oder ihr Fehlen führen zur Nichtigkeit der Polizeiverordnung.[122] Der bestätigende Text ist auf der Verordnung selbst oder durch einen gesonderten Vermerk, den sog. **Ausfertigungsvermerk**, auf einem besonderen Blatt niederzuschreiben. Die Ausfertigung hat zeitlich **vor** der Verkündung zu erfolgen. Ist die Zustimmung eines kommunalen Vertretungsorgans gem. § 23 PolG erforderlich, darf die Verordnung erst nach deren Erteilung ausgefertigt werden.

Beispiel für einen Ausfertigungsvermerk: „ausgefertigt am…", Name/Unterschrift/Datum.

Beispiel: In einem **Normenkontrollverfahren** gem. § 47 VwGO kann die Ortspolizeibehörde, deren Polizeiverordnung angefochten wird, keine ausgefertigte Originalurkunde vorlegen. Unklar ist deshalb, ob bzw. mit welchem Inhalt die Verordnung öffentlich bekanntgemacht wurde. Somit liegt wegen der fehlenden Ausfertigung ein wesentlicher materieller Gesetzesverstoß vor, der zur Ungültigkeit der Verordnung führt (VGH BW, VBlBW 2014, 292).

d) Verkündung

Aus dem Rechtsstaatsprinzip folgt, dass Polizeiverordnungen der **Verkündung** bedürfen (Art. 63 Abs. 2 LV, § 5 VerkG, § 4 Abs. 3 S. 1 GemO, § 1 Abs. 1 S. 1 Nr. 1 DVO GemO). Die ordnungsgemäße Verkündung ist eine **zwingende Voraussetzung** für **die Gültigkeit der Polizeiverordnung**. Sie bedeutet, dass die Rechtsnorm der Öffentlichkeit in einer Weise förmlich zugänglich gemacht wird, dass die betroffenen Personen sich verlässlich Kenntnis von ihrem Inhalt verschaffen können. Die Art der Verkündung regelt das VerkG. Gem. **§ 2 VerkG** werden Polizeiverordnungen der obersten Landesbehörden (hier Ministerien als oberste Landespolizeibehörden) und der Regierungspräsidien (hier als Landespolizeibehörden) im Gesetzblatt für Baden-Württemberg verkündet. Polizeiverordnungen der Kreispolizeibehörden und der Ortspolizeibehörden werden gem. **§§ 5 und 6 VerkG** in der Form öffentlich bekanntgemacht, die der Landkreis bzw. die Gemeinde in ihrer **Satzung über die Form der öffentlichen Bekanntmachung** festgelegt hat (vgl. § 1 DVO GemO). Polizeiverordnungen sind in ihrem **vollen Wortlaut** bekanntzumachen.[123] Erscheint eine rechtzeitige Verkündung in der vorgeschriebenen Form nicht möglich, so kann eine Polizeiverordnung in anderer geeigneter Weise öffentlich bekanntgemacht werden (Notverkündung); die Verkündung in der vorgeschriebenen Form ist nachzuholen, sobald die Umstände es zulassen (**§ 4 VerkG**). Weiterhin sieht **§ 3 VerkG** die Ersatzverkündung vor. **62**

Die **Heilungsvorschriften** der §§ 4 Abs. 4 u. 5 GemO sowie des § 3 Abs. 4 LKrO gelten nur für die Verletzung von Form- und Verfahrensvorschriften der Gemeinde- bzw. Landkreisordnung. Nicht heilbar sind Verstöße gegen das materielle Recht und wesentliche Fehler bei der Verkündung bzw. öffentlichen Bekanntmachung. Die Verletzung von Form- und Verfahrensbestimmungen, die im PolG festgelegt sind, kann nicht geheilt und deshalb ohne zeitliche Begrenzung geltend gemacht werden. Das **PolG enthält keine** § 4 Abs. 4 u. 5, § 18 Abs. 6 GemO, § 3 Abs. 4 LKrO entsprechenden **Heilungsvorschriften**. **63**

Fehlt die Verkündung oder leidet sie an wesentlichen Mängeln, führt dies zur **Nichtigkeit** der Polizeiverordnung.

e) Inkrafttreten

Gem. § 20 Abs. 2 Nr. 3 PolG kann die Polizeibehörde selbst in der Polizeiverordnung den Tag bestimmen, an dem sie in Kraft treten soll (vgl. § 9 Rn 60). Fehlt in der Polizei- **64**

---
122 VGH BW, VBlBW 2014, 292.
123 Zu den Anforderungen an die öffentliche Bekanntmachung im Amtsblatt einer Gemeinde vgl. VGH BW, VBlBW 2014, 292, u. VBlBW 2008, 380.

verordnung eine derartige Festlegung, so tritt sie gem. § 20 Abs. 3 PolG mit dem vierzehnten Tag nach Ablauf des Tages in Kraft, an dem sie verkündet (amtlich bekanntgemacht) worden ist. Eine **Rückwirkung** von Polizeiverordnungen ist **nicht zulässig**.[124]

f) Außerkrafttreten

65 Gem. **§ 25 Abs. 1 PolG** treten Polizeiverordnungen spätestens 20 Jahre nach ihrem Inkrafttreten außer Kraft. Diese zeitliche Beschränkung gilt gem. **§ 25 Abs. 2 PolG** nicht für Polizeiverordnungen der obersten Landespolizeibehörden (§ 107 Abs. 1 PolG). Polizeiverordnungen der anderen allgemeinen und der besonderen Polizeibehörden können somit nur für eine höchstzulässige **Geltungsdauer von 20 Jahren** erlassen werden. Spätestens nach Ablauf dieser Frist treten sie kraft Gesetzes außer Kraft; dies gilt auch für gem. § 18 Abs. 3 PolG zwingend zu befristende Polizeiverordnungen, die in der Praxis aber regelmäßig deutlich kürzer befristet sein werden. Eine **Verlängerung** nach Fristablauf ist **nicht zulässig**; die Verordnung **muss neu erlassen werden**. Die Frist beginnt mit dem Zeitpunkt des Inkrafttretens der Verordnung. **Änderungen und Ergänzungen** führen zu keinem neuen Fristbeginn, vielmehr teilen diese das Schicksal der Ausgangsverordnung.[125]

Im **Fall 28** könnte die Stadt H die Ergänzung im Jahr 2024 aber auch zum Anlass nehmen, die Polizeiverordnung mit den notwendigen Ergänzungen vollständig als **Neufassung** zu beschließen. In diesem Fall beginnt die Frist des § 25 Abs. 1 PolG neu zu laufen. Die Rechtsverordnung tritt im Jahr 2044 außer Kraft.

Den Polizeibehörden bleibt es unbenommen, in der Verordnung eine **kürzere Geltungsdauer** festzulegen.

Beispiel: Die Stadt Stuttgart erlässt zur Aufrechterhaltung der öffentlichen Sicherheit und Ordnung während des jährlich durchgeführten Frühlingsfestes auf dem Cannstatter Wasen eine Polizeiverordnung. In § 2 wird die Geltungsdauer der Verordnung mit Datum und Uhrzeit angegeben.

III. Prüfung durch die Aufsichtsbehörde und Weisungsrecht

66 Gem. **§ 24 Abs. 1 PolG** sind (nur) die Kreis- und Ortspolizeibehörden verpflichtet, ihre Polizeiverordnungen der nächsthöheren zur Fachaufsicht bestimmten Behörde unverzüglich vorzulegen. Diese **Vorlage** ist nicht Voraussetzung für die Wirksamkeit der Verordnung; vielmehr tritt sie nach der Verkündung in Kraft, auch wenn sie nicht vorgelegt worden ist. Die Prüfung durch die Fachaufsicht sollte sich auf die Kontrolle der Gesetzmäßigkeit (formelle und materielle Rechtmäßigkeit) und auf Zweckmäßigkeitserwägungen erstrecken (vgl. § 24 Abs. 2 PolG). Werden bei der Prüfung Rechtsmängel oder sonstige Fehler festgestellt, kann die Fachaufsichtsbehörde die untergeordnete Polizeibehörde notfalls gem. § 110 Abs. 1 PolG **anweisen**, die Polizeiverordnung aufzuheben oder zu ändern. Im Fall einer Weigerung kommt der Erlass einer Verordnung im Wege des Selbsteintritts gem. § 22 PolG in Frage. Die Verwaltungspraxis zeigt allerdings, dass die Aufsichtsbehörden bei der Wahrnehmung ihrer Kontrollaufgabe eher zurückhaltend sind. Regelmäßig sind es die Gerichte und nicht die Aufsichtsbehörden, die bestimmte gesetzwidrige Regelungen in kommunalen Polizeiverordnungen beanstanden bzw. für ungültig erklären (vgl. etwa die Normenkontrollurteile des VGH BW zur Beschränkung des Alkoholkonsums im öffentlichen Raum, § 9 Rn 24).

IV. Aufhebung oder Änderung

67 Gem. **§ 24 Abs. 2 Hs. 1 PolG ist** eine Polizeiverordnung **aufzuheben**, wenn sie gegen Anordnungen übergeordneter Behörden verstößt, das Wohl des Gemeinwesens beein-

---

124 BVerwGE 10, 282, 286 ff.
125 VGH BW, BWVPr 1975, 61; Deger, in: Stephan/Deger, Polizeigesetz BW, § 7 Rn 5.

trächtigt oder Rechte Einzelner verletzt. Diese Regelung bezieht sich nicht nur auf die vorlagepflichtigen Verordnungen gem. § 24 Abs. 1 PolG, sondern gilt allgemein.

Die Polizeiverordnung wird geändert oder aufgehoben durch Polizeiverordnung der Behörde, die für ihren Erlass zuständig ist. Die Aufsichtsbehörde muss daher die betreffende Polizeibehörde durch Erlass **anweisen**, die beanstandete Verordnung aufzuheben. Die angewiesene Behörde ist zur Aufhebung verpflichtet.

Gem. § 24 Abs. 2 PolG ist aber auch die zuständige **Fachaufsichtsbehörde** befugt, die Verordnung aufzuheben, wenn die untergeordnete Behörde nicht freiwillig zur Aufhebung bereit ist. Die Aufhebung durch die Fachaufsichtsbehörde ist **nur** aus den in § 24 Abs. 2 Hs. 1 PolG genannten Gründen zulässig, da § 24 Abs. 2 PolG insoweit lex specialis ist. Eine Polizeiverordnung, die gegen § 19 PolG verstößt, ist gem. **§ 24 Abs. 2 Hs. 2 PolG** von Anfang an nichtig. Die Feststellung der Ungültigkeit hat daher nur rechtserklärende Wirkung.

V. Bußgeldbewehrung

Gem. **§ 26 PolG** kann die schuldhafte Zuwiderhandlung gegen Verbote oder Gebote einer Polizeiverordnung als **Ordnungswidrigkeit** mit einer Geldbuße geahndet werden. Voraussetzung für derartige Sanktionen ist, dass in der Polizeiverordnung der Tatbestand der Ordnungswidrigkeit genau und bestimmt angegeben wird.[126] Gem. **Art. 103 Abs. 2 GG** kann eine Tat nur bestraft werden, wenn die Strafbarkeit gesetzlich bestimmt war, bevor die Tat begangen wurde. Die Vorschrift verpflichtet den Gesetzgeber, die Voraussetzungen der Strafbarkeit so konkret zu umschreiben, dass Tragweite und Anwendungsbereich der Straftatbestände zu erkennen sind und sich durch Auslegung ermitteln lassen. Diese Verpflichtung dient einem **doppelten Zweck**: Sie soll sicherstellen, dass der Normadressat vorhersehen kann, welches Verhalten mit Strafe oder Buße bedroht ist. Zugleich soll sie gewährleisten, dass der Gesetzgeber und nicht erst die Gerichte über die Strafbarkeit oder Ahndbarkeit entscheiden.[127] § 26 PolG gilt nur für Polizeiverordnungen, die gem. §§ 17 Abs. 1, 18 Abs. 1 PolG erlassen wurden und nicht für Verordnungen, zu deren Erlass Spezialgesetze ermächtigen.

68

Für das Verfahren gilt das **OWiG**. Gem. **§ 26 Abs. 4 PolG** sind die Ortspolizeibehörden die zuständigen Verwaltungsbehörden i. S. d. § 36 Abs. 1 Nr. 1 OWiG. Danach ist jede **Gemeinde** (vgl. § 107 Abs. 4 PolG) als **Bußgeldbehörde** für die Verfolgung und Ahndung von Ordnungswidrigkeiten gem. § 26 PolG i. V. m. dem jeweiligen Bußgeldtatbestand in einer örtlichen Polizeiverordnung zuständig. Die **Befugnisse der Bußgeldbehörden** richten sich nach dem **OWiG** bzw. nach der **StPO**. § 26 Abs. 2 S. 2 PolG legt den Rahmen und den Höchstbetrag für die **Höhe der Geldbuße** fest. Gem. **§ 56 Abs. 1 OWiG** können die zuständige Behörde oder die hierzu ausdrücklich ermächtigten Mitarbeiter **bei geringfügigen Ordnungswidrigkeiten** die **betroffene Person verwarnen** und ein **Verwarnungsgeld** erheben. Von dieser Möglichkeit sollte vor allem der **GVD** bei der Überwachung kommunaler Polizeiverordnungen Gebrauch machen können.

69

Beispiel: Nach der städtischen Polizeiverordnung von S besteht in allen Grün- und Erholungsanlagen ein **Leinenzwang** für Hunde. Ein Verstoß gegen diese Verpflichtung ist nach der örtlichen Regelung eine Ordnungswidrigkeit. Bei einer Parkkontrolle stellt der gemeindliche Vollzugsbeamte V fest, dass der Hundehalter H seinen Hund frei herumlaufen lässt. Soweit dem V durch entsprechende Dienstanweisung nicht nur die **Überwachung des Leinenzwangs** in den Grün- und Erholungsanlagen übertragen worden ist, sondern **auch die Zuständigkeit, als Außenbeamter der Bußgeldstelle** tätig zu werden, kann er im Rahmen seines Ermessens gem. § 56 Abs. 1 OWiG

---

[126] Vgl. zur Formulierung der einzelnen Ordnungswidrigkeiten-Tatbestände das Satzungsmuster des Gemeindetags für eine Polizeiverordnung gegen umweltschädliches Verhalten, BWGZ 2011, 990 ff.
[127] BVerfG, NJW 1995, 3050 (zum BSeuchG). Aus diesen Gründen hat das **BVerfG** die durch richterliche Auslegung erweiterte Anwendung einer Bußgeldregelung in der **Niedersächsischen Gemeinde- und Kreiswahlordnung** für ungültig erklärt, die von einer Ordnungswidrigkeit ausging, weil ein Wahlhelfer im Wahllokal offen einen Anti-Atomkraft-Button trug (BVerfGE 71, 108, 114).

den Verstoß des H durch eine Verwarnung ahnden. Dadurch wäre der Vorgang abgeschlossen. Bezahlt H nicht freiwillig die angebotene Verwarnung, bleibt V nur die Möglichkeit, gegen H durch eine Anzeige ein Bußgeldverfahren einzuleiten, das ggf. durch einen von S (Ortspolizeibehörde) zu erlassenden Bußgeldbescheid abgeschlossen wird.

Gem. § 26 Abs. 5 PolG kann das fachlich zuständige Ministerium durch eine Rechtsverordnung eine von Abs. 4 abweichende Zuständigkeit für die Ahndung und Verfolgung von Ordnungswidrigkeiten festlegen.

VI. Einziehung von Gegenständen (§ 26 Abs. 3 PolG)

70 **§ 26 Abs. 3 PolG** wurde durch Art. 1 des Gesetzes zur Umsetzung der Richtline (EU) 2016/680 für die Polizei in Baden-Württemberg vom 6.10.2020[128] neu in das PolG eingefügt. Der Gesetzgeber wollte damit eine **Regelungslücke** schließen, da die Einziehung von Gegenständen als Nebenfolge einer Ordnungswidrigkeit nur zulässig ist, wenn das Gesetz dies ausdrücklich vorsieht (vgl. § 22 Abs. 1 OWiG).[129]

Gem. § 26 Abs. 3 PolG können **Gegenstände, auf die sich eine Ordnungswidrigkeit bezieht** oder **die zu ihrer Vorbereitung verwendet worden sind, eingezogen** werden. Voraussetzung ist, dass die **Polizeiverordnung** für einen bestimmten Tatbestand ausdrücklich auf **§ 26 Abs. 3 PolG verweist**. Vorrangig sind Regelungen in Polizeiverordnungen denkbar, die das **Mitführen von gefährlichen, jedoch nicht verbotenen Gegenständen untersagen**.[130] Damit kommt nicht nur eine Beschlagnahme, sondern darüber hinaus eine dauerhafte Einziehung dieser Gegenstände in Betracht. Dies ermöglicht nicht nur eine **klare Reaktion gegenüber der betroffenen Person** (generalpräventive Wirkung), sondern verhindert vor allem einen erneute Tatbegehung mit dem eingezogenen Gegenstand.

VII. Rechtsfolgen bei Verstößen

71 Verstößt eine Polizeibehörde beim Erlass einer Polizeiverordnung gegen zwingende, wesentliche Regelungen und Grundsätze des formellen und materiellen Rechts, ist die Verordnung insgesamt oder teilweise von Anfang an ungültig bzw. nichtig. Die Rechtsfolge der Ungültigkeit tritt insbesondere dann ein, wenn die genannten materiellrechtlichen Rechtmäßigkeitsvoraussetzungen (§ 9 Rn 6 ff.) oder die zwingenden Verfahrens- und Formerfordernisse (§ 9 Rn 46 ff.) nicht eingehalten werden.

Beispiel: Normenkontrollurteile des VGH BW vom 28.7.2009 zur Ungültigkeit bestimmter Regelungen in Polizeiverordnungen zur Bekämpfung des übermäßigen Alkoholkonsums im öffentlichen Raum / Glasmitführungsverbote, VBlBW 2010, 29, u. VBlBW 2013, 12.

Die Verordnung ist insoweit ohne Weiteres von Anfang an nichtig. Der Feststellung der Ungültigkeit gem. § 24 Abs. 2 Hs. 2 PolG kommt nur deklaratorische Bedeutung zu (§ 9 Rn 67).

VIII. Förmliche Rechtsbehelfe
1. Normenkontrollverfahren gem. § 47 VwGO

72 Eine Person, die geltend machen kann, durch eine Polizeiverordnung oder deren Änderung in ihren Rechten verletzt zu sein, kann innerhalb eines Jahres nach Bekanntgabe der Verordnung Normenkontrollklage gem. § 47 Abs. 1 und 2 VwGO / § 4 AGVwGO vor dem **VGH BW** erheben.[131] Der VGH prüft, ob die Polizeiverordnung **formell gültig zustande gekommen** ist und ob sie **materiell mit dem ermächtigenden Gesetz übereinstimmt**. Wird die Fehlerhaftigkeit festgestellt, wird die Verordnung für ungültig bzw. teilweise für ungültig erklärt (vgl. § 47 Abs. 5 S. 2 VwGO). In diesen Fällen ist die Ent-

---

128 GBl. S. 735, ber. S. 1092.
129 LT-Drs. 16/8484, S. 131.
130 LT-Drs. 16/8484, S. 131.
131 Reinhardt, in: Möstl/Trurnit, Polizeirecht BW, § 10 Rn 2, § 10 a Rn 16.

VIII. Förmliche Rechtsbehelfe

scheidung allgemeinverbindlich. Die Entscheidungsformel ist öffentlich bekanntzumachen (§ 47 Abs. 5 S. 2 Hs. 2 VwGO).[132]

Beispiele:

- Durch **Normenkontrollurteil vom 28.7.2009** hat der VGH BW Regelungen in einer Polizeiverordnung für ungültig erklärt, welche die **Bekämpfung der negativen Begleiterscheinungen eines übermäßigen Alkoholkonsums** auf öffentlichen Flächen zum Ziel hatten (VGH BW, VBlBW 2010, 29).
- Durch **Normenkontrollurteil vom 26.7.2012** hat der VGH BW Regelungen in einer Polizeiverordnung für ungültig erklärt, die für die Benutzung eines öffentlichen Uferwegs **Glasmitführungsverbote** u. a. zur Vermeidung von Verletzungsgefahren durch Glasscherben zum Ziele hatten (VBlBW 2013, 12).
- Durch **Normenkontrollurteil vom 17.7.2012** hat der VGH BW Regelungen in einer Polizeiverordnung für ungültig erklärt, die positiv abschließende **Benutzungszeiten für einen öffentlichen Spielplatz festgelegt** hatten (VBlBW 2013, 27).

Im Normenkontrollverfahren kann gem. **§ 47 Abs. 6 VwGO** zur Abwehr schwerer Nachteile oder aus anderen wichtigen Gründen und beim Vorliegen weiterer Voraussetzungen **einstweiliger Rechtsschutz**, insbesondere die **Aussetzung des Vollzugs einer Polizeiverordnung** beantragt werden. Die Aussetzung des Vollzugs einer Rechtsvorschrift ist wegen ihrer weitreichenden Bedeutung nur unter besonders strengen Voraussetzungen möglich.[133]   73

Beispiel: Der VGH BW hat mit Beschl. v. 6.10.2020 das in § 13 Nr. 2 CoronaVO geregelte **Verbot des Betriebs von Prostitutionsstätten**, Bordellen und ähnlichen Einrichtungen als unverhältnismäßig angesehen und **vorläufig außer Vollzug gesetzt** (VGH BW, openJur 2020, 74510).

2. Inzidente Normenkontrolle

Eine weitere Möglichkeit, die formelle und materielle Rechtmäßigkeit einer Polizeiverordnung überprüfen zu lassen, besteht im sog. **inzidenten Normenkontrollverfahren**.[134] Gegenstand dieses Verfahrens, für das die Verwaltungsgerichte gem. §§ 40, 42 VwGO zuständig sind, ist in erster Linie die Rechtmäßigkeit eines angefochtenen Verwaltungsakts (vgl. § 113 VwGO). Kommt es bei der Entscheidung auf die Gültigkeit einer Polizeiverordnung an, etwa deshalb, weil sie die Ermächtigungsgrundlage für einen Verwaltungsakt (wie etwa eine Polizeiverfügung) darstellt, prüft das Gericht „inzident", ob die Verordnung überhaupt gültig ist. Wird dies bejaht, folgt in einer weiteren Stufe die Prüfung der Rechtmäßigkeit des Verwaltungsaktes. Wird dagegen die Verordnung für nichtig gehalten, fehlt dem Verwaltungsakt die Rechtsgrundlage, so dass er schon aus diesem Grund fehlerhaft ist.   74

Im Unterschied zum Normenkontrollverfahren gem. § 47 VwGO hat die gerichtliche Entscheidung über die Gültigkeit einer Regelung in einer Polizeiverordnung im Inzidentverfahren **keine allgemeinverbindliche Wirkung**. Sie **wirkt nur zwischen den am Verfahren Beteiligten** (sog. Wirkung „inter partes"). Doch sind die Polizeibehörden, die über gleiche oder ähnliche Verbote verfügen – und die Aufsichtsbehörde (vgl. § 24 PolG) – gut beraten, wenn gerichtlich festgestellte Mängel in einer Polizeiverordnung korrigiert werden.

3. Verfassungsbeschwerde

a) Allgemeines

Grundsätzlich kann auch gegen eine Polizeiverordnung **Verfassungsbeschwerde** (Art. 93 Abs. 1 Nr. 4 a GG, §§ 13 Nr. 8a, 90 ff. BVerfGG) erhoben werden. Da BW von der Ermächtigung des § 47 Abs. 1 Nr. 2 VwGO Gebrauch gemacht hat und das Verfahren der abstrakten Normenkontrolle eingeführt hat, wird der Zulässigkeit einer Verfassungs-   75

---

132 Zur Prüfung eines Normenkontrollantrags im Einzelnen vgl. Marsch, VBlBW 2013, 6 ff.
133 VGH BW, NVwZ 2001, 827 (einstweilige Anordnung gegen Hundeverordnung); BVerfG, NVwZ 2002, 592.
134 Reinhardt, in: Möstl/Trurnit, Polizeirecht BW, § 10 Rn 22.3.

beschwerde regelmäßig der **Grundsatz der Subsidiarität der verfassungsgerichtlichen Rechtsbehelfe** entgegenstehen. Dieser verpflichtet den jeweiligen Beschwerdeführer, mit seinem Anliegen vor einer Anrufung des BVerfG grundsätzlich die dafür allgemein zuständigen Gerichte zu befassen.[135]

b) **Verfassungsbeschwerde nach Landesrecht**

76 In BW besteht die Möglichkeit der Verfassungsbeschwerde beim Verfassungsgerichtshof seit dem 1.4.2013.[136] Sie kann gem. **§ 55 Abs. 1 Hs. 1 VerfGHG** gegen **jegliche Verletzung durch die öffentliche Gewalt des Landes** erhoben werden. Der **Rechtsschutz** ist **umfassend**[137] und schließt damit grundsätzlich auch Regelungen in Rechtsverordnungen ein. Die Landesverfassungsbeschwerde ist gem. § 55 Abs. 1 Hs. 2 VerfGHG **subsidiär**, wenn in der gleichen Sache bereits eine Verfassungsbeschwerde beim BVerfG anhängig ist. Darüber hinaus muss gem. § 55 Abs. 2 S. 1 VerfGHG der **ordentliche Rechtsweg ausgeschöpft** sein, die Verfassungsbeschwerde ist auch insoweit subsidiär.

c) **Verfassungsbeschwerde nach Bundesrecht**

77 Ebenso wie bei der Landesverfassungsbeschwerde muss bei einer Verfassungsbeschwerde zum BVerfG gem. **§ 90 Abs. 2 S. 1 BVerfGG** der ordentliche Rechtsweg ausgeschöpft sein. Voraussetzung für eine Verfassungsbeschwerde beim BVerfG ist überdies, dass die Beschwerdefrist des § 93 Abs. 3 BVerfGG[138] noch nicht abgelaufen ist. Weiterhin muss der Beschwerdeführer **allein durch die Rechtsverordnung** (also ohne dass es eines ausführenden Verwaltungsaktes bedürfte) **tatsächlich, selbst, gegenwärtig und unmittelbar** in einem der in Art. 93 Abs. 1 Nr. 4 a GG aufgeführten Rechte **verletzt sein**.

---

135 Vgl. zur Zulässigkeit StGH BW, VBIBW 2014, 426; BVerfG, NVwZ 2000, 1407, zur erfolglosen Verfassungsbeschwerde von Hundehaltern gegen eine Landes-Hunde-Polizeiverordnung. Zur Einführung einer „Landesverfassungsbeschwerde" vgl. Krappel, VBIBW 2013, 121 ff. Vgl. im Übrigen auch Reinhardt, in: Möstl/Trurnit, Polizeirecht BW, § 10 Rn 24.
136 Durch das Gesetz zur Einführung einer Landesverfassungsbeschwerde vom 13.11.2012 (GBl. S. 569).
137 LT-Drs. 15/2153, S. 13.
138 § 93 Abs. 3 BVerfGG: „Richtet sich die Verfassungsbeschwerde gegen ein Gesetz oder gegen einen sonstigen Hoheitsakt, gegen den ein Rechtsweg nicht offensteht, so kann die Verfassungsbeschwerde nur binnen eines Jahres seit dem Inkrafttreten des Gesetzes oder dem Erlass des Hoheitsaktes erhoben werden."

§ 10: Verarbeitung von Daten

I. Grundlagen des Datenschutzrechts

1. Allgemeines

Das **Datenschutzrecht** in Deutschland und in BW hat mit Wirkung zum 25.5.2018 eine **fundamentale Änderung** erfahren. Zurückzuführen ist diese auf eine **Vereinheitlichung des Datenschutzrechts durch die EU**. Mit diesen Änderungen hat sich die Rechtssystematik des Datenschutzes deutlich verändert. Auch das durch die Polizeibehörden zu beachtende Datenschutzrecht ist hiervon betroffen. Die Polizeibehörden müssen nunmehr bei der Datenverarbeitung und Datenverwendung exakt darauf achten, nach welcher Rechtsgrundlage sich der Datenschutz richtet. Dabei sind die **Regelungen des EU-Rechts, des Bundesrechts und des Landesrechts** einzubeziehen.

Auch wenn die Vereinheitlichung des Datenschutzrechts innerhalb der EU zu begrüßen ist, weil damit nicht nur der Grenzverkehr bei der Datenübermittlung verbessert und die nationalen Datenschutznormen vereinheitlicht werden, muss kritisch gesehen werden, dass das **Datenschutzrecht** durch die verschiedenen Regelungsebenen (EU, Bund, Land) **sehr komplex ausgestaltet** worden ist. Die Rechtspraxis steht vor der Herausforderung, stets die richtigen Datenschutzregelungen heranzuziehen und zu beachten, was sich im Einzelfall kompliziert gestalten kann. Hinzu kommt, dass in deutsches Recht umgesetztes Unionsrecht stets anhand der Vorgaben des Unionsrechts auszulegen und anzuwenden ist.

Hinweis: Nachfolgend (§ 10 Rn 1 bis 62) werden die **verfassungs- und unionsrechtlichen allgemeinen Grundlagen** des Datenschutzrechts dargelegt, die Umsetzung ins deutsche Recht dargestellt und notwendige Abgrenzungsfragen aufgezeigt, soweit sie für die Anwendung und das Verständnis des Datenschutzrechts der Polizei grundlegend sind. Wem diese Grundsätze geläufig sind, kann sich für die weitere Befassung mit dem Datenschutzrecht der Polizei auf die Ausführungen ab § 10 Rn 63 ff. konzentrieren.

2. Recht auf informationelle Selbstbestimmung / Schutz des Kernbereichs privater Lebensgestaltung

a) Grundlagen des Grundrechtsschutzes

Die **Verarbeitung** personenbezogener Daten durch die Polizei stellt regelmäßig einen **Eingriff in das Recht auf informationelle Selbstbestimmung gem. 2 Abs. 1 GG i. V. m. Art. 1 Abs. 1 GG** dar. Dieses aus dem allgemeinen Persönlichkeitsrecht abgeleitete **Grundrecht**[1] schützt den Bürger vor einer ungesetzlichen Preisgabe und Verwendung seiner persönlichen Daten.[2] Es gewährleistet die Befugnis des Einzelnen, grundsätzlich selbst über die Preisgabe und Verwendung seiner persönlichen Daten zu bestimmen. Die Gewährleistung greift insbesondere, wenn die Entfaltung der Persönlichkeit dadurch gefährdet wird, dass personenbezogene Informationen von staatlichen Behörden in einer Art und Weise genutzt und verknüpft werden, die Betroffene weder überschauen noch beherrschen können.[3] Dieses Recht wird jedoch nicht schrankenlos gewährleistet, denn der Einzelne hat kein Recht im Sinne einer absoluten, uneinschränkbaren Herrschaft über „seine" Daten. Vielmehr muss er im überwiegenden Interesse der Allgemeinheit – etwa aus Gründen der Gefahrenabwehr oder der Strafver-

---

1 Vgl. dazu etwa Pieper, JA 2018, 598, 599, 602.
2 Wysk, VerwArch 2018, 141, 144 ff. Vgl. zu den verfassungsrechtlichen Vorgaben an den Datenschutz grundlegend Schwabenbauer, in: Lisken/Denninger, Handbuch des Polizeirechts, Kap. G Rn 1 ff.
3 BVerfG (Antiterrordateigesetz II), NVwZ 2021, 226, 229 (Rn 71) = GSZ 2021, 25, mit krit. Anm. Löffelmann, 33 ff. = JA 2021, 260, mit Anm. Muckel; Botta, ZJS 2021, 59, 62; vgl. auch Golla, NJW 2021, 667 ff.

folgung – Einschränkungen hinnehmen.[4] Entscheidende Rechtsfrage in diesem Zusammenhang ist immer wieder, ob Gesetzesbestimmungen – insbesondere auch neue – das Recht auf informationelle Selbstbestimmung wahren oder ob die Eingriffe verfassungsrechtlich nicht mehr gerechtfertigt und somit unzulässig sind.

Das **BVerfG** hat in den letzten Jahren immer wieder zu Grundsatzfragen der Datenerhebung und -verarbeitung Stellung genommen und die verfassungsrechtlichen Grenzen staatlicher Überwachungsmaßnahmen aufgezeigt.[5] Auch der **EuGH** hat wiederholt die Grenzen der Datenverarbeitung aufgezeigt.[6] Im deutlichen Widerspruch dazu stehen die weltweiten und offensichtlich **illegalen Datenverarbeitungsmaßnahmen** vor allem durch amerikanische und britische **Geheimdienste**, wie dies vom amerikanischen Whistleblower Edward Snowden im Jahre 2013 enthüllt wurde. Zwar kann die **unzulässige Verarbeitung** von personenbezogenen Daten den Tatbestand einer Ordnungswidrigkeit oder einen Straftatbestand erfüllen (vgl. § 134 Abs. 2 PolG i. V. m. § 29 LDSG). Die geringe Bereitschaft deutscher Politiker bzw. Behörden, diese massenhaften Gesetzesbrüche aufzuklären, geschweige denn zu ahnden, lässt aber die Sorge aufkommen, dass dem Datenschutz in der Praxis letztlich kein allzu hoher Stellenwert beigemessen wird. Immer wieder muss das BVerfG hier begrenzend eingreifen, zuletzt mit seinem **BKAG-Urteil**[7] und seinem **BNDG-Urteil**[8]. Die **Vorgaben der EU** durch die DSGVO und die DSRL 2016/680 sind indes geeignet, im gesamten Geltungsbereich des Unionsrechts für einen **einheitlichen Schutzstandard** im Bereich des Datenschutzes zu sorgen und sind – trotz aller Verkomplizierung des Datenschutzrechts (vgl. krit. dazu § 10 Rn 7) – insoweit zu begrüßen.

3 Nicht vom informationellen Selbstbestimmungsrecht erfasst werden die informationstechnischen Systeme vom Computer bis zum Internet, in denen persönliche Verhältnisse, soziale Kontakte und ausgeübte Tätigkeiten der Nutzer ihren Niederschlag finden. Gegen eine heimliche Infiltration der Systeme, um dort gespeicherte personenbezogene Daten zu erlangen, schützt nur das **Grundrecht auf Gewährleistung der Vertraulichkeit und Integrität informationstechnischer Systeme (IT-Grundrecht)**.[9]

b) Vorgaben des BVerfG (vor allem BKAG-Urteil)

4 Sehr ausführlich[10] hat sich das **BVerfG** mit den verfassungsrechtlichen Voraussetzungen und Grenzen des Datenschutzrechts und der heimlichen Erhebung personenbezogener Daten im sog. **BKAG-Urteil vom 20.4.2016** befasst.[11] Die dortigen Ausführungen sind **grundlegender Prüfmaßstab** für die gesetzlichen Vorgaben und die Umsetzung

---

4 Vgl. etwa BVerfG, NJW 1984, 419 ff. (Volkszählungsurteil), u. NJW 1988, 961 ff.; Pieper, JA 2018, 598, 602 ff.
5 BVerfG zur Beschränkung der Zulässigkeit der Vorratsdatenspeicherung, NVwZ 2009, 96; zur Ungültigkeit der Regelungen zur automatisierten Erfassung und Auswertung von Kfz-Kennzeichen im HSOG, NJW 2008, 1505; zu den Grenzen staatlicher Videoüberwachung eines Denkmals im öffentlichen Raum, NVwZ 2007, 688; zur Zulässigkeit präventiver Rasterfahndung, NJW 2006, 1939; zu den gesetzlichen Anforderungen einer Wohnraumüberwachung für Zwecke der Strafverfolgung vgl. BVerfGE 109, 279; zur Verfassungsmäßigkeit der Regelungen des BKAG, BVerfGE 141 220 ff.; zur teilweisen Verfassungswidrigkeit der Regelung zur automatisierten Kennzeichenerfassung, BVerfGE 150, 244 ff. u. 309 ff.; zur Verfassungswidrigkeit der Regelungen der Auslandsüberwachung im BNDG, BVerfG, NJW 2020, 2235 ff.; zur Verfassungswidrigkeit der manuellen Bestandsdatenauskunft, BVerfG, NJW 2020, 2699 ff. (Bestandsdatenauskunft II); zur erweiterten Nutzung (Data-mining) einer Verbunddatei der Polizeibehörden und Nachrichtendienste, NVwZ 2021, 226; zur verfassungsrechtlichen Zulässigkeit der elektronischen Fußfessel, Beschl. v. 1.12 2020 – 2 BvR 916/11.
6 Zuletzt etwa EuGH, NJW 2021, 531 ff.: Anlasslose Vorratsdatenspeicherung zu polizeilichen Zwecken nur bei erheblicher Gefahrenlage und zur Bekämpfung schwerer Kriminalität (538 [Rn 140], 539 [Rn 146], 540 [Rn 156]) = EuGRZ 2020, 681; ebenso EuGH, Urt. v. 2.3.2021 – C-746/18 (Rn 33); dazu auch Gola/Klug, NJW 2021, 680, 682.
7 BVerfGE 141, 220 ff.
8 BVerfG, NJW 2020, 2235 ff. = DVBl 2020, 945 ff., mit zust. Anm. Durner, 951 ff.; JA 2020, 631, mit zust. Anm. Muckel, 635. Vgl. eingehender auch Uerpmann-Wittzack, JURA 2020, 953 ff.
9 BVerfGE 120, 274, 302; vgl. aber auch BVerfGE 141, 220, 269 (Rn 105); Botta, ZJS 2021, 59, 64.
10 Trute, Die Verwaltung 2020, 99, 104: „schon vom schieren Umfang her eine Herausforderung".
11 BVerfGE 141, 220 bis 378.

des Datenschutzes vor allem bei der Überwachung verdächtiger Personen durch Polizei und Staat.

Das BVerfG hat klargestellt, dass die **Einräumung von Überwachungsbefugnissen** in allen Fällen nach dem Grundsatz der Verhältnismäßigkeit **einem legitimen Ziel dienen** und zu dessen Erreichung geeignet, erforderlich und verhältnismäßig im engeren Sinne sein muss.[12] Es hat aber auch deutlich gemacht, dass die dem BKA zugebilligten gesetzlichen Überwachungsbefugnisse einem solchen legitimen Ziel dienen und hierfür geeignet und erforderlich sind.[13] Grundlegende Bedeutung kommt der **Verhältnismäßigkeit im engeren Sinne** zu, da es Aufgabe des Gesetzgebers ist, einen Ausgleich zwischen der Schwere der mit den hier zur Prüfung stehenden Eingriffen in die Grundrechte potenziell betroffener Personen auf der einen Seite und der Pflicht des Staates zum Schutz der Grundrechte auf der anderen Seite zu schaffen.[14]

Für **tief in die Privatsphäre eingreifende Ermittlungs- und Überwachungsbefugnisse** hat das BVerfG aus dem Verhältnismäßigkeitsgrundsatz im engeren Sinne **übergreifende Anforderungen** abgeleitet.[15] Im Einzelnen gelten folgende Anforderungen:

1. Heimliche Überwachungsmaßnahmen, die tief in die Privatsphäre eingreifen, sind mit der Verfassung nur vereinbar, wenn sie dem **Schutz oder der Bewehrung von hinreichend gewichtigen Rechtsgütern** dienen, für deren Gefährdung oder Verletzung im Einzelfall **belastbare tatsächliche Anhaltspunkte** bestehen. Sie setzen grundsätzlich voraus, dass der Adressat der Maßnahme in die mögliche Rechtsgutverletzung aus Sicht eines verständigen Dritten den objektiven Umständen nach verfangen ist. Eine vorwiegend auf den Intuitionen der Sicherheitsbehörden beruhende bloße Möglichkeit weiterführender Erkenntnisse genügt zur Durchführung solcher Maßnahmen nicht.[16]

Verfassungsrechtlich ausreichend sind hierfür zunächst die **Anforderungen zur Abwehr konkreter, unmittelbar bevorstehender oder gegenwärtiger** Gefahren gegenüber polizeipflichtigen Personen nach den Maßgaben des allgemeinen Sicherheitsrechts für die hier relevanten Schutzgüter.[17] Die Eingriffsgrundlagen müssen eine **hinreichend konkretisierte Gefahr** in dem Sinne verlangen, dass **zumindest tatsächliche Anhaltspunkte für die Entstehung einer konkreten Gefahr für die Schutzgüter** bestehen. Eine hinreichend konkretisierte Gefahr in diesem Sinne kann danach schon bestehen, wenn sich der zum Schaden führende Kausalverlauf noch nicht mit hinreichender Wahrscheinlichkeit vorhersehen lässt, sofern bereits bestimmte Tatsachen auf eine im Einzelfall drohende Gefahr für ein überragend wichtiges Rechtsgut hinweisen.[18]

In Bezug auf **terroristische Straftaten**, die oft durch lang geplante Taten von bisher nicht straffällig gewordenen Einzelnen an nicht vorhersehbaren Orten und in ganz verschiedener Weise verübt werden, können Überwachungsmaßnahmen auch dann erlaubt werden, wenn zwar noch nicht ein seiner Art nach konkretisiertes und zeitlich absehbares Geschehen erkennbar ist, jedoch das individuelle Verhalten einer Person die konkrete Wahrscheinlichkeit begründet, dass sie solche Straftaten in **überschaubarer Zukunft** begehen wird.[19] Die herabgestufte Anforderung an eine drohende Gefahr kommen auch **zum Schutz herausgehobener Rechtsgüter** in Betracht.[20]

---

12 BVerfGE 141, 220, 265 (Rn 93); BVerfG („elektronische Fußfessel"), Beschl. v. 1.12 2020 – 2 BvR 916/11 (Rn 201 ff.).
13 BVerfGE 141, 220, 265 bis 267 (Rn 95 bis 97).
14 BVerfGE 141, 220, 267 f. (Rn 98 bis 102).
15 Vgl. dazu Pieper, JA 2018, 598, 602 bis 604.
16 BVerfGE 141, 220, 268 bis 275 (Rn 104 bis 116).
17 BVerfGE 141, 220, 271 f. (Rn 111).
18 BVerfGE 141, 220, 272 f. (Rn 112).
19 BVerfGE 141, 220, 272 f. (Rn 112).
20 BVerfG (Bestandsdatenauskunft II), NJW 2020, 2699, 2710 (Rn 149).

Bei der näheren Ausgestaltung der Einzelbefugnisse kommt es für deren Angemessenheit wie für die zu fordernde Bestimmtheit maßgeblich auf das **Gewicht des jeweils normierten Eingriffs** an. Je tiefer Überwachungsmaßnahmen in das Privatleben hineinreichen und berechtigte Vertraulichkeitserwartungen überwinden, desto strenger sind die Anforderungen. Besonders tief in die Privatsphäre dringen die Wohnraumüberwachung sowie der Zugriff auf informationstechnische Systeme.[21]

Für Maßnahmen, die der Gefahrenabwehr dienen und damit **präventiven Charakter** haben, kommt es unmittelbar auf das **Gewicht der zu schützenden Rechtsgüter** an. Heimliche Überwachungsmaßnahmen, die tief in das Privatleben hineinreichen, sind nur zum Schutz besonders gewichtiger Rechtsgüter zulässig. Hierzu gehören Leib, Leben und Freiheit der Person sowie der Bestand oder die Sicherheit des Bundes oder eines Landes.[22]

2. Eingriffsintensive Überwachungs- und Ermittlungsmaßnahmen, bei denen damit zu rechnen ist, dass sie auch höchstprivate Informationen erfassen und die gegenüber den betroffenen Personen heimlich durchgeführt werden, bedürfen grundsätzlich einer **vorherigen Kontrolle durch eine unabhängige Stelle**, bevorzugt in Form einer **richterlichen Anordnung**.[23]

3. Für die Durchführung von besonders eingriffsintensiven Überwachungsmaßnahmen ergeben sich aus dem Verfassungsrecht **besondere Anforderungen an den Schutz des Kernbereichs privater Lebensgestaltung**.[24]

Auch wenn hierdurch weiterführende Erkenntnisse erlangt werden können, scheidet ein gezielter Zugriff auf die höchstprivate Sphäre – zu der freilich nicht die Besprechung von Straftaten gehört – von vornherein aus. Insbesondere darf der Kernbereichsschutz **nicht unter den Vorbehalt einer Abwägung im Einzelfall** gestellt werden. Zum einen sind auf der Ebene der Datenerhebung Vorkehrungen zu treffen, die eine unbeabsichtigte Miterfassung von Kernbereichsinformationen nach Möglichkeit ausschließen. Zum anderen sind auf der Ebene der nachgelagerten Auswertung und Verwertung die Folgen eines dennoch nicht vermiedenen Eindringens in den Kernbereich privater Lebensgestaltung strikt zu minimieren.[25]

4. Eigene verfassungsrechtliche Grenzen ergeben sich hinsichtlich des Zusammenwirkens der verschiedenen Überwachungsmaßnahmen. Eine **Überwachung darf sich nicht über einen längeren Zeitraum erstrecken** und nicht derart umfassend sein, dass **nahezu lückenlos alle Bewegungen und Lebensäußerungen der betroffenen Person registriert** werden und zur Grundlage für ein Persönlichkeitsprofil werden können.[26]

5. Eigene verfassungsrechtliche Grenzen heimlicher Überwachungsmaßnahmen können sich unter Verhältnismäßigkeitsgesichtspunkten gegenüber **bestimmten Berufs- und anderen Personengruppen** ergeben, deren Tätigkeit von Verfassung wegen eine besondere Vertraulichkeit voraussetzt. Der Gesetzgeber muss gewährleisten, dass die Behörden bei der Anordnung und Durchführung von Überwachungsmaßnahmen solche Grenzen beachten.[27] Indes ist der Gesetzgeber in der Regel nicht verpflichtet, bestimmte Personengruppen von Überwachungsmaßnahmen von vornherein gänzlich auszunehmen, sondern er kann den Schutz der Vertraulichkeit in der Regel von einer Abwägung im Einzelfall abhängig machen.[28]

---

21 BVerfGE 141, 220, 269 (Rn 105).
22 BVerfGE 141, 270 f. (Rn 108).
23 BVerfGE 141, 220, 275 f. (Rn 117 f.).
24 BVerfGE 141, 220, 276 bis 280 (Rn 119 bis 129); vgl. dazu auch Schneider, JuS 2021, 29 ff., u. Basten, Recht der Polizei, Rn 659 f.
25 BVerfGE 141, 220, 278 f. (Rn 125 f.); Schneider, JuS 2021, 29, 31 f.
26 BVerfGE 141, 220, 280 f. (Rn 130).
27 BVerfGE 141, 220, 281 f. (Rn 131 bis 133).
28 BVerfGE 141, 220, 281 (Rn 132).

I. Grundlagen des Datenschutzrechts

6. Der Verhältnismäßigkeitsgrundsatz stellt auch **Anforderungen an Transparenz, individuellen Rechtsschutz und aufsichtliche Kontrolle**. Transparenz der Datenerhebung und -verarbeitung soll dazu beitragen, dass Vertrauen und Rechtssicherheit entstehen können und der Umgang mit Daten in einen demokratischen Diskurs eingebunden bleibt.[29]
Der Gesetzgeber hat zur Gewährleistung subjektiven Rechtsschutzes i. S. d. Art. 19 Abs. 4 GG vorzusehen, dass die betroffenen Personen **zumindest nachträglich** von den Überwachungsmaßnahmen grundsätzlich **in Kenntnis zu setzen** sind. Ausnahmen kann er in Abwägung mit verfassungsrechtlich geschützten Rechtsgütern Dritter vorsehen. Sie sind jedoch auf das unbedingt Erforderliche zu beschränken.[30]
7. Zu den übergreifenden Verhältnismäßigkeitsanforderungen gehört auch die **Regelung von Löschungspflichten**. Mit ihnen ist sicherzustellen, dass eine Verwendung personenbezogener Daten auf die die Datenverarbeitung rechtfertigenden Zwecke begrenzt bleibt und nach deren Erledigung nicht mehr möglich ist. Die Löschung der Daten ist zur Gewährleistung von Transparenz und Kontrolle zu protokollieren.[31]

Das BVerfG statuiert mit seiner Rechtsprechung im Bereich des Datenschutzes **hohe Hürden für den Gesetzgeber**.[32] Im Interesse des Schutzes von Überwachungsmaßnahmen betroffener Personen ist dies zu begrüßen, zugleich muss aber festgestellt werden, dass der Gesetzgeber diesen Vorgaben nur wirksam begegnen kann, indem er die datenschutzrechtlichen Bestimmungen überaus detailliert ausgestaltet, auch um den vom BVerfG geforderten Anforderungen an die Bestimmtheit[33] zu genügen. Dies führt leider teilweise zu „**Regelungsmonstern**", die dem Rechtsanwender fundierte juristische Befähigungen abverlangen und vom normalen Bürger kaum mehr nachzuvollziehen sind. Ob damit dem Ziel eines Gesetzes im Hinblick auf Klarheit und Verständlichkeit genügt werden kann, darf bezweifelt werden.

3. Schutz des Kernbereichs privater Lebensgestaltung

a) Allgemeines

Der Landesgesetzgeber setzt in den §§ 32 Abs. 2, 44 Abs. 7, 49 Abs. 8, 50 Abs. 6, 54 Abs. 9 PolG die vom BVerfG aufgestellten verfassungsrechtlichen Maßgaben zum **Schutz des Kernbereichs privater Lebensgestaltung** um. Die dortigen Regelungen sind zwar teilweise sehr umfänglich[34], wirken aber insgesamt durchaus gelungen, da sie das notwendige Verarbeitungsverbot solcher Daten **über alle Schritte der Datenverarbeitung hinweg** kodifizieren. Aufgrund ihrer Komplexität wird der Polizei allerdings eine **sehr anspruchsvolle Gesetzesanwendung** zugemutet[35], die das Risiko von Anwendungsfehlern zulasten der von der Datenverarbeitung betroffenen Personen beinhaltet; betroffene Personen dürften ihrerseits kaum in der Lage sein, die Einhaltung der Regelungen zu kontrollieren. Die Vorgaben und Anforderungen des BVerfG sind indes sehr stringent und umfassend, eine Umsetzung durch den Gesetzgeber geboten.

---

[29] BVerfGE 141, 220, 282 bis 285 (Rn 134 bis 143).
[30] BVerfGE 141, 220, 282 f. (Rn 136).
[31] BVerfGE 141, 220, 285 f. (Rn 144).
[32] Graulich, KriPoZ 2016, 75, 80: „Die Entscheidungsgründe des Urteils sind teils auf überwölbende Weise grundsätzlich und teils in minutiöser Weise kleinteilig."
[33] BVerfGE 141, 220, 265 (Rn 94).
[34] R. Schenke, in: Schenke/Graulich/Ruthig, Sicherheitsrecht, § 45 BKAG Rn 43: „detailliertes und komplexes Rechtsregime".
[35] Vgl. zum Datenschutzrecht des PolG auch den 36. Tätigkeitsbericht Datenschutz 2020 des Landesbeauftragten für Datenschutz und Informationsfreiheit Baden-Württemberg, S. 85: „Einzelne Paragrafen sind derart komplex, dass sie auch für Datenschutzexperten nur schwer zu verstehen sind."

b) Rechtsprechung des BVerfG

9 Das **BVerfG** hat in seinem **BKAG-Urteil** sehr deutlich gemacht, dass der Bereich privater Lebensgestaltung einem besonders herausragenden Schutz unterliegt. Es hat hierzu ausgeführt: „Der verfassungsrechtliche Schutz des Kernbereichs privater Lebensgestaltung gewährleistet dem Individuum einen **Bereich höchstpersönlicher Privatheit gegenüber Überwachung**. Er wurzelt in den von den jeweiligen Überwachungsmaßnahmen betroffenen Grundrechten in Verbindung mit Art. 1 Abs. 1 GG und sichert einen dem Staat nicht verfügbaren Menschenwürdekern grundrechtlichen Schutzes gegenüber solchen Maßnahmen. **Selbst überragende Interessen der Allgemeinheit können einen Eingriff** in diesen absolut geschützten Bereich privater Lebensgestaltung **nicht rechtfertigen.**"[36] Dieser Schutzbereich umfasst insbesondere die nichtöffentliche Kommunikation mit Personen des höchstpersönlichen Vertrauens, die in der berechtigten Annahme geführt wird, nicht überwacht zu werden, wie es insbesondere bei Gesprächen im Bereich der Wohnung der Fall ist.[37] Damit ist der Kernbereich privater Lebensgestaltung **dem Zugriff der öffentlichen Gewalt schlechthin** entzogen.[38] Eine zeitliche und / oder räumliche **„Rundumüberwachung"** (Totalüberwachung) ist mit dem Schutz des Kernbereichs der privaten Lebensgestaltung nicht zu vereinbaren (vgl. dazu auch § 10 Rn 364).[39]

Das BVerfG hat aber auch betont, dass „demgegenüber **die Kommunikation unmittelbar über Straftaten nicht geschützt** ist, selbst wenn sie auch Höchstpersönliches zum Gegenstand hat. Die **Besprechung und Planung von Straftaten gehört** ihrem Inhalt nach **nicht zum Kernbereich privater Lebensgestaltung**, sondern hat Sozialbezug".[40] Die konkrete Bewertung des Einzelfalls kann hierbei sehr schwierig sein, was auch aus den weiteren diesbezüglichen Ausführungen des BVerfG sehr deutlich wird. Denn viele Gesprächssituationen im Privatumfeld der eigenen Wohnung sind auch dann einer Nutzung durch die Sicherheitsbehörden entzogen, wenn sie Rückschlüsse auf ein strafbares Verhalten zulassen (etwa Inhalte aus Beichtgesprächen).[41]

Zum Schutz des Kernbereichs privater Lebensgestaltung muss der Staat **umfangreiche Vorkehrungen auf allen Eingriffsebenen** treffen: „Des Weiteren folgt hieraus, dass bei der Durchführung von Überwachungsmaßnahmen dem Kernbereichsschutz auf zwei Ebenen Rechnung getragen werden muss. Zum einen sind auf der Ebene der Datenerhebung Vorkehrungen zu treffen, die eine unbeabsichtigte Miterfassung von Kernbereichsinformationen nach Möglichkeit ausschließen. Zum anderen sind auf der Ebene der nachgelagerten Auswertung und Verwertung die Folgen eines dennoch nicht vermiedenen Eindringens in den Kernbereich privater Lebensgestaltung strikt zu minimieren."[42]

Soweit es praktisch unvermeidbar ist, dass staatliche Stellen (unbeabsichtigt) Informationen zur Kenntnis nehmen, bevor sie deren Kernbereichsbezug erkennen, ist es verfassungsrechtlich nicht gefordert, den Eingriff wegen des Risikos einer Kernbereichsverletzung auf der Erhebungsebene von vornherein zu unterlassen In Fällen dieser Art ist es aber geboten, für **ausreichenden Schutz in der Auswertungsphase** zu sorgen. Der Gesetzgeber hat durch geeignete Verfahrensvorschriften sicherzustellen, dass bei der Erhebung von Daten mit Bezug zum Kernbereich privater Lebensgestaltung die **Intensität** der Kernbereichsverletzung und ihre Auswirkungen für die Persönlichkeit und

---

[36] BVerfGE 141, 220, 276 (Rn 120); BVerfG („elektronische Fußfessel"), Beschl. v. 1.12 2020 – 2 BvR 916/11 (Rn 206); Schneider, JuS 2021, 29, 30.
[37] BVerfGE 141, 220, 276 f. (Rn 121).
[38] Schwabenbauer, in: Lisken/Denninger, Handbuch des Polizeirechts, Kap. G Rn 91.
[39] Zeitler/Trurnit, Polizeirecht BW, Rn 555.
[40] BVerfGE 141, 220, 277 (Rn 122); Schneider, JuS 2021, 29, 31.
[41] Vgl. dazu die Nachweise und Fallbeispiele bei Schwabenbauer, in: Lisken/Denninger, Handbuch des Polizeirechts, Kap. G Rn 96 bis 106.
[42] BVerfGE 120, 278 f. (Rn 126); BVerfG („elektronische Fußfessel"), Beschl. v. 1.12 2020 – 2 BvR 916/11 (Rn 207); Schneider, JuS 2021, 29, 31 f.

I. Grundlagen des Datenschutzrechts

Entfaltung der betroffenen Person **so gering wie möglich** bleiben. Entscheidende Bedeutung hat insoweit die **Durchsicht der erhobenen Daten auf kernbereichsrelevante Inhalte**. Ergibt die Durchsicht, dass kernbereichsrelevante Inhalte erhoben wurden, sind diese **unverzüglich** zu **löschen**. Eine Weitergabe oder sonstige Verwendung ist auszuschließen. Außerdem ist die Löschung in einer Weise zu **protokollieren**, die eine spätere Kontrolle ermöglicht.[43]

c) Umsetzung im PolG

Der Landesgesetzgeber hat mit dem PolG 2020 ein **gestuftes Schutz- und Prüfverfahren** zum Schutz des Kernbereichs privater Lebensgestaltung eingeführt[44], das in allen Phasen der Datenverarbeitung zur Anwendung kommt und sicherstellt, dass die Vorgaben des Verfassungsrechts beachtet werden.

aa) Anordnungs- und Durchführungsverbot

In einer **ersten Stufe** ist bereits die **Erhebung von Daten ausgeschlossen**, wenn der Kernbereich privater Lebensgestaltung tangiert ist:

Gem. **§ 32 Abs. 2 S. 2 PolG** ist – soweit es technisch möglich ist – sicherzustellen, dass innerhalb der Wohnung der betroffenen Person **keine über den Umstand ihrer Anwesenheit hinausgehenden Aufenthaltsdaten erhoben** werden. Gem. **§§ 44 Abs. 7 S. 1, 50 Abs. 6 S. 1 PolG** ist die Datenerhebung nur zulässig, wenn der Polizeivollzugsdienst davon ausgehen kann, dass durch die Überwachung **keine Daten erfasst** werden, die dem Kernbereich privater Lebensgestaltung zuzurechnen sind. In diesen Fällen ist eine Datenerhebung also immer ausgeschlossen, wenn (zumindest auch) der Kernbereich privater Lebensgestaltung betroffen sein dürfte. Im Fall der **§§ 49 Abs. 8 S. 1, 54 Abs. 9 S. 1 PolG** ist die Erhebung personenbezogener Daten unzulässig, wenn der Polizeivollzugsdienst davon ausgehen muss, dass durch die Maßnahme **allein Erkenntnisse aus dem Kernbereich privater Lebensgestaltung** erlangt würden; **unschädlich** ist nach dem eindeutigen Wortlaut dieser Regelungen, wenn nach der Prognose der Polizei durch die Maßnahme neben dem möglicherweise betroffenen Kernbereich privater Lebensgestaltung **zumindest auch andere Erkenntnisse erlangt** werden. Ist nur mit der Erhebung von Daten aus dem Kernbereich privater Lebensgestaltung zu rechnen, ist bereits die Datenerhebung unzulässig.

Der Polizeivollzugsdienst muss eine **Prognose** (sog. **negative Kernbereichsprognose**[45]) vornehmen, ob durch die geplante Maßnahme Informationen erlangt werden, die dem Kernbereich privater Lebensgestaltung entstammen. Dafür ist **keine vollständige Gewissheit** erforderlich[46]. Besonders geschützt ist die nicht öffentliche Kommunikation der von der Maßnahme betroffenen Person mit anderen Personen. Werden (auch) Daten aus dem Kernbereich privater Lebensgestaltung erlangt, gelten die jeweiligen **Erhebungsverbote und -einschränkungen** der §§ 32 Abs. 2, 44 Abs. 7, 49 Abs. 8, 50 Abs. 6, 54 Abs. 9 PolG.

Es ergibt sich nicht nur teilweise ein **absolutes Maßnahmenverbot**, sondern auch eine **vorherige umfassende Prüfpflicht** der Beamten des Polizeivollzugsdienstes in jedem Einzelfall, also **vor** der Durchführung jeder Maßnahmen gem. §§ 32, 44, 49, 50, 54 PolG. Der Polizeivollzugsdienst muss mithin nicht nur stets die tatbestandlichen Voraussetzungen der §§ 32, 44, 49, 50, 54 PolG zur Anwendung der polizeilichen Maßnahmen, sondern auch die der §§ 32 Abs. 2, 44 Abs. 7 S. 1, 49 Abs. 8 S. 1, 50 Abs. 6 S. 1, 54 Abs. 9 S. 1 PolG zum Schutz des Kernbereichs privater Lebensgestaltung prüfen; liegen deren tatbestandlichen Voraussetzungen vor, ist die **Durchführung der Maß-**

---

43 BVerfG („elektronische Fußfessel"), Beschl. v. 1.12 2020 – 2 BvR 916/11 (Rn 208).
44 Pöltl, VBlBW 2021, 45, 53.
45 R. Schenke, in: Schenke/Graulich/Ruthig, Sicherheitsrecht, § 46 BKAG Rn 31; Pöltl, VBlBW 2021, 45, 53.
46 R. Schenke, in: Schenke/Graulich/Ruthig, Sicherheitsrecht, § 45 BKAG Rn 46.

nahme unzulässig, sie darf gar nicht erst angeordnet oder durchgeführt werden (**absolutes Anordnungs- und Durchführungsverbot**). Die Prüfung muss durch die Protokollierung (§§ 73, 74 PolG) nachvollziehbar sein.

bb) Unterbrechungsgebot

14 Gem. **§§ 44 Abs. 7 S. 2, 49 Abs. 8 S. 3, 50 Abs. 6 S. 3, 54 Abs. 9 S. 2 PolG** ist die **Maßnahme unverzüglich zu unterbrechen**, sofern sich **während der Überwachung** Anhaltspunkte dafür ergeben, dass Daten, die dem Kernbereich privater Lebensgestaltung zuzurechnen sind, erfasst werden. Daraus folgt auch eine **fortwährende Überprüfungspflicht** des Polizeivollzugsdienstes während einer datenschutzrechtlichen Maßnahme gem. §§ 44, 49, 50, 54 PolG. Stellt die Polizei fest, dass von der Maßnahme der Kernbereich privater Lebensgestaltung tangiert ist, muss die **Maßnahme** sofort (= ohne schuldhaftes Zögern) unterbrochen werden.

Beispiel zu § 44 Abs. 7 PolG (Einsatz der Bodycam in Wohnungen): Die Beamten des Polizeivollzugsdienst betreten nach einem Notruf wegen häuslicher Gewalt die Wohnung des betroffenen Ehepaars. Aufgrund des Notrufs müssen sie von einer weiteren Gewaltbereitschaft des Ehemanns ausgehen und haben deshalb die Bodycams aktiviert. Nach Betreten der Wohnung stellen sie fest, dass der gewalttätige Ehemann die Wohnung bereits verlassen hat und sich neben der Ehefrau auch mehrere Kinder in der Wohnung aufhalten. Die in der Wohnung befindlichen Polizeibeamten müssen die Aufzeichnung der Bodycams wegen § 44 Abs. 7 S. 2 PolG sofort stoppen (diese Pflicht ergibt sich auch aus dem Wegfall der Voraussetzungen des § 44 Abs. 5 S. 2 PolG [vgl. auch § 44 Abs. 8 S. 1 PolG]).

Eine **Fortsetzung der unterbrochenen Maßnahme** kommt nur unter strengen tatbestandlichen Voraussetzungen in Betracht, die in den §§ 44 Abs. 7, 49 Abs. 8, 50 Abs. 6, 54 Abs. 9 PolG unterschiedlich festgelegt sind. Teilweise ist sie auch von einer **richterlichen Zustimmung** abhängig.

cc) Absolutes Datenverwertungsverbot

15 Erkenntnisse aus dem Kernbereich privater Lebensgestaltung dürfen gem. § 32 Abs. 2 S. 7, § 44 Abs. 7 S. 5, § 49 Abs. 8 S. 8, 9, § 50 Abs. 6 S. 8, 9, § 54 Abs. 9 S. 8, 9 PolG **nicht verwertet** werden (**absolutes Datenverwertungsverbot**). Diese Regelungen sichern das Datenverarbeitungsverbot weiter ab. Wenn Daten aus dem Kernbereich privater Lebensgestaltung aufgenommen und gespeichert werden, ist es dem Polizeivollzugsdienst verboten, diese zu verwerten.

Beispiel zu § 50 PolG: Der Polizeivollzugsdienst hat durch den Einsatz technischer Mittel zur Überwachung einer Privatwohnung umfangreiche Erkenntnisse gewonnen. Bei der Auswertung des Materials stellt die Polizei fest, dass in Teilen der Kernbereich privater Lebensgestaltung verletzt ist, weil rein private Gesprächsinhalte erfasst wurden. Diese Inhalte sind jeglicher Auswertung entzogen. Daraus gezogene Erkenntnisse können zu keinen weiteren Ermittlungen führen. Darüber hinaus sind die entsprechenden Aufzeichnungen unverzüglich zu löschen oder zu vernichten.

dd) Datenlöschung

16 **Aufzeichnungen** aus dem Kernbereich der privaten Lebensführung sind gem. §§ 32 Abs. 2 S. 7, 44 Abs. 7 S. 3, 49 Abs. 8 S. 9, 50 Abs. 6 S. 9, 54 Abs. 7 S. 7 PolG **unverzüglich zu löschen**.

II. Rechtsgrundlagen des Datenschutzes
1. EU Datenschutz-Grundverordnung

17 Durch die **Verordnung (EU) 2016/679** des europäischen Parlament und des Rates vom 27.4.2016 zum Schutz natürlicher Personen bei der Verarbeitung personenbezogener Daten, zum freien Datenverkehr und zur Aufhebung der Richtlinie

II. Rechtsgrundlagen des Datenschutzes

95/46/EG (Datenschutz-Grundverordnung)[47] hat die EU ein gemeinsames Datenschutzrecht für alle Mitgliedsstaaten der EU beschlossen. Die DSGVO gilt gem. Art. 99 Abs. 2 DSGVO **seit dem 25.5.2018**. Sie ist in allen ihren Teilen verbindlich und **gilt unmittelbar in jedem Mitgliedstaat**, wie am Ende der DSGVO ausdrücklich klargestellt ist und aus Art. 288 Abs. 2 S. 2 AEUV folgt.[48] Der Verabschiedung der DSGVO ging ein mehrjähriges Verfahren voraus, während dessen Verlauf es zu intensiven Diskussionen über die konkrete Ausgestaltung des EU-Datenschutzrechts kam[49], vor allem verhinderten Rat und Parlament am Ende weitgehend, dass der EU-Kommission umfassende delegierte Rechtsakte und Durchführungsrechtsakte zustehen.[50]

Die DSGVO soll eine **Vereinheitlichung der Datenschutz-Vorschriften im Bereich der EU** bewirken.[51] Sie soll sicherstellen, dass die Grundrechte und Grundfreiheiten der im Bereich der EU lebenden Personen und insbesondere ihr Recht auf Schutz personenbezogener Daten ungeachtet ihrer Staatsangehörigkeit oder ihres Aufenthaltsorts gewahrt bleiben.[52] Der EU-Verordnungsgeber verkennt nicht, dass es aus Gründen des Allgemeinwohls auch zu **berechtigten Einschränkungen des Datenschutzes** kommen kann.[53] Er sieht auch die Notwendigkeit, für den Bereich der **Strafverfolgung und der Bewahrung von öffentlicher Sicherheit und Ordnung eigene Datenschutzregelungen** zu treffen. Er nimmt deswegen diesen Bereich ausdrücklich aus dem Anwendungsbereich der DSGVO aus und überlässt die weiteren Regelungen mit der DSRL 2016/680 einer eigenen Rechtsgrundlage.[54] Vgl. dazu eingehender § 10 Rn 21 ff.

18

Auch wenn die EU eine Vereinheitlichung des Datenschutzrechts für alle Mitgliedsstaaten anstrebt, sieht sie die Notwendigkeit für **Präzisierungen, Konkretisierungen und Ergänzungen durch nationale Regelungen**: „Wenn in dieser Verordnung Präzisierungen oder Einschränkungen ihrer Vorschriften durch das Recht der Mitgliedstaaten vorgesehen sind, können die Mitgliedstaaten Teile dieser Verordnung in ihr nationales Recht aufnehmen, soweit dies erforderlich ist, um die Kohärenz zu wahren und die nationalen Rechtsvorschriften für die Personen, für die sie gelten, verständlicher zu machen."[55] Die DSGVO enthält zu diesem Zweck **rund 70 Öffnungsklauseln für nationales Recht**.[56] Dabei ist zwischen **Regelungsaufträgen** (etwa Art. 6 Abs. 3 DSGVO) und **Regelungsoptionen** (etwa Art. 6 Abs. 2 DSGVO) zu unterscheiden.[57] Wegen der vielen

19

---

47 EU ABl. L 119 v. 4.5.2016, S. 1, ber. am 27.10.2016 (12399/16).
48 Selmayr/Ehmann, in: Ehmann/Selmayr, DSGVO, Einf. Rn 3, 80, 88; Moos/Schefzig, in: Moos/Schefzig/Arning, DSGVO, Kap. 1 Rn 5; von Lewinski, in: Auernhammer, DSGVO/BDSG, Einl. DSGVO Rn 27; Wybitul, in: Wybitul, Handbuch, Einl. Rn 5; Kotzur, in: Geiger/Khan/Kotzur, EU-Vertrag, Art. 16 AEUV, Rn 2; Herdegen, Europarecht, § 8 Rn 44; Haratsch/Koenig/Pechstein, Europarecht, Rn 395; Schantz, NJW 2016, 1841; Kremer, CR 2017, 367, 368; Roßnagel, DuD 2017, 277; Egberts/Monschke, JURA 2018, 1100, 1101; Lück, KommJur 2018, 81.
49 Vgl. dazu etwa Roßnagel, in: Roßnagel, Das neue Datenschutzrecht, § 1 Rn 17 bis 26; Paal/Pauly, DSGVO/BDSG, Einl. Rn 5 bis 7, beide m. w. N.; Taeger/Schmidt, in: Taeger/Gabel, DSGVO/BDSG, Einf. Rn 19 ff.; Schiedermair, in: Simitis/Hornung/Spiecker, Datenschutzrecht, Einl. Rn 155 ff., 184 ff.
50 Roßnagel, in: Roßnagel, Das neue Datenschutzrecht, § 1 Rn 21, 22, 24. Zur Entstehungsgeschichte vgl. im Übrigen Selmayr/Ehmann, in: Ehmann/Selmayr, DSGVO, Einf. Rn 9 bis 59; Gola, in: Gola, DSGVO, Einl. Rn 6 bis 19.
51 Wybitul, in: Wybitul, Handbuch, Einl. Rn 8 f.; Paal/Pauly, DSGVO/BDSG, Einl. Rn 2; Selmayr/Ehmann, in: Ehmann/Selmayr, DSGVO, Einf. Rn 81 ff. m. w. N.; Gola, in: Gola, DSGVO, Einl. Rn 13; Kühling/Raab, in: Kühling/Buchner, DSGVO/BDSG, Einf. Rn 37 ff.; Schantz, NJW 2016, 1841; Brink, BWGZ 2018, 48.
52 Erwägungsgrund 2 der Verordnung, EU ABl. L 119, S. 1.
53 Erwägungsgrund 4 der Verordnung, EU ABl. L 119, S. 2.
54 Ausführlich dazu Erwägungsgrund 19 der Verordnung, EU ABl. L 199, S. 4.
55 Erwägungsgründe 8, 10 der Verordnung, EU ABl. L 119, S. 2; vgl. auch Selmayr/Ehmann, in: Ehmann/Selmayr, DSGVO, Einf. Rn 81. Krit. dazu Veil, NVwZ 2018, 686 f.
56 Taeger/Schmidt, in: Taeger/Gabel, DSGVO/BDSG, Einf. Rn 50 ff.; Gola/Heckmann, in: Gola/Heckmann, BDSG, Einl. Rn 4; Roßnagel, in: Roßnagel, Das neue Datenschutzrecht, § 1 Rn 52, § 2 Rn 19 bis 22; Kotzner, in: Geiger/Khan/Kotzner, EU-Vertrag, Art. 16 AEUV Rn 2; Streinz, DuD 2020, 353, 356 f.; Albrecht/Janson, CR 2016, 500, 501 f.; Roßnagel, DuD 2017, 278; Buchner, DuD 2016, 155; Lück, KommJur 2018, 81 f.
57 Selmayr/Ehmann, in: Ehmann/Selmayr, DSGVO, Einf. Rn 81 bis 87. Eingehend dazu Roßnagel, DuD 2017, 278 ff.

Öffnungsklauseln wird die DSGVO auch als „hinkende Verordnung" bezeichnet.[58] Der Bundesgesetzgeber hat von diesen Möglichkeiten umfassend Gebrauch gemacht. Auch das **BVerfG** hat dem Bundesgesetzgeber **umfassende Gestaltungsspielräume** zuerkannt.[59]

20 Beim **Anwendungsbereich der DSGVO** sind zwei Grundsätze zu beachten, die sich aus Art. 16 Abs. 2 S. 1 AEUV ergeben, der wie folgt lautet: „Das Europäische Parlament und der Rat erlassen gemäß dem ordentlichen Gesetzgebungsverfahren Vorschriften über den Schutz natürlicher Personen bei der Verarbeitung personenbezogener Daten durch die Organe, Einrichtungen und sonstigen Stellen der Union sowie durch die Mitgliedstaaten im Rahmen der Ausübung von Tätigkeiten, die in den Anwendungsbereich des Unionsrechts fallen, und über den freien Datenverkehr."

Die DSGVO kann danach nur für Sachverhalte gelten, die entweder in den **Anwendungsbereich des Unionsrechts oder** in den **Bereich des freien Datenverkehrs** fallen. Soweit es sich um keinen Anwendungsbereich des Unionsrechts handelt[60], scheidet mithin eine unmittelbare Anwendung der DSGVO aus, wenn es sich um **rein innerstaatliche Sachverhalte** handelt, die keinen grenzüberschreitenden Datenaustausch betreffen.[61] Für die Datenverarbeitung deutscher Behörden, die nur die inneren Angelegenheiten in Deutschland betreffen, gilt die DSGVO nicht.[62] Etwas anderes gilt nur dann, wenn die Daten zur innereuropäischen Grenzübermittlung vorgesehen sind, dann gilt die DSGVO für den Übermittlungsvorgang und alle damit zusammenhängenden Fragen.

2. EU-Datenschutz-Richtlinie 2016/680 Polizei/Justiz

21 Mit der DSGVO hat die EU auch die **Richtlinie (EU) 2016/680 des europäischen Parlaments und des Rates vom 27.4.2016 zum Schutz natürlicher Personen bei der Verarbeitung personenbezogener Daten durch die zuständigen Behörden zum Zwecke der Verhütung, Ermittlung, Aufdeckung oder Verfolgung von Straftaten oder der Strafvollstreckung sowie zum freien Datenverkehr und zur Aufhebung des Rahmenbeschlusses 2008/977/JI des Rates** erlassen.[63] Die DSRL 2016/680 enthält umfassende datenschutzrechtliche Vorschriften über die Datenverarbeitung im Bereich der Strafverfolgung und der Bewahrung von öffentlicher Sicherheit und Ordnung. Gem. Art. 288 Abs. 3 AEUV ist die Richtlinie für jeden Mitgliedstaat, an den sie gerichtet wird, hinsichtlich des zu erreichenden Ziels verbindlich, überlässt jedoch den innerstaatlichen Stellen die Wahl der Form und der Mittel.[64] Sie ist in das Recht der Mitgliedssaaten zu transferieren.[65] Gem. **Art. 63 Abs. 1 DSRL 2016/680** erlassen und veröffentlichen die Mitgliedstaaten bis zum 6.5.2018 die Rechts- und Verwaltungsvor-

---

58 Selmayr/Ehmann, in: Ehmann/Selmayr, DSGVO, Einf. Rn 88; von Lewinski, in: Auernhammer, DSGVO/BDSG, Einl. Rn 29: „Hybrid zwischen Richtlinie und Verordnung", ebenso Kühling/Raab, in: Kühling/Buchner, DGSVO/BDSG, Einf. Rn 2, Streinz, DuD 2020, 353, 357, Greve, NVwZ 2017, 737, 743, Kühling, NJW 2017, 1985, 1987, Schwartmann/Jacquemain, RDV 2018, 65; vgl. auch Paal/Pauly, DSGVO/BDSG, Einl. Rn 20.
59 BVerfG (Bestandsdatenauskunft II), NJW 2020, 2699, 2703 (Rn 86).
60 Der Bundesgesetzgeber verweist etwa auf den Bereich der nationalen Sicherheit. Dies betrifft die Datenverarbeitung durch das Bundesamt für Verfassungsschutz, den BND, den MAD sowie den Bereich des Sicherheitsüberprüfungsgesetzes, für die nur die Vorgaben des BDSG gelten; vgl. dazu BT-Ds 18/11325, S. 79 m. w. N.
61 Roßnagel, in: Roßnagel, Das neue Datenschutzrecht, § 2 Rn 34; vgl. auch Schantz, NJW 2016, 1841, 1842.
62 Roßnagel, in: Roßnagel, Das neue Datenschutzrecht, § 2 Rn 35.
63 EU ABl. L 119 v. 4.5.2016, S. 89. Zur Entstehungsgeschichte und zur Regelungssystematik vgl. Herbst: in: Auernhammer, DSGVO/BDSG, DSRL 2016/680 Rn 1 bis 5; Johannes/Weinhold, Neues Datenschutzrecht, § 1 Rn 8 bis 12; Schröder, in: Möstl/Trurnit, Polizeirecht BW, Rn 1 bis 7, alle m. w. N.
64 Kotzur, in: Geiger/Khan/Kotzur, EU-Vertrag, Art. 288 AEUV Rn 11; Streinz, Europarecht, Rn 482; Weinhold/Johannes, DVBl 2016, 1502; Roßnagel, in: Johannes/Weinhold, Neues Datenschutzrecht, Geleitwort Rn 7, 18. Krit. dazu Frenzel, in: Paal/Pauly, DSGVO/BDSG, § 45 BDSG Rn 2 f.
65 Schröder, in: Möstl/Trurnit, Polizeirecht BW, Rn 22.

II. Rechtsgrundlagen des Datenschutzes

schriften, die erforderlich sind, um dieser Richtlinie nachzukommen, und sollen diese Vorschriften **seit dem 6.5.2018** anwenden.

Die **DSRL 2016/680** trifft spezielle Datenschutzregelungen für den Bereich der Polizei und der Justiz. Sie geht nach dem Willen der EU der DSGVO vor und ist für den Bereich des Datenschutzes **lex specialis**. Dies folgt unmittelbar aus **Art. 2 Abs. 2 lit. d DSGVO**, wonach die DSGVO keine Anwendung findet auf die Verarbeitung personenbezogener Daten durch die zuständigen Behörden zum Zwecke der Verhütung, Ermittlung, Aufdeckung oder Verfolgung von Straftaten oder der Strafvollstreckung, einschließlich des Schutzes vor und der Abwehr von Gefahren für die öffentliche Sicherheit. Der EU-Verordnungsgeber hat hierzu ausgeführt: „Der Schutz natürlicher Personen bei der Verarbeitung personenbezogener Daten durch die zuständigen Behörden zum Zwecke der Verhütung, Ermittlung, Aufdeckung oder Verfolgung von Straftaten oder der Strafvollstreckung, einschließlich des Schutzes vor und der Abwehr von Gefahren für die öffentliche Sicherheit, sowie der freie Verkehr dieser Daten sind in einem eigenen Unionsrechtsakt geregelt. Deshalb sollte diese Verordnung auf Verarbeitungstätigkeiten dieser Art keine Anwendung finden. Personenbezogene Daten, die von Behörden nach dieser Verordnung verarbeitet werden, sollten jedoch, wenn sie zu den vorstehenden Zwecken verwendet werden, einem spezifischeren Unionsrechtsakt, nämlich der Richtlinie (EU) 2016/680 des Europäischen Parlaments und des Rates unterliegen."[66] 22

Soweit der Anwendungsbereich der DSRL 2016/680 eröffnet ist, findet die **DSGVO keine Anwendung**.[67] Der **Vorrang** der DSRL 2016/680 bezieht sich dabei auf die **Datenverarbeitung zu präventiven und repressiven Zwecken**.[68] Der Datenschutz richtet sich nach den auf der Grundlage der DSRL 2016/680 erlassenen nationalen Datenschutzregelungen. Etwas anderes gilt nur, wenn den für die Strafverfolgung oder die Bewahrung der öffentlichen Sicherheit und Ordnung zuständigen deutschen Behörden auch **Aufgaben** übertragen werden, die **außerhalb dieser Tätigkeitsbereiche** liegen. Dann fällt die Verarbeitung von personenbezogenen Daten für diese anderen Zwecke insoweit in den Anwendungsbereich dieser Verordnung, als sie in den Anwendungsbereich des Unionsrechts fällt.[69] Hier lässt es der EU-Verordnungsgeber aber ausdrücklich zu, dass der nationale Gesetzgeber spezielle Datenschutzregelungen trifft.

Mit der DSRL 2016/680 will die EU einerseits den notwendigen persönlichen Datenschutz sicherstellen, andererseits aber auch für einen **erleichterten Austausch personenbezogener Daten** zwischen den zuständigen Behörden der Mitgliedstaaten sorgen.[70] Geregelt werden in der DSRL 2016/680 die Verarbeitung personenbezogener Daten durch die zuständigen Behörden zum Zwecke der Verhütung, Ermittlung, Aufdeckung oder Verfolgung von Straftaten oder der Strafvollstreckung, einschließlich des Schutzes vor und der Abwehr von Gefahren für die öffentliche Sicherheit. Es werden **vielfache Tätigkeiten der Sicherheitsbehörden** erfasst, hauptsächlich die Verhütung, Ermittlung, Aufdeckung oder Verfolgung von Straftaten, dazu zählen auch polizeiliche Tätigkeiten in Fällen, in denen nicht von vornherein bekannt ist, ob es sich um Straftaten handelt oder nicht. Solche Tätigkeiten können ferner die Ausübung hoheitlicher Ge- 23

---

66 Erwägungsgrund Nr. 19 der DSGVO, EU ABl. L 119, S. 4.
67 Schwabenbauer, in: Lisken/Denninger, Handbuch des Polizeirechts, Kap. G Rn 343; Petri, in: Lisken/Denninger, Handbuch des Polizeirechts, Kap. G Rn 467; Schröder, in: Möstl/Trurnit, Polizeirecht BW, Rn 21 bis 23; Selmayr/Ehmann, in: Ehmann/Selmayr, DSGVO, Einf. Rn 100; von Lewinski, in: Auernhammer, DSGVO/BDSG, Art. 2 Rn 40; Rauer/Ettig, in: Wybitul, Handbuch, Art. 2 Rn 13; Rüpke, in: Rüpke/v. Lewinski/Eckhardt, Datenschutzrecht, § 8 Rn 8; Schmidt, Polizei- und Ordnungsrecht, Rn 136g; Borell/Schindler, DuD 2019, 767; Albrecht, CR 2016, 88, 90; Schantz, NJW 2016, 1841, 1842; vgl. auch LT-Drs. 16/8484, S 123.
68 Zerdick, in: Ehmann/Selmayr, DSGVO, Art. 2 Rn 12; ebenso Kühling/Raab, in: Kühling/Buchner, DSGVO/BDSG, Art. 2 DSGVO Rn 29.
69 So eindeutig Erwägungsgrund Nr. 19 der DSGVO, EU ABl. L 119, S. 4; ebenso Erwägungsgrund Nr. 12 der DSRL 2016/680, EU ABl. L 119, S. 91.
70 Erwägungsgrund Nr. 19 der DSRL 2016/680, EU ABl. L 119, S. 90; NdsOVG, NVwZ-RR 2020, 973 (Rn 22).

walt durch Ergreifung von Zwangsmitteln umfassen, wie polizeiliche Tätigkeiten bei Demonstrationen, großen Sportveranstaltungen und Ausschreitungen. Sie umfassen auch die Aufrechterhaltung der öffentlichen Ordnung als Aufgabe, die der Polizei oder anderen Strafverfolgungsbehörden übertragen wurde, soweit dies zum Zweck des Schutzes vor und der Abwehr von Bedrohungen der öffentlichen Sicherheit und Bedrohungen für durch Rechtsvorschriften geschützte grundlegende Interessen der Gesellschaft, die zu einer Straftat führen können, erforderlich ist.[71]

Der EU-Richtliniengeber stellt klar, dass zur Verhütung, Ermittlung und Verfolgung von Straftaten die zuständigen Behörden personenbezogene Daten, die im Zusammenhang mit der Verhütung, Ermittlung, Aufdeckung oder Verfolgung einer bestimmten Straftat erhoben wurden, auch in einem anderen Kontext verarbeiten können müssen, um sich ein Bild von den kriminellen Handlungen machen und Verbindungen zwischen verschiedenen aufgedeckten Straftaten herstellen zu können.[72] Die DSRL 2016/680 soll jeden mithilfe **automatisierter Verfahren** oder auf anderem Wege ausgeführten Vorgang oder **jede solche Vorgangsreihe im Zusammenhang mit personenbezogenen Daten** wie das Erheben, das Erfassen, die Organisation, das Ordnen, die Speicherung, die Anpassung oder Veränderung, das Auslesen, das Abfragen, die Verwendung, den Abgleich oder die Verknüpfung, die Einschränkung der Verarbeitung, das Löschen oder die Vernichtung, abdecken.[73]

24 Der **Anwendungsbereich der DSRL 2016/680** wird in deren Artikel 1 definiert wonach die Richtlinie Bestimmungen zum Schutz natürlicher Personen bei der Verarbeitung personenbezogener Daten durch die zuständigen Behörden zum Zwecke der Verhütung, Ermittlung, Aufdeckung oder Verfolgung von Straftaten oder der Strafvollstreckung, einschließlich des Schutzes vor und der Abwehr von Gefahren für die öffentliche Sicherheit enthält.

Damit wird der Anwendungsbereich der zur Umsetzung der Richtlinie zu erlassenden nationalen Gesetze in zweierlei Hinsicht festgelegt: Zum einen gelten die besonderen Regelungen der DSRL 2016/680 nur für den Bereich der Strafverfolgung und die Abwehr von Gefahren für die öffentliche Sicherheit. Zum anderen finden für diesen Bereich die Regelungen der DSGVO keine Anwendung, sondern die jeweiligen nationalen Regelungen sind **lex specialis im Bereich des Datenschutzes**. Ein Rückgriff auf die DSGVO scheidet aus (vgl. dazu auch § 10 Rn 54 ff.).

Die DSRL 2016/680 findet Anwendung auf **Straftaten**, in ihren Anwendungsbereich sollten anfangs nach Teilen der Literatur aber keine Ordnungswidrigkeiten fallen.[74] Diese Frage dürfte sich nunmehr aber **einvernehmlich** dahin gehend geklärt haben, dass die DSRL 2016/680 **sowohl für Straftaten als auch für Ordnungswidrigkeiten** gilt.[75] Der deutsche Gesetzgeber hat in § 45 S. 1 BDSG und in § 11 Abs. 1 S. 1 PolG BW den Anwendungsbereich der ins deutsche Recht transferierten Bestimmungen ausdrücklich auch für den Bereich der Ordnungswidrigkeiten vorgesehen.[76]

25 Eine Besonderheit stellt der Anwendungsbereich der DSRL 2016/680 insoweit dar, als er nicht nur den Datenschutz bei der Strafverfolgung erfasst, sondern auch den **Schutz vor und die Abwehr von Gefahren für die öffentliche Sicherheit**. Auf den ersten Blick scheint damit der gesamte Tätigkeitsbereich der Polizei erfasst zu sein. Richtigerweise ist aus dem Zweck, der Entstehungsgeschichte und dem Gesamtkontext der

---

71 Erwägungsgrund Nr. 12 der DSRL 2016/680, EU ABl. L 119, S. 90 f.
72 Erwägungsgrund Nr. 27 der DSRL 2016/680, EU ABl. L 119, S. 93.
73 Erwägungsgrund Nr. 34 der DSRL 2016/680, EU ABl. L 119, S. 94.
74 So etwa noch Herbst, in: Auernhammer, DSGVO/BDSG, Rn 8 zur DSRL 2016/680 (5. Aufl. 2017), aufgegeben in der 6. Aufl. 2018 (Rn 8); **a. A.** etwa Hörauf, ZIS 2013, 276, 278 f.
75 Schmidt, in: Taeger/Gabel, DSGVO/BDSG, Art. 2 DSGVO Rn 22; Schwabenbauer, in: Lisken/Denninger, Handbuch des Polizeirechts, Kap. G Rn 371 f.; Schröder, in: Möstl/Trurnit, Polizeirecht BW, Rn 27; Herbst, in: Auernhammer, DSGVO/BDSG, DSRL 2016/680 Rn 8; Hörauf, ZIS 2013, 276, 278 f.
76 Zust. Weinhold, in: Roßnagel, Das Neue Datenschutzrecht, § 7 Rn 77. Vgl. dazu ausführlicher § 10 Rn 25.

DSRL 2016/680 aber zu folgern, dass deren Anwendungsbereich im Straftatenvorfeld nur eröffnet ist, wenn die **Begehung einer Straftat möglich** erscheint, **zumindest aber nicht auszuschließen** ist.[77] Der Erwägungsgrund 12 der Richtlinie spricht von „polizeilichen Tätigkeiten in Fällen, in denen nicht von vornherein bekannt ist, ob es sich um Straftaten handelt oder nicht". Darüber hinaus wird im Erwägungsgrund 12 darauf verwiesen, dass die Einbeziehung der Aufrechterhaltung der öffentlichen Ordnung richtig erscheint, soweit dies zum Zweck des Schutzes vor und der Abwehr von Bedrohungen der öffentlichen Sicherheit und Bedrohungen für durch Rechtsvorschriften geschützte grundlegende Interessen der Gesellschaft, die zu einer Straftat führen können, erforderlich ist. Damit wird klar, dass die Vorgaben der DSRL 2016/680 immer dann gelten, wenn der **Bezug zu einer (späteren) Straftat nicht von vornherein auszuschließen** ist.

Beispiel: Polizeiliche Tätigkeiten bei Demonstrationen, großen Sportveranstaltungen und Ausschreitungen (so ausdrücklich der Erläuterungsgrund 12 der DSRL 2016/680).

Klar auszuschließen ist damit der **Anwendungsbereich** der DSRL 2016/680 nur, wenn bei der polizeilichen Tätigkeit zur Gefahrenabwehr **sicher keine Straftat zu erwarten** ist.[78] Dann gilt die DSGVO. Dies wird auch aus Erläuterungsgrund 12 deutlich, wonach die Mitgliedstaaten die zuständigen Behörden mit anderen Aufgaben betrauen können, die nicht zwangsläufig für die Zwecke der Verhütung, Ermittlung, Aufdeckung oder Verfolgung von Straftaten – einschließlich des Schutzes vor und der Abwehr von Gefahren für die öffentliche Sicherheit – ausgeführt werden, so dass die Verarbeitung von personenbezogenen Daten für diese anderen Zweck insoweit in den Anwendungsbereich der DSGVO fällt, als sie in den Anwendungsbereich des Unionsrechts fällt.

Die in Art. 3 Nr. 7 DSRL 2016/680 als Adressaten der Richtlinie genannten Behörden und staatlichen Stellen sind vor allem die **Polizeibehörden, Staatsanwaltschaften und Gerichte**. **26**

Wegen des ausschließlichen Geltungsbereichs der DSRL 2016/680 und der Funktion als lex specialis mit der fehlenden Möglichkeit des Rückgriffs auf die DSGVO enthält die Richtlinie – ähnlich der DSGVO – umfassende Regelungen zu allen Bereichen, etwa auch Begriffsdefinitionen (Art. 3) und allgemeine Rechtsgrundsätze (Art. 4). Sie umfasst mithin **alle notwendigen abschließenden Regelungen** für ihren Geltungsbereich und ist in diesem Umfang **in nationales Recht umzusetzen**. Prinzipiell weisen die DSGVO und die DSRL 2016/680 aber viele Gemeinsamkeiten auf und ähneln sich in der Grundstruktur.[79] **27**

3. Datenschutzrecht des Bundes

Die DSGVO und die DSRL 2016/680 waren Anlass für den Gesetzgeber, das **Datenschutzrecht für öffentliche Stellen des Bundes und der Länder** durch das Gesetz zur Anpassung des Datenschutzrechts an die Verordnung (EU) 2016/679 und zur Umsetzung der Richtlinie (EU) 2016/680 (Datenschutz-Anpassungs- und -Umsetzungsgesetz EU – DSAnpUG-EU) vom 30.6.2017[80] grundlegend zu reformieren. Mit dem DSAnpUG-EU sollen zum einen die sich aus den zahlreichen Öffnungsklauseln der DSGVO **28**

---
77 Ebenso etwa Johannes/Weinhold, Neues Datenschutzrecht, § 1 Rn 26.
78 Herbst, in: Auernhammer, DSGVO/BDSG, DSRL 2016/680 Rn 9; ähnlich Roßnagel, in: Simitis/Hornung/Spieker, Datenschutzrecht, Art. 2 Rn 40.
79 Herbst, in: Auernhammer, DGVO/BDSG, DSRL 2016/680 Rn 5; Kühling/Raab, in: Kühling/Buchner, DSGVO/BDSG, Einführung Rn 113 f.; Weinhold/Johannes, DVBl 2016, 1502; Schlehahn, DuD 2018, 33.
80 BGBl. I S. 2091. Gesetzgebungsverfahren: Gesetzentwurf der Bundesregierung v. 24.2.2017, BT-Drs. 18/11325; 1. Beratung im Bundestag Plenarprot. 18/221, S. 22176B bis 22183D; 2. Beratung im Bundestag Plenarprot. 18/231, S. 23299A bis 23307A; Beschlussempfehlung des Innenausschusses v. 25.4.2017, BT-Drs. 18/12084; Bericht des Innenausschusses v. 26.4.2017, BT-Drs. 18/12144; 3. Beratung im Bundestag Plenarprot. 18/231, S. 23306D. Vgl. zur Entstehungsgeschichte auch Johannes/Weinhold, Neues Datenschutzrecht, § 1 Rn 52; Kühling/Raab, in: Kühling/Buchner, DSGVO/BDSG, Einf. Rn 123 bis 126; Kremer, CR 2017, 367, 368.

ergebenden nationalen Regelungsbefugnisse (vgl. § 10 Rn 19) ausgenutzt und die aus der DSGVO folgenden Regelungsaufträge umgesetzt werden. Zum anderen dient das DSAnpUG-EU der Umsetzung der DSRL 2016/680 in das deutsche Bundesrecht.[81] Zudem bezweckt das BDSG eine **Konsolidierung des Datenschutzrechts auf Bundesebene**.[82] Das **neue BDSG** ist gem. Art. 8 Abs. 1 DSAnpUG-EU **am 25.5.2018 in Kraft getreten**, was dem Zeitpunkt der Geltung der DSGVO (Art. 99 Abs. 2 DSGVO: „25.5.2018") und der Umsetzungsfrist der DSRL 2016/680 (Art. 63 Abs. 1 DSRL 2016/680: „6.5.2018") genügte.

Durch das **Zweite Gesetz zur Anpassung des Datenschutzrechts an die Verordnung (EU) 2016/679 und zur Umsetzung der Richtlinie (EU) 2016/680 vom 20.11.2019**[83] wurden in 155 (!) Artikeln zahlreiche Bundesgesetze an die DSGVO und die DSRL 2016/680 angepasst. Durch das 2. DSAnpUG-EU wurden die bestehenden bereichsspezifischen Datenschutzregelungen des Bundes mit folgenden **Regelungsschwerpunkten** an die unionsrechtlichen Vorgaben angepasst:[84]

- Anpassung von Begriffsbestimmungen,
- Anpassung von Verweisungen,
- Anpassung (bzw. vereinzelt Schaffung) von Rechtsgrundlagen für die Datenverarbeitung,
- Regelungen zu den Betroffenenrechten,
- Anpassungen aufgrund unmittelbar geltender Vorgaben der DSGVO zu technischen und organisatorischen Maßnahmen, zur Auftragsverarbeitung, zur Datenübermittlung an Drittländer oder an internationale Organisationen sowie zu Schadenersatz und Geldbußen.

a) Bundesdatenschutzgesetz
aa) Allgemeines

29 Durch Art. 1 des DSAnpUG-EU wurde das BDSG insgesamt neu erlassen. Das BDSG dient der **Anpassung des deutschen Datenschutzrechts** an die durch die vorrangige DSGVO bedingten Änderungen, zugleich ist gem. § 1 Abs. 8 BDSG der Anwendungsbereich aber auch auf diejenigen Bereiche erweitert, die außerhalb des Geltungsbereichs des Unionsrechts liegen.[85] Die **Gesetzgebungskompetenz des Bundes** folgt im Bereich des Datenschutzes als **Annex aus den jeweiligen Sachkompetenzen** des Bundes der Art. 73 bis 74 GG.[86]

Das BDSG ist so strukturiert[87], dass sich **in seinem ersten Teil allgemeine Vorschriften** finden, die für alle Bereiche des BDSG gelten, soweit nicht die DSGVO unmittelbar gilt.[88] Die allgemeinen Bestimmungen gelten auch für die Umsetzung der DSRL 2016/680[89], dabei ist aber zu beachten, dass die Bestimmungen im dritten Teil des BDSG lex specialis für die Umsetzung der DSRL 2016/680 sind[90], so dass die allgemeinen Bestimmungen des ersten Teils nur zur Anwendung kommen, soweit sich im dritten Teil keine Bestimmungen finden. **Im Teil 2 des BDSG finden sich die ergänzen-

---

81 BT-Drs. 18/11325, S. 1; Kremer, CR 2017, 367, 368: „Annex zur DSGVO".
82 Greve, NVwZ 2017, 737.
83 Zweites Datenschutz-Anpassungs- und Umsetzungsgesetz EU (2. DSAnpUG-EU) vom 20.11.2019 (BGBl. I S. 1626). Zum Gesetzgebungsverfahren vgl. Gesetzentwurf BT-Drs. 19/ 4674; 1. Beratung im Bundestag Plenarprot. 19/56, S. 6211D bis 6219B; 2. Beratung im Bundestag Plenarprot., S. 13291D bis 13296C; Beschlussempfehlung und Bericht des Ausschusses für Inneres und Heimat BT-Drs. 19/11181; 3. Beratung im Bundestag Plenarprot., S. 13295D bis 13296A.
84 BT-Drs. 19/4674, S. 2. Vgl. dazu Gola/Klug, NJW 2020, 660 ff.
85 BT-Drs. 18/11325, S. 2.
86 BT-Drs. 18/11325, S. 71; Ernst, in: Paal/Pauly, DSGVO/BDSG, § 1 BDSG Rn 1.
87 Vgl. dazu auch die Übersicht bei Taeger/Schmidt, in: Taeger/Gabel, DSGVO/BDSG, Einf. Rn 57 bis 61.
88 BT-Drs. 18/11325, S. 70.
89 BT-Ds 18/11325, S. 70.
90 Weinhold, in: Roßnagel, Das neue Datenschutzrecht, § 7 Rn 73.

II. Rechtsgrundlagen des Datenschutzes

den **Vorschriften** für die Anwendung des Datenschutzes im Geltungsbereich der DSGVO. **Teil 3 des BDSG dient der Umsetzung der DSRL 2016/680** in das deutsche Recht. Im **Teil 4 des BDSG** finden sich Regelungen für Sachverhalte, die nicht unter den Geltungsbereich der DSGVO und der DSRL 2016/680 fallen.[91]

bb) Anwendungsbereich

Das BDSG gilt gem. § 1 S. 1 BDSG für die Verarbeitung personenbezogener Daten durch öffentliche Stellen des Bundes (Nr. 1) und durch **öffentliche Stellen der Länder**, soweit **der Datenschutz nicht durch Landesgesetz geregelt** ist und soweit sie **Bundesrecht ausführen** oder als Organe der Rechtspflege tätig werden und es sich nicht um Verwaltungsangelegenheiten handelt (Nr. 2). Das BDSG gilt mithin **nicht für Landesbehörden, wenn für diese entsprechende landesrechtliche Datenschutzregelungen bestehen**.[92]

Gem. § 1 Abs. 5 BDSG finden die Vorschriften des BDSG keine Anwendung, soweit das Unionsrecht – im Besonderen die DSGVO in der jeweils geltenden Fassung – unmittelbar gilt. Die **DSGVO hat damit Vorrang**, das BDSG gilt nur subsidiär und ergänzend.[93] Darüber hinaus gehen gem. § 1 Abs. 2 BDSG andere Rechtsvorschriften des Bundes über den Datenschutz den Vorschriften des BDSG vor. Das **BDSG hat den Charakter eines Auffanggesetzes**, spezifische Rechtsvorschriften des Bundes genießen gegenüber den Vorschriften des BDSG grundsätzlich Vorrang; dies gilt allerdings nur, wenn eine **Tatbestandskongruenz** vorliegt.[94] Vorrang gegenüber dem BDSG besteht zudem für **Datenschutzregelungen der Länder**.[95] Regeln die Spezialgesetze einen Sachverhalt, für den das BDSG gilt, nicht oder nicht abschließend, finden die Vorschriften des BDSG ergänzende Anwendung.

Mithin kommt das **BDSG nur zur Anwendung**, wenn die **DSGVO nicht unmittelbar gilt** und **keine spezialgesetzliche Regelung in anderen Bundesgesetzen oder im Landesrecht** besteht.[96] Sie gilt dann für die Datenverarbeitung durch öffentliche Stellen des Bundes, darüber hinaus für öffentliche Stellen der Länder, wenn sie Bundesrecht ausführen. Unter den Voraussetzungen des § 1 Abs. 4 BDSG findet das BDSG auch auf nichtöffentliche Stellen Anwendung. In BW kommt das BDSG in erster Linie für dort vorhandene Bundesbehörden – vor allem für die **Bundespolizei** – zur Anwendung.

cc) Allgemeine Bestimmungen (Teil 1 BDSG)

Gem. § 3 BDSG ist die **Verarbeitung personenbezogener Daten** durch eine öffentliche Stelle **zulässig**, wenn sie zur Erfüllung der in der Zuständigkeit des Verantwortlichen liegenden Aufgabe oder in Ausübung öffentlicher Gewalt, die dem Verantwortlichen übertragen wurde, erforderlich ist.

Für den Bereich der öffentlichen Sicherheit ist § 4 BDSG besonders wichtig, der die Zulässigkeit der **Videoüberwachung öffentlich zugänglicher Räume** regelt. Er entspricht weitgehend der Vorgängerregelung des § 6 b BDSG a. F.[97], erfährt aber mit § 4 Abs. 1 S. 2 BDSG eine wichtige Ergänzung. Die Beobachtung öffentlich zugänglicher Räume mit optisch-elektronischen Einrichtungen (Videoüberwachung) ist nur zulässig,

---

91 Vgl. dazu auch den Überblick bei Kremer, CR 2017, 367, 369; Greve, NVwZ 2018, 737, 738 ff.
92 Johannes/Weinhold, Neues Datenschutzrecht, § 1 Rn 75.
93 Vgl. auch Kühling/Raab, in: Kühling/Buchner, DSGVO/BDSG, Einf. Rn 129; Kremer, CR 2017, 367, 368: „Annex zur DSGVO"; Engelke, DVP 2017, 448, 449.
94 BT-Drs. 18/11325. S. 79; Ernst, in: Paal/Pauly, DSGVO/BDSG, § 1 BDSG Rn 6; Paal/Pauly, DSGVO/BDSG, Einl. Rn 22; Kühling/Raab, in: Kühling/Buchner, DSGVO/BDSG, Einf. Rn 130; Kremer, CR 2017, 367, 370; Kühling, NJW 2017, 1985, 1987.
95 Klar, in: Kühling/Buchner, DSGVO/BDSG, § 1 BDSG Rn 9; Kremer, CR 2017, 367, 370; Schwartmann/Jacquemain, RDV 2018, 65, 66.
96 Pabst, in: Schwartmann/Jaspers/Thüsing/Kugelmann, DSGVO/BDSG, Art. 2 DSGVO Rn 67.
97 Vgl. dazu etwa Bull, JZ 2017, 797, 798 ff.

soweit sie zur Aufgabenerfüllung öffentlicher Stellen, zur Wahrnehmung des Hausrechts oder zur Wahrnehmung berechtigter Interessen für konkret festgelegte Zwecke erforderlich ist und keine Anhaltspunkte bestehen, dass schutzwürdige Interessen der betroffenen Personen überwiegen. Öffentlich zugängliche Räume i. S. d. § 4 BDSG sind alle öffentlich tatsächlich zugänglichen Bereiche, die dem öffentlichen Verkehr gewidmet sind oder nach dem Willen des Berechtigten erkennbar von jedermann genutzt oder betreten werden können.[98]

Da das BDSG gegenüber spezialgesetzlichen Regelungen subsidiär ist (vgl. dazu § 10 Rn 30), finden für die Polizei die besonderen Regelungen für die Zulässigkeit der Videoüberwachung im **Versammlungs- und Polizeirecht vorrangige Anwendung**.[99]

Bei der **Videoüberwachung von öffentlich zugänglichen großflächigen Anlagen**, wie insbesondere Sport-, Versammlungs- und Vergnügungsstätten, Einkaufszentren oder Parkplätzen, oder **Fahrzeugen und öffentlich zugänglichen großflächigen Einrichtungen des öffentlichen Schienen-, Schiffs- und Busverkehrs**, gilt der Schutz von Leben, Gesundheit oder Freiheit von dort aufhältigen Personen als ein besonders wichtiges Interesse. Der Gesetzgeber hat damit klargestellt, dass die **Abwägungsentscheidung zugunsten der Zulässigkeit** des Einsatzes einer Videoüberwachungsmaßnahme **geprägt** ist.[100] Regelmäßig wird damit in diesen Fällen eine Videoüberwachung der genannten öffentlichen Räume möglich sein, ohne dass es einer weitergehenden Begründung bedarf.

Des Weiteren finden sich im Teil 1 des BDSG **allgemeine Vorgaben** über die verwendeten Begriffsbestimmungen, über die behördlichen Datenschutzbeauftragten, die oder den Bundesbeauftragten für Datenschutz und Informationsfreiheit, die Zusammenarbeit auf europäischer und Bund/Länder-Ebene und die Rechtsbehelfe.

b) Datenschutz in Straf- und Bußgeldverfahren
aa) Bundesdatenschutzgesetz

32 Das DSAnpUG-EU hat auch die **Vorgaben der DSRL 2016/680 für den Bereich der Polizei und der Justiz** umgesetzt. Diese zwingende Umsetzung der Richtlinie erfolgte innerhalb des BDSG, dessen Teil 3 die Bestimmungen für Verarbeitungen zu Zwecken gem. Art. 1 DSRL 2016/680 enthält. Der Bundesgesetzgeber hatte das Ziel, beide Unionsakte in einem nationalen Gesetz umzusetzen, um beide Bereiche möglichst zu harmonisieren.[101] Die **Gesetzgebungskompetenz des Bundes** für die Strafvorschriften und das Bußgeldverfahren folgt aus Art. 74 Abs. 1 Nr. 1 GG, das Datenschutzrecht folgt ihr als Annexkompetenz.[102]

(1) Anwendungsbereich

33 Aus **§ 45 S. 1 bis 3 BDSG** folgt der **Anwendungsbereich** der Datenschutzregelungen des Dritten Teils des BDSG. Danach gelten diese für die Verarbeitungen personenbezogener Daten durch die für die Verhütung, Ermittlung, Aufdeckung, Verfolgung oder Ahndung von Straftaten und Ordnungswidrigkeiten zuständigen öffentlichen Stellen, soweit sie Daten zum Zweck der Erfüllung dieser Aufgaben verarbeiten. Die öffentlichen Stellen gelten dabei als Verantwortliche zur Abwehr von Gefahren für die öffentliche Sicherheit. Das BDSG folgt damit grundsätzlich dem in Art. 1 Abs. 1 DSRL 2016/680 definierten Anwendungsbereich. Mithin gelten die Regelungen des Dritten Teils des BDSG für den Bereich der **Verhütung, Ermittlung, Aufdeckung, Verfolgung und Ahndung von**

---
[98] Frenzel, in: Paal/Pauly, DSGVO/BDSG, § 4 BDSG Rn 8 f.; Becker, in: Plath, DSGVO/BDSG, § 4 BDSG Rn 9; Starnecker, in: Gola/Heckmann, BDSG, § 14 BDSG Rn 23.
[99] Starnecker, in: Gola/Heckmann, BDSG, § 4 BDSG Rn 6.
[100] BT-Drs. 18/11325, S. 81.
[101] Kühling, NJW 2017, 1985, 1986.
[102] BT-Drs. 18/11325, S. 71 f.

II. Rechtsgrundlagen des Datenschutzes

Straftaten einschließlich der vorgelagerten Gefahrenabwehr in diesem Bereich.[103] **Öffentliche Stellen** sind insbesondere die für den Bereich der Strafverfolgung **zuständigen Polizeibehörden (des Bundes)**, die Staatsanwaltschaften sowie die Zoll- und Steuerfahndung.[104]

Aus **§ 45 i. V. m § 1 Abs. 1 S. 1 Nr. 2 BDSG** folgt, dass öffentliche Stellen i. S. d. Dritten Teils des BDSG **nicht die Polizeibehörden der Länder** sind, soweit für diese landesrechtliche Datenschutzregelungen bestehen. Da in allen Bundesländern – wie auch in BW – spezifische Datenschutzregelungen auch für den Bereich der Polizei bestehen, findet das BDSG insoweit keine Anwendung, sondern die Landesdatenschutzregelungen gehen vor.[105]

Die besonderen Datenschutzbestimmungen des Dritten Teils des BDSG kommen nicht zur Anwendung, wenn eine öffentliche Stelle mit einem **Sachverhalt** befasst ist, der **noch keinen Bezug zu Straftaten oder Ordnungswidrigkeiten** aufweist. Dies wird häufig bei allgemeinen Ordnungsbehörden der Fall sein. Dies gilt solange und soweit das von der zuständigen Behörde geführte Verfahren in ein konkretes Straf- oder (häufiger) Ordnungswidrigkeitenverfahren übergeht.[106] Bei einem **Sachverhalt ohne polizeiliche Gefahrenabwehr** gelten die DSGVO und die ergänzenden bundes- oder landesgesetzlichen Datenschutzregelungen.[107]

(2) Ordnungswidrigkeiten

Eine Besonderheit stellt der Bereich der **Ordnungswidrigkeiten** dar. Die DSRL 2016/680 gilt nach dem klaren Wortlaut des Art. 1 Abs. 1 DSRL 2016/680 für „Straftaten". Nach Erläuterungsgrund 13 der Richtlinie soll „Straftat" im Sinne dieser Richtlinie ein eigenständiger Begriff des Unionsrechts in der Auslegung durch den Gerichtshof der EU sein. In der Kommentarliteratur zur DSRL 2016/680 wurde ursprünglich teilweise davon ausgegangen, dass Ordnungswidrigkeiten vom Anwendungsbereich der DSRL 2016/680 nicht erfasst werden.[108] Der Gesetzgeber hat dies in § 45 S. 1 BDSG anders entschieden und den Anwendungsbereich des Dritten Teils des BDSG auch auf Ordnungswidrigkeiten erweitert.[109] Insoweit stellt sich die Frage, ob der deutsche Gesetzgeber zu dieser Ausdehnung auf Ordnungswidrigkeiten befugt war. Zwar ist eine sog. „überschießende Umsetzung" einer EU-Richtlinie möglich, wenn die Ausdehnung der Richtlinie über die Mindestbestimmungen hinaus mit dem Grundsatz der Verhältnismäßigkeit vereinbar ist.[110] Die Erweiterung auf nicht vom Geltungsbereich einer Richtlinie erfasste Rechtsgebiete dürfte aber diesem Grundgedanken nicht mehr entsprechen. Der Gesetzgeber hat zur Ausdehnung des Dritten Teils des BDSG auf Ordnungswidrigkeiten ausgeführt, dass Ordnungswidrigkeiten vom Anwendungsbereich der DSRL 2016/680 umfasst würden, dies werde auch durch den Erwägungsgrund 13 der Richtlinie unterstützt.[111]

Die Intention des Bundesgesetzgebers, die Datenschutzregelungen für Straftaten und Ordnungswidrigkeiten zu vereinheitlichen[112], ist zu begrüßen.[113] Auch wenn **Ordnungs-**

---

103 BT-Drs. 18/11325, S. 110.
104 BT-Drs. 18/11325, S. 110.
105 Schwichtenberg, in: Kühling/Buchner, DSGVO/BDSG, Vor §§ 45 bis 84 BDSG Rn 4.
106 So eindeutig BT-Drs. 18/11325, S. 110 f. Ebenso Schwabenbauer, in: Lisken/Denninger, Handbuch des Polizeirechts, Kap. G Rn 373; Weinhold, in: Roßnagel, Das neue Datenschutzrecht, § 7 Rn 78; Frenzel, in: Paal/Pauly, DSGVO/BDSG, § 45 BDSG Rn 7.
107 Johannes/Weinhold, Neues Datenschutzrecht, § 1 Rn 81.
108 Zerdick, in: Ehmann/Selmayr, DSGVO, Art. 2 Rn 12; Kühling/Raab, in: Kühling/Buchner, DSGVO/BDSG, Art. 2 DSGVO Rn 29; ebenso noch Herbst, in: Auernhammer, DSGVO/DSGVO, DSRL 2016/680 Rn 8 (5. Aufl. 2017), aufgegeben in der 6. Aufl. 2018 (Rn 8).
109 „...... von Straftaten und Ordnungswidrigkeiten zuständigen öffentlichen Stellen ....."
110 Haratsch/Koenig/Pechstein, Europarecht, Rn 415.
111 BT-Drs. 18/11325, S. 110.
112 BT-Drs. 18/11325, S. 110.
113 Wie hier Weinhold, in: Roßnagel, Das neue Datenschutzrecht, § 7 Rn 109.

widrigkeiten im engeren Sinne keine Straftaten sind[114], sind sie beide **dem Bereich der staatlichen Sanktionierung rechtswidrigen Verhaltens zuzuordnen**[115] und ihre Gleichbehandlung beim Datenschutz sowohl gesetzessystematisch als auch aus Gründen der Vereinfachung der Gesetzesanwendung als zutreffend anzusehen. Richtigweise kommt es für die Frage, ob Ordnungswidrigkeiten in den Geltungsbereich der DSRL 2016/680 einbezogen sind bzw. werden können, maßgeblich auf das **Unionsrecht** an. In Erwägungsgrund 13 der DSRL 2016/680 wird darauf hingewiesen, dass der Begriff der „Straftat" im Sinne der Richtlinie ein eigenständiger Begriff des Unionsrecht ist, dessen Umfang und Reichweite sich nach der Rechtsprechung des Gerichtshofs der EU bestimmen. Im Sinne einer richtlinienkonformen Auslegung[116] ist mithin für die Rechtmäßigkeit des § 45 S. 1 BDSG darauf abzustellen, ob der Begriff „Straftaten" nach Unionsrecht auch Ordnungswidrigkeiten umfasst. Der EGMR geht davon aus, dass im Ordnungswidrigkeitenverfahren verhängten Geldbußen ein strafender Charakter zukommt, auch wenn ihre Sanktion weniger schwerwiegend als die des Strafrechts ist[117] Aufgrund dieser rechtlichen Einordnung des Begriffs „Straftaten" durch das Unionsrecht werden Ordnungswidrigkeiten vom Anwendungsbereich der DSRL 2016/680 erfasst, so dass der Anwendungsbereich des § 45 S. 1 BDSG auch für Ordnungswidrigkeiten gelten kann.[118]

(3) Gefahrenabwehr

35 Nach allgemeinen Verständnis umfasst der Geltungsbereich der DSRL 2016/680 die Datenverarbeitung sowohl zu präventiven als auch zu repressiven Zwecken.[119] Mithin wird auch der Bereich der **Gefahrenabwehr** vom Anwendungsbereich erfasst. Dieser Systematik folgt § 45 S. 3 BDSG, indem er den Anwendungsbereich des Dritten Teils des BDSG auch auf die Abwehr von Gefahren für die öffentliche Sicherheit ausdehnt. Die Vorgaben des Dritten Teils des BDSG sind von den zuständigen Polizeibehörden damit auch zu beachten, wenn sie im Vorfeld einer möglichen Straftat tätig sind und entsprechende Daten verarbeiten.

In der Praxis bedeutsam und im Einzelfall schwierig wird die **Reichweite des § 45 S. 3 BDSG im Bereich der Gefahrenabwehr** sein. Die konkrete Reichweite ist im Wege einer **richtlinienkonformen Auslegung**[120] zu ermitteln. Hilfreich sind die Ausführungen in Erwägungsgrund 12 der DSRL 2016/680. Der EU-Richtliniengeber hat dort dargelegt, dass die Tätigkeiten der Polizei auch die Aufrechterhaltung der öffentlichen Ordnung als Aufgabe umfassen, die der Polizei oder anderen Strafverfolgungsbehörden übertragen wurde, soweit dies zum Zweck des Schutzes vor und der Abwehr von Bedrohungen der öffentlichen Sicherheit und Bedrohungen für durch Rechtsvorschriften geschützte grundlegende Interessen der Gesellschaft, die zu einer Straftat führen können,

---

114 Vgl. dazu etwa Gürtler, in: Göhler, OWiG, Vor § 1 Rn 6 ff. (gegenüber Straftat ein „aliud"); Mitsch, in: KK OWiG, Ein. Rn 1 f. Im Detail handelt es sich bei der Abgrenzung von Straftat und Ordnungswidrigkeit um eine sehr umstrittene rechtsdogmatische Frage („die Jahrhundertfrage schlechthin"; vgl. den Nachweis dazu bei Mitsch, in: KK OWiG, Einl. Rn 112).
115 Gassner, in: Blum/Gassner/Seith, OWiG, Einl. Rn 4; vgl. dazu auch Gürtler, in: Göhler, OWiG, Vor § 1 Rn 9.
116 Vgl. dazu Streinz, Europarecht, Rn 508 bis 512; Herdegen, Europarecht, § 8 Rn 52 bis 54; Wietfeld, JZ 2020, 485 ff.; Schröder, in: Möstl/Trurnit, Polizeirecht BW, Rn 22.
117 EGMR, NStZ 1984, 269 f. (Nr. 53); NJW 2014, 1791, 1792 (Nr. 42): Die Beurteilung als Straftat bemisst sich nach den vom EGMR entwickelten sog. „Engel-Kriterien"; Gassner, in: Blum/Gassner/Seith, OWiG, Einl. Rn 7 f.; i. E. ebenso Mitsch, in: KK OWiG, Einl. Rn 245 (im europarechtlichen Kontext umfasst der Begriff Strafrecht auch das Ordnungswidrigkeitenrecht); vgl. auch Gürtler/Seitz/Bauer, in: Göhler, OWiG, Einl. Rn 17 f.; Petri, in: Simitis/Hornung/Spieker, Datenschutzrecht, Art. 10 Rn 12.
118 Ebenso Schwabenbauer, in: Lisken/Denninger, Handbuch des Polizeirechts, Kap. G Rn 371 f.; Weinhold, in: Roßnagel, Das neue Datenschutzrecht, § 7 Rn 74 bis 77; Johannes/Weinhold, Neues Datenschutzrecht, § 1 Rn 84; Schwichtenberg, in: Kühling/Buchner, DSGVO/BDSG, Vor §§ 45 bis 84 BDSG Rn 2; Herbst, in: Auernhammer, DSGVO/BDSG, DSRL 2016/680 Rn 8; Höräuf, ZIS 2013, 276, 278 f.; krit. dagegen Braun, in: Gola/Heckmann, BDSG, § 45 Rn 10.
119 Zerdick, in: Ehmann/Selmayr, DSGVO, Art. 2 Rn 12; Kühling/Raab, in: Kühling/Buchner, DSGVO/BDSG, Art. 2 Rn 29.
120 Vgl. dazu Streinz, Europarecht, Rn 508 bis 512; Herdegen, Europarecht, § 8 Rn 52 bis 54.

II. Rechtsgrundlagen des Datenschutzes

erforderlich ist. Aus der klaren Bezugnahme auf „Straftaten" ist zu folgern, dass die besonderen Datenschutzregelungen der DSRL 2016/680 und damit auch des Dritten Teils des BDSG immer dann zur Anwendung kommen, wenn die Polizeibehörden bei einem Sachverhalt nicht von vornherein sicher nachfolgende Straftaten ausschließen können. Es ist stets ein **Bezug zu einer (möglichen) Straftat** notwendig.[121] Einer Anwendung der Datenschutzregelungen des Dritten Teils des BDSG unterliegen alle Sachverhalte, in denen nach der allgemeinen Lebenserfahrung regelmäßig mit der Begehung von Straftaten zu rechnen ist; eine Gewissheit ist hierfür nicht erforderlich, es reicht die bloße Möglichkeit aus. **Beurteilungsrundlage und Bezugspunkt** ist damit **immer** die (zu erwartende) **Straftat**. Die polizeilichen Maßnahmen der Gefahrenabwehr müssen im Zusammenhang mit der Kriminalitätsbekämpfung stehen.[122] Der EU-Richtliniengeber hat regelmäßige Fallkonstellationen genannt, in denen typischerweise Straftaten zu erwarten sind, nämlich Demonstrationen, große Sportveranstaltungen und Ausschreitungen.[123]

Allgemeine Gefahrenabwehrmaßnahmen der Polizeibehörden und der sonstigen zuständigen Behörden in BW **ohne erkennbaren Bezug zu einer Straftat** fallen nicht in den Anwendungsbereich des BDSG[124], sondern in den der DSGVO und der entsprechenden ergänzenden landesrechtlichen Datenschutzregelungen.[125]

bb) Strafprozessordnung

36 Durch das **Gesetz zur Umsetzung der Richtlinie (EU) 2016/680 im Strafverfahren sowie zur Anpassung datenschutzrechtlicher Bestimmungen an die Verordnung (EU) 2016/679 vom 20.11.2019**[126] wurden die durch die DSGVO und die DSRL 2016/680 notwendigen Anpassungen der Datenschutzvorschriften im Strafverfahren und im übrigen Verfahrensrecht vorgenommen. Für den Bereich des Strafverfahrensrechts und des übrigen Verfahrensrechts sowie in einzelnen Bereichen des Justizverwaltungsrechts waren über die Neufassung des BDSG hinaus weitere Umsetzungsmaßnahmen hinsichtlich der DSRL 2016/680 und Anpassungen hinsichtlich der DSGVO vorzunehmen. Das Gesetz dient dazu, die dortigen bereichsspezifischen datenschutzrechtlichen Regelungen an die neuen Vorgaben zum Datenschutz anzupassen.[127]

Durch **Art. 1** des Gesetzes zur Umsetzung der Richtlinie (EU) 2016/680 im Strafverfahren sowie zur Anpassung datenschutzrechtlicher Bestimmungen an die Verordnung (EU) 2016/679 wurden die notwendigen Änderungen und Anpassungen der StPO vorgenommen. Dabei erfolgten **im Schwerpunkt drei Änderungen**: Der Verzicht auf die Ausschlussklausel und die zeitliche Einschränkung des § 491 StPO a. F. in Bezug auf datenschutzrechtliche Auskunftsrechte, die damit im Zusammenhang stehende Bearbeitung von Anträgen auf Selbstauskunft gem. §§ 495 StPO und 57 BDSG sowie die Ausweitung der Protokollierungspflichten im Rahmen automatisierter Übermittlungsver-

---

121 Schwabenbauer, in: Lisken/Denninger, Handbuch des Polizeirechts, Kap. G Rn 377, Herbst, in: Auernhammer, DSGVO/BDSG, DSRL 2016/680 Rn 9.
122 So zutr. Schwichtenberg, in: Kühling/Buchner, DSGVO/BDSG, § 45 BDSG Rn 3.
123 Erwägungsgrund 12 zur DSRL 2016/680, EU ABl. L 119, S. 90.
124 Schwabenbauer, in: Lisken/Denninger, Handbuch des Polizeirechts, Kap. G Rn 376; Herbst, in: Auernhammer, DSGVO/BDSG, DSRL 2016/680 Rn 9; Weinhold, in: Roßnagel, Das neue Datenschutzrecht, § 7 Rn 78; Schwichtenberg, in: Kühling/Buchner, DSGVO/BDSG, Vor §§ 45 bis 84 BDSG, Rn 4; Braun, in: Gola/Heckmann, BDSG, § 45 Rn 13 bis 15; Weinhold/Johannes, DVBl 2016, 1503. Vgl. dazu auch BT-Drs. 18/11325, S. 110 f.
125 Wie hier Schwabenbauer, in: Lisken/Denninger, Handbuch des Polizeirechts, Kap. G Rn 378; Johannes/Weinhold, Neues Datenschutzrecht, § 1 Rn 47, 81; Roggenkamp, in: Plath, DSGVO/BDSG, § 45 BDSG Rn 25 f.; vgl. auch LT-Drs. 16/3830, S. 90.
126 BGBl. I 2019 S. 1724. Zum Gesetzgebungsverfahren vgl. Gesetzentwurf BT-Drs. 19/4671; 1. Beratung im Bundestag Plenarprot. 19/56, S. S. 6211D bis 6219B; 2. Beratung im Bundestag Plenarprot. 19/107, S. 13291D bis 13296C; Beschlussempfehlung und Bericht des Ausschusses für Recht und Verbraucherschutz BT-Drs. 19/11190; 3. Beratung im Bundestag Plenarprot.19/107, S. 13296B.
127 BT-Drs. 19/4671, S. 1.

fahren in den §§ 488 bzw. 493 der StPO.[128] Es erfolgten viele Anpassungen der Datenschutznormen der StPO, die §§ 477 bis 480, 486, 489, 491 StPO wurden neu gefasst, § 500 StPO neu eingefügt.

Der Bundesgesetzgeber geht davon aus, dass in den **§§ 45 ff. BDSG** die **grundlegenden Regelungen für den Bereich der Strafverfolgung** enthalten sind. Die StPO soll daher lediglich bereichsspezifische abweichende oder ergänzende Regelungen enthalten.[129]

37 Die **Datenschutzbestimmungen der StPO** gehen denen des BDSG als **lex specialis** vor.[130] Soweit sich in den §§ 474 ff. StPO keine abschließende Regelungen zu einem datenschutzrechtlichen Sachverhalt findet, muss ein Rückgriff auf die allgemeinen datenschutzrechtlichen Regelungen erfolgen.[131] Diese sind nunmehr in den §§ 45 ff. BDSG normiert.

Diese bereits bislang geltenden Grundsätze werden nunmehr in **§ 500 StPO auch für die Bundesländer** ausdrücklich normiert: Gem. § 500 Abs. 1 StPO ist Teil 3 des BDSG entsprechend anzuwenden, soweit **öffentliche Stellen der Länder im Anwendungsbereich der StPO** personenbezogene Daten verarbeiten. § 500 Abs. 2 Nr. 1 StPO stellt aber klar, dass Abs. 1 nur gilt, soweit in der StPO nicht etwas anderes bestimmt ist. Dieser Grundsatz entspricht auch der Grundregelung in § 45 Abs. 1 S. 1 i. V. m. § 1 Abs. 2 S. 1, 2 BDSG. Hieraus ergeben sich zwei Folgen:

- Soweit **öffentliche Stellen der Länder** Daten im Bereich der StPO verarbeiten, müssen sie die §§ 45 ff. BDSG anwenden.
- Es besteht ein **Anwendungsvorrang der Datenschutzregelungen der StPO**. Nur soweit sich dort keine speziellen datenschutzrechtlichen Regelungen finden, kommen die §§ 45 ff. BDSG (Teil 3) zur Anwendung.

Für die Datenschutzaufsicht verbleibt es jedoch gem. § 500 Abs. 2 Nr. 2 StPO bei der **Zuständigkeit der landesrechtlichen Aufsichtsstellen**, um eine jeweils landesspezifische einheitliche Aufsicht der Staatsanwaltschaften und der übrigen öffentlichen Stellen sicherzustellen.[132]

Vorgehensweise beim Datenschutz im Strafverfahren:

1. Enthält die StPO – vor allem in den **§§ 474 ff. StPO** (Achtes Buch: Schutz und Verwendung von Daten) – spezifische Regelungen für die Verarbeitung von Daten? Wenn ja, sind diese vorrangig anzuwenden. § 500 Abs. 2 Nr. 1 StPO.
2. Finden sich in der StPO keine speziellen Regelungen zum Datenschutz im Strafverfahren, gelten die **§§ 45 ff. BDSG** (3. Abschnitt). § 500 Abs. 1 StPO.
3. Diese Grundsätze gelten auch für die **im Strafverfahren tätigen Stellen der Länder**. Es verbleibt für sie aber bei der der Zuständigkeit der landesrechtlichen Aufsichtsstellen. § 500 Abs. 2 Nr. 2 StPO; § 45 Abs. 1 S. 1 i. V. m. § 1 Abs. 2 S. 1, 2 BDSG.

cc) Ordnungswidrigkeitengesetz

38 Durch **Art. 26 Abs. 6** des **Gesetzes zur Umsetzung der Richtlinie (EU) 2016/680 im Strafverfahren sowie zur Anpassung datenschutzrechtlicher Bestimmungen an die Verordnung (EU) 2016/679 vom 20.11.2019**[133] wurden die durch die DSGVO und die DSRL 2016/680 notwendigen Anpassungen der Datenschutzvorschriften im OWiG vorgenommen. Es handelt sich um notwendige Folgeänderungen anlässlich der Neu-

---

128 BT-Drs. 19/4671, S. 4.
129 BT-Drs. 19/4671, S. 70.
130 Schwichtenberg, in: Kühling/Buchner, DSGVO/BDSG, Vor §§ 45 bis 84 BDSG, Rn 4; Schmitt, in: Meyer-Goßner/Schmitt, StPO, Vor §§ 474 ff. StPO Rn 3.
131 Schmitt, in: Meyer-Goßner/Schmitt, StPO, Vor §§ 474 ff. StPO Rn 3.
132 BT-Drs. 19/4671, S. 70.
133 BGBl. I S. 1724, 1742. Zum Gesetzgebungsverfahren vgl. die Nachweise in Fn 126.

fassung der §§ 477 bis 480 StPO, mit denen die bisherigen Verweise entsprechend aktualisiert wurden.[134]

Im Bereich der Ordnungswidrigkeiten ist vor allem **§ 49 a OWiG** zu beachten, der die Übermittlung der personenbezogenen Daten aus Bußgeldverfahren regelt. Soweit sich in den §§ 49 a bis 49 d OWiG keine Regelungen zu einem datenschutzrechtlichen Sachverhalt finden, gelten über **§ 46 Abs. 1 OWiG** die **§§ 474 ff. StPO ergänzend**.[135] Findet sich auch dort keine Regelung, ist auf die allgemeinen datenschutzrechtlichen Regelungen der §§ 45 ff. BDSG und ggf. des Unionsrechts zurückzugreifen.

Vorgehensweise beim Datenschutz im Ordnungswidrigkeitenverfahren:
1. Enthält das OWiG – vor allem in den **§§ 49 a ff. OWiG** – spezifische Regelungen für die Verarbeitung von Daten? Wenn ja, sind diese vorrangig anzuwenden.
2. Finden sich im OWiG keine speziellen Regelungen zum Datenschutz im Ordnungswidrigkeitenverfahren, gelten die **§§ 474 ff. StPO**. § 46 Abs. 1 OWiG.
3. Finden sich im OWiG i. V. m. der StPO keine speziellen Regelungen zum Datenschutz im Strafverfahren, gelten die **§§ 45 ff. BDSG** (3. Teil). § 45 Abs. 1 S. 1 i. V. m. § 1 Abs. 2 S. 1, 2 BDSG

4. Datenschutzrecht BW

Der Landesgesetzgeber hat für BW die Vorgaben der DSGVO und der DSLR 2016/680 zum Anlass genommen, die **grundlegenden Datenschutzbestimmungen des Landes anzupassen**. Dabei hat er zum einen die allgemeinen Regelungen auf die neue Rechtslage angepasst, zum anderen hat er auch die speziellen Datenschutzbestimmung des Polizeirechts geändert. **39**

a) Landesdatenschutzgesetz
aa) Allgemeines

Durch das **Gesetz zur Anpassung des allgemeinen Datenschutzrechts und sonstiger Vorschriften an die Verordnung (EU) 2016/679 vom 12.6.2018**[136], das am 21.6.2018 in Kraft getreten ist, wurden die allgemeinen Regelungen des Landesrechts an die Vorgaben der DSGVO angepasst. **40**

Wegen des Anwendungsvorrangs des Unionsrechts ergab sich für den Landesgesetzgeber die Notwendigkeit, die landesrechtlichen Datenschutzregelungen an die DSGVO anzupassen.[137] Während das LDSG a. F. eine vollständige Regelung der allgemeinen datenschutzrechtlichen Anforderungen enthielt, enthält das seit 21.6.2018 geltende LDSG wegen der unmittelbaren Geltung der DSGVO **nur noch ergänzende Regelungen**, soweit diese aufgrund der verbliebenen Regelungsspielräume möglich waren.[138] Der Landesgesetzgeber hat ebenso wie der Bundesgesetzgeber (vgl. dazu § 10 Rn 28) von den Öffnungsklauseln der DSGVO Gebrauch gemacht, sofern diese Ergänzungen im Rahmen der Öffnungsklauseln zulässig und nach Auffassung des Landesgesetzgebers geeignet, erforderlich und verhältnismäßig waren; dies betrifft insbesondere Beschränkungen der Zweckbindung sowie der Betroffenenrechte.[139] Das LDSG trifft **konkretisierende und ergänzende Regelungen** zur DSGVO.[140]

---

134 BT-Drs. 19/4671, S. 115.
135 Krenberger/Krumm, OWiG, Rn 1 zu § 49 a OWiG.
136 GBl. 2018, S. 173. Zum Gesetzgebungsverfahren vgl. Gesetzentwurf der Landesregierung v. 19.4.2018, LT-Drs. 16/3930; erste Beratung Plenarprot. 16/62, S. 3676 bis 3684; Beschlussempfehlung und Bericht des Ständigen Ausschusses, LT-Drs. 16/4186; zweite Beratung Plenarprot. 16/63, S. 3753 bis 3766; Gesetzesbeschluss des Landtags vom 6.6.2018, LT-Drs. 16/4203.
137 LT-Drs. 16/3930, S. 1, 45.
138 Wührl/Snowadsky, VBlBW 2019, 221.
139 LT-Drs. 16/3930, S. 2, 45; Wührl/Snowadsky, VBlBW 2019, 221, 224.
140 LT-Plenarprot. 16/62, S. 3677.

bb) Geltungsbereich

41 Gem. **§ 1 LDSG** trifft das LDSG **ergänzende Regelungen zur Durchführung der DSGVO** in der jeweils geltenden Fassung sowie Regelungen für die Verarbeitung personenbezogener Daten im Rahmen einer Tätigkeit, die nicht in den Anwendungsbereich des Unionsrechts fällt. Wegen der unmittelbaren Geltung der DSGVO kann der Landesgesetzgeber seit 25.5.2018 (Inkrafttreten der DSGVO) im LDSG nur noch ergänzende Regelungen treffen. Diese können, sofern dies durch die DSGVO zugelassen ist, auch Ausnahmen von den Pflichten der DSGVO regeln. Wiederholende Regelungen der Verordnung sind wegen des unionsrechtlichen Wiederholungsverbot grundsätzlich nicht möglich.[141]

cc) Subsidiarität des LDSG

42 Aus **§ 2 Abs. 3 LDSG** folgt, dass **spezifische Rechtsvorschriften des Bundes und des Landes** den allgemeinen Regelungen des LDSG **grundsätzlich vorgehen**. Im Übrigen kommt dem LDSG **lückenfüllende Auffangfunktion** zu, soweit keine oder keine vollständige bereichsspezifische Regelung vorliegt.[142]

Bedeutung kommt der **Subsidiarität des LDSG** vor allem im Hinblick auf die in Abschnitt 3 getroffenen Einschränkungen der Betroffenenrechte zu. Auf diese Regelungen kann als Auffangregelung zurückgegriffen werden, sofern im jeweiligen Fachrecht keine tatbestandskongruente Regelung besteht.[143]

dd) Vorrang der Datenschutzbestimmungen des PolG

43 Gem. **§ 2 Abs 1 S. 3 Nr. 3 LDSG** gilt das LDSG nicht für die Verarbeitung personenbezogener Daten durch die zuständigen Behörden zum Zwecke der Verhütung, Ermittlung, Aufdeckung oder Verfolgung von Straftaten oder der Strafvollstreckung, einschließlich des Schutzes vor und der Abwehr von Gefahren für die öffentliche Sicherheit, soweit besondere Rechtsvorschriften keine abweichenden Regelungen treffen. Der Landesgesetzgeber nimmt damit das LDSG grundsätzlich von den besonderen Datenschutzregelungen und der Zuständigkeit der DSRL 2016/680 aus. Etwas anderes gilt nur dann, wenn in entsprechenden Gesetze Ausnahmen von diesem Grundsatz vorgesehen werden, etwa durch **Verweisungen auf einzelne Normen oder Abschnitte des LDSG**.

Der Gesetzgeber hat damit klargestellt, dass die spezifischen Regelungen des Datenschutzes insbesondere im PolG grundlegenden Vorrang vor den Bestimmungen des LDSG haben.[144] Die **Datenschutzregelungen des PolG sind lex specialis**. Dies entspricht der Systematik des Unionsrechts und des Verhältnisses der DSRL 2016/680 zur DSGVO (vgl. dazu eingehend § 10 Rn 22). Die **allgemeine Gefahrenabwehr** unterfällt dem Anwendungsbereich der DSRL 2016/680, die mit gesonderten Gesetzen in nationales Recht umgesetzt wird. Vgl. dazu auch die weiteren Ausführungen in § 10 Rn 24 f.

Auf Hinweise im dem Gesetzgebungsverfahren vorgeschalteten Anhörungsverfahren hat der Landesgesetzgeber darüber hinaus durch den zusätzlich eingefügten **§ 2 Abs. 1 S. 3 Nr. 4 LDSG** klargestellt, dass die Regelungen des LDSG auch keine Anwendung finden für die Verfolgung und Ahndung von Ordnungswidrigkeiten durch zuständige Stellen, die nicht Polizei, Gerichte und Staatsanwaltschaft sind. Der Gesetzgeber will damit klarstellen, dass in allen Bereichen, die Ordnungswidrigkeiten betreffen, die vor-

---

[141] So auch ausdrücklich LT-Drs. 16/3930, S. 89 f.; ebenso Wührl/Snowadsky, VBlBW 2019, 221.
[142] Zum Verhältnis des LDSG zu den spezialgesetzlichen Datenschutzregelungen vgl. auch Schwartmann/Jacquemain, RDV 2018, 65, 66.
[143] LT-Drs. 16/3930, S. 91.
[144] LT-Drs. 16/3930, S. 90: „Der Bereich der Gefahrenabwehr durch die allgemeinen Polizeibehörden (§ 62 Polizeigesetz [PolG] in der Fassung vom 13.1.1992) wird dem Anwendungsbereich der Richtlinie (EU) 2016/680 zugerechnet und wird daher nicht von diesem Gesetz erfasst."

II. Rechtsgrundlagen des Datenschutzes

rangigen Regelungen des Dritten Abschnitts des BDSG sowie der StPO und des OWiG gelten. Das **LDSG** und die **DSGVO gelten** somit für die sonstigen Behörden **immer und solange noch kein Ordnungswidrigkeitenverfahren eingeleitet** wurde.[145]

Da die besonderen Datenschutzregelungen des PolG erst nach dem Inkrafttreten der DSGVO (am 25.5.2018) in Kraft getreten sind (am 17.1.2021)[146], galt bis zum Inkrafttreten der Neureglungen des Datenschutzrechts der Polizei die **Übergangsbestimmung des § 29 Abs. 1 LDSG**, wonach für die Verarbeitung personenbezogener Daten durch die Polizeibehörden und den Polizeivollzugsdienst das LDSG a. F. weiter galt, bis das Gesetz des Landes BW zur Umsetzung der DSRL 2016/680 für den Bereich der Polizei am 17.1.2021 in Kraft getreten ist.[147] In der **Interimszeit** zwischen dem Inkrafttreten des LDSG am 25.5.2018 und dem Inkrafttreten des neuen Datenschutzrechts des PolG am 17.1.2021 galten bei Regelungslücken oder Widersprüchen im Zweifel die Bestimmungen der DSRL 2016/680 **unmittelbar**.[148] Verstöße gegen deren Vorgaben in der Interimszeit hätten zu Schadensersatzforderungen betroffener Personen führen können.[149]

ee) Videoüberwachung

(1) Allgemeines

Die **Videoüberwachung öffentlicher Räume** hat in den vergangenen Jahren sowohl in der öffentlichen als auch in der rechtspolitischen Diskussion eine **immer größere Bedeutung** eingenommen. Dies hängt zum einen damit zusammen, dass das subjektive Sicherheitsempfinden der Bürger durch die Videoüberwachung öffentlicher Straßen, Plätze und Gebäude deutlich gestärkt wird. Zum anderen sprechen sich Polizei und Sicherheitsexperten angesichts der zunehmenden Gewaltbereitschaft bei Veranstaltungen und Demonstrationen und wegen der akuten Bedrohung durch den internationalen Terrorismus immer häufiger für eine Intensivierung der Videoüberwachung aus. Dies führte in den vergangenen Jahren – vor allem auch nach dem Attentat auf den Berlin-Charlottenburger Weihnachtsmarkt am Breitscheidplatz am 19.12.2016 (vgl. dazu § 1 Rn 21) – zu einer Erweiterung der gesetzlichen Befugnisse zum Einsatz der Videoüberwachung. 44

Aufgrund des durch das Unionsrecht reformierten Datenschutzes finden sich nunmehr in den unterschiedlichen Unions-, Bundes- und Landesgesetzen verschiedene Rechtsgrundlagen und Regelungen für den Einsatz der Videoüberwachung.

(2) Wahrung des Hausrechts und berechtigter Interessen

Gem. **Art. 6 Abs. 1 lit. f DSGVO** ist die Datenverarbeitung nur rechtmäßig, wenn die Verarbeitung zur Wahrung der berechtigten Interessen des Verantwortlichen oder eines Dritten erforderlich ist, sofern nicht die Interessen oder Grundrechte und Grundfreiheiten der betroffenen Person, die den Schutz personenbezogener Daten erfordern, überwiegen, insbesondere dann, wenn es sich bei der betroffenen Person um ein Kind handelt. Unter diese Ermächtigungsgrundlage fällt auch die **Videoüberwachung zur Wahrung des Hausrechts und berechtigter Interessen**. Öffentliche Stellen können sich in ihrer Eigenschaft als Eigentümer oder Mieter eines Gebäudes unmittelbar auf Art. 6 Abs. 1 lit. f DSGVO stützen, soweit die Videoüberwachung erforderlich ist, um ihre berechtigten Interessen zu wahren. Einbezogen ist insoweit auch die unmittelbare Umgebung dieser Objekte, soweit dies zur Erreichung des Ziels erforderlich ist.[150] 45

---

145 LT-Drs. 16/3930, S. 57, 90.
146 GBl. S. 735, 786.
147 LT-Drs. 16/3930, S. 118.
148 Vgl. dazu eingehender Herdegen, Europarecht, § 8 Rn 55 ff.; Oppermann/Classen/Nettesheim, Europarecht, § 9 Rn 100 ff.; Hobe, Europarecht, Rn 425; Schröder, in: Möstl/Trurnit, Polizeirecht BW, Rn 22.1.
149 Vgl. dazu etwa Streinz, Europarecht, Rn 495 ff., 515 ff.; Herdegen, Europarecht, § 10 Rn 10 ff.
150 Vgl. dazu LT-Drs. 16/3930, S. 106; Wysk, VerwArch 2018, 141, 157 f.

(3) Überwachung öffentlich zugänglicher Räume

46 Mit § 18 LDSG findet sich eine Ermächtigung zur **Videoüberwachung öffentlich zugänglicher Räume** im LDSG. Gegenüber den früheren Regelungen wurden die Voraussetzungen für den Einsatz der Videoüberwachung erleichtert.

Normadressaten sind die öffentlichen Stellen i. S. d. § 2 LDSG mit Ausnahme der Wettbewerbsunternehmen, für die das BDSG gilt.

Die **Regelungsbefugnis** für die getroffene Regelung ergibt sich aus Art. 6 Abs. 1 lit e i. V. m. Abs. 3 S. 1 u. 3 DSGVO. Gem. Art. 6 Abs. 3 S. 3 DSGVO können Vorschriften über die Verarbeitung personenbezogener Daten zur Wahrnehmung einer im öffentlichen Interesse liegenden Aufgabe oder in Ausübung öffentlicher Gewalt mit spezifischen Bestimmungen versehen werden. Außerdem müssen die Vorschriften dem Verhältnismäßigkeitsgrundsatz entsprechen (Art. 6 Abs. 3 S. 4 DSGVO).

Anwendungsfälle dieser Norm sind der **Personen- und Objektschutz**, also der Schutz von Personen, die sich in öffentlichen Objekten oder in deren Nähe aufhalten, sowie der Schutz der Objekte selbst, soweit sie die Funktionsfähigkeit der öffentlichen Stellen gewährleisten und damit mittelbar auch deren Aufgabenerfüllung dienen. Als öffentliche Objekte können Kulturgüter, öffentliche Einrichtungen, Dienstgebäude oder öffentliche Verkehrsmittel angesehen werden.

Aus **§ 18 Abs. 1 LDSG** ergeben sich allgemeine Vorgaben für den Einsatz der Videoüberwachung öffentlich zugänglicher Räume, sie gelten für alle Verarbeitungsschritte der Videoüberwachung.[151] Die Videoüberwachung ist zulässig, wenn sie zur Wahrung einer im öffentlichen Interesse liegenden Aufgabe oder in Ausübung öffentlicher Gewalt erfolgt. Im Gegensatz zur bisherigen Regelung im LDSG werden die Voraussetzungen für den Einsatz der Videoüberwachung erleichtert. Die Videoüberwachung wird **in verstärktem Maße präventiv** zugelassen. Ausreichend ist nunmehr **Erforderlichkeit**, welche bei Vorliegen einer Gefahr, die sowohl abstrakt als auch konkret bestehen kann, zu bejahen ist.[152] Zudem ist Voraussetzung, dass schutzwürdige Interessen betroffener Personen nicht überwiegen. Dies setzt eine **Verhältnismäßigkeitsprüfung** voraus. Die Bedeutung der im öffentlichen Interesse liegenden Aufgabe ist dabei gegen die **schutzwürdigen Interessen der betroffenen Personen** abzuwägen. Die Videoüberwachung erfasst überwiegend Personen, die in keiner Beziehung zu einem konkreten Fehlverhalten stehen und den Eingriff durch ihr Verhalten nicht veranlasst haben. Dies stellt einen erheblichen Eingriff in das informationelle Selbstbestimmungsrecht des Einzelnen dar. Es ist daher wichtig, dass vor dem Einsatz einer Einrichtung zur Videoüberwachung sorgfältig geprüft wird, ob schutzwürdige Interessen der betroffenen Personen Videoüberwachungsmaßnahmen ausschließen. Da es sich um eine ex ante-Beurteilung handelt, ist diesbezüglich nach Anhaltspunkten zu fragen.[153]

Aus **§ 18 Abs. 2 bis 4 LDSG** folgen weitergehende Vorgaben für die Speicherung und Verwendung der Videodaten sowie Kennzeichnungs-, Informations- und Löschungspflichten. Teilweise folgen diese Pflichten bereits unmittelbar aus der DSGVO, so dass den Regelungen klarstellende Funktion zukommt.

§ 18 Abs. 5 LDSG verlangt, dass die Videoaufzeichnungen und daraus gefertigte oder sich auf die Videoüberwachung beziehende Unterlagen **unverzüglich, spätestens jedoch vier Wochen nach der Datenerhebung zu löschen** sind. Etwas anderes gilt nur, wenn die Videoaufzeichnungen zur Verfolgung von Ordnungswidrigkeiten von erheblicher Bedeutung oder von Straftaten oder zur Geltendmachung von Rechtsansprüchen benötigt werden. Die Pflicht zur unverzüglichen Löschung, wenn die Daten zur Erfül-

---

151 LT-Drs. 16/3930, S. 107.
152 LT-Drs. 16/3930, S. 107; LT-Plenarprot. 16/62, S. 3677.
153 LT-Drs. 16/3930, S. 107.

lung des Zwecks, für den sie erhoben wurden, nicht mehr erforderlich sind, folgt aus Art. 17 Abs. 1 lit. a DSGVO.

Aus **§ 18 Abs. 6 LDSG** folgt, dass die jeweilige öffentliche Stelle ihrem Datenschutzbeauftragten rechtzeitig vor dem erstmaligen Einsatz einer Videoüberwachungseinrichtung den Zweck, die räumliche Ausdehnung und die Dauer der Videoüberwachung, den betroffenen Personenkreis, die Maßnahmen nach Abs. 2 und die vorgesehenen Auswertungen mitzuteilen hat. Es handelt sich um eine über Art. 35 Abs. 3 lit. c DSGVO hinausgehende Mitteilungspflicht, die eine **zwingende Vorabkontrolle** statuiert.

(4) Videoüberwachung zu polizeilichen Zwecken

Für die **Videoüberwachung durch die Polizei**, die vor allem dem Schutz und der Sicherung öffentlicher Straßen und Plätze dient, finden sich **spezialgesetzliche Regelungen im PolG** (vgl. dazu § 10 Rn 222 ff., **235 ff.**) mit besonderen Tatbestandsvoraussetzungen (etwa zur Videoüberwachung von Kriminalitätsschwerpunkten, zum Einsatz von Bodycams etc.).[154] 47

ff) Landesdatenschutzbeauftragter

In den **§§ 20 bis 27 LDSG** finden sich Regelungen über den Status und die Aufgaben der oder des **Landesdatenschutzbeauftragten**. Die oder der Landesbeauftragte für den Datenschutz wird als oberste Landesbehörde eingerichtet, um die geforderte völlige Unabhängigkeit der Aufsichtsbehörde herzustellen. Die bisherige Anbindung an den Landtag wird aufgelöst. Die Ausgestaltung des Dienstverhältnisses als öffentlich-rechtliches Amtsverhältnis eigener Art sichert die Unabhängigkeit ab.[155] Die oder der Landesdatenschutzbeauftragte ist als Aufsichtsbehörde auch für die **Datenverarbeitung durch die Polizei** zuständig (vgl. dazu auch § 10 Rn 635 ff.). 48

b) Justiz- und Bußgeldbehörden

Mit dem **Gesetz zur Anpassung des besonderen Datenschutzrechts an die Verordnung (EU) 2016/679 und zur Umsetzung der Richtlinie (EU) 2016/680 für den Geschäftsbereich des Justizministeriums sowie für die zur Ahndung von Ordnungswidrigkeiten zuständigen Behörden** vom 21.5.2019[156] wurde für den Geschäftsbereich des Justizministerium und der für die Ahndung von Ordnungswidrigkeiten zuständigen Behörden die DSRL 2016/680 in das Landesrecht umgesetzt. Die Umsetzung der DSRL 2016/680 in das Landesrecht erfolgte in erster Linie durch das neu geschaffene Gesetz zum Schutz personenbezogener Daten bei der Verarbeitung durch die Justizbehörden des Landes zu Zwecken der Verhütung, Ermittlung, Aufdeckung oder Verfolgung von Straftaten und Ahndung von Ordnungswidrigkeiten oder zum Zwecke der Strafvollstreckung sowie durch die Behörden des Landes zum Zwecke der Ahndung von Ordnungswidrigkeiten (**Landesdatenschutzgesetz für Justiz- und Bußgeldbehörden [LDSG-JB]**), das als **zentrales Datenschutzgesetz im Bereich der Justiz und der Bußgeldbehörden** geschaffen wurde.[157] 49

Das **LDSG-JB** ist ein **spezielles Datenschutzgesetz**, das die **Vorgaben der DSRL 2016/680** im Wesentlichen unmittelbar und unverändert **umsetzt**. Es gilt auch für die Verarbeitung personenbezogener Daten zur Ahndung und Vollstreckung von 50

---

154 Vgl. zur Komplexität der datenschutzrechtlichen Regelungen zur Videoüberwachung Kühling/Sackmann, NVwZ 2018, 681, 682 f.
155 LT-Drs. 16/3930, S. 109 f.
156 GBl. S. 189, ber. S. 346. Zum Gesetzgebungsverfahren vgl. Gesetzentwurf LT- Drs. 16/5984; 1. Beratung LT-Plenarprot. 16/90; S. 5475 bis 5480; Beschlussempfehlung und Bericht Ständiger Ausschuss LT-Drs. 16/6157; 2. Beratung LT-Plenarprot. 16/91, S. 5530 bis 5537; Gesetzesbeschluss des Landtags LT- Drs. 16/6247.
157 Vgl. auch Snowadsky, VBlBW 2020, 89 ff., zum neuen Datenschutzrecht im Gesamtbereich der Justiz.

Ordnungswidrigkeiten durch alle öffentlichen Stellen des Landes.[158] Das LDSG-JB ersetzt das alte LDSG, soweit künftig Gerichte, Staatsanwaltschaften und andere Justizbehörden in Verwaltungsangelegenheiten personenbezogene Daten zum Zweck der Straftatenverhütung, Strafverfolgung und Strafvollstreckung verarbeiten. Die durch die Aufhebung des bisher geltenden LDSG entstandene Lücke im Bereich der Justizverwaltung und der Ahndung von Ordnungswidrigkeiten soll mit dem LDSG-JB geschlossen werden, soweit dies nicht bereits durch Verweise in der StPO und im OWiG geschieht. Das LDSG-JB **verweist** dazu weitgehend **auf das BDSG**, um einheitliche Regelungen im strafprozessualen Datenschutzrecht zu bewirken.[159]

§ 2 Abs. 1 S. 3 LDSG-JB, der nicht auf Verwaltungsangelegenheiten beschränkt ist, weitet den Anwendungsbereich auf **alle anderen öffentlichen Stellen** aus, wenn sie personenbezogene Daten zur Verfolgung von Straftaten (etwa Steuerbehörden bei Steuerstraftaten) oder zur Ahndung einer Ordnungswidrigkeit oder Vollstreckung einer Geldbuße verarbeiten.[160]

51 Das **LDSG-JB gilt ausdrücklich subsidiär**. Der Charakter als Auffangregelung trägt dem Umstand Rechnung, dass die Verarbeitung personenbezogener Daten im Bereich der Strafjustizbehörden durch eine Vielzahl von Spezialvorschriften geregelt ist, hinter die das LDSG-JB zurücktreten soll. Von einer Vollregelung ist zugunsten eines Verweises auf die Regelungen des BDSG abgesehen worden, das auch von der StPO in Bezug genommen wird. So entsteht ein **einheitliches bereichsspezifisches Datenschutzrecht** für den Bereich der **Justiz** und der **Bußgeldbehörden**. Zudem ist die Einrichtung der oder des Landesbeauftragten für den Datenschutz als unabhängige Aufsichtsbehörde vorgesehen.[161]

Gem. **§ 3 Abs. 1 LDSG-JB** gelten die Vorschriften für die öffentlichen Stellen gem. §§ 3, 5 bis 7 und 46 bis 81 und 83 BDSG entsprechend für die verantwortlichen Stellen gem. § 2 Abs. 1 LDSG-JB mit der Maßgabe, dass an die Stelle der oder des Bundesbeauftragten für den Datenschutz und die Informationsfreiheit die Aufsichtsbehörde gem. § 7 Abs. 1 S. 1 LDSG-JB tritt. Durch die **Verweisung auf das BDSG** gelten künftig dessen Vorgaben auch in Bereichen, in denen bisher das LDSG galt, etwa hinsichtlich Anforderungen an die Datensicherheit und des Erfordernisses, einen behördlichen Datenschutzbeauftragten zu benennen oder technische und organisatorische Maßnahmen zu treffen.[162]

52 Das LDSG-JB gilt ebenso wie der Dritte Abschnitt des BDSG nicht nur für Straftaten, sondern auch für **Ordnungswidrigkeiten**. Der Landesgesetzgeber führt hierzu aus: „Der unionsrechtliche Begriff der „Straftat" ist nach dem 13. Erwägungsgrund zur DSGVO auszulegen und erfasst nach dem deutschen Rechtsverständnis auch Ordnungswidrigkeiten (vgl. § 45 S. 1 BDSG, § 2 Abs. 1 S. 3 LDSG). Gleichwohl ist der DSRL 2016/680 dem Sinn und Zweck dieses Regelungswerks, ein bereichsspezifisches Datenschutzrecht zu schaffen, das den Besonderheiten der Tätigkeiten von Justiz- und Innenbehörden Rechnung trägt, entsprechend **eng auszulegen**: Datenverarbeitungen zur Gefahrenabwehr durch allgemeine Sicherheitsbehörden ebenso wie durch Fachbehörden sind deshalb grundsätzlich nach den Vorschriften der DSGVO zu beurteilen; erst, wenn ein **Verwaltungsverfahren formal in ein konkretes Ordnungswidrigkeitenverfahren übergeht**, finden die Bestimmungen dieses Gesetzes auch auf die Tätigkeit dieser Behörden Anwendung."[163]

---

158 LT-Drs. 16/5984, S. 80.
159 LT-Drs. 16/5984, S. 80 f.
160 LT-Drs. 16/5984, S. 89.
161 LT-Drs. 16/5984, S. 81.
162 LT-Drs. 16/5984, S. 90.
163 LT-Drs. 16/5984, S. 89.

Die Bußgeldbehörden und alle anderen Behörden müssen daher **stets und kontinuierlich prüfen**, welche Datenschutzvorschriften jeweils zur Anwendung kommen. Solange ein von einer Behörde bearbeiteter Sachverhalt noch keinen konkreten Bezug zu einer Ordnungswidrigkeit hat, kommt die DSGVO mit evtl. Ergänzungen durch das LDSG zur Anwendung. Vgl. dazu auch weiterführend § 10 Rn 61 f.

Gem. **§ 2 Abs. 1 S. 2 LDSG-JB** gelten die Vorschriften des LDSG-JB auch, wenn andere zuständige Behörden und sonstige Stellen des Landes, der Gemeinden und Gemeindeverbände sowie sonstige der Aufsicht des Landes unterstehende juristische Personen des öffentlichen Rechts personenbezogene Daten zur Verfolgung oder Ahndung von Straftaten oder Ordnungswidrigkeiten oder zur Vollstreckung von Geldbußen verarbeiten. Sie sind insoweit verantwortliche Stellen nach § 2 Abs. 1 S. 1 LDSG-JB.

Durch die Einbeziehung anderer Stellen, die mit der Strafverfolgung befasst sind, **gilt das LDSG-JB auch für die Ermittlungspersonen der Staatsanwaltschaft** (insbesondere auch für den **Polizeivollzugsdienst**), soweit seine Regelungen nicht durch besondere Vorschriften gem. § 2 Abs. 4 LDSG-JB verdrängt werden. So wird insbesondere ein Gleichlauf der Aufsicht der oder des Landesbeauftragten für den Datenschutz im Bereich der Ermittlung von Straftaten unabhängig von der ermittelnden Behörde bewirkt.

c) Polizeirecht

Mit dem **Gesetz zur Umsetzung der Richtlinie (EU) 2016/680 für die Polizei in Baden-Württemberg und zur Änderung weiterer polizeirechtlicher Vorschriften vom 6.10.2020**[164] hat der Landesgesetzgeber das Datenschutzrecht für die Tätigkeit der Polizeibehörden umfassend spezialgesetzlich geregelt. Das Gesetz verfolgt für den Bereich des Datenschutzes zwei Ziele:[165] 53

1. Die **DSRL 2016/680** wurde für BW im Bereich des Polizeirechts umfassend in das PolG integriert. Dies beinhaltet auch eine **Übernahme grundlegender Definitionen und Strukturen** der DSLR 2016/680 (vgl. dazu eingehender § 10 Rn 63 ff.). Anders als der Bundesgesetzgeber (vgl. § 10 Rn 32 ff.) hat der Landesgesetzgeber keine diesbezüglichen Regelungen im LDSG vorgesehen.
2. Das **BKAG-Urteil** des **BVerfG**[166] wurde an verschiedenen Stellen des PolG berücksichtigt. Dies betrifft vor allem die spezialgesetzlichen Eingriffsnormen des PolG (vgl. dazu § 10 Rn 174 ff., § 11 Rn 8 f.), aber auch die allgemeinen datenschutzrechtlichen Normen, dort insbesondere § 15 PolG (vgl. dazu § 10 Rn 130 ff., 131).

Das **PolG 2020** umfasst nunmehr zahlreiche datenschutzrechtliche Regelungen (vgl. dazu § 10 Rn 64), die fast die Hälfte aller Normen des PolG ausmachen. Das PolG enthält damit eine umfassende und weitgehend **abschließende Regelung aller datenschutzrechtlichen Belange im Bereich der Gefahrenabwehr durch die Polizei**. Vgl. dazu die **Ausführungen in § 10 Rn 63 ff.**

III. Grundsystematik im Datenschutzrecht (Gesamtüberblick)

Die Neuregelung des Datenschutzrechts durch die EU hat zu einer **deutlichen Verkomplizierung des in Deutschland geltenden Datenschutzrechts** geführt. Bei jeder Umsetzung des Datenschutzes ist vom Rechtsanwender zu prüfen, auf welcher Rechtsgrundlage er den Datenschutz sicherstellen und umsetzen muss. Rechtsgrundlage 54

---

[164] GBl. S. 735, ber. S. 1092. Zum Gesetzgebungsverfahren vgl. vgl. Gesetzentwurf LT-Drs. 16/8484; erste Beratung LT-Plenarprot. 16/126, S. 7788 bis 7796; Beschlussempfehlung und Bericht des mitberatenden Ständigen Ausschusses und des federführenden Ausschusses für Inneres, Digitalisierung und Migration LT-Drs. 16/8811; zweite Beratung LT-Plenarprot. 16/127, S. 7851 bis 7867; Gesetzesbeschluss LT-Drs. 16/8886.
[165] Vgl. LT-Drs. 16/8484, S. 1, 117 ff.; Pöltl, VBlBW 2021, 45, 46.
[166] BVerfGE 141, 220 ff.

können Unionsrecht, Bundesrecht oder Landesrechts sein, möglich sind auch Kombinationen verschiedener Rechtsgrundlagen und Rechtsebenen.[167] Innerhalb der Rechtsebenen können unterschiedliche Gesetze zur Anwendung kommen, entweder ausschließlich oder in Kombination. Alles hängt vom **jeweiligen Einzelfall** ab und bedarf genauer Prüfung. Auch wenn die DSGVO und die DSRL 2016/680 innerhalb der EU eine Vereinheitlichung des Datenschutzes bezwecken, führen die Gesetzesänderungen für die deutschen Rechtsanwender im Datenschutz zu einer Art **„Gesetzes-Pingpong"**. Im Folgenden werden die zu beachtenden Anwendungsgrundsätze für die Polizei dargelegt.

1. DSGVO und nationales Recht

55 Da die **DSGVO** unmittelbar geltendes Unionsrecht ist und keiner weiteren Umsetzung durch die Gesetzgebung der Mitgliedsstaaten bedarf, **verdrängt sie grundsätzlich alle nationalen Datenschutzregelungen**. Soweit die DSGVO Regelungen im Bereich des Datenschutzes trifft, gelten diese nunmehr unmittelbar in allen EU-Mitgliedsstaaten und mithin auch in BW.

56 Der Grundsatz der unmittelbaren Geltung der Regelungen der DSGVO erfährt aber **zwei wesentliche Durchbrechungen**: Zum einen ist es den Mitgliedsstaaten nicht verwehrt, die Regelungen einer EU-Verordnung mit klarstellenden und ergänzenden nationalen gesetzlichen Regelungen zu **konkretisieren**. Zum anderen sieht die DSGVO selbst zahlreiche **Öffnungsklauseln** vor, die es den EU-Mitgliedsstaaten erlauben oder die sie auffordern, weitergehende gesetzliche Regelungen zu treffen; zu nennen sind etwa die Öffnungsklauseln in Art. 6 Abs. 2, Art. 6 Abs. 3 S. 1 b, Art. 8 Abs. 1, Art. 9 Abs. 4, Art. 23 Abs. 1, Art. 49 Abs. 5, Art. 54 Abs. 2, Art. 58 Abs. 5, 6 DSGVO.[168] Wegen der **hohen Abstraktion** der in der DSGVO enthaltenen Regelungen erscheint darüber hinaus eine Ergänzung des EU-Datenschutzrechts durch nationales Recht unumgänglich.[169]

57 Der **Bund** hat die EU-Datenschutzregelungen mit Wirkung zum 6.5.2018 durch das DS-AnpUG-EU umgesetzt. Kern der datenschutzrechtlichen Neuregelungen ist das komplett neugefasste BDSG, das die unmittelbar geltende DSGVO aufgreift und die notwendigen nationalen Ergänzungsregelungen trifft. Das **Land BW** hat die Datenschutzregelungen des Landes durch Art. 1 des Gesetzes zur Anpassung des allgemeinen Datenschutzrechts und sonstiger Vorschriften an die Verordnung (EU) 2016/679 vom 12.6.2018[170] an die DSGVO angepasst (vgl. dazu auch § 10 Rn 40 ff.). Die seit 21.6.2018 geltende Neufassung des LDSG enthält nur noch klarstellende und ergänzende Regelungen, ansonsten gelten auch in BW die grundlegenden Regelungen der DSGVO.

58 Für die Anwendungs-Rechtspraxis ist es grundlegend wichtig, dass neben den zwingend anzuwendenden Regelungen der DSGVO auch die **ergänzenden Vorgaben des BDSG und des LDSG** beachtet werden.

2. DSLR 2016/680 und nationales Recht (PolG BW)

59 Als Richtlinie bedurfte die **DSRL 2016/680** gem. Art. 288 Abs. 3 AEUV mit Wirkung ab dem 6.5.2018 der **Umsetzung in nationales Recht**. Der Bund hat dies durch das **DS-AnpUG-EU** getan. Die Umsetzung der DSRL 2016/680 erfolgte innerhalb des **BDSG**, dessen **Teil 3** die Bestimmungen für Verarbeitungen zu Zwecken gem. Art. 1 DSRL 2016/680 enthält. Für das in BW geltende Polizeirecht erfolgte die Umsetzung **mit über zweijähriger Überschreitung der durch die EU gesetzten Frist** durch das

---
167 Egberts/Monschke, JURA 2018, 1100, 1102.
168 Vgl. dazu auch Roßnagel, in: Roßnagel, Das neue Datenschutzrecht, § 1 Rn 12 bis 14, 25.
169 Ebenso Roßnagel, in: Roßnagel, Das neue Datenschutzrecht, § 1 Rn 43 f.
170 GBl. S. 173.

Gesetz zur Umsetzung der Richtlinie (EU) 2016/680 für die Polizei in Baden-Württemberg und zur Änderung weiterer polizeilicher Vorschriften vom 6.10.2020[171].

Soweit die Vorgaben der Richtlinie vollständig in nationales Recht umgesetzt wurden, wovon auf Bundesebene und in BW auszugehen ist, kommt der DSRL 2016/680 keine eigenständige Bedeutung mehr zu. Nur im Fall einer teilweise unvollständigen Umsetzung wäre eine ergänzende unmittelbare Wirkung der Richtlinie denkbar.[172] Damit gelten seit dem 17.1.2021 mit dem Inkrafttreten der aktualisierten spezialgesetzlichen Datenschutzregelungen des PolG die im Polizeirecht BW normierten Datenschutznormen **unmittelbar und abschließend**[173], soweit nicht ausnahmsweise allgemeines Datenschutzrecht ergänzend Anwendung findet.

3. Datenschutzgesetze und spezielle Datenschutzregelungen

Grundsätzlich gilt sowohl für das **BDSG** als auch das **LDSG**, dass diese – soweit die DSGVO nicht unmittelbar gilt – **nur eine Auffangfunktion** haben[174]. Die **Datenschutzbestimmungen** in anderen Gesetzen – vor allem in der StPO, im OWiG und **im PolG** – gehen als **lex specialis** vor.[175]

60

4. Zusammenwirken der Datenschutzregelungen

Künftig wird es entscheidend darauf ankommen, welche gesetzlichen Bestimmungen des Datenschutzes durch die Polizei zu beachten sind.

61

Aus § 2 Abs. 1 S. 3 Nr. 3 LDSG folgt, dass die **im PolG enthaltenen Datenschutzregelungen** für den Bereich der Polizei (vor allem Gefahrenabwehr, ggf. Verfolgung von Straftaten und Ordnungswidrigkeiten) **lex specialis** sind. Als für diesen Bereich speziell konzipiertes Recht gehen sie den allgemeinen Datenschutzvorschriften vor.[176] Auch die DSRL 2016/680 ist gegenüber der DSGVO lex specialis (vgl. dazu § 10 Rn 22). Nur soweit die Datenschutzregelungen des PolG keine abschließende Regelung treffen, gelten die allgemeinen Datenschutzregelungen der DSGVO, ergänzt um die Vorgaben des LDSG BW.

Schaubild Nr. 17
Datenverarbeitung – Gesetzliche Grundlagen

Daten allgemeiner Art	Daten allgemeiner Art
Bundesgesetz | Bundesaufgabe	Landesgesetz | Landesaufgabe
⬇	⬇
DSGVO	DSGVO
ergänzend: BDSG | Fachgesetz	ergänzend: LDSG | Fachgesetz
Daten im Bereich Straf-/OWi-Verfahren	Daten der Polizei
Bundesgesetz | Bundesaufgabe | Bundesbehörde	Landesgesetz | Landesaufgabe
⬇	⬇
BDSG, Abschnitt 3	PolG (Bezug zu Straftaten, OWi)
StPO | OWiG | Fachgesetz	DSGVO | LDSG (sonstige Aufgaben)
LDSG-JB (für BW)	

---

171 GBl. S. 735, ber. S. 1092. Zum Gesetzgebungsverfahren vgl. § 10 Rn 53 (dort Fn 164).
172 Vgl. dazu eingehend Streinz, Europarecht, Rn 495 bis 503.
173 NdsOVG, NVwZ-RR 2020, 937, 938 (Rn 23).
174 Kremer, CR 2017 367, 370.
175 Vgl. dazu auch Greve, NVwZ 2017, 737, 738; Kremer, CR 2017, 367, 370; Schwartmann/Jacquemain, RDV 2018, 65, 66.
176 Schenke, Polizei- und Ordnungsrecht, Rn 176 a.

Das PolG greift diese Systematik des Unions- und Landes-Datenschutzrecht in **§ 11 Abs. 1, 2 PolG** auf, indem es in **Abs. 1** die Anwendung der datenschutzrechtlichen Regelungen des PolG an die Aufgabenbeschreibungen der Polizei in der **DSRL 2016/680** anknüpft und in **Abs. 2** bestimmt, dass für die Datenverarbeitung **zu allen anderen Zwecken** die **DSGVO** und die ergänzenden Regelungen des LDSG gelten. Zur Abgrenzung im Einzelnen vgl. die Ausführungen in § 10 Rn 22, zu § 11 PolG vgl. die weiteren Ausführungen in § 10 Rn 77 ff.

5. Vorgehensweise im Datenschutz

62 Die Anwendung des Datenschutzrechts ist kompliziert geworden, da neben den Regelungen des Unionsrechts auch die bundes- und landesrechtlichen Datenschutznormen zu beachten sein können.[177]

Die Polizei ist bei der Umsetzung des Datenschutzes künftig gehalten, **zunächst die Anwendbarkeit der speziellen Datenschutzbestimmungen im PolG zu prüfen (§ 11 Abs. 1 PolG)**. Soweit diese anwendbar sind – was bei der Kernaufgabe der Gefahrenabwehr regelmäßig der Fall sein wird –, kommt ihnen Vorrang zu.[178]

Eindeutig wird die Anwendbarkeit der Datenschutzregelungen des PolG immer zu bejahen sein, wenn der zugrundeliegende Sachverhalt einen **Bezug zur Kriminalitätsbekämpfung** hat. Grundsätzlich ist davon auszugehen, dass bei der Tätigkeit der Polizei **im Zweifel die besonderen Datenschutzregelungen des PolG zur Anwendung kommen**, da ein Bezug zu Straftaten und Ordnungswidrigkeiten fast nie ausreichend sicher auszuschließen sein wird. Hierauf hat auch richtigerweise der Landesgesetzgeber hingewiesen (zum LDSG): „Der Bereich der Gefahrenabwehr durch die allgemeinen Polizeibehörden (§ 62 PolG in der Fassung vom 13.1.1992) wird dem Anwendungsbereich der Richtlinie (EU) 2016/680 zugerechnet und wird daher nicht von diesem Gesetz erfasst. Selbst wenn bei polizeilichem Handeln zur Gefahrenabwehr nicht bereits von vornherein die Verhütung von Straftaten als Zweck oder Ergebnis feststeht, **besteht nahezu immer zumindest die Möglichkeit**, dass die Gefahrenlage zu einer Straftat führen kann. Dies gilt aber nur, soweit das allgemeine Polizeirecht angewendet wird."[179]

Gibt es absolut keinen Bezug zur Kriminalitätsbekämpfung, etwa weil keine möglichen Straftaten oder Ordnungswidrigkeit erkennbar oder denkbar sind, werden dennoch **vielfach Spezialregelungen im PolG** zur Anwendung kommen. Zudem gelten die Datenschutzregelungen des PolG auch immer, wenn es um die **Abwehr von Gefahren für die öffentliche Sicherheit** geht.

Beispiele:
- Bei einem reinen Vermisstenfall könnte die DSGVO mit Ergänzung des LDSG zur Anwendung kommen.[180] Hier wird aber regelmäßig auch eine mögliche Gefährdung der vermissten Person in Betracht kommen, so dass eine Gefährdung der öffentlichen Sicherheit (Leib und Leben der vermissten Person) gegeben ist.
- Durchführung innerdienstlicher planerischer, organisatorischer, personeller, sozialer oder haushalts- und kostenrechnerischer Vorgänge.[181] Hier gelten die Vorgaben der DSGVO und ggf. ergänzend des LDSG.

Wenn das PolG den Sachverhalt datenschutzrechtlich **ausnahmsweise** nicht erfasst, kommt die DSGVO zur unmittelbaren Anwendung, ggf. ergänzt um Regelungen des LDSG. Dabei ist aber zu beachten, dass gem. **§ 11 Abs. 2 PolG** die DSGVO unmittelbar gilt, wenn keine möglichen Straftaten vorliegen, und das LDSG nur (noch) ergänzende

---
177 Zu Recht krit. Lück, KommJur 2018, 81 f.
178 Kingreen/Poscher, Polizei- und Ordnungsrecht, § 12 Rn 1.
179 LT-Drs. 16/3930, S. 90.
180 So etwa Kühling/Raab, in: Kühling/Buchner, DSGVO/BDSG, Art. 2 DSGVO Rn 29.
181 LT-Drs. 16/8484, S. 123.

Bestimmungen vorsehen kann, wenn dies durch Öffnungsklauseln der DSGVO erlaubt ist.[182]

Wichtig ist: Es geht beim Datenschutz stets um eine **Zusammenschau von Unionsrecht und nationalem Recht**.[183]

Schaubild Nr. 18
Rechtsanwendung beim Datenschutz durch die Polizei

1. Datenschutzbestimmungen im PolG? (§ 11 Abs. 1 PolG)

Bezug zu einer möglichen Straftat oder Ordnungswidrigkeit ➜	Datenschutzbestimmungen des PolG gelten als lex specialis, LDSG kommt (nur) zur Anwendung, wenn Regelungslücke besteht. DSGVO gilt nicht.
Sicher kein Bezug zu einer möglichen Straftat oder Ordnungswidrigkeit ➜	Datenschutzbestimmungen des PolG gelten, wenn Sachverhalt erfasst wird. Ansonsten gilt die DSGVO unmittelbar mit ggf. Ergänzungen oder Modifizierungen des LDSG.

Merksatz: Grundsätzlich gelten die Datenschutzbestimmung des PolG.

2. Gilt die DSGVO mit ggf. Ergänzungen des LDSG? (§ 11 Abs. 2 PolG)

Finden sich im PolG keine spezifischen Regelungen zum Datenschutz, gilt die DSGVO unmittelbar. Es ist zu prüfen, ob ggf. ergänzende Regelungen im LDSG bestehen (Beispiel: Videoüberwachung).

IV. Grundlagen des Datenschutzrechts nach dem PolG 2020

1. Allgemeines

a) Grundlegendes

Das PolG enthält seit der Neufassung des **PolG 2020 umfassende datenschutzrechtliche Regelungen**. Die **Notwendigkeit der eigeständigen datenschutzrechtlichen Regelungen im Polizeirecht** folgt aus den besonderen spezifischen Anforderungen, die das Ordnungs- und Polizeirecht sowie die **DSRL 2016/680** an den Datenschutz stellen.[184] Der Schutz der öffentlichen Sicherheit und Ordnung erfordert im Hinblick auf die notwendigen polizeilichen Maßnahmen Eingriffe gegenüber der einzelnen polizeipflichtigen Person, die deutlich über das normale Maß hoheitlicher Tätigkeit hinausgehen. Vielfach sind auch intensive datenschutzrechtliche Eingriffe notwendig. Ihre besonderen Voraussetzungen sind im PolG geregelt, sie gehen den allgemeinen datenschutzrechtlichen Bestimmung – vor allem der DSGVO und des sie ergänzenden LDSG – vor und gelten nur unter den engen tatbestandlichen Voraussetzungen des PolG. Zudem tragen die Datenschutzbestimmungen des PolG den besonderen Anforderungen des Verfassungsrechts Rechnung und setzen die Vorgaben der DSRL 2016/680 um. Während der **Corona-Pandemie** kam der Datenübermittlung und -verarbeitung an und durch die Polizei eine besondere Bedeutung zu, da die personenbezogenen Daten infizierter oder von Ansteckung gefährdeter Personen Grundlage ordnungsbehördlicher und polizeilicher Arbeit und Eingriffe war.[185] Die Landesregierung BW hatte eigens hierzu die **CoronaVO Datenverarbeitung** erlassen.[186]

63

---

182 Vgl. zu dieser Systematik auch Kühling, NJW 2017, 1985, 1986 f.; Kühling/Sackmann, NVwZ 2018, 681 f.
183 Kühling/Sackmann, NVwZ 2018, 681, 682.
184 Vgl. dazu auch Golla, KriPoZ 2019, 238.
185 Vgl. dazu Fährmann/Arzt, DuD 2020, 801 ff.
186 Verordnung des Sozialministeriums und des Innenministeriums zur Verarbeitung personenbezogener Daten zwischen Gesundheitsbehörden, Ortspolizeibehörden und Polizeivollzugsdienst aus Gründen des Infektionsschutzes (Corona-Verordnung Datenverarbeitung) vom 4.5.2020 (GBl. S. 276), zuletzt geändert durch Verordnung vom 20.8.2020 (GBl. S. 674).

b) Historie des Datenschutzes im PolG

64 Durch das **Gesetz zur Änderung des Polizeigesetzes vom 16.10.1991**[187] hatte das Land BW erstmals den Datenschutz in das PolG aufgenommen. In den §§ 19 bis 25 und §§ 37 bis 48 a PolG waren seitdem bereichsspezifische Regelungen über Grundsätze, Voraussetzungen und Mittel der Datenerhebung, ihrer Speicherung, Übermittlung, Löschung und Auskünfte enthalten. Mit der Neuregelung hatte das Land BW die Konsequenzen aus dem Urteil des BVerfG vom 15.12.1983 zum Volkszählungsgesetz[188] gezogen und die **Verarbeitung personenbezogener Daten auf eine gesetzliche Grundlage gestellt**.[189]

Durch das **Gesetz zur Änderung des Polizeigesetzes vom 18.11.2008**[190] wurden die §§ 20, 21, 22, 23 PolG geändert und die §§ 22 a, 23 a PolG neu eingefügt und damit die Befugnisse des Polizeivollzugsdienstes zur Erhebung von Daten erheblich erweitert.

Durch Art. 1 des **Gesetzes zur Änderung des Polizeigesetzes und des Landesverfassungsschutzgesetzes vom 25.2.2014**[191] wurde § 23 a PolG geändert.

Durch das **Gesetz zur Änderung des Polizeigesetzes vom 18.10.2016**[192] wurde § 21 PolG geändert und die Möglichkeit zum Einsatz sog. Bodycams geschaffen.

Durch Art. 1 des **Gesetzes zur Änderung des Polizeigesetzes vom 28.11.2017**[193] wurden die §§ 20 und 21 PolG geändert sowie § 23 b PolG neu eingefügt. Durch § 23 b PolG wird die heimliche Überwachung der Telekommunikation ermöglicht.

Durch Art. 1 des **Gesetzes zur Umsetzung der Richtlinie (EU) 2016/680 für die Polizei Baden-Württemberg und zur Änderung weiterer polizeilicher Vorschriften vom 6.10.2020**[194] erfuhr das **PolG** eine vollständige **Neufassung**. Mit dem **PolG 2020** wurde der Bereich des Datenschutzrechts im PolG völlig neu gefasst. Viele der bestehenden Normen wurden geändert und zahlreiche neue Normen ergänzt. **61 Normen** des PolG 2020 – damit fast die Hälfte aller Normen – **befassen sich nunmehr mit dem Datenschutzrecht**. Das PolG entspricht damit dem EU-Datenschutzrecht, wie es durch die **DSLR 2016/680** statuiert wurde.

c) Datenschutzrecht im PolG als lex specialis

65 Aufgrund der Systematik des Unions-, Bundes- und Landes-Datenschutzrechts sind die **datenschutzrechtlichen Regelungen des PolG lex specialis** (vgl. dazu auch die Ausführungen in § 10 Rn 60 f.). Sie setzen die Vorgaben der **DSLR 2016/680** um, die ihrerseits gegenüber den Regelungen der DSGVO lex specialis sind (vgl. dazu die Ausführungen in § 10 Rn 22).

Dem **LDSG** kommt gegenüber den datenschutzrechtlichen Regelungen des PolG **nur** noch eine **Auffangfunktion** zu. Dies wird aus **§ 2 Abs. 1 S. 3 Nr. 3 LDSG** deutlich: „Dieses Gesetz gilt nicht für die Verarbeitung personenbezogener Daten **durch die Polizei** sowie die Gerichte, Staatsanwaltschaften, das Justizministerium und die Justizvollzugsbehörden zum Zwecke der Verhütung, Ermittlung, Aufdeckung oder Verfolgung von Straftaten und Ordnungswidrigkeiten oder der Strafvollstreckung, einschließlich des Schutzes vor und der Abwehr von Gefahren für die öffentliche Sicherheit." Das

---

187 GBl. S. 625 ff.
188 BVerfG, NJW 1984, 419 ff.
189 Vgl. Jelden/Fischer, BWVP 1992, 79 ff. Zur Bedeutung des Volkszählungsurteils des BVerfG auf die Entwicklung des Datenschutzrechts im Polizeirecht vgl. grundlegend Zaremba, Entwicklung, S. 48 ff.
190 GBl. S. 390 ff., geändert durch Art. 2 des Gesetzes vom 20.11.2012 (GBl. S. 625, 630); gemäß Art. 4 Abs. 5 des Gesetzes vom 20.11.2012 gelten folgende Einschränkungen von Grundrechten: "Durch Artikel 2 werden das Fernmeldegeheimnis (Artikel 10 GG) und das Eigentum (Artikel 14 GG) eingeschränkt. Vgl. auch die Übersicht, in: Die Fundstelle BW 2009, S. 281 ff.
191 GBl. S. 77.
192 GBl. S. 569.
193 GBl. S. 624.
194 GBl. S. 735, ber. S. 1092. Zum Gesetzgebungsverfahren vgl. § 10 Rn 53 (dort Fn 164).

IV. Grundlagen des Datenschutzrechts nach dem PolG 2020

LDSG bezieht sich damit auf das EU-Datenschutzrecht, das der DSLR 2016/680 vor der DSGVO Vorrang gibt (vgl. dazu die Ausführungen in § 10 Rn 21).

Das PolG greift diese Systematik des Unions- und Landes-Datenschutzrecht in **§ 11 Abs. 1, 2 PolG** auf, indem es in **Abs. 1** die Anwendung der datenschutzrechtlichen Regelungen des PolG an die Aufgabenbeschreibungen der Polizei in der DSRL 2016/680 anknüpft und dann in **Abs. 2** bestimmt, dass für die Datenverarbeitung zu allen anderen Zwecken die DSGVO und die ergänzenden Regelungen des LDSG gelten. Zur Abgrenzung im Einzelnen vgl. die Ausführungen in § 10 Rn 22, zu § 11 PolG vgl. die weiteren Ausführungen in § 10 Rn 77 ff.

d) Begrifflichkeiten

Durch das seit dem Jahr 2016 geltende EU-Datenschutzrecht haben sich auch **Begrifflichkeiten und Systematik** im Bereich des Datenschutzes **geändert**. Diese Änderungen fanden auch in das **PolG 2020** Eingang. 66

aa) Dateisystem

In der DSRL 2016/680 findet sich keine Unterscheidung mehr zwischen automatisierter und nicht automatisierter Datenverarbeitung. Vielmehr kommt es nur noch auf **die Speicherung oder die Absicht der Speicherung in einem Dateisystem** an. Dies wird aus **Art. 2 Abs. 2 DSRL 2016/680** deutlich: „Diese Richtlinie gilt für die ganz oder teilweise automatisierte Verarbeitung personenbezogener Daten sowie für die nicht automatisierte Verarbeitung personenbezogener Daten, die in einem Dateisystem gespeichert sind oder gespeichert werden sollen." Die Nutzung eines Dateisystems ist damit zentral für die Anwendung der EU-Datenschutzregelungen.[195] Im Umkehrschluss werden **bloße Nutzungen von Handakten oder Aufzeichnungen nicht erfasst**.[196] Dies wird auch aus **§ 11 Abs. 3 PolG** deutlich (vgl. dazu § 10 Rn 85). Der Landesgesetzgeber hat die DSRL 2016/680 anders als der Bundesgesetzgeber eng umgesetzt, indem er die Formulierung „die in einem Dateisystem gespeichert sind oder gespeichert werden sollen" aus Art. 2 Abs. 2 DSRL 2016/680 in das PolG übernommen hat. Der Bundesgesetzgeber hat dies dagegen bewusst nicht gemacht, so dass der Dritte Teil des BDSG auch für papiergebundene Datenvorgänge außerhalb von Akten gilt[197]. 67

Ausgenommen sind aber nur reine Handakten, dagegen werden **systematisch angelegte Akten** außerhalb eines automatisierten Dateisystems **vollständig erfasst**. Dies wird auch aus **§ 77 PolG** deutlich, der die nicht automatisierten Akten ausdrücklich erwähnt. Der Landesgesetzgeber hat dies sehr deutlich gemacht: „Der gewährte Schutz soll nach Erwägungsgrund 18 der Richtlinie (EU) 2016/680 technologieneutral sein. Lediglich solche Akten oder Aktensammlungen sowie ihre Deckblätter, die nicht nach bestimmten Kriterien geordnet sind, fallen aus dem Anwendungsbereich der Richtlinie (EU) 2016/680 heraus. Der Vorhalt von Akten geht mit der Ausweitung und Verbesserung der technischen Informationssysteme zwar kontinuierlich zurück. Nichtsdestotrotz gibt es noch immer Bereiche, in denen systematisch Akten geführt werden, wenn auch

---

195 LT-Drs. 16/8484, S. 124. An sich bedeutet die Begriffsänderung von „Datei" in „Dateisystem" keine inhaltliche Änderung (vgl. dazu eingehender Kühling/Raab, in: Kühling/Buchner, DSGVO/BDSG, Art. 4 Nr. 4 DSGVO Rn 1).
196 Husemann, in: Roßnagel, Das neue Datenschutzrecht, § 3 Rn 4; **a. A.** offenbar Schmidt, Polizei- und Ordnungsrecht, Rn 132. Vgl. auch Eßer, in: Auernhammer, DSGVO/BDSG, Art. 4 DSGVO Rn 76, wonach unsortierte Blätter, Fließtexte wie Notizen auf Papier auch nicht in den Anwendungsbereich der DSGVO fallen – es kommt auf eine Ordnungsstruktur an; ebenso Klabunde, in: Ehmann/Selmayr, DSGVO, Art. 4 Rn 35.
197 BT-Drs. 18/11325, S. 79: „Nach Abs. 1 S. 1 gilt das Gesetz, wie bisher auch das Bundesdatenschutzgesetz in der bisher geltenden Fassung (BDSG a. F.), für jede Form der Verarbeitung personenbezogener Daten durch öffentliche Stellen des Bundes sowie durch öffentliche Stellen der Länder. Es hat also, wie bisher auch, einen **weiteren Anwendungsbereich als die Verordnung (EU) 2016/679**." Vgl. dazu auch Johannes/Weinhold, Neues Datenschutzrecht, § 1 Rn 73; Husemann, in: Roßnagel, Das neue Datenschutzrecht, § 3 Rn 28.

oft lediglich parallel oder ergänzend zu automatisierten Dateisystemen. Auch die herkömmliche Form der Datenhaltung ist folglich richtlinienkonform auszugestalten."

bb) Datenverarbeitung

68 Der Begriff „**Datenverarbeitung**" ist nunmehr der **zentrale Begriff für alle Arten des Umgangs mit Daten**. Dies folgt unmittelbar aus **Art. 1 Abs. 1 DSRL 2016/680**: „Diese Richtlinie gilt für die Verarbeitung personenbezogener Daten durch die zuständigen Behörden zu den in Art. 1 Abs. 1 genannten Zwecken" und aus **Art. 3 Nr. 2 DSRL 2016/680**: „Verarbeitung" jeden mit oder ohne Hilfe automatisierter Verfahren ausgeführten Vorgang oder jede solche Vorgangsreihe im Zusammenhang mit personenbezogenen Daten wie das Erheben, das Erfassen, die Organisation, das Ordnen, die Speicherung, die Anpassung oder Veränderung, das Auslesen, das Abfragen, die Verwendung, die Offenlegung durch Übermittlung, Verbreitung oder eine andere Form der Bereitstellung, den Abgleich oder die Verknüpfung, die Einschränkung, das Löschen oder die Vernichtung".

Die **Begriffsdefinition** der „Datenverarbeitung" in Art. 3 Nr. 2 DSRL 2016/680 hat der Landesgesetzgeber in **§ 12 Nr. 2 PolG** übernommen (vgl. dazu § 10 Rn 88). Der Begriff der „Verarbeitung" umfasst **alle Vorgänge des Umgangs mit Daten durch die Polizei**, also insbesondere das Erheben, das Erfassen, die Organisation, das Ordnen, die Speicherung, die Anpassung, die Veränderung, das Auslesen, das Abfragen, die Verwendung, die Offenlegung durch Übermittlung, die Verbreitung oder eine andere Form der Bereitstellung, den Abgleich, die Verknüpfung, die Einschränkung, das Löschen und die Vernichtung der Daten.[198] Die **Aufzählung** ist **nicht abschließend** („insbesondere").[199]

Im PolG wird in aller Regel nur noch der Begriff der Datenverarbeitung verwendet, nur an Stellen, an denen **besondere Schritte der Datenverarbeitung hervorgehoben** werden sollen („Konkretisierung des jeweiligen Vorgangs"[200]), nutzt der Landesgesetzgeber ergänzend Teilbegriffe der Verarbeitung.

Beispiele: § 14 PolG: „Erhebung"; **§ 15 PolG**: „weitere Verarbeitung"; **§ 16 PolG**: „Übermittlung"; **§ 44 Abs. 5 S. 2 PolG**: „Daten erheben"; **§ 44 Abs. 7 PolG**: „Aufzeichnung, Löschung, Verwertung"; **§ 48 PolG**: „Übermittlung, Erhebung"; **§ 49 PolG**: „Datenerhebung".

Bei allen Beispielen handelt es sich um gesetzliche Regelungen der Datenverarbeitung, die sich aber mit Teilbereichen bzw. einzelnen Schritten der Datenverarbeitung befassen.

cc) Kategorien betroffener Personen

69 Aus **Art. 6 DSRL 2016/680** folgt eine **Unterscheidung zwischen verschiedenen Kategorien von Personen**, die von der Datenerhebung betroffen sind:

„1. Personen, gegen die ein begründeter Verdacht besteht, dass sie eine Straftat begangen haben oder in naher Zukunft begehen werden,
2. verurteilte Straftäter,
3. Opfer einer Straftat oder Personen, bei denen bestimmte Fakten darauf hindeuten, dass sie Opfer einer Straftat sein könnten, und
4. andere Parteien im Zusammenhang mit einer Straftat, wie Personen, die bei Ermittlungen in Verbindung mit der betreffenden Straftat oder beim anschließenden Strafverfahren als Zeugen in Betracht kommen, Personen, die Hinweise zur Straftat geben können, oder Personen, die mit den unter den Ziffer 1 und 2 genannten Personen in Kontakt oder in Verbindung stehen."

---

198 Husemann, in: Roßnagel, Das neue Datenschutzrecht, § 3 Rn 5; Petri, in: Lisken/Denninger, Handbuch des Polizeirechts, Kap. G Rn 478 ff.
199 Herbst, in: Kühling/Buchner, DSGVO/BDSG, Art. 4 Nr. 2 DSGVO Rn 4, 20.
200 LT-Drs. 16/8484, S. 124.

IV. Grundlagen des Datenschutzrechts nach dem PolG 2020

Diese Differenzierung musste auch dem Landesrecht zugrunde gelegt werden und findet sich nunmehr in **§ 70 PolG** wieder, ergänzt um notwendige polizeirechtliche Kategorien (vgl. dazu § 10 Rn 590 ff.). An dieser **Personendifferenzierung** richten sich auch die datenschutzrechtlichen Regelungen im PolG aus. Auch § 20 Abs. 2 bis 6 PolG 1992 kannte verschiedene Kategorien von Personen, diese sind teilweise in § 70 PolG eingeflossen.[201]

Beispiele: § 43 PolG (Befragung und Datenerhebung) differenziert nach bestimmten Personengruppen; § 47 Abs. 1 S. 1 PolG (Datenabgleich) bezieht sich nur auf Personen i. S. d. §§ 6, 7 PolG (Störer).

2. Grundlegende Inhalte des PolG 2020 zum Datenschutz

Mit dem **PolG 2020** wurden **grundlegende Neuerungen und Ergänzungen im PolG** vorgenommen. Dieses sind im Wesentlichen:[202]

- Für **personenbezogene Daten** besteht bei ihrer weiteren Verarbeitung eine **enge Zweckbindung**.
- Die **Vorschriften zur Übermittlung von Daten** ins nichteuropäische Ausland wurden richtlinienkonform i. S. d. **DSRL 2016/680** ausgestaltet.
- **Besondere Kategorien personenbezogener Daten** wie etwa politische Meinungen, religiöse Überzeugungen oder Daten zur sexuellen Orientierung wurden **unter einen besonderen Schutz gestellt**.
- Es wurden **umfassende Protokollierungspflichten** sowie weitere Pflichten der Polizei, die der Transparenz und der Ermöglichung einer aufsichtlichen Kontrolle dienen, eingeführt.
- **Betroffenen Personen** wurde konkreter als nach früherer Rechtslage das **Recht auf Auskunft, auf Berichtigung, Löschung oder Einschränkung der Verarbeitung ihrer Daten** sowie das Recht gewährt, sich an die Aufsichtsbehörde für den Datenschutz zu wenden.
- Der **Aufsichtsbehörde für den Datenschutz** wurden **wirksame Untersuchungs-, Beratungs- und Abhilfebefugnisse** sowie das Recht eingeräumt, eine **Datenverarbeitung der Polizei gerichtlich überprüfen** zu lassen, um eine aufsichtliche Kontrolle sicherzustellen.

3. Grundlegende Systematik des PolG 2020 zum Datenschutz
a) Allgemeine Datenschutzregelungen

Aufgrund der zwingenden Umsetzung der DSRL 2016/680 in das Polizeirecht des Landes BW (vgl. dazu § 10 Rn 21), des Anwendungsvorrangs der DSLR 2016/680 gegenüber der DSGVO (vgl. dazu § 10 Rn 22), der unmittelbaren Geltung der DSGVO im deutschen Recht (vgl. dazu § 10 Rn 17) und des damit einhergehenden Wegfalls allgemeiner datenschutzrechtlicher Regelungen im LDSG (vgl. dazu § 10 Rn 40 ff.) mussten in das PolG umfassende **allgemeine datenschutzrechtliche Regelungen** aufgenommen werden.[203] Diese finden sich in den **§§ 11 bis 16 PolG** (vgl. dazu die Ausführungen in § 10 Rn 76 ff.). Sie gelten für alle Fälle der Datenverarbeitung nach dem PolG. Sie umfassen **Festlegungen des Anwendungsbereichs, Begriffsdefinitionen und allgemeine Regeln** für die Erhebung, Verarbeitung und Übermittlung personenbezogener Daten.

---

201 LT-Drs. 16/8484, S. 164.
202 LT-Drs. 16/8484, S. 117 f.; Pöltl, VBlBW 2021, 45, 46.
203 Vgl. zu den unterschiedlichen Ansätzen der Bundesländer zur Integration der DSRL 2016/680 in die PolG der Länder Golla, KriPoZ 2019, 238, 239; Pöltl, VBlBW 2021, 45, 46.

b) Datenschutzregelungen für Eingriffsmaßnahmen der Polizei

72 Das PolG umfasst unterschiedlichen Regelungen für **besondere Eingriffsbefugnisse der Polizei (§§ 27 bis 41 PolG)**. Wegen ihrer besonderer Eingriffsqualität gegenüber den betroffenen Personen unterliegen diese Regelungen auch hinsichtlich des Datenschutzes schon immer strengen Anforderungen. Durch die zwingende Umsetzung der DSRL 2016/680 (vgl. dazu § 10 Rn 21) und die neueren Anforderungen des BVerfG an die Datenverarbeitung in diesen Bereichen (vgl. dazu § 10 Rn 2 ff.) haben sich dort **notwendige Änderungen der bislang bestehenden Regelungen und Ergänzungen** ergeben. Diese finden sich in den **§§ 42 bis 62 PolG**. In den **§§ 48 bis 56 PolG** finden sich dort auch die besonderen Regelungen für die sog. **verdeckten Eingriffsbefugnisse**, die wegen der neueren Vorgaben des **BVerfG** umfassender überarbeitet wurden.[204]

Das PolG kennt darüber hinaus auch noch an anderen Stellen **Sonderformen der Datenverarbeitung**. So etwa die Personenfeststellung gem. **§ 27 PolG** (vgl. dazu § 11 Rn 9).

c) Weitere Datenschutzregelungen im PolG

73 Die zwingende Umsetzung der DSLR 2016/680 in das deutsche Recht (vgl. dazu § 10 Rn 21) und in das PolG sowie das Fehlen allgemeiner Regelungen zur Umsetzung der DSLR 2016/680 im LDSG führten mit dem PolG 2020 zu **umfangreichen weiteren datenschutzrechtlichen Regelungen**. Diese finden sich in den **§§ 70 bis 99 PolG** und betreffen **datenschutzrechtliche Pflichten der Polizei** (§§ 70 bis 90 PolG), **Rechte der betroffenen Personen** (§§ 91 bis 93 PolG), den **Datenschutzbeauftragten** (§§ 94 bis 96 PolG) und die **Datenschutzaufsicht** (§§ 97 bis 99 PolG).

d) Überblick über die Datenschutzregelungen im PolG

74 Im PolG finden sich folgende **den Datenschutz betreffende Normen**:
- **§§ 11 bis 16 PolG**: Allgemeine Regelungen zum Datenschutz,
- **§§ 42 bis 62 PolG**: Regelungen zum Datenschutz bei Einzelmaßnahmen und verdeckte Eingriffsbefugnisse, weitere Datenverarbeitung, Datenübermittlung,
- **§§ 70 bis 99 PolG**: Weitere Regelungen der Datenverarbeitung.

e) Auslegung der Datenschutzregelungen im PolG

75 Für die Auslegung der Datenschutzregelungen im PolG kann zunächst auf die Gesetzesmaterialien[205] des Landesgesetzgebers zurückgegriffen werden. Eine Besonderheit besteht aber darüber hinausgehend, da die Datenschutzregelungen des PolG der Umsetzung der **DSRL 2016/680** in das deutsche (= baden-württembergische) Recht dienen. Die **Anwendung der Datenschutzregelungen des PolG** muss im Zweifel **richtlinienkonform** erfolgen und dem Willen des EU-Richtliniengebers und Ziel und Zweck der DSRL 2016/680 entsprechen.[206] Deswegen empfiehlt sich auch stets ein Heranziehen der umfangreichen Erläuterungen zur DSRL 2016/680.[207]

V. Allgemeine Datenschutznormen (§§ 11 bis 16 PolG)

1. Allgemeines

76 Die **§§ 11 bis 16 PolG** enthalten für **alle** Vorgänge der Datenverarbeitung geltende und von der Polizei stets zu beachtende grundlegende Regelungen zur Datenverarbeitung.

---

[204] LT-Drs. 16/8484, S. 118.
[205] Vor allem LT-Drs. 16/8484.
[206] Vgl. dazu Streinz, Europarecht, Rn 508 bis 512; Herdegen, Europarecht, § 8 Rn 52 bis 54.
[207] EU ABl. L 119, S. 89 ff. Zur Entstehungsgeschichte und zur Regelungssystematik vgl. Herbst: in: Auernhammer, DSGVO/BDSG, DSRL 2016/680 Rn 1 bis 5; Johannes/Weinhold, Neues Datenschutzrecht, § 1 Rn 8 bis 12, beide m. w. N.

Es werden vor allem Vorgaben des EU-Datenschutzrechts aus der **DSRL 2016/680** umgesetzt.

2. Anwendungsbereich (§ 11 PolG)

§ 11 PolG enthält **die grundlegenden Regelungen zur Anwendung der Datenschutznormen** des PolG. Dabei wird die Anwendung auch zur DSGVO und zum LDSG abgegrenzt. § 11 PolG setzt damit die Vorgaben der **Art. 1 Abs. 1, 2 Abs. 1, 2 DSRL 2016/680** um.

a) Datenschutz für polizeiliche Zwecke (§ 11 Abs. 1 PolG)
aa) Anwendung Datenschutzrecht des PolG (§ 11 Abs. 1 S. 1 PolG)

Gem. **§ 11 Abs. 1 S. 1 PolG** gelten die §§ 12 bis 16 PolG sowie die Vorschriften des 3. Abschnitts (= §§ 70 bis 99 PolG) für die Verarbeitung personenbezogener Daten durch die Polizei im Rahmen der Wahrnehmung ihrer Aufgaben zum Zwecke der Verhütung, Ermittlung, Aufdeckung oder Verfolgung von Straftaten oder Ordnungswidrigkeiten, einschließlich des Schutzes vor und der Abwehr von Gefahren für die öffentliche Sicherheit. Damit übernimmt § 11 Abs. 1 S. 1 PolG wörtlich die Formulierung in **Art. 1 Abs. 1 DSRL 2016/680**, die den Anwendungsbereich der Richtlinie definiert.

§ 11 Abs. 1 S. 1 PolG benennt als **Adressat der Regelung** die **„Polizei"**. Damit sind die Datenschutzregelungen des PolG gem. § 104 PolG sowohl von der **Polizeibehörde** als auch vom **Polizeivollzugsdienst** zu beachten und anzuwenden.

Sachlicher Anwendungsbereich der Vorschriften ist die Datenverarbeitung zum Zweck der **Verhütung, Ermittlung, Aufdeckung oder Verfolgung von Straftaten oder Ordnungswidrigkeiten**, einschließlich des **Schutzes vor und der Abwehr von Gefahren für die öffentliche Sicherheit**. Grundlegend kommt es dafür auf den **Bezug zu einer Straftat oder einer Ordnungswidrigkeit** an.[208]

Eindeutig wird die Anwendbarkeit der Datenschutzregelungen des PolG damit immer zu bejahen sein, wenn der zugrundeliegende Sachverhalt einen **Bezug zur Kriminalitätsbekämpfung** hat. Grundsätzlich ist davon auszugehen, dass bei der Tätigkeit der Polizei **im Zweifel die besonderen Datenschutzregelungen des PolG i. S. d. § 11 Abs. 1 S. 1 PolG zur Anwendung kommen**, da ein Bezug zu Straftaten und Ordnungswidrigkeiten[209] fast nie ausreichend sicher auszuschließen sein wird. Hierauf hat auch richtigerweise der Landesgesetzgeber zum LDSG hingewiesen: „Der Bereich der Gefahrenabwehr durch die allgemeinen Polizeibehörden (§ 107 PolG) wird dem Anwendungsbereich der Richtlinie (EU) 2016/680 zugerechnet und wird daher nicht von diesem Gesetz erfasst. Selbst wenn bei polizeilichem Handeln zur Gefahrenabwehr nicht bereits von vornherein die Verhütung von Straftaten als Zweck oder Ergebnis feststeht, **besteht nahezu immer zumindest die Möglichkeit**, dass die Gefahrenlage zu einer Straftat führen kann. Dies gilt aber nur, soweit das allgemeine Polizeirecht angewendet wird."[210]

Entsprechend den Ausführungen zur **richtlinienkonformen Anwendung** der ins deutsche Recht umgesetzten Regelungen der DSLR 2016/680 (vgl. § 10 Rn 75) hilft hier auch der erklärte Wille des EU-Richtliniengebers weiter:

„Die Tätigkeiten der Polizei oder anderer Strafverfolgungsbehörden sind hauptsächlich auf die Verhütung, Ermittlung, Aufdeckung oder Verfolgung von Straftaten ausgerichtet, dazu zählen auch polizeiliche Tätigkeiten in Fällen, in denen nicht von vornherein bekannt ist, ob es sich um Straftaten handelt oder nicht. Solche Tätigkeiten können ferner die Ausübung hoheitlicher Gewalt durch Ergreifung von Zwangsmitteln umfassen, wie

---
[208] LT-Drs. 16/8484, S. 122.
[209] Vgl. dazu auch Schröder, in: Möstl/Trurnit, Polizeirecht BW, Rn 26; Pöltl, VBlBW 2021, 45, 54.
[210] LT-Drs. 16/3930, S. 90.

polizeiliche Tätigkeiten bei Demonstrationen, großen Sportveranstaltungen und Ausschreitungen. Sie umfassen auch die Aufrechterhaltung der öffentlichen Ordnung als Aufgabe, die der Polizei oder anderen Strafverfolgungsbehörden übertragen wurde, soweit dies zum Zweck des Schutzes vor und der Abwehr von Bedrohungen der öffentlichen Sicherheit und Bedrohungen für durch Rechtsvorschriften geschützte grundlegende Interessen der Gesellschaft, die zu einer Straftat führen können, erforderlich ist."[211]

Es zeigt sich deutlich, dass der EU-Richtliniengeber **alle Tätigkeiten** erfassen wollte, **die typischerweise zur Aufgabenerfüllung der Polizei gehören**. Insofern ist es angezeigt, **im Zweifel** die **besonderen Datenschutzregelungen des PolG** anzuwenden, da diese den spezifischen Anforderung der Datenverarbeitung im Sicherheitsbereich genügen.[212] Der EU-Richtliniengeber hat dies sehr deutlich gemacht:

„Der freie Verkehr personenbezogener Daten zwischen den zuständigen Behörden zum Zwecke der Verhütung, Ermittlung, Aufdeckung oder Verfolgung von Straftaten oder der Strafvollstreckung, einschließlich des Schutzes vor und der Abwehr von Gefahren für die öffentliche Sicherheit innerhalb der Union und die Übermittlung solcher personenbezogener Daten an Drittländer und internationale Organisationen, sollte erleichtert und dabei gleichzeitig ein hohes Schutzniveau für personenbezogene Daten gewährleistet werden."[213] „Zur Verhütung, Ermittlung und Verfolgung von Straftaten müssen die zuständigen Behörden personenbezogene Daten, die im Zusammenhang mit der Verhütung, Ermittlung, Aufdeckung oder Verfolgung einer bestimmten Straftat erhoben wurden, auch in einem anderen Kontext verarbeiten können, um sich ein Bild von den kriminellen Handlungen machen und Verbindungen zwischen verschiedenen aufgedeckten Straftaten herstellen zu können."[214]

bb) Vorrang von Datenschutzrecht des Bundes (§ 11 Abs. 1 S. 2 PolG)

82 **§ 11 Abs. 1 S. 2 PolG** bestimmt, dass **besondere Datenschutzvorschriften des Bundes** den §§ 12 bis 16 PolG sowie den Vorschriften des 3. Abschnitts (§§ 70 bis 99 PolG) vorgehen. Die Regelung bezieht sich vor allem auf besondere Rechtsvorschriften des Bundes insbesondere zu Zwecken der Strafverfolgung. Solche besonderen Rechtsvorschriften des Bundes können sich insbesondere aus dem **OWiG** sowie aus der **StPO** ergeben. Für die **repressive Tätigkeit der Polizei** besteht eine konkurrierende Gesetzgebungskompetenz des Bundes (vgl. Art. 72 Abs. 1, 74 Abs. 1 Nr. 1 GG), von der der Bund mit der StPO, auf die auch das OWiG verweist, abschließend Gebrauch gemacht hat.[215] Vgl. zu den ggf. vorrangigen Datenschutzregelungen des Bundes im BDSG, in der StPO und im OWiG die **Ausführungen in § 10 Rn 28 ff.**

Diese Abgrenzung wird auch durch das Tatbestandsmerkmal „**im Rahmen der Wahrnehmung ihrer Aufgaben**" sichergestellt. Die Datenschutzregelungen des PolG kommen danach nur zur Anwendung, wenn die Polizei im Rahmen der ihr durch die §§ 1, 3 PolG und die einzelgesetzlichen Eingriffsermächtigungen der §§ 27 ff. PolG zugewiesenen polizeilichen Aufgaben tätig ist. Das PolG enthält aber auch einzelne Datenschutzregelungen für **repressive polizeiliche Aufgaben**, etwa zur Zulässigkeit einer Datenverarbeitung bei Zweckänderungen (§ 15 Abs. 3, 4 PolG) oder die Datenerfassung durch Bodycams (§ 44 Abs. 5 S. 1 PolG); vgl. dazu etwa auch § 11 Rn 163 u. 265. Die **Anwendungsabgrenzung** ist eindeutig und bindet die Polizei.

---

211 Erwägungsgrund 12 der DSRL 2016/680, EU ABl. L 119, S. 90 f.
212 **A. A.** dagegen Schröder, in: Möstl/Trurnit, Polizeirecht BW, Rn 26, 26.1., der zumindest einen „Straftatenbezug" verlangt.
213 Erwägungsgrund 4 der DSRL 2016/680, EU ABl. L 119, S. 89.
214 Erwägungsgrund 27 der DSRL 2016/680, EU ABl. L 119, S. 93.
215 LT-Drs. 16/8484, S. 123.

b) Datenschutz für sonstige Zwecke (§ 11 Abs. 2 PolG)

Gem. § 11 Abs. 2 PolG gelten für die **Verarbeitung personenbezogener Daten** durch die Polizei **zu anderen als den in Abs. 1 genannten Zwecken** die **DSGVO** in der jeweils geltenden Fassung sowie das **LDSG**. Zwar erfasst die DSLR 2016/680 die besonderen Tätigkeiten der Polizei, dem EU-Richtliniengeber war aber durchaus bewusst, dass die Polizei **auch andere hoheitliche oder sonstige Aufgaben** erledigt: 83

„Die Mitgliedstaaten können die zuständigen Behörden mit anderen Aufgaben betrauen, die nicht zwangsläufig für die Zwecke der Verhütung, Ermittlung, Aufdeckung oder Verfolgung von Straftaten, einschließlich des Schutzes vor und der Abwehr von Gefahren für die öffentliche Sicherheit, ausgeführt werden, so dass die Verarbeitung von personenbezogenen Daten für diese anderen Zwecke insoweit in den Anwendungsbereich der Verordnung (EU) 2016/679 fällt, als sie in den Anwendungsbereich des Unionsrechts fällt."[216]

Dem trägt § 11 Abs. 2 PolG Rechnung. Zu den anderen Zwecken, bei denen von vornherein ausgeschlossen werden kann, dass sie in den Anwendungsbereich der DSRL 2016/680 fallen, zählen etwa die in § 36 LDSG a. F. genannten Zwecke der **Durchführung innerdienstlicher planerischer, organisatorischer, personeller, sozialer oder haushalts- und kostenrechnerischer Maßnahmen**, die dem Dienstbetrieb im engeren Sinne dienen. Ferner fallen darunter die **Bewältigung von Gefahrenlagen ohne jeglichen Bezug zu einer Straftat oder Ordnungswidrigkeit**, die reine **Vorbereitung auf die Gefahrenlage**, eindeutig festgestellte **Suizide**, der **Schutz privater Rechte** auf Antrag der berechtigten Person i. S. d. § 2 Abs. 2 PolG oder die Datenerhebung für die **Vollzugshilfe**.[217]

c) Differenzierende Anwendung des Datenschutzrechts (DSGVO / PolG)

Die Polizei muss künftig **vor jeder Anwendung des Datenschutzrechts differenzieren**: Es kann sowohl die Anwendung der Datenschutzregeln des PolG in Betracht kommen als auch die Anwendung der Datenschutzregelungen der DSGVO mit Ergänzung des LDSG. Die Entscheidung der richtigen Anwendung muss im **jeweiligen Einzelfall** getroffen werden. Als **Grundregel** kann gelten: 84

- Immer wenn die **Polizei in ihrem Kernbereich tätig** ist – es also um die Verhütung von Gefahren für die öffentliche Sicherheit und Ordnung und die mögliche Begehung von Ordnungswidrigkeiten und Straftaten geht – finden die besonderen **Datenschutzregelungen des PolG** Anwendung.
Sind der Kernbereich der **Regelungen im OWiG oder in der StPO** betroffen – weil durch die Polizei repressive Aufgaben der Ordnungswidrigkeiten- oder Straftatenverfolgung zu erfüllen sind –, geht das **Bundesrecht** dem PolG vor.
- Nur wenn die Polizei **sonstige Aufgaben** erledigt – sie bewegt sich bei ihrer Tätigkeit außerhalb der Gefahrenabwehr einschließlich der Verhinderung von Ordnungswidrigkeiten und Straftaten – kommen die **Datenschutzregelungen der DSGVO** mit **Ergänzung durch das LDSG** zur Anwendung.

Vgl. dazu auch die **weitergehenden Ausführungen in § 11 Rn 47 ff.**

d) Automatisierte und nichtautomatisierte Datenverarbeitung (§ 11 Abs. 3 PolG)

Gem. § 11 Abs. 3 PolG gelten die §§ 12 bis 16 PolG sowie die Vorschriften des 3. Abschnitts (§§ 70 bis 99 PolG) für die **ganz oder teilweise automatisierte Verarbeitung sowie für die nichtautomatisierte Verarbeitung personenbezogener Daten**, die **in einem Dateisystem gespeichert** sind oder gespeichert werden sollen. Die Regelung bezieht sich auf Art. 2 Abs. 2 DSRL 2016/680 und übernimmt die dortige Regelung 85

---
216 Erwägungsgrund 12 der DSRL 2016/680, EU ABl. L 119, S. 91.
217 LT-Drs. 16/8484, S. 123, 140. Vgl. dazu auch § 10 Rn 53.

wörtlich.²¹⁸ Aus der Formulierung „in einem Dateisystem gespeichert sind oder gespeichert werden sollen" wird deutlich, dass **unsortierte Handakten oder ähnlich unstrukturierte Aufzeichnungen** nicht in den Anwendungsbereich der §§ 11 bis 16, 70 bis 99 PolG fallen.²¹⁹

3. Begriffsbestimmungen (§ 12 PolG)
a) Allgemeines

86 § 12 PolG übernimmt mit einigen Modifikationen die **Begriffsbestimmungen** des **Art. 3 DSRL 2016/680** (= § 2 Nr. 1 bis 3, 5 bis 14, 16, 17 PolG). Hinzu kommt aus **Art. 10 DSRL 2016/680** die dort enthaltene Definition der „besonderer Kategorien personenbezogener Daten" (= § 2 Nr. 15 PolG). Zudem wird die europarechtliche Definition der „Einwilligung" aus **Art. 4 Nr. 11 DSGVO** übernommen (= § 2 Nr. 18 PolG). Nicht aus Art. 3 DSRL 2016/680 übernommen wurde die dort in Nr. 3 enthaltene Definition des Begriffs „Einschränkung der Verarbeitung". Die Begriffsdefinition „Anonymisierung" (§ 2 Nr. 4 PolG) wurde neu geschaffen.

Die Übernahme zahlreicher Begriffsbestimmungen vorrangig aus der DSRL 2016/680 und ergänzend aus der DSGVO ist notwendig, da die DSGVO im Bereich des Polizeirechts regelmäßig keine Anwendung findet (vgl. dazu die Ausführungen in § 10 Rn 62). Damit besteht **keine Möglichkeit des Rückgriffs** auf die allgemeinen datenschutzrechtlichen Begriffsdefinitionen der DSGVO bzw. des LDSG. Für die Anwendung der datenschutzrechtlichen Regelungen im PolG in Umsetzung der DSRL 2016/680 mussten im PolG eigene Begriffsdefinitionen vorgesehen werden.

b) Begriffsbestimmungen

87 § 12 PolG enthält zahlreiche **datenschutzrechtliche Begriffsdefinitionen**, die einheitlich für die Anwendung aller datenschutzrechtlichen Regelungen des PolG gelten. Definiert werden die der Begriffe der „personenbezogenen Daten (Nr. 1), des „Profiling" (Nr. 3), der „zuständigen Behörde" (Nr. 7), des „Verantwortlichen" (Nr. 8), des „Auftragsverarbeiters" (Nr. 9), des „Empfänger" (Nr. 10), der „Verletzung des Schutzes personenbezogener Daten" (Nr. 11), der „genetischen, biometrischen und Gesundheitsdaten" (Nr. 12 bis 14), der „Aufsichtsbehörde für den Datenschutz" (Nr. 16) und der „internationale Organisation" (Nr. 17).

Besondere Bedeutung für die Anwendung des Datenschutzrechts nach dem PolG haben folgende Begriffsdefinitionen des § 12 PolG:

88 **Nr. 2: Verarbeitung** = Jeder mit oder ohne Hilfe automatisierter Verfahren ausgeführten Vorgang oder jede solche Vorgangsreihe im Zusammenhang mit personenbezogenen Daten, wie das Erheben, das Erfassen, die Organisation, das Ordnen, die Speicherung, die Anpassung oder Veränderung, das Auslesen, das Abfragen, die Verwendung, die Offenlegung durch Übermittlung, Verbreitung oder eine andere Form der Bereitstellung, den Abgleich oder die Verknüpfung, die Einschränkung, das Löschen oder die Vernichtung.

Die **Verarbeitung** ist nunmehr **zentraler Begriff des Datenschutzrechts**. Sie umfasst sämtliche Vorgänge im Zusammenhang mit personenbezogenen Daten, unabhängig davon, ob sie automatisiert oder nicht automatisiert ausgeführt werden.²²⁰ Der Begriff „Datenverarbeitung" ist in diesem Sinne **stets weit auszulegen**.²²¹ Die bisherige Unterscheidung zwischen der Erhebung, der Nutzung beziehungsweise Verwendung sowie der Übermittlung von Daten entfällt grundsätzlich, weil diese datenschutzrechtlichen Vorgänge vom Begriff „Verarbeitung" erfasst werden. Zur Konkretisierung des jeweili-

---
218 Vgl. EU ABl. L 119, S. 106.
219 LT-Drs. 16/8484, S. 123. Vgl. dazu eingehender § 10 Rn 61.
220 Schulz, in: Gola/Schomerus, BDSG, § 46 Rn 26 f.
221 Schulz, in: Gola/Schomerus, BDSG, § 46 Rn 27; Johannnes/Weinhold, Neues Datenschutzrecht, § 1 Rn 121.

V. Allgemeine Datenschutznormen (§§ 11 bis 16 PolG)

gen Vorgangs werden die bisherigen Begrifflichkeiten in den Vorschriften teilweise dennoch weiter verwendet, insbesondere in den §§ 14 bis 16 PolG, die allgemeine Regeln für die Erhebung, die weitere Verarbeitung und die Übermittlung von Daten aufstellen.[222] Vgl. dazu auch die Ausführungen in § 10 Rn 71.

Nr. 4: Anonymisierung = Die Veränderung personenbezogener Daten in der Weise, dass Einzelangaben über persönliche und sachliche Verhältnisse nicht mehr oder nur mit einem unverhältnismäßig großen Aufwand an Zeit, Kosten und Arbeitskraft einer bestimmten oder bestimmbaren natürlichen Person zugeordnet werden können. Die DSRL 2016/680 sieht den Begriff der Anonymisierung nicht vor (ebenso die DSGVO).[223] Der EU-Richtliniengeber weist aber darauf hin, dass die Grundsätze des Datenschutzes nicht für **anonyme Informationen** gelten sollen.[224] Anonymisierte Daten unterfallen mithin nicht den besonderen datenschutzrechtlichen Regelungen des PolG[225]; dies gilt vor allem für wissenschaftliche Zwecke oder die Archivierung (vgl. § 57 Abs. 5 PolG). Zudem lässt das PolG teils eine Datenverarbeitung erst / nur zu, wenn eine Anonymisierung der Daten nicht möglich ist (vgl. § 57 Abs. 1 S. 1 Nr. 2, § 58 Abs. 1 S. 1 PolG: Statistik). Der Landesgesetzgeber hat für die Definition des Begriffs der „Anonymisierung" auch auf die Erläuterungen des Begriffs durch den EU-Richtliniengeber zurückgegriffen.[226] Vgl. zur **Pflicht zur Anonymisierung der verarbeiteten Daten** gem. § 13 S. 1 PolG eingehender § 10 Rn 109.

89

Nr. 5: Pseudonymisierung = Die Verarbeitung personenbezogener Daten in einer Weise, dass die personenbezogenen Daten ohne Hinzuziehung zusätzlicher Informationen nicht mehr einer spezifischen betroffenen Person zugeordnet werden können, sofern diese zusätzlichen Informationen gesondert aufbewahrt werden und technischen und organisatorischen Maßnahmen unterliegen, die gewährleisten, dass die personenbezogenen Daten nicht einer identifizierten oder identifizierbaren natürlichen Person zugewiesen werden.

90

Im Gegensatz zur Anonymisierung zeichnet sich die Pseudonymisierung dadurch aus, dass eine **Zuordnungsregel** besteht, die den unter einem Pseudonym erfassten Daten ein Identifikationsmerkmal einer Person zuweist.[227] Die **wahre Identität der Person wird verdeckt**, die Möglichkeit zur Feststellung der wahren Identität ist aber nicht vollständig beseitig.[228]

Beispiel: Zur Kennzeichnung einer Person wird ein Aliasnamen verwendet. Im Gegensatz zur Anonymisierung unterliegen die pseudonymisierten Daten den vollen datenschutzrechtlichen Anforderungen.[229]

Nr. 6: Dateisystem = Jede strukturierte Sammlung personenbezogener Daten, die nach bestimmten Kriterien zugänglich sind, unabhängig davon, ob diese Sammlung zentral, dezentral oder nach funktionalen oder geografischen Gesichtspunkten geordnet geführt wird.

91

Der bislang gebrauchte Begriff der **„Datei"** geht in dem von der DSRL 2016/680 verwendeten Begriff des „Dateisystems" auf.

Nr. 15: Besondere Kategorien personenbezogener Daten = Daten, aus denen die rassische oder ethnische Herkunft, politische Meinungen, religiöse oder weltanschauli-

92

---

222 LT-Drs. 16/8484, S. 124.
223 Vgl. zur Anonymisierung Schweinoch/Peintinger, CR 2020, 643 ff.
224 Erwägungsgrund 21 der DSRL 2016/680, EU ABl. L 119, S. 92.
225 Vgl. dazu auch Johannes/Weinhold, Neues Datenschutzrecht, § 1 Rn 137; Roßnagel, in: Roßnagel, Das neue Datenschutzrecht, § 3 Rn 78.
226 Erwägungsgrund 21 der DSRL 2016/680, EU ABl. L 119, S. 92: „Informationen, die sich nicht auf eine identifizierte oder identifizierbare natürliche Person beziehen, oder personenbezogene Daten, die in einer Weise anonymisiert worden sind, dass die betroffene Person nicht mehr identifiziert werden kann."
227 Klar/Kühling, in: Kühling/Buchner, DSGVO/BDSG, Art. 4 Nr. 5 DSGVO Rn 2.
228 Schulz, in: Gola/Schomerus, BDSG, § 46 Rn 35; Klabunde, in: Ehmann/Selmayr, DSGVO, Art. 4 Rn 33. Vgl. eingehend dazu Hansen/Walczak, RDV 2020, 53 ff.
229 Schulz, in: Gola/Schomerus, BDSG, § 46 Rn 37.

che Überzeugungen oder die Gewerkschaftszugehörigkeit hervorgehen, genetische Daten, biometrische Daten zur eindeutigen Identifizierung einer natürlichen Person, Gesundheitsdaten und Daten zum Sexualleben oder der sexuellen Orientierung.
Der Begriff spielt an verschiedenen Stellen des Datenschutzrechts eine grundlegende Rolle (vgl. §§ 15 Abs. 4 S. 1 Nr. 2, 42 Abs. 2 S. 2, 71, 78 Abs. 1 PolG).

93 **Nr. 18: Einwilligung** = Jede freiwillig für den bestimmten Fall, in informierter Weise und unmissverständlich abgegebene Willensbekundung in Form einer Erklärung oder einer sonstigen eindeutigen bestätigenden Handlung, mit der die betroffene Person zu verstehen gibt, dass sie mit der Verarbeitung der sie betreffenden personenbezogenen Daten einverstanden ist.

§ 12 Nr. 18 PolG enthält nur eine Begriffsbestimmung und stellt **keine weitergehende Rechtsgrundlage für Einwilligungen bzw. Einwilligungserklärungen** dar. Seit Inkrafttreten der DSRL 2016/680 und deren Umsetzungspflicht ins deutsche Recht ist davon auszugehen, dass die Einwilligung einer betroffenen Person zu einer Datenverarbeitung einer **ausdrücklichen gesetzlichen Ermächtigung** bedarf, eine allgemeine Erlaubnis der Datenverarbeitung mit Einwilligung also nicht mehr ausreicht.[230] Der EU-Richtliniengeber hat deutlich gemacht, dass eine betroffene Person, die aufgefordert werde, einer rechtlichen Verpflichtung nachzukommen, **keine echte Wahlfreiheit** habe, weshalb ihre Reaktion nicht als freiwillig abgegebene Willensbekundung betrachtet werden könne.[231] Angesichts dieser unionsrechtlichen Rahmenbedingungen aus der DSLR 2016/680 ist davon auszugehen, dass **ohne unionsrechtskonforme ausdrückliche gesetzliche Ermächtigung** die **Einwilligung der betroffenen Person** eine Berechtigung zur Durchführung einer erkennungsdienstlichen Maßnahme **nicht wirksam** bewirken kann.[232] Vgl. dazu eingehender die Ausführungen in § 10 Rn 176 f.

§ 12 Nr. 18 PolG stellt nach diesen Grundsätzen keinen Ermächtigungstatbestand für eine rechtmäßige Einwilligung in die Datenverarbeitung nach dem PolG dar. Eine **Ermächtigungsgrundlage** i. d. S. ist hingegen – für die dort formulierten Tatbestandsvoraussetzungen – **§ 42 PolG** (vgl. auch § 10 Rn 175 ff.).

c) Automatisierte / nichtautomatisierte Datenverarbeitung

94 Da die DSRL 2016/680 **keine Unterscheidung zwischen automatisierter und nichtautomatisierter Datenverarbeitung** vorsieht (vgl. dazu § 10 Rn 67), konnte diese Begriffsbestimmung, die das LDSG a. F. noch vorsah, im PolG 2020 entfallen.[233]

4. Allgemeine Grundsätze (§ 13 PolG)
a) Allgemeines

95 **§ 13 PolG** übernimmt die **allgemeinen datenschutzrechtlichen Vorgaben** des **Art. 4 Abs. 1, Abs. 4 und Art. 7 Abs. 1 DSRL 2016/680**. Nach Auffassung des Landesgesetzgebers ist § 13 PolG überwiegend deklaratorischer Natur. Die in § 13 S. 1 PolG festgelegten Grundsätze werden nach seiner Auffassung in den übrigen Vorschriften für die Verarbeitung personenbezogener Daten in konkretisierter Form umgesetzt, können in ihrer abstrakten Form aber bei der teleologischen Auslegung der übrigen Vorschriften herangezogen werden.[234] Dem kann in dieser Tragweite nicht gefolgt werden. Die

---

230 Wie hier etwa Weinhold, in: Roßnagel, Das neue Datenschutzrecht, § 7 Rn 86; Heckmann/Paschke, in: Gola/Schomerus, BDSG, § 51 Rn 9; Frenzel, in: Paal/Pauly, DSGVO/BDSG, § 51 BDSG Rn 1; ähnlich Herbst, in: Auernhammer, DSGVO/BDSG, DSLR 2016/680 Rn 20.
231 Erwägungsgrund 35 der DSRL 2016/680, EU ABl. L 119, S. 94. Vgl. dazu auch Johannes/Weinhold, Neues Datenschutzrecht, § 1 Rn 154 ff.
232 Schwabenbauer, in: Lisken/Denninger, Handbuch des Polizeirechts, Kap. G Rn 385; Petri, in: Lisken/Denninger, Handbuch des Polizeirechts, Kap. G Rn 506 f.
233 LT-Drs. 16/8484, S. 124.
234 LT-Drs. 16/8484, S. 124; insoweit ebenso Roßnagel, in: Roßnagel, Das neue Datenschutzrecht, § 3 Rn 45, zu Art. 5 DSGVO.

V. Allgemeine Datenschutznormen (§§ 11 bis 16 PolG)

Grundsätze des § 13 S. 1 PolG stellen eine **allgemeine objektive Ordnung des Datenschutzrechts** dar.[235] Die allgemeinen datenschutzrechtlichen Grundsätze des Art. 4 Abs. 1 DSRL 2016/680 sind richtigerweise **keine bloßen Programmsätze, sondern rechtliche Pflichten**.[236] § 13 PolG dient zudem als Rückfallebene, soweit die speziellen datenschutzrechtlichen Regelungen Lücken aufweisen oder nicht alle allgemeinen datenschutzrechtlichen Grundsätze berücksichtigen; § 13 PolG ist insofern zwar keine eigenständige Rechtsgrundlage für die Datenverarbeitung, aber eine **stets beachtliche datenschutzrechtliche Grundnorm mit elementaren Pflichten für die Datenverarbeitung**.

Die Übernahme der allgemeinen datenschutzrechtlichen Grundsätze aus der DSRL 2016/680 ist notwendig, da die DSGVO im Bereich des Polizeirechts regelmäßig keine Anwendung findet (vgl. auch in § 10 Rn 62). Damit besteht **keine Möglichkeit des Rückgriffs** auf die allgemeinen datenschutzrechtlichen Grundsätze der DSGVO bzw. des LDSG.

b) Allgemeine datenschutzrechtliche Grundsätze (§ 13 S. 1 PolG)

§ 13 Abs. 1 S. 1 PolG normiert für den Bereich der Datenverarbeitung im Polizeirecht sieben **elementare datenschutzrechtliche Grundsätze**, die bei allen Vorgängen der Datenverarbeitung zu beachten sind. Sie sind über die DSLR 2016/680 **unionsweite Garantien** zum Schutz der Rechte der betroffenen Personen.[237]

96

Die **Aufzählung** in § 13 S. 1 PolG ist insoweit **nicht abschließend**, als auch alle weiteren Grundsätze des Datenschutzrechts zu beachten sind, wie sie sich etwa aus dem Verfassungsrecht (Grundsatz der Verhältnismäßigkeit, Recht auf informationelle Selbstbestimmung etc.) oder dem Unionsrecht (Grundsatz der Effektivität etc.) ergeben.[238]

aa) Treu und Glauben (§ 13 S. 1 Nr. 1 PolG)

Gem. **§ 13 S. 1 Nr. 1 PolG** dürfen personenbezogene Daten **nur auf rechtmäßige Weise** und **nach Treu und Glauben** verarbeitet werden. Die Regelung entspricht der in **Art. 4 Abs. 1 Nr. 1 lit. a DSRL 2016/680**.

97

Die Regelung macht deutlich, dass eine Datenverarbeitung nur möglich ist, wenn sie **auf einer gesetzlichen Grundlage** erfolgt („rechtmäßig"), die hinreichend bestimmt die Voraussetzungen und Grenzen der Datenverarbeitung regelt. Der datenschutzrechtliche **Eingriff** muss für die betroffene Person über die gesetzliche Regelung **vorhersehbar** sein.[239]

Der Begriff „Treu und Glauben" ist im Kontext der Datenverarbeitung rechtlich schwer zu greifen.[240] Mit Bezug zu den Begriffen in anderen Textausgaben der DSRL 2016/680 (englisch: „fairness", französisch: „loyauté") dürfte mit Treu und Glauben nicht der deutsche Rechtsgrundsatz gemeint sein, wie ihn etwa § 242 BGB kennt, sondern es spricht vieles dafür, dass der EU-Richtliniengeber damit ein Korrektiv für alle Fälle schaffen wollte, in denen es durch die Datenverarbeitung zu einem **Missverhältnis zwischen dem Rechtsanwender und der betroffenen Person** kommt („unfaires Verhalten").

Der EU-Richtliniengeber hat dazu ausgeführt: „Der Datenschutzgrundsatz der Verarbeitung nach Treu und Glauben ist ein anderes Konzept als das Recht auf ein faires Ver-

---

[235] Roßnagel, in: Roßnagel, Das neue Datenschutzrecht, § 3 Rn 45, zu Art. 5 DSGVO.
[236] Johannes/Weinhold, Neues Datenschutzrecht, § 1 Rn 123; Roßnagel, in: Roßnagel, Das neue Datenschutzrecht, § 3 Rn 45, zu Art. 5 DSGVO.
[237] So zutr. Johannes/Weinhold, Neues Datenschutzrecht, § 1 Rn 122.
[238] Roßnagel, in: Roßnagel, Das neue Datenschutzrecht, § 3 Rn 46, zu Art. 5 DSGVO.
[239] EuGH, NJW 2014, 2169, 2172 (Rn 54); Johannes/Weinhold, Neues Datenschutzrecht, § 1 Rn 125.
[240] Johannes/Weinhold, Neues Datenschutzrecht, § 1 Rn 127: „schwer zu fassen"; Roßnagel, in: Roßnagel, Das neue Datenschutzrecht, § 3 Rn 53, zu Art. 5 DSGVO: „schwer zu bestimmen".

fahren im Sinne des Artikels 47 der Charta und des Artikels 6 der Europäischen Konvention zum Schutze der Menschenrechte und Grundfreiheiten (EMRK). Natürliche Personen sollten über die Risiken, Vorschriften, Garantien und Rechte im Zusammenhang mit der Verarbeitung ihrer personenbezogenen Daten informiert und darüber aufgeklärt werden, wie sie ihre diesbezüglichen Rechte geltend machen können. Insbesondere sollten die bestimmten Zwecke, zu denen die personenbezogene Daten verarbeitet werden, eindeutig und rechtmäßig sein und zum Zeitpunkt deren Erhebung feststehen."[241]

„Treu und Glauben" bildet das Verhältnis zwischen Polizei und betroffener Person im Datenschutzverfahren ab und ist ein **Auffangtatbestand**, der Korrekturen ermöglicht, wenn die Datenverarbeitung insgesamt nicht gerechtfertigt erscheint und die betroffene Personen einem ihr im konkreten Einzelfall nicht zumutbaren Nachteil aussetzt.[242]

Zum **Transparenzgebot** vgl. die Ausführungen in § 10 Rn 114 ff., 124 ff.

Aus § 13 S. 1 PolG folgt unmittelbar und ohne Weiteres, dass die **Verarbeitung von rechtswidrig erlangten Daten** durch die Polizei unter allen Umständen **ausgeschlossen** ist. Die Rechtmäßigkeit der verarbeiteten Daten gilt auch für die erstmalige Erfassung (= Erhebung [vgl. dazu § 12 Nr. 2 PolG]) der Daten, also auch für deren Erlangung durch die Polizei. Dies wird durch **§ 75 Abs. 2 S. 1 PolG** bekräftigt, wonach unrichtige Daten unverzüglich zu löschen sind, wenn deren Speicherung unzulässig ist.[243]

bb) Zweckbindung / Zweckfestlegung (§ 13 S. 1 Nr. 2 PolG)

98 Gem. **§ 13 S. 1 Nr. 2 PolG** dürfen personenbezogene **Daten nur für festgelegte, eindeutige und rechtmäßige Zwecke erhoben** werden und müssen in einer **mit diesen Zwecken zu vereinbarenden Weise verarbeitet** werden. Die Regelung entspricht der in **Art. 4 Abs. 1 Nr. 1 lit. b DSRL 2016/680**.

Zwar ist „**Datenverarbeitung**" (§ 12 Nr. 2 PolG) nunmehr der datenschutzrechtliche Oberbegriff (vgl. dazu § 10 Rn 68). In § 13 S. 1 Nr. 2 PolG wird aber – ebenso wie in Art. 4 Abs. 1 Nr. 1 lit. b DSRL 2016/680 – zwischen der **Daten*erhebung*** und der **Daten*verarbeitung*** unterschieden. Diese Differenzierung entspricht der zwischen **Zweckfestlegung und Zweckbindung**.[244] Die in § 12 Nr. 2 PolG verankerte **Zweckbindung** der zu verarbeitenden Daten ist **der zentrale Grundsatz des EU-Datenschutzrechts**[245]: Er stellt sicher, dass die Daten zu einem konkreten und für die betroffene Person erkennbaren Zweck erhoben werden und dass diese Daten nicht zu einem anderen Zweck weiter verarbeitet werden dürfen.

Der EU-Richtliniengeber hat dazu ausgeführt: „Personenbezogene Daten sollten für festgelegte, eindeutige und rechtmäßige Zwecke innerhalb des Anwendungsbereichs dieser Richtlinie erhoben und nicht zu Zwecken verarbeitet werden, die nicht mit den Zwecken der Verhütung, Ermittlung, Aufdeckung oder Verfolgung von Straftaten oder der Strafvollstreckung, einschließlich des Schutzes vor und der Abwehr von Gefahren für die öffentliche Sicherheit, zu vereinbaren sind."[246] Jede nicht zulässige **Zweckänderung** stellt eine **neue Datenerhebung** dar, die einer vollständig neuen Rechtmäßigkeitsbeurteilung unterliegt: „Werden personenbezogene Daten von demselben oder einem anderen Verantwortlichen für einen anderen in den Anwendungsbereich dieser Richtlinie fallenden Zweck als den, für den sie erhoben wurden, verarbeitet, so sollte diese Verarbeitung erlaubt sein, unter der Bedingung, dass diese Verarbeitung nach

---

241 Erwägungsgrund 26 der DSRL 2016/680, EU ABl. L 119, S. 93.
242 Wie hier Roßnagel, in: Roßnagel, Das neue Datenschutzrecht, § 3 Rn 53 f., zu Art. 5 DSGVO; ähnlich Johannes/Weinhold, Neues Datenschutzrecht, § 1 Rn 127.
243 Eher **diff.** Roßnagel, in: Roßnagel, Das neue Datenschutzrecht, § 3 Rn 50.
244 Johannes/Weinhold, Neues Datenschutzrecht, § 1 Rn 129.
245 Roßnagel, in: Roßnagel, Das neue Datenschutzrecht, § 3 Rn 60.
246 Erwägungsgrund 29 der DSRL 2016/680, EU ABl. L 119, S. 93.

den geltenden Rechtsvorschriften zulässig ist und dass sie für diesen anderen Zweck erforderlich und verhältnismäßig ist."[247]

Im Einzelnen ergeben sich daraus **folgende Vorgaben**, die bei jeder Datenverarbeitung zu beachten sind: 99

- Der **Zweck der Datenerhebung** muss für die betroffene Person **klar erkennbar** sein: Er muss von der Polizei von Anfang an (**vor** der Erhebung) festgelegt sein, er muss eindeutig sein (Klarheit und Bestimmtheit des Zwecks) und die Datenerhebung muss für diesen Zweck auf einer gesetzlichen Norm beruhen (Rechtmäßigkeit des Eingriffs).
- Die **Datenverarbeitung** muss zu diesem Zweck **erforderlich** sein. Der EU-Richtliniengeber hat dies sehr deutlich gemacht: „Personenbezogene Daten sollten nur verarbeitet werden dürfen, wenn der Zweck der Verarbeitung nicht in zumutbarer Weise durch andere Mittel erreicht werden kann."[248]
- Der durch die Datenverarbeitung bedingte **Eingriff** in die Rechte der betroffenen Person muss **auf das geringstmögliche Maß beschränkt** sein.
- Die für einen konkreten Zweck erhobenen Daten unterliegen einer **strengen Zweckbindung**: Sie dürfen für keine anderen Zwecke verarbeitet (= verwendet) werden. Eine **Zweckänderung** ist grundsätzlich ausgeschlossen; sie ist **nur rechtmäßig**, wenn sie mit dem ursprünglichen Erhebungszweck vereinbar ist. Die **Zulässigkeit einer Zweckänderung** bestimmt sich nach § 15 Abs. 2 PolG (vgl. dazu § 10 Rn 140 ff.).

cc) Übermaßverbot (§ 13 S. 1 Nr. 3 PolG)

Gem. § 13 S. 1 Nr. 3 PolG müssen personenbezogene Daten **dem Verarbeitungszweck entsprechen**, **maßgeblich** sein und dürfen in Bezug auf die Zwecke, für die sie verarbeitet werden, **nicht übermäßig** sein. Die Regelung entspricht der in **Art. 4 Abs. 1 Nr. 1 lit. c DSRL 2016/680**. 100

Das **Übermaßverbot** in § 13 S. 1 Nr. 3 PolG entspricht dem schon nach bisheriger Rechtslage geltenden datenschutzrechtlichen **Grundsatz der Datenminimierung** und bedeutet, dass die Daten auf das für den jeweiligen Verarbeitungszweck notwendige Maß beschränkt sein müssen.[249] Die Regelung stellt die Beachtung des **Grundsatzes der Erforderlichkeit** bei jedem Einzelfall der Datenverarbeitung sicher.[250] § 13 S. 1 Nr. 3 PolG konkretisiert **drei Gründe** für die Notwendigkeit einer Datenbeschränkung:[251]

- **Identität**: Die Daten müssen dem Zweck ihrer Verarbeitung gleichen („entsprechen"). Es dürfen damit keine Daten erhoben werden, die außerhalb des konkreten Datenverarbeitungszwecks liegen.
- **Erforderlichkeit**: Die Daten dürfen nur verarbeitet werden, wenn ihre Erhebung erforderlich ist („maßgeblich"). Dem Grunde nach wird damit auf die Kausalität der Daten für ihren Verarbeitungszweck abgestellt. Daten, die für den Verarbeitungszweck ohne Belang sind, die also der Polizei keinen Vorteil bieten oder die für die Erfüllung der polizeilichen Zwecke nicht weiterführend sind, dürfen nicht verarbeitet werden.
- **Begrenzung auf das Notwendige**: Die Datenverarbeitung darf nur soweit gehen, wie es für den konkreten Zweck unbedingt notwendig ist; sie muss sich auf das notwendige Maß und den zwingenden Umfang beschränken. Alle überschießenden Datenerhebungen sind rechtswidrig.

Der Grundsatz des § 12 S. 1 Nr. 3 PolG fordert die Polizei zu einer **möglichst weitreichenden Minimierung** der personenbezogenen Daten in Bezug auf **Anzahl und Maß** 101

---

247 Erwägungsgrund 29 der DSRL 2016/680, EU ABl. L 119, S. 93.
248 Erwägungsgrund 26 der DSRL 2016/680, EU ABl. L 119, S. 93.
249 LT-Drs. 16/8484, S. 124.
250 Johannes/Weinhold, Neues Datenschutzrecht, § 1 Rn 130, 132.
251 Vgl. dazu auch Roßnagel, in: Roßnagel, Das neue Datenschutzrecht, § 3 Rn 70.

der **Nutzungen** und die **Anzahl der betroffenen Personen** auf.[252] Es geht um eine **maximale Optimierung** der konkreten Datenverarbeitung.[253]

dd) Richtigkeit (§ 13 S. 1 Nr. 4 PolG)

102 Gem. **§ 13 S. 1 Nr. 4 PolG** müssen personenbezogene Daten **sachlich richtig** und erforderlichenfalls **auf dem neuesten Stand** sein; dabei sind alle angemessenen Maßnahmen zu treffen, damit personenbezogene Daten, die im Hinblick auf die Zwecke ihrer Verarbeitung unrichtig sind, unverzüglich gelöscht oder berichtigt werden. Die Regelung entspricht der in **Art. 4 Abs. 1 Nr. 1 lit. d DSRL 2016/680**.

Die von der Polizei verarbeiteten Daten müssen sachlich richtig und erforderlichenfalls auf dem neuesten Stand sein (§ 13 S. 1 Nr. 4 Hs. 1 PolG). Es geht dabei um die **Datenqualität**.[254] Der EU-Richtliniengeber hat hierzu ausgeführt: „Der Grundsatz der sachlichen Richtigkeit der Daten sollte unter Berücksichtigung von Art und Zweck der jeweiligen Verarbeitung angewandt werden."[255]

103 Aus dem Grundsatz der Datenrichtigkeit folgen **drei grundlegende Pflichten der Polizei** bei der Datenverarbeitung:

- Die Polizei darf **keine falschen Daten** verarbeiten. Die verarbeiteten Daten müssen die Realität möglichst exakt wiedergeben.
- Die Polizei muss die **Daten auf dem neuesten Stand** halten. Der Begriff „erforderlichenfalls" macht deutlich, dass nicht jede Veränderung zu berücksichtigen ist, sondern nur solche, die für die verarbeiteten Daten und deren Auswertung / Verwendung – mithin den Verarbeitungszweck – relevant sind.
- Die Polizei unterliegt im Hinblick auf die Richtigkeit der verarbeiteten Daten einer **Überprüfungspflicht** (vgl. dazu § 10 Rn 104).

Der Grundsatz der Richtigkeit bezieht sich nicht auf subjektive Inhalte der verarbeiteten Daten, sondern nur auf **objektive Fakten**.

Beispiel: Ob eine Zeugenaussage zutreffend ist oder nicht, lässt sich durch die Polizei nicht ohne Weiteres abschließend beurteilen. Die Richtigkeit bezieht sich daher nur auf die Tatsache, den Zeitpunkt und den Inhalt der Zeugenaussage als solcher, nicht auf ihre inhaltliche und möglicherweise rechtliche Beurteilung (richtig oder falsch).

104 Für die Beurteilung der Richtigkeit der Daten ist auf den **Zeitpunkt ihrer Verarbeitung** abzustellen. Mit der Pflicht zur Sicherstellung der Richtigkeit der verarbeiteten Daten korrespondiert eine **Überprüfungspflicht der Polizei vor der Datenverarbeitung**: Die Polizei hat durch geeignete Maßnahmen sicherzustellen, dass die Richtigkeit der verwendeten Daten stets vor ihrer Verarbeitung überprüft und die Daten bei Unrichtigkeit ggf. sofort gelöscht oder berichtigt werden.[256] Darüber hinaus ist die Überprüfungspflicht eine **Daueraufgabe**, die während des gesamten Vorgangs der Datenerhebung besteht; dies wird aus dem Gesetzestext deutlich, der eine Löschung vorsieht (diese setzt eine vorherige Speicherung im Sinne einer Verarbeitung voraus).

105 Unrichtige Daten dürfen weder erhoben noch verarbeitet werden. Es gilt **ein absolutes Verarbeitungsverbot**. Hieraus folgt eine **Pflicht zur unverzüglichen Berichtigung oder Löschung** falscher Daten (§ 13 S. 1 Nr. 4 Hs. 2 PolG). Unverzüglich meint sofort, d. h. ohne schuldhaftes Zögern. Richtigerweise geht Berichtigung vor Löschung. Ist eine Berichtigung nicht möglich, muss eine Löschung der falschen Daten zwingend erfolgen.

---

252 Roßnagel, in: Roßnagel, Das neue Datenschutzrecht, § 3 Rn 72.
253 Roßnagel, in: Roßnagel, Das neue Datenschutzrecht, § 3 Rn 43.
254 Roßnagel, in: Roßnagel, Das neue Datenschutzrecht, § 3 Rn 73.
255 Erwägungsgrund 30 der DSRL 2016/680, EU ABl. L 119, S. 93.
256 So zutr. Johannes/Weinhold, Neues Datenschutzrecht, § 1 Rn 134.

V. Allgemeine Datenschutznormen (§§ 11 bis 16 PolG)

Im Zusammenhang mit dem Grundsatz der Richtigkeit der verarbeiteten Daten steht der **Grundsatz der Kenntlichmachung**, welcher der Konkretisierung des Grundsatzes der sachlichen Richtigkeit dient (vgl. dazu § 10 Rn 107). 106

ee) Kenntlichmachung subjektiver Daten (§ 13 S. 1 Nr. 5 PolG)

Gem. **§ 13 S. 1 Nr. 5 PolG** sind personenbezogene Daten **so weit wie möglich kenntlich zu machen**, sofern sie nicht auf Tatsachen, sondern **auf persönlichen Einschätzungen** beruhen. Die Regelung entspricht der in **Art. 7 Abs. 1 DSRL 2016/680**. § 13 S. 1 Nr. 5 PolG **konkretisiert den Grundsatz der sachlichen Richtigkeit**.[257] Aussagen von Opfern, Zeugen oder sonstigen Hinweisgebern basieren oft auf der persönlichen Wahrnehmung der aussagenden Personen und sind nicht immer nachprüfbar. Ob solche Daten den Tatsachen entsprechen, kann daher nicht immer eindeutig festgestellt werden.[258] Der EU-Richtliniengeber hat hierzu ausgeführt: „Aussagen, die personenbezogene Daten enthalten, basieren gerade in Gerichtsverfahren auf der subjektiven Wahrnehmung von natürlichen Personen und sind nicht immer nachprüfbar. Infolgedessen sollte sich der Grundsatz der sachlichen Richtigkeit nicht auf die Richtigkeit einer Aussage beziehen, sondern lediglich auf die Tatsache, dass eine bestimmte Aussage gemacht worden ist."[259] 107

Aus dem Grundsatz der sachlichen Richtigkeit folgt in § 13 S. 1 Nr. 5 PolG eine **doppelte Pflicht der Polizei**, 108

- zum einen zwischen auf Fakten und auf subjektiven Einschätzungen beruhenden Daten zu differenzieren, und
- zum anderen auf persönlichen Einschätzungen beruhende Daten als solche zu kennzeichnen.

Die **Kennzeichnung** muss **eindeutig** und **für Außenstehende nachvollziehbar** sein. Sie kann etwa durch eine Bezeichnung der Herkunft der Daten oder durch geeignete sonstige klare Formulierungen erfolgen.

Beispiel: Eine Zeugenaussage muss im Wortlaut zutreffend wiedergegeben werden, Ort, Zeit und persönliche Daten der vernommenen Person müssen angegeben werden. Schlussfolgerungen aus der Zeugenaussage, die von der Polizei gezogen werden, müssen als solche gekennzeichnet werden (etwa durch die Anmerkung: „Der vernehmende Polizeibeamte S bewertet die Aussage des Zeugen S als bloße Schutzbehauptung, da ....").

ff) Speicherbegrenzung / Anonymität (§ 13 S. 1 Nr. 6 PolG)

Gem. **§ 13 S. 1 Nr. 6 PolG** dürfen personenbezogene Daten **nicht länger**, als es für die Zwecke, für die sie verarbeitet werden, **erforderlich** ist, in einer Form **gespeichert** werden, die die Identifizierung der betroffenen Personen ermöglicht. Die Regelung entspricht der in **Art. 4 Abs. 1 Nr. 1 lit. e DSRL 2016/680**. 109

Aus § 13 S. 1 Nr. 6 PolG folgt die Pflicht der Polizei, die **Datenverarbeitung** durch Speicherung **so kurz wie möglich** auszugestalten. Die Regelung dient dem Schutz der von der Datenverarbeitung betroffenen Person und setzt den **Grundsatz der Erforderlichkeit** um. Die Umsetzung dieser Pflicht kann auf **zwei Wegen** erfolgen:

- Die zur Datenverarbeitung gespeicherten Daten werden **anonymisiert** (zum Begriff vgl. § 12 Nr. 4 PolG [vgl. dazu die Ausführungen in § 10 Rn 89]): „Die Grundsätze des Datenschutzes sollten daher nicht für anonyme Informationen gelten, d. h. für Informationen, die sich nicht auf eine identifizierte oder identifizierbare natürliche Person beziehen, oder personenbezogene Daten, die in einer Weise anonymisiert worden sind, dass die betroffene Person nicht mehr identifiziert werden kann."[260] Dies erfor-

---
257 Johannes/Weinhold, Neues Datenschutzrecht, § 1 Rn 314.
258 LT-Drs. 16/8484, S. 124.
259 Erwägungsgrund 30 der DSRL 2016/680, EU ABl. L 119, S. 93.
260 Erwägungsgrund 21 der DSRL 2016/680, EU ABl. L 119, S. 92.

dert, dass die gespeicherten Daten nach der Anonymisierung nicht mehr oder nur mit großem Aufwand einer bestimmten Person zugeordnet werden können (vgl. dazu auch die Ausführungen in § 10 Rn 89). Dies dürfte in der Praxis nicht immer einfach sein.[261]

■ Durch **Löschung** der gespeicherten Daten nach Wegfall der Erforderlichkeit der Datenverarbeitung. Die Erforderlichkeit beurteilt sich nach dem ursprünglichen Zweck der Datenverarbeitung.

Die **Konkretisierung** der Speicherbegrenzung erfolgt in **§ 75 PolG**.

110 Die Pflicht zur Löschung der zur Verarbeitung gespeicherten Daten besteht nach der Systematik der Regelung nur, wenn die betroffenen Daten nicht anonymisiert sind. **Anonymisierte Daten unterliegen** damit **keiner Löschungspflicht**.[262] Daraus ergibt sich auch eine **Handlungshierarchie** der Polizei: **Anonymisierung geht vor Löschung**, wenn die gespeicherten Daten nach Zweckerfüllung erhalten bleiben sollen.

111 § 13 S. 1 Nr. 6 PolG statuiert eine **dauerhafte Überprüfungspflicht der Polizei** bei der Verarbeitung und Speicherung ihrer personenbezogenen Daten. Die Polizei muss stets prüfen, ob der mit der Verarbeitung konkreter Daten verbundene Zweck die Speicherung weiterhin erfordert. Die Polizei muss mithin durch **geeignete Maßnahmen sicherstellen**, dass eine regelmäßige dahin gehende Überprüfung stattfindet (durch das **Datenschutzmanagementsystem** [vgl. dazu § 10 Rn 117, 610]). Die Kontrollabstände dürfen dabei nicht zu lang sein. Von der Überwachungs- und Prüfpflicht ist die Polizei nur bzw. erst befreit, wenn die betroffenen Daten anonymisiert (vgl. dazu § 10 Rn 109) oder gelöscht wurden.

gg) Integrität und Vertraulichkeit (§ 13 S. 1 Nr. 7 PolG)

112 Gem. **§ 13 S. 1 Nr. 7 PolG** dürfen personenbezogene Daten nur in einer Weise verarbeitet werden, die eine **angemessene Sicherheit der personenbezogenen Daten** gewährleistet; hierzu gehört auch ein durch geeignete technische und organisatorische Maßnahmen zu gewährleistender Schutz vor unbefugter oder unrechtmäßiger Verarbeitung, unbeabsichtigtem Verlust, unbeabsichtigter Zerstörung oder unbeabsichtigter Schädigung. Die Regelung entspricht der in **Art. 4 Abs. 1 Nr. 1 lit. f DSRL 2016/680**. Die für den Datenschutz zuständige Stelle der Polizei hat **geeignete Vorkehrungen gegen zweckfremde Verwendung und sonstigen Missbrauch** der verarbeiteten Daten zu treffen.[263]

Die Polizei muss i. S. d. § 13 S. 1 Nr. 7 PolG dafür sorgen, dass zugunsten der betroffenen Person die auf sie bezogenen, zur Datenverarbeitung **gespeicherten Daten vor dem unberechtigten Zugriff Dritter oder sonstiger unbeabsichtigter Verarbeitung sicher geschützt** sind. Der EU-Richtliniengeber hat hierzu ausgeführt: „Um stets eine sichere Verarbeitung zu gewährleisten und Verarbeitungen, die gegen diese Richtlinie verstoßen, zu verhindern, sollten personenbezogene Daten so verarbeitet werden, dass ein Maß an Sicherheit und Vertraulichkeit gegeben ist, wozu auch gehört, dass Unbefugte keinen Zugang zu den Daten haben und weder die Daten noch die Geräte, mit denen diese verarbeitet werden, benutzen können, und dass die Verarbeitung den Stand der verfügbaren Technik, die Kosten für ihre Einführung im Verhältnis zu den von der Verarbeitung ausgehenden Risiken und die Art der zu schützenden personenbezogenen Daten berücksichtigt."[264]

113 § 13 S. 1 Nr. 7 PolG gebietet den **Systemdatenschutz** durch eine umfassende Sicherung der allgemeinen Datenschutzgrundsätze des § 13 S. 1 Nr. 1 bis 6 PolG und garan-

---

261 So zu Recht Johannes/Weinhold, Neues Datenschutzrecht, § 1 Rn 137.
262 Johannes/Weinhold, Neues Datenschutzrecht, § 1 Rn 137; Roßnagel, in: Roßnagel, Das neue Datenschutzrecht, § 3 Rn 78.
263 NdsOVG, DÖV 2020, 447 (Ls.).
264 Erwägungsgrund 28 der DSRL 2016/680, EU ABl. L 119, S. 93.

tiert damit den **Schutz des Grundrechts auf Datenschutz**.²⁶⁵ Die **notwendige Konkretisierung** erfolgt durch die **§§ 70 ff. PolG**, etwa durch die Vorgaben an die Sicherheit der Datenverarbeitung in **§ 78 f. PolG**.

c) Transparenz und Nachvollziehbarkeit
aa) Allgemeines

Art. 4 Abs. 1 Nr. 1 lit. a DSRL 2016/680 unterscheidet sich vom ansonsten inhaltsgleichen Art. 5 Abs. 1 lit a DSGVO dahin gehend, dass er die Formulierung „und in einer für die betroffene Person nachvollziehbaren Weise verarbeitet werden ("Transparenz")" nicht enthält. Das **Transparenzgebot** ist ein elementarer datenschutzrechtlicher Grundsatz der DSGVO.²⁶⁶ Der Landesgesetzgeber hat sich dazu entschlossen, das Transparenzgebot nicht in § 13 S. 1 PolG zu verankern, „um Missverständnissen vorzubeugen, die sich aus einer zusammenhanglosen Festschreibung des Transparenzkriteriums ergeben könnten."²⁶⁷   114

Der EU-Richtliniengeber hat das Transparenzgebot offenbar nicht in Art. 4 Abs. 1 lit. a DSRL 2016/680 übernommen, da durch die Polizei regelmäßig auch **verdeckte Datenverarbeitungen** (etwa bei notwendigen verdeckten Ermittlungen) durchgeführt werden müssen. Diese stellen einen grundsätzlichen und zwingenden Verstoß gegen das Transparenzgebot dar. Dies bedeutet aber nicht, dass das Transparenzgebot im Bereich der Datenverarbeitung durch die Polizei nicht gilt. Dies hat auch der EU-Richtliniengeber so gesehen: „Jede Verarbeitung personenbezogener Daten muss auf rechtmäßige Weise, nach dem Grundsatz von Treu und Glauben und **in einer für die betroffenen natürlichen Personen nachvollziehbaren Weise** erfolgen."²⁶⁸ Dies Formulierung entspricht der in Art. 5 Abs. 1 lit a DSGVO.

bb) Transparenzgebot

Das **Transparenzgebot gilt** auch **für die Datenverarbeitung durch die Polizei**. Gleichzeitig hat der EU-Richtliniengeber aber klargestellt, dass das Transparenzgebot der Durchführung verdeckter Ermittlungen nicht entgegensteht: „**Dies steht an sich der Durchführung von Maßnahmen wie verdeckten Ermittlungen oder Videoüberwachung durch die Strafverfolgungsbehörden nicht entgegen**. Diese Maßnahmen können zwecks Verhütung, Ermittlung, Aufdeckung oder Verfolgung von Straftaten oder zur Strafvollstreckung, einschließlich des Schutzes vor und der Abwehr von Gefahren für die öffentliche Sicherheit, getroffen werden, sofern sie durch Rechtsvorschriften geregelt sind und eine erforderliche und verhältnismäßige Maßnahme in einer demokratischen Gesellschaft darstellen, bei der die berechtigten Interessen der betroffenen natürlichen Person gebührend berücksichtigt werden."²⁶⁹   115

In der **Literatur** wird teils angenommen, dass der Begriff „Treu und Glauben" in § 13 S. 1 Nr. 1 PolG immanent ein Gebot zur Transparenz enthält.²⁷⁰

Zur **Erfüllung des Transparenzgebots** muss die Polizei die von der Datenverarbeitung betroffene Person **über alle Informationen und Informationsmaßnahmen in Kenntnis setzen**, die erforderlich sind, um die Rechtmäßigkeit der Datenverarbeitung zu überprüfen und eine Wahrnehmung aller ihr zustehenden Rechte sicherzustellen.²⁷¹ Die Erfüllung des Transparenzgebots durch die Polizei ist u. a. durch die **§§ 14, 85 PolG** sichergestellt, die eine allgemeine Informationspflicht der Polizei gegenüber der von der   116

---

265 Johannes/Weinhold, Neues Datenschutzrecht, § 1 Rn 138; Roßnagel, in: Roßnagel, Das neue Datenschutzrecht, § 3 Rn 81.
266 Vgl. dazu etwa Roßnagel, in: Roßnagel, Das neue Datenschutzrecht, § 3 Rn 55 ff.
267 LT-Drs. 16/8484, S. 125.
268 Erwägungsgrund 26 der DSRL 2016/680, EU ABl. L 119, S. 92.
269 Erwägungsgrund 26 der DSRL 2016/680, EU ABl. L 119, S. 92 f.
270 Johannes/Weinhold, Neues Datenschutzrecht, § 1 Rn 128 (zu § 47 Nr. 1 BDSG).
271 Roßnagel, in: Roßnagel, Das neue Datenschutzrecht, § 3 Rn 55.

Datenverarbeitung betroffenen Person vorsehen. Für die **verdeckten Maßnahmen** der Datenverarbeitung gelten die **§§ 14, 86 PolG**. Vgl. im Weiteren auch die Ausführungen in § 10 Rn 124 ff.

d) Dokumentationspflicht (§ 13 S. 2 PolG)

117 Gem. **§ 13 S. 2 PolG** muss die Einhaltung der in § 13 S. 1 PolG enthaltenen allgemeinen Grundsätze nachgewiesen werden können. Die Regelung entspricht der in **Art. 4 Abs. 4 DSRL 2016/680** enthaltenen Nachweispflicht, die dort ebenfalls enthaltene Verpflichtung des Verantwortlichen zur Einhaltung der Pflichten des § 13 S. 1 PolG wurde nicht übernommen (sie ist auch nur deklaratorisch zu verstehen).

Um der in § 13 S. 2 PolG statuierten Nachweispflicht nachzukommen, muss die Polizei bei jedem einzelnen Vorgang der Datenverarbeitung festhalten, dass sie die ihr obliegenden gesetzlichen Pflichten beachtet und eingehalten hat. Erforderlich ist deshalb eine **umfassende Dokumentation** sämtlicher Maßnahmen zur Sicherstellung des Datenschutzes. Dies erfordert ein **Datenschutzmanagementsystem** (vgl. dazu § 10 Rn 610)[272]

Die **Umsetzung** der für die Sicherstellung der Nachweispflicht notwendigen Aufzeichnungen erfolgt durch die **§§ 73, 74 PolG**.

118 Aus der Regelung des § 13 S. 2 PolG ergibt sich wegen der der Polizei obliegenden Dokumentationspflicht im Verwaltungs- und Gerichtsverfahren auch eine **Darlegungs- und Beweislast der Polizei**.[273]

5. Allgemeine Regeln für die Datenerhebung (§ 14 PolG)

a) Allgemeines

119 **§ 14 PolG** entspricht dem bis zum Jahr 2020 geltenden § 19 PolG a. F. Die Vorschrift legt **allgemeine Regeln für die Erhebung von Daten** fest. Die Regelungen konnten nach Auffassung des Landesgesetzgebers beibehalten werden, da sie mit den Vorgaben der **DSRL 2016/680** im Einklang stehen.[274]

b) Kenntnisnahme der betroffenen Person (§ 14 Abs. 1 PolG)

120 Gem. **§ 14 Abs. 1 S. 1 PolG** sind personenbezogene Daten, soweit sie nicht aus allgemein zugänglichen Quellen entnommen werden, **bei der betroffenen Person mit ihrer Kenntnis** zu erheben.

Nach dem **Grundsatz der Unmittelbarkeit** sind die Polizeibehörden und der Vollzugsdienst grundsätzlich verpflichtet,

- die Daten **direkt** „an der Quelle" – bei der betroffenen Person (vgl. § 3 Abs. 1 S. 1 LDSG) – und nicht über einen Dritten zu erheben. Aus dem Grundsatz der Verhältnismäßigkeit ergibt sich die **Rangfolge**, wonach die Daten über einen Polizeipflichtigen / Störer vorrangig bei ihm selbst als betroffener Person und erst dann bei einem Dritten erhoben werden dürfen;
- die Daten **offen**, mit Kenntnis der betroffenen Person von der polizeilichen Maßnahme, **zu erheben**. Die betroffene Person soll sich auf die Datenerhebung einstellen können und wissen, über welche Daten die Polizei verfügt. Werden Daten bei der betroffenen Person erhoben, soll nach Möglichkeit der Grund der Datenerhebung angegeben werden.

121 **Ausnahmsweise** kann die Polizei **ohne Kenntnis der betroffenen Person** oder **bei Dritten** Daten erheben, wenn die Erhebung bei der betroffenen Person nicht oder nur

---

[272] Roßnagel, in: Roßnagel, Das neue Datenschutzrecht, § 3 Rn 84 f.; Borell/Schindler, DuD 2019, 767.
[273] So zutr. Johannes/Weinhold, Neues Datenschutzrecht, § 1 Rn 139.
[274] LT-Drs. 16/8484, S. 125.

V. Allgemeine Datenschutznormen (§§ 11 bis 16 PolG)

mit unverhältnismäßig hohem Aufwand möglich ist oder die Wahrnehmung polizeilicher Aufgaben gefährdet würde (**§ 14 Abs. 1 S. 2 PolG**). In diesen Fällen können die Daten auch ohne Kenntnis der betroffenen Person etwa bei anderen Behörden (Kraftfahrzeugzulassungsstelle, Meldebehörde, Ausländerbehörde etc.) oder sonst bei Dritten (private Personen wie Nachbarn, Arbeitgeber etc.) erhoben werden.

§ 14 Abs. 1 PolG stellt **keine Ermächtigungsgrundlage** für die polizeiliche Erhebung von Daten dar. Die konkrete Berechtigung zur Erhebung von Daten muss sich daher aus anderen Rechtsvorschriften ergeben.[275]

122

c) Offene und verdeckte Datenerhebung (§ 14 Abs. 2 PolG)
aa) Offene Datenerhebung (§ 14 Abs. 2 S. 1 PolG)

Durch **§ 14 Abs. 2 S. 1 PolG** wird der **Grundsatz der Offenheit** formuliert: „Personenbezogene Daten sind grundsätzlich **offen** zu erheben". Dies erfordert, dass die betroffene Person die Daten bewusst preisgibt und sich darüber im Klaren ist, dass es sich um eine Maßnahme der Polizei handelt, um Informationen zu erhalten. Aus dem Begriff „grundsätzlich" folgt, dass die **offene Datenerhebung** der **Regelfall** ist. Abweichungen sind nur unter den engen tatbestandlichen Voraussetzungen des § 14 Abs. 2 S. 2 PolG möglich (vgl. dazu § 10 Rn 124 ff.).

123

bb) Verdeckte Datenerhebung (§ 14 Abs. 2 S. 1 PolG)

Eine **verdeckte** Datenerhebung ist gem. **§ 14 Abs. 2 S. 2 PolG** nur zulässig, wenn sonst die Wahrnehmung der polizeilichen Aufgabe gefährdet oder nur mit unverhältnismäßig hohem Aufwand möglich ist oder wenn anzunehmen ist, dass dies den überwiegenden Interessen der betroffenen Person entspricht.

124

Im Unterschied zur offenen gibt sich die Polizei bei der **verdeckten Datenerhebung** nicht zu erkennen, so dass die betroffene Person den Vorgang nicht als polizeilichen Eingriff wahrnimmt (vgl. Definition in § 14 Abs. 2 S. 2 PolG). Das ist der Fall, wenn die Polizei die Daten heimlich oder getarnt erhebt. Das Rechtsstaatsprinzip und das Demokratiegebot stellen hohe Anforderungen an dieses **anonyme Vorgehen**. Auch der **EU-Richtliniengeber** hat dies betont: „Diese Maßnahmen können zwecks Verhütung, Ermittlung, Aufdeckung oder Verfolgung von Straftaten oder zur Strafvollstreckung, einschließlich des Schutzes vor und der Abwehr von Gefahren für die öffentliche Sicherheit, getroffen werden, sofern sie **durch Rechtsvorschriften geregelt** sind und eine **erforderliche und verhältnismäßige Maßnahme in einer demokratischen Gesellschaft** darstellen, bei der die berechtigten Interessen der betroffenen natürlichen Person gebührend berücksichtigt werden."[276]

Die Voraussetzungen der verdeckten Datenerhebung ergeben sich aus **§ 14 Abs. 2 S. 2 PolG**. Die Vorschrift ist **eng auszulegen**. Eine bloße Erschwerung der Arbeit der Polizei etwa reicht nicht aus. Vielmehr muss die hinreichende Wahrscheinlichkeit bestehen, dass durch ein offenes Vorgehen der **polizeiliche Zweck des Einsatzes gefährdet** wird. Ob ein Aufwand unverhältnismäßig ist, muss durch **Abwägung** ermittelt werden. Dass die verdeckte Datenerhebung den **überwiegenden Interessen der betroffenen Person entspricht**, wird **regelmäßig auszuschließen** sein; sie wird in erster Linie in Betracht kommen, wenn die Daten bei Dritten erhoben werden (vgl. § 10 Rn 125), insgesamt ist bei dieser Tatbestandsvariante aber Zurückhaltung geboten.

cc) Abgrenzung offenen / verdeckte Datenerhebung

Ob die Datenerhebung offen oder verdeckt ist, beurteilt sich nicht nach dem Willen der Polizei, sondern aus der **Perspektive der von der Datenerhebung betroffenen Per-**

125

---

275 Stephan, in: Stephan/Deger, Polizeigesetz BW, § 19 Rn 3.
276 Erwägungsgrund 26 der DSRL 2016/680, EU ABl. L 119, S. 92 f.

son. Maßgebend ist also allein die Sicht der betroffenen Person oder des Dritten.[277] Eine **Quellenperson**, von der Daten erhoben werden, kann die betroffene Person oder ein Dritter sein. Eine **Datenerhebung bei Dritten** ist nicht schon deshalb eine verdeckte Maßnahme, weil sie ohne Kenntnis der betroffenen Person, über welche die Daten erhoben werden, erfolgt (= offene Datenerhebung bei Dritten).

d) Hinweispflichten (§ 14 Abs. 3 PolG)

126 § 14 Abs. 3 PolG setzt das **Transparenzgebot** (vgl. § 10 Rn 114 ff.) um und ist bezüglich **offener Maßnahmen** als Ergänzung zur allgemeinen Informationspflicht gem. § 85 PolG zu sehen.

127 Gem. **§ 14 Abs. 3 S. 1 PolG** ist die Polizei verpflichtet, bei der offenen Erhebung – bei schriftlicher Erhebung stets, sonst auf Verlangen der betroffenen Person – die Rechtsgrundlagen der Datenerhebung zu nennen, auf eine eventuell bestehende Auskunftspflicht oder auf die Freiwilligkeit der Auskunft hinzuweisen. Der **Hinweis** an die betroffene Person ist an **keine bestimmte Form** und an **kein bestimmtes Verfahren** gebunden. Bei **Verwendung eines Erhebungsvordrucks** ist ein entsprechender schriftlicher Hinweis aufzunehmen.

Während die allgemeine Informationspflicht durch Erteilung allgemein gültiger Hinweise, etwa auf der Homepage der Polizei, erfüllt werden kann, verlangt § 14 Abs. 3 S. 1 PolG die **Benennung der Rechtsgrundlage** gegenüber der konkret betroffenen Person sowie den **Hinweis auf das Bestehen einer Auskunftspflicht oder auf die Freiwilligkeit der Auskunft** im Einzelfall. Art. 13 Abs. 2 DSRL 2016/680 verlangt einen Hinweis auf die Rechtsgrundlage zwar nur „in besonderen Fällen", damit der betroffenen Person die Ausübung ihrer Rechte ermöglicht wird: Diese Vorgabe wird in der Vorschrift über die Benachrichtigungspflicht bei verdeckten und eingriffsintensiven Maßnahmen (§ 86 PolG) umgesetzt, die insoweit als „besondere Fälle" gelten. Durch das Beibehalten der Regelung in § 14 Abs. 3 PolG mit dem PolG 2020 wird aber darüber hinaus sichergestellt, dass zum einen die neuen Vorschriften nicht hinter dem Datenschutzniveau der alten Vorschriften zurückstehen und dass zum anderen jedenfalls dann, wenn die betroffene Person die Benennung der Rechtsgrundlage verlangt, gleichermaßen von einem besonderen Fall i. S. d. Art. 13 Abs. 2 DSRL 2016/680 ausgegangen werden kann, weil die betroffene Person zur Ausübung ihrer Rechte darauf angewiesen ist, dass ihrem Auskunftsverlangen nachgekommen wird.[278]

128 § 14 Abs. 3 S. 1 PolG ist für den Fall der offenen Datenerhebung als **erste Stufe** zur Umsetzung des Transparenzgebots zu sehen. Mit der verpflichtenden oder auf Antrag erfolgenden Erstauskunft bei einer offenen Datenerhebung wird der betroffenen Person das **Mindestwissen** (Rechtsgrundlage der Datenverarbeitung, Auskunftspflicht/-möglichkeit) über die Datenverarbeitung zur Verfügung gestellt, das ihr einen weiteren Umgang mit dem Datenverarbeitungsvorgang ermöglicht. Daneben bestehen die **weiteren Auskunftspflichten** gem. §§ 85, 86 PolG.

129 Gem. **§ 14 Abs. 3 S. 2 PolG** kann **gegenüber Dritten** der Hinweis auf die Rechtsgrundlage, auf eine im Einzelfall bestehende Auskunftspflicht und auf die Freiwilligkeit der Datenerhebung unterbleiben, wenn hierdurch erkennbare schutzwürdige Interessen der betroffenen Person beeinträchtigt werden können. Dies ist etwa der Fall, wenn der von der Datenerhebung betroffenen Person von dieser dritten Person wegen der polizeilichen Datenerhebung berufliche oder private Nachteile drohen können.

---

277 So auch Kahlert, in: Belz/Mußmann/Kahlert/Sander, Polizeigesetz BW, § 19 PolG Rn 24.
278 LT-Drs. 16/8484, S. 125.

6. Allgemeine Regeln für die weitere Datenverarbeitung (§ 15 PolG)
a) Allgemeines

§ 15 PolG normiert die Voraussetzungen der Zweckbindung und der zweckändernden weiteren Verarbeitung von Daten und setzt den vom **BVerfG** in seinem **BKAG-Urteil** vom 20.4.2016[279] konkretisierten **Grundsatz der hypothetischen Datenneuerhebung** um.[280] Die Regelung **gilt für jegliche Datenverarbeitung durch die Polizei**. Auf die Eingriffsintensität der ursprünglichen Erhebung kommt es nicht an.[281] Der Gesetzgeber hat sich beim Erlass dieser Regelung an **Art. 4 Abs. 2, Art. 8 DSRL 2016/680** sowie an **§ 16 BKAG** orientiert.

130

§ 15 PolG wird durch die besonderen Regelungen in den **§§ 57 und 58 PolG** ergänzt. Dort finden sich entsprechend der Systematik der DSRL 2016/680 Regelungen zur weiteren Datenverarbeitung zu Zwecken der **wissenschaftlichen Forschung** (§ 57 PolG) und der **Aus- und Fortbildung, zu statistischen Zwecken und zur Vorgangsverwaltung** (§ 58 PolG). Vgl. dazu die Ausführungen in § 10 Rn 563 ff.

aa) Grundsatz der hypothetischen Datenerneuerung

Das **BVerfG** hat in seinem **BKAG-Urteil** festgestellt, dass der Gesetzgeber eine **weitere Nutzung der Daten auch zu anderen Zwecken** als denen der ursprünglichen Datenerhebung (Zweckänderung) erlauben kann. Er hat dann allerdings sicherzustellen, dass dem Eingriffsgewicht der Datenerhebung auch hinsichtlich der neuen Nutzung Rechnung getragen wird.[282] Die Ermächtigung zu einer Nutzung von Daten zu neuen Zwecken begründet einen **neuen Eingriff in das Grundrecht**, in das durch die Datenerhebung eingegriffen wurde.[283] Zweckänderungen sind folglich jeweils an den Grundrechten zu messen, die für die ursprüngliche Datenerhebung maßgeblich waren.[284] Das gilt für jede Art der Verwendung von Daten zu einem anderen Zweck als dem Erhebungszweck, unabhängig davon, ob es sich um die Verwendung als Beweismittel oder als Ermittlungsansatz handelt.[285]

131

Das BVerfG legt bei einer Zweckänderung der Datenerhebung das **Kriterium der hypothetischen Datenneuerhebung**[286] zugrunde: Für Daten aus eingriffsintensiven Überwachungs- und Ermittlungsmaßnahmen kommt es danach darauf an, ob die entsprechenden Daten nach verfassungsrechtlichen Maßstäben **neu auch für den geänderten Zweck mit vergleichbar schwerwiegenden Mitteln erhoben werden dürften**. Das Kriterium der Datenneuerhebung gilt allerdings nicht schematisch abschließend und schließt die **Berücksichtigung weiterer Gesichtspunkte** nicht aus. Voraussetzung für eine Zweckänderung ist aber jedenfalls, dass die neue Nutzung der Daten dem Schutz von Rechtsgütern oder der Aufdeckung von Straftaten eines solchen Gewichts dient, die verfassungsrechtlich ihre **Neuerhebung mit vergleichbar schwerwiegenden Mitteln** rechtfertigen könnten. Als neu zu rechtfertigender Eingriff bedarf aber auch die Ermächtigung zu einer Nutzung für andere Zwecke eines eigenen, hinreichend spezifischen Anlasses. Verfassungsrechtlich geboten – aber regelmäßig auch ausreichend – ist insoweit, dass sich **aus den Daten** – sei es aus ihnen selbst, sei es in Verbindung mit weiteren Kenntnissen der Behörde – ein **konkreter (neuer) Ermittlungsansatz** ergibt.[287]

---

279 BVerfGE 141, 220 ff.
280 Vgl. dazu auch Zaremba, Entwicklung, S. 613 ff.
281 LT-Drs. 16/8484, S. 126.
282 BVerfGE 141, 220, 326 f. (Rn 284).
283 Ebenso BNDG-Urteil des BVerfG, NJW 2020, 2235, 2255 (Rn 212) = DVBl 2020, 945 ff., mit zust. Anm. Durner, 951 ff.; JA 2020, 631, mit zust. Anm. Muckel, 635.
284 BVerfG, NJW 2020, 2235, 2255 (Rn 212).
285 BVerfGE 141, 220, 327 (Rn 285).
286 Vgl. dazu eingehender Löffelmann, GSZ 2019, 16 ff.
287 BVerfGE 141, 220, 327 bis 329 (Rn 287 bis 289); ebenso BVerfG, NJW 2020, 2235, 2255 f. (Rn 212, 216, 219).

Der **Gesetzgeber** kann danach – bezogen auf die Datennutzung von Sicherheitsbehörden – eine **Zweckänderung von Daten grundsätzlich dann erlauben**, wenn es sich um Informationen handelt, aus denen sich im Einzelfall **konkrete Ermittlungsansätze zur Aufdeckung von vergleichbar gewichtigen Straftaten oder zur Abwehr von zumindest auf mittlere Sicht drohenden Gefahren für vergleichbar gewichtige Rechtsgüter** wie die ergeben, zu deren Schutz die entsprechende Datenerhebung zulässig ist.[288] Dabei ist zwischen Übermittlungen zur Gefahrenabwehr und zur Strafverfolgung zu unterscheiden: Eine **Übermittlung zur Gefahrenabwehr** ist nur zum Schutz von Rechtsgütern zulässig, die besonders gewichtig sind. Zu verlangen ist eine **hinreichend konkretisierte Gefahr** in dem Sinne, dass zumindest tatsächliche Anhaltspunkte für die Entstehung einer konkreten Gefahr für die Schutzgüter bestehen. Soweit Daten zur **Strafverfolgung** übermittelt werden, bedarf es **genügend konkretisierter Tatsachen**, die den **Verdacht einer besonders schweren Straftat** begründen. Es bedarf mithin bestimmter Tatsachen für den Verdacht solcher Straftaten und es müssen insoweit konkrete und in gewissem Umfang verdichtete Umstände als Tatsachenbasis für den Verdacht vorliegen.[289]

bb) EU-Datenschutzrecht

132 Art. 4 Abs. 2 DSRL 2016/680 erlaubt eine Verarbeitung durch denselben oder einen anderen Verantwortlichen für einen anderen der in Art. 1 Abs. 1 DSRL 201/680 genannten Zwecke als den, für den die personenbezogenen Daten erhoben werden, sofern der Verantwortliche nach dem Unionsrecht oder dem Recht der Mitgliedstaaten befugt ist, solche personenbezogenen Daten für diesen anderen Zweck zu verarbeiten (lit. a), und die Verarbeitung für diesen anderen Zweck nach dem Unionsrecht oder dem Recht der Mitgliedstaaten erforderlich und verhältnismäßig ist (lit. b).

Die Regelung **fällt deutlich hinter die Anforderungen des BVerfG zurück**, die es aus dem Grundsatz der hypothetischen Datenerneuerung entwickelt hat.[290] Sie hätte deswegen so nicht in das PolG übernommen werden können, zumal sie auch nicht hinreichend bestimmt ist.[291] Die Regelung in **§ 15 PolG** geht über Art. 4 Abs. 2 DSRL 2016/680 hinaus, indem sie die Kriterien des BVerfG für eine hypothetische Datenerneuerung und damit für eine verfassungsrechtlich zulässige Änderung des Datenzwecks umsetzt. Sie steht aber **im Einklang mit Art. 4 Abs. 2 DSRL 2016/680**, da der EU-Richtliniengeber in lit. a ausdrücklich darauf abstellt, dass der Gesetzgeber eines Mitgliedsstaats die Voraussetzungen für eine Datenzweckänderung festlegen kann. Zudem erlaubt **Art. 1 Abs. 3 DSRL 2016/680** den Mitgliedsstaaten ausdrücklich, zum Schutz der Rechte und Freiheiten der betroffenen Person bei der Verarbeitung personenbezogener Daten durch die zuständigen Behörden **Garantien festzulegen**, die **strenger als die Garantien der DSRL 2016/680** sind.

b) Zulässigkeit der Datenweiterverarbeitung (§ 15 Abs. 1 PolG)

aa) Allgemeines

133 Gem. **§ 15 Abs. 1 PolG** können die **Polizeibehörden** sowie die **Polizeidienststellen und Einrichtungen für den Polizeivollzugsdienst** personenbezogene **Daten** nach Maßgabe des § 15 Abs. 2 bis 4 PolG weiter verarbeiten, soweit dies **zur Wahrnehmung ihrer Aufgaben erforderlich** ist und **das PolG oder ein anderes Gesetz nichts anderes vorsieht**.

---

288 BVerfGE 141, 220, 329 (Rn 290), 336 f. (Rn 313).
289 BVerfG, NJW 2020, 2235, 2256 f. (Rn 220 bis 222).
290 Zu Recht krit. Johannes/Weinhold, Neues Datenschutzrecht, § 1 Rn 150.
291 Vgl. insoweit den ähnlich lautenden § 49 BDSG, den Johannes/Weinhold, Neues Datenschutzrecht, § 1 Rn 150, für verfassungsrechtlich zu unbestimmt halten.

V. Allgemeine Datenschutznormen (§§ 11 bis 16 PolG)

§ 15 Abs. 1 PolG setzt **Art. 8 Abs. 1 DSRL 2016/680** um.[292] In der Formulierung greift er die Regelung in **§ 16 Abs. 1 BKAG** auf.

bb) Grundnorm zur Datenverarbeitung durch die Polizei

Die Regelung in § 15 Abs. 1 PolG stellt die **Grundnorm** zur Datenverarbeitung durch die Polizei dar.[293] Sie **ermächtigt die Polizei zur Datenverarbeitung**, wenn

- dies zur Wahrnehmung ihrer Aufgabenerfüllung erforderlich ist und
- das PolG oder ein anderes Gesetz nichts anderes vorsieht
- unter Maßgabe der Absätze 2 bis 4 des § 15 PolG.

134

Der EU-Richtliniengeber hat zur Grundbefugnis der Datenerhebung ausgeführt: „Personenbezogene Daten sollten **für festgelegte, eindeutige und rechtmäßige Zwecke innerhalb des Anwendungsbereichs dieser Richtlinie** erhoben werden."[294] § 15 Abs. 1 PolG setzt dies um, indem die Berechtigung der Datenerhebung von der Aufgabenerfüllung der Polizei abhängig gemacht wird („zur" Wahrnehmung"). Grenze der Datenerhebung sind damit die der Polizei zugewiesenen Aufgaben; fallen diese nicht in den Geltungsbereich der DSRL 2016/680, gilt die DSGVO mit Ergänzung durch das LDSG.[295]

Die der Polizei zugewiesenen **Aufgaben ergeben sich aus dem PolG oder aus anderen Gesetzen**, wobei darauf zu achten ist, dass bei Anwendung anderer Gesetz ggf. die dortigen datenschutzrechtlichen Regelungen vorrangig sind (vgl. dazu die Vorrangregelung in § 11 Abs. 1 S. 2 PolG). Im Kern geht es um die **Abwehr von Gefahren und Störungen für die öffentliche Sicherheit und Ordnung** und um die **Verhinderung und Verfolgung von Ordnungswidrigkeiten und Straftaten**. Für diese Tätigkeiten besteht die grundsätzliche Berechtigung der Polizei zur Datenverarbeitung.

Der Datenverarbeitung können weitere Vorgaben des PolG oder anderer Gesetz entgegenstehen. Damit ist nicht nur der **Ausschluss einer Datenverarbeitung** gemeint, sondern es werden **alle gesetzlichen Vorgaben und Modifikationen** erfasst. Die gem. § 15 Abs. 1 PolG zulässige Datenverarbeitung richtet sich daher im Einzelnen nach den weiteren gesetzlichen Regelungen des PolG oder anderer zu beachtender Gesetze. Ausdrücklich verknüpft § 15 Abs. 1 PolG die Datenverarbeitung mit den weiteren tatbestandlichen Voraussetzungen der Absätze 2 bis 4.

135

---

[292] Art. 8 Abs. 1 DSRL 2016/680: „Die Mitgliedstaaten sehen vor, dass die Verarbeitung nur dann rechtmäßig ist, wenn und soweit diese Verarbeitung für die Erfüllung einer Aufgabe erforderlich ist, die von der zuständigen Behörde zu den in Artikel 1 Absatz 1 genannten Zwecken wahrgenommen wird, und auf Grundlage des Unionsrechts oder des Rechts der Mitgliedstaaten erfolgt."
[293] Graulich, in: Schenke/Graulich/Ruhig, Sicherheitsrecht, § 16 BKAG Rn 6.
[294] Erwägungsgrund 29 der DSRL 2016/680, EU ABl. L 119, S. 93.
[295] Vgl. zum Begriff des „Zwecks" eingehend Walden, S. 91 ff.

Schaubild Nr. 19
Datenverarbeitung Grundnorm § 15 Abs. 1 PolG

§ 15 Abs. 1 PolG
Datenverarbeitung zur Wahrnehmung polizeilicher Aufgaben
↙ ↘
nach Maßgabe von → mit weiteren Vorgaben
§ 15 Abs. 2 bis 4 PolG des PolG oder anderer Gesetze

cc) Vorgaben in § 15 Abs. 2 bis 4 PolG

136 § 15 Abs. 1 PolG knüpft die Verarbeitung der Daten ausdrücklich an die **weiteren Vorgaben der Absätze 2 bis 4** an. Dort finden sich detaillierte Regelungen zum allgemeinen Umgang mit den erhobenen Daten. Diese Voraussetzungen sind bei allen Datenverarbeitungsvorgängen nach dem PolG zu beachten, auch wenn diese auf weiteren spezialgesetzlichen Normen beruhen („allgemeine Regeln"). Grundlegend ist dabei die **Unterscheidung zwischen Beibehaltung und Änderung des Zwecks** der Datenverarbeitung (vgl. dazu eingehender nachfolgend § 10 Rn 140 ff.). Die **Notwendigkeit der Differenzierung** der weiteren Datenverarbeitung nach dem Zweck ist der Rechtsprechung des BVerfG geschuldet und ergibt sich auch aus Art. 4 Abs. 2 DSRL 2016/680: „Werden personenbezogene Daten von demselben oder einem anderen Verantwortlichen für einen anderen in den Anwendungsbereich dieser Richtlinie fallenden Zweck als den, für den sie erhoben wurden, verarbeitet, so sollte diese Verarbeitung erlaubt sein, unter der Bedingung, dass diese Verarbeitung nach den geltenden Rechtsvorschriften zulässig ist und dass sie für diesen anderen Zweck erforderlich und verhältnismäßig ist."[296]

dd) Datenverarbeitung durch andere Stelle (Verantwortlicher)

137 Das PolG geht vom **einheitlichen Begriff der Polizei** aus – sog. **Einheitssystem** (vgl. dazu die Ausführungen in § 1 Rn 12, § 3 Rn 3, 6). Gem. § 104 PolG umfasst der Begriff der Polizei die Polizeibehörden und den Polizeivollzugsdienst. Während die Polizeibehörde gem. §§ 106, 107 PolG i. V. m. §§ 7 ff. LVwG einer konkreten staatlichen Landes- oder Kommunalbehörde zugewiesen werden kann, gliedert sich der Polizeivollzugsdienst in **zahlreiche Polizeidienststellen** auf (vgl. § 115 PolG). Im Gegensatz dazu arbeitet das Datenschutzrecht mit dem Begriff des **„Verantwortlichen"** und der **„verantwortlichen Stelle"**. Dies wird etwa deutlich in Art. 4 Abs. 2 DSRL 2016/680, wo es heißt: „Eine Verarbeitung durch denselben oder einen anderen Verantwortlichen .... ist erlaubt .....". Verantwortlicher" i. S. d. Datenschutzrecht nach dem PolG ist gem. § 12 Nr. 8 PolG die **zuständige Behörde**, die allein oder gemeinsam mit anderen über die Zwecke und Mittel der Verarbeitung von personenbezogenen Daten entscheidet. Eine Behörde ist gem. § 1 Abs. 2 LVwVfG **jede Stelle, die Aufgaben der öffentlichen Verwaltung wahrnimmt**.[297] In diesem Sinne sind etwa jede Ortspolizeibehörde (= Gemeinde, Kreis, Stadt), jedes Polizeipräsidium, das Polizeipräsidium Einsatz oder das LKA eine Behörde.

138 Die **verantwortliche Stelle** i. S. d. Datenschutzrechts wird vielfach **nicht deckungsgleich** mit den gesetzlichen Organisationseinheiten „Polizei", „Polizeibehörde" oder „Polizeivollzugsdienst" sein. Vor allem im Bereich des Polizeivollzugsdienstes kommen unterschiedliche behördliche Einheiten als datenverarbeitende Stelle in Betracht. Auch sind Polizeibehörde und Polizeivollzugsdienst zwei verantwortliche Stellen in diesem Sinne. Dieser Besonderheit wurde der Landesgesetzgeber dadurch gerecht, dass er in § 15 PolG entgegen des Einheitssystems, das eigentlich das PolG kennzeichnet, aus-

---
[296] Erwägungsgrund 29 der DSRL 2016/680, EU ABl. L 119, S. 93.
[297] Vgl. dazu auch Maurer/Waldhoff, Allgemeines Verwaltungsrecht, § 9 Rn 23.

drücklich zwischen den **„Polizeibehörden"** und den **„Polizeidienststellen und Einrichtungen für den Polizeivollzugsdienst"** unterscheidet: „Die Ebene des Verantwortlichen wurde in der gesamten Vorschrift bewusst in Polizeibehörden sowie Dienststellen und Einrichtungen des Polizeivollzugsdienstes aufgeteilt, um deutlich zu machen, dass auch eine weitere **Verarbeitung von Daten durch eine andere dieser Stellen innerhalb der Polizei beziehungsweise eine Übermittlung an eine andere dieser Stellen innerhalb der Polizei grundsätzlich eine Zweckänderung** darstellt. Eine wesentliche Voraussetzung, die das BVerfG für die Bindung an den ursprünglichen Zweck aufgestellt hat, ist die Verarbeitung durch denselben Verantwortlichen. Da aber auch die **Übermittlung an eine andere der genannten Stellen innerhalb der Polizei** eine **Zweckänderung** darstellt, muss der Verantwortliche in diesem Sinne auf die einzelne Polizeibehörde, Dienststelle oder Einrichtung heruntergebrochen werden."[298]

Die Einbeziehung der sog. **„Einrichtungen des Polizeivollzugsdienstes"** (etwa Polizeipräsidium Technik. Logistik, Service der Polizei, Hochschule für Polizei) erscheint auf den ersten Blick nicht erforderlich, weil diese in aller Regel keine polizeilichen Aufgaben i. S. d. DSRL 2016/680 wahrnehmen. Der Landesgesetzgeber wollte aber sicherstellen, dass alle Teile der Polizei den Datenschutzregeln unterliegen. Soweit die Einrichtungen des Polizeivollzugsdienstes keine polizeilichen Aufgaben wahrnehmen, gilt für sie § 11 Abs. 2 PolG, soweit sie aber ausnahmsweise Daten aus dem polizeilichen Aufgabenbereich verarbeiten, findet auch für sie § 11 Abs. 1 PolG Anwendung.[299]

Eine **Datenverarbeitung** kommt gem. § 15 PolG **durch jede Polizeibehörde oder Dienststelle oder Einrichtung des Polizeivollzugsdienstes** in Betracht. Bei jeder Datenverarbeitung ist darauf zu achten (dies ist durch ein geeignetes Überwachungssystem sicherzustellen [Datenschutzmanagementsystem, vgl. dazu § 10 Rn 117, **610**]), ob die erhobenen Daten bei der weiteren Verarbeitung dort verbleiben oder ob sie einer anderen verantwortlichen Stelle i. S. d. Datenschutzrechts übermittelt oder dort weiterverarbeitet werden. Bei einem **Wechsel der verantwortlichen Stelle** ist die **Zulässigkeit im Hinblick auf die Zweckänderung** gesondert **zu prüfen**. 139

c) Datenweiterverarbeitung bei Zweckkontinuität (§ 15 Abs. 2 PolG)

aa) Grundsatz der Zweckbindung (§ 15 Abs. 2 S. 1 PolG)

Gem. **§ 15 Abs. 2 S. 1 PolG** können die Polizeibehörden sowie die Polizeidienststellen und Einrichtungen für den Polizeivollzugsdienst **personenbezogene Daten, die sie selbst erhoben haben, weiter verarbeiten** 140

1. zur Erfüllung derselben Aufgabe und
2. zum Schutz derselben Rechtsgüter oder zur Verhütung, Ermittlung, Aufdeckung oder Verfolgung derselben Straftaten oder Ordnungswidrigkeiten.

§ 15 Abs. 2 S. 1 PolG enthält dem Grunde nach eine **Legaldefinition des Grundsatzes der Zweckbindung**. Er regelt damit die weitere Verarbeitung personenbezogener Daten im Rahmen des ursprünglichen Zwecks, zu dem die Daten erhoben wurden.[300] Die tatbestandlichen Voraussetzungen des § 15 Abs. 2 S. 1 PolG müssen kumulativ („und") vorliegen. Die Regelung orientiert sich an **§ 12 Abs. 2 BKAG**.

Der Landesgesetzgeber hat mit § 15 Abs. 2 S. 1 PolG die **Kriterien des BVerfG aus seinem BKAG-Urteil für eine zulässige Zweckbindung** der erhobenen Daten **einer gesetzlichen Regelung zugeführt**. Damit wird im Gesetz festgelegt, in welchem Rahmen die Verarbeitung von Daten noch vom ursprünglichen Erhebungszweck erfasst ist.[301] Das BVerfG hat sehr klar vorgegeben, unter welchen Voraussetzungen eine ge- 141

---

298 LT-Drs. 16/8484, S. 126.
299 LT-Drs. 16/8484, S. 206.
300 LT-Drs. 16/8484, S. 126.
301 LT-Drs. 16/8484, S. 126.

setzliche Zweckbindung definiert werden kann: „Der Gesetzgeber kann eine Datennutzung über das für die Datenerhebung maßgebende Verfahren hinaus als weitere Nutzung im Rahmen der ursprünglichen Zwecke dieser Daten erlauben. ...... Die zulässige Reichweite solcher Nutzungen richtet sich nach der Ermächtigung für die Datenerhebung. Die jeweilige Eingriffsgrundlage bestimmt Behörde, Zweck und Bedingungen der Datenerhebung und definiert damit die erlaubte Verwendung. Die Zweckbindung der auf ihrer Grundlage gewonnenen Informationen beschränkt sich folglich nicht allein auf eine Bindung an bestimmte, abstrakt definierte Behördenaufgaben, sondern bestimmt sich nach der Reichweite der Erhebungszwecke in der für die jeweilige Datenerhebung maßgeblichen Ermächtigungsgrundlage. Eine weitere Nutzung innerhalb der ursprünglichen Zwecksetzung kommt damit nur seitens derselben Behörde im Rahmen derselben Aufgabe und für den Schutz derselben Rechtsgüter in Betracht wie für die Datenerhebung maßgeblich. .... Für die Wahrung der Zweckbindung kommt es demnach darauf an, dass die erhebungsberechtigte Behörde die Daten im selben Aufgabenkreis zum Schutz derselben Rechtsgüter und zur Verfolgung oder Verhütung derselben Straftaten nutzt, wie es die jeweilige Datenerhebungsvorschrift erlaubt."[302]

142 **Voraussetzung** für eine Verarbeitung Daten durch die Polizei ist, dass die **Daten von der Polizei selbst erhoben** wurden.

Beispiel: Eine Datenverarbeitung gem. § 15 Abs. 1, 2 PolG ist nicht möglich, wenn die Polizei eine andere Behörde oder Stelle gebeten hat, für sie bestimmte Daten zu erheben und dabei die Verantwortung für die Datenerhebung nicht bei ihr lag (hier bestimmt sich die Zulässigkeit der Datenerhebung, der weiteren Datenverarbeitung und der Datenübermittlung an die Polizei nach den für diese Behörde oder Stelle geltenden Datenschutznormen). Eine Ausnahme sieht nur Satz 2 des § 15 Abs. 2 PolG für sog. „aufgedrängte Daten" vor (vgl. dazu § 10 Rn 144). Möglich ist auch die Beauftragung anderer (sog. „Auftragsverarbeiter" [§ 12 Nr. 9 PolG]), dabei verbleibt die inhaltliche Verantwortung für die Datenerhebung aber bei der Polizei.

Die von der Polizei erhobenen Daten können **nur dann weiter verarbeitet** (= Speicherung, Nutzung, Übermittlung etc.) werden, wenn die weitere Verarbeitung der **Erfüllung derselben Aufgabe** dient. Die jeweilige Aufgabe in diesem Sinne bestimmt sich durch den konkreten Sachverhalt und die konkrete Zielsetzung, die Grundlage für die Erhebung der Daten durch die Polizei war. Es ist damit grundsätzlich nicht möglich, nach der Erhebung und Kenntnis der Daten diese weiter zu verarbeiten, wenn eine grundlegende Änderung der Zielsetzung erfolgt; etwas anderes gilt nur, wenn die Voraussetzungen der Absätze 3 u. 4 des § 15 PolG gegeben sind.

Fall 29: Die Polizei führt für die Staatsanwaltschaft in einem Strafverfahren Ermittlungen gegen den Verdächtigen V wegen Körperverletzungsdelikten durch. Dabei erlangt sie Erkenntnisse über mögliche Pläne des Verdächtigen, bei einer künftigen Veranstaltung Störungen unbekannter Art zu begehen (Aussage des Zeugen: „Der will bei der Veranstaltung wohl Stress machen"). Die Aussage ist im Ermittlungsverfahren unter dem entsprechenden Vorgang abgespeichert. Die Erkenntnisse über die möglichen Störungen dienen nicht der gleichen Aufgabenerfüllung (Ermittlungen im Strafverfahren) und dürfen allein auf der Grundlage des § 15 Abs. 2 S. 1 PolG für ein weiteres Verfahren nicht ohne Weiteres abgespeichert und verwertet werden.

Die Polizei ist im **Fall 29** aber nicht gehindert, aufgrund der über die Zeugenaussage neu erlangten Erkenntnisse tätig zu werden, etwa ein Gefährdergespräch durchzuführen. Zwar greift § 15 Abs. 2 S. 1 PolG nicht, da Aufgabe (Strafverfahren ≠ Gefahrenabwehr) und geschützte Rechtsgüter (Körperverletzung ≠ Störung einer Veranstaltung) abweichen. Es liegen aber die tatbestandlichen Voraussetzungen des § 15 Abs. 3 PolG vor (vgl. dazu § 10 Rn 146 ff.).

Liegen dagegen die tatbestandlichen Voraussetzungen des § 15 Abs. 3 PolG nicht vor, unterliegt die im Strafverfahren gewonnene Erkenntnis einem absoluten Verwertungsverbot durch die Polizei. Sie darf gegen V im **Fall 29** wegen der möglichen Störung der

---

[302] BVerfGE 141, 220, 324 f. (Rn 278 f.), 326 (Rn 282).

V. Allgemeine Datenschutznormen (§§ 11 bis 16 PolG)

Veranstaltung nicht vorgehen. Diese zufällig erlangte Erkenntnis (Zufallswissen) bleibt unverwertbar.

Voraussetzung für die Datenverarbeitung ist zudem, dass die weitere Datenverarbeitung zum **Schutz derselben Rechtsgüter** oder zur **Verhütung, Ermittlung, Aufdeckung oder Verfolgung derselben Straftaten oder Ordnungswidrigkeiten** erfolgt. Hieraus folgt, dass die Polizei nach der Erhebung der Daten die geschützten Rechtsgüter oder die betroffenen Ordnungswidrigkeiten oder Straftaten nicht ändern kann. Es ist also nicht möglich, zulasten der betroffenen Person innerhalb des jeweiligen Datenverarbeitungsvorgangs die betroffenen Rechtsgüter, Ordnungswidrigkeiten und Straftaten grundlegend zu ändern oder zu erweitern. Etwas anderes gilt nur auf der Grundlage der Absätze 3, 4 des § 15 PolG.

Beispiel: Die Polizei kann bei einer Ermittlung wegen eines Verstoßes gegen die Straßenverkehrsordnung die durch die Datenverarbeitung vorhandenen / gespeicherten Kenntnisse nicht für eine mögliche Gefährdung der öffentlichen Ordnung nutzen.

Der gem. § 15 Abs. 2 S. 1 PolG zulässigen Datenspeicherung steht grundsätzlich nicht entgegen, dass sie in den polizeilichen Dateien erfolgt, auf die ggf. **weitere Behörden** aufgrund gesetzlicher Regelungen **Zugriff** haben.[303] Für den Zugriff auf die Daten durch eine weitere Behörde gelten die dortigen datenschutzrechtlichen Bestimmungen (etwa aus dem BPolG oder dem BKAG). 143

bb) Nicht erhobene Daten (§ 15 Abs. 2 S. 2 PolG)

Gem. **§ 15 Abs. 2 S. 2 PolG** gilt Satz 1 entsprechend für **personenbezogene Daten, denen keine Erhebung vorausgegangen ist**, mit der **Maßgabe, dass für die weitere Verarbeitung der Zweck der Speicherung zu berücksichtigen** ist. Mit dieser Regelung wird zum einen klargestellt, dass die Voraussetzungen für die Datenverarbeitung bei Zweckbindung auch für sog. „**aufgedrängte Daten**" gelten. Unter aufgedrängten Daten sind solche zu verstehen, die von der Polizei nicht selbst erhoben wurde, die aber dennoch bei ihr vorhanden sind[304], indem sie der Polizei unaufgefordert zugehen.[305] Daten werden immer dann aufgedrängt, wenn sie nicht von der Polizei aktiv angefordert werden, sondern sie ihr durch Dritte übermittelt werden, indem die Polizei von einem Sachverhalt in Kenntnis gesetzt wird. **Aufgedrängte Daten können** unter den Voraussetzungen des § 15 Abs. 2 S. 1 PolG durch die Polizei **verarbeitet werden**. 144

Beispiele: Anfragen an die Polizei, die zugleich Informationen umfassen, oder der Eingang eines Notrufs mit Informationsübermittlung.

Keine aufgedrängten Daten stellen solche dar, deren Erhebung durch die Polizei bei anderen angefordert wurde (bewusste Einbindung Dritter). Für diese gilt unmittelbar § 15 Abs. 2 S. 1 PolG, da sie der Polizei als eigene Erhebung zuzurechnen sind.

Zum anderen schreibt § 15 Abs. 2 S. 2 PolG vor, dass bei aufgedrängten Daten für die weitere Verarbeitung der Zweck der Speicherung zu berücksichtigen ist. Dies bedeutet, dass der **ursprüngliche Zweck** der Speicherung dieser Daten **maßgebend für die Beurteilung der Rechtmäßigkeit der weiteren Datenverarbeitung** ist.

Beispiel: Dient der Notruf einer Person bei der Polizei um 1.00 Uhr in der Nacht der Information über eine einfache Ruhestörung („ich möchte Sie über lauten Lärm einer Party im Nachbarhaus informieren und bitten, hier einzuschreiten"), gibt der Anrufer der Polizei dabei aber nebenbei Informationen über einen Drogenkonsum zur Kenntnis („ich möchte nicht wissen, wieviel Joints die schon geraucht haben"), können die Informationen zum Drogenkonsum nur weiter genutzt (verarbeitet) werden (etwa für Ermittlungen in einem Strafverfahren), wenn dies durch § 15 Abs. 3, 4 PolG erlaubt ist. Unbenommen ist es der Polizei dagegen, wegen Drogenkonsums zu ermitteln, wenn beim Einsatz vor Ort zum Abstellen der Ruhestörungen andere Erkenntnisse vorliegen (Geruch nach Marihuana, Drogenerscheinungen bei Partygästen). In der Praxis wird sich die Polizei inso-

---
303 So jedenfalls LT-Drs. 16/8484, S. 126.
304 LT-Drs. 16/8484, S. 127.
305 Schmidt, Polizei- und Ordnungsrecht, Rn 130.

fern zu helfen wissen, als der zuständige Beamte am Telefon nachfassen wird, um die aufgedrängten Daten zu eigenständig erhobenen Daten zu machen („habe ich Sie richtig verstanden, dass Sie auch gesagt haben, dass ....?"); dann liegen zwei eigenständig übermittelte Sachverhalte vor, die auch eigenständig datenschutzrechtlich behandelt werden können.

cc) Daten aus Wohnraumüberwachung (§ 15 Abs. 2 S. 3 PolG)

145 Gem. **§ 15 Abs. 2 S. 3 PolG** muss für die weitere Verarbeitung von personenbezogenen Daten, die aus **Maßnahmen nach § 50 PolG** erlangt wurden, eine Gefahr im Sinne dieser Vorschrift vorliegen. Die Regelung enthält **besondere Vorgaben für die Verarbeitung von Daten aus einer Wohnraumüberwachung** (§ 50 PolG). Grund sind der besondere Schutz der Wohnung durch Art. 13 GG und die in Art. 13 Abs. 3, 4 GG verfassungsrechtlich verankerten strengen Voraussetzungen für eine technische Wohnraumüberwachung. Diese gelten nicht nur für die Erhebung der Daten durch Aufzeichnung, sondern für den gesamten Datenverarbeitungsvorgang. Das **BVerfG** hat dies in seinem BKAG-Urteil sehr deutlich gemacht: „Weiter reicht die Zweckbindung allerdings für Daten aus Wohnraumüberwachungen und Online-Durchsuchungen: Hier ist jede weitere Nutzung der Daten nur dann zweckentsprechend, wenn sie auch aufgrund einer den Erhebungsvoraussetzungen entsprechenden dringenden Gefahr oder im Einzelfall drohenden Gefahr erforderlich ist. **Das außerordentliche Eingriffsgewicht solcher Datenerhebungen spiegelt sich hier auch in einer besonders engen Bindung jeder weiteren Nutzung der gewonnenen Daten an die Voraussetzungen und damit Zwecke der Datenerhebung.** Eine Nutzung der Erkenntnisse als bloßer Spuren- oder Ermittlungsansatz unabhängig von einer dringenden oder im Einzelfall drohenden Gefahr kommt hier nicht in Betracht. ..... Anderes gilt allerdings auch hier für Informationen aus Wohnraumüberwachungen oder dem Zugriff auf informationstechnische Systeme. Angesichts des besonderen Eingriffsgewichts dieser Maßnahmen muss für sie jede neue Nutzung der Daten wie bei der Datenerhebung selbst auch durch eine dringende Gefahr oder eine im Einzelfall hinreichend konkretisierte Gefahr gerechtfertigt sein."[306]

Daten aus einer Wohnraumüberwachung können zwar auf der Grundlage des § 50 PolG erhoben werden (Voraussetzung: „dringende Gefahr i. S. d. § 50 Abs. 1 S. 1 PolG) – was eine gerichtliche Entscheidung gem. § 50 Abs. 2 bis 4 PolG voraussetzt, es sei denn, es liegen ausnahmsweise die Voraussetzungen einer Gefahr im Verzug vor (§ 50 Abs. 5 PolG) –, aus Anlass ihrer weiterer Verarbeitung (Speicherung, Verwertung) ist aber **zwingend zu prüfen, ob die tatbestandlichen Voraussetzungen des § 50 Abs. 1 S. 1 PolG („dringende Gefahr") in Bezug auf die erhobenen Daten tatsächlich bzw. nach wie vor vorliegen**. Die vor der Wohnraumüberwachung notwendige Einschätzung der Gefahrenlage kann sich nach Erhebung der Daten als nicht zutreffend erweisen, was in der Praxis immer wieder vorkommen dürfte. Daten und daraus resultierende Erkenntnisse aus einer Wohnraumüberwachung können somit **nicht als bloßer Spuren- oder Ermittlungsansatz unabhängig von einer dringenden Gefahr weiter genutzt** werden.[307]

d) Datenweiterverarbeitung bei Zweckänderung (§ 15 Abs. 3 PolG)
aa) Allgemeines

146 **§ 15 Abs. 3 PolG** regelt die **Zweckänderung der von der Polizei erhobenen Daten** und setzt hierzu die **Vorgaben des BVerfG aus seinem BKAG-Urteil** legislativ um. Die Regelung orientiert sich inhaltlich an **§ 12 Abs. 2 BKAG**.

§ 15 Abs. 3 PolG erfasst den Fall einer Zweckänderung der erhobenen Daten, bei dem der **neue Zweck ebenfalls in den Anwendungsbereich der DSRL 2016/680**, also

---

306 BVerfGE 141, 220, 326 (Rn 283), 329 (Rn 291).
307 LT-Drs. 16/8484, S. 127.

mithin in den **Bereich der Gefahrabwehr** fällt.[308] Der **EU-Richtliniengeber** sieht die Möglichkeit der Zweckänderung ausdrücklich vor: „Zur Verhütung, Ermittlung und Verfolgung von Straftaten müssen die zuständigen Behörden personenbezogene Daten, die im Zusammenhang mit der Verhütung, Ermittlung, Aufdeckung oder Verfolgung einer bestimmten Straftat erhoben wurden, auch in einem anderen Kontext verarbeiten können, um sich ein Bild von den kriminellen Handlungen machen und Verbindungen zwischen verschiedenen aufgedeckten Straftaten herstellen zu können."[309] Die unionsrechtliche Regelung der Zweckänderung findet sich in **Art. 4 Abs. 2 DSRL 2016/680** (vgl. dazu § 10 Rn 132).

In § 15 Abs. 3 PolG wird der vom BVerfG für solche Zweckänderungen aufgestellte **Grundsatz der hypothetischen Datenneuerhebung** gesetzlich verankert. Danach ist Voraussetzung für eine erlaubte Zweckänderung, dass die Neuerhebung der Daten mit vergleichbaren Mitteln nach den geltenden Rechtsvorschriften zulässig sein müsste und die Verarbeitung für diesen anderen Zweck erforderlich und verhältnismäßig ist.[310] Vgl. dazu die weiteren Ausführungen in § 10 Rn 131. Nach den **Vorgaben des BVerfG** kommt es darauf an, ob die weitere Straftat bzw. das neu zu schützende Rechtsgut **entsprechend schwerwiegend bzw. bedeutsam zu den Straftaten oder Rechtsgütern ist, die von der ursprünglich zugrundeliegenden Datenerhebungsbefugnis generell geschützt werden**. Diese Unterscheidung ist insbesondere in solchen Fällen bedeutsam, in denen mit einer niederschwelligen Datenerhebungsmaßnahme zunächst schwerwiegende Straftaten verhütet bzw. bedeutsame Rechtsgüter geschützt werden sollen und sich dabei konkrete Ermittlungsansätze zur Verhütung weniger schwerwiegender Straftaten bzw. zum Schutz weniger bedeutsamer Rechtsgüter ergeben. Die weitere Verarbeitung der erlangten Daten ist in diesen Fällen zulässig, wenn die niederschwellige Datenerhebungsmaßnahme zur Verhütung der weniger schwerwiegenden Straftat bzw. zum Schutz des weniger bedeutsamen Rechtsguts ergeben. Die vom BVerfG geforderte Vergleichbarkeit muss sich also **an der Erhebungsschwelle der jeweiligen Maßnahme ausrichten**.[311]

bb) Zweckänderung (§ 15 Abs. 3 S. 1 PolG)

Gem. **§ 15 Abs. 3 S. 1 PolG** können die Polizeibehörden sowie die Polizeidienststellen und Einrichtungen für den Polizeivollzugsdienst zur Wahrnehmung ihrer Aufgaben personenbezogene Daten zu anderen Zwecken als denjenigen, zu denen sie erhoben worden sind, weiter verarbeiten, wenn

1. nach Maßgabe der jeweiligen Datenerhebungsvorschrift mindestens
   a) entsprechend schwerwiegende Straftaten oder Ordnungswidrigkeiten verhütet, ermittelt, aufgedeckt oder verfolgt oder
   b) entsprechend bedeutsame Rechtsgüter geschützt werden sollen und
2. sich im Einzelfall konkrete Ermittlungsansätze
   a) zur Verhütung, Ermittlung, Aufdeckung oder Verfolgung solcher Straftaten oder Ordnungswidrigkeiten ergeben oder
   b) zur Abwehr von in einem überschaubaren Zeitraum drohenden Gefahren für solche Rechtsgüter erkennen lassen.

§ 15 Abs. 3 S. 1 PolG setzt die verfassungsrechtlichen Anforderungen an eine Zweckänderung bei der Datenverarbeitung um und lässt die Verarbeitung personenbezogener Daten zur Erfüllung polizeilicher Aufgaben zu anderen Zwecken als denjenigen, zu denen sie ursprünglich erhoben worden sind, (nur) zu, wenn nach Maßgabe der jeweiligen Datenerhebungsvorschrift **mindestens entsprechend gewichtige Straftaten oder**

---
308 LT-Drs. 16/8484, S. 127.
309 Erwägungsgrund 27 der DSRL 2016/680, EU ABl. L 119, S. 93.
310 LT-Drs. 16/8484, S. 127.
311 LT-Drs. 16/8484, S. 128.

Ordnungswidrigkeiten verhütet, ermittelt, aufgedeckt oder verfolgt oder mindestens entsprechend bedeutsame Rechtsgüter geschützt werden sollen.[312] Darüber hinaus müssen sich im Einzelfall **konkrete neue Ermittlungsansätze** zur Verhütung, Ermittlung, Aufdeckung oder Verfolgung solcher Straftaten oder Ordnungswidrigkeiten ergeben oder zur Abwehr von in einem überschaubaren Zeitraum drohenden Gefahren für solche Rechtsgüter erkennen lassen.[313]

148 Der Landesgesetzgeber weist zu Recht darauf hin, dass das BVerfG seine Kriterien für eine zulässige Zweckänderung bei der Datenverarbeitung im Fall seines BKAG-Urteils für besonders schwerwiegende staatliche Eingriffsmaßnahmen entwickelt hat.[314] § 15 Abs. 3 S. 1 PolG stellt hingegen auf **alle polizeilichen Eingriffsmaßnahmen** ab und setzt für eine Zweckänderung immer diese Zulässigkeitskriterien an. Diese Vorgehensweise ist zu begrüßen, da sie zugunsten der von der Datenzweckänderung betroffenen Person einen **grundlegenden Schutz** darstellt. Als jeweils betroffene Personen begünstigende Regelung unterliegt diese gesetzliche Lösung auch keinen durchgreifenden verfassungsrechtlichen Bedenken.

149 Die Polizei muss bei einer Zweckänderung auf der Grundlage des § 15 Abs. 1 i. V. m. Abs. 3 S. 1 PolG einen **Vergleich zwischen den der ursprünglichen und den der geänderten Datenverarbeitung zugrundeliegenden Eingriffen** vornehmen: Eine Zweckänderung ist rechtlich nur zulässig, wenn die beiden Eingriffe bzw. Schutzgüter – (Straftat / Ordnungswidrigkeit / geschütztes Rechtsgut) gleich schwerwiegend bzw. bedeutsam sind. Dieser Vergleich bestimmt sich nach der **Art der Straftat / Ordnungswidrigkeit** (Verbrechen / Vergehen, Höhe der angedrohten Strafe / des angedrohten Bußgelds, Art des Delikts) oder dem **Wert des zu schützenden Rechtsguts** (Leib / Leben / Vermögen). Es kommt stets auf den **jeweiligen Einzelfall** an: Je schwerwiegender der Eingriff, desto schwerwiegender müssen die damit verfolgten Straftaten bzw. desto bedeutsamer die dadurch geschützten Rechtsgüter sein. Ein weniger schwerwiegender Eingriff ist dagegen für die Verhütung oder Verfolgung weniger schwerwiegender Straftaten bzw. zum Schutz weniger bedeutsamer Rechtsgüter zulässig.

Darüber hinaus muss es für die von der geänderten Datenverarbeitung erfassten Straftaten / Ordnungswidrigkeiten / Handlungen gegen geschützte Rechtsgüter konkrete Ermittlungsansätze geben. Ein **Ermitteln „ins Blaue hinein"** ohne konkrete Hinweise auf mögliche weitere Straftaten / Ordnungswidrigkeiten oder gefährdete Rechtsgüter ist **ausgeschlossen**. Aus der zeitlich ersten Datenerhebung oder ggf. auch aus anderen Erkenntnissen müssen sich für die von der ersten Datenerhebung betroffenen Delikte oder Rechtsgüter **neue konkrete Ermittlungsansätze** ergeben haben.

Beispiele:
- Bei einem Ermittlungsverfahren wegen Diebstahls ergeben sich aus Zeugenaussagen konkrete Hinweis für eine von einer anderen Person begangene Körperverletzung. Beide Straftaten wiegen gleich schwer, so dass die Polizei diese Erkenntnisse ohne Weiteres zum Anlass für ein weiteres Strafermittlungsverfahren nehmen kann. Zu diesem Zweck kann sie eine neue Datenverarbeitung auf der Grundlage der Zeugenaussage im weiteren Ermittlungsverfahren durchführen.
- Bei einer Gefährderansprache weist die betroffene Einzelperson, mit der das Gespräch von der Polizei geführt wird, auf potenzielle Mittäter hin: Sie wollten in einer Gruppe von fünf jungen Fußballfans einer bei einem anstehenden Fußballspiel anreisenden Fangruppe der gegnerischen Mannschaft gemeinsam auflauern und diese „überfallen". Die Polizei kann diese Erkenntnisse zum Anlass nehmen, weitere Gefährderansprachen zu führen und für diesen Zweck eine neue Datenverarbeitung auf der Grundlage der ersten Gefährderansprache durchführen.

150 In **§ 38 Abs. 1 S 1 PolG a. F.** (PolG 1992) fand sich eine Regelung für die weitere Verarbeitung der im strafrechtlichen Ermittlungsverfahren erhobenen Daten bei Zweckände-

---
312 Zur Beurteilung der Eingriffsintensität vgl. Löffelmann, GSZ 2019, 16, 19 f.
313 LT-Drs. 16/8484, S. 128.
314 LT-Drs. 16/8484, S. 128.

V. Allgemeine Datenschutznormen (§§ 11 bis 16 PolG)

rung: „Der Polizeivollzugsdienst kann personenbezogene Daten, die ihm im Rahmen von Ermittlungsverfahren bekanntgeworden sind, speichern, verändern und nutzen, soweit und solange dies zur Abwehr einer Gefahr oder zur vorbeugenden Bekämpfung von Straftaten erforderlich ist". Diese Regelung ist mit dem PolG 2020 ersatzlos entfallen, da sie in § 15 Abs. 3 S. 1 PolG aufgegangen ist. Bei § 15 Abs. 3 S. 1 PolG kommt es nicht mehr darauf an, ob Daten zu präventiven oder repressiven Zwecken erhoben wurden, solange die Erhebung rechtmäßig erfolgt ist. Wenn die Voraussetzungen des § 15 Abs. 1, 3 PolG vorliegen, dürfen gespeicherte Daten zu anderen Zwecken weiter verarbeitet werden, unabhängig davon, ob der ursprüngliche Erhebungszweck präventiver oder repressiver Natur war.[315]

cc) Daten zur Personenidentifizierung (§ 15 Abs. 3 S. 2 PolG)

Gem. **§ 15 Abs. 3 S. 2 PolG** können abweichend von Satz 1 die vorhandenen zur Identifizierung dienenden Daten einer Person, wie insbesondere Name, Geschlecht, Geburtsdatum, Geburtsort, Staatsangehörigkeit, Anschrift (Grunddaten), auch weiter verarbeitet werden, um diese Person zu identifizieren.

§ 15 Abs. 3 S. 2 PolG regelt, dass es abweichend von § 15 Abs. 3 S. 1 PolG zulässig ist, die **Grunddaten einer Person zu ihrer Identifizierung weiter zu verarbeiten**. Die zweifelsfreie Klärung der Identität einer Person ist notwendig, um **Identitätsverwechslungen auszuschließen** und damit zu verhindern, dass Eingriffe in die Grundrechte von unbeteiligten Personen stattfinden. Die Polizei muss daher zur Erfüllung ihrer Aufgaben die Grunddaten einer Person stets zu diesem Zweck verarbeiten können. Hierfür wird die **Verarbeitung der Grunddaten einer Person** durch die Polizei **vom in § 15 Abs. 3 S. 1 PolG verankerte Grundsatz der hypothetischen Datenerneuerung ausgenommen**. Diese Datenverarbeitung ist immer zulässig.

Die **Grunddaten** sind in § 15 Abs. 3 S. 2 PolG **legal definiert**. Die entsprechende Aufzählung ist nicht abschließend („insbesondere"), umfasst aber die wesentlichen nötigen Merkmale zur Identifikation einer Person. Erweiterungen sind nur zulässig, wenn sie zwingend, sachdienlich und im Einzelfall angemessen sind. Anhaltspunkt sind die in **§ 4 PaßG** vorgesehenen Angaben; darüber hinausgehende Angaben werden in der Regel nicht zulässig sein (vgl. auch die besonderen Kategorien gem. § 12 Nr. 15 PolG). Zu beachten ist darüber hinaus ggf. **§ 18 Abs. 2 PaßG**, wonach die **Seriennummer** eines deutschen Passes **im nichtöffentlichen Bereich** nicht so verwendet werden darf, dass mit ihrer Hilfe ein Abruf personenbezogener Daten aus Dateien oder eine Verknüpfung von Dateien möglich ist; die Seriennummer unterliegt einem besonderen datenrechtlichen Schutz.

Beispiel: Überflüssige Personenbeschreibungen (dick, dünn, schön, hässlich etc.) sind nicht zulässig. Sie sind für eine Personenidentifikation nicht zwingend und gehören nicht zu den Grunddaten i. S. d. § 15 Abs. 3 S. 2 PolG.

Der Landesgesetzgeber geht davon aus, dass es durch die enge Begrenzung der Verarbeitung auf die Grunddaten einerseits und den alleinigen Zweck der Identifizierung andererseits mit den Vorgaben des BVerfG vereinbar ist, dass für diese Maßnahme die strengen Vorgaben der Zweckbindung und des Grundsatzes der hypothetischen Datenneuerhebung nicht gelten.[316] Dem ist insofern zuzustimmen, als die vorhandenen Grunddaten einer betroffenen Person regelmäßig nicht anlasslos durch die Polizei erhoben worden sind.

---

[315] LT-Drs. 16/8484, S. 128.
[316] LT-Drs. 16/8484, S. 128.

dd) Nicht erhobene Daten (§ 15 Abs. 3 S. 3 PolG)

152 Gem. § 15 Abs. 3 S. 3 PolG gilt Satz 1 u. 2 entsprechend für personenbezogene Daten, denen keine Erhebung vorausgegangen ist, mit der Maßgabe, dass für die weitere Verarbeitung der Zweck der Speicherung zu berücksichtigen ist.

Für § 15 Abs. 3 S. 3 PolG gelten die Ausführungen zu den **„aufgedrängten Daten"** in § 10 Rn 144 entsprechend. Bei den aufgedrängten Daten kann auch eine weitere Datenspeicherung zur Personenidentifikation nach § 15 Abs. 3 S. 2 PolG erfolgen.

ee) Daten aus Wohnraumüberwachung (§ 15 Abs. 3 S. 4 bis 6 PolG)

153 Gem. **§ 15 Abs. 3 S. 4 PolG** muss für die weitere Verarbeitung von personenbezogenen Daten, die aus Maßnahmen nach § 50 PolG erlangt wurden, in Abweichung von Satz 1 Nr. 2 b eine Gefahr im Sinne des § 50 PolG vorliegen.

Die Regelung enthält – ebenso wie § 15 Abs. 2 S. 3 PolG – **besondere Vorgaben für die Verarbeitung von Daten aus einer Wohnraumüberwachung** (§ 50 PolG). Grund sind auch hier der besondere Schutz der Wohnung durch Art. 13 GG und die in Art. 13 Abs. 3, 4 GG verfassungsrechtlich verankerten strengen Voraussetzungen für eine technische Wohnraumüberwachung. Diese gelten nicht nur für die Erhebung der Daten durch Aufzeichnung, sondern für den gesamten Datenverarbeitungsvorgang. Das **BVerfG** hat dies in seinem BKAG-Urteil sehr deutlich gemacht: „Weiter reicht die Zweckbindung allerdings für Daten aus Wohnraumüberwachungen und Online-Durchsuchungen: Hier ist jede weitere Nutzung der Daten nur dann zweckentsprechend, wenn sie auch aufgrund einer den Erhebungsvoraussetzungen entsprechenden dringenden Gefahr oder im Einzelfall drohenden Gefahr erforderlich ist. **Das außerordentliche Eingriffsgewicht solcher Datenerhebungen spiegelt sich hier auch in einer besonders engen Bindung jeder weiteren Nutzung der gewonnenen Daten an die Voraussetzungen und damit Zwecke der Datenerhebung.** Eine Nutzung der Erkenntnisse als bloßer Spuren- oder Ermittlungsansatz unabhängig von einer dringenden oder im Einzelfall drohenden Gefahr kommt hier nicht in Betracht. ..... Anderes gilt allerdings auch hier für Informationen aus Wohnraumüberwachungen oder dem Zugriff auf informationstechnische Systeme. Angesichts des besonderen Eingriffsgewichts dieser Maßnahmen muss für sie jede neue Nutzung der Daten wie bei der Datenerhebung selbst auch durch eine dringende Gefahr oder eine im Einzelfall hinreichend konkretisierte Gefahr gerechtfertigt sein."[317]

Daten aus einer Wohnraumüberwachung können zwar auf der Grundlage des § 50 PolG erhoben werden (Voraussetzung: „dringende Gefahr i. S. d. § 50 Abs. 1 S. 1 PolG) – was eine gerichtliche Entscheidung gem. § 50 Abs. 2 bis 4 PolG voraussetzt, es sei denn, es liegen ausnahmsweise die Voraussetzungen einer Gefahr im Verzug vor (§ 50 Abs. 5 PolG) –, aus Anlass ihrer weiterer Verarbeitung (Speicherung, Verwertung) ist aber **zwingend zu prüfen, ob die tatbestandlichen Voraussetzungen des § 50 Abs. 1 S. 1 PolG („dringende Gefahr") in Bezug auf die erhobenen Daten tatsächlich bzw. nach wie vor vorliegen**; § 15 Abs. 3 S. 1 Nr. 2 b PolG gilt für Fälle der Wohnraumüberwachung ausdrücklich nicht, es bedarf einer „dringenden Gefahr" gem. § 50 Abs. 1 S. 1 PolG. Die vor der Wohnraumüberwachung notwendige Einschätzung der Gefahrenlage kann sich nach Erhebung der Daten als nicht zutreffend erweisen, was in der Praxis immer wieder vorkommen dürfte. Daten und daraus resultierende Erkenntnisse aus einer Wohnraumüberwachung können somit **nicht als bloßer Spuren- oder Ermittlungsansatz unabhängig von einer dringenden Gefahr weiter genutzt** werden.[318]

154 **Personenbezogene Daten**, die durch **Herstellung von Lichtbildern oder Bildaufzeichnungen** über eine Person im Wege eines verdeckten Einsatzes technischer Mittel

---

[317] BVerfGE 141, 220, 326 (Rn 283), 329 (Rn 291).
[318] LT-Drs. 16/8484, S. 127, 129.

V. Allgemeine Datenschutznormen (§§ 11 bis 16 PolG)

in oder aus Wohnungen erlangt wurden, dürfen nicht zu Strafverfolgungszwecken weiter verarbeitet werden (**§ 15 Abs. 3 S. 5 PolG**). Die Regelung entspricht § 12 Abs. 3 S. 2 BKAG.

Der Gesetzgeber normiert hier eine **absolutes Verwendungsverbot bei Zweckänderung** der ursprünglichen Datenverarbeitung. Er trägt damit den Vorgaben des **BVerfG** in seinem **BKAG-Urteil** Rechnung: „Verfassungsrechtlich zu beanstanden ist weiterhin, dass Daten aus optischen Wohnraumüberwachungen von einer Übermittlung an die Strafverfolgungsbehörden nicht ausgeschlossen sind. Art. 13 Abs. 3 GG erlaubt für die Strafverfolgung nur den Einsatz der akustischen Wohnraumüberwachung. Dies darf durch eine Übermittlung von Daten aus einer präventiv angeordneten optischen Wohnraumüberwachung nicht unterlaufen werden."[319] Mit § 15 Abs. 3 S. 5 PolG soll verhindert werden, dass auf der Grundlage von aus anderen Rechtsgründen gesetzlich erlaubten optischen Wohnungsüberwachungen gewonnene Daten (Lichtbilder, Bildaufzeichnungen) für die Strafverfolgung eingesetzt werden, wenn der Polizei aus diesen Daten Straftaten bekannt werden.[320] **Art. 13 Abs. 3 S. 1 GG** lässt nach seinem klaren Wortlaut in Wohnungen zur Strafverfolgung bei besonders schweren Straftaten **nur akustische Überwachungen** zu und statuiert damit für bildliche Überwachungen ein absolutes Verwertungsverbot im Strafverfahren.

Personenbezogene Daten, die mithilfe technischer Mittel zur **Überwachung von Wohnungen** erlangt wurden, die **ausschließlich zum Schutz der bei einem Einsatz in Wohnungen tätigen Personen vorgesehen** sind, dürfen unter Beachtung von Satz 1 nur zum Zweck der Strafverfolgung oder der Gefahrenabwehr und nur dann weiter verarbeitet werden, wenn zuvor die Rechtmäßigkeit der Maßnahme richterlich festgestellt ist; bei Gefahr im Verzug ist die richterliche Entscheidung unverzüglich nachzuholen (**§ 15 Abs. 3 S. 6 PolG**). Die Regelung beruht auf **Art. 13 Abs. 5 GG**, der lautet: „Sind technische Mittel ausschließlich zum Schutze der bei einem Einsatz in Wohnungen tätigen Personen vorgesehen, kann die Maßnahme durch eine gesetzlich bestimmte Stelle angeordnet werden. Eine anderweitige Verwertung der hierbei erlangten Erkenntnisse ist nur zum Zwecke der Strafverfolgung oder der Gefahrenabwehr und nur zulässig, wenn zuvor die Rechtmäßigkeit der Maßnahme richterlich festgestellt ist; bei Gefahr im Verzuge ist die richterliche Entscheidung unverzüglich nachzuholen."

Grund für § 15 Abs. 3 S. 6 PolG ist, dass in Fällen der Wohnraumüberwachung zur Eigensicherung nach Art. 13 Abs. 5 S. 1 GG zwar **keine vorherige richterliche Entscheidung erforderlich** ist. Bei einer **nachträglichen Zweckänderung** der dadurch erlangten Daten muss die **richterliche Entscheidung** jedoch **nachgeholt** werden (vgl. Art. 13 Abs. 5 S. 2 GG). Die Vorschrift kann Daten betreffen, die auf der Grundlage des § 45 PolG (Aufzeichnung eingehender Anrufe) oder § 50 PolG (Datenerhebung in oder aus Wohnungen) erhoben wurden.

Für das **gerichtliche Verfahren** gelten die Zuständigkeits- und Verfahrensregelungen des **§ 132 PolG**. Zum Begriff „Gefahr im Verzug" vgl. die Ausführungen in § 4 Rn 35.

e) Datenweiterverarbeitung aufgrund Rechtsgrundlage / Einwilligung (§ 15 Abs. 4 PolG)

aa) Allgemeines

§ 15 Abs. 4 PolG regelt die **weitere Verarbeitung personenbezogener Daten zu einem anderen Zweck** als dem, zu dem sie erhoben wurden, **wenn der neue Zweck nicht in den Anwendungsbereich der DSRL 2016/680** und damit auch nicht in den

---
[319] BVerfGE 141, 220, 338 f. (Rn 317).
[320] Vgl. dazu auch BT-Drs. 18/11163, S. 94, zu § 12 Abs. 3 S. 2 BKAG.

der eigentlichen Datenschutzregelungen des PolG (polizeiliche Aufgabenerfüllung gem. §§ 1, 3 PolG) **fällt**.[321]
Die Einhaltung der Bestimmungen dieser Vorschrift ist durch organisatorische und technische Vorkehrungen sicherzustellen.[322] Dies kann dem Grunde nach nur durch den Aufbau und den laufenden Betrieb eines **Datenschutzmanagementsystems** (vgl. dazu § 10 Rn 117, 610) erfolgen.[323] Ein solches Datenschutzmanagementsystem hat die Polizei **bis spätestens zum 31.12.2029** umzusetzen und in Betrieb zu nehmen, wie sich mittelbar aus der **Übergangsfrist des § 135 Abs. 1 PolG** ergibt.[324]

bb) Zweckänderung (§ 15 Abs. 4 S. 1 PolG)

157 Gem. **§ 15 Abs. 4 S. 1 PolG** können die Polizeibehörden sowie die Polizeidienststellen und Einrichtungen für den Polizeivollzugsdienst personenbezogene Daten, die sie zum Zwecke der Verhütung, Ermittlung, Aufdeckung oder Verfolgung von Straftaten oder Ordnungswidrigkeiten, einschließlich des Schutzes vor und der Abwehr von Gefahren für die öffentliche Sicherheit erhoben haben, **zu einem anderen Zweck als diesen weiter verarbeiten**, soweit
1. dies in einer anderen Rechtsvorschrift vorgesehen ist oder
2. die betroffene Person in die weitere Verarbeitung zu diesem anderen Zweck ihre ausdrückliche Einwilligung erteilt hat.

Voraussetzung für die Zulässigkeit einer zweckändernden weiteren Verarbeitung ist eine **ausdrückliche Erlaubnisnorm** oder eine **ausdrückliche Einwilligung der betroffenen Person**. Beide Voraussetzungen können **alternativ** vorliegen. Aus dem klarstellenden Begriff „als diesen" folgt, dass der andere **Zweck** zur weiteren Datenverarbeitung **außerhalb der Gefahrenabwehr** liegen muss.[325]

Die **Rechtsvorschriften** i. S. d. § 15 Abs. 4 S. 1 PolG können **im PolG oder in anderen Gesetzen** stehen. Dies folgt schon aus **§ 11 Abs. 2 PolG**, der für die Verarbeitung von Daten, die nicht in den originären Aufgabenbereich der Polizei fallen, auf die Anwendung der DSGVO und ergänzend des LDSG verweist. Regelmäßig werden auch Rechtsnormen außerhalb des PolG in Betracht kommen, vor allem solche aus polizeilichen Spezialgesetzen (vgl. dazu § 6 Rn 13 ff.). Zur Einwilligung vgl. § 10 Rn 176 f.

158 Die Polizei hat daher folgende Prüfschritte durchzuführen:
1. Fallen zu verarbeitende Daten in den **Geltungsbereich des PolG**? Gehören sie zur **originären Aufgabenerfüllung** der Polizei?
2. Sofern es sich um Daten handelt, die nicht in den originären Aufgabenbereich der Polizei fallen – ist die **weitere Verarbeitung** dieser Daten **notwendig und sinnvoll**? Diese Frage muss sich die Polizei immer stellen, denn jede Datenverarbeitung belastet die betroffene Person und stellt einen Eingriff in das Recht auf informationelle Selbstbestimmung dar. Es gilt der in den §§ 13 Nr. 3, 75 Abs. 75 Abs. 2 PolG verankerte **Grundsatz der Datenminimierung** (vgl. dazu § 10 Rn 100). Jede nicht notwendige Datenverarbeitung durch die Polizei hat zu unterbleiben, diese Frage stellt insbesondere bei Daten, die nicht aus dem originären Aufgabenbereich der Polizei stammen. Der EU-Richtliniengeber hat dazu ausgeführt: „Personenbezogene Daten sollten nur verarbeitet werden dürfen, wenn der Zweck der Verarbeitung nicht in zumutbarer Weise durch andere Mittel erreicht werden kann."[326]

---

321 Vgl. dazu ausführlicher § 10 Rn 45 ff.
322 LT-Drs. 16/8484, S. 129.
323 Vgl. dazu zutr. Roßnagel, in: Roßnagel, Das neue Datenschutzrecht, § 3 Rn 84.
324 Vgl. dazu auch LT-Drs. 16/8484, S. 191: „Die Befristung bis Ende 2029 erscheint notwendig und angemessen, um einerseits ausreichend Zeit zur Ertüchtigung der technischen Systeme zu belassen und andererseits sicherzustellen, dass die Kennzeichnungspflicht und das Weiterverarbeitungsverbot in absehbarer Zukunft vollumfänglich eingehalten werden."
325 LT-Drs. 16/8484, S. 206.
326 Erwägungsgrund 26 der DSRL 2016/680, EU ABl. L 119, S. 93.

V. Allgemeine Datenschutznormen (§§ 11 bis 16 PolG)

3. Ist die weitere Verarbeitung dieser Daten durch eine **gesetzlichen Norm im oder außerhalb des PolG** erlaubt? Diese finden sich neben dem PolG in der DSGVO mit Ergänzung des LDSG oder in speziellen Bundes- oder Landesgesetzen.
4. Sofern es keine andere Rechtsnorm gibt – soll eine **weitere Datenverarbeitung durch die Einwilligung der betroffenen Person** ermöglicht werden? Wenn ja: Ausführliche Information der betroffenen Person über alle Hintergründe der Datenverarbeitung und Einholung der ausdrücklichen (möglichst schriftlichen) Einwilligung der betroffenen Person.

cc) Einwilligung der betroffenen Person

Die gem. § 15 Abs. 4 S. 1 Nr. 2 PolG erforderliche **Einwilligung ist gegenüber der Daten übermittelnden Stelle zu erklären**. Diese trägt damit auch die Verantwortung für das Vorliegen der notwendigen Einwilligung. Dies folgt auch aus dem Grundsatz des § 59 Abs. 7 S. 1 PolG, wonach die Verantwortung für die Zulässigkeit der Übermittlung grundsätzlich die übermittelnde Stelle trägt (vgl. aber auch die Ausnahme des § 59 Abs. 7 S. 2, 3 PolG für ein Übermittlungsersuchen).

„**Eindeutige**" Einwilligung macht deutlich, dass eine konkludente Einwilligung nicht ausreicht. Um hier Klarheit zu haben, ist stets die schriftliche Einwilligung anzustreben, auch wenn im Einzelfall eine mündliche Einwilligung ausreichen kann (das Gesetz schließt das mangels Formvorgabe nicht aus). Zudem muss die betroffene Person **zuvor über alle Umstände der weiteren Datenverarbeitung informiert** worden sein.[327] Die hat auch der EU-Richtliniengeber sehr deutlich gemacht: „Natürliche Personen sollten über die Risiken, Vorschriften, Garantien und Rechte im Zusammenhang mit der Verarbeitung ihrer personenbezogenen Daten informiert und darüber aufgeklärt werden, wie sie ihre diesbezüglichen Rechte geltend machen können."[328] Zweifel gehen letztlich zulasten der die Daten nutzenden Stelle, da eine fehlende Einwilligung zur **Unzulässigkeit der Datenverarbeitung** und damit auch der Datennutzung führt.

Im Fall des § 15 Abs. 4 S. 1 Nr. 2 PolG spricht auch nichts gegen die Rechtgültigkeit der Einwilligung. Außerhalb der DSRL 2016/680 sind **wirksame Einwilligungen in Datenverarbeitungen** durch die betroffene Person möglich. **Art. 7 DSGVO** sieht die Möglichkeit der wirksamen Einwilligung unter den dort genannten Voraussetzungen ausdrücklich vor.[329]

Gem. § 15 Abs. 4 Abs. 1 Nr. 2 Hs. 2 PolG gilt die Besonderheit, dass sich die **Einwilligung** der betroffenen Person zu einer Weiterverarbeitung **besonderer Kategorien personenbezogener Daten** i. S. d. § 12 Nr. 15 PolG (vgl. dazu § 10 Rn 92) **ausdrücklich auch auf diese Daten beziehen** muss. Hier gilt wegen der besonderen Sensibilität dieser Daten und Informationen eine **gesteigerte Hinweis- und Erklärungspflicht der Polizei** vor Einholung der Einwilligung.

dd) Geltung DSGVO und LDSG (§ 15 Abs. 4 S. 2 PolG)

Gem. **§ 15 Abs. 4 S. 2 PolG** sind für die zweckändernde weitere Verarbeitung gem. Satz 1 die **DSGVO** sowie das **LDSG** zu beachten. Diese Regelung hat **nur deklaratorische Bedeutung**, da die DSGVO und ergänzend das LDSG in diesen Fällen unmittelbar gelten, sofern der Anwendungsbereich der Datenschutzregelungen des PolG (DSRL 2016/680) nicht eröffnet ist. Mit § 15 Abs. 4 S. 2 PolG ist zudem klargestellt, dass **für die Zweckänderung** i. S. d. Satzes 1 die Bestimmungen zur zweckändernden weiteren Verarbeitung gelten, die sich aus der DSGVO und dem sie ergänzenden LDSG ergeben.[330]

159

160

161

---
327 LT-Drs. 16/8484, S. 129.
328 Erwägungsgrund 26 der DSRL 2016/680, EU ABl. L 119, S. 93.
329 Vgl. dazu eingehend etwa Buchner/Kühling, in: Kühling/Buchner, DSGVO/BDSG, Art. 7 DSGVO, Rn 9 ff.
330 LT-Drs. 16/8484, S. 129.

ee) Daten aus Wohnraumüberwachung (§ 15 Abs. 4 S. 3 PolG)

162 Gem. **§ 15 Abs. 4 S. 3 PolG** dürfen personenbezogene Daten, die aus Maßnahmen nach § 50 PolG erlangt wurden, **nicht zu Zwecken i. S. d. § 11 Abs. 2 PolG** weiter verarbeitet werden.

Die Regelung enthält – ebenso wie § 15 Abs. 2 S. 3, Abs. 3 S. 4 bis 6 PolG – **besondere Vorgaben für die Verarbeitung von Daten aus einer Wohnraumüberwachung** (§ 50 PolG). Grund sind auch hier der besondere Schutz der Wohnung durch Art. 13 GG und die in Art. 13 Abs. 3, 4 GG verfassungsrechtlich verankerten strengen Voraussetzungen für eine technische Wohnraumüberwachung. Diese gelten nicht nur für die Erhebung der Daten durch Aufzeichnung, sondern für den gesamten Datenverarbeitungsvorgang. Vgl. dazu auch § 10 Rn 145, 153.

Im Gegensatz zu den Sonderregeln in Abs. 2 S. 3, Abs. 3 S. 4 bis 6 des § 15 PolG handelt sich um ein **absolutes Zweckänderungsverbot**: Gem. § 50 PolG im Wege der **Wohnraumüberwachung** erhobene Daten dürfen **ausschließlich zu Zwecken i. S. d. § 11 Abs. 1 PolG und des Art. 1 Abs. 1 DSRL 2016/680 verarbeitet** werden.

7. Allgemeine Regeln für Datenübermittelung (§ 16 PolG)

a) Allgemeines

163 **§ 16 PolG** enthält allgemeine Regeln für die **Übermittlung von Daten**. Er setzt Regelungen des Unionsrechts um: **Art. 7 Abs. 2, Art. 9 Abs. 2, 3 DSRL 2016/680**. § 16 PolG ersetzt den bis zum Jahr 2021 gegoltenen § 41 PolG 1992.

Die allgemeinen Vorgaben in § 16 PolG für die Datenübermittlung werden durch die **besonderen Übermittlungsregelungen** in den §§ 59 bis 61 PolG ergänzt und konkretisiert. Zudem finden sich in § 62 PolG Regelungen **zu allgemeinen Übermittlungsverboten und Verweigerungsgründen**.

Die **Übermittlung personenbezogener Daten aus einem Mitgliedstaat in ein Drittland** stellt als solche eine Verarbeitung personenbezogener Daten dar, die in den Geltungsbereich der DSGVO und der DSRL 2016/680 fällt.[331]

164 **§ 16 Abs. 1 S. 1 bis 3 PolG** dient der Umsetzung von **Art. 7 Abs. 2 DSRL 2016/680**: „Die Mitgliedstaaten sehen vor, dass die zuständigen Behörden alle angemessenen Maßnahmen ergreifen, um zu gewährleisten, dass personenbezogene Daten, die unrichtig, unvollständig oder nicht mehr aktuell sind, nicht übermittelt oder bereitgestellt werden. Zu diesem Zweck überprüft jede zuständige Behörde, soweit durchführbar, die Qualität der personenbezogenen Daten vor ihrer Übermittlung oder Bereitstellung. Bei jeder Übermittlung personenbezogener Daten werden nach Möglichkeit die erforderlichen Informationen beigefügt, die es der empfangenden zuständigen Behörde gestatten, die Richtigkeit, die Vollständigkeit und die Zuverlässigkeit der personenbezogenen Daten sowie deren Aktualitätsgrad zu beurteilen." **§ 16 Abs. 1 S. 4 PolG** entspricht § 43 Abs. 3 S. 2 PolG 1992.

aa) Übermittlungsverbot falscher Daten (§ 16 Abs. 1 S. 1 PolG)

165 Gem. **§ 16 Abs. 1 S. 1 PolG** hat die Polizei **angemessene Maßnahmen** zu ergreifen, um zu gewährleisten, dass **personenbezogene Daten, die unrichtig, unvollständig oder nicht mehr aktuell sind, nicht übermittelt oder sonst zur Verfügung gestellt** werden. Der EU-Richtliniengeber hat hierzu ausgeführt: „Die zuständigen Behörden sollten dafür sorgen, dass personenbezogene Daten, die unrichtig, unvollständig oder nicht mehr aktuell sind, nicht übermittelt oder bereitgestellt werden."[332]

---

331 EuGH (Schrems II), NJW 2020, 2613, 2615 (Rn 83); vgl. auch Lejeune, CR 2020, 716 ff.
332 Erwägungsgrund 32 der DSRL 2016/680, EU ABl. L 119, S. 93.

Die Regelung ist schon aufgrund der in § 13 S. 1 Nr. 4 PolG enthaltenen **Pflicht zur Richtigkeit** der verarbeiteten Daten (vgl. dazu § 10 Rn 102 ff.) geboten. Sie konkretisiert diesen Grundsatz für den Fall der Datenübermittlung oder des Zurverfügungstellens von Daten. Die **Verpflichtung** trifft ausschließlich die **übermittelnde Stelle**. Der vom Landesgesetzgeber verwendete Begriff „angemessene Maßnahmen" ist aus nicht nachvollziehbaren Gründen weniger stringent formuliert wie es Art. 7 Abs. 2 S. 1 DSLR 2017/680 eigentlich vorgibt; dort heißt es **„alle angemessenen Maßnahmen"**. In der englischen Version der DSRL 2016/680 lautet die Formulierung „all reasonable steps". Der Landesgesetzgeber kann hinter diese tatbestandliche Anforderung der Richtlinie nicht zurücktreten. Durch das Wort „alle" („all") wird deutlich, dass die Polizei gehalten ist, **umfassende Vorkehrungen** zu treffen, um ein Zurverfügungstellen falscher Daten möglichst sicher zu verhindern. Die **Zumutbarkeitsschwelle** ist hoch. Durch den Begriff „angemessen" wird lediglich deutlich gemacht, dass der vorgesehene Aufwand dort eine Grenze findet, wo er **außer Verhältnis zum vorgebeben Ziel** (Richtigkeit der Daten) stehen würde. In der Praxis bedeutet dies, dass die Polizei in ihrem **Datenschutzmanagementsystem** (vgl. dazu § 10 Rn 117, **610**) geeignete Vorkehrungen treffen muss, die eine unrichtige Erfassung und weitere Verarbeitung der Daten verhindern, dass eine regelmäßige Überprüfung der Daten auf ihre Richtigkeit und Vollständigkeit stattfindet, die ggf. gem. § 75 Abs. 1 PolG zu einer umgehenden Korrektur führt, und dass **vor jeder Datenübermittlung eine grundlegende Prüfung auf Richtigkeit, Vollständigkeit und Aktualität der Daten erfolgen muss** (§ 16 Abs. 1 S. 2 PolG [vgl. dazu § 10 Rn 167]).

Der EU-Richtliniengeber hat darauf hingewiesen, dass der Grundsatz der sachlichen Richtigkeit der Daten unter Berücksichtigung von Art und Zweck der jeweiligen Verarbeitung angewandt werden sollte.[333] Bei der Anwendung der Vorschrift ist insofern zu beachten, dass die Frage, ob Daten noch aktuell sind, nur **im konkreten Zusammenhang und unter Beachtung des konkreten Verarbeitungszwecks** zu beurteilen ist. So kann etwa die Übermittlung von unter abstrakten Gesichtspunkten nicht (mehr) aktuellen Daten wie alte Meldeadressen, abweichende Geburtsnamen etc. bedeutsam und für die Aufgabenerfüllung erforderlich und damit im konkreten Zusammenhang noch „aktuell" sein.[334]

166

Die Pflicht zur Vermeidung einer Übermittlung unvollständiger Daten ist auf solche Fälle zu beziehen, bei denen **zum Zeitpunkt der (erstmaligen) Übermittlung** bereits bekannt ist, dass der zu übermittelnde Datensatz unvollständig ist. Die Polizei ist **vor jeder Datenübermittlung** verpflichtet, die **Richtigkeit, Vollständigkeit und Aktualität der Daten** nochmals zu **überprüfen** (§ 16 Abs. 1 S. 2 PolG [vgl. dazu § 10 Rn 167]). Erfolgt eine Datenübermittlung ausschließlich zu dem Zweck, **zuvor unvollständige Daten zu vervollständigen**, wird diese Datenübermittlung schon nach Sinn und Zweck der Regelung nicht von § 16 Abs. 1 S. 1 PolG erfasst.

bb) Datenüberprüfung / Datenqualität (§ 16 Abs. 1 S. 2 PolG)
Gem. **§ 16 Abs. 1 S. 2 PolG** hat die Polizei zur Sicherstellung der Richtigkeit, Vollständigkeit und Aktualität der zu übermittelnden Daten, soweit dies mit angemessenem Aufwand möglich ist, die **Qualität der Daten vor ihrer Übermittlung oder Bereitstellung zu überprüfen**. Der Landesgesetzgeber hat damit **Art. 7 Abs. 2 S. 2 DSRL 2016/680** umgesetzt, der verlangt, dass jede zuständige Behörde – soweit durchführbar – die Qualität der personenbezogenen Daten vor ihrer Übermittlung oder Bereitstellung überprüft.

167

---

333 Erwägungsgrund 30 der DSRL 2016/680, EU ABl. L 119, S. 93.
334 So zu Recht LT-Drs. 16/8484, S. 130.

Mit der Pflicht zur Übermittlung nur richtiger, vollständiger und aktueller Daten korrespondiert richtigerweise die Verpflichtung der Polizei, die **Qualität der zu übermittelnden Daten** in Bezug auf diese Merkmale **vor der Übermittlung** (nochmals) zu **überprüfen**. Der Landesgesetzgeber weicht auch hier von der Formulierung der DSRL 2016/680 ab, er verwendet den Begriff „angemessenen Aufwand". § 7 Abs. 2 S. 2 DSRL 2016/680 verwendet dagegen die Formulierung „soweit durchführbar", im Englischen „as far as practicable", und damit bewusst eine andere Formulierung als in Art. 7 Abs. 2 S. 1 DSRL 2016/680 (dort „angemessen"). Damit ist etwas anderes als „angemessener Aufwand" gemeint. Entgegen der Formulierung des Landesgesetzgebers scheidet daher im Wege einer richtlinienkonformen Auslegung[335] eine Überprüfung der Datenqualität vor der Übermittlung nur aus, wenn **die Überprüfung aus objektiven Gründen ausgeschlossen** (nicht durchführbar) ist (etwa bei besonderer Dringlichkeit der Datenübermittlung aus schwerwiegenden Gründen der Sicherheit oder aus technischen Gründen oder mangels grundlegender Informationen). Es ist dagegen ausgeschlossen, dass die Polizei von der Überprüfung absieht, weil sie ihr unangemessen erscheint, sie ihr also im Einzelfall außer Verhältnis zu Ziel und Zweck des § 16 Abs. 1 S. 2 PolG stehend erscheint. Hier ist auch zu beachten, dass bei einem gut funktionierenden **Datenschutzmanagementsystem** (vgl. dazu § 10 Rn 117, **610**) in der Regel Überprüfungen der Datenqualität kein grundlegendes Problem darstellen sollten.

cc) **Informationspflicht (§ 16 Abs. 1 S. 3 PolG)**

168 Gem. **§ 16 Abs. S. 3 PolG** hat die Polizei bei jeder Übermittlung personenbezogener Daten, soweit dies möglich und angemessen ist, **Informationen beizufügen, die es dem Empfänger gestatten, die Richtigkeit, die Vollständigkeit und die Zuverlässigkeit der Daten sowie deren Aktualität zu beurteilen**. Der Landesgesetzgeber hat damit **Art. 7 Abs. 2 S. 3 DSRL 2016/680** umgesetzt: „Bei jeder Übermittlung personenbezogener Daten werden nach Möglichkeit die erforderlichen Informationen beigefügt, die es der empfangenden zuständigen Behörde gestatten, die Richtigkeit, die Vollständigkeit und die Zuverlässigkeit der personenbezogenen Daten sowie deren Aktualitätsgrad zu beurteilen."[336]

dd) **Mitteilungspflicht (§ 16 Abs. 1 S. 4 PolG)**

169 Wird festgestellt, dass unrichtige personenbezogene Daten oder personenbezogene Daten unrechtmäßig übermittelt worden sind, hat die Polizei dies gem. **§ 16 Abs. 1 S. 4 PolG** dem **Empfänger unverzüglich mitzuteilen**. Diese Regelung dient der Umsetzung von **Art. 7 Abs. 3 S. 1 DSRL 2016/680**: „Wird festgestellt, dass unrichtige personenbezogene Daten übermittelt worden sind oder die personenbezogenen Daten unrechtmäßig übermittelt worden sind, so ist dies dem Empfänger unverzüglich mitzuteilen." Sie entspricht § 43 Abs. 3 S. 2 PolG 1992.

§ 16 Abs. 1 S. 4 PolG sieht eine **unverzügliche Mitteilungspflicht** derjenigen Stelle der Polizei vor, die einer anderen Stelle unrichtige, unvollständige oder nicht aktuelle Daten übermittelt hat. „Unverzüglich" bedeutet, dass die Mitteilung **sofort** (= ohne schuldhaftes Zögern) erfolgt, nachdem die verantwortliche Polizeistelle Kenntnis von der Unrichtigkeit, Unvollständigkeit oder Veralterung der bereits übermittelten Daten erlangt hat. Sie hat zu diesem Zweck der empfangenden Stelle alle Informationen zur Verfügung zu stellen, die eine sofortige Korrektur der übermittelten Daten ermöglichen. Richtigerweise sollte dies durch eine **Übermittlung des kompletten, bereits korrigierten Datensatzes** durch die übermittelnde Polizeistelle erfolgen, verbunden mit dem Hinweis, alle bei der empfangenden Stelle gespeicherten Datensätze durch die erneut übermittelten

---

[335] Vgl. dazu Streinz, Europarecht, Rn 508 bis 512; Herdegen, Europarecht, § 8 Rn 52 bis 54.
[336] Vgl. dazu auch Erwägungsgrund 30 der DSRL 2016/680, EU ABl. L 119, S. 93.

zu ersetzen. Damit bleibt die inhaltliche Verantwortung für die Richtigkeit der übermittelten Daten (§ 16 Abs. 1 S. 1, 2 PolG) bei der übermittelnden Stelle der Polizei.

Art. 7 Abs. 3 S. 2 DSRL 2016/680 sieht vor, dass im Fall der nachträglichen Feststellung der Unrichtigkeit, Unvollständigkeit oder Veralterung der übermittelnden Daten eine Berichtigung oder Löschung oder die Einschränkung der Verarbeitung der personenbezogenen Daten vorzunehmen ist. Die Regelung wurde in **§ 75 PolG** umgesetzt. 170

Für die die Daten **empfangende Stelle** folgt die Verpflichtung zur Korrektur der falschen Daten aus Art. 7 Abs. 3 S. 2 DSRL 2016/680 bzw. den zur Umsetzung erlassenen Landes- oder Bundesgesetzen.

b) Hinweispflichten (§ 16 Abs. 2 PolG)

Gelten für die Verarbeitung von personenbezogenen Daten **besondere Bedingungen**, so hat gem. **§ 16 Abs. 2 S. 1 PolG** die übermittelnde Stelle den Empfänger **auf diese Bedingungen und die Pflicht zu ihrer Beachtung hinzuweisen**. Die Hinweispflicht kann durch entsprechende Markierung der Daten erfüllt werden (**§ 16 Abs. 2 S. 2 PolG**). Mit dieser Regelung wird **Art. 9 Abs. 3 DSRL 2016/680** umgesetzt: „Die Mitgliedstaaten sehen vor, dass immer dann, wenn nach dem Unionsrecht oder dem Recht der Mitgliedstaaten, dem die übermittelnde zuständige Behörde unterliegt, für die Verarbeitung besondere Bedingungen gelten, die übermittelnde zuständige Behörde den Empfänger der Daten darauf hinweist, dass diese Bedingungen gelten und einzuhalten sind." 171

Unter „**besonderen Bedingungen**" in diesem Sinne sind alle Umstände zu verstehen, die sich aus gesetzlichen Anforderung des PolG oder anderer Gesetze ergeben, die **an die Datenverarbeitungen besondere Anforderungen** stellen.

Beispiele: Zweckbindungsregelungen für die weitere Verarbeitung durch den Empfänger, Fristen für die Löschung bzw. die Überprüfung der Erforderlichkeit der weiteren Speicherung, das Verbot der Weiterübermittlung ohne Genehmigung oder Konsultationserfordernisse vor der Beauskunftung betroffener Personen.[337]

Liegen solche „besonderen Bedingungen" vor, muss die die Daten übermittelnde Stelle der Polizei die empfangende Stelle **zwingend** („hat") hierauf **hinweisen**. Der entsprechende Hinweis muss so klar, unmissverständlich und umfassend sein, dass die empfangende Stelle in die Lage versetzt wird, hiervon Kenntnis zu nehmen und ihrerseits diese „besonderen Bedingungen" bei der weiteren Verarbeitung der Daten zu beachten. Es muss auch ein **Hinweis auf die Rechtslage und Rechtsfolge** (Bindung bei der Datenverarbeitung) erfolgen (dies folgt aus der Formulierung „Pflicht zu ihrer Beachtung hinzuweisen").

Bei der **Art des Hinweises** ist die Polizei **grundsätzlich frei**. Schriftform ist – auch zur Nachweisbarkeit – angezeigt. Es ist der Polizei überlassen, den Hinweis so zu formulieren, dass er von der empfangenden Stelle erkannt, vollständig verstanden und darauf basierend beachtet und umgesetzt werden kann. Durch **§ 16 Abs. 2 S. 2 PolG** ist klargestellt, dass die Hinweispflicht durch eine **geeignete Markierung der Daten** erfüllt werden kann. 172

Beispiele für eine Markierung:
- Die übermittelten Daten betreffen einen russischen Staatsangehörigen und werden dem BKA zur Verfügung gestellt. Hier könnte der Hinweis erfolgen: „Für diese Daten ist bei einer Übermittlung an Staaten, die nicht Mitglied der Europäischen Union sind, § 61 PolG zu beachten. Die Übermittlung bedarf gem. § 61 Abs. 2 PolG zwingend eines Angemessenheitsbeschlusses der Europäischen Kommission."
- Übermittelt die Polizei Daten, die per Einwilligung gem. § 42 Abs. 1 PolG verarbeitet wurden (zum Zweck der Zuverlässigkeitsprüfung), muss sie gem. §§ 16 Abs. 2, 42 Abs. 2 S. 1 PolG darauf hinweisen, dass die betroffenen Daten durch die Polizei zum Zweck der Zuverlässigkeitsprüfung verarbeitet wurden (vgl. dazu auch § 10 Rn 175 ff.). Dies kann durch eine entsprechen-

---

[337] LT-Drs. 16/8484, S. 130.

de Markierung der Daten erfolgen: „Diese Daten wurden zum Zweck der Zuverlässigkeitsprüfung gem. § 42 Abs. 1 PolG verarbeitet und dürfen gem. § 42 Abs. 3 S. 1 PolG nur zu diesem Zweck weiterverarbeitet werden".

Im ersten Beispiel ergeben sich für die Datenverarbeitung besondere Anforderungen nicht nur aus § 61 PolG, sondern in der weiteren Verarbeitung durch das BKA auch aus § 27 BKAG. Für diese weitere Verarbeitung trägt das BKAG die Verantwortung (vgl. etwa § 27 Abs. 7 S. 1 BKAG).

c) Datenübermittlung an EU-Mitgliedsstatten und EU-Organisationen (§ 16 Abs. 3 PolG)

173 Gem. § 16 Abs. 3 PolG darf die übermittelnde Stelle auf Empfänger in anderen Mitgliedstaaten der EU und auf Einrichtungen und sonstige Stellen, die nach Kapitel 4 und 5 des Titels V des Dritten Teils des Vertrags über die Arbeitsweise der Europäischen Union errichtet wurden, **keine Bedingungen anwenden, die nicht auch für entsprechende innerstaatliche Datenübermittlungen gelten**. Die Regelung setzt Art. 9 Abs. 4 DSRL 2016/680 um: „Die Mitgliedstaaten sehen vor, dass die übermittelnde zuständige Behörde auf Empfänger in anderen Mitgliedstaaten oder nach Titel V Kapitel 4 und 5 AEUV errichtete Einrichtungen und sonstige Stellen keine Bedingungen nach Abs. 3 anwendet, die nicht auch für entsprechende Datenübermittlungen innerhalb ihres eigenen Mitgliedstaats gelten."

Durch § 16 Abs. 3 PolG soll sichergestellt werden, dass die Polizei gegenüber Stellen aus anderen Mitgliedstaaten der EU oder Stellen, die nach Kapitel 4 und 5 des Titels V des Dritten Teils des AEUV errichtet wurden, **keine weitergehenden Anforderungen** in Bezug auf „besondere Bedingungen" der übermittelten Daten stellt als das eigene (innerstaatliche) Recht vorsieht. Die genannten außerstaatlichen Stellen werden insoweit den innerstaatlichen Stellen gleichgestellt. „Kapitel 4 und 5 des Titels V des Dritten Teils des AEUV" meint die **§§ 82 bis 89 AEUV** (justizielle Zusammenarbeit in Strafsachen und polizeiliche Zusammenarbeit). Erfasst werden damit vor allem **Eurojust**, die **Europäische Staatsanwaltschaft** und **Europol** (vgl. dazu die Ausführungen in § 1 Rn 46 ff.).

VI. Datenverarbeitung bei polizeilichen Einzelmaßnahmen / verdeckte Ermittlungsbefugnisse / weitere Datenverarbeitung / Datenübermittlung (§§ 42 bis 62 PolG)

1. Allgemeines

174 Die **§§ 42 bis 62 PolG** enthalten umfassende Regelungen für **Einzelmaßnahmen der Polizei**, die zumeist auch eine grundlegende Datenverarbeitung erfordern. Bei den meisten dieser Maßnahmen stehen die Datenerhebung und umfassende Datenverarbeitung im Vordergrund (Beispiele: Bild- und Tonaufzeichnung, Aufzeichnung von Telefonanrufen, Rasterfahndung, Wohnraumüberwachung, Kennzeichenauslesung etc.).

Darüber hinaus enthalten die §§ 42 bis 62 PolG seit dem Inkrafttreten des PolG 2020 zahlreiche **besondere Regelungen der Datenverarbeitung**, die der Umsetzung der **DSRL 2016/680** und der Regelung der Verarbeitung der in polizeilichen Einzelmaßnahmen gewonnenen Daten dienen.

Für alle in den §§ 42 bis 62 PolG enthaltenen Normen und Datenverarbeitungsvorgänge sind stets die **allgemeinen Datenschutzregelungen der §§ 11 bis 16 PolG** beachtlich (vgl. dazu § 10 Rn 76 ff.). Sie sind vor die Klammer gezogene grundlegende Normen der Datenverarbeitung. Darüber hinaus sind die weiteren **besonderen Datenschutzregelungen der §§ 70 bis 99 PolG** ggf. anzuwenden (vgl. dazu § 10 Rn 590 ff.).

Insgesamt finden sich in den §§ 42 bis 62 PolG zahlreiche Regelungen für den Umgang mit der Datenverarbeitung durch die Polizei, die im Einklang mit den **Vorgaben des Unionsrechts** – insbesondere aus der DSRL 2016/680 – stehen. Auch die neueren **Vorgaben des BVerfG zum Datenschutzrecht** haben Eingang gefunden.

2. Einwilligung in Datenverarbeitung (§ 42 PolG)
a) Allgemeines

§ 42 PolG enthält eine eigenständige Regelung für die **Datenverarbeitung auf der Grundlage einer Einwilligung** der betroffenen Person. Gem. **§ 4 Abs. 1 LDSG a. F.** war die Einwilligung der betroffenen Person als Alternative zu einer gesetzlichen Vorschrift ausreichende Grundlage für die Verarbeitung personenbezogener Daten. Für den Bereich des Polizeirechts gelten nunmehr die Vorgaben der DSRL 2016/680, die in das deutsche Recht umzusetzen waren (vgl. dazu § 10 Rn 21 ff, Rn 51 ff.).

175

Seit Inkrafttreten der DSRL 2016/680 und deren Umsetzungspflicht ins deutsche Recht ist davon auszugehen, dass die Einwilligung einer betroffenen Person zu einer Datenverarbeitung zum einen einer **ausdrücklichen gesetzlichen Ermächtigung** bedarf, eine allgemeine Erlaubnis der Datenverarbeitung durch Einwilligung also nicht mehr ausreicht.[338] Zum anderen ist auf der Grundlage der DSRL 2016/680 davon auszugehen, dass eine Datenverarbeitung mit Einwilligung der betroffenen Person **nur noch in Ausnahmefällen** in Betracht kommt.[339]

176

Die DSRL 2016/680 enthält anders als die DSGVO (dort Art. 6 Abs. 1 UAbs. 1 lit. a) keine Regelung über die Einwilligung der betroffenen Person in eine Datenverarbeitung. Aus den Erwägungsgründen 35 und 37 ergibt sich aber, dass der EU-Richtliniengeber davon ausging, dass Einwilligungsregelungen der Mitgliedsstaaten grundsätzlich möglich sind.[340] Er macht aber auch deutlich, dass dies vielfach schwierig sein dürfte. So führt er etwa in **Erwägungsgrund 35** aus, dass die Einwilligung der betroffenen Person als Reaktion auf eine entsprechende Aufforderung der staatlichen Behörden keine rechtliche Grundlage für die Verarbeitung personenbezogener Daten durch die zuständigen Behörden darstellen kann: „Bei der Wahrnehmung der ihnen als gesetzlich begründeter Institution übertragenen Aufgaben, Straftaten zu verhüten, zu ermitteln, aufzudecken und zu verfolgen, können die zuständigen Behörden natürliche Personen auffordern oder anweisen, ihren Anordnungen nachzukommen. In einem solchen Fall sollte die **Einwilligung der betroffenen Person** im Sinne der Verordnung (EU) 2016/679 **keine rechtliche Grundlage für die Verarbeitung personenbezogener Daten** durch die zuständigen Behörden darstellen. Wird die betroffene Person aufgefordert, einer rechtlichen Verpflichtung nachzukommen, so hat sie **keine echte Wahlfreiheit**, weshalb ihre Reaktion nicht als freiwillig abgegebene Willensbekundung betrachtet werden kann."[341]

Angesichts der unionsrechtlichen Rahmenbedingungen aus der DSLR 2016/680 ist davon auszugehen, dass **ohne unionsrechtskonforme ausdrückliche gesetzliche Ermächtigung** die **Einwilligung der betroffenen Person** eine Berechtigung zur Datenverarbeitung **nicht wirksam** bewirken kann.[342] Die Einwilligung in eine Datenverarbeitung ohne ausdrückliche gesetzliche Norm ist unwirksam[343], **die darauf basierende Datenverarbeitung rechtswidrig**, die Verwertung der so erlangten Daten unzulässig. Einwilligungen auf der Grundlage einer gesetzlichen Norm sind **in bestimmten Fall-**

---

338 Wie hier etwa Weinhold, in: Roßnagel, Das neue Datenschutzrecht, § 7 Rn 86; i. E. ebenso Schieder, GSZ 2021, 16, 18.
339 Wie hier etwa Heckmann/Paschke, in: Gola/Schomerus, BDSG, § 51 Rn 9; Frenzel, in: Paal/Pauly, DSGVO/BDSG, § 51 BDSG Rn 1; ähnlich Herbst, in: Auernhammer, DSGVO/BDSG, DSLR 2016/680 Rn 20.
340 Vgl. dazu § 51 BDSG, der eine detaillierte Regelung über die mögliche Einwilligung betroffener Personen enthält, daneben aber für jede konkrete Einwilligung einen spezialgesetzlichen Ermächtigungsbedarf verlangt. § 51 BDSG regelt nur die unbedingten rechtlichen Voraussetzungen einer wirksamen Einwilligungserklärung (Weinhold, in: Roßnagel, Das neue Datenschutzrecht, § 7 Rn 86). Eingehend dazu Schieder, GSZ 2021, 16 ff.
341 Erwägungsgrund 35 der DSRL 2016/680, EU ABl. L 119, S. 94. Vgl. dazu auch Johannes/Weinhold, Neues Datenschutzrecht, § 1 Rn 154 ff., sowie Golla, KriPoZ 2019, 238, 239 ff.
342 Schwabenbauer, in: Lisken/Denninger, Handbuch des Polizeirechts, Kap. G Rn 385; Petri, in: Lisken/Denninger, Handbuch des Polizeirechts, Kap. G Rn 506 f.; Schieder, GSZ 2021, 16, 18; Golla, KriPoZ 2019, 238, 240; Golla/Skobel, GSZ 2019, 140, 143 f.
343 Golla/Skobel, GSZ 2019, 140, 141 f.

konstellationen denkbar, etwa wenn besondere Datenmerkmale (wie rassische oder ethnische Herkunft) verarbeitet werden sollen, die besonders stark in die Grundrechte einer betroffenen Person eingreifen. Hier sollte neben dem gesetzlichen Erlaubnistatbestand zusätzlich die Einwilligung der betroffenen Person erforderlich sein.[344] Darüber hinaus kommen Einwilligungen überall dort in Betracht, wo die **Datenverarbeitung im vorrangigen Interesse der betroffenen Person** erfolgt.

177 Das **PolG 2020** enthält richtigerweise **keine allgemeine Ermächtigung zur Datenverarbeitung auf der Grundlage einer Einwilligung** der betroffenen Person, sondern lediglich einzelne Tatbestände der Datenverarbeitung, die mit einer Einwilligung verknüpft sind. Dies sind neben § 42 PolG noch § 15 Abs. 4 S. 1 Nr. 2 PolG (Datenweiterverarbeitung bei Einwilligung) und § 32 Abs. 2 S. 3 PolG (Elektronische Aufenthaltsüberwachung zur Verhütung terroristischer Straftaten). Auch **§ 42 Abs. 1, 5 PolG** stellt **keine allgemeine Regelung** für den Fall der Datenverarbeitung mit Einwilligung dar, sondern trifft nur eine Regelung für den besonderen Fall der Datenverarbeitung bei einer Zuverlässigkeitsprüfung und für die in Abs. 5 genannten Fallkonstellationen.

178 Der **Landesgesetzgeber** geht davon aus, dass es im Polizeirecht Bereiche geben kann, in denen eine polizeiliche Datenverarbeitung erforderlich sein kann, obwohl sie nicht besonders gesetzlich geregelt ist und auch nicht für jeden denkbaren Einzelfall geregelt werden kann. Als einen Anwendungsfall nennt er die **Durchführung von Zuverlässigkeitsüberprüfungen** von Personen, für die ein privilegierter Zutritt zu einer besonders gefährdeten Veranstaltung beantragt wird: „Gerade in der heutigen Zeit, mit einer hohen abstrakten Gefährdung durch terroristische Anschläge, gibt es zahlreiche Konstellationen, in denen aufgrund einer Gefährdungsbeurteilung die Notwendigkeit besteht, bestimmte Personen oder Personenkreise, die Zugang zu einer Veranstaltung erhalten sollen, auf ihre Zuverlässigkeit zu überprüfen. Insbesondere betrifft dies Personen, die im Umfeld von Veranstaltungen, wie etwa Festivals, beschäftigt sind oder Journalisten, die in diesem Zusammenhang eine Akkreditierung zu bestimmten sicherheitsrelevanten Bereichen begehren. In solchen Fällen besteht ein großes öffentliches Interesse daran, dass zu Zwecken der Gefahrenabwehr oder der Straftatenverhütung nur Personen Zutritt erhalten, die auf ihre Zuverlässigkeit überprüft wurden. Ferner werden Zuverlässigkeitsüberprüfungen zum Schutz staatlicher Einrichtungen durchgeführt, zum Beispiel bei Personen, die zeitweisen Zugang zu sicherheitsrelevanten Bereichen öffentlicher Gebäude erhalten sollen, etwa Handwerker oder Reinigungspersonal. Die Durchführung der Zuverlässigkeitsüberprüfung richtet sich in diesen Fällen nach dem Landesdatenschutzgesetz, der von der Polizei vorzunehmende Datenabgleich jedoch nach dem Polizeigesetz."[345]

179 Es bestehen **keine durchgreifenden unions- und verfassungsrechtlichen Bedenken**, dass für den Fall einer notwendigen Zuverlässigkeitsprüfung Daten verarbeitet werden, die über die betroffene Person zu diesem Zweck mit deren ausdrücklicher Einwilligung erhoben wurden. Es handelt sich um **keinen Fall hoheitlich-polizeilicher Datenerhebung**, die eine betroffene Person über sich ergehen lassen muss (vgl. zuvor § 10 Rn 176). Vielmehr hat die betroffene Person in diesen Fällen ein **ureigenes Interesse an der Durchführung einer wirksamen Zuverlässigkeitsprüfung**, um die angestrebte Tätigkeit – die eine Zuverlässigkeitsprüfung erfordert – aufzunehmen. Der Landesgesetzgeber hat zudem das notwendige Einwilligungsverfahren so ausgestaltet, dass die betroffene Person „Herr des Verfahrens" bleibt: „Dabei erscheint es vorzugswürdig, Zuverlässigkeitsüberprüfungen zwar auf der Grundlage einer gesetzlichen Regelung vorzunehmen, jedoch nicht ohne dass die betroffene Person zuvor über die Verarbeitung ihrer Daten umfassend informiert wird und der Verarbeitung ausdrücklich zustimmt. Denn dadurch wird der betroffenen Person zumindest die **Möglichkeit** belas-

---
344 So ausdrücklich Erwägungsgrund 37 der DSRL 2016/680, EU ABl. L 119, S. 95.
345 LT-Drs. 16/8484, S. 137.

sen, **die Einwilligung zu verweigern** und sich der Zuverlässigkeitsüberprüfung zu entziehen."[346]

Die Regelung des § 42 PolG über die Zulässigkeit einer Einwilligung zur Datenverarbeitung ist auch **mit Art. 12 GG vereinbar**. Die Einwilligung ist Voraussetzung für eine **wirksame Zuverlässigkeitsprüfung**. Eignung und Zuverlässigkeit als Voraussetzung für den Zugang zu einem bestimmten Beruf sind grundsätzlich eine mit Art. 12 GG vereinbare **Zulassungsregel für die Berufswahl**.[347] Die in diesem Kontext verlangte Einwilligung zur Verarbeitung der für die Zuverlässigkeitsprüfung erforderlichen Daten ist notwendiger und zulässiger Teil der diesbezüglichen Berufszulassungsregelungen. Aus Art. 12 GG folgt aber die grundlegende Pflicht der Polizei, bei auf § 42 PolG basierenden Auskunftsersuchen anderer Behörden **darauf zu achten**, dass die **erbetene Auskunft tatsächlich einer rechtlich zulässigen Zuverlässigkeitsprüfung dient** (vgl. dazu auch § 42 Abs. 3 PolG [dazu § 10 Rn 192 ff.]), diese ist durch § 42 Abs. 1 PolG auf bestimmte Fälle begrenzt (vgl. dazu § 10 Rn 181 ff.). 180

b) Zuverlässigkeitsprüfung (§ 42 Abs. 1 PolG)

Gem. **§ 42 Abs. 1 PolG** kann die Polizei **zur Durchführung von Zuverlässigkeitsüberprüfungen** personenbezogene Daten von Personen verarbeiten, denen **zur Ausführung von Tätigkeiten bei Großveranstaltungen oder in öffentlichen Liegenschaften Zutritt gewährt** werden soll, wenn ihr zuvor von der um Zuverlässigkeitsüberprüfung ersuchenden Stelle die Überprüfung der Identität der betroffenen Personen und deren Einwilligung in die dafür erforderliche Datenverarbeitung gemäß den Anforderungen des § 42 Abs 2 PolG schriftlich bestätigt werden. 181

§ 42 Abs. 1 PolG ermöglicht die Datenverarbeitung durch die Polizei zur Auskunftserteilung an andere Behörden und Stellen. Die Möglichkeit zur Datenverarbeitung ist auf **Zuverlässigkeitsprüfungen** begrenzt. **Zuverlässig ist**, wer nach dem Gesamteindruck seines Verhaltens die Gewähr dafür bietet, dass er sein Gewerbe oder seine Tätigkeit ordnungsgemäß betreibt bzw. durchführen wird.[348] Dafür ist es auch erforderlich, dass eine Person polizeilich nicht in Erscheinung getreten ist, also gegen sie keine Erkenntnisse vorliegen, dass sie gegen die öffentliche Sicherheit oder Ordnung verstoßen hat oder gegen sie wegen schwerwiegender Ordnungswidrigkeiten oder wegen Straftaten ermittelt wurde.[349]

Die Polizei kann auf der Grundlage des § 42 Abs. 1 PolG nicht für alle Arten der Zuverlässigkeitsprüfung Auskünfte erteilen, vielmehr ist dies auf angestrebte **Tätigkeiten der betroffenen Personen bei Großveranstaltungen und in öffentlichen Liegenschaften** beschränkt.

Beispiele: Sicherheitspersonal bei Open-Air-Konzerten, Justizvollzugsdienst, Wachpersonal im öffentlichen Bereich (Gerichte), Flughafenpersonal, privater Sicherheitsdienst in Bahnhöfen.

Die **Verarbeitung der Daten** umfasst im Fall des § 42 Abs. 1 PolG insbesondere das **Erheben** der Daten, den **Abgleich** der Daten mit dem vorhandenen Datenbestand sowie die **Übermittlung** des Ergebnisses an die anfragende Stelle. In zahlreichen Fällen erfolgt eine Zuverlässigkeitsüberprüfung zwar aus Anlass einer entsprechenden Gefährdungsbeurteilung der Polizei im Rahmen ihrer allgemeinen Aufgabenwahrnehmung. Für den Nachweis der Zuverlässigkeit ist jedoch in aller Regel nicht die Polizei, sondern **die ersuchende Stelle verantwortlich**. Dies kann ein Unternehmer sein, der einen öffentlichen Auftrag erhalten hat und die Zuverlässigkeit seines Personals nachzuweisen hat, oder ein Veranstalter, der auf Veranlassung der Genehmigungsbehörde oder der Polizei 182

---
346 LT-Drs. 16/8484, S. 138.
347 Vgl. dazu etwa BVerfGE 41, 378, 390; Jarass, in Jarass/Pieroth, Grundgesetz, Art. 12 GG, Rn 35, 47.
348 Vgl. dazu etwa BVerwG, Urt. v. 9.3.1994 -1 B 33.94.
349 Vgl. dazu etwa BayVGH, BayVBl 2020, 164; SächsOVG, NVwZ-RR 2019, 812; OVG NRW, DÖV 2016, 831.

die Zuverlässigkeit der beschäftigten Personen nachzuweisen hat, bzw. der Hausrechtsinhaber, wenn die Überprüfung zum Schutz staatlicher Einrichtungen erfolgt.[350]

183 Die Durchführung einer Zuverlässigkeitsüberprüfung erfolgt regelmäßig durch einen **Abgleich der Grunddaten der betroffenen Person mit dem Datenbestand bestimmter polizeilicher Dateien** (etwa POLAS). Dabei wird geprüft, ob bereits Daten zu dieser Person gespeichert sind und auf der Grundlage welcher konkreter Vorgänge. Sind zur Person Eintragungen vorhanden, ist anhand einer **Einzelfallbeurteilung** zu entscheiden, ob dadurch die Zuverlässigkeit im konkreten Fall in Frage gestellt wird. Wird die Polizei von einer Behörde um Durchführung einer Zuverlässigkeitsüberprüfung ersucht, übermittelt sie ihr das Ergebnis des Datenabgleichs in der Regel einschließlich der festgestellten Erkenntnisse. Die ersuchende **Behörde** beurteilt anhand des Ergebnisses selbst, ob die Zuverlässigkeit gegeben ist oder nicht. Bei Ersuchen einer **Stelle außerhalb des öffentlichen Bereichs** übermittelt die Polizei keine Einzelheiten des Überprüfungsergebnisses, sondern teilt lediglich mit, ob Sicherheitsbedenken bestehen. Die abschließende Entscheidung trifft auch hier die ersuchende Stelle, die jedoch mitzuteilen hat, ob sie beabsichtigt, der Empfehlung der Polizei zu folgen.[351] Vgl. dazu eingehender **§ 42 Abs. 3 PolG** (dazu § 10 Rn 192 ff.).

184 Nach der klaren Formulierung des § 42 Abs. 1 PolG muss die die Polizei um Auskunft zu einer bestimmten Person ersuchende Stelle das Vorliegen der Abs. 2 genügenden Einwilligung darlegen. Die **Verantwortung für das Vorliegen ordnungsgemäßer Einwilligungserklärungen** der betroffenen Personen verbleibt damit grundsätzlich **bei der um Zuverlässigkeitsüberprüfung ersuchenden Stelle**, etwa dem Konzertveranstalter. Nur in Ausnahmefällen wird diese Verantwortung der Polizei zukommen, nämlich dann, wenn diese selbst um die Überprüfung von Personen ersucht, die Zutritt zu polizeilichen Liegenschaften erhalten sollen.[352]

Der **Polizei obliegt aber die Pflicht**, die **ersuchende Stelle** über die zwingenden Voraussetzungen des § 42 Abs. 2 PolG für eine wirksame Einwilligung **in Kenntnis zu setzen**, wenn sie den Eindruck gewinnt, dass dort diese Kenntnis nicht vorhanden ist. Die Bestätigung der ersuchenden Stelle muss **in Kenntnis der tatbestandlichen Voraussetzungen des § 42 Abs. 2** PolG erfolgen. Vgl. dazu eingehender die Ausführungen in § 10 Rn 186 ff.

185 Die Einwilligung muss die mit der Zuverlässigkeitsüberprüfung verbundene Datenverarbeitung umfassen. Daraus folgt, dass im Einzelfall **vor Einholung der Einwilligung festzulegen** ist, **welche Form der Datenverarbeitung** (Erhebung welcher Daten, Abgleich mit den Beständen welcher Dateien, Übermittlung welcher Daten des Ergebnisses an welche Empfänger) **erforderlich** ist. Dies sollte richtigerweise im von der Polizei betriebenen **Datenschutzmanagementsystem** (vgl. dazu § 10 Rn 117, **610**) standardisiert erfolgen. Die betroffene Person muss vor Abgabe ihrer Willenserklärung hierüber umfassend informiert werden (vgl. dazu die weiteren Ausführungen in § 10 Rn 186).

c) Einwilligung (§ 42 Abs. 2 PolG)

aa) Aufklärungspflichten und Einwilligung (§ 42 Abs. 2 S. 1 PolG)

186 Gem. **§ 42 Abs. 2 S. 1 PolG** hat die betroffene Person **mit der Einwilligung zu bestätigen**, dass sie
1. zuvor in verständlicher und leicht zugänglicher Form in einer klaren und einfachen Sprache über die beabsichtigte Datenverarbeitung, den Zweck der Verarbeitung und die Empfänger der Daten hinreichend aufgeklärt wurde,

---

350 LT-Drs. 16/8484, S. 138.
351 LT-Drs. 16/8484, S. 139.
352 LT-Drs. 16/8484, S. 139.

2. über die Möglichkeit einer weitergehenden Datenverarbeitung aufgrund gesetzlicher Bestimmungen unterrichtet wurde und
3. unter Darlegung der Folgen darauf hingewiesen wurde, die Einwilligung verweigern oder mit Wirkung für die Zukunft widerrufen zu können.

Auch wenn § 42 Abs. 2 PolG eine Regelung für eine notwendige Bestätigung der von der Datenverarbeitung betroffenen Person darstellt, enthält er vorrangig **umfassende Informations- und Aufklärungspflichten**, die von der ersuchenden Stelle gegenüber der betroffenen Person zu erfüllen sind. In ihrem **Detaillierungsgrad** genügen diese tatbestandlichen Voraussetzungen den Vorgaben der DSRL 2016/680 an eine ausnahmsweise zulässige wirksame Einwilligung in die Datenverarbeitung.[353]

Eine Datenverarbeitung gem. § 42 Abs. 1 PolG setzt zu ihrer Wirksamkeit **zwingend folgende Bedingungen** voraus:
1. Aufklärung / Unterrichtung / Hinweis der betroffenen Person
   a) über die beabsichtigte Datenverarbeitung, den Zweck der Verarbeitung und die Empfänger der Daten,
   b) über die Möglichkeit einer weitergehenden Datenverarbeitung aufgrund gesetzlicher Bestimmungen,
   c) unter Darlegung der Folgen über die Möglichkeit, die Einwilligung verweigern oder mit Wirkung für die Zukunft widerrufen zu können.
2. **Schriftliche Bestätigung** der betroffenen Person über alle Informationen nach Ziffer 1.

Die Voraussetzungen des § 42 Abs. 2 S. 1 PolG müssen **kumulativ** vorliegen. Fehlt eine dieser tatbestandlichen Voraussetzungen, ist die Einwilligung insgesamt unwirksam. Eine **Heilung** kommt allerdings durch Nachholen bzw. Ergänzung der fehlenden Voraussetzungen in Betracht, entscheidend sind aber die Umstände des jeweiligen Einzelfalls (beachte dazu die Ausführungen in § 10 Rn 187).

Aus § 42 Abs. 2 S. 1 PolG wird deutlich, dass die betroffene Person **vor** („zuvor") **Erteilung der Einwilligung** ausreichend und in verständlicher Form über alle Umstände der Verarbeitung und die Folgen der Einwilligung oder ihrer Verweigerung informiert worden sein muss. Nur dann kann von einer **informierten Einwilligung** ausgegangen werden, die der betroffenen Person ein **höchstmögliches Maß an Freiwilligkeit bei ihrer Willensbekundung** einräumt.[354] Dies ist schon deswegen erforderlich, weil die DSRL 2016/680 für den Regelfall im Bereich des Polizeirechts keine Möglichkeit der wirksamen Einwilligung vorsieht.

187

Die Vorgaben für die Form der Informationen in § 42 Abs. 1 S. 1 Nr. 1 PolG („in verständlicher und leicht zugänglicher Form in einer klaren und einfachen Sprache") gelten für alle Informationen der Nrn. 1 bis 3 gleichermaßen. Die Aufklärung hat in verständlicher und leicht zugänglicher Form zu erfolgen. Die **betroffene Person muss** durch die ihr gegebenen Informationen **in der Lage sein**, die **Tragweite ihrer Einwilligung insgesamt** (also im Hinblick auf die Erfassung und Nutzung der Daten, die mögliche Weitergabe der gespeicherten Daten und die Bedeutung und die Möglichkeit von Verweigerung und Widerruf der Einwilligung) **zu erfassen**. Dabei ist auf den **Empfängerhorizont** abzustellen: Auch eine rechtlich unbedarfte und mit durchschnittlicher Auffassungsgabe versehene Person muss die Informationen verstehen können.

---

353 Vgl. dazu Golla, KriPoZ 2019, 238, 240 f.
354 So ausdrücklich LT-Drs. 16/8484, S. 139.

Beispiel für eine wirksame Einwilligungserklärung:

Einwilligung zur Datenerhebung und Datenverarbeitung
in den Datenbanken der Polizei
zum Zweck der Zuverlässigkeitsprüfung

Ich wurde vor meiner Unterzeichnung dieser Einwilligungserklärung von der Firma X darüber aufgeklärt, dass
- aufgrund meiner Einwilligung bei der Polizei um Auskunft gebeten wird, ob gegen mich in den dortigen Datenbanken Erkenntnisse wegen Gefahren oder Störungen der öffentlichen Sicherheit oder Ordnung oder wegen von mir begangener Ordnungswidrigkeiten oder Straftaten vorliegen, die gegen meine Zuverlässigkeit für die bei der Firma X beabsichtigte Tätigkeit als Mitarbeiter des Sicherheitsdienstes bei Großkonzerten sprechen,
- aufgrund meiner Einwilligung die der Firma X von der Polizei zur Verfügung gestellten Daten und Informationen bei Vorliegen entsprechender gesetzlicher Vorschriften weitergenutzt und ggf. auch an andere Personen oder Firmen weitergeleitet werden können,
- die erforderliche Zuverlässigkeitsprüfung mit Auskunft durch die Polizei nur aufgrund meiner schriftlichen Einwilligung erfolgen kann und dass ich diese Einwilligung verweigern oder auch nach Erteilung jederzeit widerrufen kann. Im Fall eines Widerrufs gilt die Einwilligung auch für die Zukunft als nicht erteilt.

Ich bin mit der Datenverarbeitung (Anfrage, Erhebung, Übermittlung, Speicherung, Auswertung, Auskunft etc.) durch die Polizei und die Firma X zum Zweck meiner Zuverlässigkeitsprüfung ausdrücklich einverstanden und erkläre hiermit mein bedingungsloses und zeitlich unbefristetes Einverständnis mit dieser Datenverarbeitung. Eine Verwendung der Daten über die Zuverlässigkeitsprüfung hinaus ist nicht gestattet.

Ort, Datum, Unterschrift der einwilligenden Person

Richtigerweise ist die **Einwilligung** wegen ihrer besonderen Bedeutung (Wirksamkeitsvoraussetzung) **im äußeren Erscheinungsbild** der Erklärung **hervorzuheben**, wenn sie zusammen mit anderen Erklärungen schriftlich erteilt werden soll, damit sie von anderen Sachverhalten klar zu unterscheiden ist.[355]

188 Für die Einwilligung ist im Gesetz **keine besondere Form** vorgeschrieben. **Regelmäßig** wird aber die **Schriftform angezeigt** sein, anders wären auch die gem. § 42 Abs. 4 PolG notwendige Dokumentation (vgl. dazu § 10 Rn 195 ff.) und die daraus folgende Überprüfbarkeit (§§ 76, 91 PolG) nicht ausreichend zu gewährleisten. Eine **mündliche Einwilligung** sollte daher **nur ausnahmsweise** und nur in Fällen der besonderen Eilbedürftigkeit erfolgen; ihr Vorliegen und die Voraussetzungen des § 42 Abs. 2 PolG sind dann aber von der Polizei schriftlich in geeigneter Form zu dokumentieren.

Beispiel: Unmittelbar vor einem Open-Air-Konzert muss aus Krankheitsgründen ein neuer, kurzfristig einspringender Mitarbeiter des Sicherheitsdienst einer Zuverlässigkeitsprüfung unterzogen werden.

189 Die **Pflicht**, die Voraussetzungen des § 42 Abs. 2 S. 1 PolG zu erfüllen, **obliegt der ersuchenden Stelle**. Sie muss der Polizei eine **entsprechende Einwilligungserklärung vorlegen**, aus er sich sowohl die ausreichende Aufklärung der betroffenen Person durch die ersuchende Stelle als auch die eindeutig erklärte Einwilligung ergeben. Der **Polizei obliegt** im Hinblick auf diese Voraussetzungen lediglich eine **Schlüssigkeitsprüfung**: Sie muss überprüfen, ob eine vollständige Einwilligungserklärung i. S. d. § 42 Abs. 2 S. 1 PolG vorliegt. Hat sie daran berechtigte Zweifel, hat sie die **ersuchende Stelle** über die zwingenden Voraussetzungen des § 42 Abs. 2 PolG für eine wirksame

---
355 LT-Drs. 16/8484, S. 139.

Einwilligung **in Kenntnis zu setzen**. Die Bestätigung der ersuchenden Stelle muss **in Kenntnis der tatbestandlichen Voraussetzungen des § 42 Abs. 2** PolG erfolgen. Dies dürfte regelmäßig bei nichtöffentlichen Stellen in Frage zu stellen sein.

bb) Verarbeitung besonderer personenbezogener Daten (§ 42 Abs. 2 S. 2 PolG)

Soweit die Verarbeitung besonderer Kategorien personenbezogener Daten i. S. d. § 12 Nr. 15 PolG unbedingt erforderlich ist, muss sich gem. **§ 42 Abs. 2 S. 2 PolG** die Einwilligung ausdrücklich auch auf diese Daten beziehen. Gemeint sind damit Daten und Angaben, aus denen die rassische oder ethnische Herkunft, politische Meinungen, religiöse oder weltanschauliche Überzeugungen oder die Gewerkschaftszugehörigkeit hervorgehen, ebenso genetische Daten, biometrische Daten zur eindeutigen Identifizierung einer natürlichen Person, Gesundheitsdaten und Daten zum Sexualleben oder der sexuellen Orientierung (vgl. dazu auch § 10 Rn 92).

190

Beispiele: Moslem, Araber, Jude, Homosexueller, HIV-positiv, Islamist, deutschnationale Gesinnung, Rechtsradikaler, Scientologe, Pädophiler, linker Gewalttäter.

Der Landesgesetzgeber geht zu Recht davon aus, dass die **Verarbeitung besonderer Kategorien personenbezogener Daten im Rahmen von Zuverlässigkeitsüberprüfungen in vielen Fällen unbedingt erforderlich** sein wird oder dass sich diese automatisch im Trefferfall ergibt, etwa bei einer Eintragung in einer Gewalttäterdatei, die unter anderem zwischen linkspolitisch, rechtspolitisch oder religiös motivierten Taten unterscheidet.[356]

Die personenbezogenen Daten unterliegen einem besonderen Schutz (vgl. Art. 10 DSRL 2016/680: „Die Verarbeitung personenbezogener Daten ….ist nur dann erlaubt, wenn sie unbedingt erforderlich ist ….."). Aufgrund des besonderen Schutzes solcher Daten muss sich die **Einwilligung der betroffenen Person ausdrücklich auch auf diese Daten beziehen**. Eine Einwilligungserklärung muss in diesem Fall entsprechend ergänzt sein. Es empfiehlt sich generell, die Möglichkeit in jede Einwilligungserklärung mit aufzunehmen, da in aller Regel im Vorhinein nicht bekannt sein wird, ob solche Daten in Bezug auf die betroffene Person bei der Polizei vorliegen.

Beispiel für eine wirksame Einwilligungserklärung bei besonderen personenbezogenen Daten:

Ich wurde vor meiner Unterzeichnung dieser Einwilligungserklärung von der Firma X darüber aufgeklärt, dass
- meine Einwilligungserklärung auch für sog. besondere Kategorien personenbezogener Daten gilt. Die Polizei ist daher befugt, der Firma X auch Auskunft über bei ihr vorliegende Informationen zu geben, die meine rassische oder ethnische Herkunft, politische Meinungen, religiöse oder weltanschauliche Überzeugungen oder die Gewerkschaftszugehörigkeit betreffen. Ebenso ist mit meiner Einwilligung die Verarbeitung von genetischen Daten, biometrischen Daten zur eindeutigen Identifizierung einer natürlichen Person, Gesundheitsdaten oder Daten zum Sexualleben oder der sexuellen Orientierung erlaubt.

cc) Rechtsfehler bei Aufklärung und Einwilligungserklärung

Sind die in § 42 Abs. 2 S. 1 PolG enthaltenen Informations- und Aufklärungspflichten nicht erfüllt worden oder liegt über deren Erfüllung keine schriftliche Bestätigung der betroffenen Person vor oder fehlt die zwingend erforderliche Einwilligungserklärung zur Datenverarbeitung, ist die **Datenverarbeitung** gem. § 42 Abs. 1 PolG **rechtswidrig** und die **Zuverlässigkeitsprüfung unwirksam und gegen die betroffene Person nicht verwertbar**.

191

---

356 LT-Drs. 16/8484, S. 139.

d) Hinweispflichten (§ 42 Abs. 3 PolG)

192 § 42 Abs. 3 PolG bestimmt, dass die Polizei den Empfänger des Ergebnisses der Zuverlässigkeitsüberprüfung auf die Zweckbindung der Daten hinzuweisen hat, und regelt, welche Daten an die ersuchende Stelle übermittelt werden dürfen.

aa) Zweckbindung (§ 42 Abs. 3 S. 1 PolG)

193 Gem. § 42 Abs. 3 S. 1 PolG hat die Polizei bei der Übermittlung von Daten die ersuchende Stelle darauf **hinzuweisen**, dass die übermittelten Daten **nur zum Zweck der Zuverlässigkeitsüberprüfung** verarbeitet werden dürfen.

Die Polizei trifft aus § 42 Abs. 3 S. 1 PolG eine **allgemeine Hinweispflicht**. Diese besteht gegenüber **jeder ersuchenden Stelle** im Rahmen einer Zuverlässigkeitsprüfung. Die Polizei muss die ersuchende Stelle darauf hinweisen, dass die ihr von der Polizei **übermittelten Daten nur zum Zweck der Zuverlässigkeitsprüfung verarbeitet** werden dürfen. Die der ersuchenden Stelle übermittelten Daten unterliegen damit einer **strengen Zweckbindung**. Der Hinweis der Polizei soll die Zweckbindung durch die ersuchende Stelle sicherstellen. Die Weiterverarbeitung der Daten durch die ersuchende Stelle richtet sich ggf. nach anderen datenschutzrechtlichen Bestimmungen – etwa der DSGVO –, der Grundsatz der Zweckbindung gilt aber auch dort (vgl. Art. 5 Abs. 1 lit. b DSGVO[357]).

Der Hinweis auf die Zweckbindung sollte – auch wegen der notwendigen Dokumentation – in der Regel **schriftlich** erfolgen. Ein mündlicher Hinweis ist nicht ausgeschlossen, sollte aber schriftlich dokumentiert werden.

bb) Auskunft an öffentliche Stelle (§ 42 Abs. 3 S. 2 PolG)

194 Gem. § 42 Abs. 3 S. 2 PolG unterrichtet die Polizei eine ersuchende öffentliche Stelle darüber, ob sicherheitsrelevante Erkenntnisse vorliegen, soweit erforderlich durch Angabe derselben.

Grundsätzlich gibt die Polizei der ersuchende Stelle **nur Auskunft** darüber, **ob** gegen die von der Zuverlässigkeitsprüfung betroffene Person **Sicherheitsbedenken bestehen** (§ 42 Abs. 3 S. 2 bis 4 PolG). Dennoch wird zwischen ersuchenden Stellen innerhalb und solchen außerhalb des öffentlichen Bereichs unterschieden. Einer ersuchenden **öffentlichen Stelle** kann gem. § 42 Abs. 3 S. 2 PolG über das bloße „ob" hinaus auch mitgeteilt werden, **welche** sicherheitsrelevanten Erkenntnisse vorliegen. Das Gesetz stellt diese Mitteilung über die Art der Sicherheitsbedenken aber unter den Vorbehalt der **Erforderlichkeit**. Die Anforderungen sollten hier aber nicht allzu hoch sein. Andere öffentliche Stellen unterliegen in Bezug auf die Auskunft einer Privilegierung, da bei ihnen davon auszugehen ist, dass sie ebenso an Recht und Gesetz gebunden sind wie die Polizei und dass sie die datenschutzrechtlichen Bestimmungen von Amts wegen einhalten. Von einer Erforderlichkeit ist daher bereits dann auszugehen, wenn die **Mitteilung der Gründe notwendig erscheint**, um der ersuchenden öffentlichen Stelle eine sachgerechte und den Interessen der betroffenen Person entsprechende Entscheidung über die Zuverlässigkeit zu ermöglichen. Dies wird regelmäßig der Fall sein. Hinzu kommt, dass es **im besonderen öffentlichen Interesse** liegt, bei öffentlichen Stellen eine fundierte Zuverlässigkeitsprüfung durchzuführen.

Eine ersuchende **öffentliche Stelle entscheidet selbst**, ob die sicherheitsrelevanten Erkenntnisse im konkreten Einzelfall der Zuverlässigkeit der betroffenen Person entgegenstehen. Eine **Rückmeldung** über das Ergebnis der Prüfung an die Polizei ist **nicht vorgesehen**, aber rechtlich unschädlich möglich. Die Polizei kann das ihr mitgeteilte Ergebnis der Prüfung bei ihren Informationen über die Auskunft ergänzend abspeichern.

---

357 Dazu etwa Roßnagel, in: Roßnagel, Das neue Datenschutzrecht, § 3 Rn 60, 67.

cc) Auskunft an nichtöffentliche Stelle (§ 42 Abs. 3 S. 3, 4 PolG)

Gem. **§ 42 Abs. 3 S. 3, 4 PolG** beschränkt sich die Rückmeldung an eine ersuchende nichtöffentliche Stelle auf die Auskunft, ob Sicherheitsbedenken vorliegen. In diesen Fällen ist die ersuchende Stelle zu verpflichten, der übermittelnden Stelle mitzuteilen, ob sie beabsichtigt, der Empfehlung zu folgen.

Die Rückmeldung an eine ersuchende nichtöffentliche Stelle hat sich stets auf **die Auskunft zu beschränken, ob Sicherheitsbedenken vorliegen**. Die **Polizei nimmt die Einschätzung**, ob sicherheitsrelevante Erkenntnisse der Zuverlässigkeit entgegenstehen, **selbst vor**. Weitere Details der Erkenntnisse werden nicht mitgeteilt, es sind auch keine Abweichungen möglich. **Überschießende Auskunftsmitteilungen** machen die Auskunft und damit die Zuverlässigkeitsprüfung insgesamt rechtwidrig (Verstoß gegen den Grundsatz der Datenminimierung [vgl. dazu § 10 Rn 100]).

Darüber hinaus hat die Polizei die ersuchende nichtöffentliche Stelle – neben der Mitteilung der strengen Zweckbindung der übermittelten Daten (**Satz 1**) – zu verpflichten, ihr **mitzuteilen, ob sie der Empfehlung der Polizei folgt**. Dies ermöglicht der Polizei die Kontrolle, ob ihrer Gefährdungseinschätzung Rechnung getragen wird. Das Ergebnis der Zuverlässigkeitsüberprüfung kann von der Polizei mit dem Vorgang über die Auskunftserteilung abgespeichert werden.

e) Dokumentationspflichten (§ 42 Abs. 4 PolG)

aa) Aufbewahrung und Löschung der Daten (§ 42 Abs. 4 S. 1 PolG)

Gem. **§ 42 Abs. 4 S. 1 PolG** hat die Polizei die **Ergebnisse der Zuverlässigkeitsüberprüfung zu Dokumentationszwecken aufzubewahren** und **nach Ablauf von zwölf Monaten** seit Abschluss der Überprüfung zu **löschen**. Aus § 42 Abs. 4 S. 1 PolG folgen zwei Pflichten der Polizei:

1. Die Polizei muss die **Ergebnisse der Zuverlässigkeitsprüfung zu Dokumentationszwecken aufbewahren**. Dies sollte **im Datenschutzmanagementsystem** (vgl. dazu § 10 Rn 117, **610**) der Polizei geschehen. Davon umfasst sind sowohl positive als auch negative Überprüfungsergebnisse, da in beiden Fällen eine Dokumentation erforderlich sein kann, um die Überprüfung nachträglich nachvollziehen zu können. Hieraus folgen zwei der Polizei obliegende Pflichten: Eine **Löschung** des Vorgangs ist **zunächst ausgeschlossen**. Und **der gesamte Vorgang zur erbetenen Auskunft** der Zuverlässigkeitsprüfung muss **als gesonderter Vorgang angelegt und dokumentiert** sein. Dies umfasst **alle notwendigen Arbeitsschritte der Polizei** von der Anfrage der ersuchenden Stelle über die Schlüssigkeitsprüfung der Einwilligung, die Bearbeitung durch Datenabfrage, die Schlussfolgerung der Polizei, die erteilte Auskunft mit Hinweisen an die ersuchende Stelle bis hin zur abschließenden Auskunft der ersuchenden Stelle über das Ergebnis der Zuverlässigkeitsprüfung.
2. Die zu Dokumentationszwecken gespeicherten Daten über die Prüfung und Auskünfte zur Zuverlässigkeitsprüfung sind **nach Ablauf von zwölf Monaten zu löschen**. Die **Löschung** nach Ablauf von zwölf Monaten muss **umfassend** erfolgen. Sie betrifft den gesamten Vorgang und sämtliche ihm zugrundeliegenden Daten. Die Frist von zwölf Monaten beginnt mit der letzten einzelnen Datenverarbeitung zu laufen (also etwa der Rückmeldung der ersuchenden Stelle über das Ergebnis der Zuverlässigkeitsprüfung bzw. des Umgangs damit). Die **Tatsache der Löschung muss dokumentiert werden** (§ 73 Abs. 1 Nr. 6 PolG). Dies geschieht richtigerweise im **Datenschutzmanagementsystem** (vgl. dazu § 10 Rn 117, **610**) der Polizei.

bb) Löschung der Daten bei Widerruf (§ 42 Abs. 3 S. 2 PolG)

Bei einem **Widerruf der Einwilligung** sind gem. **§ 42 Abs. 4 S. 2 PolG** die im Rahmen der Zuverlässigkeitsüberprüfung angefallenen Daten unverzüglich zu löschen. Der Widerruf der Einwilligung (§ 42 Abs. 2 S. 1 Nr. 3 PolG) verpflichtet die Polizei damit zur **unverzüglichen Löschung der gespeicherten Daten**. „Unverzüglich" meint **sofort**, also ohne schuldhaftes Zögern der Polizei. Zu löschen **sind alle Daten**, die unmittelbar die Auskunft zur Zuverlässigkeitsprüfung betreffen, also die Anfrage durch die ersuchende Stelle, die Bearbeitung der Anfrage (Datenabgleich) und die (bereits) erteilte Auskunft.

In der Praxis dürfte der häufigste Fall des Widerrufs der Einwilligung ein **negatives Ergebnis der Zuverlässigkeitsprüfung** sein. Der Widerruf der Einwilligung ist auch dann noch möglich, er unterliegt keiner zeitlichen oder inhaltlichen Grenze. Mit dem Widerruf möchte die betroffene Person in diesem Fall erreichen, dass die Dokumentation des Vorgangs bei der Polizei vollständig und ersatzlos entfällt. Sie will diesen „Makel ihrer Person" beseitigen (wobei die Grunddaten der polizeilichen Datensysteme natürlich verbleiben).

cc) Wiederholungsprüfung

198 Die zwingende Aufbewahrung zu Dokumentationszwecken für die Dauer von zwölf Monaten kann keine **Wiederholungsprüfung** ersetzen. Die Aufbewahrung dient ausschließlich der Dokumentation aus datenschutzrechtlichen Gründen und stellt **keine Gültigkeitsfrist** für die erteilte Auskunft dar. Bei einem geplanten erneuten Einsatz einer betroffenen Person ist eine weitere Zuverlässigkeitsüberprüfung schon nach kurzer Zeit unvermeidbar, weil sich sicherheitsrelevante Erkenntnisse auch kurzfristig ergeben bzw. ändern können. Zu diesem Zweck wird ein **neues datenschutzrechtliches Verfahren** in Gang gesetzt, bei dem eine erneute Datenabfrage durch die Polizei erfolgt.

f) Einwilligung in sonstigen Fällen (§ 42 Abs. 5 PolG)

199 Die Absätze 1 und 2 gelten gem. **§ 42 Abs. 5 PolG** entsprechend für die Verarbeitung personenbezogener Daten auf der Grundlage einer Einwilligung der betroffenen Person, wenn für diese ein **Vorteil** erreicht werden soll oder sie und die Polizei **gleichgelagerte Interessen** verfolgen, **insbesondere**

1. zum **Zwecke der Ausstiegsberatung** im Bereich des politisch oder religiös motivierten Extremismus und
2. zum **Zwecke der Durchführung von Fallkonferenzen** im Rahmen der behördenübergreifenden Zusammenarbeit in opferschutzbezogenen Angelegenheiten sowie bei Intensivstraftätern.

§ 42 Abs. 5 PolG stellt eine **allgemeine Rechtsgrundlage** für Datenverarbeitungen der Polizei dar, die ausschließlich auf der Einwilligung der betroffenen Person beruhen. Sie soll neben der Zuverlässigkeitsüberprüfung weitere Fallgestaltungen erfassen, in denen die **Polizei allein auf der Grundlage einer Einwilligung der betroffenen Person** – mithin ohne ausdrückliche spezialgesetzliche Grundlage – Daten verarbeitet.

Im **Gesetzgebungsverfahren** wurde § 42 Abs. 5 PolG auf Hinweis des Landesbeauftragten für den Datenschutz und die Informationsfreiheit dahingehend geändert, dass nunmehr eine Anwendung ausdrücklich nur noch in Betracht kommt, wenn für die betroffene Person ein Vorteil erreicht werden soll oder wenn die betroffene Person und die Polizei gleichgelagerte Interessen verfolgen.[358]

200 Auch wenn die Regelung des § 42 Abs. 5 PolG auf den ersten Blick wie eine allgemeine datenschutzrechtliche Einwilligungsregelung für das Polizeirecht wirkt, ist ihre **Anwendung nur sehr begrenzt möglich**. Davon geht auch der Landesgesetzgeber zu Recht aus: „Allerdings sollte von dieser Möglichkeit vor dem Hintergrund des Erwägungsgrundes 35 der Richtlinie (EU) 2016/680 **nur restriktiv Gebrauch gemacht** werden. Die Einholung einer Einwilligung als Grundlage der Datenverarbeitung sollte **nur in sehr**

---

[358] LT-Drs. 16/8484, S. 225.

begrenzten Ausnahmefällen zur Anwendung kommen. In Betracht kommt die Anwendung vorrangig in solchen Fällen, in denen die Polizei Maßnahmen durchführt, die für die betroffene Person vorteilhaft sind und die gleichzeitig der Straftatenverhütung und damit der polizeilichen Aufgabenwahrnehmung dienen."[359]

Diese „Handlungsanweisung" des Landesgesetzgeber deckt sich mit der Systematik des EU-Datenschutzrechts. Wie bereits dargelegt wurde (vgl. dazu eingehend die Ausführungen in § 10 Rn 176 f.) geht der **EU-Richtliniengeber** davon aus, dass eine **Einwilligung der betroffenen Person im Bereich des Polizeirechts grundsätzlich ausscheidet**, da das Polizeirecht auf hoheitliche Repression ausgelegt ist und der betroffenen Person regelmäßig keine Handlungsfreiheit lässt.[360] Eine wirksame Einwilligung kommt daher nur in Betracht, wenn eine gesetzliche Bestimmung dies ausdrücklich für Fälle vorsieht, in denen die betroffene Person von der Datenverarbeitung der Polizei bzw. dem der Datenverarbeitung zugrundeliegenden Vorgang **begünstigt** wird, sie der betroffenen Person also ausschließlich einen **persönlichen Vorteil** bietet.[361] Auch über das Unionsrecht hinaus ist eine Einwilligung in polizeiliche Handlungsmaßnahmen einschließlich solcher der Datenverarbeitung nur in begrenztem Umfang möglich, da über die Einwilligung der an sich bestehende **Grundrechtsschutz beseitigt** wird oder ggf. beseitigt werden soll.[362]

Gem. § 42 Abs. 5 PolG kommt eine Datenverarbeitung auf der Grundlage einer Einwilligung der betroffenen Person nur in Betracht, wenn die **tatbestandlichen Voraussetzungen der Absätze 1 und 2** vorliegen. Es müssen insbesondere alle Anforderungen des § 42 Abs. 2 PolG an die Wirksamkeit der Einwilligung erfüllt werden (vgl. dazu grundlegend § 10 Rn 186 ff.). Zudem kann eine freiwillige Datenverarbeitung nur erfolgen, wenn dies der betroffenen Person einen **Vorteil** bringt oder wenn die betroffene Person und die Polizei **gleichgelagerte Interessen** verfolgen. Diese alternativen Tatbestandsmerkmale („oder") müssen **objektiv** gegeben sein, es kommt nicht allein auf die Einschätzung der Polizei an. Entscheidend sind dabei auch der Wille und die Wahrnehmung der betroffenen Person, die zum einen über die ausschließlichen Tatbestandsvoraussetzungen für eine wirksame Einwilligung aufgeklärt sein muss und die zudem der Auffassung sein muss, dass die Datenverarbeitung ihr einen Vorteil bringt oder den gemeinsamen Interesse entspricht. Dies folgt schon aus dem Charakter der Einwilligung, die Freiwilligkeit voraussetzt und nur wirksam sein kann, wenn die betroffene Person umfassend über die Tragweite ihrer Einwilligung in Kenntnis gesetzt war.

§ 42 Abs. 5 Nr. 1 u. 2 PolG benennt ergänzend **zwei Regelbeispiele**, bei denen eine Datenverarbeitung ausschließlich auf Grundlage einer Einwilligung der betroffenen Person möglich sein soll: Zum einen der Zweck der **Ausstiegsberatung** im Bereich des politisch oder religiös motivierten Extremismus (Nr. 1), zum anderen die **Durchführung von Fallkonferenzen** im Rahmen der behördenübergreifenden Zusammenarbeit in opferschutzbezogenen Angelegenheiten sowie bei Intensivtätern (Nr. 2). Bei beiden Regelbeispielen handelt es sich um bereits vor Inkrafttreten des PolG 2020 praktizierte Fallgruppen, bei denen mit Einwilligungen zur Datenverarbeitung gearbeitet wurde; § 42 Abs. 5 PolG soll eine Weiterführung ermöglichen.[363]

Die in § 42 Abs. 5 Nr. 1, 2 PolG genannten **Anwendungsfälle** sind **nicht abschließend** („insbesondere"). Wegen des Ausnahmecharakters einer Datenverarbeitung nur mit Einwilligung der betroffenen Person ist aber bei Anwendung auf andere Fallkonstellationen **äußerste Zurückhaltung** geboten. Das macht auch der Landesgesetzgeber deut-

---

359 LT-Drs. 16/8484, S. 140, vgl. auch S. 205. Ebenso Heckmann/Paschke, in: Gola/Schomerus, BDSG, § 51 Rn 9; Herbst, in: Auernhammer, DSGVO/BDSG, DSLR 2016/680 Rn 20.
360 Erwägungsgrund 35 der DSRL 2016/680, EU ABl. L 119, S. 94; vgl. dazu auch Johannes/Weinhold, Neues Datenschutzrecht, § 1 Rn 154 ff.
361 Golla/Skobel, GSZ 2019, 140, 142 f.; Pöltl, VBlBW 2021, 45, 54.
362 So zutr. Schwabenbauer, in: Lisken/Denninger, Handbuch des Polizeirechts, Kap. G Rn 39.
363 LT-Drs. 16/8484, S. 140.

lich: „Um den bereits praktizierten Bedarf an einer Datenverarbeitung auf der Grundlage von Einwilligungen zu konkretisieren, jedoch die **Möglichkeit für künftige, ähnlich gelagerte Fallkonstellationen** zu belassen, wurden die genannten Anwendungsbereiche als Regelbeispiele normiert."[364] Andere Fallkonstellationen kommen realistisch nur in Betracht, wenn es sich um Maßnahmen und darauf basierenden Datenverarbeitungen der Polizei handelt, die **ausschließlich** auf der **Freiwilligkeit der betroffenen Personen** beruhen und diese **umfassend begünstigen**.

3. Befragung und Datenerhebung (§ 43 PolG)

a) Allgemeines

aa) Systematik des § 43 PolG

202 Die Befugnis zur Befragung und Datenerhebung war bis zum Jahr 2021 mit den Kategorien betroffener Personen in § 20 PolG 1992 geregelt. Da die Kategorien betroffener Personen an die Vorgaben der DSRL 2016/680 anzupassen waren und nunmehr in § 70 PolG definiert werden (vgl. dazu die Ausführungen in § 10 Rn 591 ff.), hat das **PolG 2020** die Regelung dahingehend geändert, dass in **§ 43 Abs. 2, 3 PolG** nur noch der **erlaubte Zweck der Datenerhebung in Verbindung mit einem Verweis auf die jeweilige Kategorie betroffener Personen** geregelt wird.

Die früher in § 20 Abs. 4 PolG 1992 geregelte **Befugnis zur Datenerhebung zum Zwecke der Vorbereitung auf die Gefahrenabwehr** wird nicht mehr vom PolG erfasst, wie sich aus § 11 Abs. 1 PolG ergibt. Für diese Fälle gelten die Vorgaben der DSGVO und ergänzend des LDSG unmittelbar (vgl. auch § 11 Abs. 2 PolG). Gleiches gilt für die Befugnis zur Erhebung von Daten, wenn dies **zum Schutz privater Rechte oder zur Vollzugshilfe** erforderlich ist (früher § 20 Abs. 5 PolG 1992).

bb) Datenverarbeitung nach der StPO

203 In Bezug auf die in **§ 70 Nr. 1, 2 PolG** definierten Kategorien betroffener Personen – die der verurteilten Straftäter und die jener Personen, bei denen tatsächliche Anhaltspunkte dafür vorliegen, dass sie eine Straftat begangen haben – bedarf es **keiner Datenerhebungsbefugnis im PolG**. Die Erhebung von Daten dieser Personen **richtet sich vielmehr nach der StPO**.

b) Befragung (§ 43 Abs. 1 PolG)

aa) Allgemeines

204 **§ 43 Abs. 1 PolG** entspricht bis auf wenige redaktionelle Änderungen § 20 Abs. 1 PolG 1992.

bb) Begriff, Rechtscharakter

205 Gem. **§ 43 Abs. 1 S. 1 PolG** kann die Polizei jede Person[365] befragen, wenn anzunehmen ist, dass sie sachdienliche Angaben machen kann, die zur Wahrnehmung einer bestimmten polizeilichen Aufgabe erforderlich sind.

Unter **Befragung** ist die (offene) Aufforderung der Polizei gegenüber einer bestimmten Person zu verstehen, Angaben bzw. eine Aussage zu machen.[366] Der Begriff ist gleichbedeutend mit dem der Vernehmung gem. § 40 PolG (vgl. dazu § 11 Rn 316). Gemeint ist das gezielt an eine Person (etwa Störer oder unbeteiligter Dritter wie ein Zeuge [vgl. sogleich § 10 Rn 207]) gerichtete **Informationsverlangen** nach Auskunft. Die Befragung stellt ein wichtiges Mittel zur Informationsgewinnung bzw. der Datenerhebung dar und enthält das Gebot an **jede** Person, unter bestimmten Voraussetzungen das Anhal-

---

364 LT-Drs. 16/8484, S. 140.
365 Vgl. dazu Müller, Polizeiliche Datenerhebung, S. 74 bis 78.
366 Röcker, in: Möstl/Trurnit, Polizeirecht BW, § 20 Rn 3.

ten bzw. die Befragung zu personen- oder sachbezogenen Daten **zu dulden** (Anhörungspflicht). Sie ist deshalb ein **Verwaltungsakt**.[367]

Zu unterscheiden ist die **präventiv-polizeiliche Befragung** von den abschließend geregelten strafprozessualen Vernehmungen gem. §§ 133 ff., 163 a StPO. Im Verhältnis zu den Maßnahmen gem. § 43 Abs. 2 bis 4 PolG ist die Regelung in § 43 Abs. 1 PolG die speziellere. Steht nicht die Informationserhebung, sondern die Feststellung der Identität einer Person (insbesondere durch Angabe der Personalien) im Vordergrund, ist **§ 43 Abs. 1 PolG** die maßgebende **Spezialvorschrift**.

cc) Zuständigkeit

Für die Durchführung einer Befragung auf der Grundlage des § 43 Abs. 1 PolG liegt die **Zuständigkeit** sowohl bei der **Polizeibehörde** (§ 105 Abs. 1 PolG) als auch beim **Polizeivollzugsdienst** (§ 105 Abs. 3 PolG). 206

dd) Ermächtigungsgrundlage

§ 43 Abs. 1 S. 1 PolG ermächtigt **die Polizei** aus Gründen der Gefahrenabwehr zu einer umfassenden Datenerhebung durch Befragung und damit zu einem Eingriff in das allgemeine Persönlichkeitsrecht gem. Art. 2 Abs. 1 GG i. V. m. Art. 1 Abs. 1 GG. Die Maßnahme ist nur zulässig, wenn sie zur Wahrnehmung einer **bestimmten** polizeilichen **Aufgabe** (Gefahrenabwehr) erforderlich ist. **Zulässig** sind auch **Fragen zur Gefahrenerforschung oder zur Aufklärung eines Gefahrenverdachts**. Zumindest Anhaltspunkte müssen die Annahme rechtfertigen, dass die betroffene Person sachdienliche Angaben machen kann.[368] **Adressat** der Befragung ist „jede Person", nicht nur ein Störer. **Erforderlich** sind die von den Befragten zu erwartenden Angaben nur dann, wenn im Einzelfall die polizeiliche Aufgabe ohne Kenntnis der Daten überhaupt nicht, nicht sachgerecht oder nicht ohne zeitliche Verzögerung erfüllt werden könnte. Die Befugnis zur Befragung hängt nicht davon ab, dass eine konkrete Gefahr vorliegt.[369] Die **sachdienlichen Angaben** gehen über die personenbezogenen Daten hinaus und erstrecken sich auch auf sachbezogene Angaben. Die Informationserhebung ist nicht nur auf die Abgabe von Willenserklärungen gerichtet, sondern betrifft alle Kenntnisse, Beobachtungen, Vermutungen etc. **Unzulässig** ist das Herbeiführen von Äußerungen **ohne konkrete Zweckbestimmung** oder „**auf Vorrat**". 207

ee) Anhaltepflicht

Auf Verlangen der Polizei ist die Person verpflichtet, **anzuhalten**, damit die Befragung durchgeführt werden kann (Anhörungspflicht). Die Maßnahme ist nur berechtigt, wenn eine Auskunftspflicht besteht. Die Anordnung, anzuhalten, stellt eine **freiheitsbeschränkende Maßnahme** gem. Art. 104 Abs. 1 GG dar[370] und ergeht in der Rechtsform eines **Verwaltungsaktes** (Duldungsverfügung). Die Maßnahme darf nur kurzfristig durchgeführt werden (max. 1 Stunde). Die betroffene Person muss die **Befragung** als solche **dulden**, darf sich also erst dann entfernen, wenn die Frage vollständig gestellt wurde.[371] Ein Bürger kann die Befragung somit nicht durch Weggehen umgehen. Die **Anhaltepflicht** (Grundverwaltungsakt) kann mit den Mitteln des Polizeizwangs gem. §§ 63 ff. PolG (insbesondere unmittelbarer Zwang) vollstreckt werden.[372] Beim Einsatz des unmittelbaren Zwangs sind die Beschränkungen des **§ 66 Abs. 3 PolG** zu beach- 208

---

367 Müller, Polizeiliche Datenerhebung, S. 154.
368 Kahlert, in: Belz/Mußmann/Kahlert/Sander, Polizeigesetz BW, § 20 Rn 7; Stephan, in: Stephan/Deger, Polizeigesetz BW, § 20 Rn 4.
369 Vgl. BVerfG, JZ 1996, 1176; vgl. auch VGH BW, DÖV 1995, 424, 426; Stephan, in: Stephan/Deger, Polizeigesetz BW, § 20 Rn 7.
370 Müller, Polizeiliche Datenerhebung, S. 81.
371 Vgl. auch Würtenberger/Heckmann/Tanneberger, Polizeirecht BW, § 6 Rn 50.
372 Röcker, in: Möstl/Trurnit, Polizeirecht BW, § 20 Rn 10; Zeitler/Trurnit, Polizeirecht BW, Rn 603.

ten: Die betroffene Person darf nicht mehr angehalten werden, wenn der polizeiliche Zweck erreicht ist oder wenn es sich zeigt, dass er durch die Anwendung von unmittelbarem Zwang nicht erreicht werden kann (vgl. dazu auch § 12 Rn 55). Hat der Bürger seine Personalien gem. § 43 Abs. 1 S. 2 PolG mitgeteilt und besteht keine gesteigerte Auskunftspflicht gem. § 43 Abs. 1 S. 3 PolG (vgl. § 10 Rn 210), ist ein weiteres Anhalten unzulässig, wenn absehbar ist, dass die betroffene Person nicht antworten wird.[373] Im Übrigen besteht in kritischen Fällen die Möglichkeit einer Vorladung gem. § 28 PolG oder des Festhaltens bzw. der Sistierung gem. § 27 Abs. 2 PolG.

ff) Umfang der Aussagepflicht
(1) Pflicht zur Angabe der Personalien

209   Gem. **§ 43 Abs. 1 S. 2 PolG** besteht eine **Aussagepflicht** nur für die dort genannten **Angaben zur Person**. Danach ist jede Person verpflichtet, der Polizei auf Befragen ihre Personalien (Name, Vorname, Datum, Geburtsort, Wohnanschrift und Staatsangehörigkeit) anzugeben. Eine Pflicht, **zur Sache** auszusagen, besteht gem. § 43 Abs. 1 PolG dagegen nicht (vgl. im Unterschied hierzu die weitergehende Auskunftspflicht bei der Vorladung gem. § 28 Abs. 3 Nr. 1 und 2 PolG). Das PolG legt somit nur eine **eingeschränkte Auskunftspflicht** fest.

Die **Verpflichtung, Angaben zur Person** gem. § 43 Abs. 1 S. 2 PolG **zu machen, gilt für alle polizeilichen Datenerhebungen** in Form von Befragungen. Weigert sich die betroffene Person, von der Auskunftspflicht erfasste Personalien anzugeben, oder macht sie offensichtlich unzutreffende Angaben, begeht sie eine Ordnungswidrigkeit gem. § 111 OWiG. In diesen Fällen kann die Polizei gem. § 163 b StPO oder § 27 PolG die Identität der Person feststellen.

(2) Erweiterte Auskunftspflicht

210   Dient die Befragung der Abwehr einer Gefahr für Leben, Gesundheit oder Freiheit einer Person oder für bedeutende fremde Sach- oder Vermögenswerte, ist eine Person gem. **§ 43 Abs. 1 S. 3 PolG** an jedem Ort verpflichtet, über Satz 2 hinausgehende Angaben zur Person und zur Sache zu machen (Regelung neu einfügt durch Änderungsgesetz vom 18.11.2008 [GBl. S. 390]). Sind beim polizeilichen Einschreiten vor Ort unverzügliche Maßnahmen zu treffen und dazu Sachangaben durch eine Person erforderlich, besteht eine erweiterte Auskunftspflicht. So kann es etwa notwendig sein, umgehend Informationen zur Funktionsweise technischer Anlagen oder über die Zusammensetzung entzündlicher Stoffe zu erhalten. Wird die Auskunft unberechtigt verweigert, kann gem. **§ 43 Abs. 1 S. 9 PolG** ein **Zwangsgeld** festgesetzt werden. Die Maßnahme ist vorher **anzudrohen** (§ 43 Abs. 1 S. 10 PolG). Im Übrigen gelten die Vorschriften des LVwVG (§§ 20, 21, 23). Unmittelbarer Zwang darf zur Durchsetzung der Auskunftspflicht nicht eingesetzt werden.[374]

(3) Begrenzungen der Auskunftspflicht

211   Aus der Regelung des **§ 43 Abs. 1 S. 4 PolG**, wonach § 10 PolG „unberührt" bleibt, ergibt sich, dass die Polizei verpflichtet ist, bei der Befragung den **Schutz der zeugnisverweigerungsberechtigten Berufsgeheimnisträger** gem. **§ 10 PolG** zu beachten. Gem. § 52 Abs. 1 u. 2 und § 55 StPO sind bestimmte Berufsträger wie Geistliche, Verteidiger, Mitglieder anerkannter Beratungsstellen etc. berechtigt, **aus persönlichen Gründen** in strafprozessrechtlichen Ermittlungsverfahren das Zeugnis zu verweigern. Durch diesen Schutz sollen diese Personen davor bewahrt werden, sich selbst oder Angehörige zu belasten (**Grundsatz der Selbstbelastungsfreiheit**). Die Zeugnisverwei-

---

[373] Stephan, in: Stephan/Deger, Polizeigesetz BW, § 20 Rn 13.
[374] Stephan, in: Stephan/Deger, Polizeigesetz BW, § 20 Rn 13.

gerungsrechte schützen zum einen die Vertraulichkeit der Kommunikation und zum anderen die Funktionsfähigkeit der in § 53 Abs. 1 Nr. 4 und 5 StPO genannten Institutionen.[375]

Gem. **§ 43 Abs. 1 S. 5 PolG** sind in entsprechender Anwendung von § 52 Abs. 1 und 2 und § 55 StPO (Zeugnisverweigerungsrecht) die dort genannten Personen berechtigt, die **Auskunft zu verweigern**, soweit sie durch die Auskunft sich selbst oder einen Angehörigen der Gefahr aussetzen würden, wegen einer Straftat oder einer Ordnungswidrigkeit verfolgt zu werden. Die Regelung macht die Befragung nicht unzulässig, sondern befreit diese Personen davon, sich selbst oder Angehörige zu belasten. Der **Schutz der Kommunikation** besteht darin, dass nach dem eindeutigen Wortlaut des **§ 10 Abs. 1 S. 1 PolG** die genannten Maßnahmen gegen die Berufsgeheimnisträger und deren Berufshelfer grundsätzlich unzulässig sind (vgl. die Ausnahmen in den Absätzen 2 und 4) und dass nach **Satz 2** dennoch erlangte Erkenntnisse nicht verwertet werden dürfen. Gem. **§ 10 Abs. 1 S. 3 PolG** sind **Aufzeichnungen** darüber unverzüglich zu löschen. Unter diesen unbestimmten Rechtsbegriff fallen sowohl elektronisch gespeicherte Erkenntnisse als auch schriftliche Aufzeichnungen, die entsprechend zu vernichten sind.[376] Gem. § 10 Abs. 1 **S. 4** PolG sind die Kenntniserlangung und die Löschung / Vernichtung zu dokumentieren.

Gem. **§ 43 Abs. 1 S. 7 PolG** ist die vom Auskunftsbegehren betroffene Person über ihr Recht zur Verweigerung der Auskunft **zu belehren**, wenn nach den Umständen davon auszugehen ist, dass ihr ein solches Recht zusteht.[377] Unterbleibt die Belehrung oder ist sie unrichtig, ist die Datenerhebung rechtswidrig. Die in dieser Weise gewonnenen Daten sind zu löschen. Richtigerweise dürfen nur rechtmäßig erlangte Daten genutzt werden.[378]

Gem. **§ 43 Abs. 1 S. 6 PolG** besteht das Auskunftsverweigerungsrecht nach Satz 5 nicht, wenn die Auskunft zur Abwehr einer unmittelbar bevorstehenden Gefahr für wichtige Rechtsgüter erforderlich ist. **Beim Schutz besonders hochrangiger Rechtsgüter muss das Geheimhaltungsrecht zurücktreten.** Gem. **§ 43 Abs. 1 S. 8 PolG** unterliegen die nach **Satz 6** erlangten Informationen einer **Zweckbindung**. Die aus der Auskunft erlangten Daten dürfen nur zur Abwehr einer unmittelbar bevorstehenden Gefahr für Leben, Gesundheit oder Freiheit einer Person weiter verarbeitet werden. Eine Verwendung für andere Zwecke, insbesondere zur Verfolgung von Straftaten und Ordnungswidrigkeiten, ist somit ausgeschlossen. Hierdurch wird der vom **BVerfG** aufgestellte **Grundsatz der hypothetischen Datenneuerhebung** gewahrt. § 43 Abs. 1 S. 8 PolG ist gegenüber § 15 Abs. 2, 3 PolG **lex specialis** und regelt damit die weitere Datenverarbeitung **abschließend**.

c) Datenerhebung zur Gefahrenabwehr (§ 43 Abs. 2 PolG)

Gem. **§ 43 Abs. 2 PolG** kann die Polizei Daten der in § 70 Nr. 6 PolG genannten Personen sowie anderer Personen erheben, soweit dies **zur Abwehr einer Gefahr oder zur Beseitigung einer Störung der öffentlichen Sicherheit oder Ordnung** erforderlich ist und die Befugnisse der Polizei nicht anderweitig geregelt sind. Die Regelung entspricht § 20 Abs. 2 PolG 1992. Da die in § 70 PolG nunmehr Kategorien von Personen definiert sind, arbeitet § 43 Abs. 2 PolG mit einer Verweisung auf diese Regelung.

Die Vorschrift stellt i. V. m. **§ 11 Abs. 1 PolG** die zentrale **Regelung für die umfassende polizeiliche Datenerhebung** zur Gefahrenabwehr und Störungsbeseitigung dar. Sie konkretisiert die allgemeine Befugnis zur Datenverarbeitung in § 11 Abs. 1 PolG (vgl. dazu § 10 Rn 78 ff.).

---

375 BVerfGE 109, 279, 322.
376 Stephan, in: Stephan/Deger, Polizeigesetz BW, § 9 a Rn 2.
377 Vgl. im Einzelnen Zeitler/Trurnit, Polizeirecht BW, Rn 597.
378 So auch Kahlert, in: Belz/Mußmann/Kahlert/Sander, Polizeigesetz BW, § 20 Rn 20.

214 Für die Datenerhebung auf der Grundlage des § 43 Abs. 2 PolG liegt die **Zuständigkeit** sowohl bei der **Polizeibehörde** (§ 105 Abs. 1 PolG) als auch beim **Polizeivollzugsdienst** (§ 105 Abs. 3 PolG).

215 Die Daten können sowohl von Störern gem. §§ 6, 7 PolG (vgl. § 70 Nr. 6 PolG) als auch von anderen Personen – also von **jedermann** – erhoben werden (= betroffene Person). Voraussetzung ist, dass die Erhebung zur Abwehr einer **konkreten Gefahr für die öffentliche Sicherheit und Ordnung** erforderlich ist. Bei der Beurteilung ist der Grundsatz der Verhältnismäßigkeit zu beachten und **abzuwägen**, ob der Eingriff in das Grundrecht auf informationelle Selbstbestimmung gerechtfertigt ist. Je stärker der Eingriff in den persönlichen Lebensbereich einer betroffenen Person ist, umso höher sind die Anforderungen an die Erforderlichkeit und Angemessenheit der Datenerhebung. Art und Weise richten sich nach den allgemeinen Grundsätzen der §§ 14 ff. und §§ 70 ff. (insb. auch § 85) PolG.

216 § 43 Abs. 2 PolG umfasst auch die Befugnis zur Erhebung von Daten, die der Polizei durch **Gerichtsvollzieher** zur Abschätzung der konkreten Gefährdungssituation bei einer beabsichtigten Vollstreckungsmaßnahme übermittelt werden (vgl. dazu auch die seit dem Jahr 2021 geltende umfassende Regelung in **§ 13 a AGGVG** (Auskunftsersuchen an den Polizeivollzugsdienst).

d) Datenerhebung zur vorbeugenden Bekämpfung von Straftaten (§ 43 Abs. 3 PolG)

217 Gem. **§ 43 Abs. 3 PolG** kann der **Polizeivollzugsdienst** Daten der in § 70 Nr. 3 bis 5 PolG genannten Personen erheben, soweit dies zur **vorbeugenden Bekämpfung von Straftaten** erforderlich ist. Die Regelung entspricht § 20 Abs. 3 PolG 1992. Da in § 70 PolG nunmehr Kategorien von Personen definiert sind, arbeitet § 43 Abs. 3 PolG mit einer Verweisung auf diese Regelung.

Die von **§ 43 Abs. 3 PolG** durch die Verweisung auf § 70 Nr. 3 bis 5 PolG erfassten Personen sind:

- Personen, bei denen bestimmte Tatsachen die Annahme rechtfertigen, dass sie innerhalb eines überschaubaren Zeitraums auf eine zumindest ihrer Art nach konkretisierte Weise eine Straftat begehen werden oder deren individuelles Verhalten die konkrete Wahrscheinlichkeit begründet, dass sie innerhalb eines überschaubaren Zeitraums eine Straftat begehen werden,
- Opfer einer Straftat oder Personen, bei denen tatsächliche Anhaltspunkte vorliegen, dass sie Opfer einer Straftat sind oder werden,
- andere Personen wie insbesondere Zeugen, Hinweisgeber oder Kontakt- beziehungsweise Verbindungspersonen.

Der über die Verweisung erfasste **Personenkreis** ist **abschließend**.[379]

218 Der Begriff der **vorbeugenden Bekämpfung von Straftaten** wird im PolG nicht definiert. Er kommt auch in anderen Vorschriften vor (vgl. etwa § 41 Abs. 1 Nr. 2, § 56 Abs. 1 S. 1 und § 75 Abs. 3 PolG). Nach früherer Rechtsauffassung sollten die Maßnahmen sowohl die Verhütung von Straftaten (sog. Verhinderungsvorsorge) als auch die Vorsorge für die Verfolgung künftiger Straftaten (sog. Strafverfolgungsvorsorge) umfassen und demnach **zwei Zielrichtungen verfolgen**: Zum einen sollten sie bereits im Vorfeld der Verhinderung von Straftaten dienen (= präventiv), zum anderen der Vorsorge für die Verfolgung von künftigen Straftaten (= repressiv). Gegen diese Auslegung wurden vor allem in der **Literatur** aus kompetenzrechtlichen Gründen Bedenken erhoben, da die Vorsorge für die spätere Verfolgung von Straftaten nach der Rechtsprechung des BVerfG dem „gerichtlichen Verfahren" und somit der konkurrierenden Zuständigkeit des

---

[379] Vgl. Stephan, in: Stephan/Deger, Polizeigesetz BW, § 20 Rn 24 ff.

Bundes gem. Art. 74 Nr. 1 GG zuzuordnen sei.[380] Denn wenn der Bund durch die Regelung der ED-Behandlung gem. § 81 b Alt. 2 StPO und der DNA-Identitätsfeststellung in § 81 g StPO von seiner Gesetzgebungsbefugnis gem. Art. 74 Nr. 1 GG abschließend Gebrauch gemacht habe, bleibe für eine landesrechtliche Regelung zur Vorsorge für die Strafverfolgung kein Raum mehr. Denn Maßnahmen zur Strafverfolgung gehörten in die StPO und nicht in das PolG.

Der **VGH BW** hat diese Kritik aufgenommen und im Wege einer **verfassungskonformen Auslegung** entschieden, dass der **Begriff der vorbeugenden Bekämpfung von Straftaten nur die Verhütung von Straftaten umfasst** (Verhinderungsvorsorge), aber nicht die Vorsorge für die Verfolgung künftiger Straftaten: „Die Verhütung von Straftaten umfasst nur Maßnahmen, die drohende Rechtsgutverletzungen von vornherein und in einem Stadium verhindern sollen, in dem es noch nicht zu strafwürdigem Unrecht gekommen ist. Hauptzweck ist nicht das Sammeln von Beweismitteln für ein mögliches künftiges Strafverfahren, sondern das Verhindern einer Straftat zu einem Zeitpunkt, zu dem die Strafbarkeitsschwelle noch nicht überschritten ist, in der Regel also im Planungs- und Vorbereitungsstadium".[381] Der **Landesgesetzgeber** hat auf diese Rechtsprechung mit dem **PolG 2020** nicht reagiert und es bei der bisherigen Formulierung in § 20 Abs. 3 PolG 1992 belassen.

Die Datenverarbeitung zur vorbeugenden Bekämpfung von Straftaten muss daher **primär** auf die Verhütung von Straftaten, also auf die **präventive Zielrichtung**, ausgerichtet sein. Sie setzt weder eine bereits begangene Tat noch einen hinreichenden Tatverdacht voraus.[382] Liegt eine konkrete Gefahr vor, weil die Begehung von Straftaten unmittelbar bevorsteht, kommt die Datenerhebung zur **Verhinderung** dieser Straftaten nach Abs. 3 in Frage.

Zuständig für die Datenerhebung nach Abs. 3 ist **ausschließlich der Polizeivollzugsdienst**, dem über § 43 Abs. 3 PolG ein umfassendes Datenerhebungsrecht eingeräumt wird.

e) Datenerhebung zur Erfüllung anderer Aufgaben (§ 43 Abs. 4 PolG)

Gem. **§ 43 Abs. 4 PolG** kann die Polizei Daten von Personen erheben, soweit dies zur Erfüllung von ihr durch andere Rechtsvorschriften übertragenen Aufgaben erforderlich ist. Die Regelung entspricht § 20 Abs. 6 PolG 1992.

§ 43 Abs. 4 PolG nimmt Bezug auf **§ 1 Abs. 2 PolG**, wonach die Polizei neben der Aufgabe der Gefahrenabwehr noch andere durch Gesetz oder Rechtsverordnung übertragene Aufgaben wahrnimmt. Im Regelfall legt das Gesetz, in dem die von der Polizei wahrzunehmenden Aufgaben geregelt sind, fest, unter welchen Voraussetzungen Daten erhoben werden können (vgl. etwa die bereichsspezifischen Vorschriften zur Datenerhebung in der StPO oder im Versammlungsrecht). Nicht alle derartigen Gesetze enthalten aber eigene Vorschriften, ob und unter welchen Voraussetzungen Daten erhoben und weiter verarbeitet werden dürfen. Zur Schließung dieser „Lücken" wurde der Polizei in Abs. 4 eine allgemeine Ermächtigung zur Datenerhebung eingeräumt. Beispielsweise weist die **StVO** der Polizei u. a. die Aufgabe der Verkehrskontrolle zu (§ 36 Abs. 5 StVO), regelt aber nicht ihre Befugnis zur Datenerhebung. Auf der Grundlage der Regelung in § 43 Abs. 4 PolG kann die Polizei bei der Wahrnehmung der (übertragenen) Aufgabe „Durchführung von Verkehrskontrollen" Daten zur Erfüllung dieser Aufgabe erheben.

---

380 Zeitler/Trurnit, Polizeirecht BW, Rn 572; Stephan, in: Stephan/Deger, Polizeigesetz BW, § 20 Rn 20 f.
381 Nach Auffassung des VGH BW hat das BVerfG (BVerfGE 113, 348) der Auslegung, wonach die vorbeugende Bekämpfung von Straftaten auch die Strafverfolgungsvorsorge umfasst, durch seine Rechtsprechung zur Telekommunikationsüberwachung nach dem NdsSOG die Grundlage entzogen (DVBl 2014, 1002 [Rn 39]). Vgl. auch die Hinweise in § 4 Rn 3.
382 Stephan, in: Stephan/Deger, Polizeigesetz BW, § 20 Rn 19; VGH BW, NJW 1987, 3022; BVerwG, NJW 1990, 65, u. 2768.

221 Die vor Inkrafttreten des PolG 2020 gegen die pauschale Ermächtigung des § 43 Abs. 4 PolG (= § 20 Abs. 6 PolG a. F.) erhobenen **verfassungsrechtliche Bedenken**[383] dürften **durch die Neuordnung des Datenschutzrechts durch die EU beseitigt** sein. Zwar könnte die pauschale Ermächtigung für sich allein betrachtet nach wie vor dem aus dem Rechtsstaatsprinzip abzuleitenden **Gebot der hinreichenden Bestimmtheit und Klarheit einer Norm** widersprechen, da der Bereich der „übertragenen Aufgaben" gem. § 1 Abs. 2 PolG nicht von vornherein feststeht, sondern ständigen Änderungen unterliegt. Mit dem Inkrafttreten des EU-Datenschutzrechts im Jahr 2016 ergeben sich die für die Polizei bindenden datenschutzrechtlichen Bestimmungen aber entweder aus den ins deutsche Recht umgesetzten Vorgaben der DSRL 2016/680 – vor allem auch denen des PolG – oder unmittelbar aus der DSGVO (allenfalls mit Ergänzungen durch das deutsche Recht). Das Datenschutzrecht unterliegt damit einem durch das Unionsrecht vereinheitlichen Rechtsrahmen, der eine Datenverarbeitung für übertragene Aufgaben i. S. d. § 1 Abs. 2 PolG unproblematisch erscheinen lässt, da deren rechtliche Beurteilung nach einheitlichen Maßstäben im gesamten Rechtsraum der EU erfolgt.

4. Offener Einsatz technischer Mittel zur Bild- und Tonaufzeichnung (§ 44 PolG)
a) Allgemeines

222 § 44 PolG regelt die Befugnis der Polizei, zur Datenerhebung technische Mittel zur **Bild- und Tonaufzeichnung** – insbesondere zur **Videoüberwachung** – **offen** einzusetzen. Die Bestimmung wurde durch das **Änderungsgesetz vom 18.11.2008** neu gefasst.[384] Eine Fortschreibung der Vorschriften war wegen der Erfahrungen mit der alten Regelung (Pilotprojekt: Videoüberwachung verschiedener Bereiche in der Innenstadt von Mannheim) und vor dem Hintergrund des Urteils des VGH BW zur Videoüberwachung öffentlicher Räume aus dem Jahr 2003 notwendig geworden.[385]

Durch **Gesetz vom 18.10.2016**[386] wurden die **Abs. 4 und 5 neu eingefügt** und am Ende der Vorschrift ein **neuer Abs. 8 angefügt**. Mit dem Änderungsgesetz wurde zum Schutz der Beamtinnen und Beamten des Polizeivollzugsdienstes und Dritter vor gewalttätigen Übergriffen der Einsatz körpernah getragener Kameras (Bodycams) und zur Anfertigung von Bild- und Tonaufzeichnungen bei der Durchführung von Maßnahmen, die der Gefahrenabwehr oder der Verfolgung von Straftaten oder Ordnungswidrigkeiten dienen, ermöglicht.[387]

§ 44 PolG wurde weiter durch **Art. 1 Nr. 3 des Gesetzes zur Änderung des Polizeigesetzes vom 28.11.2017** geändert.[388] § 44 PolG wurde durch einen **neuen Abs. 4 ergänzt** und **Abs. 9 neu gefasst**. Der Gesetzgeber reagierte mit dieser Änderung auf die seines Erachtens anhaltend hohe abstrakte Gefahr terroristischer Anschläge, insbesondere aus dem islamistischen Spektrum. Um die Sicherheit an Kriminalitätsschwerpunkten und gefährdeten Objekten zu verbessern, sollte die Polizei durch die Schaffung einer Rechtsgrundlage für eine „intelligente Videoüberwachung" in die Lage versetzt werden, die aufgrund herkömmlicher Videoüberwachung gewonnenen Bilder anhand bestimmter Verhaltensmuster auch elektronisch auszuwerten[389].

---

383 Vgl. etwa Kahlert, in: Belz/Mußmann/Kahlert/Sander, Polizeigesetz BW, § 20 Rn 65 ff.
384 GBl. S. 391.
385 VGH BW, NVwZ 2004, 498.
386 GBl. S. 569. Vgl. dazu auch Gesetzentwurf v. 19.7.2016, LT-Drs. 16/334; erste Beratung Plenarprot. 16/11, S. 444 bis 453; Beschlussempfehlung und Bericht des Ausschusses für Inneres, Digitalisierung und Migration, LT-Drs. 16/588; zweite Beratung Plenarprot. 16/13, S. 568 bis 575 ; Gesetzesbeschluss, LT-Drs. 16/828.
387 Zur Entstehungsgeschichte vgl. Ziebarth, Die Polizei 2017, 76 f.
388 GBl. S. 624. Vgl. dazu auch Gesetzentwurf v. 26.09.2017, LT-Drs. 16/2741; erste Beratung, Plenarprot. 16/42, S. 2380 bis 2396; Beschlussempfehlung und Bericht des Ausschusses für Inneres, Digitalisierung und Migration, LT-Drs. 16/2915; zweite Beratung, Plenarprot. 16/47, S. 2723 bis 2738; Gesetzesbeschluss, LT-Drs.16/3011.
389 LT-Drs. 16/2741, S. 1.

VI. Datenverarbeitung bei polizeilichen Einzelmaßnahmen

Mit dem **PolG 2020**[390] wurde § 21 PolG zum neuen **§ 44 PolG** und erfuhr weitere Änderungen und Ergänzungen: In **Abs. 5 bis 8** wurden neue Regelungen für den **Einsatz** der vom Polizeivollzugsdienst verwendeten **Bodycams in Wohn- und Geschäftsräumen** ergänzt. Nunmehr ist der Einsatz von Bodycams in Arbeits-, Betriebs- und Geschäftsräumen allgemein und in Wohnungen mit Einschränkungen erlaubt. Die Erweiterung des Einsatzes der Bodycams auf den Bereich der Wohnungen war politisch **umstritten**. Der **Landesgesetzgeber** begründet die Erweiterung wie folgt:
„Während der Erprobungsphase der Bodycam hat sich aus fachlicher Sicht gezeigt, dass die Beschränkung des Anwendungsbereichs auf öffentlich zugängliche Orte zu eng gefasst ist. Die Einsatzszenarien zwischen öffentlich zugänglichen Orten und Arbeits-, Betriebs- oder Geschäftsräumen sind bei grundsätzlich vergleichbaren Einschreitesituationen oftmals fließend. .... Und auch in Wohnungen kann die Bodycam einen wichtigen Beitrag zum Schutz unserer Einsatzkräfte leisten. Polizeiliche Einsätze im Zusammenhang mit häuslicher Gewalt bergen erfahrungsgemäß ein erhöhtes Gefahrenpotential für die eingesetzten Polizeibeamtinnen und -beamten. Die alarmierte Polizei findet vor Ort häufig Situationen vor, die von Aggression und Gewalt geprägt sind. .... Ein Großteil der Fälle häuslicher Gewalt trägt sich in privaten Wohnungen, also außerhalb der Öffentlichkeit zu. Gerade in diesen Situationen kann der Einsatz einer Bodycam zusätzlich deeskalierend wirken."[391]

223

Die mit dem PolG 2020 neu eingeführte Regelung zum Einsatz der Bodycams auch in Wohnungen soll **zum 31.12.2021** einer gründlichen und kritischen **Evaluation** unterzogen werden.[392]

Die **Anfertigung von Bild- und Tonaufzeichnungen** ist das Herstellen von Lichtbildern und das Festhalten von Bild- und Tonaufnahmen auf Bild- und Tonträgern, in der Regel mittels einer Videokamera oder digitaler Aufzeichnungstechnik. Soweit § 44 PolG die Bild- und Tonaufzeichnung zulässt, ist damit auch das **bloße Übertragen** von Ton und Bildern von einem Ort zu einem anderen ohne Speicherung (sog. **Kamera-Monitor-Prinzip**) zulässig. Im Vergleich zu einer Aufzeichnung ist das bloße Übertragen ein „rechtliches Minus".[393] § 44 PolG regelt den Einsatz technischer Mittel zur Bild- und Tonaufzeichnung umfassend und **abschließend**, so dass Rückgriffe auf § 11 Abs. 1 PolG oder gar auf das allgemeine Datenschutzrecht nicht zulässig sind (vgl. zudem § 11 Rn 238).

224

Sowohl die bloße Beobachtung mittels Bild- oder Tonübertragung als auch die Speicherung von Ton und Bildern greifen in das **Recht auf informationelle Selbstbestimmung** gem. Art. 2 Abs. 1 i. V. m. Art. 1 Abs. 1 GG ein.[394] Nach Auffassung des **VGH BW** ist bereits der beobachtende Einsatz von Videosystemen, die wegen ihrer besonderen technischen Möglichkeiten ohne Weiteres zur Erhebung personenbezogener Informationen geeignet sind, als Eingriff in das Recht auf informationelle Selbstbestimmung gem. Art. 2 Abs. 1 i. V. m. Art. 1 Abs. 1 GG zu werten. Durch die **Aufzeichnung** werden Bild- und Tonaufnahmen, also **personenbezogene Daten gespeichert** und dadurch der Eingriff in das Recht auf informationelle Selbstbestimmung perpetuiert.[395]

225

Grundsätzlich gilt, dass der Einzelne Einschränkungen seines Rechts auf informationelle Selbstbestimmung hinzunehmen hat, wenn **überwiegende Interessen der Allge-**

---

390 Durch Art. 1 des Gesetzes zur Umsetzung der Richtlinie (EU) 2016/680 für die Polizei in Baden-Württemberg und zur Änderung weiterer polizeirechtlicher Vorschriften vom 6.10.2020 (GBl. S. 735, ber. S. 1092).
391 LT-Drs. 16/8484, S. 119 f.
392 LT-Plenarprot. 16/127, S. 7852, 7863.
393 Stephan, in: Stephan/Deger, Polizeigesetz BW, § 21 Rn 1; Zeitler/Trurnit, Polizeirecht BW, Rn 616.
394 BVerfG, NVwZ 2007, 688, 690; VGH BW, VBlBW 2004, 498, 500; Nusser, in: Möstl/Trurnit, Polizeirecht BW, § 21 Rn 7 ff; Köhler/Thielicke, NVwZ-Extra 13/2019, 1, 5; Wysk, VerwArch 2018, 141, 144 ff. m. w. N. Krit. dazu Bull, JZ 2017, 797, 799 ff.
395 VGH BW, VBlBW 2004, 498, 500.

meinheit dies rechtfertigen.[396] Wegen des grundrechtlichen Charakters der informationellen Selbstbestimmung ist für einen solchen Eingriff aber stets eine **gesetzliche Grundlage** erforderlich. § 44 PolG stellt eine solche Rechtsgrundlage dar.

Eine **Einwilligung** der von einer Videoüberwachung betroffenen Person kann die verfassungsrechtlich bedingte Rechtswidrigkeit der Videoüberwachung nicht heilen.[397] Dies gilt insbesondere auch nach Inkrafttreten des **EU-Datenschutzrechts** im Jahr 2016 und seiner Implementierung in das PolG mit dem **PolG 2020**. Vgl. dazu die Ausführungen in § 10 Rn 186 f.

226 § 44 PolG stellt eine **abschließende spezialgesetzliche Regelung** zur Anfertigung von Bild- und Tonaufzeichnung dar. Bild- und Tonaufzeichnung sind nur unter den dort genannten engen tatbestandlichen Voraussetzungen rechtlich zulässig. Darüber hinaus hat die Polizei **keine allgemeine Befugnis**, Bild- und Tonaufzeichnungen durchzuführen. Ein Rückgriff auf die §§ 1, 3 PolG ist nicht möglich.

Werden **Fotos** bei einer Kundgebung **nur zum Zweck der allgemeinen Öffentlichkeitsarbeit der Polizei** – etwa zur Verwendung der Fotos bei Facebook und Twitter – angefertigt, ist bereits das Fotografieren wegen Verletzung der Persönlichkeitsrechte der betroffenen Personen **rechtswidrig**. Durch das Fotografieren entsteht der Eindruck einer allgemeinen staatlichen Überwachung, die auf die Teilnehmer der Kundgebung einschüchternd wirkt.[398] Die Anfertigung von Übersichtsaufzeichnungen von einer Versammlung durch Polizeibeamte mit Foto- und/oder Videotechnik ist nach dem heutigen Stand der Technik für die Aufgezeichneten immer ein Eingriff in Art. 8 Abs. 1 GG, weil die Einzelpersonen auch in Übersichtsaufzeichnungen in der Regel individualisierbar mit erfasst sind.[399]

227 Mit Ausnahme der Überwachung von Kriminalitätsbrennpunkten gem. § 44 Abs. 3 PolG ist der **Polizeivollzugsdienst** für die Maßnahmen gem. § 44 Abs. 1, 2, 4 u.5 PolG ausschließlich sachlich **zuständig**. § 44 PolG legt die Eingriffsvoraussetzungen im Einzelnen fest. Die Vorschrift betrifft nur die **offene Datenerhebung**. Die den Aufzeichnungen zugrundeliegenden Aufnahmen dürfen nicht geheim, sondern müssen offen, also für die Allgemeinheit erkennbar, angelegt werden.

Da das **VersammlG abschließend** die rechtlichen Voraussetzungen für die Durchführung und Überwachung von öffentlichen Versammlungen und Aufzügen regelt (vgl. §§ 12 a, 19 a VersammlG), gehen die Regelungen des Versammlungsrechts als **lex specialis** vor (vgl. auch Hinweise in § 6 Rn 15 ff.).[400] Polizeiliche Maßnahmen gegen Teilnehmer einer öffentlichen Versammlung, insbesondere auch die Aufzeichnung von Bild- und Tonaufzeichnungen, richten sich somit **ausschließlich** nach dem VersammlG.[401]

b) Bild- und Tonaufzeichnungen bei Veranstaltungen (§ 44 Abs. 1 PolG)

228 Gem. **§ 44 Abs. 1 S. 1 PolG** kann der **Polizeivollzugsdienst** bei oder im Zusammenhang mit öffentlichen Veranstaltungen und Ansammlungen, die ein besonderes Gefährdungsrisiko aufweisen, Bild- und Tonaufzeichnungen von Personen **zur Erkennung und Abwehr von Gefahren** anfertigen. Neben klassischen stationären oder mobilen Vi-

---

396 Wysk, VerwArch 2018, 141, 149 f.
397 Wysk, VerwArch 2018, 141, 150 m. w. N.; Nusser, in: Möstl/Trurnit, Polizeirecht BW, § 21 Rn 12.
398 VG Gelsenkirchen, AfP 2018, 552 ff. (Rn 65, 71), bestätigt durch OVG NRW, AfP 2019, 563 (= JA 2020, 798, mit zust. Anm. Hebeler, JA 2020 798, 800); Tschorr, NJW 2020, 3755, 3757 f.; Hettich, DÖV 2020, 558, 559. Zur Verbreitung / Veröffentlichung von Fotos durch die Polizei vgl. auch Himmler, Kriminalistik 2018, 663 ff. Zur Anfertigung polizeilicher Aufnahmen zur Gefahrenabwehr vgl. Hettich, DÖV 2020, 558, 562 f.
399 OVG NRW, AfP 2019, 563 ff. (Rn 58 ff.) = JA 2020, 798, 799; ebenso für das Versammlungsrecht OVG NRW, NVwZ-RR 2020, 785 (Rn 10).
400 VG Gelsenkirchen, AfP 2018, 552 ff. (Rn 80, 82); vgl. auch Nusser, in: Möstl/Trurnit, Polizeirecht BW, § 21 Rn 15.
401 VGH BW, NVwZ 1998, 763; Schmidt, Polizei- und Ordnungsrecht, Rn 146.

deokameras können zur Bild- und Tonaufzeichnung auch **Drohnen**[402] genutzt werden, wenn diese **offen** – mithin für die Besucher der Veranstaltung oder die Teilnehmer einer Ansammlung erkennbar sind – **eingesetzt** werden.[403]

Öffentliche Veranstaltungen i. S. d. § 44 PolG sind organisierte, einem verbindenden Zweck dienende und jedermann zugängliche Sport- und Unterhaltungsveranstaltungen, wie etwa Volks- und Straßenfeste, Fußballspiele, Pop- und Rockkonzerte (vgl. dazu auch § 11 Rn 17 ff.). Hierbei kommt es nicht darauf an, ob die Veranstaltung unter freiem Himmel oder in geschlossenen Räumen durchgeführt wird. **Ansammlungen** sind zufällig entstehende Personenmehrheiten, denen der Zweck einer kollektiven Meinungsbildung- und -äußerung fehlt (etwa Gaffer oder Schaulustige bei einem Unglücksfall).

Eine öffentliche Veranstaltung oder Ansammlung weist ein **besonderes Gefährdungsrisiko** auf, wenn die Voraussetzungen gem. § 44 Abs. 1 S. 2 Nr. 1 oder Nr. 2 PolG vorliegen. Für die Annahme einer Bedrohung durch terroristische Anschläge bzw. Straftaten (**Nr. 1**) müssen durch Tatsachen belegte Erkenntnisse vorliegen, dass vergleichbare Veranstaltungen aktuell dem Risiko eines terroristischen Anschlags ausgesetzt sind.[404] Allein die Gefahr, dass Ordnungswidrigkeiten von erheblicher Bedeutung begangen werden können, reicht nicht aus.[405] Gem. **Nr. 2** müssen **erhebliche Gefahren** für die öffentliche Sicherheit entstehen können (vgl. § 4 Rn 31). Der Landesgesetzgeber geht davon aus, dass größere Menschenansammlungen nicht zuletzt wegen ihrer Anonymität für Straftäter günstige Tatgelegenheiten bieten und dass sie durch die anhaltende Bedrohung durch den internationalen Terrorismus besonders gefährdet sind, weil Anschläge auf eine Maximierung von Schäden und Opfern ausgerichtet sind. Nachprüfbare Tatsachen, die das Gefährdungspotential begründen, können sich aus dem Anlass und dem Kreis der Teilnehmer oder der Zuschauer ergeben.

229

Wie sich aus dem Wortlaut des § 44 Abs. 1 S. 1 PolG ergibt, kann die Videoüberwachung bereits zur **Erkennung von Gefahren** eingesetzt werden. Durch die mit den Videokameras gemachten Beobachtungen sollen demnach frühzeitig mögliche Gefahren erkannt werden, um Störungen zu verhindern. Zulässig sind daher Bild- und Tonaufzeichnungen schon **vor Beginn** oder auch **nach Beendigung** der Veranstaltung. Allerdings muss ein **zeitlicher und örtlicher Zusammenhang** bestehen. Die Videoüberwachung erstreckt sich auf **alle anwesenden Personen** bei einer oder im Zusammenhang mit einer Veranstaltung.

230

Auch wenn sich das nicht aus dem Wortlaut der Bestimmung ergibt, ist beim Einsatz technischer Mittel die **Erforderlichkeit** besonders zu prüfen. Kleinere Veranstaltungen mit einem überschaubaren Teilnehmerkreis oder eine zufällig entstandene kleinere Ansammlung bieten regelmäßig keinen ausreichenden Anlass für polizeiliche Beobachtungen und Bild- und Tonaufzeichnungen. § 44 Abs. 1 PolG ermächtigt daher auch nicht dazu, ständige Bild- und Tonaufzeichnungen in Fußgängerzonen oder in öffentlichen Grün- und Erholungsanlagen vorzunehmen.

Durch die Verpflichtung zur unverzüglichen Löschung der nach Abs. 1 gefertigten Aufzeichnungen gem. § 44 Abs. 10 S. 2 PolG ist die **Dauer** des Eingriffs **begrenzt**.

231

§ 44 Abs. 1 PolG legt die **ausschließliche** sachliche **Zuständigkeit des Polizeivollzugsdienstes** für die Anordnung bzw. Durchführung der Maßnahme fest.

232

---

402 Zum Einsatz durch die Polizei vgl. Tomerius, LKV 2020, 481 f., sowie für BW LT-Drs. 16/9626.
403 Tomerius, LKV 2020, 481, 485 ff. Die Polizei des Landes BW setzt (Stand Dezember 2020) **53 Flugdrohnen** vorrangig und offen für die Aufklärung an und Dokumentation von polizeilichen Einsatzstellen (etwa Unfallstelle, Tatort) sowie für die Suche nach Personen und Sachen, aber auch bei Veranstaltungen ein (LT-Drs. 16/9626, S. 2 ff.).
404 Nusser, in: Möstl/Trurnit, Polizeirecht BW, § 21 Rn 34.
405 So auch Stephan, in: Stephan/Deger, Polizeigesetz BW, § 21 Rn 5, unter Bezugnahme auf die Begründung des Gesetzentwurfs zur Neufassung der Vorschrift durch das Änderungsgesetz 2008, LT-Drs. 14/3165, S. 40, sowie Nusser, in: Möstl/Trurnit, Polizeirecht BW, § 21 Rn 35.

c) **Bild- und Tonaufzeichnungen an besonders gefährdeten Objekten (§ 44 Abs. 2 PolG)**

233 § 44 Abs. 2 PolG erlaubt die Anfertigung von **Bild- und Tonaufzeichnungen** in den in § 27 Abs. 1 Nr. 4 PolG genannten **gefährdeten Objekten** (wie etwa Bahnhöfe, Versorgungsanlagen, Amtsgebäude)[406] und **in deren unmittelbarer Nähe**. Der VGH BW hat für eine Personenkontrolle eine Entfernung von 2 km zum genannten Objekt als noch als ausreichend angesehen.[407] Die auf beweiskräftige Tatsachen gestützte **Prognose**[408] kann sich auf Straftaten beziehen, die gegen Personen, Objekte oder darin befindliche Sachen gerichtet sind. Es bedarf insoweit eines konkreten **Objektbezugs**. Aufzeichnungen mit dem Ziel, rein zufällig an einem besonders gefährdeten Objekt begangene Straftaten festzuhalten, sind unzulässig. Mit Recht wird darauf hingewiesen, dass die Regelung andernfalls eine „fast totale Erfassung" ermöglichen würde. Da von den Ton- und Bildaufzeichnungen **alle** Personen erfasst werden, die sich an einem derartigen Ort aufhalten, ist eine **restriktive Auslegung** der Eingriffsvoraussetzungen zwingend erforderlich.[409]

234 § 44 Abs. 2 PolG legt die **ausschließliche** sachliche **Zuständigkeit des Polizeivollzugsdienstes** für die Anordnung bzw. Durchführung der Maßnahme fest.

d) **Videoüberwachung von Kriminalitätsbrennpunkten (§ 44 Abs. 3 PolG)**

aa) **Allgemeines**

235 Die Regelung ermächtigt „die Polizei" zur Anfertigung von Ton- und Bildaufzeichnungen im öffentlichen Raum an sog. **Kriminalitätsbrennpunkten**.[410] Durch diese Video-Überwachung soll die Polizei die Möglichkeit erhalten, rasch Einsatzkräfte vor Ort zur Gefahrenabwehr einzusetzen, wenn der diensthabende Beamte am Monitor feststellt, dass die Begehung einer strafbaren Handlung vorbereitet wird. Die Tatsache der Überwachung soll darüber hinaus mögliche Straftäter daran hindern, Straftaten, insbesondere Kleinkriminalität wie Taschendiebstahl, in dem überwachten Bereich zu begehen (= Gefahrenvorsorge). Zugleich dient die Maßnahme der Strafverfolgung, wenn wegen der Bildübertragungen Straftaten aufgeklärt werden können. Bei der Videoüberwachung handelt es sich also um eine **doppelfunktionale Maßnahme** der Polizei, wobei der Schwerpunkt auf der Abschreckung möglicher Straftäter und damit bei der vorbeugenden Bekämpfung von Straftaten bzw. der Gefahrenvorsorge liegt (vgl. zur Abgrenzung auch § 13 Rn 13 ff.).

236 Da die Videoüberwachung öffentlicher Räume mit Aufzeichnung in schwerwiegender Weise in das Recht auf informationelle Selbstbestimmung eingreift, bedarf es einer **spezifischen**, präzise gefassten **gesetzlichen Grundlage**.[411] Aus diesen Gründen kann nach der Rechtsprechung des **BVerfG** die Videoüberwachung eines öffentlichen Platzes (im entschiedenen Fall das sog. **Karavan Synagogen-Denkmal** in Regensburg) nicht auf die allgemeinen Landesdatenschutzgesetze gestützt werden. Vielmehr sind aus verfassungsrechtlichen Gründen spezielle Befugnisnormen zur Videoüberwachung öffentlicher Räume **erforderlich**.[412] Mit der Novellierung des § 44 Abs. 3 PolG ist der Landesgesetzgeber dieser Forderung nach einer **bereichsspezifischen Ermächtigungsgrundlage** in formeller Hinsicht nachgekommen.

---

406 Vgl. dazu VG Karlsruhe, VBlBW 2002, 131.
407 VGH BW, BWVPr 1982, 11; krit. dazu Belz/Mußmann/Kahlert/Sander, Polizeigesetz BW, § 21 Rn 23.
408 Nusser, in: Möstl/Trurnit, Polizeirecht BW, § 21 Rn 38.
409 Ebenso etwa Nusser, in: Möstl/Trurnit, Polizeirecht BW, § 21 Rn 40: „abgemilderter Objektbezug"; Stephan, in: Stephan/Deger, Polizeigesetz BW, § 21 PolG Rn 10.
410 Die Vorschrift wurde erstmals durch Änderungsgesetz vom 19.12.2000 (GBl. S. 752) in das PolG aufgenommen und wegen der Rechtsprechung des VGH BW (VBlBW 2004, 20) durch Änderungsgesetz vom 18.11.2008 (GBl. S. 390) novelliert.
411 Wysk, VerwArch 2018, 141, 149 f.
412 BVerfG, DÖV 2007, 606; zur Notwendigkeit einer speziellen Ermächtigungsgrundlage vgl. auch VGH BW, VBlBW 2004, 20, 23.

Nach Auffassung des VGH BW ist **§ 44 Abs. 3 PolG mit höherrangigem Recht vereinbar**. Insbesondere verstößt die Regelung der Videoüberwachung nicht gegen das Recht auf informationelle Selbstbestimmung als besondere Ausprägung des allgemeines Persönlichkeitsrechts. Sie greift zwar in den Schutzbereich dieses Grundrechts ein. Der Eingriff ist aber verfassungsrechtlich gerechtfertigt. Auch konnte sich der Landesgesetzgeber bei der Einführung dieser Regelung auf seine **Gesetzgebungskompetenz** für das Polizeirecht als Gefahrenabwehrrecht stützen. Nach Ansicht des VGH BW wird die Vorschrift den Geboten der Normenklarheit und Bestimmtheit „noch" gerecht.[413] Da die Regelung keine konkrete Gefahr für die öffentliche Sicherheit voraussetzt, sondern in erster Linie darauf abzielt, im Vorfeld konkreter Gefahren Straftaten durch Abschreckung zu verhindern, handelt es sich um eine **Maßnahme der Gefahrenvorsorge**.[414] Durchgreifende verfassungsrechtliche Bedenken gegen derartige Maßnahmen bestehen nach Ansicht des VGH BW nicht. Sie bedürfen aber besonderer Rechtfertigung und sind deshalb in spezifischer Weise am Grundsatz der Verhältnismäßigkeit zu messen.[415]

237 Die Videoüberwachung durch öffentliche Stellen wird in einer **Vielzahl von bereichsspezifischen Gesetzen** eigenständig geregelt. Beispiele für bundesgesetzliche Regelungen sind die §§ 27 bis 28 a BPolG und die §§ 12 a, 19 a VersammlG. Im Landrecht ist auf § 18 LDSG hinzuweisen (vgl. dazu § 10 Rn 44 ff.).

bb) Zuständigkeit

238 Nach dem eindeutigen Wortlaut des § 44 Abs. 3 PolG sind für die Anordnung und Durchführung der Maßnahmen **sowohl der Polizeivollzugsdienst als auch die Polizeibehörde sachlich zuständig**.[416] Jede Stelle kann daher unabhängig voneinander allein tätig werden und ein eigenes Überwachungssystem einrichten. Zu empfehlen ist aber eine **gemeinsame Strategie** und enge Zusammenarbeit zwischen Polizeibehörde und Polizeivollzugsdienst.

cc) Offene Videoüberwachung

239 Gem. **§ 44 Abs. 10 S. 1 PolG** ist auf die Videoüberwachung und **insbesondere auf die Bild- und Tonaufzeichnung** der erhobenen Daten **hinzuweisen** (vgl. dazu § 10 Rn 281 f.). Die Erkennbarkeit muss jedenfalls auch unmittelbar am Ort der Durchführung der Maßnahme gegeben sein.[417] Der zu überwachende Bereich ist so zu beschildern, dass die Bürger von der Überwachung regelmäßig Kenntnis erlangen. Bei tageszeitlich befristeten Überwachungsmaßnahmen sind die Überwachungszeiten zu nennen. Wird lediglich **in der Presse auf die Überwachung hingewiesen**, ist dies nicht ausreichend. Die öffentlichen Hinweise auf das Vorhandensein von Kameras müssen derart deutlich sein, dass sie **von jeder betroffenen Person mit durchschnittlicher Auffassungsgabe** am beobachteten Ort **mühelos bemerkt** werden können.

dd) Öffentlich zugänglicher Ort

240 Ein öffentlich zugänglicher Ort i. S. d. § 44 Abs. 3 PolG ist **ein Ort, der rein tatsächlich für jedermann zugänglich ist**, wie etwa Straßen, Wege, Plätze, Ladenpassagen sowie Bereiche des Öffentlichen Personennahverkehrs.[418] Es handelt sich um einen **unbestimmten Rechtsbegriff**, dessen Konkretisierung der Polizei obliegt.

---

413 Vgl. zu den Maßstäben eingehend Wysk, VerwArch 2018, 141, 152 ff.
414 Ibler, in: Ennuschat/Ibler/Remmert, Öffentliches Recht BW, § 2 Rn 327.
415 VGH BW zur Zulässigkeit der in der Mannheimer Innenstadt durchgeführten Videoüberwachung, NVwZ 2004, 498 ff.
416 Nusser, in: Möstl/Trurnit, Polizeirecht BW, § 21 Rn 23.
417 VGH BW, NVwZ 2004, 498.
418 Vgl. LT-Drs. 16/334, S. 4, zum gleichlautenden Rechtsbegriff in § 21 Abs. 5 PolG 1992 in der bis zum Jahr 2021 geltenden Fassung; teilweise a. A. Nusser, in: Möstl/Trurnit, Polizeirecht BW, § 21 Rn 43, der private,

ee) Qualifizierung eines Kriminalitätsbrennpunkts

241 Die **Annahme eines Kriminalitätsbrennpunktes** setzt voraus, dass sich die Kriminalitätsbelastung des Ortes **deutlich** von der an anderen Orten abhebt.[419] Da die Überwachung nach ihrer Zweckrichtung den besonderen örtlichen Gefahrenschwerpunkten gilt und damit einen örtlichen Bezug hat, müssen die **Vergleichsorte** innerhalb derselben Gemeinde liegen. Ferner muss auf der Grundlage konkreter Anhaltspunkte die Annahme gerechtfertigt sein, dass dort in Zukunft weitere Straftaten begangen werden und dass die Videoüberwachung zu deren Bekämpfung erforderlich ist. Bezugspunkt ist nach der gesetzgeberischen Intention in erster Linie der Bereich der **Straßenkriminalität**, also Straftaten, die in ihrer Tatphase ausschließlich oder überwiegend auf öffentlichen Straßen begangen werden und visuell wahrnehmbar sind. Dazu gehören etwa Raub, Körperverletzung, Betäubungsmitteldelikte, Sachbeschädigungen, Sexualdelikte, Diebstahl etc. Ob die Voraussetzungen für die Qualifizierung einer Örtlichkeit als Kriminalitätsbrennpunkt vorliegen, hat die zuständige Behörde auf der Grundlage einer ortsbezogenen Lagebeurteilung zu ermitteln. Der Polizei steht hierbei ein gerichtlich überprüfbarer **Beurteilungsspielraum** zu. Um den Gerichten eine tatsächlich wirksame Kontrolle der Lagebeurteilung zu ermöglichen, obliegt es der zuständigen Behörde, diese in nachvollziehbarer Weise durch entsprechende Lagebilder zu dokumentieren.[420] Ferner bedarf es einer **Erforderlichkeitsprognose**.

e) Automatisierte Bildauswertung (§ 44 Abs. 4 PolG)

242 § 44 Abs. 4 PolG wurde durch das Gesetz zur Änderung des Polizeigesetzes vom 28.11.2017[421] in das PolG eingefügt. Die neue Rechtsgrundlage soll angesichts der **anhaltend hohen abstrakten Gefahr terroristischer Anschläge**, insbesondere aus dem islamistischen Spektrum, der Verbesserung der polizeilichen Eingriffsbefugnisse dienen, um der vom internationalen Terrorismus ausgehenden Bedrohung wirksamer als bisher begegnen zu können. Um die Sicherheit an Kriminalitätsschwerpunkten und gefährdeten Objekten zu verbessern, soll die Polizei durch § 44 Abs. 4 PolG mittels „**intelligenter Videoüberwachung**" in die Lage versetzt werden, die aufgrund herkömmlicher Videoüberwachung gewonnenen Bilder anhand bestimmter Verhaltensmuster auch elektronisch auszuwerten. Gleiches gilt bei öffentlichen Veranstaltungen und Ansammlungen, wenn dort terroristische Anschläge drohen. Durch die automatische Auswertung kann der personelle Aufwand erheblich reduziert werden.[422] BW sollte das erste Bundesland sein, das eine rechtliche Grundlage für die intelligente Videoüberwachung schafft.[423]

In der Stadt **Mannheim** findet zur Erprobung und Erkundung der intelligenten Videoüberwachung ein Politprojekt statt. Zu diesem Zweck wurde im Dezember 2018 die **algorithmenbasierte Videoüberwachung** (allgemein „intelligente Videoüberwachung" genannt) in Mannheim im Rahmen eines **fünfjährigen Pilotprojekts** eingeführt.[424] Im Rahmen des Pilotprojekts „Videoüberwachung Mannheim 2017" werden an drei Kriminalitätsschwerpunkten insgesamt 68 Kameras betrieben. An 40 Kameras werden Tests der „intelligenten" und auf Algorithmen basierenden Videobildauswertung durchgeführt. Die erste Entwicklungsstufe der automatischen Objekt- und Personendetektion (Stufe 1) soll bereits zuverlässig funktionieren. An 20 der Kameras finden Tests zur software-

---

für Öffentlichkeit allgemeine zugängliche Orte (wie Ladenpassagen), nicht erfasst sieht (vgl. dort aber auch den Hinweis von Nusser in Rn 47 b).
419 Vgl. dazu auch die Ausführungen in LT-Drs. 16/8128, S. 6 f., zur Videoüberwachung in Mannheim; Nusser, in: Möstl/Trurnit, Polizeirecht BW, § 21 Rn 44.
420 Vgl. im Einzelnen die Anforderungen nach VGH BW, NVwZ 2004, 498.
421 GBl. S. 624.
422 Vgl. Eingangsbegründung des Gesetzentwurfs, LT-Drs. 16/2741, S. 1.
423 So der Innenminister bei der 1. Beratung im Landtag BW, LT-Plenarprot. 16/42, S. 2382.
424 LT-Drs. 16/8128, S. 2.

VI. Datenverarbeitung bei polizeilichen Einzelmaßnahmen

seitigen Erkennung von grobmotorischen Verhaltens- und Bewegungsmustern, wie etwa Schlagen oder Treten (Stufe 2), statt. Die Algorithmen zur automatischen Erkennung weiterer Verhaltensmuster, die auf die Begehung von Straftaten hindeuten, werden im Verlauf des Projekts entwickelt.[425] Die **Experimentalsoftware** des Fraunhofer Instituts für Optronik, Systemtechnik und Bildauswertung (IOSB) Karlsruhe wird für den Einsatz im öffentlichen Raum im Rahmen des auf insgesamt fünf Jahre ausgelegten Projekts sukzessive entwickelt und getestet.[426]

243 Gem. **§ 44 Abs. 4 S. 1 PolG** kann der Polizeivollzugsdienst die gem. § 44 Abs. 1 S. 2 Nr. 1 PolG sowie gem. § 44 Abs. 2 u. 3 PolG angefertigten Bildaufzeichnungen auch automatisiert auswerten. Die Einführung dieser digitalen Auswertungsmethode soll vor allem zu einer personellen Erleichterung des Polizeivollzugsdiensts führen, der sich auf weitere Aufgaben konzentrieren können soll.[427] Die zur Auswertung eingesetzte Software soll „Alarmfälle" herausgefilterten, die dann ein weiteres Tätigwerden des Polizeivollzugsdiensts bewirken und erfordern.[428]

§ 44 Abs. 4 PolG enthält eine **spezielle Rechtsgrundlage für den Einsatz der sog. intelligenten Videoüberwachung**. Sie begrenzt sich auf die Fälle der Videoüberwachung gem. § 44 Abs. 1 S. 2 Nr. 1 sowie § 44 Abs. 2 u. 3 PolG. Damit dürfen nur die **bei öffentlichen Veranstaltungen mit Bedrohung durch terroristische Anschläge, an besonders gefährdeten Objekten und an Kriminalitätsschwerpunkten** gewonnenen Bildaufnahmen im automatisierten Verfahren ausgewertet werden. Dem Gesetzgeber schien in diesen Bereichen der Einsatz der neuen technischen Auswertungsmöglichkeit als besonders zielführend.[429]

244 **Automatisierte Auswertung** meint ein auf Datenprogrammen (Software) beruhendes Verfahren, das ohne gesondertes Zutun von Menschen (Polizeibeamten) eine Erkennung von polizei- oder strafrechtlich relevantem Verhalten durch mittels Bildaufzeichnung erfassten Personen ermöglicht. Die Auswertung erfolgt durch das Erkennen typischer Verhaltensmuster, die auf die Begehung von Straftaten hindeuten. Wesensmerkmal der Technik ist ein hinterlegter **Algorithmus**, der die einzelnen Videosequenzen quasi in Echtzeit miteinander vergleicht und dadurch auffällige Verhaltensmuster aufspüren bzw. kenntlich machen kann.[430]

245 Gem. **§ 44 Abs. 4 S. 2 PolG** darf die automatisierte Auswertung **nur auf das Erkennen solcher Verhaltensmuster ausgerichtet sein, die auf die Begehung einer Straftat hindeuten**. Da das Erkennen auffälliger Verhaltensmuster in erster Linie anhand einer Analyse von Bewegungsabläufen, Gruppenbildungen oder von ortsfesten bzw. unbeweglichen Objekten erfolgt, ist eine **Tonauswertung nicht erforderlich** und in § 44 Abs. 4 PolG auch nicht vorgesehen.[431]

Die **Speicher- und Löschfristen des § 44 Abs. 10 PolG** gelten auch für die im Rahmen der „intelligenten Videoüberwachung" ausgewerteten personenbezogenen Daten.[432].

246 Die automatisierte Auswertung ist **datenschutzrechtlich nicht unbedenklich**, erscheint aber **mit dem Verfassungsrecht noch vereinbar**. Im Kern wird der Datenschutz nur gewahrt werden können, wenn die zur automatisierten Auswertung geschaffene und eingesetzte Software sicherstellt, dass sich die Überwachung der erzeugten Bildaufzeichnungen nur auf solche Verhaltensmuster bezieht, die einen klaren Bezug zur Begehung einer Straftat haben können. Die Wahrung des Datenschutzes muss also

---

425 LT-Drs. 16/8128, S. 2 f.
426 LT-Drs. 16/8128, S. 5.
427 LT-Drs. 16/2741, S. 28; LT-Plenarprot. 16/42, S. 2382.
428 LT-Drs. 16/2741, S. 28.
429 LT-Drs. 16/2741, S. 28.
430 LT-Drs. 16/2741, S. 28; vgl. zur Funktionsweise der „intelligenten Videoüberwachung" auch Nusser, in: Möstl/Trurnit, Polizeirecht BW, § 21 Rn 52 b.
431 LT-Drs. 16/2741, S. 28.
432 LT-Drs. 16/2741, S. 29.

bereits **vor** Einsatz der automatisierten Überwachung sichergestellt werden. Dieser **präventive Datenschutz** wird grundlegend für die Vereinbarkeit mit dem Verfassungsrecht sein. Der Polizeivollzugsdienst muss dies gemeinsam mit dem Programmierer und Lieferanten der Auswertungssoftware sicherstellen.[433] Zudem wird unabdingbar sein, dass auch während des Einsatzes der Software deren **Auswertungsreichweite laufend geprüft und hinterfragt** wird; diese Aufgabe kann nur dem **zuständigen Datenschutzbeauftragten** (§ 94 PolG) zukommen. Andernfalls würden die Grenzen der verfassungsrechtlich zulässigen Einschränkung der informationellen Selbstbestimmung überschritten.

Die **Verhütung von Straftaten** bewirkt einen grundsätzlich **zulässigen Eingriff in das Recht auf informationelle Selbstbestimmung** der betroffenen Personen.[434] Der polizeiliche Mehrwert der automatisierten Auswertung soll vor allem darin bestehen, dass nicht mehr die gesamte Aufmerksamkeit der beobachtenden Personen gebunden wird, sondern ein Tätigwerden nur in den von der Software herausgefilterten Verhaltensmustern mit möglichem Straftatenbezug erforderlich ist. Eine vergleichbare Effektivität der konventionellen Videoüberwachung könnte nur durch einen ständigen Austausch der beobachtenden Personen mit kurzen Rotationszeiten gewährleistet werden.[435] Es kann zudem davon ausgegangen werden, dass eine gut programmierte Software effektiver als ein eingesetzter Polizeibeamter auswerten kann.

Die **Verhältnismäßigkeit der automatisierten Überwachung** dürfte durch die klare Beschränkung auf „erkannte" mögliche Straftaten, die in § 44 Abs. 4 S. 1 PolG genannten drei Arten der Bildaufzeichnungen und die Löschungspflicht des § 44 Abs. 10 PolG gewahrt sein.[436] Unter Beachtung dieser Prämissen ist davon auszugehen, dass der Einsatz der automatisierten Auswertung gegenüber der personellen Videoüberwachung durch Polizeibeamte keine datenschutzrechtliche Mehrbelastung darstellt.

247 **§ 44 Abs. 4 PolG** legt die **ausschließliche** sachliche **Zuständigkeit des Polizeivollzugsdienstes** für die Anordnung bzw. Durchführung der Maßnahme fest.

f) Körperkameras (§ 44 Abs. 5 PolG)

aa) Allgemeines

248 Durch das **PolG 2020** wurde die bis dahin bestehende **Einschränkung des Einsatzes von Bodycams auf den öffentlichen Raum** (§ 21 Abs. 5 S. 1 PolG 1992: „an öffentlich zugänglichen Orten") **aufgegeben**. Die entsprechende Formulierung wurde ersatzlos gestrichen. Zu den Gründen dieser Änderung vgl. die Ausführungen in § 10 Rn 223. Der Innenminister hat anlässlich des Beschlusses des Gesetzentwurfs im Ministerrat hierzu ausgeführt: „Endlich wird der Einsatz der Bodycam auch in geschlossenen Räumen und Wohnungen möglich sein. So schützen wir unsere Beamtinnen und Beamten noch besser vor Angriffen, so schützen wir aber auch Frauen und Kinder besser vor häuslicher Gewalt. Ich habe vergangene Woche im Innenausschuss die Evaluation nach einem Jahr Bodycam im Land vorgestellt. Die wichtigste Erkenntnis: Rund **30 Prozent aller Angriffe** auf unsere Polizistinnen und Polizisten finden **in Betriebsräumen und Wohnungen** statt."[437]

Gem. **§ 44 Abs. 5 S. 1 PolG** kann der Polizeivollzugsdienst bei der Durchführung von Maßnahmen zur Gefahrenabwehr oder zur Verfolgung von Straftaten oder Ordnungswidrigkeiten zur Abwehr einer Gefahr Daten durch Anfertigen von **Bild- und Tonauf-**

---

[433] I. E. ebenso Wysk, VerwArch 2018, 141, 159.
[434] So zu Recht und mit weiteren Ausführungen LT-Drs. 16/2741, S. 28.
[435] LT-Drs. 16/2741, S. 28.
[436] LT-Drs. 16/2741, S. 28 m. w. N.; vgl. auch Wysk, VerwArch 2018, 141, 159.
[437] Pressemitteilung des Staatsministeriums BW vom 14.7.2020.

zeichnungen mittels körpernah getragener Aufnahmegeräte erheben.[438] Allgemein werden diese Kameras als **„Bodycams"**[439] bezeichnet. Die Regelung dient in ersten Linie dem **Schutz der Polizeivollzugsbeamten vor körperlichen Übergriffen** und Gewalttaten gegen ihre Personen.[440] **Geschützt werden sollen** neben den Beamten des Polizeivollzugsdiensts aber **auch Dritte**, die sich im unmittelbaren Nahbereich einer polizeilichen Maßnahme aufhalten und der Gefahr körperlicher Angriffe durch potenzielle Störer ausgesetzt sein könnten.[441] Auslöser ist die starke Zunahme von Gewalttaten gegen Polizeivollzugsbeamte und andere öffentliche Rettungs- und Sicherheitskräfte in den vergangenen Jahren.[442]

Die **Akzeptanz von Bodycams** ist in der Bevölkerung und bei betroffenen Personen insgesamt gut. In einer entsprechenden **Studie** wurde nachgewiesen, dass sogar die Mehrheit der von einer Überwachungsmaßnahme via Bodycam betroffenen Personen den Einsatz der Bodycam eher gut findet.[443] Der Einsatz von Bodycams wird zudem befürwortet, um die Tätigkeit der Polizei zu überwachen und auf diese Weise die Bürger vor Willkür der Polizei zu schützen.[444] Es gibt aber auch eine **kritische Diskussion** über den Einsatz der Bodycams im Hinblick auf weitere Einschränkungen des Datenschutzes der betroffenen Personen.[445]

249

Unstritig hat die **Anzahl der Angriffe und Straftaten gegen Polizeibeamte** in den vergangenen Jahren deutlich **zugenommen**. Laut dem **Sicherheitsbericht 2020** des Landes BW[446] hatten im Jahr 2020 die Fallzahlen der Gewalt gegen Polizeibeamte einen erneuten Höchststand erreicht und gegenüber dem Vorjahr **um 5 Prozent zugenommen**.[447] In der Nacht des **20.6.2020** kam es in der Stuttgarter Innenstadt rund um den Eckensee und den Schlossplatz zu massiven gewalttätigen Übergriffen gegenüber Beamten des Polizeivollzugsdienstes („Straßenschlachten") und zu umfassenden Sachzerstörungen und Plünderungen.[448] Die Vorfälle sind als **„Stuttgarter Randale-Nacht"**

---

438 Krit. zu den vom Gesetzgeber verwendeten Begrifflichkeiten Nachbaur, VBlBW 2018, 97, 99. Er verweist darauf, dass die Videoaufzeichnung keine „Erhebung" von Daten, sondern eine Speicherung ist. Mit der Einführung des Begriff der „Datenverarbeitung" als Oberbegriff des Datenschutzrechts durch das Unionsrecht (vgl. dazu § 10 Rn 62) dürfte sich diese Differenzierung erledigt haben. Vgl. auch sogleich § 10 Rn 251.
439 Vgl. zur Bodycam im Einzelnen Schenke, VerwArch 2019, 436, 437; Kipker/Gärtner, NJW 2015, 296; Ziebarth, Die Polizei 2017, 76; Schmidt, Polizeiliche Videoüberwachung, S. 33 ff.
440 Zust. Petri, in: Lisken/Denninger, Handbuch des Polizeirechts, Kap. G Rn 796; Schenke, VerwArch 2019, 436, 446 ff.; Nachbaur, VBlBW 2018, 97; Borsdorff, in: Möllers, Wörterbuch der Polizei, S. 384; Zweifel an der Wirksamkeit von Bodycams zur Gefahrenabwehr haben Arzt/Schuster, DVBl 2018, 351: Bei Wegfall dieses Gesetzesgrundes sehen sie die Bodycams als reine Maßnahme der Verfolgungsvorsorge, die in die Gesetzgebungskompetenz des Bundes fiele; ebenso Köhler/Thielicke, NVwZ-Extra 13/2019, 1, 2; skeptisch ist auch Thiel, KriPoZ 2019, 301, 304, der die Gefahr einer Provokation gewaltbereiter Personen sieht. Zur Gewalt gegen Polizeibeamte vgl. Holecek, Die Polizei 2019, 305, 306 f., u. Braun/Albrecht, DÖV 2015, 937, 945; zur „Beleidigung" von Polizeibeamten vgl. auch BVerfG, BayVBl 2016, 807, 2017, 450 („ACAB"); u. HRRS 2021, 44 f. („FCK BFE"). Vgl. zudem Nachbaur, VBlBW 2021, 55, 59 f., der auch einen Einsatz zur Verhinderung von Polizeigewalt einfordert.
441 LT-Drs. 16/334 S. 3; Pöltl, VBlBW 2021, 45, 51.
442 Vgl. dazu etwa Sitzmann, Die Polizei 2017, 211.
443 Köhler/Thielicke, NVwZ-Extra 13/2019, 1 f.; Hallenberger/Telser/Wels/Beyer, Polizei & Wissenschaft 3/2017, 28 ff. Vgl. dazu auch den Abschlussbericht „Bodycam – Die deeskalierende Wirkung von Bodycams im Wachdienst der Polizei Nordrhein-Westphalen" des Instituts für Polizei- und Kriminalwissenschaft an der Fachhochschule für öffentliche Verwaltung NRW aus dem Jahr 2019 („https://www.hspv.nrw.de/fileadmin/user_upload/190429_Bodycam_NRW_Abschlussbericht.pdf). Zur Wirkung von Gewalt gegen Polizeibeamte auf deren Einsatz der Bodycam vgl. Naplava/Kersting/Reutemann, Polizei& Wissenschaft 3/2020, 24 ff.
444 So etwa Thurm, Aufnehmen, Polizei!, in: Die Zeit online vom 1.8.2019; Steinke, Wie die Polizei mit Bodycams Gewalt verhindern will, Süddeutsche Zeitung online vom 14.4.2017. Vgl. dazu auch Aden/Fährmann, Bodycams bei der Polizei – nicht nur zum Schutz von Polizistinnen und Polizisten!, in: „verfassungsblog.de" vom 2.3.2019.
445 Vgl. dazu etwa Rath, Die neuen Augen der Polizei, in: taz online vom 12.10.2016; Steinke, Wie die Polizei mit Bodycams Gewalt verhindern will, Süddeutsche Zeitung online vom 14.4.2017.
446 Sicherheitsbericht „Sicherheit 2020", hrsg vom Ministerium für Inneres, Digitalisierung und Migration Baden-Württemberg, veröffentlicht am 19.2.2021.
447 Sicherheitsbericht 2020, S. 52.
448 Zeit online vom 24.5.2020: „Krawalle in Stuttgart"; Die Welt online vom 23.6.2020: „Chaos-Nacht von Stuttgart; Stuttgarter Zeitung vom 25.6.2020: „Randale von Stuttgart"; Sicherheitsbericht 2020, S. 120 f.

bekannt. Auslöser war die drogenbezogene Polizeikontrolle eines jungen Mannes durch die Polizei. An den sich daran anschließenden Auseinandersetzungen und Übergriffen waren zwischen 400 bis 500 junge Personen beteiligt.

bb) Gesetzgebungskompetenz

250 Dem Landesgesetzgeber kam die **Gesetzgebungszuständigkeit** für den Erlass dieser Regelung zu. Die Frage ist insofern **strittig**, als Bodycams über die länger gespeicherte Videoaufzeichnung **faktisch auch repressiven strafrechtlichen Zwecken dienen**, da die Videoaufzeichnung in einem anschließenden Strafverfahren Grundlage der Strafverfolgung gegenüber den erfassten Personen sein kann.[449] Insofern handelt es sich – jedenfalls vielfach faktisch – um **doppelfunktionale Maßnahmen**.[450] Dies könnte für eine Gesetzgebungszuständigkeit des Bundes sprechen.[451] Es ist nicht ganz von der Hand zu weisen, dass neben dem vom Landesgesetzgeber genannten Zweck des Schutzes der Polizeibeamten und Dritter auch die Beweissicherung für evtl. Strafverfahren ein (faktisches) Einsatzziel der Bodycams ist.[452] Dieser „Nebenzweck" reicht aber verfassungsrechtlich nicht aus, die Gesetzgebungskompetent des Landes in Frage zu stellen[453], zumal der Bund bislang in diesem Bereich bislang keinen Gebrauch von seiner Gesetzgebungszuständigkeit im Bereich der StPO gemacht hat.[454]

cc) Begrifflichkeit

251 Der Landesgesetzgeber verwendet in § 44 Abs. 5 S. 1 PolG auch nach Inkrafttreten des PolG 2020 die Formulierung „**Daten durch Anfertigung von Bild- und Tonaufzeichnungen erheben**". Diese entspricht nicht der Systematik des EU-Datenschutzrechts der DSRL 2016/680, das nunmehr vom einheitlich Begriff der „Datenverarbeitung" ausgeht, der alle dazu notwendigen Einzelschritte umfasst (vgl. dazu die Ausführungen in § 10 Rn 68). Hinzu kommt, dass eine Datenerhebung durch Videoaufzeichnung zwingend auch bereits die Speicherung der so gewonnenen Daten einschließt.[455] Gegen diese Differenzierung bestehen im Hinblick auf die Begriffsdefinition in § 12 Nr. 2 PolG aber keine durchgreifenden rechtlichen Bedenken.

dd) Zuständigkeit

252 Die **Zuständigkeit** für den Einsatz der Bodycams liegt schon nach dem Zweck der Regelung, aber auch nach dem klaren Wortlaut beim **Polizeivollzugsdienst**.[456]

ee) Tatbestandsvoraussetzungen (§ 44 Abs. 5 Satz 1 PolG)

253 § 44 Abs. 5 S. 1 PolG setzt für den Einsatz der Bodycams voraus, dass diese nur bei der **Durchführung von Maßnahmen zur Gefahrenabwehr oder zur Verfolgung von**

---

[449] Kerkemeyer, JuS 2020, 233, 237; Schenke, VerwArch 2019, 436, 440; Köhler/Thielicke, NVwZ-Extra 13/2019, 1, 3 f.

[450] Schmidt, Polizeiliche Videoüberwachung, S. 108 f.; Ogorek, DÖV 2018, 688, 692 f.; **a. A.** mit beachtlichen Argumenten Schenke, VerwArch 2019, 436, 439 ff.; vgl. zu den doppelfunktionalen Maßnahmen der Polizei auch § 13 Rn 13 ff.

[451] Vgl. dazu Kipker/Gärtner, NJW 2015, 296, 297; Arzt/Schuster, DVBl 2018, 351, Nachbaur, VBIBW 2018, 97, 98; Köhler/Thielicke, NVwZ-Extra 13/2019, 1, 3 f.

[452] Kipker/Gärtner, NJW 2015, 296, 297: „doppelfunktionaler Natur" (ebenso Nachbaur, VBIBW 2018, 97, 98); Arzt/Schuster, DVBl 2018, 351; Schmidt, Polizeiliche Videoüberwachung, S. 107 bis 109.

[453] Ebenso Schenke, Polizei- und Ordnungsrecht, Rn 185, mit Hinweis auf die Zuständigkeit der Länder für die Gefahrenabwehr; Kerkemeyer, JuS 2020, 233, 237; Schenke, VerwArch 2019, 436, 441; Schmidt, Polizeiliche Videoüberwachung, S. 114, 123, 127; Ogorek, DÖV 2018, 688, 694; wie hier wohl auch Lachenmann, NVwZ 2017, 1424, 1426; **a. A.** Nachbaur, VBIBW 2021, 55, 60 f., für das Pre-Recording (vgl. § 10 Rn 262 f.).

[454] In diesem Sinne BVerwG, NVwZ 2012, 757 (offene Videoüberwachung in Hamburg-St. Pauli); Ibler, in: Ennuschat/Ibler/Remmert, Öffentliches Recht BW, § 2 Rn 327b; i. E. ebenso Kipker/Gärtner, NJW 2015, 296, 297; krit. Nachbaur, VBIBW 2018, 97, 98 f.

[455] So zutr. Schenke, VerwArch 2019, 436, 446.

[456] Rausch, Landesrecht BW, § 3 Rn 342.

Straftaten oder Ordnungswidrigkeiten genutzt werden können. Voraussetzung ist überdies die **Abwehr einer Gefahr**. Der Gesetzgeber lässt sich nicht näher dazu aus, was eine Gefahrenabwehr im Sinne der Regelung ist.[457] Im Kontext mit § 1 Abs. 1 u. § 3 PolG ist davon auszugehen, dass **jede Gefahr für die öffentliche Sicherheit und Ordnung** erfasst wird, dies entspricht den allgemeinen Zielsetzungen des PolG.[458] Der anlasslose Einsatz – etwa bei einer normalen Streifentätigkeit – scheidet dagegen aus. Durch die **Nennung eines konkreten Einsatzszenarios und eines Datenerhebungszwecks im Gesetz** wird klargestellt, dass es sich um **keine anlasslose Maßnahme** handeln kann. Der Einsatzzweck ist umschrieben mit der Durchführung von Maßnahmen zur Gefahrenabwehr oder zur Verfolgung von Straftaten oder Ordnungswidrigkeiten; als Datenerhebungszweck wird zumindest die Abwehr einer Gefahr verlangt. Ein normaler Streifendienst oder eine normale Streifenfahrt reichen somit für die Datenerhebung nicht aus.[459]

ff) Ermessen der Polizei

Die Entscheidung über den Einsatz einer Bodycam ist in das **Ermessen** der Polizei gestellt. Es besteht mithin **keine Pflicht zum Einsatz** der Bodycams. Sollte eine bevorstehende Einsatzlage indes die konkrete Gefahr der Körperverletzung zulasten von Polizeivollzugsbeamten oder Dritten mit sich bringen, kann eine **Ermessenreduzierung auf Null** vorliegen[460], die einen Einsatz der Bodycam zum Schutz der eingesetzten Polizeivollzugsbeamten oder bedrohter Dritter bedingt. Dem liegt der Gedanke zugrunde, dass nunmehr mit § 44 Abs. 5 PolG die Möglichkeit des Einsatzes von Bodycams besteht, der dem Schutz der Polizeivollzugsbeamten oder Dritter dient. Damit muss die Einsatzführung den Einsatz von Bodycams aus Fürsorgegesichtspunkten oder aus Schutzgründen ggf. auch zwingend vorsehen.

254

gg) Einschränkungen für Einsatz von Bodycams in Wohnungen (§ 44 Abs. 5 S. 2)

Mit der Neufassung des § 44 Abs. 5 S. 1 PolG durch das PolG 2020 sind **Bodycams grundsätzlich örtlich uneingeschränkt einsetzbar**. Die zuvor bestehende Beschränkung auf „öffentlich zugängliche Orte" ist entfallen (vgl. dazu eingehender § 10 Rn 223). Damit ist auch der Einsatz der Bodycams in Arbeits-, Betrieb- und Geschäftsräumen und in Wohnungen grundsätzlich möglich. Der Landesgesetzgeber begründet dies mit Erfahrungen während der Erprobungsphase der Bodycam, in der sich gezeigt habe, dass die Beschränkung des Anwendungsbereichs auf öffentlich zugängliche Orte zu eng gefasst sei. Die frühere Rechtslage habe an dieser Stelle eine räumlich strikte Trennung enthalten, die den Gegebenheiten in der Realität nicht immer gerecht geworden sei. Die deeskalierende Wirkung einer Bodycam könne bislang nicht umfassend ausgeschöpft werden.[461] In einer Evaluation zum Einsatz der Bodycams habe ich sich gezeigt, dass rund **30 Prozent aller Angriffe** auf Polizistinnen und Polizisten **in Betriebsräumen und Wohnungen** stattfänden.[462] Hinzu kommt, dass der Landesgesetzgeber einen **Hauptanwendungsbereich** der Bodycams in Wohnungen in **Fällen der häuslichen Gewalt** sieht.[463]

255

Mit dem neu eingefügten **Satz 2** des § 44 Abs. 5 PolG[464] wird als besondere tatbestandliche Voraussetzung für den **Einsatz von Bodycams in Wohnungen** bestimmt,

256

---

457 Krit. dazu Nachbaur, VBlBW 2018, 97, 99.
458 I. E. ebenso Ziebarth, Die Polizei 2017, 76, 79.
459 LT-Drs. 16/588, S. 6.
460 Ziebarth, Die Polizei 2017, 76, 80.
461 LT-Drs. 16/8484, S. 119.
462 LT-Plenarprot. 16/126, S. 7790, 7793.
463 LT-Drs. 16/8484, S. 231; LT-Plenarprot. 16/126, S. 7790, 7792.
464 Eine sehr ähnliche Regelung enthält etwa auch **§ 15 c Abs. 2 S. 1 PolG NRW**: „In Wohnungen (§ 41 Abs. 1 Satz 2) ist die Anfertigung von technischen Aufzeichnungen bei der Durchführung von Maßnahmen zur Ge-

dass die Anfertigung von Bild- und Tonaufzeichnungen mittels Bodycam **nur zur Abwehr einer dringenden Gefahr für Leib oder Leben einer Person** zulässig ist. Mit dieser Beschränkung soll den Vorgaben von Art. 13 Abs. 7 GG Rechnung getragen werden (vgl. dazu eingehender § 10 Rn 265). Eine **dringende Gefahr** i. S. d. § 44 Abs. 5 S. 2 PolG ist nur gegeben, wenn der **baldige Eintritt eines Schadens an einem der geschützten Rechtsgüter (Leib oder Leben) droht**, falls nicht bald eingeschritten wird (vgl. § 4 Rn 33).[465] Es muss also ein **ernsthafter Schaden** von Leib oder Leben einer betroffenen Person drohen.

Die Beurteilung dieser Frage obliegt den am Einsatz beteiligten Beamten des Polizeivollzugsdiensts. Sie erfolgt durch eine auf Tatsachen beruhende prognostische Einschätzung.[466] Die notwendige Entscheidung wird vielfach sehr schnell zu treffen sein. **Im Zweifel** hat der **Schutz der bedrohten Rechtsgüter** Leib und Leben wegen des besonderen Gewichts dieser Rechtsgüter **Vorrang**. Damit kann eine Bodycam zum Einsatz kommen, wenn entweder eine dringende Gefahr für eine in der Wohnung befindliche Person vorliegt, oder wenn den Beamten des Polizeivollzugsdienstes eine solche dringende Gefahr droht.

257 Zu dem von § 44 Abs. 5 PolG **erfassten und zu schützenden Personenkreis** gehören schon wegen des Regelungszwecks nicht nur alle außenstehenden Personen, sondern vor allem die im Einsatz befindlichen Beamten des Polizeivollzugsdienstes. Dies folgt aus § 44 Abs. 5 S. 2, Abs. 8 S. 1, 2 PolG, wo die Begriffe „einer Person" (Abs. 5) und „oder anderer Personen" (Abs. 8) verwendet werden. Oftmals werden sich beide Schutzrichtungen überschneiden.

Beispiele:
- Die Polizeibeamten werden durch einen Notruf zu einem Fall häuslicher Gewalt gerufen, bei der eine Frau durch ihren Ehemann schwer körperlich misshandelt worden sein soll.
- Der Polizeivollzugsdienst befindet sich im Einsatz bei einem behördenbekannten Angehörigen der Reichsbürgerbewegung, bei dem eine auf ihn registrierte Schusswaffe beschlagnahmt werden soll.
- Die Polizei soll mit Durchsuchungsbeschluss die Wohnung eines bekannten Gewalttäters der rechten Szene betreten.

hh) Einsatz von Bodycams in Arbeits-, Betriebs- und Geschäftsräumen (§ 44 Abs. 5 S. 3)

258 **§ 44 Abs. 5 S. 3 PolG** bestimmt, dass die Einschränkung des Satzes 2 nicht für Arbeits-, Betriebs- oder Geschäftsräume gilt. Damit gilt für die Nutzung von Bodycams in Arbeits-, Betriebs- oder Geschäftsräume die allgemeine Regelung des § 44 Abs. 5 S. 1 PolG: Der Polizeivollzugsdienst kann Bodycams bei der Durchführung von Maßnahmen zur Gefahrenabwehr oder zur Verfolgung von Straftaten oder Ordnungswidrigkeiten zur Abwehr einer Gefahr einsetzen (vgl. dazu die Ausführungen in § 10 Rn 253).

Der Landesgesetzgeber nimmt bei den Arbeits-, Betriebs- oder Geschäftsräumen bewusst eine **Differenzierung** gegenüber den Wohnräumen vor. Er bezieht sich dabei auf die Rechtsprechung des BVerfG (vgl. dazu § 10 Rn 263 f.) und hält es für vertretbar, dass für diese Räume die in § 44 Abs. 5 S. 1 PolG vorgesehene Gefahr für die öffentliche Sicherheit und Ordnung für den Einsatz von Bodycams ausreicht.

In der Praxis befinden sich Arbeits-, Betriebs- oder Geschäftsräume immer wieder **in der privaten Wohnung oder sind mit dieser untrennbar verbunden.** Gerade bei kleinen oder inhabergeführten Betrieben und Büros sowie bei Selbstständigen und Freibe-

---
fahrenabwehr und zur Verfolgung von Straftaten oder Ordnungswidrigkeiten nur zulässig, wenn Tatsachen die Annahme rechtfertigen, dass dies zum Schutz von Polizeivollzugsbeamtinnen und Polizeivollzugsbeamten oder Dritten gegen eine dringende Gefahr für Leib oder Leben erforderlich ist."
465 Käß, BayVBl 2008, 225, 228 f.; Nachbaur, VBlBW 2021, 55, 63, geht zu Recht von einer Begrenzung auf die beiden Rechtsgüter „Leib oder Leben" aus.
466 Nachbaur, VBlBW 2021, 55, 63.

ruflern kommt dies regelmäßig vor. In diesen Fällen gelten für Räumlichkeiten insgesamt die Einschränkungen des § 44 Abs. 5 S. 2 PolG. Büro- und Arbeitsräume, die durch ihre Zuordnung zu den Wohnräumen privaten Charakter haben („häusliches Arbeitszimmer") unterliegen dem uneingeschränkten Schutz des Art. 13 Abs. 1 GG (vgl. dazu § 10 Rn 261 ff.).

ii) Einwilligung der betroffenen Person

Bei der Nutzung von Bodycams durch den Polizeivollzugsdienst – vor allem in Arbeits-, Betriebs- und Geschäftsräumen oder in Wohnungen – könnte sich die Frage der wirksamen Einwilligung in die Datenverarbeitung stellen. **259**

Beispiel: Die Polizei fragt den Wohnungsinhaber vor Betreten der Wohnung, ob sie die Bodycam zwecks Videoaufzeichnung in der Wohnung nutzen kann. Der Wohnungsinhaber bejaht diese Frage.

In den Fällen des § 44 Abs. 5 PolG ist eine **wirksame Einwilligung** der betroffenen Personen in die Datenverarbeitung durch eine Bodycam **ausgeschlossen**.[467] Vor allem kann eine solche Einwilligung allein nicht zu einer zulässigen weiteren Datenverarbeitung durch den Polizeivollzugsdienst führen. Seit Inkrafttreten des PolG 2020 und der Umsetzung der datenschutzrechtlichen Bestimmungen der DSRL 2016/680 ist eine wirksame Einwilligung der betroffenen Person bei allen repressiven Maßnahmen der Polizei ausgeschlossen (vgl. dazu auch § 10 Rn 176 f.).[468] Dies gilt auch für den Einsatz von Bodycams bei Polizeieinsätzen, denn es handelt sich hierbei ohne Zweifel um eine hoheitlich-repressive Sicherungsmaßnahme der Polizei gegenüber anderen Personen.

jj) Einsatz der Bodycams in der polizeilichen Praxis

In der Praxis gilt seit Inkrafttreten des PolG 2020: Der Polizeivollzugsdienst kann die Bodycams immer zum Einsatz bringen, wenn er im Bereich der Gefahrenabwehr oder der Verfolgung von Ordnungswidrigkeiten und Straftaten tätig ist, wenn damit eine Gefahr verbunden ist, was regelmäßig der Fall sein dürfte. Der Einsatz der Bodycams scheidet aber immer aus, wenn der Einsatz für die Beamten des Polizeivollzugsdienstes oder für Dritte nicht mit einer Gefahr verbunden ist. **260**

Beispiel: Die Beamten des Polizeivollzugsdienst befinden sich in einem Einsatz wegen einer einfachen Ruhestörung im privaten Bereich aus einer Wohnung heraus (Party). Hier gibt es offensichtlich keine Notwendigkeit für den Einsatz der Bodycam.

Immer wenn das **Betreten einer Wohnung** ansteht, gelten für den Einsatz der Bodycam erweiterte Voraussetzungen: Ihr Einsatz kommt nur in Betracht, wenn eine dringende Gefahr für Leib oder Leben einer Person vorliegt. Hieran sind **grundlegend strenge Anforderungen** zu stellen, da die Wohnung durch Art. 13 GG einen strengen verfassungsrechtlichen Schutz genießt. Bestehen im konkreten Einzelfall aber **Zweifel**, geht der Schutz von Leib und Leben als besonders hochwertige Schutzgüter vor.

Beispiel: Die Polizei befindet sich aufgrund eines Notrufs in einem Einsatz wegen häuslicher Gewalt vor der betroffenen Wohnung. Aufgrund der ihr vorliegenden Informationen ist sie nicht sicher, ob von dem verdächtigten Ehemann weiterhin akute Gefahren für Leib oder Leben der Ehefrau oder der im Einsatz befindlichen Beamten des Polizeivollzugsdienstes ausgehen. In diesem Fall ist der Einsatz der Bodycams angezeigt und zulässig, da eine ernsthafte Bedrohung von Leib oder Leben beteiligter Personen in Betracht kommt.

Befinden sich Arbeits-, Betriebs- oder Geschäftsräume in der privaten Wohnung oder sind diese untrennbar mit dieser verbunden, gelten **insgesamt** die Einschränkungen des § 44 Abs. 5 S. 2 PolG.

---

467 **A. A.** Schenke, VerwArch 2019, 436, 456, der eine Einwilligung aus verfassungsrechtlichen Gesichtspunkten (Art. 13 GG) für zulässig erachtet.
468 So auch Erwägungsgrund 35 der DSRL 2016/680, EU ABl. L 119, S. 94. Vgl. dazu auch Johannes/Weinhold, Neues Datenschutzrecht, § 1 Rn 154 ff.

kk) Verfassungsrecht
(1) Betroffene Grundrechte

261 Der Einsatz von Bodycams greift stets in Grundrechte der betroffenen Personen ein. Betroffen sind vor allem das **Recht auf informationelle Selbstbestimmung** gem. Art. 2 Abs. 1 i. V. m. Art. 1 Abs. 1 GG (vgl. dazu bereits § 10 Rn 224) sowie bei Einsatz der Bodycams in Arbeits-, Betriebs- und Geschäftsräume und vor allem in Wohnungen die **Unverletzlichkeit der Wohnung** gem. Art. 13 GG.[469]

(2) Einsatz von Bodycams im öffentlichen Raum

262 Im Zusammenspiel des § 44 Abs. 5 PolG mit den Absätzen 6 bis 8, 10, 11 wird für den Einsatz von Bodycams **im öffentlichen Raum** eine Gesamtregelung erreicht, die letztlich **verfassungsrechtlich unbedenklich** erscheint.[470] Ohne Zweifel stellt die Nutzung von Bodycams einen deutlichen **Eingriff in das Recht auf informationelle Selbstbestimmung** dar.[471] Die im Jahr 2016 in Kraft getretene Fassung des § 44 Abs. 5 S. 1 PolG (§ 22 Abs. 5 S. 1 PolG 1992: Einsatz der Bodycams „an öffentlich zugänglichen Orten") wurde auf Initiative von Abgeordneten der Regierungsparteien durch den Ausschuss für Inneres, Digitalisierung und Migration in das Gesetzgebungsverfahren eingebracht[472], um den grundlegenden verfassungsrechtlichen Bedenken zum Datenschutz Rechnung zu tragen. Grundsätzlich werden die durch die Bodycams erhobenen Daten spurenlos, anonym und ohne die Möglichkeit, einen Personenbezug herzustellen, ausgesondert. Für eine weitere Verarbeitung stehen die Daten erst und nur zur Verfügung, wenn dies zur Abwehr einer Gefahr für Leib oder Leben erforderlich ist. Vor diesem Hintergrund erscheint die Maßnahme auch **angemessen und verhältnismäßig**, um das legitime Ziel des Schutzes der körperlichen Unversehrtheit zu erreichen.[473] Durch die zwingende Prämisse einer Gefahr für Leib oder Leben für Aufzeichnungen über die Dauer von 60 Sekunden hinaus wird gewährleistet, dass der Eingriff in die informationelle Selbstbestimmung in jedem Fall so gering wie möglich ausfällt.

(3) Einsatz von Bodycams in Arbeits-, Betriebs- und Geschäftsräumen

263 Durch das **PolG 2020** wurde die Einsatzmöglichkeit der Bodycams auf den Bereich von Arbeits-, Betriebs- und Geschäftsräumen und von Wohnungen erweitert. Hier stellen sich **besondere verfassungsrechtliche Anforderungen**. Dies hat der Landesgesetzgeber auch erkannt. Zur Begründung hat er hierzu ausgeführt: „Die neue Regelung berücksichtigt in besonderem Maße die Vorgaben des Artikels 13 des Grundgesetzes (GG). Beim Einsatz einer Bodycam in Arbeits-, Betriebs- und Geschäftsräumen und insbesondere auch in Wohnungen kann nicht ausgeschlossen werden, dass dies mit einem Eingriff in den Schutzbereich des Artikels 13 GG verbunden ist. Die erweiterte Regelung trägt den verfassungsrechtlichen Anforderungen Rechnung. ..... Mit der Beschränkung auf dringende Gefahren wird den Vorgaben des Art. 13 Abs. 7 GG bei der hier vorgesehenen Aufzeichnung personenbezogener Daten Rechnung getragen."[474]

Bei der Vereinbarkeit von § 44 Abs. 5 S. 2 PolG mit Art. 13 GG ist richtigerweise davon auszugehen, dass **Art. 13 Abs. 5 GG** nicht zur Anwendung kommt, da der Einsatz der

---

[469] Ruthig, in: Schenke/Graulich/Ruthig, Sicherheitsrecht, § 27 a BPolG Rn 3 f.; Schenke, VerwArch 2019, 436, 441 f., 456; Nachbaur, VBIBW 2021, 55, 61; Köhler/Thielicke, NVwZ-Extra 13/2019, 1, 5 ff.

[470] I. E. ebenso Köhler/Thielicke, NVwZ-Extra 13/2019, 1, 6, u. Wysk, VerwArch 2018, 141, 149; überwiegend auch Schenke, VerwArch 2019, 436, 441 ff. (Ausnahme: Pre-Recording); vgl. auch Sckerl, LT-Plenarprot. 16/127, S. 7852: „besonders hohe Voraussetzungen"; krit. zur Regelung in § 15 c PolG NRW Arzt/Schuster, DVBl 2018, 351 ff.

[471] Borsdorff, in: Möllers, Wörterbuch der Polizei, S. 384; Kerkemeyer, JuS 2020, 233, 238; Schenke, VerwArch 2019, 436, 441 f.; vgl. dazu eingehend auch Schmidt, Polizeiliche Videoüberwachung, S. 128 ff., 144 ff.

[472] LT-Drs 16/588, S. 2 ff.

[473] So zutr. LT-Drs. 16/588, S. 7, mit weiteren Ausführungen zur Verhältnismäßigkeit.

[474] LT-Drs. 16/8484, S. 120, vgl. dort auch S. 142.

Bodycams nicht nur dem Schutz der im Einsatz befindlichen Beamten des Polizeivollzugsdienst, sondern auch Dritter dient.[475] Dies folgt aus dem Wortlaut der Regelung („einer Person") in § 44 Abs. 5 S. 2 PolG (vgl. dazu auch § 10 Rn 255 ff.). Nach Sinn und Zweck der Regelungen zum Einsatz von Bodycams fallen die entsprechende Datenverarbeitung auch nicht in den Anwendungsbereich des **Art. 13 Abs. 4 GG**, der alle Eingriffe dieser Art („technische Mittel zur Überwachung von Wohnungen") unter Richtervorbehalt stellt.[476] Die Bodycams werden nicht zur Wohnraumüberwachung, sondern zum Schutz der Polizeibeamten und ggf. auch Dritter eingesetzt. Die Wohnraumüberwachung ist kein originäres Ziel dieser polizeilichen Maßnahme. Richtigerweise muss sich der Einsatz von Bodycams in Arbeits-, Betriebs- und Geschäftsräumen und insbesondere auch in Wohnungen daher an den verfassungsrechtlichen Maßstäben des **Art. 13 Abs. 7 GG** messen lassen.[477] Gem. Art. 13 Abs. 7 Alt. 2 GG sind Eingriffe und Beschränkungen aufgrund eines Gesetzes auch **zur Verhütung dringender Gefahren für die öffentliche Sicherheit und Ordnung** zulässig. Dafür reicht ein **qualifizierter Gefahrverdacht** aus.[478]

Soweit für **Arbeits-, Betriebs- und Geschäftsräume** keine besonderen Einschränkungen für den Einsatz von Bodycams gelten, dürfte dies **verfassungsrechtlich noch vertretbar** sein. Zwar unterliegen auch Arbeits-, Betriebs- oder Geschäftsräume dem Schutz des Art. 13 GG.[479] Nach der Rechtsprechung des BVerfG gelten hier aber Einschränkungen: „Die Weite des Wohnungsbegriffs in Art. 13 Abs. 1 GG hat zur Folge, dass an die Zulässigkeit von Eingriffen und Beschränkungen im Sinn des Art. 13 Abs. 3 GG je nach der Nähe der Örtlichkeiten zur räumlichen Privatsphäre unterschiedlich hohe Anforderungen gestellt werden. Während bei Räumen, in denen sich das Privatleben im engeren Sinn abspielt, das Schutzbedürfnis am größten ist und der Schutzzweck des Grundrechts daher in vollem Umfang durchgreift, wird **das Schutzbedürfnis bei reinen Betriebs-, Geschäfts- oder Arbeitsräumen durch den Zweck gemindert**, den sie nach dem Willen des Inhabers besitzen. Je größer ihre Offenheit nach außen ist und je mehr sie zur Aufnahme sozialer Kontakte für Dritte bestimmt sind, desto schwächer wird der grundrechtliche Schutz. Nach diesen Grundsätzen verstoßen Rechte zum Betreten von Betriebsräumen dann nicht gegen Art. 13 Abs. 1 GG, wenn eine **besondere gesetzliche Vorschrift zum Betreten ermächtigt**, das Betreten einem **erlaubten Zweck** dient und für dessen Erreichung **erforderlich** ist, das Gesetz Zweck, Gegenstand und Umfang des Betretens erkennen lässt und das Betreten auf Zeiten beschränkt wird, in denen die Räume normalerweise für die betriebliche Nutzung zur Verfügung stehen."[480] Diesen Anforderungen genügt die in § 44 Abs. 5 S. 1, 3 PolG enthaltenen Voraussetzungen für den Einsatz von Bodycams durch den Polizeivollzugsdienst.[481] Der Eingriffstatbestand ist hinreichend bestimmt formuliert und das zwingende Vorliegen einer Gefahr i. S. d. Polizeirechts genügt dem notwendigen Schutz der Arbeits-, Betriebs- und Geschäftsräume, der durch Art. 13 Abs. 1 GG gewährleistet wird.[482] § 44 Abs. 10 PolG stellt durch die dort enthaltenen Einschränkungen der weiteren Datenverarbeitung zudem einen weitergehenden Schutz der betroffenen Personen vor unzulässigen Eingriffen in die tangierten Grundrechte sicher.

264

---

475 Schenke, VerwArch 2019, 436, 457; **a. A.** Nachbaur, VBlBW 2021, 55, 62.
476 Ausführlich dazu Schenke, VerwArch 2019, 436, 457 bis 466; Köhler/Thielicke, NVwZ-Extra 13/2019, 1, 7; **a. A.** Nachbaur, VBlBW 2021, 55, 62.
477 Jarass, in: Jarass/Pieroth, Grundgesetz, Art. 13 GG Rn 34.
478 Schenke, VerwArch 2019, 436, 466.
479 Vgl. BVerfGE 97, 228, 265; Jarass, in: Jarass/Pieroth, Grundgesetz, Art. 13 GG Rn 5; Schenke, VerwArch 2019, 436, 460; Nachbaur, VBlBW, 2021, 55, 64.
480 BVerfGE 97, 228, 266; vgl. dazu auch Jarass, in: Jarass/Pieroth, Grundgesetz, Art. 13 GG Rn 38; Köhler/Thielicke, NVwZ-Extra 13/2019, 1, 6.
481 I. E. ebenso Ruthig, in: Schenke/Graulich/Ruthig, Sicherheitsrecht, § 27 a BPolG Rn 4; **a. A.** Nachbaur, VBlBW 2021, 55, 64 f.
482 **A. A.** Schenke, VerwArch 2019, 436, 454 f.

(4) Einsatz von Bodycams in Wohnungen

265 Soweit der Einsatz von **Bodycams in Wohnungen** erlaubt ist, stellen die strengen Anforderungen in § 44 Abs. 5 S. 2, Abs. 6, 7, 8 S. 2, Abs. 10, 11 PolG einen **ausreichenden verfassungsrechtlichen Schutz** sicher, wie er durch Art. 13 GG gefordert wird. Für einen Einsatz von Bodycams in Wohnungen muss zwingend eine **dringende Gefahr für Leib und Leben einer Person** vorliegen. Dies genügt den Anforderungen des Art. 13 Abs. 7 GG, der die „Verhütung dringender Gefahren für die öffentliche Sicherheit und Ordnung" für eine zulässige Einschränkung des besonderen Schutzes der Wohnung verlangt. Die weitere Verarbeitung von in einer Wohnung durch Bodycams gewonnenen Bild- und Tonaufnahmen bedarf gem. § 44 Abs. 6 S. 1 PolG zwingend der richterlichen Zustimmung, wie es auch **Art. 13 Abs. 5 GG** für die dort erfassten Fallgruppen (vgl. auch § 11 Rn 275) vorsieht.[483] Entsprechend den Vorgaben des BVerfG[484] wird durch § 44 Abs. 7 PolG eine Datenverarbeitung mittels Bodycams zwingend untersagt, wenn der Kernbereich privater Lebensgestaltung betroffen ist. Gem. § 44 Abs. 8 S. 2 PolG ist eine über 60 Sekunden hinausgehende Speicherung entsprechend Art. 13 Abs. 7 GG nur bei Vorliegen einer dringenden Gefahr für Leib oder Leben einer Person zulässig; dies gilt gem. § 44 Abs. 10, 11 PolG auch für jede längere Datenspeicherung. Insgesamt wird damit **ein dem Art. 13 GG genügender Schutzstandard** erreicht. Bedenken bestehen nur dahingehend, dass dieser besondere Schutz der Wohnung in der polizeilichen Praxis auch erreicht werden muss. Dies wird nur mit geeigneten dienstlichen Anweisungen, einer Systematisierung der Abläufe und einer regelmäßigen Überwachung gelingen (vgl. dazu auch die Auffassung des Landesdatenschutzbeauftragten in § 10 Rn 267).

(5) Verfassungsrechtliche Gesamtbewertung

266 Insgesamt erscheint der Einsatz der Bodycams auf der Grundlage des § 44 Abs. 5 bis 8, 10, 11 PolG zum Zweck des Schutzes der Polizeivollzugsbeamten und Dritter vor Übergriffen als **geeignet, erforderlich und angemessen**.[485] Auch in Bezug auf die **Bestimmtheit** der Regelung bestehen keine durchgreifenden verfassungsrechtlichen Bedenken.[486]

(6) Überprüfung Landesbeauftragter für den Datenschutz

267 Der **Landesbeauftragte für Datenschutz** und Informationsfreiheit Baden-Württemberg hat in seinem **Tätigkeitsbericht 2019** festgestellt, dass aus seiner Sicht „die technischen und organisatorischen Maßnahmen keinen Anlass zur Kritik geben. Jedes Polizeirevier hat seine eigenen Geräte, jedes Polizeirevier speichert lokal seine eigenen Aufnahmen, ohne dass Dritte, auch andere Organisationseinheiten des Polizeipräsidiums, darauf zugreifen können. Die Rollen sind klar zugewiesen, die Abläufe strukturiert und transparent."[487] Allerdings stellte der Landesbeauftragte für Datenschutz und Informationsfreiheit bei drei Besuchen von Polizeirevieren bei **konkreten Prüfungen von Aufnahmen durch Bodycams** fest, dass die Vorgaben des § 44 PolG für deren Einsatz nicht eingehalten wurden. Vor allem war die zwingende Vorgabe einer Gefahrenabwehr nicht erfüllt.[488] Das Innenministerium hat zugesichert, dass Maßnahmen zur Beseitigung dieser Missstände ergriffen werden.

---

[483] Eher krit. dazu Thiel, KriPoZ 2019, 301, 304. Zur nicht zutreffenden Anwendung von Art. 13 Abs. 4 GG vgl. LT-Drs. 16/8484, S. 231.
[484] BVerfG, NJW 2004, 999,1004.
[485] Vgl. dazu im Einzelnen auch Schenke, VerwArch 2019, 436, 441 ff.; Kipker/Gärtner, NJW 2015, 296, 298 ff.; Schmidt, Polizeiliche Videoüberwachung, S. 240 ff., 360 f.
[486] Schenke, VerwArch 2019, 436, 441 ff., 446.
[487] 35. Tätigkeitsbericht Datenschutz 2019 des Landesbeauftragten für Datenschutz und Informationsfreiheit Baden-Württemberg, S. 17.
[488] 35. Tätigkeitsbericht Datenschutz 2019 des Landesbeauftragten für Datenschutz und Informations-freiheit Baden-Württemberg, S. 18 f.

II) Zulässigkeit des Pre-Recordings

Der Gesetzgeber hat die Nutzung der Bodycam in BW so ausgestaltet, dass ein sog. **Pre-Recording** möglich ist. Die Pre-Recording-Funktion soll eine möglichst umfassende Dokumentation auch der unmittelbaren Vorgeschichte einer konkreten Konfliktsituation gewährleisten. Außerdem soll sie die Gefahr von Fehlaufnahmen vermindern, da die Polizeibeamten mehr Zeit für die Einschätzung haben, ob sich eine gefährliche Lage tatsächlich in der erwarteten Weise entwickelt.[489]

268

In der **Praxis** erfolgt das Pre-Recording dadurch, dass die Bild- und Tonsequenzen auf einem **flüchtigen Speichermedium mit begrenzter Speicherkapazität** abgelegt werden, das grundsätzlich permanent überschrieben bzw. bei Abschaltung des Geräts gelöscht wird und auf das kein isolierter Zugriff möglich ist. Nur im Fall der aktiven Betätigung der Aufnahmetaste wird eine bestimmte vorgelagerte Zeitspanne von bis zu 60 Sekunden der verwertbaren Aufzeichnung hinzugefügt.[490] Die Bodycam ist damit immer auf **Standby**, wodurch auch sichergestellt wird, dass es durch die Zeitspanne zwischen der Entscheidung des Polizeibeamten, die Aufnahme zu starten, und dem eigentlichen Aufnahmebeginn zu **keinen Aufzeichnungslücken** kommt.[491] Im PolG wird durch **§ 44 Abs. 11 PolG** sichergestellt, dass die Aufnahmen spätestens nach 60 Sekunden automatisch gelöscht werden (vgl. dazu § 10 Rn 286 f.). Die automatisierte Löschung der Pre-Recording-Aufnahmen stellt auch sicher, dass die Eingriffe in das Recht auf informationelle Selbstbestimmung der betroffenen Personen minimiert werden.[492]

Die Möglichkeit des Pre-Recording wird in der rechtswissenschaftlichen Literatur **teilweise kritisch** gesehen, weil sie eine zunächst „anlasslose" Aufnahme ermöglichen soll.[493] Dem Grundgedanken dieser Kritik ist durchaus zu folgen, wegen der klar formulierten Tatbestandsvoraussetzungen des § 44 Abs. 5 PolG (vgl. dazu § 10 Rn 248 ff.) greifen diese Bedenken für BW aber nicht, da das Pre-Recording nur datenschutzrechtlich wirksam ist, wenn Maßnahmen zur Gefahrenabwehr oder zur Verfolgung von Straftaten oder Ordnungswidrigkeiten zur Abwehr einer Gefahr durchgeführt werden bzw. in einer Wohnung sogar eine dringende Gefahr für Leib und Leben einer Person verlangt wird. Der Gesetzgeber hat diese Regelung bewusst so ausgestaltet: „Da es für die datenschutzrechtliche Beurteilung einer Datenerhebung unerheblich ist, ob die Aufnahmen nur kurz gespeichert und sogleich wieder gelöscht werden oder aber für einen längeren Zeitraum zur Verfügung stehen, wird bereits bei Abs. 4" (Anm.: nunmehr Abs. 5) „durch die Nennung eines konkreten Einsatzszenarios und eines Datenerhebungszwecks klargestellt, dass es sich um **keine anlasslose Maßnahme** handelt."[494]

269

Der Gesetzgeber hat den Einsatz der Bodycam bewusst in einem **gestuften Verfahren** ausgestaltet: „Den Absätzen 4 und 5 in der hier vorliegenden Fassung liegt der Ansatz zugrunde, dass in einer ersten Stufe die Voraussetzungen der Datenerhebung in Form von Bild- und Tonaufzeichnungen geschaffen und in einer zweiten Stufe eine Regelung getroffen wird, unter welchen weiteren Voraussetzungen die so erhobenen Daten weiter verarbeitet werden können."[495] Es wird also **zwischen Datenerhebung und Datenverwendung differenziert**. Bereits für die ersten Schritt der Datenerhebung (Pre-Recording) müssen die in § 44 Abs. 5 PolG genannten Tatbestandsvoraussetzungen vorliegen. In Kombination mit der 60-sekündigen Löschungspflicht gem. § 44 Abs. 8, 10

---

[489] LT-Drs. 16/334, S. 4 f.
[490] LT-Drs. 16/334, S. 4; Nusser, in: Möstl/Trurnit, Polizeirecht BW, § 21 Rn 47 e; Köhler/Thielicke, NVwZ-Extra 13/2019, 1.
[491] Borsdorff, in: Möllers, Wörterbuch der Polizei, S. 384; LT-Drs. 16/588, S. 6. Vgl. dazu auch eingehend die Schilderung des Verfahrens im 35. Tätigkeitsbericht Datenschutz 2019 des Landesbeauftragten für Datenschutz und Informationsfreiheit Baden-Württemberg, S. 18.
[492] LT-Drs. 16/334, S. 5.
[493] Borsdorff, in: Möllers, Wörterbuch der Polizei, S. 384; Kerkemeyer, JuS 2020, 233, 239.
[494] LT-Drs. 16/588, S. 6.
[495] LT-Drs. 16/588, S. 6.

PolG bestehen im Ergebnis **keine durchgreifenden Bedenken** gegen die Regelung.[496] Der verfassungsrechtlich gebotene Schutz des Einzelnen vor Eingriffen in seine informationelle Selbstbestimmung wird auch durch das Pre-Recording gewährleistet (vgl. dazu im Übrigen § 10 Rn 261 ff.).[497]

mm) **Betroffenheit Dritter (§ 44 Abs. 5 S. 4 PolG)**

270 Die Erhebung personenbezogener Daten kann auch dann erfolgen, wenn **Dritte unvermeidbar betroffen** sind (**§ 44 Abs. 5 S. 4 PolG**). Dies erscheint insofern **verfassungsrechtlich unbedenklich**, da unbeteiligte Dritte sicher davon ausgehen können, dass die sie betreffenden Daten im Normalfall bereits nach 60 Sekunden ausnahmslos und endgültig gelöscht werden. Liegen die tatbestandlichen Voraussetzungen des § 44 Abs. 8 S. 1 PolG vor, so erscheint der datenschutzrechtliche Eingriff auch unbeteiligten Dritten gegenüber als gerechtfertigt. Der Landesgesetzgeber hat hierzu zutreffend ausgeführt: „Sofern unbeteiligte Dritte zwangsläufig mitbetroffen sind, ist zu berücksichtigen, dass der Fokus der Aufnahmen örtlich auf den Gefahrenbereich begrenzt ist und die Erfassung der Störer im Vordergrund steht. Zwar ist anzuerkennen, dass auch im Falle eines Aufenthalts im öffentlich zugänglichen Bereich Unbeteiligte ein Interesse haben, nicht – auch nicht zufällig und nur am Rande – von staatlichen Maßnahmen betroffen zu sein. Allerdings werden durch die Fokussierung auf die Gefahrensituation Passanten und deren Gespräche nur bruchstückhaft erfasst und sind nicht Gegensand einer späteren Auswertung. Schließlich ist dieses Interesse mit dem ebenfalls berechtigten Interesse an körperlicher Unversehrtheit abzuwägen. Dabei ist insbesondere zu gewichten, dass Angriffe auf Träger des staatlichen und rechtsstaatlich begründeten Gewaltmonopols geeignet sind, die Sicherheit im öffentlichen Raum insgesamt zu gefährden. Die Abwehr entsprechender Gefahren stellt daher – unabhängig davon, dass nach dem Gesetzeswortlaut der Einsatz der Bodycam auch dem Schutz von unbeteiligten Dritten zugutekommen soll – ein überragend wichtiges Allgemeininteresse dar."[498]

g) **Weitere Verarbeitung / Nutzungsverbot der Daten aus Wohnungen (§ 44 Abs. 6, 7 PolG)**

aa) **Allgemeines**

271 **Art. 13 GG** stellt die **Wohnung** unter einen **besonderen verfassungsrechtlichen Schutz**. Die Wohnung ist der eigentlichen Lebens- und Rückzugsraum jedes Einzelnen und darf als besonderer Schutzraum weder vom Staat noch von anderen Personen ohne grundlegende Eingriffsberechtigung tangiert werden. Um den grundrechtlichen Anforderungen des Art. 13 GG gerecht zu werden, hat der Landesgesetzgeber in **§ 44 Abs. 6 und 7 PolG besondere Voraussetzung für die weitere Verarbeitung** der durch Bodycams **in Wohnungen gewonnenen Daten** vorgesehen.

bb) **Richtervorbehalt bei Weiterverarbeitung von Daten aus Wohnungen (§ 44 Abs. 6 PolG)**

272 Gem. **§ 44 Abs. 6 S. 1 PolG** bedarf die **weitere Verarbeitung einer Aufzeichnung** nach § 44 Abs. 5 S. 2 PolG sowie § 44 Abs. 8 S. 2 PolG der **richterlichen Zustimmung**. Damit wird den Vorgaben des Art. 13 Abs. 4 GG genügt.

---

496 Vgl. dazu auch LT-Drs. 16/588, S. 7.
497 **A. A.** Schenke, VerwArch 2019, 436, 454, für die Nutzung des Pre-Recordings in öffentlich zugänglichen Verkaufs- und Geschäftsräumen, da hier ein Verstoß gegen Art. 13 GG vorliegen soll (Notwendigkeit einer dringenden Gefahr i. S. d. Art. 13 Abs. 7 GG). Im Übrigen hat auch Schenke keine verfassungsrechtlichen Bedenken gegen den Einsatz des Pre-Recordings.
498 LT-Drs. 16/588, S. 7.

VI. Datenverarbeitung bei polizeilichen Einzelmaßnahmen

Aus dem Verweis auf § 44 Abs. 5 S. 2 PolG und § 44 Abs. 8 S. 2 PolG wird deutlich, dass der **Richtervorbehalt** für **alle Arten aufgezeichneter Daten und deren Weiterverarbeitung** gilt:

- § 44 Abs. 5 S. 2 PolG ermöglicht unter den dortigen Voraussetzungen („dringende Gefahr für Leib oder Leben") die Aufzeichnung durch eine Bodycam in einer Wohnung. Diese Aufnahmen dürfen gem. § 44 Abs. 8 S. 2 PolG länger als 60 Sekunden gespeichert werden, wenn dies zum Schutz gegen eine dringende Gefahr für Leib und Leben erforderlich ist (vgl. dazu auch § 10 Rn 277 ff.).
- **Jede weitere Verarbeitung** der so aufgezeichneten und gespeicherten Daten **bedarf der richterlichen Zustimmung**. Auch eine **erste Sichtung** der aufgezeichneten und gespeicherten Daten durch die Polizei **wird** vom Richtervorbehalt **bereits erfasst**, ebenso alle sonstigen Schritte der Datenverarbeitung. Ein Zugriff auf die gem. § 44 Abs. 5 S. 2, Abs. 8 S. 2 PolG gespeicherten Daten kann damit erst nach einer richterlichen Zustimmung erfolgen. Bis zur richterlichen Entscheidung unterliegen die gespeicherten Daten einem **absoluten Verwertungs- und Nutzungsverbot**.
- Der **zuständige Richter** muss nicht nur die Voraussetzungen für die weitere Verwendung der aufgezeichneten Daten prüfen (auf der Grundlage der datenschutzrechtlichen Bestimmungen des PolG) und die weitere Datenverarbeitung freigeben. Vielmehr ist er gehalten, auch die **tatbestandlichen Voraussetzungen der Datenaufzeichnung und der Speicherung auf der Grundlage des § 44 Abs. 5, 8 PolG** zu prüfen. Ein besonderes Datenverarbeitungsverbot enthält überdies **§ 44 Abs. 7 PolG**. Rechtswidrig erlangte Daten dürfen durch die Polizei generell nicht weiter verwendet werden, wie unmittelbar aus **§ 75 Abs. 2 PolG** folgt.

Für das **gerichtliche Verfahren** gelten die Verfahrensregeln des **§ 132 PolG**. Zuständig ist gem. § 132 Abs. 1 PolG das **Amtsgericht**, in dessen Bezirk die zuständige Polizeidienststelle ihren Sitz hat. Es handelt sich dabei um eine zulässige sog. **abdrängende Sonderzuweisung** des Rechtswegs i. S. d. § 40 Abs. 1 S. 2 VwGO.[499] Es gelten die **Vorschriften des FamFG** (§ 132 Abs. 2 S. 1 PolG):

- Das zuständige Amtsgericht **ermittelt von Amts wegen** (§ 26 FamFG).
- Die Entscheidung ergeht durch Beschluss (§ 38 FamFG), der abweichend von den §§ 40, 41 FamFG zu seiner Wirksamkeit **nicht der Bekanntmachung** an die betroffene Person bedarf (§ 132 Abs. 2 S. 2 PolG); da die Aufzeichnung durch eine Bodycam offen erfolgt, spricht hier grundsätzlich nichts gegen eine Bekanntmachung der Gerichtsentscheidung, soweit nicht andere Gründe (etwa Ermittlungs- oder Verfolgungstaktik) dem entgegenstehen.
- Gegen die Entscheidung des Gerichts findet die **Beschwerde zum OLG** statt (§ 132 Abs. 2 S. 3 PolG); die Beschwerde hat **keine aufschiebende Wirkung** (§ 132 Abs. 2 S. 4 PolG). Die **Beschwerdefrist** beginnt bei Nichtbekanntgabe des Beschlusses wegen der Rechtsschutzgarantie des Art. 103 Abs. 1 GG[500] abweichend von § 63 Abs. 3 FamFG erst mit der Kenntnis der betroffenen Person vom Gerichtsbeschluss zu laufen; dies gilt auch für die 5-Monats-Frist des § 63 Abs. 3 S. 2 FamFG.[501] Die

---

[499] Vgl. dazu etwa Buchberger, in: Lisken/Denninger, Handbuch des Polizeirechts, Kap. L Rn 28.
[500] Vgl. dazu auch BVerfGE 107, 395, 406.
[501] § 63 Abs. 3 S. 2 FamFG lautet: „Kann die schriftliche Bekanntgabe an einen Beteiligten nicht bewirkt werden, beginnt die Frist spätestens mit Ablauf von fünf Monaten nach Erlass des Beschlusses." Bei einer unterlassenen Bekanntmachung auf der Grundlage des § 132 Abs. 2 S. 2 PolG liegt kein Fall i. S. d. § 63 Abs. 3 S. 2 FamFG vor: Die Bekanntgabe könnte durchaus bewirkt werden, ist aber aus übergeordneten Gründen von Gesetzes wegen nicht vorgesehen – die betroffene Person erhält erst später Nachricht von der heimlichen Datenerhebung, um den Erfolg der polizeilichen Maßnahme nicht zu gefährden. Die Beschwerdefrist beginnt daher nicht zu laufen, sondern erst mit späterer Kenntnis der betroffenen Personen von der polizeilichen Maßnahme (i. E. ebenso Roßmann, in: Schulte-Bunert/Weinrich, FamFG, § 63 FamFG Rn 20). Die eigentliche Funktion des § 63 Abs. 3 S. 2 FamFG, endgültig Rechtsfrieden herzustellen (vgl. dazu etwa Kräft, in: Bahrenfuss, FamFG, § 63 FamFG Rn 12) greift nicht. Vgl. dazu auch BGH, NJW-RR 2017, 970, zur bis dahin strittigen Frage des Fristlaufs gegenüber versehentlich rechtswidrig nicht am Verfahren beteiligten Personen.

Kenntnisnahme ist durch die Benachrichtigungspflichten der §§ 85, 86 PolG gewährleistet.

- Eine weitere **Rechtsbeschwerde** findet abweichend von §§ 70 ff. FamFG nicht statt (§ 132 Abs. 2 S. 5 PolG).

Aus **§ 132 Abs. 3 PolG** ergibt sich die Besonderheit, dass die **Beschreitung des Verwaltungsrechtswegs ausgeschlossen** ist, wenn eine gerichtliche Entscheidung gem. § 44 Abs. 6 PolG ergangen ist. Damit soll eine doppelte gerichtliche Befassung auf zwei Rechtswegen verhindert werden. Richtiges Rechtsmittel ist in diesen Fällen (Nutzung der durch den Einsatz einer Bodycam in einer Wohnung gewonnenen Aufnahmen) ausschließend die Anfechtung der gem. § 44 Abs. 6 PolG ergangenen Gerichtsentscheidung durch Einlegung der Beschwerde zum OLG.

274 **§ 44 Abs. 6 S. 2 PolG** stellt klar, dass der richterliche Vorbehalt nicht für die weitere Verarbeitung einer Aufzeichnung in Arbeits-, Betriebs- oder Geschäftsräumen gilt. Die Regelung entspricht insoweit § 44 Abs. 5 S. 3 PolG.

cc) Schutz des Kernbereichs privater Lebensgestaltung (§ 44 Abs. 7 PolG)

275 **§ 44 Abs. 7 PolG** trifft besondere Regelungen für in einer Wohnung aufgezeichnete Daten zum **Schutz des Kernbereichs privater Lebensgestaltung**. Die Regelung orientiert sich an **§ 28 a Abs. 2 BPolG**, sie entspricht weitgehend auch dem seit dem Jahr 2016 geltenden § 15 c Abs. 5 PolG NRW.

Vgl. zum Schutz des Kernbereichs privater Lebensgestaltung und zur **notwendigen Prognose** bei der **Erhebung, Speicherung und Verarbeitung von Daten** die weitergehenden Ausführungen in **§ 10 Rn 17 ff.**

Stellen die Beamten des Polizeivollzugsdienstes fest, dass von der Aufzeichnung durch die Bodycam der Kernbereich der privaten Lebensgestaltung tangiert ist, müssen sie die **Aufnahme** nicht nur sofort stoppen, sondern gem. **§ 44 Abs. 7 S. 3 PolG** auch **sofort löschen**. Eine **Fortsetzung der unterbrochenen Aufnahme** ist gem. **§ 44 Abs. 7 S. 4 PolG** nur möglich, wenn sichergestellt ist, dass der Kernbereich privater Lebensgestaltung (nicht) mehr tangiert ist.

276 Gem. **§ 44 Abs. 7 S. 5 PolG** dürfen Erkenntnisse aus dem Kernbereich privater Lebensgestaltung **nicht verwertet** werden. Diese Regelung sichert das absolute Datenverarbeitungsverbot weiter ab. Selbst wenn entgegen der anderen Regelungen in Abs. 7 Daten aufgenommen und gespeichert werden, ist es dem Polizeivollzugsdienst verboten, diese zu verwerten.

Beispiel: Der Polizeivollzugsdienst hat bei einem Einsatz in einer Wohnung Aufzeichnungen mit der Bodycam getätigt. Wegen möglicher Hinweise auf Straftaten sichtet die Kriminalpolizei (nach richterlicher Zustimmung [vgl. dazu § 10 Rn 272]) das Material auf entsprechende Hinweise. Dabei stellt sie fest, dass der Kernbereich privater Lebensgestaltung durch die Aufnahmen verletzt ist. Die Auswertung der Aufnahmen ist sofort einzustellen. Daraus gezogene Erkenntnisse können zu keinen weiteren Ermittlungen führen.

Hier kommt auch dem **Richtervorbehalt** (§ 44 Abs. 6 S. 1 PolG) eine besondere Bedeutung zu: Der zuständige Richter muss wegen des im Verfahren geltenden **Ermittlungsgrundsatzes** (§ 132 Abs. 2 S. 1 PolG i. V. m. § 26 FamFG [vgl. dazu § 10 Rn 273]) **das vom Polizeivollzugsdienst gespeicherte Bild- und Tonmaterial sichten** und das Verwertungsverbot des § 44 Abs. 7 S. 4 PolG prüfen.

h) Längere Datenspeicherung (§ 44 Abs. 8 PolG)

277 Gem. **§ 44 Abs. 8 S. 1 PolG** ist eine über die Dauer von mehr als 60 Sekunden hinausgehende Speicherung der durch körpernah getragene Aufnahmegeräte erlangten Daten nur unter bestimmten, im Gesetz formulierten Voraussetzungen zulässig. Sie ist danach nur zulässig, wenn Tatsachen die Annahme rechtfertigen, dass **dies zum Schutz von Polizeibeamten oder anderen Personen gegen eine Gefahr für Leib oder Leben** er-

forderlich ist.[502] Für die Speicherung muss die Aufnahmetaste aktiv betätigt werden[503], erst danach findet eine über 60 Sekunden hinausgehende Speicherung statt. In diesem Fall wird das Pre-Recording (vgl. dazu § 10 Rn 268 f.) in eine längere und dauerhafte Speicherung umgewandelt und zur Grundlage einer weiteren Verwendung der Aufnahmen gemacht.

Gem. § 44 Abs. 8 S. 2 PolG ist zudem eine über die Dauer von mehr als 60 Sekunden hinausgehende Speicherung der durch körpernah getragene Aufnahmegeräte **in Wohnungen** erlangten Daten zulässig, wenn Tatsachen die Annahme rechtfertigen, dass dies **zum Schutz von Polizeibeamten oder anderen Personen gegen eine dringende Gefahr für Leib oder Leben** erforderlich ist. Mit dieser Regelung werden die verfassungsrechtlichen Vorgaben des Art. 13 Abs. 7 GG umgesetzt. Zum Tatbestandsmerkmal „dringende Gefahr für Leib oder Leben" vgl. die Ausführungen in § 10 Rn 256. 278

§ 44 Abs. 8 S. 3 PolG stellt klar, dass die für Aufnahmen in Wohnungen geltenden Einschränkungen nicht für die weitere Verarbeitung einer Aufzeichnung in Arbeits-, Betriebs- oder Geschäftsräumen gelten. Die Regelung entspricht insoweit § 44 Abs. 5 S. 3 PolG. 279

i) Beobachtung von in Gewahrsam genommenen Personen (§ 44 Abs. 9 PolG)

Gem. **§ 44 Abs. 9 PolG** kann der Polizeivollzugsdienst in Gewahrsam genommene Personen zu ihrem Schutz oder zum Schutz des eingesetzten Personals, das die Maßnahme durchführt, sowie zur Verhütung von Straftaten **offen** mittels Bildübertragung **beobachten**.[504] Die Vorschrift ermächtigt nur zu einer **Bildüberübertragung**, nicht zur Übertragung des Tons und zur Aufzeichnung von Bild und Ton. Die Maßnahme ist unter Beachtung des Grundsatzes der Verhältnismäßigkeit auf das absolut Notwendige zu beschränken. So ist richtigerweise zur Wahrung der Intimsphäre ein Toilettengang nicht mittels Bildübertragung zu beobachten.[505] 280

j) Hinweispflicht (§ 44 Abs. 10 S. 1 PolG)

Gem. **§ 44 Abs. 10 S. 1 PolG** ist grundsätzlich auf die offene Beobachtung mittels Bildübertragung und die Bild- und Tonaufzeichnung **in geeigneter Weise hinzuweisen**. Die Regelung betrifft alle Bild- und Tonaufzeichnungen gem. § 44 Abs. 1 bis 3 PolG, die automatische Auswertung gem. § 44 Abs. 4 PolG, den Einsatz von Bodycams gem. § 44 Abs. 5 PolG und die Bildübertragung gem. § 44 Abs. 9 PolG. Der **Hinweispflicht** soll durch entsprechende Hinweistafeln[506] oder in vergleichbarer Weise nachgekommen werden. Ein Hinweis in den örtlichen Medien reicht regelmäßig nicht. Gleiches gilt regelmäßig für Aufkleber, die an Pfosten im Straßenraum angebracht werden.[507] Nach dem Wortlaut des Abs. 10 S. 1 ist **nicht nur auf die Beobachtung mittels Bildübertragung**, sondern auch auf die **Aufzeichnung**, und im Falle des § 44 Abs. 4 PolG auch **auf die automatische Auswertung**[508] hinzuweisen. Der Hinweis allein auf eine Videoüberwachung eines bestimmten Bereichs („Der Platz..... wird videoüberwacht") genügt daher nicht den gesetzlichen Anforderungen.[509] 281

---

502 Krit. und als zu eng sieht diese tatbestandliche Einschränkung Ziebart, Die Polizei 2017, 76, 80, an.
503 LT-Drs. 16/588, S. 6.
504 Begründet wurde diese Neuregelung durch das Änderungsgesetz vom 18.11.2008 (GBl. S. 391) u. a. damit, dass es während des Gewahrsamsaufenthalts insbesondere bei betrunkenen, medikamenten- oder rauschgiftabhängigen Personen immer wieder zu Unfällen, Eigenverletzungen oder Suizidversuchen kommen kann; vgl. Begründung der Landesregierung, LT-Drs. 14/3165, S. 43.
505 Zeitler/Trurnit, Polizeirecht BW, Rn 638.
506 NdsOVG, ZD 2021, 114.
507 NdsOVG, ZD 2021, 114.
508 Vgl. dazu auch LT-Drs. 16/2741, S. 29.
509 Krit. dazu Nusser, in: Möstl/Trurnit, Polizeirecht BW, § 21 Rn 53.1, der aber ergänzend zumindest einen Hinweis auf die „Polizeilichkeit" der Überwachungsmaßnahme verlangt.

282 Die **Hinweispflicht** des § 44 Abs. 10 S. 1 PolG **gilt auch für Bild- und Tonaufzeichnungen mittels körpernah getragener Aufnahmegeräte** (Bodycams) auf der Grundlage des § 44 Abs. 5 PolG. Der Gesetzgeber weist darauf hin, dass der Einsatz dieser technischen Mittel offen erfolge und dass der bereits bislang geltende Grundsatz, dass auf die Aufzeichnung gegebenenfalls in geeigneter Form hinzuweisen sei, fortgelte.[510] Der offene Einsatz ist ohne Zweifel von grundlegender Bedeutung, weil nur so die **beabsichtigte deeskalierende Wirkung** erzielt werden kann. In der Praxis wird es regelmäßig darauf ankommen, aber auch ausreichen, dass für die betroffenen Personen **klar und offen erkennbar ist**, dass die im Einsatz befindlichen Polizeivollzugsbeamten Körperkameras einsetzen. Regelmäßig wird dies durch einen Hinweis auf der Kleidung der Polizeibeamten oder auf der Bodycam erfolgen (etwa: „Videoaufzeichnung", „Videoaufzeichnung per Bodycam" oder durch Verwendung eines eindeutigen Symbols).[511]

Sind die **Bodycams zudem ohne Weiteres als solche auch für unbedarfte Laien erkennbar**, dürfte den Vorgaben des § 44 Abs. 10 S. 1 PolG in der Regel genügt sein. Die Einschränkung „soweit dies **nicht offenkundig** ist" zielt auf Fälle ab, in denen eine Videokamera mobil und offen sichtbar eingesetzt wird, beispielsweise, wenn Polizeibeamte in Uniform mit einer Kamera und dem Hinweis „polizeiliche Videoüberwachung" zur Beobachtung im Einsatz sind.

k) Allgemeine Löschungspflicht (§ 44 Abs. 10 S. 2 bis 4 PolG)

283 Nach der seit dem Jahr 2008 geltenden Fassung[512] des **§ 44 Abs. 10 S. 2 Var. 1 PolG sind alle Bild- und Tonaufzeichnungen grundsätzlich unverzüglich, spätestens jedoch nach 4 Wochen zu löschen**. Diese Löschungspflicht entspricht dem Grundsatz, dass Daten nur solange aufbewahrt werden dürfen, wie dies für die Wahrnehmung der polizeilichen Aufgabe erforderlich ist. Die Regelung konkretisiert die allgemeine Löschungspflicht des § 75 Abs. 2 PolG.

Eine **unverzügliche** (= sofortige, d. h. ohne schuldhaftes Zögern) **Löschung** muss erfolgen, wenn die Polizei erkennt, dass die gespeicherten Bild- und Tonaufzeichnungen unter keinem erkennbaren Gesichtspunkt mehr benötigt werden. Dem Polizeivollzugsdienst obliegt dabei eine **Überprüfungspflicht**, die als **Dauerpflicht der Polizei** ausgestaltet ist, wie sich unmittelbar aus den **§§ 75 Abs. 2, 76 Abs. 1 PolG** ergibt. Durch den Begriff „unverzüglich" wird die „Angemessenheit" der Überprüfungspflicht (§ 76 Abs. 1 PolG) dahin gehend konkretisiert, dass die Polizei auch innerhalb der Höchstspeicherdauer der Variante 1 des § 44 Abs. 10 S. 2 PolG von 4 Wochen regelmäßig prüfen muss, ob eine Aufnahme gelöscht werden kann. Die **Überprüfung** sollte richtigerweise **mindestens wöchentlich** erfolgen.

Die vom Landesgesetzgeber für alle Anwendungsfälle vorgesehene grundsätzliche Höchstspeicherdauer von 4 Wochen soll es der Polizei ermöglichen, auf nach der Erhebung und Speicherung der Daten noch aufkommende Erkenntnisse zu reagieren. Solche **nachträglichen Erkenntnisse** können sich etwa aus Strafanzeigen ergeben. Darüber hinaus ermöglicht die vierwöchige Speicherung auch die Nutzung der Daten in Gerichtsverfahren. Der Landesgesetzgeber hielt die 4 Wochen-Frist nach den bisherigen praktischen Erfahrungen im Hinblick auf die zulässigen Auswertezwecke für ausreichend und erforderlich.[513]

284 **Ausnahmsweise** können gem. **§ 44 Abs. 10 PolG** unter den Voraussetzungen des **Satzes 2 Var. 2** die Bild- und Tonaufzeichnungen länger gespeichert werden. Die Regelung benennt die **Anwendungsbereiche abschließend**:

---

510 LT-Drs. 16/334, S. 4; Nusser, in: Möstl/Trurnit, Polizeirecht BW, § 21 Rn 54 a.
511 Vgl. dazu auch Borsdorff, in: Möllers, Wörterbuch der Polizei, S. 384.
512 Eingefügt in das PolG als § 21 Abs. 5 PolG durch Art. 1 Nr. 5 des Gesetzes zur Änderung des Polizeigesetzes vom 21.11.2008 (GBl. S. 390).
513 LT-Drs. 14/3165, S. 44.

VI. Datenverarbeitung bei polizeilichen Einzelmaßnahmen

- Verfolgung von Straftaten oder von Ordnungswidrigkeiten von erheblicher Bedeutung (der Begriff „von erheblicher Bedeutung" ist in § 44 Abs. 10 S. 4 PolG legal definiert),
- zur Geltendmachung von öffentlich-rechtlichen Ansprüchen oder
- nach Maßgabe des § 2 Abs. 2 PolG zum **Schutz privater Rechte**, insbesondere zur Behebung einer bestehenden Beweisnot.

Eine Speicherung „auf Vorrat" ist unzulässig. Die Bestimmung enthält zudem ein **Zweckbindungsgebot**: Die Daten dürfen nur zu den in Satz 2 Var. 2 genannten Zwecken weiter verarbeitet werden.[514]

Gem. **§ 44 Abs. 10 S. 3 PolG** steht die **unvermeidbare Betroffenheit Dritter** der weiteren Datenverarbeitung i. S. d. Satzes 2 Var. 2 nicht entgegen.

l) Besondere Löschungspflicht bei Einsatz von Bodycams (§ 44 Abs. 11 PolG)

Gem. **§ 44 Abs. 11 PolG** gilt § 44 Abs. 10 PolG mit der Maßgabe, dass die **mittels körpernah getragener Aufnahmegeräte** (§ 44 Abs. 5 PolG) erhobenen Daten **spätestens nach 60 Sekunden automatisch zu löschen** sind und jede über das Erheben hinausgehende Verarbeitung ausgeschlossen ist. Dies geschieht in der Praxis dadurch, dass die Aufnahmegeräte unter den Voraussetzungen des § 44 Abs. 5 PolG zwar Bild- und Tonaufzeichnungen anfertigen, diese Daten aber zunächst **nur auf einem flüchtigen Speichermedium mit begrenzter Speicherkapazität** abgelegt und – sofern die Aufnahmefunktion nicht aktiv eingeschaltet wird – ständig überschrieben werden. Nur im Fall der Aktivierung der Aufnahme wird die unmittelbar vorausgehende Schleife mit einer Dauer von maximal 60 Sekunden hinzugefügt.[515] Diese detaillierte Vorgabe im Gesetz wurde im Gesetzgebungsverfahren auf die Initiative von Abgeordneten der beiden Regierungsparteien durch den Ausschuss für Inneres, Digitalisierung und Migration vorgeschlagen.[516] Damit sollte schwerwiegenden datenschutzrechtlichen Bedenken gegen den Regierungsentwurf[517] begegnet werden. Die letztlich verabschiedete Fassung der Regelung lehnt sich an die Regelung des Einsatzes automatischer Kennzeichenlesesysteme (§ 51 PolG) an und soll die datenschutzrechtlichen Vorgaben umsetzen, die das BVerfG[518] aufgestellt hat.[519]

Eine **Ausnahme** von der Löschungspflicht nach 60 Sekunden ist nur unter den engen tatbestandlichen Voraussetzungen des § 44 Abs. 8 PolG möglich. Es müssen Tatsachen die Annahme rechtfertigen, dass die über 60 Sekunden hinausgehende Speicherung zum **Schutz von Polizeibeamten oder Dritten gegen eine Gefahr für Leib oder Leben** erforderlich ist (vgl. dazu § 10 Rn 277 ff.).

m) Rechtsschutz

Mangels rechtlicher Regelung handelt es sich bei der Anordnung einer Videoüberwachung nicht um einen Verwaltungsakt, sondern um einen **Realakt** (vgl. § 7 Rn 1 ff.).[520] Der betroffenen Person stehen in Bezug auf die Bild- und Tonaufzeichnungen alle im Bereich des Datenschutzes vorgesehenen **Informations- und Handlungsrechte** der **§§ 91 bis 93 PolG** zur Verfügung. Der Polizei obliegen die Informationspflichten des **§ 85 PolG**.

Rechtsschutz gegen die Videoüberwachung bzw. gegen einen unzulässigen Eingriff in das Recht auf informationelle Selbstbestimmung kann durch die allgemeine Leistungs-

---
514 Stephan, in: Stephan/Deger, Polizeigesetz BW, § 21 Rn 16.
515 Vgl. dazu die ausführliche Darlegung in LT-Drs. 16/588, S. 6 f.
516 Vgl. dazu LT-Drs. 16/588. S. 2 ff.
517 LT-Drs. 16 /334, S. 2.
518 BVerfGE 120, 320, 378 ff.
519 LT-Drs. 16/588, S. 6.
520 Ibler, in: Ennuschat/Ibler/Remmert, Öffentliches Recht BW, § 2 Rn 323; Nusser, in: Möstl/Trurnit, Polizeirecht BW, § 21 Rn 59; R. Schenke, in: Schenke/Graulich/Ruthig, Sicherheitsrecht, § 26 BPolG Rn 15.

klage in der Form der **Unterlassungsklage** oder durch (nachträgliche) **Feststellungsklage** erreicht werden.[521] Das Vorliegen der Klagebefugnis analog § 42 Abs. 2 VwGO ergibt sich aus dem Recht auf informationelle Selbstbestimmung.[522] Bei der Begründetheit wird es entscheidend darauf ankommen, ob die materiellrechtlichen Voraussetzungen des § 44 PolG vorliegen und ob die Polizei rechtsfehlerfrei von der gesetzlichen Ermächtigung Gebrauch gemacht hat.[523]

Die durch die Bild- und Tonaufzeichnungen betroffene Person hat zudem einen **Anspruch auf Zugang zu noch nicht gelöschten sie betreffenden Aufnahmen**.[524] Dieser Anspruch folgt unmittelbar aus Art. 19 Abs. 4 GG, soweit er nicht gesetzlich vorgesehen ist.

Für **durch eine Bodycam in Wohnungen entstandene Aufnahmen**, die von der Polizei weiter verarbeitet werden sollen, gelten beim Rechtsschutz die sich aus § 44 Abs. 6 PolG (Richtervorbehalt) ergebenden Besonderheiten. Vgl. dazu § 10 Rn 272 ff.

5. Aufzeichnung eingehender Telefonanrufe (§ 45 PolG)

a) Allgemeines

289 § 45 PolG wurde durch das **PolG 2020** neu geschaffen. Vergleichbare Regelungen finden sich in **§ 27 c BPolG** und in **§ 11 BKAG**.

§ 45 PolG gibt dem Polizeivollzugsdienst die **Ermächtigung zur Aufzeichnung bestimmter eingehender Telefonanrufe**, soweit dies zu seiner Aufgabenerfüllung erforderlich ist. Zwar war die Aufzeichnung bestimmter eingehender Anrufe schon vor der Vorschrift des § 45 PolG auf der Grundlage allgemeiner polizeirechtlicher oder strafprozessrechtlicher Bestimmungen beziehungsweise auf der Grundlage ausdrücklicher oder konkludenter Einwilligungen der betroffenen Personen zulässig. Mit § 45 PolG wurde aus Gründen der Rechtssicherheit nunmehr jedoch eine ausdrückliche Rechtsgrundlage geschaffen.[525]

Die Aufzeichnungsermächtigung des § 45 PolG ist auch deswegen zu begrüßen, da die **ausdrückliche Einwilligung** der von der Aufzeichnung des Telefonanrufs (= Datenverarbeitung) betroffenen Personen im Polizeirecht **in den meisten Fällen nicht mehr wirksam erfolgen** kann (vgl. dazu die Ausführungen in § 10 Rn 176 f.).[526] So sind Personen, die den Notruf (§ 45 Abs. 1 Nr. 1 PolG) nutzen, in einer Notsituation regelmäßig auf die telefonische Notmeldung bei der Polizei angewiesen, die Nutzung des Notrufs kann insofern nicht von einer Einwilligung zur Aufzeichnung abhängig gemacht werden.

290 Die bloße Aufzeichnung eines Telefongesprächs wird nicht vom Schutzbereich des **Art. 10 Abs. 1 GG** (Fernmeldegeheimnis) erfasst.[527] § 45 PolG verstößt auch nicht gegen **Art. 2 Abs. 1 i. V. m. Art. 1 Abs. 1 GG**, durch die das Recht am gesprochenen Wort geschützt wird.[528] Bei Anrufen mit dem Zweck **sachdienlicher Hinweise** muss auf den Umstand der Aufzeichnung gem. § 45 Abs. 2 S. 4 PolG zwingend hingewiesen werden (vgl. dazu § 10 Rn 301). Hierdurch wird es der anrufenden Person ermöglicht, sich gegen die Aufzeichnung auszusprechen, sie behält ihre verfassungsrechtlich garantierte Handlungsfreiheit. Bei **Notrufen** ist die Aufzeichnung des Gesprächs aus der Natur des

---

521 R. Schenke, in: Schenke/Graulich/Ruthig, Sicherheitsrecht, § 26 BPolG Rn 16.
522 VGH BW, NVwZ 2004, 498; vgl. auch die Hinweise in § 10 Rn 2 ff.
523 Vgl. VGH BW, NVwZ 2004, 498; VG Karlsruhe, NVwZ 2002, 117; weiteres Beispiel: VGH BW, VBlBW 2015, 167, zur Klage auf Feststellung der Rechtswidrigkeit des verdeckten Einsatzes technischer Mittel zur vorbeugenden Bekämpfung von Straftaten, §§ 22 Abs. 2 u. 3, 20 Abs. 3 Nr. 1 PolG 1992.
524 Schenke, VerwArch 2019, 436, 470 ff.
525 LT-Drs. 16/8484, S. 143.
526 A. A. Graulich, in: Schenke/Graulich/Ruthig, Sicherheitsrecht, § 11 BKAG Rn 4.
527 Graulich, in: Schenke/Graulich/Ruthig, Sicherheitsrecht, § 27 c BPolG Rn 5.
528 BVerfGE 106, 28, 41: „In thematischer Hinsicht hat der Sprecher im privaten Bereich gerade wegen des Inhalts des Gesprächs ein schutzwürdiges Interesse daran, dass Dritte hiervon keine Kenntnis erhalten. Entsprechende Äußerungen sind unabhängig davon geschützt, wie der Inhalt an einen Dritten gerät …."

VI. Datenverarbeitung bei polizeilichen Einzelmaßnahmen 349

Telefonats heraus verfassungsrechtlich gerechtfertigt. Notrufe unterliegen besonderen gesetzlichen Rahmenbedingungen. So kann bei einem Notruf etwa jederzeit der Standort der anrufenden Nummer nachverfolgt werden (§ 108 Abs. 1 S. 3 Nr. 2 TKG). Bei einem Notruf muss sichergestellt werden, dass die Inhalte des Notrufs (Anrufs) jederzeit vollständig erfasst und überprüft werden können, um die notwendige Hilfe unverzüglich sicherstellen zu können. Die Aufzeichnung des eingehenden Anrufs ist hierfür nicht nur sachdienlich, sondern notwendig, weil häufig der Inhalt des Anrufs in der Aufregung der anrufenden Person schwer zu verstehen und zu erfassen ist. Hinzu kommt, dass die anrufenden Personen bei Notrufen zumeist mit einer Aufzeichnung des Gesprächs rechnen, da es allgemein bekannt ist, dass Notrufe aufgezeichnet werden.

b) Befugnis zur Aufzeichnung (§ 45 Abs. 1 PolG)

Gem. **§ 45 Abs. 1 PolG** kann der Polizeivollzugsdienst, soweit dies **zur Erfüllung seiner Aufgaben** erforderlich ist, **Telefonanrufe aufzeichnen**, die über Rufnummern eingehen, die er der Öffentlichkeit   291

1. zum Absetzen eines Notrufs oder
2. zur Mitteilung sachdienlicher Hinweise insbesondere im Rahmen von Fahndungsmaßnahmen

bekanntgegeben hat.

aa) Tatbestandsvoraussetzungen

§ 45 Abs. 1 PolG ermöglicht die Aufzeichnung von Telefonanrufen betroffener Personen unter **genau umschriebenen tatbestandlichen Voraussetzungen**. Außerhalb dieser Voraussetzungen kommt eine Aufzeichnung bei der Polizei eingehender Anrufe nicht in Betracht. § 45 PolG ist insoweit **abschließend**. Ausgenommen sind hiervon nur die besonderen Ermächtigungen des PolG für die (verdeckte) Überwachung der Telekommunikation (vgl. § 49 Abs. 2 Nr. 2, § 50 Abs. 1, § 54 PolG).   292

(1) Aufzeichnung eingehender Telefonanrufe

§ 45 Abs. 1 PolG ermächtigt zur **Aufzeichnung von Telefonanrufen**. Der Begriff „Aufzeichnung" bezeichnet ein Mittel der Datenverarbeitung i. S. d. § 12 Nr. 2 PolG (vgl. dazu § 10 Rn 88). Aufzeichnung beschreibt dabei das **Erfassen** (durch technische Mittel der Spracherfassung) **und Speichern** der beim Telefonanruf anfallenden Daten (= Sprache der anrufenden Person).[529] Die darüber hinausgehende weitere Verarbeitung der Daten richtet sich nach § 45 Abs. 2 PolG (vgl. dazu § 10 Rn 297 ff.). § 45 Abs. 1 PolG stellt insoweit eine **Ermächtigungsgrundlage** für das Erfassen und Speichern der Daten dar.   293

Durch den Begriff „eingehende Anrufe" wird eine **Begrenzung** der Datenverarbeitung bewirkt. Es dürfen **nur bei der Polizei eingehende Anrufe** gespeichert werden, nicht dagegen von der Polizei bei einer betroffenen Person getätigte Anrufe. Daher ist es der Polizei auch verwehrt, im Fall sachdienlicher Hinweise dem Erstanruf nachfolgende Telefongespräche aufzuzeichnen, die der weiteren Nachfrage und Informationsbeschaffung dienen. Das erscheint nicht ganz glücklich, ist aber dem **Gebot der Datenminimierung** (§§ 13 Nr. 3, 75 Abs. 2 PolG) geschuldet (vgl. dazu § 10 Rn 100). Durch § 45 Abs. 1 PolG werden in der Regel **nur die Erstanrufe** der betroffenen Person erfasst. Die Polizei kann weitere Aufzeichnungen nicht dadurch erreichen, dass sie Anrufer um erneuten Anruf bittet. In anderen Fällen ist die Polizei auf Notizen oder Niederschriften zu den Gesprächsinhalten angewiesen, regelmäßig wird sie bei zu erwartenden weiterführenden Informationen das persönliche Gespräch suchen. Unschädlich ist hingegen, wenn die betroffene Person von sich aus weitere Anrufe auf die öffentlich bekanntge-

---
529 Vgl. auch Graulich, in: Schenke/Graulich/Ruthig, Sicherheitsrecht, § 11 BKAG Rn 3.

gebenen Telefonnummer tätigt, um der Polizei **weitere oder ergänzende Hinweise** zu geben.

(2) Öffentlich bekanntgegebene Telefonnummern

294 Die Befugnis zur Aufzeichnung gem. § 45 Abs. 1 PolG gilt nur für Anrufe, die über durch die Polizei für Zwecke i. S. d. Nrn. 1, 2 **bekanntgegebene Rufnummern** eingehen. Hierbei handelt es sich um eine grundlegende Einschränkung des Anwendungsbereichs. § 45 Abs. 1 PolG gilt **nur für Anrufe über zuvor öffentlich bekanntgegebene Rufnummern**:

- Im Fall von **Notrufen** wird dies regelmäßig die bundesweit gültige Rufnummer „110" sein. Diese wird seit dem Jahr 1948 verwendet und ist seit der Einführung des sog. „Notrufsystems 73" im Jahr 1973 im gesamten Bundesgebiet für Notfallanrufe bei der Polizei reserviert. Ihre Bereitstellung wird durch **§ 108 TKG** sichergestellt. In vielen europäischen Ländern ist die „112" die Notrufnummer der Polizei. In Deutschland ist die „112" die übergreifende Rufnummer für Notfälle vieler Art (Feuer, Gesundheitsnotfälle, Gefahrenlagen etc.).
- Gehen Anrufe auf der Notrufnummer „110" ein, können diese gem. § 45 Abs. 1 Nr. 1 PolG **alle aufgezeichnet** werden, da davon auszugehen ist, dass es sich um echte „Notrufe" i. S. d. Nr. 1 handelt. Werden dabei auch Anrufe aufgezeichnet, die keine Notrufe im eigentlichen Sinne sind, ist dies unschädlich.
- Die Berechtigung für die Aufzeichnung eines Notrufs ist nicht zwingend auf die Rufnummer „110" beschränkt. Örtlich sind häufig auch die **Rufnummern der örtlichen Polizeireviere** öffentlich bekannt. Gehen über diese Rufnummern Notrufe ein, dürfen diese ebenfalls aufgezeichnet werden. Die Polizei muss hier aber unterscheiden: Handelt es sich um keinen Notfall, der üblicherweise bei der Rufnummer „110" eingeht, dann besteht nach Sinn und Zweck des § 45 PolG keine Aufzeichnungsbefugnis.
- Geht ein **Notruf auf einer anderen Rufnummer der Polizei** ein und wird er an die „110" oder an die zentrale Notrufnummer einer Polizeidienststelle **weitergeleitet**, gilt die Befugnis des § 45 Abs. 1 Nr. 1 PolG ebenfalls, wenn der Erstanruf der betroffenen Person einem Notfall galt. Gleiches gilt für einen auf der „112" eingegangenen Notruf, der an die Polizei weitergeleitet wird.
- Bei **sachdienlichen Hinweisen** wird es zumeist so sein, dass die Polizei für einen konkreten Sachverhalt öffentlich um die Mithilfe der Bevölkerung gebeten hat. Dies kann über eigene Bekanntmachungen im Internet, über Plakate, über die örtliche Presse, über bundesweite Fahndungsaufrufe oder über Fernsehformate wie „Aktenzeichen XY" etc. erfolgen. Mit dem Mithilfe- oder Fahndungsaufruf werden zumeist spezielle Telefonnummern bekanntgegeben, über die Hinweise erbeten werden. Gehen auf diesen Rufnummern Anrufe bei der Polizei ein, fallen diese in den Anwendungsbereich des § 45 Abs. 1 PolG.
- Unter die Nummer 2 fallen auch die von der Polizei **allgemein zu Hinweiszwecken** aus der Bevölkerung **öffentlich bekanntgegebenen Telefonnummern** wie die des Kriminaldauerdienstes, der Telefonzentrale, des Bürgertelefons oder die zentralen Nummern der Öffentlichkeitsfahndung.
- Auch hier gilt, dass von anderen Rufnummern der Polizei an die speziellen Rufnummern **weitergeleitete Anrufe** aufgezeichnet werden können, sofern diese zu den in § 45 Abs. 1 Nr. 2 PolG genannten Zwecken erfolgten.

(3) Polizeiliche Aufgabenerfüllung

295 Die Aufzeichnung von bei der Polizei eingegangenen Anrufen darf nur erfolgen, wenn die Aufzeichnung der **Erfüllung der Aufgaben des Polizeivollzugsdiensts** dient. Maßstab zur Beurteilung dieser Frage ist **§ 11 Abs. 1 PolG** (vgl. dazu § 10 Rn 78 ff.). Der

Grundsatz der **Erforderlichkeit** stellt sicher, dass die Polizei keine Aufzeichnung eines Telefongesprächs vornimmt, die für ihre Aufgabenerfüllung nicht zwingend ist.[530]

Die **Speicherung von Notrufen** ist primär zur **Gefahrenabwehr** erforderlich, da Anrufer aufgrund einer akuten Stresssituation oft aufgeregt sind, so dass ihre Angaben unpräzise oder schwer verständlich sein können und ein erneutes Abspielen notwendig ist, um alle Informationen generieren zu können. Anrufer einer Notrufnummer haben überdies zumeist ein ureigenes Interesse daran, dass alle erforderlichen Maßnahmen ergriffen werden, um ihnen oder Dritten schnelle und bestmögliche Hilfe zu gewähren, so dass in aller Regel auch zumindest ein faktisches Einverständnis der betroffenen Person zur Aufzeichnung des Notrufs vorliegen dürfte (vgl. dazu aber § 10 Rn 289, 296 zur Einwilligung).[531]

Bei der **Mitteilung sachdienlicher Hinweise** kann es notwendig sein, die Telefongespräche aufzuzeichnen, um sie dem Polizeivollzugsdienst über einen gem. § 45 Abs. 2 PolG begrenzten Zeitraum zur Verfügung zu stellen. Dies stellt die Verfolgbarkeit der erfolgten Hinweise sicher.

bb) Zuständigkeit

Die **Zuständigkeit** und die Befugnis für die Aufzeichnung bestimmter Telefonanrufe liegt ausschließlich beim **Polizeivollzugsdienst**. Die Polizeibehörden sind zur Aufzeichnung von Telefonanrufen nicht befugt, § 45 PolG stellt insoweit eine **abschließende Regelung** dar; eine Aufzeichnung mit Einwilligung der betroffenen Person scheidet aus (vgl. dazu § 10 Rn 289).

c) Weitere Verarbeitung der Aufzeichnungen / Hinweispflicht (§ 45 Abs. 2 PolG)

§ 45 Abs. 2 S. 1 bis 3 PolG entspricht inhaltlich weitgehend der Regelung in § 44 Abs. 10 S. 2 bis 4 PolG (mit abweichender Speicherfrist). Er stellt sicher, dass die aufgezeichneten Telefongespräche nicht länger als zwingend notwendig gespeichert werden. Aus § 45 Abs. 2 S. 4 PolG folgt eine besondere Hinweispflicht.

aa) Speicherfrist / weitere Datenverarbeitung (§ 45 Abs. 2 S. 1 bis 3 PolG)

Gem. **§ 45 Abs. 2 S. 1 Var. 1 PolG** sind **alle Bild- und Tonaufzeichnungen grundsätzlich unverzüglich, spätestens jedoch nach 3 Monaten zu löschen**. Diese Löschungspflicht entspricht dem Grundsatz, dass Daten nur solange aufbewahrt werden dürfen, wie dies für die Wahrnehmung der polizeilichen Aufgabe erforderlich ist. Die Regelung konkretisiert die allgemeine Löschungspflicht des § 75 Abs. 2 PolG.

Eine **unverzügliche** (= sofortige, d. h. ohne schuldhaftes Zögern) **Löschung** muss erfolgen, wenn die Polizei erkennt, dass der gespeicherte Anruf unter keinem erkennbaren Gesichtspunkt mehr benötigt wird. Dem Polizeivollzugsdienst obliegt dabei eine **Überprüfungspflicht**, die als **Dauerpflicht der Polizei** ausgestaltet ist, wie sich unmittelbar aus **§§ 75 Abs. 2, 76 Abs. 1 PolG** ergibt. Durch den Begriff „unverzüglich" wird die Angemessenheit der Überprüfungsfrist dahin gehend konkretisiert, dass die Polizei auch innerhalb der Höchstspeicherdauer der Variante 1 des § 45 Abs. 2 S. 1 PolG von 3 Monaten regelmäßig prüfen muss, ob ein Anruf gelöscht werden kann. Die **Überprüfung** sollte richtigerweise **mindestens wöchentlich** erfolgen.

Die vom Landesgesetzgeber für alle Anwendungsfälle vorgesehene grundsätzliche **Höchstspeicherdauer von 3 Monaten** soll es der Polizei ermöglichen, auf nach der Erhebung und Speicherung der Daten noch aufkommende Erkenntnisse zu reagieren. Solche **nachträglichen Erkenntnisse** können sich etwa aus Strafanzeigen ergeben. Auch erst im Nachgang zu einem Anruf kann sich dessen Bedeutung als Ermittlungsan-

---

530 Graulich, in: Schenke/Graulich/Ruthig, Sicherheitsrecht, § 11 BKAG Rn 7.
531 LT-Drs. 16/8484, S. 143.

satz oder Beweismittel herausstellen, weshalb eine ausreichende Speicherfrist erforderlich ist. Darüber hinaus ermöglicht die dreimonatige Speicherung auch die Nutzung der Daten in Gerichtsverfahren. Da im Vergleich zu § 44 PolG keine Bildaufzeichnungen angefertigt werden, erschien dem Landesgesetzgeber angesichts der geringen Eingriffsintensität eine längere Speicherfrist angemessen.[532]

299 **Ausnahmsweise** können die Tonaufzeichnungen gem. **§ 45 Abs. 2 PolG** unter den Voraussetzungen des **Satzes 1 Var. 2** länger gespeichert werden. Die Regelung benennt die **Anwendungsbereiche abschließend**:
- Verfolgung von Straftaten oder von Ordnungswidrigkeiten von erheblicher Bedeutung (der Begriff „von erheblicher Bedeutung" ist in § 45 Abs. 2 S. 3 PolG legal definiert),
- zur Geltendmachung von öffentlich-rechtlichen Ansprüchen oder
- nach Maßgabe des § 2 Abs. 2 PolG zum Schutz privater Rechte, insbesondere zur Behebung einer bestehenden Beweisnot.

Eine Speicherung „auf Vorrat" ist unzulässig. Die Bestimmung enthält zudem ein **Zweckbindungsgebot**: Die Daten dürfen nur zu den in Satz 2 Var. 2 genannten Zwecken weiter verarbeitet werden.[533]

300 Gem. **§ 45 Abs. 2 S. 2 PolG** steht die **unvermeidbare Betroffenheit Dritter** der weiteren Datenverarbeitung i. S. d. Satzes 1 Var. 2 nicht entgegen.

bb) Hinweispflicht (§ 45 Abs. 2 S. 4 PolG)

301 Gem. **§ 45 Abs. 2 S. 4 PolG** ist in den Fällen des § 45 Abs. 1 Nr. 2 PolG **auf die Aufzeichnung in geeigneter Weise hinzuweisen**. Im Gegensatz zum Notruf wird die betroffene Person bei Anrufen zu sachdienlichen Hinweise nicht ohne Weiteres damit rechnen, dass ihr Anruf von der Polizei aufgezeichnet wird. Deswegen muss die Polizei darauf gesondert hinweisen.

Wegen der **Wirksamkeit des Hinweises** auf die Aufzeichnung (der betroffenen Person muss die Chance gegeben werden, aus diesem Grund auf den weiteren Anruf zu verzichten oder um keine Aufzeichnung des Telefonats zu bitten) muss der Hinweis **vor Beginn der Aufzeichnung** erfolgen. „In geeigneter Weise" stellt es der Polizei frei, wie sie den Hinweis tätigt. Richtigerweise kann die Befolgung des Hinweises aber nur sichergestellt werden, wenn der Hinweis aus Anlass des Telefonats zu Beginn erfolgt. Möglich ist ein Hinweis durch den Beamten des Polizeivollzugsdienstes, der das Telefonat durchführt, besser (da sicherer) ist eine **automatisierte Mitteilung** zu Beginn des Telefonats.

Beispiel: Durch eine entsprechende Programmierung wird die anrufende Person vor Beginn des Telefonats mit dem zuständigen Beamten des Polizeivollzugsdienstes auf die Aufzeichnung des Telefonats hingewiesen: „Sie werden umgehend mit den zuständigen Mitarbeitern des Polizeivollzugsdienstes verbunden. Wir weisen darauf hin, dass das Telefonat zur besseren Nachvollziehbarkeit und Auswertung aufgezeichnet wird."

Sofern – auch im Hinblick auf das **Gebot der Datenminimierung** (§§ 13 Nr. 3, 75 Abs. 2 PolG) – nicht jedes Telefonat einer bestimmten Rufnummer aufgezeichnet werden soll, ist durch **geeignete Vorkehrungen** sicherzustellen, dass die zuständigen Beamten des Polizeivollzugsdienst nach Annahme des Telefonats auf die weitere Aufzeichnung des Telefonats hinweisen, sobald ihnen die Aufzeichnung i. S. d. § 45 Abs. 1 PolG sachdienlich erscheint.

---

[532] LT-Drs. 16/8484, S. 144.
[533] Stephan, in: Stephan/Deger, Polizeigesetz BW, § 21 Rn 16.

d) Rechtsschutz

Die Aufzeichnung und weitere Verarbeitung von Anrufen ist ein **Realakt**. Der betroffenen Person stehen in Bezug auf die Aufzeichnung von Telefonanrufen alle im Bereich des Datenschutzes vorgesehenen **Informations- und Handlungsrechte** der **§§ 91 bis 93 PolG** zur Verfügung. Der Polizei obliegen die Informationspflichten des **§ 85 PolG**.

Rechtsschutz gegen die Aufzeichnung bzw. gegen einen unzulässigen Eingriff in das Recht auf informationelle Selbstbestimmung kann durch die allgemeine Leistungsklage in der Form der **Unterlassungsklage** oder durch (nachträgliche) **Feststellungsklage** erreicht werden.[534] Das Vorliegen der Klagebefugnis analog § 42 Abs. 2 VwGO ergibt sich aus dem Recht auf informationelle Selbstbestimmung.[535] Bei der Begründetheit wird es entscheidend darauf ankommen, ob die materiellrechtlichen Voraussetzungen des § 45 Abs. 1 PolG vorliegen und ob die Polizei rechtsfehlerfrei von der gesetzlichen Ermächtigung Gebrauch gemacht hat.[536]

Die durch die Aufzeichnung von Telefonanrufen betroffene Person hat zudem einen **Anspruch auf Zugang zu noch nicht gelöschten, sie betreffenden Aufnahmen**.[537] Dieser Anspruch folgt unmittelbar aus Art. 19 Abs. 4 GG, soweit er nicht gesetzlich vorgesehen ist.

6. Projektbezogene gemeinsame Dateien mit dem Landesamt für Verfassungsschutz (§ 46 PolG)

a) Allgemeines

aa) Historische Entwicklung

Durch **Änderungsgesetz vom 18.11.2008** wurde der frühere **§ 48 a PolG 1992** neu in das PolG **eingefügt** (GBl. S. 399). Durch diese Vorschrift wurde die gesetzliche Grundlage für die Errichtung von sog. **Projektdateien** geschaffen, die eine **befristete Zusammenarbeit zwischen dem LKA, weiteren Polizeidienststellen des Landes und dem Landesamt für Verfassungsschutz** zum Ziel haben. Mit der Möglichkeit, **gemeinsame Projektdateien** zu führen, wird die Zusammenarbeit zwischen der Polizei, dem LKA und dem Verfassungsschutz in BW erheblich erleichtert. Auf Bundesebene existieren durch das Gemeinsame-Dateien-Gesetz vom 22.12.2006 (BGBl. I S. 3409) gemeinsame Dateien zwischen Polizei und Nachrichtendiensten des Bundes und der Länder zur Unterstützung einer temporären projektbezogenen Zusammenarbeit. Durch die Errichtung einer gemeinsamen Datei zwischen Polizei und Verfassungsschutz wird das sog. **Trennungsgebot** (vgl. § 2 Abs. 3 LVSG) weiter aufgeweicht (vgl. auch § 4 Rn 12). Denn erstmals enthält das PolG eine Befugnisnorm, die auch für den Verfassungsschutz gilt.[538] Ähnliche Ermächtigungen enthalten **§ 22 a BVerfSchG, § 17 BKAG, § 25 BNDG**.

Durch das **PolG 2020** wurde § 48 a PolG 1992 als neuer **§ 46 PolG** übernommen. Es wurden Änderungen überwiegend redaktioneller Art vorgenommen. Darüber hinaus wurde die Vorschrift den Begrifflichkeiten des EU-Datenschutzrechts und dabei insbesondere der DSRL 2016/680 angepasst. § 46 PolG orientiert sich an **§ 17 BKAG**, insbe-

---

[534] R. Schenke, in: Schenke/Graulich/Ruthig, Sicherheitsrecht, § 26 BPolG Rn 16.
[535] VGH BW, NVwZ 2004, 498; vgl. auch die Hinweise in § 10 Rn 2 ff.
[536] Vgl. VGH BW, NVwZ 2004, 498; VG Karlsruhe, NVwZ 2002, 117; weiteres Beispiel: VGH BW, VBlBW 2015, 167, zur Klage auf Feststellung der Rechtswidrigkeit des verdeckten Einsatzes technischer Mittel zur vorbeugenden Bekämpfung von Straftaten, §§ 22 Abs. 2 und 3, 20 Abs. 3 Nr. 1 PolG 1992.
[537] Schenke, VerwArch 2019, 436, 470 ff.
[538] Kahlert, in: Belz/Mußmann/Kahlert/Sander, Polizeirecht BW, § 48 a Rn 6; Zeitler/Trurnit, Polizeirecht BW, Rn 909. Das BVerfG hat gemeinsame Dateien von Verfassungsschutz und Polizei grundsätzlich für verfassungskonform erklärt (DVBl 2013, 783 ff.). Zum Trennungsgebot vgl. auch Sachs, JuS 2013, 982; Arzt, NVwZ 2013, 1328.

sondere auch beim durch das PolG 2020 neu eingefügten Satz 3, 4 des § 46 Abs. 1 PolG.

bb) Besonderheiten der datenschutzrechtlichen Regelungen

305 § 46 PolG regelt die **Befugnis zur Einrichtung gemeinsamer projektbezogener Dateien mit dem Landesamt für Verfassungsschutz.** Zwar sieht die **Konzeption der künftigen polizeilichen Informationsstruktur** keine vertikale Dateienlandschaft mehr vor, sondern soll aufgrund der Anforderungen des Grundsatzes der hypothetischen Datenneuerhebung **horizontal aufgebaut** sein. Für den Sonderbereich der gemeinsamen projektbezogenen Dateien soll dennoch **am bisherigen Dateibegriff festgehalten** werden, um der Besonderheit und der Bedeutung der Zusammenführung von Erkenntnissen und der gemeinsamen Verarbeitung personenbezogener Daten von LKA, Polizeidienststellen und Landesamt für Verfassungsschutz Rechnung zu tragen.[539]

Durch die besondere datenschutzrechtliche Struktur des § 46 PolG ist auch bedingt, dass **anzuwendende Regelungen** bezüglich der Pflichten zur Protokollierung, Kennzeichnung, Berichtigung, Löschung und Einschränkung der Verarbeitung personenbezogener Daten sowie zum Auskunftsrecht der betroffenen Person **explizit genannt** werden, weil projektbezogene gemeinsame Dateien aufgrund der Beteiligung des Landesamtes für Verfassungsschutz nicht ausschließlich den polizeilichen Vorschriften unterliegen und somit einen Sonderfall darstellen, für den die allgemeinen Regelungen nicht automatisch gelten.[540]

b) Voraussetzungen für die Errichtung der Datei beim LKA

306 Gem. **§ 46 PolG** kann das LKA für die Dauer einer befristeten projektbezogenen Zusammenarbeit mit den Polizeidienststellen des Landes und dem Landesamt für Verfassungsschutz eine **gemeinsame Datei errichten**.

Der **Zweck** der gemeinsamen Projektdatei wird in **§ 46 Abs. 1 S. 2 PolG** näher umschrieben. Voraussetzung der gemeinsamen Datei ist, dass das Projekt auf den **Austausch und die gemeinsame Auswertung von polizeilichen oder nachrichtendienstlichen Erkenntnissen** zu bestimmten Straftaten gerichtet ist. Hierbei handelt es sich um die in § 46 Abs. 1 S. 2 Nr. 1 bis 4 PolG näher aufgeführten Straftaten.

307 Unter den **Begriff der polizeilichen und nachrichtendienstlichen Erkenntnisse** fallen alle Erkenntnisse, die im Rahmen der geltenden Übermittlungsvorschriften zwischen den beteiligten Behörden ausgetauscht werden können, einschließlich sog. **Vorfelderkenntnisse**. Eine **projektbezogene Zusammenarbeit** setzt einen klar definierten **Projektauftrag** voraus. Projektziele sowie Verfahrensweise müssen daher zu Beginn des Projektes zwischen den beteiligten Behörden konkret vereinbart werden. Nach **Abs. 1 S. 2** sind die beteiligten Behörden an ihre jeweiligen gesetzlichen Aufgaben und Befugnisse gebunden.

308 Gem. **§ 46 Abs. 1 S. 3 PolG** dürfen personenbezogene Daten zu Straftaten nach § 46 Abs. 1 S. 2 PolG unter Einsatz der gemeinsamen Datei durch die an der projektbezogenen Zusammenarbeit beteiligten Behörden im Rahmen ihrer Befugnisse **weiterverarbeitet** werden, soweit dies in diesem Zusammenhang **zur Erfüllung ihrer Aufgaben erforderlich** ist. Durch diese Regelung wird einerseits eine **Befugnis zur Datenverarbeitung** mithilfe der gemeinsamen behördlichen Datenbank gegeben. Andererseits findet eine **Begrenzung der Datenverarbeitung** auf die Zwecke des § 44 Abs. 1 S. 1, 2 PolG statt („zur Erfüllung ihrer Aufgaben erforderlich").[541] Die Erforderlichkeit beurteilt

---

[539] LT-Drs. 16/8484, S. 144.
[540] LT-Drs. 16/8484, S. 144.
[541] Graulich, in: Schenke/Graulich/Ruthig, Sicherheitsrecht, § 17 BKAG Rn 8.

sich nach dem Tätigkeits- und Aufgabenfeld der jeweiligen die Daten verarbeitenden und nutzenden Behörde.

§ 46 Abs. 1 S. 4 PolG stellt klar, dass für die beteiligten Behörden jeweils die für sie geltenden Vorschriften über die weitere Verarbeitung von Daten Anwendung finden. Die Regelung hat nur deklaratorische Bedeutung, da sich dieser Grundsatz bereits aus dem Datenschutzrecht ergibt.[542] 309

§ 46 Abs. 2 PolG enthält **spezielle Vorgaben für die Datenübermittlung und -speicherung**. Diese sind der Tatsache geschuldet, dass die Dateien einem **Zugriffsverbund** unterliegen. 310

Nach **Satz 1** gelten für die Speicherung personenbezogener Daten in der gemeinsamen Datei die jeweiligen Übermittlungsvorschriften zugunsten der an der Zusammenarbeit beteiligten Behörden entsprechend mit der Maßgabe, dass die Speicherung nur zulässig ist, wenn die Daten allen an der projektbezogenen Zusammenarbeit teilnehmenden Behörden übermittelt werden dürfen. Eine Speicherung ist ferner nach **Satz 2** nur zulässig, wenn die speichernde Behörde die Daten auch in eigenen Dateien speichern darf. Die **Zulässigkeit der Speicherung** der Daten in der gemeinsamen Datei projektbezogenen setzt demnach sowohl die Rechtmäßigkeit der Übermittlung an alle beteiligten Behörden als auch die gesetzliche Ermächtigung der jeweiligen Behörden zur eigenen Speicherung voraus. Diese Voraussetzungen genügen den besonderen Anforderungen des BVerfG an die Verarbeitung und Übermittlung von Daten zwischen Polizeibehörden und Nachrichtendiensten („informationelles Trennungsprinzip")[543], da § 46 Abs. 2 S. 1, 2 i. V. m. §§ 15, 16 PolG für Speicherung und Übermittlung stets auf die Berechtigung der Datenverarbeitung durch die bzw. alle beteiligten Behörden abstellt. Ist die Datenübermittlung an eine der beteiligten Behörden nicht möglich, entfällt bereits die Möglichkeit der Speicherung in der projektbezogenen gemeinsamen Datei. Dabei ist zu beachten, dass die Nutzung der von der Polizei rechtmäßig verarbeiteten Daten durch die Nachrichtdienste in aller Regel unproblematisch ist, da die strengen Anforderungen für die Verarbeitung polizeilicher Daten durch eine Nutzung dieser Daten durch Nachrichtendienste nicht unterlaufen werden können.[544] Strenger sind dagegen die Anforderungen an eine Verarbeitung von Daten, die der Polizei durch das Landesamt für Verfassungsschutz übermittelt werden.[545]

Die Daten unterliegen gem. **§ 46 Abs. 2 S. 3 PolG** der **Kennzeichnungspflicht** nach § 72 PolG (vgl. dazu § 10 Rn 597 ff.).

Die Datei wird beim **LKA** eingerichtet. **§ 46 Abs. 3 PolG** enthält Bestimmungen zur **datenschutzrechtlichen Verantwortung** der die Daten eingebenden Stelle und über die Verantwortung des LKA für die gemeinsame Projektdatei. Die Vorschriften lehnen sich an die Regelungen zu den polizeilichen Verbunddaten im BKAG an. 311

Nach **Abs. 3 S. 1** sind die Stellen datenschutzrechtlich verantwortlich, welche die Daten speichern. Die verantwortliche Behörde muss feststellbar sein (**Abs. 3 S. 2**). Nach **Satz 3** trägt die **abrufende Stelle** die **Verantwortlichkeit** für die **Zulässigkeit des Abrufs**. Satz 4 schreibt vor, dass nur die Behörde, die Daten zu einer Person eingegeben hat, berichtigt ist, diese zu ändern, zu berichtigen, zu löschen oder ihre Verarbeitung einzuschränken (vgl. aber Satz 7 zur Datenergänzung). Nach dem sog. **Besitzerprinzip** wird in **Satz 5** festgelegt, dass sich die Änderung, Berichtigung, Sperrung und Löschung personenbezogener Daten nach den jeweils für die eingebende Stelle geltenden Vorschriften richtet. Aus **Satz 6** ergibt sich die **Hinweispflicht** einer beteiligten Behörde, wenn ihr die Unrichtigkeit oder die Löschungspflicht der Daten bekannt wird; mit

---

[542] Graulich, in: Schenke/Graulich/Ruthig, Sicherheitsrecht, § 17 BKAG Rn 9.
[543] Vgl. BVerfG (Antiterrordateigesetz II), NVwZ 2021, 226, 231 f. (Rn 89 ff., 92) = GSZ 2021, 25, mit krit. Anm. Löffelmann, 33 ff. = JA 2021, 260, mit Anm. Muckel; vgl. auch Golla, NJW 2021, 667 ff.
[544] BVerfG (Antiterrordateigesetz II), NVwZ 2021, 226, 233 (Rn 103, 106).
[545] BVerfG (Antiterrordateigesetz II), NVwZ 2021, 226, 233 (Rn 102, 105).

ihr korrespondiert die Reaktionspflicht der speichernde Behörde. **Satz 7** sieht die Besonderheit vor, dass jede beteiligte Behörde Daten, die zu einer Person gespeichert sind, durch weitere Daten ergänzen kann. Die **Sätze 8 bis 10** bestimmen, dass das **LKA** die **Einhaltung der Regelungen** zur Zusammenarbeit und zur Führung der gemeinsamen Datei zu **überwachen** hat und die notwendigen **technischen und organisatorischen Maßnahmen** ergreift.

312 Gem. **§ 46 Abs. 5 PolG** ist eine gemeinsame Projektdatei auf **höchstens zwei Jahre** zu befristen. Die Dauer hat sich an der voraussichtlichen Projektdauer zu orientieren. Die Frist kann in bestimmten Fällen verlängert werden (Satz 2). Gem. **§ 46 Abs. 6 PolG** hat das LKA für eine gemeinsame Datei ein **Verfahrensverzeichnis** gem. § 81 PolG zu führen. Das Verfahrensverzeichnis bedarf nach Satz 2 der Zustimmung des Innenministeriums.

c) Auskunftserteilung

313 Gem. **§ 46 Abs. 4 S. 1 PolG** steht der betroffenen Person, deren personenbezogene Daten in der gemeinsamen Datei eingestellt sind, **nach Maßgabe des § 91 PolG** ein Anspruch auf Auskunftserteilung zu (vgl. § 10 Rn 625 f.). Im Außenverhältnis tritt das **LKA** gegenüber des auskunftssuchenden Person als **zentrale Auskunftsstelle** für die Datei auf. Nach **Satz 2** erteilt das LKA die Auskunft nur **im Einvernehmen** mit der Behörde, welche die datenschutzrechtliche Verantwortung trägt. Die im Innenverhältnis zu beteiligende Behörde prüft, ob die Auskunft nach den für sie geltenden Bestimmungen erteilt werden kann. An diese interne Beurteilung ist das LKA gebunden.

7. Datenabgleich (§ 47 PolG)
a) Allgemeines

314 **§ 47 PolG** entspricht weitgehend § 39 PolG 1992 und wurde durch das **PolG 2020** geringfügig an die vergleichbare Vorschrift des **§ 16 Abs. 4 BKAG** angepasst.

b) Begriff und Zweck

315 Der Datenabgleich mit polizeilichen Daten dient der Überprüfung, ob Daten einer Person bereits in polizeilichen Daten erfasst sind und ggf. welche. Er dient damit der **Erkenntnisgewinnung**. Unter **Datenabgleich** wird der gezielte **Vergleich von Datenbeständen** verstanden, um festzustellen, ob über eine bestimmte Person bereits (polizeiliche) Daten vorliegen. Diese Feststellung („Abgleich") wird durch Abruf von Daten aus automatisierten Dateien getroffen. Durch den Abgleich als **spezielle Form der Datennutzung** sollen neue Informationen zur Wahrnehmung der polizeilichen Aufgaben gewonnen werden (etwa Abfrage von Daten bei einer Verkehrskontrolle).

§ 47 Abs. 1 PolG gibt **weder eine Befugnis zur Erhebung** der entsprechenden Daten **noch zur Speicherung** dieser Daten.[546] Diesbezüglich gelten die allgemeinen Regelungen zur Datenverarbeitung.

Das PolG **unterscheidet** zwischen dem **Abgleich mit polizeilichen und mit anderen Dateien** (§§ 47, 48 PolG). Der Datenabgleich zur Aufklärung einer Straftat ist in § 98 c StPO („maschineller Abgleich mit vorhandenen Daten") geregelt.

c) Datenabgleich mit polizeilichen Dateien (§ 47 Abs. 1 PolG)
aa) Allgemeines

316 Die mit dem PolG 2020 vorgenommenen Änderungen sind aufgrund der **künftigen Informationsstruktur des BKA** notwendig, die keine Dateienlandschaft mehr vorsieht. In

---

546 Graulich, in: Schenke/Graulich/Ruthig, Sicherheitsrecht, § 16 BKAG Rn 35; von der Grün, in: Möstl/Trurnit, Polizeirecht BW, § 39 Rn 7.

VI. Datenverarbeitung bei polizeilichen Einzelmaßnahmen

Anlehnung an die Formulierung des § 16 Abs. 4 BKAG wird auf den Begriff der „Datei" verzichtet und stattdessen auf den **Abgleich der Daten** abgestellt, unabhängig von der Struktur, in der diese gespeichert sind. Dies lässt den Abgleich der Daten mit dem Inhalt von Dateien gleichermaßen zu, was für die Übergangszeit bis zur Inbetriebnahme der künftigen Informationsstruktur auch notwendig ist. So kann die Befugnis zum Abgleich von Daten sowohl auf das bisherige Dateiensystem als auch auf das künftige dateilose Informationssystem bzw. den Informationsverbund des BKA angewendet werden. Zudem wurden in Anpassung an § 16 Abs. 4 BKAG die früheren Voraussetzungen gem. § 39 Abs. 1 S. 2 PolG 1992 dahin gehend erleichtert, dass ein **Abgleich von Daten** anderer Personen **bereits zulässig** ist, wenn Grund zu der Annahme besteht, dass dies **zur Wahrnehmung einer polizeilichen Aufgabe** erforderlich ist.[547]

Die in § 39 Abs. 1 S. 3 PolG 1992 noch enthaltene Befugnis des Polizeivollzugsdienstes, im Rahmen seiner Aufgabenwahrnehmung erlangte personenbezogene Daten mit dem **Fahndungsbestand** abzugleichen, konnte mit dem PolG 2020 entfallen, weil der Fahndungsbestand von den Daten i. S. d. § 47 Abs. 1 S. 1, 2 PolG erfasst wird.

bb) Zulässigkeit des Datenabgleichs (§ 47 Abs. 1 S. 1 PolG)

Gem. **§ 47 Abs. 1 S. 1 PolG** ist der **Polizeivollzugsdienst** ermächtigt, Daten der in den §§ 6, 7 PolG genannten Personen (Störer) mit **polizeilichen** Dateien abzugleichen. Die Maßnahme dient der Feststellung, ob Daten einer Person bereits in polizeilichen Dateien erfasst sind.

317

Als **Daten** kommen nur diejenigen in Betracht, auf die der Polizeivollzugsdienst **zur Erfüllung seiner Aufgaben zugreifen** darf. Neben dem Schengener Informationssystem **SIS** kommt hier dem von Bund und Ländern gemeinsam betriebenen, seit 1972 aufgebauten elektronischen Informationssystem der Polizei **INPOL** besondere Bedeutung zu, das beim BKA als Zentralstelle für den elektronischen Datenverbund (§ 2 Abs. 4, § 13 Abs. 1 BKAG) eingesetzt ist. Es umfasst u. a. folgende Dateien: Personen- und Sachfahndung, Personenauskunftsdatei (PAD), Haftdatei (HD), PIOS-Dateien (Personen/Institutionen/Objekte/Sachen), erkennungsdienstliche Datei (ED), Kriminalaktennachweis (KAN), DNA-Analyse-Datei (DAD) und Falldateien. Weiterhin ist das polizeiliche Auskunftssystem **POLAS** eine **polizeieigene Datei**. Zu den sog. **polizeifremden** Dateien, zu denen der Vollzugsdienst eine Abrufberechtigung hat, zählen u. a. die daktyloskopischen Daten und die Kfz-Daten der Mitgliedstaaten der EU auf der Grundlage entsprechender Ratsbeschlüsse[548] oder Verordnungen.[549]

§ 47 Abs. 1 S. 1, 2 PolG umfasst auch die Befugnis zum Abgleich von Daten, die der Polizei durch **Gerichtsvollzieher** zur Abschätzung der konkreten Gefährdungssituation bei einer beabsichtigten Vollstreckungsmaßnahme übermittelt werden (vgl. dazu auch § 13 a AGGVG).

318

Die **Erfüllung der Aufgaben** des Polizeivollzugsdienstes richtet sich nach **§ 11 Abs. 1 PolG** i. V. m. **§§ 1, 3 PolG** oder ggf. weiteren **speziellen polizeilichen Ermächtigungsnormen**.

319

Der Datenabgleich ist nur bei den Personen zulässig, bei denen die **Störereigenschaft** vorliegt. Der Abgleich setzt daher einen **konkreten** Gefahrenfall voraus, da nur dann Maßnahmen gegen Verantwortliche nach den §§ 6, 7 PolG ergriffen werden können. Der Abgleich ist nur mit polizeilichen Daten i. S. d. § 47 Abs. 1 S. 1 PolG erlaubt (vgl.

320

---
547 LT-Drs. 16/8484, S. 145.
548 Ratsbeschluss „Prüm" 2008/615/JI vom 23.6.2008 zur Bekämpfung des Terrorismus und der grenzüberschreitenden Kriminalität; Zeitler/Trurnit, Polizeirecht BW, Rn 810. Vgl. dazu die Ausführungen in § 1 Rn 60.
549 Etwa die Verordnung (EU) 2019/818 des Europäischen Parlaments und des Rates vom 20.5.2019 zur Errichtung eines Rahmens der Interoperabilität zwischen EU-Informationssystemen (polizeiliche und justizielle Zusammenarbeit, Asyl und Migration) und zur Änderung der Verordnungen (EU) 2018/1726, (EU) 2018/1862 und (EU) 2019/816. Vgl. dazu die Ausführungen in § 1 Rn 41.

§ 47 Abs. 2 PolG). Die Daten von Störern dürfen mit allen Dateien des Polizeivollzugsdiensts abgeglichen werden.

cc) Datenabgleich bei anderen Personen (§ 47 Abs. 1 S. 2 PolG)

321 Bei **anderen Personen**, die nicht Störer sind, ist der polizeiinterne Abgleich zulässig, wenn Tatsachen die Annahme rechtfertigen, dass dies **zur Wahrnehmung einer polizeilichen Aufgabe erforderlich** ist (§ 47 Abs. 1 S. 2 PolG). Wie weit der Kreis der betroffenen Personen zu ziehen ist, entscheidet sich nach dem polizeilichen Erfahrungswissen unter Würdigung aller Umstände des konkreten Einzelfalls. Bei diesem Personenkreis, der unverdächtig ist, muss die Durchführung einer bestimmten polizeilichen Aufgabe (etwa Grenz- oder Flugsicherheitskontrolle) vorliegen, um den Datenabgleich zu rechtfertigen. Rein **prophylaktische Vergleiche** sind **rechtswidrig**.

Beispiele:
- Nach einer Bombendrohung kann der Abgleich der Daten **aller** Fluggäste des von einer Bombendrohung betroffenen Flugs zulässig sein.
- Ein Datenabgleich kann aber auch (nur) mit den Daten einer Person erfolgen, die sich seit geraumer Zeit **in der Nähe einer gefährdeten Person** aufhält.

dd) Anhalterecht (§ 47 Abs. 1 S. 3 PolG)

322 Gem. § 47 Abs. 1 S. 3 PolG kann die betroffene Person für die Dauer des Datenabgleichs vom Polizeivollzugsdienst angehalten werden (**Anhalterecht**). Das Anhalten darf nur zum Zwecke des Datenabgleichs und nur kurz andauern.[550] Freiheitsbeschränkungen, die über das Anhalten während der Durchführung des Datenabgleichs hinausgehen, sind nur nach Maßgabe besonderer gesetzlicher Vorschriften (etwa Personenfeststellung gem. § 27 Abs. 2 S. 3 PolG) erlaubt. Dies gilt insbesondere für das **Festhalten der Person gegen ihren Willen**. § 47 Abs. 1 S. 3 PolG bildet insoweit **keine Ermächtigungsgrundlage**.

ee) Zuständigkeit

323 Die **Zuständigkeit** und die Befugnis für den Datenabgleich liegt ausschließlich beim **Polizeivollzugsdienst**.

d) Sonstiger Datenabgleich (§ 47 Abs. 2 PolG)

324 Nach der klarstellenden Vorschrift des **§ 47 Abs. 2 PolG** bleiben Rechtsvorschriften über den **Datenabgleich in anderen Fällen** unberührt. Dies bedeutet, dass spezialgesetzliche Regelungen über den Abgleich personenbezogener Daten vorgehen und in diesen spezialgesetzlich geregelten Fällen § 47 Abs. 1 PolG nicht greift.[551] Die Voraussetzungen für einen Datenabgleich ergeben sich in diesen Fällen allein aus den spezialgesetzlichen Vorschriften (etwa aus den §§ 48, 51 Abs. 2 PolG). Diese Regelung betrifft insbesondere den Abgleich mit polizeilichen Dateien im Zusammenhang mit Strafverfolgungsmaßnahmen (§§ 98 a bis 98 c StPO) und den Abgleich mit dem zentralen Verkehrsinformationssystem (§ 35 Abs. 4 StVG). Vgl. auch die spezielle Regelung zum Abgleich von Kfz-Kennzeichen in § 51 Abs. 2 PolG (§ 10 Rn 447 ff.).

8. Rasterfahndung (§ 48 PolG)

a) Allgemeines

325 **§ 48 PolG** entspricht im Wesentlichen § 40 PolG 1992 und wurde durch das **PolG 2020** redaktionell und inhaltlich angepasst. Die Vorschrift orientiert sich an **§ 48 BKAG**. U. a. wurde der Titel der Norm von „Besondere Formen des Datenabgleichs" in „Rasterfahn-

---

550 Zeitler/Trurnit, Polizeirecht BW, Rn 814, halten zu Recht maximal 1 Stunde für zulässig.
551 Graulich, in: Schenke/Graulich/Ruthig, Sicherheitsrecht, § 16 BKAG Rn 37.

VI. Datenverarbeitung bei polizeilichen Einzelmaßnahmen

dung" geändert, Abs 3 (Richtervorbehalt) und Abs. 5 (Dokumentationspflicht) wurden neu gefasst. Die frühere Unterrichtungspflicht in § 40 Abs. 5 PolG 1992 ist mit dem PolG 2020 nunmehr umfassend in den §§ 85 bis 87 PolG geregelt und konnte entfallen.

§ 48 PolG regelt die **Rasterfahndung** zur vorbeugenden Bekämpfung von Straftaten mit erheblicher Bedeutung und stellt eine weitere **Ermächtigungsgrundlage für die Datenerhebung und -übermittlung dar.** Unter der Maßnahme ist die **maschinell-automatisierte Prüfung von personenbezogenen Daten** zu verstehen, die mittels fallspezifischer tätertypischer Kriterien („Raster") durch einen Abgleich mit zwei oder mehr anderen automatisierten Datenbeständen bzw. Dateien ausgewertet werden, um nach Personen zu fahnden, die möglicherweise in diesen Beständen gespeichert sind und gemeinsame Merkmale aufweisen. Bei dem Vorgang geht es nicht um den Abgleich der Daten einer einzelnen Person. Vielmehr wird nach wenigen Personen gefahndet, auf die bestimmte Prüfungsmerkmale (tat- und tätereigentümliche Besonderheiten) zutreffen und die sich dadurch von anderen zugleich erfassten Menschen (-mengen) unterscheiden.

Der entscheidende **Unterschied zum Datenabgleich gem. § 47 PolG** liegt darin, dass bei der Rasterfahndung auch **mit anderen als polizeilichen Dateien** abgeglichen wird. Danach können Datenbestände der Polizei mit automatisierten Dateien sowohl anderer öffentlicher als auch nichtöffentlicher Stellen abgeglichen werden. § 48 PolG gibt dem **Polizeivollzugsdienst** die **Befugnis**, auch **auf externe Datenbestände zuzugreifen**. In Betracht kommen etwa Datenbestände von Gas- oder Elektrizitätsversorgungsunternehmen, kommunalen Rechenzentren, Banken, Versicherungen, Krankenkassen, Bibliotheken, Meldebehörden, Sozialämter etc.

Bei der Rasterfahndung handelt es sich um einen **verdachtslosen Eingriff**, der Eingriffsbefugnisse mit großer Streubreite vorsieht. Das **BVerfG** hat entschieden, dass eine präventive Rasterfahndung mit dem Grundrecht auf informationelle Selbstbestimmung nur vereinbar ist, wenn eine **konkrete Gefahr für hochrangige Rechtsgüter**, wie den Bestand oder die Sicherheit des Bundes oder eines Landes oder für Leib, Leben oder Freiheit einer Person gegeben ist. Im **Vorfeld der Gefahrenabwehr** scheidet eine solche Rasterfahndung aus. Eine allgemeine Bedrohungs- oder außenpolitische Spannungslage, so das Gericht, reicht für die Anordnung nicht aus. Vorausgesetzt ist vielmehr das Vorliegen weiterer Tatsachen, aus denen sich eine konkrete Gefahr, etwa für die Vorbereitung oder Durchführung terroristischer Anschläge, ergibt[552]. Vgl. dazu auch die weiteren Ausführungen in § 10 Rn 330.

Wegen dieser Entscheidung musste auch der Landesgesetzgeber die frühere Regelung der Rasterfahndung, die als Vorfeldmaßnahme zum Zweck der vorbeugenden Bekämpfung von Straftaten mit erheblicher Bedeutung ausgestaltet war, an die Anforderungen der Verfassung anpassen. Durch das **Änderungsgesetz vom 18.11.2008** (GBl. S. 399) wurde die **Ermächtigungsgrundlage** in § 48 Abs. 1 PolG **neu gefasst** und in Abs. 5 (seit dem Jahr 2021 ersetzt durch die §§ 85 bis 87 PolG) eine **Unterrichtungspflicht** eingefügt.

Bei der **positiven Rasterfahndung** werden alle Personen in die Fahndung einbezogen, die bestimmte Merkmale aufweisen, die für die weitere polizeiliche Arbeit bedeutsam sind (etwa alle Halter eines bestimmten gesuchten Fahrzeugtyps). Bei der **negativen Rasterfahndung** wird eine Datei mit dem Ziel abgeglichen, Personen festzustellen, die ein bestimmtes, für die polizeiliche Arbeit wichtiges Merkmal **nicht** aufweisen.

Die Maßnahme, die auch als „Verdachts-" bzw. als „Verdächtigengewinnungseingriff" bezeichnet wird[553], richtet sich gegen jeden, der Träger der im Raster enthaltenen

---

552 BVerfG, NJW 2006, 1939. Das BVerfG hatte in diesem Verfassungsbeschwerdeverfahren entschieden, dass der damalige § 31 PolG NRW zur Regelung der präventiven Rasterfahndung verfassungswidrig war.
553 Vgl. Gusy, Polizei- und Ordnungsrecht, Rn 271.

Merkmale ist, also fast ausschließlich gegen **unverdächtige Personen**. Nach der Rechtsprechung soll dennoch kein Grundrechtseingriff vorliegen, soweit die Daten einzelner Personen automatisch erfasst, abgeglichen und spurenfrei wieder beseitigt werden. Dies ist insbesondere bei der negativen Rasterfahndung der Fall.[554] Bei der positiven Fahndung sind zumindest die Treffer als grundrechtsrelevante Eingriffe zu qualifizieren.[555]

Parallelregelungen finden sich in den **§§ 98 a und 98 b StPO**.

b) Voraussetzungen (§ 48 Abs. 1 PolG)

328 Durch das PolG 2020 wurde in § 48 Abs. 1 S. 1 PolG die Eingriffsschwelle an die Anforderungen des **BKAG-Urteils des BVerfG** angepasst. Die geschützten Rechtsgüter wurden in Anlehnung an § 4 Abs. 1 S. 1 Nr. 5 b, § 48 Abs. 1 S. 1 BKAG („oder für wesentliche Infrastruktureinrichtungen oder sonstige Anlagen mit unmittelbarer Bedeutung für das Gemeinwesen"[556]) ergänzt.

aa) Anspruch auf Übermittlung der Daten (§ 48 Abs. 1 S. 1 PolG)

329 **§ 48 Abs. 1 S. 1 PolG** ermächtigt den **Polizeivollzugsdienst**, von öffentlichen und nichtöffentlichen Stellen zu verlangen, bestimmte personenbezogene Daten (vgl. § 48 Abs. 2 PolG), die bestimmte Prüfungsmerkmale erfüllen, zu übermitteln, um danach einen maschinellen Datenabgleich mit anderen in automatisierten Dateien gespeicherten Datenbeständen vornehmen zu können. Der **maschinelle Abgleich** der übermittelten Daten ist zu den in § 48 Abs. 1 PolG genannten Zwecken zulässig.

Die Maßnahme ist nur **zur Abwehr von Gefahren für besonders hochwertige Rechtsgüter** zulässig[557] und entspricht insoweit auch den Vorgaben des BVerfG aus dem BKAG-Urteil[558]. Eine Rasterfahndung ist nur möglich bei Gefahren für

- Leib, Leben oder Freiheit einer Person,
- den Bestand oder die Sicherheit des Bundes oder eines Landes oder
- wesentliche Infrastruktureinrichtungen oder sonstige Anlagen mit unmittelbarer Bedeutung für das Gemeinwesen.[559]

Das BVerfG hat in seinem BKAG-Urteil festgestellt, dass die durch § 48 Abs. 1 S. 1 PolG geschützten **Rechtsgüter hinreichend gewichtig** sind.[560]

330 Für die erfassten Rechtsgüter muss eine **konkrete Gefahr** (vgl. dazu § 4 Rn 28) vorliegen.[561] Das **BVerfG** hat hierzu ausgeführt: „Die Rasterfahndung darf daher von Verfassung wegen **erst bei Vorliegen einer konkreten Gefahr** eingesetzt werden .... Selbst bei höchstem Gewicht der drohenden Rechtsgutbeeinträchtigung kann auf das **Erfordernis einer hinreichenden Wahrscheinlichkeit** nicht verzichtet werden ..... Die für die Rasterfahndung geltende Eingriffsschwelle muss von Verfassung wegen allerdings nicht notwendig eine gegenwärtige Gefahr im überkommen Sinn sein, **darf aber die einer konkreten Gefahr nicht unterschreiten** ..... Vorausgesetzt ist danach eine Sachlage, bei der im konkreten Fall die hinreichende Wahrscheinlichkeit besteht, dass in absehbarer Zeit ein Schaden für diese Rechtsgüter eintreten wird. Den mit der Anwendung einer solchen Ermächtigung betrauten Instanzen ist es allerdings verfassungsrechtlich verwehrt, den polizeirechtlichen Gefahrenbegriff unter Ablösung von diesen Anforderungen auszulegen und dadurch die Gefahrenschwelle unter das für

---

554 BVerfGE 120, 320, 397 ff.
555 Vgl. Gusy, Polizei- und Ordnungsrecht, Rn 271 m. w. N.
556 BVerfGE 141, 220, 287 f. (Rn 155).
557 Stephan, in: Stephan/Deger, Polizeigesetz BW, § 40 Rn 5.
558 BVerfGE 141, 220, 307 (Rn 220).
559 Vgl. dazu auch Ruthig, in: Schenke/Gramlich/Ruthig, Sicherheitsrecht, § 48 BKAG Rn 8 bis 10.
560 BVerfGE 141, 220, 303 (Rn 207).
561 BVerfGE 115, 320, 357, 360, 364; Ruthig, in: Schenke/Gramlich/Ruthig, Sicherheitsrecht, § 48 BKAG Rn 13; Schenke, Polizei- und Ordnungsrecht, Rn 213 a.

eine Rasterfahndung verfassungsrechtlich geforderte Maß herabzusenken. Die für die Feststellung einer konkreten Gefahr erforderliche Wahrscheinlichkeitsprognose muss sich auf **Tatsachen** beziehen. Vage Anhaltspunkte oder bloße Vermutungen ohne greifbaren, auf den Einzelfall bezogenen Anlass reichen nicht aus."[562]
Dies bedingt in der **polizeilichen Praxis** ein Problem, weil die Rasterfahndung ihrem Zweck nach eine präventive Maßnahme ist. Das BVerfG hat klar betont, dass allgemeine Gefahrenlagen wie nach den Anschlägen des 11.9.2001 nicht ausreichen.[563] Richtigerweise sind die Anforderungen an die Annahme einer konkreten Gefahr aber auch nicht zu überspannen.[564] Die Polizei ist gehalten, aufgrund ihr vorliegender Tatsachen zu prüfen, ob sich nach ihrer sachverständigen Einschätzung Erkenntnisse ergeben, wonach eine konkrete Gefahr besteht, dass in absehbarer Zeit konkrete Beeinträchtigung der durch § 48 Abs. 1 S. 1 PolG geschützten Rechtsgüter eintreten könnten.

Beispiel: Der Polizei liegen gesicherte Erkenntnisse vor, dass sich in Deutschland ihr bekannte oder konkretisierbare Personen für Terroranschläge bereithalten, die in absehbarer Zeit in Deutschland oder andernorts verübt werden sollen.[565]

Die **Erforderlichkeit** für die Durchführung der Maßnahme liegt nur dann vor, wenn ohne die Rasterfahndung die polizeiliche Aufgabenerfüllung nicht, nicht sachgerecht oder nur mit erheblicher zeitlicher Verzögerung wahrgenommen werden könnte.[566] 331

Der Datenabgleich setzt voraus, dass dem Polizeivollzugsdienst fremde Daten übermittelt werden. § 48 Abs. 1 S. 1 PolG begründet einen **Anspruch auf Übermittlung von Daten** aus öffentlichen oder privaten Beständen. Die **ersuchten Stellen** sind deshalb **zur Übermittlung verpflichtet**. 332

Zur Übermittlung sind alle öffentlichen Stellen (vgl. § 2 Abs. 1 S. 1, Abs. 2 LDSG, § 2 Abs. 1, 2 BDSG) und nichtöffentlichen Stellen (vgl. § 2 Abs. 4 BDSG) in BW verpflichtet. Die Anordnung der ersuchenden Dienststelle, Daten zu übermitteln, stellt einen **Verwaltungsakt** dar[567], der als Grundverfügung im Wege der Verwaltungsvollstreckung durchgesetzt werden kann. Gegenüber privaten (= nichtöffentlichen) Stellen kann die Übermittlungsanordnung bei Vorliegen der Vollstreckungsvoraussetzungen erforderlichenfalls im Wege des **Verwaltungszwangs** durchgesetzt werden. Als **Zwangsmittel** kommen insbesondere die Androhung und Festsetzung eines Zwangsgeldes sowie die Wegnahme / Beschlagnahme eines Datenträgers in Betracht (vgl. § 63 PolG, §§ 23, 52 Abs. 4, 28 LVwVG, § 38 PolG). Gegenüber den öffentlichen Stellen scheidet eine Vollstreckung in der Praxis aus (vgl. § 22 LVwVG).

bb) Berufs- und Amtsgeheimnis (§ 48 Abs. 1 S. 2 PolG)

Der Hinweis in **§ 48 Abs. 1 S. 2 PolG**, wonach Rechtsvorschriften über ein **Berufs- oder besonderes Amtsgeheimnis** unberührt bleiben, schränkt den Übermittlungsanspruch ein. Er bedeutet, dass die speichernde bzw. ersuchte Stelle nicht zur Datenübermittlung verpflichtet ist, wenn diese Daten einem Berufs- oder Amtsgeheimnis (etwa § 30 AO [Steuergeheimnis], § 88 TKG [Fernmeldegeheimnis], § 39 PostG [Postgeheimnis] oder § 35 SGB I [Sozialgeheimnis]) unterliegen. **Berufsgeheimnisse** sind Geheimnisse, die Angehörigen der in § 203 StGB genannten Berufsgruppen in Ausübung ihres Berufes bekannt geworden sind, etwa als Ärzte, Apotheker, Psychologen oder Rechtsanwälte (vgl. auch die Hinweise in § 10 Rn 211). § 48 PolG wird in **§ 10 PolG** nicht aufgezählt, weil durch die über § 48 Abs. 1 S. 2 PolG vorgelagerte Prüfpflicht auf 333

---

562 BVerfGE 115, 320, 357 ff.
563 BVerfGE 115, 320, 361, 364 f.
564 Schenke, Polizei- und Ordnungsrecht, Rn 213 a.
565 BVerfGE 115, 320, 357 (Rn 147).
566 VGH BW, DÖV 1995, 424, 426.
567 Ruthig, in: Schenke/Gramlich/Ruhig, Sicherheitsrecht, § 48 BKAG Rn 16.

Berufs- oder besondere Amtsgeheimnisse solche Daten erst gar nicht in den Verfügungsbereich der Polizei gelangen dürfen.[568]

cc) Zuständigkeit

334 Die **Zuständigkeit** für die Durchführung einer Rasterfahndung liegt ausschließlich beim **Polizeivollzugsdienst**.

c) Beschränkung der Datenerhebung (§ 48 Abs. 2 PolG)

335 Das **Übermittlungsbegehren** der ersuchenden Polizeidienststelle muss sich gem. **§ 48 Abs. 2 S. 1 PolG** auf sog. **Grunddaten** sowie auf im Einzelfall festzulegende Merkmale beschränken. Diese sind:
- Namen,
- Anschriften,
- Datum und Ort der Geburt,
- im Einzelfall festzulegende Merkmale (etwa Religionszugehörigkeit, Staatsangehörigkeit, Familienstand etc. [vgl. dazu auch § 12 Nr. 15 PolG]).

Die ersuchte Stelle darf grundsätzlich nur die angeforderten Grunddaten übermitteln. Sie ist daher zur **Aussonderung** verpflichtet. § 48 Abs. 2 S. 2 PolG enthält im Interesse der **Verfahrensökonomie** eine Ausnahme von diesem Grundsatz: Ist ein Aussondern der zu übermittelnden Daten nur mit unverhältnismäßigem Aufwand möglich, so dürfen die weiteren Daten ebenfalls erhoben werden. Werden an die ersuchende Dienststelle Daten übermittelt, die nicht angefordert und nach Satz 2 nicht ausgesondert wurden, gilt für diese weiteren „überschießenden" Daten gem. § 48 Abs. 2 S. 3 PolG ein **absolutes Nutzungs- und Verwertungsverbot**. Sie können daher auch nicht für Zwecke der Strafverfolgung verwendet werden; die Regelung ist als **lex specialis** abschließend, ein Rückgriff auf die allgemeinen Bestimmungen zur weiteren Datenverarbeitung der §§ 13 bis 16 PolG ist ausgeschlossen.

d) Richtervorbehalt (§ 48 Abs. 3 PolG)

336 Gem. § 48 Abs. 3 PolG bedarf die Durchführung der Rasterfahndung der **Anordnung durch das Gericht**. Der Richtervorbehalt wurde durch das **PolG 2020** eingeführt. Wegen der Schwere des Grundrechtseinschränkung bei der Rasterfahndung unterliegt der Eingriff dem **Richtervorbehalt**.[569] § 48 Abs. 3 PolG trägt diesem Umstand Rechnung. Es bedarf einer **Anordnung durch den Richter**.

Das **BVerfG** hat hierzu weitergehend ausgeführt, dass der Gesetzgeber das Gebot vorbeugender unabhängiger Kontrolle in spezifischer und normenklarer Form mit strengen Anforderungen an den Inhalt und die Begründung der gerichtlichen Anordnung zu verbinden hat.[570]

337 Für das **gerichtliche Verfahren** gelten die Verfahrensregeln des **§ 132 PolG mit den ergänzenden Vorgaben des § 48 Abs. 3 PolG**. Es finden danach die Regelungen des FamFG mit den Modifikationen des § 132 i. V. m. § 48 Abs. 3 PolG Anwendung. Für das Verfahren gilt daher:

Die gerichtliche Anordnung steht unter einem **Antragsvorbehalt** (§ 48 Abs. 3 S. 2 PolG). Gem. § 48 Abs. 3 S. 3 PolG ist der **Antrag** durch die **Leitung eines regionalen Polizeipräsidiums oder des LKA** schriftlich zu stellen und zu begründen.

---

568 LT-Drs. 16/8484, S. 203.
569 BVerfGE 141, 220, 275 f. (Rn 117 f.).
570 BVerfGE 141, 220, 275 f. (Rn 118).

VI. Datenverarbeitung bei polizeilichen Einzelmaßnahmen

Der Begriff „Leitung" ist eindeutig: Der Antrag kann nur vom **Präsidenten des örtlich zuständigen Polizeipräsidiums**[571] oder vom **Präsidenten des LKA**[572] gestellt werden. Beide Möglichkeiten bestehen **alternativ** und hängen nicht von weiteren tatbestandlichen Voraussetzungen ab. Im Fall der Verhinderung sind nur die unmittelbaren ständigen Vertreter der Präsidenten zur Anordnung befugt. Der Personenkreis **kann nicht** auf die sonstige Führungsebene **erweitert werden**, auch nicht durch Delegation der Behördenleitung.

Für das **gerichtliche Anordnungsverfahren** gilt § 132 Abs. 1, 2 PolG. Dies bedeutet im Einzelnen: **338**

- Zuständig ist das **Amtsgericht**, in dessen Bezirk die zuständige Polizeidienststelle ihren Sitz hat (§ 132 Abs. 1 PolG). Es handelt sich dabei um eine zulässige sog. **abdrängende Sonderzuweisung** des Rechtswegs i. S. d. § 40 Abs. 1 S. 2 VwGO.[573]
- Für das Verfahren gelten die **Vorschriften des FamFG** (§ 132 Abs. 2 S. 1 PolG):
- Das zuständige Amtsgericht **ermittelt von Amts wegen** (§ 26 FamFG).
- Die Entscheidungen bedürfen abweichend von §§ 40, 41 FamFG zu ihrer Wirksamkeit **nicht der Bekanntmachung** an die betroffene Person (§ 132 Abs. 2 S. 2 PolG).
- Gegen die Entscheidung des Gerichts findet die **Beschwerde zum OLG** statt (§ 132 Abs. 2 S. 3 PolG); die Beschwerde hat **keine aufschiebende Wirkung** (§ 132 Abs. 2 S. 4 PolG). Die **Beschwerdefrist** beginnt bei Nichtbekanntgabe des Beschlusses wegen der Rechtsschutzgarantie des Art. 103 Abs. 1 GG[574] abweichend von § 63 Abs. 3 FamFG erst mit der Kenntnis der betroffenen Person vom Gerichtsbeschluss zu laufen; dies gilt auch für die 5-Monats-Frist des § 63 Abs. 3 S. 2 FamFG.[575] Die Kenntnisnahme ist durch die Benachrichtigungspflichten der §§ 85, 86 PolG gewährleistet.
- Eine weitere **Rechtsbeschwerde** findet abweichend von §§ 70 ff. FamFG nicht statt (§ 132 Abs. 2 S. 5 PolG).

e) Löschungspflicht (§ 48 Abs. 4 PolG)

Nach Abschluss der Maßnahme sind nach der **Spezialvorschrift** des **§ 48 Abs. 4 S. 1 PolG** grundsätzlich die übermittelten und im Zusammenhang mit dem Abgleich zusätzlich angefallenen **Daten zu löschen** und die **Unterlagen zu vernichten**. Von der Pflicht zur Löschung und Vernichtung einzig ausgenommen sind alle Daten und Unterlagen, die für ein konkretes **strafrechtliches Ermittlungsverfahren** von Bedeutung sein könnten, hier gelten für die weitere Datenverarbeitung aber zwingend die Voraussetzungen des **§ 15 PolG** (hypothetische Datenverarbeitung [vgl. dazu die weiteren Ausführungen in § 10 Rn 130 ff.]). Liegen die Voraussetzungen des § 15 PolG nicht vor, scheidet eine weitere Verwendung der in der Rasterfahndung erlangten Daten aus.   **339**

Gem. **§ 48 Abs. 4 S. 2 PolG** kann die Löschung der Daten und die Vernichtung der Unterlagen nur durch die **Leitung eines regionalen Polizeipräsidiums** oder durch die **Leitung des LKA** (vgl. dazu § 10 Rn 337) angeordnet werden Die Zuständigkeitsregelung korrespondiert mit der für den Antrag in § 48 Abs. 3 S. 3 PolG und macht deutlich, dass wegen der besonderen Bedeutung der Rasterfahndung und dem mit ihr verbundenen schwerwiegenden Grundrechtseingriffs die Verantwortung für die Datenverarbeitung bei den genannten Führungspersonen bis zum Abschluss verbleibt.

---

571 Nr. 1 Spiegelstrich 1 der Anlage 2 zu Nr. 1.3 und 2.3 VwV-PolOrg.
572 Nr. 1 Spiegelstrich 1 der Anlage 6 zu Nr. 1.3 und 2.3 VwV-PolOrg.
573 Vgl. dazu etwa Buchberger, in: Lisken/Denninger, Handbuch des Polizeirechts, Kap. L Rn 28.
574 Vgl. dazu auch BVerfGE 107, 395, 406.
575 § 63 Abs. 3 S. 2 FamFG lautet: „Kann die schriftliche Bekanntgabe an einen Beteiligten nicht bewirkt werden, beginnt die Frist spätestens mit Ablauf von fünf Monaten nach Erlass des Beschlusses." Bei einer unterlassenen Bekanntmachung auf der Grundlage des § 132 Abs. 2 S. 2 PolG liegt kein Fall i. S. d. § 63 Abs. 3 S. 2 FamFG vor. Vgl. dazu **§ 11 Rn 273 Fn 501**.

Die Anordnung zur Löschung oder Vernichtung ist gem. **§ 48 Abs. 4 S. 3 PolG** zu **dokumentieren**. Die Regelung geht insoweit den **§§ 73, 74 PolG** als **lex specialis** vor und umfasst nicht nur die Tatsache der Löschung oder Vernichtung, sondern verlangt vor allem die Dokumentation der Anordnung durch die im Gesetz genannten Behördenleitungen.
Grundlegende Benachrichtigungspflichten gegenüber den betroffenen Personen ergeben sich aus den **§§ 85 bis 87 PolG**.

f) Dokumentationspflicht (§ 48 Abs. 5 PolG)

340 Durch **§ 48 Abs. 5 PolG** wird eine **weitergehende Dokumentationspflicht** für die Datenverarbeitung bei einer Maßnahme der Rasterfahndung vorgesehen. Die Regelung orientiert sich an **§ 48 Abs. 3 S. 2 bis 5 BKAG**. Sie ergänzt die §§ 73, 74 PolG, die für die Rasterfahndung weitere Protokollierungspflichten vorsehen (vgl. dazu § 11 Rn 359). Die Dokumentationspflicht sichert vor allem die Rechtsschutzmöglichkeiten der betroffenen Person ab, da nach einer vollständigen Löschung des Vorgangs keine rechtliche Beurteilung mehr möglich wäre.[576] Zudem stellt sie die Überprüfung durch den Landesdatenschutzbeauftragten gem. § 98 Abs. 1 Nr. 14 PolG sicher.

341 Im Einzelnen gilt:
- Aus **§ 48 Abs. 5 S. 1 PolG** folgt die grundlegende Pflicht zur **Dokumentation der Maßnahme**. Der Begriff „Maßnahme" meint die **eigentliche Erfassung und Löschung der Daten**[577] und nicht den gesamten Vorgang der Datenverarbeitung, der gem. §§ 73, 74 PolG zu protokollieren ist (vgl. dazu § 11 Rn 359).
- Die Dokumentation ist gem. **§ 48 Abs. 5 S. 2 PolG gesondert aufzubewahren** und durch **organisatorische und technische Maßnahmen** zu **sichern**. Die Dokumentation ist keine Bestandteil des Datenverarbeitungsvorgangs zur Durchführung der Rasterfahndung, sondern muss davon getrennt angelegt, fortlaufend bearbeitet, aufbewahrt und gesichert werden. Dies muss über das **Datenschutzmanagementsystem** (vgl. dazu § 10 Rn 117, **610**) sichergestellt sein.
- Die Dokumentation ist gem. **§ 48 Abs. 5 S. 3 PolG sechs Monate** nach der Benachrichtigung gem. § 86 PolG oder sechs Monate nach Erteilung der gerichtlichen Zustimmung über das endgültige Absehen von der Benachrichtigung zu **löschen**. Die Löschungsfrist beträgt grundsätzlich 6 Monate. Wird die betroffene Person gem. § 86 Abs. 1, 2 PolG von der sie betreffenden Rasterfahndung benachrichtigt, beginnt die Frist mit der Benachrichtigung (Kenntnis der betroffenen Person) zu laufen. Unterbleibt eine Benachrichtigung aufgrund einer gerichtlichen Entscheidung gem. § 86 Abs. 3 PolG (fünf Jahre nach Beendigung der Rasterfahndung), beginnt die Frist mit der Bekanntgabe der Gerichtsentscheidung an die Polizei zu laufen; in diesem Fall erfolgt die Löschung erst fünfeinhalb Jahre nach Beendigung der Rasterfahndung ohne Kenntnis der betroffenen Person.
- Ist die **Datenschutzkontrolle gem. § 98 Abs. 1 Nr. 14 PolG** noch nicht beendet, ist die Dokumentation bis zu ihrem Abschluss aufzubewahren (**§ 48 Abs. 5 S. 4 PolG**). Die Polizei muss vor der Löschung der Dokumentation darauf achten, ob die **zweijährige Kontrolle durch den Landesbeauftragten für Datenschutz** (§ 20 LDSG i. V. m. § 97 PolG) der Rasterfahndungsmaßnahmen gem. § 98 Abs. 1 Nr. 14 PolG noch nicht durchgeführt worden ist. Erst nach deren Abschluss kann eine Löschung erfolgen, wenn die sonstigen Voraussetzungen gem. § 48 Abs. 5 S. 3 PolG vorliegen. Im Einzelfall kann es damit zu einer Löschung erst über 7 Jahre nach Abschluss der Rasterfahndung kommen.

---

576 Ruthig, in: Schenke/Graulich/Ruthig, Sicherheitsrecht, § 48 BKAG Rn 21.
577 Ruthig, in: Schenke/Graulich/Ruthig, Sicherheitsrecht, § 48 BKAG Rn 21.

Im Kern handelt es sich um **eine umfassende Dokumentation der gesamten zur Durchführung der Rasterfahndung notwendigen Datenverarbeitungsschritte** durch den mit der Durchführung der Rasterfahndung beauftragten Beamten des Polizeivollzugsdienstes. Diese erfolgt über das **Datenschutzmanagementsystem** der Polizei (vgl. dazu § 10 Rn 117, **610**).

g) Rechtsschutz

Bei der Beurteilung der **Rechtsschutzmöglichkeiten** muss differenziert werden: **342**
Die Aufforderung zur Aussonderung und Herausgabe der begehrten Daten stellt einen **Verwaltungsakt** dar.[578] Der **Adressat einer polizeilichen Anordnung**, durch die er gem. § 40 Abs. 1 S. 1 PolG zur Übermittlung bestimmter Daten verpflichtet wird (= ersuchte Stelle), kann die Rechtmäßigkeit dieser Verfügung im Wege der **Anfechtungsklage** (§ 42 VwGO) überprüfen lassen. So kann sich etwa eine Universitätsverwaltung, die im Zusammenhang mit der Rasterfahndung nach Schläfern zur Übermittlung personenbezogener Daten verpflichtet wird (vgl. **Fall 30** in § 10 Rn 326), durch die Anfechtung dieser Anordnung zur Wehr setzen, wenn sie die Daten nicht preisgeben will.
Eine **verwaltungsgerichtliche Anfechtung** der Anordnung **durch die betroffene Person scheidet aus**. Ihr stehen die Rechtsmittel gem. §§ 91 bis 93 PolG zu. Gem. **§ 132 Abs. 3 PolG** ist eine Anfechtungsklage ausgeschlossen, wenn eine richterliche Entscheidung nach dem PolG ergangen ist. Da eine Maßnahme der Rasterfahndung gem. § 48 Abs. 3 PolG nur nach richterlicher Anordnung durchgeführt werden kann, greift § 132 Abs. 3 PolG gegenüber der von der Rasterfahndung betroffenen Person stets. Ihr steht der verwaltungsgerichtliche Rechtsweg nicht offen. Sie kann die gerichtliche Entscheidung des Amtsgerichts durch Einlegung der **Beschwerde zum OLG** anfechten.

h) Protokollierungspflicht (§ 74 PolG)

Aus **§ 74 PolG** folgt eine **umfassende Protokollierungspflicht** für alle Maßnahmen **343** gem. § 48 PolG (vgl. dazu § 10 Rn 590, 602). Zu protokollieren sind gem. § 74 Abs. 1 und Abs. 2 Nr. 1 PolG:
1. Das zur Datenerhebung **eingesetzte Mittel**,
2. der **Zeitpunkt** des Einsatzes,
3. Angaben, die die **Feststellung der erhobenen Daten** ermöglichen,
4. die verantwortliche **Dienststelle**,
5. die im Übermittlungsersuchen gem. § 48 Abs. 2 PolG enthaltenen **Merkmale** sowie
6. die **betroffenen Personen**, gegen die nach Auswertung der Daten weitere Maßnahmen getroffen wurden.

Die Protokollierungspflicht gem. § 74 PolG besteht neben der Dokumentationspflicht des § 48 Abs. 5 PolG. Letztere dient der Einhaltung der Pflicht zur Benachrichtigung der betroffenen Personen sowie der Datenschutzkontrolle.[579]

9. Besondere Mittel der Datenerhebung (§ 49 PolG)

a) Allgemeines

aa) Entstehungsgeschichte

§ 49 PolG entspricht dem Grunde nach **§ 22 PolG 1992** und wurde mit dem **PolG 2020** **344** grundlegend **überarbeitet und neu geordnet**. In der **neuen Struktur** beginnt § 49 PolG in Abs. 1 mit der grundlegenden Berechtigung zur Datenverarbeitung, um dann in den Absätzen 2 und 3 die besonderen Mittel der Datenerhebung und die Straftaten mit Bedeutung zu definieren (vgl. dazu auch die Übersicht in § 10 Rn 344, 348). Mit dem

---
578 Ruthig, in: Schenke/Graulich/Ruthig, Sicherheitsrecht, § 48 BKAG Rn 16.
579 LT-Drs. 16/8484, S. 146.

PolG 2020 wurden zudem Anpassungen vorgenommen, die auf das **BKAG-Urteil des BVerfG** zurückzuführen sind. In § 49 Abs. 4 S. 1 bis 4, Abs. 5, 6, Abs. 8 S. 5, 6 PolG wurde ein **Richtervorbehalt** für besonders schwerwiegende Eingriffe eingeführt. In § 49 Abs. 8 PolG findet sich eine neue Regelung über den **Schutz des Kernbereichs privater Lebensgestaltung**, die leider sehr komplex geraten ist (sie umfasst allein 13 Sätze). § 49 PolG orientiert sich stark an den sehr ähnlich lautenden Regelungen des **§ 45 BKAG**.

bb) Besondere Mittel der polizeilichen Datenerhebung

345 **Besondere Mittel** der Datenerhebung sind nach der **Aufzählung** in **§ 49 Abs. 2 PolG**:
- die längerfristige Observation (Nr. 1);
- der verdeckte Einsatz technischer Mittel zur Anfertigung von Lichtbildern und Bildaufzeichnungen (Nr. 2 a) sowie zum Abhören und Aufzeichnen des nicht öffentlich gesprochenen Wortes auf Tonträger (Nr. 2 b);
- die technische Observation zur Feststellung des Aufenthaltsortes oder der Bewegungen einer Person oder einer beweglichen Sache (Nr. 3);
- der Einsatz Verdeckter Ermittler (Nr. 4);
- der Einsatz von Vertrauenspersonen (Nr. 5).

Die besonderen Mittel sollen vor allem für die Bekämpfung der organisierten Kriminalität und von Straftaten mit erheblicher Bedeutung eingesetzt werden. In § 49 Abs. 2 Nr. 1 bis 5 PolG werden die **Mittel der Datenerhebung** genannt. Die **Ermächtigungsgrundlagen** für den Einsatz dieser Mittel sind in Abs. 1 geregelt. Als **technische Mittel** kommen Abhöreinrichtungen, Minisender, Richtmikrofone, Minimikrofone (Wanzen) etc. in Betracht.

346 Bloße **Informanten** der Polizei sind Privatpersonen ohne Hoheitsbefugnisse. Sie zählen nicht zu den besonderen Mitteln der Datenerhebung, sondern sind Auskunftspersonen i. S. d. § 70 Abs. 1 Nr. 5 PolG.

cc) Verfassungsrecht

347 Die polizeiliche Überwachung von Personen und ihres Umfelds tangiert weder die durch Art. 10 Abs. 1 GG noch die durch Art. 13 Abs. 1 GG geschützten Grundrechte[580], stellt je nach Gewicht der konkret eingesetzten Mittel aber einen schwerwiegenden **Eingriff in das Recht auf informationelle Selbstbestimmung** dar.[581] Es wird aus dem allgemeinen Persönlichkeitsrecht aus Art. 2 Abs. 1, Art. 1 Abs. 1 GG abgeleitet und soll im Sinne der Menschenwürde die engere persönliche Lebenssphäre und die Erhaltung der Grundbedingungen sichern. Das **BVerfG** setzt in seinem **BKAG-Urteil** voraus, dass schwerwiegendere Eingriffe wie der Einsatz besonderer Mittel der Datenerhebung **einen Bezug zu einer konkreten Gefahr** aufweisen: „Nach den oben dargelegten Maßstäben ist der Gesetzgeber hieran nicht grundsätzlich gehindert und zwingt ihn die Verfassung nicht, Sicherheitsmaßnahmen auf die Abwehr von – nach tradiertem Verständnis – konkreten Gefahren zu beschränken. Allerdings bedarf es aber auch bei Maßnahmen zur Straftatenverhütung zumindest einer **auf bestimmte Tatsachen** und nicht allein auf allgemeine Erfahrungssätze **gestützten Prognose**, die **auf eine konkrete Gefahr bezogen** ist. Grundsätzlich gehört hierzu, dass insoweit ein **wenigstens seiner Art nach konkretisiertes und zeitlich absehbares Geschehen** erkennbar ist. In Bezug auf terroristische Straftaten kann der Gesetzgeber stattdessen aber auch darauf abstellen, ob das individuelle Verhalten einer Person die **konkrete Wahrschein-**

---

580 BVerfGE 141, 220, 286 (Rn 147 f.).
581 BVerfGE 141, 220, 264 f. (Rn 91 f.), 286 (Rn 147), 287 (Rn 151); R. Schenke, in: Schenke/Graulich/Ruthig, Sicherheitsrecht, § 45 BKAG Rn 4; Trurnit, VBIBW 2017, 233, 234; VG Karlsruhe, openJur 2015, 19440 (Rn 55), zum Verdeckten Ermittler.

lichkeit begründet, dass sie in überschaubarer Zukunft terroristische Straftaten begeht. Die diesbezüglichen Anforderungen sind normenklar zu regeln."[582]

Zum allgemeinen Persönlichkeitsrecht zählt neben dem Recht am eigenen Bild auch das **Recht am gesprochenen Wort**, also die Befugnis, selbst zu bestimmen, ob es allein dem Gesprächspartner, Dritten oder sogar der Öffentlichkeit zugänglich sein soll, ob es auf Tonträger aufgenommen wird und ob bzw. vor wem die Aufnahme abgespielt wird.[583] Das **verdeckte Abhören und Aufzeichnen des nicht öffentlich gesprochenen Wortes** aus präventiv-polizeilichen Gründen ist nur unter den engen Voraussetzungen des **§ 49 Abs. 1 PolG** als **Ultima Ratio** – also als letztes Mittel – unter Beachtung der formellen und materiellen Voraussetzungen der **§§ 49, 50 PolG** zulässig. Ist der Eingriff unzulässig, kann der Straftatbestand des § 201 StGB erfüllt sein (Verletzung der Vertraulichkeit des Wortes).

Beim Einsatz der besonderen Mittel sind die **Zeugnisverweigerungsrechte gem. § 10 PolG** zu beachten.

dd) Aufbau der Vorschrift

Der **Aufbau** der Vorschrift ist kompliziert und wenig transparent[584]. Das hat sich durch das **PolG 2020** nicht geändert: **348**

- Abs. **1** stellt die **grundlegende Ermächtigungsgrundlage** für den Einsatz **aller** besonderen Mittel der Datenerhebung gem. Abs. 2 Nr. 1 bis 5 dar.
- In Abs. 2 werden die besonderen Mittel der Datenerhebung aufgelistet.
- Abs. 3 definiert die Straftaten mit erheblicher Bedeutung.
- Abs. **4** sieht einen **Richtervorbehalt** für besonders schwerwiegende Eingriffe sowie Regelungen für die **Antrags- und Anordnungsbefugnis** der Maßnahmen in den übrigen Fällen vor.
- In Abs. **5** finden sich die Vorgaben für den beim **Gericht zu stellenden Antrag**.
- Abs. 6 regelt Form und Inhalt der gerichtlichen Anordnung.
- Abs. 7 regelt die besonderen Befugnisse Verdeckter Ermittler.
- Abs. 8 enthält umfassende Regelungen zum Schutz des Kernbereichs privater Lebensgestaltung.
- Abs. **9** enthält Bestimmungen zur **Löschung** von bestimmten Bild- und Tonaufzeichnungen.

Für den Bereich der **Strafverfolgung** enthalten die §§ 100 f, 100 h, 101, 110 a, 163 f. StPO entsprechende Ermächtigungsgrundlagen.

b) Befugnis zur Datenerhebung / betroffene Personen (§ 49 Abs. 1 PolG)
aa) Allgemeines

In **§ 49 Abs. 1 PolG** werden die bis zum Jahr 2021 in § 22 Abs. 2, 3 PolG 1992 geregelten **Eingriffsvoraussetzungen** für den Einsatz besonderer Mittel der Datenerhebung unter Berücksichtigung des BKAG-Urteils des BVerfG neu gefasst. Die Regelung orientiert sich an **§ 45 Abs. 1 BKAG**. § 49 Abs. 1 PolG stellt die **grundlegende Eingriffs- und Befugnisnorm** der Polizei für die Durchführung von Überwachungsmaßnahmen i. S. d. Abs. 2 dar. **349**

Durch § 49 Abs. 1 PolG werden die **Eingriffsschwelle** sowie die **betroffenen Personen** festgelegt.[585] Im Gegensatz zur bis zum Jahr 2012 bzw. 2021 geltende Regelung des § 22 Abs. 2, 3 PolG 1992 findet in § 49 Abs. 1, 2 PolG **keine Unterscheidung der Tat-**

---
582 BVerfGE 141, 220, 290 f. (Rn 164).
583 Vgl. BVerfGE 34, 238, 245 ff.; Schwabenbauer, in: Lisken/Denninger, Handbuch des Polizeirechts, Kap. G Rn 62.
584 Ebenso Nachbaur, VBlBW 2018, 97 100 ff.
585 R. Schenke, in: Schenke/Graulich/Ruthig, Sicherheitsrecht, § 45 BKAG Rn 6.

bestandsvoraussetzungen einzelner Mittel der Datenerhebung mehr statt. Vielmehr hat der Landesgesetzgeber die allgemeinen Voraussetzungen des § 49 Abs. 1 PolG so angepasst, dass sie insgesamt für den Einsatz aller in § 49 Abs. 2 Nr. 1 bis 5 PolG genannten Mittel der Datenerhebung gelten.

bb) Zuständigkeit

350 Für die Durchführung der besonderen Mittel der Datenerhebung ist ausschließlich der **Polizeivollzugsdienst** zuständig.

cc) Gefahrenabwehr (§ 49 Abs. 1 S. 1 Nr. 1 PolG)

351 Gem. **§ 49 Abs. 1 S. 1 Nr. 1 PolG** kommt der Einsatz eines besonderen Mittels der Datenerhebung **zur Abwehr einer Gefahr für Leib, Leben oder Freiheit einer Person, für den Bestand oder die Sicherheit des Bundes oder eines Landes oder für Sachen von bedeutendem Wert**, deren Erhaltung im öffentlichen Interesse geboten ist, in Betracht. Damit werden hochrangige Rechtsgüter erfasst, deren Schutz einen besonderen Stellenwert hat. Dies genügt den Anforderungen des BVerfG an die Verhältnismäßigkeit der Eingriffsnorm.[586]

Die von § 49 Abs. 1 S. 1 Nr. 1 PolG erfassten **Rechtsgüter** sind:

- **Leib, Leben oder Freiheit** einer Person,
- **Bestand oder Sicherheit** des **Bundes** oder eines **Landes**,
- **Sachen von bedeutendem Wert**, deren Erhalt im öffentlichen Interesse liegt.

352 Als **Adressaten** einer Maßnahme i. S. d. § 49 Abs. 1 S. 1 Nr. 1 PolG kommen **Störer** gem. §§ 6, 7 PolG und **Nichtstörer** gem. § 9 PolG in Betracht. Gegen die Inanspruchnahme dieses Personenkreises sprechen keine verfassungsrechtlichen Bedenken.[587] Es handelt sich um einen **Rechtsgrundverweis**, so dass die tatbestandlichen Voraussetzungen der §§ 6, 7, 9 PolG jeweils vorliegen müssen.[588]

dd) Konkrete Gefahr der Straftatenbegehung (§ 49 Abs. 1 S. 1 Nr. 2, 3 PolG)

353 **§ 49 Abs. 1 S. 1 Nr. 2 u. 3 PolG** erlaubt Maßnahmen, wenn mit der Begehung einer Straftat zu rechnen ist. Dabei wird danach unterschieden, ob **bestimmte Tatsachen** diese Annahme begründen (**Nr. 2**) oder ob das **individuelle Verhalten einer Person** entsprechende Rückschlüsse zulässt (**Nr. 3**). Die Regelung entspricht **§ 45 Abs. 1 S. 1 Nr. 2, 3 BKAG**.

Die Regelung beruht auf den Vorgaben des **BVerfG** aus dem **BKAG-Urteil**. Das BVerfG hat betont, dass es auch bei Maßnahmen zur Straftatenverhütung zumindest einer **auf bestimmte Tatsachen** und nicht allein auf allgemeine Erfahrungssätze **gestützten Prognose bedürfe**, die auf eine **konkrete Gefahr** bezogen sei. Grundsätzlich gehöre hierzu, dass insoweit ein wenigstens **seiner Art nach konkretisiertes und zeitlich absehbares Geschehen** erkennbar sei. In Bezug auf terroristische Straftaten könne der Gesetzgeber stattdessen aber auch darauf abstellen, ob das **individuelle Verhalten einer Person die konkrete Wahrscheinlichkeit begründe**, dass sie in überschaubarer Zukunft terroristische Straftaten begehe. Die diesbezüglichen **Anforderungen** seien **normenklar zu regeln**.[589] Das BVerfG hat offen gelassen, wo die Grenzen solcher Regelungen in den Landespolizeigesetzen liegen.[590] Die in **§ 49 Abs. 3 PolG** aufgeführten schweren Straftaten genügen diesen verfassungsrechtlichen Anforderungen (vgl. dazu auch § 10 Rn 374).[591]

---

[586] BVerfGE 141, 220, 288 (Rn 156); Soiné, NJW 2020, 2850, 2851.
[587] BVerfGE 141, 220, 289 (Rn 159).
[588] R. Schenke, in: Schenke/Graulich/Ruthig, Sicherheitsrecht, § 45 BKAG Rn 8.
[589] BVerfGE 141, 220, 290 f. (Rn 164).
[590] BVerfGE 141, 220, 288 (Rn 156).
[591] Davon geht auch der Landesgesetzgeber in LT-Drs. 16/8484, S. 146 f., aus.

VI. Datenverarbeitung bei polizeilichen Einzelmaßnahmen

Der Landesgesetzgeber hat die vom BVerfG in seinem BKAG-Urteil verwendeten Formulierungen fast wörtlich in den Gesetzestext übernommen. Ob dies tatsächlich zu einer geeigneten Normfassung geführt hat, kann bezweifelt werden. Die Formulierungen sind insgesamt sehr unbestimmt geworden.[592]

§ 49 Abs. 1 S. 1 Nr. 2 PolG stellt auf den **Verdacht einer schweren Straftat** i. S. d. 354 § 49 Abs. 3 PolG ab. Um den Anforderungen des BVerfG an die Konkretisierung zu genügen, erfordert es eine **auf belastbare Tatsachen gestützten Prognose**, dass eine bestimmte Person solche Straftaten begehen wird. Diese Tatsachen müssen nicht in der betroffenen Person liegen (hier wäre die Nr. 3 einschlägig), richtigerweise wird die notwendige Prognose aber umso schwieriger, je weniger die zugrunde gelegten Tatsachen einen Bezug zur betroffenen Person aufweisen.[593]

Es bedarf einer nachvollziehbaren **Kausalität** zwischen der Tatsachenprognose und der Annahme der Straftatbegehung. Die der Prognose zugrunde gelegten Tatsachen müssen den Schluss zulassen, dass es mit hinreichender Wahrscheinlichkeit zur Begehung einer Straftat gem. § 49 Abs. 3 PolG kommen wird.

Beispiel: T war nachweislich zur Ausbildung in einem islamistischen Terrorcamp in Afghanistan. Nach seiner Rückkehr nach Deutschland vor einem Jahr wird er mit anderen Personen seit etwa zwei Wochen täglich von Z, der Führer einer potenziellen islamistischen Terrorzelle ist, telefonisch kontaktiert. Diese konkreten Tatsachen lassen den ausreichend sicheren Rückschluss zu, dass von den einbezogenen Personen ein terroristischer Anschlag geplant wird.

Das Tatbestandsmerkmal **„innerhalb eines überschaubaren Zeitraums"** hat leider wenig Kontur. Der Landesgesetzgeber verwendet es auch an anderer Stelle (§ 31 Abs. 1 PolG). Die Beschreibung dieser zeitlichen Komponente ist sehr unbestimmt und stellt einen „herabgestuften Wahrscheinlichkeitsmaßstab"[594] dar, der dem Polizeirecht an sich fremd ist. Andererseits muss gesehen werden, dass in der Polizeipraxis nur der jeweilige Einzelfall beurteilt werden kann, so dass zu starre zeitliche Vorgaben der Rechtsanwendung entgegenstehen würden. Angesichts der besonderen Bedeutung der von den in Bezug genommenen Straftaten (§ 49 Abs. 3 PolG) geschützten Rechtsgüter wird man keinen allzu engen zeitlichen Zusammenhang verlangen können. Hinzu kommt, dass Straftaten i. S. d. § 49 Abs. 3 PolG aufgrund ihrer Komplexität oft längerer Vorbereitungszeit bedürfen. Insofern können im Einzelfall **auch mehrere Monate** als noch „übersehbar" anzusehen sein. Der Begriff „überschaubar" beschreibt eine erheblich längere Zeitspanne als etwa der Begriff „zeitnah". Im Kern meint er einen **Zeitraum, der noch erfassbar ist** und in jedem Fall einen **noch erkennbaren Bezug zu der zu erwartenden Straftat** hat. Richtigerweise ist die **Je-desto-Formel** zugrunde zu legen[595]: Je bedeutender die durch eine Straftat bedrohten Rechtsgüter sind und je komplexer das zugrundeliegende Tatgeschehen ist, desto länger darf auch die mutmaßliche Zeitspanne bis zur Tatbegehung sein.

§ 49 Abs. 1 S. 1 Nr. 3 PolG stellt auf das **individuelle Verhalten einer Person** ab. Mit 355 „individuellem Verhalten" ist das Verhalten einer betroffenen Person gemeint, das ihr zuzurechnen ist und das sich nicht nur aus der Zugehörigkeit zu einer Gruppe oder aus einem Gruppenverhalten ergibt. Der Polizeivollzugsdienst muss mithin prüfen, ob gerade **das Verhalten einer bestimmten Person** (= ihr eigenes Verhalten) den sicheren Rückschluss zulässt, dass diese Person eine Straftat i. S. d. § 49 Abs. 3 PolG begehen wird.

Der Begriff **„konkrete Wahrscheinlichkeit"** macht deutlich, dass bloße Spekulationen nicht ausreichen. Auch die bloße Möglichkeit einer Straftatenbegehung genügt nicht. Vielmehr muss es hinreichend wahrscheinlich sein, dass die betroffene Person eine

---
592 So zu Recht auch R. Schenke, in: Schenke/Graulich/Ruthig, Sicherheitsrecht, § 45 BKAG Rn 15.
593 R. Schenke, in: Schenke/Graulich/Ruthig, Sicherheitsrecht, § 45 BKAG Rn 10.
594 Graulich, in: Lisken/Denninger, Handbuch des Polizeirechts, Kap. E Rn 433.
595 R. Schenke, in: Schenke/Graulich/Ruthig, Sicherheitsrecht, § 45 BKAG Rn 11.

Straftat begehen wird. Auch hier ist die **Je-desto-Formel** anzuwenden: Je schwerwiegender die geplante Straftat ist, desto geringer sind die Anforderungen an die Wahrscheinlichkeit der Straftatenbegehung. Insgesamt wird vom Polizeivollzugsdienst eine **belastbare Prognose** erwartet, die ausschließlich auf Tatsachen gestützt ist. Hier wird der besonderen fachlichen Kompetenz des Polizeivollzugsdienstes größere Bedeutung zukommen.

Beispiel: Der aus Afghanistan stammente T lebt seit fünf Jahren in Deutschland und ist aufgrund seiner Vergangenheit und seiner Ansichten dem islamistischen Bereich zuzurechnen. Er hat sich in den vergangenen Monaten über das Internet – in Teilen über das sog. Darknet – und in Apotheken verschiedene Chemikalien beschafft, die zum Bau einer Bombe geeignet sind. Hier zeigt das individuelle Verhalten des T mit ausreichender Sicherheit, dass er die Begehung eines Attentats plant oder unterstützt.

Zum **überschaubaren Zeitraum** vgl. die Ausführungen in § 10 Rn 354.

ee) Kontaktperson (§ 49 Abs. 1 S. 1 Nr. 4 PolG)

356 **§ 49 Abs. 1 S. 1 Nr. 4 PolG** erweitert den Personenkreis einer von § 49 PolG erfassten Maßnahme auf sog. **Kontakt- und Begleitpersonen**. Das **BVerfG** hat in seinem **BKAG-Urteil** die Erfassung dieses Personenkreises ausdrücklich zugelassen.[596] Für die Anordnung von Maßnahmen gegenüber Dritten ist dabei eine **Tatnähe** entscheidend. Die Regelung entspricht § 45 Abs. 1 S. 1 Nr. 4 i. V. m. § 39 Abs. 2 Nr. 2 BKAG.

Durch die Tatbestandsvoraussetzungen des § 49 Abs. 1 S. 1 Nr. 4 PolG wird sichergestellt, dass ein Eingriff nur gerechtfertigt ist, wenn die Kontakt- oder Begleitperson **in einem besonderen Näheverhältnis** zu dieser Person steht und von der Vorbereitung einer Straftat mit erheblicher Bedeutung Kenntnis hat, aus der Verwertung der Tat Vorteile ziehen oder die Person nach den Nrn. 2 oder 3 sich ihrer zur Begehung der Straftat bedienen könnte.[597]

357 Die Einbeziehung Dritter in eine Maßnahme gem. § 49 PolG ist nur möglich, wenn die betroffene Person

a) von der Vorbereitung einer Straftat mit erheblicher Bedeutung **Kenntnis** hat,
b) aus der Verwertung der Tat **Vorteile** ziehen oder
c) wenn eine Person nach den Nrn. 2 oder 3 **sich ihrer** zur Begehung der Straftat **bedienen** könnte.

Während in den Fällen der **Nr. 4 Buchstabe a und b** der Dritte vorsätzlich handelt, da er von den geplanten Straftaten entweder Kenntnis hat (a) oder von ihnen selbst profitiert (b), zeichnet sich die **Nr. 4 Buchstabe c** dadurch aus, dass der potenzielle Straftäter die dritte Person für die Begehung der geplanten Straftat nutzt. Das Ausnutzen des Dritten kann mit dessen Kenntnis erfolgen, aber auch ohne irgendeine Kenntnis.

Beispiel: Der Apotheker P wird von dem mit ihm befreundeten T gebeten, bestimmte chemische Substanzen zu besorgen. Aus den Erklärungen des T ist für P nicht ohne ein weiteres erkennbar, zu welchem Zweck dies geschieht, in Wirklichkeit will T damit eine Bombe für ein geplantes Attentat bauen. Weitere dafür notwendige chemische Substanzen besorgt er auf anderem Weg.

358 Die betroffenen dritte Person und die von den Nrn. 2 und 3 erfasste Person müssen „in Verbindung" stehen, zwischen ihnen muss also **ein Kontakt bestehen**. Die Art des Kontakts ist dabei ohne Bedeutung, denkbar sind etwa persönliche Begegnung, Kontaktaufnahme über Dritte, Telefonate, E-Mails, Briefe, Nutzung der neuen Medien etc. Das Tatbestandsmerkmal **„nicht nur flüchtig oder in zufälligem Kontakt"** stellt sicher, dass der Kontakt eine **ausreichende Intensität** hat. Dritte sollen nicht ohne hinreichende Grundlage oder Berechtigung in eine Maßnahme gem. § 49 PolG einbezogen werden. Bei der Anwendung des § 49 Abs. 1 S. 1 Nr. 4 PolG ist sicherzustellen, dass die Einbeziehung nicht nur aus dem bloßen Kontakt oder der bloßen persönlichen Nähe

---

[596] BVerfGE 141, 220, 291 bis 293 (Rn 167 bis 169).
[597] LT-Drs. 16/8484, S. 147.

der betroffenen Person zur Zielperson hergeleitet werden kann. Die Tatbestandsmerkmale dürfen nicht entgrenzend weit verstanden werden, so dass sie jede Person einschlössen, die mit der Zielperson im weiten Vorfeld von etwaigen Straftaten in wirtschaftlichem Kontakt steht. Vielmehr begrenzt § 49 Abs. 1 S. 1 Nr. 4 PolG die Vorteilsziehung auf die Verwertung der Tat und damit auf Früchte, die sich gerade aus deren Unrechtsgehalt ergeben, und verlangt überdies, dass die Instrumentalisierung der betroffenen Person in einem engen Konnex zur Tat selbst steht.[598]

Maßnahmen auf der Grundlage des § 49 Abs. 1 S. 1 Nr. 4 PolG können sich auch gegen **unbeteiligte Dritte** richten, denen eine Gefahr nicht zugerechnet werden kann. Zwar liegt hierin ein besonders schwerer Eingriff, der jedoch als Inanspruchnahme für überragend wichtige Gemeinwohlinteressen – ähnlich wie Zeugen- oder Notstandspflichten – verfassungsrechtlich gerechtfertigt ist.[599]

ff) Gefährdung oder Erschwernis der Aufgabenerfüllung (§ 49 Abs. 1 S. 1 a. E. PolG)

Neben den besonderen in den Nrn. 1 bis 4 enthaltenden Tatbestandsvoraussetzungen kommt eine Datenerhebung (= Datenverarbeitung i. S. d. § 12 Nr. 2 PolG) gem. **§ 49 Abs. 1 S. 1 a. E. PolG** nur in Betracht, wenn andernfalls **die Abwehr der Gefahr** (Nr. 1) oder **die Verhütung der Straftat** (Nr. 2 bis 4) **gefährdet oder erheblich erschwert** würde. Diese Voraussetzung stellt kein Tatbestandsmerkmal im eigentlichen Sinne dar, sondern ist eine besondere Ausprägung des **Grundsatzes der Verhältnismäßigkeit**.[600] Das **BVerfG** verlangt in seinem BKAG-Urteil den Bezug zu einer konkreten Gefahr.[601] Der Polizeivollzugsdienst muss daher nicht nur prüfen, ob die tatbestandlichen Voraussetzungen der Nrn. 1 bis 4 des § 49 Abs. 1 S. 1 PolG vorliegen, sondern er muss sich auch stets fragen, ob die vorgesehene Maßnahme für die Gefahrenabwehr oder die Straftatenverhütung im konkreten Fall **erforderlich** ist. Dies ist nach der Vorgabe des Landesgesetzgebers nur der Fall, wenn die Gefahrenabwehr oder die Straftatenverhütung gefährdet oder erheblich erschwert würde. Für eine **Gefährdung** ist es erforderlich, dass aufgrund konkreter Tatsachen die ernsthafte Gefahr besteht, dass ohne die vorgesehene Maßnahme der Datenerhebung die Gefahr nicht abgewehrt oder die Straftat nicht verhindert werden könnte. Es reicht also etwa nicht allein aus, dass die konkrete Maßnahme i. S. d. § 49 Abs. 1 S. 1 PolG gegenüber anderen Maßnahmen (etwa Gefährderansprache) als die effektivere oder leichter durchführbare erscheint. Für die **Erschwernis** schreibt die Regelung „Erheblichkeit" vor. Damit wird deutlich, dass eine Erschwernis der Gefahrenabwehr oder der Straftatenverhütung nur in Betracht kommt, wenn zulasten des Polizeivollzugsdienstes ein Grad deutlicher Unzumutbarkeit bei der Durchführung anderer polizeilicher Maßnahmen erreicht wird.[602]

Der Polizeivollzugsdienst hat wegen der Verhältnismäßigkeit auch darauf zu achten, dass er zwischen den in § 49 Abs. 2 PolG enthaltenen **Mitteln** das dem konkreten Sacherhalt **angemessene** und **mildeste** auswählt.

gg) Betroffenheit unbeteiligter Dritter (§ 49 Abs. 1 S. 2 PolG)

§ 49 Abs. 1 S. 2 PolG ermächtigt auch dann zur Datenerhebung, wenn Dritte unvermeidbar betroffen werden. **Dritte** in diesem Sinne sind die Personen, die nicht Adressat bzw. Ziel der Datenerhebung sind. **Unvermeidbar** ist die Datenerhebung, wenn durch zumutbare technische oder sonstige Maßnahmen nicht verhindert werden kann, dass auch Unbeteiligte von der Datenerhebung betroffen sind.

---
598 BVerfGE 141, 220, 292 f. (Rn 168 f.).
599 BVerfGE 141, 220, 292 f. (Rn 169).
600 LT-Drs. 16/8484, S. 147; R. Schenke, in: Schenke/Graulich/Ruthig, Sicherheitsrecht, § 45 BKAG Rn 17.
601 BVerfGE 141, 220, 290 f. (Rn 164).
602 Vgl. etwa auch Trurnit, Eingriffsrechte, Rn 675.

c) Besondere Mittel der Datenerhebung (§ 49 Abs. 2 PolG)

aa) Allgemeines

362 Gegen die in § 49 Abs. 2 Nr. 1 bis 5 PolG vorgesehenen besonderen Mittel der Datenerhebung bestehen **keine verfassungsrechtlichen Bedenken**.[603] Die Regelung entspricht bis auf eine redaktionelle Änderung (Nr. 2) der Regelung des § 22 Abs. 1 PolG 1992.

Die **Aufzählung** der in § 49 Abs. 2 PolG vorgesehenen besonderen Mittel der Datenerhebung ist **abschließend**. Die Mittel können daher durch den Polizeivollzugsdienst nicht erweitert werden. Mögliche technische Neuerungen, die zu weiteren denkbaren Mitteln führen, müssten durch den Landesgesetzgeber in § 49 Abs. 2 PolG ausdrücklich aufgenommen werden.

bb) Längerfristige Observation (§ 49 Abs. 2 Nr. 1 PolG)

363 Die **längerfristige Observation** ist nach der **Legaldefinition in § 49 Abs. 2 Nr. 1 PolG** die voraussichtlich innerhalb einer Woche länger als 24 Stunden dauernde oder über den Zeitraum einer Woche hinaus stattfindende **planmäßig angelegte Beobachtung einer Person**. Entscheidend sind Zeitpunkt und Inhalt der Anordnung des Eingriffs. Wird etwa die auf eine Woche ausgelegte Maßnahme nach 3 Tagen abgebrochen, liegt dennoch eine längerfristige Observation vor. **Zweck der Maßnahme** ist, über die betroffene Person personenbezogene Daten zu gewinnen, die für die Abwehr von Gefahren oder zur vorbeugenden Bekämpfung von Straftaten gem. § 49 Abs. 1, 3 PolG erforderlich sind.[604]

Die längerfristige Observation kann als **offene oder verdeckte Maßnahme** durchgeführt werden. Die Entscheidung, welche Form durchgeführt wird, richtet sich nach § 14 Abs. 2 PolG. Die Zulässigkeit von Datenerhebungen durch **kurzfristige Observationen** beurteilt sich nach § 49 Abs. 1, 3 i. V. m. § 14 Abs. 1 PolG. Ist eine längerfristige Observation zulässig, liegen regelmäßig die Voraussetzungen für ein **verdecktes Vorgehen** vor.[605]

364 Die längerfristige Observation von als hochgefährlich eingestuften potenziellen Straftätern ist vermehrt in den Fokus der polizeirechtlichen Diskussion gerückt. Grund dafür ist die Rechtsprechung des **EGMR** im Zusammenhang mit der von ihm für nicht haltbar erklärten Ausgestaltung der deutschen Rechtsvorschriften zur **Sicherungsverwahrung**.[606] Nach heute wohl **h. M.** kann die **längerfristige Beobachtung von aus der Sicherungshaft entlassenen Straftätern**, die weiterhin als gefährlich eingestuft werden, „rund um die Uhr" weder auf § 49 Abs. 1 S. 1 Nr. 2, 3, Abs. 3 PolG noch auf die polizeiliche Generalklausel der §§ 1, 3 PolG gestützt werden.[607] Bei dieser Maßnahme handelt es sich vielmehr um eine neue Form einer polizeilichen Eingriffsmaßnahme, die einer

---

[603] BVerfGE 141, 220, 289 f. (Rn 160 f.).
[604] Stephan, in: Stephan/Deger, Polizeigesetz BW, § 22 Rn 4; Zeitler/Trurnit, Polizeirecht BW, Rn 646.
[605] Kahlert, in: Belz/Mußmann/Kahlert/Sander, Polizeigesetz BW, § 22 Rn 5.
[606] Durch Urteil vom 10.5.2010 hat der EGMR entschieden, dass die nachträgliche Verlängerung der Sicherungsverwahrung dem Rückwirkungsverbot des Art. 7 Abs. 1 S. 2 EMRK unterliegt und die rückwirkende Aufhebung der bis zum 30.1.1998 geltenden zehnjährigen Vollstreckungshöchstfrist überdies gegen Art. 5 EMRK verstößt (EGMR, NJW 2010, 2495 ff.). Vgl. im Einzelnen dazu Guckelberger, VBlBW 2011, 209 ff.
[607] Wie hier Trurnit, Eingriffsrechte, Rn 657, 676; Gusy, Polizei- und Ordnungsrecht, Rn 208 mit Fn 130; Kingreen/Poschner, Polizei- und Ordnungsrecht, § 13 Rn 109 a; Götz/Geis, Polizei- und Ordnungsrecht, § 17 Rn 56 f.; Kugelmann, Die Verwaltung 2014, 25, 37; Linke, DVBl 2013, 559 ff.; Eisenbarth/Ringhof, DVBl 2013, 566 ff.; **a. A.** Schenke, Polizei- und Ordnungsrecht, Rn 204 (kann auf Spezialklauseln gestützt werden); Würtenberger/Heckmann/Tanneberger, Polizeirecht BW, § 5 Rn 253, 287, § 6 Rn 55 (kann auf Generalklausel gestützt werden); Basten, Recht der Polizei, Rn 719 bis 721 (kann auf Spezialklauseln gestützt werden). Vgl. zudem Graulich, in: Lisken/Denninger, Handbuch des Polizeirechts, Kap. E Rn 730; Thiel, Polizei- und Ordnungsrecht, § 10 Rn 56.

Spezialermächtigung im PolG bedürfte.[608] Wegen der **besonders schwerwiegenden Eingriffsqualität** bei einer Dauerüberwachung scheidet ein Rückgriff auf die allgemeine Generalklausel aus. Eine Spezialermächtigung findet sich etwa in **§ 12 c HambSOG** für die Dauerobservation von Personen, die wegen einer vor dem 31.1.1998 begangenen, gegen das Leben, die körperliche Unversehrtheit, die persönliche Freiheit oder die sexuelle Selbstbestimmung gerichteten Straftat für mehr als 10 Jahre in der Sicherungsverwahrung untergebracht waren und von den nach ihrer Entlassung die Begehung weiterer Straftaten erwartet wird. Vgl. zur **Observation von rückfallgefährdeten Sexualstraftätern** auch **Nr. 5.8.2 VwV KURS**.

cc) Verdeckter Einsatz technischer Mittel zwecks Bildaufnahmen (§ 49 Abs. 2 Nr. 2 a PolG)

Gem. **§ 49 Abs. 2 Nr. 2 a PolG** kann der Polizeivollzugsdienst personenbezogene Daten durch den verdeckten Einsatz technischer Mittel zur Anfertigung von **Lichtbildern und Bildaufzeichnungen** erheben. Lichtbilder sind Fotografien oder Filmaufnahmen. Die Vorschrift ermächtigt zum verdeckten Einsatz technischer Mittel sowohl zur manuellen als auch zur selbsttätigen (automatischen) Bildaufzeichnung. Unter Bildaufzeichnung ist die Anfertigung und Speicherung der aufgenommenen Bilder mittels Film, Digital- oder Videokamera oder sonstiger Digitaltechnik zu verstehen. Auch eine bloße Bildaufnahme ohne Speicherung kann ein technisches Mittel im Sinne dieser Vorschrift sein. 365

Beispiel: Videoüberwachung des Hauseingangs der Wohnung einer einzelnen Person, die der Begehung schwerer Straftaten verdächtigt wird.

Die Regelung erfasst auch den verdeckten Einsatz einer Videokamera, um Bilder von einem Ort zum anderen zu übertragen, ohne dass sie auf einem Bildträger gespeichert werden.[609] Dies kann etwa auch per Smartphone geschehen.

Die Regelung betrifft nur die **verdeckte Datenerhebung**. Im Gegensatz zu § 44 PolG (offene Bildaufzeichnungen) werden sowohl Aufnahmen mit Überspielungen als auch Aufzeichnungen von Bildern erfasst. Ein verdeckter Einsatz ist auch gegeben, wenn natürliche oder künstliche Sichtsperren durch den Einsatz spezieller technischer Mittel überwunden werden. Der verdeckte Einsatz von optischen Geräten, die nicht der Fertigung von Bildaufnahmen oder Bildaufzeichnungen dienen (etwa Nachtsichtgeräte, Ferngläser, Brillen etc.) ist gemäß §§ 43 und 14 Abs. 2 PolG zulässig. Der **offene** Einsatz technischer Mittel beurteilt sich nach § 44 Abs. 1 bis 3, 5 PolG. Für den Einsatz technischer Mittel zur Datenerhebung **in oder aus Wohnungen** gilt die **Sonderregelung des § 50 PolG**. 366

dd) Verdeckter Einsatz technischer Mittel zwecks Tonaufnahmen (§ 49 Abs. 2 Nr. 2 b PolG)

Gem. **§ 49 Abs. 2 Nr. 2 b PolG** ist der verdeckte Einsatz technischer Mittel **zum Abhören und Aufzeichnen des nicht öffentlich gesprochenen Wortes** (etwa mittels Mikrofon, Wanzen oder sonstigen Verstärkeranlagen) auf Tonträger (wie Tonband, Kassetten- 367

---

608 Vgl. VG Freiburg, VBlBW 2013, 350: „Für die jahrelang ununterbrochene Überwachung rund um die Uhr von – für rückfallgefährdet gehaltenen – Sexualstraftätern zum Zwecke der Verhinderung erneuter Sexualstraftaten fehlt es in Baden-Württemberg an einer Rechtsgrundlage". Ausdrücklich wies das Gericht darauf hin, dass die polizeiliche Generalklausel im Zeitpunkt der mündlichen Verhandlung auch übergangsweise nicht (mehr) zur Verfügung stehe, da dem Gesetzgeber ausreichend Zeit zur Neuregelung zur Verfügung gestanden habe (VG Freiburg, VBlBW 2013, 353). Vgl. auch BVerfG, DÖV 2013, 198; VGH BW, openJur 2013, 15384. Für eine bestimmte Übergangszeit (Zeitraum von mehr als zwei Jahren) hatten die meisten OVGs „unter strikter Wahrung der Verhältnismäßigkeitsanforderungen" die Maßnahme auf der Grundlage der polizeilichen Generalermächtigung „abgesegnet": OVG NRW, DVBl 2013, 1267; OVG Saarland, Urt. v. 6.9.2013 – 3 A 13/13 (bestätigt in der Revision durch BVerwG, Beschl. v. 13.1.2014 – 6 B 59.13); zust. etwa Götz/Geis, Polizei- und Ordnungsrecht, § 17 Rn 57. Vgl. auch Stephan, in: Stephan/Deger, Polizeigesetz BW, § 22 Rn 4, § 3 Rn 18; Zeitler/Trurnit, Polizeirecht BW, Rn 648.
609 Stephan, in: Stephan/Deger, Polizeigesetz BW, § 22 Rn 7.

rekorder, Videokamera mit Tonaufzeichnung etc.) ein besonderes Mittel der Datenverarbeitung. Das Lauschen an der Wand ohne Einsatz technischer Mittel stellt keinen Eingriff gem. § 49 PolG dar, desgleichen nicht die Benutzung von Hörgeräten. **Nicht öffentlich** ist das gesprochene Wort, wenn es nach dem Willen des Sprechenden nicht für jedermann bzw. für die Allgemeinheit bestimmt ist.[610]

ee) Technische Observationsmittel (§ 49 Abs. 2 Nr. 3 PolG)

368 Gem. § 49 Abs. 2 Nr. 3 PolG können Daten auch durch den verdeckten Einsatz technischer Mittel zur Feststellung des Aufenthaltsortes oder der Bewegungen einer Person oder einer beweglichen Sache erhoben werden. Hierunter fallen etwa der **Einsatz satellitengestützter Navigationsgeräte** wie etwa das Global Positioning System (**GPS**) oder vergleichbare technische Geräte (etwa Galileo).

Die von derartigen Navigationssystemen unterstütze Observation stellt ein weiteres wichtiges Instrument der Informationsgewinnung im Bereich der Gefahrenabwehr dar. Das **BVerfG** hat den Einsatz von GPS-Observationen im Rahmen eines strafrechtlichen Ermittlungsverfahrens auf der Grundlage der StPO grundsätzlich als mit der Verfassung vereinbar angesehen.[611]

ff) Verdeckte Ermittler (§ 49 Abs. 2 Nr. 4 PolG)

369 Gem. § 49 Abs. 2 Nr. 4 PolG ist ein weiteres besonderes Mittel der Datenerhebung der **Einsatz von Polizeibeamten unter Geheimhaltung ihrer wahren Identität** (sog. Verdeckte Ermittler). Die **Verdeckten Ermittler** werden nur zeitlich begrenzt und mit konkretem Ermittlungsauftrag eingesetzt. Durch die Ausstellung und den Gebrauch von **Tarnurkunden** (§ 49 Abs. 7 PolG [vgl. dazu § 10 Rn 391]) wird für die Polizeibeamten eine völlig neue Identität geschaffen, um sie mit dieser „Legende" als „staatliche Lüge" in die Kreise möglicher Straftäter einzuschleusen.[612]

Der Verdeckte Ermittler ist **Polizeibeamter**. Seine hoheitlichen Befugnisse nach dem PolG oder der StPO bleiben durch seinen verdeckten Einsatz unberührt.[613] Da er dem **Legalitätsprinzip** unterliegt, darf er bei seinem Einsatz grundsätzlich keine strafbaren Handlungen begehen.[614] Eine verdeckte Ermittlung liegt nicht vor, wenn Polizeibeamte lediglich kurzfristig oder unter einem Decknamen an **Einzelaktionen** beteiligt sind. Abzugrenzen ist der Einsatz des Verdeckten Ermittlers von sog. **V-Leuten**, also von Privatpersonen, die mit der Polizei – meist als Informanten – zusammenarbeiten.[615] Der Verdeckte Ermittler ist weiterhin vom sog. **„Scheinkäufer"**, einem Polizeibediensteten, der nur für einzelne Ermittlungshandlungen getarnt auftritt, zu unterscheiden. Erfolgt die verdeckte Datenerhebung durch Polizeibeamte, die nicht als Verdeckte Ermittler eingesetzt sind, richtet sich die Zulässigkeit nach § 43 Abs. 2, 3, § 14 Abs. 2 PolG.

370 Wozu die **Polizei** beim Einsatz Verdeckter Ermittler berechtigt ist, ist durch die Ermächtigungsgrundlage des **§ 49 Abs. 1 PolG abschließend geregelt**. Darüber hinausgehende Ermächtigungen existieren nicht.[616] Eine **fehlerhafte oder zu unbestimmte Einsatzanordnung** führt zu ihrer Rechtswidrigkeit und damit auch insgesamt zur Rechtswidrigkeit des Einsatzes des Verdeckter Ermittler.[617]

---

610 Stephan, in: Stephan/Deger, Polizeigesetz BW, § 22 Rn 10; vgl. auch § 201 StGB.
611 BVerfGE, 112, 304 ff. Vgl. auch Hinweise zum GPS bei Stephan, in: Stephan/Deger, Polizeigesetz BW, § 22 Rn 11 a.
612 Stephan, in: Stephan/Deger, Polizeigesetz BW, § 22 Rn 11b.
613 Kahlert, in: Belz/Mußmann/Kahlert/Sander, Polizeigesetz BW, § 24 Rn 8.
614 Anders § 9 a BVerfSchG in Bezug auf sog. **Organisationsstraftaten**; zu Recht krit. dazu Alleweldt/Roggan, NJW 2020, 3425 ff.
615 Vgl. BVerfG, NJW 2003, 1577 („NPD-Verbotsverfahren").
616 Vgl. BVerfG, NJW 2003, 1577 („NPD-Verbotsverfahren").
617 VG Karlsruhe, openJur 2015, 19440 (Rn 56).

gg) Vertrauenspersonen (§ 49 Abs. 2 Nr. 5 PolG)

Der Begriff der **Vertrauensperson** (VP) als besonderes Mittel der Datenerhebung wurde durch das Änderungsgesetz vom 20.11.2012 in das PolG aufgenommen (GBl. S. 625). Damit wurde für den Einsatz dieser Personen die notwendige Ermächtigungsgrundlage geschaffen.[618] Vertrauenspersonen sind **Privatpersonen**, die mit der Polizei zusammenarbeiten, und deren Einsatz für die Polizei Dritten nicht bekannt ist.[619] Die Vertrauenspersonen dürfen bei ihrer Tätigkeit und der durch sie erfolgenden Datenerhebung keine Mittel einsetzen, die nicht auch von der Polizei selbst eingesetzt werden dürften und insbesondere keine Straftaten begehen.[620]

371

hh) Ermessen bei der Auswahl der Mittel

Grundsätzlich obliegt es dem **Ermessen des Polizeivollzugsdienstes**, das aus seiner Sicht am besten geeignete besondere Mittel der Datenerhebung auszuwählen. Wegen des **Grundsatzes der Datenminimierung** (§§ 13 Nr. 3, 75 Abs. 2 PolG) und des **Grundsatzes der Verhältnismäßigkeit** ist die Polizei aber gehalten, sich auf das **mildeste Mittel mit dem geringfügigsten Eingriff** zu beschränken. Geeigneter Maßstab kann dabei die **gesetzliche Wertung des § 49 Abs. 5 PolG** sein, der für bestimmte, eingriffsstärkere besondere Mittel der Datenerhebung den Richtervorbehalt vorsieht. Diese Mittel sind in aller Regel für die betroffene Person schwerwiegender als die übrigen Mittel. Vgl. dazu auch § 10 Rn 375 ff., 380 ff.

372

d) Straftaten mit erheblicher Bedeutung (§ 49 Abs. 3 PolG)

aa) Allgemeines

§ 49 Abs. 3 PolG enthält eine Legaldefinition der Straftaten mit erheblicher Bedeutung i. S. d. § 49 Abs. 1 S. 1 Nr. 2 bis 4 PolG. Die Regelung entspricht § 22 Abs. 5 PolG 1992. Die **Aufzählung** in § 49 Abs. 3 PolG ist **abschließend** und kann durch den Polizeivollzugsdienst nicht erweitert werden.

373

Straftaten mit besonderer Bedeutung i. S. d. § 49 Abs. 1 S. 1 Nr. 2 bis 4 PolG sind:

374

1. Verbrechen,
2. Vergehen, die im Einzelfall nach Art und Schwere geeignet sind, den Rechtsfrieden besonders zu stören, soweit
   a) Straftaten gegen das Leben, die Gesundheit oder die Freiheit einer oder mehrerer Personen oder bedeutende fremde Sach- oder Vermögenswerte richten,
   b) Straftaten auf den Gebieten des unerlaubten Waffen- oder Betäubungsmittelverkehrs, der Geld- oder Wertzeichenfälschung, des Staatsschutzes (§§ 74 a und 120 GVG) oder nach §§ 86 a, 109 h, 126, 130 und 130 a StGB handelt,
   c) Straftaten, die gewerbs-, gewohnheits-, serien-, bandenmäßig oder sonst organisiert begangen werden.

Wegen der grundlegende Schwere und Bedeutung dieser Straftaten ist davon auszugehen, dass sie den **verfassungsrechtlichen Anforderungen des BVerfG** in seinem **BKAG-Urteil** genügen.[621]

e) Anordnung durch Behördenleitung (§ 49 Abs. 4 S. 7, 8 PolG)

aa) Allgemeines

Mit dem **PolG 2020** wurde in § 49 Abs. 4 PolG grundsätzlich der **Richtervorbehalt** eingeführt (vgl. dazu die Ausführungen in § 10 Rn 380 ff.). Der Landesgesetzgeber hat den Richtervorbehalt aber nicht für alle besonderen Mittel gem. § 49 Abs. 2 PolG eingeführt,

375

---

618 Vgl. Begründung der Landesregierung zum Änderungsgesetz 2008, LT-Drs. 15/2434 S. 30.
619 Soiné, NJW 2020, 2850.
620 Soiné, NJW 2020, 2850 f., 2853.
621 BVerfGE 141, 220, 288 (Rn 156).

sondern einzelne – aus seiner Sicht nicht so eingriffsstarke – Mittel der **Anordnung durch den Polizeivollzugsdienst** überlassen.

bb) Anordnung durch Polizeivollzugsdienst

376 Die Anwendung folgender besonderer Mittel der Datenerhebung darf **durch den Polizeivollzugsdienst angeordnet** werden (Umkehrschluss aus § 49 Abs. 4 S. 1 PolG):
- Anfertigung von Lichtbildern und Bildaufzeichnungen (Bildaufnahmen) gem. § 49 Abs. 2 Nr. 2 a PolG, wenn die Anfertigung nicht länger als durchgehend 24 Stunden oder nicht mehr als an zwei Tagen andauert,
- verdeckter Einsatz technischer Mittel zur Feststellung des Aufenthaltsortes oder der Bewegungen einer Person oder einer beweglichen Sache (technische Observationsmittel) gem. § 49 Abs. 2 Nr. 3 PolG, wenn der Einsatz nicht länger als durchgehend 24 Stunden oder nicht mehr als an zwei Tagen andauert,
- der Einsatz eines Verdeckten Ermittlers oder einer Vertrauensperson gem. § 49 Abs. 2 Nr. 4, 5 PolG, wenn ausschließlich eine allgemein zugängliche Wohnung betreten wird.

Bei diesen Fallkonstellationen handelt es sich wegen der deutlich begrenzten Dauer der Überwachung oder wegen des Betretens ausschließlich einer allgemein zugänglichen Wohnung[622] um **keine besonders schwerwiegenden Eingriffe** in die Rechte der betroffenen Personen. Der Verzicht auf den Richtervorbehalt erscheint hier vertretbar. Das **BVerG** hat hierzu ausgeführt: „Nicht zu beanstanden ist allerdings, dass für die Anfertigung von Bildaufnahmen sowie für nur kurzfristige Observationen – auch mittels Bildaufzeichnungen oder technischer Mittel wie Peilsender – ein Richtervorbehalt nicht vorgesehen ist. Bleiben die Überwachungsmaßnahmen in dieser Weise begrenzt, haben sie kein so großes Eingriffsgewicht, dass deren Anordnung durch einen Richter verfassungsrechtlich geboten ist."[623] Von einer **allgemein zugänglichen Wohnung** kann nur ausgegangen werden, wenn es sich um öffentlich zugängliche Räume handelt[624], diese also von der Allgemeinheit – Beschränkungen auf allgemein definierte Personengruppen und festgelegte Öffnungszeiten sind unschädlich – betreten werden dürfen; regelmäßig werden nur Arbeits-, Betriebs- und Geschäftsräume in Betracht kommen.

In **allen anderen Fallkonstellationen** steht der Einsatz besonderer Mittel der Datenerhebung unter dem **Vorbehalt einer richterlichen Entscheidung**. Das gilt auch für durch die Behördenleitung rechtmäßig angeordnete Maßnahmen, sobald die **begrenzte Dauer dieser Maßnahmen überschritten** wird (länger als durchgehend 24 Stunden oder an mehr als 2 Tagen). In diesem Fall ist unverzüglich eine richterliche Entscheidung zu beantragen, bevor die Maßnahme über diese Zeiten hinaus fortgesetzt wird. Die **Fortsetzung** darf erst erfolgen, wenn eine entsprechende richterliche Anordnung vorliegt. Unzulässig wäre der Beginn von Maßnahmen, um die Zeit bis zum Erlass der beantragten richterlichen Entscheidung zu überbrücken, da hier bereits von Anfang an feststeht, dass die Maßnahme länger andauern soll; hier käme nur die (vorläufige) Durchführung bei Gefahr im Verzug in Betracht (vgl. dazu § 10 Rn 386).

377 Die Anordnung muss gem. **§ 49 Abs. 4 S. 7 PolG** grundsätzlich durch die Leitung eines regionalen Polizeipräsidiums, des Polizeipräsidiums Einsatz oder des LKA erfolgen. Der Begriff „Leitung" ist eindeutig: Die Anordnung kann nur vom **Präsidenten des örtlich zuständigen Polizeipräsidiums**[625], vom **Präsidenten des Polizeipräsidiums Einsatz** oder vom **Präsidenten des LKA**[626] getroffen und unterzeichnet werden. Alle drei Möglichkeiten bestehen **alternativ** und hängen nicht von weiteren tatbestandlichen Voraus-

---
622 Vgl. zum geringeren Schutzstatus in diesen Fällen die Ausführungen in § 11 Rn 267.
623 BVerfGE 141, 220, 294 (Rn 174).
624 Vgl. dazu Jarass, in: Jarass/Pieroth, Grundgesetz, Art. 13 GG Rn 10a.
625 Nr. 1 Spiegelstrich 1 der Anlage 2 zu Nr. 1.3 und 2.3 VwV-PolOrg.
626 Nr. 1 Spiegelstrich 1 der Anlage 6 zu Nr. 1.3 und 2.3 VwV-PolOrg.

VI. Datenverarbeitung bei polizeilichen Einzelmaßnahmen

setzungen ab. Im Fall der Verhinderung sind die unmittelbaren ständigen Vertreter der Präsidenten zur Anordnung befugt.

Der Personenkreis **kann durch Delegation** der Behördenleitung auf die sonstige Führungsebene **erweitert werden**. § 49 Abs. 4 S. 8 PolG erlaubt die Übertragung der Anordnungsbefugnis auf dafür ausdrücklich ausgewählte und benannte Beamte des höheren Polizeivollzugsdienstes. Näheres ergibt sich aus **§ 4 Abs. 1 DVO PolG**.

Bei **Gefahr im Verzug** kann gem. **§ 49 Abs. 4 S. 7 PolG** die Anordnung auch durch einen anderen Beamten des Polizeivollzugsdienstes erfolgen („außer bei Gefahr in Verzug"). Von einer Gefahr im Verzug in diesem Sinne (vgl. dazu auch § 4 Rn 35) kann nur ausgegangen werden, wenn zur Verhinderung eines drohenden Schadens **sofort eingeschritten werden muss**, weil ein weiteres Abwarten den Erfolg der notwendigen Maßnahme der Datenerhebung erschweren oder vereiteln würde. Im Ergebnis muss die Maßnahme der Datenerhebung **unaufschiebbar** sein. Richtigerweise wird in einer **analogen Anwendung des § 49 Abs. 4 S. 5, 6 PolG** davon auszugehen sein, dass in diesem Fall die **Entscheidung** der an sich zuständigen Behördenleitung **unverzüglich nachzuholen** ist.[627]

Angesichts des verfassungsrechtlich gebotenen Richtervorbehalts[628] und der grundlegenden Eingriffsintensität der Maßnahmen gem. § 49 Abs. 2 PolG ist bei der Annahme einer Gefahr im Verzug **Zurückhaltung geboten**. Zwar steht dem Polizeivollzugsdienst ein **eigener Einschätzungsspielraum** zu (vgl. § 4 Rn 35). Es muss aber gesehen werden, dass in besonders eiligen Fällen die notwendige Entscheidung der an sich zuständigen Personen i. S. d. § 49 Abs. 4 S. 7, 8 PolG in der Regel schnell herbeigeführt werden kann. Deswegen wird es regelmäßig vertretbar sein, die Anordnung durch die an sich zuständigen Personen abzuwarten. Ein Abweichen davon kommt insbesondere in Betracht, wenn die von einer Person ausgehenden Gefahren i. S. d. § 49 Abs. 1, 3 PolG so schwerwiegend sind und möglicherweise mit einer so zeitnahen Verwirklichung zu rechnen ist, dass jede Verzögerung der Maßnahme zur Datenerhebung zu **unvertretbaren Gefährdungen** bestimmter Personen oder der Allgemeinheit führen würde.

Angesichts der Schwere der von § 49 Abs. 1, 3 PolG geschützten Rechtsgüter dürfen sich diesbezügliche **Zweifel nicht zulasten der Sicherheit** auswirken.

Alle Schritte der **Anordnung** sind gem. **§ 74 PolG** durch den Polizeivollzugsdienst **umfassend zu protokollieren**. Vgl. dazu auch § 10 Rn 401.

f) Richtervorbehalt (§ 49 Abs. 4 S. 1 bis 5 PolG)

aa) Allgemeines

Mit dem **PolG 2020** wurde in § 49 Abs. 4 PolG der **Richtervorbehalt** eingeführt. Dies entspricht des Vorgaben des **BVerfG** aus seinem BKAG-Urteil: „Demgegenüber ist eine **unabhängige Kontrolle verfassungsrechtlich unverzichtbar**, wenn Observationen längerfristig – zumal unter Anfertigung von Bildaufzeichnungen oder unter Nutzung besonderer technischer Mittel wie Peilsender – durchgeführt werden, wenn nichtöffentliche Gespräche erfasst oder Vertrauenspersonen eingesetzt werden. Diese Maßnahmen **dringen unter Umständen so tief in die Privatsphäre ein**, dass deren Anordnung einer unabhängigen Instanz, etwa einem Gericht, vorbehalten bleiben muss. Insoweit reicht es nicht, die Anordnung der Maßnahmen zunächst der Sicherheitsbehörde selbst zu überlassen und die disziplinierende Wirkung wegen des Erfordernisses einer richterlichen Entscheidung erst für deren Verlängerung – möglicherweise auf der Grundlage der so gewonnenen Erkenntnisse – vorzusehen."[629]

---

627 So R. Schenke, in: Schenke/Graulich/Ruthig, Sicherheitsrecht, § 45 BKAG Rn 33.
628 BVerfGE 141, 220, 275 f. (Rn. 117 f.).
629 BVerfGE 141, 220, 294 (Rn 174).

Der Landesgesetzgeber hat den Richtervorbehalt nicht für alle besonderen Mittel gem. § 49 Abs. 2 PolG eingeführt, sondern einzelne – aus seiner Sicht nicht so eingriffsstarke – Mittel der **Anordnung durch den Polizeivollzugsdienst** überlassen (vgl. dazu § 10 Rn 375 ff).

bb) Anordnung durch Gericht (§ 49 Abs. 4 S. 1 PolG)

381 Die Anwendung folgender besonderer Mittel der Datenerhebung darf **allein durch das Gericht angeordnet** werden:
1. **Längerfristige Observation** gem. § 49 Abs. 2 Nr. 1 PolG,
2. **verdeckter Einsatz technischer Mittel** zur Anfertigung von Lichtbildern und Bildaufzeichnungen (**Bildaufnahmen**) gem. § 49 Abs. 2 Nr. 2 a PolG, bei denen durchgehend länger als 24 Stunden oder an mehr als 2 Tagen Lichtbilder oder Bildaufzeichnungen bestimmter Personen angefertigt werden sollen,
3. **verdeckter Einsatz technischer Mittel** zum Abhören und Aufzeichnen des nicht öffentlich gesprochenen Wortes auf Tonträger (**Tonaufnahmen**) gem. § 49 Abs. 2 Nr. 2 b PolG,
4. **verdeckter Einsatz technischer** Mittel zur Feststellung des Aufenthaltsortes oder der Bewegungen einer Person oder einer beweglichen Sache (**technische Observationsmittel**) gem. § 49 Abs. 2 Nr. 3 PolG, bei denen technische Mittel zur Feststellung des Aufenthaltsortes oder der Bewegungen einer Person oder einer beweglichen Sache durchgehend länger als 24 Stunden oder an mehr als 2 Tagen zum Einsatz kommen,
5. der **Einsatz eines Verdeckten Ermittlers oder einer Vertrauensperson** gem. § 49 Abs. 2 Nr. 4, 5 PolG, bei dem der Verdeckte Ermittler oder die Vertrauensperson eine Wohnung betritt, die nicht allgemein zugänglich ist.[630]

382 Wegen der Schwere des Grundrechtseinschränkung beim Einsatz besonderer Mittel der Datenerhebung unterliegen diese Eingriffe dem **Richtervorbehalt**. **§ 49 Abs. 4 S. 1 PolG** trägt diesem Umstand Rechnung und entspricht weitgehend **§ 45 Abs. 3 BKAG**. Es bedarf einer **Anordnung durch den Richter**.

383 Die **Zuständigkeit des Amtsgerichts** ergibt sich aus **§ 132 Abs. 1 PolG**: Zuständig ist das **Amtsgericht**, in dessen Bezirk die **zuständige Polizeidienststelle** ihren **Sitz** hat. Es handelt sich dabei um eine zulässige sog. **abdrängende Sonderzuweisung** des Rechtswegs i. S. d. § 40 Abs. 1 S. 2 VwGO.[631]

384 Die gerichtliche Anordnung steht gem. **§ 49 Abs. 4 S. 2 PolG** unter einem **Antragvorbehalt**. Gem. **§ 49 Abs. 4 S. 3 PolG** ist der **Antrag** durch die **Leitung eines regionalen Polizeipräsidiums**, des **Polizeipräsidiums Einsatz** oder des **LKA** schriftlich zu stellen und zu begründen.

Der Begriff „Leitung" ist eindeutig: Der Antrag kann nur vom **Präsidenten des örtlich zuständigen Polizeipräsidiums**[632], vom **Präsidenten des Präsidiums Einsatz** oder vom **Präsidenten des LKA**[633] gestellt werden. Alle drei Möglichkeiten bestehen **alternativ** und hängen nicht von weiteren tatbestandlichen Voraussetzungen ab. Im Fall der Verhinderung sind die unmittelbaren ständigen Vertreter der Präsidenten zur Anordnung befugt.

Der Personenkreis **kann durch Delegation** der Behördenleitung auf die sonstige Führungsebene **erweitert werden**. § 49 Abs. 4 S. 8 PolG erlaubt die Übertragung der Anordnungsbefugnis auf dafür ausdrücklich ausgewählte und benannte Beamte des höheren Polizeivollzugsdienstes. Näheres ergibt sich aus **§ 4 Abs. 1 DVO PolG**.

---

[630] Zur verfassungsrechtlichen Notwendigkeit des Richtervorbehalts beim Einsatz von Vertrauensleuten vgl. auch Soiné, NJW 2020, 2850, 2851 f.
[631] Vgl. dazu etwa Buchberger, in: Lisken/Denninger, Handbuch, Kap. L Rn 28.
[632] Nr. 1 Spiegelstrich 1 der Anlage 2 zu Nr. 1.3 und 2.3 VwV-PolOrg.
[633] Nr. 1 Spiegelstrich 1 der Anlage 6 zu Nr. 1.3 und 2.3 VwV-PolOrg.

VI. Datenverarbeitung bei polizeilichen Einzelmaßnahmen

Für das **Gerichtsverfahren** gilt **§ 131 Abs. 2 PolG**. Dies bedeutet im Einzelnen: **385**
- Für das Verfahren gelten die **Vorschriften des FamFG** (§ 132 Abs. 2 S. 1 PolG).
- Das zuständige Amtsgericht **ermittelt von Amts wegen** (§ 26 FamFG).
- Die Entscheidungen bedürfen abweichend von §§ 40, 41 FamFG zu ihrer Wirksamkeit **nicht der Bekanntmachung** an die betroffene Person (§ 132 Abs. 2 S. 2 PolG).
- Gegen die Entscheidung des Gerichts findet die **Beschwerde zum OLG** statt (§ 132 Abs. 2 S. 3 PolG); die Beschwerde hat **keine aufschiebende Wirkung** (§ 132 Abs. 2 S. 4 PolG). Die **Beschwerdefrist** beginnt bei Nichtbekanntgabe des Beschlusses wegen der Rechtsschutzgarantie des Art. 103 Abs. 1 GG[634] abweichend von § 63 Abs. 3 FamFG erst mit der Kenntnis der betroffenen Person vom Gerichtsbeschluss zu laufen; dies gilt auch für die 5-Monats-Frist des § 63 Abs. 3 S. 2 FamFG.[635] Die Kenntnisnahme ist durch die Benachrichtigungspflichten der §§ 85, 86 PolG gewährleistet.
- Eine weitere **Rechtsbeschwerde** findet abweichend von den §§ 70 ff. FamFG nicht statt (§ 132 Abs. 2 S. 5 PolG).

cc) **Anordnung bei Gefahr in Verzug (§ 49 Abs. 4 S. 4 PolG)**

Bei **Gefahr im Verzug** kann die Anordnung gem. § 49 Abs. 4 S. 4 PolG auch von einer **386** der in § 49 Abs. 4 S. 3 PolG genannten Personen (Behördenleiter, vgl. dazu § 10 Rn 377, 384) **selbst getroffen** werden.[636] Der Personenkreis **kann durch Delegation** der Behördenleitung auf die sonstige Führungsebene **erweitert werden**. § 49 Abs. 4 S. 8 PolG erlaubt die Übertragung der Anordnungsbefugnis auf dafür ausdrücklich ausgewählte und benannte Beamte des höheren Polizeivollzugsdienstes. Näheres hierzu ergibt sich aus **§ 4 Abs. 1 DVO PolG**.

Bei einer behördlichen Anordnung bei Gefahr im Verzug ist gem. **§ 49 Abs. 4 S. 5, 6 PolG** eine **gerichtliche Bestätigung** durch das in § 49 Abs. 4 S. 1 PolG genannte Gericht **unverzüglich herbeizuführen**. Unverzüglich heißt sofort (= ohne schuldhaftes Verzögern). Von einer Gefahr im Verzug in diesem Sinne (vgl. dazu auch § 4 Rn 35) kann nur ausgegangen werden, wenn zur Verhinderung eines drohenden Schadens **sofort eingeschritten werden muss**, weil ein weiteres Abwarten den Erfolg der notwendigen Maßnahme der Datenerhebung erschweren oder vereiteln würde. Im Ergebnis muss die Maßnahme der Datenerhebung **unaufschiebbar** sein.

Angesichts des verfassungsrechtlich gebotenen Richtervorbehalts[637] und der grundlegenden Eingriffsintensität der Maßnahmen gem. § 49 Abs. 2 PolG ist bei der Annahme einer Gefahr im Verzug **Zurückhaltung geboten**. Zwar steht dem Polizeivollzugsdienst ein **eigener Einschätzungsspielraum** zu (vgl. § 4 Rn 35). Es muss aber gesehen werden, dass in besonders eiligen Fällen die notwendige Entscheidung des Amtsgerichts in der Regel schnell herbeigeführt werden kann. Deswegen wird es regelmäßig vertretbar sein, die Anordnung durch das Amtsgericht abzuwarten. Ein Abweichen davon kommt insbesondere in Betracht, wenn die von einer Person ausgehenden Gefahren i. S. d. § 49 Abs. 1, 3 PolG so schwerwiegend sind und möglicherweise mit einer so zeitnahen Verwirklichung zu rechnen ist, dass jede Verzögerung der Maßnahme zur Datenerhebung zu **unvertretbaren Gefährdungen** bestimmter Personen oder der Allgemeinheit führen würde. Vgl. dazu auch **Fall 31** in § 10 Rn 378).

---
634 Vgl. dazu auch BVerfGE 107, 395, 406.
635 § 63 Abs. 3 S. 2 FamFG lautet: „Kann die schriftliche Bekanntgabe an einen Beteiligten nicht bewirkt werden, beginnt die Frist spätestens mit Ablauf von fünf Monaten nach Erlass des Beschlusses." Bei einer unterlassenen Bekanntmachung auf der Grundlage des § 132 Abs. 2 S. 2 PolG liegt kein Fall i. S. d. § 63 Abs. 3 S. 2 FamFG vor. Vgl. dazu eingehender die weiteren Ausführungen in **§ 11 Rn 285 Fn 501**.
636 Zur verfassungsrechtlichen Zulässigkeit vgl. auch Soiné, NJW 2020, 2850, 2852.
637 BVerfGE 141, 220, 275 f. (Rn. 117 f.).

dd) Rechtsschutz

387 Beim **Rechtsschutz** durch eine von einer Maßnahme gem. § 49 PolG betroffenen Person ist zu **differenzieren**:
- Sofern eine Maßnahme gem. § 49 PolG auf der Grundlage einer **richterlichen Anordnung** (vgl. § 10 Rn 380 ff.) erfolgte, **scheidet** eine **verwaltungsgerichtliche Anfechtung** der Anordnung **durch die betroffene Person aus**. Ihr stehen die Rechtsmittel gem. §§ 91 bis 93 PolG zu. Gem. § 132 Abs. 3 PolG ist eine **Anfechtungsklage ausgeschlossen**, wenn eine richterliche Entscheidung nach dem PolG ergangen ist. Da eine Maßnahme gem. § 49 Abs. 1 PolG in der Regel nur nach richterlicher Anordnung durchgeführt werden kann, greift § 132 Abs. 3 PolG. Aufgrund der eindeutigen Zielrichtung des § 132 Abs. 3 PolG gilt dies trotz des Wortlauts („Anfechtungsklage") auch für Fälle anderer verwaltungsgerichtlicher Rechtsbehelfe gegen Realakte (etwa Feststellungklage). Die betroffene Person kann gegen die Entscheidung des Amtsgerichts die **Beschwerde zum OLG** erheben.
- Erfolgte die Durchführung der Maßnahme gem. § 49 PolG dagegen **allein auf der Grundlage einer behördlichen Anordnung** (vgl. § 10 Rn 375 ff.) kommt als Rechtsschutzmöglichkeit grundsätzlich nur die (nachträgliche) Feststellung der Rechtswidrigkeit des Einsatzes gem. § 43 Abs. 1 VwGO durch **Feststellungsklage** in Betracht. Die **innerdienstliche Einsatzanordnung** stellt keinen Verwaltungsakt, sondern einen **Realakt** dar, da es ihr an einem nach außen gerichteten Regelungswillen fehlt.[638] In bestimmten Fällen kann das Rechtsschutzbegehren auch als allgemeine Leistungsklage in Gestalt der (vorbeugenden) **Unterlassungsklage** in Frage kommen.[639]

g) Antragsinhalt (§ 49 Abs. 5 PolG)

388 § 49 Abs. 5 PolG sieht detaillierte Vorgaben für den beim Amtsgericht zu stellenden Antrag vor. Dies folgt aus der Rechtsprechung des BVerfG, das aus den strengen Anforderungen an den Inhalt und die Begründung der gerichtlichen Anordnung folgert, dass hieraus zugleich das Erfordernis einer **hinreichend substantiierten Begründung und Begrenzung des Antrags auf Anordnung** folgt, die es dem Gericht oder der unabhängigen Stelle erst erlaubt, eine effektive Kontrolle auszuüben. Insbesondere bedarf es der **vollständigen Information** seitens der antragstellenden Behörde über den zu beurteilenden Sachstand.[640]

Im Antrag sind danach **zwingend anzugeben**:
1. die **Person**, gegen die sich die Maßnahme richtet, soweit möglich mit Name und Anschrift,
2. Art, Umfang und Dauer der Maßnahme,
3. der Sachverhalt sowie
4. eine Begründung.

h) Gerichtliche Anordnung (§ 49 Abs. 6 PolG)

389 Gem. § 49 Abs. 6 S. 1 PolG ergeht durch das zuständige Amtsgericht eine **schriftliche Anordnung**. Die Entscheidung des zuständigen Amtsgerichts ergeht gem. § 132 Abs. 1 S. 1 PolG i. V. m. § 38 Abs. 1 S. 1 FamFG durch **Beschuss**. Es ist Aufgabe und Pflicht des Gerichts, sich eigenverantwortlich ein Urteil darüber zu bilden, ob die beantragte

---

[638] Zum Realakt vgl. § 8 Rn 1 ff.; vgl. VGH BW, DVBl 1995, 367, insoweit bestätigt durch BVerwG, NJW 1997, 2534, zum Einsatz eines Verdeckten Ermittlers. Zum Beispiel einer (nachträglichen) Feststellungklage zur Rechtswidrigkeit des verdeckten Einsatzes technischer Mittel zur vorbeugenden Bekämpfung von Straftaten vgl. VGH BW, DVBl 2014, 1002.
[639] Siehe dazu VG Freiburg, VBlBW 2013, 350.
[640] BVerfGE 141, 220, 275 f. (Rn 118).

heimliche Überwachungsmaßnahme den gesetzlichen Voraussetzungen entspricht.[641] Durch die schriftliche Fixierung wird der äußere Rahmen abgesteckt, innerhalb dessen die heimliche Maßnahme durchzuführen ist, so dass der Eingriff messbar und kontrollierbar bleibt.[642]

Erlässt das Amtsgericht eine Anordnung, durch welche die beantragte Überwachungsmaßnahme erlaubt wird, hat es **in seiner Entscheidung** gem. § 49 Abs. 6 S. 2 PolG **zwingend anzugeben**: 390
1. die **Person**, gegen die sich die Maßnahme richtet, soweit möglich mit Name und Anschrift,
2. Art, Umfang und Dauer der Maßnahme,
3. die wesentlichen Gründe.

i) Schutz der Identität (§ 49 Abs. 7 PolG)

§ 49 Abs. 7 PolG enthält besondere Regelungen über den **Aufbau und die Aufrechterhaltung der Legende** des Verdeckten Ermittlers und zu seinen **Befugnissen**. 391

Die **Sätze 1 und 2** ermächtigen zur Herstellung, Veränderung und zum Gebrauch von (falschen) Urkunden wie etwa Pass, Personalausweis, Führerschein, Dienstausweis, Kfz-Papiere etc. Verdeckte Ermittler dürfen **nur zur Erfüllung ihres Auftrags** unter einer Legende bei öffentlichen Stellen **auftreten** sowie privatrechtliche Vereinbarungen treffen. Zweck der **Teilnahme** der Verdeckten Ermittler **am Rechtsverkehr** unter ihrer Legende (**Satz 2**) ist es, einer möglichen Enttarnung vorzubeugen. Durch diese Tätigkeit darf Vertragspartnern kein wirtschaftlicher Schaden entstehen.

Gem. § 49 S. 3 PolG darf ein Verdeckter Ermittler unter Geheimhaltung seiner wahren Identität mit **Einverständnis des Berechtigten** dessen Wohnung betreten. Die Vorschrift stellt klar, dass auch dann das Einverständnis des Wohnungsinhabers zum **Betreten** vorliegt bzw. angenommen wird, wenn sich der Berechtigte über die Identität seines „Besuchers" im Irrtum befindet. Die Voraussetzungen des § 36 PolG müssen in diesem Fall nicht vorliegen.[643] **Satz 3** gestattet nur das Betreten einer Wohnung, nicht aber darüber hinausgehende Maßnahmen wie die Durchsuchung oder die Täuschung über das Bestehen eines angeblichen Zutrittsrechts.

j) Schutz des Kernbereichs privater Lebensgestaltung (§ 49 Abs. 8 PolG)

§ 49 Abs. 8 PolG trifft besondere Regelungen für in einer Wohnung aufgezeichnete Daten zum **Schutz des Kernbereichs privater Lebensgestaltung**. Die Regelung entspricht **§ 45 Abs. 7 BKAG**. 392

Vgl. zum Schutz des Kernbereichs privater Lebensgestaltung und zur **notwendigen Prognose** bei der **Erhebung, Speicherung und Verarbeitung von Daten** die weitergehenden Ausführungen in **§ 10 Rn 17 ff.**

Aus **§ 49 Abs. 8 S. 2 PolG** folgt eine **Sonderregelung für den Einsatz Verdeckter Ermittler oder von Vertrauenspersonen**. Die Maßnahme ist unverzüglich zu unterbrechen, soweit sich **während der Durchführung der Maßnahme** tatsächliche Anhaltspunkte dafür ergeben, dass Inhalte, die dem Kernbereich privater Lebensgestaltung zuzurechnen sind, betroffen sind. Der Polizeivollzugsdienst muss die **Maßnahme sofort** (= ohne schuldhaftes Zögern) **beenden**, wenn er erkennt oder erkennen muss, dass die Aufzeichnung den Schutzbereich privater Lebensführung tangiert. Wegen der besonderen Gefährdung der als Verdeckte Ermittler oder als Vertrauensperson eingesetzten Personen darf die Maßnahme nur abgebrochen werden, wenn die **Beendigung ohne Ge-** 393

---
641 BVerfGE 141, 220, 275 f. (Rn 118).
642 LT-Drs. 16/2701, S. 32.
643 Würtenberger/Heckmann/Tanneberger, Polizeirecht BW, § 6 Rn 139; vgl. auch BGH, NJW 1997, 1516; Stephan, in: Stephan/Deger, Polizeigesetz BW, § 24 Rn 5.

fährdung der als Verdeckter Ermittler oder als Vertrauensperson **eingesetzten Person** erfolgen kann.

Beispiel: Die Vertrauensperson V hält sich während ihres Einsatzes bei einem Treffen in der Wohnung des Verdächtigten T auf. Dabei wird deutlich, dass durch die sehr privaten Gespräche in der Wohnung der Kernbereich privater Lebensgestaltung tangiert ist. V muss sofort die Wohnung des A in diesem Fall verlassen oder eine mögliche Aufzeichnung der Gespräche abbrechen, um den Schutz des § 49 Abs. 8 S. 2 PolG zu gewährleisten. Dies darf aber nur erfolgen, wenn V sich dabei nicht selbst gefährdet, etwa weil dieses Verhalten verdächtig wirkt oder seine Tarnung aufzufliegen droht.

§ 49 Abs. 8 S. 2 PolG verlangt keinen vollständigen Abbruch, sondern nur eine **Unterbrechung der Maßnahme**. Die weitere Vorgehensweise ergibt sich dann aus § 49 Abs. 8 S. 4 bis 8 PolG.

394 **§ 49 Abs. 8 S. 3 PolG** betrifft die **besonderen Mittel der Datenerhebung gem. § 49 Abs. 2 Nr. 1 bis 3 PolG**. Observationen und Überwachungen mit technischen Mitteln werden häufig mit automatisierten Verfahren durchgeführt. Bei automatisierten Verfahren bekommt der Polizeivollzugsdienst regelmäßig nicht mit, wie die Inhalte der Aufzeichnungen ausfallen. § 49 Abs. 8 S. 3 PolG bestimmt, dass die Maßnahme sofort zu unterbrechen ist, wenn der Polizeivollzugsdienst während einer automatisierten Maßnahme Kenntnis erlangt, dass der Kernbereich privater Lebensgestaltung von der konkreten Maßnahme betroffen ist und entsprechende Inhalte erfasst werden.

395 **Bei Zweifeln**, ob der Kernbereich privater Lebensgestaltung betroffen ist, dürfen **unterbrochene Maßnahmen mit Einsatz verdeckter technischer Mittel** (§ 49 Abs. 2 Nr. 2 PolG) gem. **§ 49 Abs. 8 S. 4 PolG** nur im Wege **automatischer Aufzeichnung** fortgesetzt werden. Über das Vorgehen nach § 49 Abs. 8 S. 4 PolG entsteht ein sog. **Richterband**[644], das gem. **§ 49 Abs. 8 S. 5 PolG** unverzüglich dem anordnenden Gericht (§ 49 Abs. 4 S. 1 PolG [vgl. dazu § 10 Rn 383]) vorzulegen ist, das gem. **§ 49 Abs. 8 S. 6 PolG** wiederum unverzüglich über die Verwertbarkeit oder die Löschung der Daten entscheidet. Diese besondere Vorgehensweise stellt sicher, dass unzulässig erlangte Daten aus dem Kernbereich privater Lebensgestaltung nur dem zuständigen Amtsgericht zur Kenntnis gelangen.

396 Aus **§ 49 Abs. 8 S. 7 PolG** folgt, dass eine gem. § 49 Abs. 8 S. 3 PolG unterbrochene **Maßnahme fortgeführt** werden darf, wenn aufgrund einer Prognose des Polizeivollzugsdienstes ausreichend sicher geklärt ist, dass durch die Maßnahme nicht allein Erkenntnisse aus dem Kernbereich privater Lebensgestaltung erlangt werden.

397 Gem. **§ 49 Abs. 8 S. 8 PolG** dürfen Erkenntnisse aus dem Kernbereich privater Lebensgestaltung **nicht verwertet** werden (**absolutes Datenverwertungsverbot**). Diese Regelung sichert das Datenverarbeitungsverbot weiter ab. Wenn aufgrund der Regelungen in Abs. 8 auch Daten aus dem Kernbereich privater Lebensgestaltung aufgenommen und gespeichert werden, ist es dem Polizeivollzugsdienst verboten, diese zu verwerten.

Beispiel: Der Polizeivollzugsdienst hat durch den Einsatz eines Verdeckten Ermittlers in einer Privatwohnung umfangreiche Erkenntnisse gewonnen. Bei der Auswertung des Materials stellt die Polizei fest, dass in Teilen der Kernbereich privater Lebensgestaltung verletzt ist, weil rein private Gesprächsinhalte erfasst wurden. Diese Inhalte sind jeglicher Auswertung entzogen, selbst wenn sich daraus mögliche weitere Ansatzpunkte ergeben. Daraus gezogene Erkenntnisse können zu keinen weiteren Ermittlungen führen. Darüber hinaus sind die entsprechenden Aufzeichnungen unverzüglich zu löschen oder zu vernichten.

398 Aus **§ 49 Abs. 5 S. 10 bis 13 PolG** folgen **besondere Dokumentationspflichten**, die neben denen des § 74 PolG (vgl. dazu § 10 Rn 401) bestehen.

Die **Tatsache der Erfassung von Daten** mit Bezug zum Kernbereich privater Lebensgestaltung ist **zu erfassen und zu dokumentieren** (**Satz 10**). Die hierzu erstellte Doku-

---

644 R. Schenke, in: Schenke/Graulich/Ruthig, Sicherheitsrecht, § 45 BKAG Rn 47.

mentation ist ausschließlich für die alle zwei Jahre erfolgende **Kontrolle der Maßnahmen** nach § 49 PolG durch den **Landesbeauftragten für Datenschutz** gem. § 97 PolG i. V. m. § 20 Abs. 1 LDSG, § 98 Abs. 1 Nr. 14 PolG zu verwenden (**Satz 11**). Die Dokumentation ist **sechs Monate** nach der Benachrichtigung nach § 86 PolG oder sechs Monate nach Erteilung der gerichtlichen Zustimmung über das endgültige Absehen von der Benachrichtigung **zu löschen** (**Satz 12**). Hieraus kann sich eine Aufbewahrungszeit von über 5 Jahren ergeben. Ist die **Datenschutzkontrolle** nach Ablauf der in § 98 Abs. 1 Nr. 14 PolG genannten Frist noch nicht beendet, ist die Dokumentation **bis zu ihrem Abschluss aufzubewahren** (**Satz 13**).

k) Löschungspflicht (§ 49 Abs. 9 PolG)

Gem. **§ 49 Abs. 9 PolG** sind Bild- und Tonaufzeichnungen, die ausschließlich die nicht in Abs. 1 genannten Personen betreffen, **unverzüglich, spätestens nach zwei Monaten zu löschen**. Nach dieser Regelung sind die Daten von den Personen, gegen die der Einsatz der technischen Mittel nicht gerichtet war, die aber dennoch von der Datenerhebung als Dritte oder „Unbeteiligte" betroffen wurden, grundsätzlich zu löschen. Da diese Personen nicht Ziel der Datenerhebung waren, ist die Speicherung ihrer Daten nicht erforderlich. Soweit im Einzelfall die erhobenen Daten für die Verfolgung von Straftaten erforderlich sind, entfällt nach Halbsatz 2 die Löschungspflicht. § 49 Abs. 9 PolG ist keine Ermächtigungsnorm, für die **weitere Datenverarbeitung** gelten vielmehr die allgemeinen Vorschriften, insbesondere **§ 15 PolG**.

399

l) Weitere Pflichten der Datenverarbeitung

Die für Maßnahmen nach § 49 PolG **maßgeblichen Regelungen** zur Benachrichtigung der betroffenen Personen, zur Kennzeichnung der Daten und zur Kontrolle der Datenerhebungen durch die Aufsichtsbehörde für den Datenschutz finden sich in den **§§ 72, 86 und 98 Abs. 1 Nr. 14 PolG**.

400

Aus **§ 90 PolG** folgt eine **alle zwei Jahre zu erfüllende Berichtspflicht** über die auf der Grundlage des § 49 PolG erfolgten Maßnahmen **an den Landtag**. Anlässlich einer Anfrage im Landtag berichtete das IM dem Landtag, dass im Jahr **2017** insgesamt **61** und im Jahr **2018** insgesamt **54 Maßnahmen auf der Grundlage des § 49 PolG** erfolgt waren.[645]

Aus **§ 74 PolG** folgt eine **umfassende Protokollierungspflicht** für alle Maßnahmen gem. § 49 PolG. Zu protokollieren sind gem. § 74 Abs. 1 und Abs. 2 Nr. 2, 3 PolG:

401

1. Das zur Datenerhebung eingesetzte Mittel,
2. der Zeitpunkt des Einsatzes,
3. Angaben, die die Feststellung der erhobenen Daten ermöglichen,
4. die verantwortliche Dienststelle,
5. bei Maßnahmen der längerfristigen Observation, Bildaufnahmen, Tonaufnahmen, technischen Observationsmittel die Zielperson sowie die erheblich mitbetroffenen Personen,
6. bei Maßnahmen des Einsatzes einer Vertrauensperson und eines Verdeckten Ermittlers
   a) die Zielperson,
   b) die erheblich mitbetroffenen Personen,
   c) die Personen, deren nicht allgemein zugängliche Wohnung die beauftragte Person, die Vertrauensperson oder der Verdeckte Ermittler betreten hat.

---

645 LT-Drs. 16/7519, S. 4.

10. Datenerhebung in oder aus Wohnungen (§ 50 PolG)
a) Allgemeines
aa) Entstehungsgeschichte

402 **§ 50 PolG** (damals noch § 23 PolG) wurde durch das **Änderungsgesetz vom 18.11.2008** (GBl. S. 390) in wesentlichen Teilen neu gefasst. Die Anpassungen waren teilweise auf die Vorgaben des BVerfG zur Reichweite der Menschenwürdegarantie speziell in ihrer Konkretisierung als Abwehranspruch gegen Eingriffe in das Grundrecht auf Unverletzlichkeit der Wohnung zurückzuführen. Mit der Neufassung 2008 wurde auch dem Umstand Rechnung getragen, dass der **Lauschangriff** als besonders schwerwiegender Grundrechtseingriff aus Gründen der Verhältnismäßigkeit **nur als Ultima Ratio** durchgeführt werden darf.

Mit dem **PolG 2020** wurde § 23 PolG 1992 überarbeitet und zu § 50 PolG. Hauptziel der Überarbeitung war die Anpassung der Vorschrift an die Vorgaben des **BVerfG** in seinem **BKAG-Urteil**. Eine ähnliche Regelung enthält **§ 46 BKAG**.

bb) Verfassungsrecht

403 Art. 13 Abs. 1 GG ist ein staatsgerichtetes Abwehrgrundrecht und garantiert die **Unverletzlichkeit der Wohnung** durch den Staat (vgl. auch § 11 Rn 250 ff.). Art. 13 Abs. 1 GG gewährt das Recht, in der Wohnung „in Ruhe gelassen zu werden".[646] Wohnung bedeutet räumliche Privatsphäre. Art. 13 GG verbürgt dem Einzelnen mit Blick auf seine Menschenwürde sowie im Interesse der Entfaltung seiner Persönlichkeit einen elementaren Lebensraum, in den nur unter den besonderen Voraussetzungen des Art. 13 Abs. 2 bis 7 GG eingegriffen werden darf. Ging es früher vor allem um das physische Eindringen staatlicher Organe in die Wohnung und dessen Abwehr, so tritt nunmehr die informationelle Selbstbestimmung des Grundrechtsträgers ergänzend hinzu.[647] Hierzu gehört das Verbot, gegen den Willen des Wohnungsinhabers in die Wohnung einzudringen und darin zu verweilen oder **Abhörgeräte** einzubauen und zu benutzen.

Zur Unantastbarkeit der **Menschenwürde** gemäß Art. 1 Abs. 1 GG gehört die Anerkennung eines absolut geschützten **Kernbereichs privater Lebensgestaltung** (vgl. dazu eingehender § 10 Rn 8 ff., 426 ff.). In diesen Bereich darf die akustische Überwachung von Wohnraum (im entschiedenen Fall zu Zwecken der Strafverfolgung, Art. 13 Abs. 3 GG) nicht eingreifen. Eine Abwägung nach Maßgabe des Verhältnismäßigkeitsgrundsatzes zwischen dem Grundrecht auf Unverletzlichkeit der Wohnung (Art. 13 Abs. 1 i. V. m. Art. 1 Abs. 1 GG) und dem Strafverfolgungsinteresse findet insoweit nicht statt.[648] Die vom BVerfG zur Zulässigkeit des „großen Lauschangriffs" im repressiven Bereich entwickelten Grundsätze gelten entsprechend für die verfassungsrechtliche Zulässigkeit der präventiv-polizeilichen Wohnraumüberwachung.

Für den **Bereich der Strafverfolgung** gelten die speziellen Vorschriften der **§§ 100 c, 100 d StPO**. Der sog. „kleine Lauschangriff" zur Strafverfolgung richtet sich nach **§ 100 f StPO**. Gem. § 6 Abs. 1 LVSG hat auch das **Landesamt für Verfassungsschutz** das Recht zur Wohnraumüberwachung.[649]

---

646 BVerfG, NJW 2002, 1333.
647 BVerfGE 120, 274, 309 ff.; von der Grün, in: Möstl/Trurnit, Polizeirecht BW, § 23 Rn 6; Schoch, JURA 2010, 22.
648 BVerfGE 109, 279 = NJW 2004, 999 ff.
649 Durch Art. 1 Nr. 3 des Gesetz zur Änderung des Landesverfassungsschutzgesetzes und des Ausführungsgesetzes zum Artikel 10-Gesetz vom 28.11.2017 (GBl. S. 621) wurde in Abs. 3 des neu eingefügten § 5 c LVSG eine Regelung zum Schutz des Kernbereichs privater Lebensgestaltung geschaffen. Zu diesem Zweck wird auf verschiedene Normen des Artikel 10-Gesetzes sowie des Ausführungsgesetzes zum Artikel 10-Gesetz verwiesen.

b) Befugnis zur Datenerhebung / betroffene Personen (§ 50 Abs. 1 PolG)

aa) Allgemeines

§ 50 Abs. 1 PolG wurde gegenüber dem früheren § 23 Abs. 1 PolG 1992 nur **geringfügig** an die Vorgaben des BVerfG in seinem BKAG-Urteil **angepasst**.

bb) Abwehr einer Gefahr i. S. d. § 23 Abs. 1 S. 1 PolG

Gem. **§ 50 Abs. S. 1 PolG** kann der Polizeivollzugsdienst personenbezogene Daten **in oder aus Wohnungen** durch den verdeckten Einsatz **technischer Mittel gem. § 49 Abs. 2 Nr. 2 PolG** zur Abwehr einer dringenden Gefahr für besonders hochrangige Rechtsgüter erheben.

Für eine Wohnraumüberwachung dürfen nur technische Mittel i. S. d. § 49 Abs. 2 Nr. 2 PolG – also solche zur Anfertigung von **Lichtbildern und Bildaufzeichnungen** sowie zum Abhören und Aufzeichnen des nicht öffentlich gesprochenen Wortes auf **Tonträger** – eingesetzt werden (etwa Lichtbildkamera, Richtmikrofon, vgl. § 10 Rn 365, 367).

Eingriffsvoraussetzung ist das **Vorliegen einer dringenden, also unmittelbar bevorstehenden Gefahr für hochrangige Rechtsgüter**, namentlich für Leib, Leben oder Freiheit einer Person sowie den Bestand oder die Sicherheit des Bundes oder eines Landes. Erforderlich ist eine besondere zeitliche Nähe und ein gesteigertes Maß der Wahrscheinlichkeit des Schadenseintritts, wenn also mit dem Eintritt des **Schadens** sofort oder doch mit an Sicherheit grenzender Wahrscheinlichkeit zu rechnen ist (vgl. § 4 Rn 32). **Ein Vorfeld der Gefahr reicht für die Annahme der Voraussetzungen des § 50 PolG nicht aus.** Aus denselben Gründen sind Maßnahmen gem. § 50 PolG zu Zwecken der vorbeugenden Bekämpfung von Straftaten nicht zulässig.

Weiterhin ist Tatbestandsvoraussetzung, dass Gefahren (nur) für **hochrangige Rechtsgüter** abgewehrt werden sollen (vgl. Art. 13 Abs. 4 S. 1 GG). Nachdem in Art. 13 Abs. 4 GG von gemeiner Gefahr oder Lebensgefahr die Rede ist, muss es bei der Gesundheits- oder Freiheitsgefahr i. S. d. § 50 Abs. 1 S. 1 PolG um **schwerwiegende Beeinträchtigungen** für Schutzgüter gehen, das Gesetz nennt das Leben, die Gesundheit oder die Freiheit einer Person oder den Bestand oder die Sicherheit des Bundes oder eines Landes.[650] Die entsprechende **Aufzählung** ist **abschließend** und kann vom Polizeivollzugsdienst selbst bei Vorliegen anderer schwerwiegender Straftaten nicht erweitert werden.

Beispiel: Allein der Umstand, dass es bei einem Geschädigten mehrfach gebrannt hat und dass Brandstiftung nahe liegt, rechtfertigte es nicht, ohne konkrete Anhaltspunkte für das Vorliegen einer unmittelbar bevorstehenden Gefahr bei einem nahen Verwandten in der Wohnung Mikrofone zu installieren und Gespräche aufzuzeichnen, selbst wenn hierdurch Erkenntnisse für Gefahrenabwehrmaßnahmen gewonnen werden konnten (OLG Karlsruhe, VBIBW 1999, 234, 236).

Wegen der Schwere des Grundrechtseingriffs kommt die Maßnahme nach Abs. 1 S. 1 nur als **Ultima Ratio** in Betracht. Dies wird auch aus der **Subsidiaritätsklausel** deutlich, wonach eine Überwachungsmaßnahme auf der Grundlage des § 50 Abs. 1 S. 1 PolG nur in Betracht kommt, wenn **andernfalls die Abwehr der Gefahr oder die Verhütung der Straftat gefährdet oder erheblich erschwert** würde. Der Polizeivollzugsdienst muss also stets prüfen, ob anstelle der geplanten heimlichen Wohnraumüberwachungsmaßnahme andere mildere Mittel zur Verfügung stehen, die gleich geeignet wären. Zu erwartende **zeitliche Verzögerungen** bei Durchführung ebenfalls geeigneter anderer Maßnahmen können eine Überwachungsmaßnahme auf der Grundlage des § 50 PolG rechtfertigen[651], die Verzögerung muss aber zu einer Gefährdung der Abwehrmaßnahme führen. Grundsätzlich sind die **Anforderungen** wegen des besonderen

---

650 Von der Grün, in: Möstl/Trurnit, Polizeirecht BW, § 23 Rn 15; Stephan, in: Stephan/Deger, Polizeigesetz BW, § 23 Rn 7.
651 Von der Grün, in: Möstl/Trurnit, Polizeirecht BW, § 23 Rn 27.

verfassungsrechtlichen Schutzes der Wohnung **hoch**, es muss eine ernsthafte Prüfung alternativer polizeilicher Maßnahmen erfolgen, was zu dokumentieren ist.

cc) Wohnungsbegriff

408 Der **Begriff der Wohnung** ist weit auszulegen.[652] Geschützt sind die Wohnung selbst, darüber hinaus aber auch alle gemischt benutzten Räume wie Keller, Garage, Innenhof, Vorgarten, Arbeits-, Betriebs- und Geschäftsräume[653], eine Rechtsanwaltskanzlei[654], Bauwagen, Campingwagen, Zelt und das befriedete Besitztum, soweit es im Zusammenhang mit einer Wohnung im engeren Sinne steht. Auch die **Notunterkunft** eines eingewiesenen Obdachlosen und die **Geschäftsräume von Vereinen** fallen unter den Begriff Wohnung. Maßgeblich ist die nach außen erkennbare Zweckbestimmung des Nutzungsberechtigten. Auch **öffentlich zugängliche Räume** wie Verkaufsräume, Gaststätten, Sportanlagen fallen in den Schutzbereich des Art. 13 GG. Denn die Schaffung einer grundsätzlichen öffentlichen Zugänglichkeit hebt das Entscheidungsrecht der berechtigten Person über den (unerlaubten) Zutritt im Einzelfall und über die Zweckbestimmung nicht auf.[655] Die öffentlich zugänglichen Räume haben aber einen geringeren Schutz (vgl. § 36 Abs. 6 PolG sowie die weiteren Ausführungen in § 11 Rn 267).

Die personenbezogenen Daten können sowohl **in** Wohnungen als auch **aus** diesen Räumen heraus erhoben werden. Bei der Datenerhebung aus einer Wohnung wird ein technisches Mittel nicht in der Wohnung, sondern außerhalb der Wohnung eingesetzt (etwa Richtmikrofon). Die Ermächtigungsgrundlage des § 50 Abs. 1 S. 1 PolG umfasst auch technische Maßnahmen zur Vor- und Nachbereitung der Wohnraumüberwachung, wie etwa die Installation des notwendigen technischen Gerätes.[656]

dd) Adressaten der Maßnahmen

409 Gem. **§ 50 Abs. 1 S. 1 PolG** kommen Maßnahmen in erster Linie gegen **Handlungs- und Zustandsstörer** gem. §§ 6 und 7 PolG (Wohnungsinhaber wie etwa der Eigentümer, vgl. § 36 Abs. 7 PolG) in Betracht.[657] Gegenüber **Nichtstörern** sind die Datenerhebungsmaßnahmen des § 50 PolG nur unter den strengen Voraussetzungen des polizeilichen Notstands gem. § 9 PolG möglich. Adressat der Maßnahme ist somit derjenige, über den gezielt Daten erhoben werden.[658] Eine **Einschränkung des Adressatenkreises** durch **strafprozessuale Sondervorschriften** wegen persönlicher Näheverhältnisse (§ 52 StPO) oder wegen der Zugehörigkeit zu bestimmten Berufsgruppen (§§ 53 ff. StPO) kommt im Bereich des § 50 PolG nicht in Betracht. Maßnahmen gem. § 50 PolG sind nur zur Gefahrenabwehr möglich, während die Normen der StPO bei der Strafverfolgung Anwendung finden.

ee) Unvermeidbare Betroffenheit Dritter

410 **§ 50 Abs. 1 S. 2 PolG** stellt klar, dass die Erhebung der Daten auch dann durchgeführt werden kann, wenn Dritte unvermeidbar betroffen werden. Hierbei ist der Schutz der Berufsgeheimnisträger gemäß § 10 PolG zu beachten. Gem. **§ 75 Abs. 2 S. 1 PolG** sind die Daten, die diesen Personenkreis betreffen, unverzüglich zu löschen, da ihre Kenntnis für die Aufgabenerfüllung nicht erforderlich ist.

---

[652] Vgl. § 36 PolG; BGH, NJW 1997, 1018; vgl. auch VGH BW, NVwZ 1993, 388, 389, und die Ausführungen in § 11 Rn 255.
[653] Vgl. BVerfG NJW 2009, 1281, mit Bespr. Muckel, JA 2010, 314.
[654] BVerfG, NJW 2006, 3411.
[655] BVerfGE 97, 228, 265; von der Grün, in: Möstl/Trurnit, § 23 Rn 17.
[656] **Str.**: Wie hier Zeitler/Trurnit, Polizeirecht BW, Rn 707, unter Hinweis auf BGHSt 46, 266, 273 ff.; ebenso von der Grün, in: Möstl/Trurnit, Polizeirecht BW, § 23 Rn 47; **a. A.** Stephan, in: Stephan/Deger, Polizeigesetz BW, § 23 Rn 11.
[657] Von der Grün, in: Möstl/Trurnit, Polizeirecht BW, § 23 Rn 25.
[658] Stephan, in: Stephan/Deger, Polizeigesetz BW, § 23 Rn 9.

c) Richtervorbehalt (§ 50 Abs. 2 PolG)

aa) Allgemeines

Der in § 50 Abs. 2 PolG vorgesehene **Richtervorbehalt** für die Anordnung einer Maßnahme der Wohnraumüberwachung fand sich bereits in § 23 PolG 1992. Im Gegensatz zum früheren Recht hat der Landesgesetzgeber als Reaktion auf die Vorgaben des BVerfG in seinem BKAG-Urteil[659] den Richtervorbehalt nunmehr für **alle Maßnahmen gem. § 50 PolG** vorgesehen. Die Möglichkeit der behördlichen Anordnung in Fällen, in denen technische Mittel ausschließlich zur Sicherung der bei einem polizeilichen Einsatz tätigen Personen verwendet werden (§ 23 Abs. 4 PolG 1992), wurde in der bisherigen Form aufgegeben, sie besteht nur noch im Fall der Gefahr im Verzug (§ 50 Abs. 5 S. 4 PolG [vgl. § 10 Rn 424]). Abweichend vom Richtervorbehalt gibt es nur noch die Möglichkeit einer behördlichen Anordnung bei **Gefahr im Verzug** gem. § 50 Abs. 5 PolG, die aber mit einer Ausnahme (§ 50 Abs. 5 S. 4 PolG: Sicherung der bei einem polizeilichen Einsatz tätigen Personen) stets der gerichtlichen Bestätigung bedarf.

411

Der Richtervorbehalt des § 50 Abs. 2, 6 PolG ist **besonders stark ausgeprägt**: Sowohl die **Erhebung** der Daten (§ 50 Abs. 2 S. 1 PolG) als auch die weitere Verarbeitung der Daten zum Zweck der **Auswertung** (§ 50 Abs. 6 S. 6, 7 PolG) hängen von der Entscheidung des Gerichts ab. Dies wird auch aus den besonderen Regelungen zur weiteren Verarbeitung der aus einer Wohnraumüberwachung gewonnenen Daten in § 15 Abs. 2 S. 3 PolG (vgl. dazu § 10 Rn 145), in § 15 Abs. 3 S. 4 bis 6 PolG (vgl. dazu § 10 Rn 153 ff.) und in § 15 Abs. 4 S. 3 PolG (vgl. dazu § 10 Rn 162) deutlich.

bb) Anordnung durch Gericht (§ 50 Abs. 2 S. 1 PolG)

Wegen der Schwere des Grundrechtseinschränkung bei der Wohnraumüberwachung unterliegen diese Eingriffe dem **Richtervorbehalt**. § 50 Abs. 2 S. 1 PolG trägt diesem Umstand Rechnung und entspricht weitgehend § 46 Abs. 3 BKAG. Es bedarf einer **Anordnung durch den Richter**.

412

Für die **Zuständigkeit des Gerichts** findet sich in § 50 Abs. 2 S. 1 PolG eine von der Vorgabe des § 132 Abs. 1 PolG abweichende Regelung. Es handelt sich dabei um eine zulässige sog. **abdrängende Sonderzuweisung** des Rechtswegs i. S. d. § 40 Abs. 1 S. 2 VwGO.[660]
Die Zuständigkeit richtet sich nach **§ 74 a Abs. 4 GVG**. Zuständig ist damit die sog. **Staatsschutzkammer beim Landgericht**, in dessen Zuständigkeitsbereich die **zuständige Polizeidienststelle** ihren **Sitz** hat. Es kommt damit für die Bestimmung der örtlichen Zuständigkeit des Gerichts nicht auf den Gerichtsbezirk des Landgerichts an, sondern auf den Zuständigkeitsbereich der Kammer gem. § 74 a Abs. 4 GVG: „Zuständig ist eine nicht mit Hauptverfahren in Strafsachen befasste Kammer bei den Landgerichten, in deren Bezirk ein Oberlandesgericht seinen Sitz hat, für den Bezirk dieses Oberlandesgerichts." In BW sind die Staatsschutzkammern bei den **Landgerichten Karlsruhe und Stuttgart** eingerichtet. Die **Zuständigkeit** der beiden Staatsschutzkammern umfasst den **gesamten Bezirk des OLG Karlsruhe bzw. OLG Stuttgart**. Die Staatsschutzangelegenheiten sind dort jeweils einer Strafkammer zugewiesen, die im Übrigen für keine normalen Strafverfahren zuständig ist.

413

Die gerichtliche Anordnung steht gem. § 50 Abs. 2 S. 2 PolG unter einem **Antragvorbehalt**. Gem. § 50 Abs. 2 S. 3 PolG ist der **Antrag** durch die **Leitung eines regionalen Polizeipräsidiums**, des **Polizeipräsidiums Einsatz oder des LKA** schriftlich zu stellen und zu begründen.

414

---

659 BVerfGE 141, 220, 275 (Rn 117), 299 (Rn 194).
660 Vgl. dazu etwa Buchberger, in: Lisken/Denninger, Handbuch des Polizeirechts, Kap. L Rn 28.

Der Begriff „Leitung" ist eindeutig: Der Antrag kann nur vom **Präsidenten des örtlich zuständigen Polizeipräsidiums**[661], vom **Präsidenten des Präsidiums Einsatz** oder vom **Präsidenten des LKA**[662] gestellt werden. Alle drei Möglichkeiten bestehen **alternativ** und hängen nicht von weiteren tatbestandlichen Voraussetzungen ab. Im Fall der Verhinderung sind die unmittelbaren ständigen Vertreter der Präsidenten zur Anordnung befugt. Eine weitere **Delegation** der Antragsbefugnis ist **nicht möglich**.[663]

415 Für das **Gerichtsverfahren** gilt § 132 Abs. 2 PolG. Dies bedeutet im Einzelnen:
- Für das Verfahren gelten die **Vorschriften des FamFG** (§ 132 Abs. 2 S. 1 PolG).
- Das zuständige Amtsgericht **ermittelt von Amts wegen** (§ 26 FamFG).
- Die Entscheidungen bedürfen abweichend von §§ 40, 41 FamFG zu ihrer Wirksamkeit **nicht der Bekanntmachung** an die betroffene Person (§ 132 Abs. 2 S. 2 PolG).
- Gegen die Entscheidung des Gerichts findet die **Beschwerde zum OLG** statt (§ 132 Abs. 2 S. 3 PolG); die Beschwerde hat **keine aufschiebende Wirkung** (§ 132 Abs. 2 S. 4 PolG. Die **Beschwerdefrist** beginnt bei Nichtbekanntgabe des Beschlusses wegen der Rechtsschutzgarantie des Art. 103 Abs. 1 GG[664] abweichend von § 63 Abs. 3 FamFG erst mit der Kenntnis der betroffenen Person vom Gerichtsbeschluss zu laufen; dies gilt auch für die 5-Monats-Frist des § 63 Abs. 3 S. 2 FamFG.[665] Die Kenntnisnahme ist durch die Benachrichtigungspflichten der §§ 85, 86 PolG gewährleistet.
- Eine weitere **Rechtsbeschwerde** findet abweichend von §§ 70 ff. FamFG nicht statt (§ 132 Abs. 2 S. 5 PolG).

cc) Rechtsschutz

416 Der **Rechtsschutz** gegen die Anordnung einer Wohnraumüberwachung richtet sich gem. § 132 Abs. 2 S. 1 PolG nach dem **Gesetz über das Verfahren in Familiensachen und Angelegenheiten der freiwilligen Gerichtsbarkeit (FamFG)**. Gegen die Entscheidung des Gerichts findet gem. 132 Abs. 2 S. 3 PolG die Beschwerde zum OLG statt. Das gilt auch dann, wenn sich die Maßnahme bereits erledigt hat.[666]

Gem. **§ 132 Abs. 3 PolG** ist eine **Anfechtungsklage ausgeschlossen**, wenn eine richterliche Entscheidung nach dem PolG ergangen ist. Da eine Maßnahme gem. § 50 Abs. 1 PolG nur nach richterlicher Anordnung durchgeführt werden kann (auch im Fall der Gefahr im Verzug), greift § 132 Abs. 3 PolG in aller Regel. Die Beschreitung des **Verwaltungsrechtsweg** ist damit **ausgeschlossen**. Aufgrund der eindeutigen Zielrichtung des § 132 Abs. 3 PolG gilt dies trotz des Wortlauts („Anfechtungsklage") auch für Fälle anderer verwaltungsgerichtlicher Rechtsbehelfe gegen Realakte (etwa Feststellungklage).[667] Die Wohnüberwachungsmaßnahme i. S. d. § 50 POlG ist als **Realakt** zu qualifizieren.[668] Die betroffene Person kann gegen die Entscheidung des Amtsgerichts die **Beschwerde zum OLG** erheben.

---

661 Nr. 1 Spiegelstrich 1 der Anlage 2 zu Nr. 1.3 und 2.3 VwV-PolOrg.
662 Nr. 1 Spiegelstrich 1 der Anlage 6 zu Nr. 1.3 und 2.3 VwV-PolOrg.
663 LT-Drs. 16/8484, S. 150.
664 Vgl. dazu auch BVerfGE 107, 395, 406.
665 § 63 Abs. 3 S. 2 FamFG lautet: „Kann die schriftliche Bekanntgabe an einen Beteiligten nicht bewirkt werden, beginnt die Frist spätestens mit Ablauf von fünf Monaten nach Erlass des Beschlusses." Bei einer unterlassenen Bekanntmachung auf der Grundlage des § 132 Abs. 2 S. 2 PolG liegt im Fall i. S. d. § 63 Abs. 3 S. 2 FamFG vor. Vgl. dazu eingehender die weiteren Ausführungen in **§ 11 Rn 285 Fn 501**.
666 **Str.**: Wie hier auch Kahlert, in: Belz/Mußmann/Kahlert/Sander, Polizeigesetz BW, § 23 Rn 50. Grundlegend dazu Buchberger, in: Lisken/Denninger, Handbuch des Polizeirechts, Kap. L Rn 34 ff.
667 LT-Drs. 16/8484, S. 190: „Die Vorschrift greift damit die bislang für den Gewahrsam getroffene Regelung des § 28 Abs. 4 S. 8 PolG a. F. auf und **überträgt sie auf alle Maßnahmen**, die nach dem Polizeigesetz einem Richtervorbehalt unterliegen." Hier ist eine klarstellende Korrektur des aktuellen Gesetzeswortlauts durch den Gesetzgeber angezeigt (etwa „Beschreitung des Verwaltungsrechtswegs" statt „Anfechtungsklage").
668 Von der Grün, in: Möstl/Trurnit, Polizeirecht BW, § 23 Rn 68.

Einzige **Ausnahme** ist die behördliche Anordnung bei Gefahr im Verzug zur Sicherung der bei einem Einsatz tätigen Personen (vgl. dazu § 11 Rn 444), hier bedarf es keiner gerichtlichen Entscheidung oder Bestätigung. Richtiges Rechtsmittel ist hier die Erhebung einer **Feststellungsklage** beim zuständigen Verwaltungsgericht.

d) Antragsinhalt (§ 50 Abs. 3 PolG)

§ 50 Abs. 3 PolG sieht detaillierte Vorgaben für den bei der Staatsschutzkammer des Landgerichts zu stellenden Antrag vor. Dies folgt aus der Rechtsprechung des BVerfG, das aus den strengen Anforderungen an den Inhalt und die Begründung der gerichtlichen Anordnung folgert, dass hieraus zugleich das Erfordernis einer **hinreichend substantiierten Begründung und Begrenzung des Antrags auf Anordnung** folgt, die es dem Gericht oder der unabhängigen Stelle erst erlaubt, eine effektive Kontrolle auszuüben. Insbesondere bedarf es der **vollständigen Information** seitens der antragstellenden Behörde über den zu beurteilenden Sachstand.[669]

417

Im Antrag sind danach **zwingend anzugeben**:
1. Die **Person**, gegen die sich die Maßnahme richtet, soweit möglich mit Name und Anschrift,
2. die zu überwachende Wohnung oder die zu überwachenden Wohnräume,
3. Art, Umfang und Dauer der Maßnahme,
4. der Sachverhalt sowie
5. eine Begründung.

e) Gerichtliche Anordnung (§ 50 Abs. 4 PolG)

Gem. **§ 50 Abs. 4 S. 1 PolG** ergeht durch die zuständige Staatsschutzkammer des Landgerichts eine **schriftliche Anordnung**. Die Entscheidung ergeht gem. § 132 Abs. 2 S. 1 PolG i. V. m. § 38 Abs. 1 S. 1 FamFG durch **Beschluss**. Es ist Aufgabe und Pflicht des Gerichts, sich eigenverantwortlich ein Urteil darüber zu bilden, ob die beantragte heimliche Wohnraumüberwachungsmaßnahme den gesetzlichen Voraussetzungen entspricht.[670] Durch die schriftliche Fixierung wird der äußere Rahmen abgesteckt, innerhalb dessen die heimliche Maßnahme durchzuführen ist, so dass der Eingriff messbar und kontrollierbar bleibt.[671]

418

Erlässt das Amtsgericht eine **schriftliche** (§ 50 Abs. 4 S. 1 PolG) Anordnung, durch welche die beantragte Überwachungsmaßnahme erlaubt wird, hat es **in seiner Entscheidung** gem. § 50 Abs. 4 S. 2 PolG **zwingend anzugeben**:

419

1. Die **Person**, gegen die sich die Maßnahme richtet, soweit möglich mit Name und Anschrift,
2. die zu überwachende Wohnung oder die zu überwachenden Wohnräume,
3. Art, Umfang und Dauer der Maßnahme,
4. die wesentlichen Gründe.

Die **gerichtliche Anordnung** ist gem. § 50 Abs. 4 S. 3 PolG zwingend zu **befristen**. Die Frist darf **höchstens 3 Monate** betragen. Eine **Verlängerung** ist gem. § 50 Abs. 4 S. 4 PolG um **jeweils nicht mehr als einen Monat** ist zulässig, solange die Voraussetzungen für die Maßnahme fortbestehen. Dies ist von der zuständigen Staatsschutzkammer beim Landgericht bei jeder Fristverlängerung erneut zu prüfen.

420

f) Gefahr im Verzug (§ 50 Abs. 5 PolG)

Im Gegensatz zum früheren § 23 Abs. 4 PolG 1992 sieht § 50 PolG in der Fassung des PolG 2020 keine Möglichkeit für eine uneingeschränkte **behördliche Anordnung** mehr

421

---
669 BVerfGE 141, 220, 275 f. (Rn 118).
670 BVerfGE 141, 220, 275 f. (Rn 118).
671 LT-Drs. 16/2701, S. 32.

vor. Allerdings ergibt sich aus § 50 Abs. 5 PolG die Möglichkeit einer behördlichen Anordnung bei Gefahr im Verzug, die aber einer unverzüglichen gerichtlichen Bestätigung bedarf. Die früher bestehende behördliche Anordnungsmöglichkeit des § 23 Abs. 4 PolG 1992 (technische Mittel dienen ausschließlich der Sicherung der bei einem polizeilichen Einsatz tätigen Personen) wurde dahin gehend privilegiert, dass sie bei Gefahr im Verzug keiner gerichtlichen Bestätigung bedarf (vgl. § 10 Rn 424).

422 Bei **Gefahr im Verzug** kann die Anordnung gem. § 50 Abs. 5 S. 1 PolG auch **von der Polizeibehörde selbst getroffen** werden. Die Anordnung darf nur durch die **Leitung eines regionalen Polizeipräsidiums**, des **Polizeipräsidiums Einsatz** oder des **LKA** erfolgen.

Der Begriff „Leitung" ist auch hier eindeutig: Die Anordnung kann nur vom **Präsidenten des örtlich zuständigen Polizeipräsidiums**[672], vom **Präsidenten des Präsidiums Einsatz** oder vom **Präsidenten des LKA**[673] getroffen und unterzeichnet werden. Alle drei Möglichkeiten bestehen **alternativ** und hängen nicht von weiteren tatbestandlichen Voraussetzungen ab. Im Fall der Verhinderung sind die unmittelbaren ständigen Vertreter der Präsidenten zur Anordnung befugt. Eine weitere **Delegation** der Antragsbefugnis ist **nicht möglich**.[674]

423 Bei einer behördlichen Anordnung bei Gefahr im Verzug ist gem. **§ 50 Abs. 5 S. 2 PolG** eine **gerichtliche Bestätigung** durch die über § 50 Abs. 2 S. 1 PolG zuständige Staatsschutzkammer des Landgerichts **unverzüglich herbeizuführen**. Unverzüglich heißt sofort (= ohne schuldhaftes Verzögern). Erfolgt die Bestätigung durch das zuständige Gericht nicht innerhalb von drei Tagen seit Inkrafttreten der Anordnung, tritt die Anordnung gem. § 50 Abs. 2 S. 3 PolG außer Kraft.

424 Einen **Sonderfall** stellt der Einsatz technischer Mittel zur Wohnraumüberwachung dar, wenn die **Maßnahme ausschließlich der Sicherung der bei einem polizeilichen Einsatz tätigen Personen** verwendet wird. Hier erlaubt **§ 50 Abs. 5 S. 4, 5 PolG**, dass die Anordnung ausschließlich durch die Leitung eines regionalen Polizeipräsidiums, des Polizeipräsidiums Einsatz oder des LKA erfolgt und es **keiner Bestätigung durch das Gericht** bedarf. Diese Privilegierung beruht auf Art. 13 Abs. 5 S. 1 GG und ist verfassungsrechtlich unbedenklich.

Die **Verweisung in Satz 5** auf den ersten Satz von § 50 Abs. 5 PolG ist leider etwa unklar geraten. Satz 5 steht im Abschnitt über Anordnungen bei Gefahr im Verzug (§ 50 Abs. 5 PolG). Aus der Gesetzesbegründung ergibt sich aber, dass der Landesgesetzgeber gegenüber § 23 Abs. 4 S. 1 PolG 1992 keine Änderung vornehmen wollte.[675] Daher muss in den Fällen des § 50 Abs. 5 S. 4, 5 PolG **keine Gefahr im Verzug** vorliegen, die entsprechende Anwendung des § 50 Abs. 5 S. 1 PolG bezieht sich vielmehr auf anordnende Stelle innerhalb der Polizei (vgl. dazu auch § 10 Rn 422).

425 Von einer **Gefahr im Verzug** i. S. d. § 50 Abs. 5 PolG (vgl. dazu auch § 4 Rn 35) kann nur ausgegangen werden, wenn zur Verhinderung eines drohenden Schadens **sofort eingeschritten werden muss**, weil ein weiteres Abwarten den Erfolg der Wohnraumüberwachungsmaßnahme erschweren oder vereiteln würde. Im Ergebnis muss die Maßnahme **unaufschiebbar** sein.

Angesichts des verfassungsrechtlich gebotenen Richtervorbehalts[676] und der grundlegenden Eingriffsintensität der Wohnraumüberwachung gem. § 50 Abs. 1 PolG ist bei der Annahme einer Gefahr im Verzug **Zurückhaltung geboten**. Zwar steht dem Polizeivollzugsdienst ein **eigener Einschätzungsspielraum** zu (vgl. § 4 Rn 35). Es muss aber gesehen werden, dass in besonders eiligen Fällen die notwendige Entscheidung der

---

[672] Nr. 1 Spiegelstrich 1 der Anlage 2 zu Nr. 1.3 und 2.3 VwV-PolOrg.
[673] Nr. 1 Spiegelstrich 1 der Anlage 6 zu Nr. 1.3 und 2.3 VwV-PolOrg.
[674] LT-Drs. 16/8484, S. 150.
[675] So eindeutig LT-Drs. 16/8484, S. 151 („entspricht § 23 Abs. 4 S. 1 des bisherigen PolG").
[676] BVerfGE 141, 220, 275 f. (Rn. 117 f.).

Staatsschutzkammer beim Landgericht in der Regel schnell herbeigeführt werden kann. Deswegen wird es regelmäßig vertretbar sein, die Anordnung durch die Staatsschutzkammer beim Landgericht abzuwarten. Ein Abweichen davon kommt insbesondere in Betracht, wenn die von einer Person ausgehenden Gefahren i. S. d. § 50 Abs. 1 PolG so schwerwiegend sind und möglicherweise mit einer so zeitnahen Verwirklichung zu rechnen ist, dass jede Verzögerung der Wohnraumüberwachungsmaßnahme zu **unvertretbaren Gefährdungen** der durch § 50 Abs. 1 PolG geschützten Rechtsgüter (vgl. dazu § 10 Rn 406 f.) führen würde.

g) Schutz des Kernbereichs privater Lebensgestaltung (§ 50 Abs. 6 PolG)

§ 50 Abs. 6 PolG trifft besondere Regelungen für in einer Wohnung aufgezeichnete Daten zum **Schutz des Kernbereichs privater Lebensgestaltung**. Die Regelung entspricht **§ 45 Abs. 7 BKAG**.

426

Vgl. zum Schutz des Kernbereichs privater Lebensgestaltung und zur **notwendigen Prognose** bei der **Erhebung, Speicherung und Verarbeitung von Daten** die weitergehenden Ausführungen in **§ 10 Rn 8 ff.**

§ 50 Abs. 6 S. 2 PolG macht deutlich, dass es für die vorzunehmende Prognose vor allem auf die **Art der zu überwachenden Räumlichkeiten** und das **Verhältnis der dort anwesenden Personen zueinander** ankommt. Diese Aspekte sind vom Polizeivollzugsdienst in die erforderliche Prognose zwingend einzubeziehen und zu prüfen. Die Prüfung muss durch die Protokollierung (§§ 73, 74 PolG) nachvollziehbar sein. Je privater die Situation in der zu überwachenden Wohnung ist, desto eher ist der Kernbereich privater Lebensgestaltung betroffen.

Beispiel: Leben in der zu überwachenden 3-Zimmer-Wohnung neben dem als Verdächtigen behandelten V auch dessen Ehefrau und vier Kinder, gibt es eine hohe Wahrscheinlichkeit, dass durch die Überwachungsmaßnahme der Kernbereich privater Lebensgestaltung betroffen ist. V wird sich in vielen Situationen dort mit seiner Familie unterhalten und sein Privatleben führen.

Die **Fortsetzung einer unterbrochenen Maßnahme** ist **bei Zweifeln** gem. § 50 Abs. 6 S. 4 PolG nur durch eine **automatische Aufzeichnung** möglich. § 50 Abs. 6 S. 5 PolG macht deutlich, dass außerhalb einer automatischen Aufzeichnung eine Fortsetzung der Maßnahme nur möglich ist, wenn der Polizeivollzugsdienst ausreichend sicher davon ausgehen kann, dass der Kernbereich privater Lebensgestaltung künftig nicht mehr tangiert wird. Nach einer Unterbrechung der Wohnraumüberwachung gem. § 50 Abs. 6 S. 3 PolG bleiben damit nur folgende Handlungsoptionen:

427

- **Keine Fortsetzung** der Maßnahme, wenn weiterhin der Kernbereich privater Lebensgestaltung tangiert ist,
- bei Zweifeln über die Verletzung des Kernbereichs privater Lebensgestaltung Fortsetzung über das **automatisierte Verfahren**,
- ist eine Verletzung des Kernbereichs privater Lebensgestaltung künftig ausgeschlossen, **Fortsetzung der Maßnahme** in der vom Gericht durch Anordnung genehmigten Art und Weise.

Über das Vorgehen nach § 50 Abs. 6 S. 4 PolG (automatisiertes Verfahren) entsteht ein sog. **Richterband**[677], das bei der Prüfung der weiteren Datenverarbeitung durch das zuständige Gericht im Hinblick auf das absolute Verwertungsverbot des § 50 Abs. 6 S. 8 PolG geprüft wird (vgl. dazu die Ausführungen in § 10 Rn 15).

Auch wenn die Erhebung von Daten durch eine Maßnahme der Wohnraumüberwachung gem. § 50 Abs. 2 PolG nur auf der Grundlage einer richterlichen Anordnung erfolgen darf, besteht für die weitere Verarbeitung der so gewonnenen Daten (die Auswertung) ein **zusätzlicher Richtervorhalt**. Anders als bei § 49 Abs. 8 S. 5 PolG (vgl. dazu § 10 Rn 395) besteht dieser Richtervorbehalt nicht nur in Zweifelsfällen, sondern für

428

---

677 R. Schenke, in: Schenke/Graulich/Ruthig, Sicherheitsrecht, § 45 BKAG Rn 47.

alle Daten, die durch die Maßnahme erlangt wurden. Dies wird aus dem Wortlaut der Regelung deutlich: Gem. **§ 50 Abs. 6 S. 6 PolG** sind **Erkenntnisse**, die durch Maßnahmen nach § 50 Abs. 1 PolG erlangt worden sind, **dem anordnenden Gericht unverzüglich vorzulegen**. Auch der Landesgesetzgeber hat dies verdeutlicht: „Nach Satz 6 sind **sämtliche Erkenntnisse**, die durch Maßnahmen nach Abs. 1 erlangt worden sind, unverzüglich dem anordnenden Gericht vorzulegen."[678] **Unverzüglich** bedeutet **sofort**, d. h. ohne schuldhaftes Zögern; die durch Art. 13 GG geschützten Datenbestände sollen so kurz wie möglich durch die Polizei gespeichert bleiben, bis die zwingende Klärung der weiteren Verwertbarkeit herbeigeführt ist. Dies bedeutet allerdings nicht, dass die Aufzeichnungen dem Gericht täglich vorzulegen sind, längere Verzögerungen sind aber nicht zulässig. Regelmäßig wird das Gericht bei längeren Wohnraumüberwachungsmaßnahmen **zumindest wöchentlich** einzubinden sein.

Die zuständige Staatsschutzkammer des Landgerichts **entscheidet unverzüglich über die Verwertbarkeit oder Löschung dieser Daten** (§ 50 Abs. 6 S. 7 PolG). Das Gericht wird dabei vor allem auf die Durchsetzung des absoluten Datenverwertungsverbots von aus dem Kernbereich privater Lebensgestaltung gewonnener Daten (§ 50 Abs. 6 S. 8, 9 PolG) achten (vgl. dazu § 10 Rn 15)

429 Aus **§ 50 Abs. 6 S. 10 bis 13 PolG** folgen **besondere Dokumentationspflichten**, die neben denen des § 74 PolG (vgl. dazu § 10 Rn 431) bestehen.

Die **Tatsache der Erfassung von Daten** mit Bezug zum Kernbereich privater Lebensgestaltung ist **zu erfassen und zu dokumentieren (Satz 10)**. Die hierzu erstellte Dokumentation ist ausschließlich für die alle zwei Jahre erfolgende **Kontrolle der Maßnahmen** nach § 50 PolG durch den **Landesbeauftragten für Datenschutz** gem. § 97 PolG i. V. m. § 20 Abs. 1 LDSG, § 98 Abs. 1 Nr. 14 PolG zu verwenden **(Satz 11)**. Die Dokumentation ist **sechs Monate** nach der Benachrichtigung nach § 86 PolG oder sechs Monate nach Erteilung der gerichtlichen Zustimmung über das endgültige Absehen von der Benachrichtigung **zu löschen (Satz 12)**. Hieraus kann sich eine Aufbewahrungszeit von über 5 Jahren ergeben. Ist die **Datenschutzkontrolle** nach Ablauf der in § 98 Abs. 1 Nr. 14 PolG genannten Frist noch nicht beendet, ist die Dokumentation **bis zu ihrem Abschluss aufzubewahren (Satz 13)**.

h) Weitere Pflichten bei der Datenverarbeitung

aa) Allgemeine Pflichten

430 Die für eine Maßnahme der Wohnraumüberwachung **grundlegenden Regelungen** zur Benachrichtigung der betroffenen Personen, zur Protokollierung der erhobenen Daten, zur Kennzeichnung der Daten und zur Kontrolle der Datenerhebungen durch die Aufsichtsbehörde für den Datenschutz finden sich in den **§§ 72, 74, 86 und 98 Abs. 1 Nr. 14 PolG**. Für die **weitere Verarbeitung** der durch eine Maßnahme der Wohnraumüberwachung erhobenen Daten gelten die allgemeinen Vorschriften, insbesondere **§ 15 PolG**.

Aus **§ 90 PolG** folgt eine **alle zwei Jahre zu erfüllende Berichtspflicht** über die auf der Grundlage des § 50 PolG erfolgten Maßnahmen **an den Landtag**.

bb) Protokollierungspflichten

431 Aus **§ 74 PolG** folgt eine **umfassende besondere Protokollierungspflicht** für alle Maßnahmen gem. § 50 PolG (vgl. dazu § 10 Rn 590, 602). Zu protokollieren sind gem. § 74 Abs. 1 und Abs. 2 Nr. 4 PolG:
1. Das zur Datenerhebung eingesetzte Mittel,
2. der Zeitpunkt des Einsatzes,

---

[678] LT-Drs. 16/8484, S. 151.

3. Angaben, die die Feststellung der erhobenen Daten ermöglichen,
4. die verantwortliche Dienststelle,
5. die Person, gegen die sich die Maßnahme richtet,
6. sonstige überwachte Personen,
7. Personen, die die überwachte Wohnung zur Zeit der Durchführung der Maßnahme innehatten oder bewohnten.

11. Einsatz automatischer Kennzeichensysteme (§ 51 PolG)
a) Allgemeines

Seit wenigen Jahren setzt die Polizei mobil oder stationär Systeme zur automatisierten Erfassung und Auswertung von Kfz-Kennzeichen für die Überwachung im allgemeinen Straßenverkehr ein (sog. AKLS = automatisches Kennzeichenlesesystem). Das **AKLS** ist ein EDV-gestütztes **Fahndungsmittel**, um ausgeschriebene Fahrzeuge zu finden, diese sobald wie möglich anzuhalten und gegen die Fahrer oder Insassen weitere polizeiliche Maßnahmen zu ergreifen.[679] In **BW** wurde die Regelung als § 22 a PolG durch das **Änderungsgesetz vom 18.11.2008** (GBl S. 390) in das PolG aufgenommen. Hierbei war der Gesetzgeber bemüht, die Anforderungen des **BVerfG** an die Zulässigkeit der Maßnahme, insbesondere des Datenabgleichs, zu erfüllen.[680]

Mit dem **PolG 2020** wurde der bisherige § 22 a PolG 1992 im Hinblick auf die Anforderungen des **BVerfG**[681] (vgl. dazu die Ausführungen in § 10 Rn 436 bis 438) überarbeitet und zum **neuen § 51 PolG**. Die Änderungen betreffen vor allem die Absätze 1 und 4. Eine mit § 51 PolG vergleichbare Regelung enthält **§ 27 b BPolG**.

Das AKLS kann **stationär oder mobil** eingesetzt werden. Es **erfasst und fotografiert vollautomatisch jedes Kennzeichen der auf diesem Streckenabschnitt vorbeifahrenden Kfz**, bei Aufnahmen von vorne sind in der Regel neben dem Kennzeichen auch **das gesamte Fahrzeug und unscharf die Insassen** zu erkennen. Die Aufnahme erfolgt **mittels Infrarot** und ist daher als solche von den im Kfz befindlichen Personen nicht zu erkennen. In einem weiteren Schritt wird das Kennzeichen von einer Software ausgelesen und mit den hinterlegten und verknüpften Datenbanken abgeglichen.[682] Die **Trefferquoten** liegen bei **0,0008 bis 0,003 Prozent**.[683]

Die Polizei BW besitzt **seit dem Jahr 2011** ein AKLS. Dieses wurde bis zum Frühjahr 2017 allerdings nicht eingesetzt, weil seit dem Jahr 2009 beim BVerfG eine zur Entscheidung anstehende Verfassungsbeschwerde anhängig war.[684] Aufgrund der langen Verfahrensdauer wurde im Koalitionsvertrag der Grün-Schwarzen Landesregierung vom 9.5.2016 vereinbart, dass es zu einem Einsatz des AKLS kommen soll. Auf dieser Grundlage fand im Jahr 2017 ein mehrmonatiger Pilotversuch statt und das AKLS wurde bei Straßenverkehrskontrollen zur Bekämpfung von Wohnungseinbrüchen einge-

---

679 Zum System vgl. Hinweise bei Stephan, in: Stephan/Deger, Polizeigesetz BW, § 21 a Rn 1; Zeitler/Trurnit, Polizeirecht BW, Rn 675.
680 Das BVerfG hatte durch Urteil vom 11.3.2008 entsprechende polizeirechtliche Vorschriften in Hessen und Schleswig-Holstein für nichtig erklärt (BVerfG, NJW 2008, 1503 ff.). Nach Auffassung des BVerfG greift eine automatisierte Erfassung von Kfz-Kennzeichen zwecks Abgleich mit dem Fahndungsbestand dann in den Schutzbereich des Grundrechts auf informationelle Selbstbestimmung ein, wenn der Abgleich nicht unverzüglich erfolgt und das Kennzeichen nicht ohne weitere Auswertung sofort und spurenlos gelöscht wird. Das BVerfG hat auch entschieden, dass die Länder zur Gesetzgebung befugt sind, wenn die Maßnahme schwerpunktmäßig der Abwehr einer Gefahr für die öffentliche Sicherheit dient und wenn sich dieser Verwendungszweck eindeutig aus dem Gesetz ergibt (BVerfG a. a. O.). Der BayVGH hat für die Regelungen in Bayern entschieden, dass sich diese als „noch verfassungsmäßige Beschränkungen" des Grundrechts auf informationelle Selbstbestimmung darstellen (DÖV 2013, 695); das BVerwG hat die Klage gegen dieses Urteil abgewiesen (BVerwG, NVwZ 2015, 906).
681 BVerfGE 150, 309 ff., mit Anm. Löffelmann, GSZ 2019, 77 ff., u. Bespr. Möstl, GSZ 2019, 101 ff.
682 Schünemann, GRZ 2019, 55 m. w. N.
683 Schünemann, GRZ 2019, 55 m. w. N.
684 BVerfG, Verfassungsbeschwerde 1 BvR 2795/09, entschieden durch Beschl. v. 18.12.2018 (BVerfGE 150, 309 ff.).

setzt. Das Land hatte dabei die Überzeugung gewonnen, dass „es sich bei AKLS um vielversprechende technische Hilfsmittel zur Unterstützung polizeilicher Fahndungsaktivitäten handelt."[685]

b) Verfassungsrecht

434 Als Eingriffe in das **Recht auf informationelle Selbstbestimmung**[686] sind Ermächtigungen zur automatisierten Kraftfahrzeugkennzeichenkontrolle am Verhältnismäßigkeitsgrundsatz zu messen.[687] Sie müssen danach einen legitimen Zweck verfolgen, zur Erreichung des **Zwecks geeignet, erforderlich und verhältnismäßig im engeren Sinne** sein.[688] Das BVerfG hält die Durchführung von automatisierten Kfz-Kennzeichenkontrollen grundsätzlich für geeignet und erforderlich, dem Verhältnismäßigkeitsgrundsatz im engeren Sinne als Übermaßverbot genügen sie aber nur, wenn der **mit ihnen verfolgte Zweck zu dem in ihnen liegenden Eingriffsgewicht nicht außer Verhältnis steht**. Erforderlich ist danach, dass die Kontrollen grundsätzlich jeweils durch einen hinreichend konkreten, objektiv bestimmten Grund veranlasst sind und dem Schutz von Rechtsgütern von zumindest erheblichem Gewicht oder einem vergleichbar gewichtigen öffentlichen Interesse dienen. Dabei muss sich die gesetzliche Ausgestaltung der Kennzeichenkontrolle in einer Gesamtabwägung der sie kennzeichnenden Umstände als im Blick auf das Grundrecht auf informationelle Selbstbestimmung **zumutbar und damit verfassungsrechtlich tragfähig** erweisen. Im Übrigen gehören zu den Verhältnismäßigkeitsanforderungen übergreifend für alle Einzeltatbestände Anforderungen an **Transparenz, individuellen Rechtsschutz und aufsichtliche Kontrolle** sowie Regelungen zur **Datennutzung und Löschung**.[689]

435 Im Jahr 2018 hat das **BVerfG** die Regelungen des § 22 a PolG 1992 in Teilen für **verfassungswidrig** erklärt.[690] In seiner Entscheidung stellt das BVerfG fest, dass dem Gesetzgeber die Kompetenz zum Erlass der in Bezug genommenen Regelungen des § 26 Abs. 1 Nr. 4 und 5 PolG 1992 fehle (vgl. dazu § 11 Rn 30, 32) und diese formelle Verfassungswidrigkeit auch die Ermächtigung zur Kennzeichenkontrolle gem. § 22 a Abs. 1 S. 1 PolG erfasse.[691] Automatisierte Kfz-Kennzeichenauswertungen sind daher **zum Zweck der Fahndung nach Straftätern** (Fälle des § 26 Abs. 1 Nr. 4 u. 5 PolG 1992) **nicht zulässig**.

436 Automatisierte Kraftfahrzeugkennzeichenkontrollen zur Fahndung nach Personen oder Sachen sind Eingriffe von erheblichem Gewicht. Ihre verfassungsrechtliche Rechtfertigung setzt demnach voraus, dass sie auf Gründe gestützt werden, die dem **Schutz von Rechtsgütern von zumindest erheblichem Gewicht** oder sonst einem vergleichbar **gewichtigen öffentlichen Interesse** dienen. Die uneingeschränkte Ermächtigung zu Kraftfahrzeugkennzeichenkontrollen zur Abwehr konkreter Gefahren oder noch weiter auch zum Schutz privater Rechte und sonstiger nicht näher benannter Aufgaben der Polizei genügt dem nicht. Indem solche Kontrollen durch die angegriffenen Vorschriften allgemein zum Schutz der Rechtsordnung insgesamt erlaubt werden, fehlt es ihnen an einer hinreichenden **Begrenzung auf einen Verhältnismäßigkeitsanforderungen genügenden Rechtsgüterschutz**.[692] Die Durchführung von **Kontrollen** zu beliebiger Zeit

---

685 Vgl. dazu eingehender LT-Drs. 16/5077, S. 2 ff.
686 Zur grundrechtlichen Eingriffsqualität der Kennzeichendaten-Erfassung auch bei anschließender automatisierter Löschung vgl. Roggan, NVwZ 2019, 344, 345; Schünemann, GRZ 2019, 55, 56 ff.; Schmidt, Polizei- und Ordnungsrecht, Rn 177, 177c, 177d.
687 BVerfGE 150, 244, 278 ff. (Rn 82); von der Grün, in: Möstl/Trurnit, Polizeirecht BW, § 22 a Rn 2, 2.2.
688 BVerfGE 150, 244, 278 f. (Rn 82); ebenso bereits BVerfGE 67, 157, 173; 120, 378, 427; 141, 220, 265 (Rn 93).
689 BVerfGE 150, 244, 279 bis 281 (Rn 85 bis 90); ebenso NdsOVG, NZV 2020, 145 ff. (bestätigt durch BVerwG, NJW 2020, 3401); vgl. auch Trute, Die Verwaltung 2020, 99, 110 ff.
690 BVerfGE 150, 309 ff.; vgl. dazu auch Muckel, JA 2019, 311 ff.
691 BVerfGE 150, 309, 332 f. (Rn 60).
692 BVerfGE 150, 309, 336 (Rn 73); BVerfGE 150, 244, 286 (Rn 105 f.).

und an beliebigem Ort **ins Blaue hinein** ist mit dem Rechtsstaatsprinzip grundsätzlich unvereinbar.[693] Zu den Anforderungen des Übermaßverbots gehört es, dass die Kennzeichenkontrollen durch einen **im Verhältnis zum Grundrechtseingriff hinreichend gewichtigen Rechtsgüterschutz gerechtfertigt** sein müssen. Angesichts ihres Eingriffsgewichts müssen automatisierte Kraftfahrzeugkennzeichenkontrollen danach dem Schutz von Rechtsgütern von zumindest erheblichem Gewicht oder sonst einem vergleichbar gewichtigen öffentlichen Interesse dienen.[694]

Mit den **Verhältnismäßigkeitsanforderungen nicht vereinbar** war § 22 a Abs. 1, Abs. 2 i. V. m. § 26 Abs. 1 Nr. 1 PolG 1992, soweit Kennzeichenkontrollen erlaubt waren, um im einzelnen Fall eine **Gefahr für die öffentliche Sicherheit oder Ordnung** abzuwehren oder eine **Störung der öffentlichen Sicherheit oder Ordnung** zu beseitigen.[695]

Wegen nicht hinreichender Begrenzung **verfassungswidrig** waren auch die **Regelungen zur Kennzeichenkontrolle als Mittel der Schleierfahndung** (§ 22 a Abs. 1 S. 3 i. V. m. § 26 Abs. 1 Nr. 6 PolG 1992).[696] Das **BVerfG** hat hierzu zwar ausgeführt, dass die Schleierfahndung als Ausgleich für den Wegfall von Grenzkontrollen und getragen von dem Ziel, einer hierdurch erleichterten Durchführung bestimmter Straftaten entgegenzutreten, ausnahmsweise verfassungsrechtlich gerechtfertigt sei. Das gelte aber nur insoweit, als für die Orte solcher Kontrollen in einer den Bestimmtheitsanforderungen genügenden Weise ein **konsequenter Grenzbezug sichergestellt** sei.[697] Die in § 26 Abs. 1 Nr. 6 PolG 1992 erfolgende allgemeine Begrenzung auf „Durchfahrtsstraßen" (Bundesautobahnen, Europastraßen und andere Straßen von erheblicher Bedeutung für die grenzüberschreitende Kriminalität) sei verfassungsrechtlich nicht ausreichend, es fehle an einer **hinreichend klaren örtlich grenzbezogenen Beschränkung** solcher Kontrollen.[698]

437

Das BVerfG hat im Übrigen festgestellt, dass die Kennzeichenkontrollen durch übergreifende allgemeine Maßgaben in einer **den Verhältnismäßigkeitsanforderungen genügenden Weise** eingehegt sind. Verfassungsrechtlich nicht zu beanstanden sei dabei, dass § 22 a Abs. 1 PolG 1992 den Einsatz der Kennzeichenkontrolle nicht ausdrücklich vom Vorliegen polizeilicher Lageerkenntnisse abhängig mache, denn ein solches Erfordernis werde vom Gesetzgeber ersichtlich vorausgesetzt und lasse sich auch ohne ausdrückliche gesetzliche Anordnung in die Vorschrift hineinlesen.[699]

438

c) Erfassung von Kennzeichen (§ 51 Abs. 1 PolG)
aa) Allgemeines

Gem. **§ 51 Abs. 1 S. 1 PolG** kann der **Polizeivollzugsdienst** unter den Voraussetzungen des § 27 Abs. 1 PolG durch den verdeckten Einsatz technischer **Mittel automatisch Bilder von Fahrzeugen aufzeichnen und deren Kennzeichen erfassen**. Durch die mit dem **PolG 2020** umgesetzte Neufassung des Abs. 1 S. 1 wird klargestellt, dass eine Kennzeichenerfassung als Grundlage für eine Kennzeichenkontrolle „unter den Voraussetzungen" erlaubt ist, für die auch eine Identitätsfeststellung gem. § 27 Abs. 1 PolG zulässig ist. Die dort genannten Tatbestände haben alle – inklusive der auf Hinweise des BVerfG neu gefassten Nrn. 5 u. 6 (vgl. dazu § 11 Rn 30 bis 38) – präventive Zweckrichtungen, die im Einzelnen auch für den Einsatz von AKLS maßgeblich sind. Auf die zuvor in § 22 a Abs. 1 S. 1 PolG 1992 enthaltene allgemeine Zielsetzung „zur

439

---

[693] BVerfGE 150, 244, 281 (Rn 92).
[694] BVerfGE 150, 244, 282 f. (Rn 95), 284 (Rn 99).
[695] BVerfGE 150, 309, 336 (Rn 72).
[696] Möstl, GSZ 2019, 101, 105.
[697] BVerfGE 150, 309, 336 f. (Rn 74).
[698] BVerfGE 150, 309, 337 (Rn 75).
[699] BVerfGE 150, 309, 338 f. (Rn 79).

Abwehr einer Gefahr oder zur vorbeugenden Bekämpfung von Straftaten" wurde verzichtet.[700]

Mit der Neufassung des § 51 Abs. 1 S. 1 PolG wurden auch die **Bedenken des BVerfG** in Bezug auf die Tatbestandsvoraussetzungen der alten Regelung beseitigt. Danach waren Kfz-Kennzeichenkontrollen gem. § 22 a Abs. 1, Abs. 2 i. V. m. § 26 Abs. 1 Nr. 1 PolG 1992 mit **Verhältnismäßigkeitsanforderungen nicht vereinbar**, um im Einzelfall eine **Gefahr für die öffentliche Sicherheit oder Ordnung** abzuwehren oder eine **Störung der öffentlichen Sicherheit oder Ordnung** zu beseitigen.[701] Die uneingeschränkte Ermächtigung zu Kraftfahrzeugkennzeichenkontrollen zur Abwehr konkreter Gefahren oder noch weiter auch zum Schutz privater Rechte und sonstiger nicht näher benannter Aufgaben der Polizei ist mit dem Verfassungsrecht nicht vereinbar. Indem solche Kontrollen durch § 22 a Abs. 1, Abs. 2 i. V. m. § 26 Abs. 1 Nr. 1 PolG 1992 allgemein zum Schutz der Rechtsordnung insgesamt erlaubt wurden, fehlte es ihnen an einer hinreichenden **Begrenzung auf einen Verhältnismäßigkeitsanforderungen genügenden Rechtsgüterschutz**.[702]

bb) Art des Einsatzes (offen / verdeckt)

440 Der **Einsatz** des AKLS kann **offen oder verdeckt** durchgeführt werden. Regelmäßig erfolgt der Einsatz verdeckt, da es ansonsten leicht möglich wäre, einen Kontrollbereich zu umgehen. Insofern spricht § 51 Abs. 1 S. 1 PolG auch vom „verdeckten Einsatz" technischer Mittel.

cc) Tatbestandsvoraussetzungen (§ 51 Abs. 1 S. 1 PolG)

441 Tatbestandsvoraussetzung für den Einsatz des AKLS ist, dass **sämtliche Voraussetzungen des § 27 Abs. 1 PolG** vorliegen (vgl. dazu § 11 Rn 15 ff.). Der Einsatz eines AKLS ist daher für keinen anderen als der in § 27 Abs. 1 Nr. 1 bis 7 PolG vorgesehenen Zwecke erlaubt. § 51 Abs. 1 S. 1 PolG erweitert den Zugriff auf die von § 27 Abs. 1 PolG erfassten Personenkreise über einen automatisierten Weg. Da durch die Automatisierung und die Erfassung sehr vieler Kraftfahrzeuge auch zahlreiche Datenverarbeitungen erfolgen, die in keinem unmittelbaren Zusammenhang mit dem Personenkreis des § 27 Abs. 1 PolG stehen, erfährt die Regelungen in den Sätzen 2 und 3 notwendige Einschränkungen.

§ 51 Abs. 1 PolG beschränkt den Einsatz von AKLS auf die Durchführung von Personenkontrollen gem. § 27 Abs. 1 PolG (Personenfeststellung). Voraussetzung ist deshalb die **Einrichtung einer Kontrollstelle** zur Feststellung der Personalien (sog. **rechtliche Komponente**) und die tatsächliche Durchführung der Maßnahme gem. § 27 Abs. 1 PolG (sog. **tatsächliche Komponente**). Daraus ergeben sich insgesamt sieben Einsatzmöglichkeiten (vgl. § 27 Abs. 1 bis 7 PolG).

§ 51 Abs. 1 S. 1 PolG erlaubt zunächst nur den Einsatz des AKLS zur **Anfertigung von Bildern der erfassten Kraftfahrzeuge und deren Kennzeichen** mit der Zielrichtung der von § 27 Abs. 1 PolG erfassten Personenkreise. Die weitere Verarbeitung der Daten ist in § 51 Abs. 2 PolG geregelt.

dd) Tatbestandsbegrenzung (§ 51 Abs. 1 S. 2 PolG)

442 Aus **§ 51 Abs. 1 S. 2 PolG** folgen **Einschränkungen** beim Einsatz des AKLS. Im Fall des **§ 27 Abs. 1 Nr. 1 PolG** darf das System nur zur Abwehr einer Gefahr für Leib, Leben, Freiheit, die sexuelle Selbstbestimmung, den Bestand oder die Sicherheit des Bundes oder eines Landes oder bedeutende fremde Sach- oder Vermögenswerte ein-

---
700 LT-Drs. 16/8484, S. 152.
701 BVerfGE 150, 309, 336 (Rn 72); BVerfGE 150, 244, 286 (Rn 105 f.).
702 BVerfGE 150, 309, 336 (Rn 73); BVerfGE 150, 244, 286 (Rn 105 f.).

VI. Datenverarbeitung bei polizeilichen Einzelmaßnahmen

gesetzt werden, im Fall des **§ 27 Abs. 1 Nr. 7 b PolG** nur auf Bundesautobahnen, Europa- oder Bundesstraßen.

Diese Einschränkungen folgen unmittelbar aus der **Rechtsprechung des BVerfG**, das zum einen das bloße Vorliegen einer **Gefahr für die öffentliche Sicherheit oder Ordnung** oder die Beseitigung einer Störung der öffentlichen Sicherheit oder Ordnung (§ 22 a Abs. 1, Abs. 2 i. V. m. § 26 Abs. 1 Nr. 1 PolG 1992) für nicht verhältnismäßig hielt.[703] Zum anderen war das BVerfG der Auffassung, dass die früheren **Regelungen zur Kennzeichenkontrolle als Mittel der Schleierfahndung** (§ 22 a Abs. 1 S. 3 i. V. m. § 26 Abs. 1 Nr. 6 PolG 1992) wegen nicht hinreichender Begrenzung verfassungswidrig waren. Die in § 26 Abs. 1 Nr. 6 PolG 1992 erfolgende allgemeine Begrenzung auf „Durchfahrtsstraßen" (Bundesautobahnen, Europastraßen und andere Straßen von erheblicher Bedeutung für die grenzüberschreitende Kriminalität) sei verfassungsrechtlich nicht ausreichend, es fehle an einer **hinreichend klaren örtlich grenzbezogenen Beschränkung** solcher Kontrollen.[704]

Gem. **§ 51 Abs. 1 S. 2 Var. 1 PolG** reicht nunmehr für den Einsatz eines AKLS keine allgemeine Gefahr oder Störung der öffentlichen Sicherheit und Ordnung mehr aus, sondern es muss eine **Gefahr für genau benannte gewichtige Rechtsgüter** vorliegen. Diese Voraussetzungen dürften den Anforderungen des BVerfG an die Verfassungsgemäßheit genügen. In **§ 51 Abs. 1 S. 2 Var. 2 PolG** werden die einbezogenen Straßen gegenüber § 27 Abs. 1 Nr. 7 b PolG enger bezogen. Das AKLS darf nur auf **Bundesautobahnen, Europa- und Bundesstraßen** eingesetzt werden, die eine schnelle und unmittelbare Verbindung von der Grenze in das Bundesland ermöglichen (§ 1 Abs. 1 FStrG: „einem weiträumigen Verkehr dienen oder zu dienen bestimmt sind"). In einem Grenzland wie BW dürfte damit ein noch hinreichender Grenzbezug gegeben sein. Landes-, Kreis oder Gemeindestraßen (vgl. § 3 Abs. 1 StrG) würden dagegen den zwingenden Grenzbezug im Allgemeinen nicht aufweisen (es bedürfte dann eines konkretisierten Grenzbezugs über eine Kilometerangabe [so etwa „30 km" in § 2 Abs. 2 S. 1 Nr. 3 BPolG als Definition des Grenzgebiets])[705].

ee) Erfassung der Fahrzeug-Insassen (§ 51 Abs. 1 S. 1 Nr. 3 PolG)

§ 51 Abs. 1 S. 3 PolG stellt klar, dass die Bildaufzeichnungen auch dann erfolgen können, wenn die **Insassen** der Fahrzeuge beim Anfertigen der Aufnahmen **unvermeidbar betroffen** werden. Gem. § 51 Abs. 3 S. 1 PolG sind im sog. **Nichttrefferfall** die erhobenen Daten unverzüglich zu löschen (vgl. § 10 Rn 452).

ff) Beschränkungen des Einsatzes (§ 51 Abs. 1 S. 4 PolG)

Beschränkungen des Einsatzes ergeben sich aus **§ 51 Abs. 1 S. 4 PolG**. Datenerhebungen nach den Sätzen 1 bis 3 dürfen

- **nicht flächendeckend**, also nicht überall an jeder Kontrollstelle vorgenommen werden (Nr. 1). Diese Voraussetzung ist nur gewährleistet, wenn durch die Anzahl und die Wahl der Einsatzorte sichergestellt ist, dass ein Verkehrsteilnehmer größere Straßenabschnitte durchfahren kann, ohne von einem AKLS erfasst zu werden[706],
- **nicht für einen ständigen Einsatz** an gefährlichen Orten oder besonders gefährdeten Objekten gem. § 27 Abs. 1 Nr. 3 und 4 PolG (Nr. 2: „nicht dauerhaft") erfolgen,
- für eine **Schleierfahndung** gem. § 27 Abs 1 Nr. 7 PolG **nicht längerfristig** durchgeführt werden. Diese Zeitspanne lässt sich nur schwer bestimmen, weshalb die Ver-

---

[703] BVerfGE 150, 309, 336 (Rn 72); BVerfGE 150, 244, 286 (Rn 105 f.).
[704] BVerfGE 150, 309, 337 (Rn 75).
[705] Eine Schleierfahndung innerhalb eines 30 km-Streifens entlang der europäischen Landesgrenze wurde vor Inkrafttreten des PolG 2020 intensiv diskutiert, fand aber keine Mehrheit innerhalb der Regierungskoalition, da die Regierungsfraktion Bündnis 90/Die Grünen nicht zustimmte (vgl. dazu etwa Ludwigsburger Kreiszeitung vom 22.12.2019).
[706] Zeitler/Trurnit, Polizeirecht BW, Rn 683, unter Hinweis auf BVerfG, NJW 2008, 1503, 1516.

wendung dieses unbestimmten Rechtsbegriffs nach der rechtswissenschaftlichen Literatur dem Bestimmtheitsgebot widersprechen soll[707]. Das **BVerfG** hat diese Regelung indes nicht beanstandet.[708]

gg) Dokumentation (§ 51 Abs. 1 S. 5 PolG)

445 Gem. **§ 51 Abs. 1 S. 5 PolG** ist der **Einsatz** der technischen Mittel in geeigneter Weise für Kontrollzwecke zu **dokumentieren**. Die Regelung geht über die §§ 73, 74 PolG ergänzend hinaus und bezweckt die Nachprüfbarkeit des Einsatzes und die Einhaltung der gesetzlichen Anforderungen. Daraus ergibt sich auch der Umfang der Dokumentationspflicht (u. a. Angaben zum Kennzeichen, Fahrzeug, Zeitraum, Datum, zu Ort, Fahrtrichtung, Beteiligten, zur Dienststelle, Uhrzeit etc., vgl. § 51 Abs. 4 S. 1 PolG).

hh) Zuständigkeit

446 **Zuständig** für die Datenerhebung durch automatische (= selbsttätige) Bildaufzeichnungen ist ausschließlich der **Polizeivollzugsdienst**.

d) Datenabgleich / Beschränkungen (§ 51 Abs. 2 PolG)

aa) Allgemeines

447 **§ 51 Abs. 2 PolG** entspricht der früheren Regelung des **§ 22 a Abs. 2 PolG 1992**. Durch das **PolG 2020** sind nur geringfügige redaktionelle Änderungen vorgenommen worden (in Satz 1 wurde die Formulierung „in der jeweils geltenden Fassung" gestrichen.

bb) Automatisierter Datenabgleich (§ 51 Abs. 2 S. 1, 2 PolG)

448 Gem. **§ 51 Abs. 2 S. 1 PolG** dürfen die ermittelten Kennzeichen automatisch mit dem Fahndungsbestand der Sachfahndungsdateien der beim **BKA** geführten polizeilichen Informationssysteme (Sachfahndungsdatei **INPOL-Sachfahndung und SIS-Sachfahndung**) abgeglichen werden. Ausdrücklich wird in **Abs. 2 S. 2** darauf hingewiesen, dass die Sachfahndungsdateien beim BKA auch die nach den Vorschriften des SDÜ zulässigen Ausschreibungen von Fahrzeugkennzeichen im **SIS** umfasst (NSIS-Sachfahndung). Künftig wird sich deren Inhalt nach den Vorgaben der **Verordnung (EU) 2018/1862** richten (bislang Art. 99 SDÜ bzw. Art. 36 Ratsbeschluss 2007/533/JI); vgl. dazu eingehend § 1 Rn 38.

cc) Beschränkung des Datenabgleichs (§ 51 Abs. 2 S. 3 PolG)

449 In **§ 51 Abs. 2 S. 3 PolG** wird im Hinblick auf die Rechtsprechung des **BVerfG** (vgl. § 10 Rn 434 ff.) die **Zulässigkeit des Datenabgleichs** in mehrfacher Hinsicht auf Kennzeichen von Fahrzeugen **beschränkt**. Zulässig ist der Datenabgleich nur für Kennzeichen von Fahrzeugen, die
1. zur **polizeilichen Beobachtung, verdeckten Registrierung oder gezielten Kontrolle** nach § 56 PolG, §§ 163 e und 463 a StPO, Art. 99 SDÜ oder § 17 Abs. 3 BVerfGG,
2. aufgrund einer **erheblichen Gefahr zur Abwehr einer Gefahr**,
3. aufgrund des **Verdachts einer Straftat für Zwecke der Strafverfolgung** oder
4. aus **Gründen der Strafvollstreckung**

ausgeschrieben sind.

Diese Einschränkungen bewirken die **Vereinbarkeit der Datenverarbeitung mit dem Verfassungsrecht**. Die Polizeibehörden werden verpflichtet, die aus dem jeweiligen

---

707 So auch Kahlert, in: Belz/Mußmann/Kahlert/Sander, Polizeigesetz BW, § 22 a Rn 13; Stephan in: Stephan/Deger, Polizeigesetz BW, § 22 a Rn 4.
708 BVerfGE 150, 244 ff., 306 ff.

polizeilichen Informationssystem übernommenen Datensätze näher einzuengen. Damit erhalten die für den Abgleich insgesamt eröffneten Fahndungsbestände Konturen, die den verfassungsrechtlichen Anforderungen an die Bestimmtheit genügen. Eine **Benennung der einzelnen Dateien**, die für den Abgleich herangezogen werden dürfen, ist auch angesichts der ständigen Fortschreibung solcher Bestände verfassungsrechtlich **nicht geboten**.[709]

dd) Vollständige Kennzeichen (§ 51 Abs. 2 S. 4 PolG)

Weiterhin legt **§ 51 Abs. 2 S. 4 PolG** fest, dass der **Abgleich nur mit vollständigen Kennzeichen** des Fahndungsbestands erfolgen darf. Die Verwendung von unvollständigen Vergleichsdaten (sog. „**Jokersuche**") ist **ausgeschlossen**.[710] Damit soll der Kreis der Personen, die von dem Einsatz betroffen sind, möglichst gering gehalten werden. 450

ee) Begrenzung auf notwendigstes Mindestmaß (Verhältnismäßigkeit)

Der Landesgesetzgeber hat ausdrücklich darauf hingewiesen, dass die Regelung nach den Vorgaben des BVerfG **verfassungskonform auszulegen** ist mit der Maßgabe, dass die in den Datenabgleich des AKLS einzubeziehenden Fahndungsbestände zu **selektieren** und auf den jeweiligen **Zweck der Kennzeichenkontrolle zu beschränken** sind.[711] 451

e) Löschungspflicht / Protokollierungsverbot (§ 51 Abs. 3 PolG)

aa) Allgemeines

§ 51 Abs. 3 PolG entspricht bis auf eine redaktionelle Änderung der früheren Regelung des § 22a Abs. 3 PolG 1992. 452

bb) Löschungspflicht für Nichttreffer (§ 51 Abs. 3 S. 1 PolG)

Gem. § 51 Abs. 3 S. 1 PolG sind die nach Abs. 1 S. 1 erhobenen Daten, **sofern die erfassten Kennzeichen nicht im Fahndungsbestand enthalten sind**, unverzüglich nach Durchführung des Datenabgleichs **automatisch zu löschen**. Ergibt der Datenabgleich keine „Treffer" (sog. **Nichttrefferfall**), besteht keine Notwendigkeit mehr, die erfassten Kennzeichen und eventuell weitere erhobene Daten (Bildaufzeichnung des Fahrzeugs, der Insassen etc.) zu speichern. In diesem Fall sind **alle** Daten unverzüglich zu löschen. Dies sollte in der Praxis **bevorzugt automatisiert** durch eine entsprechende Programmierung des eingesetzten EDV-Programms erfolgen.[712] 453

cc) Protokollierungsverbot (§ 51 Abs. 3 S. 2 PolG)

Gem. § 51 Abs. 3 S. 2 PolG dürfen die Datenerhebung und der Datenabgleich im Falle des Satzes 1 nicht protokolliert werden. Damit soll für die sog. „Nichttreffer-Fälle" eine **weitere Schutzvorkehrung für die unverzügliche Löschung** vorgenommen und die Erstellung von Bewegungsbildern von Personen, deren Kennzeichen nicht zur Fahndung ausgeschrieben sind, verhindert werden. Der Polizeivollzugsdienst hat somit keine Möglichkeit, in diesen Fällen personenbezogene Daten zu speichern. 454

Mit dieser Regelung wird der dem EU-Datenschutzrecht zugrunde liegende Grundsatz des **„Recht auf Vergessenwerden"**[713] unmittelbar normiert. Dieser Grundsatz wird zwar durch die DSRL 2016/680 nicht so strikt umgesetzt wie durch die DSGVO, weil im Bereich von Justiz und Polizei umfassendere und längere Datenspeicherungen nötig

---

709 BVerfG, NJW 2019, 842, 846 f. (Rn 82).
710 Stephan, in: Stephan/Deger, Polizeigesetz BW, § 22 a Rn 7.
711 LT-Drs. 16/8484, S. 152.
712 Vgl. dazu Borell/Schindler, DuD 2019, 767, 770; Schünemann, GRZ 2019, 55 f.
713 Farke/Rensinghof/Dürmuth/Gostomzyk, DuD 2019, 681 ff..; von Bonin/Rünzel, NJW 2020, 3499, 3502.

und erlaubt sein können. Dies wird auch aus dem Vergleich der Regelungen zur Datenlöschung in Art. 16 DSRL 2016/680 einerseits und Art. 17 DSGVO andererseits deutlich. Das komplette Entfernen der Datensätze im Fall des § 51 Abs. 3 PolG entspricht aber dem Recht auf Vergessenwerden: „Eine betroffene Person sollte ein Recht auf Berichtigung der sie betreffenden personenbezogenen Daten besitzen sowie ein „Recht auf Vergessenwerden", wenn die Speicherung ihrer Daten gegen diese Verordnung oder gegen das Unionsrecht oder das Recht der Mitgliedstaaten, dem der Verantwortliche unterliegt, verstößt. Insbesondere sollten betroffene Personen Anspruch darauf haben, dass ihre personenbezogenen Daten gelöscht und nicht mehr verarbeitet werden, wenn die personenbezogenen Daten hinsichtlich der Zwecke, für die sie erhoben bzw. anderweitig verarbeitet wurden, nicht mehr benötigt werden."[714]

Das **BVerfG** hat für den Bereich des Internets deutlich gemacht, dass **aus dem allgemeinen Persönlichkeitsrecht kein umfassendes „Recht auf Vergessenwerden" folgt**: „Die Herausbildung der Persönlichkeit vollzieht sich auch in Kommunikationsprozessen und damit in Wechselwirkung mit der freien Beurteilung Dritter und einer – mehr oder weniger breiten – Öffentlichkeit. Welche Informationen als interessant, bewundernswert, anstößig oder verwerflich erinnert werden, unterliegt insoweit nicht der einseitigen Verfügung des Betroffenen. Aus dem allgemeinen Persönlichkeitsrecht folgt damit nicht das Recht, alle früheren personenbezogenen Informationen, die im Rahmen von Kommunikationsprozessen ausgetauscht wurden, aus dem Internet löschen zu lassen. Insbesondere gibt es kein Recht, öffentlich zugängliche Informationen nach freier Entscheidung und allein eigenen Vorstellungen zu filtern und auf die Aspekte zu begrenzen, die Betroffene für relevant oder für dem eigenen Persönlichkeitsbild angemessen halten. Erst recht stellt das Grundgesetz die dauerhafte Auseinandersetzung mit Taten und Tätern nicht in Frage, denen als öffentliche Personen Prägekraft für das Selbstverständnis des Gemeinwesens insgesamt zukommt. Das allgemeine Persönlichkeitsrecht ist **kein Rechtstitel gegen ein Erinnern in historischer Verantwortung**."[715]

Die Umsetzung des Anspruchs auf Vergessenwerden ist in technischer Hinsicht nicht einfach.[716] Hier muss das **Datenschutzmanagementsystem** (vgl. dazu § 10 Rn 117, 610) wichtige technische Vorkehrungen treffen.[717]

dd) Besondere Protokollierungspflichten (§ 74 PolG)

455 Aus § 74 PolG folgt eine **umfassende besondere Protokollierungspflicht** für alle Maßnahmen gem. § 51 PolG (vgl. dazu § 10 Rn 590, 602).[718] Zu protokollieren sind gem. § 74 Abs. 1 und Abs. 2 Nr. 5 PolG:
1. Das zur Datenerhebung eingesetzte Mittel,
2. der Zeitpunkt des Einsatzes,
3. Angaben, die die Feststellung der erhobenen Daten ermöglichen,
4. die verantwortliche Dienststelle,
5. das Kennzeichen im Trefferfall.

Diese besonderen Protokollierungspflichten finden für **Nichttreffer** i. S. d. § 51 Abs. 3 PolG **keine Anwendung**, da § 51 Abs. 3 PolG insoweit **lex specialis** ist, wie es § 74 Abs. 1 PolG ausdrücklich vorsieht („soweit nichts anderes geregelt ist").

---

714 Erwägungsgrund Nr. 65 der DSGVO, EU ABl. L 119, S. 13; vgl. dazu Herbst, in: Kühling/Buchner, DSGVO/BDSG, Art. 17 DSGVO Rn 49 ff.
715 BVerfG („Recht auf Vergessen II"), NVwZ 2020, 53, 61 (Rn 107) = DÖV 2020, 374 ff. = JZ 2020, 189 ff., mit Bespr. Wende, JZ 2020, 175 ff.; vgl. auch von Bonin/Rünzel, NJW 2020, 3499, 3502, zur neueren Rspr des EuGH, sowie Gola/Klug, NJW 2021, 680, 682.
716 Vgl. dazu Farke/Rensinghof/Dürmuth/Gostomzyk, DuD 2019, 681, 681 ff.
717 Vgl. dazu Borell/Schindler, DuD 2019, 767 ff.
718 Zu ihrem verfassungsrechtlichen Gebot vgl. auch Schünemann, GRZ 2019, 55, 63.

f) Maßnahmen im Trefferfall (§ 51 Abs. 4 PolG)
aa) Allgemeines

§ 51 Abs. 4 PolG entspricht weitgehend dem früheren § 22 a Abs. 4 PolG 1992. Allerdings wurde der **frühere Satz 4 ersatzlos gestrichen**. Das **BVerfG** hatte entscheiden, dass die Regelung nicht dem Erfordernis eines hinreichend gewichtigen Rechtsgüterschutzes nach dem Kriterium der Datenneuerhebung genügte. Die Verwendung der Informationen zu neuen Zwecken sei nur dann mit dem Verhältnismäßigkeitsgrundsatz vereinbar, wenn diese nach verfassungsrechtlichen Maßstäben auch für den geänderten Zweck mit vergleichbar schwerwiegenden Mitteln neu erhoben werden dürften.[719] Der frühere Satz 4 konnte gestrichen werden, weil sich die Zulässigkeit einer weiteren Datenverarbeitung nunmehr nach den **allgemeinen Datenschutzregelungen des PolG** bestimmt, es gilt vor allem **§ 15 Abs. 3 PolG**. 456

bb) Datenspeicherung im Trefferfall (§ 51 Abs. 4 S. 1 PolG)

Gem. § 51 Abs. 4 S. 1 PolG dürfen das Kennzeichen, die Bildaufzeichnung des Fahrzeugs sowie Angaben zu Ort, Fahrtrichtung, Datum und Uhrzeit **gespeichert** werden, wenn der Datenabgleich erfolgreich war. Dies ist der Fall, wenn das ermittelte Kennzeichen im Fahndungsbestand enthalten ist (sog. „**Trefferfall**"). 457

cc) Anhalterecht (§ 51 Abs. 4 S. 2 PolG)

§ 51 Abs. 4 S. 2 PolG sieht ein **Anhalterecht** für das betroffene Fahrzeug sowie für die Insassen vor, wenn ein Trefferfall vorliegt. 458

dd) Weitere Maßnahmen (§ 51 Abs. 4 S. 3 PolG)

Gem. § 51 Abs. 4 S. 3 PolG dürfen **weitere Maßnahmen** erst nach Überprüfung des **Trefferfalls** anhand des aktuellen Fahndungsbestands erfolgen. Die weiteren Maßnahmen (etwa Identitätsfeststellung, Durchsuchungen etc.) bedürfen jeweils einer gesonderten Ermächtigungsgrundlage. 459

ee) Weitere Pflichten bei der Datenverarbeitung

Die für eine Maßnahme der AKLS **grundlegenden Regelungen** zur Benachrichtigung der betroffenen Personen im Trefferfall, zur Protokollierung der erhobenen Daten sowie zur Kennzeichnung der Daten finden sich in den **§§ 72, 74 und 86 PolG** (vgl. zur Protokollierung § 10 Rn 629). Für die **weitere Verarbeitung** der durch eine Maßnahme der AKLS erhobenen Daten gelten die allgemeinen Vorschriften, insbesondere **§ 15 PolG**. 460

12. Telekommunikationsdaten (§§ 52 bis 55 PolG)
a) Allgemeines
aa) Neustrukturierung durch das PolG 2020

Der Landesgesetzgeber hat die Regelungen zur **Verarbeitung von Telekommunikationsdaten** mit dem **PolG 2020 umfassend neu gestaltet und strukturiert**: 461
- **§ 52 PolG** (Bestandsdatenauskunft) entspricht dabei weitgehend § 23 a Abs. 9 S. 1 bis 4 i. V. m. Abs. 1 S. 4 sowie Abs. 5 S. 1, 3 u. 4 PolG 1992.
- **§ 53 PolG** (Erhebung von Telekommunikationsverkehrsdaten und Nutzungsdaten) entspricht weitgehend § 23 a Abs. 1 bis 5 u. 8 PolG 1992.
- **§ 54 PolG** (Überwachung der Telekommunikation) entspricht inhaltlich § 23 b Abs. 1 bis 9 PolG 1992.
- **§ 55 PolG** (Weitere Bestimmungen über polizeiliche Maßnahmen mit Bezug zur Telekommunikation) entspricht § 23 a Abs. 6 u. 8 PolG 1992.

---
719 BVerfG, NJW 2019, 842, 847 (Rn 89 bis 91).

In die Gesamtregelung der Verarbeitung von Telekommunikationsdaten wurden auch die **Vorgaben des BVerfG** aus seinem **BKAG-Urteil** eingearbeitet. Verschiedene Teile der bisherigen Regelungen sind in die **allgemeinen Vorschriften über die Datenverarbeitung** eingeflossen, so dass die Vorschriften auch etwas gestrafft werden konnten.

bb) Verfassungsrecht

462 Die **Regelungen zur Verarbeitung von Telekommunikationsdaten (§§ 52 bis 55 PolG)** greifen nachhaltig in das in Art. 10 GG geschützte **Fernmeldegeheimnis** ein. **Art. 10 Abs. 1 GG** schützt in erster Linie die Vertraulichkeit der ausgetauschten Informationen und damit den Kommunikationsinhalt gegen eine unbefugte Kenntniserlangung.[720] Das Fernmeldegeheimnis ist ein Spezialfall des Postgeheimnisses, das die Post und alle postfremden Staatsorgane zum Stillschweigen über alle mit technischen Mitteln im Telegramm-, Fernsprech-, Fernschreib- und Funkverkehr weitergegebenen Mitteilungen verpflichtet. Geschützt ist aber auch die Kommunikation mit modernen Medien wie Mobilfunk oder Internet, gleichgültig, ob die Fernmeldeeinrichtung der Öffentlichkeit oder etwa als haus- oder betriebsinterne Telefon- oder Computeranlage nur einem begrenzten Kreis von Teilnehmern zugänglich ist. Art. 10 GG umfasst auch die **Vertraulichkeit der näheren Umstände** der Kommunikation.[721] Der Schutz des Fernmeldegeheimnisses erstreckt sich zudem auch auf die von Privaten betriebenen Telekommunikationsanlagen.

Art. 10 GG begründet zum einen ein **Abwehrrecht** gegen die Kenntnisnahme des Inhalts und der näheren Umstände der Telekommunikation durch den Staat. Zum anderen beauftragt die Grundrechtsnorm den Staat, Schutz auch insoweit vorzusehen, als private Dritte sich Zugriff auf die Kommunikation verschaffen. Auch die **Sicherstellung und Beschlagnahme von** auf dem Mailserver des Providers gespeicherten **E-Mails** sind am Grundrecht auf Gewährleistung des Fernmeldegeheimnisses aus Art. 10 Abs. 1 GG zu messen.

463 Der Schutz umfasst neben der Kommunikation auch die Umstände eines Kommunikationsvorgangs (sog. Verkehrsdaten). **Verkehrsdaten** sind gem. § 3 Nr. 30 TKG Daten, die bei der Erbringung eines Telekommunikationsdienstes (§ 3 Nr. 24 TKG) erhoben, verarbeitet oder genutzt werden (vgl. dazu auch § 96 TKG). Zu ihnen zählen u. a. die Teilnehmererkennung, Beginn und Ende einer Verbindung einschließlich Datum und Uhrzeit, und die Kennung der Endeinrichtung (IMEI-Nummer). Weiterhin ermöglicht die Vorschrift den Einsatz technischer Mittel zur Ermittlung des Standortes oder der Kennung einer Telekommunikation (etwa IMSI-Catcher) sowie die Unterbrechung bzw. Unterbindung der Telekommunikation. Der **IMSI-Catcher** simuliert eine **Funkzelle**, an der sich das Mobilfunkgerät des betroffenen Anschlussinhabers anmeldet.[722] Auf diese Weise kann die genaue Position des Mobilfunkgerätes festgestellt werden. Damit lässt sich rekonstruieren, an welchem Ort das Mobilfunkgerät eines Teilnehmers sich zum Zeitpunkt der Herstellung der betreffenden Verbindung befunden hat. Grundrechtlich geschützt sind daher auch die Angaben dazu, ob, wann und wie oft zwischen welchen Personen oder Einrichtungen Telekommunikationsverkehr stattgefunden hat oder versucht worden ist. Nicht erfasst wird durch diese Datenerhebung der **Inhalt** eines Gesprächs. Es muss hinsichtlich der Ermächtigungsgrundlage daher differenziert werden: Die §§ 52, 53 PolG ermächtigen nicht dazu, den Inhalt der Telekommunikation zu überwachen.[723] Damit wird auch der Schutz des Kernbereichs privater Lebensgestaltung gewahrt (vgl. § 10 Rn 530 ff.). Eine Gesprächsüberwachung und -aufzeichnung darf nur auf der Grundlage des § 54 PolG erfolgen (vgl. dazu § 10 Rn 504 ff.).

---

[720] BVerfG, NJW 2007, 2753.
[721] BVerfGE, 125, 260.
[722] Botta, ZJS 2021, 59, 63.
[723] Stephan, in: Stephan/Deger, Polizeigesetz BW; § 23 a Rn 1; Zeitler/Trurnit, Polizeirecht BW, Rn 730.

Mit zahlreichen Gesetzesänderungen hat der Gesetzgeber bereits vor Inkrafttreten des 464
PolG 2020 den **Anforderungen der Rechtsprechung** insbesondere des BVerfG Rechnung getragen. Mit dem **PolG 2020** wurden auch die neueren Anforderung des **BVerfG**
aus seinem **BKAG-Urteil** umgesetzt. Die Entwicklung der Regelungen in den letzten
Jahren zeigt exemplarisch das **Spannungsfeld** auf, das einerseits durch die stetigen
Forderungen vorwiegend aus der Politik nach einer Erweiterung der staatlichen Sicherungs- und Überwachungsmaßnahmen und andererseits durch die Notwendigkeit, die
Grundrechte der Bürger vor unzulässigen Eingriffen des Staates zu schützen, gekennzeichnet ist. Die vor Erlass des PolG 2020 erfolgte intensive Diskussion[724] um die sog.
Online-Durchsuchung, bei der das heimliche Durchsuchen von Computer-Festplatten
erlaubt wird, hat gezeigt, dass das Spannungsfeld zwischen Schutz der Privatsphäre
und polizeilichen Befugnissen weiter bestehen und zu prüfen sein wird.

b) Bestandsdatenauskunft (§ 52 PolG)

aa) Allgemeines

§ 52 PolG wurde durch das **PolG 2020** neu geschaffen. Er entspricht § 23 a Abs. 9 S. 1 465
bis 4 i. V. m. Abs. 1 S. 4 sowie Abs. 5 S. 1, 3 u. 4 PolG 1992. Die neue Regelung betrifft
nur noch die sog. **Bestandsdatenerhebung**, die übrigen Teile der alten Regelung finden sich in den neuen §§ 53 bis 55 PolG.

Die Altregelung wurde erstmals durch **Änderungsgesetz vom 20.11.2012** in das PolG
aufgenommen. Durch das **Gesetz zur Änderung des Polizeigesetzes und des Landesverfassungsschutzgesetzes vom 25.2.2014** (GBl. S. 77) wurde die Bestimmung
durch die Aufnahme der Bestandsdaten nach dem Telemediengesetz (§§ 14
und 15 Abs. 1 S. 2 Nr. 1 TMG) ergänzt.

Die Regelungen über die Bestandsdatenauskunft greifen in das **Recht auf informationelle Selbstbestimmung** ein. Das **BVerfG** hat in seinen beiden **Beschlüssen zur Bestandsdatenauskunft**[725] deutlich gemacht, dass in den gesetzlichen Bestimmungen,
die den Abruf von Daten seitens der auskunftsberechtigten Behörden regeln, ein Eingriff in das Recht auf informationelle Selbstbestimmung liegt.[726] Soweit auch Bestandsdaten übermittelt oder abgerufen werden dürfen, die anhand dynamischer IP-Adressen
bestimmt werden, liegt ein Eingriff in das speziellere **Telekommunikationsgeheimnis
des Art. 10 Abs. 1 GG** vor.[727]

bb) Zuständigkeit

Die **Zuständigkeit** für die Bestandsdatenerhebung liegt ausschließlich beim **Polizei-** 466
vollzugsdienst.

cc) Erhebung von Telekommunikationsbestandsdaten (§ 52 Abs. 1 PolG)

§ 52 Abs. 1 PolG ermächtigt den Polizeivollzugsdienst, sog. **Telekommunikationsbe-** 467
standsdaten zu erheben. Hierbei handelt es sich um Daten, die für die Begründung,
inhaltliche Ausgestaltung, Änderung oder Beendigung eines Vertragsverhältnisses über
Telekommunikationsdienste erhoben werden (vgl. § 3 TKG). Dazu gehören etwa der Name und die Anschrift eines Kunden, PIN, PUK und Passwörter. Diese Bestandsdaten
finden ihre Grundlage in den §§ 95 und 111 TKG.

---

724 Staatsanzeiger vom 18.10.2018; Ludwigsburger Kreiszeitung vom 22.12.2019; Stuttgarter Zeitung vom 9.7.2020. Letztlich wurde die Aufnahme der Online-Durchsuchung in das PolG durch die Regierungsfraktion Bündnis 90/Die Grünen verhindert.
725 BVerfG, NJW 2012, 1419 ff. (Bestandsdatenauskunft I); NJW 2020, 2699 ff. (Bestandsdatenauskunft II).
726 BVerfG, NJW 2012, 1419, 1421 ff. (Bestandsdatenauskunft I); NJW 2020, 2699, 2704 (Rn 94 f., 96) (Bestandsdatenauskunft II).
727 BVerfG (Bestandsdatenauskunft II), NJW 2020, 2699, 2794 (Rn 90), 2705 (Rn 101).

§ 52 Abs. 1 S. 1 bis 3 PolG genügt den vom **BVerfG** in seinem zweiten **Beschluss zur Bestandsdatenauskunft**[728] aufgestellten Grundsätzen an die **Notwendigkeit einer hinreichend begrenzten Eingriffsschwelle.**[729] Das BVerfG hat klargestellt, dass es nicht ausreichend ist, wenn eine Bestandsdatenauskunft nur allgemein zur Erfüllung polizeilicher Aufgaben erfolgt, vielmehr müssen landes- und bundesgesetzliche Datenabrufregelungen zwingend den **Rahmen der durch die Übermittlungsregelung begrenzten Verwendungszwecke einhalten.**[730] Es muss daher im Gesetz klar vorgegeben sein, unter welchen besonderen tatbestandlichen Voraussetzungen entsprechende Auskunftsbegehren und Datenerhebungen erfolgen können. Insbesondere muss **regelmäßig eine konkrete Gefahr** gegeben sein: „Verpflichtet der Gesetzgeber zur Schaffung von Datenbeständen oder öffnet er diese über den primären Zweck hinaus, wie hier die Datenbestände privater Unternehmen für eine Verwendung zur staatlichen Aufgabenwahrnehmung, obliegt es ihm zugleich**, die für deren verfassungsrechtliche Rechtfertigung erforderlichen Verwendungszwecke und Eingriffsschwellen** sowie die für die Gewährleistung der Zweckbindung gegebenenfalls erforderlichen Folgeregelungen **verbindlich festzulegen** (Gebot der Zweckbindung). …… Erforderlich ist demnach bezogen auf die Gefahrenabwehr grundsätzlich **eine im Einzelfall vorliegende konkrete Gefahr im Sinne der polizeirechtlichen Generalklauseln**. Diese Schwelle umfasst auch den Gefahrenverdacht. Ebenso beschränkt sie Auskünfte nicht von vornherein auf Polizeipflichtige im Sinne des allgemeinen Polizei- und Ordnungsrechts…… Das grundsätzliche **Erfordernis einer auf Anhaltspunkte im Tatsächlichen gestützten konkreten Gefahr** gilt für die Nachrichtendienste ebenso wie für alle zur Abwehr von Gefahren für die öffentliche Sicherheit und Ordnung zuständigen Behörden. Sind derart qualifizierte Eingriffsschwellen vorgesehen, bedarf es im Hinblick auf das gemäßigte Eingriffsgewicht der allgemeinen Bestandsdatenauskunft und ihrer großen Bedeutung für eine effektive Aufgabenwahrnehmung keines spezifisch erhöhten Rechtsgüterschutzes, um die Verhältnismäßigkeit der Datenübermittlung sicherzustellen."[731]

§ 52 Abs. 1 S. 1 PolG erlaubt eine Bestandsdatenauskunft und die damit verbundene Datenerhebung nur, wenn eine **Gefahr für die öffentliche Sicherheit** gegeben ist (vgl. sogleich § 10 Rn 468). Diese tatbestandliche Anforderung genügt der verfassungsrechtlich gebotenen Konkretisierung, da der polizeiliche Gefahrbegriff durch die Rechtsprechung hinreichend konkretisiert ist und die notwendige verfassungsrechtlich gebotene Begrenzung darstellt.[732] Eine Bestandsdatenauskunft **„ins Blaue hinein"**, wie sie das BVerfG ausschließt[733], ist nicht möglich. **§ 52 Abs. 1 S. 2 PolG** stellt darüber hinaus die zwingend erforderlichen höheren Anforderungen an eine Bestandsdatenauskunft sicher, die eine zugewiesene IP-Adresse in Bezug nimmt.[734] Sie ist nur möglich, wenn **besonders schützenswerte, höherwertige Rechtsgüter gefährdet** sind (vgl. sogleich § 10 Rn 468).

§ 52 Abs. 1 PolG sieht keinen **Behördenleiter-** oder **Richtervorbehalt** vor, dieser ist verfassungsrechtlich nicht geboten, auch nicht im Fall des erhöhten Eingriffsgewichts des § 52 Abs. 1 S. 2 PolG.[735]

468 Die Erhebung der in der Vorschrift genannten Daten ist gem. **§ 52 Abs. 1 S. 1 PolG** ohne Wissen der betroffenen Person zur Abwehr einer **Gefahr für die öffentliche Sicherheit** zulässig. Adressat der Maßnahme sind die Störer gem. §§ 6, 7 PolG sowie unter strengeren Voraussetzungen auch Nichtstörer gem. § 9 PolG.

---

728 BVerfG (Bestandsdatenauskunft II), NJW 2020, 2699 ff.
729 Vgl. dazu auch LT-Drs. 16/8811, S. 15.
730 BVerfG, NJW 2020, 2699, 2717 (Rn 200).
731 BVerfG, NJW 2020, 2699, 2708, 2710 (Rn 146).
732 I. E. ebenso BVerfG, NJW 2020, 2699, 2710 (Rn 146).
733 Vgl. BVerfG, NJW 2020, 2699, 2710 (Rn 145), 2714 (Rn 176), 2720 (Rn 228, 232).
734 Zu diesem Erfordernis vgl. BVerfG, NJW 2020, 2699, 2714 (Rn 176), 2715 (Rn 179), 2721 (Rn 238, 243), zum verfassungsrechtlich unbedenklichen § 40 Abs. 2 BKAG.
735 BVerfG, NJW 2020, 2699, 2722 (Rn 254).

Gem. **§ 52 Abs. 1 S. 2 PolG** darf der Polizeivollzugsdienst die Auskunft über eine zu einem bestimmten Zeitpunkt zugewiesene **Internet-Portal-Adresse** sowie weiterer zur Individualisierung erforderlicher technischer Daten nur verlangen, wenn dies zur Abwehr einer **Gefahr für die hochrangigen Rechtsgüter** Leib, Leben oder Freiheit einer Person, Bestand oder Sicherheit des Bundes oder eines Landes oder zur **Abwehr einer gemeinen Gefahr** erforderlich ist. Zum Begriff der **gemeinen Gefahr** vgl. § 4 Rn 34. Im Fall einer auf der Grundlage des § 52 Abs. 1 S. 2 PolG erfolgenden Auskunft sind gem. **§ 52 Abs. 1 S. 3 PolG** die **Entscheidungsgrundlagen** für das Auskunftsverlangen zu **dokumentieren**.[736]

Bezieht sich das Auskunftsverlangen nach Satz 1 auf Daten, mittels derer der Zugriff auf Endgeräte oder auf Speichereinrichtungen, die in diesen Endgeräten oder hiervon räumlich getrennt eingesetzt werden, geschützt wird, darf die Auskunft zur Abwehr der in Satz 2 genannten Gefahren gem. **§ 52 Abs. 1 S. 4 PolG** nur verlangt werden, wenn die gesetzlichen Voraussetzungen für die Nutzung der Daten vorliegen. **469**

Aus **§ 52 Abs. 1 S. 5 PolG** folgt, dass die Datenerhebung auch durchgeführt werden darf, wenn **Dritte unvermeidbar betroffen** werden. Damit wird die rechtliche Grundlage für Eingriffe in die Grundrechte der Kommunikationspartner der Zielpersonen geschaffen. „Unvermeidbar" bedeutet, dass der Polizeivollzugsdienst versuchen muss, die **Einbeziehung** unbeteiligter Dritter in die Bestandsdatenerhebung zu **vermeiden**. **470**

dd) Mitwirkungspflichten der Diensteanbieter (§ 52 Abs. 2 PolG)

Für die **Mitwirkungspflichten** der Diensteanbieter gilt die Regelung in **§ 52 Abs. 2 PolG**. **471**

Liegt eine entsprechende Anordnung zur Datenerhebung gem. § 52 Abs. 1 PolG vor, legt **§ 52 Abs. 2 S. 1 PolG** eine **Mitwirkungspflicht der jeweiligen Diensteanbieter** fest. Jeder, der geschäftsmäßig Telekommunikationsdienste bzw. Telemediendienste erbringt oder daran mitwirkt (= Diensteanbieter, vgl. § 3 Nr. 6 TKG), hat dem Polizeivollzugsdienst die Maßnahme nach Abs. 1 zu ermöglichen und die erforderlichen Auskünfte über bereits gespeicherte Daten unverzüglich zu erteilen. Durch die umfassende Befugnis zur Erhebung von Verkehrsdaten entfällt nicht die Verpflichtung der Diensteanbieter zur Erteilung einer Auskunft über bereits gespeicherte und zufällig anfallende Verkehrsdaten.

Die Diensteanbieter haben diese Daten im Einzelfall zu den in Abs. 1 genannten Zwecken aufzuzeichnen und zu übermitteln. Mit der Anordnung der Erhebung der Verkehrsdaten ist auch ein Eingriff in die Rechtssphäre der Diensteanbieter verbunden (Art. 12 Abs. 1 und 14 Abs. 1 GG). Die Diensteanbieter sind verpflichtet, die zur Umsetzung einer Echtzeitdatenerhebung notwendigen technischen Voraussetzungen zu schaffen. Ob und in welchem Umfang hierfür Vorkehrungen zu treffen sind, bestimmt sich gem. **§ 52 Abs. 2 S. 2 PolG** nach dem TKG und der TKÜV sowie dem TMG. Hier gilt insbesondere auch **§ 110 TKG**, der die Mitwirkungspflichten (etwa technische Vorkehrungen und Mitteilungspflichten) konkretisiert.[737] Die Mitwirkungspflicht gilt auch für Diensteanbieter, die ihren **Firmensitz außerhalb von BW** haben. Das **BVerfG** hat allerdings die in **§ 113 Abs. 1, 3 TKG** enthaltene Regelung zum manuellen Auskunftsverfahren wegen Fehlens einer begrenzenden Eingriffsschwelle, die sicherstellt, dass Auskünfte nur bei einem auf tatsächliche Anhaltspunkte gestützten Eingriffsanlass eingeholt werden können, für **verfassungswidrig** erklärt.[738] Das BVerfG geht „nach dem **Bild einer Doppel-**

---

736 Die besondere Dokumentationspflicht wurde durch den Ausschuss für Inneres, Digitalisierung und Migration des Landtags BW in das Gesetz eingefügt (vgl. LT-Drs. 16/8811, S. 2, 14 f.) und dient der Umsetzung der Vorgaben des BVerfG, NJW 2020, 2699, 2722 (Rn 248 ff.).
737 Das BVerfG hat die Vereinbarkeit der sich aus § 110 TKG ergebenden Betreiberpflichten mit den Grundrechten festgestellt (BVerfG, NJW 2019, 584, 585 f. [Rn 40 ff.], 586 ff. [Rn 45 ff.]).
738 BVerfG, NJW 2020, 2699, 2711 (Rn 154).

tür" davon aus, dass begrenzende Eingriffsschwellen sowohl für die gesetzliche Regelung der Abfrageberechtigung als auch die der Auskunftsberechtigung/-verpflichtung notwendig sind.[739]

§ 52 Abs. 2 S. 3 PolG erklärt im Hinblick auf eine Entschädigung der Diensteanbieter **§ 23 JVEG** für entsprechend anwendbar. Gem. § 23 Abs. 1 JVEG bemisst sich die Entschädigung von **Telekommunikationsunternehmen** bei der Umsetzung von Anordnungen zur Überwachung der Telekommunikation oder bei der Erteilung von Auskünften ausschließlich nach den in der **Anlage 3** zum JVEG enthaltenen Sätzen.

ee) Weitere Pflichten der Datenverarbeitung

472 Die für eine Bestandsdatenauskunft maßgeblichen Regelungen zur Benachrichtigung der betroffenen Personen, zur Protokollierung der erhobenen Daten und zur Kennzeichnung der Daten finden sich in den **§§ 72, 74 und 86 PolG**. Für die weitere Verarbeitung der so erhobenen Daten gelten die **allgemeinen Vorschriften**, insbesondere **§ 15 PolG**.

Aus **§ 74 PolG** folgt eine **umfassende besondere Protokollierungspflicht** für alle Maßnahmen gem. § 52 PolG (vgl. dazu § 10 Rn 590, 602). Zu protokollieren sind gem. § 74 Abs. 1 u. Abs. 2 Nr. 6 PolG:

1. Das zur Datenerhebung **eingesetzte Mittel**,
2. der **Zeitpunkt** des Einsatzes,
3. Angaben, die die **Feststellung der erhobenen Daten** ermöglichen,
4. die verantwortliche **Dienststelle**,
5. die **Zielperson**.

Nach dem **BVerfG** kann die **Zuordnung dynamischer IP-Adressen** (§ 52 Abs. 1 S. 2 PolG) angesichts ihres erhöhten Eingriffsgewichts nur dann als verhältnismäßig angesehen werden, wenn die **Entscheidungsgrundlagen** für die Durchführung einer solchen Maßnahme **nachvollziehbar und überprüfbar dokumentiert** werden. Die rechtlichen und tatsächlichen Grundlagen entsprechender Auskunftsbegehren sind in diesen Fällen aktenkundig zu machen.[740]

c) Erhebung von Telekommunikationsverkehrsdaten und Nutzungsdaten (§ 53 PolG)

aa) Allgemeines

473 **§ 53 PolG** wurde durch das **PolG 2020** neu geschaffen. Er entspricht § 23 a Abs. 1 bis 5 u. 8 PolG 1992. Die neue Regelung betrifft nur noch die sog. **Erhebung von Telekommunikationsverkehrsdaten und Nutzungsdaten**, die übrigen Teile der alten Regelung finden sich in den neuen §§ 52, 54, 55 PolG.

bb) Zuständigkeit

474 Die **Zuständigkeit** für die Erhebung von Telekommunikationsverkehrsdaten und Nutzungsdaten liegt ausschließlich beim **Polizeivollzugsdienst**.

cc) Erhebung von Telekommunikationsverkehrsdaten und Nutzungsdaten (§ 53 Abs. 1 PolG)

(1) Allgemeines

475 In **§ 53 Abs. 1 PolG** wurden durch das **PolG 2020** die zuvor in § 23 a Abs. 1 PolG 1992 geregelten Eingriffsvoraussetzungen für die Erhebung von Telekommunikationsver-

---

[739] BVerfG, NJW 2020, 2699, 2717 (Rn 201).
[740] BVerfG, NJW 2020, 2699, 2722 (Rn 250).

kehrsdaten und Nutzungsdaten unter Berücksichtigung des BKAG-Urteils des BVerfG neu gefasst. Die Neuregelung orientiert sich an **§ 52 Abs. 1 BKAG**.

(2) Ermächtigung zur Datenerhebung (§ 53 Abs. 1 S. 1 PolG)

§ 53 Abs. 1 S. 1 PolG legt die Voraussetzungen fest, unter denen der **Polizeivollzugsdienst** ohne Wissen der betroffenen Person zum Zweck der Gefahrenabwehr **Verkehrsdaten** i. S. d. § 96 Abs. 1 TKG und **Nutzungsdaten** i. S. d. § 15 Abs. 1 S. 2 Nr. 2 u. 3 TMG erheben darf. Die Nutzungsdaten sind den Verkehrsdaten gleichzusetzen. **Eingriffsvoraussetzung** ist die Abwehr von Gefahren für besonders schutzwürdige und hochrangige Rechtsgüter. § 53 Abs. 1 S. 1 PolG enthält in **den Nrn. 1 bis 5 eine umfassende Aufzählung** von Sachverhalten und Personen, die zu einer entsprechenden Datenerhebung berechtigen.

Gem. **§ 53 Abs. 1 S. 1 Nr. 1 PolG** können Verkehrs- oder Nutzungsdaten über die in den §§ 6 und 7 PolG genannten Personen sowie unter den Voraussetzungen des § 9 PolG über die dort genannten Personen erhoben werden, soweit **bestimmte Tatsachen die Annahme rechtfertigen**, dass eine **konkrete Gefahr** vorliegt für Leib, Leben oder Freiheit einer Person, für den Bestand oder die Sicherheit des Bundes oder eines Landes oder für Sachen von bedeutendem Wert, deren Erhaltung im öffentlichen Interesse geboten ist. Damit werden hochrangige Rechtsgüter erfasst, deren Schutz einen besonderen Stellenwert hat. Dies genügt den Anforderungen des BVerfG an die Verhältnismäßigkeit der Eingriffsnorm und den Vorgaben des EuGH an die Zulässigkeit der Speicherung von und den Zugang zu Verkehrs- und Standortdaten der elektronischen Kommunikation.[741]

Die von § 53 Abs. 1 S. 1 Nr. 1 PolG erfassten **Rechtsgüter** sind:
1. **Leib, Leben oder Freiheit** einer Person,
2. **Bestand oder Sicherheit** des **Bundes** oder eines **Landes**,
3. **Sachen von bedeutendem Wert**, deren Erhalt im öffentlichen Interesse liegt.

Die Maßnahmen richten sich gegen **Störer gem. §§ 6 und 7 PolG** und unter den Voraussetzungen des polizeilichen Notstandes gem. **§ 9 PolG** auch gegen einen **Nichtstörer**.[742] Die Maßnahmen können etwa zur Abwehr von Terroranschlägen, Verhinderung von Suizidfällen (vgl. § 53 Abs. 7 PolG), Befreiung von Entführungsopfern etc. durchgeführt werden.

Gem. **§ 53 Abs. 1 S. 1 Nr. 2, 3 PolG** können Verkehrs- oder Nutzungsdaten über eine Person erhoben werden, bei der **bestimmte Tatsachen die Annahme rechtfertigen** oder deren **individuelles Verhalten die konkrete Wahrscheinlichkeit begründet**, dass sie **innerhalb eines überschaubaren Zeitraumes auf eine zumindest ihrer Art nach konkretisierte Weise eine Straftat begehen** wird, die sich gegen die in Nr. 1 genannten Rechtsgüter richtet und dazu bestimmt ist,

a) die Bevölkerung auf erhebliche Weise einzuschüchtern,
b) eine Behörde oder eine internationale Organisation rechtswidrig mit Gewalt oder durch Drohung mit Gewalt zu nötigen oder
c) die politischen, verfassungsrechtlichen, wirtschaftlichen oder sozialen Grund-strukturen eines Staates oder einer internationalen Organisation zu beseitigen oder erheblich zu beeinträchtigen,

und durch die Art ihrer Begehung oder ihre Auswirkungen einen Staat oder eine internationale Organisation erheblich schädigen können.

---

741 BVerfGE 141, 220, 288 (Rn 156); EuGH, NJW 2021, 531 ff.: Anlasslose Vorratsdatenspeicherung zu polizeilichen Zwecken nur bei erheblicher Gefahrenlage und zur Bekämpfung schwerer Kriminalität (538 [Rn 140], 539 [Rn 146], 540 [Rn 156]) = EuGRZ 2020, 681; ebenso EuGH, Urt. v. 2.3.2021 – C-746/18 (Rn 33); dazu auch Gola/Klug, NJW 2021, 680, 682.
742 Stephan, in: Stephan/Deger, Polizeigesetz BW, § 23 a Rn 6.

Die Regelung beruht auf den Vorgaben des **BVerfG** aus dem **BKAG-Urteil**. Das BVerfG hat betont, dass es auch bei Maßnahmen zur Straftatenverhütung zumindest einer **auf bestimmte Tatsachen** und nicht allein auf allgemeine Erfahrungssätze **gestützten Prognose bedürfe**, die auf eine **konkrete Gefahr** bezogen sei. Grundsätzlich gehöre hierzu, dass insoweit ein wenigstens seiner Art nach konkretisiertes und zeitlich absehbares Geschehen erkennbar sei. In Bezug auf terroristische Straftaten könne der Gesetzgeber stattdessen aber auch darauf abstellen, ob das **individuelle Verhalten einer Person die konkrete Wahrscheinlichkeit begründe**, dass sie in überschaubarer Zukunft terroristische Straftaten begehe. Die diesbezüglichen **Anforderungen** seien **normenklar zu regeln**.[743] Das BVerfG hat offen gelassen, wo die Grenzen solcher Regelungen in den Landespolizeigesetzen liegen.[744] Die in **§ 53 Abs. 1 S. 1 Nr. 2, 3 PolG** aufgeführten schweren Straftaten genügen diesen verfassungsrechtlichen Anforderungen (vgl. dazu auch § 11 Rn 107 ff. zu § 31 Abs. 1 PolG).[745]

Der Landesgesetzgeber hat die vom BVerfG in seinem BKAG-Urteil verwendeten Formulierungen fast wörtlich in den Gesetzestext übernommen. Sie lehnen sich an **§ 129 a Abs. 2 StGB** an. Ob dies tatsächlich zu einer geeigneten Normfassung geführt hat, kann bezweifelt werden. Die Formulierungen sind insgesamt sehr unbestimmt geworden.[746]

480 Einschränkend sind in beiden Fallgruppen **nur terroristisch motivierte Straftaten** einschlägig, also Straftaten, die dazu bestimmt sind, die Bevölkerung auf erhebliche Weise einzuschüchtern, eine Behörde oder eine internationale Organisation rechtswidrig mit Gewalt oder durch Drohung mit Gewalt zu nötigen oder die politischen, verfassungsrechtlichen, wirtschaftlichen oder sozialen Grundstrukturen eines Staates oder einer internationalen Organisation zu beseitigen oder erheblich zu beeinträchtigen, und dabei durch die Art ihrer Begehung oder ihre Auswirkungen einen Staat oder eine internationale Organisation erheblich schädigen können.[747]

481 **§ 53 Abs. 1 S. 1 Nr. 2 PolG** stellt auf den **Verdacht einer schweren Straftat** ab. Um den Anforderungen des BVerfG an die Konkretisierung zu genügen, erfordert es eine **auf belastbare Tatsachen gestützten Prognose**, dass eine bestimmte Person Straftaten begehen wird. Diese Tatsachen müssen nicht in der betroffenen Person liegen (hier wäre die Nr. 3 einschlägig), richtigerweise wird die notwendige Prognose aber umso schwieriger, je weniger die zugrunde gelegten Tatsachen einen Bezug zur betroffenen Person aufweisen.[748]

Es bedarf einer nachvollziehbaren **Kausalität** zwischen der Tatsachenprognose und der Annahme der Straftatbegehung. Die der Prognose zugrunde gelegten Tatsachen müssen den Schluss zulassen, dass es mit hinreichender Wahrscheinlichkeit zur Begehung einer Straftat nach § 53 Abs. 1 Nr. 2 PolG kommen wird. Nach der Rechtsprechung des **BVerfG** kann der Gesetzgeber die Grenzen für bestimmte Bereiche mit dem Ziel schon der Straftatenverhütung auch weiter ziehen, indem er die **Anforderungen an die Vorhersehbarkeit des Kausalverlaufs reduziert**. In Bezug auf **terroristische Straftaten**, die oft durch lang geplante Taten von bisher nicht straffällig gewordenen Einzelnen an nicht vorhersehbaren Orten und in ganz verschiedener Weise verübt werden, kann der Gesetzgeber Überwachungsmaßnahmen auch dann erlauben, wenn zwar noch nicht ein seiner Art nach konkretisiertes und zeitlich absehbares Geschehen erkennbar ist, jedoch das individuelle Verhalten einer Person die **konkrete Wahrscheinlichkeit** begründet, dass sie solche Straftaten in überschaubarer Zukunft bege-

---

743 BVerfGE 141, 220, 290 f. (Rn 164).
744 BVerfGE 141, 220, 288 (Rn 156).
745 Davon geht auch der Landesgesetzgeber in LT-Drs. 16/8484, S. 153 f., aus.
746 So zu Recht auch R. Schenke, in: Schenke/Graulich/Ruthig, Sicherheitsrecht, § 51 BKAG Rn 12, § 45 BKAG Rn 15.
747 LT-Drs. 16/2701, S. 30.
748 R. Schenke, in: Schenke/Graulich/Ruthig, Sicherheitsrecht, § 45 BKAG Rn 10.

VI. Datenverarbeitung bei polizeilichen Einzelmaßnahmen

hen wird. Denkbar ist das etwa, wenn eine Person aus einem Ausbildungslager für Terroristen im Ausland in die Bundesrepublik Deutschland einreist.[749]

Das Tatbestandsmerkmal **„innerhalb eines überschaubaren Zeitraums"** hat leider wenig Kontur. Der Landesgesetzgeber verwendet es auch anderer Stelle (§ 31 Abs. 1 PolG). Die Beschreibung dieser zeitlichen Komponente ist sehr unbestimmt und stellt einen „herabgestuften Wahrscheinlichkeitsmaßstab"[750] dar, der dem Polizeirecht an sich fremd ist. Andererseits muss gesehen werden, dass in der Polizeipraxis nur der jeweilige Einzelfall beurteilt werden kann, so dass zu starre zeitliche Vorgaben der Rechtsanwendung entgegenstehen würden. Angesichts der besonderen Bedeutung der von den in Bezug genommenen Straftaten geschützten Rechtsgüter wird man keinen allzu engen zeitlichen Zusammenhang verlangen können. Hinzu kommt, dass Straftaten i. S. d. § 53 Abs. 1 S. 1 Nr. 2, 3 PolG aufgrund ihrer Komplexität oft längerer Vorbereitungszeit bedürfen. Insofern können im Einzelfall **auch mehrere Monate** als noch „überschaubar" anzusehen sein. Der Begriff „überschaubar" beschreibt eine erheblich längere Zeitspanne als etwa der Begriff „zeitnah". Im Kern meint er einen **Zeitraum, der noch erfassbar ist** und in jedem Fall einen **noch erkennbaren Bezug zu der zu erwartenden Straftat** hat. Richtigerweise ist die **Je-desto-Formel** zugrunde zu legen[751]: Je bedeutender die durch eine Straftat bedrohten Rechtsgüter sind und je komplexer das zugrundeliegende Tatgeschehen ist, desto länger darf auch die mutmaßliche Zeitspanne bis zur Tatbegehung sein. 482

§ 53 Abs. 1 S. 1 Nr. 3 PolG stellt auf das **individuelle Verhalten einer Person** ab. Mit „individuellem Verhalten" ist das Verhalten einer betroffenen Person gemeint, das ihr zuzurechnen ist und das sich nicht nur aus der Zugehörigkeit zu einer Gruppe oder aus einem Gruppenverhalten ergibt. Der Polizeivollzugsdienst muss mithin prüfen, ob gerade **das Verhalten einer bestimmten Person** (= ihr eigenes Verhalten) den sicheren Rückschluss zulässt, dass diese Person eine Straftat i. S. d. § 53 Abs. 1 S. 1 Nr. 3 PolG begehen wird. 483

Der Begriff **„konkrete Wahrscheinlichkeit"** macht deutlich, dass bloße Spekulationen nicht ausreichen. Auch die reine Möglichkeit einer Straftatenbegehung genügt nicht. Vielmehr muss es hinreichend wahrscheinlich sein, dass die betroffene Person eine Straftat begehen wird. Auch hier ist die **Je-desto-Formel** anzuwenden: Je schwerwiegender die geplante Straftat ist, desto geringer sind die Anforderungen an die Wahrscheinlichkeit der Straftatenbegehung. Insgesamt wird vom Polizeivollzugsdienst eine **belastbare Prognose** erwartet, die ausschließlich auf Tatsachen gestützt ist. Hier wird der besonderen fachlichen Kompetenz des Polizeivollzugsdienstes größere Bedeutung zukommen.

Zum **überschaubaren Zeitraum** vgl. die Ausführungen in § 10 Rn 482.

Gem. **§ 53 Abs. 1 S. 1 Nr. 4 PolG** können Verkehrs- oder Nutzungsdaten über eine Person erhoben werden, bei der bestimmte Tatsachen die Annahme rechtfertigen, dass sie für eine Person nach Nr. 1 **bestimmte oder von dieser herrührende Mitteilungen entgegennimmt oder weitergibt**. 484

Mit dieser Regelung wird sichergestellt, dass sich die Maßnahmen auch gegen sog. **Nachrichtenmittler** richten können. Das **BVerfG** hat in seinem BKAG-Urteil deutliche Hinweise zur Anwendung dieser Regelung gegeben: „Die Vorschrift, die in ihrer Formulierung eng an § 100 a Abs. 3 StPO angelehnt ist, ist hinreichend auslegungsfähig und genügt den Anforderungen des Bestimmtheitsgrundsatzes. Wie die Regelung zu den Kontakt- und Begleitpersonen in § 20 b Abs. 2 Nr. 2 BKAG erlaubt die Vorschrift nicht, **Überwachungsmaßnahmen ins Blaue hinein** auf alle Personen zu erstrecken, die mit

---
749 BVerfGE 141, 220, 272 f. (Rn 112), 290 f. (Rn 164 f.).
750 Graulich, in: Lisken/Denninger, Handbuch des Polizeirechts, Kap. E Rn 433.
751 R. Schenke, in: Schenke/Graulich/Ruthig, Sicherheitsrecht, § 45 BKAG Rn 11.

der Zielperson Nachrichten ausgetauscht haben, sondern setzt eigene, in der Anordnung darzulegende Anhaltspunkte voraus, dass der Nachrichtenmittler von der Zielperson in die Tatdurchführung eingebunden wird und somit eine **besondere Tat- oder Gefahrennähe** aufweist."[752] Für die Einbeziehung des Nachrichtenmittlers ist es aber nicht erforderlich, dass der Nachrichtenmittler eingeweiht war oder seine Rolle hätte erkennen müssen.[753]

485 Gem. § 53 Abs. 1 S. 1 Nr. 5 PolG können Verkehrs- oder Nutzungsdaten über eine Person erhoben werden, bei der bestimmte Tatsachen die Annahme rechtfertigen, dass **eine Person nach Nr. 1 deren Telekommunikationsanschluss oder Endgerät benutzen** wird.

Diese Regelung weitet die Eingriffsgrundlage auf Dritte aus, bei denen aufgrund bestimmter Tatsachen die Annahme besteht, dass eine Person nach Nr. 1 den Telekommunikationsanschluss oder das Endgerät des Dritten benutzen wird. Die Tatsache der Nutzung allein reicht nicht aus, vielmehr muss auch hier eine besondere **Tat- oder Gefahrennähe des Dritten** vorliegen.[754]

(3) Gefährdung der polizeilichen Aufgabenerfüllung (§ 53 Abs. 1 S. 2 PolG)

486 Neben den besonderen in den Nrn. 1 bis 5 enthaltenden Tatbestandsvoraussetzungen kommt eine Datenerhebung (= Datenverarbeitung i. S. d. § 12 Nr. 2 PolG) gem. **§ 53 Abs. 1 S. 2 PolG** nur in Betracht, wenn andernfalls **die Erfüllung der polizeilichen Aufgabe gefährdet oder wesentlich erschwert** würde. Gemeint sind die durch § 53 Abs. 1 S. 1 Nr. 1 bis 5 PolG konkretisierten Aufgaben des Polizeivollzugsdienstes. Diese tatbestandliche Voraussetzung stellt kein Tatbestandsmerkmal im eigentlichen Sinne dar, sondern ist eine besondere Ausprägung des **Grundsatzes der Verhältnismäßigkeit**.[755] Das **BVerfG** verlangt in seinem BKAG-Urteil den Bezug zu einer konkreten Gefahr.[756] Der Polizeivollzugsdienst muss daher nicht nur prüfen, ob die tatbestandlichen Voraussetzungen der Nrn. 1 bis 5 des § 53 Abs. 1 S. 1 PolG vorliegen, sondern er muss sich auch stets fragen, ob die vorgesehene Maßnahme für die Aufgabe der Gefahrenabwehr oder die Straftatenverhütung im konkreten Fall **erforderlich** ist. Dies ist nach der Vorgabe des Landesgesetzgebers nur der Fall, wenn die Gefahrenabwehr oder Straftatenverhütung gefährdet oder erheblich erschwert würde. Für eine **Gefährdung** ist es erforderlich, dass aufgrund konkreter Tatsachen die ernsthafte Gefahr besteht, dass ohne die vorgesehene Maßnahme der Datenerhebung die Gefahr nicht abgewehrt oder die Straftat nicht verhindert werden könnte. Es reicht also etwa nicht allein aus, dass die konkrete Maßnahme i. S. d. § 53 Abs. 1 S. 1 PolG gegenüber anderen Maßnahmen (etwa Gefährderansprache) als die effektivere oder leichter durchführbare erscheint. Für die **Erschwernis** schreibt die Regelung „Erheblichkeit" vor. Damit wird deutlich, dass eine Erschwernis der Gefahrenabwehr oder der Straftatenverhütung nur in Betracht kommt, wenn zulasten des Polizeivollzugsdienstes ein **Grad deutlicher Unzumutbarkeit** der Durchführung anderer polizeilicher Maßnahmen erreicht wird.

(4) Betroffenheit Dritter (§ 53 Abs. 1 S. 3 PolG)

487 Aus **§ 53 Abs. 1 S. 3 PolG** folgt, dass die Datenerhebung auch durchgeführt werden darf, wenn **Dritte unvermeidbar betroffen** werden. Damit wird die rechtliche Grundlage für Eingriffe in die Grundrechte der Kommunikationspartner der Zielpersonen geschaffen. „Unvermeidbar" bedeutet, dass der Polizeivollzugsdienst versuchen muss,

---

752 BVerfGE 141, 220, 310 f. (Rn 233).
753 R. Schenke, in: Schenke/Graulich/Ruthig, Sicherheitsrecht, § 51 BKAG Rn 14.
754 Wie hier R. Schenke, in: Schenke/Graulich/Ruthig, Sicherheitsrecht, § 52 BKAG Rn 12, § 51 BKAG Rn 16.
755 R. Schenke, in: Schenke/Graulich/Ruthig, Sicherheitsrecht, § 51 BKAG Rn 17.
756 BVerfGE 141, 220, 290 f. (Rn 164).

die **Einbeziehung** unbeteiligter Dritter in die Bestandsdatenerhebung zu **vermeiden**. Dies wird in vielen Fällen nicht möglich sein.

dd) Richtervorbehalt (§ 53 Abs. 2 PolG)
(1) Allgemeines
Bereits § 23 a Abs. 2 PolG 1992 enthielt einen **Richtervorbehalt**. Mit dem **PolG 2020** wurde dieser in **§ 53 Abs. 2 bis 5, 8 PolG** aktualisiert und überabeitet. Inhaltlich entspricht die Regelung den Vorgaben des **BVerfG** aus seinem **BKAG-Urteil**: „Demgegenüber ist eine **unabhängige Kontrolle verfassungsrechtlich unverzichtbar**, wenn Observationen längerfristig – zumal unter Anfertigung von Bildaufzeichnungen oder unter Nutzung besonderer technischer Mittel wie Peilsender – durchgeführt werden, wenn nichtöffentliche Gespräche erfasst oder Vertrauenspersonen eingesetzt werden. Diese Maßnahmen **dringen unter Umständen so tief in die Privatsphäre ein**, dass deren Anordnung einer unabhängigen Instanz, etwa einem Gericht, vorbehalten bleiben muss. Insoweit reicht es nicht, die Anordnung der Maßnahmen zunächst der Sicherheitsbehörde selbst zu überlassen und die disziplinierende Wirkung wegen des Erfordernisses einer richterlichen Entscheidung erst für deren Verlängerung – möglicherweise auf der Grundlage der so gewonnenen Erkenntnisse – vorzusehen."[757]

488

(2) Anordnung durch Gericht (§ 53 Abs. 2 S. 1 PolG)
Die Erhebung von Telekommunikationsdaten und Nutzungsdaten gem. § 53 Abs. 1 S. 1 PolG darf – außer im Fall der Gefahr im Verzug (vgl. dazu § 10 Rn 498 f.) – **allein durch das Gericht angeordnet** werden.

489

Die **Zuständigkeit des Amtsgerichts** ergibt sich aus **§ 132 Abs. 1 PolG**. Zuständig ist das **Amtsgericht**, in dessen Bezirk die **zuständige Polizeidienststelle** ihren **Sitz** hat. Es handelt sich dabei um eine zulässige sog. **abdrängende Sonderzuweisung** des Rechtswegs i. S. d. § 40 Abs. 1 S. 2 VwGO.[758]

490

Die gerichtliche Anordnung steht gem. **§ 53 Abs. 2 S. 2 PolG** unter einem **Antragvorbehalt**. Gem. **§ 53 Abs. 4 S. 3 PolG** ist der **Antrag** durch die **Leitung eines regionalen Polizeipräsidiums oder des LKA** schriftlich zu stellen und zu begründen.

491

Der Begriff „Leitung" ist eindeutig: Der Antrag kann nur vom **Präsidenten des örtlich zuständigen Polizeipräsidiums**[759] oder vom **Präsidenten des LKA**[760] gestellt werden. Beide Möglichkeiten bestehen **alternativ** und hängen nicht von weiteren tatbestandlichen Voraussetzungen ab. Im Fall der Verhinderung sind die unmittelbaren ständigen Vertreter der Präsidenten zur Anordnung befugt.

Der Personenkreis **kann durch Delegation** der Behördenleitung auf die weitere Führungsebene **erweitert werden**. § 53 Abs. 2 S. 3 PolG erlaubt die Übertragung der Anordnungsbefugnis auf dafür ausdrücklich ausgewählte und benannte Beamte des höheren Polizeivollzugsdienstes. Näheres hierzu ergibt sich aus **§ 4 Abs. 2 DVO PolG**.

Für das **Gerichtsverfahren** gilt **§ 132 Abs. 2 PolG**. Dies bedeutet im Einzelnen:

492

- Für das Verfahren gelten die **Vorschriften des FamFG** (§ 132 Abs. 2 S. 1 PolG).
- Das zuständige Amtsgericht **ermittelt von Amts wegen** (§ 26 FamFG).
- Die Entscheidungen bedürfen abweichend von §§ 40, 41 FamFG zu ihrer Wirksamkeit **nicht der Bekanntmachung** an die betroffene Person (§ 132 Abs. 2 S. 2 PolG).
- Gegen die Entscheidung des Gerichts findet die **Beschwerde zum OLG** statt (§ 132 Abs. 2 S. 3 PolG); die Beschwerde hat **keine aufschiebende Wirkung** (§ 132 Abs. 2 S. 4 PolG). Die **Beschwerdefrist** beginnt bei Nichtbekanntgabe des Beschlusses

---

757 BVerfGE 141, 220, 294 (Rn 174).
758 Vgl. dazu etwa Buchberger, in: Lisken/Denninger, Handbuch des Polizeirechts, Kap. L Rn 28.
759 Nr. 1 Spiegelstrich 1 der Anlage 2 zu Nr. 1.3 und 2.3 VwV-PolOrg.
760 Nr. 1 Spiegelstrich 1 der Anlage 6 zu Nr. 1.3 und 2.3 VwV-PolOrg.

wegen der Rechtsschutzgarantie des Art. 103 Abs. 1 GG[761] abweichend von § 63 Abs. 3 FamFG erst mit der Kenntnis der betroffenen Person vom Gerichtsbeschluss zu laufen; dies gilt auch für die 5-Monats-Frist des § 63 Abs. 3 S. 2 FamFG.[762] Die Kenntnisnahme ist durch die Benachrichtigungspflichten der §§ 85, 86 PolG gewährleistet.
- Eine weitere **Rechtsbeschwerde** findet abweichend von §§ 70 ff. FamFG nicht statt (§ 132 Abs. 2 S. 5 PolG).

(3) Rechtsschutz

493 Beim **Rechtsschutz** durch eine von einer Maßnahme gem. § 53 PolG betroffene Person ist zu **differenzieren**:
- Sofern eine Datenerhebung gem. § 53 Abs. 1 S. 1 PolG auf der Grundlage einer **richterlichen Anordnung** erfolgte, ist eine **Anfechtung der Anordnung durch die betroffene Person ausgeschlossen**. Ihr stehen die Rechtsmittel gem. §§ 91 bis 93 PolG zu. Gem. **§ 132 Abs. 3 PolG** ist eine **Anfechtungsklage ausgeschlossen**, wenn eine richterliche Entscheidung nach dem PolG ergangen ist. Da eine Maßnahme gem. § 53 Abs. 1 S. 1 PolG in der Regel nur nach richterlicher Anordnung durchgeführt werden kann, greift § 132 Abs. 3 PolG in fast allen Fällen.
- Erfolgte die Durchführung der Datenerhebung gem. § 53 Abs. 1 S. 1 PolG dagegen ausnahmsweise **allein auf der Grundlage einer behördlichen Anordnung** (§ 53 Abs. 7 PolG [vgl. dazu § 10 Rn 501]), kommt als Rechtsschutzmöglichkeit grundsätzlich nur die (nachträgliche) Feststellung der Rechtswidrigkeit des Einsatzes gem. § 43 Abs. 1 VwGO durch **Feststellungsklage** in Betracht. Die **innerdienstliche Einsatzanordnung** stellt keinen Verwaltungsakt, sondern einen **Realakt** dar, da es ihr an einem nach außen gerichteten Regelungswillen fehlt.[763] In bestimmten Fällen kann das Rechtsschutzbegehren auch als allgemeine Leistungsklage in Gestalt der (vorbeugenden) **Unterlassungsklage** in Frage kommen.[764]

ee) Antragsinhalt (§ 53 Abs. 3 PolG)

494 **§ 53 Abs. 3 PolG** sieht detaillierte Vorgaben für den beim Amtsgericht zu stellenden Antrag vor. Dies folgt aus der Rechtsprechung des BVerfG, das aus den strengen Anforderungen an den Inhalt und die Begründung der gerichtlichen Anordnung folgert, dass hieraus zugleich das Erfordernis einer **hinreichend substantiierten Begründung und Begrenzung des Antrags auf Anordnung** folgt, die es dem Gericht oder der unabhängigen Stelle erst erlaubt, eine effektive Kontrolle auszuüben. Insbesondere bedarf es der **vollständigen Information** seitens der antragstellenden Behörde über den zu beurteilenden Sachstand.[765]
Im Antrag sind danach **zwingend anzugeben**:
1. Die **Person**, gegen die sich die Maßnahme richtet, soweit möglich mit Name und Anschrift,
2. die **Rufnummer oder eine Kennung des Telekommunikationsanschlusses oder des Endgerätes**, bei dem die Datenerhebung über eine in § 53 Abs. 1 PolG ge-

---

761 Vgl. dazu auch BVerfGE 107, 395, 406.
762 § 63 Abs. 3 S. 2 FamFG lautet: „Kann die schriftliche Bekanntgabe an einen Beteiligten nicht bewirkt werden, beginnt die Frist spätestens mit Ablauf von fünf Monaten nach Erlass des Beschlusses." Bei einer unterlassenen Bekanntmachung auf der Grundlage des § 132 Abs. 2 S. 2 PolG liegt kein Fall i. S. d. § 63 Abs. 3 S. 2 FamFG vor. Vgl. dazu eingehender die weiteren Ausführungen in **§ 10 Rn 273 Fn 501**.
763 Zum Realakt vgl. § 7 Rn 1 ff.; vgl. VGH BW, DVBl 1995, 367, insoweit bestätigt durch BVerwG, NJW 1997, 2534, zum Einsatz eines Verdeckten Ermittlers. Zum Beispiel einer (nachträglichen) Feststellungsklage zur Rechtswidrigkeit des verdeckten Einsatzes technischer Mittel zur vorbeugenden Bekämpfung von Straftaten vgl. VGH BW, DVBl 2014, 1002.
764 Siehe dazu VG Freiburg, VBlBW 2013, 350.
765 BVerfGE 141, 220, 275 f. (Rn 118).

nannte Person durchgeführt wird oder eine Bezeichnung des Nutzers der Telemedien, dessen Daten erhoben werden,
3. **Art, Umfang und Dauer** der **Maßnahme**,
4. der **Sachverhalt** sowie
5. eine **Begründung**.

Abweichend von Nr. 2 genügt eine **räumlich und zeitlich hinreichende Bezeichnung der Telekommunikation oder Telemediennutzung**, sofern andernfalls die Erreichung des Zwecks der Maßnahme aussichtslos oder wesentlich erschwert wäre (§ 53 Abs. 3 S. 2 PolG).

ff) Gerichtliche Anordnung (§ 53 Abs. 4 PolG)

Gem. **§ 53 Abs. 4 S. 1 PolG** ergeht durch das zuständige Amtsgericht eine **schriftliche Anordnung**. Die Entscheidung des zuständigen Amtsgericht ergeht gem. § 132 Abs. 2 S. 1 PolG i. V. m. § 38 Abs. 1 S. 1 FamFG durch **Beschuss**. Es ist Aufgabe und Pflicht des Gerichts, sich eigenverantwortlich ein Urteil darüber zu bilden, ob die beantragte heimliche Überwachungsmaßnahme den gesetzlichen Voraussetzungen entspricht.[766] Durch die schriftliche Fixierung wird der äußere Rahmen abgesteckt, innerhalb dessen die heimliche Maßnahme durchzuführen ist, so dass der Eingriff messbar und kontrollierbar bleibt.[767] **495**

Erlässt das Amtsgericht eine Anordnung, durch welche die beantragte Überwachungsmaßnahme erlaubt wird, hat es **in seiner Entscheidung** gem. § 53 Abs. 4 S. 2 PolG **zwingend anzugeben**: **496**
1. Die **Person**, gegen die sich die Maßnahme richtet, soweit möglich mit Name und Anschrift,
2. die **Rufnummer oder eine Kennung des Telekommunikationsanschlusses oder des Endgerätes**, bei dem die Datenerhebung über eine in § 53 Abs. 1 PolG genannte Person durchgeführt wird oder eine Bezeichnung des Nutzers der Telemedien, dessen Daten erhoben werden,
3. **Art, Umfang und Dauer** der **Maßnahme**
4. die **wesentlichen Gründe**.

Wie beim Antrag genügt abweichend von Nr. 2 eine **räumlich und zeitlich hinreichende Bezeichnung der Telekommunikation oder Telemediennutzung**, sofern andernfalls die Erreichung des Zwecks der Maßnahme aussichtslos oder wesentlich erschwert wäre (§ 53 Abs. 4 **S. 2** i. V. m. Abs. 3 S. 2 PolG).

Die **gerichtliche Anordnung** ist gem. **§ 53 Abs. 4 S. 3 PolG** zwingend zu **befristen**. Die Frist darf **höchstens 3 Monate** betragen. Eine **Verlängerung** ist gem. **§ 53 Abs. 4 S. 4 PolG** um **jeweils nicht mehr als einen Monat** zulässig, solange die Voraussetzungen für die Maßnahme fortbestehen. Dies ist vom zuständigen Amtsgericht bei jeder Fristverlängerung erneut zu prüfen. **497**

gg) Gefahr im Verzug (§ 53 Abs. 5 PolG)

Bei **Gefahr im Verzug** kann die Anordnung gem. § 53 Abs. 5 S. 1 PolG auch durch die **Leitung eines regionalen Polizeipräsidiums oder des LKA** erfolgen. **498**

Zum Begriff „Leitung" und zur Delegation auf die weitere Führungsebene vgl. die Ausführungen in § 10 Rn 491.

Bei einer behördlichen Anordnung bei Gefahr im Verzug ist gem. **§ 53 Abs. 5 S. 3, 4 PolG** eine **gerichtliche Bestätigung** durch das gem. §§ 53 Abs. 2 S. 1, 132 Abs. 1 PolG zuständige Amtsgericht **unverzüglich herbeizuführen**. Unverzüglich heißt sofort **499**

---
[766] BVerfGE 141, 220, 275 f. (Rn 118).
[767] LT-Drs. 16/2701, S. 32.

(= ohne schuldhaftes Verzögern). Von einer Gefahr im Verzug in diesem Sinne (vgl. dazu auch § 4 Rn 3335 kann nur ausgegangen werden, wenn zur Verhinderung eines drohenden Schadens **sofort eingeschritten werden muss**, weil ein weiteres Abwarten den Erfolg der notwendigen Maßnahme der Datenerhebung erschweren oder vereiteln würde. Im Ergebnis muss die Maßnahme der Datenerhebung **unaufschiebbar** sein.

Angesichts des verfassungsrechtlich gebotenen Richtervorbehalts[768] und der grundlegenden Eingriffsintensität der Maßnahmen gem. § 53 Abs. 1 PolG ist bei der Annahme einer Gefahr im Verzug **Zurückhaltung geboten**. Zwar steht dem Polizeivollzugsdienst ein **eigener Einschätzungsspielraum** zu (vgl. § 4 Rn 35). Es muss aber gesehen werden, dass in besonders eiligen Fällen die notwendige Entscheidung des Amtsgerichts in der Regel schnell herbeigeführt werden kann. Deswegen wird es regelmäßig vertretbar sein, die Anordnung durch das Amtsgericht abzuwarten. Ein Abweichen davon kommt insbesondere in Betracht, wenn die von einer Person ausgehenden Gefahren i. S. d. § 53 Abs. 1 PolG so schwerwiegend sind und möglicherweise mit einer so zeitnahen Verwirklichung zu rechnen ist, dass jede Verzögerung der Maßnahme zur Datenerhebung zu **unvertretbaren Gefährdungen** bestimmter Personen oder der Allgemeinheit führen würde.

hh) Mitwirkungspflichten der Diensteanbieter (§ 53 Abs. 6 PolG)

500 Für die **Mitwirkungspflichten** der Diensteanbieter gilt die Regelung in **§ 53 Abs. 6 PolG**.

Liegt eine entsprechende Anordnung zur Datenerhebung gem. § 53 Abs. 1, 2 PolG vor, legt **§ 53 Abs. 6 S. 1 PolG** eine **Mitwirkungspflicht der jeweiligen Diensteanbieter** fest. Jeder, der geschäftsmäßig Telekommunikationsdienste bzw. Telemediendienste erbringt oder daran mitwirkt (= Diensteanbieter, vgl. § 3 Nr. 6 TKG), hat dem Polizeivollzugsdienst die Maßnahme nach Abs. 1 zu ermöglichen und die erforderlichen Auskünfte über bereits gespeicherte Daten unverzüglich zu erteilen. Durch die umfassende Befugnis zur Erhebung von Verkehrsdaten entfällt nicht die Verpflichtung der Diensteanbieter zur Erteilung einer Auskunft über bereits gespeicherte und zufällig anfallende Verkehrsdaten.

Die Diensteanbieter haben diese Daten im Einzelfall zu den in Abs. 1 genannten Zwecken aufzuzeichnen und zu übermitteln. Mit der Anordnung der Erhebung der Verkehrsdaten ist auch ein Eingriff in die Rechtssphäre der Diensteanbieter verbunden (Art. 12 Abs. 1 und 14 Abs. 1 GG). Die Diensteanbieter sind verpflichtet, die zur Umsetzung einer Echtzeitdatenerhebung notwendigen technischen Voraussetzungen zu schaffen. Ob und in welchem Umfang hierfür Vorkehrungen zu treffen sind, bestimmt sich gem. **§ 53 Abs. 6 S. 3 PolG** nach dem TKG und der TKÜV sowie dem TMG. Hier gilt insbesondere auch **§ 110 TKG**, der die Mitwirkungspflichten (etwa technische Vorkehrungen und Mitteilungspflichten) konkretisiert.[769] Die Mitwirkungspflicht gilt auch für Diensteanbieter, die ihren **Firmensitz außerhalb von BW** haben.

§ 53 Abs. 6 S. 4 PolG erklärt im Hinblick auf eine Entschädigung der Diensteanbieter **§ 23 JVEG** für entsprechend anwendbar. Gem. § 23 Abs. 1 JVEG bemisst sich die Entschädigung von **Telekommunikationsunternehmen** bei der Umsetzung von Anordnungen zur Überwachung der Telekommunikation oder bei der Erteilung von Auskünften ausschließlich nach den in der **Anlage 3** zum JVEG enthaltenen Sätzen.

---

768 BVerfGE 141, 220, 275 f. (Rn 117 f.).
769 Das BVerfG hat die Vereinbarkeit der Betreiberpflichten mit den Grundrechten festgestellt (BVerfG, NJW 2019, 584, 585 f. [Rn 40 ff.], 586 ff. [Rn 45 ff.]).

ii) Anordnungsbefugnis bei hilflosen Personen (§ 53 Abs. 7 PolG)

501 Ist eine Maßnahme allein auf die Ermittlung des Aufenthaltsortes einer vermissten, suizidgefährdeten oder hilflosen Person gerichtet, reicht gem. **§ 53 Abs. 7 S. 1 PolG** die Anordnung der Maßnahme durch die **Leitung eines regionalen Polizeipräsidiums oder des LKA**. Es gibt in diesen Bereichen keinen Richtervorbehalt. Dies erscheint vertretbar, da bei den betroffenen Personen besondere Eile geboten ist und der Personenkreis sehr klar begrenzt ist.

Der Begriff „Leitung" ist eindeutig: Die Anordnung kann nur vom **Präsidenten des örtlich zuständigen Polizeipräsidiums**[770] oder vom **Präsidenten des LKA**[771] getroffen und unterzeichnet werden. Beide Möglichkeiten bestehen **alternativ** und hängen nicht von weiteren tatbestandlichen Voraussetzungen ab. Im Fall der Verhinderung sind die unmittelbaren ständigen Vertreter der Präsidenten zur Anordnung befugt.

Der Personenkreis **kann durch Delegation** der Behördenleitung auf die besonders beauftragte Beamte **erweitert werden** (§ 53 Abs. 7 S. 2 PolG). Damit ist eine Delegation der Anordnungsbefugnis auch auf die **Polizeiführer vom Dienst** in den Führungs- und Lagezentren der Polizeipräsidien möglich. Diese gehören in der Regel dem gehobenen Polizeivollzugsdienst an und sind aufgrund ihrer besonderen Funktion geeignet, entsprechende Sachverhalte insbesondere auch zur Nachtzeit rasch und zielgerichtet zu bewerten. Näheres ergibt sich aus **§ 4 Abs. 1 Nr. 1 DVO PolG**.

Wegen des **Sterbehilfe-Urteils** des **BVerfG**[772] ist die Anwendung des § 53 Abs. 7 PolG bei **suizidgefährdeten Personen** aus verfassungsrechtlichen Gründen einzuschränken. Steht fest, dass die betroffene Person ohne erkennbare oder bekannte psychische Störungen **aus freiem Willen** einen Suizid begehen will, kommt eine Maßnahme auf der Grundlage des § 53 Abs. 1, 7 PolG nicht in Betracht, sie wäre rechtswidrig. Vgl. dazu eingehender die Ausführungen in § 11 Rn 188 f.

Beispiel: Die Ehefrau E findet zuhause einen Brief ihres Ehemanns M vor, wonach dieser wegen seiner schwerwiegenden Krebserkrankung sein Leben beenden will. Er verabschiedet sich im Brief von seiner Frau. M hatte schon mehrfach seiner Frau gegenüber gesagt, dass er sein Leben beenden werde, wenn sich sein Gesundheitszustand verschlechtert und er mit seinem zeitnahen Tod rechnen muss. Mangels weiterer Erkenntnisse muss hier davon ausgegangen werden, dass M freiwillig seinem Leben ein Ende setzen will, so dass eine Maßnahme gem. § 53 Abs. 1, 7 PolG zum Auffinden des M – gegen seinen erklärten freien Willen – ausscheidet.

jj) Abbruch der Maßnahme (§ 53 Abs. 8 PolG)

502 Gem. **§ 53 Abs. 8 S. 1 PolG** ist die Maßnahme abzubrechen, wenn die Voraussetzungen der Anordnung nicht mehr vorliegen. Nach **Satz 2** ist der Abbruch dem Amtsgericht und dem Diensteanbieter mitzuteilen.

kk) Weitere Pflichten der Datenverarbeitung

503 Die für eine Datenerhebung gem. § 53 Abs. 1 PolG maßgeblichen Regelungen zur Benachrichtigung der betroffenen Personen, zur Protokollierung der erhobenen Daten, zur Kennzeichnung der Daten und zur Kontrolle durch den Landesbeauftragten für Datenschutz finden sich in den **§§ 72, 74, 86 und 98 Abs. 1 Nr. 14 PolG**. Für die weitere Verarbeitung der so erhobenen Daten gelten die **allgemeinen Vorschriften**, insbesondere **§ 15 PolG**.

---

770 Nr. 1 Spiegelstrich 1 der Anlage 2 zu Nr. 1.3 und 2.3 VwV-PolOrg.
771 Nr. 1 Spiegelstrich 1 der Anlage 6 zu Nr. 1.3 und 2.3 VwV-PolOrg.
772 BVerfG, NJW 2020, 905 ff. (wesentliche Gründe) = HRRS 2020 Nr. 190 (Volltext); openJur 2020, 2820 (Volltext); DVBl 2020, 868 ff. (wesentliche Gründe), mit Anm. Weilert, 879 ff.; JZ 2020, 627 ff. (wesentliche Gründe), mit Anm. Lucas, 642 ff.; zust. Muckel, JA 2020, 473 ff., 476; eher krit. Lang, NJW 2020, 1562 ff., 1565; vgl. auch Sachs, JuS 2020, 580 ff.

Aus **§ 74 PolG** folgt eine **umfassende besondere Protokollierungspflicht** für alle Maßnahmen gem. § 53 PolG (vgl. dazu § 10 Rn 590, 602). Zu protokollieren sind gem. § 74 Abs. 1 und Abs. 2 Nr. 7 PolG:

1. Das zur Datenerhebung **eingesetzte Mittel**,
2. der **Zeitpunkt** des Einsatzes,
3. Angaben, die die **Feststellung der erhobenen Daten** ermöglichen,
4. die verantwortliche **Dienststelle**,
5. bei Erhebung von Telekommunikationsverkehrsdaten die **Beteiligten** der betroffenen Telekommunikation,
6. bei Erhebung von Nutzungsdaten der **Nutzer**.

Aus **§ 90 PolG** folgt eine **alle zwei Jahre zu erfüllende Berichtspflicht** über die auf der Grundlage des § 53 Abs. 1 PolG erfolgten Maßnahmen **an den Landtag**. Im Jahr **2019** wurden insgesamt **914 Vorgänge der Erhebung von Verkehrsdaten** erfasst, davon dienten 912 der Ortung von Mobilfunktelefonen und 2 der Erhebung von Verkehrs-, Bestands- oder Nutzungsdaten.[773]

d) Überwachung der Telekommunikation (§ 54 PolG)
aa) Allgemeines

504 Die Vorschrift wurde als § 23 b PolG durch **Art. 1 des Gesetzes zur Änderung des Polizeigesetzes vom 15.11.2017**[774] in das PolG eingefügt.

Mit § 23 b PolG 1992 hatte der Landesgesetzgeber eine Rechtsgrundlage für die **präventiv-polizeiliche inhaltliche Überwachung und Aufzeichnung der Telekommunikation** geschaffen.[775] Die Befugnis der Polizei zur präventiven Telekommunikationsüberwachung ist nach seiner Auffassung erforderlich, um für besondere polizeiliche Lagen, insbesondere auch bei Bedrohungsszenarien durch den islamistischen Terrorismus, die zeitliche, räumliche und täterbezogene **Gefährdungsdimension vor Eintritt eines Schadens zu verifizieren**. Die länderübergreifende Vernetzung von Extremisten und Terroristen bedinge eine Kommunikation über Mobilfunkgeräte oder andere Kommunikationsmittel. Die Überwachung der Gesprächsinhalte ermögliche eine präzise Einschätzung der jeweiligen Zielperson, das Erstellen eines Kontakt- und Bewegungsbildes sowie das Aufspüren von Beziehungsgeflechten der handelnden Akteure. Die gewonnenen Erkenntnisse bildeten dann die Grundlage für weitere Maßnahmen.[776]

Auch die Aufnahme einer **Befugnis zur Quellen-Telekommunikationsüberwachung** (§ 23 b Abs. 2 PolG 1992) ist nach Auffassung des Landesgesetzgebers unerlässlich, weil nur so der Zugriff auf verschlüsselte Telekommunikationsinhalte gewährleistet werde und die Befugnis zur präventiven Telekommunikationsüberwachung ohne eine solche Ermächtigung leerliefe.[777]

Durch das **PolG 2020** wurde[778] § 23 b Abs. 1 bis 9 PolG 1992 zum neuen **§ 54 PolG**. Es wurden dabei geringfügige Änderungen vorgenommen.

---

773 LT-Drs. 16/7998, S. 1 f.; vgl. auch LT-Drs. 16/7519, S. 6, zu den Jahren 2017 (992 Maßnahmen) und 2018 (925 Maßnahmen).
774 GBl. S. 624. Zum Gesetzgebungsverfahren vgl. Gesetzentwurf LT-Drs. 16/2741; erste Beratung, LT-Plenarprot. 16/42, S. 2380 bis 2396; Beschlussempfehlung und Bericht des mitberatenden Ständigen Ausschusses und des federführenden Ausschusses für Inneres, Digitalisierung und Migration LT-Drs. 16/2915; zweite Beratung, LT-Plenarprot. 16/47, S. 2723 bis 2838; Gesetzesbeschluss LT-Drs. 16/3011.
775 Zur Notwendigkeit einer gesetzlichen Rechtsgrundlage vgl. etwa Schmidt, Polizei- und Ordnungsrecht, Rn 297 bis 301.
776 LT-Drs. 16/2701, S. 29.
777 Vgl. im Einzelnen dazu LT-Drs. 16/2701, S. 29. Zur Notwendigkeit einer eigenständigen Rechtsgrundlage der Quellen-Telekommunikationsüberwachung vgl. Petri, in: Lisken/Denninger, Handbuch des Polizeirechts, Kap. G Rn 682 ff.
778 Zu den Fallzahlen der Telefonüberwachung auf der Grundlage des § 110 a StPO in BW vgl. LT-Drs. 16/8352 v. 29.6.2020.

Im Bereich des **Strafverfahrens** besteht mit **§ 100 a StPO** eine spezialgesetzliche Grundlage zur Telekommunikationsüberwachung.

bb) Verfassungsrecht

Wegen des besonderen Rangs des **Post- und Fernmeldegeheimnisse** bestehen an die Zulässigkeit der Telekommunikationsüberwachung hohe Anforderungen.[779] Eine Überwachung der Telekommunikation ist nur zulässig, wenn eine **konkrete Gefährdung wichtiger Rechtsgüter** vorliegt.[780] Es müssen bestimmte Tatsachen vorliegen, die auf ein zumindest seiner Art nach konkretisiertes und zeitlich absehbares Schadensgeschehen deuten.[781] Darüber hinaus ist die Grundrechtseinschränkung auf das erforderliche Maß zu begrenzen.[782] Die Überwachung darf daher nur gegenüber den unmittelbar Verantwortlichen und Kontakt- und Begleitpersonen erfolgen.[783] Die Daten unbeteiligter Dritter sind unverzüglich zu löschen, wenn deren Erhebung von der Polizei erkannt wird.

505

Straftaten mit dem Gepräge des **Terrorismus** zielen auf eine Destabilisierung des Gemeinwesens und umfassen hierbei in rücksichtsloser Instrumentalisierung anderer Menschen Angriffe auf Leib und Leben beliebiger Dritter. Sie richten sich gegen die Grundpfeiler der verfassungsrechtlichen Ordnung und das Gemeinwesen als Ganzes. Die Bereitstellung von wirksamen Aufklärungsmitteln zu ihrer Abwehr ist ein legitimes Ziel und für die demokratische und freiheitliche Ordnung von großem Gewicht.[784]

Die Einräumung von spezifischen **Überwachungs- und Ermittlungsbefugnissen** ist zur Erreichung dieses Ziels **geeignet**. Sie geben dem Polizeivollzugsdienst Mittel zur Aufklärung an die Hand, die dazu beitragen können, den Gefahren des internationalen Terrorismus entgegenzutreten. Die verschiedenen Befugnisse sind hierfür jedenfalls im Grundsatz auch **erforderlich**. § 54 PolG ermöglicht spezifische Überwachungsmaßnahmen, die jedenfalls nicht immer durch andere ersetzt werden können. **Mildere Mittel**, die gleichermaßen effektiv ebenso weitgehende Aufklärungsmöglichkeiten zur Abwehr des internationalen Terrorismus ermöglichten, sind nicht ersichtlich.[785]

Die durch § 54 Abs. 2 PolG eigeräumte Möglichkeit, informationstechnische Systeme betroffener Personen mittels einem Staatstrojaner (vgl. dazu § 10 Rn 514) zu infiltrieren, um die über dieses System laufende digitale Telekommunikation zu überwachen, misst sich ebenfalls allein an Art. 10 GG.[786]

In **Art. 2 Abs. 1** (Einschränkung von Grundrechten) **des Gesetzes zur Änderung des Polizeigesetzes vom 28.11.2017** wird entsprechend den verfassungsrechtlichen Geboten festgestellt, dass durch Art. 1 Nr. 4 des Gesetzes (Einfügung des neuen § 23 b PolG) das Fernmeldegeheimnis (Art. 10 GG), die Unverletzlichkeit der Wohnung (Art. 13 GG) und das Eigentum (Art. 14 GG) eingeschränkt werden. Damit genügt das Gesetz dem **Zitiergebot**.[787]

506

§ 54 PolG setzt umfassend die Vorgaben des **BVerfG** aus seinem **BKAG-Urteil** aus dem Jahr 2016[788] an die Zulässigkeit einer heimlichen Datenermittlung um. Der Lan-

507

---

779 Vgl. dazu auch Petri, in: Lisken/Denninger, Handbuch des Polizeirechts, Kap. G Rn 641 ff.; R. Schenke, in: Schenke/Graulich/Ruthig, Sicherheitsrecht, § 51 BKAG Rn 5; von der Grün, in: Möstl/Trurnit, Polizeirecht BW, § 23 b Rn 6: „Anforderungen keineswegs gering"; Schmidt, Polizei- und Ordnungsrecht, Rn 293, 294b bis 294g, 296 ff.
780 Gusy, Polizei- und Ordnungsrecht, Rn 214.
781 Kingreen/Poscher, Polizei- und Ordnungsrecht, § 13 Rn 145.
782 Kingreen/Poscher, Polizei- und Ordnungsrecht, § 13 Rn 146.
783 Gusy, Polizei- und Ordnungsrecht, Rn 214.
784 BVerfGE 141, 220, 266 (Rn 96).
785 BVerfGE 141, 220, 266 f. (Rn 97).
786 BVerfGE, 120, 274, 309; BVerfG, NJW 2016, 3508, 3510 (Rn 41); R. Schenke, in: Schenke/Graulich/Ruthig, Sicherheitsrecht, § 51 BKAG Rn 6; Martini/Fröhlingsdorf, NVwZ-Extra 24/2020, 1, 4.
787 LT-Drs. 16/2741, S. 47; vgl. zum Zitiergebot etwa Schmidt, Polizei- und Ordnungsrecht, Rn 300.
788 BVerfGE 141, 220 ff. Vgl. dazu eingehend § 10 Rn 4 ff.

desgesetzgeber orientiert sich dabei an den Reglungen des **§ 51 BKAG**, der als Konsequenz aus den verfassungsrechtlichen Beanstandungen des BVerfG neu geschaffen wurde. Das BKAG wurde als Reaktion auf das BKAG-Urteil des BVerfG[789] durch das **Gesetz zur Neustrukturierung des Bundeskriminalamtgesetzes vom 1.6.2017**[790] umfassend geändert und an die verfassungsrechtlichen Vorgaben des BVerfG angepasst.[791] **Kritisch** muss gesehen werden, dass mit § 54 PolG eine mit Details **überfrachtete Regelung** entstanden ist, was aber auch den detaillierten verfassungsrechtlichen Vorgaben des BVerfG geschuldet ist.[792] Beim BVerfG ist eine **Verfassungsbeschwerde** – 1 BvR 2771/18 – gegen § 23 b Abs. 2 PolG 1992 **wegen des Einsatzes von sog. Staatstrojanern** (vgl. dazu § 10 Rn 514) anhängig.[793]

cc) Überwachungsvoraussetzungen (§ 54 Abs. 1 PolG)

508 **§ 54 Abs. 1 PolG** legt grundlegend fest, zu welchen Zwecken, unter welchen Voraussetzungen und bei welchen Personen die Überwachung der Telekommunikation zulässig ist. § 54 Abs. 1 PolG entspricht weitgehend – mit Ergänzungen – § 51 Abs. 1 BKAG. Der Landesgesetzgeber hat die umfassenden Vorgaben des BVerfG aus dem BKAG-Urteil bei der Abfassung der tatbestandlichen Voraussetzungen für eine polizeiliche Überwachung der Telekommunikation berücksichtigt.[794]

509 Zu § 54 Abs. 1 S. 1 gelten die Ausführungen zum fast identischen § 53 Abs. 1 S. 1 PolG entsprechend (vgl. dazu § 10 Rn 476 ff.). Nur die Nr. 1 ist abweichend formuliert.

Eine Überwachung und Aufzeichnung der Telekommunikation kommt ohne Wissen der betroffenen Person nur unter folgenden **alternativen** („oder") **Voraussetzungen** in Betracht:

1. Die von der Überwachungsmaßnahme betroffene Person muss nach den §§ 6 oder 7 PolG verantwortlich sein und die Überwachungsmaßnahme muss zur Abwehr einer dringenden und erheblichen Gefahr für Leib, Leben oder Freiheit einer Person, für den Bestand oder die Sicherheit des Bundes oder eines Landes oder für wesentliche Infrastruktureinrichtungen oder sonstige Anlagen mit unmittelbarer Bedeutung für das Gemeinwesen geboten sein (**§ 54 Abs. 1 S. 1 Nr. 1 PolG**).

   Das **BVerfG** verlangt für Maßnahmen der Telekommunikationsüberwachung den **Verdacht einer schweren Straftat**.[795] Heimliche Überwachungsmaßnahmen, die tief in das Privatleben hineinreichen, sind nur zum Schutz besonders gewichtiger Rechtsgüter zulässig. Hierzu gehören Leib, Leben und Freiheit der Person sowie der Bestand oder die Sicherheit des Bundes oder eines Landes.[796] Hingegen kommt etwa eine niederschwellig ausgestaltete **Überwachung nichtverantwortlicher Personen** nicht in Betracht.[797] § 54 Abs. 1 S. 1 Nr. 1 PolG legt deshalb als **Eingriffsschwelle** fest, dass eine Telekommunikationsüberwachung zur **Abwehr einer dringenden Gefahr für Leib, Leben oder Freiheit einer Person**, für den **Bestand oder die Sicherheit des Bundes oder eines Landes** oder für **wesentliche Infrastruktureinrichtungen oder sonstige Anlagen mit unmittelbarer Bedeutung für das Gemeinwesen** zulässig ist. Diese Tatbestandsvoraussetzungen wurden vom **BVerfG** als verfassungsrechtlich unbedenklich angesehen[798].

   Eine **dringende Gefahr** i. S. d. § 54 Abs. 1 S. 1 Nr. 1 PolG ist nur gegeben, wenn der baldige Eintritt eines Schadens an einem wichtigen Rechtsgut droht, falls nicht bald

---

789 BVerfGE 141, 220 bis 378.
790 BGBl. I 2017 S. 1354.
791 BT-Drs. 18/11163, S. 1.
792 Graulich, KriPoZ 2016, 75, 80: „auf überwölbende Weise grundsätzlich und in minutiöser Weise kleinteilig".
793 Vgl. dazu LT-Drs. 16/8256.
794 Vgl. dazu eingehend LT-Drs. 16/2701, S. 30.
795 BVerfGE 125, 260, 328 f.; 129, 208, 243; 141, 220, 270 (Rn 107).
796 BVerfGE 120, 274, 328; 125, 260, 330; 141, 220, 270 f. (Rn 108).
797 SachsAnhVerfG, LKV 2015, 33, 36.
798 BVerfGE 141, 220, 287 f. (Rn 155).

VI. Datenverarbeitung bei polizeilichen Einzelmaßnahmen

eingeschritten wird (vgl. § 4 Rn 33).[799] Die in § 54 Abs. 1 S. 1 Nr. 1 PolG genannten Rechtsgüter sind wichtige Rechtsgüter in diesem Sinne. Ihnen muss ein **ernsthafter Schaden** drohen.
Im Gegensatz zu § 53 Abs. 1 S. 1 Nr. 1 PolG ist eine Überwachung oder Aufzeichnung der Telekommunikation bei **Nichtstörern** i. S. d. § 9 PolG **ausgeschlossen**.
Vgl. dazu die Ausführungen in § 10 Rn 477 f.

2. Bestimmte Tatsachen rechtfertigen bei der von der Überwachungsmaßnahme betroffenen Person die Annahme, dass sie innerhalb eines übersehbaren Zeitraums auf eine zumindest ihrer Art nach konkretisierte Weise eine Straftat begehen wird, die sich gegen die in § 54 Abs. 1 S. 1 Nr. 1 PolG genannten Rechtsgüter richtet und dazu bestimmt ist,
a) die Bevölkerung auf erhebliche Weise einzuschüchtern,
b) eine Behörde oder eine internationale Organisation rechtswidrig mit Gewalt oder durch Drohung mit Gewalt zu nötigen oder
c) die politischen, verfassungsrechtlichen, wirtschaftlichen oder sozialen Grundstrukturen eines Staates oder einer internationalen Organisation zu beseitigen oder erheblich zu beeinträchtigen, und durch die Art ihrer Begehung oder ihre Auswirkungen einen Staat oder eine internationale Organisation erheblich schädigen können (**§ 54 Abs. 1 S. 1 Nr. 2 PolG**).
Vgl. dazu die Ausführungen in § 10 Rn 479 bis 483.

3. Das individuelles Verhalten der von der Überwachungsmaßnahme betroffenen Person muss die konkrete Wahrscheinlichkeit begründen, dass sie innerhalb eines übersehbaren Zeitraums eine Straftat begehen wird, die sich gegen die in § 54 Abs. 1 S. 1 Nr. 1 PolG genannten Rechtsgüter richtet und dazu bestimmt ist,
a) die Bevölkerung auf erhebliche Weise einzuschüchtern,
b) eine Behörde oder eine internationale Organisation rechtswidrig mit Gewalt oder durch Drohung mit Gewalt zu nötigen oder
c) die politischen, verfassungsrechtlichen, wirtschaftlichen oder sozialen Grundstrukturen eines Staates oder einer internationalen Organisation zu beseitigen oder erheblich zu beeinträchtigen, und durch die Art ihrer Begehung oder ihre Auswirkungen einen Staat oder eine internationale Organisation erheblich schädigen können (**§ 54 Abs. 1 S. 1 Nr. 3 PolG**).
Vgl. dazu die Ausführungen in § 10 Rn 479 bis 483.

4. Bestimmte Tatsachen rechtfertigen bei der von der Überwachungsmaßnahme betroffenen Person die Annahme, dass sie für eine Person nach § 54 Abs. 1 S. 1 Nr. 1 PolG bestimmte oder von dieser herrührende Mitteilungen entgegennimmt oder weitergibt (**§ 54 Abs. 1 S. 1 Nr. 4 PolG**).
Vgl. dazu die Ausführungen in § 10 Rn 484.

5. Bestimmte Tatsachen rechtfertigen bei der von der Überwachung betroffenen Person die Annahme, dass eine Person nach § 54 Abs. 1 S. 1 Nr. 1 PolG deren Telekommunikationsanschluss oder Endgerät benutzen wird (**§ 54 Abs. 1 S. 1 Nr. 5 PolG**).
Vgl. dazu die Ausführungen in § 10 Rn 485.

Gem. **§ 54 Abs. 1 S. 2 PolG** dürfen Datenerhebungen nur durchgeführt werden, wenn sonst die Erfüllung der polizeilichen Aufgabe aussichtslos oder wesentlich erschwert würde. Um die **Verhältnismäßigkeit** der Maßnahme zu gewährleisten[800], wird in allen Fällen vorausgesetzt, dass die Erfüllung der polizeilichen Aufgabe auf andere Weise aussichtslos oder wesentlich erschwert wäre.[801] Vgl. dazu auch die weiteren Ausfüh-

---
[799] Von der Grün, in: Möstl/Trurnit, Polizeirecht BW, § 23 b Rn 16; Käß, BayVBl 2008, 225, 228 f.
[800] R. Schenke, in: Schenke/Graulich/Ruthig, Sicherheitsrecht, § 51 BKAG Rn 16, 21.
[801] LT-Drs. 16/2701, S. 31; von der Grün, in: Möstl/Trurnit, Polizeirecht BW, § 23 b Rn 23.

rungen in § 10 Rn 486: „Aussichtslos" stellt dabei eine noch höhere tatbestandliche Voraussetzungen als „gefährdet" dar.

513 Die Datenerhebung darf gem. **§ 54 Abs. 1 S. 3 PolG** auch durchgeführt werden, wenn **Dritte unvermeidbar betroffen** werden. Aus der Regelung wird zweierlei deutlich: Auch unbeteiligte Dritte dürfen von einer Überwachungsmaßnahme betroffen sein.[802] Dies setzt aber voraus, dass die Betroffenheit der Dritten unvermeidbar ist, bei nicht ausräumbaren Zweifeln ist von der Rechtswidrigkeit der Überwachungsmaßnahme auszugehen.

dd) Eingriff in informationstechnische Systeme (§ 54 Abs. 2 PolG)

514 **§ 54 Abs. 2 PolG** entspricht weitgehend § 51 Abs. 2 BKAG in der seit dem Jahr 2017 geltenden Fassung. Er ergänzt den Grundtatbestand des § 54 Abs. 1 PolG und schafft die notwendige gesetzliche Regelung, die den Eingriff zur Überwachung und Aufzeichnung der Telekommunikation mit technischen Mitteln in die von der betroffenen Person genutzten informationstechnischen Systeme (sog. **Quellen-TKÜ**) erlaubt.[803]

Der Eingriff geschieht über einen sog. **Staatstrojaner**: Es handelt sich dabei sich dabei um eine Malware[804], eine Art Computervirus der Untergattung „Trojanisches Pferd": Die Malware mogelt sich unerkannt auf das System und liest dort Informationen aus, die sie dann an den Ersteller – in diesem Fall die Polizei – sendet. In der Praxis stellt sich dies alles andere als leicht dar, weshalb es bis heute nicht gelungen ist, unter den gesetzlichen und verfassungsrechtlichen Restriktionen des deutschen Rechts (BKAG, PolG) eine wirksame und allgemein einsetzbare Software-Lösung zu erarbeiten. So soll etwa das **BKA** eine eigene Software namens „Remote Communication Interception Software" (RCIS) entwickelt haben, die 2016 für den Einsatz freigegeben wurde. Deren Entwicklungszeit war allerdings so lang, dass die Software schon bei Inbetriebnahme nicht mehr den Anforderungen gerecht geworden sein soll.[805]

Auch wenn § 54 Abs. 2 PolG die rechtlichen Voraussetzungen für eine Quellen-TKÜ geschaffen hat, konnte diese zumindest bis Ende 2018 in BW **faktisch nicht durchgeführt** werden. Aus verfassungsrechtlichen Gründen muss die eingesetzte Software gewährleisten, dass (nur) die laufende Kommunikation ausgewertet wird, ohne dass zugleich die auf dem jeweiligen Rechner vorhandenen Daten durchsucht werden. Eine so ausgestaltete Software zum Einsatz von Trojanern konnte bis dahin nicht entwickelt werden.[806]

515 Die Überwachung und Aufzeichnung der Telekommunikation darf gem. § 54 Abs. 2 PolG **ohne Wissen der betroffenen Person** in der Weise erfolgen, dass mit technischen Mitteln **in von ihr genutzte informationstechnische Systeme eingegriffen** wird, wenn
1. durch technische Maßnahmen sichergestellt ist, dass **ausschließlich laufende Telekommunikation** überwacht und aufgezeichnet wird, und
2. der **Eingriff notwendig** ist, um die Überwachung und Aufzeichnung der Telekommunikation insbesondere auch in unverschlüsselter Form zu ermöglichen.

Damit ermöglicht § 54 Abs. 2 PolG die sog. **„Quellen-Telekommunikationsüberwachung"**. Dies ist notwendig, weil das klassische Telefonieren zunehmend durch EDV-gestützte Systeme ersetzt wird (vor allem durch **„Voice over IP"**). Die Telekommunikati-

---

[802] So auch BVerfGE 141, 220, 299 (Rn 193).
[803] LT-Drs. 16/2701, S. 31. Vgl. auch Martini/Fröhlingsdorf, NVwZ 2020-Extra 24/2020, 1, 8 ff.
[804] Malware ist ein Sammelbegriff für Programme, die dazu entwickelt wurden, Benutzern Schaden zuzufügen. Zu ihnen zählen etwa Viren, Trojaner, Rootkits und Spyware.
[805] Dies berichtet etwa Christian Rentrop, Alles über Staatstrojaner: Verstehen, erkennen und entfernen, in: www.netzwelt.de vom 8.12.2019.
Staatstrojaner: Die verdeckte Gefahr.
[806] Stuttgarter Zeitung vom 17.10.2018, S. 7; Martini/Fröhlingsdorf, NVwZ 2020, 1803 f.

on erfolgt in diesen Fällen über den Computer bzw. das Internet. Zum Schutz der Vertraulichkeit werden die Übertragungen mittels Verschlüsseln der Datenübertragungswege gesichert.[807] Um eine Überwachung zu ermöglichen, muss mittels einer Überwachungssoftware direkt auf das Endgerät zugegriffen werden. Mit der Überwachung wird nicht nur die klassische Telefonie erfasst, sondern etwa auch die sog. **Videotelefonie** (etwa über Skype, Microsoft Teams, WhatsApp etc.), die internetbasiert funktioniert. Die Videotelefonie steht insofern der klassischen Telefonie gleich, sie wird ebenso von Art. 10 GG erfasst.[808]

Unter **informationstechnischen Systemen** versteht man jegliche Art elektronischer datenverarbeitender Systeme, auch das Internet ist hierzu zu zählen.[809] Darunter fallen zum Beispiel Computer, Großrechner, Hochleistungsrechner, Verteilte Systeme, Datenbanksysteme, Informationssysteme, Prozessrechner, Digitale Messsysteme, DSP-Systeme, Mikrocontroller-Systeme, Kompaktregler, eingebettete Systeme, Mobiltelefone, Smartphones, Handhelds, digitale Anrufbeantworter, Videokonferenzsysteme und diverse andere Kommunikationssysteme.

Die sich aus **§ 54 Abs. 2 Nr. 2 PolG** ergebende Notwendigkeit ist Ausprägung des Grundsatzes der **Verhältnismäßigkeit**.[810]

ee) Begrenzung der Maßnahmen und Verhältnismäßigkeit (§ 54 Abs. 3 PolG)

Gem. § 54 Abs. 3 PolG ist bei Maßnahmen nach Abs. 2 sicherzustellen, dass 516
1. an dem informationstechnischen System **nur Veränderungen** vorgenommen werden, die **für die Datenerhebung unerlässlich** sind, und
2. die vorgenommenen Veränderungen **bei Beendigung der Maßnahme**, soweit technisch möglich, **automatisiert rückgängig** gemacht werden.

Das eingesetzte Mittel ist **gegen unbefugte Nutzung zu schützen**. Kopierte Daten sind gegen Veränderung, unbefugte Löschung und unbefugte Kenntnisnahme zu schützen.

Hintergrund für die in § 54 Abs. 3 PolG normierten Schutzvorkehrungen ist der **Grundsatz der Verhältnismäßigkeit**. Danach ist der Eingriff in das infiltrierte System **auf das unbedingt erforderliche Mindestmaß zu begrenzen**. Darüber hinaus setzen die Schutzvorkehrungen die grundrechtliche Schutzpflicht des Staates um, die Datensicherheit auch mit Rücksicht auf Eingriffe von dritter Seite zu schützen. § 54 Abs. 3 S. 3 PolG dient dem Schutz der Integrität und Authentizität der vom technischen Mittel bereitgestellten Daten.[811]

ff) Richtervorbehalt (§ 54 Abs. 4 PolG)

Wegen der Schwere des Grundrechtseinschränkung bei der Telekommunikationsüberwachung unterliegt der Eingriff dem **Richtervorbehalt**.[812] **§ 54 Abs. 4 bis 6 PolG** trägt diesem Umstand Rechnung und entspricht weitgehend § 51 Abs. 3 bis 5 BKAG. 517

Das BVerfG hat hierzu ausgeführt, dass der Gesetzgeber das Gebot vorbeugender unabhängiger Kontrolle in spezifischer und normenklarer Form mit strengen Anforderungen an den Inhalt und die Begründung der gerichtlichen Anordnung zu verbinden hat.[813]

---

807 Vgl. dazu Petri, in: Lisken/Denninger, Handbuch des Polizeirechts, Kap. G Rn 681.
808 Jarass, in: Jarass/Pieroth, Grundgesetz, Art. 10 GG, Rn 3 m. w. N.
809 Vgl. dazu auch BVerfGE 120, 274, 302 ff.
810 R. Schenke, in: Schenke/Graulich/Ruthig, Sicherheitsrecht, § 51 BKAG Rn 24.
811 LT-Drs. 16/2701, S. 31.
812 BVerfGE 141, 220, 275 f. (Rn 117 f.); Gusy, Polizei- und Ordnungsrecht, Rn 214; Kingreen/Poscher, Polizei- und Ordnungsrecht, § 13 Rn 144; Martini/Fröhlingsdorf, NVwZ-Extra 24/2020, 1, 5.
813 BVerfGE 141, 220, 275 f. (Rn 118).

518 Für die **Zuständigkeit des Amtsgerichts** trifft **§ 54 Abs. 4 S. 4 PolG** eine **Sonderregelung**, die der allgemeinen Zuständigkeitsregel des § 132 Abs. 1 PolG vorgeht. Diese Sonderregelung soll vermeiden, dass sich zu viele Gerichte mit den dort zuständigen Richter in die sehr speziellen Rechtsfragen eines solchen Antrags immer wieder erneut einarbeiten müssen. Auf Vorschlag der Präsidentin des OLG Stuttgarts wurde eine Zuständigkeitsregelung gefunden, die eine **Zentralisierung** dieser spezialisierten Aufgaben auf **zwei Amtsgericht in BW** vorsieht.[814] Es handelt sich dabei um eine zulässige sog. **abdrängende Sonderzuweisung** des Rechtswegs i. S. d. § 40 Abs. 1 S. 2 VwGO.[815]

Aus § 54 Abs. 4 S. 4 PolG ergibt sich abschließend die **sachliche und örtliche Zuständigkeit**. Zuständig für die Bearbeitung der Anträge sind demnach:
1. das **Amtsgericht Mannheim**, wenn die **Polizeidienststelle**, deren Leitung den Antrag gem. § 54 Abs. 4 S. 2, 3 PolG stellt, ihren **Sitz im Bezirk des OLG Karlsruhe** hat;
2. das **Amtsgericht Stuttgart**, wenn die **Polizeidienststelle**, deren Leitung den Antrag gem. § 54 Abs. 4 S. 2, 3 PolG stellt, ihren **Sitz im Bezirk des OLG Stuttgart** hat.

Unter Berücksichtigung der möglichen Antragsteller i. S. d. § 54 Abs 4 S. 3 PolG **sind die Anträge wie folgt zu stellen** (vgl. dazu § 2 GerOrgG i. V. m. § 121 Abs. 1 PolG):
- **beim Amtsgericht Mannheim**: Durch die Polizeipräsidien Freiburg, Karlsruhe, Konstanz, Mannheim, Offenburg, Pforzheim;
- **beim Amtsgericht Stuttgart**: Durch die Polizeipräsidien Aalen, Heilbronn, Ludwigsburg, Ravensburg, Reutlingen, Stuttgart, Ulm sowie das LKA.

519 Die Anordnung wird vom Gericht **nur auf Antrag** erlassen. Der Antrag ist durch die **Leitung eines regionalen Polizeipräsidiums oder des LKA** schriftlich zu stellen und zu begründen.

Der Begriff „Leitung" ist eindeutig: Der Antrag kann nur vom **Präsidenten des örtlich zuständigen Polizeipräsidiums**[816] oder vom **Präsidenten des LKA**[817] gestellt werden. Beide Möglichkeiten bestehen **alternativ** und hängen nicht von weiteren tatbestandlichen Voraussetzungen ab, regelmäßig wird die Anordnung aber durch die Leitung des örtlich zuständigen Polizeipräsidiums erfolgen; die Leitung des LKA wird nur in Fällen eigener Zuständigkeit tätig werden können. Im Fall der Verhinderung sind nur die unmittelbaren ständigen Vertreter der Präsidenten zur Anordnung befugt. Der Personenkreis **kann nicht** auf die sonstige Führungsebene **erweitert werden**, auch nicht durch Delegation der Behördenleitung.[818]

520 Für das **Gerichtsverfahren** gilt **§ 132 Abs. 2 PolG**. Dies bedeutet im Einzelnen:
- Für das Verfahren gelten die **Vorschriften des FamFG** (§ 132 Abs. 2 S. 1 PolG).
- Das zuständige Amtsgericht **ermittelt von Amts wegen** (§ 26 FamFG).
- Die Entscheidungen bedürfen abweichend von §§ 40, 41 FamFG zu ihrer Wirksamkeit **nicht der Bekanntmachung** an die betroffene Person (§ 132 Abs. 2 S. 2 PolG).
- Gegen die Entscheidung des Gerichts findet die **Beschwerde zum OLG** statt (§ 132 Abs. 2 S. 3 PolG); die Beschwerde hat **keine aufschiebende Wirkung** (§ 132 Abs. 2 S. 4 PolG). Die **Beschwerdefrist** beginnt bei Nichtbekanntgabe des Beschlusses wegen der Rechtsschutzgarantie des Art. 103 Abs. 1 GG[819] abweichend von § 63 Abs. 3 FamFG erst mit der Kenntnis der betroffenen Person vom Gerichtsbeschluss

---

814 LT-Drs. 16/8484, S. 156 i. V. m. S. 134 f.
815 Vgl. dazu etwa Buchberger, in: Lisken/Denninger, Handbuch des Polizeirechts, Kap. L Rn 28.
816 Nr. 1 Spiegelstrich 1 der Anlage 2 zu Nr. 1.3 und 2.3 VwV-PolOrg.
817 Nr. 1 Spiegelstrich 1 der Anlage 6 zu Nr. 1.3 und 2.3 VwV-PolOrg.
818 LT-Drs. 16/2701, S. 31.
819 Vgl. dazu auch BVerfGE 107, 395, 406.

zu laufen; dies gilt auch für die 5-Monats-Frist des § 63 Abs. 3 S. 2 FamFG.[820] Die Kenntnisnahme ist durch die Benachrichtigungspflichten der §§ 85, 86 PolG gewährleistet.

- Eine weitere **Rechtsbeschwerde** findet abweichend von §§ 70 ff. FamFG nicht statt (§ 132 Abs. 2 S. 5 PolG).

Eine verwaltungsgerichtliche **Anfechtung** der Anordnung **durch die betroffene Person ist ausgeschlossen**. Ihr stehen nur die Rechtsmittel gem. §§ 91 bis 93 PolG zu. Gem. § 132 Abs. 3 PolG ist eine **Anfechtungsklage ausgeschlossen**, wenn eine richterliche Entscheidung nach dem PolG ergangen ist. Da eine Maßnahme gem. § 54 Abs. 1 PolG nur nach richterlicher Anordnung oder Bestätigung durchgeführt werden kann, greift § 132 Abs. 3 PolG in allen Fällen. Die Beschreitung des verwaltungsgerichtlichen Rechtswegs ist damit ausgeschlossen.

gg) Antragsinhalt (§ 54 Abs. 5 PolG)

§ 54 Abs. 5 PolG sieht detaillierte Vorgaben für den beim Amtsgericht zu stellenden Antrag vor. Dies folgt aus der Rechtsprechung des BVerfG, das aus den strengen Anforderungen an den Inhalt und die Begründung der gerichtlichen Anordnung folgert, dass hieraus zugleich das Erfordernis einer **hinreichend substantiierten Begründung und Begrenzung des Antrags auf Anordnung** folgt, die es dem Gericht oder der unabhängigen Stelle erst erlaubt, eine effektive Kontrolle auszuüben. Insbesondere bedarf es der vollständigen Information seitens der antragstellenden Behörde über den zu beurteilenden Sachstand.[821]

Im Antrag sind danach **zwingend anzugeben**:
1. Die **Person**, gegen die sich die Maßnahme richtet, soweit möglich, mit Name und Anschrift,
2. die **Rufnummer** oder eine andere **Kennung** des zu überwachenden Anschlusses oder des Endgerätes,
3. **Art, Umfang und Dauer** der **Maßnahme**,
4. im Fall des § 54 Abs. 2 PolG auch eine **möglichst genaue Bezeichnung des informationstechnischen Systems**, in das zur Datenerhebung eingegriffen werden soll,
5. der **Sachverhalt** und
6. eine **Begründung**.

hh) Anordnung durch Gericht (§ 54 Abs. 6 PolG)

Gem. **§ 54 Abs. 6 S. 1 PolG** ergeht durch das zuständige Amtsgericht eine **schriftliche Anordnung**. Es ist Aufgabe und Pflicht des Gerichts, sich eigenverantwortlich ein Urteil darüber zu bilden, ob die beantragte heimliche Überwachungsmaßnahme den gesetzlichen Voraussetzungen entspricht.[822] Durch die schriftliche Fixierung wird der äußere Rahmen abgesteckt, innerhalb dessen die heimliche Maßnahme durchzuführen ist, so dass der Eingriff messbar und kontrollierbar bleibt.[823]

Erlässt das Amtsgericht eine Anordnung, durch welche die beantragte Überwachungsmaßnahme erlaubt wird, hat es **in seiner Entscheidung** gem. § 54 Abs. 6 S. 2 PolG **zwingend anzugeben**:

---

820 § 63 Abs. 3 S. 2 FamFG lautet: „Kann die schriftliche Bekanntgabe an einen Beteiligten nicht bewirkt werden, beginnt die Frist spätestens mit Ablauf von Monaten nach Erlass des Beschlusses." Bei einer unterlassenen Bekanntmachung auf der Grundlage des § 132 Abs. 2 S. 2 PolG liegt kein Fall i. S. d. § 63 Abs. 3 S. 2 FamFG vor. Vgl. dazu eingehender die weiteren Ausführungen in **§ 10 Rn 273 Fn 501**.
821 BVerfGE 141, 220, 275 f. (Rn 118).
822 BVerfGE 141, 220, 275 f. (Rn 118).
823 LT-Drs. 16/2701, S. 32.

1. die **Person**, gegen die sich die Maßnahme richtet, soweit möglich, mit Name und Anschrift,
2. eine **Kennung des Kommunikationsanschlusses oder des Endgerätes**, bei dem die Datenerhebung durchgeführt wird. Hierdurch wird eine Datenerhebung nicht nur auf der Basis der Rufnummer, sondern auch mithilfe der IMEI mit dem Vorteil ermöglicht, dass das Mobilfunkgerät auch bei einem Wechsel der SIM-Karte identifizierbar bleibt,
3. **Art, Umfang und Dauer** der **Maßnahme** unter Benennung des **Endzeitpunkts**,
4. im Falle des Abs. 2 auch eine **möglichst genaue Bezeichnung des informationstechnischen Systems**, in das zur Datenerhebung eingegriffen werden soll,
5. die **wesentlichen Gründe** der Entscheidung.

Das **BVerfG** hat wiederholt betont, dass eine ordnungsgemäße Begründung der richterlichen Entscheidung grundlegend für die Wahrung des Grundrechtsschutzes der von einer Überwachungsmaßnahme betroffenen Person ist.[824]

525 Die Anordnung ist auf **höchstens drei Monate** zu befristen (§ 54 Abs. 6 S. 2 PolG). Eine **Verlängerung** um jeweils nicht mehr als einen Monat ist zulässig, solange die Voraussetzungen für die Maßnahme fortbestehen (§ 54 Abs. 6 S. 3 PolG). Liegen die **Voraussetzungen der Anordnung nicht mehr vor**, sind die aufgrund der Anordnung ergriffenen Maßnahmen **unverzüglich zu beenden** (§ 54 Abs. 6 S. 4 PolG); dem Polizeivollzugsdienst obliegt hieraus eine **ständige Pflicht zur Überprüfung** der Maßnahmen anhand des § 54 Abs. 1, 2 PolG.

ii) Gefahr im Verzug (§ 54 Abs. 7 PolG)

526 Gem. § 54 Abs. 7 PolG kann bei **Gefahr im Verzug** eine Maßnahme nach § 54 Abs. 1, 2 PolG von der **Leitung eines regionalen Polizeipräsidiums oder des LKA** angeordnet werden. Diese Regelung entspricht weitgehend § 51 Abs. 8 BKAG. Zum eindeutigen Begriff „Leitung" vgl. oben § 10 Rn 519. Eine **Delegation** ist auch hier nicht vorgesehen.

Von einer Gefahr im Verzug in diesem Sinne (vgl. dazu auch § 4 Rn 35) kann nur ausgegangen werden, wenn zur Verhinderung eines drohenden Schadens **sofort eingeschritten werden muss**, weil ein weiteres Abwarten den Erfolg der notwendigen Überwachungsmaßnahme erschweren oder vereiteln würde. Im Ergebnis muss die **polizeiliche Überwachungsmaßnahme** nach § 54 Abs. 1, 2 PolG **unaufschiebbar** sein.

Angesichts des verfassungsrechtlich gebotenen Richtervorbehalts[825] ist bei der Annahme einer Gefahr im Verzug **Zurückhaltung geboten**.[826] Zwar steht dem Polizeivollzugsdienst ein **eigener Einschätzungsspielraum** zu (vgl. § 4 Rn 35). Es muss aber gesehen werden, dass in besonders eiligen Fällen die notwendige Entscheidung des Amtsgerichts nach § 54 Abs. 4 bis 6 PolG schnell herbeigeführt werden kann. Der Gesetzgeber geht in § 54 Abs. 7 PolG selbst davon aus, dass dies regelmäßig innerhalb von drei Tagen möglich ist. Deswegen wird es zumeist vertretbar sein, die gerichtliche Anordnung nach § 54 Abs. 4 PolG abzuwarten. Ein Abweichen davon kommt insbesondere in Betracht, wenn die von einer Person ausgehenden Gefahren im Sinne des § 54 Abs. 1 PolG so schwerwiegend sind und möglicherweise mit einer so zeitnahen Verwirklichung zu rechnen ist, dass jede Verzögerung der Überwachungsmaßnahme zu **unvertretbaren Gefährdungen** bestimmter Personen oder der Allgemeinheit führen würde. Angesichts der Schwere der von § 54 PolG geschützten Rechtsgüter dürfen sich diesbezügliche Zweifel nicht zulasten der Sicherheit auswirken.

---

824 Hornung/Schnabel, DVBl 2010, 824, 830f.
825 BVerfGE 141, 220, 275f. (Rn 117f.).
826 Ebenso von der Grün, in: Möstl/Trurnit, Polizeirecht BW, § 23 b Rn 28; R. Schenke, in: Schenke/Graulich/Ruthig, Sicherheitsrecht, § 51 BKAG Rn 27.

Erfolgt wegen Gefahr im Verzug eine Anordnung der Überwachungsmaßnahme durch die Leitung eines regionalen Polizeipräsidiums oder des LKA, so ist **unverzüglich die Bestätigung des zuständigen Amtsgerichts** herbeizuführen (§ 54 Abs. 7 S. 2 PolG). Unverzüglich bedeutet sofort (= ohne schuldhaftes Zögern). Soweit die Anordnung **nicht binnen drei Tagen** durch das Gericht bestätigt wird, **tritt sie außer Kraft**. Eine erneute Anordnung ist nur möglich, wenn deren tatbestandliche Voraussetzungen im Zeitpunkt ihres Erlasses (immer noch oder wieder) vorliegen, dies ist auch bei jeder Verlängerung gesondert zu prüfen.

jj) Mitwirkungs- und Duldungspflichten Dritter (§ 54 Abs. 8 PolG)

§ 54 Abs. 8 PolG regelt die **Verpflichtung des Telekommunikationsdienste-Anbieters zur Mitwirkung** an der Überwachungsmaßnahme. Zugleich wird die **Entschädigung des Anbieters** für seine Inanspruchnahme geregelt.[827] § 54 Abs. 8 PolG entspricht § 51 Abs. 6 BKAG.

Gem. **§ 54 Abs. 8 S. 1 PolG** hat aufgrund der Anordnung einer Maßnahme nach § 54 Abs. 1 PolG jeder, der geschäftsmäßig Telekommunikationsdienste erbringt oder daran mitwirkt[828], dem Polizeivollzugsdienst die Maßnahme zu ermöglichen und die erforderlichen Auskünfte unverzüglich zu erteilen. § 54 Abs. 8 S. 1 PolG begründet gegenüber Telekommunikationsunternehmen eine **umfassende Mitwirkungs- und Auskunftspflicht**. Ob und in welchem Umfang hierfür **Vorkehrungen** zu treffen sind, bestimmt sich nach dem TKG und der TKÜV in der jeweils geltenden Fassung (**§ 54 Abs. 8 S. 2 PolG**).

Für die Entschädigung der Diensteanbieter ist **§ 23 JVEG** entsprechend anzuwenden (§ 54 Abs. 8 S. 3 PolG). Gem. § 23 Abs. 1 JVEG bemisst sich die Entschädigung von **Telekommunikationsunternehmen** bei der Umsetzung von Anordnungen zur Überwachung der Telekommunikation oder bei der Erteilung von Auskünften ausschließlich nach den in der **Anlage 3** zum JVEG enthaltenen Sätzen.

kk) Schutz des Kernbereichs privater Lebensgestaltung (§ 54 Abs. 9 PolG)

§ 54 Abs. 9 PolG trifft besondere Regelungen zum **Schutz des Kernbereichs privater Lebensgestaltung** bei der Überwachung und Aufzeichnung von Daten der Telekommunikation einer betroffenen Person. Die Regelung entspricht § 51 Abs. 7 BKAG.

Vgl. zum Schutz des Kernbereichs privater Lebensgestaltung und zur **notwendigen Prognose** bei der **Erhebung, Speicherung und Verarbeitung von Daten** die weitergehenden Ausführungen in **§ 10 Rn 8 ff.**

Soweit im Rahmen von Maßnahmen gem. 54 Abs. 1, 2 PolG **neben einer automatischen Aufzeichnung eine unmittelbare Kenntnisnahme** erfolgt, ist die Maßnahme unverzüglich zu unterbrechen, soweit sich während der Überwachung tatsächliche Anhaltspunkte dafür ergeben, dass Inhalte, die dem Kernbereich privater Lebensgestaltung zuzurechnen sind, erfasst werden (**§ 54 Abs. 9 S. 2 PolG**). Bei automatisierten Verfahren bekommt der Polizeivollzugsdienst regelmäßig nicht mit, wie die Inhalte der Aufzeichnungen ausfallen. § 54 Abs. 9 S. 2 PolG bestimmt, dass die Maßnahme sofort zu unterbrechen ist, wenn der Polizeivollzugsdienst während einer automatisierten Maßnahme Kenntnis erlangt, dass der Kernbereich privater Lebensgestaltung von der konkreten Maßnahme betroffen ist und entsprechende Inhalte erfasst werden.

Eine **Fortsetzung der unterbrochenen Maßnahme** ist **bei Zweifeln** gem. § 54 Abs. 9 S. 3 PolG nur im Wege der **automatischen Aufzeichnung** möglich. Über das Vorgehen nach § 54 Abs. 9 S. 3 PolG entsteht ein sog. **Richterband**[829], das gem. § 54 Abs. 9 S. 4

---

827 LT-Drs. 16/2701, S. 32.
828 R. Schenke, in: Schenke/Graulich/Ruthig, Sicherheitsrecht, § 51 BKAG Rn 35.
829 R. Schenke, in: Schenke/Graulich/Ruthig, Sicherheitsrecht, § 45 BKAG Rn 47.

PolG unverzüglich dem anordnenden Gericht (§ 54 Abs. 4 S. 1 PolG [vgl. dazu § 10 Rn 518]) vorzulegen ist, das gem. **§ 54 Abs. 9 S. 5 PolG** wiederum unverzüglich über die Verwertbarkeit oder die Löschung der Daten entscheidet. Diese besondere Vorgehensweise stellt sicher, dass unzulässig erlangte Daten aus dem Kernbereich privater Lebensgestaltung nur dem zuständigen Amtsgericht zur Kenntnis gelangen. Bis zur Entscheidung des Gerichts dürfen die automatisierten Aufzeichnungen nicht verwendet werden (**§ 54 Abs. 9 S. 6 PolG**)[830], es besteht ein **befristetes absolutes Verwendungsverbot**.

534 Aus § 54 Abs. 9 S. 7 PolG folgt, dass das eine gem. § 54 Abs. 9 S. 2 PolG unterbrochene **Maßnahme fortgeführt** werden darf, wenn aufgrund einer Prognose des Polizeivollzugsdienstes ausreichend sicher geklärt ist, dass durch die Maßnahme nicht allein Erkenntnisse aus dem Kernbereich privater Lebensgestaltung erlangt werden. Der Prüfmaßstab entspricht dem vor Beginn einer Maßnahme, ggf. ist die **Begründung der gerichtlichen Anordnung** bei der Beurteilung **hinzuzuziehen**.

535 Aus **§ 54 Abs. 9 S. 10 bis 13 PolG** folgen **besondere Dokumentationspflichten**, die neben denen des § 74 PolG (vgl. dazu § 10 Rn 536) bestehen.

Die **Tatsache der Erfassung von Daten** mit Bezug zum Kernbereich privater Lebensgestaltung ist **zu erfassen und zu dokumentieren (Satz 10)**. Die hierzu erstellte Dokumentation ist ausschließlich für die alle zwei Jahre erfolgende **Kontrolle der Maßnahmen** nach § 54 PolG durch den **Landesbeauftragten für Datenschutz** gem. § 97 PolG i. V. m. § 20 Abs. 1 LDSG, § 98 Abs. 1 Nr. 14 PolG zu verwenden (**Satz 11**). Die Dokumentation ist **sechs Monate** nach der Benachrichtigung nach § 86 PolG oder sechs Monate nach Erteilung der gerichtlichen Zustimmung über das endgültige Absehen von der Benachrichtigung **zu löschen (Satz 12)**. Hieraus kann sich eine Aufbewahrungszeit von über 5 Jahren ergeben. Ist die **Datenschutzkontrolle** nach Ablauf der in § 98 Abs. 1 Nr. 14 PolG genannten Frist noch nicht beendet, ist die Dokumentation **bis zu ihrem Abschluss aufzubewahren (Satz 13)**.

II) Weitere Pflichten der Datenverarbeitung

536 Die für eine Datenerhebung gem. § 54 Abs. 1, 2 PolG maßgeblichen Regelungen zur Benachrichtigung der betroffenen Personen, zur Protokollierung der erhobenen Daten, zur Kennzeichnung der Daten, zur Kontrolle der Datenerhebungen und zur Kontrolle durch den Landesbeauftragten für Datenschutz finden sich in den **§§ 72, 74, 86, 90 und 98 Abs. 1 Nr. 14 PolG**. Für die weitere Verarbeitung der so erhobenen Daten gelten die **allgemeinen Vorschriften**, insbesondere **§ 15 PolG**.

537 Aus **§ 74 PolG** folgt eine **umfassende besondere Protokollierungspflicht** für alle Maßnahmen gem. § 54 PolG (vgl. dazu auch § 10 Rn 590, 602). Zu protokollieren sind gem. § 74 Abs. 1 und Abs. 2 Nr. 9 PolG:
1. Das zur Datenerhebung eingesetzte Mittel,
2. der Zeitpunkt des Einsatzes,
3. Angaben, die die Feststellung der erhobenen Daten ermöglichen,
4. die verantwortliche Dienststelle,
5. die Beteiligten der überwachten Telekommunikation sowie
6. im Fall, dass die Überwachung mit einem Eingriff in von der betroffenen Person genutzte informationstechnische Systeme verbunden ist, die Angaben zur Identifizierung des informationstechnischen Systems und die daran vorgenommenen nicht nur flüchtigen Veränderungen.

Aus **§ 90 PolG** folgt eine **alle zwei Jahre zu erfüllende Berichtspflicht** über die auf der Grundlage des § 54 Abs. 1, 2 PolG erfolgten Maßnahmen **an den Landtag**. Im Jahr

---

830 Von der Grün, in: Möstl/Trurnit, Polizeirecht BW, § 23 b Rn 40.

2019 wurden insgesamt **13 Maßnahmen der präventivpolizeilichen Telekommunikationsüberwachung** erfasst.[831]

e) Weitere Bestimmung über polizeiliche Maßnahmen mit Bezug zur Telekommunikation (§ 55 PolG)

aa) Allgemeines

§ 55 PolG entspricht dem früheren § 23 a Abs. 6 bis 8 PolG 1992. Mit dem **PolG 2020** wurden die Regelungen an die **Vorgaben des BVerfG** aus seinem **BKAG-Urteil** angepasst.

538

bb) Zuständigkeit

Zuständig für Maßnahmen gem. § 55 PolG ist ausschließlich der **Polizeivollzugsdienst**.

539

cc) Standort- und Kennungsermittlung (§ 55 Abs. 1 PolG)

(1) Ermittlungsbefugnis (§ 55 Abs. 1 S. 1 PolG)

Gem. **§ 55 Abs. 1 S. 1 PolG** kann der Polizeivollzugsdienst unter den Voraussetzungen des § 53 Abs. 1 PolG technische Mittel einsetzen, um

540

1. den Standort eines Mobilfunkendgerätes oder
2. die Kennung eines Telekommunikationsanschlusses oder eines Endgerätes

zu ermitteln.

§ 55 Abs. 1 S. 1 PolG regelt den Einsatz technischer Mittel, damit der Polizeivollzugsdienst selbst den Standort eines Mobiltelefons sowie die Kennung eines Telekommunikationsanschlusses oder eines Endgeräts ermitteln kann. Hierunter fällt etwa der Einsatz eines **IMSI-Catchers** (= **I**nternational **M**obil **S**ubscriber **I**dentity), der es ermöglicht, durch den Aufbau einer eigenen Funkzelle bei aktiv geschaltetem Mobilfunkgerät die Rufnummer, Nummer einer SIM-Karte oder die Gerätenummer (IMEI-Nummer) des benutzten Mobiltelefons zu ermitteln.

Der verdeckte Einsatz zur Ermittlung der genannten Anschlüsse bzw. Geräte ist nur zu den in § 53 Abs. 1 PolG genannten **Zwecken** zulässig (vgl. dazu die Ausführungen in § 10 Rn 476 bis 485).

(2) Betroffenheit Dritter (§ 55 Abs. 1 S. 2 PolG)

Personenbezogene Daten **Dritter** dürfen anlässlich solcher Maßnahmen nur erhoben werden, wenn dies **aus technischen Gründen** zur Erreichung des Zwecks **unvermeidbar** ist (§ 55 Abs. 1 S. 2 PolG).

541

(3) Richtervorbehalt (§ 55 Abs. 1 S. 3 bis 7 PolG)

Gem. **§ 55 Abs. 1 S. 3 PolG** gelten § 53 Abs. 2 u. 5 PolG entsprechend. Durch den Verweis gilt für Maßnahmen gem. § 55 Abs. 1 S. 1 PolG der **Richtervorbehalt**. Der nach früherem Recht ausreichende Behördenleitervorbehalt (§ 23 a Abs. 6 S. 3 PolG 1992) wurde aufgegeben.

542

Die Durchführung einer Maßnahme gem. § 55 Abs. 1 S. 1 PolG bedarf der **Anordnung durch das Gericht** (§ 55 Abs. 1 S. 3 i. V. m § 53 Abs. 2 S. 1 PolG). **Zuständig** ist gem. **§ 132 Abs. 1 PolG** das **Amtsgericht**, in dessen Bezirk die zuständige Polizeibehörde ihren Sitz hat. **Antragsbefugnis und Antragsinhalt** ergeben sich aus § 53 Abs. 2 S. 2, 3 PolG. Bei **Gefahr im Verzug** kann eine behördliche Anordnung erfolgen, die aber der

---

831 LT-Drs. 16/7998, S. 2; vgl. auch LT-Drs. 16/7519, S. 5, zu den Jahren 2017 (3 Maßnahmen) und 2018 (21 Maßnahmen). Zum Zweck der parlamentarische Kontrolle vgl. Martini/Fröhlingsdorf, NVwZ-Extra 24/2019, 1, 12.

unverzüglichen Bestätigung des Gerichts bedarf (§ 55 Abs. 1 S. 3 i. V. m § 53 Abs. 5 PolG). Für den Richtervorbehalt gelten die Ausführungen in § 10 Rn 488 bis 493, für das Vorgehen bei Gefahr im Verzug die in § 10 Rn 498 f. entsprechend.

Die **gerichtliche Anordnung** ergeht schriftlich (**§ 55 Abs. 1 S. 4 PolG**), in ihr sind die wesentlichen Gründe anzugeben (**§ 55 Abs. 1 S. 5 PolG**), und sie ist gem. **§ 55 Abs. 1 S. 6 PolG** zwingend zu **befristen**, die Frist darf **höchstens 3 Monate** betragen. Eine **Verlängerung** ist gem. **§ 55 Abs. 1 S. 7 PolG** um **jeweils nicht mehr als einen Monat** zulässig, solange die Voraussetzungen für die Maßnahme fortbestehen. Dies ist vom zuständigen Amtsgericht bei jeder Fristverlängerung erneut zu prüfen.

(4) Beendigung der Maßnahme (§ 55 Abs. 1 S. 8 PolG)

543 **Liegen** die **Voraussetzungen** der Anordnung **nicht mehr vor**, sind gem. **§ 55 Abs. 1 S. 8 PolG** die aufgrund der Anordnung ergriffenen Maßnahmen **unverzüglich zu beenden**. Dem Polizeivollzugsdienst obliegt hieraus eine **ständige Pflicht zur Überprüfung** der Maßnahmen anhand des § 55 Abs. 1 S. 1 PolG.

dd) Unterbrechung oder Verhinderung von Verbindungen (§ 55 Abs. 2 PolG)
(1) Handlungsbefugnis (§ 55 Abs. 2 S. 1 PolG)

544 Der Polizeivollzugsdienst kann gem. **§ 55 Abs. 2 S. 1 PolG** unter den Voraussetzungen des § 53 Abs. 1 PolG bei Vorliegen einer unmittelbar bevorstehenden Gefahr technische Mittel einsetzen, um **Telekommunikationsverbindungen** der dort genannten Personen zu **unterbrechen** oder zu **verhindern**. Beispielsweise kann zum Schutz von Geiseln und Zugriffskräften durch die gezielte **Blockade der Kommunikation von Mobilfunkteilnehmern** die Kontaktaufnahme zwischen Geiselnehmern und Unterstützern unterbunden werden. Der verdeckte Einsatz zur Ermittlung der genannten Anschlüsse bzw. Geräte ist nur zu den in § 53 Abs. 1 PolG genannten **Zwecken** zulässig (vgl. dazu die Ausführungen in § 10 Rn 476 bis 485).

(2) Betroffenheit Dritter (§ 55 Abs. 1 S. 2 PolG)

545 Telekommunikationsverbindungen **Dritter** dürfen nur unterbrochen oder verhindert werden, wenn dies **aus technischen Gründen** zur Erreichung des Zwecks **unvermeidbar** ist (§ 55 Abs. 2 S. 2 PolG).

(3) Anordnung durch Behördenleitung (§ 55 Abs. 1 S. 3 PolG)

546 Die Maßnahme gem. § 55 Abs. 2 S. 1 PolG bedarf der Anordnung durch die **Leitung eines regionalen Polizeipräsidiums oder des LKA** (**§ 55 Abs. 2 S. 2 PolG**).

Der Begriff „Leitung" ist eindeutig: Die Anordnung kann nur vom **Präsidenten des örtlich zuständigen Polizeipräsidiums**[832] oder vom **Präsidenten des LKA**[833] getroffen und unterzeichnet werden. Beide Möglichkeiten bestehen **alternativ** und hängen nicht von weiteren tatbestandlichen Voraussetzungen ab. Im Fall der Verhinderung sind die unmittelbaren ständigen Vertreter der Präsidenten zur Anordnung befugt.

Der Personenkreis **kann durch Delegation** der Behördenleitung auf die sonstige Führungsebene **erweitert werden**. § 55 Abs. 2 S. 4 PolG erlaubt die Übertragung der Anordnungsbefugnis auf dafür ausdrücklich ausgewählte und benannte Beamte des höheren Polizeivollzugsdienstes. Näheres ergibt sich aus **§ 4 Abs. 2 DVO PolG**.

---

[832] Nr. 1 Spiegelstrich 1 der Anlage 2 zu Nr. 1.3 und 2.3 VwV-PolOrg.
[833] Nr. 1 Spiegelstrich 1 der Anlage 6 zu Nr. 1.3 und 2.3 VwV-PolOrg.

ee) Weitere Pflichten der Datenverarbeitung

Die in Zusammenhang mit **§ 55 Abs. 1 PolG** maßgeblichen Regelungen zur Benachrichtigung der betroffenen Personen, zur Protokollierung der erhobenen Daten sowie zur Kennzeichnung der Daten finden sich in den **§§ 72, 74 und 86 PolG**. Für die weitere Verarbeitung der so erhobenen Daten gelten die allgemeinen Vorschriften, insbesondere § 15 PolG.

547

Aus **§ 74 PolG** folgt eine **umfassende besondere Protokollierungspflicht** für alle Maßnahmen gem. § 55 Abs. 1 PolG (vgl. dazu auch § 10 Rn 590, 602). Zu protokollieren sind gem. § 74 Abs. 1 und Abs. 2 Nr. 10 PolG:

1. Das zur Datenerhebung eingesetzte Mittel,
2. der Zeitpunkt des Einsatzes,
3. Angaben, die die Feststellung der erhobenen Daten ermöglichen,
4. die verantwortliche Dienststelle,
5. die Zielperson.

Aus **§ 90 PolG** folgt eine **alle zwei Jahre zu erfüllende Berichtspflicht** über die auf der Grundlage des § 55 Abs. 1 PolG erfolgten Maßnahmen **an den Landtag**. Im Jahr **2017** wurde in **66 Fällen**, im Jahr **2018** in **42 Fällen** ein **IMSI-Catcher eingesetzt**.[834]

13. Ausschreibung von Personen und Fahrzeugen (§ 56 PolG)

a) Allgemeines

§ 56 PolG entspricht dem früheren **§ 25 PolG 1992**. Er wurde mit dem **PolG 2020** im Verlauf des Gesetzgebungsverfahrens in Abs. 1 dahin gehend geändert, dass die restriktiven Vorgaben des BVerfG an den Begriff der „potenziellen Straftäter" berücksichtigt wurden.[835] Nunmehr entspricht die Formulierung der des § 49 PolG.

548

§ 56 PolG regelt die Ausschreibung von Personen und Kraftfahrzeugen zum **Zweck der Mitteilung über das Antreffen** (verdeckte Registrierung, polizeiliche Beobachtung) **oder zum Zweck der gezielten Kontrolle**. Da es in BW an einer Ermächtigungsgrundlage für die **Ausschreibung zur gezielten Kontrolle** gefehlt hatte, wurde diese Ermächtigungsgrundlage durch Änderungsgesetz vom 18.11.2008 neu in das PolG aufgenommen (GBl. S. 396). Die Ausschreibung erfolgt regelmäßig in einer nationalen Fahndungsdatei (**INPOL-Datei Sach- oder Personenfahndung**).[836]

Auch das **SIS** (Art. 1 Verordnung [EU] 2018/1862, Art. 1 Ratsbeschluss 2007/533/JI[837]) sieht gem. **Art. 36, 37 der Verordnung (EU) 2018/1862** (bisher Art. 36, 37 Ratsbeschluss 2007/533/JI sowie Art. 99 SDÜ) die Möglichkeit vor, Personen und Fahrzeuge zur verdeckten Kontrolle, für Ermittlungsanfragen oder gezielten Kontrolle **europaweit** auszuschreiben. Diese Möglichkeit besteht neben der des § 56 PolG, erweitert aber das Suchgebiet auf den **gesamten EU-Raum**. Beide Ausschreibungen (national und im EU-Raum) sind insoweit harmonisiert, als dass Art. 36 Abs. 1 der Verordnung (EU) 2018/1862 ausdrücklich auf das nationale Recht verweist: „Personenausschreibungen und Sachfahndungsausschreibungen in Bezug auf die in Art. 38 Ab. 2 lit. a, b, c, e, g, h, i, k und l genannten Sachen sowie auf bargeldlose Zahlungsmittel werden **nach Maßgabe des nationalen Rechts des ausschreibenden Mitgliedstaats** für verdeckte Kontrollen, für Ermittlungsanfragen oder für gezielte Kontrollen gemäß Art. 37 Abs. 3, 4 und 5 eingegeben."[838] Damit hängt die Nutzung von SIS zunächst von den gesetzlichen Voraussetzungen des jeweiligen Mitgliedstaats ab. Die weiteren Voraussetzun-

---

[834] LT-Drs. 16/7519, S. 6.
[835] LT-Drs. 16/8484, S. 156 f., 243.
[836] Stephan, in: Stephan/Deger, Polizeigesetz BW, § 25 Rn 1.
[837] Vgl. dazu eingehend die Ausführungen in **§ 1 Rn 38 ff.** sowie Aden, in: Lisken/Denninger, Handbuch des Polizeirechts, Kap. N Rn 205 ff.
[838] Aden, in: Lisken/Denninger, Handbuch des Polizeirechts, Kap. N Rn 288; **a. A.** noch die Vorauflage.

gen und Begrenzungen einer europaweiten Ausschreibungen ergeben sich aus Art. 36 Abs. 2 bis 4 der Verordnung (EU) 2018/1862.

549 Mit der **verdeckten Registrierung** sollen durch eine Ausschreibung Erkenntnisse über das Antreffen einer Person und über ihre Ortsveränderungen gesammelt werden. Wird danach die Person und / oder das Kennzeichen bzw. Kraftfahrzeug aus irgendeinem Anlass von der Polizei kontrolliert (etwa an der Grenze, bei einer Verkehrsüberwachung oder einer Kontrollstelle), können die dabei erhobenen Daten mit dem Inhalt der Ausschreibung abgeglichen werden. Durch diese Informationen wird die ausschreibende Polizei in die Lage versetzt, den jeweiligen Aufenthaltsort bzw. Ortsveränderungen der betroffenen Person oder des Kraftfahrzeuges festzustellen und sogenannte **Bewegungsbilder** zu erstellen. Diese Maßnahmen stellen somit eine besondere Form der polizeilichen **Beobachtung** dar.

550 Weiterhin gestattet **§ 56 Abs. 1 S. 1 PolG** die **gezielte Kontrolle**. Durch die Verbindung mit den in § 56 Abs. 1 S. 2 Nr. 2 PolG genannten Einzelmaßnahmen der Personenfeststellung (§ 27 PolG), Durchsuchung einer Person (§ 34 PolG) oder einer Sache (§ 35 PolG) soll bei der gezielten Kontrolle die Möglichkeit geschaffen werden, wichtige Informationen erheben zu können wie etwa schriftliche Unterlagen über Personenzusammenhänge, den Organisationsgrad extremistischer und terroristischer Gruppierungen, potenzielle Anschlagsobjekte etc. Da es sich bei der gezielten Kontrolle um ein wirkungsvolles Mittel handelt, um schwere Straftaten zu verhindern, wurde sie nicht nur für den Fall ermöglicht, dass eine entsprechende Ausschreibung im SIS erfolgt ist, sondern auch, wenn eine Ausschreibung in einem rein nationalen Informationssystem vorgenommen wird.

551 Die polizeiliche Beobachtung aus **repressiven Gründen** richtet sich nach **§ 163 e StPO**.

552 Wichtige **Anwendungsfälle** der Vorschrift sind nationale / europaweite Ausschreibungen im Bereich der Rauschgift-, Waffen-, Falschgeld-, Eigentums- und Staatsschutzkriminalität, aber auch der organisierten Kriminalität und Terrorismusbekämpfung.

Beispiel: V, einschlägig vorbestraft und als gewalttätig polizeibekannt, steht im dringenden Verdacht, im Landkreis E mit Drogen zu handeln. Die Polizei in E gibt deshalb die Daten des V und das Kennzeichen seines Pkw in die überregionale **Fahndungskartei**. Bei mehreren Streifenfahrten und Verkehrskontrollen stellen die außerhalb von E diensthabenden Polizeibeamten fest, dass V polizeilich ausgeschrieben ist. Sie übermitteln deshalb der Polizei in E ihre Feststellungen über das Antreffen des V an den verschiedenen Orten. Durch diese überregionalen Informationen wird die Polizei von E im Laufe der Zeit in die Lage versetzt, sich ein Bild über die Ortsbewegungen des V zu machen und daraus Rückschlüsse über seine künftigen kriminellen Aktionen zu ziehen.

Im Jahr **2017** wurden **34 Personen**, im Jahr **2018 56 Personen zur Beobachtung** gem. **§ 56 PolG ausgeschrieben**. Gem. **Art. 36 der Verordnung (EU) 2018/1862** wurden **im SIS 2017 47 Personen** und **im Jahr 2018 40 Personen** ausgeschrieben.[839]

b) Dreistufigkeit der Maßnahmen

553 Die Maßnahmen gem. § 56 PolG (verdeckte Registrierung oder gezielte Kontrolle) werden in **drei Stufen** durchgeführt:

- **Ausschreibung einer Person und Kennzeichen** der auf ihren Namen zugelassenen, von ihr benutzten oder eingesetzten Kraftfahrzeuge nach entsprechender Speicherung dieser Daten im Informationssystem zur Registrierung / gezielten Kontrolle.
- **Erhebung von Erkenntnissen** insbesondere über das Antreffen der Person, über Kontakt- und Begleitpersonen, sowie über mitgeführte Sachen anlässlich einer poli-

---

[839] LT-Drs. 16/7519, S. 7.

VI. Datenverarbeitung bei polizeilichen Einzelmaßnahmen

zeilichen Kontrolle. Da § 56 Abs. 1 PolG nicht zur Datenerhebung ermächtigt, richtet sich die Zulässigkeit der Datenerhebung nach anderen Vorschriften.
- **Übermittlung** dieser Informationen an die ausschreibende Stelle gem. § 56 Abs. 1 S. 2 Nr. 1 u. 2 PolG.

c) Zuständigkeit und Schriftform (§ 56 Abs. 1 u. 2 PolG)

Zuständig für die Anordnung der Ausschreibung gem. § 56 Abs. 1 S. 1 PolG ist ausschließlich der **Polizeivollzugsdienst**. 554

§ 56 Abs. 2 S. 1 PolG trifft zudem eine abschließende Festlegung für die **funktionale Zuständigkeit** innerhalb des Polizeivollzugsdienstes. Die Ausschreibung muss grundsätzlich vom **Leiter** (= Präsident) **des LKA** angeordnet werden. Der Präsident des LKA kann auch einen Polizeibeamten des höheren Dienstes mit dieser Aufgabe besonders beauftragen.

Die Anordnung ergeht **schriftlich** und ist zu **begründen** (§ 56 Abs. 2 S. 2 Hs. 1 PolG). 555
Aus der schriftlichen Begründung muss für die betroffene Person und Dritte (insbesondere angerufene Gerichte) hinreichend erkennbar sein, inwieweit die tatbestandlichen Voraussetzungen für die Ausschreibung einer Person oder eines Kraftfahrzeugs vorliegen. Die schriftliche Anordnung ist der betroffenen Person mit ihrer Benachrichtigung nach Beendigung der Maßnahme zur Kenntnis zu geben (vgl. § 86 Abs. 1 Nr. 11, Abs. 2 PolG).

d) Tatbestandsvoraussetzungen (§ 56 Abs. 1 S. 1 Nr. 1, 2 PolG)

Die Maßnahme gem. § 56 PolG stellt einen schwerwiegenden Eingriff in die Rechte der betroffenen Personen dar. Die Ausschreibung ist daher gem. § 56 Abs. 1 S. 1 Nr. 1 bis 3 PolG an besondere Voraussetzungen geknüpft. Der Polizeivollzugsdienst kann eine Person und Kennzeichen der auf den Namen der Person zugelassenen, von ihr benutzten oder von ihr eingesetzten Kraftfahrzeuge zum Zwecke der Mitteilung über das Antreffen oder der gezielten Kontrolle ausschreiben, wenn 556

1. die Gesamtwürdigung der Person und ihre bisher begangenen Straftaten erwarten lassen, dass die Person künftig Straftaten mit erheblicher Bedeutung begehen wird,
2. Tatsachen die Annahme rechtfertigen, dass sie innerhalb eines überschaubaren Zeitraums auf eine zumindest ihrer Art nach konkretisierte Weise eine Straftat mit erheblicher Bedeutung begehen wird, oder
3. wenn deren individuelles Verhalten die konkrete Wahrscheinlichkeit begründet, dass sie innerhalb eines überschaubaren Zeitraums eine Straftat mit erheblicher Bedeutung begehen wird

und die Mitteilung über das Antreffen oder die gezielte Kontrolle **zur vorbeugenden Bekämpfung dieser Straftaten erforderlich** ist.

Zu den Tatbestandsvoraussetzungen im Einzelnen vgl. auch die **Ausführungen in § 10 Rn 353 bis 355** zu § 49 Abs. 1 S. 1 Nr. 2, 3 PolG.

Der Polizeivollzugsdienst muss hierzu eine **Gesamtwürdigung** vornehmen, bei der insbesondere tatsächliche Anhaltspunkte hinsichtlich der in Planung, Ausführung oder zeitlicher Folge gezeigten kriminellen Energie bei früheren Straftaten, der rücksichtslosen Durchsetzung des verbrecherischen Willens oder der offensichtlichen Wirkungslosigkeit von Straf- und Resozialisierungsmaßnahmen zu berücksichtigen sind (sog. **gefährliche Intensivtäter**). Die Gesamtwürdigung kann aber auch ergeben, dass sich die Maßnahmen gegen einen sog. **Ersttäter** richten, wenn die vorzunehmende **Prognose** ergibt, dass er künftig Straftaten von erheblicher Bedeutung begehen wird. Die Annah- 557 me, dass die auszuschreibende Person Straftaten von erheblicher Bedeutung begehen wird, muss sich **auf Tatsachen stützen** können.[840]

e) Übermittlung gewonnener Erkenntnisse (§ 56 Abs. 1 S. 2 PolG)

558 Wird eine nach § 56 Abs. 1 S. 1 PolG ausgeschriebene Person oder ein ausgeschriebenes Kennzeichen bei der polizeilichen Kontrolle festgestellt, dürfen gem. § 56 Abs. 1 S. 2 PolG unter den dort genannten Voraussetzungen die gewonnenen Erkenntnisse an die ausschreibende Stelle **übermittelt** werden. Von der Übermittlung werden danach folgende Informationen erfasst:

- Im **Fall der Ausschreibung** die Mitteilung über das Antreffen und die hierüber gewonnenen Erkenntnisse, insbesondere über das Antreffen der Person, über Kontakt- und Begleitpersonen und über mitgeführte Sachen,
- im **Fall der gezielten Kontrolle** zusätzlich die aus Maßnahmen nach § 27 PolG (Personenfeststellung), § 34 PolG (Durchsuchung von Personen) und § 35 PolG (Durchsuchung von Sachen) gewonnenen Erkenntnisse.

Aus **§ 56 Abs. 1 S. 3 PolG** ergibt sich, dass die Regelung zur Übermittlung der gewonnenen Erkenntnisse nach Satz 2 auch dann gilt, wenn die Person oder das Fahrzeug nach **Art. 36, 37 der Verordnung (EU) 2018/1862** (bisher Art. 36 Ratsbeschluss 2007/533/JI, Art. 99 Abs. 1 SDÜ)[841] zur gezielten Kontrolle ausgeschrieben ist.

f) Befristung (§ 56 Abs. 2 S. 2, 3 PolG)

559 Die Ausschreibung ist auf höchstens **zwölf Monate** zu befristen (**§ 56 Abs. 2 S. 2 Hs. 2 PolG**). **Verlängerungen** bis zu jeweils 12 Monaten sind gem. **§ 56 Abs. 2 S. 3 Hs. 1 PolG** zulässig. Aus dem Wortlaut („Verlängerung**en**", „jeweils") ist zu schließen, dass es keine absolute Höchstdauer einer Ausschreibung gibt, damit sind auch **mehrere Verlängerungen** möglich. Für jede Verlängerung einer Ausschreibung bedarf es einer **erneuten Anordnung** (§ 56 Abs. 2 S. 3 Hs. 2 PolG), für die alle rechtlichen Anforderungen einer Ausschreibungsanordnung (Zuständigkeit, Tatbestandsvoraussetzungen, Schriftform, Begründung, Befristung) gelten. Mit jeder Verlängerung sind die Voraussetzungen der Ausschreibung kritischer zu prüfen, da der Grundsatz der Befristung zunehmend unterlaufen wird.

g) Beendigung und Löschungspflichten (§ 56 Abs. 3 PolG)

560 Liegen die Voraussetzungen für die Anordnung der Ausschreibung nicht mehr vor, ist der Zweck der Ausschreibung erreicht oder kann er nicht erreicht werden, ist die Ausschreibung gem. **§ 56 Abs. 3 PolG** unverzüglich zu **beenden**. Hieraus ergibt sich, dass die für die Ausschreibung zuständige Stelle des Polizeivollzugsdiensts unabhängig von der Befristung (§ 10 Rn 559) im Rahmen der laufenden Sachbearbeitung **fortlaufend zu prüfen** hat, ob die Voraussetzungen für die Ausschreibung noch vorliegen.
Aus **§ 56 Abs. 3 PolG** folgen auch besondere **Löschungspflichten**. Danach ist die Ausschreibung unverzüglich zu löschen, wenn die Voraussetzungen der Anordnung nicht mehr vorliegen, oder der Zweck der Ausschreibung erreicht ist bzw. nicht mehr erreicht werden kann. § 25 Abs. 3 PolG konkretisiert die allgemeine Löschungspflicht des § 75 Abs. 2 PolG und ist insoweit **lex specialis**, der auch die besonderen Speichertatbestände des § 75 Abs. 3, 4 PolG verdrängt. Die betroffene Person hat im Fall der Ausschreibung bei deren Beendigung einen **Anspruch auf vollständiges Vergessenwerden**.[842]

---

840 Vgl. Stephan, in: Stephan/Deger, Polizeigesetz BW, § 25 Rn 8; Zeitler/Trurnit, Polizeirecht BW, Rn 755.
841 Vgl. dazu die Ausführungen in § 1 Rn 38.
842 Vgl. dazu eingehender § 10 Rn 461.

h) Weitere Pflichten der Datenverarbeitung

Für die Maßnahme einer Ausschreibung gem. § 56 Abs. 1 PolG finden sich die maßgeblichen Regelungen zur Benachrichtigung der betroffenen Personen, zur Protokollierung der erhobenen Daten sowie zur Kennzeichnung der Daten in den **§§ 72, 74 und 86 PolG**. **561**

Aus **§ 74 PolG** folgt eine **umfassende besondere Protokollierungspflicht** für alle Maßnahmen gem. § 56 Abs. 1 PolG (vgl. dazu § 10 Rn 590, 602). Zu protokollieren sind gem. § 74 Abs. 1 und Abs. 2 Nr. 11 PolG:

1. Das zur Datenerhebung eingesetzte Mittel,
2. der Zeitpunkt des Einsatzes,
3. Angaben, die die Feststellung der erhobenen Daten ermöglichen,
4. die verantwortliche Dienststelle,
5. die Zielperson,
6. die Personen, deren personenbezogene Daten gemeldet worden sind.

§ 11: Polizeiliche Einzelmaßnahmen – Spezialermächtigungen

I. Allgemeines
1. Verhältnis zur Generalermächtigung der §§ 1, 3 PolG

1 Das PolG regelt in den §§ 27 ff. PolG die sog. **Einzel- oder Standardmaßnahmen**. Gegenstand dieser besonderen Befugnisnormen sind typische, in der Polizeivollzugspraxis regelmäßig vorkommende Eingriffssituationen. Durch spezielle Regelungen hat der Landesgesetzgeber die Voraussetzungen für die Eingriffsmaßnahmen einheitlich festgelegt („standardisiert"). Er hat dadurch insbesondere den verfassungsrechtlichen Vorgaben, der Rechtssicherheit und dem Grundsatz der Verhältnismäßigkeit Rechnung getragen. Da die Spezialregelungen die Eingriffsvoraussetzungen im Detail festlegen, erleichtern diese Bestimmungen die praktische Polizeiarbeit.

Die besonderen Befugnisse gem. §§ 27 ff. PolG sind **Spezialermächtigungen, die der Generalermächtigung der §§ 1, 3 PolG vorgehen.** Soll eine Standardmaßnahme durchgeführt werden, kann sie nur auf die spezielle Rechtsgrundlage im PolG und nicht auf die Generalklausel gestützt werden. Die Bestimmungen über diese Spezialbefugnisse treffen abschließende Regelungen und verdrängen für ihren jeweiligen Regelungsbereich die Generalermächtigung (§ 6 Rn 8 ff.). Sie haben **Anwendungsvorrang**. In vielen Fällen stellt eine Spezialermächtigung höhere Anforderungen (etwa an das Vorliegen einer Gefahr). Sind diese besonderen Voraussetzungen im konkreten Fall nicht gegeben, darf nicht auf die §§ 1, 3 PolG zurückgegriffen werden. Sonst würde das System der Spezialermächtigungen unterlaufen werden. Es besteht also eine sog. **Sperrwirkung für die Generalermächtigung**.

Beispiele:
- Gem. **§ 38 Abs. 1 Nr. 1 PolG** kann die Polizei eine Sache beschlagnahmen, wenn dies zum Schutz gegen eine **unmittelbar** bevorstehende Störung der öffentlichen Sicherheit erforderlich ist. Die Standardmaßnahme darf daher nur ausgeführt werden, wenn diese erhöhte Gefahrenlage gegeben ist. Wegen der Sperrwirkung kann nicht auf die polizeiliche Generalklausel zurückgegriffen werden, wenn „nur" eine Gefahr für die öffentliche Sicherheit besteht.[1]
- Die Polizeibehörde beabsichtigt, zur Einweisung eines Obdachlosen die Wohnung des Eigentümers für mindestens ein Jahr zu beschlagnahmen. Gem. **§ 38 Abs. 4 S. 2 PolG** darf die Beschlagnahme vorbehaltlich besonderer gesetzlicher Regelung nicht länger als 6 Monate aufrechterhalten werden. Die Polizei kann wegen der **Sperrwirkung** dieser Spezialregelung über die polizeiliche Generalklausel gem. §§ 1, 3 PolG keine längere Dauer der Beschlagnahme anordnen.

2 In der Verwaltungspraxis kommt es immer wieder vor, dass bestimmte Polizeimaßnahmen auf die polizeiliche Generalklausel gestützt werden (müssen), da der Gesetzgeber der Entwicklung hinterher hinkt und (noch) keine Spezialermächtigung erlassen hat, in der die Eingriffsvoraussetzungen genau festgelegt sind. In diesen Fällen stellt sich die Frage der Zulässigkeit derartiger Maßnahmen.

Beispiele:
- Zur Unzulässigkeit einer jahrelangen, ununterbrochenen **Observation** „rund um die Uhr" von für rückfallgefährdet gehaltenen **Sexualstraftätern** zum Zwecke der Verhinderung erneuter Sexualstraftaten auf der Grundlage der §§ 1, 3 PolG vgl. VG Freiburg, VBlBW 2013, 350 (vgl. dazu auch die weiteren Ausführungen in § 10 Rn 364).
- Die **Gefährderansprache** musste früher auf die §§ 1, 3 PolG gestützt werden.[2] Mit dem **PolG 2020** wurde in § 29 PolG eine **Spezialermächtigung** für die Gefährderansprache, das

---

1 VGH BW, VBlBW 1997, 349.
2 VGH BW, VBlBW 2018, 316, 318, mit Anm. Nachbaur VBlBW 2018, 320 ff., u. Vahle, DVP 2019, 41 ff.

Gefährderanschreiben und die Gefährdetenansprache geschaffen (vgl. dazu eingehender § 11 Rn 61 ff.).

2. Verhältnis zu anderen Spezialvorschriften außerhalb des PolG

Von den Standard- bzw. Einzelmaßnahmen sind die Maßnahmen zu unterscheiden, zu deren Durchführung die Polizei durch **andere Rechtsvorschriften** als durch das PolG ermächtigt wird. Derartige **spezielle Ermächtigungen außerhalb des PolG** sind vor allem in der StPO, aber auch in anderen Gebieten wie etwa im Bauordnungs-, Gewerbe-, Immissionsschutz- und Versammlungsrecht geregelt.

Soweit die Polizei ihre **Aufgaben auf dem Gebiet der Strafverfolgung** erfüllt (§ 163 StPO), stehen ihr die **Ermächtigungsgrundlagen für bestimmte Standardmaßnahmen nach dem Strafprozessrecht zu.** Derartige Einzelermächtigungen sind etwa körperliche Untersuchungen gem. §§ 81 a ff. StPO, Beschlagnahme gem. §§ 94 ff. StPO, Überwachung der Telekommunikation gem. §§ 100 a ff. StPO, Durchsuchung gem. §§ 102 ff. StPO (vgl. § 13 Rn 10).

Bei der **Ermittlung von Ordnungswidrigkeiten** (§ 53 OWiG) hat die Polizei dieselben Aufgaben wie bei der Erforschung von Straftaten. Da die Straf- und Ordnungswidrigkeitenverfolgung abschließend geregelt ist, kann die Polizei bei der Verfolgung von Straftaten und Ordnungswidrigkeiten nicht auf die Spezialbefugnisse im PolG zurückgreifen.

3. Rechtscharakter

Die Rechtsqualität polizeilicher Maßnahmen ist nicht nur aus systematischen Gründen, sondern vor allem aus rechtsstaatlichen Gründen von Bedeutung, insbesondere wegen des damit verbundenen Rechtsschutzes. Der **Rechtscharakter** der Standard- bzw. Einzelmaßnahmen kann aber **nicht einheitlich**, sondern nur im Einzelfall beurteilt werden. In fast allen Fällen liegen **Verwaltungsakte** vor (§ 35 LVwVfG), weil gegenüber einem Polizeipflichtigen konkrete Verbote und Gebote angeordnet werden.

Beispiel: Die Polizei erteilt einen Platzverweis gem. § 30 Abs. 1 PolG.

Grundsätzlich geht jeder Einzelmaßnahme eine entsprechende **Anordnung** voraus, die im rechtlichen Sinne die **Grundverfügung** für evtl. weitere Maßnahmen bzw. für eine Vollstreckung darstellt. Die **Vollstreckung** richtet sich nach den allgemeinen Grundsätzen der §§ 63 ff. PolG. Die Spezialermächtigungen für die Einzelmaßnahmen sind daher von den Vollstreckungsmaßnahmen, insbesondere von der Anwendung des Zwangsmittels „unmittelbarer Zwang" zu unterscheiden. Insbesondere sind die Einzelmaßnahmen nicht gleichbedeutend mit den Maßnahmen des unmittelbaren Zwangs.

Beispiel: Die Polizei ordnet gegenüber einem aggressiven und gewaltbereiten Randalierer den **Präventivgewahrsam** gem. § 33 Abs. 1 Nr. 1 PolG an und verbringt diesen gegen seinen Willen in eine Arrestzelle. Die Anordnung des Gewahrsams stellt einen Verwaltungsakt auf der Grundlage der Spezialermächtigung des § 33 PolG dar. Die Verbringung in die Arrestzelle ist die Vollstreckung dieser Anordnung (= Grundverwaltungsakt) durch Anwendung unmittelbaren Zwangs. Unter Anwendung (im engen Sinn) ist hierbei die letzte Stufe im Vollstreckungsverfahren zu verstehen (vgl. § 12 Rn 39).

Soweit eine betroffene Person gegenüber einer angeordneten Einzelmaßnahme keinen Widerstand leistet, sondern die Anordnung befolgt, liegt zwar eine vollstreckbare Grundverfügung, aber keine Vollstreckungsmaßnahme vor.

Beispiel: Die Polizei ordnet zur Identitätsfeststellung gegenüber F die **Durchführung von erkennungsdienstlichen Maßnahmen** gem. § 41 Abs. 1 Nr. 1 PolG an. F akzeptiert dies, kommt mit zur Dienststelle und gibt Fingerabdrücke ab. Die Anordnung, erkennungsdienstliche Maßnahmen durchzuführen, stellt einen Verwaltungsakt auf der Grundlage der Spezialbefugnis des § 41 PolG dar. Eine zwangsweise Durchsetzung der Verfügung (Vollstreckung) ist in diesem Fall nicht erforderlich, da F die Anordnung freiwillig befolgt.

Nur in wenigen Ausnahmefällen hat eine Einzelmaßnahme den Charakter eines regelungsersetzenden **Realaktes**. Dies ist insbesondere dann der Fall, wenn ein tatsächliches, schlicht-hoheitliches Verwaltungshandeln ohne regelnden Charakter vorliegt, bzw. weil ein Adressat einer Polizeiverfügung nicht vorhanden, erreichbar oder ansprechbar ist. In diesen Fällen müssen zusätzlich zu den Anforderungen der Standardmaßnahme die Voraussetzungen einer unmittelbaren Ausführung gem. § 8 PolG vorliegen (vgl. § 8 Rn 1 ff.).

Beispiel: Die Polizei durchsucht gem. § 35 Nr. 4 PolG ein leer stehendes Fahrzeug, das an einem gefährlichen Ort abgestellt wurde. Ein Halter oder Fahrer ist nicht zu erkennen. In diesem Fall muss die Polizei sowohl die Voraussetzungen einer unmittelbaren Ausführung gem. § 8 Abs. 1 PolG beachten als auch die des § 35 Nr. 4 PolG.

Die Standardmaßnahmen ermächtigen somit regelmäßig zu einer Anordnung, die dem Adressaten aufgibt, entsprechenden Maßnahmen zunächst selbst nachzukommen bzw. diese zu dulden. Zum anderen berechtigt die Vorschrift die Polizei, sofern Vollstreckungsmaßnahmen nicht in Frage kommen, die für die entsprechende Maßnahme unbedingt notwendigen Handlungen im Wege der unmittelbaren Ausführung als Realakt auszuführen.

4. Zuständigkeit

7   Die Zuständigkeit für die **Anordnung / Vollstreckung von Einzelmaßnahmen** gem. §§ 27 ff. PolG richtet sich nach dem PolG, insbesondere nach **§ 105 Abs. 1 bis 3 PolG**. Für die meisten Standardmaßnahmen ist nach den Formulierungen im PolG „die Polizei" zuständig. Gem. **§ 105 Abs. 1 und 3 PolG** besteht eine eigene, (konkurrierende) Zuständigkeit des **Polizeivollzugsdienstes** für die Durchführung der dort näher genannten Standardmaßnahmen (sog. Parallelzuständigkeit, vgl. § 3 Rn 48). Dies bedeutet, dass sowohl die Polizeibehörde als auch der Polizeivollzugsdienst die dort aufgeführten Maßnahmen anordnen können.

Beispiel: Für die Durchführung einer Gefährderansprache gem. § 29 Abs. 1 PolG und die Erteilung eines Platzverweises gem. § 30 Abs. 1 PolG sind sowohl die Polizeibehörde als auch der Polizeivollzugsdienst zuständig.[3]

In vielen Fällen weist das PolG die Wahrnehmung einer Standardmaßnahme entweder ausschließlich dem Polizeivollzugsdienst oder auch der Polizeibehörde zu:

Beispiele:
- Für die **Beschlagnahme** einer Forderung gem. § 38 Abs. 2 PolG oder für die **Vornahme erkennungsdienstlicher Maßnahmen** gem. § 41 Abs. 1 PolG ist **nur der Polizeivollzugsdienst** zuständig.
- Für die **Einziehung** gem. § 39 PolG ist **nur** die **allgemeine Polizeibehörde** zuständig.

Mit Recht weist *Stephan* darauf hin, dass mit der Übertragung der Zuständigkeiten des Polizeivollzugsdienstes für die meisten Standardmaßnahmen durch die geltende Fassung des § 105 Abs. 3 PolG „neue Ungereimtheiten" geschaffen wurden. Da in dem Zuständigkeitskatalog des § 105 Abs. 3 PolG nicht Maßnahmen gem. der polizeilichen Generalklausel (§§ 1, 3 PolG) genannt werden, kann der Polizeivollzugsdienst zwar Standardmaßnahmen anordnen, aber nicht Maßnahmen auf der Grundlage der polizeilichen Generalermächtigung. Gem. § 105 Abs. 2 PolG kann dies der Polizeivollzugsdienst nur in Not- oder Eilfällen.[4] Hier wurde auch durch das **PolG 2020** keine Änderung vorgenommen.

Bei der **Durchführung der Maßnahmen / Vollstreckung** (= Anwendung des Zwangsmittels im engen Sinn) räumt das PolG dem Polizeivollzugsdienst eigene, ausschließliche Zuständigkeiten ein (vgl. insbesondere § 65 PolG). Aus **§ 105 Abs. 4 PolG** (Vollzugshilfe) kann sich zudem seine **Zuständigkeit für Vollzugshandlungen** ergeben.

---

3 Die Parallelzuständigkeit des Polizeivollzugsdienstes für diese Maßnahme wurde durch das PolG 2020 eingeführt. Vgl. dazu auch § 3 Rn 48.
4 Stephan, in: Stephan/Deger, Polizeigesetz BW, § 60 Rn 2, unter Hinweis auf anderslautende Regelungen in anderen Bundesländern.

II. Einzelmaßnahmen

1. Personenfeststellung (§ 27 PolG)

a) Allgemeines

Mit **§ 27 Abs. 1 PolG** verfolgt der Gesetzgeber in erster Linie den Zweck, die Feststellung zu ermöglichen, ob eine bestimmte Person oder ein bestimmter Personenkreis als Störer der öffentlichen Sicherheit oder Ordnung in Betracht kommt. Durch das **PolG 2020** wurden in § 27 PolG unterschiedliche **Änderungen und Ergänzungen** vorgenommen: In § 27 Abs. 1 PolG wurde eine **neue Ziffer 2** eingefügt, die eine **besondere Kontrollbefugnis bei öffentlichen Veranstaltungen und Ansammlungen** geschaffen hat (vgl. dazu nachfolgend die Ausführungen in § 11 Rn 16 ff.).[5] Zudem wurden die **Ziffern 5 und 6** des § 27 Abs. 1 PolG an die neueren Vorgaben der Rechtsprechung des BVerfG angepasst.[6] Zudem wurde die Norm **geschlechtsneutral** gefasst (Absätze 2 und 3).

8

Durch die **Personen- bzw. Identitätsfeststellung** sollen die unbekannten Personalien (Grunddaten) einer Person festgestellt oder es soll geprüft werden, ob eine Person mit einer anderen, deren Personalien schon bekannt sind, identisch ist. Die Maßnahme stellt einen **Eingriff** in das aus Art. 2 Abs. 1 i. V. m. Art. 1 Abs. 1 GG abgeleitete Recht auf **informationelle Selbstbestimmung**[7], in die allgemeine Handlungsfreiheit sowie in die Freiheit der Person dar. Sie ist somit eine **Sonderform der Datenerhebung** (vgl. § 10 Rn 63 ff.). Dennoch wird der mit einer bloßen Personenfeststellung verbundene Eingriff in die Rechtssphäre der betroffenen Person als „geringfügig" bewertet.[8] Aus diesen Gründen reicht bereits das Vorliegen einer Gefahr für die öffentliche Sicherheit aus.

9

Das **BVerfG** hat deutlich gemacht, dass es **keine allgemeine Verpflichtung** gibt, sich **ohne Grund auf amtliche Aufforderung auszuweisen** oder sonstige Angaben zu Personalien zu machen.[9] Wegen des mit der Personenfeststellung zwingend verbundenen Eingriffs in das Recht auf informationelle Selbstbestimmung bedarf jede Personenfeststellung stets einer verfassungsrechtlichen Rechtfertigung im Einzelfall und unterliegt auch insoweit der vollständigen gerichtlichen Überprüfung.[10]

Ihre besondere Bedeutung für eine betroffene Person erhält die Maßnahme vor allem dadurch, dass sie häufig Auslöser von **Folgeeingriffen** ist. Regelmäßig wird durch die Eingabe der Personalien in Informationssysteme und durch einen Datenabgleich überprüft, ob es sich bei der überprüften Person um einen Straftäter etc. handelt. Je nach den Ergebnissen dieser Überprüfungen folgen weitere Maßnahmen, wie etwa Durchsuchungen von Personen gem. § 34 PolG oder von Sachen gem. § 35 PolG.

Adressaten der Personenfeststellung sind in erster Linie die Störer gem. §§ 6, 7 PolG. Gem. § 27 Abs. 1 Nr. 2 bis 7 PolG ist die Maßnahme aber auch gegenüber unbeteiligten Personen (Zeugen, Opfer, unbeteiligte Dritte etc.) zulässig.

10

Die Identitätsfeststellung umfasst alle **Angaben über eine Person**, die es ermöglichen, sie von einer anderen Person zu unterscheiden und Verwechslungen auszuschließen. Dazu zählen der Vor-, Familien- und Geburtsname, Ort und Datum der Geburt, Familienstand, Beruf, Wohnungsadresse und Staatsangehörigkeit.[11] Die Vorlage eines gültigen Personalausweises oder Passes genügt in jedem Fall, sofern keine konkreten Anhaltspunkte für dessen Fälschung oder sonstige Unstimmigkeiten wie etwa der Ver-

11

---

5 LT-Drs. 16/8484, S. 119, 131; Pöltl, VBlBW 2021, 45, 47.
6 LT-Drs. 16/8484, S. 132.
7 BVerfG, NVwZ 2016, 53 (Rn 12), mit zust. Anm. Penz, NVwZ 2016, 54 f.; Tomerius, DVBl 2019, 1581.
8 VGH BW, VBlBW 2011, 231, 232; **a. A.** Tomerius, DVBl 2019, 1581 f.
9 BVerfG, NVwZ 2016, 53 (Rn 11).
10 BVerfG, NVwZ 2016, 53 (Rn 12).
11 Stephan, in: Stephan/Deger, Polizeigesetz BW, § 26 Rn 4.

dacht des unrechtmäßigen Besitzes vorliegen.¹² Ob darüber hinausgehende Daten, wie etwa akademische Grade, Künstlernamen, frühere Namen etc. ermittelt werden sollen, hängt von den Umständen des Einzelfalls ab. Die Angaben müssen erforderlich sein. Bei Nichtangabe der in § 111 OWiG genannten Grunddaten kann eine Ordnungswidrigkeit vorliegen.

Die Personenfeststellung ist auf die Feststellung der Identität einer Person zielgerichtet. Demgegenüber dient die **Befragung** gem. § 43 Abs. 1 PolG der Informationsgewinnung, die über die bloße Feststellung der Personalien hinausgeht (vgl. § 10 Rn 202 ff.).

12 Die Erhebung der Daten ist grundsätzlich nur aus **Gründen der Gefahrenabwehr** zulässig. Anders als bei strafprozessualen Ermittlungen wird es im Rahmen der Gefahrenabwehr regelmäßig nicht auf die Angabe der Staatsangehörigkeit oder auch der Wohnung ankommen. Die Maßnahmen gem. § 27 PolG sind von den **repressiven Möglichkeiten** der StPO zu unterscheiden, die nur nach Straf- und Bußgeldvorschriften zulässig sind (vgl. etwa §§ 163 b, 163 d StPO, § 46 OWiG). Soweit eine **doppelfunktionale polizeiliche Maßnahme** vorliegt und die Polizei zugleich sowohl im Bereich der Strafverfolgung als auch der Gefahrenabwehr tätig ist – was grundsätzlich zulässig ist –, beurteilt sich die Rechtmäßigkeit ihrer Maßnahmen richtigerweise ausschließlich nach den gefahrenabwehrrechtlichen Voraussetzungen¹³ (**str.**, vgl. dazu eingehend die Ausführungen in § 13 Rn 13 ff.).

13 Typisch für die durch **§ 27 Abs. 1 PolG** erfassten abstrakten Gefahrensituationen (mit Ausnahme der Nr. 1) ist, dass vorerst nicht feststeht, wer zu dem Kreis der Personen gehört, von dem die Gefahren ausgehen. Gesetzestechnisch wird dies dadurch erreicht, dass die polizeirechtliche Eingriffsschwelle „vorverlagert" wird. **Eingriffsmaßnahmen gegen jedermann sind bereits im Vorfeld** – also ohne Vorliegen einer konkreten Gefahr – **zulässig**. Die Befugnis zur Kontrolle wird in das **Vorfeld einer konkreten Gefahr** verlagert.¹⁴ Die bloße Wahrscheinlichkeit, bei einer öffentlichen Veranstaltung oder Ansammlung (Nr. 2), an bestimmten gefährlichen Orten (Nr. 3), an gefährdeten Objekten (Nr. 4) oder an Kontrollstellen etc. (Nr. 5 bis 7) anwesend zu sein, rechtfertigt nach der Gesetzesformulierung bereits die Personenfeststellung als belastende Polizeiverfügung.¹⁵

14 Die Personenfeststellung ist ein **Verwaltungsakt**, gegen den Widerspruch und anschließend Anfechtungsklage erhoben werden kann. Ist die Maßnahme vollzogen, kann beim Vorliegen eines Feststellungsinteresses die Rechtmäßigkeit durch **Fortsetzungsfeststellungsklage** überprüft werden.¹⁶

b) Personenfeststellung zur Abwehr einer konkreten Gefahr (§ 27 Abs. 1 Nr. 1 PolG)

15 Die Polizei kann die Identität einer Person gem. **§ 27 Abs. 1 Nr. 1 PolG** ortsunabhängig feststellen, um „im einzelnen Falle" eine Gefahr für die öffentliche Sicherheit oder Ordnung abzuwehren oder eine Störung der öffentlichen Sicherheit oder Ordnung zu beseitigen. Aus der Formulierung „im einzelnen Falle" ergibt sich, dass die Personenfeststellung eine **konkrete polizeiliche Gefahr** voraussetzt.¹⁷ Ein bloßer Gefahrverdacht reicht hierzu nicht aus¹⁸, dies folgt auch aus dem verfassungsrechtlich garantierten Schutz der informationellen Selbstbestimmung, der eine Identitätsfeststellung nur bei einer

---

12 VGH BW, VBlBW 2011, 231.
13 BGH, NStZ-RR 2018, 146, 147.
14 Tomerius, Die Polizei 2019, 257, 259; Ibler, in: Ennuschat/Ibler/Remmert, Öffentliches Recht BW, § 2 Rn 281, 285.
15 Vgl. dazu auch Tomerius, Die Polizei 2019, 257, 260.
16 Vgl. VGH BW, NVwZ-RR 2011, 231; Knorr, VBlBW 5/2010, Sonderbeilage, 7.
17 Geis, Fälle zum Polizei- und Ordnungsrecht, Rn 17.
18 Tomerius, DVBl 2019, 1581, 1582 f.; Pfeffer/Steffahn, JURA 2017, 86, 92.

konkreten polizeilichen Gefahr zulässt.[19] Anders als § 27 Abs. 1 Nr. 2 bis 7 PolG sieht § 27 Abs. 1 Nr. 1 PolG **keine Personalienfeststellung bei Unbeteiligten** vor. Sie ist demnach nur nach den Grundsätzen der §§ 6 ff. PolG gegenüber einem Störer zulässig; bei Maßnahmen gegenüber einem Unbeteiligten müssen die strengen Voraussetzungen des § 9 PolG vorliegen.[20]

Beispiele:
- Am Abend des 1. Mai fand in einem Stadtteil in F ein Straßenfest statt, bei dem auch auf öffentlicher Straße ein großes Feuer angezündet wurde. Im Verlauf des Festes kam es zu Störungen der öffentlichen Sicherheit. So wurden der öffentliche Straßenverkehr behindert und aus einer Gruppe am Feuer Bierflaschen und andere Gegenstände geworfen. Gegen 2 Uhr morgens ordnete die Polizei an, die A, die sich noch am Feuer aufhielt, zum 500 m entfernten Polizeirevier zu verbringen und ihre Personalien festzustellen. Hierbei fertigte sie auch Lichtbilder an. Auf entsprechende Klage der A (= nachträgliche Feststellungsklage) hat das **VG Freiburg** die Feststellung der Personalien und das Festhalten während der Dauer der Personenfeststellung der A für rechtmäßig erklärt. Demgegenüber wurden die Anfertigung von Lichtbildern und die anschließende körperliche Durchsuchung der A für unverhältnismäßig gehalten. Im Berufungsurteil hat der **VGH BW** die Rechtmäßigkeit der durchgeführten Personenfeststellung bestätigt; die auf § 27 Abs. 2 S. 3 PolG durchgeführte Sistierung der A wurde dagegen vom VGH BW für rechtswidrig erklärt.[21]
- Die Polizei erhält Kenntnis, dass sich in einem Gasthaus **Rechtsextremisten** treffen, die bereits in den vergangenen Wochen durch verbotene Aufzüge strafrechtlich in Erscheinung getreten waren. Sie stellt die Personalien der Personen fest, um weitere strafbare Aktionen zu verhindern.[22]

Die Maßnahme muss zur Gefahrenabwehr geeignet und auch erforderlich sein. Bei Vorlage eines gültigen Ausweispapiers ist regelmäßig zur Personenfeststellung ein Datenabgleich mit polizeilichen Daten nicht erforderlich.[23]

Auch **Personenfeststellungen zur Sicherung zivilrechtlicher Ansprüche** fallen unter § 27 Abs. 1 Nr. 1 PolG. Dabei ist jedoch **§ 2 Abs. 2 PolG** zu beachten.[24]

c) Personenfeststellung bei einer öffentlichen Veranstaltung oder Ansammlung (§ 27 Abs. 1 Nr. 2 PolG)

aa) Allgemeines

§ 27 Abs. 1 Nr. 2 PolG wurde durch das **PolG 2020** neu eingefügt. Er soll der Polizei die Feststellung der Identität einer Person ermöglichen, wenn die Person **bei oder im Zusammenhang mit öffentlichen Veranstaltungen und Ansammlungen angetroffen** wird. **Ziel** von § 27 Abs. 1 Nr. 2 PolG ist in ersten Linie, **potenzielle Straftäter aus ihrer Anonymität** zu **holen** und dadurch Straftaten zu verhindern.[25] Typischerweise nutzen Attentäter größere Veranstaltungen als Ziel ihrer Anschläge, weil sie damit zum einen eine Vielzahl von Opfern treffen können und die Größe der Veranstaltung ihnen zum anderen hilft, in der Menschenmenge unerkannt vorzugehen. Richtigerweise hat der Landesgesetzgeber festgestellt, dass sich an solchen Orten die **Gefahr erhöht, Opfer oder Geschädigter einer Straftat zu werden**.[26] Einer der Hauptanwendungsfälle der Regelung dürften zudem sog. **Hochrisikofußballspiele** sein.[27]

---

19 BVerfG, NVwZ 2016, 53, 54 (Rn 14).
20 Stephan, in: Stephan/Deger, Polizeigesetz BW, § 26 Rn 11; vgl. auch die Hinweise in § 5 Rn 47 ff.
21 VGH BW, VBlBW 2011, 231, 233; vgl. zu diesem Fall auch Fallbesprechung bei Knorr, VBlBW 5/2010, Sonderbeilage, 7 ff.
22 Vgl. VG Frankfurt, NVwZ 1998, 770.
23 VGH BW, VBlBW 2011, 231; vgl. auch BVerfG zur Unverhältnismäßigkeit einer Freiheitsentziehung zum Zwecke einer strafprozessualen Identitätsfeststellung, NVwZ-RR 2011, 743.
24 Vgl. Graulich, in :Lisken/Denninger, Handbuch des Polizeirechts, Kap. E Rn 317; zu § 2 Abs. 2 PolG vgl. auch § 3 Rn 79 ff.
25 LT-Drs. 16/8484, S. 119.
26 LT-Drs. 16/8484, S. 119; Nachbaur, VBlBW 2021, 55, 56.
27 LT-Plenarprot. 16/126, S. 7790.

§ 27 Abs. 1 Nr. 2 PolG formuliert weitere Voraussetzungen an die erfassten Veranstaltungen und Ansammlungen, ohne die eine Personenfeststellung nicht rechtmäßig wäre. Eine Personenfeststellung auf der Grundlage des § 27 Abs. 1 Nr. 2 PolG ist daher **nicht bei jeder beliebigen Art der Veranstaltung oder Ansammlung** möglich, von ihnen muss vielmehr ein **besonderes Gefährdungsrisiko** ausgehen, das im Gesetz näher definiert wird (vgl. dazu die weiteren Ausführungen in § 11 Rn 20 ff.). Auch dürfen Personen **nicht willkürlich** überprüft werden.

Die Neuregelung des § 27 Abs. 1 Nr. 2 PolG soll **zum 31.12.2021** einer gründlichen und kritischen **Evaluation** unterzogen werden.[28]

bb) Öffentliche Veranstaltungen und Ansammlungen

17 **Öffentliche Veranstaltungen** i. S. d. § 27 Abs. 1 Nr. 2 PolG sind zu einem bestimmten Zweck gezielt veranstaltete **Zusammenkünfte einer größeren Anzahl von Personen**, die **grundsätzlich jedermann offen** stehen, aber **nicht auf die Meinungsäußerung und -bildung ausgerichtet** sind.[29] Sie können **im Freien oder in geschlossenen Räumen** stattfinden.

Beispiele: Konzerte aller Art (Rock, Pop, Klassik, In- und Outdoor), Sportveranstaltungen aller Art (Fußballspiele[30], Leichtathletikfest, Volkslauf, Marathon etc.), Unterhaltungsveranstaltungen aller Art (Straßenfeste, Volksfeste, Shows), Informationsveranstaltungen, sonstige Veranstaltungen (Großgottesdienst anlässlich Papstbesuch).

Die **allgemeine Zugänglichkeit** der Veranstaltung wird nicht dadurch gehindert, dass die Personenanzahl wegen der Kapazität des Veranstaltungsorts (Halle, Festivalgelände etc.) oder der Sicherheit begrenzt ist, dass für den Zutritt Eintrittsgelder verlangt werden oder dass vorab Tickets käuflich zu erwerben sind oder unentgeltlich besorgt werden müssen. Auch allgemeine Vorgaben für den Zugang der Veranstaltung (Outfit der Besucher, Altersgrenzen, Geschlecht [Frauensitzung im Karneval, Herrenbierprobe] etc.) stehen der allgemeinen Zugänglichkeit grundsätzlich nicht entgegen.

Veranstaltungen i. S. d. § 27 Abs. 1 Nr. 2 PolG dienen **nicht** der **allgemeinen Meinungsäußerung**. Insofern grenzen sie sich zu **Versammlungen i. S. d. Art. 8 GG** ab. Versammlungen gem. Art. 8 GG unterstehen einem besonderen verfassungsrechtlichen Schutz, für sie ist ein Rückgriff auf § 27 Abs. 1 Nr. 2 PolG wegen der sog. **Polizeifestigkeit** der Versammlungs- und Demonstrationsfreiheit[31] ausgeschlossen (vgl. dazu eingehender § 6 Rn 15).[32]

18 **Öffentliche Ansammlungen** i. S. d. § 27 Abs. 1 Nr. 2 PolG sind **zufällige Zusammenkünfte einer größeren Anzahl von Personen, die zumeist durch äußere Ereignisse bedingt** sind.

Beispiele: Gaffer oder Schaulustige bei einem Unglücksfall oder Rettungseinsatz, Zuschauer bei einem Filmdreh, Zuhörer oder Zuschauer bei Straßenmusik oder Aufführungen im Straßenraum (Streetdance, Akrobatik etc.).

cc) Öffentlichkeit und besonderes Gefährdungsrisiko

19 Personenfeststellungen gem. § 27 Abs. 1 Nr. 2 PolG unterliegen **Restriktionen** und **klaren Voraussetzungen**.[33] Mit Blick auf **Art. 2 Abs. 1 GG** (persönliche Entfaltungsfreiheit)

---

28 LT-Plenarprot. 16/127, S. 7853.
29 LT-Drs. 16/8484, S. 131, 200.
30 LT-Plenarprot. 16/126, S. 7790: „Hochrisikofußballspiele".
31 BVerwG, NVwZ 2019, 1281 (Rn 8) mit Anm. Detterbeck, NVwZ 2019, 1282 f., u. Hebeler, JA 2020, 240; Kniesel/Poschner, in: Lisken/Denninger, Handbuch des Polizeirechts, Kap. K Rn 24, 28 ff.; Groscurth, in: Peters/Janz, Versammlungsrecht, Kap. G Rn 9, 23; Thiel, Polizei- und Ordnungsrecht, § 6 Rn 11, § 18 Rn 2; Kniesel/Braun/Keller, Besonderes Polizei- und Ordnungsrecht, Rn 126; Schulte/Glückert, JURA 2020, 179, 183; Trurnit, JURA 2019, 1252, 1253; Weber, NJ 2019, 472, 473; Buchholtz, JuS 2018, 889, 893; Froese, JA 2015, 679.
32 LT-Drs. 16/8484, S. 131, 197, 200.
33 Sehr krit. hingegen Nachbaur, VBlBW 2021, 55, 56: „höchst diffus umschrieben".

und **Art. 8 GG** (Versammlungsfreiheit) kann nicht jede Veranstaltung oder Ansammlung Grund für Feststellungen der Identität einer Person sein.

Zunächst beschränkt sich die Möglichkeit der Personenfeststellungen **nur** auf **öffentliche Veranstaltungen und Ansammlungen**. Dies bedeutet, dass der **reine Privatbereich nicht erfasst** wird. In den meisten Fällen wird die Abgrenzung nicht allzu schwer sein. Private Veranstaltungen sind solche, die sich gezielt nur an eine sehr begrenzte Anzahl von Personen richten (Freunde), die dem Veranstalter oder der einladenden Person in der Regel persönlich bekannt sind (etwa privater Freundeskreis oder Arbeitskollegen) oder die jedenfalls durch allgemeine Kriterien (alle Mitarbeiter oder bestimmte Kunden einer Firma) bestimmbar sind. **Beteiligte Personen und Anlass** müssen auf eine Privatheit der Veranstaltung schließen lassen. Private Ansammlungen dürften eher selten vorkommen, denkbar wären aber spontane Zusammenkünfte am Arbeitsplatz (Vorführung von Kollegen) oder im Freizeitbereich (spontanes Fußballspiel, Grillfest etc.).

Beispiele: Private Feiern (Geburtstag, Hochzeit, Konfirmation, Party, Abschlussfeier, Grillfest etc.), Firmenfeiern (Geburtstag des Chefs / von Mitarbeitern, Firmenjubiläum, Betriebsversammlung (ggf. sogar Schutz durch Art. 9 GG).

Allein die Anzahl der Personen (etwa mehr als hundert Eingeladene) oder die Art der Einladung (Einladung über Facebook nur an „Freunde") dürften in der Regel noch keine sichere Beurteilung zulassen. Entscheidend sind immer die gesamten **Umstände des jeweiligen Einzelfalls**.

Die wichtigste Einschränkung erfährt der Anwendungsbereich des § 27 Abs. 1 Nr. 2 PolG dadurch, dass von den erfassten Veranstaltungen und Ansammlungen ein **besonderes Gefährdungsrisiko** ausgehen muss. Diese Begrenzung der Anwendbarkeit ist schon deswegen geboten, weil das Polizeirecht gem. § 1 Abs. 1 PolG primär der Gefahrenabwehr dient (vgl. dazu die Ausführungen in § 4 Rn 2 ff.). Eine allgemeine unbegrenzte Kontrollbefugnis der Polizei wäre damit nicht vereinbar. Es gibt **keine allgemeine Verpflichtung**, sich **ohne Grund auf amtliche Aufforderung auszuweisen** oder sonstige Angaben zu Personalien zu machen.[34] Wegen des mit der Personenfeststellung zwingend verbundenen Eingriffs in das Recht auf informationelle Selbstbestimmung bedarf jede Personenfeststellung stets einer verfassungsrechtlichen Rechtfertigung im Einzelfall und unterliegt auch insoweit der vollständigen gerichtlichen Überprüfung.[35]

§ 27 Abs. 1 Nr. 2 PolG erlaubt – wie Nr. 2 bis 7 insgesamt – eine Identitätskontrolle von Personen im Rahmen einer Veranstaltung und Ansammlung **bereits vor Eintritt einer konkreten Gefahr oder Störung** und verlagert damit die polizeirechtliche Eingriffsschwelle vor (vgl. dazu § 11 Rn 13). **Eingriffsmaßnahmen gegen jedermann sind bereits im Vorfeld** – also ohne Vorliegen einer konkreten Gefahr – **zulässig**. Die Befugnis zur Kontrolle wird in das **Vorfeld einer konkreten Gefahr** verlagert.[36] Vgl. dazu aber auch die weiteren Ausführungen in § 11 Rn 22.

§ 27 Abs. 1 Nr. 2 PolG lässt die **Feststellung der Identität einer Person nur** bei Veranstaltungen oder Ansammlungen zu, wenn

- die Veranstaltung oder Ansammlung ein besonderes Gefährdungsrisiko i. S. d. § 44 Abs. 1 S. 2 PolG aufweist und
- dort erfahrungsgemäß mit der Begehung von Straftaten gegen Leib, Leben oder Sachen von bedeutendem Wert zu rechnen ist.

---

34 BVerfG, NVwZ 2016, 53 (Rn 11).
35 BVerfG, NVwZ 2016, 53 (Rn 12).
36 Tomerius, Die Polizei 2019, 257, 259; Graulich, in: Lisken Denninger, Handbuch Polizeirecht, Kap. E Rn 316.

Diese **tatbestandlichen Voraussetzungen** des § 27 Abs. 1 Nr. 2 PolG müssen **kumulativ** („und") vorliegen. Fehlt eines dieser Kriterien, ist eine Personenkontrolle bei oder im Zusammenhang mit einer Veranstaltung oder Ansammlung nicht zulässig.

Beispiele:
- Eine größere **spontane Ansammlung beim Konzert eines Straßenmusikers** im öffentlichen Raum ohne besondere Begleitumstände berechtigt nicht zur Feststellung der Identität dort anwesender Personen.
- Ein **normales Pop- oder Rockkonzert ohne besondere Begleiterscheinungen** berechtigt für sich allein nicht zur Feststellung der Identität dort anwesender Personen. Etwas anderes gilt aber, wenn für diese Veranstaltung eine **konkrete Bedrohungslage** – etwa durch einen Anschlag – vorliegt.
- Das **Konzert** einer bekannten **rechtsradikalen oder neonazistischen Band** kann im Einzelfall für sich allein schon ausreichen, dass Identitätsfeststellungen bei den an- und abreisenden Konzertbesuchern durchgeführt werden.
- Das **Fußballspiel** zweier Vereine **mit bekanntermaßen vielen Hooligans**, bei dem es erfahrungsgemäß am Rand des Spiels regelmäßig zu gewalttätigen Ausschreitungen kommt (sog. **Hochrisikospiel**), genügt den Anforderungen des § 27 Abs. 1 Nr. 2 PolG für gezielte Personenfeststellungen.

22 Durch den **Verweis auf § 44 Abs. 1 S. 2 PolG** werden für die Feststellung der Identität einer Person **zwingend und abschließend** (keine Erweiterung möglich) folgende **Voraussetzungen für ein besonderes Gefährdungsrisiko** festgelegt:
1. Es muss aufgrund einer aktuellen Gefährdungsanalyse anzunehmen sein, dass Veranstaltungen und Ansammlungen vergleichbarer Art und Größe von terroristischen Anschlägen bedroht sind, oder
2. aufgrund der Art und Größe der Veranstaltungen und Ansammlungen können erfahrungsgemäß erhebliche Gefahren für die öffentliche Sicherheit entstehen.

Wie sich aus dem Wortlaut der Norm ergibt, sind diese Tatbestandsvoraussetzungen **alternativ** („oder"). Es muss also *entweder* eine konkretisierte Bedrohungslage durch terroristische Anschläge gegeben sein, die durch eine aktuelle und nachvollziehbare Gefährdungsanalyse (damit wird der **Nachweis eines erhöhten abstrakten Gefährdungsrisikos** verlangt[37]) belegt wird, *oder* es müssen erfahrungsgemäß von Art und Größe der Veranstaltung oder Ansammlung erhebliche Gefahren für die öffentliche Sicherheit ausgehen. Zum Begriff der **erheblichen Gefahr** vgl. § 4 Rn 31. Vom Vorliegen einer erheblichen Gefahr ist nicht nur auszugehen, wenn das betroffene Rechtsgut besonders hochwertig ist, sondern auch, wenn der Umfang des zu erwartenden Schadens besonders hoch ist.[38]

Beim **Terrorismus** geht der Gesetzgeber davon aus, dass größere Menschenansammlungen nicht zuletzt wegen ihrer Anonymität für Straftäter günstige Tatgelegenheiten bieten und dass sie durch die anhaltende Bedrohung durch den internationalen Terrorismus besonders gefährdet sind. Die Wahrscheinlichkeit eines Schadenseintritts muss sich aus einer aktuellen systematischen Untersuchung des Geschehens ergeben, wobei die Untersuchung auf der Basis von Tatsachen erfolgen muss.[39]

Im Sinne der **Nr. 2** des § 44 Abs. 1 S. 2 PolG können sich nachprüfbare Tatsachen, die das Gefährdungspotential begründen, aus dem **Anlass und dem Kreis der Teilnehmer oder der Zuschauer** ergeben. Das Vorliegen einer konkreten Gefahr ist hier zwar nicht Voraussetzung, die Annahme der erheblichen Gefahr muss aber trotzdem durch **konkrete auf Tatsachen gestützte Erfahrungswerte** gerechtfertigt sein. Ein allgemeiner Hinweis auf eine bestimmte Veranstaltungsart und -größe genügt nicht, die Gefährlichkeit muss sich aus der **Art und Größe im Einzelfall** ergeben.[40]

---

37 LT-Drs. 16/8484, S. 131; vgl. dazu auch BVerwG, Beschl. v. 24.8.2020 – 6 B 18.20 (Rn 6), zur erhöhten Gefahrenprognose bei Einschränkung einer Versammlung durch polizeiliche Kontrollstellen.
38 LT-Drs. 16/8484, S. 211.
39 LT-Drs. 16/8484, S. 119, 131 f. m. w. N.
40 LT-Drs. 16/8484, S. 132, 211.

23 Weitere zwingende („und") Voraussetzung neben dem besonderen Gefährdungsrisiko ist, dass bei den Veranstaltungen und Ansammlungen **erfahrungsgemäß mit der Begehung von Straftaten gegen Leib, Leben oder Sachen von bedeutendem Wert zu rechnen** ist. „Erfahrungsgemäß" bedeutet, dass die Gefahr der Begehung von Straftaten nicht nur abstrakt bestehen darf, sondern dass die Annahme auf allgemeinen Erfahrungssätzen basieren muss: Der Polizei muss die Erkenntnis vorliegen, dass wegen der Art oder des Umfangs der Veranstaltung oder Ansammlung von teilnehmenden Personen typischerweise spezifische Gefahren ausgehen können.[41]

Für die Anwendung des § 27 Abs. 1 Nr. 2 PolG sind zwingend „Straftaten erforderlich". **Ordnungswidrigkeiten** genügen demnach **nicht**. **Straftaten gegen Leib** sind vor allem die des 17. Abschnitt des Besonderen Teils des StGB, also die **§§ 224 bis 231 StGB**, solche **gegen Leben** die des 16. Abschnitt des Besonderen Teils des StGB, also die **§§ 211 bis 222 StGB**.[42] Eine **Sache von besonderem Wert** hat üblicherweise einen Wert von **mindestens 750 €**.[43]

dd) Vor- und Nachphase von Veranstaltungen und Ansammlungen

24 Aus der Formulierung „bei oder im Zusammenhang" folgt, dass auch die **Vor- und Nachphase der Veranstaltung oder Ansammlung** erfasst wird. Daher sind auf der Grundlage des § 27 Abs. 1 Nr. 2 PolG auch Personenfeststellungen in der Zeit vor und nach einer Veranstaltung oder Ansammlung zulässig. Hiervon werden insbesondere die **An- und Abreise** zur Veranstaltung oder Ansammlung erfasst.[44] Diese Erweiterung unterliegt indes einer **zeitlichen und räumlichen Begrenzung**. Richtigerweise wird der notwendige Bezug zur Veranstaltung oder Ansammlung nur dann gegeben sein, wenn sich die Veranstaltung oder Ansammlung noch auf das Verhalten der von der Personenfeststellung betroffenen Personen auswirken kann.

Beispiel: Reisen Personen zu einer Veranstaltung bereits **am Vortag** an, um sich noch die Umgebung des Veranstaltungsorts touristisch anzusehen oder einen Tag auszuspannen, besteht kein hinreichend kausaler Zusammenhang i. S. d. § 27 Abs. 1 Nr. 2 PolG.

ee) Verhältnismäßigkeit

25 Bei auf § 27 Abs. 1 Nr. 2 PolG gestützten Identitätsfeststellungen muss der **Grundsatz der Verhältnismäßigkeit** gewahrt bleiben. Die Regelung hat lediglich **deklaratorische Bedeutung**[45], hebt aber die immanenten Grenzen des Verfassungsrechts hervor. Der Gesetzgeber legt hierauf besonders bei der Personenauswahl Wert. Dies wird aus dem zweiten Halbsatz der Norm deutlich, wonach bei der Auswahl der Person in besonderem Maß der Grundsatz der Verhältnismäßigkeit zu wahren ist. Ziel von § 27 Abs. 1 Nr. 2 PolG ist es in ersten Linie, potenzielle Straftäter aus ihrer Anonymität zu holen und dadurch Straftaten zu verhindern. Daher hat die Polizei vor allem **bei der konkreten Auswahl einer betroffenen Person** auch unter Berücksichtigung vorhandener Erfahrungswerte **besonders sorgfältig zu überprüfen**, ob die vorgesehene Maßnahme im Hinblick auf die **Zielsetzung der Regelung** angemessen erscheint.[46] Damit sind **undifferenzierte Identitätsfeststellungen größerer Art** bei oder im Zusammenhang mit Ver-

---

41 Krit. hierzu Nachbaur, VBlBW 2021, 55, 56: „nur wenig an greifbarer Kontur".
42 Vgl. auch die Legaldefinition in § 2 Nr. 3 d BremPolG: „Eine Gefahr für Leib oder Leben ist eine Sachlage, bei der eine nicht nur leichte Körperverletzung oder der Tod einzutreten droht."
43 BGH, StV 2011, 619 (Rn 4 ff.), u. NStZ 2019, 677 (Rn 8), zu §§ 315 b Abs. 1, 315 c Abs. 1 StGB (**str.**).
44 R. Schenke, in: Schenke/Graulich/Ruthig, Sicherheitsrecht, § 26 BPolG Rn 24.
45 LT-Drs. 16/8484, S. 208.
46 So ausdrücklich LT-Drs. 16/8484, S. 132, u. Sckerl, LT-Plenarprot. 16/127, S. 7853; Pöltl, VBlBW 2021, 45, 48. Dies folgt auch aus den klaren verfassungsrechtlichen Vorgaben des BVerfG, NJW NVwZ 2016, 53, zur Zulässigkeit und Begrenzung der Personenfeststellung. I. E. ebenso Rieger, in: Stuttgarter Zeitung vom 1.10.2020, S. 1: „Spielraum nicht überdehnen." Vgl. auch Nachbaur, VBlBW 2021, 55, 56.

anstaltungen oder Ansammlungen **stets unzulässig**. Es ist allerdings nicht zwingend erforderlich, dass von der betroffenen Person eine konkrete Gefahr ausgeht.[47]

d) Personenfeststellung an gefährlichen Orten (§ 27 Abs. 1 Nr. 3 PolG)
aa) Allgemeines

26 Gem. **§ 27 Abs. 1 Nr. 3 PolG** kann die Polizei die Identität einer Person feststellen, „wenn sie an einem Ort **angetroffen** wird, an dem sich erfahrungsgemäß Straftäter verbergen, Personen Straftaten verabreden, vorbereiten oder verüben, sich ohne erforderliche Aufenthaltserlaubnis treffen oder der Prostitution nachgehen". Derartige **gefährliche oder verrufene Orte**[48] sind etwa Drogenumschlagplätze, Treffpunkte in Parkanlagen, Lokale oder sonstige Orte, an denen nach polizeilicher Erfahrung die Tatbestandsvoraussetzungen vorliegen (sog. „milieuspezifisches" oder kriminogenes Umfeld). Dort können alle angetroffenen Personen kontrolliert werden, ohne dass es sich hierbei um Störer i. S. d. §§ 6, 7 PolG handeln muss.[49] Durch den Begriff „Ort" wird die Kontrollbefugnis der Polizei räumlich begrenzt.[50]

bb) Tatbestandsvoraussetzungen

27 Das Gesetz knüpft die **Befugnis zur Identitätsfeststellung** an die **Erfahrung, dass sich an diesen Orten Straftäter verbergen oder bestimmte Rechtsverstöße begangen werden.** Es müssen mithin **tatsächliche Anhaltspunkte** gegeben sein, denen zufolge der fragliche Ort der zuständigen Behörde als „gefährlich" bekannt ist. Tatsächliche Anhaltspunkte liegen vor, wenn aufgrund objektiver, der Nachprüfung zugänglicher Kriterien sich an dem Ort nach Erkenntnissen der Polizei die im Gesetz genannten Vorgänge erfahrungsgemäß zu ereignen pflegen.[51] Örtlichkeiten im Sinne der Vorschrift sind auch Bordelle, bordellartige Betriebe oder sonstige Etablissements, in denen der **Prostitution** nachgegangen wird. Seit der **Gesetzesänderung vom 18.11.2008** knüpft die Befugnis zur Identitätsfeststellung nur noch an ein **Antreffen** der zu kontrollierenden Person an und nicht mehr an ein **Aufhalten**. Deshalb reicht es aus, dass die Person den Ort lediglich durchquert, ohne dass ein längeres Verweilen oder eine Kontaktaufnahme mit anderen erforderlich wäre.[52]

cc) Razzia

28 Bei der **Razzia** handelt es sich um eine **Sammelkontrolle**, die durch planmäßig vorbereitete, überraschende Absperrung einer bestimmten Örtlichkeit ermöglicht wird und darauf abzielt, die Identität eines größeren Personenkreises zu überprüfen. Sie beginnt regelmäßig mit der überraschenden Abriegelung der entsprechenden Örtlichkeit durch ein Polizeiaufgebot, wobei an alle Personen die Aufforderung ergeht, sich zu legitimieren.[53] Die Razzia besteht aus einem ganzen **Maßnahmenbündel**, das aber überwiegend Strafverfolgungscharakter besitzt.

§ 27 Abs. 1 Nr. 3 PolG enthält keine spezielle Ermächtigungsgrundlage für eine Razzia, sondern ermächtigt unter den dortigen Feststellungen nur zur Identitätsfeststellung der Personen, die am Ort der Razzia angetroffen werden. Darüber hinausgehende Eingriffe wie etwa ein Datenabgleich, das Durchsuchen, Untersuchen, die Ingewahrsamnahme etc. beurteilen sich nach den jeweils hierfür existierenden Ermächtigungsgrundlagen.

---

47 Graulich, in: Lisken Denninger, Handbuch Polizeirecht, Kap. E Rn 566.
48 Vgl. zu den Begriffen Tomerius, Die Polizei 2019, 257 f.
49 Geis, Fälle zum Polizei- und Ordnungsrecht, Rn 22.
50 Tomerius, Die Polizei 2019, 257, 258.
51 HambOVG, NVwZ-RR 2003, 277; NdsOVG, NdsVBl 2010, 299.
52 HambOVG, NVwZ-RR 2003, 277. Insgesamt krit. dazu Tomerius, Die Polizei 2019, 257, 260 ff.
53 Graulich, in: Lisken/Denninger, Handbuch des Polizeirechts, Kap. E Rn 327; Stephan, in: Stephan/Deger, Polizeigesetz BW, § 26 Rn 13.

e) Personenfeststellung zum Schutz gefährdeter Objekte (§ 27 Abs. 1 Nr. 4 PolG)

Gem. **§ 27 Abs. 1 Nr. 4 PolG** kann die Identität einer Person festgestellt werden, wenn sie an einem **besonders gefährdeten Ort oder in dessen unmittelbarer Nähe** angetroffen wird **und** Tatsachen die Annahme rechtfertigen, dass in oder an Objekten dieser Art Straftaten begangen werden sollen. Die Bestimmung dient dem **Personen- und Objektschutz**.

29

Die Vorschrift rechtfertigt sich aus der **besonderen Gefährdung von Objekten** wie Verkehrsanlagen und öffentlichen Verkehrsmitteln (etwa Flughäfen, Eisen-, S- und U-Bahnen, Bahnhöfe), Versorgungsanlagen (etwa Kraftwerke, Talsperren, Sendemasten, Überlandleitungen, Pipelines), Gerichts-, Parlaments- und Verwaltungsgebäude, Botschafts- und Konsulatsgebäude etc. Das geschützte Objekt muss nicht konkret gefährdet sein. Doch müssen **Tatsachen** (nicht bloß Vermutungen) vorliegen, die den Schluss rechtfertigen, dass einem der im Tatbestand bezeichneten gefährdeten Objekte, wenn auch nicht bestimmbar welchem, ein Schaden droht.[55] Nach der **Gesetzesänderung vom 18.11.2008** ist – wie bei § 27 Abs. 1 Nr. 3 PolG – kein **Aufhalten** mehr erforderlich, sondern nur noch ein **Antreffen** (zum Unterschied vgl. § 11 Rn 27). Die Personenfeststellung ist nicht nur am gefährdeten Ort selbst möglich, sondern auch in **unmittelbarer Nähe** hiervon. Dies setzt einen räumlichen Bezug zwischen der Person und dem Ort voraus. Hierfür muss sie – was einzelfallabhängig ist – in kurzer Zeit an den gefährdeten Ort gelangen können.[56]

f) Personenfeststellung an einer Kontrollstelle (§ 27 Abs. 1 Nr. 5 PolG)

§ 27 Abs. 1 Nr. 5 PolG BW a. F. war durch die **Gesetzgebungskompetenz des Landes nicht gedeckt**.[57] Die Vorschrift diente ihrem klaren Wortlaut nach nicht der Verhütung von Straftaten, sondern der **Fahndung nach Straftätern**. Eine Ermächtigung zur Fahndung nach Straftätern kann jedoch nicht als Regelung verstanden werden, die ihrem Schwerpunkt nach präventiven Zwecken dient. Wenn eine Norm ihrer objektiven Fassung nach allein auf das Strafrecht bezogen ist, kann sie kompetenzrechtlich nicht bereits deshalb der Gefahrenabwehr zugeordnet werden, weil das Strafrecht immer auch präventiv der Sicherheit dient. Die Fahndung nach Straftätern gehört vielmehr unzweifelhaft zur Strafverfolgung[58] und fällt damit in die Gesetzgebungskompetenz des Bundes.

30

Der Gesetzgeber hat auf diese Feststellungen des BVerfG reagiert und mit dem **PolG 2020** die notwendigen **Änderungen** vorgenommen. Die alte Regelung der Personenfeststellung von Personen, die an einer Kontrollstelle angetroffen wurden, die von der Polizei „zum Zwecke der Fahndung nach Straftätern" eingerichtet worden waren, wurde aufgehoben. Nunmehr wurde der Wortlaut der Norm dahin gehend geändert, dass die Personenfeststellung von Personen ermöglicht wird, die an einer Kontrollstelle angetroffen wurden, die von der Polizei eingerichtet worden ist, um „Straftaten von erheblicher Bedeutung zu verhindern". Damit knüpft § 27 Abs. 1 Nr. 5 PolG nunmehr an die **Verhütung von Straftaten mit erheblicher Bedeutung** an (vgl. nachfolgend § 11 Rn 32), nicht mehr an die Fahndung nach Straftätern. Die Norm stellt keine repressive Maßnahme mehr dar.[59]

---

[54] So auch Stephan, in: Stephan/Deger, Polizeigesetz BW, § 26 Rn 13 m. w. N., u. a. mit Hinweis auf BVerwGE 121, 345 ff.
[55] VGH BW, VBlBW 1982, 338, 340.
[56] Vgl. hierzu VGH BW 1982, 338, wonach eine Entfernung von 2 km noch ausreicht.
[57] BVerfGE 150, 309, 331 (Rn 57); ebenso bereits zuvor zutr. Zeitler/Trurnit, Polizeirecht BW, Rn 380.
[58] BVerfGE 150, 309, 331 f. (Rn 58).
[59] Nachbaur, VBlBW 2021, 55, 56.

31 Die Vorschrift ermächtigt die Polizei, unter den genannten Voraussetzungen (Verhinderung von Straftaten mit erheblicher Bedeutung) Kontrollstellen einzurichten und dort bei jeder hier angetroffenen Person Personenkontrollen durchzuführen. Eine konkrete Gefahr oder ein konkreter Verdacht muss gegen die Person nicht vorliegen. **Kontrollstellen** sind Stellen bzw. **Sperren**, an denen Personen angehalten werden, um ihre Identität zu einem bestimmten Zweck und in einem bestimmten Umfang zu überprüfen.[60] Ihr Kennzeichen liegt darin, dass jeder, der zu ihr gelangt, ohne Vorliegen einer konkreten Gefahr oder konkreter Verdachtsmomente gem. § 27 Abs. 1 Nr. 5 PolG seine Identität feststellen lassen und gem. § 35 Nr. 6 und 7 PolG sein Fahrzeug und seine sonstigen Sachen durchsuchen lassen muss.[61] Adressat der Maßnahme kann daher jedermann sein (sog. **Ortshaftung**). Aus diesem Grund ist die Maßnahme umstritten.

Beispiel: Fahndung nach potenziellen Einbrechern durch Einrichtung einer Straßen- und Kontrollsperre, nachdem es in Wohngebieten der Umgebung zu vermehrten Wohnungseinbrüchen gekommen war.

32 Die Einrichtung einer **polizeiliche Kontrollstelle** i. S. d. § 27 Abs. 1 Nr. 5 PolG muss **vorrangig der Gefahrenabwehr dienen**. Mit der Neufassung durch das PolG 2020 ist die Gefahrenabwehr nunmehr dahin gehend konkretisiert, dass die Personenkontrolle i. S. d. § 27 Abs. 1 Nr. 5 PolG nur rechtmäßig ist, wenn die eingerichtete Kontrollstelle der Verhinderung von **Straftaten mit erheblicher Bedeutung** dient. Die Polizei kann damit im Vorfeld einer Gefahr nach Nr. 5 nur dann eine Kontrollstelle einrichten, wenn die begründete Annahme besteht, dass in einem örtlich begrenzten Bereich Personen in absehbarer Zeit beabsichtigen, Straftaten zu begehen.

Für die Bestimmung dieser Straftaten mit erheblicher Bedeutung ist auf § 49 Abs. 3 PolG zurückzugreifen.[62] Danach sind Straftaten mit erheblicher Bedeutung

1. Verbrechen,
2. Vergehen, die im Einzelfall nach Art und Schwere geeignet sind, den Rechtsfrieden besonders zu stören, soweit
   a) sie sich gegen das Leben, die Gesundheit oder die Freiheit einer oder mehrerer Personen oder bedeutende fremde Sach- oder Vermögenswerte richten,
   b) es sich um Taten auf den Gebieten des unerlaubten Waffen- oder Betäubungsmittelverkehrs, der Geld- oder Wertzeichenfälschung, des Staatsschutzes (§§ 74a und 120 des Gerichtsverfassungsgesetzes) oder nach §§ 86 a, 109h, 126, 130 und 130 a StGB handelt,
   c) sie gewerbs-, gewohnheits-, serien-, bandenmäßig oder sonst organisiert begangen werden.

Die **Aufzählung** der in § 49 Abs. 3 PolG ausdrücklich genannten Straftatbestände ist richtigerweise **nicht abschließend**[63], es können auch weitere Vergehen für die Einrichtung einer Kontrollstelle i. S. d. § 27 Abs. 1 Nr. 5 PolG in Betracht kommen, wenn sie im Einzelfall nach Art und Schwere geeignet sind, den Rechtsfrieden besonders zu stören. Maßstab sind dabei die in § 49 Abs. 3 PolG ausdrücklich aufgezählten Straftatbestände.

33 Zweck der Einrichtung der Kontrollstellen gem. § 27 Abs. 1 Nr. 5 PolG ist es nach der Neufassung durch das PolG 2020 ausdrücklich nicht, einen Täter im Anschluss an die Begehung von konkreten Straftaten zu ergreifen oder Beweismittel sicherzustellen. **Kontrollstellen, die zur konkreten Strafverfolgung dienen**, können nur gem. **§ 111 StPO** eingerichtet werden. Da in **§ 111 StPO** eine **konkurrierende Bestimmung** für die

---

[60] Vgl. Riegel, Polizeiliche Personenkontrolle, S. 34; Stephan, in: Stephan/Deger, Polizeigesetz BW, § 26 Rn 17; Kontrollstellen sind etwa auch Grenzübergänge (§ 23 Abs. 1 Nr. 2 b i. V. m. § 2 BPolG; § 23 Abs. 2 Nr. 3 BPolG).
[61] Kahlert, in: Belz/Mußmann/Kahlert/Sander, Polizeigesetz BW, § 26 Rn 12.
[62] So auch LT-Drs. 16/8484, S. 132.
[63] Stephan, in: Stephan/Deger, Polizeigesetz BW, § 22 Rn 22.

Fahndung nach bestimmten Straftätern vorhanden ist, bleiben für das PolG nur die Fälle, in denen nicht gezielt nach bestimmten Straftätern, sondern nur allgemein (ereignisunabhängig) nach Straftätern gefahndet wird oder in denen Straftaten verhindert werden sollen.[64]

Personenkontrollen anreisender **Versammlungsteilnehmer** an einer Kontrollstelle auch im Vorfeld einer Versammlung sind grundsätzlich nur im Rahmen des § 15 VersammlG zulässig. Kontrollen im Rahmen von **öffentlichen Veranstaltungen und Ansammlungen**, die nicht unter das Versammlungsrecht fallen, werden durch § 27 Abs. 1 Nr. 2 PolG ermöglicht.

Nicht unter § 27 Abs. 1 Nr. 5 PolG fallen Kontrollen, die **ausschließlich verkehrspolizeilichen Zwecken** dienen (vgl. § 36 Abs. 5 StVO).

g) Personenfeststellung innerhalb eines Kontrollbereichs (§ 27 Abs. 1 Nr. 6 PolG)

§ 27 Abs. 1 Nr. 6 PolG BW a. F. war durch die **Gesetzgebungskompetenz des Landes nicht gedeckt**.[65] Die Vorschrift diente ihrem klaren Wortlaut nach nicht der Verhütung von Straftaten, sondern der **Fahndung nach Straftätern**. Eine Ermächtigung zur Fahndung nach Straftätern kann jedoch nicht als Regelung verstanden werden, die ihrem Schwerpunkt nach präventiven Zwecken dient. Wenn eine Norm ihrer objektiven Fassung nach allein auf das Strafrecht bezogen ist, kann sie kompetenzrechtlich nicht bereits deshalb der Gefahrenabwehr zugeordnet werden, weil das Strafrecht immer auch präventiv der Sicherheit dient. Die Fahndung nach Straftätern gehört vielmehr unzweifelhaft zur Strafverfolgung[66] und fällt damit in die Gesetzgebungskompetenz des Bundes.

Der Gesetzgeber hat auf diese Feststellungen des BVerfG reagiert und mit dem **PolG 2020** die notwendigen **Änderungen** vorgenommen. Die alte Regelung der Personenfeststellung von Personen, die innerhalb eines Kontrollbereichs angetroffen werden, der zum Zwecke der Fahndung nach Personen, die „als Täter oder Teilnehmer eine der in § 100 a der StPO genannten Straftaten begangen haben", dient, wurde aufgehoben. Nunmehr wurde der Wortlaut der Norm dahin gehend geändert, dass die Personenfeststellung von Personen ermöglicht wird, die innerhalb eines Kontrollbereichs angetroffen werden, der von der Polizei eingerichtet worden ist, um „eine der in § 100 a StPO bezeichneten Straftaten zu verhindern". Damit knüpft § 27 Abs. 1 Nr. 6 PolG nunmehr an die **Verhütung von Straftaten gem. § 100 a StPO** an (vgl. nachfolgend § 11 Rn 37), nicht mehr an die Fahndung nach Straftätern. Die Norm stellt keine repressive Maßnahme mehr dar.[67]

Durch das PolG 2020 wurde **Satz 2** des § 27 Abs. 1 Nr. 6 PolG **gestrichen**, wonach der Kontrollbereich außer bei Gefahr im Verzug nur vom Innenministerium oder von einem regionalen Polizeipräsidium eingerichtet werden konnte.

Die **Einrichtung eines Kontrollbereichs** dient – im Unterschied zur einzelnen Kontrollstelle – der Absperrung eines ganzen Gebiets (Straßenzug, Stadtviertel, Plätze) zur Verhinderung von Straftaten gem. **§ 100 a StPO**. Wegen der größeren räumlichen Wirkung sind an die Einrichtung eines Kontrollbereichs gem. § 27 Abs. 1 Nr. 6 PolG strengere Anforderungen geknüpft als an die Einrichtung einer Kontrollstelle nach Nr. 5.

Durch die ausdrückliche Bezugnahme auf § 100 a StPO ist der dort in Abs. 2 aufgeführte sehr umfassende **Straftatenkatalog abschließend**. Zur Verhütung anderer schwerwiegender Straftaten kann eine Personenfeststellung gem. § 27 Abs. 1 Nr. 6 PolG nicht erfolgen.

---

64 Stephan, in: Stephan/Deger, Polizeigesetz BW, § 26 Rn 17 ff.
65 BVerfGE 150, 309, 331 (Rn 57); ebenso bereits zuvor zutr. Zeitler/Trurnit, Polizeirecht BW, Rn 380.
66 BVerfGE 150, 309, 311 f. (Rn 58).
67 Nachbaur, VBlBW 2021, 55, 56.

38 **§ 27 Abs. 1 Nr. 6 PolG** ist gegenüber Maßnahmen nach § 111 StPO abzugrenzen. Kontrollen auf der Grundlage des § 27 PolG können nicht zu repressiven Zwecken, sondern nur dann eingerichtet werden, wenn nicht gezielt nach Straftätern gefahndet werden soll (vgl. § 11 Rn 35). Da die Strafprozessnorm eine abschließende Regelung enthält, ist für die Anwendung der Regelung der Nr. 6 kein Raum mehr.[68]

h) Personenfeststellung zum Zweck der Bekämpfung grenzüberschreitender Kriminalität (§ 27 Abs. 1 Nr. 7 PolG)

aa) Allgemeines

39 § 27 Abs. 1 Nr. 7 PolG hat die **Bekämpfung der grenzüberschreitenden Kriminalität** in öffentlichen Einrichtungen des internationalen Verkehrs (etwa in Flughäfen, Bahnhöfen, Tank- und Rastanlagen, Häfen und Anlegestellen) sowie auf Durchgangsstraßen (etwa Bundesautobahnen, Europastraßen) mittels mobiler Fahndungsmaßnahmen und verdachtsunabhängiger Personenkontrollen zum Ziel. Danach ist die Polizei ermächtigt, zum Zweck der Bekämpfung der grenzüberschreitenden Kriminalität bei jeder Person Identitätsfeststellungen vorzunehmen. Die Voraussetzungen der §§ 6, 7 und 9 PolG müssen nicht vorliegen.

40 § 27 Abs. 1 Nr. 7 PolG wurde durch Änderungsgesetz vom 22.7.1996 (GBl. S. 501) eingeführt und regelt die sog. „**Schleierfahndung**".[69] Erfasst sind hiervon alle Straftaten, bei denen sich die Täter – vorwiegend der organisierten Kriminalität – den Grenzkontrollabbau innerhalb der EU sowie die Öffnung der Grenzen zu den Staaten des ehemaligen Ostblocks nutzbar machen, um strafbare Handlungen zu begehen. Durch das **PolG 2020** wurde die Norm neu gegliedert (in Buchstabe a [öffentliche Einrichtungen des internationalen Verkehrs] und b [Durchgangsstraßen]), inhaltlich aber nicht geändert oder angepasst. Dies verwundert angesichts der klaren Hinweise des BVerfG auf die Verfassungswidrigkeit des § 27 Abs. 1 Nr. 7 b PolG in der weiterhin geltenden Fassung (vgl. dazu nachfolgend § 11 Rn 44).

41 Eine **grenzüberschreitende Kriminalität** liegt vor, wenn eine Straftat grenzüberschreitende Bezüge aufweist, weil etwa Tatort und Wohnort des Täters in verschiedenen Staaten liegen, wenn Tatbeiträge aus dem Ausland geleistet werden oder wenn sich die Tatbeteiligten ins Ausland absetzen wollen.[70] Weiterhin gehören dazu Verstöße gegen das AufenthG wie illegaler Grenzübertritt, Aufenthalt etc.

42 Der Tatbestand des § 27 Abs. 1 Nr. 7 PolG setzt **keine konkrete Gefahr im polizeirechtlichen Sinne** voraus. Anknüpfungspunkte für die Personenkontrolle sind daneben:

- Die Personenkontrolle mit Feststellung der Identität der betroffenen Person muss der **Bekämpfung der grenzüberschreitenden Kriminalität** dienen. Vollkommen anlasslose Kontrollen sind nicht möglich.[71]
- Die Feststellung der Identität darf nur in **öffentlichen Einrichtungen des internationalen Verkehrs** (§ 27 Abs. 1 Nr. 7 a PolG) stattfinden. Das sind in erster Linie Bahnhöfe mit Fernverkehrsverbindungen, Flughäfen mit Auslandsflügen und Häfen mit Fährverbindungen in das Ausland.
- Darüber hinaus darf die Feststellung der Identität nur auf **Durchgangsstraßen** (Bundesautobahnen, Europastraßen und andere Straßen von erheblicher Bedeutung für die grenzüberschreitende Kriminalität) stattfinden (§ 27 Abs. 1 Nr. 7 b PolG). Damit kann eine entsprechende Kontrolle und Maßnahme der Polizei nicht an jedem Ort

---

68 So auch Stephan, in: Stephan/Deger, Polizeigesetz BW, § 26 Rn 22; Würtenberger/Heckmann/Tanneberger, Polizeirecht BW, § 5 Rn 148.
69 Zum Begriff vgl. Halder/Ittner, ZJS 2018, 308.
70 So Kahlert, in: Belz/Mußmann/Kahlert/Sander, Polizeigesetz BW, § 26 Rn 24.
71 Krit. dazu aber der Innenausschuss des Landtages, in: LT-Drs 12/117, S. 10.

und auf jeder Straße stattfinden, sondern **nur an zentralen Verbindungsstrecken mit Bezug zum benachbarten Ausland.** Vgl. dazu eingehender § 11 Rn 44.
- Die zu kontrollierende Person muss sich **an einem der in § 27 Abs. 1 Nr. 7 PolG genannten Orte aufhalten** und muss einen **Anlass geben**, in einem Kontext zu grenzüberschreitender Kriminalität zu stehen.

Eine **willkürliche**, völlig anlassunabhängige **Kontrolle** kann damit auf § 27 Abs. 1 Nr. 7 PolG nicht gestützt werden. Sie wäre mit dem Recht auf informationelle Selbstbestimmung nicht zu vereinbaren.

bb) Schleierfahndung und Verfassungsrecht

§ 27 Abs. 1 Nr. 7 PolG ermächtigt zur Identitätsfeststellung **aller** Personen bei einem Grenzübertritt, ohne dass eine konkrete Gefahr oder Gefahrenverdacht erforderlich ist. Die Regelung ist aber weiter gefasst, da sie keinen unmittelbaren Bezug und – anders als § 23 Abs. 1 Nr. 3 BPolG – keine örtliche Nähe zur Grenze verlangt. Grundsätzlich kann jedermann zu jeder Zeit von derartigen polizeilichen Kontrollmaßnahmen betroffen sein, wenn die übrigen tatbestandlichen Voraussetzungen vorliegen. Die Maßnahme wird daher auch als **anlassunabhängige Personenkontrolle** oder auch als verdachts- und ereignisunabhängige Personenkontrolle bezeichnet. **43**

Unbestritten besitzt diese Maßnahme eine **signifikante Eingriffsqualität**. Ihre besondere Bedeutung für die betroffene Person gewinnt die Identitätsfeststellung vor allem dadurch, dass sie häufig Auslöser von Folgeeingriffen mit oft recht erheblicher Eingriffsintensität ist.[72] Wegen des mit der Maßnahme verbundenen Eingriffs in das **Recht auf informationelle Selbstbestimmung** werden gegen die Zulässigkeit dieses „unspezifischen Instruments der Informationsgewinnung" vor allem in der Literatur Bedenken geäußert. Die **h. M.** geht indes von der **Verfassungsmäßigkeit der Regelung** aus.[73] Dieser Auffassung ist zu folgen, da die Identitätsfeststellung einen relativ geringfügigen hoheitlichen Eingriff darstellt, die Tatbestandsvoraussetzungen auf Fälle der Bekämpfung grenzüberschreitender Kriminalität begrenzt sind und das Übermaßverbot gilt. Hinzu kommen die aus dem Europarecht folgenden Begrenzungen (vgl. § 11 Rn 46 ff.). Das **BVerfG** hat dazu ausgeführt, dass die Schleierfahndung vom Gesetzgeber eingeführt worden sei, um den unionsrechtlich bedingten Wegfall der innereuropäischen Grenzkontrollen zu kompensieren. Für diese sei nach innerstaatlichem Recht anerkannt, dass sie **ohne weiteren Anlass** durchgeführt werden dürften. Dass der Staat an seinen Grenzen ohne weitere Voraussetzungen Kontrollen vornehmen dürfe, um zu entscheiden, wer ein- und ausreise, gehöre zum **überlieferten Instrumentarium zur Sicherung der Territorialhoheit** und zur Gewährleistung von Recht und Sicherheit auf dem jeweiligen Staatsgebiet. Wenn die Bundesrepublik Deutschland auf der Grundlage des Unionsrechts die Grenzen öffne und auf Grenzkontrollen verzichte, sei es im Grundsatz gerechtfertigt, wenn als Ausgleich hierfür zur Gewährleistung der Sicherheit die allgemeinen Gefahrenabwehrbefugnisse spezifisch erweitert würden.[74]

Durchgreifende Bedenken bestehen aber wegen der **nicht ausreichenden räumlichen Begrenzung der Kontrollen**. Dies betrifft den Tatbestand in Buchstabe b des **44**

---

72 So auch Beschlussempfehlung und Bericht des Innenausschusses, LT-Drs 12/117, S. 10.
73 Vgl. BayVerfGH, NVwZ 2003, 1375, SächsVerfGH, NJW 2003, 473; W.-R. Schenke, in: Schenke/Graulich/Ruthig, Sicherheitsrecht, § 23 BPolG Rn 13; Graulich, in: Lisken/Denninger, Handbuch des Polizeirechts, Kap. E Rn 365 ff.; Stephan, in: Stephan/Deger, Polizeigesetz BW, § 26 Rn 22 a; Zeitler/Trurnit, Polizeirecht BW, Rn 384 ff.; Pöltl, VBlBW 2021, 45, 49; vgl. dazu auch Halder/Ittner, ZJS 2018, 308 m. w. N. Die Gerichte weisen jedoch zu Recht darauf hin, dass die Schleierfahndung kein „vollkommen willkürliches" Kontrollieren ermöglichen darf (so etwa BayVerfGH a. a. O.) bzw. fordern den Gesetzgeber auf, „Eingriffsschwellen festzulegen, etwa indem er auf Lageerkenntnisse und polizeiliche Erfahrung abstellt" (SächsVerfGH a. a. O.); Überblick hierzu bei Basten, Recht der Polizei, Rn 502 f. Vgl. auch BVerfGE 115, 320, 361, u. VerfG MV, DÖV 2000, 71, 87.
74 BVerfGE 150, 244, 297 f. (Rn 144); krit., aber i. E. zust. Enders, in: Möstl/Trurnit, Polizeirecht BW, § 26 Rn 49: „Zirkelschluss".

§ 27 Abs. 1 Nr. 7 PolG. Das **BVerfG** hat hierzu in seinem Beschluss zur Zulässigkeit von Kfz-Kennzeichenlesesystemen (§ 51 PolG [=§ 22 a PolG a. F.]) zwar ausgeführt, dass die Schleierfahndung als Ausgleich für den Wegfall von Grenzkontrollen und getragen von dem Ziel, einer hierdurch erleichterten Durchführung bestimmter Straftaten entgegenzutreten, ausnahmsweise verfassungsrechtlich gerechtfertigt sei. Das gelte aber nur insoweit, als für die Orte solcher Kontrollen in einer den Bestimmtheitsanforderungen genügenden Weise ein **konsequenter Grenzbezug sichergestellt** sei.[75] Die in § 27 Abs. 1 Nr. 7 b PolG erfolgende allgemeine Begrenzung auf „Durchfahrtsstraßen" (Bundesautobahnen, Europastraßen und andere Straßen von erheblicher Bedeutung für die grenzüberschreitende Kriminalität) sei verfassungsrechtlich nicht ausreichend, es fehle an einer **hinreichend klaren örtlich grenzbezogenen Beschränkung** solcher Kontrollen.[76] Die Regelung des **§ 27 Abs. 1 Nr. 7 b PolG** ist in der geltenden Fassung **verfassungswidrig**, weil der notwendige Grenzbezug bei der Schleierfahndung nicht hinreichend konkretisiert ist.[77] Sie hätte mit dem **PolG 2020** entsprechend geändert und angepasst werden müssen. Allein die bislang enthaltene Formulierung „zum Zwecke der Bekämpfung der grenzüberschreitenden Kriminalität" genügt hierfür nicht, wie auch das BVerfG zutreffend festgestellt hat. Zumindest könnte durch die **VwV PolG** eine für die Polizei verbindliche Konkretisierung anhand der Kriterien des BVerfG erfolgen (vgl. auch § 11 Rn 47 zum ermessenlenkenden Erlass des Bundesinnenministeriums zu § 23 Abs. 1 Nr. 3 BPolG).

45 Soweit sich die Personenkontrollen auf **„öffentlichen Einrichtungen des internationalen Verkehrs"** beziehen, bestehen keine verfassungsrechtlichen Bedenken, da hier ein **örtlich klarer Grenzbezug** besteht.[78]

cc) **Schleierfahndung und Unionsrecht**

46 Schwierigkeiten bereitet die Anwendung des § 27 Abs. 1 Nr. 7 PolG auch im Hinblick auf das **Unionsrecht**. Durch die Schengener Übereinkommen und den nachfolgend kodifizierten **Schengener Grenzkodex**[79] sind bei den Mitgliedsstaaten des Schengener Übereinkommens die Grenzkontrollen abgeschafft worden.[80] In **Art. 23 Schengener Grenzkodex** wird klargestellt, dass den Mitgliedsstaaten die Ausübung eigener polizeilicher Befugnisse nicht benommen wird, soweit diese **nicht die gleichen Wirkungen wie Grenzübertrittskontrollen** haben.[81] Kontrollen gem. § 27 Abs. 1 Nr. 7 PolG dürfen daher nicht den Charakter allgemeiner, systematischer Grenzkontrollen aufweisen, son-

---

75 BVerfGE 150, 309, 336 f. (Rn 74); BVerfGE 150, 244, 297 (Rn 140), 297 f. (Rn 144), 299 f. (Rn 149).
76 BVerfGE 150, 309, 337 (Rn 75): „Nicht hinreichend begrenzt ist unter diesem Gesichtspunkt § 22 a Abs. 1, Abs. 2, § 26 Abs. 1 Nr. 6 PolG BW, der Kennzeichenkontrollen allgemein auf Durchgangsstraßen im ganzen Land eröffnet. Indem er sie ohne weitere Einschränkung – etwa auf Bundesautobahnen und Europastraßen – allgemein auf allen Straßen von erheblicher Bedeutung für die grenzüberschreitende Kriminalität für zulässig erklärt, fehlt es an einer hinreichend klaren örtlich grenzbezogenen Beschränkung solcher Kontrollen"; ebenso BVerfGE 150, 244, 299 (Rn 149) für Bayern. Vgl. auch Nachbaur, VBIBW 2021, 55, 56 ff.
77 Enders, in: Möstl/Trurnit, Polizeirecht BW, § 26 Rn 49 a; Nachbaur, VBIBW 2021, 55, 56 f.
78 BVerfGE 150, 309, 338 (Rn 77).
79 Verordnung (EU) 2016/399 des Europäischen Parlaments und des Rates vom 9.3.2016 über einen Gemeinschaftskodex für das Überschreiten der Grenzen durch Personen (EU ABl. L 77, S. 1). Vgl. dazu auch Halder/Ittner, ZJS 2018, 308, 309, u. die Ausführungen in § 1 Rn 38.
80 Vgl. dazu § 1 Rn 37.
81 Art. 23 S. 1, 2 Schengener Grenzkodex lautet: „Das Ausbleiben der Grenzkontrollen an den Binnengrenzen berührt nicht die Ausübung der polizeilichen Befugnisse durch die zuständigen Behörden der Mitgliedstaaten nach Maßgabe des nationalen Rechts, sofern die Ausübung solcher Befugnisse nicht die gleiche Wirkung wie Grenzübertrittskontrollen hat; dies gilt auch in Grenzgebieten. Im Sinne von Satz 1 darf die Ausübung der polizeilichen Befugnisse insbesondere nicht der Durchführung von Grenzübertrittskontrollen gleichgestellt werden, wenn die polizeilichen Maßnahmen keine Grenzkontrollen zum Ziel haben, auf allgemeinen polizeilichen Informationen und Erfahrungen in Bezug auf mögliche Bedrohungen der öffentlichen Sicherheit beruhen und insbesondere auf die Bekämpfung der grenzüberschreitenden Kriminalität abzielen, in einer Weise konzipiert sind und durchgeführt werden, die sich eindeutig von systematischen Personenkontrollen an den Außengrenzen unterscheidet und auf der Grundlage von Stichproben durchgeführt werden." Vgl. dazu auch Parma, Die Polizei 2019, 18, 20.

dern haben sich auf **anlassbezogene, punktuelle Kontrollen** zu beschränken.[82] Wegen der grundlegenden Bedeutung des Schengener Grenzkodex sind an die Voraussetzungen für eine auf § 27 Abs. 1 Nr. 7 PolG gestützte gefahrunabhängige Kontrolle strenge Bedingungen zu knüpfen. Der **EuGH** hat hierzu entschieden, dass wenn Indizien auf eine gleiche Wirkung wie Grenzkontrollen hindeuten, durch **Konkretisierungen und Einschränkungen**[83] des Mitgliedsstaats sicherzustellen sei, dass die praktische Ausübung der Befugnisse so ausgeübt werde, dass eine gleiche Wirkung wie Grenzkontrollen ausgeschlossen werde.[84] Je klarer Indizien auf eine gleiche Wirkung hindeuten, desto strenger müssen die Konkretisierungen und Einschränkungen sein.[85]

Das **BVerfG** geht davon aus, dass ein Ausgleich für den Wegfall der Grenzkontrollen aus Gründen des Unionsrechts nur in Maßnahmen gesucht werden darf, die **nicht speziell auf Grenzgänger beschränkt** sind, sondern auch Dritte erfassen können. Dass Personen im Grenzgebiet dann gelegentlich auch in Kontrollen geraten könnten, wenn sie die Grenze nicht übertreten hätten, mache die Maßnahmen ihnen gegenüber nicht unzumutbar im Sinne des Übermaßverbots.[86]

47

Der **VGH BW** hat in einem zu § 23 Abs. 1 Nr. 3 BPolG[87] ergangenen Urteil entschieden, dass eine auf diese Regelung gestützte Maßnahme wegen Art. 23 Schengener Grenzkodex[88] nicht die gleiche Wirkung wie eine Grenzübertrittskontrolle haben dürfe.[89] Er bezieht sich dabei auf die Rechtsprechung des **EuGH**, wonach eine nationale Regelung, die verhaltensunabhängige Personenkontrollen im Grenzgebiet eines Schengen-Mitgliedsstaats erlaube, das **Ermessen der zuständigen Polizeibehörden ausreichend lenken** müsse, um sicherzustellen, dass es zu keinem Verstoß gegen das Schengen-Abkommen komme.[90] Der VGH BW kam dann zum Ergebnis, dass der Bundesgesetzgeber keine den europarechtlichen Vorgaben genügende Regelungen getroffen habe. Er hatte deswegen eine gem. § 23 Abs. 1 Nr. 3 BPolG im Freiburger Bahnhof durchgeführte anlasslose Identitätskontrolle für unwirksam erklärt.

Wegen eines drohenden Vertragsverletzungsverfahrens[91] hat das Bundesinnenministerium den **Erlass zur Anwendung von § 23 Abs. 1 Nr. 3 BPolG vom 7.3.2016** verabschiedet[92], der Vorgaben für die konkrete Umsetzung von Identitätskontrollen durch die Polizei gibt, die Art. 23 des Schengener Grenzkodex genügen sollen.[93] Das **BVerwG** hat festgestellt, dass die Ermessenslenkung durch eine Verwaltungsvorschrift unionsrechtlich genügt[94], der Erlass des Bundesinnenministeriums ist auch inhaltlich ausreichend.[95]

---

82 OVG Saarland, NVwZ-RR 2019, 725, 726 (Rn 22), zu § 23 Abs. 1 Nr. 3 BPolG; Enders, in: Möstl/Trurnit, Polizeirecht BW, § 26 Rn 45; W.-R. Schenke, in: Schenke/Graulich/Ruthig, Sicherheitsrecht, § 23 BPolG Rn 11 (zu § 23 Abs. 1 Nr. 3 BPolG); Nachbaur, VBlBW 2021, 55, 57; Walter, DVBl 2019, 1238, 1240; Halder/Ittner, ZJS 2018, 308, 309 f.; vgl. dazu auch Becker ZJS 2017 705 f.; krit. dazu Parma, Die Polizei 2019, 18, 21.
83 Krit. sieht die Ausführung des EuGH zu den ermessenlenkenden Bestimmungen Groh, NVwZ 2017, 1608, 1609.
84 EuGH, EuGRZ 2017, 360, 363 (Rn 38), mit krit. Anm. Groh, NVwZ 2017, 1608 f.
85 EuGH, EuGRZ 2017, 360, 363 f. (Rn 40).
86 BVerfGE 150, 244, 298 f. (Rn 145 f.).
87 § 23 Abs. 1 Nr. 3 BPolG lautet: „Die Bundespolizei kann die Identität einer Person im Grenzgebiet bis zu einer Tiefe von dreißig Kilometern zur Verhinderung oder Unterbindung unerlaubter Einreise in das Bundesgebiet oder zur Verhütung von Straftaten im Sinne des § 12 Abs. 1 Nr. 1 bis 4 BPolG feststellen."
88 Verordnung (EU) 2016/399 des Europäischen Parlaments und des Rates vom 9.3.2016 über einen Gemeinschaftskodex für das Überschreiten der Grenzen durch Personen (EU ABl. L 77, S. 1).
89 VGH BW, NVwZ 2018, 1893, 1894 f. (Rn 29, 33), mit Anm. Halder/Ittner, ZJS 2018, 308, 311 ff.; ebenso BVerfGE 150, 244, 298 f. (Rn 145 f.), 301 f. (Rn 152).
90 EuGH, EuGRZ 2017, 360, 363 (Rn 39). Vgl. dazu die eingehende Darstellung bei Halder/Ittner, ZJS 2018, 308, 310 f.
91 Vgl. dazu Becker, ZJS 2017, 705.
92 GMBl. 2016, S. 203.
93 Vgl. dazu Parma, Die Polizei 2019, 18, 21.
94 Vgl. auch Becker, ZJS 2017, 705, 709, 711.
95 BVerwG, NVwZ 2020, 382, 383 (Rn 6 ff.); ebenso bereits die Vorinstanz OVG Saarland, NVwZ-RR 2019, 725, 726 f. (Rn 22); **a. A.** Nachbaur, VBlBW 2021, 55, 58; Becker, ZJS 2017, 705, 712.

48 Im Gegensatz zu § 23 Abs. 1 Nr. 3 BPolG sieht § 27 Abs. 1 Nr. 7 PolG **keine Kontrollen in einem Streifen an der deutschen Grenze** vor (in BW: Frankreich und Schweiz). Diese Frage war auch ein grundlegendes Thema im Gesetzgebungsverfahren. Der Innenminister hatte betont, dass ein Verstoß gegen das Schengen-Abkommen auch dadurch vermieden werde, „dass der vorliegende Gesetzentwurf im Unterschied zum bayerischen Polizeigesetz nicht von einem 30-km-Streifen ausgehe, so dass der Eindruck schon gar nicht entstehen könne, die Kontrollen an den Binnengrenzen würden nur etwas ins Hinterland verlagert". Der Innenminister begründete dies u. a. auch damit, „dass beispielsweise Wohnungseinbrüche in weit von der Grenze entfernten Gebieten auch darauf zurückzuführen seien, dass die Einbrecher seit dem Wegfall der Kontrollen an den EU-Binnengrenzen große Mobilitätsmöglichkeiten hätten. Es sei bekannt, dass Einbrecherbanden in immer stärkerem Maß vom Ausland kämen und die Grenze unmittelbar nach Begehung des Wohnungseinbruchs wieder überschritten. Derartige Wohnungseinbrüche könnten sich nicht nur in Grenznähe, sondern im ganzen Land abspielen".[96]

49 Es ist nach alledem davon auszugehen, dass die auf § 27 Abs. 1 Nr. 7 PolG beruhenden Identitätskontrollen grundsätzlich nicht gegen die Vorgaben des § 23 Schengen Grenzkodex verstoßen.[97] In aller Regel wird es **keinen Kompetenzkonflikt an der Grenze** geben. Angesichts der Rechtsprechung des EuGH, des BVerfG, des BVerwG und des VGH BW ist aber auch davon auszugehen, dass von der baden-württembergischen Polizei durchgeführte Identitätskontrollen im Grenzgebiet oder in öffentlichen Einrichtungen des internationalen Verkehrs nur dann mit Art. 23 Schengener Grenzkodex zu vereinbaren sind, wenn sie nicht nur aufgrund eines Grenzübertritts, sondern anhand von **Lageerkenntnissen** und/oder **Erfahrung** der Polizei oder anderer Behörden stattfinden.[98] Zudem muss ein **ausreichender örtlicher Grenzbezug** sichergestellt sein.

i) Maßnahmen zur Personenfeststellung (§ 27 Abs. 2 PolG)

50 Die Feststellung der Identität einer Person ist auf vielerlei Weise zulässig. Durch **§ 27 Abs. 2 S. 1 PolG** wird die Polizei **generalklauselartig** ermächtigt, die zur Feststellung der Identität **erforderlichen Maßnahmen** zu treffen.

Die wichtigsten Maßnahmen, deren Anordnung von ihrem **Rechtscharakter** her betrachtet als belastende Verwaltungsakte zu qualifizieren sind, werden in **Satz 2** des gleichen Absatzes **beispielhaft** aufgezählt. Danach kann die betroffene Person **angehalten** und von ihr verlangt werden, dass sie mitgeführte **Ausweispapiere vorzeigt** und **zur Prüfung aushändigt**. Diese Verpflichtung erleichtert die Identitätsfeststellung auch im Interesse der betroffenen Person, da sich so unter Umständen ein Festhalten und Mitnehmen zur Dienststelle erübrigt. Zu den Ausweispapieren zählen nur die **tatsächlich mitgeführten amtlichen Ausweispapiere und Dokumente** (etwa Personalausweise), auch von Unionsbürgern (wie etwa die italienische „carta d'identita", Pass, Ausweisersatz [§ 48 Abs. 2 AufenthG] etc.). Auch der **Führerschein** (vgl. § 4 Abs. 2 FeV) ist zur Identifizierung einer Person grundsätzlich geeignet, weil er alle wichtigen Daten wie Name, Geburtsdatum und Geburtsort, Datum der Ausstellung der amtlichen Bescheinigung etc. enthält. Eine allgemeine gesetzliche Verpflichtung, einen Pass oder Personalausweis mitzuführen, besteht außer im Falle des Grenzübertritts nicht. Da die Aufzählung in den Sätzen 2 und 3 des Abs. 2 des § 27 PolG nicht abschließend ist, können etwa auch erforderliche Erkundigungen über eine Person eingeholt oder **Gegenüberstellungen** vorgenommen werden.

Die betroffene Person muss erkennen können, warum ihre Identität festgestellt werden soll. Ggf. ist sie auf den Zweck der Personenkontrolle hinzuweisen.

---

96 LT-Drs 12/117, S. 6.
97 **A. A.** Ibler, in: Ennuschat/Ibler/Remmert, Öffentliches Recht BW, § 2 Rn 288.
98 Vgl. dazu Becker, ZJS 2017, 705, 712.

Kommt die betroffene Person diesen Anordnungen nicht nach, kommen Maßnahmen 51
gem. § 27 Abs. 2 S. 3 PolG wie das **Festhalten oder** die **Durchsuchung** in Betracht.
Kann die Identität auf andere Weise nicht oder nur unter erheblichen Schwierigkeiten
festgestellt werden, kann die betroffene Person gem. § 27 Abs. 2 **S. 3** PolG zur Dienststelle gebracht werden (**Sistierung**). Das Festhalten an Ort und Stelle und als Unterfall
hiervon die Sistierung sind im Rahmen des § 27 PolG als **freiheitsbeschränkende
Maßnahmen** i. S. d. Art. 2 Abs. 2 S. 2, 104 Abs. 1 GG zu qualifizieren.
Die Regelung deckt sich mit § 163 b Abs. 1 S. 2 StPO und stellt eine Konkretisierung
des Übermaßverbots dar. Sie soll sicherstellen, dass ein Eingriff in die persönliche Freiheit nur in Fällen erfolgt, in denen er zur Feststellung der Identität unerlässlich ist. War
etwa die Personenfeststellung durch Aushändigung eines Personalausweises bereits
am Ort des Geschehens erfolgt, ist eine Verbringung der ausgewiesenen Person zur
Dienststelle, um dort einen Datenabgleich zum Zwecke der Identitätsfeststellung vorzunehmen, nicht mehr erforderlich und daher rechtswidrig.[99]

Anhalten ist das Gebot an eine bestimmte Person, an Ort und Stelle so lange zu bleiben, wie dies zur Durchführung der Maßnahme erforderlich ist. Dazu zählen das Stoppen von Fahrzeugen, die Verhinderung des Wegfahrens und das Gebot, auszusteigen. 52

Gem. **§ 27 Abs. 2 S. 3 PolG** ist die Polizei ermächtigt, die Person oder von ihr mitgeführte Sachen zu **durchsuchen**, wenn deren Identität auf andere Weise nicht oder nur 53
unter Schwierigkeiten festgestellt werden kann. Zweck der Regelung ist es, der Polizei
die Möglichkeit einzuräumen, an Ort und Stelle die Identität einer Person festzustellen,
ohne dass sie festgehalten werden muss. In **§ 27 Abs. 2 S. 4 PolG** wird klargestellt,
dass eine Personendurchsuchung nur durch eine Person gleichen Geschlechts erfolgen
darf.

Die **Sistierung (Verbringung zur Dienststelle) gem. § 27 Abs. 2 S. 3 Alt. 2 PolG** hat
(nur) den Zweck, die Identitätsfeststellung auf der Dienststelle zu ermöglichen. Nur aus
diesem Grund ist ein **Festhalten** zulässig. Die Maßnahme sollte die **Dauer von etwa
einer Stunde** nicht überschreiten.[100] Dauert die Maßnahme länger, kommt der Identitätsgewahrsam gem. § 33 Abs. 1 Nr. 3 PolG unter den dort genannten Voraussetzungen, insbesondere unter Beachtung des Richtervorbehalts, in Frage (vgl. § 11 Rn 190,
193 ff.).

j) Kontrolle von Berechtigungsscheinen (§ 27 Abs. 3 PolG)

Gem. § 27 Abs. 3 PolG kann die Polizei verlangen, dass ein **Berechtigungsschein** vorgezeigt und zur Prüfung ausgehändigt wird, wenn die betroffene Person aufgrund einer 54
Rechtsvorschrift verpflichtet ist, dieses Dokument mitzuführen. Derartige **Bescheinigungen** für die Ausübung besonders geregelter Tätigkeiten sind etwa Jagd-, Fischerei-, Waffen-, Führerscheine (§ 4 Abs. 2 FeV), Reisegewerbekarten, Fahrtenbücher etc.
Bei den Berechtigungsscheinen handelt es sich nicht um Personalausweispapiere.
Für eine Anordnung gem. § 27 Abs. 3 PolG, die nur aus Gründen der Gefahrenabwehr
zulässig ist, muss nach den Umständen erkennbar sein, dass die betroffene Person die
durch den Berechtigungsschein ausgewiesene Tätigkeit beginnen wird, sie ausübt oder
beendet hat. Ein konkreter Verdacht muss nicht vorliegen. Die Vorschrift **ermächtigt
nur zum Anhalten** der zu kontrollierenden Person. Eine Ermächtigung zu einer weitergehenden Personenfeststellung oder zum Festhalten kann insbesondere aus § 27
Abs. 2 PolG unter den dort genannten Voraussetzungen hergeleitet werden. Nach der
Prüfung hat die Polizei den Berechtigungsschein wieder an den Inhaber zurückzuge-

---

99 VGH BW, VBIBW 2011, 231, 233.
100 So auch Kahlert, in: Belz/Mußmann/Kahlert/Sander, Polizeigesetz BW, § 26 Rn 31; Stephan, in: Stephan/
Deger, Polizeigesetz BW, § 26 Rn 27, hält diesen Zeitraum in bestimmten Situationen aus technischen und
personellen Gründen für zu kurz bemessen.

ben. Ein Recht zum Einbehalten ergibt sich nicht aus § 27 Abs. 3 PolG, sondern nur aus speziellen Vorschriften, wie aus den §§ 37, 38 PolG oder aus Vorschriften der StPO.

2. Vorladung (§ 28 PolG)
a) Begriff / Rechtscharakter

55 Die Polizei kann gem. **§ 28 PolG** eine Person zur Dienststelle **vorladen**, um sachdienliche Angaben zu erreichen oder um erkennungsdienstliche Maßnahmen i. S. d. § 41 PolG durchzuführen (vgl. auch § 11 MEPolG). Unter Vorladung versteht man die an eine Person gerichtete Aufforderung, zu einer bestimmten Zeit an einem bestimmten Ort zu erscheinen und bis zur Erledigung des Dienstgeschäfts dort zu verweilen. Sie stellt keine Freiheitsbeschränkung i. S. d. Art. 104 Abs. 1 S. 1 GG dar.[101] Sie ist ein **Verwaltungsakt**. Eine **Form** ist nicht vorgeschrieben. Die Anordnung kann mündlich, fernmündlich oder auch schriftlich ergehen.

Abzugrenzen ist die Vorladung von einer formlosen **Ladung**, bei der Dienststelle vorzusprechen. Hier erschöpft sich der Zweck darin, die geladene Person über Zeit und Ort eines Vorsprachetermins zu benachrichtigen. Zu unterscheiden ist die Vorladung ferner von einer **Meldeauflage**, bei der Personen (potenzielle Störer) aufgefordert werden, sich bei bestimmten Ereignissen wie Fußballspielen etc. zu ganz bestimmten Zeiten bei der Polizei zu melden (vgl. § 6 Rn 20).

Spezielle Regelungen zur Vorladung bzw. zu Erscheinungspflichten enthalten etwa die §§ 48 bis 71, 133 ff., 163 a Abs. 3 StPO, § 48 StVO, §§ 17 Abs. 3, 24 Abs. 6 Nr. 3 WehrpflG, § 82 Abs. 4 AufenthG, § 6 PaßG, § 26 IfSG.

b) Vorladungszwecke
aa) Vorladung zur Aufklärung des Sachverhalts

56 Gem. **§ 28 Abs. 1 Nr. 1 PolG** kann die Polizei eine Person vorladen, wenn Tatsachen die Annahme rechtfertigen, dass diese sachdienliche Angaben machen kann, die zur Wahrnehmung polizeilicher Aufgaben erforderlich sind. **Tatsachen** sind unmittelbar einem Beweis zugängliche Umstände, die sich nicht nur auf Vermutungen stützen. Die **polizeiliche Aufgabe** kann sich aus dem PolG oder aus anderen Rechtsvorschriften **zur Gefahrenabwehr** – einschließlich der vorbeugenden Bekämpfung von Straftaten – ergeben, nicht jedoch aus Straf- oder Bußgeldvorschriften. Die Maßnahme kann sich gegen jede Person richten. Auf die Voraussetzungen einer Polizeipflicht kommt es nicht an.

Die Vorschrift ist in engem Zusammenhang mit dem **Recht der Polizei auf Befragung** gem. § 43 Abs. 1 PolG zu sehen. Mit der Vorladung soll der Polizei Gelegenheit gegeben werden, eine Person im Rahmen dieser Regelung auf der Dienststelle zu befragen bzw. zu vernehmen. Von der Vorladung ist die Frage zu unterscheiden, ob und inwieweit eine Person zur Auskunft verpflichtet ist. Dies regelt § 43 Abs. 1 PolG (vgl. § 10 Rn 202 ff.).

bb) Vorladung zur Durchführung erkennungsdienstlicher Maßnahmen

57 Gem. **§ 28 Abs. 1 Nr. 2 PolG** kann die Polizei eine Person vorladen, wenn dies zur Durchführung erkennungsdienstlicher Maßnahmen erforderlich ist. Regelmäßig befinden sich die technischen Mittel zur Vornahme einer erkennungsdienstlichen Behandlung nur auf der Dienststelle. Eine Vorladung zur Durchführung erkennungsdienstlicher Maßnahmen ist nur zulässig, wenn die Voraussetzungen der §§ 27 und 41 PolG vorliegen.

---

101 Deger, in: Stephan/Deger, Polizeigesetz BW, § 27 Rn 1.

Die Vornahme der erkennungsdienstlichen Maßnahmen gem. § 41 Abs. 1 PolG muss vom Polizeivollzugsdienst vor oder spätestens gleichzeitig mit der Anordnung der Vorladung angeordnet werden.

Infrage kommen nur Maßnahmen gem. **§ 41 Abs. 2 PolG** und nicht auch strafprozessuale Maßnahmen gem. § 81 b Alt. 1 StPO; zu diesen erkennungsdienstliche Behandlungen kann nur gem. § 163 StPO vorgeladen werden. Werden Maßnahmen gem. § 81 b Alt. 2 StPO für die „Zwecke des Erkennungsdienstes" durchgeführt, kann eine Vorladung auf § 28 Abs. 1 Nr. 2 PolG gestützt werden, da diese Maßnahme der Gefahrenabwehr zugeordnet werden kann.[102]

c) Verfahrensbestimmungen

Bei der Vorladung muss gem. § 28 Abs. 2 **S. 1** PolG im Regelfall der polizeiliche **Grund der Maßnahme** angegeben werden. Auf die Angabe kann nur dann ausnahmsweise verzichtet werden, wenn dadurch der Vorladungszweck vereitelt würde.[103] Weiterhin soll nach **Satz 2** bei der **Bestimmung des Zeitpunkts** zur Vermeidung von Härten auf die beruflichen Verpflichtungen und die persönlichen Belange der betroffenen Person Rücksicht genommen werden. Hieraus ergibt sich auch, dass die Polizei im Regelfall nicht berechtigt ist, Personen am Arbeitsplatz oder zu Hause aufzusuchen, um dort Maßnahmen i. S. d. § 28 Abs. 1 PolG durchzuführen.[104]

58

d) Vollstreckung

Die Vorladung ist ein vollstreckbarer Verwaltungsakt (vgl. § 11 Rn 55). Die Vollstreckbarkeit wird aber durch **besondere Vollstreckungsvoraussetzungen** des **§ 28 Abs. 3 PolG** eingeschränkt. Demnach muss zum einen die betroffene Person der Vorladung ohne **hinreichenden Grund** nicht gefolgt sein. Ein hinreichender Grund ist dann gegeben, wenn die betroffene Person aus persönlichen oder objektiven Gründen gehindert war, der Vorladung nachzukommen, etwa wegen Krankheit, beruflicher Abwesenheit oder Verkehrsbehinderung.[105] Zum anderen ist die Vollstreckung der Vorladung nur möglich, wenn dies **erforderlich** ist, um eine Gefahr für Leben, Gesundheit oder Freiheit einer Person oder für bedeutende fremde Sach- oder Vermögenswerte abzuwehren (§ 28 Abs. 3 Nr. 1 PolG) oder erkennungsdienstliche Maßnahmen durchzuführen (§ 28 Abs. 3 Nr. 2 PolG).

59

Ferner sind die **allgemeinen Vollstreckungsvoraussetzungen** der §§ 63 ff. PolG und des LVwVG zu beachten. Die Vollstreckung erfolgt demnach durch Androhung und Festsetzung von **Zwangsgeld** gem. §§ 63 Abs. 1 PolG, 18 bis 23 LVwVG (§ 12 Rn 4 ff.) oder im Wege des unmittelbaren Zwangs, also der **Vorführung** gem. §§ 63 Abs. 2, 64 PolG (§ 12 Rn 49 ff.). Die Vorführung stellt keine Maßnahme der Freiheits*entziehung* i. S. d. Art. 104 Abs. 2 GG dar, sondern nur eine Freiheits*beschränkung*.[106] Deshalb bedarf es hierfür auch keiner richterlichen Entscheidung. Dies gilt aber nur, wenn sich die Vorführung auf einen kurzen Zeitraum von etwa einer Stunde beschränkt. Ein längerer Zeitraum ist als Gewahrsam zu werten und nur unter den Voraussetzungen des § 33 PolG zulässig. Allerdings stellen Zwangsgeldandrohung und -festsetzung im Regelfall die mildere Maßnahme dar und sind daher der Vorführung in der Regel vorzuziehen.[107]

---

102 So auch Zeitler/Trurnit, Polizeirecht BW, Rn 439.
103 Deger, in: Stephan/Deger, Polizeigesetz BW, § 27 Rn 9.
104 So auch Kahlert, in: Belz/Mußmann/Kahlert/Sander, Polizeigesetz BW, § 27 Rn 6.
105 Kahlert, in: Belz/Mußmann/Kahlert/Sander, Polizeigesetz BW, § 27 Rn 15.
106 BVerwG, NVwZ 1990, 69 ff.
107 Deger, in: Stephan/Deger, Polizeigesetz BW, § 27 Rn 12 m. w. N.

e) Entschädigung

60 Gem. § 28 Abs. 4 PolG gilt für die Entschädigung eines auf Vorladung erscheinenden Zeugen oder Sachverständigen das **JVEG** entsprechend (vgl. § 1 S. 1 Nr. 1, 3 JVEG). Als erstattungsberechtigte Zeugen sind nur diejenigen Erschienenen anzusehen, die keine Störer sind. **Entschädigungspflichtig** ist der Rechtsträger der vorladenden Behörde. Gegen einen Festsetzungsbescheid (= Verwaltungsakt) ist der Widerspruch i. S. d. §§ 68 VwGO statthaft, obwohl das JVEG einen solchen nicht vorsieht.[108]

3. Gefährderansprache und -anschreiben, Gefährdetenansprache (§ 29 PolG)

a) Allgemeines

aa) Entstehungsgeschichte

61 Für die Gefährderansprache fand sich bis zum Jahr 2021 keine gesonderte Eingriffsregelung im PolG. Ihre **Rechtsgrundlage** fand die Gefährderansprache bis dahin nach allgemeinem Verständnis in der Generalklausel der §§ 1, 3 PolG.[109] Mit dem **PolG 2020** wurde in § 29 PolG nunmehr eine **spezialgesetzliche Eingriffsgrundlage** für Gefährderansprache, Gefährderanschreiben und Gefährdetenansprache geschaffen.[110] Dies ist sehr zu begrüßen, da sich Gefährderansprache, Gefährderanschreiben und Gefährdetenansprache mittlerweile als **häufige polizeiliche Standardmaßnahme** etabliert haben und einer gesonderten Normierung zugeführt werden sollten. Vor allem bedurfte es klarer begrenzender Tatbestandsvoraussetzungen gegenüber der nur allgemein gefassten polizeilichen Generalklausel der §§ 1, 3 PolG.[111]

Eine spezialgesetzliche Regelung für die Gefährderansprache und das Gefährderanschreiben wie in § 29 Abs. 1 PolG findet sich bislang nur noch in **§ 12 a NPOG**, der im Jahr 2019 in das NPOG eingefügt wurde.[112] In **anderen Bundesländern** gibt es dagegen noch keine vergleichbare Regelung, so dass dort die polizeilichen Generalklauseln herangezogen werden müssen. Mit der spezialgesetzlichen **Normierung der Gefährdetenansprache** in § 29 Abs. 2 PolG hat das Land BW als erstes Bundesland **Neuland** betreten.

Zur **Entstehungsgeschichte** der Gefährderansprache vgl. Tomschütz, S. 5 ff.

bb) Spezialgesetzliche Eingriffsnorm

62 § 29 PolG stellt nunmehr eine **abschließende Eingriffsnorm** für Gefährderansprachen, Gefährderanschreiben und Gefährdetenansprachen dar. Ein **Rückgriff auf die §§ 1, 3 PolG** ist darüber hinaus (etwa zur Lückenfüllung oder Ergänzung) **nicht möglich**. Davon zu unterscheiden sind aber **bloße Belehrungen und einfache Hinweise** an Personen, die wegen ihrer geringen Eingriffsstärke als bloße Realakte (vgl. dazu § 4 Rn 13, § 7 Rn 1) keine grundrechtsrelevanten Eingriffe darstellen. Diese können nach wie vor auf die **Aufgabenzuweisungsnorm des § 1 Abs. 1 PolG** gestützt werden.[113]

---

[108] Deger, in: Stephan/Deger, Polizeigesetz BW, § 27 Rn 13.
[109] VGH BW, VBlBW 2018, 316, 318, mit Anm. Nachbaur VBlBW 2018, 320 ff., u. Vahle, DVP 2019, 41 ff.; ebenso VG Bayreuth, GB. v. 12.9.2019 – B 1 K 17.850 (Rn 17), BeckRS 2019, 35335; VG Saarland, Beschl. v. 6.3.2014 – 6 K 1102/13; Graulich, in: Lisken/Denninger, Handbuch des Polizeirechts, Kap. E Rn 234; Trurnit/Trurnit, Polizeirecht BW, § 3 Rn 34; Schenke, Polizei- und Ordnungsrecht, Rn 50 a; Götz/Geis, Polizei- und Ordnungsrecht, § 12 Rn 5; Trurnit, Eingriffsrecht, Rn 103; Tomschütz, S. 69 ff.; Rausch, Landesrecht BW, § 3 Rn 340; Hanschmann, KJ 2017, 434, 437; Herberger, VBlBW 2015, 445, 447; Kießling, DVBl 2012, 1210, 121; diff. Kreuter-Kirchhof, AöR 2014, 257, 278 ff.; Hebeler, NVwZ 2011, 164, 166; **a. A.** Schmidt, Polizei- und Ordnungsrecht, Rn 597d, 597e.
[110] Durch Art. 1 des Gesetzes zur Umsetzung der Richtlinie (EU) 2016/680 für die Polizei in Baden-Württemberg und zur Änderung weiterer polizeirechtlicher Vorschriften vom 6.10.2020 (GBl. S. 735, ber. S. 1092).
[111] So mit Recht die Gesetzesbegründung in Nds. LT-Drs. 18/850, S. 40, zu § 12 a NPOG. Vgl. eingehend dazu auch Tomschütz, S. 189 ff.
[112] Durch Art. 1 Nr. 4 des Reformgesetzes zur Änderung des Niedersächsischen Gesetzes über die öffentliche Sicherheit und Ordnung und anderer Gesetze vom 20.5.2019 (Nds. GVBl. S. 88).
[113] LT-Drs. 16/8484, S. 133; Pöltl, VBlBW 2021, 45, 49; vgl. dazu auch die Ausführungen in § 4 Rn 13, § 8 Rn 1. Vgl. zur Notwendigkeit einer spezialgesetzlichen Ermächtigung auch Kießling, DVBl 2012, 1210, 1217.

cc) Rechtscharakter

Gefährderansprache, Gefährderanschreiben und Gefährdetenansprache sind **mangels Rechtsqualität** grundsätzlich ein **Realakt**.[114] Im Kern wird der betroffenen Person eine **umfassende Information erteilt**, nämlich über vergangene Tatsachen (Vorstrafen, bestehende polizeiliche Erkenntnisse etc.), bevorstehende Ereignisse (Veranstaltung etc.) und mögliche Rechtsfolgen bei Fehlverhalten (Strafrecht etc.). Zwar wird in der Regel von der Polizei an die betroffene Person ein **starker Appell des rechtskonformen Verhaltens** gerichtet, dieses wird im Zweifel auch nachdrücklich eingefordert (bis hin zur konkretisierten Warnung), dies allein bewirkt aber keinen Regelungscharakter, wie es ein Verwaltungsakt erfordert.[115] Es fehlt die notwendige Regelungswirkung.[116]

63

Beschränkt sich eine **Gefährderansprache** nicht auf warnende Hinweise, sondern werden **darüber hinaus konkrete Ge- und / oder Verbote ausgesprochen** bzw. der Gesprächsteilnehmer aufgefordert, bestimmte Handlungen und Verhaltensweisen zu unterlassen, so handelt es sich nicht um einen Realakt, sondern um einen anfechtbaren **Verwaltungsakt**.[117]

dd) Zuständigkeit

Sachlich zuständig für die Durchführung einer Gefährderansprache war bis zum Jahr 2021 die Ortspolizeibehörde, nicht der Polizeivollzugsdienst[118]. Durch das **PolG 2020** wurde in § 105 Abs. 3 PolG ausdrücklich die **Parallelzuständigkeit von Ortspolizeibehörde und Polizeivollzugsdienst** für Gefährderansprache, Gefährderanschreiben und Gefährdetenansprache vorgesehen (vgl. dazu eingehender § 3 Rn 48).[119]

64

Häufig wird die **Gefährderansprache** in der Praxis wegen ihres Bezugs zu vom potenziellen Störer in der Vergangenheit begangener Straftaten oder anderer Vordelikte durch den Polizeivollzugsdienst durchgeführt. Denkbar sind aber auch Gefährderansprachen oder Gefährderschreiben durch die Polizeibehörde, etwa durch die Ortspolizeibehörde bei Fällen mit Ausländerbezug. Hier empfiehlt es sich für die Polizeibehörde, regelmäßig den **Polizeivollzugsdienst** zu einem Gefährdergespräch **hinzuzuziehen** und dessen Kompetenzen zu nutzen.

Wegen des zwingenden Straftatenbezugs (vgl. dazu auch § 11 Rn 72 ff.) dürfte eine **Gefährdetenansprache regelmäßig** nur durch den **Polizeivollzugsdienst** durchgeführt werden. Auch wenn es sich um eine **rein präventive Maßnahme** handelt, werden häufig früher begangene Straftaten als Erkenntnis eine Rolle spielen (Wiederholungsgefahr). Dem Polizeivollzugsdienst kommen die grundlegenden Befugnisse im Strafverfahren gem. § 163 StPO zu (vgl. dazu eingehend § 13 Rn 1 ff.). Allerdings kann auch die Ortspolizeibehörde im Einzelfall (etwa durch den Auszug aus dem Bundeszentralregister gem. §§ 31, 32 i. V. m. § 3 Nr. 1, § 4 BZRG oder durch zulässige Hinweise des Poli-

---

114 NdsOVG, NJW 2006, 391; VG Düsseldorf, Urt. v. 25.10.2018 -18 K 2340/18 (Rn 22); Graulich, in: Lisken/Denninger, Handbuch des Polizeirechts, Kap. E Rn 231; Trurnit, in: Möstl/Trurnit, Polizeirecht BW, § 3 Rn 34; Schenke, Polizei- und Ordnungsrecht, Rn 50 a, 484, 652; Götz/Geis, Polizei- und Ordnungsrecht, § 12 Rn 5; W.-R. Schenke, in: Schenke/Graulich/Ruthig, Sicherheitsrecht, BPolG § 14 Rn 2; Bialon/Springer, Eingriffsrecht, Kap. 8 Rn 8, Schmidt, Polizei- und Ordnungsrechts, Rn 597f.; Tomschütz, S. 56 ff.; Lang, ZJS 2020, 234, 235 ff.; Kreuter-Kirchhof, AöR 2014, 257, 261; Kießling, DVBl 2012, 1210, 1211.
115 VG Düsseldorf, Urt. v. 25.10.2018 -18 K 2340/18 (Rn 22).
116 VG Bayreuth, GB. v. 12.9.2019 – B 1 K 17.850 (Rn 17), BeckRS 2019, 35335.
117 So OVG LSA, NVwZ-RR 2012, 720. Im entschiedenen Fall hatte die Behörde in einer Aktennotiz über die Besprechung u. a. dazu aufgefordert, „keine Störungen der öffentlichen Sicherheit vorzunehmen, nicht zu solchen aufzufordern und sich nicht an diesen zu beteiligen". Das OVG hat der Anfechtungsklage eines Betroffenen gegen diese Maßnahme stattgegeben, weil für die Gefährderansprache in Form des Verwaltungsaktes keine ausreichende Ermächtigungsgrundlage gegeben war, da eine konkrete Gefahrenlage nicht bestanden hatte (Rn 33). Ebenso etwa Trurnit, in: Möstl/Trurnit, Polizeirecht BW, § 3 Rn 34, u. Eingriffsrecht, Rn 104.
118 So noch VGH BW, VBlBW 2018, 316, 318 ff., mit Anm. von Nachbaur, VBlBW 2018, 320 ff., u. Vahle, DVP 2019, 41 ff.
119 Pöltl, VBlBW 2021, 45, 46.

zeivollzugsdienst oder der Strafverfolgungsbehörden) Kenntnis von früheren Straftaten einer Person haben. Da es um zu erwartende Straftaten geht, dürfte die Gefährdetenansprache im Schwerpunkt dem Polizeivollzugsdienst zufallen.

ee) Verfassungsrecht

65 Die **Gefährderansprache** und das **Gefährderanschreiben** stellen regelmäßig einen **grundrechtsrelevanten Eingriff** dar.[120] Eingriffe sind denkbar in
- das Recht auf allgemeine Handlungsfreiheit – insbesondere die Bewegungsfreiheit – gem. Art. 2 Abs. 1 GG,
- das allgemeine Persönlichkeitsrecht gem. Art. 2 i. V. m. Art. 1 Abs. 1 GG,
- das Erziehungsrecht der Eltern gem. Art. 6 Abs. 2 S. 1 GG,
- das Versammlungsrecht gem. Art. 9 Abs. 1 GG,
- das Recht auf Meinungsfreiheit gem. Art. 5 Abs. 1 GG.[121]

Die **Gefährdetenansprache** stellt einen Eingriff in das **Grundrecht auf informationelle Selbstbestimmung** der Person dar, von der die Begehung einer Straftat droht.[122]

Die **Einschränkung dieser Grundrechte** ist durch die Regelung in § 29 PolG möglich (vgl. auch § 4 PolG), zumal es sich bei der Gefährderansprache um einen recht niederschwelligen polizeilichen Eingriff handelt.[123] Gleichwohl muss sich **jeder einzelne Eingriff** am Verfassungsrecht messen lassen, insbesondere am Grundsatz der Verhältnismäßigkeit (vgl. dazu § 11 Rn 76).

Zu beachten ist allerdings, dass **nicht jede Gefährderansprache** als solche die Voraussetzungen für einen **Grundrechtseingriff** erfüllt. Entscheidend sind vielmehr die **Intensität und der konkrete Inhalt** der jeweiligen Ansprache.[124]

ff) Gefahrverdacht

66 Gefährderansprache und Gefährderanschreiben durch die Polizei sind bereits zulässig, wenn eine Person „in einem überschaubaren Zeitraum die öffentliche Sicherheit stören" wird. Dieses Tatbestandsmerkmal entspricht etwa § 36 Abs. 1 Nr. 1 PolG (elektronische Aufenthaltsüberwachung zur Verhütung terroristischer Straftaten). Damit wird die polizeirechtliche Eingriffsschwelle „vorverlagert". **Eingriffsmaßnahmen gegen potenzielle Störer sind bereits im Vorfeld** – also ohne Vorliegen einer konkreten Gefahr – zulässig.[125]

Für die Anwendung des § 29 Abs. 1 PolG ist damit grundsätzlich das **Vorliegen eines Gefahrverdachts ausreichend**.[126] Dies erscheint unbedenklich, weil mit Gefährderansprache und Gefährderanschreiben eine **polizeiliche Maßnahme geringer Eingriffsqualität** umgesetzt wird.[127] Sie stellt die niedrigste Eingriffsschwelle eines **gestuften Verfahrens** dar, das Gefahren und Störungen von der Allgemeinheit abhalten will.[128] Eine Gefährderansprache oder ein Gefährderanschreiben können **nur gegenüber Personen** angeordnet werden, bei denen bestimmte Tatsachen die Annahme rechtfertigen, dass sie innerhalb eines überschaubaren Zeitraums eine Störung der öffentlichen Si-

---

120 NdsOVG, NJW 2006, 391, 393 f.; Graulich, in: Lisken/Denninger, Handbuch des Polizeirechts, Kap. E Rn 232; Schenke, Polizei- und Ordnungsrecht, Rn 652; Bialon/Springer, Eingriffsrecht, Kap. 50 Rn 26; Lang, ZJS 2020, 234, 237; Kreuter-Kirchhof, AöR 2014, 257, 264 ff.; Kießling, DVBl 2012, 1210, 1211 f.
121 LT-Drs. 16/8484, S. 133; vgl. auch Graulich, in: Lisken/Denninger, Handbuch des Polizeirechts, Kap. E Rn 232 f.; Kießling, DVBl 2012, 1210, 1211 f.
122 LT-Drs. 16/8484, S. 134.
123 Hanschmann, KJ 2017, 434, 437.
124 OVG NRW, openJur 2019, 16860 (Rn 28); in diesem Sinne auch Schmidt, Polizei- und Ordnungsrecht, Rn 597d, 587e.
125 Götz/Geis, Polizei- und Ordnungsrecht, § 12 Rn 7.
126 Vgl. Gusy, Polizei- und Ordnungsrecht, Rn 316; Pöltl, VBlBW 2021, 45, 50.
127 I. E. ebenso Graulich, in: Lisken/Denninger, Handbuch Polizeirecht, Kap. E Rn 234.
128 Graulich, in: Lisken/Denninger, Handbuch Polizeirecht, Kap. E Rn 230; ähnlich Hanschmann, KJ 2017, 434, 437: „vergleichsweise niederschwellige Intervention".

cherheit bewirken werden. Die Annahme einer zu erwartenden Störung muss gegenüber der betroffenen Person **durch Tatsachen zu rechtfertigen** sein, bloße Vermutungen reichen nicht aus; das der Polizei vorliegende Tatsachenmaterial muss sorgfältig geprüft werden.[129] Anhand dieses Tatsachenwissens muss aus Sicht eines objektiven, besonnenen Amtswalters das Vorliegen eines Gefahrverdachts bejaht werden können.[130] Damit muss der **Gefahrverdacht hinreichend konkretisiert** sein. Aktuelle Vorbereitungs- und Versuchshandlungen der betroffenen Person sind indes nicht erforderlich.[131] Für die Beurteilung des ausreichenden Gefahrverdachts kommt es auf den **Zeitpunkt der Bekanntgabe bzw. Durchführung** gegenüber der betroffenen Person an.[132] Die tatbestandlichen Voraussetzungen des § 29 Abs. 1 PolG entsprechen den Vorgaben des **BVerfG** an eine zu treffende **Prognoseentscheidung zur Straftatenverhütung**. Danach können die Polizeibehörden auch Maßnahmen der Straftatenverhütung ergreifen, wenn eine zumindest auf bestimmte Tatsachen und nicht allein auf allgemeine Erfahrungssätze gestützte Prognose vorgenommen wird, die auf eine konkrete Gefahr bezogen ist. Grundsätzlich gehört hierzu, dass insoweit ein wenigstens seiner Art nach konkretisiertes und zeitlich absehbares Geschehen erkennbar ist.[133]

b) Gefährderansprache und Gefährderanschreiben (§ 29 Abs. 1 PolG)
aa) Allgemeines

Die sog. **Gefährderansprache** ist eine polizeiliche Maßnahme, mit der in einem konkreten Fall ein **potenzieller Gefahrenverursacher ermahnt** wird.[134] Hierzu wendet sich die Polizei **im Frühstadium von Gefahren** durch Anschreiben, Hausbesuche, Telefonate oder Gespräche etc. an einen potenziellen Störer, um ihn auf die Rechtslage hinzuweisen, über unzulässige Aktionen bei Versammlungen oder sonstigen Aktivitäten aufzuklären, oder um ihm unverbindliche Ratschläge zur Vermeidung von Sanktionen zu erteilen.[135] Vielfach werden potenzielle Störer auch aufgefordert, einer bestimmten Veranstaltung fernzubleiben.[136] Die Polizei will damit erreichen, dass der Gesprächspartner im Vorfeld von Gefahren über die Gesetzeslage und Rechtsfolgen bei Verstößen informiert ist und dass er ggf. die persönliche Ansprache durch die Polizei zum Anlass nimmt, sich rechtstreu zu verhalten. **Vorrangiges Ziel** es damit, das **Verhalten einer Person zu beeinflussen** und diese **von der Begehung von Straftaten abzuhalten**.[137]

67

Beispiele:[138]
- Gewaltbereiter Problemfan vor Fußballspiel,
- strafrechtlich bereits in Erscheinung getretener Demonstrationsteilnehmer vor bestimmten Versammlungen,
- jugendlicher Intensivtäter,
- häuslicher Gewalttäter,
- Stalker,
- Sexualstraftäter vor der Haftentlassung,
- Einzelpersonen aus dem islamistischen Spektrum.

---

129 NdsOVG, NJW 2006, 391, 393 f., u. Urt. v. 18.11.2016 – 11 LC 148/15 (Rn 60 ff.); VG Bayreuth, GB. v. 12.9.2019 – B 1 K 17.850 (Rn 24), BeckRS 2019, 35335; Götz/Geis, Polizei- und Ordnungsrecht, § 12 Rn 7; Pöltl, VBlBW 2021, 45, 50; vgl. auch Kingreen/Poscher, Polizei- und Ordnungsrecht, § 20 Rn 51.
130 VGH BW, DVBl 2000, 1634 (zu Meldeauflage).
131 Götz/Geis, Polizei- und Ordnungsrecht, § 6 Rn 14.
132 Götz/Geis, Polizei- und Ordnungsrecht, § 6 Rn 7.
133 BVerfGE 141, 220, 290 f. (Rn 164).
134 NdsOVG, ZD 2017, 246 ff. (Rn 61) = DÖV 2017, 258 (nur Ls.), best. durch BVerwG, NVwZ 2018, 739; Graulich, in: Lisken/Denninger, Handbuch des Polizeirechts, Kap. E Rn 229.
135 Vgl. Thiel, Polizei- und Ordnungsrecht, § 19 Rn 18.
136 Kingreen/Poscher, Polizei- und Ordnungsrecht, § 20 Rn 51.
137 LT-Drs 16/8484, S. 132 f.; VGH BW, VBlBW 2018, 316, 318, mit Anm. Nachbaur VBlBW 2018, 320 ff., u. Vahle, DVP 2019, 41 ff.; Graulich, in: Lisken/Denninger, Handbuch des Polizeirechts, Kap. E Rn 229; Rausch, Landesrecht BW, § 3 Rn 339; Stollwerck, LKV 2016, 103, 107.
138 LT-Drs 16/8484, S. 133.

Die Gefährderansprache wird teilweise auch als **Enthierarchisierung** der Beziehung und Kommunikation zwischen Bürger und Hoheitsstaat zugunsten **informativer, kooperativer und konsensualer Handlungsformen der Polizei** angesehen[139], weil die betroffene Person offen angesprochen, informiert und gewarnt wird.

68 **Gefährderansprache ist der Oberbegriff** für alle Formen der Ansprache (mündliche und schriftliche) potenzieller Störer durch die Polizei. **§ 29 Abs. 1 S. 2 PolG** trifft eine weitergehende Differenzierung: Während die **Gefährderansprache mündlich** (Gespräch, Telefonat etc.) erfolgt, dient das **Gefährderanschreiben** der **schriftlichen Ermahnung** (Schreiben, E-Mail etc.) des potenziellen Störers.[140] Für die rechtliche Einordnung der Maßnahme (regelmäßig Realakt, im Einzelfall Verwaltungsakt [vgl. § 11 Rn 63]) spielt die Wahl der Kommunikation (mündlich oder schriftlich) keine Rolle (vgl. auch § 37 Abs. 2 LVwVfG).[141]

bb) Tatbestandsvoraussetzungen / Inhalt der Maßnahme

69 **§ 29 Abs. 1 S. 1 PolG** lässt eine Gefährderansprache oder ein Gefährderanschreiben zu, wenn **Tatsachen die Annahme rechtfertigen**, dass **eine Person in einem überschaubaren Zeitraum die öffentliche Sicherheit stören** wird.
Damit werden folgende **zwingende Voraussetzungen** vorgegeben:
- **Zukünftige Störung** der öffentlichen Sicherheit
- in überschaubarem Zeitraum
- **durch** die von der Gefährderansprache / vom Gefährderanschreiben **betroffene Person,**
- **Prognose** der Polizei
- auf der Grundlage von Tatsachen.

Gefährderansprache und Gefährderanschreiben durch die Polizei können damit auf der **Grundlage eines hinreichend konkretisierten Gefahrverdachts** erfolgen (vgl. dazu § 11 Rn 66).[142] Diese Konkretisierung muss zwingend auf der **Grundlage von Tatsachen** erfolgen, bloße Vermutungen reichen nicht aus. Das der Polizei vorliegende Tatsachenmaterial muss sorgfältig geprüft werden.[143] Die der hinreichenden Konkretisierung dienenden Tatsachen betreffen sowohl das Vorleben und die besonderen Eigenschaften des potenziellen Störers als auch die Umstände, die eine künftige Störung erwarten lassen.[144]

Beispiele für zu berücksichtigende Tatsachen:
- Vorstrafen oder vergleichbare Erkenntnisse der Polizei,
- potenzieller Störer der Polizei persönlich und einschlägig bekannt,
- Störungen bereits bei vergleichbaren Anlässen verursacht,
- regelmäßige Störungen durch den potenziellen Störer lassen Wiederholung erwarten,
- künftige Veranstaltung lässt typischerweise Störungen erwarten (Gewalt bei Fußballspiel etc.),
- bei Anlass oder Veranstaltung können Gefahren nicht oder kaum beherrscht werden.

Die der Polizei vorliegenden Tatsachen können nur aufgrund einer **Prognose der Polizei** beurteilt werden (vgl. dazu auch § 4 Rn 25 zur Gefahrenprognose). Hier spielen die besonderen Kenntnisse und Befähigungen der Polizei eine grundlegende Rolle. Für die Beurteilung der Rechtmäßigkeit der Gefahrenprognose ist der Kenntnisstand der Poli-

---

139 So Hanschmann, KJ 2017, 434, 438; Hebeler, NVwZ 2011, 1364, 1366.
140 Zu den inhaltlichen Unterschieden von mündlicher und schriftlicher Gefährderansprache vgl. Tomschütz, S. 22 ff.
141 Wie hier auch Tomschütz, S. 58 f.
142 Vgl. Gusy, Polizei- und Ordnungsrecht, Rn 316.
143 NdsOVG, NJW 2006, 391, u. Urt. v. 18.11.2016 – 11 LC 148/15 (Rn 60 ff.); VG Bayreuth, GB. v. 12.9.2019 – B 1 K 17.850 (Rn 24), BeckRS 2019, 35335; Götz/Geis, Polizei- und Ordnungsrecht, § 12 Rn 7; vgl. auch Kingreen/Poscher, Polizei- und Ordnungsrecht, § 20 Rn 51.
144 Beispiele für solche Anhaltspunkte finden sich bei NdsOVG, Urt. v. 10.10.2019 – 11 LB 108/18 (Rn 37).

zei im **Zeitpunkt der Gefährderansprache bzw. des Gefährderanschreibens** maßgebend.

Die **Störung** für die öffentliche Sicherheit **liegt in der Zukunft**, sie liegt noch nicht vor, sondern wird lediglich erwartet: „in einem überschaubaren Zeitraum". Die Beschreibung dieser zeitlichen Komponente ist sehr unbestimmt und stellt einen „herabgestuften Wahrscheinlichkeitsmaßstab" dar, der dem Polizeirecht an sich fremd ist und in der Rechtsanwendung bei der Umsetzung im Einzelfall Schwierigkeiten bereiten kann.[145] Andererseits muss gesehen werden, dass in der Polizeipraxis nur der jeweilige Einzelfall beurteilt werden kann, so dass zu starre zeitliche Vorgaben der Rechtsanwendung entgegenstehen würden. Angesichts der angestrebten Verhinderung von Störungen der öffentlichen Sicherheit wird man **keinen allzu engen zeitlichen Zusammenhang** verlangen können. Hinsichtlich der Bestimmtheit der Norm bestehen insoweit keine grundlegenden Bedenken, weil die Gefährderansprache eine sehr niedrige Eingriffsqualität hat. Dennoch ist bei der Rechtsanwendung Sensibilität und Ernsthaftigkeit zu fordern. **Entscheidend** ist der jeweilige **Einzelfall**. Bei komplexeren Sachverhalten oder insbesondere bei zu erwartenden schwerwiegenderen Straftaten kommen auch mehrere Monate als Zeitraum in Betracht. Der Begriff „überschaubar" meint in jedem Fall eine erheblich längere Zeitspanne als etwa der Begriff „zeitnah". Im Kern meint er einen **Zeitraum, der noch erfassbar ist** und in jedem Fall einen **noch erkennbaren konkreten Bezug zu der zu erwartenden Störung** hat. Der Landesgesetzgeber weist zu Recht darauf hin, dass eine Zeitspanne von einem Jahr zu lang sein dürfe.[146] Regelmäßig dürfte ein **Zeitraum von mehr als 6 Monaten** nicht mehr den Tatbestandsvoraussetzungen genügen.

Liegen die tatbestandlichen Voraussetzungen des § 29 Abs. 1 S. 1 PolG vor, kann die Polizei den **potenziellen Störer über die geltende Rechtslage informieren** und ihm **mitteilen, welche Maßnahmen die Polizei im Fall einer bevorstehenden oder erfolgten Störung ergreifen wird**. Die Polizei teilt hierfür dieser Person unter Hinweis auf die geltende Rechtslage mit, dass sie unter Beobachtung steht und welche präventiven oder repressiven polizeilichen Maßnahmen im Fall einer bevorstehenden oder erfolgten Störung ergriffen werden. Durch diese „Ermahnung" soll die betroffene Person von der Störung abgehalten werden.[147]

Die in § 29 Abs. 1 S. 1 PolG genannten **Inhalte der Mitteilung** (Information über Rechtslage / Maßnahmen der Polizei) sind **nicht abschließend** zu verstehen. Die Polizei kann im Rahmen einer Gefährderansprache / eines Gefährderanschreibens auch weitere, darüber hinausgehende Inhalte vorsehen. Dies kann je nach Einzelfall angezeigt oder notwendig sein.

Beispiele:
- Mögliche **Auswirkungen** von Fehlverhalten **im persönlichen Bereich** (etwa bei Minderjährigen Einbindung der Eltern oder des Jugendamts, Ausschluss aus Verein, Nachteile im Beruf),
- **strafrechtliche Folgen** eines störenden Verhaltens (Ordnungswidrigkeiten / Straftatbestände / zu erwartenden Bußgeld- und Strafhöhen),
- **persönlichen Folgen** einer Störung für den potenziellen Störer (etwa im Fall einer aktuellen Bewährung gem. §§ 56, 56 a StGB),
- Hinweis der Polizei, dass sie den potenziellen Störer **unter Beobachtung** hat[148].

Die Konkretisierung der Inhalte einer Gefährderansprache / eines Gefährderanschreiben macht aber deutlich, dass eine **weitergehende Zielrichtung nicht rechtmäßig** wäre, insbesondere ist die **Erzwingung einer Verhaltensänderung ausgeschlossen**. Ziel der Gefährderansprache / des Gefährderanschreiben ist es, dass der potenzielle Störer durch die Ansprache der Polizei **aus freien Stücken** überzeugt ist, sein Verhalten zu

---
145 Krit. dazu der Präsident des VGH BW, in: LT-Drs. 16/8484, S. 213 f.
146 LT-Drs. 16/8484, S. 214.
147 LT-Drs. 16/8484, S. 133.
148 Hanschmann, KJ 2017, 434, 437.

überdenken und so zu lenken, dass er keine Störung der öffentlichen Sicherheit begehen will. Wird gegen den potenziellen Störer hingegen mit weitergehenden Inhalten der Gefährderansprache / des Gefährderanschreibens dahin gehend Druck ausgeübt, dass er sich einem **polizeilichen Zwang** ausgesetzt sieht, wäre diese Maßnahme **mit § 29 Abs. 1 S. 1 PolG unvereinbar und unverhältnismäßig** (vgl. dazu nachfolgend § 11 Rn 76).

c) Gefährdetenansprache (§ 29 Abs. 2 PolG)
aa) Allgemeines

71 § 29 Abs. 2 PolG führt mit dem **PolG 2020** die sog. **Gefährdetenansprache** neu in das PolG ein. Diese Möglichkeit war so bisher im PolG nicht verankert und stellt eine neues, zusätzliches Informationsrecht der Polizei dar. Der **Begriff** „Gefährdetenansprache" ist möglicherweise nicht ganz treffend und präzise (auch wegen seiner sprachlichen Nähe zur Gefährderansprache), passender wäre möglicherweise der Begriff „Gefährdeteninformation" gewesen.

Die Gefährdetenansprache knüpft nicht an die tatbestandlichen Voraussetzungen des § 29 Abs. 1 PolG an, die für eine Gefährderansprache / ein Gefährderanschreiben gelten, sondern sieht **strengere Voraussetzungen** vor, indem sie ausdrücklich an die erwartete / mögliche Begehung bestimmter Straftaten anknüpft. Daher kann nicht bei jedem potenziellen Störer i. S. d. § 29 Abs. 1 PolG auch eine Information des potenziellen Opfers dieser Störung (= Gefährdetenansprache) erfolgen.

bb) Tatbestandsvoraussetzungen / Inhalt der Maßnahme

72 **§ 29 Abs. 2 S. 1 PolG** erlaubt die Durchführung einer Gefährdetenansprache, wenn **Tatsachen die Annahme rechtfertigen**, dass eine **Person in einem überschaubaren Zeitraum eine Straftat begehen oder zu ihrer Begehung beitragen** wird, die sich gegen **Leib, Leben, Freiheit, die sexuelle Selbstbestimmung, den Bestand oder die Sicherheit des Bundes oder eines Landes oder bedeutende fremde Sach- oder Vermögenswerte** richtet.

Damit werden folgende **zwingende Voraussetzungen** vorgegeben:
- Zukünftige Begehung einer Straftat oder Beitrag zur Begehung (Straftaten in § 29 Abs. 2 S. 1 PolG benannt)
- in überschaubarem Zeitraum
- durch eine andere Person (nicht Gefährdeter),
- Prognose der Polizei
- auf der Grundlage von Tatsachen.

Die **Gefährdetenansprache** durch die Polizei kann damit auf der **Grundlage eines hinreichend konkretisierten Gefahrverdachts** erfolgen (vgl. dazu § 11 Rn 66).[149] Die notwendige Konkretisierung muss zwingend auf der **Grundlage von Tatsachen** erfolgen, bloße Vermutungen reichen nicht aus. Das der Polizei vorliegende Tatsachenmaterial muss sorgfältig geprüft werden.[150] Die der hinreichenden Konkretisierung dienenden Tatsachen betreffen sowohl das Vorleben und die besonderen Eigenschaften des potenziellen Störers als auch die Umstände, die eine künftige Störung erwarten lassen.

Die der Polizei vorliegenden Tatsachen können nur aufgrund einer **Prognose der Polizei** beurteilt werden (vgl. dazu auch § 4 Rn 25 zur Gefahrenprognose). Hier spielen die besonderen Kenntnisse und Befähigungen der Polizei eine grundlegende Rolle. Für die Beurteilung der Rechtmäßigkeit der Gefahrenprognose ist der Kenntnisstand der Poli-

---
149 Vgl. Gusy, Polizei- und Ordnungsrecht, Rn 316.
150 NdsOVG, NJW 2006, 391, u. Urt. v. 18.11.2016 – 11 LC 148/15 (Rn 60 ff.); VG Bayreuth, GB. v. 12.9.2019 – B 1 K 17.850 (Rn 24), BeckRS 2019, 35335; Götz/Geis, Polizei- und Ordnungsrecht, § 12 Rn 7; vgl. auch Kingreen/Poscher, Polizei- und Ordnungsrecht, § 20 Rn 51.

zei im **Zeitpunkt der Gefährderansprache bzw. des Gefährderanschreibens** maßgebend.

Zum Tatbestandsmerkmal „**in einem überschaubaren Zeitraum**" vgl. die weiteren Ausführungen in § 11 Rn 69.

Die in § 29 Abs. 2 S. 1 PolG genannten **Straftaten** sind: 73
- Straftaten gegen **Leib, Leben, Freiheit** (= vor allem §§ 224 bis 231 StGB [Leib], §§ 211 bis 222 StGB [Leben], §§ 232 bis 241 a StGB [persönliche Freiheit]),
- Straftaten gegen die **sexuelle Selbstbestimmung** (= vor allem §§ 174 bis 184 g StGB),
- Straftaten gegen den **Bestand des Bundes oder eines Landes** (= in ersten Linie §§ 81, 82 StGB),
- Straftaten gegen **bedeutende Sach- und Vermögenswerte** (= §§ 242 ff. StGB); eine **Sache von besonderem Wert** hat üblicherweise einen Wert von **mindestens 750 €**.[151]

Die **Aufzählung** der drohenden Straftaten, die zu einer Gefährdetenansprache berechtigen, ist **abschließend**. Eine Erweiterung durch etwa vergleichbare schwerwiegende andere Straftaten ist ausgeschlossen. Damit scheidet eine Gefährdetenansprache auch dann aus, wenn eine Person durch die Begehung anderer schwerwiegender Straftaten bedroht ist.

Ein **typischer und häufiger Anwendungsbereich** der Gefährdetenansprache dürfte im 74 **Bereich der Sexualdelikte** zu finden sein. Immer wieder kommt es vor, dass Kontaktpersonen von Sexualstraftätern wegen der bestehenden Risiken gewarnt werden müssen, weil tatsächliche Anhaltspunkte für die Begehung erneuter Straftaten bestehen. Diese Erkenntnisse ergeben sich regelmäßig bei KURS-Teilnehmern (Straftäter, die an der „Konzeption zum Umgang mit rückfallgefährdeten Sexualstraftätern" teilnehmen). Hier ist etwa an die neue Lebenspartnerin eines Sexualstraftäters zu denken, wenn diese Kinder hat und der Betroffene wegen Kindesmissbrauchs vorbestraft ist, oder etwa an den Vorstand eines Sportvereins, wenn sich der Betroffene als Trainer im Jugendbereich bewirbt oder tätig ist. Im Bereich der häuslichen Gewalt kann es bei einem einschlägig in Erscheinung getretenen Gewalttäter ebenfalls erforderlich sein, die ehemalige oder die neue Lebenspartnerin über bestehende Risiken zu informieren. Vgl. dazu auch **Nr. 5.8.2 VwV KURS**, wonach Gefährderansprache und Gefährdetenansprache bei **rückfallgefährdeten Sexualstraftätern** als gefahrenabwehrrechtliche Maßnahmen der Polizeidienststellen in Betracht kommen.

Zudem kommt es durch **Angehörige bestimmter Milieus** – etwa Rockervereinigungen oder Gruppierungen aus dem Bereich der organisierten Kriminalität – immer wieder zu schweren Gewaltstraftaten gegen ehemalige Mitglieder oder Angehörige anderer Vereinigungen, die sich zwar gegen bestimmte Personen richten, aber deren direktes Umfeld (Familienangehörige etc.) ggf. ebenso erheblich gefährdet ist.[152]

Liegen die tatbestandlichen Voraussetzungen des § 29 Abs. 2 S. 1 PolG vor (Gefahr der 75 Begehung einer Straftat durch eine Person), kann die Polizei andere Personen hierüber informieren, sofern diese **als Opfer der drohenden Straftat in Betracht kommen** oder deren **Kenntnis von der drohenden Straftat aus anderen Gründen unbedingt erforderlich** ist. Zu diesem Zweck kann die Polizei gem. § 29 Abs. 2 S. 2 PolG die betroffenen Personen ansprechen.

Damit kommt eine Gefährdetenansprache bei Gefahr der Begehung einer Straftat durch eine bestimmte Person **in zwei Fällen** in Betracht:

---

151 BGH, StV 2011, 619 (Rn 4 ff.), u. NStZ 2019, 677 (Rn 8), zu §§ 315 b Abs. 1, 315 c Abs. 1 StGB (**str.**).
152 Beispiele nach LT-Drs. 16/8484, S. 134.

1. Jemand kommt als **Opfer der drohenden Straftat** in Betracht, oder
2. die **Kenntnis von der drohenden Straftat** ist aus **anderen Gründen** für eine andere Person **unbedingt erforderlich**.

Beide Gründe für eine Benachrichtigung des potenziellen Opfers sind **alternativ** („oder") und **abschließend**. Die **Benachrichtigung** eines potenziellen Opfers **aus anderen Gründen** (etwa persönliche Bekanntschaft mit der von der Straftat bedrohten Person) ist nicht möglich und würde einen Verstoß gegen das Recht auf informationelle Selbstbestimmung darstellen. Die Information einer Person, die nicht bedrohtes Opfer ist, muss „**unbedingt erforderlich**" sein. Es müssen also **zwingende Gründe** vorliegen, die eine Information unabweisbar erscheinen lassen. Diese tatbestandliche Hürde ist notwendig, um die **Verhältnismäßigkeit** zu wahren, da die Information über einen möglichen Straftäter ein schwerwiegender Eingriff in die informationelle Selbstbestimmung ist, die nur durch schwerwiegende Gründe gerechtfertigt werden kann (der potenzielle Straftäter wird „angeprangert").

Beispiele für andere Gründe i. S. d. § 29 Abs. 2 S. 2 PolG:

- Ein **enger Familienangehöriger** (Ehepartner, Kinder, Eltern) ist von der Straftat bedroht. Die Information erfolgt an im engen Familienverband lebende Personen.
- Die Straftat soll sich gegen Firmeneinrichtungen von bedeutendem Wert richten (Brand- oder Bombenanschlag). Es erfolgt eine **Information des Firmeninhabers** oder eines **erweiterten Mitarbeiterkreises**.
- Denkbar ist auch, eine **enge Vertrauensperson des potenziellen Täters** (Eltern, Ehepartner, Lebenspartner) in Kenntnis zu setzen, wenn die ernsthafte Aussicht besteht, dass dieser straftatverhindernd auf den potenziellen Täter einwirken kann.

d) Verhältnismäßigkeit

76 Auch wenn § 29 PolG eine zulässige Einschränkung der betroffenen Grundrechte darstellt (vgl. dazu § 11 Rn 65), **muss sich jede einzelne Maßnahme** (Gefährderansprache, Gefährdeschreiben, Gefährdetenansprache) **an den Grundrechten messen lassen**. Insbesondere ist der **Grundsatz der Verhältnismäßigkeit** zu wahren. Dabei ist zu beachten, dass alle Maßnahmen des § 29 PolG für die betroffenen Personen sehr belastend sein können, denn in allen Fällen wird die betroffenen Personen die beabsichtige Verursachung einer Störung oder sogar die Begehung einer Straftat von der Polizei vorgehalten, im Fall des § 29 Abs. 2 PolG werden davon sogar Dritte benachrichtigt. Die Gefährdetenansprache ist wegen der Beteiligung Dritter für die betroffene Person regelmäßig der schwerwiegendere Eingriff als eine Gefährderansprache oder ein Gefährderanschreiben.

Als **nicht mehr verhältnismäßig** angesehen werden können regelmäßig alle Beeinflussungen der Polizei gegenüber dem potenziellen Störer, die **den freien Willen der betroffenen Person unterdrücken**, die also dazu führen, dass sie für sich keine Entscheidungsfreiheit mehr sieht und sie deshalb ihr Verhalten unter innerem oder äußerem Zwang ändert. Insofern scheiden auch alle Bedrohungen aus. Die Polizei ist aber nicht gehindert, alle Arten an Rechtsfolgen aufzuzeigen (strafrechtliche Konsequenzen etc.) oder auf eine intensive Beobachtung der betroffenen Person durch die Polizei („wir haben sie im Auge") hinzuweisen.

Beispiel: Weist die Polizei auf mögliche Gefahren und Folgen einer Ausübung der grundgesetzlich geschützten Rechte allgemein hin, ohne dass bereits gegenüber dem Adressaten konkrete Maßnahmen angesprochen oder angedroht werden, verbleibt für die betroffene Person **ausreichend Handlungsspielraum**, ihre Willensentschließung unter Abwägung aller maßgeblichen Gesichtspunkte frei zu treffen. Wird sie hingegen unter Bezugnahme auf ihr in der Vergangenheit zur Last gelegte Verfehlungen und auf die polizeiliche Erheblichkeit eines vergleichbaren Verhaltens aus Anlass einer konkret bevorstehenden Demonstration polizeilich angeschrieben, um dadurch ihre Teilnahme zu verhindern, so kann der **Spielraum für die Willensentschließung etwa aus Furcht vor polizeilichen Maßnahmen und Nachteilen so stark beeinflusst** sein, dass die betroffene Person **keine Entschließungsfreiheit mehr** für die Ausübung ihrer Versammlungs- und Meinungsfreiheit für sich sieht. Unter Berücksichtigung dieser Grundsätze ist dem Gefährderanschreiben die Eingriffsqualität nicht abzusprechen.[153]

Der Gesetzgeber geht davon aus, dass eine Gefährderansprache **im Regelfall in der Wohnung** der betroffenen Person **durchgeführt** wird. An einem anderen Ort kommt diese Maßnahme beispielsweise in Betracht, wenn ein fester Wohnsitz nicht besteht oder nicht bekannt ist, die Person in der Wohnung nicht angetroffen wird, die Ansprache in der Wohnung den Zweck der Maßnahme gefährden würde oder anlässlich einer anderen polizeilichen Maßnahme erfolgt.[154] Gegenüber der Durchführung in der Wohnung ist die **Durchführung in den Räumen der Polizei** das nächstmildere Mittel.

Um den mit einer Gefährderansprache verbundenen Eingriff möglichst gering zu halten und eine **Stigmatisierung** der betroffenen Person zu **vermeiden**, ist eine **Durchführung der Maßnahme vor Dritten**, insbesondere am Arbeitsplatz der betroffenen Person, aus Gründen der Verhältnismäßigkeit **nur zulässig**, soweit dies **zur Zweckerreichung unerlässlich** ist.[155]

4. Platzverweis, Aufenthaltsverbot, Wohnungsverweis, Rückkehrverbot und Annäherungsverbot (§ 30 PolG)

a) Allgemeines

§ 30 PolG wurde durch die **Gesetzesänderung vom 18.11.2008** (GBl S. 390) als § 27 a PolG in das PolG eingeführt.[156] § 30 **Abs. 2 S. 4** PolG wurde mit dem **PolG 2020** ergänzt. 77

§ 30 PolG regelt polizeiliche Aufenthaltsbeschränkungen **nicht abschließend**. Gefahrensituationen, die nach dem gesetzgeberischen Willen nicht von § 30 PolG erfasst werden, kann nach wie vor über die §§ 1, 3 PolG begegnet werden. So hat der Gesetzgeber beispielsweise Annäherungsverbote gegen **Stalker**, die nicht im Zusammenhang mit häuslicher Gewalt i. S. d. § 30 Abs. 3 PolG stehen, bewusst nicht spezialgesetzlich geregelt, sondern dem Anwendungsbereich der Generalermächtigung überlassen.[157] Welche Anwendungsfälle im Rahmen der §§ 1, 3 PolG von der Rechtsprechung anerkannt werden, bleibt abzuwarten. Das **VG Stuttgart** hat zu Recht die Anwendung der §§ 1, 3 PolG für den **Erlass eines Kontakt- und Annäherungsverbots** in einem Fall bejaht, bei dem der Bewohner eines Mehrfamilienhauses andere Mitbewohner massiv bedroht und belästigt hat (§ 238 StGB [Nachstellung]).[158]

Soweit § 30 PolG aber bestimmte polizeiliche Maßnahmen regelt (= Platzverweis, Betretungsverbot, Aufenthaltsverbot, Wohnungsverweis, Rückkehrverbot und Annäherungsverbot), ist ein (ergänzender) **Rückgriff auf die Generalklausel** der §§ 1, 3 PolG **ausgeschlossen**.[159]

Aus § 30 PolG folgt keine Rechtsgrundlage für sog. **aufenthaltsbestimmende Maßnahmen** der Polizei.[160] Eine entsprechende Rechtsgrundlage findet sich nunmehr – mit der Zielsetzung der Verhinderung terroristischer Straftaten – unter engeren Tatbestandsvoraussetzungen in § 31 PolG (vgl. § 11 Rn 101 ff.). Es kann aber darüber hinaus Situationen geben, in denen die Polizei einem Adressaten nicht nur den Aufenthalt an einem bestimmten Ort untersagen muss, sondern in denen sie auch bestimmen muss, an welchem Ort sich eine bestimmte Person oder eine Personengruppe aufhalten muss. 78

---

153 NdsOVG, NJW 2006, 391, 392.
154 LT-Drs. 16/8484, S. 133.
155 LT-Drs. 16/8484, S. 133.
156 Krit. dazu Nachbaur, VBlBW 2018, 45, 46: „Kein großer Wurf".
157 Ibler, in: Ennuschat/Ibler/Remmert, Öffentliches Recht BW, § 2 Rn 294; Deger, in: Stephan/Deger, Polizeigesetz BW, § 27 a Rn 3 m. w. N.
158 VG Stuttgart, openJur 2020, 76028 (Rn 32).
159 W.-R. Schenke, in: Schenke/Graulich/Ruthig, Sicherheitsrecht, § 38 BPolG Rn 1.
160 Vgl. auch W.-R. Schenke, in: Schenke/Graulich/Ruthig, Sicherheitsrecht, § 38 BPolG Rn 6.

Beispiel: Bei einer Großveranstaltung (Konzert, Fußballspiel) muss die Polizei einer größeren Gruppe aus Gründen der Sicherheit vorübergehend einen bestimmten Aufenthaltsort zuweisen, um diese von anderen Personengruppen zu trennen.

In diesen Fällen ist ein **Rückgriff auf die polizeiliche Generalklausel** zulässig. § 30 PolG trifft insoweit erkennbar keine abschließende Sonderregelung, die einen solchen Rückgriff sperren würde.[161] Auch § 31 PolG sperrt wegen seiner speziellen Zielrichtung einen Rückgriff auf die §§ 1, 3 PolG nicht (vgl. dazu eingehender auch die Ausführungen in § 11 Rn 104). Rechtsgrundlage für aufenthaltsbestimmende Maßnahmen der Polizei (auch **Platzanweisung** genannt[162]) sind in diesen Fallgruppen (mit grundsätzlicher Anwendbarkeit des § 30 PolG) somit die **§§ 1, 3 PolG**.[163]

79 Die **Zuständigkeit** für Maßnahmen gem. § 30 PolG richtet sich nach § 105 PolG. Danach sind für einen Platzverweis gem. § 30 Abs. 1 PolG sowohl die **Polizeibehörde** als auch der **Polizeivollzugsdienst** sachlich zuständig (vgl. Aufzählung in § 105 Abs. 3 PolG [geändert durch Gesetz vom 20.11.2012, GBl. S. 625]).[164] Demgegenüber richtet sich die sachliche Zuständigkeit für Maßnahmen gem. § 30 Abs. 2 u. 3 PolG nach § 105 Abs. 1 u. 2, § 30 Abs. 4 S. 1 PolG.

80 Wer schuldhaft einer vollziehbaren Verfügung gem. § 30 Abs. 1 bis 3 PolG zuwiderhandelt, begeht gem. § 133 Abs. 1 PolG eine **Ordnungswidrigkeit**. Gem. § 133 Abs. 2 PolG kann diese mit einem **Bußgeld** bis zu 5.000,00 Euro geahndet werden.

b) Platzverweis (§ 30 Abs. 1 PolG)
aa) Begriff

81 Der **Platzverweis** ist nach der Legaldefinition in § 30 Abs. 1 PolG der vorübergehende Verweis von einem Ort oder das vorübergehende Verbot, einen solchen zu betreten. Richtigerweise unterscheidet aber § 30 Abs. 1 PolG zwischen dem **Platzverweis** (Alt. 1) und dem **Betretungsverbot** (Alt. 2).[165] Beim Platzverweis wird eine Person vorübergehend von einem Ort verwiesen[166], beim Betretungsverbot wird einer Person vorübergehend das Betreten eines Ortes verboten. Beide Maßnahmen werden oftmals in einem Rechtsakt verhängt, regelmäßig wird aber bei einer akuten Gefährdung oder Störung als Erstmaßnahme nur ein Platzverweis verhängt und noch auf ein (weitergehendes) Betretungsverbot verzichtet. Insofern ist die vom Gesetzgeber gewählte Gesamtdefinition als „Platzverweis" eher unglücklich.[167]

bb) Örtliche Begrenzung

82 Platzverweis und Betretungsverbot beschränken sich auf eine **eng umgrenzte, überschaubare Örtlichkeit**.[168] Die **Ausdehnung des Ortes** richtet sich in erster Linie danach, welche Gefahr zu beseitigen ist.[169] Der Platzverweis greift deshalb nicht in die Freiheit der Person gem. Art. 2 Abs. 2 GG ein, da der Adressat nicht festgehalten wird. Wegen der Kurzfristigkeit der Maßnahme liegt auch kein Eingriff in das Grundrecht auf Freizügigkeit gem. Art. 11 GG vor. Sie greift in das **Grundrecht der allgemeinen Handlungsfreiheit** gem. Art. 2 Abs. 1 GG ein.

---

161 Wie hier etwa Trurnit, Eingriffsrecht, Rn 502; **a. A.** Frey/Schönstein, VBlBW 2016, 447, 455: „unzulässige Erweiterung der Rechtsfolgen des Platzverweises".
162 Trurnit, Eingriffsrecht, Rn 501.
163 Trurnit, in: Möstl/Trurnit, Polizeirecht BW, § 3 Rn 38, 38.1.
164 Frey/Schönstein, VBlBW 2016, 447, 456.
165 Wie hier W.-R. Schenke, in: Schenke/Graulich/Ruthig, Sicherheitsrecht, § 38 BPolG Rn 1; Nachbaur, VBlBW 2018, 45, 46.
166 Vgl. auch Frey/Schönstein, VBlBW 2016, 447, 448.
167 Krit. hierzu auch Nachbaur, VBlBW 2018, 45, 46.
168 Vgl. eingehender Frey/Schönstein, VBlBW 2016, 447, 451; W.-R. Schenke, in: Schenke/Graulich/Ruthig, Sicherheitsrecht, § 38 BPolG Rn 10; **str.**, vgl. dazu Hebeler, JA 2019, 879.
169 NdsOVG, DÖV 2019, 368, mit Bespr. Hebeler, JA 2019, 879 f.

cc) Zeitliche Begrenzung

Nach der hier vertretenen Auffassung dürfen der **Platzverweis** und das **Betretungsverbot** nur **vorübergehend** wirken, also kurzfristig und nicht auf längere Dauer ausgerichtet sein. Was darunter zu verstehen ist, ist **strittig**. Der systematische Vergleich mit § 30 Abs. 2 PolG zeigt, dass ein Platzverweis nach Abs. 1 jedenfalls kürzer als ein Aufenthaltsverbot sein muss.[170] In keinem Fall kann die Maßnahme so lange dauern, bis die Gefahr abgewehrt ist oder feststeht, dass die Gefahr von Dauer ist. Nach dem Willen des Gesetzgebers darf ein Platzverweis nicht einen Eingriff in das Grundrecht auf Freizügigkeit gem. Art. 11 GG bewirken.[171] Unter Berücksichtigung dieses Grundrechtsschutzes sollte ein **Platzverweis grundsätzlich nicht länger als 24 Stunden** dauern.[172] Wird diese Zeitgrenze überschritten, liegt in aller Regel ein Aufenthaltsverbot gem. § 30 Abs. 2 PolG vor. Abweichungen hiervon sind allenfalls in ganz besonders gelagerten Einzelfällen denkbar. Nach anderer Meinung kommt es auf die **Dauer und Bedeutung** des beabsichtigten Aufenthalts an mit der Folge, dass ein Platzverweis auch mehrere Tage andauern kann.[173] Dies soll vor allem dann gelten, wenn der Aufenthalt nicht gleichzeitig das Wohnen, Übernachten oder den Arbeitsplatz umfasst.[174] Gegen die Verwendung des unbestimmten Rechtsbegriffs „vorübergehend" sprechen indes keine grundlegenden Bedenken, da er in der Praxis die ggf. notwendige Flexibilität in der Rechtanwendung lässt.[175]

83

Im Hinblick auf diese Abgrenzungsprobleme wird **empfohlen**, längerfristige Maßnahmen auf § 30 Abs. 2 PolG zu stützen. Ein Platzverweis kann etwa erteilt werden, wenn Verstöße gegen Ge- und Verbote einer Polizeiverordnung vorliegen, wenn der Einsatz der Feuerwehr oder des Rettungsdienstes behindert wird, oder wenn ein bestimmtes Gebiet wegen der Entschärfung eines Blindgängers geräumt werden muss.

Beispiel: Nach der städtischen Umweltschutzverordnung darf der Stadtgarten von E nicht mit Hunden betreten werden. Bei einer Kontrolle stellt die Polizei fest, dass sich die F nicht an dieses Gebot hält. Sie wird von den kontrollierenden Polizeibeamten angewiesen, den Stadtgarten sofort mit ihrem Hund zu verlassen. Hier beschränkt sich der Platzverweis auf den eng umgrenzten Bereich „Stadtgarten".

dd) Rechtscharakter

Die Erteilung eines Platzverweises ist **Verwaltungsakt**.[176] Für ihn gelten daher hinsichtlich Vorausset-zungen und Anfechtung die allgemeinen Regeln, die für einen Verwaltungsakt zu beachten sind.[177] Regelmäßig wird der Platzverweis durch den Polizeivollzugsdienst situativ nur **mündlich** erteilt werden.[178] Der Platzverweis **erledigt** sich nicht allein durch seine Vollstreckung, wenn von ihm auch darüber hinaus rechtliche Wirkungen ausgehen, etwa wenn er die Grundlage für einen Vollstreckungskostenbescheid bildet.[179]

84

---

170 Nachbaur, VBlBW 2018, 45, 47.
171 LT-Drs. 14/3165, S. 66 ff.
172 So auch Schenke, Polizei- und Ordnungsrecht, Rn 132; W.-R. Schenke, in: Schenke/Graulich/Ruthig, Sicherheitsrecht, § 38 BPolG Rn 9; Söllner, in: Pewestorf/Söllner/Tölle, Polizei- und Ordnungsrecht, § 29 ASOG Rn 9: „spätestens am Beginn des nächsten Tages endet"; Turnit, Eingriffsrecht, Rn 493; Bruckert/Frey/Kron/Marz, Besonderes Verwaltungsrecht, Rn 140; Frey/Schönstein, VBlBW 2016, 447, 450; dem Grunde nach auch Graulich, in: Lisken/Denninger, Handbuch des Polizeirechts, Kap. E Rn 416: „nur ganz kurzfristig".
173 **A. A.** Nachbaur, VBlBW 2018, 45, 47.
174 So etwa Deger, in: Stephan/Deger, Polizeigesetz BW, § 27 a Rn 7.
175 **A. A.** Nachbaur, VBlBW 2018, 46, 47: „konkretisierende Festlegung durch den Gesetzgeber".
176 VGH BW, VBlBW 2018, 338; Jahr, ZJS 2016, 181, 184.
177 Vgl. zu den formellen Anforderungen auch Kingreen/Poscher, Polizei- und Ordnungsrecht, § 15 Rn 13.
178 Vgl. dazu § 37 Abs. 2 S. 1, 2 LVwVfG: „Ein Verwaltungsakt kann schriftlich, elektronisch, **mündlich** oder in anderer Weise erlassen werden. Ein mündlicher Verwaltungsakt ist schriftlich oder elektronisch zu bestätigen, wenn hieran ein berechtigtes Interesse besteht und der Betroffene dies unverzüglich verlangt."
179 VGH BW, VBlBW 2018, 338 f.

ee) Voraussetzungen

85 Ein Platzverweis darf nur zur **Abwehr einer Gefahr** oder zur **Beseitigung einer Störung** gegenüber einer **Person** erfolgen (§ 30 Abs. 1 PolG). Platzverweise sind eingreifende Einzelmaßnahmen. Gefahr i. S. d. § 30 Abs. 1 PolG ist mithin eine **konkrete Gefahr**[180], also eine Sachlage, die bei ungehindertem Geschehensablauf in absehbarer Zeit mit hinreichender Wahrscheinlichkeit zu einem Schaden am jeweiligen Schutzgut führen wird (vgl. § 4 Rn 28).[181] Eine **Störung** liegt vor, wenn ein Schaden am Schutzgut bereits eingetreten ist und fortwirkt (vgl. § 4 Rn 70). Adressat eines Platzverweises kann im Regelfall nur ein **Störer** i. S. d. §§ 6, 7 PolG sein. Maßnahmen gegen Unbeteiligte kommen nur ausnahmsweise unter den Voraussetzungen des § 9 PolG in Betracht.

Beispiel: Die Polizei fordert alle Personen, die sich nach einem Fußballspiel auf einem Parkplatz befinden, auf, diesen sofort zu verlassen, weil dort größere Auseinandersetzungen zwischen gegnerischen Fußballfans stattfinden. Wegen der unübersichtlichen Situation ist die Polizei nicht in der Lage, friedliche **Fans** von gewaltbereiten zu unterscheiden. Andere Maßnahmen als der Platzverweis sind in der Kürze der Zeit nicht erfolgversprechend.

86 In § 30 Abs. 1 PolG wird nicht ausdrücklich darauf hingewiesen, dass der Platzverweis der Abwehr von Störungen für die öffentliche Sicherheit oder Ordnung dient.[182] Hierdurch entsteht aber **keine durchgreifende Regelungslücke**, denn Grundlage aller Rechtsnormen des PolG sind § 1 Abs. 1 PolG und § 3 PolG. Über den **Rückgriff auf die §§ 1, 3 PolG** ist klar, dass es um **Störungen der öffentlichen Sicherung und Ordnung** geht.[183] Unschädlich ist deshalb auch, dass in der Gesetzesbegründung zum Änderungsgesetz vom 18.11.2008 nur auf die öffentliche Sicherheit Bezug genommen wird.[184] § 1 Abs. 1 PolG weist der Polizei die Aufgabe zu, die öffentliche Sicherheit *und* Ordnung zu schützen. Schutzgut ist daher auch bei einem Platzverweis die öffentliche Ordnung.[185] Im Hinblick auf die vor allem in der Literatur vorgetragenen generellen Zweifel an der Notwendigkeit und Bestimmtheit des unbestimmten Rechtsbegriffs, sollte die Polizei allerdings nur in begründeten Ausnahmefällen auf dieses Schutzgut zurückgreifen (vgl. § 4 Rn 66 ff.).[186]

Beispiel: Platzverweis gegen Rechtsextremisten, die in der Öffentlichkeit einschüchternd aufmarschieren.[187]

87 Fraglich ist, ob ein Platzverweis nur für den öffentlichen Raum oder auch für Privatgrundstücke ausgesprochen werden kann. Das BVerfG hat den Schutzbereich des Art. 8 GG auf öffentliche Plätze ausgedehnt, die im Eigentum Privater stehen.[188] Damit ist es möglich, dass die Polizei auch auf Privatgrundstücken, etwas zum Schutz einer Versammlung, tätig werden muss. Gem. § 2 Abs. 2 PolG ist der Schutz privater Rechte nur subsidiär, was gegen die Befugnis der Polizei zu einem Platzverweis für private Grundstücke und Gebäude sprechen könnte. Zweck und Wortlaut des § 30 Abs. 1 PolG sprechen allerdings dafür, dass **Platzverweise auch mit Wirkung für private Grundstücke** ausgesprochen werden können.[189] Der Gesetzgeber unterscheidet nicht zwischen öffentlichen und privaten Bereichen, sondern spricht allgemein von „einem Ort".

---

180 Ebenso Frey/Schönstein, VBlBW 2016, 447, 448.
181 Frey/Schönstein, VBlBW 2016, 447.
182 Krit. dazu Nachbaur, VBlBW 2018, 45, 46: „möglicherweise schlicht vergessen".
183 Wie etwa Württemberger/Heckmann/Tanneberger, Polizeirecht BW, § 5 Rn 168; Trunit, Eingriffsrecht, Rn 492; Deger, in: Stephan/Deger, Polizeigesetz BW, § 27 a Rn 6; Bruckert/Frey/Kron/Marz, Besonderes Verwaltungsrecht, Rn 133; Frey/Schönstein, VBlBW 2016, 447, 448 f.; i. E. ebenso Nachbaur, VBlBW 2018, 45, 46.
184 LT-Drs. 14/3165 S. 66.
185 Bruckert/Frey/Kron/Marz, Besonderes Verwaltungsrecht, Rn 133.
186 Ebenso Frey/Schönstein, VBlBW 2016, 447, 449.
187 Deger, in: Stephan/Deger, Polizeirecht BW, § 27 a Rn 6, unter Hinweis auf VGH BW, VBlBW 2008, 60, u. BVerwG, Beschl. v. 17.7.2008 – 6 B 5/08.
188 BVerfGE 128, 226, 252 (Fraport); BVerfG, NVwZ 2015, 2485 (Bierdosen-Flashmob). Vgl. dazu auch Frau, Die Verwaltung 2016, 531 ff.
189 I. E. ebenso Frau, Die Verwaltung 2016, 547–550, aus allgemeinen rechtsdogmatischen Erwägungen heraus.

Mit § 30 Abs. 1 PolG soll eine von einer bestimmten Person ausgehende Gefahr wirksam und befristet unterbunden werden, indem diese Person von dem Ort entfernt wird, an dem die konkrete Gefahr entstehen würde. Da es für den Platzverweis entscheidend auf die Verknüpfung von Gefahr und konkretem Ort ankommt, ist die zivil- oder öffentlich-rechtliche Einordnung des Orts nicht von grundlegender Bedeutung. Soweit die Notwendigkeit eines Platzverweises für einen privatrechtlichen Ort besteht, ist dies auf der Grundlage des § 30 Abs. 1 PolG möglich. Das privatrechtliche Hausrecht des Eigentümers tritt insoweit zurück, § 2 Abs. 2 PolG greift nicht.

ff) Versammlungen

Für einen Platzverweis ist kein Raum bei einer dem VersammlG unterliegende **Ver-** 88 **sammlung**. Das Versammlungsrecht sperrt die Anwendung des PolG (sog. **Polizeifestigkeit** des Versammlungsrechts).[190]

c) Aufenthaltsverbot (§ 30 Abs. 2 PolG)
aa) Begriff

Durch das **Aufenthaltsverbot** wird mittels entsprechender Verfügung ausgesprochen, 89 einen bestimmten Ort oder ein bestimmtes Gebiet innerhalb einer Gemeinde oder ein ganzes Gemeindegebiet zu betreten oder sich dort aufzuhalten. Es darf mithin für einen räumlich größeren Bereich und für eine längere Zeit vorgesehen werden, als dies bei einem Platzverweis gem. § 30 Abs. 1 PolG der Fall ist (vgl. § 11 Rn 82 f.).

Das Aufenthaltsverbot greift in den Schutzbereich von **Art. 11 Abs. 1 GG** ein.[191] Der Störer wird längerfristig daran gehindert, seinen **Aufenthaltsort frei zu wählen**.[192] Durch § 30 Abs. 2 S. 1 PolG wird den Vorgaben des Art. 11 Abs. 2 GG Rechnung getragen, weil ein Aufenthaltsverbot nur zur Verhinderung von Straftaten in Betracht kommt. Die Maßnahme wurde bzw. wird vor allem von den größeren Städten zur Bekämpfung der offenen Drogenszene eingesetzt.[193]

bb) Anwendungsvorrang

Mit der Einführung der besonderen Rechtsgrundlage des § 30 Abs. 2 PolG muss ein 90 Aufenthaltsverbot auf diese Regelung gestützt werden. § 30 Abs. 2 PolG ist für das Aufenthaltsverbot **lex specialis** und geht der allgemeinen Rechtsgrundlage der polizeilichen Generalklausel (§§ 1, 3 PolG) vor. Damit kann eine den Aufenthalt verbietende polizeiliche Maßnahme nicht auf die §§ 1, 3 PolG gestützt werden.[194] Eine **Allgemeinverfügung** kann auf die Rechtsgrundlage des § 30 Abs. 2 PolG nicht gestützt werden[195], da § 30 Abs. 2 PolG nur Maßnahmen gegenüber Einzelpersonen und nicht gegenüber größeren Menschenmengen vorsieht. Ob in diesem Fall (größere Menschenmenge) auf der Grundlage der §§ 1, 3 PolG eine Allgemeinverfügung zum Zweck eines Aufenthaltsverbots erlassen werden kann, erscheint fraglich.[196]

---

190 Söllner, in: Pewestorf/Söllner/Tölle, Polizei- und Ordnungsrecht, § 29 ASOG Rn 2; **diff.** W.-R. Schenke, in: Schenke/Graulich/Ruthig, Sicherheitsrecht, § 38 BPolG Rn 4; vgl. dazu auch § 6 Rn 15.
191 Stollwerck, LKV 2016, 103, 106 f.; Bruckert/Frey/Kron/Marz, Besonderes Veraltungsrecht, Rn 141.
192 VGH BW, VBlBW 2005, 138.
193 Vgl. VGH BW, VBlBW 1997, 66; OVG NRW, NVwZ 2001, 459; NdsOVG, NVwZ 2000, 454; BayVGH, NVwZ 2000, 454; VG Stuttgart, VBlBW 2007, 67. Weitere Anwendungsbereiche sind das Vorgehen gegen Randalierer (gewaltbereite Skinheads, Punks, Hooligans, vgl. BayObLG, NVwZ 2000, 467) und Störer kommunaler Veranstaltungen (Volksfeste, Public-Viewing, Hocks etc.).
194 Böhm/Mayer, DÖV 2017, 325, 328; Frey/Schönstein, VBlBW 2016, 447, 454.
195 Böhm/Mayer, DÖV 2017, 325, 330, zum hessischen Polizeirecht; ebenso Bretthauer, JURA 2018, 409, 414.
196 Ablehnend etwa VG Darmstadt, NVwZ 2016, 1344; ebenso Bretthauer, JURA 2018, 409, 414.

cc) Örtliche Zuständigkeit

91 Eine **örtliche Zuständigkeit** für den Erlass des Aufenthaltsverbots besteht nicht nur für die Polizeibehörde, in deren Bezirk sich die polizeilich zu schützenden Personen oder Sachen befinden, sondern auch für die Polizeibehörde, in deren Bezirk sich die Gefahrenquelle befindet.[197]

dd) Voraussetzungen

92 Ein Aufenthaltsverbot kann einer Person nur dann erteilt werden, wenn **Tatsachen** die Annahme rechtfertigen, dass **diese Person** dort eine **Straftat** begehen oder zu ihrer Begehung beitragen wird.[198] Reine Vermutungen reichen nicht aus.[199] Für die **Gefahrenprognose**[200] müssen **nachprüfbare**, dem Beweis zugängliche **Geschehnisse** vorliegen, aus denen **mit der erforderlichen Sicherheit** auf die bevorstehende Begehung von Straftaten gerade durch die betreffende Person geschlossen werden kann.[201] Das Aufenthaltsverbot **dient nur der Verhütung von Straftaten**, nicht der Abwehr sonstiger Gefahren.[202] Grundsätzlich kann jede Straftat ein Aufenthaltsverbot rechtfertigen und nicht nur schwere Straftaten i. S. d. § 49 Abs. 3 PolG oder des § 100 a Abs. 2 StPO.[203] Inwieweit leichtere Straftaten zu einem Aufenthaltsverbot führen können, ist eine Frage der Verhältnismäßigkeit. Das Verbot kann nur gegenüber dem **Störer** ausgesprochen werden, bei dem davon auszugehen ist, dass er am Verbotsort eine Straftat begehen oder hierzu in strafrechtlich relevanter Weise beitragen wird, etwa als Mittäter, Anstifter o. ä. Maßgeblich ist die Sichtweise eines **verständigen Amtswalters** zum **Zeitpunkt des Einschreitens**.

Beispiele:
- Der bloße Umstand, dass ein **Fußballfan** in der **Datei Gewalttäter Sport** gespeichert ist, ist keine Tatsache, die ein Aufenthaltsverbot gegen einen Fan anlässlich einer Fußballveranstaltung trägt, wenn der Speicherung kein konkreter Tatvorwurf zugrunde liegt.[204]
- Die Behauptung, ein Fußballfan habe sich in der Vergangenheit außerhalb der Öffentlichkeit an sog. **Drittortauseinandersetzungen** mit anderen Fans beteiligt, rechtfertigt die Annahme nicht, er werde Straftaten bei **Public-Viewing-Veranstaltungen** begehen.[205]
- Der Vorwurf, ein Fußballfan habe sich in der Vergangenheit an Auseinandersetzungen mit gegnerischen Fans beteiligt, ist jedenfalls dann keine tragfähige Grundlage für ein **Aufenthaltsverbot in Stadionnähe**, wenn die angeblichen Vorkommnisse bereits geraume Zeit zurückliegen. Ungeklärt blieb, inwieweit der Betroffene hierin verwickelt gewesen sein soll und die jeweiligen Verfahren gem. § 170 Abs. 2 StPO eingestellt wurden. Dies gilt umso mehr, wenn der Betroffene ein polizeibekannter „**Ultra**" ist, der damit rechnen muss, sofort erkannt zu werden, wenn er bei einem Spiel in Stadionnähe Straftaten begehen würde.[206]
- Die **Zugehörigkeit einer Person zu einer** in der Vergangenheit **als gewaltbereit aufgefallenen Gruppe** (etwa „Ultras" einer Fußballszene) kann eine zu berücksichtigende Indiz-Tatsache für ein Aufenthaltsverbot sein.[207] Dabei dürfen die gesamten Umstände des jeweiligen Einzelfalls nicht außer Acht bleiben.[208] Ein zivilrechtliches Stadionverbot kann **ohne Nachweis einer**

---

197 VGH BW, VBlBW 2017, 425, 431 (best. durch BVerwG, Fst 2018, 586 f.).
198 VGH BW, VBlBW 2017, 425, 427 (best. durch BVerwG, Fst 2018, 586 f.); Reuter, Aufenthaltsverbot, S. 16 bis 18; krit. zur Gesetzesformulierung („zur Begehung einer Straftat beitragen") Nachbaur, VBlBW 2018, 45, 47 m. w. N.
199 Deger, in: Stephan/Deger, Polizeigesetz BW, § 27 a Rn 11.
200 Vgl. dazu auch Reuter, Aufenthaltsverbot, S. 18 ff.
201 VGH BW, VBlBW 2017, 425, 427, best. durch BVerwG, Fst 2018, 586 f.
202 Ibler, in: Ennuschat/Ibler/Remmert, Öffentliches Recht BW, § 2 Rn 292; Frey/Schönstein, VBlBW 2016, 447, 449 m. w. N.
203 So auch Kahlert, in Belz/Mußmann/Kahlert/Sander, § 27 a PolG Rn 9, Frey/Schönstein, VBlBW 2016, 447, 449; krit. dagegen Nachbaur, VBlBW 2018, 45, 47.
204 BremOVG, DÖV 2009, 86 (Rn 70) m. w. N.; VG Stuttgart, VBlBW 2007, 67, u. openJur 2012, 62349; VG Freiburg, openJur 2015, 19361 (Rn 67).
205 VG Stuttgart, VBlBW 2007, 67.
206 VG Karlsruhe, openJur 2013, 14838.
207 VGH BW, NVwZ-RR 2017, 873, 874 (Rn 42); VGH BW, VBlBW 2017, 432, 433; diff. Benrath, DVBl 2017, 868, 870 f.
208 So zu Recht NdsOVG, NdsVBl 2019, 28 (Rn 34).

Straftat wirksam verhängt werden, wenn sich der Betroffene **nachweislich in einem zu Gewalttätigkeiten neigenden Umfeld** bewegt.[209]

ee) Beschränkungen

Das Aufenthaltsverbot ist **zeitlich** und **örtlich** auf den zur Verhütung der Straftat **erforderlichen Umfang** zu beschränken[210] und darf räumlich nicht den Zugang zur Wohnung erfassen. Dies ist in **§ 30 Abs. 2 S. 2 PolG** ausdrücklich geregelt. In zeitlicher Hinsicht darf das Aufenthaltsverbot **drei Monate grundsätzlich** nicht übersteigen (**§ 30 Abs. 2 S. 3 PolG**). 93

Durch den mit dem **PolG 2020** neu angefügten **§ 30 Abs. 2 S. 4 PolG** wird nunmehr ein sich an die 3-Monats-Grenze **anschließendes Aufenthaltsverbot** ermöglicht, für das aber eine **erneute Gefahrenprognose zwingend erforderlich** ist.[211] Rechtsdogmatisch handelt es sich nach dem Wortlaut und Regelungszweck des § 30 Abs. 2 S. 4 PolG nicht um eine Verlängerung des Aufenthaltsverbots, sondern um einen **zulässigen Neuerlass**, der sich **unmittelbar anschließt**, so dass das Aufenthaltsverbot gegen die betroffene Person entsprechend länger wirkt. Dies wird auch daraus deutlich, dass das neue, sich anschließende Aufenthaltsverbot **zwingend neue Tatsachen** und **eine erneute Gefahrenprognose** erfordert.[212]

Das Aufenthaltsverbot muss ferner hinreichend **bestimmt** sein.[213] Insbesondere müssen die **räumlichen Grenzen** durch beigefügte Lagepläne, Orts- und Straßenbeschreibungen etc. genau festgelegt sein. Wenn sich aus dem Verbot nicht verständlich ergibt, **wem** es **wann** verboten sein soll, sich **wo** aufzuhalten, ist das Verbot rechtswidrig.

Beispiele:
- Ein Aufenthaltsverbot, das es einer Person verbieten würde, sich in einem bestimmten Zeitraum im „Nahbereich" eines bestimmten **Stadions** aufzuhalten, wäre in örtlicher Hinsicht zu unbestimmt und daher rechtswidrig.
- Ein öffentlich bekanntgemachtes Aufenthaltsverbot, das es „Angehörigen der **Hooligan Scene** und **Ultra Scene**" eines bestimmten Vereins verbietet, an einem bestimmten Tag ein bestimmtes Stadion zu besuchen, wäre hinsichtlich der Adressatenbestimmung zu unbestimmt und daher rechtswidrig.
- Der polizeibekannte A ist bei **Volksfesten in der Innenstadt von E** – zuletzt beim Breisgauer Weinfest – schon mehrfach polizeilich durch seine alkoholbedingten Gewaltexzesse gegenüber unbeteiligten Festbesuchern negativ aufgefallen. Zur Verhütung von weiteren Straftaten auf dem nächsten öffentlichen Fest in der Stadtmitte erlässt die zuständige Ortspolizeibehörde gegenüber A eine Verfügung, durch die ihm das Betreten des gesamten Veranstaltungsbereichs und der Aufenthalt darin für die Dauer der Veranstaltung untersagt wird. In der Verfügung wird der örtliche Veranstaltungsbereich durch Beifügung eines Auszugs aus dem Stadtplan bestimmt, in dem der fragliche Bereich farblich gekennzeichnet ist. Der Zeitraum, in dem das Verbot gelten soll, wird genau angegeben. In diesem Fall wird den Anforderungen des Bestimmtheitsgrundsatzes Rechnung getragen.

Eine bestimmte **Form** schreibt das PolG für Aufenthaltsverbote nicht vor. Aus Gründen der Rechtssicherheit **empfiehlt sich** jedoch die **Schriftform**.

Aus den gleichen Erwägungen wie beim Platzverweis heraus (vgl. § 11 Rn 87) kann das **Aufenthaltsverbot auch für private Grundstücke und Gebäude** ausgesprochen werden. 94

---

209 BVerfG, NVwZ 2018, 813, 817 (Rn 54 f.).
210 Reuter, Aufenthaltsverbot, S. 20 bis 24.
211 So schon VGH BW, VBlBW 2017, 425, 430 (best. durch BVerwG, Fst 2018, 586 f.), Reuter, Aufenthaltsverbot, S. 23 f., Nachbaur, VBlBW 2018, 45, 48, Frey/Schönstein, VBlBW 2016, 447, 451, vor der Regelung in § 30 Abs. 2 S. 4 PolG.
212 Vgl. auch LT-Drs. 16/8484, S. 134.
213 Reuter, Aufenthaltsverbot, S. 31.

d) Wohnungsverweis, Rückkehr- und Annäherungsverbot (§ 30 Abs. 3 und 4 PolG)
aa) Begriff / Rechtscharakter

95 Durch einen **Wohnungsverweis** wird ein gewalttätiger oder gewaltbereiter Mitbewohner von der Polizei – notfalls unter Anwendung unmittelbaren Zwangs – aus der von ihm bewohnten Wohnung vorübergehend ausgewiesen und ihm für eine bestimmte Frist untersagt, diese Wohnung zu betreten. Die Maßnahme erfolgt zum Schutz der Grundrechte (potenzieller) Gewaltopfer. Klassischer Fall ist der Erlass einer entsprechenden Polizeiverfügung, durch die ein Gewalttäter – im Regelfall sind es Männer, die ihre Ehefrauen oder Kinder bedrohen bzw. verprügeln – zur Vermeidung weiterer Grundrechtsverletzungen aus der von ihm bewohnten Wohnung verwiesen wird. In der Polizeirechtslehre hat sich die Meinung durchgesetzt, dass Gewalt im familiären bzw. häuslichen Bereich keine Privatsache ist, sondern die öffentliche Sicherheit beeinträchtigt. Denn durch das gewalttätige Verhalten werden Straftatbestände, also Normen des öffentlichen Rechts, erfüllt (etwa Körperverletzung [§§ 223, 224, 226 StGB], Nötigung [§ 240 StGB], Freiheitsberaubung [§ 239 StGB], Misshandlung Schutzbefohlener [§ 225 StGB] etc.) und damit das Schutzgut der **öffentlichen Sicherheit** verletzt (vgl. § 4 Rn 59 ff.). Neben einer kurzfristigen Krisenintervention und dem Schutz der Opfer vor einer Gefährdung ihrer Rechte ist weiteres Ziel der Maßnahmen, dem Opfer – und nicht dem Täter – den Verbleib in seiner Wohnung zu ermöglichen und den Beteiligten Wege aus der Krise zu eröffnen. Durch den Wohnungsverweis wird ein Opfer auch in die Lage versetzt, in größerer Ruhe und ohne Risiko einer unmittelbaren Beeinflussung zu seinem längerfristigen Schutz zivilrechtliche Maßnahmen nach dem **GewSchG** zu beantragen. Der Wohnungsverweis soll dagegen nicht vor anderweitigen Konflikten innerhalb privater Wohnungen schützen, etwa gegenüber allgemeinen Streitigkeiten innerhalb von Wohngemeinschaften.[214]

96 Der Wohnungsverweis ist ein **Verwaltungsakt**, mit dem eine Person aus **ihrer Wohnung** und deren unmittelbar angrenzenden Bereich verwiesen wird (§ 30 Abs. 3 S. 1 PolG). Die Spezialregelung des § 30 Abs. 3 PolG betrifft nur den Verweis des Adressaten aus seiner eigenen Wohnung, nicht aus einer fremden Wohnung. Hierbei kommt es nicht auf die Eigentums- oder Mietverhältnisse an, sondern auf die tatsächlichen Wohnverhältnisse.[215] **Unmittelbar angrenzender Bereich** der Wohnung ist der Bereich, der mit dem Wohngebäude in unmittelbarem örtlichen und sachlichen Zusammenhang steht, also insbesondere Garten und Hof einschließlich Zugang.[216] **Rückkehrverbot** ist das Verbot, in die Wohnung oder in deren unmittelbar angrenzenden Bereich zurückzukehren (§ 30 Abs. 3 S. 1 Alt. 1 PolG). Als **Annäherungsverbot** bezeichnet das Gesetz das Verbot, sich einer verletzten oder bedrohten Person anzunähern (§ 30 Abs. 3 S. 2 Alt. 2 PolG).[217]

97 Der Wohnungsverweis greift in das **Grundrecht auf Freizügigkeit** gem. Art. 11 Abs. 1 GG ein. Die Spezialregelung des § 30 Abs. 3 PolG entspricht den Anforderungen des qualifizierten Gesetzesvorbehalts aus Art. 11 Abs. 2 GG. Weiterhin wird das Eigentumsrecht des Art. 14 Abs. 1 S. 1 GG tangiert. Darüber hinaus können auch die Grundrechte der Ehe und Familie (Art. 6 Abs. 1 GG) betroffen sein. Ob die Maßnahme einen Eingriff in den Schutzbereich des Art. 13 Abs. 1 GG darstellt, ist **strittig**. Da Art. 13 Abs. 1 GG nicht das Interesse schützt, eine bestimmte Wohnung zum Lebensmittelpunkt zu machen und sie hierfür zu behalten, liegt richtigerweise kein Eingriff in den Schutzbereich

---

214 In diesem Sinne zutr. Neckenich, VBlBW 2019, 80, 85.
215 **A. A.** wohl Neckenich, VBlBW 2019, 80, 85: „berechtigter Besitzer".
216 Ähnlich Deger, in: Stephan/Deger, Polizeigesetz BW, § 27 a Rn 17.
217 Zur Rechtsdogmatik der Verfügung vgl. auch Seibert/Kohal, JURA 2019, 15, 23 ff.

des Art. 13 GG vor.[218] Die **Rechtsprechung** – insbesondere der VGH BW – hat im Wesentlichen die Rechtmäßigkeit derartiger Maßnahmen bestätigt.[219]

bb) Voraussetzungen

Gem. § 30 Abs. 3 S. 1 PolG kann einer **Person** ein Wohnungsverweis erteilt werden, wenn dies zum Schutz eines anderen Bewohners vor einer **unmittelbar bevorstehenden erheblichen Gefahr** erforderlich ist.[220] Die Gefahr muss vom Mitbewohner der verletzten oder bedrohten Person ausgehen. Besucher scheiden damit als Adressaten eines Wohnungsverweises i. S. d. § 30 Abs. 3 S. 1 PolG aus. Letztere können allerdings gem. §§ 1, 3 PolG aus einer Wohnung verwiesen werden. Die Gefahr muss **erheblich** sein. Es muss also ein Schaden für wichtige Rechtsgüter drohen, insbesondere für Leib, Leben oder Gesundheit (vgl. § 4 Rn 31). Die Gefahr – oder richtiger: der Schaden – muss unmittelbar bevorstehen. Der Schaden für das wichtige Rechtsgut muss also sofort oder in allernächster Zeit mit an Sicherheit grenzender Wahrscheinlichkeit zu erwarten sein (vgl. § 4 Rn 31). Die **Gefahrenprognose** der Polizei muss auf konkreten Tatsachen beruhen, die einem Beweis zugänglich sind. Hierfür sind insbesondere frühere Straftaten bzw. Übergriffe des Adressaten auf verletzte oder bedrohte Personen sowie Verhalten und Äußerungen der Beteiligten heranzuziehen.[221]

98

Beispiel: Wenn die Situation in einer „hoffnungslos zerrütteten" Ehe in einer Weise eskaliert, dass (weitere) Gewalttätigkeiten des Ehemanns gegen seine Ehefrau, insbesondere Körperverletzungen, in nächster Zukunft zu befürchten sind, bestehen grundsätzlich keine Bedenken gegen die Rechtmäßigkeit einer **Wohnungsverweisung**.[222]

Das **Einverständnis** eines Opfers mit einer Rückkehr des Täters in die Wohnung ist **unbeachtlich**, wenn Gefahren für Leib und Leben drohen. Es steht grundsätzlich nicht zur Disposition des Opfers, ob der Staat in einem solchen Fall seinem aus Art. 2 Abs. 2 GG folgenden Schutzauftrag für Leib und Leben und körperliche Unversehrtheit nachkommt.[223] Aus den gleichen Gründen kommt es auch nicht bei vorsätzlicher Körperverletzung auf die Stellung eines **Strafantrags** an, da das **Ermessen** der Polizei in diesen Fällen grundsätzlich **auf Null** geschrumpft ist (vgl. Hinweise in § 6 Rn 30).

Als Ergänzung des Wohnungsverweises enthält § 30 Abs. 3 S. 2 PolG ein **Rückkehr- und Annäherungsverbot**. Voraussetzung ist jeweils, dass die **erhebliche Gefahr** nach dem Verlassen der Wohnung fortbesteht. Die Gefahrenprognose muss – wie auch beim Wohnungsverweis – auf Tatsachen gestützt werden.

Da es sich bei den Maßnahmen um belastende Verwaltungsakte handelt, ist dem Adressaten gem. **§ 28 Abs. 1 LVwVfG** vorher Gelegenheit zu geben, sich zu den für die Entscheidung erheblichen Tatsachen **zu äußern**.

cc) Befristungen

§ 30 Abs. 4 PolG sieht aus Gründen der Verhältnismäßigkeit Befristungen für Wohnungsverweis-, Rückkehr- und Annäherungsverbote vor. Hierbei wird zwischen Anordnungen des Polizeivollzugsdienstes und der Polizeibehörde unterschieden. Maßnahmen des **Polizeivollzugsdiensts**, die dieser (nur) subsidiär in Eil- oder Notfällen gem. § 105 Abs. 2 PolG vornehmen kann, sind höchstens für die Dauer von **vier Werktagen**

99

---

218 So auch Schoch, JURA 2010, 22, 25 m. w. N.; **a. A.** etwa Guckelberger, JA 2011, 1, 2, u. Thiel, Polizei- und Ordnungsrecht, § 10 Rn 109.
219 VGH BW, VBIBW 2005,138; VG Freiburg, Urt. v. 28.4.2005 – 6 K 918/03; VG Karlsruhe, FamRZ 2006, 788; VG Stuttgart, VBIBW 2002, 43; VG Sigmaringen, openJur 2013, 13233; BVerfG, NJW 2002, 2225 zu § 34 a PolG NRW.
220 Frey/Schönstein, VBIBW 2016, 447, 449.
221 Vgl. VGH BW, VBIBW 2005, 138. Die Anforderungen an den Ermittlungsaufwand der Polizei dürfen nicht überspannt werden (so zu Recht Deger, in: Stephan/Deger, Polizeigesetz BW, § 27 a Rn 16).
222 VG Freiburg, Urt. v. 28.4.2005 – 6 K 918/03.
223 So zu Recht VG Aachen, NJW 2004, 1888, 1889, u. openJur 2013, 5575 (Rn 17); ebenso Thiel, Polizei- und Ordnungsrecht, § 10 Rn 114.

zulässig (der Samstag zählt als Werktag, Sonn- und Feiertage verlängern die Dauer der Maßnahme). Verfügungen der (Orts-) Polizeibehörde können grundsätzlich für **zwei Wochen** angeordnet werden.

Hat der Polizeivollzugsdienst einen Wohnungsverweis für vier Tage angeordnet, kann die Polizeibehörde aufgrund ihrer Zuständigkeit gem. § 105 Abs. 2 PolG vor Ablauf der Frist eine andere Entscheidung treffen und entweder die Anordnung des Polizeivollzugsdienstes aufheben oder durch eine neue Verfügung den Wohnungsverweis verlängern. **Strittig** ist, ob bei der Festsetzung der Zwei-Wochenfrist im Anschluss an die viertägige Dauer eines vom Polizeivollzugsdienst angeordneten Wohnungsverweises diese Frist von der Polizeibehörde anzurechnen ist.[224] Dies ist zu verneinen, da sich eine solche Begrenzung nicht dem Gesetz entnehmen lässt.

Die Polizeibehörde kann gem. **§ 30 Abs. 4 S. 2 PolG** die Frist um höchstens zwei Wochen **verlängern**. Dies aber nur, wenn

- die verletzte oder bedrohte Person vor Fristablauf beim zuständigen Gericht Schutzmaßnahmen nach dem GewSchG beantragt hat,
- die Voraussetzungen des § 30 Abs. 3 S. 2 PolG noch vorliegen (vgl. § 11 Rn 98) und
- die Verlängerung unter Berücksichtigung der Belange der verwiesenen Person schutzwürdig erscheint.

Da der Wohnungsverweis innerhalb der vorgesehenen Befristung den **Charakter eines Dauerverwaltungsakts** hat, kommt der Polizeibehörde die Aufgabe zu, auf Änderungen der getroffenen Gefährdungsbeurteilung ggf. auch vor Ablauf der festgesetzten Frist zu reagieren.[225] Dies dürfte auch dem verfassungsrechtlichen Gebot des mildesten Mittels entsprechen. Im Einzelfall muss der Wohnungsverweis **vor Ablauf der Geltungsdauer geändert oder aufgehoben werden**.

Ergeht eine gerichtliche Entscheidung – gleich welcher Art –, endet gem. **§ 30 Abs. 4 S. 3 PolG** die Wirksamkeit der Verfügungen der Polizei kraft Gesetzes, ohne dass es ihrer Aufhebung bedarf. Die **Entscheidungen des Gerichts** gehen den Entscheidungen der Polizei vor – diese treten außer Kraft.[226]

dd) Mitteilungspflicht

100 Gem. **§ 30 Abs. 5 PolG** hat das Gericht der zuständigen Polizeibehörde und dem zuständigen Polizeivollzugsdienst Anträge, gerichtliche Entscheidungen und Vergleiche mitzuteilen. Hierdurch wird die Polizei in die Lage versetzt, die geeigneten und erforderlichen Maßnahmen i. S. d. § 30 PolG zu treffen. Die erste Mitteilung hat unverzüglich nach Eingang eines Antrags gem. § 1 GewSchG zu erfolgen.

5. Aufenthaltsvorgabe und Kontaktverbot (§ 31 PolG)

a) Allgemeines

aa) Entstehungsgeschichte

101 **§ 31 PolG** wurde durch Art. 1 Nr. 5 des **Gesetzes zur Änderung des Polizeigesetzes vom 28.11.2017**[227] als § 27 b PolG in das PolG eingefügt. Er entspricht weitgehend § 55 BKAG. Mit dem **PolG 2020** wurde die in § 31 Abs. 3 PolG verankerte **Zuständigkeit des Amtsgerichts geändert**. Darüber hinaus spielt für den Richtervorbehalt auch

---

224 So etwa Kahlert, in: Belz/Mußmann/Kahlert/Sander, Polizeigesetz BW, § 27 a Rn 17.
225 OVG NRW, NJW 2015, 1468, 1469.
226 Deger, in: Stephan/Deger, Polizeigesetz BW, § 27 a Rn 20.
227 GBl. S. 624, 627. Zum Gesetzgebungsverfahren vgl. Gesetzentwurf LT-Drs. 16/2741; erste Gesetzesberatung LT-Plenarprot. 16/42, S. 2380 bis 2396; Beschlussempfehlung und Bericht des mitberatenden Ständigen Ausschusses und des federführenden Ausschusses für Inneres, Digitalisierung und Migration LT-Drs. 16/2915; zweite Gesetzesberatung LT-Plenarprot. 16/47, S. 2723 bis 2838; Gesetzesbeschluss LT-Drs. 16/3011.

II. Einzelmaßnahmen

der mit dem PolG 2020 neu in das PolG eingefügte **§ 132 PolG** (gerichtliche Zuständigkeit, Verfahren) eine grundlegende Rolle.
Zur **Verhütung von Straftaten mit terroristischer Zielrichtung** erhält der Polizeivollzugsdienst durch die Regelung des § 31 PolG die Befugnis, Personen zu untersagen, sich ohne Erlaubnis von ihrem Wohn- oder Aufenthaltsort oder aus einem bestimmten Bereich zu entfernen, sich an bestimmten Orten aufzuhalten oder Kontakt mit bestimmten Personen zu haben.[228] Die **praktische Bedeutung** des § 31 PolG ist bislang sehr begrenzt, bis Ende 2018 waren zwei Anträge für die richterliche Anordnung durch das zuständige Gericht abgelehnt worden.[229]

bb) Gesetzgebungskompetenz

Mit der Rechtsprechung und vorherrschenden Auffassung in der Literatur ist davon auszugehen, dass zugunsten der Länder eine **Gesetzgebungskompetenz für Aufenthaltsvorgaben** besteht, die sich auf die Einschränkung der Bewegungsfreiheit **innerhalb der jeweiligen Bundesländer** beziehen.[230]

102

cc) Einschränkung von Grundrechten

Art. 2 Abs. 2 des Gesetzes zur Änderung des Polizeigesetzes vom 28.11.2017[231] schränkt zur verfassungsrechtlichen Anwendbarkeit des § 31 PolG die Freizügigkeit (Art. 11 GG) und die Unverletzlichkeit der Wohnung (Art. 13 GG) ein. Damit genügt das Gesetz dem **Zitiergebot**[232], was mit Bezug auf Art. 11 GG im Hinblick auf Aufenthaltsverbote für Gebiete notwendig sein kann, in denen der Betroffene auch seinen Lebensmittelpunkt hat.[233]

103

dd) Rückgriff auf die Generalklausel

Bis 2017 fand sich im PolG keine ausdrückliche Ermächtigungsgrundlage für Aufenthaltsvorgaben. Deswegen stellte sich u. a. die Frage, ob die Polizei neben Platzverweisen und Aufenthaltsverboten auch befugt war, unter Rückgriff auf die polizeiliche Generalklausel der §§ 1, 3 PolG sog. „**Platzanweisungen**" vorzunehmen. Richtigerweise war diese Frage zu bejahen, da § 27 a PolG 1992 insoweit erkennbar keine abschließende Sozialregelung traf, die einen solchen Rückgriff sperren würde.[234] Vgl. dazu auch die Ausführungen in § 11 Rn 77 f.

104

Nunmehr stellt sich die Frage, ob mit der Möglichkeit des Erlasses von Aufenthaltsvorgaben auf der Grundlage des § 31 PolG eine **Sperrwirkung** dahin gehend eingetreten ist, dass für den Erlass von aufenthaltsbestimmenden Maßnahmen nicht mehr auf die §§ 1, 3 PolG zurückgegriffen werden kann. Hiervon ist **nicht** auszugehen. Der Gesetzgeber hat mit § 31 PolG eine Rechtsgrundlage geschaffen, mittels derer Aufenthaltsvorgaben durch den Polizeivollzugsdienst per gerichtlichem Beschluss erlassen werden können, die **erkennbar nur dem Ziel dienen**, zum Schutz der Allgemeinheit die **Begehung terroristischer Straftaten zu verhindern**. Der Gesetzgeber hat entsprechend ausgeführt: „Zur Verhütung von Straftaten mit terroristischer Zielrichtung erhält der Polizeivollzugsdienst durch die neu in das Polizeigesetz aufgenommene Regelung des

---

228 LT-Drs. 16/2741, S. 35.
229 LT-Drs. 16/5076, S. 4.
230 Vgl. dazu eingehender Graulich, in: Lisken/Denninger, Handbuch des Polizeirechts, Kap. E Rn 423; Kingreen/Poscher, Polizei- und Ordnungsrecht § 15 Rn 11.
231 GBl. S. 624, 630.
232 LT-Drs. 16/2741, S. 47; vgl. zum Zitiergebot etwa Schmidt, Polizei- und Ordnungsrecht, Rn 300, sowie § 4 PolG (dazu auch LT-Drs. 16/8484, S. 202).
233 Gusy, Polizei- und Ordnungsrecht, Rn 282.
234 Wie hier etwa Trurnit, Eingriffsrecht, Rn 502; a. A. Frey/Schönstein, VBlBW 2016, 447, 455: „unzulässige Erweiterung der Rechtsfolgen des Platzverweises".

§ 31 die Befugnis ...."[235] Damit wird deutlich, dass der Gesetzgeber keine allgemeine Rechtsgrundlage für aufenthaltsbestimmende Maßnahmen schaffen wollte. Mithin besteht keine abschließende Sperrwirkung der Regelung. Auf der Grundlage der §§ 1, 3 PolG können damit weiterhin – bei Vorliegen der entsprechenden sonstigen Voraussetzungen – in anderen Fallkonstellationen (etwa zur Aufenthaltssteuerung von Hooligans) aufenthaltsbestimmende Auflagen vorgesehen werden.[236]

b) Aufenthaltsvorgabe (§ 31 Abs. 1 PolG)

105 Gem. § 31 Abs. 1 PolG kann der Polizeivollzugsdienst zur Verhütung von Straftaten, die in § 129 a Abs. 1, 2 StGB bezeichnet und dazu bestimmt sind,
1. die Bevölkerung auf erhebliche Weise einzuschüchtern,
2. eine Behörde oder eine internationale Organisation rechtswidrig mit Gewalt oder durch Drohung mit Gewalt zu nötigen oder
3. die politischen, verfassungsrechtlichen, wirtschaftlichen oder sozialen Grundstrukturen eines Staates oder einer internationalen Organisation zu beseitigen oder erheblich zu beeinträchtigen,

und durch die Art ihrer Begehung oder ihre Auswirkungen einen Staat oder eine internationale Organisation erheblich schädigen können, einer Person untersagen, sich ohne Erlaubnis der zuständigen Polizeidienststelle von ihrem Wohn- oder Aufenthaltsort oder aus einem bestimmten Bereich zu entfernen oder sich an bestimmten Orten aufzuhalten (Aufenthaltsvorgabe), wenn bestimmte Tatsachen die Annahme rechtfertigen, dass die betroffene Person innerhalb eines übersehbaren Zeitraums auf eine zumindest ihrer Art nach konkretisierte Weise eine solche Straftat begehen wird, oder das individuelle Verhalten der betroffenen Person die konkrete Wahrscheinlichkeit begründet, dass sie innerhalb eines übersehbaren Zeitraums eine solche Straftat begehen wird.

106 Die **Zuständigkeit** für die Durchführung von Maßnahmen gem. § 31 Abs. 1 PolG (Aufenthaltsvorgabe) liegt ausschließlich beim **Polizeivollzugsdienst**. Die Polizeibehörde darf damit keine Aufenthaltsvorgaben auf der Grundlage des § 31 Abs. 1 PolG vorsehen.

107 Eine Aufenthaltsvorgabe gem. § 31 Abs. 1 PolG ist zur **Verhütung von Straftaten** zulässig, die in **§ 129 a Abs. 1, 2 StGB** bezeichnet und dazu bestimmt sind, die in den Nrn. 1 bis 3 des § 31 Abs. 1 PolG beschriebenen Folgen zu bewirken. § 129 a StGB betrifft die Bildung terroristischer Vereinigungen. § 31 Abs. 1 PolG meint nicht diesen Grundtatbestand, sondern die in § 129 a Abs. 1 und 2 StGB aufgezählten Straftatbestände („Vereinigungszweck"), wie aus dem Begriff „bezeichnet" zu folgern ist. Die betroffene Person muss also keiner terroristischen Vereinigung angehören, sondern die Begehung einer der in § 129 a Abs. 1, 2 StGB genannten schwerwiegenden Straftaten anstreben. Im Ergebnis werden damit **„terroristische Gefährder"** erfasst.[237]

Folgen dieser Straftaten müssen die **Einschüchterung der Bevölkerung**, die **Nötigung einer Behörde oder internationalen Organisation** sowie die **Beseitigung oder erhebliche Beeinträchtigung der grundlegenden deutschen Staatsstrukturen** sein. Zudem müssen die geplanten Straftaten durch die Art ihrer Begehung oder ihre Auswirkungen geeignet sein, einen Staat oder eine internationale Organisation erheblich zu schädigen.

Die Tatbestandsvoraussetzungen des § 31 Abs. 1 PolG greifen **§ 5 Abs. 1 S. 2 BKAG** auf[238] und entsprechen den dortigen Vorgaben. Sie sind nach der dortigen Definition **Gefahren des internationalen Terrorismus**. Nur wenn die in § 31 Abs. 1 PolG genann-

---

[235] LT-Drs. 16/2741, S. 35.
[236] Ebenso etwa Nachbaur, in: Möstl/Trurnit, Polizeirecht BW, § 3 Rn 38.1.
[237] Zum Begriff des Gefährders vgl. auch LT-Drs. 16/7519, S. 3. Die Einstufung einer Person als Gefährder erfolgt in der Regel durch das LKA in Abstimmung mit der zuständigen Polizeidienststelle.
[238] LT-Drs. 16/2741, S. 35.

ten Straftaten zu befürchten sind und verhindert werden sollen, kann der Polizeivollzugsdienst Aufenthaltsvorgaben vorsehen.

Für die Anwendung des § 31 Abs. 1 PolG ist grundsätzlich das **Vorliegen eines Gefahrverdachts ausreichend**.[239] Wegen der in Gefahr stehenden besonders hochwertigen und schützenswerten Rechtsgüter ist dies verfassungsrechtlich vertretbar.[240] Wegen der Bestimmtheit von Person und Gebiet und der Eingrenzung der Anwendbarkeit auf die Begehung bestimmter Straftaten ist faktisch der **Verdacht einer konkreten Gefahr** gefordert.[241]

108

Eine Maßnahme gem. § 31 Abs. 1 PolG ist **gegen Personen zulässig**, bei denen bestimmte Tatsachen die Annahme rechtfertigen, dass sie **innerhalb eines übersehbaren Zeitraums** auf eine zumindest ihrer Art nach konkretisierte Weise eine **Straftat i. S. d. § 31 Abs. 1 PolG begehen** werden oder deren individuelles Verhalten die **konkrete Wahrscheinlichkeit** begründet, dass sie innerhalb eines übersehbaren Zeitraums eine solche Straftat begehen werden.[242] Diese Voraussetzung entspricht den Vorgaben des **BVerfG** an eine zu treffende **Prognoseentscheidung zur Straftatenverhütung**. Danach können die Polizeibehörden auch Maßnahmen der Straftatenverhütung ergreifen, wenn eine zumindest auf bestimmte Tatsachen und nicht allein auf allgemeine Erfahrungssätze gestützte Prognose vorgenommen wird, die auf eine konkrete Gefahr bezogen ist. Grundsätzlich gehört hierzu, dass insoweit **ein wenigstens seiner Art nach konkretisiertes und zeitlich absehbares Geschehen** erkennbar ist. Bei terroristischen Straftaten kann der Gesetzgeber auch darauf abstellen, ob das **individuelle Verhalten einer Person** die konkrete Wahrscheinlichkeit begründet, dass sie in überschaubarer Zukunft terroristische Straftaten begehen wird.[243]

In der Praxis schwierig ist auch die Bestimmung des noch **zulässigen Zeitraums** bis zu einer zu erwartenden Straftatbegehung. § 31 Abs. 1 PolG verwendet die Formulierungen „wenn bestimmte Tatsachen die Annahme rechtfertigen" und „innerhalb eines überschaubaren Zeitraums". Die Beschreibung dieser zeitlichen Komponente ist sehr unbestimmt und stellt einen „herabgestuften Wahrscheinlichkeitsmaßstab"[244] dar, der dem Polizeirecht an sich fremd ist. Andererseits muss gesehen werden, dass in der Polizeipraxis nur der jeweilige Einzelfall beurteilt werden kann, so dass zu starre zeitliche Vorgaben der Rechtsanwendung entgegenstehen würden. Angesichts der besonderen Bedeutung der vom in Bezug genommenen Straftatbestand geschützten Rechtsgüter wird man keinen allzu engen zeitlichen Zusammenhang verlangen können. Hinzu kommt, dass terroristische Straftaten (etwa Anschläge) aufgrund ihrer Komplexität oft längerer Vorbereitungszeit bedürfen. Insofern können im Einzelfall **auch mehrere Monate** als noch „übersehbar" anzusehen sein. Der Begriff „überschaubar" meint eine erheblich längere Zeitspanne als etwa der Begriff „zeitnah". Im Kern meint er einen **Zeitraum, der noch erfassbar ist** und in jedem Fall einen **noch einen erkennbaren Bezug zu der zu erwartenden Straftat** hat. Zu beachten ist aber die in § 31 Abs. 6 PolG normierte **Höchstdauer von drei Monaten** (vgl. dazu § 11 Rn 125); unter den dort genannten Voraussetzungen für eine Verlängerung sind aber auch deutlich längere Zeiträume denkbar.

109

Beispiel: Der aus Afghanistan stammende A gibt im Januar in einem Gespräch mit dem Zeugen Z an, er plane eine „Aktion" für den kommenden Weihnachtsmarkt der Stadt S, bei der viele Menschen zu Schaden kommen werden. Die dem Polizeivollzugsdienst bekannten weiteren Fakten

---

239 Nachbaur, in: Möstl/Trurnit, Polizeirecht BW, § 27 b Rn 19; Schenke, Polizei- und Ordnungsrecht, Rn 137; Gusy, Polizei- und Ordnungsrecht, Rn 282; krit. dazu Graulich, in: Lisken/Denninger, Handbuch des Polizeirechts, Kap. E Rn 425: zumindest „gesteigerte Wahrscheinlichkeit des Gefahreneintritts"; Kulick, AöR 2018, 175, 208 f.; Wehr, Polizeirecht, Rn 410.
240 Ebenso Graulich, in: Lisken/Denninger, Handbuch des Polizeirechts, Kap. E Rn 425.
241 Kingreen/Poscher, Polizei- und Ordnungsrecht, § 15 Rn 23.
242 LT-Drs. 16/2741, S. 35.
243 BVerfGE 141, 220, 290 f. (Rn 164).
244 Graulich, in: Lisken/Denninger, Handbuch des Polizeirechts, Kap. E Rn 433.

sprechen für den ernsthaften Verdacht, dass A ein Attentat auf den Weihnachtsmarkt der Stadt S verüben will. In diesem Fall wäre es ein übersehbarer Zeitraum, dem A – mit mehreren Verlängerungen – bis Ende des Jahres ein Aufenthaltsverbot für den Bereich der Stadt S auszusprechen.

110 **Aufenthaltsvorgaben** auf der Grundlage des § 31 Abs. 1 PolG können auf **zwei Arten** verfügt werden:

- Als **Untersagung**, sich **ohne Erlaubnis vom Wohn- oder Aufenthaltsort** (Wohnsitzgemeinde oder Ort des dauerhaften Aufenthalts) oder **aus einem bestimmten Bereich** (etwa Gebiet eines Bundeslandes, ein bestimmter Radius rund um den Wohn- oder Aufenthaltsort oder in Großstädten ein oder mehrere Stadtbezirke)[245] **zu entfernen**;
- als **Untersagung**, sich **an bestimmten Orten** aufzuhalten.

Vor dem Hintergrund des Zwecks der Aufenthaltsvorgabe soll insbesondere der Aufenthalt an Orten verhindert werden, an denen sich das Risiko der Verwirklichung der zu verhütenden Straftaten erhöht.[246]

111 Bei allen Aufenthaltsvorgaben ist der **Grundsatz der Verhältnismäßigkeit** zu wahren. Dies bedeutet, dass bei Vorliegen der sonstigen tatbestandlichen Voraussetzungen nur diejenigen Maßnahmen ergriffen werden dürfen, die zur Verhinderung einer befürchteten Straftat zwingend notwendig sind. Das Verbot, sich an einem bestimmten Ort aufzuhalten, ist in der Regel weniger belastend als ein Entfernungsverbot, so dass es als milderes Mittel vorrangig zu ergreifen ist.

Die Anordnung darf zudem **keine unzumutbaren Anforderungen an die Lebensführung** der betroffenen Person stellen und die Wahrnehmung berechtigter Interessen nicht unmöglich machen. So muss es der betroffenen Person weiterhin möglich sein, beispielsweise einen Arzt, Rechtsanwalt, soziale Einrichtungen oder Behörden und Gerichte aufzusuchen oder sich Zugang zu öffentlichen Verkehrsmitteln zu verschaffen.[247] Um dies zu gewährleisten, kann die zuständige Polizeidienststelle der betroffenen Person – insbesondere für Ausnahmefälle – die Erlaubnis erteilen, sich von den betreffenden Orten zu entfernen oder sich dort aufzuhalten.[248] Richtigerweise wird der Polizeivollzugsdienst **vor Erlass** einer gerichtlichen Anordnung den Betroffenen **anhören** müssen, um die Voraussetzungen einer entsprechend modifizierten Aufenthaltsvorgabe sicherzustellen.[249]

Die Aufenthaltsvorgabe darf **nur so lange aufrechterhalten** werden, **wie** die in § 31 Abs. 1 PolG beschriebene **Gefahr einer Straftatbegehung besteht**.[250] Entfällt die Gefahr – aus welchen Gründen auch immer – ist eine bestehende Aufenthaltsvorgabe sofort aufzuheben. Vgl. dazu im Übrigen § 31 Abs. 6 PolG sowie nachfolgend die Ausführungen in § 11 Rn 125.

c) Kontaktverbot (§ 31 Abs. 2 PolG)

112 Wenn die Voraussetzungen des § 31 Abs. 1 PolG vorliegen, kann der Polizeivollzugsdienst zur Verhütung von Straftaten i. S. d. § 31 Abs. 1 PolG einer Person den Kontakt mit bestimmten Personen oder Personen einer bestimmten Gruppe untersagen (**§ 31 Abs. 2 PolG**). Der Polizeivollzugsdienst kann somit gegen die betroffene Person (Gefährder) auch ein **Kontaktverbot** verhängen. Damit soll dem Gefährder der Kontakt mit bestimmten Personen oder Personen einer bestimmten Gruppe untersagt werden. Wegen der allgemeinen tatbestandlichen Voraussetzungen für ein Kontaktverbot vgl. die nachfolgenden Ausführungen in § 11 Rn 114 ff.

---

245 LT-Drs. 16/2741, S. 35.
246 LT-Drs. 16/2741, S. 35.
247 Kingreen/Poscher, Polizei- und Ordnungsrecht, § 15 Rn 26 m. w N.; Gusy, Polizei- und Ordnungsrecht, Rn 282.
248 LT-Drs. 16/2741, S. 35.
249 So Graulich, in: Lisken/Denninger, Handbuch des Polizeirechts, Kap. E Rn 431.
250 Vgl. dazu auch Graulich, in: Lisken/Denninger, Handbuch des Polizeirechts, Kap. E Rn 426.

Die **Zuständigkeit** für die Durchführung von Maßnahmen gem. § 31 Abs. 2 PolG (Kontaktverbot) liegt ausschließlich beim **Polizeivollzugsdienst**. Die Polizeibehörde darf damit kein Kontaktverbot auf der Grundlage des § 31 Abs. 2 PolG umsetzen. 113

Aus den tatbestandlichen Voraussetzungen des § 31 Abs. 1 PolG folgt, dass ein Kontaktverbot nur in Frage kommt, wenn die neben dem Gefährder betroffenen Personen einen **hinreichend sicheren Bezug zu den im Raum stehenden Straftaten** haben. Hierzu bedarf es einer **klaren Prognose** dahin gehend, dass die vom Kontaktverbot erfassten Personen dazu beitragen, dass der Gefährder hinreichend wahrscheinlich eine solche Straftat begehen kann. Wegen der im Raum stehenden schwerwiegende terroristischen Straftaten sind die Anforderungen an diese Prognose nicht allzu zu hoch anzusetzen. 114

Ein Kontaktverbot i. S. d. § 31 Abs. 2 PolG ist **umfassend zu verstehen**. Es **schließt jegliche Form der Kontaktaufnahme** aus. Damit wird nicht nur die räumliche Annäherung ausgeschlossen, sondern auch telefonischer Kontakt und jede andere Form der Kontaktaufnahme (Briefe, E-Mail, Facebook-Messenger, WhatsApp etc.) einschließlich Kontaktmittler.[251] 115

Auch für die Anordnung eines Kontaktverbots gilt der **Grundsatz der Verhältnismäßigkeit**.[252] Dies bedeutet, dass bei Vorliegen der sonstigen tatbestandlichen Voraussetzungen nur dann ein Kontaktverbot verhängt werden darf, wenn dies zur Verhinderung einer befürchteten Straftat zwingend notwendig ist. Gegenüber der Aufenthaltsvorgabe gem. § 31 Abs. 1 PolG gibt es kein Rangverhältnis. Das **Kontaktverbot** ist vielmehr eine **eigenständige polizeiliche Maßnahme**, die selbstständig neben oder losgelöst von der Aufenthaltsvorgabe verhängt werden kann. Während die Aufenthaltsvorgabe eine räumliche Dimension hat, ist das Kontaktverbot in der **sozialen Dimension** angesiedelt.[253] 116

Auch das Kontaktverbot darf **nur solange aufrecht erhalten** werden, **wie** die in § 31 Abs. 1 PolG beschriebene **Gefahr einer Straftatbegehung besteht**. Entfällt die Gefahr – aus welchen Gründen auch immer – ist ein bestehendes Kontaktverbot sofort aufzuheben. Vgl. dazu im Übrigen § 31 Abs. 6 PolG sowie nachfolgend die Ausführungen in § 11 Rn 125.

d) Richtervorbehalt (§ 31 Abs. 3 PolG)

Wegen der Schwere des Grundrechtseinschränkung bei der Aufenthaltsvorgabe und beim Kontaktverbot unterliegen beide Eingriffe dem **Richtervorbehalt**. **§ 31 Abs. 3 PolG** trägt diesem Umstand Rechnung und entspricht weitgehend § 55 Abs. 3 BKAG. Es bedarf einer **Anordnung durch den Richter**. 117

Das **BVerfG** hat hierzu weitergehend ausgeführt, dass der Gesetzgeber das Gebot vorbeugender unabhängiger Kontrolle in spezifischer und normenklarer Form mit strengen Anforderungen an den Inhalt und die Begründung der gerichtlichen Anordnung zu verbinden hat.[254]

Für die **Zuständigkeit des Amtsgerichts** trifft **§ 31 Abs. 3 S. 6 PolG** eine **Sonderregelung**, die der allgemeinen Zuständigkeitsregel des § 132 Abs. 1 PolG vorgeht. Diese Sonderregelung soll vermeiden, dass sich zu viele Gerichte mit den dort zuständigen Richter in die sehr speziellen Rechtsfragen eines solchen Antrags immer wieder erneut einarbeiten müssen. Auf Vorschlag der Präsidentin des OLG Stuttgarts wurde eine Zu- 118

---

251 Schenke, Polizei- und Ordnungsrecht, Rn 139.
252 LT-Drs. 16/2741, S. 36; Graulich, in: Lisken/Denninger, Handbuch des Polizeirechts, Kap. E Rn 454.
253 So Graulich, in: Lisken/Denninger, Handbuch des Polizeirechts, Kap. E Rn 452; ebenso Kingreen/Poscher, Polizei- und Ordnungsrecht, § 15 Rn 3.
254 BVerfGE 141, 220, 275 f. (Rn 118).

ständigkeitsregelung gefunden, die eine **Zentralisierung** dieser spezialisierten Aufgaben auf **zwei Amtsgerichte in BW** vorsieht.[255]
Aus § 31 Abs. 3 S. 6 PolG ergibt sich abschließend die **sachliche und örtliche Zuständigkeit**. Es handelt sich dabei um eine zulässige sog. **abdrängende Sonderzuweisung** des Rechtswegs i. S. d. § 40 Abs. 1 S. 2 VwGO.[256] Zuständig für die Bearbeitung der Anträge sind demnach:
1. das **Amtsgericht Mannheim**, wenn die **Polizeidienststelle**, deren Leitung den Antrag gem. § 31 Abs. 3 S. 2 PolG stellt, ihren Sitz **im Bezirk des OLG Karlsruhe** hat;
2. das **Amtsgericht Stuttgart**, wenn die **Polizeidienststelle**, deren Leitung den Antrag gem. § 31 Abs. 3 S. 2 PolG stellt, ihren **Sitz im Bezirk des OLG Stuttgart** hat.

Unter Berücksichtigung der möglichen Antragsteller i. S. d. § 31 Abs 3 S. 3 PolG **sind die Anträge wie folgt zu stellen** (vgl. dazu § 2 GerOrgG i. V. m. § 121 Abs. 1 PolG):
- **beim Amtsgericht Mannheim**: Durch die Polizeipräsidien Freiburg, Karlsruhe, Konstanz, Mannheim, Offenburg, Pforzheim;
- **beim Amtsgericht Stuttgart**: Durch die Polizeipräsidien Aalen, Heilbronn, Ludwigsburg, Ravensburg, Reutlingen, Stuttgart, Ulm sowie das Polizeipräsidium Einsatz und das LKA.

119 Die gerichtliche Anordnung steht unter einem **Antragvorbehalt**. Gem. **§ 31 Abs. 3 S. 3 PolG** ist der **Antrag** durch die **Leitung eines regionalen Polizeipräsidiums**, des **Polizeipräsidiums Einsatz oder des LKA** schriftlich zu stellen und zu begründen.

Der Begriff „Leitung" ist eindeutig: Der Antrag kann nur vom **Präsidenten des örtlich zuständigen Polizeipräsidiums**[257], des **Präsidiums Einsatz** oder vom **Präsidenten des LKA**[258] gestellt und unterzeichnet werden. Alle drei Möglichkeiten bestehen **alternativ** und hängen nicht von weiteren tatbestandlichen Voraussetzungen ab, regelmäßig wird die Anordnung aber durch die Leitung des örtlich zuständigen Polizeipräsidiums erfolgen; die Leitung des Präsidiums Einsatz und des LKA werden nur in Fällen eigener Zuständigkeit tätig werden können. Im Fall der Verhinderung sind nur die unmittelbaren ständigen Vertreter der Präsidenten zur Anordnung befugt. Der Personenkreis **kann nicht** auf die sonstige Führungsebene **erweitert werden**, auch nicht durch Delegation der Behördenleitung.[259]

120 Für das **Antragsverfahren** gilt **§ 132 Abs. 2 PolG**. Dies bedeutet im Einzelnen:
- Für das Verfahren gelten die **Vorschriften des FamFG** (§ 132 Abs. 2 S. 1 PolG).
- Gegen die Entscheidung des Gerichts findet die **Beschwerde zum OLG** statt (§ 132 Abs. 2 S. 3 PolG); die Beschwerde hat **keine aufschiebende Wirkung** (§ 132 Abs. 2 S. 4 PolG).
- Gem. **§ 31 Abs. 3 S. 7 PolG** findet § 132 Abs. 2 S. 2 PolG keine Anwendung. Dies bedeutet, dass eine die Aufenthaltsvorgabe oder das Kontaktverbot anordnende Entscheidung des Gerichts **zu ihrer Wirksamkeit der Bekanntmachung** an die betroffene Person **bedarf**. Dies macht Sinn, da Aufenthaltsvorgabe und Kontaktverbot nur über eine Bekanntgabe gegenüber der betroffenen Person wirksam werden kann (Kenntnisnahme der betroffenen Person).

121 Bei **Gefahr im Verzug** kann die Anordnung auch von einer der in § 31 Abs. 3 S. 3 PolG genannten Personen (Behördenleiter, vgl. dazu § 11 Rn 119) **selbst getroffen** werden. Eine **Delegation** des Antragsrechts bzw. des Anordnungsrechts bei Gefahr im Verzug auf andere Personen ist nicht möglich.[260]

---
255 LT-Drs. 16/8484, S. 134 f.
256 Vgl. dazu etwa Buchberger, in: Lisken/Denninger, Handbuch des Polizeirechts, Kap. L Rn 28.
257 Nr. 1 Spiegelstrich 1 der Anlage 2 zu Nr. 1.3 u. 2.3 VwV-PolOrg.
258 Nr. 1 Spiegelstrich 1 der Anlage 6 zu Nr. 1.3 u. 2.3 VwV-PolOrg.
259 LT-Drs. 16/2701, S. 31.
260 LT-Drs. 16/2741, S. 36.

Bei einer behördlichen Anordnung bei Gefahr im Verzug ist eine **gerichtliche Bestätigung** durch das in § 31 Abs. 3 S. 6 PolG genannte Gericht **unverzüglich herbeizuführen**. Unverzüglich heißt sofort und ohne schuldhaftes Verzögern.
Von einer Gefahr im Verzug in diesem Sinne (vgl. dazu auch § 4 Rn 35) kann nur ausgegangen werden, wenn zur Verhinderung eines drohenden Schadens **sofort eingeschritten werden muss**, weil ein weiteres Abwarten den Erfolg der notwendigen Überwachungsmaßnahme erschweren oder vereiteln würde. Im Ergebnis müssen die Aufenthaltsvorgabe oder das Kontaktverbot gem. § 31 Abs. 1, 2 PolG **unaufschiebbar** sein.
Angesichts des verfassungsrechtlich gebotenen Richtervorbehalts[261] ist bei der Annahme einer Gefahr im Verzug **Zurückhaltung geboten**. Zwar steht dem Polizeivollzugsdienst ein **eigener Einschätzungsspielraum** zu (vgl. § 4 Rn 35). Es muss aber gesehen werden, dass in besonders eiligen Fällen die notwendige Entscheidung des Amtsgerichts gem. § 31 Abs. 3 PolG schnell herbeigeführt werden kann. Deswegen wird es regelmäßig vertretbar sein, die gerichtliche Anordnung gem. § 31 Abs. 3, 5 PolG abzuwarten. Ein Abweichen davon kommt insbesondere in Betracht, wenn die von einer Person ausgehenden Gefahren i. S. d. § 31 Abs. 1 PolG so schwerwiegend sind und möglicherweise mit einer so zeitnahen Verwirklichung zu rechnen ist, dass jede Verzögerung der Überwachungsmaßnahme zu **unvertretbaren Gefährdungen** bestimmter Personen oder der Allgemeinheit führen würde. Angesichts der Bedeutung der von § 31 Abs. 1 PolG geschützten Rechtsgüter dürfen sich diesbezügliche Zweifel nicht zulasten der Sicherheit auswirken.

e) Antragsinhalt (§ 31 Abs. 4 PolG)

§ 31 Abs. 4 PolG sieht detaillierte Vorgaben für den beim Amtsgericht zu stellenden Antrag vor. Dies folgt aus der Rechtsprechung des BVerfG, das aus den strengen Anforderungen an den Inhalt und die Begründung der gerichtlichen Anordnung folgert, dass hieraus zugleich das Erfordernis einer **hinreichend substantiierten Begründung und Begrenzung des Antrags auf Anordnung** folgt, die es dem Gericht oder der unabhängigen Stelle erst erlaubt, eine effektive Kontrolle auszuüben. Insbesondere bedarf es der **vollständigen Information** seitens der antragstellenden Behörde über den zu beurteilenden Sachstand.[262]

122

Im Antrag sind danach **zwingend anzugeben**:
1. die **Person**, gegen die sich die Maßnahme richtet, mit Name und Anschrift,
2. **Art, Umfang und Dauer der Maßnahme**, einschließlich
    a) im Fall der Aufenthaltsvorgabe gem. § 31 Abs. 1 PolG einer Bezeichnung der Orte, von denen sich die Person ohne Erlaubnis der zuständigen Polizeidienststelle nicht entfernen oder an denen sich die Person ohne Erlaubnis der zuständigen Polizeidienststelle nicht aufhalten darf,
    b) im Fall des Kontaktverbots gem. § 31 Abs. 2 PolG einer Benennung der Personen oder Gruppe, mit denen oder mit der der betroffenen Person der Kontakt untersagt ist, soweit möglich, mit Name und Anschrift,
3. der **Sachverhalt** sowie
4. eine **Begründung**.

f) Gerichtliche Anordnung (§ 31 Abs. 5 PolG)

Gem. **§ 31 Abs. 5 S. 1 PolG** ergeht durch das zuständige Amtsgericht eine **schriftliche Anordnung**. Die Entscheidung des zuständigen Amtsgericht ergeht gem. § 31 Abs. 3 S. 7, § 132 Abs. 2 S. 1 PolG i. V. m. § 38 Abs. 1 S. 1 FamFG durch **Beschluss**. Es ist

123

---
261 BVerfGE 141, 220, 275 f. (Rn 117 f.).
262 BVerfGE 141, 220, 275 f. (Rn 118).

Aufgabe und Pflicht des Gerichts, sich eigenverantwortlich ein Urteil darüber zu bilden, ob die beantragte heimliche Überwachungsmaßnahme den gesetzlichen Voraussetzungen entspricht.[263] Durch die schriftliche Fixierung wird der äußere Rahmen abgesteckt, innerhalb dessen die heimliche Maßnahme durchzuführen ist, so dass der Eingriff messbar und kontrollierbar bleibt.[264]

124 Erlässt das Amtsgericht eine Anordnung, durch welche die beantragte Überwachungsmaßnahme erlaubt wird, hat es **in seiner Entscheidung** gem. § 31 Abs. 5 S. 2 PolG **zwingend anzugeben**:
1. die **Person**, gegen die sich die Maßnahme richtet, mit Name und Anschrift,
2. **Art, Umfang und Dauer der Maßnahme**, einschließlich
    a) im Fall der Aufenthaltsvorgabe gem. § 31 Abs. 1 PolG einer Bezeichnung der Orte, von denen sich die Person ohne Erlaubnis der zuständigen Polizeidienststelle nicht entfernen oder an denen sich die Person ohne Erlaubnis der zuständigen Polizeidienststelle nicht aufhalten darf,
    b) im Fall des Kontaktverbots gem. § 31 Abs. 2 PolG einer Benennung der Personen oder Gruppe, mit denen oder mit der der betroffenen Person der Kontakt untersagt ist, soweit möglich, mit Name und Anschrift und
3. die **wesentlichen Gründe**.

g) Grenzen und Verhältnismäßigkeit (§ 31 Abs. 6 PolG)

125 Bei der Anordnung und Durchsetzung von Aufenthaltsvorgaben und Kontaktverboten ist der **Grundsatz der Verhältnismäßigkeit** zu wahren. Deswegen ordnet § 31 Abs. 6 PolG an, dass Aufenthaltsvorgaben gem. § 31 Abs. 1 PolG und Kontaktverbote gem. § 31 Abs. 2 PolG auf den zur Verhütung von Straftaten i. S. d. § 31 Abs. 1 PolG **erforderlichen Umfang zu beschränken** sind. Dies betrifft die Auswahl der Orte und Personen, aber auch die Dauer der Maßnahme.[265]

Die Anordnungen von Aufenthaltsvorgabe oder Kontaktverbot sind auf **höchstens drei Monate** zu befristen. Eine **Verlängerung** um jeweils nicht mehr als drei Monate ist möglich, soweit ihre **Voraussetzungen fortbestehen**. Die Verlängerung kann wegen des in § 31 Abs. 3 S. 1 PolG statuierten Richtervorbehalts nur durch eine **weitere Entscheidung des zuständigen Amtsgerichts** erfolgen.

Liegen die Voraussetzungen für die Aufenthaltsvorgabe oder das Kontaktverbot nicht mehr vor, ist die **Maßnahme unverzüglich zu beenden**. Zur zeitlichen Komponente vgl. auch § 11 Rn 111, 116.

h) Rechtsmittel

126 Gem. **§ 132 Abs. 2 S. 3 PolG** findet gegen die Entscheidung des zuständigen Amtsgerichts Mannheim oder Stuttgart die **Beschwerde zum OLG** statt.

Die Beschwerde hat **keine aufschiebende Wirkung** (§ 31 Abs. 3 S. 7, § 132 Abs. 2 S. 4 PolG) und hindert damit die sofortige Umsetzung der Aufenthaltsvorgabe oder des Kontaktverbots durch den Polizeivollzugsdienst nicht. Erst bei einem **Erfolg der Beschwerde** sind die Maßnahmen durch den Polizeivollzugsdienst **umgehend zu beenden**. Zur Prüfung eines **Antrags auf Aussetzung der Vollziehung** durch einstweilige Anordnung des Beschwerdegerichts vgl. OLG München, BayVBl 2018, 682 f.

Die **Anfechtung** einer Aufenthaltsvorgabe oder eines Kontaktverbots **durch die betroffene Person im Wege des veraltungsgerichtlichen Verfahrens scheidet aus**. Gem. **§ 132 Abs. 3 PolG** ist eine Anfechtungsklage ausgeschlossen, wenn eine richterliche Entscheidung nach dem PolG ergangen ist. Da eine Aufenthaltsvorgabe (§ 31 Abs. 1

---

263 BVerfGE 141, 220, 275 f. (Rn 118).
264 LT-Drs. 16/2701, S. 32.
265 LT-Drs. 16/2741, S. 36.

PolG) und ein Kontaktverbot (§ 31 Abs. 2 PolG) nur nach richterlicher Anordnung (§ 31 Abs. 3 S. 1 PolG) oder im Fall der Gefahr im Verzug nur nach richterlicher Bestätigung (§ 31 Abs. 3 S. 5 PolG) durchgeführt werden können, greift § 132 Abs. 3 PolG gegenüber einer von diesen polizeilichen Maßnahmen betroffenen Person stets. Ihr steht der verwaltungsgerichtliche Rechtsweg nicht offen.

i) Strafbewehrung (§ 134 Abs. 1 Nr. 1 PolG)

Gem. **§ 134 Abs. 1 Nr. 1 PolG** wird mit **Freiheitsstrafe bis zu zwei Jahren oder mit Geldstrafe bestraft**, wer einer vollstreckbaren gerichtlichen Anordnung gem. § 31 Abs. 3 S. 1 PolG oder einer vollziehbaren Anordnung gem. § 31 Abs. 3 S. 5 PolG zuwiderhandelt und dadurch den Zweck der Anordnung gefährdet. **127**

Bei der Regelung des § 134 Abs. 1 Nr. 1 PolG handelt es sich um eine **strafrechtliche Norm**. Die **Gesetzgebungsbefugnis** lag beim Land BW. Gem. Art. 72 Abs. 1 GG haben die Länder im Bereich der konkurrierenden Gesetzgebung die Befugnis zur Gesetzgebung, solange und soweit der Bund von seiner Gesetzgebungszuständigkeit nicht durch Gesetz Gebrauch gemacht hat. Mit § 31 PolG hat das Land eine eigenständige Rechtsgrundlage für den Erlass von Aufenthaltsvorgaben und Kontaktverboten und deren Durchführung durch den Polizeivollzugsdienst des Landes in eigener Zuständigkeit erlassen. Die Strafbewehrung von Verstößen gegen diese durch eine gerichtliche Anordnung erlassenen landespolizeilichen Maßnahmen wurde vom Bund nicht vorgesehen. Insofern liegt ein Fall des Nichtgebrauchs i. S. d. Art. 72 Abs. 1 GG vor.[266]

Voraussetzung für die Strafbarkeit ist, dass entweder eine **vollstreckbare Anordnung** des zuständigen **Amtsgerichts** (§ 31 Abs. 3 S. 1 PolG) oder im Fall der Gefahr im Verzug eine **vollziehbare Anordnung** des Leiters der zuständigen **Polizeibehörde** (§ 31 Abs. 3 S. 5 PolG) vorliegt. **128**

Die **Anordnung des Amtsgerichts** wird gem. § 132 Abs. 2 S. 1 PolG i. V. m. §§ 38 Abs. 1 S. 1, 86 Abs. 1 Nr. 1, Abs. 2 FamFG **mit Wirksamwerden** des gerichtlichen Beschlusses **vollstreckbar**. Die Wirksamkeit des gerichtlichen Beschlusses tritt mit dessen Erlass ein, es bedarf hierfür gem. § 31 Abs. 3 S. 7 i. V. m. § 132 Abs. 2 S. 1 PolG, § 40 Abs. 1 FamFG der **Bekanntmachung an den Betroffenen**.

Die **behördliche Anordnung** bedarf zu ihrer Vollziehbarkeit vor Eintritt der Rechtskraft der gleichzeitigen **Anordnung der sofortigen Vollziehbarkeit** (§ 2 Nr. 2 LVwVG i. V. m. § 80 Abs 2 S. 1 Nr. 4 VwGO)[267], was in der Praxis regelmäßig erfolgen wird.

Gem. **§ 134 S. 2 PolG** wird die Tat **nur auf Antrag** eines regionalen Polizeipräsidiums, des Polizeipräsidiums Einsatz oder des LKA verfolgt. Eine Strafverfolgung ist damit gem. §§ 77 ff. StGB nur möglich, wenn ein entsprechender Strafantrag innerhalb der vorgesehenen Frist (§ 77 b StGB) vorliegt. **129**

6. Elektronische Aufenthaltsüberwachung (§ 32 PolG)

a) Allgemeines

aa) Entstehungsgeschichte

§ 32 PolG wurde als § 27 c PolG durch **Art. 1 Nr. 5 des Gesetzes zur Änderung des Polizeigesetzes vom 28.11.2017** in das PolG eingefügt.[268] Er entspricht weitgehend § 56 BKAG. Mit dem **PolG 2020** wurden die bislang in § 32 Abs. 2 S. 5, 7 bis 9 PolG **130**

---

266 Vgl. dazu weitergehend auch LT-Drs.16/2741, S. 42, sowie BVerfGE 32, 319, 327 f., BVerfGE 85, 134, 147. Zur krit. Erweiterung strafrechtlicher Normen in Polizeigesetzen vgl. Klein, GSZ 2020, 168 ff.
267 Vgl. dazu auch Graulich, in: Lisken/Denninger, Handbuch des Polizeirechts, Kap. E Rn 426.
268 GBl. S. 624, 627, 638. Zum Gesetzgebungsverfahren vgl. Gesetzentwurf LT-Drs. 16/2741; erste Gesetzesberatung LT-Plenarprot. 16/42, S. 2380 bis 2396; Beschlussempfehlung und Bericht des mitberatenden Ständigen Ausschusses und des federführenden Ausschusses für Inneres, Digitalisierung und Migration LT-Drs. 16/2915; zweite Gesetzesberatung LT-Plenarprot. 16/47, S. 2723 bis 2838; Gesetzesbeschluss LT-Drs. 16/3011.

enthaltenen **Regelungen zur Kennzeichnung und Protokollierung der** durch die Überwachungsmaßnahme erhaltenen **Daten** herausgenommen (sie finden sich nunmehr in den **§§ 73, 73 PolG**) und die in § 32 Abs. 5 PolG verankerte **Zuständigkeit des Amtsgerichts geändert**. Darüber hinaus spielt für den Richtervorbehalt auch der mit dem PolG 2020 neu in das PolG eingefügte **§ 132 PolG** (gerichtliche Zuständigkeit, Verfahren) eine grundlegende Rolle.

Durch § 32 PolG erhält der **Polizeivollzugsdienst** die Befugnis, den Aufenthaltsort von Personen, von denen die Gefahr der Begehung einer terroristischen Straftat i. S. d. § 31 Abs. 1 PolG ausgeht, **elektronisch zu überwachen**. Hierzu kann der Polizeivollzugsdienst auf entsprechende richterliche Anordnung eine Person verpflichten, ständig ein für die elektronische Überwachung des Aufenthaltsortes geeignetes technisches Mittel („**Elektronische Fußfessel**") in betriebsbereitem Zustand am Körper bei sich zu führen.

Mit § 32 StPO wird ein bislang im Wesentlichen im Rahmen der Führungsaufsicht (§ 68 b StGB i. V. m. § 463 a StPO) zum Einsatz kommendes Instrument in den Bereich der **Abwehr von Gefahren des internationalen Terrorismus** übernommen. Ziel dieser offenen Maßnahme ist es, den Aufenthaltsort von Personen, von denen die Gefahr der Begehung einer terroristischen Straftat i. S. d. § 31 Abs. 1 PolG ausgeht, dauerhaft zu überwachen und auf diese Weise die **Begehung derartiger Straftaten möglichst effektiv zu verhindern**. Dabei erhöht die ständige Aufenthaltsüberwachung das Risiko, bei der Begehung von Straftaten entdeckt zu werden, und kann auf diese Weise zur Straftatenverhütung beitragen. Darüber hinaus ermöglicht die Aufenthaltsüberwachung das **schnelle Eingreifen von Sicherheitsbehörden** zur Straftatenverhütung.[269]

Die **praktische Bedeutung** des § 32 PolG ist bislang sehr begrenzt, bis Ende 2018 kam die Regelung in keinem einzigen Fall zur Anwendung.[270]

bb) Gesetzgebungskompetenz

131 Aufgrund der präventiv-polizeilichen Abschreckungswirkung der elektronischen Aufenthaltsüberwachung, ihrer Einbindung in andere präventive Maßnahmen der Polizei und der Möglichkeit des schnellen Eingreifens im erkennbaren Gefahrenfall ist die **Gesetzgebungsbefugnis der Länder** über Art. 70 Abs. 1 GG gegeben.[271]

cc) Einschränkung von Grundrechten

132 Allein die Tatsache, dass die elektronische Aufenthaltsüberwachung gegenüber einer polizeilichen und strafrechtlichen Ingewahrsamnahme ein milderes Mittel ist, begründet nicht ihre Verfassungsmäßigkeit.[272] Da die elektronische Aufenthaltsüberwachung keine lückenlose Überwachung und keinen Rückschluss des Staates auf die Lebensgewohnheiten der überwachten Person zulässt, stellt sie **keine** in den Kernbereich privater Lebensgestaltung **unzumutbar eingreifende Einschränkung der Menschenwürde** dar.[273] Die hat auch das **BVerfG** (für § 463 a StGB) festgestellt:

„Die elektronische Überwachungsmaßnahme ist lediglich auf die anlassbezogene jederzeitige Feststellbarkeit des Aufenthaltsortes des Weisungsbetroffenen gerichtet. In welcher Weise er sich an diesem Ort betätigt, ist nicht Gegenstand der Überwachung. Das Handeln des Betroffenen unterliegt weder optischer noch akustischer Kontrolle. Dass die bloße Feststellung des Aufenthaltsortes mittels einer GPS-gestützten Observation den unantastbaren Bereich privater Lebensgestaltung regelmäßig nicht erreicht, hat das Bundesverfassungsgericht bereits ausdrücklich festgestellt (vgl. BVerfGE 112,

---

269 So LT-Drs. 16/2741, S. 36 f.
270 LT-Drs. 16/5076, S. 4.
271 Guckelberger, DVBl 2017, 1121, 1123.
272 Guckelberger, DVBl 2017, 1121, 1122.
273 Guckelberger, DVBl 2017, 1121, 1123.

304). Umstände, die zu einer abweichenden Beurteilung führen könnten, haben die Beschwerdeführer nicht vorgetragen."[274]

Die Datenerhebung innerhalb der Wohnung der überwachten Person könnte im Hinblick auf Art. 13 GG trotz § 32 Abs. 2 S. 2 PolG verfassungsrechtlichen Bedenken unterliegen.[275] Art. 13 Abs. 4 S. 1 GG lässt Einschränkungen der Unverletzlichkeit der Wohnung zum Zweck der elektronischen Überwachung der Wohnung zu, wenn diese zur Abwehr dringender Gefahren der öffentlichen Sicherheit geboten ist. Art. 13 Abs. 4 S. 1 GG meint zwar nicht die elektronische Überwachung von Personen, die in der Wohnung leben. Verfassungsrechtlich sind aber die gleichen Maßstäbe zugrunde zu legen. Art. 13 Abs. 4 GG verlangt eine bereits konkretisierte Gefahr.[276] Die Gefahr muss überdies dringend sein. § 32 Abs. 1 PolG stellt darauf ab, dass Tatsachen vorliegen, dass die zu überwachende Person eine der in § 129 a StGB gelisteten Straftaten[277] begeht. Die elektronische Überwachung dient damit dem **Schutz vor besonders schwerwiegenden Straftaten**.[278] Es reicht nicht aus, dass die Möglichkeit der Straftatbegehung im Raum steht, vielmehr muss **aufgrund von Tatsachen** davon ausgegangen werden können, dass die zu überwachende Person eine solche Straftat begehen wird. Unter solchen Voraussetzungen liegt eine dringende Gefahr im Sinne des Art. 13 Abs. 4 S. 1 GG vor.[279] Angesichts der Eingrenzung der Anwendbarkeit auf die in § 129 a Abs. 1 und 2 StGB gelisteten schwerwiegenden Straftaten und der nur eingeschränkten Zulässigkeit der Nutzung der in der Wohnung gewonnenen Daten gem. § 32 Abs. 2 S. 2 PolG ist indes davon auszugehen, dass die mit der elektronischen Überwachung verbundenen Einschränkungen noch den Vorgaben des Art. 13 Abs. 4 GG genügen.[280] Vgl. dazu eingehender auch die Ausführungen zu den **Vorgaben des BVerfG** in § 11 Rn 144 ff.

133 Art. 2 Abs. 2 des Gesetzes zur Änderung des Polizeigesetzes vom 28.11.2017[281] schränkt zur verfassungsrechtlichen Anwendbarkeit des § 32 PolG die Freizügigkeit (Art. 11 GG) und die Unverletzlichkeit der Wohnung (Art. 13 GG) ein. Damit genügt das Gesetz dem **Zitiergebot**[282].

dd) Historie und Bedeutung der elektronischen Überwachung

134 Bereits in den 1960er Jahren wurde in den USA ein Gerät zur elektronischen Aufenthaltsüberwachung von Psychiatriepatienten und Straftätern entwickelt. Seit den 1980er Jahren verbreitete sich diese technische Möglichkeit als strafrechtliche Überwachungsmaßnahme zunehmend[283]. Die elektronische Aufenthaltsüberwachung führt nicht dazu, dass die betroffene Person ihre Bewegungsfreiheit verliert, sondern bewirkt lediglich, dass die Bewegungen und örtlichen Aufenthaltsveränderungen der betroffenen Person von der Polizei und den Strafverfolgungsbehörden nachvollzogen werden können. Angesichts von technischen Einschränkungen (Funklöcher, Funkschatten, Funksperre) ist eine **lückenlose Überwachung nicht möglich**.[284] Laut der Gemeinsamen Überwa-

---

274 BVerfG („elektronische Fußfessel"), Beschl. v. 1.12 2020 – 2 BvR 916/11 (Rn 246), zust. Kinzig, LTO vom 4.2.2021.
275 So jedenfalls Guckelberger, DVBl 2017, 1121, 1128.
276 Gornig, in: v. Mangoldt/Klein/Starck, GG, Rn 122 zu Art. 13 GG.
277 Vgl. dazu eingehender Fischer, Strafgesetzbuch, Rn 2 ff. zu § 129 a StGB.
278 Schäfer, in: Münchener Kommentar zum Strafgesetzbuch, Rn 1 zu § 129 a StGB.
279 Vgl. dazu Gornig, in: v. Mangoldt/Klein/Starck, GG, Rn 124 zu Art. 13 GG: Es kommt auf den Umfang des drohenden Schadens an.
280 So auch BVerfG („elektronische Fußfessel") zu § 463 a StPO, Beschl. v. 1.12 2020 – 2 BvR 916/11 (Rn 333 ff.).
281 GBl. S. 624, 630.
282 LT-Drs. 16/2741, S. 47; vgl. zum Zitiergebot etwa Schmidt, Polizei- und Ordnungsrecht, Rn 300, sowie § 4 PolG (dazu auch LT-Drs. 16/8484, S. 202).
283 Guckelberger, DVBl 2017, 1121 f.
284 So zutr. Guckelberger, DVBl 2017, 1121, 1122.

chungsstelle der Länder (GÜL)[285] wurde ab Ende des Jahres 2017 innerhalb eines Jahres in **116 Fällen** durch Gerichte die Überwachung von früheren Straftätern und Gefährdern durch elektronische Fußfesseln angeordnet, was einem Zuwachs von rund 20 Prozent entspricht. Unter den 116 Betroffenen waren 7 Gefährder.

b) Elektronische Überwachung (§ 32 Abs. 1 PolG)

135   Gem. § 32 Abs. 1 PolG kann der Polizeivollzugsdienst eine Person, von der die Gefahr der Begehung einer terroristischen Straftat i. S. d. § 31 Abs. 1 PolG ausgeht, verpflichten, ein technisches Mittel, mit dem der Aufenthaltsort dieser Person elektronisch überwacht werden kann, ständig in betriebsbereitem Zustand am Körper bei sich zu führen und dessen Funktionsfähigkeit nicht zu beeinträchtigen. Die elektronische Aufenthaltsüberwachung soll vor der Begehung von Straftaten i. S. d. § 129 a StGB schützen. Sie dient damit ebenso wie § 129 a StGB[286] dem Schutz vor besonders gefährlichen potenziellen Straftätern und der **Verhütung terroristischer Straftaten**.[287] Ähnlich wie bei § 129 a StGB greifen die Maßnahmen gem. § 32 PolG bereits im **Vorfeld der eigentlichen Straftaten**.

136   Für die Anwendung des § 32 Abs. 1 PolG ist grundsätzlich das **Vorliegen eines Gefahrverdachts ausreichend**.[288] Wegen der in Gefahr stehenden besonders hochwertigen und schützenswerten Rechtsgüter ist dies verfassungsrechtlich vertretbar.[289] Wegen der Bestimmtheit von Person und der Eingrenzung der Anwendbarkeit auf die Begehung bestimmter terroristischer Straftaten ist der **Verdacht einer konkreten Gefahr** gefordert.[290] Eine elektronische Aufenthaltsüberwachung kann deswegen **nur gegenüber Personen** angeordnet werden, bei denen bestimmte Tatsachen die Annahme rechtfertigen, dass sie innerhalb eines übersehbaren Zeitraums auf eine zumindest ihrer Art nach konkretisierte Weise eine solche Straftat begehen werden (**§ 32 Abs. 1 Nr. 1 PolG**) oder deren individuelles Verhalten die konkrete Wahrscheinlichkeit begründet, dass sie innerhalb eines übersehbaren Zeitraums eine solche Straftat begehen werden (**§ 32 Abs. 1 Nr. 2 PolG**). Diese tatbestandlichen Voraussetzungen entsprechen denen des § 31 Abs. 1 PolG.

Die tatbestandlichen Voraussetzungen des § 32 Abs. 1 PolG entsprechen den Vorgaben des **BVerfG** an eine zu treffende **Prognoseentscheidung zur Straftatenverhütung**. Danach können die Polizeibehörden auch Maßnahmen der Straftatenverhütung ergreifen, wenn eine zumindest auf bestimmte Tatsachen und nicht allein auf allgemeine Erfahrungssätze gestützte Prognose vorgenommen wird, die auf eine konkrete Gefahr bezogen ist. Grundsätzlich gehört hierzu, dass insoweit ein wenigstens seiner Art nach konkretisiertes und zeitlich absehbares Geschehen erkennbar ist. Bei terroristischen Straftaten kann der Gesetzgeber auch darauf abstellen, ob das individuelle Verhalten einer Person die konkrete Wahrscheinlichkeit begründet, dass sie in überschaubarer Zukunft terroristische Straftaten begehen wird.[291]

---

285   Die bei der IT-Stelle der hessischen Justiz in Bad Vilbel angesiedelte GÜL wurde durch den Staatsvertrag vom 19.8.2011 (Unterzeichnung BW) über die Einrichtung einer Gemeinsamen elektronischen Überwachungsstelle der Länder eingerichtet (Gesetz zu dem Staatsvertrag über die Einrichtung einer Gemeinsamen elektronischen Überwachungsstelle der Länder vom 13.12.2011 [GBl. S. 554; vgl. auch LT-Drs. 15/1041]) und hat am 1.1.2012 den Betrieb aufgenommen. Ihre Aufgabe ist es, die eingehenden Ereignismeldungen (bspw. über Weisungsverstöße oder Beeinträchtigung der Datenerhebung) rund um die Uhr entgegenzunehmen und im Hinblick auf möglicherweise notwendige Maßnahmen der Gefahrenabwehr oder der Führungsaufsicht zu bewerten.
286   Schäfer, in: Münchener Kommentar zum Strafgesetzbuch, Rn 1 zu § 129 a StGB.
287   Schenke, Polizei- und Ordnungsrecht, Rn 140.
288   Schenke, Polizei- und Ordnungsrecht, Rn 137; Gusy, Polizei- und Ordnungsrecht, Rn 282; krit. dazu Graulich, in: Lisken/Denninger, Handbuch des Polizeirechts, Kap. E Rn 425: zumindest „gesteigerte Wahrscheinlichkeit des Gefahreneintritts"; Kulick, AöR 2018, 175, 208 f. Vgl. dazu auch Kingreen/Poscher, Polizei- und Ordnungsrecht, § 13 Rn 123.
289   Ebenso Graulich, in: Lisken/Denninger, Handbuch des Polizeirechts, Kap. E Rn 425.
290   Kingreen/Poscher, Polizei- und Ordnungsrecht, § 13 Rn 122.
291   BVerfGE 141, 220, 290 f. (Rn 164).

Die **Zuständigkeit** für die Durchführung von Maßnahmen gem. § 32 Abs. 1 PolG (Aufenthaltsüberwachung) liegt ausschließlich beim **Polizeivollzugsdienst**. Die Polizeibehörde darf damit keine Maßnahmen der Aufenthaltsüberwachung auf der Grundlage des § 32 Abs. 1 PolG vorsehen.

137

Durch die Bezugnahme auf § 31 Abs. 1 PolG wird deutlich, dass die Anordnung einer elektronischen Überwachungsmaßnahme nur zur **Verhütung von Straftaten** in Betracht kommt, die in **§ 129 a Abs. 1, 2 StGB** bezeichnet und dazu bestimmt sind, die in den Nrn. 1 bis 3 des § 31 Abs. 1 PolG beschriebenen Folgen zu bewirken. § 129 a StGB betrifft die Bildung terroristischer Vereinigungen. § 32 Abs. 1 i. V. m. § 31 Abs. 1 PolG meint nicht diesen Grundtatbestand, sondern die in § 129 a Abs. 1 u. 2 StGB aufgezählten Straftatbestände („Vereinigungszweck"), wie aus dem Begriff „bezeichnet" zu folgern ist. Die betroffene Person muss also keiner terroristischen Vereinigung angehören, sondern die Begehung einer der in § 129 a Abs. 1, 2 StGB genannten schwerwiegenden Straftaten anstreben. Im Ergebnis werden damit „**terroristische Gefährder**" erfasst.

138

Folgen dieser Straftaten müssen die **Einschüchterung der Bevölkerung**, die **Nötigung einer Behörde oder internationalen Organisation** sowie die **Beseitigung oder erhebliche Beeinträchtigung der grundlegenden deutschen Staatsstrukturen** sein. Zudem müssen die geplanten Straftaten durch die Art ihrer Begehung oder ihre Auswirkungen geeignet sein, einen Staat oder eine internationale Organisation erheblich zu schädigen.

Ziel der elektronischen Überwachung ist es, die betroffene Person durch die Überwachung und die Datenverwendung von der Begehung der in § 31 Abs. 1 PolG genannten terroristischen Straftaten abzuhalten. Sie ist damit gegenüber der Aufenthaltsvorgabe und dem Kontaktverbot eine **eigenständige polizeiliche Maßnahme**. Ihre Anordnung hängt nicht davon ab, dass gegen die betroffene Person auch eine Aufenthaltsvorgabe oder ein Kontaktverbot verhängt wurde (vgl. aber auch § 11 Rn 140). Je nach Fallkonstellation kann auch die **Kombination mehrerer oder aller dieser polizeilichen Maßnahmen** in Betracht kommen.

139

Bei der Anordnung und Durchsetzung einer elektronischen Aufenthaltsüberwachung ist der **Grundsatz der Verhältnismäßigkeit** zu beachten. Dies bedeutet, dass bei Vorliegen der sonstigen tatbestandlichen Voraussetzungen die elektronische Aufenthaltsüberwachung nur insoweit angeordnet werden darf, als sie zur Verhinderung einer befürchteten Straftat zwingend notwendig ist. Gegenüber den nur örtlich oder persönlich partiell wirkenden Aufenthaltsvorgabe und Kontaktverbot ist die elektronische Aufenthaltsüberwachung in der Regel die **schwerwiegendere Maßnahme**, da sie eine nahezu vollständige örtliche Überwachung der betroffenen Person ermöglicht. Sie kann daher nur angeordnet werden, wenn Aufenthaltsvorgabe und Kontaktverbot für sich nicht ausreichend sind, um die von einer drohenden Straftatenbegehung ausgehende Gefahr ausreichend sicher zu bannen.

140

Die elektronische Aufenthaltsüberwachung darf **nur so lange aufrechterhalten** werden, **wie** die in § 32 Abs. 1 i. V. m. § 31 Abs. 1 PolG beschriebene **Gefahr einer Straftatbegehung besteht**.[292] Entfällt die Gefahr – aus welchen Gründen auch immer – ist eine bestehende elektronische Aufenthaltsüberwachung **sofort zu beenden**. Vgl. dazu im Übrigen § 32 Abs. 8 PolG sowie nachfolgend die Ausführungen in § 11 Rn 167.

In der Gesetzesbegründung findet sich der Praxishinweis, dass die Ausfüllung des bei Anwendung der Norm bestehenden Beurteilungsspielraums sowie die Ausübung des Ermessens, ob die Maßnahme ergriffen wird, regelmäßig **im Benehmen mit dem BKA**

141

---

292 Vgl. dazu auch Graulich, in: Lisken/Denninger, Handbuch des Polizeirechts, Kap. E Rn 426.

erfolgen soll. Das Benehmen soll im Rahmen der etablierten Strukturen der Bund-Länder-Koordinierung im Bereich der Terrorismusabwehr hergestellt werden.[293]

c) Datenverarbeitung, Datenverwendung, Schutz der Wohnung (§ 32 Abs. 2 PolG)

142 **§ 32 Abs. 2 PolG** enthält **grundlegende Regelungen zur Verarbeitung der** durch die elektronische Aufenthaltsüberwachung erlangten **Daten**. Systematisch folgt § 32 Abs. 2 PolG im Wesentlichen dem Vorbild des § 463 a Abs. 4 StPO, der die Befugnisse der Aufsichtsstellen bei der Führungsaufsicht sowie die von diesen einzuhaltenden datenschutzrechtlichen Vorgaben regelt. Ergänzt wird § 32 Abs. 2 PolG durch die Regelungen in § 72 (Kennzeichnungspflicht) und § 73 (Protokollierungspflicht) PolG, die für entsprechend anwendbar erklärt werden (§ 32 Abs. 2 S. 5 PolG).

aa) Datenverarbeitung

143 Aus **§ 32 Abs. 2 S. 1 PolG** folgt die grundlegende **Befugnis zur Datenverarbeitung**. Danach verarbeitet der Polizeivollzugsdienst mithilfe der von der betroffenen Person mitgeführten technischen Mittel automatisiert Daten über deren Aufenthaltsort sowie über etwaige Beeinträchtigungen der Datenerhebung. § 32 Abs. 2 S. 1 PolG enthält damit die **Rechtsgrundlage für die Verarbeitung** der für die elektronische Überwachung erforderlichen Daten durch den Polizeivollzugsdienst. Die Verarbeitung umfasst dabei **alle Aufenthaltsdaten einschließlich der Daten über eine Beeinträchtigung der Erhebung**. Diese umfassende Datenverarbeitungsbefugnis ist notwendig, um sämtliche in § 32 Abs. 2 S. 3 Nr. 1 bis 5 PolG enthaltenen Verwendungszwecke erfüllen und die mit der Überwachung angestrebten Wirkungen erreichen zu können.

Der Befugnis zur Erhebung von Daten über etwaige Beeinträchtigungen bei der Datenerhebung bedarf es nicht nur für eine **effektive Gefahrenabwehr**, sondern auch, um davon unabhängige **Funktionsbeeinträchtigungen erkennen** zu können, die zum Beispiel eine Reparatur der von der betroffenen Person mitgeführten Geräte erfordern.[294]

bb) Schutz der Wohnung

144 Durch **§ 32 Abs. 2 S. 2, 7 bis 10 PolG** wird dem über Art. 13 Abs. 1 GG verfassungsrechtlich gewährleisteten besonderen **Schutz der Wohnung** Rechnung getragen. Der Schutz der Wohnung ist für die Frage der **Vereinbarkeit** der elektronischen Aufenthaltsüberwachung **mit dem Verfassungsrecht** grundlegend.[295]

Soweit es technisch möglich ist, ist sicherzustellen, dass innerhalb der Wohnung der betroffenen Person **keine über den Umstand ihrer Anwesenheit hinausgehenden Aufenthaltsdaten** erhoben werden (§ 32 Abs. 2 S. 2 PolG). Werden innerhalb der Wohnung der betroffenen Person über den Umstand ihrer Anwesenheit hinausgehende Aufenthaltsdaten erhoben, dürfen diese nicht verwendet werden und sind **unverzüglich** nach Kenntnisnahme zu **löschen**. Die Tatsache ihrer Kenntnisnahme und Löschung ist zu dokumentieren. Die Dokumentation darf ausschließlich für Zwecke der Datenschutzkontrolle verwendet werden. Sie ist nach zwölf Monaten zu löschen (§ 32 Abs. 2 S. 7 bis 10 PolG). Diese klaren Vorgaben des Gesetzgebers stellen nach dem **BVerfG** in ausreichendem Maß sicher, dass die elektronische Aufenthaltsüberwachung dem Verfassungsrecht genügt.[296]

145 Aus den jeweiligen Grundrechten i. V. m. Art. 1 Abs. 1 GG ergeben sich für die Durchführung von besonders eingriffsintensiven Überwachungsmaßnahmen **besondere Anforderungen an den Schutz des Kernbereichs privater Lebensgestaltung**.[297]

---

[293] LT-Drs. 16/2741, S. 37.
[294] LT-Drs. 16/2741, S. 37.
[295] Vgl. Guckelberger, DVBl 2017, 1121, 1124, 1127 f.
[296] BVerfG („elektronische Fußfessel"), Beschl. v. 1.12 2020 – 2 BvR 916/11 (Rn 243).
[297] BVerfGE 141, 220, 276 (Rn 119); vgl. auch Kutscha, in: Möllers, Wörterbuch der Polizei, S. 1241.

II. Einzelmaßnahmen

Vgl. zum Schutz des Kernbereichs privater Lebensgestaltung und zur **notwendigen Prognose** bei der **Erhebung, Speicherung und Verarbeitung von Daten** die weitergehenden Ausführungen in **§ 10 Rn 8 ff.**

Durch **§ 32 Abs. 2 S. 2, 7 bis 10 PolG** soll ein den Vorgaben des BVerfG genügender **Schutz des Kernbereichs privater Lebensgestaltung innerhalb der eigenen Wohnung** gewährleistet werden. Dies geschieht durch ein **gestuftes Schutzsystem**, das wie folgt aussieht: 146

- Auf einer **ersten Stufe** sieht § 32 Abs. 2 S. 2 PolG vor, dass es zum Schutz der betroffenen Person **in deren eigener Wohnung keine Datenerhebung und -verwertung** erfolgen darf, aus der sich mehr Informationen ergeben als ihre Anwesenheit. Eine **genaue Ortung innerhalb der Wohnung** ist damit **untersagt**.
 Damit wird der betroffenen Person ermöglicht, einen **innersten Rückzugsraum** zu haben, in dem sie vom Staat nicht behelligt wird. Soweit es technisch möglich ist, dürfen die genannten Aufenthaltsdaten damit gar nicht erst erhoben werden.[298]
- Auf einer **zweiten Stufe** wird durch § 32 Abs. 2 S. 7 bis 10 PolG sichergestellt, dass bei einer dennoch erfolgten Erhebung von Daten aus dem Kernbereich privater Lebensgestaltung die entsprechend gewonnenen Daten nicht verwendet werden dürfen.
 Aus § 32 Abs. 2 S. 7 PolG folgt ein **absolutes Verwertungsverbot** von Daten aus dem Kernbereich privater Lebensgestaltung („dürfen diese nicht verwendet werden"). Darüber hinaus sind diese Daten **unverzüglich nach Kenntnisnahme zu löschen**.
 Zur Absicherung diese Schutzes des Kernbereichs privater Lebensgestaltung sieht § 32 Abs. 2 S. 8 PolG vor, dass die **Tatsache der Kenntnisnahme** von Daten aus dem Kernbereich privater Lebensgestaltung und die **Löschung dieser Daten** zu **protokollieren** sind. Diese Dokumentation darf ausschließlich für Zwecke der Datenschutzkontrolle verwendet werden und ist **nach zwölf Monaten zu löschen** (§ 32 Abs. 2 S. 9, 10 PolG).

cc) Verwendung der Daten

Gem. **§ 32 Abs. 2 S. 3 PolG** dürfen die Daten **nur für** die **folgenden Zwecke** verwendet werden: 147

1. Zur **Verhütung oder zur Verfolgung von Straftaten** i. S. d. § 31 Abs. 1 PolG (vgl. dazu § 11 Rn 105 ff.),
2. zur **Feststellung von Verstößen gegen Aufenthaltsvorgaben** gem. § 31 Abs. 1 PolG und **Kontaktverbote** gem. § 31 Abs. 2 PolG (vgl. dazu § 11 Rn 105 ff., 112 ff.),
3. zur **Verfolgung einer Straftat** gem. § 134 PolG (vgl. dazu § 11 Rn 127 ff., 169 ff.),
4. zur **Abwehr einer erheblichen gegenwärtigen Gefahr** für Leib, Leben oder Freiheit einer dritten Person,
 Könnten die Daten nicht für diese in § 32 Abs. 2 S. 3 Nr. 4 PolG genannten Zwecke genutzt werden, würde ein erheblicher **Vertrauensverlust in die Funktionsfähigkeit der Polizei** und damit der staatlichen Institutionen insgesamt drohen, wenn trotz einer elektronischen Aufenthaltsüberwachung die entsprechenden Daten nicht zur Verhinderung erheblicher Straftaten, insbesondere von schweren Gewalttaten, genutzt werden dürften. Die **Abwehr erheblicher Gefahren für höchstpersönliche Rechtsgüter** ist ein wesentlicher Auftrag eines rechtsstaatlichen Gemeinwesens.[299]
5. zur **Aufrechterhaltung der Funktionsfähigkeit** der technischen Mittel.

---

[298] LT-Drs. 16/2741, S. 37 f.
[299] LT-Drs. 16/2741, S. 38.

Die Daten dürfen danach auch zur Aufrechterhaltung der Funktionsfähigkeit der technischen Mittel verwendet werden. Die Regelung gestattet die Verwendung von Daten, die auf eine nicht von der betroffenen Person zu vertretende Funktionsbeeinträchtigung hinweisen, um diese – zum Beispiel durch Austausch der von der betroffenen Person mitgeführten Geräte – beseitigen zu können. Die Überprüfung der Funktionsfähigkeit der eingesetzten Geräte ist Grundvoraussetzung für eine Nutzung der Daten gem. § 32 Abs. 2 S. 3 Nr. 1 bis 4 PolG.

148 Die Verwendung der Daten entsprechend Nr. 1 bis 5 des § 32 Abs. 2 S. 3 PolG bedarf ausdrücklich **keiner Zustimmung** der betroffenen Person. Die **Verwendungszwecke** der Nr. 1 bis 5 des § 32 Abs. 2 S. 3 PolG sind insoweit aber **abschließend**. Es ist daher nicht möglich, die durch die elektronische Überwachungsmaßnahme gewonnenen Daten auf andere Weise zu verwenden. Die Verwendungszwecke können **nicht erweitert** werden.

Aus § 32 Abs. 2 S. 3 PolG soll darüber hinaus zu folgern sein, dass die erhobenen Daten über die in den Nrn. 1 bis 5 genannten Fälle hinaus **mit Einwilligung der betroffenen Person** auch für sonstige Zwecke verwendet werden dürfen. In Betracht soll etwa eine Verwendung zur Aufklärung anderer Straftaten kommen.[300]

Seit Inkrafttreten der DSRL 2016/680 und deren Umsetzungspflicht ins deutsche Recht ist davon auszugehen, dass die Einwilligung einer betroffenen Person zu einer Datenverarbeitung einer **ausdrücklichen gesetzlichen Ermächtigung** bedarf, eine allgemeine Erlaubnis der Datenverarbeitung mit Einwilligung also nicht mehr ausreicht.[301] Der EU-Richtliniengeber hat deutlich gemacht, dass eine betroffene Person, die aufgefordert werde, einer rechtlichen Verpflichtung nachzukommen, **keine echte Wahlfreiheit** habe, weshalb ihre Reaktion nicht als freiwillig abgegebene Willensbekundung betrachtet werden könne.[302] Angesichts dieser unionsrechtlichen Rahmenbedingungen aus der DSLR 2016/680 ist davon auszugehen, dass **ohne unionsrechtskonforme ausdrückliche gesetzliche Ermächtigung** die **Einwilligung der betroffenen Person** eine Berechtigung zur Durchführung einer erkennungsdienstlichen Maßnahme **nicht wirksam** bewirken kann.[303] Vgl. dazu eingehender die Ausführungen in § 10 Rn 176 f.

149 Auch **§ 42 PolG** (Verarbeitung personenbezogener Daten aufgrund einer Einwilligung) erlaubt mit Einwilligung des betroffenen Person keine über § 41 Abs. 1, 2 PolG hinausgehende erkennungsdienstliche Maßnahmen. Vgl. dazu eingehender die Ausführungen in § 10 Rn 199 f.

150 Die Datenverwendung steht als Ausfluss des Grundsatzes der Verhältnismäßigkeit unter dem **Vorbehalt der Erforderlichkeit**. Der Gesetzgeber hat diesen Umstand ausdrücklich in den Gesetzestext aufgenommen, er folgt aber bereits aus den allgemeinen verfassungsrechtlichen Vorgaben. Aus dieser Klarstellung wird deutlich, dass bei jeder der in Nr. 1 bis 5 des § 32 Abs. 2 S. 3 PolG genannten Datenverwendungen geprüft werden muss, ob die Verwendung und Übermittlung der Daten für den konkreten Zweck zwingend erforderlich ist.

151 Die Verwendung der Daten für die vorgenannten Zwecke stellt einen **Eingriff in das Recht auf informationelle Selbstbestimmung** dar, der aber nach der Rechtsprechung des BVerfG **verhältnismäßig** ist.[304] Sie verfolgt allein den Zweck, Gefahren für hochrangige Rechtsgüter (Leib, Leben oder persönliche Freiheit Dritter) abzuwehren oder

---

[300] So LT-Drs. 16/2741, S. 38.
[301] Wie hier etwa Weinhold, in: Roßnagel, Das neue Datenschutzrecht, § 7 Rn 86; Heckmann/Paschke, in: Gola/Schomerus, BDSG, § 51 Rn 9; Frenzel, in: Paal/Pauly, DSGVO/BDSG, § 51 BDSG Rn 1; ähnlich Herbst, in: Auernhammer, DSGVO/BDSG, DSLR 2016/680 Rn 20.
[302] Erwägungsgrund 35 der DSRL 2016/680, EU ABl. L 119, S. 94. Vgl. dazu auch Johannes/Weinhold, Neues Datenschutzrecht, § 1 Rn 154 ff.
[303] Schwabenbauer, in: Lisken/Denninger, Handbuch des Polizeirechts, Kap. G Rn 385; Petri, in: Lisken/Denninger, Handbuch des Polizeirechts, Kap. G Rn 506 f.
[304] Vgl. dazu auch BVerfGE 141, 220, 265 ff. (Rn 95 ff.).

schwerwiegende Straftaten, die in die geschützten Rechtsgüter eingreifen, zu verfolgen. Diese Verwendung verletzt auch nicht den **Kernbereich privater Lebensgestaltung** (vgl. dazu § 10 Rn 6, § 11 Rn 145 f.). Allein das Wissen um die unterschiedlichen Aufenthaltsorte ermöglicht zudem keine umfassende Kenntnis von Vorgängen höchstpersönlicher Art. Dies wäre nur dann der Fall, wenn mit der Ortskenntnis jeweils auch die Kenntnis verbunden wäre, womit sich die Person an dem jeweiligen Ort beschäftigt. Demgegenüber geht es darum, über den Aufenthaltsort **Erkenntnisse über eine konkrete Gefährdungssituation** zu erlangen.[305]

dd) Automatisierte Verarbeitung und Kennzeichnung der Daten

Zur Einhaltung der Zweckbindung hat die Verarbeitung der Daten gem. **§ 32 Abs. 2 S. 4 PolG automatisiert** zu erfolgen, und es sind die **Daten gegen unbefugte Kenntnisnahme** besonders zu sichern.

152

Die Datenerhebung und -speicherung hat automatisiert zu erfolgen. Dies soll die **Einhaltung der unterschiedlichen Verwendungszwecke sichern** und gewährleisten, dass der Polizeivollzugsdienst grundsätzlich nur die Daten zur Kenntnis nehmen kann, die für die Erfüllung dieser Zwecke zwingend erforderlich sind. Das Automatisierungsverfahren ist damit **technisch so auszugestalten und zu sichern**, dass die Datenerhebung und -speicherung **grundsätzlich ohne Zutun und Eingriffe der beauftragten Beamten des Polizeivollzugsdienstes** erfolgt. Die erhobenen und gespeicherten Daten sind **gegen unbefugte Kenntnisnahme besonders zu sichern**, um eine Einhaltung der Zweckbindung entsprechend § 32 Abs. 2 S. 3 PolG sicherzustellen.

ee) Löschung und Protokollierungspflicht

Aus **§ 32 Abs. 2 S. 6 PolG** folgt, dass die in § 32 Abs 2 S. 1 PolG genannten Daten spätestens zwei Monate nach ihrer Erhebung zu löschen sind, soweit sie nicht für die in § 32 Abs. 2 S. 3 PolG genannten Zwecke verwendet werden.

153

Die **zweimonatige Löschungsfrist** soll dem Polizeivollzugsdienst die **Klärung** ermöglichen, ob die Daten für die in § 32 Abs. 2 S. 3 PolG genannten Zwecke noch benötigt werden. Eine **über diese Frist hinausgehende Verwendung** ist nur zulässig, wenn die Daten zu diesem Zeitpunkt **bereits für einen der genannten Zwecke** verwendet werden („soweit"). Eine darüber hinausgehende Datenspeicherung lässt die Regelung nicht zu.

Daten, die für Zwecke gem. § 32 Abs. 2 S. 3 Nr. 1 bis 5 PolG benötigt werden, können **über den Zeitraum von zwei Monaten hinaus** gespeichert bleiben und für diese Zwecke (weiter) verwendet werden.

154

Keine Regelung findet sich in § 32 Abs. 2 PolG zum Umgang mit **über § 32 Abs. 2 S. 3 Nr. 1 bis 5 PolG hinausgehende Datenverarbeitungen und -verwendungen**, sofern diese mit Einwilligung des Betroffenen zulässig sein sollten (was abzulehnen ist, vgl. dazu § 11 Rn 148 f.). Hier darf es aus verfassungsrechtlichen und datenschutzrechtlichen Gründen **keinen abweichenden Schutzstatus** geben. Gem. § 5 DSRL 2016/680 haben die Mitgliedstaaten sicherzustellen, dass für die Löschung von personenbezogenen Daten oder eine regelmäßige Überprüfung der Notwendigkeit ihrer Speicherung angemessene Fristen vorzusehen sind. Durch verfahrensrechtliche Vorkehrungen ist sicherzustellen, dass diese Fristen eingehalten werden. Diese gelten uneingeschränkt für alle Fälle der Datenverwendung. Deswegen gelten die Löschungsfristen des § 32 Abs. 2 PolG auch für **alle anderen Fälle der Datenverarbeitung**, soweit diese über die Fallgruppen des § 32 Abs. 2 S. 3 Nr. 1 bis 5 PolG hinaus zulässig wären.

155

Die gem. § 32 Abs. 1, 2 PolG erhobenen Daten unterliegen einer **umfassenden Kennzeichnungs- und Protokollierungspflicht**. Die Details ergeben sich aus **§ 32 Abs. 3**

156

---

305 LT-Drs. 16/2741, S. 38.

S. 5 i. V. m. den §§ 72, 73 PolG. Vgl. dazu die Ausführungen in § 10 Rn 597 f., 600 ff. Durch die „entsprechende Anwendung" der §§ 72, 73 PolG wird sichergestellt, dass die Daten auch dann einer Kennzeichnungspflicht unterliegen, wenn sie nicht im polizeilichen Informationssystem gespeichert werden.[306]

d) Datenauskunft und Datenerhebung (§ 32 Abs. 3 PolG)

157 Aus § 32 Abs. 3 PolG folgt, dass der Polizeivollzugsdienst bei den zuständigen Polizeien des Bundes und der Länder, sonstigen öffentlichen Stellen sowie anderen Stellen im Rahmen der geltenden Gesetze personenbezogene Daten über die betroffene Person erheben kann, soweit dies zur Durchführung der elektronischen Überwachungsmaßnahme gem. § 32 Abs. 1, 2 PolG erforderlich ist.

§ 32 Abs. 3 PolG enthält **Regelungen zur Zusammenarbeit zwischen dem Polizeivollzugsdienst und den zuständigen Polizeien des Bundes und der Länder**. Um die zuständige Polizeidienststelle im Einzelfall in die Lage zu versetzen, die Gefahr der Begehung terroristischer Straftaten durch eine elektronische Aufenthaltsüberwachung effektiv abwehren zu können, muss sie über alle sachdienlichen Erkenntnisse zu der betroffenen Person verfügen, die zuvor von anderen Polizeien oder anderen zuständigen Behörden zu der Person gesammelt wurden. Die Bedeutung dieses **uneingeschränkten Daten- und Informationsaustauschs** über terroristische Gefährder wurde besonders durch die Umstände des terroristischen Anschlags auf den Berlin-Charlottenburger Weihnachtsmarkt am Breitscheidplatz am 19.12.2016 deutlich (vgl. dazu § 1 Rn 21 f.).

Die Beurteilung, ob der Aufenthalt an einem bestimmten Ort den Rückschluss auf eine unmittelbar bevorstehende Straftatenbegehung zulässt und ein unmittelbares Einschreiten erfordert, kann in der Regel nur bei **Vorliegen umfassender Kenntnis über die betroffene Person** erfolgen. Das dafür **notwendige ganzheitliche Bild** ergibt sich nur aus einer Zusammenschau aller bei den jeweils zuständigen Behörden vorliegenden Informationen zu der betroffenen Person.[307]

Der Datenaustausch zwischen den verschiedenen Polizeidienststellen setzt zwingend voraus, dass die **Anordnung einer elektronischen Aufenthaltsüberwachung** seitens der zuständigen Polizeidienststelle **ernsthaft geplant** ist. Dies folgt aus der Formulierung „soweit dies zur Durchführung der Maßnahme ... erforderlich ist." Ausreichend ist in jedem Fall, dass die Polizei die tatbestandlichen Voraussetzungen des § 32 Abs. 1, 2 PolG prüft und zu diesem Zweck die notwendigen Daten über die betroffene Person von anderen Polizeidienststellen erhebt. Anders wäre es nicht möglich, sich ein umfassendes Bild zu machen.[308]

Der die Datenauskunft beantragenden Polizeidienststelle obliegt die **Darlegungspflicht** für das Vorliegen der tatbestandlichen Voraussetzungen des § 32 Abs. 3 PolG. Die **Begründung des Auskunftsantrags** muss deutlich machen, warum die angeforderten Auskünfte und Daten zur Durchführung der Maßnahme gem. § 32 Abs. 1 u. 2 PolG erforderlich sind.

e) Datenweitergabe und Datennutzung (§ 32 Abs. 4 PolG)

158 § 32 Abs. 4 PolG regelt, welche **Verpflichtungen der zuständigen Polizeidienststelle** bei der Durchführung der elektronischen Überwachungsmaßnahme gem. § 32 Abs. 1 PolG – innerhalb der Zweckbindung gem. § 32 Abs. 2 S. 3 PolG – obliegen.

Zur Durchführung der Maßnahme gem. § 32 Abs. 1 PolG hat die zuständige Polizeidienststelle

---

306 LT-Drs. 16/8484, S. 219.
307 LT-Drs. 16/2741, S. 39.
308 So zutr. LT-Drs. 16/2741, S. 39.

II. Einzelmaßnahmen

1. **Daten des Aufenthaltsortes der betroffenen Person** an **Strafverfolgungsbehörden** und **andere Polizeidienststellen weiterzugeben**, wenn dies zur Verhütung oder zur Verfolgung einer Straftat i. S. d. § 31 Abs. 1 PolG erforderlich ist.
Es handelt sich um eine **Datenweiterleitungsberechtigung** und zugleich um eine **Verpflichtung** des Polizeivollzugsdienstes. Es soll sichergestellt werden, dass ein Gefährder nicht durch das bundesweite Raster der notwendigen Kontrolle fällt;
2. **Daten des Aufenthaltsortes der betroffenen** Person an **andere Polizeidienststellen weiterzugeben**, sofern dies zur Durchsetzung von Maßnahmen gem. § 32 Abs. 2 S. 3 Nr. 2 PolG erforderlich ist.
Es handelt sich um eine **Datenweiterleitungsberechtigung** und zugleich um eine **Verpflichtung** des Polizeivollzugsdienstes. Hier ist insbesondere an den Fall zu denken, dass die zuständige Polizeidienststelle durch eigene Bedienstete nicht schnell genug in der Lage ist, die betroffene Person zu erreichen und geeignete Maßnahmen zur Durchsetzung der Anordnungen gem. § 31 PolG zu ergreifen[309];
3. **Daten des Aufenthaltsortes der betroffenen Person** an die **zuständige Strafverfolgungsbehörde** zur Verfolgung einer Straftat gem. § 134 PolG weiterzugeben.
Es handelt sich um eine **Datenweiterleitungsberechtigung** und zugleich um eine **Verpflichtung** des Polizeivollzugsdienstes. Sofern die zuständige Polizeidienststelle eine Straftat nach § 134 Abs. 1 PolG feststellt, ist sie verpflichtet, die Standortdaten an die für die Verfolgung der Straftat zuständige Strafverfolgungsbehörde weiterzugeben. Wegen § 134 S. 2 PolG (vgl. dazu § 11 Rn 169 ff.) setzt dies das Vorliegen eines wirksamen Strafantrags des regionalen Polizeipräsidiums, des Polizeipräsidiums Einsatz oder des LKA voraus;
4. **Daten des Aufenthaltsortes der betroffenen Person** an **andere Polizeidienststellen weiterzugeben**, sofern dies zur Abwehr einer erheblichen gegenwärtigen Gefahr i. S. d. § 32 Abs. 2 S. 3 Nr. 4 PolG erforderlich ist.
Es handelt sich um eine **Datenweiterleitungsberechtigung** und zugleich um eine **Verpflichtung** des Polizeivollzugsdienstes. Da auch beim Vorliegen einer erheblichen gegenwärtigen Gefahr für das Leben, die körperliche Unversehrtheit oder die persönliche Freiheit Dritter zur effektiven Gefahrenabwehr regelmäßig das unmittelbare Einschreiten der örtlichen nächsten Polizeidienststelle erforderlich sein wird, ist die zuständige Polizeidienststelle auch in diesen Fällen zur Übermittlung der Aufenthaltsdaten an diese Polizeidienststellen verpflichtet;
5. **eingehende Systemmeldungen** über Verstöße gem. § 32 Abs. 2 S. 3 Nr. 2 PolG **entgegenzunehmen** und zu **bewerten**;
6. die **Ursache einer Meldung zu ermitteln**; hierzu kann die zuständige Polizeidienststelle Kontakt mit der betroffenen Person aufnehmen, sie befragen, sie auf den Verstoß hinweisen und ihr mitteilen, wie sie dessen Beendigung bewirken kann.
Dem Polizeivollzugsdienst obliegt die Verpflichtung, **sofort auf Meldungen** über Aufenthaltsverstöße oder sonstige Meldungen des Überwachungssystems zu **reagieren**, deren Ursache zu klären und die betroffene Person auf Beendigungsmöglichkeiten hinweisen;
7. eine **Überprüfung der bei der betroffenen Person vorhandenen technischen Geräte** auf ihre Funktionsfähigkeit oder Manipulation und die zu der Behebung einer Funktionsbeeinträchtigung erforderlichen Maßnahmen, insbesondere den Austausch der technischen Mittel oder von Teilen davon, einzuleiten;
8. **Anfragen der betroffenen Person** zum Umgang mit den technischen Mitteln zu **beantworten**.

---
[309] LT-Drs. 16/2741, S. 39 f.

f) Richtervorbehalt (§ 32 Abs. 5 PolG)

159 Wegen der Schwere des Grundrechtseinschränkung bei der elektronischen Aufenthaltsüberwachung unterliegt der Eingriff dem **Richtervorbehalt**.[310] § 30 Abs. 5 PolG trägt diesem Umstand Rechnung. Es bedarf einer **Anordnung durch den Richter**.

Das **BVerfG** hat hierzu weitergehend ausgeführt, dass der Gesetzgeber das Gebot vorbeugender unabhängiger Kontrolle in spezifischer und normenklarer Form mit strengen Anforderungen an den Inhalt und die Begründung der gerichtlichen Anordnung zu verbinden hat.[311]

160 Für die **Zuständigkeit des Amtsgerichts** trifft § 32 Abs. 5 S. 6 PolG eine **Sonderregelung**, die der allgemeinen Zuständigkeitsregel des § 132 Abs. 1 PolG vorgeht. Diese Sonderregelung soll vermeiden, dass sich zu viele Gerichte mit den dort zuständigen Richter in die sehr speziellen Rechtsfragen eines solchen Antrags immer wieder erneut einarbeiten müssen. Auf Vorschlag der Präsidentin des OLG Stuttgarts wurde eine Zuständigkeitsregelung gefunden, die eine **Zentralisierung** dieser spezialisierten Aufgaben auf **zwei Amtsgerichte in BW** vorsieht.[312]

Aus § 32 Abs. 5 S. 6 PolG ergibt sich abschließend die **sachliche und örtliche Zuständigkeit**. Es handelt sich dabei um eine zulässige sog. **abdrängende Sonderzuweisung** des Rechtswegs i. S. d. § 40 Abs. 1 S. 2 VwGO.[313] Zuständig für die Bearbeitung der Anträge sind demnach:

1. das **Amtsgericht Mannheim**, wenn die **Polizeidienststelle**, deren Leitung den Antrag gem. § 32 Abs. 5 S. 2 PolG stellt, ihren Sitz **im Bezirk des OLG Karlsruhe** hat;
2. das **Amtsgericht Stuttgart**, wenn die **Polizeidienststelle**, deren Leitung den Antrag gem. § 32 Abs. 5 S. 2 PolG stellt, ihren **Sitz im Bezirk des OLG Stuttgart** hat.

Unter Berücksichtigung der möglichen Antragsteller i. S. d. § 32 Abs 5 S. 3 PolG **sind die Anträge wie folgt zu stellen** (vgl. dazu § 2 GerOrgG i. V. m. § 121 Abs. 1 PolG):

- **beim Amtsgericht Mannheim**: Durch die Polizeipräsidien Freiburg, Karlsruhe, Konstanz, Mannheim, Offenburg, Pforzheim;
- **beim Amtsgericht Stuttgart**: Durch die Polizeipräsidien Aalen, Heilbronn, Ludwigsburg, Ravensburg, Reutlingen, Stuttgart, Ulm sowie das Polizeipräsidium Einsatz und das LKA.

161 Die gerichtliche Anordnung steht unter einem **Antragsvorbehalt**. Gem. **§ 32 Abs. 5 S. 3 PolG** ist der **Antrag** durch die **Leitung eines regionalen Polizeipräsidiums**, des **Polizeipräsidiums Einsatz oder des LKA** schriftlich zu stellen und zu begründen.

Der Begriff „Leitung" ist eindeutig: Der Antrag kann nur vom **Präsidenten des örtlich zuständigen Polizeipräsidiums**[314], des **Präsidiums Einsatz** oder vom **Präsidenten des LKA**[315] getroffen und unterzeichnet werden. Alle drei Möglichkeiten bestehen **alternativ** und hängen nicht von weiteren tatbestandlichen Voraussetzungen ab, regelmäßig wird der Antrag aber durch die Leitung des örtlich zuständigen Polizeipräsidiums erfolgen; die Leitung des Präsidiums Einsatz und des LKA werden nur in Fällen eigener Zuständigkeit tätig werden können. Im Fall der Verhinderung sind nur die unmittelbaren ständigen Vertreter der Präsidenten zur Anordnung befugt. Der Personenkreis **kann nicht** auf die sonstige Führungsebene **erweitert werden**, auch nicht durch Delegation der Behördenleitung.[316]

---

310 BVerfGE 141, 220, 275 f. (Rn 117 f.); Gusy, Polizei- und Ordnungsrecht, Rn 214; Kingreen/Poscher, Polizei- und Ordnungsrecht, § 13 Rn 117 f.
311 BVerfGE 141, 220, 275 f. (Rn 118).
312 LT-Drs. 16/8484, S. 135 i. V. m. S. 134 f.
313 Vgl. dazu etwa Buchberger, in: Lisken/Denninger, Handbuch des Polizeirechts, Kap. L Rn 28.
314 Nr. 1 Spiegelstrich 1 der Anlage 2 zu Nr. 1.3 u. 2.3 VwV-PolOrg.
315 Nr. 1 Spiegelstrich 1 der Anlage 6 zu Nr. 1.3 u. 2.3 VwV-PolOrg.
316 LT-Drs. 16/2741, S. 30.

II. Einzelmaßnahmen

Für das **Antragsverfahren** gilt § 132 Abs. 2 PolG. Dies bedeutet im Einzelnen: **162**
- Für das Verfahren gelten die **Vorschriften des FamFG** (§ 132 Abs. 2 S. 1 PolG).
- Gegen die Entscheidung des Gerichts findet die **Beschwerde zum OLG** statt (§ 132 Abs. 2 S. 3 PolG); die Beschwerde hat **keine aufschiebende Wirkung** (§ 132 Abs. 2 S. 4 PolG).
- Gem. **§ 32 Abs. 5 S. 7 PolG** findet § 132 Abs. 2 S. 2 PolG keine Anwendung. Dies bedeutet, dass eine die elektronische Aufenthaltsüberwachung anordnende Entscheidung des Gerichts **zu ihrer Wirksamkeit der Bekanntmachung** an die betroffene Person **bedarf**. Dies macht Sinn, da die elektronische Aufenthaltsüberwachung nur über eine Bekanntgabe und Umsetzung gegenüber der betroffenen Person wirksam und durchgesetzt werden kann (Kenntnisnahme der betroffenen Person und Anlegen der Fußfessel).

Bei **Gefahr im Verzug** kann die Anordnung auch von einer der in § 32 Abs. 5 S. 3 PolG **163** genannten Personen (Behördenleiter, vgl. dazu § 11 Rn 161) **selbst getroffen** werden. Eine **Delegation** des Antragsrechts bzw. des Anordnungsrechts bei Gefahr im Verzug auf andere Personen ist nicht möglich.[317]

Bei einer behördlichen Anordnung bei Gefahr im Verzug ist eine **gerichtliche Bestätigung** durch das in § 32 Abs. 5 S. 6 PolG genannte Gericht **unverzüglich herbeizuführen** (§ 32 Abs. 5 S. 5 PolG). Unverzüglich heißt sofort und ohne schuldhaftes Verzögern. Von einer Gefahr im Verzug in diesem Sinne (vgl. dazu auch § 4 Rn 35) kann nur ausgegangen werden, wenn zur Verhinderung eines drohenden Schadens **sofort eingeschritten werden muss**, weil ein weiteres Abwarten den Erfolg der notwendigen Überwachungsmaßnahme erschweren oder vereiteln würde. Im Ergebnis müssen die Maßnahmen gem. § 32 Abs. 1, 2 PolG **unaufschiebbar** sein.

Angesichts des verfassungsrechtlich gebotenen Richtervorbehalts[318] ist bei der Annahme einer Gefahr im Verzug **Zurückhaltung geboten**. Zwar steht dem Polizeivollzugsdienst ein **eigener Einschätzungsspielraum** zu (vgl. § 4 Rn 35). Es muss aber gesehen werden, dass in besonders eiligen Fällen die notwendige Entscheidung des Amtsgerichts gem. § 32 Abs. 5 PolG schnell herbeigeführt werden kann. Deswegen wird es regelmäßig vertretbar sein, die gerichtliche Anordnung gem. § 32 Abs. 5, 7 PolG abzuwarten. Ein Abweichen davon kommt insbesondere in Betracht, wenn die von einer Person ausgehenden Gefahren i. S. d. § 32 Abs. 1 i. V. m. § 31 Abs. 1 PolG so schwerwiegend sind und möglicherweise mit einer so zeitnahen Verwirklichung zu rechnen ist, dass jede Verzögerung der Überwachungsmaßnahme zu **unvertretbaren Gefährdungen** bestimmter Personen oder der Allgemeinheit führen würde. Angesichts der Schwere der durch die §§ 31 Abs. 1, 32 Abs. 1 PolG geschützten Rechtsgüter dürfen sich diesbezügliche Zweifel nicht zulasten der Sicherheit auswirken.

g) Antrag bei Gericht (§ 32 Abs. 6 PolG)

§ 32 Abs. 6 PolG sieht detaillierte Vorgaben für den beim Amtsgericht zu stellenden Antrag vor. Dies folgt aus der Rechtsprechung des BVerfG, das aus den strengen Anforderungen an den Inhalt und die Begründung der gerichtlichen Anordnung folgert, dass hieraus zugleich das Erfordernis einer **hinreichend substantiierten Begründung und Begrenzung des Antrags auf Anordnung** folgt, die es dem Gericht oder der unabhängigen Stelle erst erlaubt, eine effektive Kontrolle auszuüben. Insbesondere bedarf es der **vollständigen Information** seitens der antragstellenden Behörde über den zu beurteilenden Sachstand.[319] **164**

---

[317] LT-Drs. 16/2741, S. 36.
[318] BVerfGE 141, 220, 275 f. (Rn 117 f.).
[319] BVerfGE 141, 220, 275 f. (Rn 118).

Im Antrag sind danach **zwingend anzugeben**:
1. die **Person**, gegen die sich die Maßnahme richtet, mit Name und Anschrift,
2. **Art, Umfang und Dauer** der Maßnahme,
3. die Angabe, ob gegenüber der Person, gegen die sich die Maßnahme richtet, eine **Aufenthaltsvorgabe** gem. § 31 Abs. 1 PolG oder ein **Kontaktverbot** gem. § 31 Abs. 2 PolG besteht,
4. der **Sachverhalt** sowie
5. eine **Begründung**.

h) Gerichtliche Anordnung (§ 32 Abs. 7 PolG)

165 Gem. **§ 32 Abs. 7 S. 1 PolG** ergeht durch das zuständige Amtsgericht eine **schriftliche Anordnung**. Die Entscheidung des zuständigen Amtsgerichts ergeht gem. § 32 Abs. 5 S. 7, § 132 Abs. 2 S. 1 PolG i. V. m. § 38 Abs. 1 S. 1 FamFG durch **Beschuss**. Es ist Aufgabe und Pflicht des Gerichts, sich eigenverantwortlich ein Urteil darüber zu bilden, ob die beantragte heimliche Überwachungsmaßnahme den gesetzlichen Voraussetzungen entspricht.[320] Durch die schriftliche Fixierung wird der äußere Rahmen abgesteckt, innerhalb dessen die heimliche Maßnahme durchzuführen ist, so dass der Eingriff messbar und kontrollierbar bleibt.[321]

166 Erlässt das Amtsgericht eine Anordnung, durch welche die beantragte Überwachungsmaßnahme erlaubt wird, hat es **in seiner Entscheidung** gem. § 32 Abs. 7 S. 2 PolG **zwingend anzugeben**:
1. die **Person**, gegen die sich die Maßnahme richtet, mit Name und Anschrift,
2. **Art, Umfang und Dauer der Maßnahme** sowie
3. die **wesentlichen Gründe**.

i) Grenzen und Verhältnismäßigkeit (§ 32 Abs. 8 PolG)

167 Bei der Anordnung und Durchsetzung von elektronischen Überwachungsmaßnahmen ist der **Grundsatz der Verhältnismäßigkeit** zu wahren. Deswegen ordnet § 32 Abs. 8 S. 1 PolG an, dass die elektronische Überwachung gem. § 32 Abs. 1 PolG auf **höchstens drei Monate** zu befristen ist. Eine **Verlängerung** um jeweils nicht mehr als drei Monate ist gem. § 32 Abs. 8 S. 2 PolG möglich, soweit ihre **Voraussetzungen fortbestehen**. Die Verlängerung kann wegen des in § 32 Abs. 5 S. 1 PolG statuierten Richtervorbehalt nur durch eine weitere Entscheidung des zuständigen Amtsgerichts erfolgen. Liegen die Voraussetzungen für die Aufenthaltsvorgabe oder das Kontaktverbot nicht mehr vor, ist die **Maßnahme unverzüglich zu beenden**.

j) Rechtsmittel

168 Gem. **§ 132 Abs. 2 S. 3 PolG** findet gegen die Entscheidung des zuständigen Amtsgerichts Mannheim oder Stuttgart die **Beschwerde zum OLG** statt.

Die Beschwerde hat **keine aufschiebende Wirkung** (§ 32 Abs. 5 S. 7, § 132 Abs. 2 S. 4 PolG) und hindert damit die sofortige Umsetzung der Aufenthaltsvorgabe oder des Kontaktverbots durch den Polizeivollzugsdienst nicht. Erst bei einem **Erfolg der Beschwerde** sind die Maßnahmen durch den Polizeivollzugsdienst **umgehend zu beenden**. Zur Prüfung eines **Antrags auf Aussetzung der Vollziehung** durch einstweilige Anordnung des Beschwerdegerichts vgl. OLG München, BayVBl 2018, 682 f.

Die **Anfechtung** der Anordnung der elektronischen Überwachung **durch die betroffene Person im Wege des verwaltungsgerichtlichen Verfahrens scheidet aus**. Gem. § 132 Abs. 3 PolG ist eine Anfechtungsklage ausgeschlossen, wenn eine richterliche

---

320 BVerfGE 141, 220, 275 f. (Rn 118).
321 LT-Drs. 16/2701, S. 32.

Entscheidung nach dem PolG ergangen ist. Da die elektronische Überwachung (§ 32 Abs. 1 PolG) nur nach richterlicher Anordnung (§ 32 Abs. 5 S. 1 PolG) oder im Fall der Gefahr im Verzug nur nach richterlicher Bestätigung (§ 32 Abs. 5 S. 5 PolG) durchgeführt werden können, greift § 132 Abs. 3 PolG gegenüber einer von diesen polizeilichen Maßnahmen betroffenen Person stets. Ihr steht der verwaltungsgerichtliche Rechtsweg nicht offen.

k) Strafbewehrung (§ 134 Abs. 1 Nr. 2 PolG)

Gem. **§ 134 Abs. 1 Nr. 2 PolG** wird mit **Freiheitsstrafe bis zu zwei Jahren oder mit Geldstrafe bestraft**, wer einer vollstreckbaren gerichtlichen Anordnung gem. § 32 Abs. 5 S. 1 PolG oder einer vollziehbaren Anordnung gem. § 32 Abs. 5 S. 4 PolG zuwiderhandelt und dadurch die kontinuierliche Feststellung seines Aufenthaltsortes durch die zuständige Polizeidienststelle verhindert. 169

Bei der Regelung des § 134 Abs. 1 Nr. 2 PolG handelt es sich um eine **strafrechtliche Norm**. Die **Gesetzgebungsbefugnis** lag beim Land BW. Gem. Art. 72 Abs. 1 GG haben die Länder im Bereich der konkurrierenden Gesetzgebung die Befugnis zur Gesetzgebung, solange und soweit der Bund von seiner Gesetzgebungszuständigkeit nicht durch Gesetz Gebrauch gemacht hat. Mit § 32 PolG hat das Land eine eigenständige Rechtsgrundlage für die elektronische Aufenthaltsüberwachung durch den Polizeivollzugsdienst des Landes in eigener Zuständigkeit erlassen. Die Strafbewehrung von Verstößen gegen diese durch eine gerichtliche Anordnung erlassenen landespolizeilichen Maßnahmen wurde vom Bund nicht vorgesehen. Insofern liegt ein Fall des Nichtgebrauchs i. S. d. Art. 72 Abs. 1 GG vor.[322]

Voraussetzung für die Strafbarkeit ist, dass entweder eine **vollstreckbare Anordnung** des zuständigem **Amtsgerichts** (§ 32 Abs. 5 S. 1, 6 PolG) oder im Fall der Gefahr im Verzug eine **vollziehbare Anordnung** des Leiters der zuständigen **Polizeibehörde** (§ 32 Abs. 5 S. 4 PolG) vorliegt. 170

Die **Anordnung des Amtsgerichts** wird gem. § 132 Abs. 2 S. 1 PolG i. V. m. § 38 Abs. 1 S. 1, § 86 Abs. 1 Nr. 1, Abs. 2 FamFG **mit Wirksamwerden** des gerichtlichen Beschlusses **vollstreckbar**. Die Wirksamkeit des gerichtlichen Beschlusses tritt mit dessen Erlass ein, es bedarf hierfür gem. § 32 Abs. 5 S. 7 i. V. m. § 132 Abs. 2 S. 1 PolG, § 40 Abs. 1 FamFG der Bekanntmachung an den Betroffenen.

Die **behördliche Anordnung** bedarf zu ihrer Vollziehbarkeit vor Eintritt der Rechtskraft der gleichzeitigen **Anordnung der sofortigen Vollziehbarkeit** (§ 2 Nr. 2 LVwVG i. V. m. § 80 Abs. 2 S. 1 Nr. 4 VwGO)[323], was in der Praxis regelmäßig erfolgen wird.

Gem. **§ 134 S. 2 PolG** wird die Tat **nur auf Antrag** eines regionalen Polizeipräsidiums, des Polizeipräsidiums Einsatz oder des LKA verfolgt. Eine Strafverfolgung ist damit gem. §§ 77 ff. StGB nur möglich, wenn ein entsprechender Strafantrag innerhalb der vorgesehenen Frist (§ 77 b StGB) vorliegt. 171

7. Gewahrsam (§ 33 PolG)

a) Allgemeines

§ 33 PolG war bis zu Jahr 2021 **§ 28 PolG 1992** und wurde **im Abs. 4** durch das **PolG 2020 geändert**, da mit **§ 132 PolG** eine spezielle Norm für die gerichtliche Zuständigkeit und das Gerichtsverfahren geschaffen wurde, die aber beim Gewahrsam nur bedingt zur Anwendung kommt (vgl. dazu nachfolgend § 11 Rn 193 ff.). 172

Gewahrsam ist ein mit hoheitlicher (polizeilicher) Gewalt hergestelltes Rechtsverhältnis, kraft dessen **einer Person die Freiheit** dergestalt **entzogen** wird, dass sie von der 173

---

[322] Vgl. dazu weitergehend auch LT-Drs.16/2741, S. 42, sowie BVerfGE 32, 319, 327 f., BVerfGE 85, 134, 147. Zur krit. Erweiterung strafrechtlicher Normen in Polizeigesetzen vgl. Klein, GSZ 2020, 168 ff.
[323] Vgl. dazu auch Graulich, in: Lisken/Denninger, Handbuch des Polizeirechts, Kap. E Rn 426.

Polizei in einer dem polizeilichen Zweck entsprechenden Weise verwahrt und daran gehindert wird, sich fortzubewegen. Die **körperliche Bewegungsfreiheit** wird nach jeder Richtung hin **aufgehoben**. Wesentliches Element des Gewahrsams ist hierbei der **tatsächliche Einschluss**.[324]

Beispiel: Im Zusammenhang mit tätlichen Auseinandersetzungen zwischen Fußballfans und der Polizei vor einem Bundesliga-Fußballspiel hält die Polizei unmittelbar nach einer Attacke eine Gruppe von 40 Personen zur Feststellung der Personalien fest, darunter auch den Kläger K. Da die Polizei nach dem Spiel weitere Angriffe auf Fußballfans befürchtete, ordnete sie dem K gegenüber den Gewahrsam an und verbrachte ihn unter Polizeizwang zum Zentralgewahrsam im Polizeipräsidium. Nach Beendigung des Fußballspiels wurde K auf freien Fuß gesetzt. Durch die Ingewahrsamnahme war K vorübergehend daran gehindert, sich frei zu bewegen. Die Maßnahme stellte somit einen schwerwiegenden Eingriff in seine körperliche Bewegungsfreiheit dar.[325]

174 Bei der Ingewahrsamnahme handelt es sich um eine der schwerwiegendsten polizeilichen Standardmaßnahmen, nämlich um eine die Freiheit der Person aufhebende **Freiheitsentziehung** gem. Art. 104 Abs. 2 GG.[326] Aus diesem Grund gilt der **Richtervorbehalt** (vgl. § 11 Rn 193 ff.). Der **EGMR** hat im Zusammenhang mit Protestaktionen gegen den G8-Gipfel 2007 in Heiligendamm und der Ingewahrsamnahme eines Beschwerdeführers im Zusammenhang mit Maßnahmen gegen Fußballhooligans 2004 in Frankfurt in mehreren Entscheidungen die polizeilichen Befugnisse zur Anordnung des **Präventivgewahrsams** beschränkt (vgl. § 11 Rn 182).[327] Nach der Mehrheitsmeinung im EGMR ist der Präventivgewahrsam zur Verhinderung strafbarer Handlungen mit Art. 5 Abs. 1 Buchst. c EMRK nur vereinbar, wenn der in Buchstabe c angesprochene Zusammenhang mit einem konkreten Strafverfahren besteht.[328] Da die EMRK innerhalb der deutschen Rechtsordnung im Range eines Bundesgesetzes steht, und da die Rechtsprechung des EGMR für alle Träger öffentlicher Gewalt, also auch für die deutschen Gerichte, grundsätzlich **Bindungswirkung** hat[329], müssen die Anforderungen des Europäischen Gerichtshofs an die Zulässigkeit der freiheitsentziehenden Maßnahme beachtet werden (vgl. im Einzelnen dazu die Hinweise in § 11 Rn 182).

175 Aufgrund der Eingriffsintensität in die persönliche Freiheit gem. Art. 2 Abs. 2 S. 2 GG stellt die Ingewahrsamnahme immer die **Ultima Ratio** dar – **die Maßnahme darf also nur angewendet werden, wenn kein milderes gleich gut geeignetes Mittel zur Verfügung steht**. Bei der Anwendung der Vorschrift, insbesondere bei der Prüfung der Erforderlichkeit bzw. der Möglichkeit des Einsatzes anderer geeigneter, milderer Mittel ist hierbei ein strenger Maßstab anzulegen.[330] So ist etwa **Ingewahrsamnahme in einer Polizeidienststelle** gegenüber der Unterbringung in einem psychiatrischen Krankhaus regelmäßig das mildere Mittel.[331]

176 Bei der Maßnahme liegt ein **Dauerverwaltungsakt** vor.[332] Die rechtlichen Voraussetzungen müssen deshalb nicht nur beim Erlass, sondern während der gesamten Dauer des Gewahrsams vorliegen. Auch die Aufrechterhaltung des Gewahrsams steht deshalb unter dem Vorbehalt, dass auf andere Weise der Störung der öffentlichen Sicherheit oder Ordnung nicht zu begegnen ist.[333]

177 Die Maßnahme dient der **Gefahrenabwehr**. Strafprozessuale Maßnahmen der Freiheitsentziehung richten sich nach der StPO (vgl. etwa § 127 Abs. 2 StPO). Spezialvor-

---

324 Zeitler/Trurnit, Eingriffsrecht, Rn 325.
325 Zum Beispielsfall vgl. VGH BW, NJW 2011, 2748; i. E. wurde die Gewahrsamnahme für rechtmäßig gehalten.
326 Vgl. auch Guckelberger, JA 2015, 926, 927 ff.; Geis, Fälle zum Polizei- und Ordnungsrecht, Rn 71 bis 74.
327 EGMR, NVwZ 2014, 43, u. NVwZ 2012, 1089. Vgl. dazu eingehend Nachbaur, VBlBW 2018, 45, 49 f.
328 Vgl. zur Beachtung der EMRK bei Gewahrsamsmaßnahmen auch Guckelberger, JA 2015, 926, 931 ff.
329 Vgl. dazu Michaelis, JA 2014, 198, 200.
330 VGH BW, NJW 2011, 2748.
331 OLG Koblenz, NVwZ-RR 2018, 615, 616 f.
332 **Str.**, vgl. dazu den Überblick bei Guckelberger, JA 2015, 926, 934 f.
333 VGH BW, openJur 2012, 64028 (Rn 28).

schriften wie etwa § 62 Abs. 5 AufenthG oder § 30 IfSG gehen der Regelung im PolG vor.

b) Zuständigkeit

Für die Anordnung des Gewahrsams besteht gem. § 33 Abs. 1 PolG („die Polizei") i. V. m. § 105 Abs. 1, 3 PolG die **Parallelzuständigkeit** der **Polizeibehörde** und des **Polizeivollzugsdienstes**. Regelmäßig erfolgt in der Praxis die Gewahrsamnahme durch den Polizeivollzugsdienst. 178

c) Ort des Gewahrsams

Gewahrsam ist jedes Festhalten durch die Polizei an einem **eng umgrenzten Ort**, durch das die Freiheit, sich fortzubewegen, nicht nur kurzfristig eingeschränkt wird. Auf den Ort des Festhaltens kommt es nach allgemeiner Auffassung nicht an. Gewahrsam liegt daher nicht nur vor, wenn die Polizei eine Person zur Dienststelle oder in eine Arrestzelle verbringt, sondern auch dann, wenn die Person von der Polizei etwa in einem Dienstfahrzeug oder Bus auf ein offenes Areal verbracht und dort festgehalten bzw. in Gewahrsam genommen wird. 179

Beispiel: Im Zusammenhang mit dem Besuch des amerikanischen Präsidenten Reagan wurden am 12.6.1987 etwa 500 bis 600 Personen an einem Nachmittag in Berlin an einer Kreuzung stundenlang eingeschlossen und am Weggehen gehindert. Im Zusammenhang mit der Prüfung einer nachträglichen Feststellungsklage stellte das KG Berlin fest, dass es sich bei dieser Einkesselung um eine freiheitsentziehende Ingewahrsamnahme handelte. Die Einschließung des Antragstellers war rechtswidrig, weil es keine hinreichenden Anhaltspunkte dafür gab, dass die eingeschlossene Menschenmenge unmittelbar im Begriff war, gewaltsame Ausschreitungen vorzunehmen.[334]

Je nach Art, Dauer und Schwere der Freiheitsbeschränkung kann auch das Festhalten in einem **Polizeikessel (Einschließung)** eine freiheitsentziehende Ingewahrsamnahme darstellen.[335] Nach dem **EGMR** ist es nicht ausgeschlossen, dass die Einkesselung einer Menschenmenge und der Einsatz von Techniken zu ihrer Kontrolle unter besonderen Umständen eine gegen Art. 5 Abs. 1 Buchst. c EMRK verstoßende Freiheitsentziehung ist.[336]

d) Gewahrsamsgründe

Die Polizei kann eine Person aus **drei Gründen** in Gewahrsam nehmen: 180

aa) Unterbindungsgewahrsam (§ 33 Abs. 1 Nr. 1 PolG)

Der Unterbindungs-, Vorbeuge- oder Präventivgewahrsam erfolgt aus präventivpolizeilichen Gründen. Danach kann eine Person in Gewahrsam genommen werden, wenn auf andere Weise eine **unmittelbar bevorstehende erhebliche Störung** der öffentlichen Sicherheit oder Ordnung nicht verhindert oder eine bereits eingetretene erhebliche Störung nicht beseitigt werden kann.[337] **Verhinderungsgewahrsam** liegt vor, wenn eine Störung **unmittelbar** bevorsteht. Dies ist der Fall, wenn der Schadenseintritt sofort 181

---

[334] KG Berlin, NVwZ 2000, 468, 469; vgl. auch VG Düsseldorf, openJur 2013, 35442, zur (rechtswidrigen) Ingewahrsamnahme in einer Gefangenensammelstelle („GeSA"); BVerfG zur (rechtswidrigen) Verweigerung einer Geldentschädigung wegen unrechtmäßiger polizeilicher Ingewahrsamnahme von 70 Personen, die im Zusammenhang mit Protesten gegen einen Castor-Transport stundenlang zunächst auf einem Feld, dann in einem Gefangenenbus und schließlich in einer Sammelstelle festgehalten wurden, NVwZ 2010, 185.
[335] VG Berlin, NVwZ 2000, 468; vgl. auch VG Göttingen, openJur 2013, 22411: Die polizeiliche Einschließung eines mutmaßlichen Demonstranten bedarf einer Rechtsgrundlage; VG Frankfurt, openJur 2014, 18771, zur Feststellung des zulässigen Rechtswegs bei Folgemaßnahmen einer Einkesselung von Versammlungsteilnehmern; BayVGH, openJur 2012, 120640, zur Feststellung der Rechtswidrigkeit eines mehrstündigen Festhaltens von Personen in einem Gefangentransporter.
[336] NVwZ-RR 2013, 785.
[337] Guckelberger, JA 2015, 926, 930.

oder in allernächster Zukunft mit an Sicherheit grenzender Wahrscheinlichkeit zu erwarten ist (vgl. § 4 Rn 32).

Von einem **Beseitigungsgewahrsam** wird gesprochen, wenn die öffentliche Sicherheit oder Ordnung bereits verletzt ist. Wie bei der polizeilichen Generalklausel umfasst die **öffentliche Sicherheit** die Unversehrtheit von Leben, Gesundheit, Ehre, Freiheit und Vermögen der Bürger, sowie die Unverletzlichkeit des Staates, seiner Einrichtungen und Veranstaltungen sowie der objektiven Rechtsordnung. Für diese Rechtsgüter droht eine **erhebliche Störung**, wenn entweder die Schädigung eines besonders bedeutsamen Rechtsguts angenommen werden kann oder die Störung umfangreich und intensiv ist (vgl. § 4 Rn 31). Diese Voraussetzung ist regelmäßig gegeben, wenn die Beeinträchtigung zugleich die Verwirklichung eines **Straftatbestands** darstellt.[338]

182 Nach der Mehrheitsmeinung des **EGMR** in Sachen Ostendorf/Deutschland ist der Präventivgewahrsam zur Unterbindung von strafbaren Handlungen gem. § 33 Abs. 1 Nr. 1 PolG unvereinbar mit Art. 5 Abs. 1 Buchst. c EMRK.[339] Welche Rechtsfolgen sich aus dieser Entscheidung für die Rechtsanwendung in Deutschland bzw. BW ergeben, wird in der Literatur unterschiedlich beurteilt.[340] Sicher ist, dass im Hinblick auf diese Rechtsprechung die Regelungen im PolG BW zum Präventivgewahrsam reformbedürftig sind. Sie wurden allerdings mit dem **PolG 2020** nicht grundlegend überarbeitet.

Für die Praxis bedeuten die Entscheidungen des EGMR eine **Einschränkung der Zulässigkeit** des Präventivgewahrsams. Der Präventivgewahrsam ist danach nur zulässig, wenn die **konkrete Gefahr** der Begehung von **spezifischen** Straftaten besteht und wenn bei der Anordnung und richterlichen Bestätigung des Gewahrsams der **Grundsatz der Verhältnismäßigkeit** ausnahmslos beachtet wird.[341]

Ob die Verhinderung einer **Ordnungswidrigkeit von erheblicher Bedeutung** eine Ingewahrsamnahme rechtfertigt, hängt von den Umständen des Einzelfalls ab und muss stets sehr sorgfältig geprüft werden.[342] Dies ist jedenfalls der Fall, wenn umfangreiche und intensive Störungen zu erwarten sind[343] oder wenn eine Mehrzahl von Personen unzumutbar und unverhältnismäßig betroffen ist.[344]

Beispiel: Die Polizei nimmt den gewalttätigen Ehemann in Gewahrsam, da er den vollziehbaren Anordnungen der Behörde gem. § 30 Abs. 3 u. 4 i. V. m. § 133 PolG (Wohnungsverweis, Rückkehr- und Annäherungsverbot) zuwiderhandelt und in betrunkenem Zustand gewaltsam in die Wohnung eindringen will.

Eine Gewahrsamnahme wegen einer bloßen **Störung** des Schutzgutes der **öffentlichen Ordnung** ist in der Regel unzulässig.[345]

Die Polizei hat die erforderliche Gefahrenprognose auf Basis vorhandener **Tatsachen** zu treffen, die einem Beweis zugänglich sind. Ein vorläufiger Gewahrsam, der dazu dient, die nötige Prognose erst noch treffen zu wollen, ist grundsätzlich unzulässig.[346] Die Rechtmäßigkeit der polizeilichen Maßnahme bestimmt sich allein nach der Gefahrenlage, wie sie sich den Polizeibeamten bei fehlerfreier ex-ante Prognose darstellte. Später eingetretene Umstände können grundsätzlich nicht berücksichtigt werden.[347]

---

338 VGH BW, VBlBW 1986, 308, 310.
339 EGMR, NVwZ 2014, 43.
340 Vgl. dazu die Beiträge von Waechter, NVwZ 2014, 995; Heidebach, NVwZ 2014, 554; Michaelis, JA 2014, 198; Opl, Die Polizei 2014, 81.
341 So auch Scheidler, Die Polizei 2012, 40, 42; Heidebach, NVwZ 2014, 554.
342 Vgl. auch Nachbaur, VBlBW 2018, 45, 49.
343 BVerfG, NVwZ 2006, 579; VGH BW, NVwZ-RR 2005, 540.
344 Gusy, Polizei- und Ordnungsrecht, Rn 296 (mit Fn 525); OLG München, NVwZ 1999, 106; VG Schleswig, NJW 2000, 970.
345 So auch Gusy, Polizei- und Ordnungsrecht, Rn 296; Nachbaur, VBlBW 2018, 45, 48.
346 OLG München, BayVBl 2008, 219 (Ls. 2).
347 VGH BW, VBlBW 2011, 350, zur Ingewahrsamnahme eines Anscheinsstörers; OVG Saarland, LKRZ 2009, 420.

II. Einzelmaßnahmen

Weitere Beispiele:
- Auch „gesicherte Erkenntnisse" des Verfassungsschutzes, bei einer Person sei von einer **Anschlagsgefahr** auszugehen, reichen für eine Ingewahrsamnahme nicht aus, wenn die Erkenntnisse nicht dargelegt werden.[348]
- Allein die **Anordnung eines dinglichen Arrests** in das Vermögen eines Beschuldigten indiziert nicht eine die Gewahrsamnahme rechtfertigende Gefahr, der Beschuldigte werde während der Durchsuchung Maßnahmen ergreifen, welche die Vollstreckung der Arrestanordnung vereiteln könnten.[349]

183 Unter welchen Voraussetzungen und in welchem Umfang Drogenabhängige und Drogenhändler in Präventivgewahrsam genommen werden können, ist von großer praktischer Bedeutung. Verstöße gegen das **BtMG** stellen unstreitig **erhebliche Störungen der öffentlichen Sicherheit** dar.[350] Für das **unmittelbare Bevorstehen** i. S. d. § 33 Abs. 1 Nr. 1 PolG genügen konkrete Anhaltspunkte, dass eine Person sich im Falle der Freilassung in aller Kürze mit hoher Wahrscheinlichkeit wieder dem Drogenhandel zuwenden wird. Hierbei reicht es aus, dass eine sog. **Anscheinsgefahr** vorliegt, d. h. „eine aus den die Drogenszene betreffenden Umständen und der Vorgeschichte des Betroffenen folgende Wahrscheinlichkeit der Wiederholung früher vielfach gezeigten Verhaltens".[351] Abzulehnen ist die Auffassung des LG Berlin, wonach gegen einen berufsmäßigen Drogendealer der Unterbindungsgewahrsam nicht schon deshalb angeordnet werden kann, weil zu erwarten ist, dass er sich umgehend nach seiner Entlassung Drogen beschaffen und damit Handel treiben wird.[352] Selbst bei einem bislang lediglich als drogenabhängig bekannten Mitglied der offenen Drogenszene ist nach der Lebenserfahrung von unmittelbar bevorstehenden Straftaten i. S. d. BtMG auszugehen.[353] Da bloße Platzverweise als milderes Mittel im Bereich der offenen Drogenszene nach polizeilicher Erfahrung meist erfolglos bleiben, wird der Gefahr im Regelfall auch nicht auf andere Weise begegnet werden können.

bb) Schutzgewahrsam (§ 33 Abs. 1 Nr. 2 PolG)

184 Die Ingewahrsamnahme kann gem. **§ 33 Abs. 1 Nr. 2 PolG** erfolgen,
- wenn die Maßnahme **zum eigenen Schutz** einer Person gegen drohende Gefahr für Leib oder Leben erforderlich ist und – als weitere Voraussetzung – die Person
- um **Gewahrsam** nachsucht (§ 33 Abs. 1 Nr. 2 a PolG), oder
- sich erkennbar in einem die freie Willensbestimmung ausschließenden Zustand oder sonst in einer **hilflosen Lage** befindet (§ 33 Abs. 1 Nr. 2 b PolG), oder
- **Selbsttötung** begehen will (§ 33 Abs. 1 Nr. 2 c PolG).

Der Schutzgewahrsam setzt bei allen drei Eingriffstatbeständen eine **Leibes- oder Lebensgefahr** voraus.[354] Diese Begriffe entsprechen denen im StGB (vgl. etwa §§ 34, 35, 102, 177, 178, 249, 252, 255, 330 StGB). Gefahr für Leib oder Leben ist demnach ein ungewöhnlicher Zustand, in welchem nach den konkreten Umständen der Tod oder eine nicht unerhebliche Verletzung der körperlichen Unversehrtheit, vorübergehender oder dauernder Art, naheliegt.[355]

Fall 32: Nach den Feststellungen im Polizeibericht wurde von einer Streife am Stuttgarter Bahnhof der O in hilfloser Lage am Boden liegend angetroffen. Wegen seines hohen Alkoholisierungsgrades konnte ein Atemalkoholtest nicht durchgeführt werden. Da die Polizeibeamten davon ausgingen, dass sich O höchstwahrscheinlich in einem die freie Willensbildung ausschließenden Zu-

---
348 OLG Hamm, NVwZ-RR 2008, 321.
349 LG Frankfurt, NJW 2008, 2201.
350 BVerwGE 45, 51, 58; OLG Hamburg, NJW 1998, 2231, 2232; LG Berlin, NJW 2001, 162; AG Stuttgart, NVwZ-RR 1998, 105.
351 So OLG Hamburg, NJW 1998, 2231, 2232; zur Anscheinsgefahr vgl. auch § 4 Rn 41.
352 LG Berlin, NJW 2001, 162.
353 AG Stuttgart, NVwZ-RR 1998, 105.
354 Guckelberger, JA 2015, 926, 929.
355 BGHSt 18, 721; vgl. § 4 Rn 44.

stand befand und hierdurch zugleich eine Gefahr für Leib und Leben gegeben war, wurde er für sechs Stunden in Gewahrsam genommen.

Im **Fall 32** war die Ingewahrsamnahme des O gem. § 33 Abs. 1 Nr. 2 b PolG erforderlich und geeignet, um die ihm drohenden Gefahren für Leib und Leben abzuwehren und einen Schadenseintritt zu verhindern.[356]

185 Der **Schutzgewahrsam** umfasst auch den **Gewahrsam auf eigenes Verlangen (Nr. 2 a)**. Hierbei handelt es sich nicht um eine Freiheitsentziehung i. S. d. Art. 104 Abs. 2 GG, weil die betroffene Person nicht gegen ihren Willen festgehalten wird. Um etwaige Missbräuche auszuschließen, gelten auch für diese Maßnahme der Richtervorbehalt und die Verfahrensgarantien des § 33 PolG.

186 Im Fall des **§ 33 Abs. 1 Nr. 2 b PolG** muss die freie Willensbestimmung erkennbar ausgeschlossen und die betroffene Person daher hilflos sein. Dies ist etwa auch bei ohnmächtigen Personen der Fall. Eine Ingewahrsamnahme kommt auch in Betracht, um eine vom **Erfrierungstod** bedrohte Person zu retten.[357]

Beispiel: O ist freiwillig obdachlos. Auch als die Außentemperaturen Minus 15 Grad erreichen, legt er sich auf eine Parkbank und schläft ein. Eine zufällig vorbeikommende Polizeistreife findet ihn dort schutzlos der Kälte ausgeliefert. Da bei diesen eisigen Temperaturen der sog. Kältetod droht, sind die Beamten verpflichtet, Maßnahmen zum Schutz des Lebens und der Gesundheit des O zu ergreifen.

Die Ingewahrsamnahme darf **nur solange** erfolgen, wie es im konkreten Einzelfall erforderlich ist.[358] Die **Erforderlichkeit** muss von der Polizei während des Gewahrsams **kontinuierlich geprüft** werden. Stellt etwa während des Gewahrsams eine Fachärztin für Psychiatrie fest, dass bei der in Gewahrsam genommenen Person keine Fremd- oder Eigengefährdung (mehr) vorliegt, muss die Ingewahrsamnahme **sofort beendet** werden.[359]

cc) **Insbesondere: Gewahrsam zur Vermeidung von Selbsttötungen (§ 33 Abs. 1 Nr. 2 c PolG)**

187 Praktische Bedeutung hat vor allem der Schutzgewahrsam zur Verhinderung von **Selbsttötungshandlungen und Selbsttötungsversuchen**. Reine Selbsttötungshandlungen sind nach unserer Rechtsordnung nicht strafbar. **Bislang** wurde indes von der **h. M.** ein verfassungsrechtlich gewährleistetes Verfügungsrecht über das eigene Leben abgelehnt. Es wurde davon ausgegangen, dass die Polizei grundsätzlich die Aufgabe habe, das Leben als höchstes Rechtsgut zu schützen (Art. 2 Abs. 2 S. 2 i. V. m. Art. 1 Abs. 1 GG) und aus diesem Grund grundsätzlich verpflichtet sei, Maßnahmen zur Verhinderung von Selbsttötungen zu ergreifen.[360]

Diese Auffassung kann seit dem **Sterbehilfe-Urteil** des **BVerfG**[361] nicht mehr aufrecht erhalten werden. Das BVerfG hatte sich mit der Frage zu befassen, ob **§ 217 StGB** (Ver-

---

356 Vgl. VGH BW, VBlBW 2012, 268.
357 Vgl. dazu Ruder, wohnungslos 2011, 106.
358 Vgl. dazu auch § 11 Rn 134.
359 OLG Koblenz, NVwZ-RR 2018, 615, 616.
360 Ebenso die **Vorauflage** sowie etwa Denninger, in: Lisken/Denninger, Handbuch des Polizeirechts, Kap. D Rn 32; Deger, in: Stephan/Deger, Polizeigesetz BW, § 28 Rn 22; **a. A.** mit zutr. Argumenten Hauser, in: Mörtl/Trurnit, Polizeirecht BW, § 28 PolG Rn 35, für den Fall eines gänzlich freiverantwortlichen Suizids; ebenso Kingreen/Poscher, Polizei- und Ordnungsrecht, § 7 Rn 27 f., u. Geis, Fälle zum Polizei- und Ordnungsrecht, Rn 455; vgl. auch Muckel, JA 2020, 473, zum Streit über die rechtliche Zulässigkeit eines selbstbestimmten Sterbens.
361 BVerfG, NJW 2020, 905 ff. (wesentliche Gründe) = HRRS 2020 Nr. 190 (Volltext); openJur 2020, 2820 (Volltext); DVBl 2020, 868 ff. (wesentliche Gründe) mit Anm. Weilert, 879 ff.; JZ 2020, 627 ff. (wesentliche Gründe) mit Anm. Lucas, 642 ff.; zust. Muckel, JA 2020, 473 ff., 476; eher krit. Lang, NJW 2020, 1562 ff., 1565; Holetzek, VR 2020, 296 ff.; vgl. auch Sachs, JuS 2020, 580 ff.

bot der geschäftsmäßigen Förderung der Selbsttötung)[362] in der geltenden Fassung[363] mit dem Verfassungsrecht vereinbar ist. Dabei hat es entschieden, dass das Recht des zur freien Selbstbestimmung und Eigenverantwortung fähigen Menschen, sich das Leben zu nehmen, vom Gewährleistungsgehalt des allgemeinen Persönlichkeitsrechts (Art. 2 Abs. 1 i. V. m. Art. 1 Abs. 1 GG) umfasst ist[364]: „Die Entscheidung, das eigene Leben zu beenden, ist von existentieller Bedeutung für die Persönlichkeit eines Menschen. Sie ist Ausfluss des eigenen Selbstverständnisses und grundlegender Ausdruck der zu Selbstbestimmung und Eigenverantwortung fähigen Person. Welchen Sinn der Einzelne in seinem Leben sieht und ob und aus welchen Gründen sich eine Person vorstellen kann, ihr Leben selbst zu beenden, unterliegt höchstpersönlichen Vorstellungen und Überzeugungen. ….. Das **Recht auf selbstbestimmtes Sterben** erstreckt sich auch auf die Entscheidung des Einzelnen, sein Leben eigenhändig zu beenden. ….. Das Recht, sich selbst das Leben zu nehmen, stellt sicher, dass der Einzelne über sich entsprechend dem eigenen Selbstbild autonom bestimmen und damit seine Persönlichkeit wahren kann. ….. Die Verwurzelung des Rechts auf selbstbestimmtes Sterben in der Menschenwürdegarantie des Art. 1 Abs. 1 GG impliziert gerade, dass die eigenverantwortliche Entscheidung über das eigene Lebensende **keiner weiteren Begründung oder Rechtfertigung bedarf**. ….. Dieses Recht besteht **in jeder Phase menschlicher Existenz**. Die Entscheidung des Einzelnen, dem eigenen Leben entsprechend seinem Verständnis von Lebensqualität und Sinnhaftigkeit der eigenen Existenz ein Ende zu setzen, ist im Ausgangspunkt als **Akt autonomer Selbstbestimmung** von Staat und Gesellschaft zu respektieren."[365]

Aufgrund des grundlegenden Urteils des BVerfG[366] kann **§ 33 Abs. 1 Nr. 2 c PolG** im Wege einer **verfassungskonformen Auslegung** nur noch eingeschränkt angewandt werden.[367] Das BVerfG hat darauf hingewiesen, dass „das allgemeine Persönlichkeitsrecht der Einwirkung der öffentlichen Gewalt nicht vollständig entzogen ist. Der Einzelne **muss staatliche Maßnahmen hinnehmen**, wenn sie **im überwiegenden Interesse der Allgemeinheit** oder im Hinblick auf **grundrechtlich geschützte Interessen Dritter** unter strikter Wahrung des Verhältnismäßigkeitsgebots ergriffen werden. Unter Verhältnismäßigkeitsgesichtspunkten bestehen für das allgemeine Persönlichkeitsrecht im Vergleich zum Schutz des Art. 2 Abs. 1 GG als allgemeine Handlungsfreiheit **erhöhte Rechtfertigungsanforderungen**. Diese sind besonders hoch, wenn es um Gewährleistungsgehalte geht, die einen spezifischen Bezug zu der Garantie der Menschenwürde aus Art. 1 Abs. 1 GG aufweisen. Dabei reichen die Garantien besonders weit, je mehr sich der Einzelne **innerhalb seiner engsten Privatsphäre** bewegt, und schwächen sich mit zunehmendem sozialen Kontakt nach außen ab."[368]

Zwingende Voraussetzung für die verfassungsrechtlich gebotene Freiheit, einen Suizid begehen zu dürfen, ist die **freie autonome Willensbildung der betroffenen Person**: „Ein Suizidentschluss geht auf einen autonom gebildeten, freien Willen zurück, wenn der Einzelne seine Entscheidung auf der Grundlage einer realitätsbezogenen, am

---

362 Zur Kritik an der Regelung in der Rechtswissenschaft vgl. Coenen, KriPoZ 2020, 67 ff.; Oğlakcıoğlu, KriPoZ 2019, 73, 74 ff.; Razzaghi/Kremer, HRRS 2020, 137 f.
363 Vgl. dazu eingehend BVerfG, HRRS 2020 Nr. 190 (Rn 8 ff.) = openJur 2020, 2820 (Rn 16 ff.) = NJW 2020, 905 ff. (dort nicht abgedruckt); Siems, KriPoZ 2020, 131 f.
364 BVerfG, NJW 2020, 905, 906 (Rn 204), mit Zust. Coenen, KriPoZ 2020, 67, 74 ff., Kreuzer, KriPoZ 2020, 199, 200; Razzaghi/Kremer, HRRS 2020, 137, 139; vgl. auch Boehme-Neßler, NVwZ 2020, 1012 ff.
365 BVerfG, NJW 2020, 905, 907 (Rn 209 f.).
366 Vgl. zu den weitreichenden Auswirkungen der Entscheidung etwa auch Siems, KriPoZ 2020, 131, 132.
367 Sachs, JuS 2020, 580, 582, weist zu Recht darauf hin, dass das Sterbehilfe-Urteil des BVerfG auch in anderen Zusammenhängen zu beachten sein wird. Vgl. zur grundlegenden Bedeutung auch Weilert, DVBl 2020, 879 ff. Vgl. auch die Hinweise im Beschluss des BVerfG, NJW 2020, 2394 (Rn 15), mit Anm. Schütz/Sitte, NJW 2020, 2395.
368 BVerfG, NJW 2020, 905, 908 (Rn 221).

eigenen Selbstbild ausgerichteten Abwägung des Für und Wider trifft."[369] Dies bedingt nach dem BVerfG folgende Voraussetzungen:[370]
- Die Fähigkeit, seinen Willen frei und unbeeinflusst von einer akuten psychischen Störung bilden und nach dieser Einsicht handeln zu können.
- Der betroffenen Person müssten alle entscheidungserheblichen Gesichtspunkte tatsächlich bekannt sein. Erforderlich ist, dass sie über sämtliche Informationen verfügt, sie also in der Lage ist, auf einer hinreichenden Beurteilungsgrundlage realitätsgerecht das Für und Wider abzuwägen.
- Die betroffene Person darf keinen unzulässigen Einflussnahmen oder Druck ausgesetzt sein.
- Der Entschluss, aus dem Leben zu scheiden, muss von einer gewissen „Dauerhaftigkeit" und „inneren Festigkeit" getragen sein.

Psychische Erkrankungen bilden eine **erhebliche Gefahr für eine freie Suizidentscheidung**. Nach weltweit durchgeführten empirischen Untersuchungen liegen in rund **90 % der tödlichen Suizidhandlungen** psychische Störungen, insbesondere in Form einer Depression vor.[371]

189 Richtigerweise muss von der Polizei bei der Prüfung der Anordnung eines Schutzgewahrsams gegenüber einer suizidgefährdeten Person nunmehr **differenziert** werden:
- Will eine betroffene Person mit eindeutiger Absicht und ohne erkennbare Beeinträchtigung der psychischen Gesundheit **aus freiem Willen**[372] Selbstmord begehen und führt die Art der von ihr gewählten Selbsttötung zu keinen Beeinträchtigungen anderer Rechtsgüter und damit zu keiner sonstigen Gefährdung oder Störung der öffentlichen Sicherheit und Ordnung, greift § 33 Abs. 1 Nr. 2 c PolG nicht.[373] Die Polizei ist nicht befugt, die betroffene Person allein wegen ihrer Suizidabsicht in Gewahrsam zu nehmen.

   Beispiel: Die Polizei wird durch die Ehefrau um Hilfe gebeten, weil ihr Ehemann die ernsthafte Absicht hat, sich am selben Tag wegen seiner schwerwiegenden unheilbaren Krebserkrankung das Leben zu nehmen, indem er entweder einen tödlichen Medikamenten-Mix zu sich nimmt. Der Ehemann erklärt der Polizei ohne erkennbare psychische Beeinträchtigungen seine Motivation und die feste Absicht zum Suizid zur Beendigung seines nicht mehr lebenswerten und in wenigen Monaten endenden Lebens.

- Bestehen dagegen ernsthafte **Zweifel an der psychischen Gesundheit** der betroffenen Person – was häufiger der Fall sein wird –, kann sich die Polizei kein eindeutiges eigenes Bild über die psychische Gesundheit der betroffenen Person machen (Zweifelsfall)[374] oder besteht die Gefahr, dass durch die gewählte Art des Suizid **andere Personen oder Sachen Schaden nehmen**, muss die Polizei handeln und die betroffene Person auf der Grundlage des § 33 Abs. 1 Nr. 2 c PolG in Gewahrsam nehmen.[375]

   Beispiele:
   - Die zum Suizid entschlossene Person hat **depressive Verhaltensmuster** oder / und war wegen starker Depressionen bereits in Behandlung. Hier bestehen ernsthafte Zweifel an einem freien Willensentschluss.

---

369 BVerfG, NJW 2020, 905, 910 (Rn 240); Fischer, HRRS 2021, 24, 30 f.
370 BVerfG, NJW 2020, 905, 910 ff. (Rn 241 ff.).
371 BVerfG, NJW 2020, 905, 911 (Rn 245).
372 Vgl. dazu eingehender Cording/Saß, NJW 2020, 2695 ff.
373 Ebenso Hauser, in: Mörtl/Trurnit, Polizeirecht BW, § 28 PolG Rn 35. Vgl. auch Boehme-Neßler, NVwZ 2020, 1012, 1013, der zu Recht darauf hinweist, dass jede Selbsttötung, die auf freiem Willen beruht, durch das Grundrecht geschützt ist.
374 Hauser, in: Mörtl/Trurnit, Polizeirecht BW, § 28 PolG Rn 35; Kingreen/Poscher, Polizei- und Ordnungsrecht, § 7 Rn 28.
375 Vgl. dazu auch Geis, Fälle zum Polizei- und Ordnungsrecht, Rn 455.

- Die betroffene Person will sich **auf einer Bahnstrecke vom Zug überfahren** lassen, wird aber von einer anderen Person dabei entdeckt. Hier muss die Polizei einschreiten, weil der Zugführer und die Rettungsdienste vor den Folgen des Suizid bewahrt werden müssen, da hier die ernsthafte Gefahr psychischer Schäden Dritter besteht. Hinzu kommt der beabsichtigte gefährliche Eingriff in den Bahnverkehr gem. § 315 StGB.

Der Polizei obliegt aber in jedem Fall die **Pflicht zur ernsthaften Überprüfung** der jeweiligen Situation. Bestehen **Zweifel** an der psychischen Verfassung der betroffenen Person oder besteht die Gefahr, dass durch den Suizid andere Personen oder Sachen ernsthaft beeinträchtigt oder geschädigt werden, ist die Polizei **zum Einschreiten und zur Gewahrsamnahme verpflichtet**. Zweifel dürfen sich nicht zulasten des Lebensschutzes auswirken. *Kingreen/Poscher* weisen nicht zu Unrecht darauf hin, dass eine ernsthaft und aus freien Stücken zum Suizid entschlossene Person regelmäßig Mittel und Wege findet, dies ohne Eingreifen der Polizei zu tun.[376]

dd) Identitätsgewahrsam (§ 33 Abs. 1 Nr. 3 PolG)

Gem. **§ 33 Abs. 1 Nr. 3 PolG** kann die Polizei eine Person in Gewahrsam nehmen, wenn deren Identität auf andere Weise nicht festgestellt werden kann. Dies ist der Fall, wenn Maßnahmen zur Personenfeststellung gem. § 27 Abs. 2 PolG nicht kurzfristig vorgenommen werden können, sondern **längere Zeit** (Grundsatz: **über eine Stunde**) in Anspruch nehmen (vgl. § 11 Rn 53). Der **Gewahrsam zur Identitätsfeststellung** gem. § 33 Abs. 1 Nr. 3 PolG setzt voraus, dass **alle anderen Möglichkeiten** – etwa kurzfristige Sistierung nach § 27 PolG (vgl. § 11 Rn 50 ff.) – **ausgeschöpft** sind, um die Identität einer Person festzustellen. Die Identitätsfeststellung muss der Gefahrenabwehr dienen (vgl. § 27 PolG [§ 11 Rn 12]).

190

e) Verbringungsgewahrsam

Beim sog. **„Verbringungsgewahrsam"** wird eine Person von der Polizei von einem bestimmten Ort entfernt und an einen abgelegenen Ort verbracht, um ihre baldige Rückkehr an den Ursprungsort zu verhindern.[377]

191

Beispiele:
- Die Polizei verbringt **Angehörige der Drogenszene** in entlegene Stadtteile.[378]
- Die Polizei verbringt einen **Demonstranten** von dem Ort, an dem eine Demonstration statt-finden soll, zu einem anderen, um eine Teilnahme an der Demonstration zu verhindern.[379]

Rechtmäßigkeit und Voraussetzungen des Verbringungsgewahrsams sind in Rechtsprechung und Literatur nach wie vor **strittig**.[380] Nach der hier vertretenen Auffassung wird der zwangsweise Transport einer Person von einem Ort zu einem anderen von § 33 PolG nicht gedeckt, da dieser Eingriff weder in Art. 104 Abs. 2 S. 4 GG noch in § 33 PolG als Spezialnorm vorgesehen ist. Sie stellt nach der hier vertretenen Auffassung ein **Aliud** (also etwas Anderes) zum Gewahrsam dar.

Die Maßnahme kann auch nicht als **Vollstreckung einer Platzverweisverfügung gem. § 30 Abs. 1 PolG** durch unmittelbaren Zwang gewertet werden. Denn der unmittelbare Zwang kann nicht über das hinausgehen, wozu der Adressat des Platzverweises (= Grundverfügung) verpflichtet ist. Mit einem Platzverweis wird (nur) angeordnet, einen bestimmten Ort zu verlassen bzw. sich von ihm fernzuhalten, aber nicht auch, sich zu einem bestimmten Platz zu begeben.[381]

---

376 Kingreen/Poscher, Polizei- und Ordnungsrecht, § 7 Rn 28.
377 Guckelberger, JA 2015, 926, 933.
378 LG Hamburg, NVwZ-RR 1997, 537.
379 Vgl. BremOVG, NVwZ 1987, 235.
380 Zur Übersicht über den Meinungsstand vgl. Deger, in: Stephan/Deger, Polizeigesetz BW, § 28 Rn 6.
381 LG Hamburg, NVwZ-RR 1997, 537, 540.

Ebenfalls abzulehnen ist die Auffassung, wonach eine entsprechende „Verbringungsverfügung" auf der Grundlage der **Generalklausel** (§§ 1, 3 PolG BW) angeordnet und vollstreckt werden kann.[382] Diese kann als Maßnahme nur auf der Grundlage einer Spezialermächtigung durchgeführt werden, die aber das Polizeirecht BW nicht vorsieht. In keinem Fall darf durch die Maßnahme eine Person in eine hilflose Lage versetzt werden. Rechtswidrige Verbringungen können eine Straftat darstellen, etwa eine Freiheitsberaubung gem. § 239 StGB, eine Nötigung gem. § 240 StGB oder eine Aussetzung gem. § 221 StGB.[383] Aus diesen Gründen sollte von derartigen Verbringungsmaßnahmen in der Polizeipraxis generell abgesehen werden.

f) Bekanntgabe der Gewahrsamsgründe

192 Der in Gewahrsam genommenen Person sind gem. § 33 Abs. 2 PolG der **Grund des polizeilichen Gewahrsams** und die gegen die Maßnahme **zulässigen Rechtsbehelfe unverzüglich**, d. h. ohne schuldhaftes Zögern, **bekanntzugeben**. Es empfiehlt sich, die Bekanntgabe aktenkundig zu machen.

g) Richtervorbehalt

193 Gem. **Art. 104 Abs. 2 S. 1 GG** hat über die Zulässigkeit und Fortdauer einer **Freiheitsentziehung** nur **der Richter** zu entscheiden.[384] Die Freiheitsentziehung setzt danach grundsätzlich eine **vorherige** richterliche Anordnung voraus. Bei jeder nicht auf richterlicher Anordnung beruhenden Freiheitsentziehung ist unverzüglich eine richterliche Entscheidung herbeizuführen (**Art. 104 Abs. 2 S. 2 GG**). Da der Gewahrsam eine Maßnahme der Freiheitsentziehung darstellt, gilt gem. **§ 33 Abs. 3 S. 3 u. 4 PolG** der sog. **Richtervorbehalt**. Nach der Funktion des Richtervorbehalts geht die Mitwirkung des Richters über die bloße Kontrolle einer Verwaltungsentscheidung hinaus: Der Richter soll nicht allein die Rechtmäßigkeit der Entscheidung der Exekutive prüfen, sondern selbst diese Entscheidung treffen. Sind die gesetzlichen Voraussetzungen nicht erfüllt, erklärt der Richter den Gewahrsam für unzulässig.[385] Für das **Verfahren** gelten gem. § 33 Abs. 4 S. 2 PolG die Vorschriften des **FamFG**.

aa) Spontangewahrsam

194 Grundsätzlich ist die richterliche Entscheidung über die Zulässigkeit bzw. Fortdauer **vor** jeder Anordnung des Gewahrsams einzuholen. Beabsichtigt die Polizei, eine Person in Gewahrsam zu nehmen, hat sie beim zuständigen Amtsgericht den **Antrag auf gerichtliche Entscheidung** zu stellen. In diesem Fall liegt eine sog. **geplante** Freiheitsentziehung vor, die nur auf der Grundlage einer richterlichen Entscheidung zulässig ist.[386]

195 Kann die Maßnahme entsprechend der Regelung in Art. 104 Abs. 2 GG nicht vorher beantragt werden (vgl. **Fall 32** in § 11 Rn 184), handelt es sich um einen sog. **Spontangewahrsam**. In diesen Fällen kann die Polizei eine Person ohne vorherige richterliche Entscheidung in Gewahrsam nehmen. Gem. § 33 Abs. 2 **S. 3** PolG ist aber eine richterliche Entscheidung unverzüglich herbeizuführen. **Unverzüglich** bedeutet, dass die **richterliche Entscheidung** ohne jede Verzögerung, die sich nicht aus tatsächlichen oder rechtlichen Gründen rechtfertigen lässt, also **sofort nachgeholt** werden muss.[387] Ein Ver-

---

[382] So auch Graulich, in: Lisken/Denninger, Handbuch des Polizeirechts, Kap. E Rn 517.
[383] LG Hamburg, NVwZ-RR 1997, 537; BGH, NStZ 2008, 396 (Aussetzung mit Todesfolge durch Polizeibeamte).
[384] Vgl. dazu auch Guckelberger, JA 2015, 926, 929; Jarass, in: Jarass/Pieroth, GG, Art. 104 GG Rn 15 ff.
[385] VGH BW, VBlBW 2012, 268, 269.
[386] Zeitler/Trurnit, Eingriffsrecht, Rn 337.
[387] BVerfGE 105, 239, 249; VGH BW, NVwZ 2006, 579.

stoß gegen das Gebot der unverzüglichen Herbeiführung einer richterlichen Entscheidung hat die Rechtswidrigkeit der Ingewahrsamnahme zur Folge.[388]

Ohne richterliche Entscheidung darf der Gewahrsam gem. Art. 104 Abs. 2 S. 3 GG i. V. m. **§ 33 Abs. 3 S. 2 PolG** nicht länger als bis zum Ende des Tages (= 24.00 Uhr) nach dem Ergreifen aufrechterhalten werden. Die Vorschrift legt für den sog. Spontangewahrsam eine **absolute zeitliche Obergrenze** fest, nach deren Ablauf die Freiheitsentziehung rechtswidrig wird, falls bis dahin keine richterliche Entscheidung herbeigeführt werden konnte.

Für die (nachträgliche) richterliche Entscheidung über den Gewahrsam ist gem. **§ 33 Abs. 4 S. 1 PolG** das **Amtsgericht** zuständig, in dessen Bezirk die in Gewahrsam genommene Person festgehalten wird. Zur **Fristwahrung** reicht es aus, wenn die Polizei den Antrag auf richterliche Entscheidung beim zuständigen Gericht anhängig macht, d. h. dem Gericht den Sachverhalt vorträgt mit der Bitte um Entscheidung über die Fortdauer des Gewahrsams.[389] Der Antrag ist formlos zulässig und kann auch per Fax oder E-Mail gestellt werden.

Gem. **§ 33 Abs. 3 S. 4 PolG** bedarf es einer richterlichen Entscheidung nicht, wenn anzunehmen ist, dass die Entscheidung erst nach dem Wegfall des Grundes des Gewahrsams ergehen würde. Die Polizei kann demnach Personen auch dann in Gewahrsam nehmen, wenn absehbar ist, dass die richterliche Entscheidung bis zur Freilassung nicht eingeholt werden kann. Dies ist etwa der Fall, wenn eine polizeiliche Maßnahme (etwa Personenfeststellung gem. § 27 PolG) absehbar nur kurze Zeit in Anspruch nehmen wird. Andererseits darf die Vorschrift über die Einholung einer richterlichen Entscheidung nicht den Gewahrsam verlängern. Ist der **Zweck der Gewahrsamnahme erreicht**, ist gem. § 33 Abs. 3 S. 1 PolG die betroffene Person in jedem Fall freizulassen, auch wenn eine richterliche Entscheidung noch nicht herbeigeführt werden konnte.

196

Beispiel: Nach der Ingewahrsamnahme der betrunkenen Person im Fall 32 (§ 11 Rn 184) sieht die Polizei davon ab, eine richterliche Entscheidung zu beantragen. Wegen des stark alkoholisierten Zustands der Person geht die Polizei davon aus, dass die Herbeiführung der richterlichen Entscheidung voraussichtlich längere Zeit in Anspruch nehmen würde als zur Durchführung der Maßnahme notwendig wäre. Die Gewahrsamnahme dauerte von 8.40 bis 15.25 Uhr.

In seiner Entscheidung zur Anhörungspflicht gem. § 40 Abs. 1 Hs. 2 BPolG weist der **VGH BW** darauf hin, dass **§ 33 Abs. 3 S. 4 PolG** mit Blick auf den Richtervorbehalt **eng auszulegen** ist. Der Ausnahmetatbestand ist nicht bereits dann gegeben, wenn die persönliche Anhörung der betroffenen Person mangels Vernehmungsfähigkeit nicht durchgeführt werden kann. Es komme – so der VGH BW – nicht darauf an, ob vor Beendigung des Gewahrsams eine persönliche Anhörung durchgeführt werden könne, sondern ob eine richterliche Entscheidung über den Gewahrsam möglich sei.[390] Da im vom VGH BW entschiedenen Fall die Polizei eine richterliche Entscheidung nicht herbeigeführt hatte, obwohl diese möglich gewesen wäre, war die Ingewahrsamnahme rechtswidrig.

Eine unverzügliche richterliche Entscheidung ist daher auch dann erforderlich, wenn die betroffene Person etwa wegen übermäßigem Alkoholkonsum nicht ansprechbar ist. Die Unmöglichkeit einer persönlichen Anhörung etwa infolge Trunkenheit der betroffenen Person steht somit einer richterlichen Entscheidung nicht entgegen (vgl. auch § 34 Abs. 2 FamFG).

bb) Gerichtsentscheidung

Gem. **§ 33 Abs. 4 S. 1 PolG** ist für den Erlass der gem. § 33 Abs. 3 S. 3 PolG notwendigen Entscheidung das **Amtsgericht zuständig**, in dessen Bezirk die in Gewahrsam ge-

197

---

388 VGH BW, VBlBW 2012, 268, 269.
389 So VGH BW, VBlBW 2005, 63.
390 VGH BW, VBlBW 2012, 268, 269.

nommene Person festgehalten wird. Für die Zuständigkeit kommt es mithin nicht darauf an, wo die betroffene Person aufgegriffen wurde, sondern es ist auf den Ort abzustellen, an dem die betroffene Person im Gewahrsam festgehalten wird. Bei der Zuständigkeit des Amtsgerichts handelt sich dabei um eine zulässige sog. **abdrängende Sonderzuweisung** des Rechtswegs i. S. d. § 40 Abs. 1 S. 2 VwGO.[391]

198 Für das Gerichtsverfahren gilt nicht § 132 Abs. 2 PolG, sondern **§ 33 Abs. 2 S. 2 bis 7 PolG** legt **besondere Verfahrensregeln** fest. Abweichend von § 132 Abs. 2 PolG gilt:
- Für das Verfahren gelten grundsätzlich die Vorschriften der §§ 1 bis 48, 58 bis 69, 76 bis 85, 97 bis 110 FamFG (§ 33 Abs. 4 S. 2 PolG).
- Es bedarf grundsätzlich einer vorherigen Anhörung der betroffenen Person (§ 34 FamFG; Art. 103 Abs. 1 GG).[392] Abweichend davon kann die richterliche Entscheidung ohne persönliche Anhörung der in Gewahrsam genommenen Person ergehen, wenn diese rauschbedingt oder aus sonstigen Gründen außerstande ist, den Gegenstand der persönlichen Anhörung durch das Gericht ausreichend zu erfassen und in der Anhörung zur Feststellung der entscheidungserheblichen Tatsachen beizutragen (§ 33 Abs. 4 S. 3 PolG).
- Ist eine persönliche Anhörung durch das Gericht (§ 34 FamFG) nicht erforderlich, kann die Anhörung im Bereitschaftsdienst gem. § 4 Abs. 2 AGGVG auch telefonisch durchgeführt werden (§ 33 Abs. 4 S. 4 PolG).
- Die gerichtliche Entscheidung, durch die der Gewahrsam angeordnet wird, wird mit ihrem Erlass **wirksam** (vgl. § 33 Abs. 4 S. 5 PolG).
- Die gerichtliche Entscheidung kann im Bereitschaftsdienst auch mündlich ergehen; in diesem Fall ist sie unverzüglich schriftlich zu begründen (§ 33 Abs. 1 S. 6 PolG).

199 Aus **§ 33 Abs. 4 S. 8** i. V. m. **§ 132 Abs. 2 S. 2, 4 bis 6, Abs. 3 PolG** ergeben sich für das Gerichtsverfahren noch folgende weitere Besonderheiten:
- Die Entscheidungen bedürfen zu ihrer Wirksamkeit **keiner Bekanntmachung** an die betroffene Person (§ 33 Abs. 4 S. 8 i. V. m. § 132 Abs. 2 S. 2 PolG).
- Die **Beschwerde** hat **keine aufschiebende Wirkung** (§ 33 Abs. 4 S. 8 i. V. m. § 132 Abs. 2 S. 4 PolG).
- Es findet **keine Rechtsbeschwerde** statt (§ 33 Abs. 4 S. 8 i. V. m. § 132 Abs. 2 S. 5 PolG).
- Der Polizeivollzugsdienst ist nicht zur Vorlage von Urkunden oder Akten, zur Übermittlung elektronischer Dokumente und zu Auskünften verpflichtet, wenn das Bekanntwerden des Inhalts dieser Urkunden, Akten, elektronischen Dokumente oder Auskünfte dem Wohl des Bundes oder eines Landes Nachteile bereiten würde oder wenn die Vorgänge nach einem Gesetz oder ihrem Wesen nach geheim gehalten werden müssen (§ 33 Abs. 4 S. 8 i. V. m. § 132 Abs. 2 S. 6 PolG).
- Ist eine richterliche Entscheidung nach dem PolG ergangen, so ist die **Anfechtungsklage** gegen die ursprüngliche Gewahrsamsentscheidung der Polizei **ausgeschlossen** (§ 33 Abs. 4 S. 8 i. V. m. § 132 Abs. 3 PolG).

200 In der richterlichen Entscheidung ist die **höchstzulässige Dauer des Gewahrsams** zu bestimmen. Sie darf gem. **§ 33 Abs. 3 S. 5 PolG** nicht mehr als zwei Wochen betragen. Der Richter hat über die Zulässigkeit der Freiheitsentziehung selbst zu entscheiden. Die Schwere des Grundrechtseingriffs gebietet insbesondere eine eingehende Prüfung der Erforderlichkeit der freiheitsentziehenden Maßnahme.[393] Der zuständige Amtsrichter muss daher selbst die Tatsachen feststellen, die eine Freiheitsentziehung rechtfertigen, um den Anforderungen des Art. 2 Abs. 2 S. 2 i. V. m. Art. 104 Abs. 2 GG und von Art. 103 GG, § 26 FamFG (Ermittlung von Amts wegen) zu genügen. Richtigerweise

---

[391] Vgl. dazu etwa Buchberger, in: Lisken/Denninger, Handbuch des Polizeirechts, Kap. L Rn 28.
[392] Vgl. dazu Deger, in: Stephan/Deger, Polizeigesetz BW, § 28 Rn 41 m. w. N.
[393] VGH BW, VBlBW 2012, 268, 269.

wird die Festsetzung der Höchstdauer auch davon abhängen, aus welchem Grund (§ 33 Abs. 1 Nr. 1 bis 3 PolG) der Gewahrsam angeordnet wird.³⁹⁴

h) Durchführung des Gewahrsams

§ 1 Abs. 1 DVO PolG enthält für die Polizei einige Hinweise zur Durchführung des Gewahrsams. So soll die in Gewahrsam genommene Person von anderen festgehaltenen Personen – insbesondere von Untersuchungs- und Strafgefangenen – **getrennt untergebracht** werden. Männer und Frauen sind **getrennt aufzunehmen**. Der in Gewahrsam genommenen Person ist gem. § 1 Abs. 2 DVO PolG unverzüglich, d. h. ohne schuldhaftes Zögern, Gelegenheit zu geben, einen **Angehörigen oder eine Person ihres Vertrauens zu benachrichtigen**, wenn der Zweck des Gewahrsams dadurch nicht gefährdet wird. Außerdem ist ihr Gelegenheit zur **Beiziehung eines Bevollmächtigten** zu geben. Schließlich dürfen gem. § 1 Abs. 3 DVO PolG der in Gewahrsam genommenen Person nur Beschränkungen auferlegt werden, die zur Sicherung des Zwecks des Gewahrsams oder zur Aufrechterhaltung der Ordnung im Gewahrsam erforderlich sind.

201

i) Aufhebung des Gewahrsams

Gem. **§ 33 Abs. 3 S. 1 PolG** ist der Gewahrsam **aufzuheben**, sobald sein Zweck erreicht ist. Die Verpflichtung zur Aufhebung besteht auch dann, wenn die im Gesetz festgelegten (Höchst-)Fristen abgelaufen sind.

202

Da es sich bei der Maßnahme um einen **Dauerverwaltungsakt** handelt, ist die Polizei verpflichtet, fortlaufend zu prüfen, ob die Voraussetzungen für die Anordnung der Maßnahme noch gegeben sind.³⁹⁵

Zuständig für die Aufhebung des Gewahrsams ist die **Polizei**. Eine richterliche Entscheidung ist hierfür nicht erforderlich.

j) Rechtsschutz

Gegen die Entscheidung des Gerichts findet die **Beschwerde zum Landgericht** statt (§ 33 Abs. 4 S. 7 PolG). Sie hat **keine aufschiebende Wirkung** (§ 33 Abs. 4 S. 8 i. V. m. § 132 Abs. 2 S. 4 PolG). Die Form richtet sich nach § 64 Abs. 2 FamFG. Eine Rechtsbeschwerde (§ 70 FamFG) findet nicht statt (§ 33 Abs. 4 S. 8 i. V. m. § 132 Abs. 2 S. 5 PolG). **Beschwerdeberechtigt** ist jeder, dessen Recht durch die Entscheidung beeinträchtigt ist.

203

Die **Erhebung einer Anfechtungsklage oder Feststellungsklage** im verwaltungsgerichtlichen Verfahren ist gem. § 33 Abs. 4 S. 8 i. V. m. § 132 Abs. 3 PolG **ausgeschlossen**, wenn wegen des von der Polizei angeordneten Gewahrsams eine Entscheidung des Amtsgerichts oder des Landgerichts als Beschwerdegericht ergangen ist. Damit wird richtigerweise eine doppelte Rechtswegbeschreitung (Zivilrechtsweg und Verwaltungsgerichtsweg) vermieden.

8. Durchsuchung von Personen (§ 34 PolG)

a) Allgemeines

Mit dem **PolG 2020** wurde in **§ 34 Abs. 1 PolG** eine **neue Ziffer 3** eingefügt, die eine **Dursuchung von Personen bei öffentlichen Veranstaltungen und Ansammlungen** ermöglicht (vgl. dazu nachfolgend die Ausführungen in § 11 Rn 213 ff.).³⁹⁶

204

---

394 Nachbaur, VBIBW 2018, 45, 50 f.
395 VGH BW, VBIBW 2011, 350.
396 LT-Drs. 16/8484, S. 136.

b) Begriff

205 Die **Durchsuchung** von Personen zu polizeilichen Zwecken ist in § 34 PolG geregelt. Die Maßnahme dient dem Schutz festgehaltener Personen, dem Eigenschutz von Polizeibeamten sowie dem Schutz Dritter vor Gefahren. Sie hat zum Ziel, versteckte Gegenstände und Spuren aufzufinden, die der Adressat der Maßnahme nicht von sich aus offen legt. Sie ist auf die am Körper befindlichen Kleidungsstücke, auf die Körperoberfläche und auf die unmittelbar zugänglichen Körperöffnungen wie etwa Ohren, Mund und Nase begrenzt und erstreckt sich nicht auf das Körperinnere.[397] Zur Durchsuchung gehört auch das **Abtasten** des bekleideten Körpers, der am Körper befindlichen Kleidungsstücke, ggf. auch die Nachschau am unbekleideten Körper und in den unmittelbar zugänglichen Körperöffnungen.[398] Die Maßnahme kann mit technischen Hilfsmitteln wie Suchgeräten (etwa Metalldetektoren) oder manuell erfolgen. Sie umfasst auch das **Anhalten**, vorübergehende **Festhalten** und die **Verbringung** zur Dienststelle, soweit dies zur Durchführung der Untersuchung erforderlich ist (vgl. § 27 Abs. 2 S. 3 PolG).

Durchsuchungen, die mit einer **Entkleidung** verbunden sind, stellen insbesondere dann einen schwerwiegenden **Eingriff** in das **allgemeine Persönlichkeitsrecht dar**, wenn sie mit einer Inspizierung von normalerweise bedeckten Körperöffnungen verbunden sind.[399]

206 Die Durchsuchung ist von der körperlichen **Untersuchung** abzugrenzen, die einen stärkeren Eingriff in die Rechte der betroffenen Person darstellt und von § 34 PolG nicht abgedeckt wird. Derartige körperliche Eingriffe sind etwa Maßnahmen wie Untersuchungshandlungen mit medizinischen Geräten, Messungen von Körperfunktionen, Nachschau bzw. Durchsuchung des Genitalbereichs, Röntgen einer Person, Entnahme einer Blutprobe oder Auspumpen eines Magens beim Verdacht auf Transport von Drogen. Der wesentliche Unterschied zwischen den beiden Maßnahmen besteht darin, dass die **Durchsuchung** dem Zweck dient, die vom Willen der betroffenen Person unabhängige **Beschaffenheit** ihres Körpers und das Vorhandensein von Fremdkörpern in den natürlichen Körperöffnungen durch sinnliche Wahrnehmung **ohne körperliche Eingriffe** festzustellen.[400]

Die **StPO** enthält spezielle Ermächtigungsgrundlagen zur Durchführung von repressiven Durchsuchungen (vgl. §§ 102 bis 105 StPO) gegenüber Verdächtigen und Untersuchungen der beschuldigten und anderer Personen (vgl. §§ 81 a, 81 c und 81 d ff. StPO).

c) Rechtscharakter

207 Die Maßnahme stellt einen belastenden **Verwaltungsakt** dar.[401] Selbst wenn man der Auffassung wäre, dass die eigentliche Durchsuchung ein Realakt der zuständigen Polizeibeamten ist, ergeht regelmäßig zuvor eine Anordnung der Maßnahme, die Verwaltungsakt ist.[402]

d) Zuständigkeit

208 Zuständig für die Anordnung und Durchführung der Durchsuchung sind **in erster Linie** die Beamten des **Polizeivollzugsdiensts**, aber wegen der bestehenden **Parallelzuständigkeit** (vgl. **§ 105 Abs. 3 PolG**) auch Bedienstete der **Polizeibehörden**. Nur soweit die Durchsuchung durch **unmittelbaren Zwang als Vollstreckungsmaßnahme** durchgeführt wird, ist für die Anwendung dieses Zwangsmittels als letzte Stufe des

---

397 Vgl. OVG Saarland, LKRZ 2008, 102, 103; Deger, in: Stephan/Deger, Polizeigesetz BW, § 29 Rn 6.
398 VGH BW, BWVPr 1982, 11.
399 BVerfG, NJW 2013, 3291 ff.
400 BayVGH, NVwZ-RR 1999, 310 m. w. N.; Zeitler/Trurnit, Polizeirecht BW, Rn 426.
401 **Str.**: Wie hier Graulich in: Lisken/Denninger, Handbuch des Polizeirechts, Kap. E Rn 557; Trurnit, Eingriffsrecht, Rn 392; Ibler, in: Ennuschat/Ibler/Remmert, Öffentliches Recht BW, § 2 Rn 300; **a. A.** Gusy, Polizei- und Ordnungsrecht, Rn 247.
402 Wie hier Würtenberger/Heckmann/Tanneberger, § 5 Rn 195; **a. A.** Jahr, ZJS 2016, 181, 184.

II. Einzelmaßnahmen

Vollstreckungsverfahrens ausschließlich der Polizeivollzugsdienst gem. § 65 PolG zuständig (vgl. § 12 Rn 40).

e) Durchsuchungsgründe

Die Polizei kann eine Person in folgenden Fällen durchsuchen: 209

aa) Durchsuchung gem. § 34 Abs. 1 Nr. 1 PolG

Eine Durchsuchung gem. § 34 Abs. 1 Nr. 1 PolG kann stattfinden, wenn die Person 210 nach dem PolG oder anderen Rechtsvorschriften **festgehalten** oder **in Gewahrsam genommen werden darf**. Diese Bestimmung dient dem Schutz der betroffenen Person (etwa bei Selbsttötung oder Selbstverletzung) und der Eigensicherung der Beamten sowie dem Schutz Dritter vor Gefahren, die bei Freiheitsentziehungen auftreten können. Demgegenüber dient die Durchsuchung i. S. d. § 27 Abs. 2 S. 3 PolG dem Auffinden von Gegenständen, die zur Identitätsfeststellung beitragen können (vgl. § 11 Rn 53).

bb) Durchsuchung gem. § 34 Abs. 1 Nr. 2 PolG

Die Polizei kann eine Person durchsuchen, wenn **Tatsachen** die Annahme rechtfertigen, dass die **Person Sachen mit sich führt, die sichergestellt** oder **beschlagnahmt** werden dürfen (**§ 34 Abs. 1 Nr. 2 PolG**). Es müssen objektive und nachvollziehbare Anhaltspunkte vorliegen. Bloße Vermutungen reichen nicht aus. Mit „sichergestellt oder beschlagnahmt" sind Maßnahmen zur Gefahrenabwehr nach §§ 37 oder 38 PolG gemeint, nicht solche nach der StPO.[403] Eine Sache wird mitgeführt, wenn die zu durchsuchende Person die tatsächliche Gewalt über sie ausübt bzw. ausüben kann (Besitz gem. §§ 854 Abs. 1, 855 BGB). Regelmäßig wird es sich um Sachen handeln, die sich in der Bekleidung der zu durchsuchenden Person befinden, etwa Waffen.[404] 211

Für die **Gefahrenprognose** ist eine von einer hinreichend objektivierbaren Tatsachenbasis abgeleitete Wahrscheinlichkeit der befürchteten Rechtsgutbedrohung und die Nähe der von der Maßnahme betroffenen Person erforderlich. Die Eingriffsschwelle kann umso niedriger liegen, je größer die Wahrscheinlichkeit der befürchteten Rechtsgutbedrohung und je höher die Bedeutung der bedrohten Rechtsgüter ist. 212

Beispiel: Wurde bei vorausgegangenen Gastspielen einer Fußballmannschaft durch deren Anhänger wiederholt Signalmunition, die nach polizeilichen Informationen von unverdächtig aussehenden Frauen eingeschmuggelt worden sein soll, auf gegnerische Fans oder Ordner geschossen, ist es prinzipiell nicht zu beanstanden, dass die Polizei auch weibliche Gästefans durchsucht.[405]

Bei der Durchsuchung ist der **Verhältnismäßigkeitsgrundsatz** zu beachten.

Beispiel: Kommt eine weibliche Person aufgrund polizeilicher Erkenntnisse als Transportperson für Feuerwerkskörper generell in Betracht, kann bei einer Durchsuchung vor einem Fußballspiel auch deren Entkleiden erforderlich sein. Dies ist wegen der Schwere des Eingriffs aber nur ausnahmsweise und nur unter besonderen Umständen angemessen, etwa bei auffälligen Reaktionen der Durchsuchten oder bei besonderer Beschaffenheit der Kleidung.[406]

cc) Durchsuchung gem. § 34 Abs. 1 Nr. 3 PolG

(1) Allgemeines

Die Polizei kann eine Person durchsuchen, wenn sie bei oder **im Zusammenhang mit öffentlichen Veranstaltungen und Ansammlungen angetroffen** wird, die ein **besonderes Gefährdungsrisiko** i. S. d. § 44 Abs. 1 S. 2 PolG aufweisen und dort erfahrungsgemäß mit der Begehung von Straftaten gegen Leib, Leben oder Sachen von bedeu- 213

---

403 So auch Deger, in: Stephan/Deger, Polizeigesetz BW, § 29 Rn 8.
404 VGH BW, BWVPr 1982, 11.
405 OVG Saarland, LKRZ 2008, 102, 103.
406 OVG Saarland, LKRZ 2008, 102, 103.

tendem Wert zu rechnen ist; bei der Auswahl der Person ist in besonderem Maße der **Grundsatz der Verhältnismäßigkeit** zu beachten (**§ 34 Abs. 1 Nr. 3 PolG**).

§ 34 Abs. 1 Nr. 3 PolG formuliert erweiterte Voraussetzungen an die erfassten Veranstaltungen und Ansammlungen, ohne die die Durchsuchung einer Person nicht rechtmäßig wäre. Eine Durchsuchung auf der Grundlage des § 34 Abs. 1 Nr. 3 PolG ist daher **nicht bei jeder beliebigen Art der Veranstaltung oder Ansammlung** möglich, von ihnen muss vielmehr ein **besonderes Gefährdungsrisiko** ausgehen, das im Gesetz näher definiert wird (vgl. dazu die weiteren Ausführungen in § 11 Rn 20 ff.).

(2) Öffentliche Veranstaltungen und Ansammlungen

214 Öffentliche Veranstaltungen i. S. d. § 34 Abs. 1 Nr. 3 PolG sind zu einem bestimmten Zweck gezielt veranstaltete **Zusammenkünfte einer größeren Anzahl von Personen**, die **grundsätzlich jedermann offen** stehen, aber **nicht auf die Meinungsäußerung und -bildung ausgerichtet** sind. Sie können **im Freien oder in geschlossenen Räumen** stattfinden.

Beispiele: Konzerte aller Art (Rock, Pop, Klassik, In- und Outdoor), Sportveranstaltungen aller Art (Fußballspiele[407], Leichtathletikfest, Volkslauf, Marathon etc.), Unterhaltungsveranstaltungen aller Art (Straßenfeste, Volksfeste, Shows), Informationsveranstaltungen, sonstige Veranstaltungen (Großgottesdienst anlässlich Papstbesuch).

Die **allgemeine Zugänglichkeit** der Veranstaltung wird nicht dadurch gehindert, dass die Personenanzahl wegen der Kapazität des Veranstaltungsorts (Halle, Festivalgelände etc.) oder der Sicherheit begrenzt ist, oder dass für den Zutritt Eintrittsgelder verlangt werden oder dass vorab Tickets käuflich zu erwerben sind oder unentgeltlich besorgt werden müssen. Auch allgemeine Vorgaben für den Zugang der Veranstaltung (Outfit der Besucher, Altersgrenzen, Geschlecht [Frauensitzung im Karneval, Herrenbierprobe] etc.) stehen der allgemeinen Zugänglichkeit grundsätzlich nicht entgegen.

Veranstaltungen i. S. d. § 34 Abs. 1 Nr. 3 PolG dienen **nicht** der **allgemeinen Meinungsäußerung**. Insofern grenzen sie sich zu Versammlungen i. S. d. Art. 8 GG ab. Versammlungen gem. Art. 8 GG unterstehen einem besonderen verfassungsrechtlichen Schutz, für sie ist ein Rückgriff auf § 34 Abs. 1 Nr. 3 PolG wegen der sog. **Polizeifestigkeit** der Versammlungs- und Demonstrationsfreiheit[408] ausgeschlossen (vgl. dazu eingehender § 6 Rn 15).[409]

215 Öffentliche Ansammlungen i. S. d. § 34 Abs. 1 Nr. 3 PolG sind **zufällige Zusammenkünfte einer größeren Anzahl von Personen, die zumeist durch äußere Ereignisse bedingt** sind.

Beispiele: Gaffer oder Schaulustige bei einem Unglücksfall oder Rettungseinsatz, Zuschauer bei einem Filmdreh, Zuhörer oder Zuschauer bei Straßenmusik oder Aufführungen im Straßenraum (Streetdance, Akrobatik etc.).

(3) Öffentlichkeit und besonderes Gefährdungsrisiko

216 Durchsuchungen von Personen gem. § 34 Abs. 1 Nr. 3 PolG unterliegen **Restriktionen** und **klaren Voraussetzungen**. Mit Blick auf **Art. 2 Abs. 1 GG** (persönliche Entfaltungsfreiheit) und **Art. 8 GG** (Versammlungsfreiheit) kann nicht jede Veranstaltung oder Ansammlung Grund für Feststellungen der Identität einer Person sein.

---

[407] LT-Plenarprot. 16/126, S. 7790: „Hochrisikofußballspiele".
[408] BVerwG, NVwZ 2019, 1281 (Rn 8), mit Anm. Detterbeck, NVwZ 2019, 1282 f., u. Hebeler, JA 2020, 240; Kniesel/Poschner, in: Lisken/Denninger, Handbuch des Polizeirechts, Kap. K Rn 24, 28 ff.; Groscurth, in: Peters/Janz, Versammlungsrecht, Kap. G Rn 9, 23; Thiel, Polizei- und Ordnungsrecht, § 6 Rn 14, § 18 Rn 2; Kniesel/Braun/Keller, Besonderes Polizei- und Ordnungsrecht, Rn 126; Schulte/Glückert, JURA 2020, 179, 183; Trurnit, JURA 2019, 1252, 1253; Weber, NJ 2019, 472, 473; Buchholtz, JuS 2018, 889, 893; Froese, JA 2015, 679.
[409] LT-Drs. 16/8484, S. 131, 197, 200.

Zunächst beschränkt sich die Möglichkeit der Durchsuchung von Personen **nur** auf **öffentliche Veranstaltungen und Ansammlungen**. Dies bedeutet, dass der **reine Privatbereich nicht erfasst** wird. In den meisten Fällen wird die Abgrenzung nicht allzu schwer sein. Private Veranstaltungen sind solche, die sich gezielt nur an eine sehr begrenzte Anzahl von Personen richten (Freunde), die dem Veranstalter oder der einladenden Person in der Regel persönlich bekannt sind (etwa privater Freundeskreis oder Arbeitskollegen) oder die jedenfalls durch allgemeine Kriterien (alle Mitarbeiter oder bestimmte Kunden einer Firma) bestimmbar sind. **Beteiligte Personen und Anlass** müssen auf eine Privatheit der Veranstaltung schließen lassen. Private Ansammlungen dürften eher selten vorkommen, denkbar wären aber spontane Zusammenkünfte am Arbeitsplatz (Vorführung von Kollegen) oder im Freizeitbereich (spontanes Fußballspiel, Grillfest etc.).

Beispiele: Private Feiern (Geburtstag, Hochzeit, Konfirmation, Party, Abschlussfeier, Grillfest etc.), Firmenfeiern (Geburtstag des Chefs / von Mitarbeitern, Firmenjubiläum, Betriebsversammlung (ggf. sogar Schutz durch Art. 9 GG).

Allein die Anzahl der Personen (etwa mehr als hundert Eingeladene) oder die Art der Einladung (Einladung über Facebook nur an „Freunde") dürften in der Regel noch keine sichere Beurteilung zulassen. Entscheidend sind immer die gesamten **Umstände des jeweiligen Einzelfalls**.

Die wichtigste Einschränkung erfährt der Anwendungsbereich des § 34 Abs. 1 Nr. 3 PolG dadurch, dass von den erfassten Veranstaltungen und Ansammlungen ein **besonderes Gefährdungsrisiko** ausgehen muss. Diese Begrenzung der Anwendbarkeit ist schon deswegen geboten, weil das Polizeirecht gem. § 1 Abs. 1 PolG primär der Gefahrenabwehr dient (vgl. dazu die Ausführungen in § 4 Rn 2 ff.). Eine allgemeine unbegrenzte Durchsuchungsbefugnis der Polizei wäre damit nicht vereinbar. Wegen des mit der Durchsuchung von Personen zwingend verbundenen Eingriffs in das **Recht auf allgemeine Handlungsfreiheit** (Art. 2 Abs. 1 GG)[410] bedarf jede Durchsuchung stets einer verfassungsrechtlichen Rechtfertigung im Einzelfall und unterliegt auch insoweit der vollständigen gerichtlichen Überprüfung.[411]   **217**

§ 34 Abs. 1 Nr. 3 PolG erlaubt eine Durchsuchung von Personen im Rahmen einer Veranstaltung und Ansammlung **bereits vor Eintritt einer konkreten Gefahr oder Störung** und verlagert damit die polizeirechtliche Eingriffsschwelle vor (vgl. dazu § 11 Rn 13). **Eingriffsmaßnahmen gegen jedermann sind bereits im Vorfeld** – also ohne Vorliegen einer konkreten Gefahr – **zulässig**. Die Befugnis zur Kontrolle wird in das **Vorfeld einer konkreten Gefahr** verlagert.[412] Vgl. dazu aber auch die weiteren Ausführungen in § 11 Rn 219.

§ 34 Abs. 1 Nr. 3 PolG lässt die **Durchsuchung einer Person nur** bei Veranstaltungen oder Ansammlungen zu, wenn   **218**

- die Veranstaltung oder Ansammlung ein besonderes Gefährdungsrisiko i. S. d. § 44 Abs. 1 S. 2 PolG aufweist und
- dort erfahrungsgemäß mit der Begehung von Straftaten gegen Leib, Leben oder Sachen von bedeutendem Wert zu rechnen ist.

Diese **tatbestandlichen Voraussetzungen** des § 34 Abs. 1 Nr. 3 PolG müssen **kumulativ** („und") vorliegen. Fehlt eines dieser Kriterien, ist eine Personenkontrolle bei oder im Zusammenhang mit einer Veranstaltung oder Ansammlung nicht zulässig.

---

410 Kingreen/Poschner, Polizei- und Ordnungsrecht, § 10 Rn 2.
411 Vgl. BVerfG, NVwZ 2016, 53 (Rn 12).
412 Vgl. dazu auch Tomerius, Die Polizei 2019, 257, 259; Graulich, in: Lisken Denninger, Handbuch Polizeirecht, Kap. E Rn 565 f.

Beispiele:

- Eine größere **spontane Ansammlung beim Konzert eines Straßenmusikers** im öffentlichen Raum ohne besondere Begleitumstände berechtigt nicht zur Feststellung der Identität dort anwesender Personen.
- Ein **normales Pop- oder Rockkonzert ohne besondere Begleiterscheinungen** berechtigt allein für sich nicht zur Feststellung der Identität dort anwesender Personen. Etwas anderes gilt aber, wenn für diese Veranstaltung eine **konkrete Bedrohungslage** – etwa durch einen Anschlag – vorliegt.
- Das **Konzert** einer bekannten **rechtsradikalen oder neonazistischen Band** kann im Einzelfall für sich allein schon ausreichen, dass Identitätsfeststellungen bei den an- und abreisenden Konzertbesuchern durchgeführt werden.
- Das **Fußballspiel** zweier Vereine **mit bekanntermaßen vielen Hooligans**, bei dem es erfahrungsgemäß am Rand des Spiels regelmäßig zu gewalttätigen Ausschreitungen kommt (sog. **Hochrisikospiel**), genügt den Anforderungen des § 34 Abs. 1 Nr. 3 PolG für Durchsuchungen.

219 Durch den **Verweis auf § 44 Abs. 1 S. 2 PolG** werden für die Feststellung der Identität einer Person **zwingend und abschließend** (keine Erweiterung möglich) folgende **Voraussetzungen für ein besonderes Gefährdungsrisiko** festgelegt:

1. Es muss aufgrund einer **aktuellen Gefährdungsanalyse** anzunehmen sein, dass **Veranstaltungen und Ansammlungen vergleichbarer Art und Größe von terroristischen Anschlägen bedroht** sind, oder
2. aufgrund der **Art und Größe der Veranstaltungen und Ansammlungen** können erfahrungsgemäß **erhebliche Gefahren für die öffentliche Sicherheit** entstehen.

Wie sich aus dem Wortlaut der Norm ergibt, sind diese Tatbestandsvoraussetzungen **alternativ** („oder"). Es muss also *entweder* eine konkretisierte Bedrohungslage durch terroristische Anschläge gegeben sein, die durch eine aktuelle und nachvollziehbare Gefährdungsanalyse (damit wird der **Nachweis eines erhöhten abstrakten Gefährdungsrisikos** verlangt[413]) belegt wird, *oder* es müssen erfahrungsgemäß von Art und Größe der Veranstaltung oder Ansammlung erhebliche Gefahren für die öffentliche Sicherheit ausgehen.

Beim **Terrorismus** geht der Gesetzgeber davon aus, dass größere Menschenansammlungen nicht zuletzt wegen ihrer Anonymität für Straftäter günstige Tatgelegenheiten bieten und dass sie durch die anhaltende Bedrohung durch den internationalen Terrorismus besonders gefährdet sind. Die Wahrscheinlichkeit eines Schadenseintritts muss sich aus einer aktuellen systematischen Untersuchung des Geschehens ergeben, wobei die Untersuchung auf der Basis von Tatsachen erfolgen muss.[414]

I. S. d. **Nr. 2** des § 44 Abs. 1 S. 2 PolG können sich nachprüfbare Tatsachen, die das Gefährdungspotential begründen, aus dem **Anlass und dem Kreis der Teilnehmer oder der Zuschauer** ergeben. Das Vorliegen einer konkreten Gefahr ist hier zwar nicht Voraussetzung, die Annahme der erheblichen Gefahr muss aber trotzdem durch **konkrete auf Tatsachen gestützte Erfahrungswerte** gerechtfertigt sein. Ein allgemeiner Hinweis auf eine bestimmte Veranstaltungsart und -größe genügt nicht, die Gefährlichkeit muss sich aus der **Art und Größe im Einzelfall** ergeben.[415]

220 Weitere zwingende („und") Voraussetzung neben dem besonderen Gefährdungsrisiko ist, dass bei den Veranstaltungen und Ansammlungen **erfahrungsgemäß mit der Begehung von Straftaten gegen Leib, Leben oder Sachen von bedeutendem Wert zu rechnen** ist. „Erfahrungsgemäß" bedeutet, dass die Gefahr der Begehung von Straftaten nicht nur abstrakt bestehen darf, sondern dass die Annahme auf allgemeinen Erfahrungssätzen basieren muss: Der Polizei muss die Erkenntnis vorliegen, dass wegen der Art oder des Umfangs der Veranstaltung oder Ansammlung von teilnehmenden Personen typischerweise spezifische Gefahren ausgehen können.

---

413 LT-Drs. 16/8484, S. 131; vgl. dazu auch BVerwG, Beschl. v. 24.8.2020 – 6 B 18.20 (Rn 6), zur erhöhten Gefahrenprognose bei Einschränkung einer Versammlung durch polizeiliche Kontrollstellen.
414 LT-Drs 16/8484, S. 131 f. m. w. N.
415 LT-Drs. 16/8484, S. 132.

Für die Anwendung des § 34 Abs. 1 Nr. 3 PolG sind zwingend „Straftaten erforderlich". **Ordnungswidrigkeiten** genügen demnach **nicht**. **Straftaten gegen Leib** sind vor allem die des 17. Abschnitt des Besonderen Teils des StGB, also die **§§ 224 bis 231 StGB**, solche **gegen Leben** die des 16. Abschnitt des Besonderen Teils des StGB, also die **§§ 211 bis 222 StGB**.[416] Eine **Sache von besonderem Wert** hat üblicherweise einen Wert von **mindestens 750 €**.[417]

(4) Vor- und Nachphase von Veranstaltungen und Ansammlungen

221 Aus der Formulierung „bei oder im Zusammenhang" folgt, dass auch die **Vor- und Nachphase der Veranstaltung oder Ansammlung** erfasst wird. Daher sind auf der Grundlage des § 34 Abs. 1 Nr. 3 PolG auch Durchsuchungen von Personen in der Zeit vor und nach einer Veranstaltung oder Ansammlung zulässig. Hiervon werden insbesondere die **An- und Abreise** zur Veranstaltung oder Ansammlung erfasst.[418] Diese Erweiterung unterliegt indes einer **zeitlichen und räumlichen Begrenzung**. Richtigerweise wird der notwendige Bezug zur Veranstaltung oder Ansammlung nur dann gegeben sein, wenn sich die Veranstaltung oder Ansammlung noch auf das Verhalten der von der Durchsuchung betroffenen Personen auswirken kann.

Beispiel: Reisen Personen zu einer Veranstaltung bereits **am Vortag** an, um sich noch die Umgebung des Veranstaltungsort touristisch anzusehen oder einen Tag auszuspannen, besteht kein hinreichend kausaler Zusammenhang i. S. d. § 34 Abs. 1 Nr. 3 PolG.

(5) Verhältnismäßigkeit

222 Bei auf § 34 Abs. 1 Nr. 3 PolG gestützten Durchsuchungen von Personen muss der **Grundsatz der Verhältnismäßigkeit** gewahrt bleiben. Der Gesetzgeber fordert dies besonders bei der Personenauswahl. Dies wird aus dem zweiten Halbsatz der Norm deutlich, wonach bei der Auswahl der Person in besonderem Maß der Grundsatz der Verhältnismäßigkeit zu wahren ist. Ziel von § 34 Abs. 1 Nr. 3 PolG ist es in ersten Linie, potenzielle Straftäter aus ihrer Anonymität zu holen, sie einer Durchsuchung zu unterziehen und dadurch Straftaten zu verhindern. Daher hat die Polizei vor allem **bei der konkreten Auswahl einer betroffenen Person** auch unter Berücksichtigung vorhandener Erfahrungswerte **besonders sorgfältig zu überprüfen**, ob die vorgesehene Maßnahme im Hinblick auf die **Zielsetzung der Regelung** angemessen erscheint.[419] Damit sind **undifferenzierte Durchsuchungen von Personen größeren Umfangs** bei oder im Zusammenhang mit Veranstaltungen oder Ansammlungen **stets unzulässig**. Andererseits ist es nicht zwingend erforderlich, dass von der betroffenen Person eine konkrete Gefahr ausgeht.[420]

dd) Durchsuchung gem. § 34 Abs. 1 Nr. 4 PolG

223 Eine Durchsuchung ist gem. **§ 34 Abs. 1 Nr. 4 PolG** zulässig, wenn sich die Person an einem der in **§ 27 Abs. 1 Nr. 3 PolG** genannten Orte aufhält. Die Bestimmung lässt im Sicherheitsinteresse die Durchsuchung an den gleichen **gefährlichen oder verrufenen Orten**[421] zu, an denen gem. § 27 Abs. 1 Nr. 3 PolG die Personenfeststellung etwa bei einer **Razzia** zulässig ist (vgl. § 11 Rn 28). Auf einen konkreten Verdacht gegen die durchsuchte Person soll es nach der Gesetzesformulierung nicht ankommen.[422] Anders

---

416 Vgl. auch die Legaldefinition in § 2 Nr. 3 d BremPolG: „Eine Gefahr für Leib oder Leben ist eine Sachlage, bei der eine nicht nur leichte Körperverletzung oder der Tod einzutreten droht."
417 BGH, StV 2011, 619 (Rn 4 ff.), u. NStZ 2019, 677 (Rn 8), zu §§ 315 b Abs. 1, 315 c Abs. 1 StGB (**str.**).
418 R. Schenke, in: Schenke/Graulich/Ruthig, Sicherheitsrecht, § 26 BPolG Rn 24.
419 So ausdrücklich LT-Drs. 16/8484, S. 132; insgesamt krit. Nachbaur, VBlBW 2021, 55, 59.
420 Graulich, in: Lisken Denninger, Handbuch des Polizeirechts, Kap. E Rn 566.
421 Zu den Begriffen vgl. Tomerius, Die Polizei 2019, 257 f.
422 Vgl. aber BayVGH, wonach es für eine Durchsuchung nicht ausreicht, dass der Betroffene sich an einem gefährlichen Ort aufhält; vielmehr muss hinzukommen, dass die Durchsuchung der betreffenden Person

als bei § 27 Abs. 1 Nr. 3 PolG muss sich die Person jedoch am Durchsuchungsort *aufhalten* und dort nicht nur *angetroffen* werden (zur Unterscheidung vgl. § 11 Rn 27).

ee) Durchsuchung gem. § 34 Abs. 1 Nr. 5 PolG

224 Die Polizei kann eine Person gem. § 34 Abs. 1 Nr. 5 PolG durchsuchen, wenn sie sich in einem **gefährdeten Objekt** i. S. d. § 27 Abs. 1 Nr. 4 PolG oder in dessen unmittelbarer Nähe aufhält und Tatsachen die Annahme rechtfertigen, dass in oder an Objekten dieser Art Straftaten begangen werden sollen. Die Voraussetzungen entsprechen denen des § 27 Abs. 1 Nr. 4 PolG – mit dem Unterschied, dass sich die Person am Untersuchungsort *aufhalten* muss. Sie darf dort nicht nur *angetroffen* werden (zur Unterscheidung vgl. § 11 Rn 29).

ff) Durchsuchung gem. § 34 Abs. 1 Nr. 6 PolG

225 Gem. **§ 34 Abs. 1 Nr. 6 PolG** können Personen durchsucht werden, wenn sie gem. § 56 PolG oder gem. Art. 99 Abs. 1 SDÜ[423] **zur gezielten Kontrolle ausgeschrieben** sind. Bei diesen Personen rechtfertigt bereits die bloße Ausschreibung zur Kontrolle die Durchsuchung, ohne dass es auf weitere Voraussetzungen ankommt. Die Maßnahme zielt auf politisch motivierte Straftäter insbesondere aus dem Bereich des islamistischen Terrorismus ab.[424]

gg) Durchsuchung gem. § 34 Abs. 2 PolG

226 Wie § 34 Abs. 1 Nr. 1 PolG regelt auch **§ 34 Abs. 2 PolG** die Durchsuchung einer Person nach Waffen, anderen gefährlichen Werkzeugen und Sprengstoffen zum Zweck des Eigenschutzes oder des Schutzes Dritter, wenn tatsächliche Anhaltspunkte für eine entsprechende Gefahrenlage bestehen. Im Unterschied zu § 34 Abs. 1 Nr. 1 PolG, bei dem die Durchsuchung erst nach erfolglosem Ablauf von Maßnahmen nach § 27 Abs. 2 Nr. 3 PolG zulässig ist, kann gem. § 34 Abs. 2 PolG **von Anfang an** (also schon vor Beginn der Personenfeststellung) durchsucht werden, wenn die speziellen Voraussetzungen hierfür vorliegen.

Beispielsfälle:
- **Fall 33:** Bei einer Großfahndung stellt die Polizei fest, dass die F mit ihrem Fahrzeug in der Einflugschneise des Stuttgarter Flughafens steht. Der Polizei liegen Hinweise vor, dass F an der Vorbereitung terroristischer Anschläge beteiligt ist. Die Polizei beabsichtigt deshalb, die Identität der F festzustellen und durchsucht sie zuvor, um auszuschließen, dass F bei der Personenfeststellung von einer Schusswaffe Gebrauch macht.[425]
- **Fall 34:** Die Durchsuchung einer Person zum Selbstschutz der Beamten ist gem. § 34 Abs. 2 PolG nicht mehr gerechtfertigt, wenn diese Maßnahme **nach** der Personenfeststellung und erkennungsdienstlichen Behandlung der Person und kurz vor dem Verlassen des Polizeireviers erfolgt.[426]

Der Zusatz „oder nach anderen Rechtsvorschriften" erfasst auch Identitätsfeststellungen **außerhalb** des PolG, wie etwa die Feststellung der Identität nach den §§ 111 Abs. 1 S. 2, 163 b StPO. Die Vorschrift dient dem besseren Schutz Dritter und der Polizeibeamten vor den Angriffen von Rechtsbrechern, deren Identität in Erfüllung polizeilicher Aufgaben festgestellt werden soll. Aus der Verbindung der Begriffe **„Leib oder Leben"** folgt, dass für die Maßnahme nicht jede drohende Körperverletzung genügt, sondern nur eine lebensgefährliche Beeinträchtigung der menschlichen Gesundheit (vgl.

---

auch in einer entsprechenden Beziehung zu den Tatsachen steht, die die Gefährlichkeit des Ortes begründen, BayVBl 2013, 90. Insgesamt krit. Tomerius, Die Polizei 2019, 257, 260 ff.

[423] Rechtsgrundlage für diese Ausschreibung auf europäischer Ebene sind nunmehr **Art. 36, 37 der Verordnung (EU) 2018/1862** (bisher Art. 36, 37 Ratsbeschluss 2007/533/JI, Art. 99 Abs. 1 SDÜ). Vgl. dazu im Übrigen auch die Ausführungen in **§ 1 Rn 38 ff.**
[424] Deger, in: Stephan/Deger, Polizeigesetz BW, § 29 Rn 11.
[425] VGH BW, BWVPr 1982, 11.
[426] Vgl. VGH BW, VBlBW 2011, 155; Knorr, VBlBW 5/2010, Sonderbeilage, 7.

§ 4 Rn 44). **Gefährlich** ist ein **Werkzeug**, das nach objektiver Beschaffenheit wie nach Art der möglichen Benutzung erhebliche Verletzungen herbeizuführen geeignet ist (etwa Messer, Schraubenzieher, Schlagringe etc.).

f) Durchführung der Durchsuchung

Gem. **§ 34 Abs. 3 PolG** dürfen Personen **grundsätzlich nur von Personen gleichen Geschlechts** oder **Ärzten** durchsucht werden. Die Bestimmung dient der Wahrung des Persönlichkeitsrechts und der sexuellen Selbstbestimmung.[427] Erscheint die sofortige Durchsuchung nach den Umständen zum Schutz gegen eine Gefahr für Leib oder Leben der beteiligten Polizeibeamten oder Dritter erforderlich, sind auch andere Personen durchsuchungsberechtigt (§ 34 Abs. 3 Hs. 2 PolG; vgl. auch § 4 Rn 44).

227

Beispiel: Im **Fall 33** in § 11 Rn 226 untersuchten nur männliche Polizeibeamte die Frau F nach Waffen. Die Polizeibeamten waren zum Abtasten von F nach Waffen berechtigt, weil nach den Umständen die sofortige Durchsuchung der F zum Schutz der Beamten gegen eine Gefahr für Leib und Leben erforderlich erschien.[428]

Soweit die Menschenwürde gewahrt wird, kann die betroffene Person auch in die Durchsuchung durch eine andere Person einwilligen.

9. Durchsuchung von Sachen (§ 35 PolG)

a) Allgemeines

§ 35 PolG regelt die gezielte und zweckgerichtete **Durchsuchung** von beweglichen und unbeweglichen Sachen, um etwas (= gefährliche oder störende Gegenstände) aufzuspüren, das der Inhaber von sich aus nicht offen legen oder herausgeben will. Die Durchsuchung hat regelmäßig nur Hilfscharakter, da sie weitere Standardmaßnahmen wie Beschlagnahme, Sicherstellung oder Ingewahrsamnahme vorbereiten soll. Die Maßnahme wird deshalb auch als **vorbereitender oder Begleiteingriff** bezeichnet.[429] Zu den **beweglichen Sachen** zählen insbesondere Kraftfahrzeuge, Behältnisse wie Schränke, Taschen, Koffer oder sonstiges Gepäck, Container, Handys (soweit damit noch kein unzulässiger Eingriff in das Fernmeldegeheimnis gem. Art. 10 Abs. 1 GG verbunden ist), Tiere (vgl. § 90 a BGB) und nicht bewohnte Gebäude wie etwa Neubauten oder Ruinen. Auch eine **Leiche** kann Gegenstand einer Durchsuchung sein.[430] Die zu durchsuchende Sache darf unter Beachtung des Grundsatzes der Verhältnismäßigkeit betreten, geöffnet oder ggf. auch zerlegt werden, selbst wenn hierdurch die Sache beschädigt oder zerstört wird.

228

Die **Durchsuchung von Wohnungen** i. S. d. Art. 13 Abs. 1 GG richtet sich ausschließlich nach § 36 PolG. Die **Durchsuchung von Fahrzeugen,** die konkret zu **Wohnzwecken** bestimmt sind (etwa Wohnwagen, Wohnmobile etc.), ist ebenfalls nur unter den Voraussetzungen des § 36 PolG zulässig.

Adressat der Maßnahme ist grundsätzlich der Inhaber der tatsächlichen Gewalt, der gem. §§ 854, 855 BGB den unmittelbaren Besitz ausübt. Ist eine Sache **herrenlos** (vgl. § 959 BGB), bedarf es grundsätzlich nicht der Voraussetzungen des § 35 PolG, um sie zu durchsuchen.

Ist die Polizei genau darüber informiert, wo sich die gesuchte Sache befindet, scheidet schon begrifflich eine Durchsuchung aus. Die **Untersuchung einer Sache** auf ihre Beschaffenheit stellt keine Durchsuchung gem. § 35 PolG, sondern eine Maßnahme auf der Grundlage der polizeilichen Generalermächtigung gem. **§§ 1, 3 PolG** dar.
Spezielle Ermächtigungsgrundlagen enthalten die **§§ 102 ff. StPO.**

---

427 Deger, in: Stephan/Deger, Polizeigesetz BW, § 29 Rn 13.
428 VGH BW, BWVPr 1982, 11, 14.
429 Gusy, Polizei- und Ordnungsrecht, Rn 248.
430 BVerfG, NJW 1994, 783 zur Zulässigkeit einer (repressiven) Durchsuchung und Obduktion zur Aufklärung einer Todesursache; **a. A.** Kahlert, in: Belz/Mußmann/Kahlert/Sander, Polizeigesetz BW, § 30 Rn 5.

b) Rechtscharakter

229 Die Maßnahme stellt einen belastenden **Verwaltungsakt** dar.[431] Selbst wenn man der Auffassung wäre, dass die eigentliche Durchsuchung ein Realakt der zuständigen Polizeibeamten ist, ergeht regelmäßig zuvor eine Anordnung der Maßnahme, die Verwaltungsakt ist.[432]

c) Zuständigkeit

230 Zuständig für die Anordnung und Durchführung der Durchsuchung sind **in erster Linie** die Beamten des **Polizeivollzugsdiensts**, aber wegen der bestehenden **Parallelzuständigkeit** (vgl. § 105 Abs. 3 PolG) auch Bedienstete der **Polizeibehörden**. Nur soweit die Durchsuchung durch **unmittelbaren Zwang als Vollstreckungsmaßnahme** durchgeführt wird, ist für die Anwendung dieses Zwangsmittels als letzte Stufe des Vollstreckungsverfahrens ausschließlich der Polizeivollzugsdienst gem. § 110 PolG zuständig (vgl. § 12 Rn 40).

d) Durchsuchungsgründe

231 Die Polizei kann eine Sache **aus folgenden Gründen der Gefahrenabwehr** durchsuchen:

aa) Durchsuchung gem. § 35 Nr. 1 PolG

232 Eine Sache kann durchsucht werden, wenn sie **von einer Person mitgeführt wird, die** gem. § 34 Abs. 1 oder 2 PolG durchsucht werden darf (§ 35 Nr. 1 PolG). Die Regelung enthält keinen eigenen Durchsuchungsgrund. **Mitgeführt** ist ein Gegenstand, wenn eine Person die tatsächliche Gewalt darüber ausübt oder ausüben kann. Für die Durchsuchung mitgeführter Sachen ist ausreichend, dass die tatbestandlichen Voraussetzungen gem. § 35 Abs. 1 oder 2 PolG vorliegen. Die Durchsuchung der mitgeführten Sache ist also nicht erst zulässig, wenn die betroffene Person durchsucht worden ist (vgl. das Wort „darf" in § 35 Nr. 1 PolG).

bb) Durchsuchung gem. § 35 Nr. 2 PolG

233 Die Vorschrift ermächtigt zur Suche einer Person in einer Sache. Eine Durchsuchung kann stattfinden, wenn **Tatsachen** die Annahme rechtfertigen, dass sich in der Sache eine Person befindet, die

- in **Gewahrsam** genommen werden darf (vgl. etwa § 33 PolG),
- widerrechtlich **festgehalten** wird (etwa bei einer Geiselnahme, §§ 234 ff. StGB) oder
- infolge **Hilflosigkeit** an Leib oder Leben gefährdet ist.

Beispiel: Es besteht die auf Tatsachen gestützte Annahme, dass sich **eine Person im Kofferraum eines Kfz verborgen** hält. In diesem Fall kann das Kfz gem. § 35 Abs. 1 Nr. 2 PolG durchsucht werden, wenn die sonstigen tatbestandlichen Voraussetzungen gegeben sind. Beachte auch den Sonderdurchsuchungsgrund des § 35 Abs. 1 Nr. 8 PolG (vgl. dazu § 12 Rn 246).

cc) Durchsuchung gem. § 35 Nr. 3 PolG

234 Gem. **§ 35 Nr. 3 PolG** darf die Polizei eine Sache durchsuchen, wenn Tatsachen die Annahme rechtfertigen, dass sich in ihr eine andere Sache befindet, die gem. §§ 37 ff. PolG oder nach anderen Rechtsvorschriften **sichergestellt** oder **beschlagnahmt** werden darf.[433] Die vorliegenden Tatsachen müssen auch die Annahme rechtfertigen, dass

---

[431] **Str.:** Wie hier Graulich in: Lisken/Denninger, Handbuch des Polizeirechts, Kap. E Rn 557; Trurnit, Eingriffsrecht, Rn 392; Ibler, in: Ennuschat/Ibler/Remmert, Öffentliches Recht BW, § 2 Rn 300; **a. A.** Gusy, Polizei- und Ordnungsrecht, Rn 247.
[432] Wie hier Würtenberger/Heckmann/Tanneberger, § 5 Rn 195; **a. A.** Jahr, ZJS 2016, 181, 184.
[433] Vgl. dazu (sehr weitgehend) VG Braunschweig, NVwZ 1988, 661, zur Durchsuchung eines Fahrzeugs nach Waffen im Vorfeld einer Großdemonstration.

dd) Durchsuchung gem. § 35 Nr. 4 PolG
(1) Allgemeines
Die Polizei kann eine Sache durchsuchen, wenn sie am Ort oder **in unmittelbarer Nähe von öffentlichen Veranstaltungen und Ansammlungen befindet**, die ein **besonderes Gefährdungsrisiko** i. S. d. § 44 Abs. 1 S. 2 PolG aufweisen und dort erfahrungsgemäß mit der Begehung von Straftaten gegen Leib, Leben oder Sachen von bedeutendem Wert zu rechnen ist (**§ 35 Nr. 4 PolG**).

235

§ 35 Nr. 4 PolG formuliert erweiterte Voraussetzungen an die erfassten Veranstaltungen und Ansammlungen, ohne die die Durchsuchung einer Sache nicht rechtmäßig wäre. Eine Durchsuchung auf der Grundlage des § 35 Nr. 4 PolG ist daher **nicht bei jeder beliebigen Art der Veranstaltung oder Ansammlung** möglich, von ihnen muss vielmehr ein **besonderes Gefährdungsrisiko** ausgehen, das im Gesetz näher definiert wird (vgl. dazu die weiteren Ausführungen in § 11 Rn 17 ff.).

(2) Öffentliche Veranstaltungen und Ansammlungen
Öffentliche Veranstaltungen i. S. d. § 35 Nr. 3 PolG sind zu einem bestimmten Zweck gezielt veranstaltete **Zusammenkünfte einer größeren Anzahl von Personen**, die **grundsätzlich jedermann offen** stehen, aber **nicht auf die Meinungsäußerung und -bildung ausgerichtet** sind. Sie können **im Freien oder in geschlossenen Räumen** stattfinden.

236

Beispiele: Konzerte aller Art (Rock, Pop, Klassik, In- und Outdoor), Sportveranstaltungen aller Art (Fußballspiele[434], Leichtathletikfest, Volkslauf, Marathon etc.), Unterhaltungsveranstaltungen aller Art (Straßenfeste, Volksfeste, Shows), Informationsveranstaltungen, sonstige Veranstaltungen (Großgottesdienst anlässlich Papstbesuch).

Die **allgemeine Zugänglichkeit** der Veranstaltung wird nicht dadurch gehindert, dass die Personenanzahl wegen der Kapazität des Veranstaltungsorts (Halle, Festivalgelände etc.) oder der Sicherheit begrenzt ist, oder dass für den Zutritt Eintrittsgelder verlangt werden oder dass vorab Tickets käuflich zu erwerben sind oder unentgeltlich besorgt werden müssen. Auch allgemeine Vorgaben für den Zugang der Veranstaltung (Outfit der Besucher, Altersgrenzen, Geschlecht [Frauensitzung im Karneval, Herrenbierprobe] etc.) stehen der allgemeinen Zugänglichkeit grundsätzlich nicht entgegen.

Veranstaltungen i. S. d. § 35 Nr. 4 PolG dienen **nicht** der **allgemeinen Meinungsäußerung**. Insofern grenzen sie sich zu Versammlungen i. S. d. Art. 8 GG ab. Versammlungen gem. Art. 8 GG unterstehen einem besonderen verfassungsrechtlichen Schutz, für sie ist ein Rückgriff auf § 35 Abs. 1 Nr. 4 PolG wegen der sog. **Polizeifestigkeit** der Versammlungs- und Demonstrationsfreiheit[435] ausgeschlossen (vgl. dazu eingehender § 6 Rn 15).[436]

Öffentliche Ansammlungen i. S. d. § 35 Nr. 4 PolG sind **zufällige Zusammenkünfte einer größeren Anzahl von Personen**, die zumeist durch **äußere Ereignisse bedingt** sind.

237

---

434 LT-Plenarprot. 16/126, S. 7790: „Hochrisikofußballspiele".
435 BVerwG, NVwZ 2019, 1281 (Rn 8), mit Anm. Detterbeck, NVwZ 2019, 1282 f., u. Hebeler, JA 2020, 240; Kniesel/Poschner, in: Lisken/Denninger, Handbuch des Polizeirechts, Kap. K Rn 24, 28 ff.; Groscurth, in: Peters/Janz, Versammlungsrecht, Kap. G Rn 9, 23; Thiel, Polizei- und Ordnungsrecht, § 6 Rn 14, § 18 Rn 2; Kniesel/Braun/Keller, Besonderes Polizei- und Ordnungsrecht, Rn 126; Schulte/Glückert, JURA 2020, 179, 183; Trurnit, JURA 2019, 1252, 1253; Weber, NJ 2019, 472, 473; Buchholtz, JuS 2018, 889, 893; Froese, JA 2015, 679.
436 LT-Drs. 16/8484, S. 131, 197, 200.

Beispiele: Gaffer oder Schaulustige bei einem Unglücksfall oder Rettungseinsatz, Zuschauer bei einem Filmdreh, Zuhörer oder Zuschauer bei Straßenmusik oder Aufführungen im Straßenraum (Streetdance, Akrobatik etc.).

(3) Öffentlichkeit und besonderes Gefährdungsrisiko

238 Durchsuchungen von Sachen gem. § 35 Nr. 4 PolG unterliegen **Restriktionen** und **klaren Voraussetzungen**. Mit Blick auf **Art. 2 Abs. 1 GG** (persönliche Entfaltungsfreiheit) und **Art. 8 GG** (Versammlungsfreiheit) kann nicht jede Veranstaltung oder Ansammlung Grund für Feststellungen der Identität einer Person sein.

Zunächst beschränkt sich die Möglichkeit der Durchsuchung von Sachen **nur** auf **öffentliche Veranstaltungen und Ansammlungen**. Dies bedeutet, dass der **reine Privatbereich nicht erfasst** wird. In den meisten Fällen wird die Abgrenzung nicht allzu schwer sein. Private Veranstaltungen sind solche, die sich gezielt nur an eine sehr begrenzte Anzahl von Personen richten (Freunde), die dem Veranstalter oder der einladenden Person in der Regel persönlich bekannt sind (etwa privater Freundeskreis oder Arbeitskollegen) oder die jedenfalls durch allgemeine Kriterien (alle Mitarbeiter oder bestimmte Kunden einer Firma) bestimmbar sind. **Beteiligte Personen und Anlass** müssen auf eine Privatheit der Veranstaltung schließen lassen. Private Ansammlungen dürften eher selten vorkommen, denkbar wären aber spontane Zusammenkünfte am Arbeitsplatz (Vorführung von Kollegen) oder im Freizeitbereich (spontanes Fußballspiel, Grillfest etc.).

Beispiele: Private Feiern (Geburtstag, Hochzeit, Konfirmation, Party, Abschlussfeier, Grillfest etc.), Firmenfeiern (Geburtstag des Chefs / von Mitarbeitern, Firmenjubiläum, Betriebsversammlung (ggf. sogar Schutz durch Art. 9 GG).

Allein die Anzahl der Personen (etwa mehr als hundert Eingeladene) oder die Art der Einladung (Einladung über Facebook nur an „Freunde") dürften in der Regel noch keine sichere Beurteilung zulassen. Entscheidend sind immer die gesamten **Umstände des jeweiligen Einzelfalls**.

239 Die wichtigste Einschränkung erfährt der Anwendungsbereich des § 35 Nr. 4 PolG dadurch, dass von den erfassten Veranstaltungen und Ansammlungen ein **besonderes Gefährdungsrisiko** ausgehen muss. Diese Begrenzung der Anwendbarkeit ist schon deswegen geboten, weil das Polizeirecht gem. § 1 Abs. 1 PolG primär der Gefahrenabwehr dient (vgl. dazu die Ausführungen in § 4 Rn 2 ff.). Eine allgemeine unbegrenzte Durchsuchungsbefugnis der Polizei wäre damit nicht vereinbar. Wegen des mit der Durchsuchung von Sachen zwingend verbundenen Eingriffs in das **Recht auf Eigentum** (Art. 14 GG)[437] bedarf jede Durchsuchung stets einer verfassungsrechtlichen Rechtfertigung im Einzelfall und unterliegt auch insoweit der vollständigen gerichtlichen Überprüfung.[438]

§ 35 Nr. 4 PolG erlaubt eine Durchsuchung von Sachen im Rahmen einer Veranstaltung und Ansammlung **bereits vor Eintritt einer konkreten Gefahr oder Störung** und verlagert damit die polizeirechtliche Eingriffsschwelle vor (vgl. dazu § 11 Rn 13). **Eingriffsmaßnahmen gegen jedermann sind bereits im Vorfeld** – also ohne Vorliegen einer konkreten Gefahr – **zulässig**. Die Befugnis zur Kontrolle wird in das **Vorfeld einer konkreten Gefahr** verlagert.[439] Vgl. dazu auch die weiteren Ausführungen in § 11 Rn 241.

240 § 35 Nr. 4 PolG lässt die **Durchsuchung einer Sache nur** bei Veranstaltungen oder Ansammlungen zu, wenn

---

437 Kingreen/Poschner, Polizei- und Ordnungsrecht, § 10 Rn 1.
438 Vgl. BVerfG, NVwZ 2016, 53 (Rn 12).
439 Vgl. dazu auch Tomerius, Die Polizei 2019, 257, 259; Graulich, in: Lisken Denninger, Handbuch Polizeirecht, Kap. E Rn 565 f.

II. Einzelmaßnahmen

- die Veranstaltung oder Ansammlung ein besonderes Gefährdungsrisiko i. S. d. § 44 Abs. 1 S. 2 PolG aufweist und
- dort erfahrungsgemäß mit der Begehung von Straftaten gegen Leib, Leben oder Sachen von bedeutendem Wert zu rechnen ist.

Diese **tatbestandlichen Voraussetzungen** des § 35 Nr. 4 PolG müssen **kumulativ** („und") vorliegen. Fehlt eines dieser Kriterien, ist eine Personenkontrolle bei oder im Zusammenhang mit einer Veranstaltung oder Ansammlung nicht zulässig.

Beispiele:
- Eine größere **spontane Ansammlung beim Konzert eines Straßenmusikers** im öffentlichen Raum ohne besondere Begleitumstände berechtigt nicht zur Feststellung der Identität dort anwesender Personen.
- Ein **normales Pop- oder Rockkonzert ohne besondere Begleiterscheinungen** berechtigt allein für sich nicht zur Feststellung der Identität dort anwesender Personen. Etwas anderes gilt aber, wenn für diese Veranstaltung eine **konkrete Bedrohungslage** – etwa durch einen Anschlag – vorliegt.
- Das **Konzert** einer bekannten **rechtsradikalen oder neonazistischen Band** kann im Einzelfall für sich allein schon ausreichen, dass Identitätsfeststellungen bei den an- und abreisenden Konzertbesuchern durchgeführt werden.
- Das **Fußballspiel** zweier Vereine **mit bekanntermaßen vielen Hooligans**, bei dem es erfahrungsgemäß am Rand des Spiels regelmäßig zu gewalttätigen Ausschreitungen kommt (sog. **Hochrisikospiel**), genügt den Anforderungen des § 35 Nr. 4 PolG für gezielte Durchsuchungen.

Durch den **Verweis auf § 44 Abs. 1 S. 2 PolG** werden für die Durchsuchung einer Sache **zwingend und abschließend** (keine Erweiterung möglich) folgende **Voraussetzungen für ein besonderes Gefährdungsrisiko** festgelegt:

1. Es muss aufgrund einer aktuellen Gefährdungsanalyse anzunehmen sein, dass Veranstaltungen und Ansammlungen vergleichbarer Art und Größe von terroristischen Anschlägen bedroht sind, oder
2. aufgrund der Art und Größe der Veranstaltungen und Ansammlungen können erfahrungsgemäß erhebliche Gefahren für die öffentliche Sicherheit entstehen.

Wie sich aus dem Wortlaut der Norm ergibt, sind diese Tatbestandsvoraussetzungen **alternativ** („oder"). Es muss also *entweder* eine konkretisierte Bedrohungslage durch terroristische Anschläge gegeben sein, die durch eine aktuelle und nachvollziehbare Gefährdungsanalyse (damit wird der **Nachweis eines erhöhten abstrakten Gefährdungsrisikos** verlangt[440]) belegt wird, *oder* es müssen erfahrungsgemäß von Art und Größe der Veranstaltung oder Ansammlung erhebliche Gefahren für die öffentliche Sicherheit ausgehen.

Beim **Terrorismus** geht der Gesetzgeber davon aus, dass größere Menschenansammlungen nicht zuletzt wegen ihrer Anonymität für Straftäter günstige Tatgelegenheiten bieten und dass sie durch die anhaltende Bedrohung durch den internationalen Terrorismus besonders gefährdet sind. Die Wahrscheinlichkeit eines Schadenseintritts muss sich aus einer aktuellen systematischen Untersuchung des Geschehens ergeben, wobei die Untersuchung auf der Basis von Tatsachen erfolgen muss.[441]

I. S. d. **Nr. 2** des § 44 Abs. 1 S. 2 PolG können sich nachprüfbare Tatsachen, die das Gefährdungspotential begründen, aus dem **Anlass und dem Kreis der Teilnehmer oder der Zuschauer** ergeben. Das Vorliegen einer konkreten Gefahr ist hier zwar nicht Voraussetzung, die Annahme der erheblichen Gefahr muss aber trotzdem durch **konkrete auf Tatsachen gestützte Erfahrungswerte** gerechtfertigt sein. Ein allgemeiner Hinweis auf eine bestimmte Veranstaltungsart und -größe genügt nicht, die Gefährlichkeit muss sich aus der **Art und Größe im Einzelfall** ergeben.[442]

---

[440] LT-Drs. 16/8484, S. 131; vgl. dazu auch BVerwG, Beschl. v. 24.8.2020 – 6 B 18.20 (Rn 6), zur erhöhten Gefahrenprognose bei Einschränkung einer Versammlung durch polizeiliche Kontrollstellen.
[441] LT-Drs 16/8484, S. 131 f. m. w. N.
[442] LT-Drs. 16/8484, S. 132.

242 Weitere zwingende („und") Voraussetzung neben dem besonderen Gefährdungsrisiko ist, dass bei den Veranstaltungen und Ansammlungen **erfahrungsgemäß mit der Begehung von Straftaten gegen Leib, Leben oder Sachen von bedeutendem Wert zu rechnen** ist. „Erfahrungsgemäß" bedeutet, dass die Gefahr der Begehung von Straftaten nicht nur abstrakt bestehen darf, sondern dass die Annahme auf allgemeinen Erfahrungssätzen basieren muss: Der Polizei muss die Erkenntnis vorliegen, dass wegen der Art oder des Umfangs der Veranstaltung oder Ansammlung von teilnehmenden Personen typischerweise spezifische Gefahren ausgehen können.

Für die Anwendung des § 35 Nr. 4 PolG sind zwingend „Straftaten erforderlich". **Ordnungswidrigkeiten** genügen demnach **nicht**. **Straftaten gegen Leib** sind vor allem die des 17. Abschnitt des Besonderen Teils des StGB, also die **§§ 224 bis 231 StGB**, solche **gegen Leben** die des 16. Abschnitt des Besonderen Teils des StGB, also die **§§ 211 bis 222 StGB**.[443] Eine **Sache von besonderem Wert** hat üblicherweise einen Wert von **mindestens 750 €**.[444]

(4) Örtliche Nähe zu Veranstaltungen und Ansammlungen

243 Aus der Formulierung „am Ort oder in unmittelbarer Nähe" folgt, dass nicht nur der unmittelbare Ort der Veranstaltung oder Ansammlung erfasst wird, sondern **auch die nächste Umgebung**. Daher sind auf der Grundlage des § 35 Nr. 4 PolG auch Durchsuchungen von Sachen zulässig, die sich noch **im Einzugsbereich der Veranstaltung oder Ansammlung** befinden (Zu- und Abfahrtswege oder Umgebungsgelände).

(5) Verhältnismäßigkeit

244 Auch bei der auf § 35 Nr. 4 PolG gestützten Durchsuchung von Sachen muss der **Grundsatz der Verhältnismäßigkeit** gewahrt bleiben. Dies gilt dies besonders bei der Auswahl. Zwar wird dieser Grundsatz im Gesetz – anders als bei § 34 Abs. 1 Nr. 3 PolG – nicht ausdrücklich erwähnt. Bei der Durchsuchung von Sachen sind aber mittelbar immer auch Personen (Eigentümer, Besitzer) betroffen. Ziel von § 35 Nr. 4 PolG ist es in ersten Linie, potenzielle Straftäter aus ihrer Anonymität zu holen, von ihnen und anderen Personen mitgeführte Gegenstände einer Durchsuchung zu unterziehen und dadurch Straftaten zu verhindern. Daher hat die Polizei vor allem **bei der konkreten Auswahl einer Sache und der mittelbar betroffenen Person** auch unter Berücksichtigung vorhandener Erfahrungswerte **besonders sorgfältig zu überprüfen**, ob die vorgesehene Maßnahme im Hinblick auf die **Zielsetzung der Regelung** angemessen erscheint.[445] Damit sind **undifferenzierte Durchsuchungen von Sachen in größerem Umfang** bei oder im Zusammenhang mit Veranstaltungen oder Ansammlungen **stets unzulässig**. Andererseits ist es nicht zwingend erforderlich, dass von der betroffenen Sache eine konkrete Gefahr ausgeht.[446]

ee) Durchsuchung gem. § 35 Nr. 5 PolG

245 Ein weiterer Durchsuchungsgrund ist gem. **§ 35 Nr. 5 PolG** gegeben, wenn die Sache sich an einem der in § 27 Abs. 1 Nr. 3 PolG genannten **gefährlichen Orte**[447] befindet (vgl. § 11 Rn 26 ff.). Die Vorschrift kommt in Abgrenzung zu Nr. 1 zur Anwendung, wenn eine an den genannten Orten befindliche Sache keiner Person zugeordnet werden kann, die durchsucht werden darf, also bei angeblich oder tatsächlich herrenlosen Sa-

---

443 Vgl. auch die Legaldefinition in § 2 Nr. 3 d BremPolG: Eine Gefahr für Leib oder Leben ist eine Sachlage, bei der eine nicht nur leichte Körperverletzung oder der Tod einzutreten droht.
444 BGH, StV 2011, 619 (Rn 4 ff.), u. NStZ 2019, 677 (Rn 8), zu §§ 315 b Abs. 1, 315 c Abs. 1 StGB (str.).
445 So ausdrücklich LT-Drs. 16/8484, S. 132; insgesamt krit. dazu Nachbaur, VBlBW 2021, 55, 59.
446 Graulich, in: Lisken Denninger, Handbuch des Polizeirechts, Kap. E Rn 566.
447 Zum Begriff vgl. Tomerius, Die Polizei 2019, 257 f.

chen oder wenn Sachen weggeworfen wurden. Im Rahmen einer **Razzia** können daher alle Sachen im örtlichen Bereich der Maßnahme durchsucht werden (vgl. § 11 Rn 28).

ff) Durchsuchung gem. § 35 Nr. 6 PolG

Gem. **§ 35 Nr. 6 PolG** kann eine Sache durchsucht werden, die sich in einem Objekt i. S. d. § 27 Abs. 1 Nr. 4 PolG oder in dessen unmittelbarer Nähe befindet (sog. **gefährdete Orte**) und wenn Tatsachen die Annahme rechtfertigen, dass Straftaten in oder an Objekten dieser Art begangen werden sollen (vgl. § 11 Rn 29). Die Vorschrift kommt in Abgrenzung zu Nr. 1 zur Anwendung, wenn die an dem genannten Ort befindliche Sache keiner Person zugeordnet werden kann, die durchsucht werden darf, also bei angeblich oder tatsächlich herrenlosen Sachen.

246

gg) Durchsuchung gem. § 35 Nr. 7 PolG

Die Polizei kann gem. **§ 35 Nr. 7 PolG** ein Fahrzeug durchsuchen, wenn es sich um ein Land-, Wasser- oder Luftfahrzeug handelt, in dem sich eine Person befindet (Fahrer, Beifahrer oder sonstiger Fahrzeuginsasse), **deren Identität an Kontrollstellen** gem. § 27 Abs. 1 Nr. 5 PolG oder in **Kontrollbereichen** gem. § 27 Abs. 1 Nr. 6 PolG festgestellt werden darf. § 35 Nr. 7 PolG erlaubt unabhängig von der Identitätsfeststellung die Durchsuchung von Fahrzeugen und aller darin befindlichen Sachen. Die Durchsuchung darf sich auch auf die mit dem Fahrzeug lose oder fest verbundenen Sachen erstrecken.[448] Damit wird verdeutlicht, dass sich die Befugnis zur Durchsuchung nicht nur auf die Fahrgastzelle beschränkt, sondern auch auf Sachen, die an dem Fahrzeug befestigt sind (etwa auf einem Dachständer). Die Vorschrift ist auch einschlägig, wenn sich eine Person nicht im, sondern auf einem Fahrzeug befindet (etwa auf einem Kraft- oder Fahrrad). Die Vorschrift ermöglicht die Durchsuchung der dort genannten Sachen an Kontrollstellen bzw. -bereichen. Soweit die Durchsuchung von Sachen in Kontrollstellen bzw. -bereichen bei Veranstaltungen oder Ansammlungen erfolgen soll, ist die Rechtsgrundlage des **§ 35 Nr. 4 PolG** insoweit **lex specialis**.

247

Die **Durchsuchung von Fahrzeugen,** die konkret zu **Wohnzwecken** bestimmt sind (etwa Wohnwagen, Wohnmobile etc.), ist nur unter den Voraussetzungen des § 36 PolG zulässig.

hh) Durchsuchung gem. § 35 Nr. 8 PolG

Gem. **§ 35 Nr. 8 PolG** liegt ein Durchsuchungsgrund vor, wenn die Sache von einer Person mitgeführt wird, **deren Identität an Kontrollstellen** gem. § 27 Abs. 1 Nr. 5 PolG und in **Kontrollbereichen** gem. § 27 Abs. 1 Nr. 6 PolG **festgestellt werden darf**. § 35 Nr. 8 PolG stellt sicher, dass auch die von Fußgängern an einer Kontrollstelle oder in einem Kontrollbereich mitgeführten Sachen durchsucht werden können. Einer vorherigen Identitätsfeststellung oder Durchsuchung der Person bedarf es hierzu nicht. Im Ergebnis bedeutet dies, dass die **Einrichtung einer Kontrollstelle** durch die Polizei nicht mehr nur zur Identitätsfeststellung von Personen, sondern auch zur Durchsuchung von Sachen, die diese mit sich führen, berechtigt. Die Vorschrift ermöglicht die Durchsuchung der dort genannten Sachen an Kontrollstellen bzw. -bereichen. Soweit die Durchsuchung von Sachen in Kontrollstellen bzw. -bereichen bei Veranstaltungen oder Ansammlungen erfolgen soll, ist die Rechtsgrundlage des **§ 35 Nr. 4 PolG** insoweit **lex specialis**.

248

---

448 Deger, in: Stephan/Deger, Polizeigesetz BW, § 30 Rn 13.

ii) Durchsuchung gem. § 35 Nr. 9 PolG

249 **§ 35 Nr. 9 PolG** ermächtigt zur **Durchsuchung von Kfz**, deren Kennzeichen gem. § 56 PolG (vgl. dazu § 10 Rn 548 ff.) oder gem. Art. 99 Abs. 1 SDÜ[449] (vgl. dazu § 10 Rn 548) zur gezielten Kontrolle ausgeschrieben sind. Führt eine Person, die zur gezielten Kontrolle ausgeschrieben ist, ein Kfz mit sich, darf dieses bereits gem. § 35 Abs. 1 Nr. 1 i. V. m. § 34 Abs. 1 Nr. 6 PolG durchsucht werden. § 35 Nr. 8 PolG betrifft damit nur **Fälle, in denen nur ein Fahrzeug** und nicht auch eine Person **ausgeschrieben ist**.[450] Die Untersuchung ist dann ohne weitere Voraussetzung zulässig.[451]

10. Betreten und Durchsuchung von Wohnungen (§ 36 PolG)

a) Allgemeines

250 **§ 36 PolG** wurde mit dem **PolG 2020 geändert**: Die in **Abs. 4** festgelegte Nachtzeit wurde vereinheitlicht und angepasst (vgl. dazu § 11 Rn 265 f.) und die in **Abs. 5 S. 2, 3** bisher enthaltene Regelung zum gerichtlichen Verfahren wurde gestrichen, nachdem sich in § 132 Abs. 2 PolG seit dem Jahr 2020 eine zentrale Norm zur Regelung der gerichtlichen Verfahren nach dem PolG findet (vgl. dazu § 11 Rn 268 ff.).

251 **Art. 13 Abs. 1 GG** ist ein staatsgerichtetes Abwehrrecht und garantiert die **Unverletzlichkeit der Wohnung** (vgl. **auch Art. 8 EMRK**). Damit wird dem Einzelnen zur freien Entfaltung der Persönlichkeit ein elementarer Lebensraum gewährleistet, in den nur unter den Voraussetzungen von Art. 13 Abs. 2 bis 7 GG eingegriffen werden darf. In seinen Wohnräumen hat er das **Recht, in Ruhe gelassen zu werden**. In diese grundrechtlich geschützte Lebenssphäre greift eine Durchsuchung schwerwiegend ein. Dem Gewicht dieses Eingriffs und der verfassungsrechtlichen Bedeutung der räumlichen Privatsphäre entspricht es, dass Art. 13 Abs. 2 GG die Anordnung einer Durchsuchung grundsätzlich dem Richter vorbehält.[452]

Weiterhin ist bei allen Maßnahmen zur Begrenzung der erheblichen Eingriffe in die grundrechtlich geschützte Lebenssphäre einer betroffenen Person der **Grundsatz der Verhältnismäßigkeit** zu beachten.[453]

252 **§ 36 PolG** regelt das **Betreten und die Durchsuchung von Wohnungen zur Gefahrenabwehr**. **Spezialermächtigungen** enthalten etwa die **§§ 102 ff. StPO**, die für das Strafverfahren eine abschließende Regelung darstellen.[454] Von der Durchsuchung gem. § 36 PolG sind die speziellen **Betretungs-, Besichtigungs- und Prüfungsrechte zur Ausübung von Überwachungsbefugnissen** insbesondere im Wirtschafts-, Umwelt-, Bau- und Vollstreckungsrecht **zu unterscheiden**.[455]

b) Rechtscharakter / Zuständigkeit

253 Bei der Anordnung, eine Wohnung zu **betreten bzw. zu durchsuchen**, liegt ein **Verwaltungsakt** vor, der **den Adressaten der Grundverfügung (= Wohnungsinhaber) verpflichtet, die Maßnahme zu dulden**.[456] Zuständig für die Anordnung, eine Wohnung zu betreten bzw. zu durchsuchen, ist sowohl die Polizeibehörde als auch der Polizeivollzugsdienst (vgl. § 105 Abs. 1 bzw. Abs. 3 PolG). Die Anordnung kann **formfrei** –

---

[449] Rechtsgrundlage für diese Ausschreibung auf europäischer Ebene sind nunmehr **Art. 36, 37 der Verordnung (EU) 2018/1862** (bisher Art. 36, 37 Ratsbeschluss 2007/533/JI, Art. 99 Abs. 1 SDÜ). Vgl. dazu im Übrigen auch die Ausführungen in **§ 1 Rn 38 ff.**
[450] Änderungsgesetz vom 18.11.2008 (GBl. S. 390 ff.); LT-Drs. 14/3165, S. 70.
[451] Deger, in: Stephan/Deger, Polizeigesetz BW, § 30 Rn 15.
[452] Vgl. BVerfGE 103, 142, 150 ff; BVerfG, NJW 2015, 851 (Rn 14).
[453] Vgl. BVerfG, NJW 2013, 3291; BVerfG, BVerfG, NJW 2014, 1650.
[454] Deger, in: Stephan/Deger, Polizeigesetz BW, § 30 Rn 4; zur Rechtfertigung des Eingriffs zum Zwecke der Strafverfolgung vgl. BVerfG, NJW 2015, 851 (Rn 15).
[455] Vgl. etwa § 66 Abs. 3 LBO, § 52 Abs. 2 BImSchG, § 46 Abs. 4 S. 2 WaffG (vgl. dazu VG Freiburg, openJur 2014, 18785); §§ 17 Abs. 2 HandwO, 22 Abs. 2 GastG, 29, 139 GewO, 6 LVwVG, 287 AO, 16 Abs. 2, 17, 29 IfSG, 42 Abs. 2 LFGB, 4 VereinsG.
[456] Wie hier etwa Ibler, in: Ennuschat/Ibler/Remmert, Öffentliches Recht BW, § 2 Rn 306.

also mündlich oder schriftlich – erfolgen. Da es sich um eine **höchstpersönliche Verpflichtung** handelt, kommen als Zwangsmittel nur Zwangsgeld und unmittelbarer Zwang in Betracht. Für die **Anwendung des Zwangsmittels als letzte Stufe der Verwaltungsvollstreckung** (vgl. § 12 Rn 39) ist gem. § 65 PolG **ausschließlich der Polizeivollzugsdienst zuständig**.

Durchsuchungen – auch zur Gefahrenabwehr – unterliegen gem. **Art. 13 Abs. 2 GG** dem **Vorbehalt der richterlichen Entscheidung**. Der Richtervorbehalt dient der vorbeugenden Kontrolle der Maßnahme durch eine unabhängige und neutrale Instanz. Er hat den **Zweck**, das Grundrecht aus Art. 13 Abs. 1 GG im Hinblick darauf verstärkt zu sichern, dass das gewaltsame staatliche Eindringen in eine Wohnung und deren Durchsuchung regelmäßig einen schweren Eingriff in die persönliche Lebenssphäre der betroffenen Person bedeuten.[457] Konsequenterweise darf gem. **§ 36 Abs. 5 PolG** eine Durchsuchung – außer bei Gefahr im Verzug – nur durch eine richterliche Anordnung angeordnet werden. Der gerichtliche Durchsuchungsbeschluss dient dazu, die Durchführung der Eingriffsmaßnahme messbar und kontrollierbar zu gestalten. Vgl. dazu eingehend § 11 Rn 268 ff.

254

Fall 35: Die Stadt X – Ordnungsbehörde – plant die Beendigung des Aufenthalts des ausreisepflichtigen A. Am 8.7.2011 sollte ohne Ankündigung dessen Abschiebung durchgeführt werden. Zu diesem Zweck begaben sich um 7.00 Uhr am Morgen mehrere Polizeibeamte zu dem Gebäude, in dem die Mutter des A wohnte. Zwei Beamte nahmen im rückwärtigen Bereich des Gebäudes Aufstellung, die übrigen klingelten und klopften an die Tür, bis diese geöffnet wurde. Anschließend betraten sie das Wohngebäude und überprüften alle Räume der Wohnung der Mutter des A, um diesen aufzufinden. Gegen 7.15 Uhr wurde die Maßnahme beendet. A wurde in der Wohnung der A nicht angetroffen. Ein Durchsuchungsbeschluss des zuständigen Gerichts für die Wohnung lag nicht vor.

Die Mutter des A (Klägerin) beantragte im **Fall 35** beim **VG Oldenburg** (nachträglich) festzustellen, dass das Betreten ihrer Wohnung durch die Polizei rechtswidrig war.[458]

Nach Ansicht des VG Oldenburg hat die Polizei die Wohnung der Klägerin im Rahmen der geplanten Abschiebung zur Vollstreckung der Ausreisepflicht des A betreten und daher zur **Gefahrenabwehr** gehandelt. Das erforderliche **Feststellungsinteresse** folgt aus dem Gesichtspunkt der Rehabilitation, weil in ein besonders gewichtiges Grundrecht – den Schutz der Unverletzlichkeit der Wohnung – eingegriffen worden ist. Nach Auffassung des Gerichts handelte es sich bei der Maßnahme nicht nur um ein Betreten, sondern um die **Durchsuchung einer Wohnung**. Denn die Polizeibeamten hatten zielgerichtet nach einer Person gesucht, um diese zur Abschiebung festzunehmen. Die Durchsuchung der Wohnung hätte nach der einschlägigen Regelung im PolG (hier Art. 13 Abs. 2 GG, § 5 Abs. 1 S. 1 NSOG) einer vorherigen amtsrichterlichen Anordnung bedurft. Da diese nicht eingeholt worden war, war nach Auffassung des VG Oldenburg die Maßnahme rechtswidrig. Der nachträglichen Feststellungsklage wurde deshalb stattgegeben (NVwZ-RR 2012, 721, 722). Vgl. zu den Einschränkungen beim verwaltungsgerichtlichen Rechtsschutz aber § 11 Rn 270.

c) Begriffe

aa) Wohnung

Der Begriff der **Wohnung** ist weit auszulegen (vgl. § 10 Rn 402 ff., 408).[459] Er umfasst alle feststehenden, fahrenden oder schwimmenden Räumlichkeiten, die den häuslichen und beruflichen Zwecken des jeweiligen Inhabers dienen. Hierzu zählen neben den reinen Wohnräumen auch Arbeits-, Betriebs- und Geschäftsräume, ebenso die dazugehörenden Nebenräume sowie der angrenzende befriedete Bereich. Wohnwagen und Ho-

255

---

457 BVerfGE, 20, 162, 223 ff.; 103, 142, 150 ff.
458 VG Oldenburg, NVwZ-RR 2012, 721.
459 Ibler, in: Ennuschat/Ibler/Remmert, Öffentliches Recht BW, § 2 Rn 307.

telzimmer sind auch als Wohnungen anzusehen.[460] Private Wohnräume, in denen gleichzeitig eine berufliche oder geschäftliche Tätigkeit ausgeübt wird, genießen den vollen Schutz des Art. 13 GG. Keine Wohnung sind allein wirtschaftlich genutzte Grundstücke.[461]

bb) Betreten

256 **Betreten** (vgl. Art. 13 Abs. 7 GG, § 36 Abs. 1 PolG) einer Wohnung ist das bloße Aufsuchen und vorübergehende Verweilen in einer Wohnung. Es umfasst das körperliche Eindringen, Verweilen und die Kenntnisnahme von Personen, Sachen und Zuständen. Sein typischer Zweck liegt darin, Feststellungen durch einfaches Nach- und Umschauen zu treffen.[462] Die Befugnis zum Betreten einer Wohnung schließt auch die Befugnis ein, von Personen, Sachen und Zuständen, die ohne Weiteres wahrgenommen werden können, Kenntnis zu nehmen. Die polizeirechtliche Betretungsbefugnis ist im Wege der verfassungskonformen Auslegung **eingrenzend zu interpretieren**, um den verfassungsrechtlichen Anforderungen gerecht zu werden.[463]

cc) Durchsuchung

257 Für die **Durchsuchung** (vgl. § 36 Abs. 2 PolG) ist das **ziel- und zweckgerichtete Suchen** staatlicher Organe nach Sachen oder zur Ermittlung eines Sachverhalts in einer Wohnung kennzeichnend. Durch die Maßnahme soll in der Wohnung planmäßig etwas aufgespürt werden, das der Inhaber der Wohnung von sich aus nicht offen legen oder herausgeben will. Ziel ist, „etwas nicht klar zutage Liegendes, vielleicht Verborgenes aufzudecken oder ein Geheimnis zu lüften".[464] Die Maßnahme geht über das bloße **Betreten** (Eindringen und Verweilen) der Wohnung hinaus und verlangt die **Vornahme von Handlungen** in den Räumlichkeiten. Diese dienen etwa dem Auffinden und Ergreifen einer Person, zum Auffinden, Sicherstellen oder zur Beschlagnahme einer Sache oder der Verfolgung von Spuren. Derartige Handlungen bestehen etwa im Öffnen von Schränken, Behältnissen, Schubladen etc., in der Entfernung von Fußböden und Wandverkleidungen oder in der Kontrolle von Wäschestücken, Büchern etc.[465] In den Fällen, in denen die Polizei gem. § 36 Abs. 2 PolG zur Wohnungsdurchsuchung berechtigt ist, darf sie daher die Wohnung auch betreten, ohne dass hierfür die Voraussetzungen des § 36 Abs. 1 PolG vorliegen müssen.[466]

Gem. **§ 2 Abs. 1 DVO PolG** ist über die Durchsuchung einer Wohnung eine **detaillierte Niederschrift** anzufertigen. Sie ist vom die Durchsuchung leitenden Polizeibeamten und vom Wohnungsinhaber oder seinem Vertreter zu unterzeichnen. Dem Wohnungsinhaber oder seinem Vertreter ist auf Verlangen eine **Abschrift** auszuhändigen (**§ 2 Abs. 2 DVO PolG**).

dd) Unterscheidung Betreten und Durchsuchen

258 Der Gesetzgeber hat in § 36 Abs. 1 u. 2 PolG **zwei unterschiedlichen Regelungen für das Betreten und das Durchsuchen** geschaffen. Betreten und Durchsuchen haben **unterschiedlichen tatbestandlichen Voraussetzungen**. Dies ist vom Rechtsanwen-

---

460 Vgl. auch Geis, Fälle zum Polizei- und Ordnungsrecht, Rn 539.
461 Zur Begriffsbestimmung vgl. auch die Hinweise in § 10 Rn 408 ff.; Deger, in: Stephan/Deger, Polizeigesetz BW, § 31 Rn 5; Gusy, Polizei- und Ordnungsrecht, Rn 249; VG Augsburg, openJur 2014, 14461 (Rn 2). § 36 Abs. 6 PolG enthält eine besondere Regelung für das Betretungsrecht von Arbeits-, Betriebs- und Geschäftsräumen.
462 OLG Celle, NVwZ 2003, 894.
463 Göddeke, Die Polizei 2004, 67, 70.
464 Graulich, in: Lisken/Denninger, Handbuch des Polizeirechts, Kap. E Rn 611; Geis, Fälle zum Polizei- und Ordnungsrecht, Rn 534; BVerfG, NJW 2009, 2516 ff.; BVerwG, NJW 2005, 454; BayVGH, BayVBl 2016, 341, 343 f.
465 BVerfGE 121, 345, 349.
466 VG Oldenburg, NVwZ-RR 2012, 721, 722.

der zu beachten. Ein Rückgriff auf die jeweils andere Regelungen ist nicht möglich, vielmehr kann ein Betreten nur auf § 36 Abs. 1 PolG und eine Durchsuchung nur auf § 36 Abs. 2 PolG gestützt werden.[467]

ee) Inhaber

Inhaber bzw. Grundrechtsträger der Wohnung ist grundsätzlich diejenige Person, die die **unmittelbare Sachherrschaft** über die Wohnung ausübt (Eigentümer, unmittelbarer Besitzer, Mieter, Untermieter, Betriebs- und Geschäftsinhaber, Gast im Hotelzimmer). Der Rechtsgrund der Ausübung der tatsächlichen Gewalt (ob öffentlich- oder privatrechtlich) ist unerheblich; auch juristische Personen können Inhaber sein.[468] 259

Grundsätzlich sind nur die Personen geschützt, die eine Wohnung (im weiteren Sinn) **rechtmäßig** nutzen. Dazu zählen auch die in eine abgeschlossene **Notunterkunft** eingewiesenen Personen (vgl. § 6 Rn 60). Dies gilt auch für die privat genutzten Wohnbereiche in **Sammel- und Gemeinschaftsunterkünften**.

Nach *Gusy* kommt es für die Anwendung des Art. 13 GG grundsätzlich nur auf den **faktischen Zustand des Wohnens** an.[469] In jedem Fall steht einem **gekündigtem Mieter** der Schutz des Art. 13 GG zu. Widerrechtlich eingedrungene Personen (etwa Hausbesetzer) können sich grundsätzlich nicht auf den Schutz des Art. 13 GG berufen.[470]

ff) Gegen den Willen

Gegen den Willen des Inhabers wird eine Wohnung betreten bzw. durchsucht, wenn dessen Zustimmung nicht vorliegt. Im Zweifel spricht die Vermutung dafür, dass der Inhaber **nicht** einwilligt.[471] Hat der Wohnungsinhaber seine Einwilligung erteilt, liegt kein polizeilicher Eingriff vor, so dass die Eingriffsvoraussetzungen des § 36 PolG nicht vorliegen müssen. Sind mehrere Personen **gemeinsam** Inhaber einer Wohnung (etwa Eheleute, Kinder), müssen bei Maßnahmen gem. § 36 PolG die Voraussetzungen bei jeder Person vorliegen. 260

d) Tatbestandsvoraussetzungen
aa) Betreten gem. § 36 Abs. 1 PolG

Gem. **§ 36 Abs. 1 S. 1 PolG** kann die Polizei eine Wohnung gegen den Willen des Inhabers nur **betreten**, wenn dies zum Schutz eines einzelnen oder des Gemeinwesens gegen dringende Gefahren für die öffentliche Sicherheit oder Ordnung erforderlich ist. Hierfür kann auch eine **Anscheinsgefahr** ausreichend sein, wenn die Polizei vor Betreten der Wohnung richtigerweise aufgrund objektiver Tatsachen davon ausgehen konnte, dass eine drohende Gefahr besteht.[472] 261

Damit wird auf die Generalermächtigung der **§§ 1, 3 PolG** zurückgegriffen, mit dem Unterschied, dass eine **dringende** Gefahr vorliegen muss. Hierfür muss es sich um eine Gefahr für besonders wichtige Rechtsgüter oder im besonders großen Ausmaß handeln, wobei es entscheidend auf die qualitative Steigerung des Ausmaßes des zu befürchtenden Schadens ankommt (vgl. § 4 Rn 33). Ferner ist erforderlich, dass zum Kontrollzeitpunkt hinreichend präzise, aktuelle und objektbezogene **Lageerkenntnisse** vorliegen, die den Schluss erlauben, dass gerade das zu betretende Objekt ein Ort ist, an

---

467 Nachbaur, VBlBW 2018, 45, 51.
468 Graulich, in: Lisken/Denninger, Handbuch des Polizeirechts, Kap. E Rn 608.
469 Gusy, Polizei- und Ordnungsrecht, Rn 250; vgl. auch Graulich, in: Lisken/Denninger, Handbuch des Polizeirechts, Kap. E, Rn 608 f.
470 Deger, in: Stephan/Deger, Polizeigesetz BW, § 31 Rn 11; diese Voraussetzungen können aber vorliegen, wenn die Hausbesetzung schon längere Zeit andauert und bestimmte Maßnahmen wie Reparatur- und Instandsetzungsmaßnahmen an der besetzten Wohnung durchgeführt wurden.
471 Vgl. dazu etwa BayVGH, BayVBl 2016, 341, 343 ff.
472 BayVGH, BayVBl 2016, 341, 345.

dem sich die abzuwehrenden Gefahren oder zu verhütenden Straftaten in nicht allzu ferner Zukunft ereignen können. Diese Lageerkenntnisse müssen dokumentiert sein.

Gem. § 36 Abs. 1 S. 2 PolG ist das Betreten während der **Nachtzeit**[473] **nur unter den dort genannten Voraussetzungen zulässig.**[474] Erforderlich ist die Abwehr einer gemeinen Gefahr, einer Lebensgefahr oder einer schweren Gesundheitsgefahr für einzelne Personen. Zum Begriff der **gemeinen Gefahr** vgl. § 4 Rn 34.

Zum Betreten von Arbeits-, Betriebs- und Geschäftsräumen vgl. § 36 Abs. 6 PolG und § 11 Rn 267.

bb) Durchsuchung gem. § 36 Abs. 2 PolG

262 Gem. **§ 36 Abs. 2 PolG** kann die Polizei eine Wohnung nur durchsuchen, wenn
- **Nr. 1**: Tatsachen die Annahme rechtfertigen, dass sich in der Wohnung eine **Person** befindet,
  - die in **Gewahrsam** genommen werden darf (§ 33 PolG), **Nr. 1 a**,
  - **widerrechtlich festgehalten** wird (etwa Geiselnahme), **Nr. 1 b**, oder
  - infolge **Hilflosigkeit an Leib oder Leben** gefährdet ist (etwa Selbsttötungsversuch), **Nr. 1 c**,

  oder
- **Nr. 2**: Tatsachen die Annahme rechtfertigen, dass sich in der Wohnung eine **Sache** befindet, die sichergestellt (§ 37 PolG) oder beschlagnahmt (§ 38 PolG) werden darf.

Beispiel: Die Polizei sucht in der Wohnung des O nach einem Gerät, das in der Öffentlichkeit erhebliche Lärmstörungen verursacht hat und deshalb beschlagnahmt werden soll.[475]

Die Durchsuchungszwecke des § 36 Abs. 2 PolG stimmen mit denen in § 35 Nr. 2 und 3 PolG (Durchsuchung von Sachen) überein (vgl. § 11 Rn 233, 234).

Die Durchsuchung der Wohnung hat sich auf Anlass und Zweck der Durchsuchung zu beschränken. Die Tatsachen müssen sich konkret auf die einzelne zu durchsuchende Wohnung beziehen. Vage Anhaltspunkte und bloße Vermutungen reichen nicht.[476] Befindet sich in der Wohnung eine Person oder Sache, die durchsucht werden soll, sind die §§ 34 bzw. 35 PolG maßgebend. Das **BVerfG** hat mehrfach auf die **Notwendigkeit einer restriktiven Auslegung** bei der Einschränkung von Freiheitsgrundrechten durch Durchsuchungsmaßnahmen hingewiesen.[477]

263 Obwohl **§ 36 Abs. 2 PolG** keine Regelungen für die Durchsuchung einer Wohnung während der **Nachtzeit** (vgl. Abs. 4 S. 2) enthält[478], ist dies möglich[479], es gelten aber auch hier die **erhöhten Anforderungen** (§ 36 Abs. 1 S. 2 PolG ist Ausfluss des Grundsatzes der Verhältnismäßigkeit) an die Gefahrenlage (vgl. § 11 Rn 261). Da eine Wohnungsdurchsuchung zwangsläufig das Betreten voraussetzt und da das Betreten einer Wohnung im Vergleich zur Durchsuchung den schwächeren Eingriff in das Grundrecht auf Unverletzlichkeit der Wohnung gem. Art. 13 GG darstellt, würde es Sinn und Zweck der Schutzregelung widersprechen, an den stärkeren Rechtseingriff geringere Anforderungen zu stellen.[480] Richtigerweise ist dies über einen **Rückgriff auf den Grundsatz der**

---

473 Vgl. Legaldefinition in § 36 Abs. 4 PolG und in § 104 Abs. 3 StPO (diff.).
474 Krit. zur fehlenden Nachtzeitregelung in § 36 Abs. 2 PolG Nachbaur, VBlBW 2018, 45, 52 f.
475 OLG Karlsruhe, NJW 2010, 2961; Deger, in: Stephan/Deger, Polizeigesetz BW, § 31 Rn 16.
476 BVerfG, NJW 2014, 1650.
477 BVerfGE 96, 44, 51.
478 Krit. dazu Nachbaur, VBlBW 2018, 45, 52 f.
479 **A. A.** Ibler, in: Ennuschat/Ibler/Remmert, Öffentliches Recht BW, § 2 Rn 306a.
480 So auch Kahlert, in: Belz/Mußmann/Kahlert/Sander, Polizeigesetz BW, § 31 Rn 12; **a. A.** Zeitler/Trurnit, Polizeirecht BW, Rn 535; Ibler, in: Ennuschat/Ibler/Remmert, Öffentliches Recht BW, § 2 Rn 306a, der generell gegen nächtliche Durchsuchungen ist. Für Deger, in: Stephan/Deger, Polizeigesetz BW, § 31 Rn 21, ist es eine Frage der Verhältnismäßigkeit, ob einzelne Wohnungen nach Abs. 2 zur Nachtzeit durchsucht werden können; ebenso Würtenberger/Heckmann/Tanneberger, Polizeirecht BW, § 5 Rn 209.

II. Einzelmaßnahmen

Verhältnismäßigkeit umzusetzen, der Einfluss auf die konkrete Durchführung (und damit auch Zeit) der Durchsuchungsmaßnahme hat.[481]

cc) Durchsuchung gem. § 36 Abs. 3 S. 1 PolG

Gem. **§ 36 Abs. 3 S. 1 PolG** können bei besonders schwerer Gefährdung der öffentlichen Sicherheit Wohnungen nach Personen durchsucht werden, wenn **eine Person entführt worden ist** und die weiteren Voraussetzungen der Vorschrift vorliegen.[482] 264

Eine **Entführung** liegt vor, wenn eine Person gegen ihren Willen oder den des Sorgeberechtigten an einen anderen Ort verbracht wurde und dort festgehalten wird (vgl. §§ 234, 234 a, 235 und 239 bis 239 b StGB). Weiterhin muss für die entführte Person **Lebens- oder Gesundheitsgefahr** drohen (§ 4 Rn 44). Im Unterschied zur Regelung in § 36 Abs. 2 PolG müssen im Hinblick auf die zu durchsuchenden Wohnungen **keine konkreten Tatsachen** gegeben sein. Der Begriff der **Gebäudegruppen** ist eng zu fassen und kann nur wenige Gebäude betreffen, die in einem direkten örtlichen Zusammenhang stehen.[483] Ist diese Voraussetzung gegeben, können alle Wohnungen der Gebäudegruppe durchsucht werden.

dd) Durchsuchungen während der Nachtzeit gem. § 36 Abs. 3 S. 2, Abs. 4 PolG

Gem. § 36 Abs. 3 **S. 2 PolG** dürfen bei der Suche nach entführten Personen Wohnungen **während der Nachtzeit** nur durchsucht werden, wenn dies sie zur Abwehr der in § 36 Abs. 3 S. 1 PolG genannten Lebens- und Gesundheitsgefahren **unumgänglich notwendig** ist. „Unumgänglich notwendig" bedeutet, dass ohne das Eingreifen während der Nachtzeit der mit der Durchsuchung bezweckte Erfolg beeinträchtigt oder verhindert würde. Eine bei Tag begonnene, aber bei Beginn der Nachtzeit noch nicht abgeschlossene Durchsuchung kann fortgesetzt werden, auch wenn die Voraussetzungen des § 36 Abs. 3 S. 2 PolG nicht vorliegen. Es entspricht jedoch dem Sinn der Vorschrift, eine Durchsuchung möglichst so rechtzeitig zu beginnen, dass sie vor Beginn der Nachtzeit beendet werden kann. 265

§ 36 Abs. 4 PolG definiert die **Dauer der Nachtzeit**. Während dieser Zeit gelten für die Durchsuchung die strengen Einschränkungen („unumgängliche Notwendigkeit") des § 36 Abs. 3 S. 2 PolG (vgl. dazu auch § 11 Rn 261). § 36 Abs. 4 PolG unterschied bis zum Jahr 2021 bei den dort definierten Nachtzeiten zwischen 1.4. und 30.9 (Nachtzeit: 21 bis 4 Uhr) und 1.10. und 31.3. (Nachtzeit: 21 bis 6 Uhr). Die Regelung bezog sich damit auf den gleichlautenden § 104 Abs. 3 StPO. Mit dem **PolG 2020** wurde die **Nachtzeit einheitlich und ganzjährig** auf die Zeit von **21 bis 6 Uhr** festgelegt. Grund ist eine zum Strafrecht (§ 103 Abs. 3 StPO) ergangene Entscheidung des **BVerfG**, wonach ein Ermittlungsrichter tagsüber zwischen 6 Uhr und 21 Uhr erreichbar und während der Nachtzeit ein ermittlungsrichterlicher Bereitschaftsdienst jedenfalls bei einem über den Ausnahmefall hinausgehenden Bedarf eingerichtet sein muss.[484] Der Landesgesetzgeber hat § 36 PolG entsprechend angepasst.[485] Diese Festlegung der Nachtzeit (21 bis 6 Uhr) findet sich bereits seit dem Jahr 2001 in § 758 a Abs. 4 S. 2 ZPO. 266

ee) Betreten von Geschäftsräumen gem. § 36 Abs. 6 PolG

Unter den **Begriff der Wohnung** fallen auch Arbeits-, Betriebs- und Geschäftsräume (vgl. § 11 Rn 255). Der Gesetzgeber geht davon aus, dass für die genannten Geschäfts- 267

---

481 Wie hier Trurnit, Eingriffsrecht, Rn 420; a. A. noch die **Vorauflage** (§ 31 Abs. 1 S. 2 PolG ist anzuwenden).
482 Zu den verfassungsrechtlichen Bedenken dieser Regelung vgl. Nachbaur, VBlBW 2018, 45, 51 f.
483 Nach Deger, in: Stephan/Deger, Polizeigesetz BW, § 31 Rn 20, muss eine **Gebäudegruppe** mindestens zwei Gebäude umfassen.
484 BVerfG, NJW 2019, 1428, 1430 (Rn 58 ff.), mit Anm. Krumm, NJW 2019, 1432 f., u. Müller, Die Polizei 2020, 195 f.
485 LT-Drs. 16/8484, S. 136 f.

räume (Arztpraxen, Büros, Handwerksbetriebe etc.) wegen des stärkeren Öffentlichkeitsbezugs ein geringeres Schutzbedürfnis als bei privat genutzten Wohnräumen besteht. Das bloße Betreten von Geschäfts- und Betriebsräumen ist deshalb nicht an den Anforderungen des Art. 13 Abs. 7 GG, sondern des Art. 2 Abs. 1 GG zu messen.[486] Gem. § 36 Abs. 6 PolG dürfen Arbeits-, Betriebs- und Geschäftsräume zur Erfüllung einer polizeilichen Aufgabe während der Arbeits-, Betriebs- oder Geschäftszeit betreten werden. Das Betreten dieser Räume wird von der **h. L.** nicht als Eingriff oder Beschränkung des Grundrechts auf Unverletzlichkeit der Wohnung i. S. d. Art. 13 Abs. 7 GG gesehen, wenn die Maßnahme durch ein Gesetz zugelassen ist, einem erlaubten Zweck dient und für diesen erforderlich ist.[487]

Die Vorschrift ermächtigt die Polizei, diese Räume zu den genannten Zeiten zu betreten, um die Aufgaben gem. § 1 Abs. 1 und § 2 PolG zu erfüllen. Voraussetzung für das Betreten ist die Wahrnehmung einer **bestimmten** polizeilichen Aufgabe; § 36 Abs. 6 PolG ermächtigt daher nicht zur Ausübung eines allgemeinen Nachschau- oder Kontrollrechts.[488]

Außerhalb der in der Vorschrift genannten Zeiten richtet sich das Betretungsrecht nach den jeweils spezielleren Regelungen (vgl. etwa die Voraussetzungen des Betretungsrechts zur Nachtzeit gem. § 36 Abs. 1 S. 2 PolG).

e) Richtervorbehalt / Rechtsschutz

268 Für die Anordnung gem. § 36 Abs. 2, 3 PolG, eine Wohnung zu durchsuchen, gilt der **Richtervorbehalt (§ 36 Abs. 5 PolG)**. Abweichend von § 132 Abs. 1 PolG ist das **Amtsgericht zuständig**, in dessen Bezirk die Durchsuchung vorgenommen werden soll (**Art. 13 Abs. 2 GG, § 31 Abs. 5 PolG**). Die Anordnung des Gerichts setzt einen **begründeten Antrag der Polizei** voraus (§ 132 Abs. 2 S. 1 PolG i. V. m. § 23 Abs. 1 FamFG). Auch wenn die Durchsuchung vom Gericht angeordnet wird, handelt es sich um eine **polizeiliche Maßnahme**, die vom Gericht – wenn die Antragsvoraussetzungen vorliegen – für zulässig erklärt wird. Für seine Entscheidung trägt der **zuständige Richter** die volle Verantwortung, er muss gem. § 132 Abs. 2 S. 1 PolG i. V. m. § 26 FamFG von **Amts wegen ermitteln**.

269 Bei **Gefahr im Verzug** ist eine Wohnungsdurchsuchung gem. § 36 Abs. 5 S. 1 PolG („außer bei Gefahr im Verzug") **ausnahmsweise ohne richterliche Anordnung** zulässig (vgl. zum Begriff der Gefahr im Verzug § 4 Rn 35). An das Vorliegen dieser Voraussetzung sind **strenge Anforderungen** zu stellen. Nur wenn die durch die Anrufung des Richters bewirkte zeitliche **Verzögerung den Erfolg der Durchsuchung ernsthaft gefährden** würde, ist Verzug gegeben.[489] Dies hat die Polizei zu dokumentieren.

270 Für das Verfahren vor dem Amtsgericht gelten die Vorschriften des **FamFG (§ 132 Abs. 2 S. 1 PolG)**. Durch **§ 132 Abs. 2 S. 2 bis 6 PolG** werden aber **abweichende Regelungen** getroffen. Für das Verfahren gilt:

- Die Entscheidungen bedürfen zu ihrer Wirksamkeit abweichend von § 40 FamFG **keiner Bekanntmachung** an die betroffene Person (§ 132 Abs. 2 S. 2 PolG). Damit entfallen auch die an sich vorgesehenen Anhörungen und Beteiligungen der betroffenen Person (vgl. §§ 27, 33, 34 FamFG). Dies ist sachdienlich, da das Ergebnis einer Wohnungsdurchsuchung sonst gefährdet würde: Der Erfolg der Durchsuchung

---

486 Graulich, in: Lisken/Denninger, Handbuch des Polizeirechts, Kap. E Rn 605 m. w. N.
487 BVerfGE, 97, 228, 265; BVerwG, DVBl 2005, 575. Deger, in: Stephan/Deger, Polizeigesetz BW, § 31 Rn 29 m. w. N., weist mit Recht darauf hin, dass diese Auffassung verfassungsrechtlich bedenklich ist.
488 Kahlert, in: Belz/Mußmann/Kahlert/Sander, Polizeigesetz BW, § 31 Rn 10; krit. Nachbaur, VBlBW 2018, 45, 52.
489 VGH BW, NJW 1990, 1618; vgl. auch BVerfGE 103, 142, 153; Deger, in: Stephan/Deger, Polizeigesetz BW, § 31 Rn 23.

hängt vom **Überraschungsmoment** ab. Beachte aber **§ 36 Abs. 8 PolG** (vgl. dazu die Ausführungen in § 11 Rn 272).
- Die **Beschwerde** (§ 58 FamFG) finde zum **OLG** statt (§ 132 Abs. 2 S. 3 PolG).
- Die **Beschwerde** hat **keine aufschiebende Wirkung** (§ 132 Abs. 2 S. 4 PolG).
- Es findet **keine weitere Rechtsbeschwerde** gem. § 70 FamFG statt (§ 132 Abs. 2 S. 5 PolG).
- Der Polizeivollzugsdienst ist nicht zur Vorlage von Urkunden oder Akten, zur Übermittlung elektronischer Dokumente und zu Auskünften verpflichtet, wenn das Bekanntwerden des Inhalts dieser Urkunden, Akten, elektronischen Dokumente oder Auskünfte dem Wohl des Bundes oder eines Landes Nachteile bereiten würde oder wenn die Vorgänge nach einem Gesetz oder ihrem Wesen nach geheim gehalten werden müssen (§ 132 Abs. 2 S. 6 PolG).
- Ist eine richterliche Entscheidung nach dem PolG / FamFG ergangen, so ist die **Anfechtungsklage** gegen die ursprüngliche Durchsuchungsentscheidung der Polizei (nur bei Gefahr im Verzug) **ausgeschlossen** (§ 132 Abs. 3 PolG). Damit soll eine doppelte Beschreitung des Zivil- und Verwaltungsrechtswegs vermieden werden.

Gem. **§ 36 Abs. 7 PolG** hat der Wohnungsinhaber das Recht, **bei der Durchsuchung anwesend** zu sein. Ist er abwesend, so ist – wenn möglich – ein Vertreter oder Zeuge beizuziehen. Über die Durchsuchung ist eine **Niederschrift** aufzunehmen. Zum Inhalt der Niederschrift enthält **§ 2 DVO PolG** weitergehende Hinweise. 271

Dem Wohnungsinhaber oder seinem Vertreter sind der **Grund der Durchsuchung** und die gegen sie **zulässigen Rechtsbehelfe unverzüglich bekanntzugeben (§ 36 Abs. 8 PolG)**. „Unverzüglich" bedeutet ohne schuldhaftes Zögern (= sofort). Regelmäßig wird dies (unmittelbar) **vor** Beginn der Durchsuchung sein, doch kommt auch ein späterer Zeitpunkt in Frage, wenn anders der Zweck der Durchsuchung gefährdet wäre. 272

11. Sicherstellung (§ 37 PolG)

a) Allgemeines

Die polizeiliche **Sicherstellung** gem. § 37 Abs. 1 PolG hat vorwiegend Schutzcharakter. Die Maßnahme soll den Eigentümer oder rechtmäßigen Inhaber der tatsächlichen Gewalt vor Verlust oder Beschädigung der Sache bewahren. Durch die Maßnahme nimmt die Polizei im Interesse der berechtigten Person Sachen (§ 90 BGB) in amtlichen Gewahrsam. Die Sicherstellung ist damit zwangsläufig auf die Beendigung des Gewahrsams des bisherigen Gewahrsamsinhabers gerichtet. Die Regelung ist eine **Sondervorschrift zu § 2 Abs. 2 PolG,** denn sie dient vorwiegend dem **Schutz privater Rechte**.[490] 273

Fall 36: Die Polizei findet einen **gestohlenen Pkw** und lässt ihn zum Schutz vor Beschädigungen im Interesse des Halters zur amtlichen Verwahrung bringen.[491]

Da bei einer Sicherstellung der Gewahrsamsinhaber meist nicht bekannt oder nicht erreichbar ist, stellt die Maßnahme (= Begründung amtlichen Gewahrsams) zunächst eine unmittelbare Ausführung (**Realakt**) dar (§ 8 Rn 1 ff.). Mit der Bekanntgabe der Maßnahme an die berechtigte Person gem. § 37 Abs. 2 PolG erhält sie dann den Charakter eines **Verwaltungsakts**.[492] 274

In bestimmten Fällen hat die Maßnahme von Anfang an den Charakter eines **Verwaltungsakts**, der die Anordnung an die pflichtige Person enthält, eine Sache herauszugeben bzw. die Verfügungsbeschränkung zu dulden. Die Wegnahme der Sache in diesen Fällen stellt folglich eine **Vollstreckungsmaßnahme** dar.[493]

---

490 Deger, in: Stephan/Deger, Polizeigesetz BW, § 32 Rn 2. Vgl. auch die Hinweise in § 3 Rn 79 ff.
491 Vgl. HessVGH, NJW 1999, 3793.
492 VGH BW, VBlBW 2019, 461, 462 f.; Deger in: Stephan/Deger, Polizeigesetz BW, § 32 Rn 4.
493 Gusy, Polizei- und Ordnungsrecht, Rn 286.

Beispielsfälle:
- **Fall 37:** Die Polizei stellt bei mutmaßlichen Dieben ein **Warenlager** sicher. In diesem Fall wird gegenüber den Gewahrsamsinhabern (= mutmaßliche Diebe) eine entsprechende Verfügung zur Duldung der Wegnahme der Sache zur amtlichen Verwahrung erlassen. Auf die **Eigentumsvermutung** des § 1006 BGB kann sich der Dieb nicht berufen.[494]
- **Fall 38:** Die Polizei stellt zum Schutz eines rechtmäßigen Eigentümers **Bargeld** sicher, welches sie bei einer Nachschau – in einem Gebüsch, eingeschweißt in einer Klarsichtfolie – vorfand. Offensichtlich wurde dieses Geld kurze Zeit vorher von einem Dritten im Zuge einer polizeilichen Kontrolle weggeworfen. Nach **OVG NRW** kann die Polizei Bargeld zum Schutz des rechtmäßigen Eigentümers vor Verlust auch dann schützen, wenn der Eigentümer noch unbekannt ist. Die zugunsten des Eigenbesitzers einer beweglichen Sache streitende **Eigentumsvermutung** des § 1006 BGB greift nicht ein, wenn Umstände bewiesen sind, die das Eigentum eines Dritten wahrscheinlicher erscheinen lassen, oder die vom Besitzer behaupteten Erwerbstatsachen widerlegen.[495]

Die Sicherstellung steht im **Ermessen** der Polizei (vgl. § 40 LVwVfG). Voraussetzung ist, dass eine **konkrete** Gefahr der (weiteren) Eigentumsbeeinträchtigung besteht.

Zuständig ist „die Polizei", also sowohl die Polizeibehörde (§ 105 Abs. 1 PolG) als auch der Polizeivollzugsdienst (§ 105 Abs. 3 PolG). Abzugrenzen ist die Sicherstellung zur Gefahrenabwehr von repressiven Maßnahmen gem. § 94 StPO (Beschlagnahme zur Spurensicherung) und § 111 b StPO (Beschlagnahme zur Sicherung der Einziehung oder Unbrauchbarmachung).

Wird die Sicherstellungsverfügung durch Widerspruch und Klage **angefochten**, beurteilt sich die Rechtmäßigkeit der Verfügung nach der Sach- und Rechtslage im Zeitpunkt der letzten mündlichen Verhandlung.[496]

275 Der Eigentümer oder rechtmäßige Inhaber der tatsächlichen Gewalt ist **unverzüglich zu unterrichten** (§ 37 Abs. 2 PolG). Die Vorschrift schützt nur den rechtmäßigen Inhaber der tatsächlichen Gewalt. Gem. **§ 1006 Abs. 1 BGB** wird zugunsten eines Besitzers einer beweglichen Sache vermutet, dass er Eigentümer sei. Diese **Vermutung bzw. Beweislastregelung** kann widerlegt werden, wenn zahlreiche Indizien dafür sprechen, dass ein Besitzer von beweglichen Sachen (hier: Diebesgut aus einem Kaufhaus) diese nicht rechtmäßig erworben hat. In den **Fällen 37 und 38** war die Polizei berechtigt, die Waren bzw. das Bargeld zugunsten einer Beweisführung der tatsächlichen Eigentümer sicherzustellen (**str.**, vgl. die Hinweise zu den **Fällen 37 und 38** in § 11 Rn 274).

b) Öffentlich-rechtliches Verwahrungsverhältnis

276 Durch die Sicherstellung wird ein **öffentlich-rechtliches Verwahrungsverhältnis** zwischen der Polizei und der berechtigten Person begründet. Dieses ist dadurch gekennzeichnet, dass eine Behörde in Erfüllung staatlicher Aufgaben Sachen einer Privatperson in Besitz nimmt und damit, weil dieser Umstand die berechtigte Person an eigenen Obhutsmaßnahmen hindert, die Pflicht zur Aufbewahrung und Obhut über die Sache übernimmt.[497] Ein Eigentumswechsel ist mit der Maßnahme dagegen nicht verbunden.

Bei der Verwahrung sichergestellter Sachen ist den Belangen des Eigentümers oder des rechtmäßigen Inhabers der tatsächlichen Gewalt Rechnung zu tragen (**§ 37 Abs. 3 PolG**). Auf das öffentlich-rechtliche Verwahrungsverhältnis sind die **§§ 688 ff. BGB entsprechend anwendbar**[498], soweit keine ausdrückliche öffentlich-rechtliche Regelung getroffen ist. Anwendbar sind insbesondere § 694 BGB (Ersatzpflicht des Eigentümers) und § 697 BGB (Holschuld der betroffenen Person). Die Behörde ist verpflichtet, die Sache pfleglich zu behandeln und vor Verschlechterung, Untergang und sonstiger Gefährdung zu bewahren. Bei Verletzung der Amtspflichten aus dem Verwahrungsverhältnis

---

[494] Vgl. VG Hannover, NVwZ-RR 2008, 616; VG Köln, NVwZ-RR 2010, 352.
[495] OVG NRW, DVBl 2011, 123; BayVGH, NVwZ-RR 2012, 686; Deger, in: Stephan/Deger, Polizeigesetz BW, § 32 Rn 5.
[496] VGH BW, VBlBW 2019, 461, 462 ff.
[497] OLG Schleswig, NVwZ 2000, 234.
[498] Gusy, Polizei- und Ordnungsrecht, Rn 287.

kann die geschädigte Person **Schadensersatzansprüche** unter dem Gesichtspunkt der **Amtshaftung gem. § 839 BGB i. V. m. Art. 34 GG** geltend machen. Der Anspruchsteller hat die **Ursächlichkeit der Amtspflichtverletzung** für den behaupteten Schaden in vollem Umfang darzulegen und zu beweisen.[499]

§ 3 Abs. 1 S. 1 u. 2 DVO PolG enthält weitere Anforderungen an die Verwahrung sichergestellter Sachen. Ist eine amtliche Verwahrung nicht möglich oder nicht zweckmäßig, so ist die sichergestellte Sache einem Dritten zur Verwahrung zu übergeben (§ 3 Abs. 1 S. 1 u. 2 DVO PolG). Auch in diesem Fall besteht das öffentlich-rechtliche Verwahrungsverhältnis unmittelbar nur zwischen der Polizei und der betroffenen Person; die **Übertragung** zur Verwahrung hat nur Bedeutung für das Innenverhältnis zwischen der Polizei und dem Dritten. 277

Bei der **Sicherstellung von Fahrzeugen**[500] ist vor allem wegen der Verpflichtung zur Beachtung des Grundsatzes der **Verhältnismäßigkeit** zu differenzieren, wie die nachfolgenden Beispiele zeigen: 278

Beispiele:
- Allein das **Parken eines Fahrzeugs tagsüber** an einer **belebten innerörtlichen Stelle** mit **geöffnetem Fenster** rechtfertigt noch nicht die polizeiliche Sicherstellung zur Sicherung privater Rechte.[501]
- Die Sicherstellung eines in einem **Flughafenparkhaus** abgestellten und abgeschlossenen **Fahrzeugs mit offenem Fenster** ist vor dem Hintergrund der dort vorhandenen großen Diebstahlsgefahr berechtigt.[502]
- Die Sicherstellung eines **im Straßengraben** einer viel befahrenen Straße **liegenden**, ungesicherten, mit ordnungsgemäßem Versicherungskennzeichen versehenen **Motorrollers** mit leerem Benzintank ist rechtmäßig.[503]
- Die Sicherstellung eines **gestohlenen** und an einem **abgelegenen Ort ungesichert abgestellten Fahrzeugs** zum Schutz des privaten Eigentums ist gerechtfertigt, wenn die konkrete Gefahr weiterer Beeinträchtigung des Eigentums durch Beschädigung oder Diebstahl besteht.[504]

c) Verwertung

Sichergestellte Sachen können gem. **§ 3 Abs. 2 DVO PolG** verwertet werden, wenn ihr Verderb oder eine wesentliche Minderung ihres Wertes droht oder ihre Aufbewahrung, Pflege oder Erhaltung mit unverhältnismäßigen Kosten oder Schwierigkeiten verbunden ist. Für die Verwertung gelten die Regelungen über die Einziehung gem. § 39 Abs. 2 u. 4 PolG entsprechend. Ist der Eigentümer oder der rechtmäßige Inhaber der tatsächlichen Gewalt bekannt und erreichbar, so soll er vor der Veräußerung gehört werden (§ 3 Abs. 2 S. 4 DVO PolG). Die **Vernichtung** bzw. **Unbrauchbarmachung** der Sache ist **nicht zulässig**, da § 3 Abs. 2 S. 2 DVO PolG nicht auf § 39 Abs. 3 PolG verweist. Die sichergestellte Sache kann aber ggf. gem. §§ 983, 979 ff. BGB **versteigert** werden.[505] 279

d) Kosten

Die Sicherstellung ist eine **gebührenpflichtige Handlung** gem. §§ 1 ff. LGebG i. V. m. der GebVO IM (vgl. § 15 Rn 38). Im Übrigen sind die zum Zweck der Verwahrung getätigten Aufwendungen der Polizei durch den Eigentümer (Sicherungseigentümer) oder durch den rechtmäßigen Inhaber der tatsächlichen Gewalt zu ersetzen. **Ermächtigungsgrundlage für die Kostenfestsetzung ist § 3 Abs. 1 S. 3 DVO PolG**. Der Kostenersatz kann durch **Kosten- bzw. Leistungsbescheid** geltend gemacht werden.[506] 280

---

499 OLG Schleswig, NVwZ 2000, 234, 235.
500 Vgl. dazu auch Weber, NZV 2020, 351 ff.
501 VG Frankfurt, NJW 2000, 3224.
502 BayVGH, BayVBl 2001, 310; Weber, NZV 2020, 351, 354 ff.
503 OVG RP, NVwZ-RR, 1989, 300.
504 HessVGH, NJW 1999, 3793.
505 Deger, in: Stephan/Deger, Polizeigesetz BW, § 32 Rn 16 m. w. N.; vgl. dazu auch OVG RP, NJW 2020, 860 ff.
506 VGH BW, NJW 2007, 1375; Weber, NZV 2020, 351, 357.

Beispiel: Im **Fall 36** (§ 11 Rn 273) setzt die Polizei die Kosten für die Sicherstellung (Abschleppkosten, Verwaltungsgebühr) durch Kostenbescheid fest (vgl. auch die Hinweise in § 15 Rn 5 ff.).
Der Leistungsbescheid ist nur rechtmäßig, wenn die Voraussetzungen einer Sicherstellung nach § 37 PolG vorlagen. Die **Rechtmäßigkeit der Sicherstellung** kann bei der Anfechtung des Kostenbescheids **inzident** überprüft werden.[507]

e) Aufhebung

281 Die Sicherstellung ist aufzuheben, wenn der Eigentümer oder rechtmäßige Inhaber der tatsächlichen Gewalt dies verlangt oder wenn ein Schutz nicht mehr erforderlich ist; spätestens jedoch nach zwei Wochen (**§ 37 Abs. 4 PolG**). Diese Frist beginnt, sobald die berechtigte Person von der Sicherstellung Kenntnis erhält. Die **Stellung als Eigentümer** oder rechtmäßiger Inhaber der tatsächlichen Gewalt ist entsprechend § 294 ZPO **glaubhaft zu machen**. Wird die Sache nach Aufhebung der Sicherstellung nicht abgeholt, bleibt ein öffentlich-rechtliches Verwahrungsverhältnis bestehen (vgl. § 697 BGB). Da die Sicherstellung die Eigentumsstellung der berechtigten Person nicht berührt, steht ihr der **Herausgabeanspruch** aus § 985 BGB zu.

f) Fundsachen

282 Gem. **§ 37 Abs. 5 PolG** finden die Bestimmungen über die Sicherstellung auch auf **verlorene Sachen** Anwendung. Verloren sind Sachen, die nach Besitzrecht **besitzlos**, aber nicht herrenlos – also ohne Eigentümer – sind.[508]

Beispiel: Eigentümer E verliert seine Brieftasche mit allen Ausweispapieren.

Sachen, an denen der Eigentümer das Eigentum im Wege der **Dereliktion** gem. § 959 BGB aufgegeben hat, sind herrenlos und somit keine Fundsachen im rechtlichen Sinne.

Beispiel: E setzt seinen Hund aus, weil er ihn nicht mehr haben will. Er gibt dadurch das Eigentum an dem Tier auf.

Eine Fundsache kann sichergestellt werden, wenn tatsächlich Anhaltspunkte dafür vorliegen, dass der Finder seinen Pflichten gem. §§ 965 BGB ff. nicht nachkommen wird. Eine allgemeine Pflicht der Polizei, verlorene Sachen aufzunehmen und abzuliefern, besteht nicht.[509] Die Sicherstellung einer verlorenen Sache ist dann geboten, wenn die Gemeinde als **Fundbehörde** (vgl. § 5 a Abs. 1 AGBGB) nicht erreichbar ist, oder wenn die Behandlung als Fundsache nicht ausreichend erscheint, um die berechtigte Person vor dem Verlust oder der Beschädigung der Sache zu schützen (§ 37 Abs. 1 PolG).

Beispiel: Die Polizei wird abends telefonisch gebeten, eine wertvolle entlaufene Katze vorübergehend in Verwahrung zu nehmen. Das Fundbüro der Gemeinde ist geschlossen. Da die Katze nicht herrenlos, sondern nur entlaufen ist, kann die Polizei im Rahmen des ihr eingeräumten Ermessens das Tier in Gewahrsam nehmen bzw. zur Verwahrung in ein Tierheim bringen (lassen). Durch diese Maßnahme trägt sie aber auch das Kostenrisiko.

12. Beschlagnahme (§ 38 PolG)

a) Allgemeines

283 **§ 38 Abs. 5 PolG** wurde mit dem **PolG 2020 geändert**: In **Abs. 5** wurde ein **neuer Satz 3** angefügt, nachdem sich in § 132 Abs. 2 PolG seit dem Jahr 2021 nunmehr eine zentrale Norm zur Regelung der gerichtlichen Verfahren nach dem PolG findet. Es wird festgelegt, dass **§ 132 Abs. 2 S. 2 PolG keine Anwendung** findet (vgl. dazu eingehender § 11 Rn 292).

---

507 Vgl. etwa HessVGH, NJW 1999, 3793; Weber, NZV 2020, 351, 356 f.
508 Vgl. Herrler, in: Palandt, Vorb. 1 zu § 965 BGB.
509 Deger, in: Stephan/Deger, Polizeigesetz BW, § 32 Rn 19.

b) Begriff

Beschlagnahme ist die befristete **Wegnahme einer Sache** durch die Polizei gegen den Willen einer berechtigten Person mit dem Ziel, dem bisherigen Gewahrsamsinhaber die tatsächliche **Sachherrschaft zu entziehen und amtlichen Gewahrsam zu begründen** (vgl. § 21 MEPolG). Die Maßnahme dient der Gefahrenabwehr oder der Verhinderung einer missbräuchlichen Verwendung einer Sache. Im **Unterschied zur Sicherstellung** dient die Beschlagnahme nicht dem Schutz des Eigentümers oder Sachgewaltinhabers, sondern dem Schutz anderer oder der Allgemeinheit. 284

Die Beschlagnahme lässt das Eigentum unberührt. Sie bewirkt, dass dem Verfügungsberechtigten gegen dessen Willen die **tatsächliche Verfügungsgewalt** über eine Sache **entzogen und neuer Gewahrsam begründet** wird. Die Beschlagnahme stellt einen **Verwaltungsakt mit Dauerwirkung** dar[510] und verpflichtet die berechtigte Person, die Wegnahme der Sache durch die Polizei zu dulden. Durchgeführt ist die Beschlagnahme, wenn die Polizei die tatsächliche Gewalt über die Sache erlangt hat. Die **Pflicht zur Herausgabe** der Sache kann mit Zwangsmitteln durchgesetzt werden.

c) Zuständigkeit

Zuständig für die Anordnung der Beschlagnahme einer Sache gem. § 38 Abs. 1 PolG sind sowohl die Polizeibehörde (§ 105 Abs. 1 PolG) als auch der Polizeivollzugsdienst (§ 105 Abs. 3 PolG). Für die Beschlagnahme von Vermögensrechten gem. § 38 Abs. 2, 5 PolG durch Pfändung besteht eine ausschließliche Zuständigkeit des Polizeivollzugsdienstes. Eine Beschlagnahme (etwa von gefährlichen Chemikalien wie ETH-LSD oder AL-LAD) kommt **durch eine deutsche Polizeibehörde** auch zur **Abwehr von Gefahren im Ausland** in Betracht, wenn es um den Schutz der Rechtsgüter Leben, körperliche Unversehrtheit, Freiheit und Eigentum als universelle Grundrechte geht und die Gefahren, die sich im Ausland realisieren, vom Bundesgebiet ausgehen.[511] 285

d) Beschlagnahmegründe

aa) Schutz des Einzelnen oder des Gemeinwesens (§ 38 Abs. 1 Nr. 1 PolG)

Die Beschlagnahme gem. § 38 Abs. 1 Nr. 1 PolG kann zum Schutz eines Einzelnen oder des Gemeinwesens gegen eine unmittelbar bevorstehende **Störung der öffentlichen Sicherheit und Ordnung** oder zur **Beseitigung einer bereits eingetretenen Störung** erfolgen. Eine Störung steht dann **unmittelbar** bevor, wenn der Eintritt des Schadens nach allgemeiner Erfahrung sofort oder in allernächster Zeit als gewiss anzusehen ist, falls nicht eingeschritten wird.[512] Die **Anforderungen** an die zeitliche Nähe des Schadens und die Wahrscheinlichkeit seines Eintritts sind **streng**.[513] 286

Beispiele:
- Die Beschlagnahme einer **Wohnung** eines Eigentümers bzw. Vermieters kann gem. §§ 9, 38 Abs. 1 Nr. 1 PolG als allerletztes Mittel in Betracht kommen, um durch die sich anschließende Einweisung der bisherigen Mieter in die beschlagnahmten Räume deren drohende unfreiwillige **Obdachlosigkeit** zu vermeiden (vgl. dazu § 11 Rn 300 ff.).
- Das Mitführen eines betriebsbereiten **Radarwarngeräts** begründet eine unmittelbare Gefahr für die öffentliche Sicherheit, die eine polizeiliche Beschlagnahme rechtfertigen kann, weil die Benutzung solcher Geräte seit 1.10.2002 durch § 23 Abs. 1 c StVO ausdrücklich verboten ist.[514]
- Die Polizei darf ein **Kraftfahrzeug** beschlagnahmen, wenn der **Fahrzeugführer nicht im Besitz der erforderlichen Fahrerlaubnis** ist und tatsächliche Anhaltspunkte befürchten lassen,

---

510 Bruckert/Frey/Kron/Marz, Besonderes Verwaltungsrecht, Rn 150.
511 VGH BW, Die Justiz 2020, 39 f. = NVwZ-RR 2019, 910 (Ls.).
512 VGH BW, VBlBW 2001, 103; Hippeli, JuS 2020, 452, 455 f.; Geis, Fälle zum Polizei- und Ordnungsrecht, Rn 63. Vgl. auch die Hinweise in § 4 Rn 32.
513 Hippeli, JuS 2020, 452, 455.
514 Vgl. auch § 11 Rn 307 u. 314; VGH BW, VBlBW 2003, 192; BayVGH, NJW 2008, 1549; zur Einziehung eines Radarwarngerätes nach der Beschlagnahme vgl. auch SächsOVG, NVwZ-RR 2014, 368.

dass er das Kfz entgegen §§ 2 Abs. 1 S. 1, 21 Abs. 1 Nr. 1 StVG auch weiterhin ohne die erforderliche Fahrerlaubnis führen wird.[515]
- Wenn der Eigentümer eines **Liegefahrrads** sich aus grundsätzlichen Erwägungen weigert, entgegen § 2 Abs. 4 S. 2 StVO die Radwege zu benutzen und erklärt, auch zukünftig auf der Straße zu fahren, kommt eine Beschlagnahme des Rads zur Abwehr weiterer Rechtsverstöße in Betracht.[516]
- Das **Fotografieren einer Person gegen ihren Willen** kann gegen das **allgemeine Persönlichkeitsrecht** (Recht am eigenen Bild) verstoßen und unter den zusätzlichen Voraussetzungen des § 2 Abs. 2 PolG eine Beschlagnahme des Films rechtfertigen, um das Persönlichkeitsrecht der fotografierten Person zu schützen.[517]

Beschlagnahmt werden können **bewegliche Sachen** (etwa Waffen, Ausweispapiere, Fahrzeuge, Kraftfahrzeugschlüssel, Filme) und **unbewegliche Sachen** (etwa Wohnungen, vgl. § 11 Rn 300). Auch **Tiere** sind beschlagnahmefähig (vgl. § 90 a BGB). Auf die Beschlagnahme eines Tieres sind die Vorschriften des § 38 PolG entsprechend anzuwenden.

Beispiel: Ein Schäferhund hatte schon mehrfach durch Bisse Menschen erheblich verletzt. Nachdem der Hund erneut ein Kind gebissen hat, ordnet die Polizei die **Beschlagnahme und die Einziehung des gefährlichen Hundes** an.[518]

bb) Verhinderung missbräuchlicher Verwendung (§ 38 Abs. 1 Nr. 2 PolG)

287 Die Beschlagnahme einer Sache ist gem. **§ 38 Abs. 1 Nr. 2 PolG** auch zur **Verhinderung einer missbräuchlichen Verwendung** durch eine Person, die nach dem PolG oder nach anderen Rechtsvorschriften **festgehalten oder in Gewahrsam** genommen worden ist, zulässig. Eine konkrete Gefahr der missbräuchlichen Verwendung ist nicht erforderlich.

Beispiele:
- Einer gem. § 33 PolG in Gewahrsam genommenen suizidgefährdeten Person werden Sachen weggenommen, mit denen eine Hilfe eine **Selbsttötung** durchgeführt werden könnte (etwa Waffen, Taschenmesser, Rasierklingen, Gürtel, Schnürsenkel etc.).
- Einer in Gewahrsam genommenen Person wird eine **mitgeführte Säge** weggenommen, um einen **Befreiungsversuch** zu verhindern.
- Verstößt die Veröffentlichung von Fotos gegen das **Recht am eigenen Bild** i. S. d. § 2 Kunst-UrhG, kann unter den weiteren Voraussetzungen des § 2 Abs. 2 PolG auch die Beschlagnahme des Filmmaterials bei einer festgehaltenen Person rechtmäßig sein.[519]

288 Durch die Neufassung des PolG vom 13.1.1992 wurde in § 38 Abs. 1 Nr. 2 PolG der Zusatz „**oder nach anderen Rechtsvorschriften**" aufgenommen. Die Beschlagnahme bei Festhalten oder Gewahrsam ist somit auch dann zulässig, wenn der Gewahrsam nicht aufgrund des PolG, sondern nach anderen Rechtsvorschriften angeordnet wurde (etwa bei Freiheitsentziehungen zum Zweck der Strafverfolgung gem. §§ 112 ff. StPO).

cc) Schutz vor Straftaten von erheblicher Bedeutung (§ 38 Abs. 1 Nr. 3 PolG)

289 **§ 38 Abs. 1 Nr. 3 PolG** ermächtigt die Polizei zur Beschlagnahme von Sachen, wenn dies zum **Schutz eines Einzelnen oder des Gemeinwesens** vor der Gefahr einer **Straftat von erheblicher Bedeutung** erforderlich ist. Straftaten in diesem Sinne sind die in § 49 Abs. 3 Nr. 1 u. 2 Buchst. a und b PolG definierten Straftaten (§ 38 Abs. 1 Nr. 3 PolG, vgl. auch § 10 Rn 374). Damit sollen vor allem terroristische und extremistische Straftaten besser verhindert werden. Deshalb kommt es – anders als bei § 38 Abs. 1

---

515 Vgl. VGH BW, VBlBW 1992, 107, 108.
516 VGH BW, VBlBW 2001, 100; Albers, Sonderbeilage VBlBW 4/2003, 17 ff.
517 VGH BW, NVwZ-RR 2008, 700, 701. Zur Beschlagnahme eines Lichtbildfilmes zum Schutz des allgemeinen Persönlichkeitsrechts vgl. die Hinweise in § 11 Rn 299.
518 VG Karlsruhe, openJur 2012, 61932; OVG NRW, NVwZ 2001, 227; OVG LSA, openJur 2020, 29502, zur Beschlagnahme eines gefährlichen Hundes, der ohne die erforderliche Erlaubnis gehalten wird. Vgl. auch Hinweise in § 9 Rn 12 ff.
519 VGH BW, VBlBW 2001, 102; zur Beschlagnahme eines Lichtbildfilmes zum Schutz des allgemeinen Persönlichkeitsrechts vgl. auch VGH BW, VBlBW 1995, 282.

II. Einzelmaßnahmen

Nr. 1 PolG – nicht darauf an, dass die Störung unmittelbar bevorsteht. Gem. § 38 Abs. 1 Nr. 3 PolG können zur Abwehr von Straftaten von erheblicher Bedeutung auch **Geld und andere Vermögenswerte** beschlagnahmt werden. Eine besondere **zeitliche Nähe** eines Schadens ist **nicht erforderlich**. Es reicht eine **einfache Gefahr** aus, wobei die **Gefahrenprognose** allerdings auf konkrete Tatsachen gestützt werden muss.[520]

Beispiel: Bei Personen, bei denen konkrete Anhaltspunkte dafür bestehen, dass sie eine Straftat i. S. d. § 49 Abs. 3 Nr. 1 u. 2 Buchst. a und b PolG planen, können Waffen, Chemikalien und Geld beschlagnahmt werden.

Bei Straftaten, die nicht unter § 49 Abs. 3 Nr. 1 u. 2 Buchst. a und b PolG fallen, richtet sich die Beschlagnahme nach den strengeren Voraussetzungen des § 38 Abs. 1 Nr. 1 PolG.

dd) Beschlagnahme von Forderungen und Vermögensrechten (§ 38 Abs. 2 PolG)

Gem. § 38 Abs. 2 **S. 1** PolG kann der Polizeivollzugsdienst unter den Voraussetzungen des Abs. 1 Nr. 3 **Forderungen** (etwa Bankguthaben) oder **Vermögensrechte** (sonstige geldwerte Rechte ohne Forderungscharakter) beschlagnahmen. Die Maßnahme ist nur zum Schutz vor Straftaten von erheblicher Bedeutung gem. §§ 38 Abs. 1 Nr. 3, 22 Abs. 5 Nr. 1 u. 2 Buchst. a und b PolG zulässig. Ausschließlich **zuständig** für die Beschlagnahme von Forderungen und Vermögensrechten ist der **Polizeivollzugsdienst** (§ 38 Abs. 2 S. 1 PolG).

Die Beschlagnahme wird in der Rechtsform der **Pfändung** bewirkt (§ 38 Abs. 2 **S. 2** PolG). Maßgebend sind die §§ 828 ff. ZPO. Wie die Pfändung im Einzelnen zu erfolgen hat, ist im PolG nicht eindeutig geregelt. Nach ihrem Wortlaut und Sinn und Zweck muss die Vorschrift so ausgelegt werden, dass der **Polizeivollzugsdienst** selbst Pfändungsverfügungen erlassen kann, ohne den langwierigen Umweg über den Erlass eines Pfändungsbeschlusses durch das Amtsgericht gehen zu müssen.[521] Durch die Pfändungsverfügung kann der Polizeivollzugsdienst unmittelbar das Zahlungsverbot gem. § 829 Abs. 1 S. 1 ZPO und das Verfügungsverbot gem. § 829 Abs. 1 S. 2 ZPO anordnen. Diese Anordnungen (= Pfändung) sind mit Zugang der Verfügung beim Drittschuldner gem. § 829 Abs. 3 ZPO wirksam. Gegen die Anordnung können der Drittschuldner und der Forderungsinhaber dann Widerspruch und Anfechtungsklage erheben (vgl. § 11 Rn 292).

e) Öffentlich-rechtliches Verwahrungsverhältnis

Durch die Beschlagnahme wird ein öffentlich-rechtliches Verwahrungsverhältnis zwischen der Polizei und der berechtigten Person begründet. Auf das Rechtsverhältnis sind die **zivilrechtlichen Grundsätze der Verwahrung gem. §§ 688 ff. BGB** entsprechend anzuwenden. Bei der Verwahrung beschlagnahmter Sachen ist den Belangen des Eigentümers oder des rechtmäßigen Inhabers der tatsächlichen Gewalt Rechnung zu tragen (§ 38 Abs. 3 S. 3 PolG). § 3 Abs. 2, 3 u. 4 DVO PolG enthalten weitere Regelungen insbesondere zur Verwahrung und zur Verwertung (zu den Kosten vgl. § 15 Rn 21 ff.). Wer eine beschlagnahmte Sache zerstört, beschädigt etc., kann sich wegen **Verstrickungsbruchs** (§ 132 StGB) strafbar machen.

f) Verfahrensvorschriften

Bei der **Beschlagnahmeverfügung** handelt es sich um einen (belastenden) **Verwaltungsakt**. Eine bestimmte **Form** ist nicht vorgeschrieben. Die Beschlagnahme kann mündlich, schriftlich, fernmündlich oder durch schlüssiges Verhalten durchgeführt werden. Grundsätzlich ist die betroffene Person **vor** der Maßnahme **zu hören** (§ 28

---

520 So auch Deger, in: Stephan/Deger, Polizeigesetz BW, § 33 Rn 21.
521 Zeitler/Trurnit, Polizeirecht BW, Rn 489; **a. A.** Deger, in: Stephan/Deger, Polizeigesetz BW, § 33 Rn 22.

LVwVfG). Gem. § 38 Abs. 3 S. 1 PolG sind der betroffenen Person der Grund der Beschlagnahme und die gegen sie zulässigen **Rechtsbehelfe** (Widerspruch, Anfechtungsklage, vorläufiger Rechtsschutz nach § 80 VwGO) **unverzüglich** – also ohne schuldhaftes Zögern – **bekanntzugeben**. Auf Verlangen ist der betroffenen Person gem. § 38 Abs. 3 S. 2 PolG eine **Bescheinigung** zu erteilen, die bestätigt, bei wem, wann, was beschlagnahmt wurde. Erfolgt die Beschlagnahmeanordnung mündlich, führt die **fehlende schriftliche Bestätigung** (§ 37 Abs. 2 S. 2 LVwVfG) oder **Bescheinigung** (§ 38 Abs. 3 S. 2 PolG) nicht zur Rechtswidrigkeit oder Nichtigkeit der Anordnung, sondern nur zu einem einklagbaren Anspruch auf schriftliche Bestätigung / Bescheinigung.[522]

Soll die **Beschlagnahme** einer Forderung oder eines anderen Vermögensrechts gem. § 38 Abs. 5 S. 1 PolG (vgl. dazu auch § 11 Rn 293) **verlängert** werden, gelten für die notwendige gerichtliche Entscheidung (**Richtervorbehalt**) folgende besondere Voraussetzungen (§ 38 Abs. 5 S. 2, 3 i. V. m. § 132 Abs. 1, 2 PolG):

- **Zuständig** ist das **Amtsgericht**, in dessen Bezirk die zuständige Polizeidienststelle ihren Sitz hat (§ 132 Abs. 1 PolG). Es handelt sich dabei um eine zulässige sog. **abdrängende Sonderzuweisung** des Rechtswegs i. S. d. § 40 Abs. 1 S. 2 VwGO.[523]
- Die Entscheidungen bedürfen zu ihrer Wirksamkeit abweichend von § 132 Abs. 2 S. 2 PolG der **Bekanntmachung an die betroffene Person** (§ 38 Abs. 5 S. 3, § 132 Abs. 2 S. 2 PolG i. V. m. § 132 Abs. 2 S. 1 PolG, § 40 Abs. 1 FamFG).
- Die **betroffene Person** ist im Gerichtsverfahren grundsätzlich **anzuhören und zu beteiligen** (vgl. § 132 Abs. 2 S. 1 PolG i. V. m. §§ 27, 33, 34 FamFG).
- Die **Beschwerde** (§ 58 FamFG) finde zum **OLG** statt (§ 132 Abs. 2 S. 3 PolG).
- Die **Beschwerde** hat **keine aufschiebende Wirkung** (§ 132 Abs. 2 S. 4 PolG).
- Es findet **keine weitere Rechtsbeschwerde** gem. § 70 FamFG statt (§ 132 Abs. 2 S. 5 PolG).
- Der Polizeivollzugsdienst ist nicht zur Vorlage von Urkunden oder Akten, zur Übermittlung elektronischer Dokumente und zu Auskünften verpflichtet, wenn das Bekanntwerden des Inhalts dieser Urkunden, Akten, elektronischen Dokumente oder Auskünfte dem Wohl des Bundes oder eines Landes Nachteile bereiten würde oder wenn die Vorgänge nach einem Gesetz oder ihrem Wesen nach geheim gehalten werden müssen (§ 132 Abs. 2 S. 6 PolG).

Beachte auch die Ausführungen zu den **Rechtsmitteln** in § 11 Rn 295.

g) Beschlagnahmedauer

293 Gem. **§ 38 Abs. 4 S. 2 PolG** darf die Beschlagnahme – vorbehaltlich besonderer gesetzlicher Regelungen – **nicht länger als sechs Monate** aufrechterhalten werden. Die Frist beginnt in dem Zeitpunkt, in dem die Behörde die Sache in amtlicher Verwahrung hat und andere von der Einwirkung ausschließen kann.[524] Die Regelung ist Ausdruck des **Grundsatzes der Verhältnismäßigkeit** und bestimmt die **Höchstdauer** der Beschlagnahme.[525] Sie stellt eine **absolute Grenze** dar mit der Folge, dass die Beschlagnahme über sechs Monate hinaus nicht erneuert oder aus dem gleichen Grund erneut verfügt werden darf.[526] Ordnet die Behörde die Beschlagnahme ausdrücklich für die gesetzlich zulässige Höchstdauer von sechs Monaten an, so ist dies grundsätzlich nur dann zu rechtfertigen, wenn mit der Beseitigung der polizeilichen Gefahr vor Ablauf ei-

---

522 VG Freiburg, openJur 2020, 79255 (Rn 32).
523 Vgl. dazu etwa Buchberger, in: Lisken/Denninger, Handbuch des Polizeirechts, Kap. L Rn 28.
524 VGH BW, VBlBW 2014, 377, u. openJur 2020, 76935 (Rn 30).
525 VGH BW, openJur 2020, 76935 (Rn 30).
526 VGH BW, VBlBW 1997, 187, 188.

nes halben Jahres nicht gerechnet werden kann und die Behörde die Gründe hierfür nachvollziehbar darlegt.[527]

Die absolute zeitliche Obergrenze des § 38 Abs. 4 S. 2 PolG wird auch gewahrt, wenn der **Vollzug der Beschlagnahme unterbrochen** und die **amtliche Verwahrung** durch eine erneute Beschlagnahme der Sache **fortgesetzt** wird. Unter Anrechnung der Zeitdauer aller Teil-Verwahrungen kann die Beschlagnahme in diesem Fall insgesamt bis zu sechs Monate andauern. Der Beurteilung der Verhältnismäßigkeit der Beschlagnahmedauer ist die **Gesamtdauer der Maßnahme** zugrunde zu legen, andernfalls könnte § 38 Abs. 4 S. 2 PolG umgangen werden.

Beispiel: Der von der Ortspolizeibehörde rechtmäßig beschlagnahmte Kampfhund wird wegen einer die sofortige Vollziehbarkeit des Widerspruchs herstellenden Gerichtsentscheidung vorübergehend an den Halter zurückgegeben, nach Wiederherstellung der sofortigen Vollziehbarkeit im Rechtsmittelverfahren zum weiteren Vollzug der Beschlagnahme aber wieder in amtliche Verwahrung genommen (Sachverhalt nach VGH BW, openJur 2020, 76935 (Rn 9 ff.).

Eine **Ausnahme** sieht **§ 38 Abs. 5 PolG** vor. Demnach kann die **Beschlagnahme von Forderungen oder anderen Vermögensrechten** i. S. d. § 38 Abs. 2 PolG jeweils um weitere sechs Monate – längstens insgesamt für zwei Jahre – verlängert werden, wenn die Beschlagnahmevoraussetzungen bei einer Freigabe erneut eintreten würden. Über die **Verlängerung** entscheidet das Amtsgericht, in dessen Bezirk der Inhaber seinen Wohnsitz oder ständigen Aufenthalt hat.

Die Beschlagnahme tritt, wenn nicht zuvor eine Einziehung gem. § 39 Abs. 1 PolG erfolgt ist, mit Ablauf der Sechsmonatsfrist **kraft Gesetzes außer Kraft**, ohne dass es einer ausdrücklichen Aufhebung der Beschlagnahme bedarf.[528] Die beschlagnahmte Sache ist dann grundsätzlich wieder an denjenigen herauszugeben, bei dem sie beschlagnahmt wurde. Würden die Beschlagnahmevoraussetzungen hierdurch erneut eintreten, ist eine **Einziehung** gem. § 39 PolG zu prüfen.

h) Aufhebung

Die Beschlagnahme ist ein **Verwaltungsakt mit Dauerwirkung**. Solange sie andauert, ist die Polizei verpflichtet, ihre Voraussetzungen ständig zu prüfen. Gem. **§ 38 Abs. 4 S. 1 PolG** ist die Beschlagnahme aufzuheben, sobald ihr **Zweck erreicht** ist, insbesondere dann, wenn die Voraussetzungen des § 38 PolG – bei der Wohnungsbeschlagnahme auch die des § 9 PolG – weggefallen sind.[529]

294

Beispiel: Erlässt die zuständige Behörde gegenüber dem Liegeradfahrer im Beispielsfall (§ 11 Rn 286) die vollstreckbare Verfügung, mit dem **Liegefahrrad** die Radwege zu benutzen und droht für den Fall der Zuwiderhandlung ein empfindliches Zwangsgeld an, ist die vorangegangene Beschlagnahme wieder aufzuheben.[530]

i) Rechtsschutz

Für dem Rechtsschutz gelten grundsätzlich die allgemeinen Regelungen für das verwaltungsgerichtliche Verfahren. Gegen den die Beschlagnahme bewirkenden Verwaltungsakt sind **Widerspruch**, **Anfechtungsklage** und **vorläufiger Rechtsschutz** gem. § 80 VwGO zulässig. Der verwaltungsgerichtliche Rechtsschutz ist grundsätzlich gegen alle Arten der Beschlagnahme gegeben.

295

Ist eine richterliche Entscheidung gem. § 38 Abs. 5 S. 2 PolG zur Verlängerung einer Beschlagnahme **ergangen**, so ist die **Anfechtungsklage (und Fortsetzungsfeststellungsklage)** gegen die ursprüngliche Beschlagnahmeentscheidung der Polizei **ausgeschlossen** (§ 132 Abs. 3 PolG). Damit soll eine doppelte Beschreitung des Zivil- und

---

527 VGH BW, VBlBW 1997, 349.
528 VGH BW, VBlBW 2014, 377.
529 VGH BW, BWVPr 1987, 112.
530 VGH BW, VBlBW 2001, 102.

Verwaltungsrechtswegs vermieden werden. Die betroffene Person muss in diesem Fall die Entscheidung des Amtsgerichts anfechten (vgl. dazu die Ausführungen in § 11 Rn 292).

j) Spezielle Ermächtigungsgrundlagen

aa) Sonderregelungen

296 **Spezielle Ermächtigungsgrundlagen für Beschlagnahmen gehen der Regelung des § 38 PolG vor.** Die Beschlagnahme für die Zwecke der Strafverfolgung nach den §§ 94 ff. StPO dient vor allem der Sicherstellung von Gegenständen zur Beweissicherung (vgl. § 94 Abs. 2 StPO). Spezielle Vorschriften sind zudem § 46 Abs. 3 WaffG, 16 a Abs. 1 S. 2 Nr. 2 TierSchG, § 47 FeV, § 13 PaßG. Zur Beschlagnahme von gefährlichen Hunden enthalten Nr. 3.3. VwVgH i. V. m. § 3 Abs. 3 HuV BW / § 38 PolG eine Spezialermächtigung (vgl. § 9 Rn 12 ff.).

bb) Presserecht im Besonderen

297 Eine **Sondervorschrift** enthält **§ 13 LPresseG**. Art. 5 Abs. 1 S. 2 Var. 1 GG gewährleistet die **Pressefreiheit** als subjektives Grundrecht und als Garantie des Instituts „freie Presse". Grundrechtsberechtigt sind alle im Pressewesen tätigen Personen und Unternehmen. Der Schutz der Pressefreiheit reicht von der Beschaffung der Informationen bis zur Verbreitung der Nachrichten und Meinungen.[531] Zur Wahrung der Pressefreiheit gelten die sondergesetzlichen, dem PolG vorgehenden Bestimmungen des LPresseG.

Gem. **§ 1 Abs. 2 LPresseG** ist die Anwendung der polizeilichen Generalklausel für Maßnahmen gegen den Inhalt von Presseerzeugnissen ausgeschlossen. **§ 1 Abs. 3 LPresseG** verbietet zudem **Sondermaßnahmen** jeder Art, welche die Pressefreiheit beschränken. Der in dieser Vorschrift zum Ausdruck kommende **Grundsatz der Polizeifestigkeit des Presserechts** schließt alle präventiven polizeilichen Maßnahmen aus, die sich gegen den **Inhalt** eines Presseerzeugnisses richten.[532] Gem. **§ 13 Abs. 1 LPresseG** ist die Beschlagnahme von **Druckwerken** grundsätzlich nur auf der Grundlage richterlicher Anordnung zur Strafverfolgung nach den Bestimmungen der StPO zulässig. Druckwerke sind alle mithilfe der Buchdruckerpresse oder eines sonstigen zur Massenherstellung geeigneten Vervielfältigungsverfahrens hergestellte und zur Verbreitung bestimmte Schriften, besprochene Tonträger, bildliche Darstellungen mit und ohne Schrift und Musikalien mit Text und Erläuterungen, etwa Bücher, Zeitungen, Flugblätter, Video- und Filmaufnahmen, Fotos etc. (vgl. § 7 LPresseG). Richtigerweise müssen unter den Begriff „Druckwerk" i. S. d. § 7 Abs. 1 LPresseG nunmehr auch **digitale Druckerzeugnisse** subsumiert werden (etwa E-Books, Books-On-Demand, Pressemitteilungen in den Neuen Medien etc.)[533], sie werden vom Begriff „geeignete Vervielfältigungsverfahren" erfasst. Hierfür spricht auch § 7 Abs. 2 S. 2 LPresseG („ohne Rücksicht auf die technische Form").

298 Wird dagegen durch die **Art und Weise** der Verbreitung von Druckwerken gegen Gesetze, insbesondere Straf- und Ordnungswidrigkeitenbestimmungen verstoßen (vgl. etwa § 21 LPresseG), kann auf § 38 PolG zurückgegriffen werden. Denn gem. **§ 1 Abs. 5 LPresseG** ist die Presse Gesetzen unterworfen, die für jedermann gelten.

Beispiel: Ein kommerzieller Werbeverlag klebt unter Verstoß gegen die Bestimmungen der örtlichen Polizeiverordnung über das „wilde" Plakatieren Werbeflyer an Hauswände, Fassaden und Bäume im ganzen Stadtgebiet. Da dies nicht zum ersten Mal geschieht und da die Gefahr weiterer Verstöße besteht, ist die Polizei grundsätzlich berechtigt, die Flyer gem. § 38 PolG wegen der Störung der öffentlichen Sicherheit zu beschlagnahmen.

---

531 BVerfGE 20, 162, 176.
532 **H. L.**, vgl. dazu Graulich, in: Lisken/Denninger, Handbuch des Polizeirechts, Kap. E Rn 654.
533 In diesem Sinne wohl auch VGH BW, openJur 2020, 33639 (Rn 101 ff., 112 ff.) = DÖV 2017, 785 (Ls.); ebenso die Revisionsentscheidung des BVerwG, NVwZ 2019, 1283 ff. (Rn 35), mit Anm. Hofmann.

k) Insbesondere: Beschlagnahme und Verwendung von Bildmaterial zu Polizeieinsätzen

Ein Sonderproblem stellt die **Beschlagnahme von Filmen und Lichtbildern über Polizeieinsätze** dar. Grundsätzlich ist das Filmen und Fotografieren polizeilicher Einsätze nicht zu beanstanden.[534] 299

Gem. **§§ 22, 23 i. V. m. § 33 KunstUrhG** ist lediglich ein Verbreiten und öffentliches Zurschaustellen, nicht aber das Herstellen von Bildnissen strafbar.[535] Eine Beschlagnahme zum Schutz einzelner Personen bzw. zur Verhinderung einer Straftat gem. §§ 22, 23 KunstUrhG kann danach nur gerechtfertigt werden, wenn konkrete Anhaltspunkte dafür bestehen, dass Lichtbilder – entgegen den Vorschriften des KunstUrhG unter Missachtung des Rechts von Polizeibeamten und / oder Dritten am eigenen Bild – veröffentlicht werden. Dies gilt insbesondere dann, wenn die Gefahr der Begehung einer Straftat gem. §§ 22, 23, 33 KunstUrhG und damit eine Beeinträchtigung der öffentlichen Sicherheit besteht.[536] Regelmäßig liegt auch **keine Straftat gem. § 201 StGB** (Verletzung der Vertraulichkeit des nicht öffentlich gesprochenen Wortes der betroffenen Polizeibeamten) vor.[537]

Beispiel: Die Polizei beschlagnahmt Filme eines Fotografen, die dieser von Polizisten und Tatverdächtigen einer Straftat bei der Durchführung einer polizeilichen Festnahme aufgenommen hat, obwohl die abgelichteten Personen ausdrücklich erklärt hatten, dass sie nicht fotografiert werden wollen.[538]

Ein **allgemeiner Erfahrungssatz**, dass Personen, die im Verlauf eines Einsatzes (auch) Polizeibeamte fotografieren, die aufgenommenen Fotos anschließend verbreiten oder zur Schau stellen, existiert nicht.[539] Handelt es sich um einen **Pressefotografen,** muss zwar damit gerechnet werden, dass die Aufnahmen veröffentlicht werden. Im Hinblick auf die zivil- und strafrechtlichen Sanktionen im Fall einer unrechtmäßigen Veröffentlichung muss aber grundsätzlich von der Rechtstreue des Fotografen ausgegangen werden.

Anhaltspunkte für ein künftiges rechtswidriges Verhalten können sich etwa aus einem gleichgelagerten Vorverhalten ergeben. Unter dem Gesichtspunkt der Gefahrenabwehr ist die Polizei in diesen Fällen befugt, die betroffene Person zu befragen und ihre Personalien festzustellen.[540] Diese Maßnahmen dürfen aber nicht zu einer Behinderung der Pressefreiheit führen. Nach **BVerwG** muss die mit einer Bildaufnahme verbundene Möglichkeit eines rechtsverletzenden Gebrauchs – insbesondere einer gegen Rechte Dritter verstoßenden Veröffentlichung – nicht notwendig immer auf der ersten Stufe abgewehrt werden; dies kann in vielen Fällen vielmehr auch auf der zweiten Stufe des Gebrauchs des entstandenen Bildes geschehen.[541]

Machen Dritte **Nahaufnahmen** von einem Einsatz der Polizei und liegen aus Sicht der betroffenen Polizeibeamten hinreichende Anhaltspunkte für die Gefahr vor, dass die

---

534 Denninger, in: Lisken/Denninger, Handbuch des Polizeirechts, Kap. D Rn 27; NdsOVG zur Zulässigkeit einer Identitätsfeststellung beim Filmen und Fotografieren von polizeilichen Einsätzen, NVwZ 2013, 1498; VGH BW, VBlBW 2001, 102; vgl. dazu auch diff. Graulich, in: Lisken/Denninger, Handbuch des Polizeirechts, Kap. E Rn 653.
535 Vgl. dazu auch BVerfG, NVwZ 2016, 53, 54; OLG Dresden, DVP 2021, 74; Ullenboom, NJW 2019, 3108, 3109.
536 BVerfG, NVwZ 2016, 53, 54 (Rn 14 f.), mit zust. Anm. Penz, NVwZ 2016, 54, 55; BVerwG, NVwZ 2000, 63; VG Meiningen, NVwZ-RR 2012, 551; Reuschel, NJW 2021, 17, 19 f.
537 Zutr. Reuschel, NJW 2021, 17, 18 f.; Ullenboom, NJW 2019, 3108, 3109 ff.; LG Kassel, StV 2020, 161, 162 f.; **a. A.** LG München, StV 2020, 321 (Ls.) = DVP 2020, 346 (Ls.); vgl. dazu eingehender auch Roggan, StV 2020, 328 ff.
538 VGH BW, VBlBW 2001, 102.
539 BVerfG, NVwZ 2016, 53, 54 (Rn 14 f.); vgl. dazu auch Graulich, in: Lisken/Denninger, Handbuch des Polizeirechts, Kap. E Rn 653; Pfeffer/Steffahn, JURA 2017, 86, 91 f.; Penz, NVwZ 2016, 54, 55; **krit.** dazu Muckel, JA 2016, 311, 313.
540 Vgl. dazu NdsOVG, NVwZ 2013, 1498.
541 BVerwG zum (im entschiedenen Fall unzulässigen) Verbot, **Polizeibeamte** während des Einsatzes eines Spezialkommandos zu fotografieren, NJW 2012, 2676.

aufgenommenen Fotografien unter **Verstoß gegen §§ 22, 23 KunstUrhG** verbreitet werden, ist die Polizei berechtigt, **Maßnahmen zur Identitätsfeststellung** der betreffenden Person zu ergreifen.[542] In Ausnahmefällen ist die Polizei unter den Voraussetzungen des § 38 Abs. 1 Nr. 1 PolG auch berechtigt, Fotos über Polizeieinsätze zu beschlagnahmen, wenn dadurch die **Funktionsfähigkeit** der Polizei geschützt werden soll.[543]

Der **EUGH** hat entschieden, dass **heimliche Videoaufnahmen von Polizeibeamten**, die ohne deren Einwilligung bei einem **Verhör** gemacht und anschließend mit deren Aussagen im Internet veröffentlicht werden, gegen die EU-Datenschutzregelungen verstoßen und zulasten der betroffenen Polizeibeamten einen **unzulässigen Eingriff in das Grundrecht der Achtung des Privatlebens** darstellen können.[544]

l) Insbesondere: Beschlagnahme von Wohnungen

300 Bei der **Beschlagnahme von Wohnungen zur Vermeidung der Obdachlosigkeit** wird dem Eigentümer oder sonstigem Berechtigten die tatsächliche Sachherrschaft über seinen Wohnraum entzogen und ein öffentlich-rechtliches Verwahrungsverhältnis begründet. Durch die Beschlagnahmeverfügung wird der Eigentümer bzw. Berechtigte verpflichtet, die Rechtsfolgen einer Beschlagnahme – also den Entzug der Verfügungsgewalt über „seine" Wohnung – zu dulden. **Ermächtigungsgrundlage** für den Erlass einer Beschlagnahmeverfügung ist **§ 38 Abs. 1 Nr. 1 PolG**. Voraussetzung ist, dass die Maßnahme zum Schutz eines einzelnen gegen eine **unmittelbar** bevorstehende Störung der öffentlichen Sicherheit erforderlich ist. Die drohende (unfreiwillige) Obdachlosigkeit eines Menschen stellt eine derartige Gefahr dar.[545] Mit Wirksamkeit der Beschlagnahme kann die Polizei über die beschlagnahmte Sache verfügen und Personen zur Vermeidung einer drohenden Obdachlosigkeit in die Wohnung einweisen.

Fall 39: Nach der Trennung von seiner Familie verlässt der Ehemann M die bisher gemeinsam genutzte Mietwohnung. Ehefrau F kann mit den gemeinsamen drei Kindern nicht mehr die Miete bezahlen. Eigentümer E kündigt deshalb das Mietverhältnis und betreibt die Zwangsräumung. Der Termin zur Zwangsräumung durch den Gerichtsvollzieher steht bereits fest. Da F auf dem freien Wohnungsmarkt keine neue Wohnung findet, droht ihr und ihren Kindern die unfreiwillige Obdachlosigkeit. In ihrer Not wendet sie sich an die Gemeinde und bittet diese, ihr zu helfen und sie vorübergehend als Obdachlose in die bisherige Wohnung einzuweisen, bis sie eine neue Bleibe gefunden hat.

Im **Fall 39** kann die Gemeinde – Ortspolizeibehörde – unter den Voraussetzungen der §§ 9, 38 PolG durch den Erlass einer **Beschlagnahmeverfügung** gegenüber dem Vermieter E die Wohnung beschlagnahmen. Dadurch erhält sie die Verfügungsbefugnis über die Wohnung (= Sache). Durch entsprechende **Einweisungsverfügungen** kann sie danach der F und ihren Kindern ein Nutzungsrecht an den bisher gemieteten Wohnräumen (= Notunterkunft) verschaffen. Durch diese Maßnahmen (Beschlagnahme und Einweisung) wird die unmittelbare Gefährdung der öffentlichen Sicherheit durch die drohende Obdachlosigkeit von F und ihren Kindern beseitigt.

301 Durch die Beschlagnahme von Räumen bzw. Wohnungen wird regelmäßig ein **Nichtstörer** gem. **§ 9 PolG** (= regelmäßig der Eigentümer bzw. Vermieter einer Wohnung) in Anspruch genommen. Neben den Voraussetzungen des § 38 PolG müssen daher auch die des polizeilichen Notstands vorliegen (vgl. § 5 Rn 47 ff.).[546] Die Beschlagnahme von Wohnraum zur Beseitigung von Obdachlosigkeit kann deshalb **nur als Ultima Ratio** in Betracht kommen. Die Gemeinde muss vor einer Beschlagnahme alles ihr Mögliche und Zumutbare unternehmen, um eine den Anforderungen an eine menschenwürdige

---

542 So NdsOVG, DVBl 2013, 1066; Reuschel, NJW 2021 17, 19f.; vgl. dazu auch BVerfG, NVwZ 2016, 53, 54.
543 Vgl. dazu VGH BW, VBlBW 1995, 282.
544 EuGH, NJW 2019, 2451 ff., 2455 (Rn 67).
545 **H. L.**, vgl. § 6 Rn 46 ff.
546 Ruder/Bätge, Obdachlosigkeit, S. 192.

Unterbringung genügende Obdachlosenunterkunft zur Verfügung zu stellen.[547] Bei den Bemühungen um die Beschaffung einer neuen Unterkunft darf sich die Behörde nicht auf die ihr zur Verfügung stehenden Räumlichkeiten oder ihrem Einfluss zugänglichen Wohnungen beschränken. Sie ist vielmehr gehalten, ggf. Räumlichkeiten – auch in Beherbergungsbetrieben – anzumieten, auch wenn diese Lösung im Verhältnis zur Beschlagnahme und zur Zahlung von Nutzungsentschädigung kostenintensiv sein mag.[548] Hierbei hat die Behörde den Grundsatz der Verhältnismäßigkeit und insbesondere – wegen des mit der Beschlagnahme verbundenen Eingriffs in das Eigentumsrecht – die sog. **Opfer- bzw. Zumutbarkeitsgrenze** zu beachten. Dem Privateigentümer dürfen keine Aufgaben überbürdet werden, die aufgrund des Sozialstaatsprinzips dem Staat und damit der Allgemeinheit obliegen. Unter Beachtung dieser Grundsätze ist die Beschlagnahme eine zulässige Maßnahme zur Vermeidung der unfreiwilligen Obdachlosigkeit.[549]

Vor einer Beschlagnahme ist dem betroffenen Eigentümer gem. **§ 28 LVwVfG** rechtliches Gehör zu gewähren.

Grundsätzlich stellt das Vorliegen eines vollstreckbaren **Räumungstitels** des Vermieters gegen einen Mieter keinen Hinderungsgrund für eine Beschlagnahme dar. Die Ordnungsbehörde ist nicht an die zivile Rechtslage gebunden. Selbst wenn schon ein Räumungstermin feststeht, kann die Beschlagnahme noch erfolgen. Andererseits darf die Maßnahme nicht dazu führen, dass ein zivilrechtlicher Vollstreckungstitel für einen längeren Zeitraum oder gar dauerhaft unterlaufen wird.[550]

302

Um dem Grundsatz des **§ 38 Abs. 4 S. 1 PolG** Rechnung zu tragen, ist die vorgesehene **Dauer** der Beschlagnahme in der Verfügung anzugeben.[551] Ordnet die Behörde ausdrücklich die Beschlagnahme für die Höchstdauer von sechs Monaten an, ist dies nur zulässig, wenn von Anfang an die Beschlagnahmevoraussetzungen für die Dauer eines halben Jahres vorliegen.[552] Im Übrigen legt **§ 38 Abs. 4 S. 2 PolG** eine absolute Grenze für die Dauer einer Wohnungsbeschlagnahme auf höchstens **6 Monate** fest. Spätestens zu diesem Zeitpunkt muss daher die Polizeibehörde / Gemeinde über geeignete Räume verfügen, um die eingewiesenen Personen in eine anderweitige Unterkunft umsetzen zu können.

303

Durch die Beschlagnahme entsteht zwischen dem betroffenen Eigentümer und der Polizei (Einweisungsbehörde) unter Heranziehung des Rechtsgedankens des § 278 BGB (Verantwortlichkeit des Schuldners für Dritte) eine schuldrechtliche Sonderbeziehung (sog. verwaltungsrechtliches Schuldverhältnis). Dieses Rechtsverhältnis begründet bestimmte **Obhuts- und Sorgfaltspflichten** der Polizei gegenüber dem Eigentümer der Wohnung, deren Verletzung bei Beschädigungen der beschlagnahmten Sache durch die Eingewiesenen / Dritte zu Entschädigungsansprüchen des Eigentümers führen kann.[553]

Nach **Ablauf der Beschlagnahmefrist** ist die Polizeibehörde verpflichtet, eine zur Abwehr von Obdachlosigkeit beschlagnahmte Wohnung geräumt an den Wohnungseigentümer herauszugeben. Diese **Folgenbeseitigungspflicht der Polizei** gegenüber dem privaten Wohnungseigentümer besteht unabhängig davon, ob der Eigentümer über einen vollstreckbaren Räumungstitel gegen den eingewiesenen früheren Mieter ver-

304

---

547 Kenntner, Kap. A Rn 83; Fischer, NVwZ 2015, 1644, 1646 f.; NdsOVG, DÖV 2016, 226 (Ls.).
548 So OVG Saarland, Beschl. v. 14.4.2014 – 1 B 213/14, juris (Rn 7) m. w. N; vgl. auch Ruder/Bätge, Obdachlosigkeit, S. 197 bis 199 m. w. N.
549 **H. L.**, OVG Saarland, Beschl. v. 14.4.2014 – 1 B 213/14, juris (Rn 7) m. w. N.; VG Oldenburg, openJur 2012, 68846 (= ZVR-Online Dok. Nr. 20/2013); VG Frankfurt, openJur 2012, 34762 (Rn 32 ff.); NdsOVG, NJW 2010, 1094, 1095; VGH BW, NVwZ-RR 1990, 476; Deger, in: Stephan/Deger, Polizeigesetz BW, § 9 Rn 9.
550 VG Frankfurt, openJur 2012, 34762 (Rn 37); NdsOVG, NJW 2010, 1094, 1095.
551 VGH BW, NVwZ-RR 1990, 476; vgl. auch § 11 Rn 293.
552 VGH BW, VBlBW 1997, 349. Vgl. dazu auch Ruder/Bätge, Obdachlosigkeit, S. 200 bis 202 m. w. N.
553 Vgl. dazu BGHZ, NVwZ 2006, 963.

fügt.[554] Die Räumung der Wohnung erfolgt durch den Erlass / Vollstreckung einer **Räumungsverfügung** auf der Grundlage der polizeilichen Generalermächtigung der §§ 1, 3 PolG. Im Verhältnis zum Wohnungseigentümer bzw. Vermieter hat die Gemeinde die Kosten der Räumung zu tragen. Lässt die Ortspolizeibehörde die Wohnung nicht (fristgerecht) räumen, hat der Eigentümer einen Schadensersatzanspruch.[555]

Soweit ein Nichtstörer i. S. d. § 9 Abs. 1 PolG (regelmäßig der Wohnungseigentümer) in Anspruch genommen wird, kann er gem. §§ 100 ff. PolG eine angemessene Entschädigung beanspruchen (vgl. § 5 Rn 53 bzw. § 14 Rn 3 ff.).

13. Einziehung (§ 39 PolG)

a) Allgemeines

305 § 39 PolG regelt die Einziehung zuvor beschlagnahmter Sachen (§ 39 Abs. 1 PolG), die Verwertung zuvor eingezogener Sachen (§ 39 Abs. 2 PolG), deren Unbrauchbarmachung oder Vernichtung (§ 39 Abs. 3 PolG) sowie die Kostentragung (§ 39 Abs. 4 PolG). Die Maßnahme stellt einen **privatrechtsgestaltenden Verwaltungsakt** dar, der kraft Gesetzes **unmittelbar** den Verlust des Eigentums an der eingezogenen Sache beim bisherigen Eigentümer und die Begründung neuen Eigentums beim Träger der zuständigen Polizeibehörde zur Folge hat. Durch die Einziehungsverfügung kann die Polizeibehörde das Eigentum an einer Sache dem bisherigen Eigentümer gegen dessen Willen entziehen und ihr Eigentum an der Sache begründen. Mit dem Übergang des Eigentums auf den Hoheitsträger wird die Voraussetzung für die anschließende Verwertung bzw. Unbrauchbarmachung oder Vernichtung der Sache herbeigeführt.

306 Der mit der Einziehungsverfügung bezweckte **Eigentumsübergang** auf den Rechtsträger der Polizeibehörde tritt nach VGH BW mit der **Wirksamkeit** der Einziehungsanordnung (also regelmäßig mit der Bekanntgabe der Verfügung, vgl. § 43 Abs. 1 LVwVfG) ein, nicht erst mit der Unanfechtbarkeit und Bestandskraft der Verfügung.[556] Ordnet die Behörde die Einziehung einer Sache zusammen mit der Beschlagnahme an, geht das Eigentum an der Sache erst über, wenn die Beschlagnahmeverfügung vollzogen ist und die Behörde amtlichen Gewahrsam begründet hat.[557]

307 Eingezogen werden können nur **bewegliche Sachen** wie etwa Fahrzeuge, verdorbene Lebensmittel, Lichtbildfilme[558], Tiere (§ 90 a BGB), Bargeld[559] etc.

Beispiele:

- Bei einer Kontrolle stellt die Polizei fest, dass H in seinem Fahrzeug ein betriebsbereites **Radarwarngerät** mit sich führt. Nach der Beschlagnahme des Geräts zieht die Ordnungsbehörde das Gerät durch entsprechende Verfügung ein und ordnete die Vernichtung an. Nach Auffassung des VGH BW begründete das Mitführen eines betriebsbereiten Radarwarngerätes eine (unmittelbare) Gefahr für die öffentliche Sicherheit, die eine Beschlagnahme sowie eine Einziehung und Vernichtung rechtfertigen kann.[560]
- Gem. **§ 23 Abs. 1 c StVO** stellt das Betreiben oder betriebsbereite Mitführen eines Radarwarngerätes eine Ordnungswidrigkeit dar und kann mit einer Geldbuße und der Anordnung eines Fahrverbots geahndet werden. Der Verstoß gegen diese Vorschrift beeinträchtigt die öffentliche Sicherheit.[561]

---

554 Denninger, in: Lisken/Denninger, Handbuch des Polizeirechts, Kap. D Rn 154; VGH BW, VBlBW 1990, 351; Deger, in: Stephan/Deger, Polizeigesetz BW, § 9 Rn 22.
555 BGH, NJW 1995, 2918.
556 VGH BW, VBlBW 2007, 351.
557 VGH BW, VBlBW 2010, 24.
558 VGH BW, VBlBW 1995, 282.
559 VG Würzburg, openJur 2014, 12826 (Sicherstellung von Bargeld, wenn Anhaltspunkte vorliegen, dass das Geld aus Drogenhandel stammt).
560 VGH BW, VBlBW 2003, 192; vgl. auch § 11 Rn 286.
561 Vgl. VGH BW, VBlBW 2003, 192, 193; zur Einziehung eines Radarwarngerätes (insbes. auch zum Streitwert) vgl. auch SächsOVG, NVwZ-RR 2014, 368.

Die Einziehung unbeweglicher Sachen – insbesondere von Grundstücken – ist von § 39 PolG nicht gedeckt. Dies ergibt sich daraus, dass § 39 Abs. 2 S. 1 PolG auf § 383 Abs. 3 BGB verweist, der die Versteigerung beweglicher Sachen regelt.[562]

Von der Einziehung gem. § 39 PolG sind die strafrechtliche Einziehung (§§ 74 ff. StGB) und die Einziehung im Ordnungswidrigkeitenverfahren (§§ 22 ff. OWiG) zu unterscheiden. Weitere Spezialregelungen ergeben sich etwa aus § 54 WaffG, § 30 VersammlG und § 12 PaßG.

b) Zuständigkeit

Nach dem eindeutigen Wortlaut des **§ 39 Abs. 1 S. 1 PolG** liegt die sachliche Zuständigkeit **ausschließlich** bei der allgemeinen Polizeibehörde, also regelmäßig bei der **Ortspolizeibehörde** (§§ 105 Abs. 1, 106 Abs. 1 Nr. 4, 107 Abs. 4 PolG). Die Zuständigkeit des Polizeivollzugsdienstes ist in keinem Fall begründet, auch nicht die gem. § 105 Abs. 2 PolG.[563] Wenn Vollzugsbeamte der Auffassung sind, dass eine beschlagnahmte Sache eingezogen werden soll, müssen sie den Vorgang der allgemeinen Polizeibehörde zur weiteren Veranlassung vorlegen.

308

c) Schriftform

Abweichend von § 37 Abs. 2 S. 1 LVwVfG, wonach ein Verwaltungsakt grundsätzlich formfrei erlassen werden kann, sieht § 39 Abs. 1 S. 2 PolG **zwingend** die **Schriftform** für die Einziehung vor. Der Tenor des belastenden Verwaltungsakts lautet etwa: *„Die... Sache wird eingezogen. Das Eigentum geht auf die/den... (= Polizeiträger) über."* Die Maßnahme ist zu **begründen**.

309

d) Einziehungsvoraussetzungen

Gem. **§ 39 Abs. 1 S. 1 PolG** kann die **Polizeibehörde** eine **beschlagnahmte** Sache einziehen, wenn diese nicht mehr herausgegeben werden kann, ohne dass die Voraussetzungen der Beschlagnahme erneut eintreten. **Bei jeder Einziehung** muss immer eine **vorherige Beschlagnahme** gem. § 38 PolG oder anderen Rechtsvorschriften vorliegen. Hierbei ist unerheblich, ob die Beschlagnahme durchgeführt wurde, um die Einziehung zu ermöglichen oder nur zum Zweck einer vorübergehenden Besitzentziehung.[564]

310

Fall 40: Der Kläger war Eigentümer und Halter des Hundes A. Nach einem erneuten Beißvorfall untersagte die Polizeibehörde dem Kläger die **Haltung des Hundes** und verfügte dessen **Beschlagnahme und Einziehung**. Der Sofortvollzug wurde angeordnet. Der Hund wurde von der Behörde in das Tierheim von ... verbracht.[565]

Die Beschlagnahmeanordnung muss **vollstreckbar** sein – gem. § 2 LVwVG also entweder bestandskräftig oder sofort vollziehbar (vgl. § 12 Rn 15 ff.). Weiterhin muss die Beschlagnahme noch **wirksam sein**.[566] Sie hat vor Ablauf der in § 38 Abs. 4 S. 2 PolG festgelegten **Höchstfrist** zu erfolgen. Eine wirksame Beschlagnahme liegt nicht mehr vor, wenn die Einziehung nach Ablauf der Sechsmonatsfrist des § 38 Abs. 4 S. 2 PolG erfolgt. Dies gilt auch dann, wenn die Beschlagnahmeanordnung bestandskräftig geworden ist.[567] Ist die **Beschlagnahmeanordnung noch nicht bestandskräftig**, wird

311

---

562 So auch Deger, in: Stephan/Deger, Polizeigesetz BW, § 34 Rn 6.
563 Deger, in: Stephan/Deger, Polizeigesetz BW, § 34 Rn 5.
564 VGH BW, VBlBW 1995, 282, 283, zur (rechtswidrigen) Beschlagnahme / Einziehung eines Lichtbildfilms.
565 Vgl. VGH BW, VBlBW 2007, 351. Im **Fall 40** vertrat der VGH BW die Auffassung, dass zwar das Haltungsverbot und die Beschlagnahme des Hundes A rechtmäßig waren, nicht aber die Einziehung, da dem Kläger als milderes Mittel zunächst die Möglichkeit hätte eingeräumt werden müssen, den Hund selbst an einen Dritten abzugeben. Zur Einziehung eines gefährlichen Schäferhundes vgl. VG Karlsruhe, openJur 2012, 61932. Zur Verhältnismäßigkeit der Einziehung eines Kampfhundes nach nicht bestandener Verhaltensprüfung vgl. VG Freiburg, openJur 2020, 79255 (Rn 40 ff.).
566 VGH BW, VBlBW 2014, 377, zur Beschlagnahme eines Hundes.
567 VGH BW, VBlBW 2014, 377, zur Beschlagnahme eines Hundes.

deren Rechtmäßigkeit in einem verwaltungsgerichtlichen (Eil-)Verfahren **inzident überprüft**.[568]

312 Schließlich ist erforderlich, dass die **beschlagnahmte Sache nicht herausgegeben werden kann, ohne dass die Voraussetzungen der Beschlagnahme erneut eintreten** (§ 39 Abs. 1 S. 1 PolG). Die Polizei ist u. a. dann ermächtigt, eine Sache zu beschlagnahmen, wenn dies zum Schutz des einzelnen oder des Gemeinwesens gegen eine unmittelbar bevorstehende Störung der öffentlichen Sicherheit oder Ordnung oder zur Beseitigung einer bereits eingetretenen Störung erforderlich ist. Der zuständige Polizeibeamte hat eine Prognose zu erstellen, ob eine entsprechende Störungslage besteht.[569]

Die Behörde trägt die **Beweislast** für das Vorliegen der Eingriffsvoraussetzungen des § 39 PolG.

e) Verwertung, Unbrauchbarmachung und Vernichtung

313 Die eingezogenen Sachen werden **im Wege** der **öffentlichen Versteigerung** (§ 39 Abs. 2 S. 1 PolG, § 383 Abs. 3 BGB) **verwertet**. Die Polizeibehörde kann die Versteigerung durch einen ihrer Beamten vornehmen lassen. Ein Zuschlag, durch den die Voraussetzungen der Einziehung erneut eintreten würden, ist zu versagen (§ 39 Abs. 2 S. 3 PolG). Der **Erlös** ist der betroffenen Person herauszugeben (**§ 39 Abs. 2 S. 4 PolG**). Die betroffene Person, bei der die Sache beschlagnahmt wurde, braucht nicht mit dem Eigentümer identisch zu sein, doch kann in diesen Fällen die Polizei den Erlös beim Amtsgericht hinterlegen.[570]

314 Kann eine eingezogene Sache aus tatsächlichen oder rechtlichen Gründen nicht verwertet werden, so ist sie **unbrauchbar** zu machen oder zu **vernichten** (**§ 39 Abs. 3 PolG**). Hierbei steht der Behörde kein Ermessen zu. Eine beschlagnahmte Sache ist etwa dann aus **tatsächlichen Gründen** unverwertbar, wenn sie wertlos ist.

Beispiel: Die Polizei beschlagnahmt ein bei einem Unfall total beschädigtes Fahrzeug ohne Restwert und lässt dieses verschrotten.

Aus **rechtlichen Gründen** ist eine beschlagnahmte Sache dann unverwertbar, wenn sie nicht veräußert werden kann, ohne dass die Beschlagnahmevoraussetzungen erneut eintreten würden.

Beispiel: Wenn bei der Veräußerung eines beschlagnahmten **Radarwarngeräts** ein erneuter Verstoß gegen § 23 Abs. 1 c StVO eintreten würde, ist das Gerät zu vernichten.[571]

Vor der Unbrauchbarmachung oder Vernichtung einer Sache ist zu prüfen, ob sie freihändig verkauft oder einem gemeinnützigen Zweck zugeführt werden kann.

Beispiel: Die Polizei hat einen „frisierten Roller" sichergestellt. Lässt sich im Wege einer Versteigerung oder eines freien Verkaufs kein Käufer finden, bei dem die Gewähr besteht, dass er nicht mit dem manipulierten Fahrzeug am öffentlichen Straßenverkehr teilnimmt, darf das Fahrzeug verschrottet werden.[572]

Ist zweifelhaft oder strittig, ob eine Sache unverwertbar ist, empfiehlt es sich, den Zustand bzw. Wert der Sache durch ein Sachverständigengutachten, Lichtbilder etc. zu dokumentieren, um eventuellen Regressforderungen vorzubeugen.

---

568 VG Freiburg, openJur 2020, 79255 (Rn 21).
569 VGl I BW, VBlBW 1995, 282.
570 Nach Deger, in: Stephan/Deger, Polizeigesetz BW, § 34 Rn 11, ist Betroffener der Einziehung der letzte Eigentümer.
571 VGH BW, VBlBW 2003, 192; vgl. auch § 11 Rn 286 ff. u. Rn 307.
572 VG Mainz, DAR 2008, 410; vgl. auch VGH BW, VBlBW 1988, 113.

f) Kosten

Die **Kosten** der Verwertung, Unbrauchbarmachung oder Vernichtung fallen der betroffenen Person zur Last. Mit dem Versteigerungserlös kann aufgerechnet werden. Soweit die Mehrausgaben nicht gedeckt sind, können sie nach Erlass eines Leistungsbescheids (vgl. dazu § 15 Rn 20 ff.) im Verwaltungszwangsverfahren gem. §§ 13 ff. LVwVG beigetrieben werden (§ 39 Abs. 4 PolG).

Da der Eigentumsübergang bereits mit der Bekanntgabe der Verfügung an den bisherigen Eigentümer eintritt (vgl. § 11 Rn 306), kann der Rechtsträger der Polizei von dem bisherigen Eigentümer nicht die Verwahrungskosten für die eingezogene Sache verlangen. Denn nach der Wirksamkeit der Einziehungsverfügung ist er weder Eigentümer noch rechtmäßiger Inhaber der tatsächlichen Gewalt über die Sache.[573]

Ein **Entschädigungsanspruch** des Eigentümers besteht bei einer rechtmäßigen Einziehung nicht.[574]

14. Vernehmung (§ 40 PolG)

§ 40 Abs. 1 PolG regelt die **Vernehmung aus polizeilichen Gründen**, d. h. aus Gründen der Gefahrenabwehr und konkretisiert dabei den in Art. 1 Abs. 1 GG verankerten **Grundsatz der Unantastbarkeit der Menschenwürde**. Der **Begriff der Vernehmung** entspricht dem der **Befragung** gem. § 43 Abs. 1 PolG. Gemeint ist das gezielt an eine Person (Störer oder unbeteiligter Dritter wie etwa ein Zeuge) gerichtete **Informationsverlangen** nach Auskunft (vgl. auch §§ 136, 136a StPO und § 10 Rn 202 ff.).

§ 40 Abs. 1 PolG verbietet bei einer polizeilichen Vernehmung die Anwendung von Zwangsmitteln. Das Verbot der Zwangsanwendung gilt „für die Polizei" – also sowohl für die Polizeibehörden als auch den Polizeivollzugsdienst und für alle Maßnahmen. Die Regelung ist eine reine **Verbotsnorm und stellt daher im System der Standardmaßnahmen gem. §§ 27 ff. PolG einen Fremdkörper** dar.[575] Unter **Zwang** ist dabei jede Beeinträchtigung der Freiheit der Willensentschließung und der Willensbetätigung durch alle Formen körperlich wirkender Beeinflussung zu verstehen, wie etwa Misshandlung, Ermüdung, Verabreichung von Mitteln, sowie auch alle Formen unmittelbar seelischer Einwirkung wie etwa Täuschung, Hypnose, Drohung, Versprechen eines gesetzlich nicht vorgesehenen Vorteils, Quälerei etc.[576] Das **Verbot** gilt auch in den Fällen, in denen das PolG ausdrücklich eine Auskunftspflicht festlegt (vgl. etwa die Auskunftspflicht gem. § 43 Abs. 1 S. 2 PolG).

Art. 3 EMRK statuiert ein **absolutes Folterverbot**.[577] Aus Art. 104 Abs. 1 S. 2 GG folgt ebenfalls, dass die Polizei eine Person bei einer Vernehmung unter keinen Umständen seelisch oder körperlich misshandeln darf (vgl. auch die Hinweise in § 12 Rn 57).

Beispiel: Einer Person (Geiselnehmer) darf bei einer Vernehmung nicht mit körperlicher Gewalt gedroht werden, um von ihr den Aufenthaltsort einer **Geisel**, die sich in Lebensgefahr befindet, in Erfahrung zu bringen.[578]

Für Vernehmungen durch die Polizei, die nicht der Verfolgung einer mit Strafe oder Geldbuße bedrohten Handlung dienen, gelten gem. **§ 40 Abs. 2 PolG** die §§ 68 a, 136 a und § 69 Abs. 3 StPO entsprechend.

---

[573] VGH BW, VBlBW 2007, 351.
[574] Deger, in: Stephan/Deger, Polizeigesetz BW, § 34 Rn 12; vgl. auch die Hinweise in § 15 Rn 5.
[575] Zutr. Kahlert, in: Belz/Mußmann/Kahlert/Sander, Polizeigesetz BW, § 35 Rn 1.
[576] Vgl. BVerfGE 50, 166, 175.
[577] Vgl. EGMR, DÖV 2010, 658, zum Recht auf ein faires Strafverfahren; LG Frankfurt, openJur 2011, 94498, zum Amtshaftungsanspruch wegen Verletzung der Menschenwürde durch Androhung von Folter; BVerwG, DÖV 2014, 851, zum Asylverfahren.
[578] LG Frankfurt, openJur 2011, 94498.

15. Erkennungsdienstliche Maßnahmen (§ 41 PolG)
a) Allgemeines
aa) Bedeutung

319 Erkennungsdienstliche Maßnahmen (ED-Behandlung) haben die **Feststellung der Identität** einer Person durch **Vergleich** von Bildern, Hand- und Fingerabdrücken oder anderer unverwechselbarer Merkmale zum Ziel. Durch die Maßnahme, die einen **Verwaltungsakt** darstellt (vgl. § 11 Rn 327), werden personenbezogene Daten einer betroffenen Person erhoben (vgl. § 14 PolG). Das Erheben und Speichern von erkennungsdienstlichen Unterlagen greift in das **Recht auf informationelle Selbstbestimmung** ein und bedarf einer gesetzlichen Grundlage.

§ 41 PolG enthält in Abs. 2 eine **Legaldefinition** der erkennungsdienstlichen Maßnahmen zur Gefahrenabwehr, in Abs. 1 die Voraussetzungen, unter denen sie zulässig sind, sowie in Abs. 3 eine Regelung über die Aufbewahrung und Vernichtung erkennungsdienstlicher Unterlagen.

bb) Einwilligung in erkennungsdienstliche Maßnahmen

320 § 41 PolG sieht keine Einwilligung der betroffenen Person in die Datenverarbeitung vor. Im Erstentwurf des § 41 Abs. 1 S. 1 PolG fand sich noch die Formulierung „ohne Einwilligung der betroffenen Person", diese wurde auf Hinweis des Landesbeauftragten für den Datenschutz und die Informationsfreiheit gestrichen.[579] Eine **erweiterte Durchführung** von erkennungsdienstlichen Maßnahmen **mit Einwilligung** der betroffenen Person über den Maßnahmenkatalog des § 41 Abs. 2 PolG hinaus **scheidet aus**.

Seit Inkrafttreten der DSRL 2016/680 und deren Umsetzungspflicht ins deutsche Recht ist davon auszugehen, dass die Einwilligung einer betroffenen Person zu einer Datenverarbeitung einer **ausdrücklichen gesetzlichen Ermächtigung** bedarf, eine allgemeine Erlaubnis der Datenverarbeitung mit Einwilligung also nicht mehr ausreicht.[580] Der EU-Richtliniengeber hat deutlich gemacht, dass eine betroffene Person, die aufgefordert werde, einer rechtlichen Verpflichtung nachzukommen, **keine echte Wahlfreiheit** habe, weshalb ihre Reaktion nicht als freiwillig abgegebene Willensbekundung betrachtet werden könne.[581] Angesichts dieser unionsrechtlichen Rahmenbedingungen aus der DSLR 2016/680 ist davon auszugehen, dass **ohne unionsrechtskonforme ausdrückliche gesetzliche Ermächtigung** die **Einwilligung der betroffenen Person** eine Berechtigung zur Durchführung einer erkennungsdienstlichen Maßnahme **nicht wirksam** bewirken kann.[582] Vgl. dazu eingehender die Ausführungen in § 10 Rn 176 f.

321 Auch **§ 42 PolG** (Verarbeitung personenbezogener Daten aufgrund einer Einwilligung) erlaubt mit Einwilligung des betroffenen Person keine über § 41 Abs. 1, 2 PolG hinausgehende erkennungsdienstliche Maßnahmen. Vgl. dazu eingehender die Ausführungen in § 10 Rn 199 f.

b) Begriffe

322 Gem. § 41 Abs. 2 PolG sind **erkennungsdienstliche Maßnahmen** insbesondere:
- die Abnahme von Finger- und Handflächenabdrücken, sog. **Daktyloskopie, Nr. 1**;
- die Aufnahme von **Lichtbildern** (Gesamtansicht, Profil) einschließlich **Bildaufzeichnungen** (etwa Filme), **Nr. 2**;

---

579 LT-Drs. 16/8484, S. 222.
580 Wie hier etwa Weinhold, in: Roßnagel, Das neue Datenschutzrecht, § 7 Rn 86; Heckmann/Paschke, in: Gola/Schomerus, BDSG, § 51 Rn 9; Frenzel, in: Paal/Pauly, DSGVO/BDSG, § 51 BDSG Rn 1; ähnlich Herbst, in: Auernhammer, DSGVO/BDSG, DSLR 2016/680 Rn 20.
581 Erwägungsgrund 35 der DSRL 2016/680, EU ABl. L 119, S. 94. Vgl. dazu auch Johannes/Weinhold, Neues Datenschutzrecht, § 1 Rn 154 ff.
582 Schwabenbauer, in: Lisken/Denninger, Handbuch des Polizeirechts, Kap. G Rn 385; Petri, in: Lisken/Denninger, Handbuch des Polizeirechts, Kap. G Rn 506 f.

- die Feststellung **äußerlicher** körperlicher **Merkmale** (etwa Gestalt, Hautfarbe, Tätowierungen, Missbildungen, Muttermale, Wundmale, Narben), **Nr. 3**;
- **Messungen** und ähnliche Maßnahmen (etwa Feststellung des Gewichts, der Körpergröße etc.), **Nr. 4**.

Diese Aufzählung ist **nicht abschließend**; dies folgt aus dem Begriff „insbesondere".[583] Andere als die dort bezeichneten Maßnahmen sind allerdings nur zulässig, wenn und soweit sie hinsichtlich der Beeinträchtigung der körperlichen Integrität der betroffenen Person mit jenen vergleichbar sind und somit keinen stärkeren Eingriff in die Grundrechte beinhalten.[584] **Zulässig sind** somit alle den Körper, die Körperteile aber auch die Kleidung betreffenden Feststellungen und Messungen, soweit sie nicht in die Körperidentität eingreifen bzw. in das Körperinnere eindringen. Dies sind etwa Feststellung des Brust- und Bauchumfangs, Form des Kopfes, der Hände, Füße usw. Nicht zu den erkennungsdienstlichen Maßnahmen gehören hingegen die Entnahme einer **Blutprobe, Röntgenaufnahmen, Gegenüberstellungen, Entnahme von Körperzellen** und die **Genomanalyse (sog. genetischer Fingerabdruck)**, da hierdurch keine äußeren Merkmale der Person festgestellt werden.[585] Diese sind ggf. bei Straftaten gem. §§ 81 e ff. StPO zulässig. Zur **Einwilligung** in weitere erkennungsdienstliche Maßnahmen vgl. die Ausführung in § 11 Rn 320 f.

Die **Anfertigung von Lichtbildern** stellt eine partielle erkennungsdienstliche Behandlung dar. Sie ist eine **eigenständige (Standard)-Maßnahme der Polizei** und nicht unselbstständiger Teil der Personenfeststellung. Sie bedarf deshalb einer eigenen Ermächtigungsgrundlage.[586]

c) Anwendungsbereich

Die erkennungsdienstlichen Maßnahmen auf der Grundlage des § 41 PolG sind von denen nach **§ 81 b Alt. 2 StPO** abzugrenzen. § 81 b Alt. 2 StPO regelt neben erkennungsdienstlichen Maßnahmen zur Durchführung eines Strafverfahrens (1. Alternative) auch die erkennungsdienstliche Behandlung zum Zwecke des Erkennungsdienstes (2. Alternative). Unter strafprozessuale Maßnahmen zum Zweck des Erkennungsdienstes fallen auch solche zur **vorbeugenden Bekämpfung von Straftaten**. Insoweit enthält § 81 b Alt. 2 StPO materielles Polizeirecht und überschneidet sich mit den Maßnahmen gem. § 41 Abs. 1 Nr. 2 PolG, die ebenfalls zur vorbeugenden Bekämpfung von Straftaten durchgeführt werden können.[587]

323

Wegen des **Vorrangs des Bundesrechts** (Art. 31 GG) werden von der Regelung des § 41 PolG nur diejenigen erkennungsdienstlichen Maßnahmen erfasst, die **nicht unter § 81 b Alt. 2 StPO** fallen.[588] Maßnahmen nach der StPO setzen einen Tatverdacht voraus und können grundsätzlich nur gegen einen Beschuldigten durchgeführt werden. Die **Beschuldigteneigenschaft** beginnt mit der Einleitung eines Ermittlungsverfahrens durch die Strafverfolgungsbehörden aufgrund eines konkreten Tatverdachts gegenüber einer bestimmten Person, die wahrscheinlich Täter ist. Sie endet, wenn ein strafrechtliches Verfahren nicht nur vorläufig eingestellt oder rechtskräftig abgeschlossen wurde. Tatverdacht allein begründet noch nicht die Beschuldigteneigenschaft.

---

583 W.-R. Schenke, in: Schenke/Graulich/Ruthig, Sicherheitsrecht, § 24 BPolG Rn 24.
584 Vgl. Graulich, in: Lisken/Denninger, Handbuch des Polizeirechts, Kap. E Rn 376.
585 BVerfG, NJW 2001, 2320.
586 VGH BW, VBlBW 2004, 214; Knorr, VBlBW 5/2010, Sonderbeilage, S. 7, 10; Stephan, in: Stephan/Deger, Polizeigesetz BW, § 36 Rn 11.
587 **Str.**: Nach der Grundsatzentscheidung des VGH BW zur (verfassungskonformen) Auslegung des Rechtsbegriffs „**vorbeugende Bekämpfung von Straftaten**" dürfte sich die Diskussion erledigt haben. Nach Ansicht des VGH BW umfasst dieser Begriff nur die **Verhütung von Straftaten**, nicht jedoch die Vorsorge für die Verfolgung künftiger Straftaten (DVBl 2014, 1002); vgl. die Ausführungen in § 4 Rn 6. BVerwG, NVwZ-RR 2011, 710.
588 Vgl. auch W.-R. Schenke, in: Schenke/Graulich/Ruthig, Sicherheitsrecht, § 24 BPolG Rn 5.

Auf § 41 Abs. 1 Nr. 2 PolG können daher nur erkennungsdienstliche **Maßnahmen außerhalb eines laufenden Strafverfahrens** gestützt werden, also gegen Personen, die nicht Beschuldigte i. S. d. § 81 b Alt. 2 StPO sind. Der Anwendungsbereich der Vorschrift ist daher sehr begrenzt. Durchgeführt werden können die Maßnahmen gem. § 41 PolG insbesondere bei einer Person,

- die **strafunmündig** und verdächtigt ist, eine Tat begangen zu haben, die mit Strafe bedroht ist; dazu zählen insbesondere strafunmündige Kinder;
- bei der die **Beschuldigteneigenschaft** wegen rechtskräftiger Verurteilung oder endgültiger Verfahrenseinstellung **weggefallen** ist (etwa bei einem Häftling, dessen Entlassung ansteht).[589]

Liegen diese Voraussetzungen vor, begründet **§ 41 Abs. 1 Nr. 2 PolG** eine **eigenständige Befugnis des Polizeivollzugsdienstes** zur Durchführung erkennungsdienstlicher Maßnahmen. Bei der **Verfolgung von Ordnungswidrigkeiten** gelten über § 46 Abs. 1 S. 1 OWiG die §§ 163 b, 81 b StPO entsprechend.

d) Tatbestandsvoraussetzungen

aa) Erkennungsdienstliche Maßnahmen zur Identitätsfeststellung (§ 41 Abs. 1 Nr. 1 PolG)

324 Gem. **§ 41 Abs. 1 Nr. 1 PolG** können erkennungsdienstliche Maßnahmen vorgenommen werden, wenn eine gem. § 27 PolG zulässige Identitätsfeststellung auf andere Weise nicht zulässig durchgeführt werden kann (vgl. § 11 Rn 8 ff.). Dies ist etwa der Fall, wenn sich die Identität einer Person nicht über mitgeführte Ausweispapiere feststellen lässt. Die Anordnung ist als äußerstes Mittel (**Ultima Ratio**)[590] nur zulässig, wenn die Voraussetzungen einer Identitätsfeststellung gem. § 27 PolG vorliegen und wenn die in § 27 Abs. 2 S. 2 u. 3 PolG angegebenen Maßnahmen zur Feststellung der Identität wie Anhalten, Verlangen, die Ausweispapiere vorzuzeigen, Festhalten an Ort und Stelle, Verbringen zur Dienststelle und Sistierung keinen Erfolg versprechen.

Maßnahmen gem. § 41 PolG gehen grundsätzlich einer Ingewahrsamnahme gem. § 33 Abs. 1 Nr. 3 PolG vor.

bb) Erkennungsdienstliche Maßnahmen zur vorbeugenden Bekämpfung von Straftaten (§ 41 Abs. 1 Nr. 2 PolG)

325 Gem. **§ 41 Abs. 1 Nr. 2 PolG** können erkennungsdienstliche Maßnahmen vorgenommen werden, wenn dies zur vorbeugenden Bekämpfung von Straftaten erforderlich ist, weil die betroffene Person verdächtig ist, eine Straftat begangen zu haben, und die Umstände des Einzelfalles die Annahme rechtfertigen, dass sie zukünftig eine Straftat begehen wird. Auf die landesrechtliche Vorschrift des § 41 Abs. 1 Nr. 2 PolG können aber nur Maßnahmen gestützt werden, soweit nicht § 82 b Alt. 2 StPO aus Anlass eines Strafverfahrens gegen einen Beschuldigten zur Vornahme präventiv-polizeilicher erkennungsdienstlicher Maßnahmen ermächtigt.[591] § 41 Abs. 1 Nr. 2 PolG setzt den Verdacht einer begangenen Straftat voraus, der Verdacht einer **bloßen Vorbereitung einer Straftat genügt** daher **nicht**.[592]

Fall 41: Die Polizei ordnet gegenüber einem **Strafunmündigen** eine erkennungsdienstliche Behandlung an, weil der dringende Verdacht besteht, dass er eine gleichaltrige Schülerin erheblich körperlich misshandelt hat. In der Vergangenheit hat sich der Jugendliche schon mehrfach gewalttätig verhalten.[593]

---

589 VGH BW, VBlBW 2004, 214, und **Fall 41** in § 11 Rn 325. Zur Abgrenzung vgl. auch VG Freiburg, openJur 2013, 44177.
590 W.-R. Schenke, in: Schenke/Graulich/Ruthig, Sicherheitsrecht, § 24 BPolG Rn 9.
591 Vgl. auch § 4 Rn 6 u. § 11 Rn 323.
592 VGH BW, NVwZ-RR 2020, 449 (Ls.), zu § 24 Abs. 1 Nr. 2 BPolG.
593 OVG NRW, NJW 1999, 2689.

Im **Fall 41** ist die Anordnung von erkennungsdienstlichen Maßnahmen zur vorbeugenden Bekämpfung von Straftaten erforderlich, weil der Betroffene verdächtig ist, eine Tat begangen zu haben, die mit Strafe bedroht ist, und wegen der Art und Ausführung der Tat die Gefahr der Wiederholung besteht. Die Maßnahme kann auf § 41 Abs. 1 Nr. 2 PolG gestützt werden, da sie sich gegen einen **Strafunmündigen** richtet und somit die vorrangige Norm des § 81 b Alt. 2 StPO nicht einschlägig ist. Der Schutz des allgemeinen Persönlichkeitsrechts, der verfassungsrechtliche Verhältnismäßigkeitsgrundsatz und der präventive Charakter der erkennungsdienstlichen Maßnahme verlangen allerdings eine **Abwägung** zwischen dem öffentlichen Interesse an einer effektiven Verhinderung und Aufklärung von Straftaten und dem Interesse des Betroffenen, nicht bereits deshalb als potenzieller Rechtsbrecher behandelt zu werden, weil er sich irgendwie verdächtig gemacht hat. Bei Strafunmündigen sind ferner das jugendliche Alter und die möglichen negativen Wirkungen für die weitere Entwicklung des Jugendlichen oder Kindes zu berücksichtigen (OVG NRW, NJW 1999, 2689).

Weiterhin bedarf es nach der Formulierung in § 41 Abs. 1 Nr. 2 PolG („zukünftig eine Straftat begehen wird") einer **Wiederholungsgefahr**. Es müssen daher Anhaltspunkte vorliegen, dass die betroffene Person erneut straffällig werden wird.

Beispiel: Bereits die einmalige Begehung einer **Sexualstraftat** reicht zur Annahme einer hinreichenden **Wiederholungsgefahr** aus, weil Sexualdelikte regelmäßig von einer besonderen Veranlagung oder Neigung des Täters geprägt sind.[594]

Schließlich ist der **Grundsatz der Verhältnismäßigkeit** zu beachten. 326

Beispiel: In Fällen häuslicher Gewalt, in denen der Täter bekannt ist und keine Verschleierung seiner Tatbeteiligung betreibt, ist die Anfertigung erkennungsdienstlicher Unterlagen zu präventiven Zwecken grundsätzlich nicht erforderlich.[595]

e) Rechtscharakter, Zuständigkeit & Verfahren

Die Anordnung, erkennungsdienstliche Maßnahmen durchzuführen, ist ein **belastender** 327 **Verwaltungsakt**.[596] Er verpflichtet die betroffene Person zur **Duldung** der angeordneten erkennungsdienstlichen Maßnahmen. Vor der Maßnahme ist die betroffene Person anzuhören (§ 28 LVwVfG). Eine bestimmte Form ist nicht vorgeschrieben. Soweit die Maßnahme **schriftlich** verfügt wird, ist sie gem. § 39 Abs. 1 LVwVfG zu **begründen**. Ergeht die Anordnung mündlich, gelten die Anforderungen des §§ 37 Abs. 2, 39 Abs. 1 LVwVfG.

Sachlich zuständig für die Anordnung der Maßnahme ist ausschließlich der **Polizeivollzugsdienst**.

Die **zwangsweise Durchsetzung** der erkennungsdienstlichen Behandlung erfolgt nach den Vorschriften des **LVwVG**. Als Zwangsmittel kommen insbesondere das Zwangsgeld und der unmittelbare Zwang in Frage. Hierbei ist der Grundsatz der Verhältnismäßigkeit zu beachten. Gegen bereits vollzogene erkennungsdienstliche Maßnahmen kommt die Fortsetzungsfeststellungsklage[597] in Betracht.

f) Aufbewahrung, Löschung und Vernichtung

Gem. § 41 Abs. 3 PolG sind die erhobenen personenbezogenen Daten zu **löschen** und 328 die erkennungsdienstlichen Unterlagen zu **vernichten**, wenn die Voraussetzungen des Abs. 1 weggefallen sind, es sei denn, ihre weitere Aufbewahrung ist nach anderen Rechtsvorschriften zulässig.

---

[594] VG Saarland, LKRZ 2009, 175.
[595] VG Köln, openJur 2012, 130096 (Rn 12).
[596] W.-R. Schenke, in: Schenke/Graulich/Ruthig, Sicherheitsrecht, § 24 BPolG Rn 2.
[597] Vgl. Fallbesprechung Knorr, VBIBW 5/2010, Sonderbeilage, 7.

Führt die Durchführung von Maßnahmen gem. § 41 Abs. 1 Nr. 1 PolG zur Feststellung der Identität einer betroffenen Person, sind nach **Abs. 3** die angefallenen erkennungsdienstlichen Unterlagen **von Amts wegen** zu vernichten. Die Aufbewahrung der Unterlagen ist somit nur bis zum Abschluss der Maßnahme zulässig. Die Verweisung in § 41 Abs. 3 S. 2 PolG auf § 75 Abs. 3 PolG gilt für diese Fälle nicht.[598]

329 Wurden dagegen die Maßnahmen zur Identitätsfeststellung gem. § 41 Abs. 1 Nr. 2 PolG zur vorbeugenden Bekämpfung von Straftaten vorgenommen, gelten durch die Verweisungsvorschrift die Grundsätze des § 41 Abs. 2 u. 3 PolG. Die Verpflichtung zur Löschung gilt demnach nicht, wenn die weitere Aufbewahrung der Unterlagen „nach anderen Rechtsvorschriften" zulässig ist. Die Notwendigkeit der weiteren **Aufbewahrung** kann sich etwa aus den §§ 81 b, 111 StPO, aber auch aus anderen **Gesetzen** wie etwa aus § 16 AsylG, § 49 AufenthG und § 6 Abs. 3 PaßG ergeben.

Beispiele:
- K begehrte im Jahre 1985 die Vernichtung der erkennungsdienstlichen Unterlagen, die von ihm im Rahmen eines strafrechtlichen Ermittlungsverfahrens wegen Verstoßes gegen das WaffG im Jahre 1977 erhoben wurden. Das Verfahren wurde gegen Zahlung einer Geldauflage endgültig eingestellt. Im Jahre 1983 wurde gegen K ein weiteres Ermittlungsverfahren wegen Bildung einer kriminellen Vereinigung eingeleitet, das ebenfalls eingestellt wurde. Die Aufbewahrung erkennungsdienstlicher Unterlagen kann trotz Einstellung des strafrechtlichen Anlassverfahrens rechtmäßig sein, wenn nach dessen Ergebnis ein erheblicher Restverdacht gegen den Betroffenen besteht.[599]
- Die weitere Speicherung und Nutzung erkennungsdienstlicher Unterlagen durch den Polizeivollzugsdienst kann auch dann rechtmäßig sein, wenn das strafrechtliche Ermittlungsverfahren, das zu der Datengewinnung führt, gem. § 153 a Abs. 2 StPO eingestellt worden ist.[600]

330 Liegen die Voraussetzungen des § 41 Abs. 3 PolG vor, hat die betroffene Person ein **subjektiv-öffentliches Recht auf Vernichtung** der Unterlagen, die nach dieser Vorschrift erstellt wurden. Der Anspruch auf Vernichtung ist bis zum Abschluss des Widerspruchsverfahrens mit einem Anfechtungswiderspruch / -klage, verbunden mit dem Antrag auf Beseitigung der Vollzugsfolgen gem. § 113 Abs. 1 S. 2 VwGO geltend zu machen. Sind die Voraussetzungen für die Aufbewahrung erkennungsdienstlicher Unterlagen nach dem Abschluss des notwendigen Vorverfahrens weggefallen, ist der Anspruch auf Vernichtung mit der **Verpflichtungsklage** zu verfolgen. Dieses Recht besteht auch bei der Vernichtung erkennungsdienstlicher Unterlagen, die gem. § 81 b StPO aus präventiv-polizeilichen Gründen erhoben wurden.[601]

Die **Ablehnung** des Antrags auf Vernichtung stellt einen **Verwaltungsakt** dar, gegen den Widerspruch / Verpflichtungsklage erhoben werden kann.

---

598 So auch Zeitler/Trurnit, Polizeirecht BW, Rn 434.
599 VGH BW, DÖV 1988, 83.
600 VGH BW, NVwZ-RR, 287.
601 VGH BW, VBlBW 2004, 214.

II. Einzelmaßnahmen 553

Schaubild Nr. 20
Polizeizwang – Verfahrensüberblick

Polizeizwang – Verfahrensüberblick

Vollstreckbare Polizeiverfügung (Grundverfügung) liegt vor

Auswahl des Zwangsmittels			
Zwangsgeld § 63 I PolG § 23 I LVwVG. Erzwingung von vertretbaren und unvertretbaren Handlungen, Duldungen und Unterlassungen (vgl. § 1 I LVwVG)	Zwangshaft § 63 I PolG § 24 I LVwVG. unselbstständiges Zwangsmittel, wenn Zwangsgeld uneinbringlich	Ersatzvornahme § 63 I PolG § 25 I LVwVG. Ausführung (nur) einer vertretbaren Handlung durch Selbst- oder Fremdvornahme	unmittelbarer Zwang §§ 63 II, 64 I, 65 ff. PolG. Einwirkung auf Personen oder Sachen zur Erzwingung vertretbarer und unvertretbarer Handlungen

Androhung

schriftlich, § 20 Abs. 1 LVwVG Ausnahme § 21 LVwVG	schriftlich, § 20 Abs. 1 LVwVG Ausnahme § 21 LVwVG	schriftlich, § 20 Abs. 1 LVwVG Ausnahme § 21 LVwVG	formfrei nach § 66 Abs. 2 PolG, soweit es die Umstände zulassen

Festsetzung

förmlich nach § 23 LVwVG	bestimmte Form nicht vorgeschrieben	bestimmte Form nicht vorgeschrieben	bestimmte Form nicht vorgeschrieben

Anwendung im engen Sinn

Einziehung / Beitreibung nach §§ 13 ff. LVwVG	Vollstreckung nach § 24 LVwVG	Ausführung (Selbst- / Fremdvornahme) als Realakt	Einwirkung auf Personen / Sachen nach §§ 64 bis 68 PolG als Realakt

sofortige Einstellung

nach § 11 LVwVG	nach § 11 LVwVG	nach § 11 LVwVG	nach § 66 Abs. 3 PolG

§ 12: Polizeizwang

I. Allgemeines

1 Die **Ausübung von Zwang** obliegt grundsätzlich **nur dem Staat**, er übt das sog. **staatliche Gewaltmonopol** aus.[1] Das staatliche Gewaltmonopol leitet sich aus dem Rechtsstaatsprinzip ab (**str.**) und gehört zu den wenigen, vom in Art. 21 Abs. 2 GG verankerten verfassungsrechtlichen Begriff der **freiheitlichen demokratischen Grundordnung** erfassten zentralen Grundprinzipien, die für den freiheitlichen Verfassungsstaat schlechthin unentbehrlich sind.[2] Die **Polizei** verfügt über zahlreiche Möglichkeiten und Mittel zur Ausübung der Staatsgewalt, so dass sie mit Kingreen/Poscher zu Recht als **Vollstrecker des staatlichen Gewaltmonopols** anzusehen ist.[3] Dabei ist die Ausübung des staatlichen Gewaltmonopols zwingend an **eindeutige begrenzende gesetzliche Voraussetzungen** gebunden: Staat und Polizei können die ihnen obliegende Gewalt **nicht willkürlich** ausüben, sondern nur unter den strengen Vorgaben des Verfassungsrechts und der Gesetze (insbesondere auch des PolG). Umgekehrt müssen sich der Staat und insbesondere die Polizei zwingend gegen Gewalt zur Wehr setzen, die den staatlichen Institutionen oder Privatpersonen gilt und die nicht staatlich legitimiert ist. Deswegen kann und muss gewalttätigen Angriffen gegenüber Polizeibeamten mit dem effektiven Einsatz (körperlicher) Gewalt durch die Polizei begegnet werden. Der Einsatz von Zwang und körperlicher Gewalt ist bei Angriffen gegenüber der Polizei grundsätzlich immer berechtigt, wobei im jeweiligen Einzelfall die gesetzlichen Grenzen und der Grundsatz der Verhältnismäßigkeit zu beachten sind.

Beispiel: Setzt sich eine Person gegen die berechtigte Ingewahrsamnahme durch die Polizei mit körperlicher Gewalt zur Wehr (etwa Anspucken, Schläge etc.), so ist die Polizei berechtigt, dies mit dem Einsatz körperlichen Gewalt (etwa Niederdrücken der Person auf den Boden, bis diese sich beruhigt hat oder durch Fesselung geschlossen werden kann) zu beenden. In solchen Situationen kann auch „rohe Gewalt" durch die Polizei zum Einsatz kommen, wenn dies situativ gefordert und unvermeidbar ist (wird etwa auf Polizeibeamte eingeschlagen, dürfen diese ggf. ihrerseits Schläge gegen die verursachende Person einsetzen).

Der Polizei obliegt überdies die **gesetzliche Pflicht**, den **Einsatz von Gewalt durch Privatpersonen** zu **unterbinden**. Zentraler Inhalt des staatlichen Gewaltmonopols ist das Verbot des Gewalteinsatzes durch jedermann: Gewalt wird unter der Verfassungsordnung des GG nur vom Staat und nicht vom Einzelnen ausgeübt.

Das staatliche Gewaltmonopol wird in jüngster Zeit insoweit in Frage gestellt, als sich die **Polizei selbst zunehmend Gewalt ausgesetzt** sieht. Die **Tötung des Afroamerikaners George Floyd** (durch Ersticken) in Minneapolis im US-Bundesstaat Minnesota am **25.5.2020** durch einen Polizisten (vgl. dazu eingehender die Ausführungen in § 5 Rn 40) hat weltweit zu gewalttätigen Auseinandersetzungen mit der Polizei geführt. In Deutschland kam es seitdem zu vermehrten gewalttätigen Übergriffen gegen die Polizei, so etwa in der Nacht des 20./21.6.2020 in Stuttgart oder in der Nacht des 18./19.7.2020 in Frankfurt. Es zeigt sich, dass das Gewaltmonopol des Staates vor allem von jüngeren Menschen hinterfragt, kritisiert, abgelehnt und skandalisiert wird. Es ist zu erkennen, dass die **staatliche Autorität in Teilbereichen zunehmend schwindet**.[4]

---

1 Graulich, in: Lisken/Denninger, Handbuch des Polizeirechts, Kap. E Rn 821; Kingreen/Poscher, Polizei- und Ordnungsrecht, § 3 Rn 64, § 24 Rn 3; Gusy, Polizei- und Ordnungsrecht, Rn 71, 161; Ibler, in: Ennuschat/Ibler/Remmert, Öffentliches Recht BW, § 2 Rn 21; Lassahn, AöR 2018, 471, 484 ff.
2 BVerfGE 144, 20, 210 (Rn 547).
3 Kingreen/Poscher, Polizei- und Ordnungsrecht, § 24 Rn 3.
4 So Büscher/Naber, in: Welt vom Sonntag kompakt vom 23.8.2020, S. 6 f.: „Es kippt etwas in deutschen Städten. Langsam aber sicher scheint die staatliche Autorität zu bröckeln, ein gewisser Respekt vor Polizisten in gewissen Vierteln, in gewissen Nächten verloren zu gehen."

In den §§ 63 bis 69 PolG regelt das PolG den sog. Polizeizwang. Polizeizwang ist **Verwaltungsvollstreckung**, also die zwangsweise Vollziehung eines Verwaltungsakts (**Polizeiverfügung**) zum Zweck der Gefahrenabwehr. Er ist eine **Beugemaßnahme**, keine Strafe oder Buße.[5] Der Polizeizwang wird in einem **mehrstufigen, sog. gestreckten Verwaltungszwangsverfahren** durchgeführt, das auf die Anwendung eines Zwangsmittels abzielt. Soweit nicht bereits seine Androhung oder Festsetzung den Vollstreckungsschuldner zum freiwilligen Einlenken bewegt, stellt die Anwendung eines Zwangsmittels die **Ultima Ratio der Rechtsdurchsetzung** dar (§ 66 Abs. 1 S. 1 PolG). Wegen der damit verbundenen Eingriffsintensität unterliegt der Einsatz der Zwangsmittel einem strikten **Vorbehalt des Gesetzes**.

Mit dem Erlass einer vollstreckbaren Polizeiverfügung kann sich die Polizei selbst einen „Vollstreckungstitel" schaffen, ohne vorher ein gerichtliches Erkenntnisverfahren durchführen zu müssen. Weiterhin kann sie „ihre" Verfügung mit eigenen Vollzugsorganen vollstrecken.

Fall 42: Der Obdachlose O wird von der Gemeinde – Ortspolizeibehörde – in eine Notunterkunft eingewiesen. Im Zuge von Haushaltseinsparungen soll das Anwesen, in dem O untergebracht ist, verkauft und O in eine andere gemeindliche Notunterkunft umgesetzt werden. Wenn O nicht freiwillig umzieht, kann die Ortspolizeibehörde als Grundverwaltungsakt eine **Umsetzungsverfügung** erlassen und diese notfalls auch gegen den Willen des O durch die Anwendung unmittelbaren Zwangs vollstrecken lassen.

Im **Fall 42** entscheidet die Polizeibehörde selbst, ob sie eine Umsetzungsverfügung erlässt. Als Vollstreckungsbehörde liegt auch die Entscheidung in ihrem Ermessen, ob und mit welchen Mitteln sie ihre eigene Polizeiverfügung vollstreckt (zur Umsetzungsverfügung im Einzelnen vgl. § 6 Rn 65). Dieses „Vollstreckungsverfahren aus einem Guss" ist aus Sicht der Ortspolizeibehörde einer – ebenso zulässigen – Räumungsklage der Gemeinde und Zwangsräumung durch den Gerichtsvollzieher vorzuziehen.

II. Zwangsmittel

1. Allgemeines

Als **Zwangsmittel** kommen gem. § 63 Abs. 1 PolG das Zwangsgeld, die Zwangshaft oder die Ersatzvornahme nach den Vorschriften des LVwVG und gem. § 63 Abs. 2 PolG der unmittelbare Zwang nach den Bestimmungen des PolG in Betracht (vgl. Schaubild Nr. 20). Die **Arten der Zwangsmittel** sind damit **abschießend festgelegt**, eine Erweiterung ist ausgeschlossen.[6]

Für die Zwangsmittel **Zwangsgeld**, **Zwangshaft** und **Ersatzvornahme** gelten über die Verweisungsvorschrift des **§ 63 Abs. 1 PolG** die Regelungen des LVwVG. Soweit Bundesgesetze Vollstreckungsvorschriften enthalten, ist gem. § 1 Abs. 3 LVwVG das LVwVG nicht anwendbar.

Gem. **§ 63 Abs. 2 PolG** wendet die Polizei das Zwangsmittel unmittelbarer Zwang nach den Vorschriften „dieses Gesetzes", also nach den speziellen Bestimmungen des PolG in den §§ 64 ff. PolG an. Aus **§ 66 Abs. 4 PolG** folgt, dass die dort genannten Vorschriften des LVwVG auch für die Durchführung des unmittelbaren Zwanges gelten. Zu beachten ist in diesem Zusammenhang die Regelung des **§ 65 PolG**, wonach die Anwendung des unmittelbaren Zwangs (nur) den Beamten des Polizeivollzugsdienstes obliegt (vgl. § 12 Rn 46).

Die **Vorschriften des PolG über den unmittelbaren Zwang** (§§ 64 ff. PolG) gelten **ergänzend** für die zwangsweise **Durchführung strafprozessualer Standardmaßnahmen**. Wird die Polizei gem. **§ 1 Abs. 2 PolG, §§ 161, 163 StPO** tätig, muss sie die in der StPO geregelten Maßnahmen wie Festnahmen, körperliche Untersuchungen, Durchsu-

---
5 VGH BW, NVwZ-RR 1995, 620, 621.
6 Hyckel, LKV 2015, 300, 342.

chungen, Festhalten bei Identitätsfeststellungen etc. notfalls auch gegen den Willen der betroffenen Person durchsetzen können. Zwar regelt die StPO die Befugnisse zu diesen Standardmaßnahmen. Sie enthält aber meist keine eigenen Bestimmungen über ihre zwangsweise Durchsetzung. Insoweit kommt den §§ 63 bis 69 PolG eine **Ergänzungsfunktion** zu.

3 Das PolG enthält keine eigenen Regelungen über die **Vollstreckung von Geldforderungen** der Polizei. Soweit Kosten der Polizei durch Kostenbescheid festgesetzt werden, erfolgt die Vollstreckung des Kostenbescheids durch Beitreibung nach den §§ 13, 14 und 15 ff. LVwVG i. V. m. § 1 ff. LVwVGKO.

Beispiel: Nach dem Abschleppen eines verbotswidrig geparkten Fahrzeugs im Wege der Ersatzvornahme setzt die Polizeibehörde P in einem Bescheid gegenüber dem kostenpflichtigen Halter H die Kosten der Maßnahme fest. Da H auch nach einer Mahnung nicht bezahlt und der Bescheid bestandskräftig wird, will P den Leistungsbescheid vollstrecken. Für die Beitreibung gelten die §§ 13 ff. LVwVG.

2. Zwangsgeld

4 Mit dem Zwangsgeld können Handlungen, Duldungen und Unterlassungen durchgesetzt werden.

Fall 43: Ein Drogendealer fällt der Polizei mehrfach wegen des Handels mit BTM auf. Mit entsprechendem Bescheid wird ihm gem. § 30 Abs. 2 PolG ein **Aufenthaltsverbot** erteilt und ihm unter Anordnung des Sofortvollzugs untersagt, sich in dem Zeitraum von drei Monaten auf bestimmten öffentlichen Straßen in der Stadt S aufzuhalten (= vollstreckbare Polizeiverfügung, die zu einer Unterlassung verpflichtet). Für den Fall der Zuwiderhandlung wird ein **Zwangsgeld** in Höhe von 1.000 Euro **angedroht** (vgl. § 12 Rn 4 ff.).

Die **Androhung** des Zwangsgeldes stellt die **erste** Stufe im Vollstreckungsverfahren dar. Rechtsgrundlagen für die Vollstreckung des Aufenthaltsverbotes sind § 63 Abs. 1 PolG, §§ 1, 2, 4, 19, 20 und 23 LVwVG. Im **Fall 43** ist die Androhung eines Zwangsgeldes ein geeignetes Zwangsmittel, um den Drogendealer dazu zu bringen, das Aufenthaltsverbot zu beachten.

Die Androhung, Festsetzung und Anwendung von Zwangsgeld soll die pflichtige Person (Adressat einer Grundverfügung) durch Einwirkung auf ihren Willen mittelbar zwingen, die ihr auferlegte Handlungs-, Duldungs- oder Unterlassungspflicht selbst zu erfüllen.[7] Das Zwangsmittel kommt deshalb zur Vollstreckung aller in § 1 LVwVG genannten Verfügungen zur Anwendung, gleichgültig, ob vertretbare oder unvertretbare Handlungen erzwungen werden sollen. Die Maßnahme ist keine Reaktion auf begangenes Unrecht, sondern ein reines **Beugemittel** ohne Strafcharakter **zur Erzwingung eines künftigen Verhaltens**. Auf ein mögliches Verschulden des Vollstreckungsschuldners kommt es nicht an. Aus diesen Gründen kann das Zwangsgeld gem. § 19 Abs. 4 LVwVG **wiederholt und gesteigert werden**, wenn die pflichtige Person weiterhin säumig ist.[8] Das Zwangsgeld ist gem. **§ 20 LVwVG** anzudrohen. Aus dem **Bestimmtheitsgrundsatz** folgt, dass das Zwangsmittel für jeden einzelnen Fall der Zuwiderhandlung angedroht werden muss (§ 12 Rn 34). Die **Festsetzung** muss schriftlich erfolgen und hat ebenfalls Verwaltungsaktcharakter. Sie ist bei fehlender Androhung eines bestimmten Zwangsmittels unzulässig.[9]

5 Für die **Höhe** legt **§ 23 LVwVG** einen Kostenrahmen zwischen 10 und höchstens 50.000 Euro fest. Die Festsetzung der Höhe muss sich in erster Linie nach der Wichtigkeit des von der Verwaltung verfolgten Zwecks, darüber hinaus nach der Intensität des geleisteten Widerstands richten. Es gibt keinen vollstreckungsrechtlichen Grundsatz,

---

7 VGH BW, NVwZ-RR 1995, 620, 621.
8 VGH BW, NVwZ-RR 1995, 620, 621.
9 VGH BW, VBlBW 1996, 65, 66.

dass die Höhe des Zwangsgelds die bei einer Ersatzvornahme zu erwartenden Kosten nicht übersteigen darf.[10]

Die **Vollstreckung** erfolgt **durch Beitreibung** nach den **§§ 63 Abs. 1 PolG, 13 ff. LVwVG**. Ein festgesetztes Zwangsgeld darf dann nicht mehr beigetrieben werden, wenn die hierdurch zu erzwingende Handlung oder Unterlassung auf einem befristeten Gebot oder Verbot beruht und die Frist inzwischen verstrichen ist.[11] Mit der Zwangsgeldfestsetzung ist die Zwangsvollstreckung beendet und das Vermögen der pflichtigen Person mit der Zwangsgeldforderung belastet.

3. Zwangshaft

Ist das Zwangsgeld uneinbringlich, kann gem. **§ 24 Abs. 1 S. 1 LVwVG** die Vollstreckungsbehörde beim zuständigen Verwaltungsgericht Antrag auf Anordnung von Zwangshaft stellen. Zwangshaft ist kein selbstständiges bzw. primäres Zwangsmittel, sondern tritt als **Beugehaft** an die Stelle des nicht einzubringenden Zwangsgelds („Ersatzzwangshaft"). Die Zwangshaft stellt eine **Freiheitsentziehung** i. S. d. Art. 104 Abs. 1 GG dar. Wegen des mit ihr verbundenen schweren Eingriffs in das durch Art. 2 Abs. 2 GG garantierte **Grundrecht auf Freiheit der Person** darf sie nur angeordnet werden, wenn **alle anderen Zwangsmittel erschöpft** sind. Sie ist das letzte Mittel des Staates zur Durchsetzung eines vollstreckbaren Anspruchs. Sie ist daher nur in Ausnahmefällen unter besonderer Beachtung des Grundsatzes der Verhältnismäßigkeit zulässig. Gem. **§ 24 Abs. 1 S. 1 LVwVG** ist die pflichtige Person vor Erlass des Haftanordnungsbeschlusses durch das Verwaltungsgericht **zu hören**. Bei der Androhung des Zwangsgeldes muss die pflichtige Person auf die Zulässigkeit der Zwangshaft hingewiesen worden sein.

Das Zwangsgeld ist dann **uneinbringlich**, wenn ein nach der rechtmäßig angeordneten Festsetzung erfolgter **Beitreibungsversuch** erfolglos war. Ordnet das Verwaltungsgericht die Zwangshaft an, hat es gem. **§ 24 Abs. 1 S. 2 LVwVG** einen **Haftbefehl** auszustellen. Gem. **§ 24 Abs. 3 LVwVG** ist die Zwangshaft auf Antrag der Vollstreckungsbehörde durch die Justizverwaltung **zu vollstrecken**. Die Zwangshaft beträgt mindestens einen Tag und höchstens zwei Wochen (§ 24 Abs. 2 LVwVG).

4. Ersatzvornahme

Gem. **§ 63 Abs. 1 PolG, § 25 LVwVG** bedeutet Ersatzvornahme die **Ausführung einer vertretbaren Handlung**, zu welcher der Verwaltungsakt verpflichtet, durch die Vollstreckungsbehörde oder durch einen von ihr beauftragten Dritten auf Kosten der pflichtigen Person. Wichtiger **Anwendungsfall** ist das **Abschleppen verbotswidrig abgestellter Fahrzeuge** im Wege der Ersatzvornahme (vgl. dazu auch § 8 Rn 14).

Beispiel: Weil die zuständige Straßenverkehrsbehörde nicht erreichbar ist, beauftragt die Polizei am Wochenende ein privates Unternehmen, ein seit Tagen im Fußgängerbereich (VZ 241 mit Zusatzschild) widerrechtlich geparktes Kfz abzuschleppen und zieht den Halter H durch Kostenbescheid zu den Abschleppkosten heran. Das VZ 241 begründete als Verkehrsregelung für den Nichtberechtigten H nicht nur ein Parkverbot, sondern zugleich das Gebot, das unerlaubt parkende Fahrzeug wegzufahren. Das durch das Verkehrszeichen angeordnete **Wegfahrgebot** stellte somit die zu vollstreckende **Grundverfügung** dar (vgl. § 8 Rn 13 ff.). Durch das Abschleppen – eine vertretbare Handlung – wird das straßenverkehrsrechtliche Wegfahrgebot im Wege der Ersatzvornahme (hier durch Fremdvornahme durch die Beauftragung eines Abschleppunternehmens) vollstreckt (vgl. VGH BW, VBlBW 1990, 259).

Durch die Ersatzvornahme können nur vertretbare Handlungen erzwungen werden. **Vertretbar** ist eine **Handlung**, wenn die Vornahme durch einen Dritten rechtlich zulässig ist, und es für die berechtigte Person tatsächlich und wirtschaftlich gleich bleibt, ob die pflichtige Person oder ein anderer die Handlung vornimmt. Vertretbar sind nur posi-

---

10 VGH BW, VBlBW 2004, 226.
11 VGH BW, VBlBW 1996, 418.

tive Handlungen. Aus diesem Grund können etwa das Verlassen eines bestimmten Ortes wie beim Wohnungsverweis (§ 30 Abs. 3 PolG), das Erscheinen aufgrund einer Vorladung (§ 28 PolG), die Beantwortung eines Auskunftsverlangens oder die Abgabe einer Erklärung nicht im Wege der Ersatzvornahme erzwungen werden. Diese Handlungen bzw. Leistungen sind höchstpersönlicher Natur und damit **unvertretbare Handlungen**.

10 **§ 25 LVwVG** lässt sowohl die Selbstvornahme als auch die sog. Fremdvornahme zu. Bei der **Selbstvornahme** beseitigt die Polizei eine Gefahr mit eigenen Mitteln (Personal, Sachmittel etc.). Bei der **Fremdvornahme** überträgt die Polizei einem selbstständigen Unternehmen die Vollstreckung der durch die Grundverfügung angeordneten Maßnahme. Bei dieser Beauftragung handelt es sich regelmäßig um ein privatrechtliches Rechtsgeschäft zwischen der Behörde und dem Unternehmer (Werk- oder Dienstvertrag). Zu der pflichtigen Person (Adressat des Grundverwaltungsaktes / Vollstreckungsschuldner) tritt die dritte Person (Unternehmer) weder in vertragliche noch sonstige öffentlich-rechtliche Rechtsbeziehungen.

Einen generellen Vorrang des Zwangsmittels der Ersatzvornahme vor dem des Zwangsgelds gibt es nicht.[12]

5. Unmittelbarer Zwang

11 Unmittelbarer Zwang ist nach der Legaldefinition in **§ 64 Abs. 1 PolG** jede Einwirkung auf Personen oder Sachen durch einfache körperliche Gewalt, Hilfsmittel der körperlichen Gewalt oder Waffengebrauch (vgl. § 12 Rn 49 ff.). **§ 64 Abs. 1 PolG** bestimmt **abschließend**, welche Maßnahmen / Mittel bei der Anwendung des unmittelbaren Zwangs eingesetzt werden dürfen.[13] Das Zwangsmittel ist das **äußerste Mittel** des Vollstreckungsrechts (vgl. § 66 Abs. 1 PolG). Durch das Zwangsmittel werden gegen den Willen der betroffenen Person regelmäßig **unvertretbare Handlungen** erzwungen.

Beispiel: Die Polizei richtet an die Teilnehmer einer aufgelösten Versammlung mehrfach die Aufforderung, eine Zufahrtsstraße zu räumen, um für ein Militärfahrzeug die Einfahrt in eine Kaserne frei zu machen. Sie droht die zwangsweise Räumung der Straße (= Platzverweis) an. Als die Teilnehmer nicht aufgeben, wendet der Polizeivollzugsdienst zur Vollstreckung der vorausgegangenen Platzverweisverfügung unmittelbaren Zwang an: Die Vollzugsbeamten tragen die Teilnehmer durch den Einsatz körperlicher Gewalt von der Fahrbahn.[14] In diesem Fall richtet sich die Vollstreckung des Platzverweises nach § 63 Abs. 2, § 64 Abs. 1 und 2, § 66 Abs. 4 PolG i. V. m. den dort genannten Vorschriften des LVwVG. Das Verlassen der Straße stellt für jeden Adressaten des Platzverweises eine höchstpersönliche und somit eine **unvertretbare Handlung** dar. Der unmittelbare Zwang ist das geeignete Zwangsmittel, um in diesem Fall die Räumung der Fahrbahn durchzusetzen.

III. Vorliegen eines vollstreckbaren Verwaltungsakts

1. Vollstreckungsfähiger Verwaltungsakt

a) Verwaltungsakt als Grundvoraussetzung der Verwaltungsvollstreckung

12 Vollstreckungsmaßnahmen der Polizei setzen einen vollstreckungsfähigen **Verwaltungsakt** i. S. d. § 35 LVwVfG voraus (vgl. § 1 Abs. 1 LVwVG).[15] Dieser Verwaltungsakt ist der **Vollstreckungstitel**. Allen Zwangsmaßnahmen muss daher ein Verwaltungsakt als **Grundverfügung** vorausgehen. Fehlt dieser Grundverwaltungsakt, ist für eine Verwaltungsvollstreckung kein Raum. **Verwaltungsvollstreckung ist grundsätzlich immer Vollstreckung eines Verwaltungsaktes.**

Weiterhin muss der zu vollstreckende Verwaltungsakt **wirksam** sein, darf also weder nichtig noch aufgehoben oder erledigt sein. Gem. **§ 43 Abs. 2 LVwVfG** bleibt der Verwaltungsakt wirksam, solange und soweit er nicht zurückgenommen, widerrufen, anderweitig aufgehoben oder durch Zeitablauf erledigt ist. Der fortwirkende Verwaltungs-

---
12 VGH BW, VBlBW 2004, 226.
13 Deger, in: Stephan/Deger, Polizeigesetz BW, § 50 Rn 2.
14 VGH BW, NJW 1990, 1618.
15 Hyckel, LKV 2015, 300, 301.

III. Vorliegen eines vollstreckbaren Verwaltungsakts

akt ist unverzichtbare Voraussetzung für die Rechtmäßigkeit der jeweiligen Vollstreckungsmaßnahme.[16]

b) Vollstreckungsfähigkeit des Verwaltungsakts

Vollstreckungsfähig sind nur Verwaltungsakte, die zu einer Geldleistung oder sonstigen Handlung, zu einer Duldung oder zu einer Unterlassung verpflichten (§ 1 Abs. 1 LVwVG). **Polizeiverfügungen** zur Gefahrenabwehr sind regelmäßig vollstreckungsfähige Verwaltungsakte, da sie als klassischer Fall der Eingriffsverwaltung befehlenden Charakter haben (vgl. § 6 Rn 1).[17] Die in **Verkehrszeichen und -einrichtungen** enthaltenen Gebote stehen regelmäßig den vollziehbaren Verwaltungsakten gleich (vgl. § 8 Rn 13 ff.). **Feststellende Verwaltungsakte** sind dagegen nicht vollstreckungsfähig.[18] **Nicht vollstreckungsfähig sind Realakte**, also rein tatsächliche Verwaltungshandlungen, die in einem öffentlich-rechtlichen Sachzusammenhang stehen, aber keinen Regelungsgehalt besitzen, insbesondere keine Rechtswirkung nach außen setzen (vgl. § 7 Rn 1 ff.).

13

c) Form des zu vollstreckenden Verwaltungsakts

Auf die **Form** des Verwaltungsakts kommt es nach dem **Grundsatz der Formfreiheit** nicht an (vgl. **§ 37 Abs. 2 S. 1 LVwVfG**). Vollstreckungsfähig sind auch mündliche Verfügungen oder konkludent angeordnete Verwaltungsakte. Gem. **§ 37 Abs. 2 S. 2 LVwVfG** ist eine mündliche Verfügung schriftlich zu bestätigen.

14

2. Vollstreckbarer Verwaltungsakt

Die polizeiliche Verfügung kann als Verwaltungsakt nur vollstreckt werden, wenn sie **unanfechtbar und damit formell bestandskräftig** geworden ist (§ 2 Nr. 1 LVwVG) oder wenn die aufschiebende Wirkung eines Rechtsbehelfs entfällt (§ 2 Nr. 2 LVwVG).[19]

15

a) Unanfechtbarkeit

Unanfechtbar bedeutet, dass in der durch den Verwaltungsakt geregelten Sache nach den insoweit maßgeblichen Vorschriften (insbesondere nach der VwGO) **keine ordentlichen Rechtsbehelfe mehr** gegeben sind. Dies ist der Fall:

16

- nach **Ablauf der Rechtsbehelfsfristen** (vgl. §§ 58 Abs. 2, 70 Abs. 1, 74 Abs. 1 VwGO),
- bei **ausdrücklichem Verzicht auf Rechtsbehelfe** oder
- bei **formeller Rechtskraft von Urteilen** (vgl. § 173 VwGO, § 705 ZPO). Im Ergebnis bedeutet dies, dass eine Entscheidung mit ordentlichen Rechtsmitteln (Berufung, Revision, Beschwerde) nicht mehr angegriffen werden kann, entweder weil ein Rechtsmittel überhaupt nicht gegeben oder weil die Rechtsmittelfrist verstrichen ist.

b) Sonderfall: Gefahr im Verzug

Liegt Gefahr im Verzug vor (vgl. § 4 Rn 35), kann unter den Voraussetzungen des **§ 21 LVwVG** die Vollstreckung bereits vor Eintritt der Unanfechtbarkeit des zu vollstreckenden Verwaltungsakts erfolgen.[20] Der zu vollstreckende Verwaltungsakt muss der Abwehr einer Gefahr für die öffentliche Sicherheit oder Ordnung dienen. Bei der Beurteilung der Erforderlichkeit muss eine **Abwägung** zwischen dem Interesse der pflichtigen Person an der Einhaltung der Vorschriften des LVwVG und den öffentlichen Belangen an einer effektiven Gefahrenabwehr durchgeführt werden. Entsprechend dem Ausnah-

17

---

16 VGH BW, VBlBW 2008, 305.
17 Hyckel, LKV 2015, 300, 301.
18 Deger, in: Stephan/Deger, Polizeigesetz BW, § 49 Rn 8.
19 Hyckel, LKV 2015, 300, 302.
20 VGH BW, VBlBW 1986, 301.

mecharakter der Vorschrift ist ein strenger Maßstab anzulegen. Wegen der Möglichkeit der Anordnung der sofortigen Vollziehung (vgl. § 2 Nr. 2 LVwVG sowie § 12 Rn 25 ff.) kommt der Regelung wenig praktische Bedeutung zu.

c) Wegfall der aufschiebenden Wirkung
aa) Grundsatz des § 80 Abs. 1 S. 1 VwGO

18 **Nach dem Grundsatz des § 80 Abs. 1 S. 1 VwGO** haben Widerspruch und Anfechtungsklage aufschiebende Wirkung. Durch diese Regelung soll sichergestellt werden, dass vor Unanfechtbarkeit eines belastenden Verwaltungsakts keine vollendeten Tatsachen geschaffen und Rechte beeinträchtigt werden können, ohne dass die betroffenen Personen die Möglichkeit wirksamen Rechtsschutzes haben.[21] Die Einlegung dieser Rechtsbehelfe führt regelmäßig dazu, dass der Verwaltungsakt nicht vollstreckt werden darf.

Beispiel: Nachdem der Schäferhund des H schon zweimal kleinere Hunde gebissen und schwer verletzt hat, ordnet die Ortspolizeibehörde O gegenüber H den Leinen- und Maulkorbzwang für seinen Schäferhund an und stellt H die Verfügung zu. Legt H form- und fristgerecht **Widerspruch** gegen die Polizeiverfügung ein, ist er nicht verpflichtet, den Anordnungen Folge zu leisten. Denn sein Rechtsbehelf hat aufschiebende Wirkung. Im Falle der Nichtbefolgung der Anordnung muss H auch keine Vollstreckungsmaßnahmen befürchten. Denn es liegt kein vollstreckbarer Verwaltungsakt vor. Will O den H trotz seines Widerspruchs zur sofortigen Beachtung des Leinen- und Maulkorbzwangs zwingen, muss sie gem. § 80 Abs. 2 S. 1 Nr. 4 VwGO die **sofortige Vollziehung** ihrer Polizeiverfügung **besonders anordnen.** Nur dann kann sie gegenüber H für den Fall der Zuwiderhandlung Zwangsmittel androhen bzw. anwenden. Hierbei muss O abwägen, ob ein besonderes öffentliches Interesse an der sofortigen Umsetzung des Leinen- und Maulkorbzwangs zur Verhütung weiterer Gefahren für die öffentliche Sicherheit (= Vollzugsinteresse) die privaten Belange des H überwiegt (vgl. § 12 Rn 28).

bb) Ausnahmen des § 80 Abs. 2 und 3 VwGO

19 Vom Grundsatz der aufschiebenden Wirkung der genannten Rechtsbehelfe werden in § 80 Abs. 2, 3 VwGO mehrere Ausnahmen gemacht mit der Rechtsfolge, dass der Verwaltungsakt trotz der Einlegung von Rechtsbehelfen vollstreckt werden kann. Er ist in folgenden Fällen „sofort vollziehbar":

(1) Anforderung öffentlicher Abgaben und Kosten (§ 80 Abs. 2 S. 1 Nr. 1 VwGO)

20 Die aufschiebende Wirkung entfällt gem. § 80 Abs. 2 S. 1 Nr. 1 VwGO kraft Gesetzes bei der Anforderung von öffentlichen Abgaben und Kosten. **Öffentliche Abgaben** sind die hoheitlich geltend gemachten öffentlich-rechtlichen Geldforderungen, die von allen erhoben werden, die einen normativ bestimmten Tatbestand erfüllen und die zur Deckung des Finanzbedarfs des Hoheitsträgers für die Erfüllung öffentlicher Aufgaben dienen, wie etwa Steuern, Gebühren und Beiträge nach dem KAG. Dabei genügt es, wenn die Abgabe diese Funktion neben einer anderen Funktion hat (etwa Lenkungs-, Antriebs-, Zwangs- oder Straffunktion) und möglicherweise zweckgebunden zu verwenden ist.[22]

21 **Kosten** i. S. d. § 80 Abs. 2 VwGO sind grundsätzlich alle **Gebühren und Auslagen**, die den Beteiligten wegen der Durchführung eines Vorverfahrens oder eines Verwaltungsverfahrens auferlegt werden wie etwa die Widerspruchsgebühr[23] und Gebühren für Amtshandlungen nach dem LGebG (vgl. § 15 Rn 35 ff.).

---

21 Schenke, in: Kopp/Schenke, § 80 VwGO Rn 1.
22 Schenke, in: Kopp/Schenke, § 80 VwGO Rn 57.
23 VGH BW, VBlBW 1987, 336.

Keine Kosten i. S. d. § 80 Abs. 2 S. 1 Nr. 1 VwGO sind:
- Zwangsgelder (§ 12 Rn 4);
- die Kosten der Ersatzvornahme einschließlich des Vorauszahlungsbescheids (VGH BW, NVwZ-RR 1997, 74; vgl. auch § 15 Rn 25 ff.);
- die Kosten für die Anwendung unmittelbaren Zwangs (VGH BW, VBlBW 1996, 262; vgl. auch § 15 Rn 34);
- die Kosten für die unmittelbare Ausführung gem. § 8 Abs. 2 PolG (vgl. auch § 15 Rn 14 ff.);
- die Bestattungskosten im Falle der Veranlassung einer Bestattung durch die Ortspolizeibehörde gem. § 31 BestattG (VGH BW, NVwZ-RR 2000, 189).

In allen diesen Fällen haben Widerspruch und Anfechtungsklage gegen die Kostenbescheide grundsätzlich aufschiebende Wirkung.

(2) Anordnungen und Maßnahmen von Polizeivollzugsbeamten (§ 80 Abs. 2 S. 1 Nr. 2 VwGO)

Keine aufschiebende Wirkung entfalten Rechtsbehelfe gem. **§ 80 Abs. 2 S. 1 Nr. 2 VwGO** kraft Gesetzes bei unaufschiebbaren **Anordnungen und Maßnahmen von Polizeivollzugsbeamten**. Die Bestimmung betrifft nur Verwaltungsakte des Polizeivollzugsdienstes, nicht die der Polizeibehörden. Wird der Polizeivollzugsdienst aufgrund seiner **Eilzuständigkeit** gem. § 105 Abs. 2 PolG tätig, ist diese Voraussetzung grundsätzlich gegeben. **22**

Beispiel: Bei einer Streife in der Fußgängerzone erteilen die Polizeivollzugsbeamten O und P dem **Bettler** B einen Platzverweis, weil er in aggressiver Form (Festhalten von Passanten, beleidigende Äußerungen) vorgeht. Sie fordern ihn unter Androhung unmittelbaren Zwangs auf, die Fußgängerzone umgehend zu verlassen. B protestiert gegen diese Maßnahme, indem er den Beamten umgehend einen von ihm unterschriebenen Widerspruch gegen den Platzverweis übergibt. Mit dem Rechtsbehelf kann B den Vollzug des Platzverweises nicht verhindern. Denn sein Widerspruch hat keine aufschiebende Wirkung, weil die Aufforderung, die Fußgängerzone zu verlassen, eine unaufschiebbare Anordnung von Polizeivollzugsbeamten gem. § 80 Abs. 2 S. 1 Nr. 2 VwGO darstellt. Nach der Vollstreckung des Platzverweises kann B nur über die **Fortsetzungsfeststellungsklage** die Rechtmäßigkeit der polizeilichen Maßnahme nachträglich überprüfen lassen (vgl. § 12 Rn 84).

Bei schriftlichen Polizeiverfügungen gilt § 80 Abs. 2 S. 1 Nr. 2 VwGO nicht.[24] In diesen Fällen muss die zuständige Polizeivollzugsbehörde die sofortige Vollziehung besonders anordnen.

Der Wegfall der aufschiebenden Wirkung eines Rechtsbehelfs gem. § 80 Abs. 2 S. 1 Nr. 2 VwGO gilt wegen der Funktionsgleichheit mit unaufschiebbaren Anordnungen der Polizeivollzugsbeamten entsprechend für **Verkehrszeichen und -einrichtungen**, deren Gebote (regelmäßig Wegfahrgebote) den vollziehbaren Verwaltungsakten i. S. d. § 80 Abs. 2 S. 1 Nr. 2 VwGO gleichgestellt sind.[25] **23**

(3) Andere durch Bundes- oder Landesgesetz vorgeschriebene Fälle (§ 80 Abs. 2 S. 1 Nr. 3 VwGO)

Gem. **§ 80 Abs. 2 S. 1 Nr. 3 VwGO** entfällt die aufschiebende Wirkung in anderen durch Bundesgesetz oder für Landesrecht durch Landesgesetz vorgeschriebenen Fällen (vgl. etwa § 75 AsylG, § 37 TierGesG, § 84 Abs. 1 AufenthG, §§ 16 Abs. 8, 28 Abs. 3 IfSG, § 160 Abs. 4 SGB IX). **24**

Gem. **§§ 187 Abs. 3 VwGO, 12 LVwVG** entfällt die aufschiebende Wirkung von Rechtsbehelfen auch bei Maßnahmen in der Verwaltungsvollstreckung kraft der Regelung in einem Landesgesetz. Zu diesen Maßnahmen zählen die **Androhung** und **Festsetzung** von Zwangsmitteln, soweit sie ihrer Rechtsnatur nach Verwaltungsakte sind.

---

24 So auch Zeitler/Trurnit, Polizeirecht BW, Rn 935.
25 VGH BW, VBlBW 2010, 196, 197; vgl. § 8 Rn 13 ff.

Beispiel: Die zuständige Polizeivollzugsbehörde erlässt eine schriftliche Verfügung, durch die der A zur Durchführung erkennungsdienstlicher Maßnahmen gem. § 28 PolG innerhalb einer bestimmten Frist vorgeladen wird. Sie ordnet die sofortige Vollziehung dieser Verfügung an und droht ein Zwangsgeld für den Fall des Nichterscheinens an. In diesem Fall hätte ein **Widerspruch** des A **gegen die Androhung** des Zwangsgeldes **keine aufschiebende Wirkung**, da die Androhung die erste Stufe im Vollstreckungsverfahren darstellt. Die Behörde könnte daher trotz des Widerspruchs des A das angedrohte Zwangsgeld festsetzen.

(4) Besondere Anordnung der sofortigen Vollziehung (§ 80 Abs. 2 Nr. 4, Abs. 3 VwGO)

25 Rechtbehelfe hindern die Vollstreckbarkeit ebenfalls nicht, wenn die zuständige Behörde **die sofortige Vollziehung ihrer Grundverfügung besonders anordnet.**

Fall 44: Die Ortspolizeibehörde von S erlässt gegenüber dem prügelnden Ehemann M zur **Bekämpfung der häuslichen Gewalt** gem. § 30 Abs. 3 PolG folgende Verfügung (vgl. § 11 Rn 95 ff.):
1. Sie werden aus der in S...., ... Straße Nr. ...., im 1. OG gelegenen Wohnung verwiesen.
2. Gleichzeitig wird Ihnen für die Dauer von zehn Tagen ab Bekanntgabe dieser Verfügung untersagt, in diese Wohnung zurückzukehren und diese zu betreten.
3. **Die sofortige Vollziehung der Verfügungen Ziff. 1 und 2 wird angeordnet.**

Im **Fall 44** hat die Polizeibehörde die sofortige Vollziehung des angeordneten Wohnungsverweises und Rückkehrverbots gem. **§ 80 Abs. 2 Nr. 4 VwGO** besonders angeordnet. Ihre Anordnung kann die Behörde in diesem Fall sowohl **im öffentlichen Interesse** (Abwehr von Gefahren) als auch **im überwiegenden Interesse der beteiligten Familienangehörigen** (Opferschutz) erlassen. Mit dieser Anordnung erreicht sie, dass ein möglicher Widerspruch des M keine aufschiebende Wirkung hätte. Mit der Anordnung der sofortigen Vollziehung verfügt die Behörde gegen M über eine vollstreckbare Wohnungsverweisverfügung. Beim Vorliegen der weiteren Vollstreckungsvoraussetzungen, insbesondere nach der Androhung eines bestimmten Zwangsmittels (etwa unmittelbarer Zwang), kann sie den Wohnungsverweis sofort vollstrecken und M notfalls durch Anwendung des unmittelbaren Zwangs aus der Wohnung entfernen. Ohne die Anordnung der sofortigen Vollziehung hätte ein Widerspruch des M gegen die Polizeiverfügung gem. § 80 Abs. 1 S. 1 VwGO aufschiebende Wirkung mit der Folge, dass der Wohnungsverweis und das Rückkehrverbot von M nicht beachtet werden müssten.

Nach der Anordnung der sofortigen Vollziehung hat M nur noch die Möglichkeit, beim Verwaltungsgericht gem. **§ 80 Abs. 5 VwGO** den Antrag zu stellen, dass die aufschiebende Wirkung seines Widerspruchs wieder hergestellt wird (vgl. § 12 Rn 30). Gibt ihm das Gericht in diesem einstweiligen Rechtsschutzverfahren Recht, darf er – vorbehaltlich der Einlegung möglicher Rechtsbehelfe durch E – wieder in seine Wohnung gehen, weil die Verfügung nicht mehr vollziehbar bzw. vollstreckbar ist.

26 Die sofortige Vollziehung kann von der zuständigen Behörde (das ist regelmäßig die Ausgangsbehörde) sowohl von Amts wegen als auch auf Antrag angeordnet werden. Sie ist ein sog. **Annex zu der Grundverfügung** und somit nicht als Verwaltungsakt zu qualifizieren. Gegen die Anordnung sind daher Widerspruch und Anfechtungsklage keine zulässigen Rechtsbehelfe (vgl. dazu auch § 12 Rn 30).

27 Regelmäßig wird die Anordnung der sofortigen Vollziehung **mit der Grundverfügung verbunden.** In diesen Fällen tritt ab Wirksamkeit des Grundverwaltungsaktes die sofortige Vollziehbarkeit ein.

Fall 45: Die zuständige allgemeine Polizeibehörde erlässt gegenüber dem Fahrzeughalter H gem. § 39 Abs. 1 PolG folgende Verfügung:
1. Der am ... sichergestellte Pkw, Marke Opel, mit dem amtl. Kennzeichen ...... wird eingezogen.
2. Die sofortige Vollziehung dieser Verfügung (Ziffer 1) wird angeordnet.

Im **Fall 45** wurde die Anordnung der sofortigen Vollziehung mit der Grundverfügung verbunden. Die Verfügung ist deshalb vollstreckbar. Die Rechtswirkung der Einziehung – der Eigentumswechsel – tritt folglich mit der Wirksamkeit der Verfügung (= Bekanntgabe) sofort ein.²⁶ Die Anordnung kann aber auch **isoliert** und nachträglich – also zeitlich gesehen nach dem Erlass des Grundverwaltungsaktes – ergehen. Die Vollstreckbarkeit der Grundverfügung (§ 2 Nr. 2 LVwVG) tritt dann erst mit der Bekanntgabe der nachträglichen Anordnung der sofortigen Vollziehung ein.

Die Sofort-Vollzugsanordnung muss **rechtmäßig** erlassen werden. 28

In **formeller Hinsicht** muss die zuständige Behörde (= regelmäßig die den Verwaltungsakt erlassende Behörde) handeln. Weiterhin muss die Anordnung gem. § 80 Abs. 2 S. 1 Nr. 4 VwGO „besonders angeordnet", also **ausdrücklich** erfolgen. Dafür reicht weder die tatsächliche Vollziehung oder Einleitung der Vollstreckung eines Verwaltungsaktes noch die Annahme einer konkludenten Anordnung aus. Schließlich ist gem. **§ 80 Abs. 3 S. 1 VwGO** das **besondere Vollzugsinteresse** schriftlich zu begründen. Die Anforderungen an die **Begründung** sind nicht hoch. Zweck des Begründungserfordernisses ist es, die Behörde zu einer sorgfältigen Prüfung des besonderen Interesses an der sofortigen Vollziehung des Verwaltungsaktes anzuhalten. Außerdem sollen der betroffenen Person die für die Anordnung maßgeblichen Gründe zur Kenntnis gebracht werden. Ferner soll die Begründung die Grundlage für eine gerichtliche Kontrolle der Anordnung bilden.²⁷ Die Behörde muss die aus ihrer Sicht bestehenden Gründe für die Anordnung der sofortigen Vollziehung benennen und damit dokumentieren, dass sie sich der Notwendigkeit eines **besonderen eilbedürftigen Vollzugsinteresses** bewusst gewesen ist. Nur ein **überwiegendes Vollzugsinteresse** rechtfertigt den Ausschluss der aufschiebenden Wirkung. Selbst die Offensichtlichkeit der Gründe, die einen Sofortvollzug gebieten, rechtfertigt keine Ausnahme vom Begründungszwang. Verstößt eine Vollziehungsanordnung gegen § 80 Abs. 3 S. 1 VwGO, hebt das Gericht die Anordnung auf, ohne dass es darauf ankommt, ob ein besonderes Interesse an der sofortigen Vollziehung besteht.²⁸

In **materieller Hinsicht** ist für die Rechtmäßigkeit der Anordnung die **Interessensabwägung** entscheidend, für deren Ergebnis eine summarische Prüfung der Rechtmäßigkeit der behördlichen Entscheidung (= Grundverfügung) maßgebliches Gewicht hat.²⁹ Bei der Entscheidung hat die Behörde das besondere Vollzugsinteresse mit den privaten Belangen der betroffenen Person gem. § 80 Abs. 3 S. 1 VwGO abzuwägen. Gem. **§ 80 Abs. 3 S. 2 VwGO** kann bei Gefahr im Verzug bzw. bei Notstandsmaßnahmen ausnahmsweise auf die Begründung verzichtet werden.³⁰ 29

Rechtsbehelfe gegen die Anordnung der sofortigen Vollziehung sind der Antrag bei der Ausgangsbehörde oder der Widerspruchsbehörde auf Aussetzung der Vollziehung gem. **§ 80 Abs. 4 VwGO** bzw. der Antrag an das Verwaltungsgericht gem. **§ 80 Abs. 5 VwGO** mit dem Ziel, die aufschiebende Wirkung des Rechtsbehelfs (Widerspruch / Anfechtungsklage) ganz oder teilweise wiederherzustellen (§ 80 Abs. 5 Alt. 2 VwGO).³¹ Im Falle eines Antrags gem. § 80 Abs. 5 VwGO hat das Gericht aufgrund einer summarischen Sachprüfung nach eigenem Ermessen zu entscheiden, ob das Vollzugsinteresse so gewichtig ist, dass der Verwaltungsakt sofort vollzogen werden darf, oder ob das gegenläufige Interesse eines Antragstellers an der Wiederherstellung der aufschiebenden Wirkung überwiegt. Im Rahmen der insoweit gebotenen **Abwägung** hat das Gericht auch die Erfolgsaussichten des in der Hauptsache eingelegten Rechtsbehelfs zu berücksichtigen. Es findet eine **summarische Prüfung der Sach- und Rechtslage** statt. 30

---

26 VGH BW, VBlBW 2007, 351; vgl. § 11 Rn 305 ff.
27 VGH BW, DVBl 2012, 1506.
28 VGH BW, VBlBW 2012, 151.
29 Vgl. Schenke, in: Kopp/Schenke, § 80 VwGO Rn 152; zur Abwägung vgl. auch VGH BW, DÖV 2013, 950 (zur Fahrerlaubnisentziehung).
30 VGH BW, VBlBW 2012, 151, 152.
31 Zur Prüfung eines Antrags gem. § 80 Abs. 5 VwGO vgl. etwa Lösungsskizze von Treiber, VBlBW 2012, 24, 25; zum vorläufigen Rechtsschutz vgl. auch Leven, Beilage VBlBW 2012, 11 ff.

d) Rechtmäßigkeit der Grundverfügung

31 Nach **h. L.** ist die Rechtmäßigkeit des zu vollstreckenden Grundverwaltungsakts grundsätzlich keine Voraussetzung für die Zulässigkeit der Vollstreckung bzw. Rechtmäßigkeit von Vollstreckungsakten. Vollstreckungsmaßnahmen, die wegen ihrer sofortigen Vollziehbarkeit (§ 2 Nr. 2 LVwVG) sofort vollstreckt werden, sind nicht deshalb rechtswidrig, weil ein rechtswidriger Grundverwaltungsakt zugrunde liegt. Auch ein rechtswidriger, aber wirksamer Verwaltungsakt ist vom Adressaten zu befolgen. Das Vollstreckungsrecht wird von dem Grundsatz beherrscht, dass Rechtsfehler des Grundverwaltungsakts unbeachtlich sind, soweit sie nicht zu dessen Nichtigkeit führen oder der Verwaltungsakt wegen Rechtswidrigkeit aufgehoben wurde.[32]

Nach Eintritt der Bestandskraft einer Verfügung ist eine Berufung auf rechtliche Mängel des Grundverwaltungsaktes im Vollstreckungsrecht grundsätzlich ausgeschlossen. In aller Regel ist es indes **rechtsmissbräuchlich**, einen zwar bestandskräftigen, aber von der Behörde als rechtswidrig erkannten Verwaltungsakt zu vollstrecken.[33]

Diese Grundsätze gelten auch für den Fall der Vollstreckung einer rechtswidrigen Grundverfügung **vor dem Eintritt der Bestandskraft**.

Ggf. kann die betroffene Person im Wege der Feststellungsklage erreichen, dass ein Gericht nachträglich die Grundverfügung bzw. deren Vollstreckung für rechtswidrig erklärt.

IV. Vollstreckungsverfahren

1. Allgemeines

32 Das Vollstreckungsverfahren ist ein **mehrstufiges, gestrecktes Verwaltungsverfahren** und kann in drei selbstständige **Verfahrensabschnitte** eingeteilt werden:
- Die **Androhung** des Zwangsmittels (= Verwaltungsakt, vgl. § 20 LVwVG u. § 12 Rn 34 ff.).
- Die **Festsetzung** des Zwangsmittels (= Verwaltungsakt, vgl. § 12 Rn 37 f.).
- Die **Anwendung** (im engen Sinn) des Zwangsmittels (= regelmäßig Realakt, vgl. § 12 Rn 39 f.).[34]

Jede dieser Stufen ist als rechtlich selbstständige Maßnahme zu verstehen. Dennoch sind die einzelnen Verfahrensabschnitte aufeinander bezogen.

Beispiele:
- Gem. § 63 Abs. 1 PolG, § 23 LVwVG wird das Zwangsgeld erst **nach** seiner Androhung festgesetzt.
- Die Vollstreckung einer polizeilichen Räumungsanordnung nach einer illegalen Hausbesetzung durch unmittelbaren Zwang erfolgt nach der Androhung und Festsetzung durch die Anwendung des Zwangsmittels „Zwangsräumung" gem. §§ 63 Abs. 2, 64, 65, 66 PolG i. V. m. § 27 Abs. 1 LVwVG.

33 Der **Ausschluss von Einwendungen** gegen die Rechtmäßigkeit der einzelnen Verfahrensstufen gilt grundsätzlich auch im Vollstreckungsverfahren. Wird eine Vollstreckungsmaßnahme (Androhung/Festsetzung) bestandskräftig, ist die Geltendmachung eines Mangels für das gesamte weitere Verfahren grundsätzlich nicht mehr beachtlich (vgl. aber die Einschränkungen unter § 12 Rn 31).

Beispiel: Die Androhung eines Zwangsgelds ist fehlerhaft und damit rechtswidrig, wenn die Vollstreckungsbehörde die Frist zur Erfüllung der Verpflichtung mit der Angabe „unverzüglich" nicht ausreichend bestimmt hat (vgl. § 20 Abs. 1 S. 2 LVwVG u. VGH BW, VBlBW 1995, 284; OVG MV, NVwZ-RR 1997, 762).

---

32 Vgl. BVerfG, NVwZ 1999, 290, 292; VGH BW, VBlBW 2008, 305; Schenke, Polizei- und Ordnungsrecht, Rn 540; **a. A.** Knemeyer, Polizei- und Ordnungsrecht, Rn 358.
33 So auch Würtenberger/Heckmann/Tanneberger, Polizeirecht BW, § 8 Rn 22; Gusy hält eine Vollstreckung für unzulässig, wenn die Grundverfügung „offensichtlich" rechtswidrig ist (Polizei- und Ordnungsrecht, Rn 438).
34 Kenntner, Öffentliches Recht BW, Kap. A Rn 100.

Nach **h. L.** kann dieser Fehler im Widerspruchsverfahren gegen den Festsetzungsbescheid nicht mehr mit Erfolg geltend gemacht werden, wenn die rechtswidrige Androhungsverfügung bestandskräftig wurde.

2. Androhung

Jedes Zwangsmittel muss grundsätzlich vorher angedroht werden. Mit der Androhung beginnt die Verwaltungsvollstreckung (§ 63 Abs. 1 PolG, § 20 Abs. 1 S. 1 LVwVG, §§ 63 Abs. 2, 66 Abs. 2 PolG). Jede Androhung stellt einen **Verwaltungsakt** dar, der selbstständig mit Widerspruch und Anfechtungsklage angefochten werden kann. Wegen der Regelung in §§ 12 LVwVG, 80 Abs. 2 S. 1 Nr. 3 VwGO i. V. m. § 2 Nr. 2 LVwVG ist die Androhung als vollstreckungsrechtliche Verfügung **sofort vollziehbar**. Gem. § 20 Abs. 2 LVwVG kann die Androhung mit der Grundverfügung, die vollstreckt werden soll, verbunden werden (sog. unselbstständige Androhung). Sie kann auch isoliert, also getrennt von der Grundverfügung, nachträglich erlassen werden. Bei **Gefahr im Verzug** kann auf die Androhung verzichtet werden (§ 21 LVwVG). Die **Androhung wirkt nur gegenüber dem Adressaten**. Sie geht – anders als die Grundverfügung (vgl. § 5 Rn 31 ff. u. § 12 Rn 43) – nicht auf den Rechtsnachfolger über. 34

Zwangsgeld und Ersatzvornahme sind **schriftlich anzudrohen** (vgl. § 63 Abs. 1 PolG, § 20 Abs. 1 LVwVG, § 37 LVwVfG). Bei der Androhung des Zwangsgelds muss ein **bestimmter** Betrag angegeben werden, wobei ein Gesamtbetrag ausreicht (§ 20 Abs. 3 und 4 LVwVG). Die Androhung muss sich auf ein **bestimmtes** Zwangsmittel beziehen (vgl. **Fall 43** in § 12 Rn 4). Bei Androhung mehrerer Zwangsmittel ist anzugeben, in welcher **Reihenfolge** sie angewendet werden sollen (§ 20 Abs. 3 LVwVG). Gem. **§ 20 Abs. 3 S. 2 LVwVG** ist nicht nur die gleichzeitige Androhung mehrerer verschiedenartiger, sondern auch mehrerer gleichartiger Zwangsmittel (etwa gestaffelte Zwangsgeldandrohung) unter Angabe der Reihenfolge der Anwendung der Zwangsmittel zulässig.[35] Nach dem LVwVG **besteht kein Vorrang des Zwangsmittels der Ersatzvornahme vor dem des Zwangsgelds**.[36] 35

Der **unmittelbare Zwang** ist, soweit es die Umstände zulassen, vor seiner Anwendung **anzudrohen** (§ 66 Abs. 2 PolG).[37] Ist die **sofortige** Anwendung des Zwangsmittels zur Abwehr der Gefahr erforderlich, kann die Androhung hingegen unterbleiben.

Die Zwangsmittelandrohung zur Durchsetzung einer Handlungsverpflichtung ist gem. § 20 Abs. 1 S. 2 LVwG nur bei **Bestimmung einer angemessenen Frist** zur Erfüllung rechtmäßig (sog. **Erzwingungsfrist**). Die **Frist** ist so zu bemessen, dass es der pflichtigen Person möglich und zumutbar ist, ihre Verpflichtung bis zum Ablauf zu erfüllen. Bei der Fristsetzung sind aber auch die Dringlichkeit der Ausführung und die Schwere der Gefahrenlage zu berücksichtigen. Diese Voraussetzung ist etwa nicht gegeben, wenn im Falle der Vollstreckung einer Unterlassungspflicht ein Zwangsgeld „für jeden Fall der Zuwiderhandlung" angedroht wird.[38] Eine **Verpflichtung zu „unverzüglichem Handeln"** entspricht nicht dem Bestimmtheitsgebot.[39] Eine **Fristsetzung auf „sofort"** ist nur angemessen, wenn die sofortige Durchsetzung der Grundverfügung zur Gefahrenabwehr unabweisbar notwendig ist.[40] Bei der Vollstreckung von Verwaltungsakten, durch die eine Duldung oder Unterlassung erzwungen werden soll, ist die Angabe einer Frist nicht erforderlich. Ist die Frist nicht hinreichend bestimmt oder fehlt sie ganz, ist die Androhung rechtswidrig.[41] Soweit die Polizei ein ganz bestimmtes Zwangsmittel 36

---

35 Vgl. VGH BW, NVwZ-RR 1996, 612.
36 VGH BW, VBlBW 2004, 226.
37 Vgl. dazu auch BVerfG, NVwZ 1999, 290, 293 (Einsatz eines Wasserwerfers).
38 **Str.**, vgl. VGH BW, VBlBW 2002, 297, 304.
39 VGH BW, VBlBW 1995, 284.
40 VGH BW, VBlBW 2009, 396.
41 VGH BW, VBlBW 1995, 284.

androht, muss sie sich bei dessen Festsetzung und Anwendung grundsätzlich daran halten.

3. Festsetzung

37 Erfüllt die polizeipflichtige Person die ihr durch Polizeiverfügung auferlegte Verpflichtung nicht, wird das zuvor angedrohte Zwangsmittel festgesetzt. Dies erfolgt regelmäßig durch den Erlass einer **Festsetzungsverfügung** und hat den Zweck, eine **Entscheidung über Zeitpunkt und Maß der Zwangsanwendung** zu treffen. Dadurch wird eine weitere unmissverständliche Warnung an die Adresse der pflichtigen Person ausgesprochen und ihr die **letzte Gelegenheit zur freiwilligen Befolgung** der Anordnung eingeräumt. Aus der Sicht der Behörde macht die Festsetzung endgültig den Weg frei, Zwangsmaßnahmen zu ergreifen.[42] Das Gesetz schreibt die Festsetzung nur zwingend für das **Zwangsgeld** vor. Gem. **§ 23 LVwVG** ist das Zwangsgeld **schriftlich** festzusetzen. Die Festsetzung ist erst zulässig, wenn die in der Androhung bestimmte Frist erfolglos abgelaufen ist. Wurde die Grundverfügung erfüllt, ist eine Zwangsgeldfestsetzung unzulässig. **Unzulässig** ist die Festsetzung auch dann, wenn der Zweck der Vollstreckung bereits erreicht wurde oder wenn ein **Vollstreckungshindernis** vorliegt. Ein Vollstreckungshindernis besteht insbesondere dann, wenn und solange die pflichtige Person aus rechtlichen oder tatsächlichen Gründen nicht in der Lage ist, die ihr auferlegte Verpflichtung zu erfüllen.

Die **Festsetzung des Zwangsgelds** erfolgt durch den Erlass eines Kostenbescheids. Mit der Zwangsgeldfestsetzung ist die Zwangsvollstreckung beendet und das Vermögen der pflichtigen Person mit der Zwangsgeldforderung belastet. Die Zwangsgeldfestsetzung ist nach den Grundsätzen, welche für die Vollstreckung von Geldforderungen gelten, vollstreckbar (§§ 13 ff. LVwVG).

38 Es liegt **im pflichtgemäßen Ermessen** der Behörde, ob sie auch andere Zwangsmittel (etwa Ersatzvornahme oder unmittelbarer Zwang) formell festsetzt. Denn auch in diesen Fällen muss die Behörde eine Entscheidung über den Zeitpunkt und das Maß der Zwangsanwendung treffen. Aus rechtsstaatlichen Gründen ist die Festsetzung als weiterer Verfahrensschritt im Vollstreckungsverfahren bei **allen** Zwangsmitteln geboten. Die Festsetzung stellt gegenüber der Anwendung eines Zwangsmittels ein „Minus" dar und wird deshalb von der Ermächtigung zur Anwendung des Zwangsmittels mit umfasst.[43] Für die **Festsetzung der anderen Zwangsmittel** ist keine bestimmte Form vorgeschrieben. Sie kann daher auch mündlich erfolgen (vgl. § 37 Abs. 2 S. 1 LVwVfG). Wird nicht ausdrücklich eine selbstständige Festsetzungsverfügung erlassen, kann deren Rechtmäßigkeit **inzident** im Zusammenhang mit der Durchführung einer Vollstreckung geprüft werden.

4. Anwendung
a) Begriff

39 Der **Begriff „Anwendung"** wird im PolG nicht einheitlich verwendet. In **§ 65 PolG** wird unter dem unbestimmten Rechtsbegriff **„Anwendung"** (nur) die **letzte Stufe im Verfahren des Polizeizwangs** verstanden. Man spricht deshalb von Anwendung im engen Sinne. Demgegenüber werden unter „Anwendung" i. S. d. **§ 63 Abs. 2 PolG** alle drei Stufen des Vollstreckungsverfahrens begriffen.

Die Anwendung des Zwangsmittels (im engen Sinne) ist die **letzte Stufe im Vollstreckungsverfahren**. Mit ihr wird die Polizeiverfügung durchgesetzt und die angedrohte bzw. festgesetzte Vollstreckungsmaßnahme tatsächlich ausgeführt.

---

42 BVerwG, NVwZ 1997, 381, 382.
43 OVG RP, NVwZ 1986, 762.

Beispiele:
- Die Polizei lässt durch die Beauftragung einer Abschleppfirma einen rechtswidrig abgestellten Pkw **abschleppen**.
- Der Polizeibeamte P macht **von der Schusswaffe Gebrauch** und erschießt einen Geiselnehmer.

Die **Zuständigkeitsregelung in § 65 PolG führt zur folgenden Unterscheidung**: 40

Für die **Anordnung / Festsetzung des unmittelbaren Zwangs** ist „die Polizei" zuständig. Sowohl die Polizeibehörden gem. §§ 106 ff. PolG als auch der Polizeivollzugsdienst gem. §§ 115 ff. PolG können daher das Zwangsmittel „unmittelbarer Zwang" androhen / festsetzen. Für die **Anwendung des unmittelbaren Zwangs als letzte Stufe der Verwaltungsvollstreckung** ist dagegen ausschließlich der **Polizeivollzugsdienst** zuständig. Mit Recht weist *Deger* darauf hin, dass mit dieser Regelung den Beamten des Polizeivollzugsdienstes ein „hohes Maß an Verantwortung" übertragen wird.[44]

Beispiel: Weil sich der allein lebende M weigert, den Vertretern der zuständigen Behörden Zugang zu seiner total verwahrlosten und von Ungeziefer befallenen Wohnung einzuräumen, ordnet die Ortspolizeibehörde O gem. § 16 IfSG an, dass M verpflichtet ist, das Betreten der Wohnung zu dulden und droht als Zwangsmittel unmittelbaren Zwang an. Die Ortspolizeibehörde ist sachlich zuständig für die Anordnung des **Betretungsrechts**.[45] Die Ortspolizeibehörde ist auch zuständige Vollstreckungsbehörde gem. § 4 LVwVG für die **Androhung** des unmittelbaren Zwangs. Sie trifft auch die Entscheidung über Zeitpunkt und Maß des Einsatzes des Zwangsmittels (= Festsetzung). Die zwangsweise Öffnung der Wohnung des M würde die **Anwendung** des Zwangsmittels im engen Sinn darstellen. Für diese Maßnahme als letzte Stufe im Vollstreckungsverfahren (= Realakt) sind gem. § 65 PolG ausschließlich die Beamten des Polizeivollzugsdienstes zuständig.

b) Rechtscharakter

Der **Rechtscharakter** der Anwendungsmaßnahmen im engen Sinn muss **differenziert** 41 **beurteilt** werden:

- Die Einziehung und Beitreibung von **Zwangsgeld** (§§ 13 ff. LVwVG) erfolgt durch Verwaltungsakt.
- Die Anwendung im engen Sinn des Verwaltungszwangs bei der **Ersatzvornahme** erfolgt in der Ausführung der Handlung, zu welcher der Verwaltungsakt verpflichtet.
- Beim **unmittelbaren Zwang** wird der Verwaltungsakt durch die Anwendung physisch wirkender Gewalt oder durch Selbstvornahme der Vollzugsbeamten durchgesetzt. Die pflichtige Person ist zur Duldung der Ersatzvornahme / des unmittelbaren Zwangs verpflichtet. Sie muss gestatten, dass ihr Fahrzeug beseitigt, ihr Grundstück betreten oder ihre Wohnung durchsucht wird, soweit dies zur Anwendung des Zwangsmittels erforderlich ist. Ausführungshandlungen zur Anwendung der Ersatzvornahme und des unmittelbaren Zwangs sind nach der hier vertretenen Meinung als **Realakte** zu qualifizieren (vgl. § 7 Rn 1 ff.), durch die das angedrohte und ggf. festgesetzte Zwangsmittel lediglich ausgeführt wird (**str.**). Die insbesondere vom **BVerwG**[46] vorgenommene Einstufung von Maßnahmen des unmittelbaren Zwangs (etwa Schlagstockeinsatz gegen Demonstranten) als „Verwaltungsakte auf Duldung", ist abzulehnen (vgl. § 7 Rn 1). Dies gilt auch für die Fälle, in denen das Zwangsmittel vorher nicht angedroht, sondern „in einer einzigen Maßnahme" durchgeführt wird.[47]

5. Adressat der Vollstreckung

PolG und LVwVG gehen vom Verwaltungsakt als Grundlage der Vollstreckung aus. Vollstreckt werden kann nur gegen denjenigen, der durch eine Polizeiverfügung zu einer 42

---

44 Deger, in: Stephan/Deger, Polizeigesetz BW, § 51 Rn 2.
45 Vgl. Verordnung des Landes BW vom 19.7.2007 über die **Zuständigkeiten** nach dem **IfSG** (GBl. S. 361), zuletzt geändert durch Verordnung vom 28.5.2020 (GBl. S. 357).
46 Vgl. BVerwGE 26, 161, 164 ff. („Schwabinger Krawalle"); BayVGH, NVwZ 1988, 105.
47 So auch Würtenberger/Heckmann/Tanneberger, Polizeirecht BW, § 8 Rn 34.

Handlung, Duldung oder Unterlassung verpflichtet wurde. **Adressat der Vollstreckung ist daher im Regelfall derjenige, gegen den die Grundverfügung gerichtet war.** Wer dies im Einzelfall ist, richtet sich nach dem materiellen Recht. Die **§§ 6 ff. PolG** über die Verhaltens- und Zustandsverantwortlichkeit sind allgemeine Grundsätze des Verwaltungsrechts und können entsprechend herangezogen werden (vgl. § 5 Rn 1 ff.).

Bei mehreren Verpflichteten muss die Vollstreckungsbehörde die eventuellen Rechte parallel berechtigter Personen prüfen. Für die Vollstreckung von Verwaltungsakten, die auf die Vornahme von Handlungen, Duldungen oder Unterlassungen gerichtet sind, ist anerkannt, dass nur solche Handlungen erzwungen werden können, die **allein** vom Willen der pflichtigen Person abhängen. Ist ein Vollstreckungsschuldner zivilrechtlich zur Ausführung der geschuldeten Handlung nicht (mehr) berechtigt, so ist die Vollstreckung ohne Duldungsanordnung gegen den Berechtigten unzulässig.[48] Ist die pflichtige Person zur Erfüllung nicht in der Lage, weil sie dadurch in die Rechte dritter Personen eingreifen müsste, führt dies zwar nicht zur Rechtswidrigkeit der Grundverfügung. Die Berufung der dritten Person auf ihre (Mit)Berechtigung stellt aber grundsätzlich ein **Vollstreckungshindernis** dar, das die Vollziehbarkeit der Grundverfügung hindert.[49]

43 Die **Vollstreckung gegen Rechtsnachfolger** richtet sich nach **§ 3 LVwVG**. Voraussetzung für eine Rechtsnachfolge ist, dass gegenüber einem Rechtsvorgänger eine Verfügung erlassen wurde, durch die das Bestehen einer Polizeipflicht konkretisiert wurde (Grundverfügung), und dass der Rechtsnachfolger zur Ausführung der zu vollstreckenden Grundverfügung verpflichtet ist. Unter diesen Voraussetzungen tritt die Rechtsnachfolge in eine konkretisierte Verpflichtung ein, wenn die in dem Grundverwaltungsakt getroffene Regelung nachfolgefähig ist und ein Nachfolgetatbestand vorliegt (vgl. § 5 Rn 31 ff.). **Nachfolgefähig** sind diejenigen Verfügungen, die zu einer vertretbaren Handlung verpflichten und die grundstücks-, objekts- oder anlagenbezogen sind. Ein **Nachfolgetatbestand** kann sowohl durch **Einzelrechtsnachfolge** (etwa Eigentumserwerb durch Kaufvertrag) als auch durch **Gesamtrechtsnachfolge** (Erbschaft, Firmenfortführung gem. § 25 HGB, Vermögensübernahme gem. § 419 BGB, Verschmelzung gem. § 20 Abs. 1 Nr. 1 UmwG) begründet werden. Bei **höchstpersönlichen Pflichten** ist eine Einzelrechtsnachfolge in die Verhaltensverantwortlichkeit mangels Nachfolgefähigkeit ausgeschlossen.[50] Weiterhin müssen gegenüber dem Rechtsnachfolger in seiner Person die Vollstreckungsvoraussetzungen vorliegen, insbesondere die Einhaltung der einzelnen Verfahrensstufen wie Androhung und Festsetzung des einzelnen Zwangsmittels. Mit dieser Anforderung soll sichergestellt werden, dass der Rechtsnachfolger einer Verpflichtung, die durch Grundverfügung konkretisiert ist, die Gelegenheit erhält, freiwillig die auferlegte Pflicht zu erfüllen, und dass er nicht durch Vollstreckungsmaßnahmen überrascht wird. Gegenüber einem Rechtsnachfolger kann somit erst dann ein Zwangsmittel festgesetzt bzw. angewandt werden, wenn es **ihm** vorher angedroht wurde. Eine dem Rechtsvorgänger gegenüber verfügte Androhung wäre nicht ausreichend.[51]

6. Vollstreckungsbehörde

a) Vollstreckungsbehörde für Zwangsgeld und Ersatzvornahme

44 **Vollstreckungsbehörde** ist grundsätzlich **die Behörde, die den Verwaltungsakt erlassen hat** (§ 4 Abs. 1 LVwVG). Da gem. **§ 63 Abs. 1 PolG** die Zwangsmittel Zwangsgeld, Zwangshaft und Ersatzvornahme von „der Polizei" angewendet werden, sind für die Vollstreckung „ihrer" jeweiligen Verwaltungsakte die Polizeibehörden (vgl. § 105

---

48 VGH BW, VBlBW 1994, 310.
49 **H. L.**, vgl. BVerwG, BRS 25 Nr. 205; VGH BW, NVwZ-RR 1998, 553.
50 VGH BW, NVwZ-RR 1996, 387.
51 BVerwG, DÖV 1971, 640; VGH BW, VBlBW 2000, 154 ff; NdsOVG, NVwZ 2014, 1465, Notwendigkeit einer Überleitungsverfügung vor der Anwendung des Zwangsmittels; im Einzelnen ist vieles **str.**, vgl. dazu § 6 Rn 31 ff.

IV. Vollstreckungsverfahren

Abs. 1 PolG) bzw. die Polizeivollzugsdienststellen (Maßnahmen gem. § 105 Abs. 2 und 3 PolG) zuständig. Gem. **§ 119 Abs. 1 S. 1 PolG** können die Ortspolizeibehörden den Polizeidienststellen Weisungen zur Vornahme einzelner Vollstreckungsmaßnahmen erteilen. Bei der **Vollstreckung von Ver- und Geboten von Verkehrszeichen und -einrichtungen** ist nach Auffassung des VGH BW die zuständige Vollstreckungsbehörde die **Straßenverkehrsbehörde**, die das Anbringen des Verkehrszeichens gem. § 45 StVO angeordnet hat.[52]

b) Vollstreckungsbehörde für die Durchführung des unmittelbaren Zwangs

Gem. **§ 63 Abs. 2 i. V. m. § 66 Abs. 2 PolG** wendet **die Polizei** das Zwangsmittel „unmittelbarer Zwang" **nach den Vorschriften des PolG** an (vgl. auch § 66 Abs. 4 PolG und § 12 Rn 49 ff.). Unter „Anwendung" wird im Rahmen des § 63 Abs. 2 PolG nicht nur der dritte und letzte Verfahrensabschnitt des Polizeizwangs verstanden. Vielmehr fallen darunter **alle** Maßnahmen in der Verwaltungsvollstreckung. Insoweit ist die Polizei auch Vollstreckungsbehörde für die Androhung und Festsetzung des unmittelbaren Zwangs. 45

Für die Durchführung der dritten und letzten Stufe der Verwaltungsvollstreckung gilt die spezielle Zuständigkeitsregelung in **§ 65 PolG**. Danach ist für die Anwendung des Zwangsmittels „unmittelbarer Zwang" ausschließlich der **Polizeivollzugsdienst zuständig**. Ihm alleine – und nicht den Polizeibehörden – obliegt der Einsatz des Zwangsmittels „unmittelbarer Zwang". **Beamte des Polizeivollzugsdienstes** sind alle unter die Legaldefinition des § 104 Nr. 2 PolG fallenden Polizeibeamten. Die Angehörigen des Freiwilligen Polizeidienstes sind den Vollzugsbeamten gleichgestellt (vgl. § 3 Rn 65 ff.), desgleichen die gemeindlichen Vollzugsbediensteten gem. § 125 PolG, soweit ihnen die Ortspolizeibehörde gem. § 31 DVO PolG Vollzugsaufgaben übertragen hat.[53] Der Polizeivollzugsdienst kann den unmittelbaren Zwang **aufgrund eigener Entscheidung** ausüben. Jeder einzelne Vollzugsbeamte ist beim Vorliegen der gesetzlichen Voraussetzungen hierzu befugt.[54] Das Zwangsmittel kann aber auch auf der Grundlage einer **Weisung** gem. § 119 PolG auf Ersuchen um **Vollzugshilfe** (§ 105 Abs. 5 PolG) oder im Rahmen der Amtshilfe (§§ 4 ff. LVwVfG) eingesetzt werden. Hat ein Vollzugsbeamter **Bedenken gegen die Rechtmäßigkeit** einer Anordnung, enthält die **VwV PolG zu § 65 PolG** hierfür konkrete **Verhaltenshinweise**. 46

7. Auswahl des Zwangsmittels

Bei der Entscheidung, welches der in **§ 63 PolG** genannten Zwangsmittel angewendet werden soll, hat die Vollstreckungsbehörde ein **Auswahlermessen**. Unter Würdigung der konkreten Umstände hat sie ihr Ermessen pflichtgemäß nach dem Gesichtspunkt einer **effizienten Gefahrenabwehr** und unter Berücksichtigung des Grundsatzes der **Verhältnismäßigkeit** auszuüben (vgl. § 6 Rn 33). Die in **§ 19 Abs. 1 LVwVG** festgelegte Reihenfolge der Zwangsmittel und die weiteren Vollstreckungsgrundsätze in **§ 19 Abs. 2 und 3 LVwVG** sind zu beachten. Es besteht nach dem LVwVG **kein Vorrang des Zwangsmittels der Ersatzvornahme** vor dem des Zwangsgelds.[55] 47

8. Einstellung der Vollstreckung

Die **Vollstreckung ist einzustellen**, wenn der mit ihr verfolgte Zweck erreicht ist oder wenn sich zeigt, dass er durch die Anwendung von Vollstreckungsmitteln oder von unmittelbarem Zwang nicht erreicht werden kann (§ 63 Abs. 1 PolG, § 11 LVwVG, §§ 63 Abs. 2, 66 Abs. 3 PolG). Der **Zweck der Vollstreckung** ist vor allem dann **erreicht**, wenn die Verpflichtung – sei es von der pflichtigen Person selbst oder von einer dritten 48

---

52 VGH BW, VBlBW 2004, 213, und § 8 Rn 13.
53 Vgl. § 3 Rn 60 ff; Deger, in: Stephan/Deger, Polizeigesetz BW, § 51 Rn 3.
54 So ausdrücklich Nr. 3 der VwV PolG zu § 68 Abs. 2 PolG zum Schusswaffengebrauch gegenüber Personen.
55 VGH BW, VBlBW 2004, 226.

Person – erfüllt worden ist.[56] Die Vollstreckung ist auch dann einzustellen, wenn die zur Verfügung stehenden Zwangsmittel nicht ausreichen, um den mit der Vollstreckung angestrebten Zweck zu erzielen. Weiterhin ist die Vollstreckung einzustellen und getroffene Vollstreckungsmaßnahmen sind aufzuheben, wenn der Verwaltungsakt, der vollstreckt wird, seinerseits aufgehoben oder sein Vollzug ausgesetzt wird, oder wenn die aufschiebende Wirkung eines Rechtsbehelfs angeordnet oder wiederhergestellt worden ist.

V. Unmittelbarer Zwang
1. Begriffe und Mittel
a) Unmittelbarer Zwang

49 **Unmittelbarer Zwang** ist nach der **Definition in § 64 Abs. 1 PolG** jede Einwirkung auf Personen oder Sachen durch einfache körperliche Gewalt, Hilfsmittel der körperlichen Gewalt oder Waffengebrauch (vgl. auch § 26 Abs. 1 S. 1 LVwVG). **Sonderfälle** des unmittelbaren Zwangs sind die Versiegelung einer Baustelle gem. § 63 Abs. 2 LBO, die Schließung von Betriebs- und Geschäftsräumen gem. § 35 GewO, die Zwangsräumung gem. § 27 LVwVG und die Wegnahme gem. § 28 LVwVG.

Die **Aufzählung** der Mittel in 64 Abs. 1 PolG ist **abschließend**.[57] In der **VwV PolG** werden die Hilfsmittel im Einzelnen – in Bezug auf die Waffen abschließend – näher bestimmt.

b) Einfache körperliche Gewalt

50 **Einfache körperliche Gewalt** ist jede unmittelbare körperliche Einwirkung auf Personen oder Sachen, bei der weder Hilfsmittel der körperlichen Gewalt noch Waffen benötigt werden.[58] Die Einwirkung erfolgt durch direkte Anwendung von Körperkräften. Der **Einsatz psychisch wirkender Mittel**, wie etwa von Psychopharmaka, fällt somit nicht unter diese Regelung. Körperliche Gewalt gegen Sachen erfolgt vor allem dadurch, dass sie bewegt oder zerstört werden.

Beispiele:
- Die Polizei vollzieht einen **Platzverweis**, indem sie einen lautstarken und erheblich alkoholisierten Mann in den Polizeigriff nimmt und ihn aus einer Grünanlage abdrängt.
- Die Polizei drückt eine **Haustüre** ein, um sich Zugang zu einer Wohnung zu verschaffen.
- Die Polizei lässt einen **Pkw** abschleppen.

c) Hilfsmittel körperlicher Gewalt

51 **Hilfsmittel** der körperlichen Gewalt i. S. d. § 64 Abs. 2 PolG sind insbesondere (vgl. VwV PolG zu § 66 Abs. 1 PolG):

Fesseln (vgl. dazu die Hinweise in VwV PolG zu § 66 Abs. 1 PolG), Schutzschilde, Wasserwerfer, Sperrgeräte, Nagelgurte zum zwangsweisen Anhalten von Fahrzeugen, VAD-Anhaltesystem (Fahrzeugfangnetz), Diensthunde, Dienstpferde, Dienstfahrzeuge, Reiz- und Nebelstoffe, Sprengmittel und im Ausnahmefall sonstige geeignete Mittel.[59] Diese **Aufzählung** ist **nicht abschließend**. Zu den Hilfsmitteln zählen etwa auch der Einsatz von Brecheisen zur Öffnung von Türen, oder von Geräten, mit denen Reiz- und Betäubungsmittel, Nebel- oder Blendgranaten etc. abgeschossen werden können.[60]

---

56 VGH BW, NVwZ-RR 1994, 620.
57 Deger, in: Stephan/Deger, Polizeigesetz BW, § 50 Rn 2.
58 Deger, in: Stephan/Deger, Polizeigesetz BW, § 50 Rn 4.
59 Vgl. die beispielhafte Aufzählung in Nr. 2 VwV PolG zu § 66 Abs. 1 PolG.
60 Vgl. Graulich, in: Lisken/Denninger, Handbuch des Polizeirechts, Kap. E Rn 863.

V. Unmittelbarer Zwang

Die **Fesselung** ist eine spezielle Form des unmittelbaren Zwangs und der Anwendung von Hilfsmitteln der körperlichen Gewalt.[61] Durch die Maßnahme wird einer Person der Gebrauch ihrer Glieder oder eines Teils unmöglich gemacht oder erschwert. Regelmäßig kommen **Handschellen** oder auch **Fußfesseln** zum Einsatz. Nach **VwV PolG** darf eine Person nur gefesselt werden, wenn sie Widerstand leistet oder unter Berücksichtigung der Umstände des Einzelfalls anzunehmen ist, dass sie Widerstand leisten wird, wenn sie fluchtverdächtig ist, wenn Selbstmordgefahr oder Gefahr erheblicher Selbstschädigung besteht oder wenn es beim Transport in Verwahrung genommener Personen wegen besonderer Umstände erforderlich ist (Hinweise in Nr. 2 der VwV PolG zu § 66 PolG). 52

Wegen der Schwere des mit der Maßnahme verbundenen Grundrechtseingriffs in das Persönlichkeitsrecht und in das Recht auf Menschenwürde ist der **Grundsatz der Verhältnismäßigkeit** zu beachten. Die Fesselung hat regelmäßig **diskriminierenden Charakter**. Deshalb hat Ihre Durchführung in der Öffentlichkeit so unauffällig wie möglich zu erfolgen. Sie ist zudem **Ultima Ratio**.[62]

Wegen der Rechtsprechung des **BVerfG** zur freiheitsentziehenden Wirkung einer Fixierung[63] kann auch eine **über eine halbe Stunde** hinausgehende Fesselung unverhältnismäßig sein, wenn sie in ihrer Wirkung einer freiheitsentziehenden Maßnahme gleichkommt[64]. Da die Fesselung aber zumeist keine vollständige Bewegungsunfähigkeit bewirkt, wird dies regelmäßig nicht der Fall sein.

Beispiel: Ein alkoholisierter Vater stört seine Nachbarn immer wieder nachhaltig durch lauten Lärm aus seinem Radio. Bevor Polizeibeamte den Störer vor den Augen seines Kindes fesseln und ihn mit Gewalt in Gewahrsam zur Ausnüchterung verbringen wollen, sollten sie zunächst durch Beschlagnahme des Radios versuchen, die Störung der öffentlichen Sicherheit zu beseitigen.

Die **Fesselung ist aufzuheben**, sobald ihr Zweck erreicht ist. Gegen Kinder, Jugendliche und Menschen mit Behinderung kommt eine Fesselung nur in Ausnahmefällen in Betracht.

Auch der **Wasserwerfereinsatz** ist nach der **VwV PolG zu § 64 Abs. 2 PolG** ein Hilfsmittel der körperlichen Gewalt. Das Verfassungsrecht gebietet nach der Rechtsprechung des BVerfG nicht, den Einsatz eines Wasserwerfers durch die Polizei gesetzlich so genau bestimmt wie den Schusswaffengebrauch zu regeln.[65] Nach den Erfahrungen des Einsatzes des „Hilfsmittels" bei einer Demonstration gegen **Stuttgart 21** am 30.9.2010, bei dem mehrere Menschen schwere Augenverletzungen davon trugen, muss diese Rechtsauffassung in Frage gestellt werden. Ein im Sommer 2014 beim Landgericht Stuttgart anhängiges und Ende 2014 eingestelltes Strafverfahren gegen zwei Leiter des Polizeieinsatzes vom 30.9.2010 wegen des Vorwurfs der Körperverletzung im Amt hat gezeigt, wie weit und differenziert die Einsatzmöglichkeiten eines Wasserwerfers sind, die vom „Wasserregen" bis zu gezielten „Wasserstößen" reichen, vom Zusatz bestimmter Reizstoffe ganz abgesehen. Auch im Interesse der eingesetzten Polizeivollzugsbeamten sind eine gesetzliche, **abgestufte Regelung** und vor allem auch Beschränkungen des Einsatzes unumgänglich (vgl. etwa die abgestufte Regelung in § 67 Abs. 1 PolG zum Schusswaffengebrauch). 53

---

61 Vgl. VwV PolG zu § 66 PolG; § 119 Abs. 5 StPO; § 40 ME PolG und § 8 UZwG. Vgl. zur Abgrenzung zur Fixierung auch Tomerius, NVwZ 2021, 289, 291; Reuter, Die Polizei 2019, 39, 42.
62 BVerfG (zur Fixierung), NJW 2018, 2619, 2623 (Rn 80); Tomerius, NVwZ 2021, 289, 292.
63 BVerfG, NJW 2018, 2619, 2621 (Rn 68), u. NJW 202, 675, 677 (Rn 44).
64 Vgl. dazu auch Tomerius, NVwZ 2021, 289, 290 f.
65 BVerfG, NVwZ 1999, 290.

d) Waffen

54 Unter den unbestimmten Rechtsbegriff „Waffen" fallen: Hiebwaffe, Reizstoffsprühgerät, Reizstoffgewehr, Mehrzweckpistole, Pistole, Revolver, Gewehr und Maschinenpistole. Zu den Waffen in diesem Sinne zählen somit auch die Schusswaffen.[66]

Die Aufzählung der Waffen in der VwV PolG, mit denen der unmittelbare Zwang ausgeübt werden darf, ist **abschließend**.[67] Die Regelung in § 64 Abs. 2 PolG, wonach das **Innenministerium** (und nicht ein formelles Gesetz) bestimmt, welche Hilfsmittel der körperlichen Gewalt und somit auch Waffen im Polizeidienst zu verwenden sind, dürfte nicht verfassungsgemäß sein. Gerade im Hinblick auf die Entwicklung immer gefährlicherer neuer Waffen, wie etwa **Schock-Lähmungswaffen** (sog. Taser), muss sich aus dem **Polizei-** oder **Waffengesetz** ergeben, wann ein Gegenstand als Waffe im Sinne des Polizeirechts anzusehen ist. Erfüllt eine Vorrichtung die Begriffsmerkmale einer Waffe oder von Munition und Geschossen, bedarf es zu ihrer Zulassung einer ausdrücklichen gesetzlichen Regelung.[68] Es ist es daher Sache des Gesetzgebers – und nicht der Exekutive – zu klären bzw. zu entscheiden, welche Waffen im Polizeidienst eingesetzt werden sollen bzw. dürfen.

2. Durchführung und Begrenzungen
a) Abgestuftes Verfahren

55 Bei der Prüfung der Voraussetzungen und Durchführung des unmittelbaren Zwangs sind für alle Maßnahmen die **Regelungen des § 66 PolG** zu beachten. Danach darf das Zwangsmittel gem. **§ 66 Abs. 1 S. 1 PolG** nur angewandt werden, wenn „der polizeiliche Zweck auf andere Weise nicht erreichbar erscheint". **Der unmittelbare Zwang stellt daher das letzte Mittel dar**.[69] Seiner Anwendung sind durch das Übermaßverbot Grenzen gezogen (vgl. § 6 Rn 33). Soweit das **Gebot des geringsten Eingriffs** es erfordert, muss die Anwendung unmittelbaren Zwangs gegenüber anderen Zwangsmitteln (Zwangsgeld und Ersatzvornahme) und gegenüber dem polizeilichen Eigenhandeln zurücktreten. Ist die Anwendung unmittelbaren Zwangs notwendig, ist von denjenigen Mitteln, die einen raschen und sicheren Erfolg gewährleisten, dasjenige zu wählen, das voraussichtlich am wenigsten schadet (vgl. die Abstufung in § 67 PolG.).

§ 66 PolG unterscheidet zwischen der Anwendung des unmittelbaren Zwangs gegenüber **Sachen und Personen**. Gegen **Personen** darf unmittelbarer Zwang nur angewendet werden, wenn der polizeiliche Zweck durch unmittelbaren Zwang gegen Sachen nicht erreichbar erscheint (**§ 66 Abs. 1 S. 2 PolG**). Gem. **§ 66 Abs. 1 S. 3 PolG** muss das angewandte Mittel nach Art und Maß dem Verhalten, dem Alter und dem Zustand der betroffenen Person angemessen sein.

Beispiel: Körperliche Gewalt ist weniger beeinträchtigend als die Anwendung von Hilfsmitteln der körperlichen Gewalt. Bei der polizeilichen **Räumung einer Straße** ist das Wegtragen und der Einsatz von Hebe- und Transportgriffen gegen sitzende Demonstranten ein geringeres Mittel als ein Schlagstock- oder Wasserwerfereinsatz.

Gegenüber einer **Menschenansammlung** darf unmittelbarer Zwang nur angewandt werden, wenn seine Anwendung gegen einzelne Teilnehmer der Menschenansammlung offensichtlich keinen Erfolg verspricht (**§ 66 Abs. 1 S. 4 PolG**). Bei der Anwendung unmittelbaren Zwangs ist eine **Gefährdung unbeteiligter Personen** nach Möglichkeit zu **vermeiden**. Dies gilt insbesondere bei Zwangsmaßnahmen in belebten Straßen und geschlossenen Räumen (vgl. VwV PolG zu § 66 PolG). Unmittelbarer Zwang darf nicht

---

[66] Vgl. §§ 67, 68 PolG; VwV PolG zu § 64 Abs. 2 PolG.
[67] **Str.**: Wie hier Zeitler/Trurnit, Polizeirecht BW, Rn 961; **a. A.** Deger, in: Stephan/Deger, Polizeigesetz BW, § 50 Rn 6.
[68] **Str.**, so auch Graulich, in: Lisken/Denninger, Handbuch des Polizeirechts, Kap. E Rn 878; vgl. etwa § 58 Abs. 4 PolG NRW; Deger, in: Stephan/Deger, Polizeigesetz BW, § 50 Rn 8; § 1 Abs. 2 und 4 WaffG i. V. m. der Anlage 1 zu § 1 Abs. 4 WaffG.
[69] „Ultima Ratio", vgl. Knemeyer, Polizei- und Ordnungsrecht, Rn 288 unter Hinweis auf § 33 ME PolG.

mehr angewandt werden, wenn der polizeiliche Zweck erreicht ist oder wenn es sich zeigt, dass er durch die Anwendung von unmittelbarem Zwang nicht erreicht werden kann (**§ 66 Abs. 3 PolG**).

Für den **Schusswaffengebrauch und den Gebrauch von Explosionsmitteln** werden in den **§§ 67, 68 f. PolG zusätzliche** Anforderungen gestellt, weil sie die stärkste Form des unmittelbaren Zwangs darstellen und auf Ausnahmefälle beschränkt werden sollen. Daraus ergibt sich ein **abgestuftes System**: Die nächste Stufe darf immer erst dann beschritten werden, wenn die vorhergehende Stufe erfolglos angewandt wurde oder wenn die Anwendung von vornherein keinen Erfolg verspricht.

b) Androhung

Unmittelbarer Zwang ist gem. **§ 66 Abs. 2 PolG, soweit es die Umstände zulassen**, vor seiner Anwendung **anzudrohen**.[70] **§ 66 Abs. 2 PolG** ist eine **Sondervorschrift** gegenüber § 20 LVwVG sowohl bei der Vollstreckung von Verwaltungsakten als auch bei der Anwendung von Zwangsmitteln bei der Verfolgung von Straftaten und Ordnungswidrigkeiten. Insbesondere bei Gefahr im Verzug oder wenn der Polizeibeamte selbst bedroht ist, kann auf die Androhung verzichtet werden. Auch hier gilt der Grundsatz des geringstmöglichen Eingriffs. Kann der polizeiliche Zweck bereits durch Androhung erreicht werden, ist die Anwendung unmittelbaren Zwanges nicht mehr zulässig. Soweit die Anwendung unmittelbaren Zwangs nicht zulässig ist, darf er auch nicht angedroht werden (VwV PolG zu § 66 Abs. 2 PolG). Eine **bestimmte Form** für die Androhung des unmittelbaren Zwangs (mündlich, schriftlich) ist **nicht vorgeschrieben**. Nach der Rechtsprechung ist eine **genaue Angabe des geplanten Mittels** (etwa Schlagstock, Wasserwerfer etc.), mit dem der unmittelbare Zwang vollstreckt werden soll, **grundsätzlich nicht erforderlich**. Die Androhung muss sich nur auf die Durchführung des unmittelbaren Zwangs – gleichgültig in welcher Form – beziehen. Zur Begründung wird darauf verwiesen, dass eine weitere Konkretisierung von den Umständen des Einzelfalls und vom Verhalten der pflichtigen Person abhängt und nicht vorhersehbar ist.[71] Etwas anderes kann gelten, wenn die zur Zwangsdurchsetzung vorgesehene körperliche Gewalt wegen des zu erwartenden stärkeren Schmerzes **empfindlich in die körperliche Unversehrtheit** eingreift.[72] In jedem Fall sollte das Mittel möglichst genau bezeichnet werden, um dem **Bestimmtheitsgebot** Rechnung zu tragen.

56

c) Verbot der Folter

Der **Einsatz von Folter** als einer Form des unmittelbaren Zwangs ist verfassungsrechtlich nicht zulässig und daher **verboten**. Die **Würde des** einzelnen **Menschen** ist gem. Art. 1 Abs. 1 GG unantastbar und gegen kein anderes Rechtsgut abwägbar.[73] Dies ergibt sich auch aus Art. 104 Abs. 1 S. 2 GG, wonach festgehaltene Personen weder seelisch noch körperlich misshandelt werden dürfen. **Art. 4** der **EU-Grundrechtecharta**[74] bestimmt: „Niemand darf der Folter oder unmenschlicher oder erniedrigender Strafe oder Behandlung unterworfen werden."[75] Auch **§ 3 EMRK**, der im Rang eines einfachen Bundesgesetzes steht, verbietet die Folter (Misshandlungsverbot). Das **Folterverbot** gilt auch dann, wenn etwa in Entführungsfällen durch Folterung des Entführers möglicherweise das Leben des entführten Opfers gerettet werden könnte (sog. „Rettungsfolter"). Die Anwendung von Folter, also die Verletzung des unmittelbar aus der

57

---
70 NdsOVG, NJW 2017, 1626, 1627 (Rn 22); vgl. auch §§ 34 u. 39 ME PolG sowie § 12 Rn 34 f.
71 BGH, MDR 1975, 1006; OVG NRW, NVwZ-RR 1993, 138.
72 NdsOVG, NJW 2017, 1626, 1627 (Rn 23), im Fall der Anwendung einer Nervendrucktechnik.
73 BVerfGE, NJW 2005, 656; BVerfGE 115, 118; 162, 165.
74 EU ABl. C 364 v. 18.12.2000, S. 1.
75 Zur Anwendbarkeit und Beachtlichkeit der EU-Grundrechtecharta im deutschen Rechtsraum vgl. BVerfG („Recht auf Vergessen I"), NJW 2020, 300, 301 (Rn 43 ff.); Neumann/Eichberger, JuS 2020, 502, 503 f.

Menschenwürde fließenden Achtungsanspruchs, ist in keinem Fall ein „zumutbares Mittel" zur Rettung anderer bedrohter Rechtsgüter.[76]

Generell untersagt ist die Anwendung des unmittelbaren Zwangs zur **Erzwingung einer Aussage** (§ 40 Abs. 1 PolG, vgl. § 11 Rn 317).

3. Schusswaffengebrauch

a) Schusswaffengebrauch gegen Personen (§ 68 Abs. 1 PolG)

aa) Allgemeines

58 Für den Schusswaffengebrauch gegen Personen gelten **zusätzlich die Anforderungen des § 68 PolG**. Hierbei ist zwischen dem Gebrauch gegenüber einer einzelnen Person und gegenüber einer Menschenmenge zu unterscheiden. **„Einzelne Personen"** können auch dann noch angenommen werden, wenn sie in einer Gruppe versammelt sind. Eine **„Menschenmenge"** ist eine **größere Ansammlung von Personen**, bei der es auf das Hinzukommen oder Weggehen einzelner Personen nicht ankommt. Die Verfolgung eines gemeinschaftlichen Zwecks oder ein Gefühl der Zusammengehörigkeit ist nicht erforderlich.[77] In **§ 68 Abs. 1 PolG** werden die **Fälle abschließend aufgezählt**.[78]

bb) Schusswaffengebrauch gegen einzelne Personen

(1) Schusswaffengebrauch gem. § 68 Abs. 1 Nr. 1 PolG zur Verhinderung von Straftaten

59 **Gegen einzelne Personen** dürfen gem. § 68 Abs. 1 **Nr. 1** PolG Schusswaffen nur gebraucht werden, um die unmittelbar bevorstehende **Ausführung** oder die **Fortsetzung** einer **rechtswidrigen Tat zu verhindern**, die sich den Umständen nach

- als ein **Verbrechen** (vgl. § 12 Abs. 1 StGB) oder
- als ein **Vergehen** (vgl. § 12 Abs. 2 StGB),
- das unter **Anwendung oder Mitführung von Schusswaffen oder Sprengstoffen** begangen werden soll oder ausgeführt wird,
- darstellt.

„Den Umständen nach als … darstellt" bedeutet, dass die im Augenblick des Eingreifens erkennbaren äußeren Tatbestandsmerkmale den Schluss zulassen, dass es sich um eine der genannten Straftaten handelt.[79] Ob eine rechtswidrige Tat ein Verbrechen oder Vergehen darstellt, beurteilt sich nach der angeordneten Mindeststrafe.[80]

Maßgebend ist die Sicht des handelnden Beamten. Bestehen Zweifel in rechtlicher oder tatsächlicher Hinsicht, ist vom Schusswaffengebrauch abzusehen.[81]

(2) Schusswaffengebrauch gem. § 68 Abs. 1 Nr. 2 PolG zum Anhalten einer Person

60 Der Schusswaffengebrauch ist gem. § 68 Abs. 1 **Nr. 2** PolG zulässig, **um eine Person**, die sich der Festnahme (vgl. §§ 114, 126 a, 127 Abs. 2 StPO) oder der Feststellung ihrer Person (vgl. §§ 163 b, 163 c StPO) durch die Flucht zu entziehen versucht, **anzuhalten**, wenn sie

- bei einer rechtswidrigen **Tat auf frischer Tat** betroffen wird, die sich den Umständen nach als ein Verbrechen darstellt oder als ein Vergehen, das unter Anwendung oder Mitführung von Schusswaffen oder Sprengstoffen begangen wird,

---

76 So mit Recht Denninger, in: Lisken/Denninger, Handbuch des Polizeirechts, Kap. B Rn 21 bis 23; Deger, in: Stephan/Deger, Polizeigesetz BW, § 35 Rn 10; Gusy, Polizei- und Ordnungsrecht, Rn 223; EGMR, NJW 2010, 3128; LG Frankfurt, NJW 2005, 692.
77 Vgl. VwV PolG zu § 68 Abs. 3 PolG; BGHSt, NJW 1990, 2699, 2700; vgl. auch § 12 Rn 64.
78 Vgl. VwV PolG zu § 68 Abs. 1 PolG.
79 Deger, in: Stephan/Deger, Polizeigesetz BW, § 54 Rn 10.
80 Vgl. § 12 StGB; vgl. auch Nr. 2 der VwV PolG zu § 68 Abs. 1 PolG.
81 Vgl. zu einem folgenschweren Irrtum bei der Einschätzung der Gefahrenlage BGH, NJW 1986, 438 (tödliche Schüsse auf Geiseln).

V. Unmittelbarer Zwang

- eines **Verbrechens dringend verdächtigt** ist oder
- eines **Vergehens dringend verdächtig** ist und Anhaltspunkte befürchten lassen, dass sie von einer **Schusswaffe oder einem Sprengstoff Gebrauch machen** werde.

Fall 46: Der Polizeibeamte P hat als Fahrer eines Funkstreifenwagens gehört, dass die flüchtige Person V wegen einer gerade geschehenen Vergewaltigung gesucht wird. Als V nach einer **Verfolgungsjagd** in ein Gebüsch flüchtet, gibt P 4 Schüsse auf V ab, um diesen fluchtunfähig zu machen. Durch 3 Schüsse in den Kopf wird V getötet (vgl. BGH, NJW 1999, 2533).
Im **Fall 46** war der Schusswaffengebrauch gem. § 68 Abs. 1 Nr. 2 PolG zur Festnahme eines Verbrechers grundsätzlich gerechtfertigt. Davon zu unterscheiden ist die Frage, ob sich P durch die tödlichen Schüsse auf V wegen Totschlags strafbar gemacht hat. In der zitierten Entscheidung hat der BGH die Verurteilung durch die Vorinstanz beanstandet, weil dort diese Unterscheidung verkannt worden war.[82]

„**Auf frischer Tat betroffen**" ist eine Person, wenn sie bei der Begehung einer Tat entdeckt wird, oder wenn die zwar schon vollendete Tat unmittelbar nach ihrer Verübung entdeckt und aufgrund der hierbei gemachten, auf den Täter hinweisenden Wahrnehmungen die Verfolgung unverzüglich begonnen wird, so dass keine Zweifel über die Täterschaft vorliegen.[83]   **61**

Der **dringende Tatverdacht** setzt voraus, dass ein hoher Grad von Wahrscheinlichkeit dafür gegeben ist, dass die Person die Tat begangen hat (vgl. auch § 112 StPO).

(3) Schusswaffengebrauch gem. § 68 Abs. 1 Nr. 3 PolG zur Sicherung amtlichen Gewahrsams

Die Schusswaffe kann gem. § 68 Abs. 1 **Nr. 3** PolG eingesetzt werden zur **Vereitelung der Flucht** oder zur **Wiederergreifung einer Person**, die sich **in amtlichem Gewahrsam befindet oder befand**   **62**

- zur Verbüßung einer **Freiheitsstrafe** wegen einer Straftat nach dem StGB oder dem JGG mit Ausnahme des Strafarrests (vgl. § 9 WStG [**Nr. 3 a**]),
- zum Vollzug der **Sicherungsverwahrung** (§§ 66 und 66 b StGB [**Nr. 3 b**]),
- wegen eines dringenden **Verdachts eines Verbrechens** (**Nr. 3 c**)
- aufgrund **richterlichen Haftbefehls** nach der StPO (§§ 122 ff., 230, 236, 329 Abs. 4 StPO [**Nr. 3 d**]),
- oder sonst wegen des dringenden Verdachts eines Vergehens, wenn zu befürchten ist, dass sie von einer **Schusswaffe oder einem Sprengstoff** Gebrauch machen werde [**Nr. 3 e**]).

Unter „**amtlichem Gewahrsam**" ist nur die von der zuständigen Stelle (vgl. §§ 114, 127 Abs. 2 StPO, §§ 38, 63 StGB) angeordnete Freiheitsentziehung zum **Zwecke der Strafverfolgung oder Strafvollstreckung** zu verstehen. Zur Sicherung des polizeilichen Gewahrsams gem. § 33 PolG ist der Schusswaffengebrauch hingegen nicht gestattet.[84]

(4) Schusswaffengebrauch gem. § 68 Abs. 1 Nr. 4 PolG zur Verhinderung der gewaltsamen Befreiung

Gem. § 68 Abs. 1 **Nr. 4** PolG kann auf eine Person geschossen werden,   **63**

- die mit Gewalt einen **Gefangenen** (etwa Strafgefangener, vgl. § 120 StGB, § 42 Abs. 1 Nr. 5 ME, Untersuchungsgefangener, vorläufig Festgenommener nach § 127 Abs. 2 StPO, Gewahrsamnahme gem. § 33 PolG) oder jemanden, dessen

---

[82] BGH, NJW 1999, 2533; zu den Grenzen des Festnahmerechts bei Schusswaffengebrauch vgl. auch BGH, NStZ-RR 1998, 50.
[83] Deger, in: Stephan/Deger, Polizeigesetz BW, § 54 Rn 13; OLG Karlsruhe, Die Justiz 2011, 221.
[84] Deger, in: Stephan/Deger, Polizeigesetz BW, § 54 Rn 15.

- **Sicherungsverwahrung** (§§ 66, 66b StGB; vgl. Änderungsgesetz zum Polizeigesetz vom 18.11.2008, GBl. S. 400),
- **Unterbringung** in einem **psychiatrischen Krankenhaus** (§ 63 StGB, § 126 a StPO) oder
- **Unterbringung** in einer **Erziehungsanstalt** (§ 64 StGB, § 126 a StPO) angeordnet ist,
- aus dem Gewahrsam zu befreien versucht.

Durch den Gebrauch der Schusswaffe soll die **gewaltsame** Befreiung einer Person, die sich aus repressiven Gründen im amtlichen Gewahrsam befindet, verhindert werden.

cc) Schusswaffengebrauch gegen eine Menschenmenge (§ 68 Abs. 3 PolG)

64 Der Schusswaffengebrauch gegen eine Menschenmenge ist an noch engere Voraussetzungen gebunden. **Gegen eine Menschenmenge** darf nur geschossen werden, wenn von ihr oder aus ihr heraus **Gewalttaten** begangen werden oder unmittelbar bevorstehen und Zwangsmaßnahmen gegen Einzelne nicht zum Ziel führen oder offensichtlich keinen Erfolg versprechen (**§ 68 Abs. 3 PolG**). Eine **Menschenmenge** ist eine größere Ansammlung von Personen, bei der es auf das Hinzukommen oder Weggehen Einzelner nicht ankommt. Die Verfolgung eines gemeinschaftlichen Zwecks oder ein Gefühl der Zusammengehörigkeit ist nicht erforderlich.[85]

65 Unter **Gewalttaten** fallen **Straftaten schwerwiegender Art** wie Tötungsdelikte, (§§ 211, 212 StGB), gefährliche Körperverletzung (§ 224 StGB), gemeingefährliche Handlungen (§§ 306 ff. StGB), Nötigung von Verfassungsorganen unter Gewaltanwendung (§§ 105, 106 StGB), wie etwa Brandstiftungen, Lynchjustiz, Plünderung von Geschäften oder Zerstörungen größeren Ausmaßes. Die Gewalttaten müssen von einem großen Teil der Zugehörigen zur Menschenmenge oder von Einzelnen unter bewusster Ausnutzung des Schutzes der Menge *aus ihr heraus* verübt werden. Gerade die zuletzt genannte Voraussetzung weist auf die Problematik des Schusswaffengebrauchs gegen eine gewaltbereite oder gewalttätige Menschenmenge hin. Der Waffeneinsatz kann unkalkulierbare Risiken zur Folge haben. Schüsse *in die Menge* können zur Eskalation und zu panikartigen Reaktionen führen und Unbeteiligte in hohem Maße gefährden. Zwar sollen gem. § 68 Abs. 3 PolG als Ausfluss des Verhältnismäßigkeitsprinzips vor Schüssen in die Menschenmenge zunächst Zwangsmaßnahmen gegen Einzelne geprüft bzw. durchgeführt werden. Das wahllose und „blinde" Schießen in eine Menschenmenge ist daher unzulässig. Dennoch bestehen darüber hinaus **grundsätzliche Bedenken gegen die Eignung** des Schusswaffengebrauchs in eine Menschenmenge. Mit Recht weist *Deger* darauf hin, dass bei einem Einsatz gegen eine Menschenmenge eine Reihe wirksamer anderer Mittel (Wasserwerfer, Tränengas etc.) zur Verfügung stehen.[86]

b) Allgemeine Tatbestandsvoraussetzungen (§ 67 PolG)

66 Der Schusswaffengebrauch ist ein **Zwangsmittel**, das grundsätzlich im präventiven und im repressiven Bereich (vgl. § 63 PolG) eingesetzt werden darf. Da mit dem Einsatz schwerwiegende Grundrechtseingriffe verbunden sind, regelt das PolG im Einzelnen die Voraussetzungen für den Gebrauch.

Der **Schusswaffengebrauch** stellt – mit dem Gebrauch von Explosionsmitteln (§ 69 PolG) – das **äußerste und folgenschwerste Mittel des Polizeizwangs** dar. Wegen der Schwere des Eingriffs, insbesondere in das Recht auf Leben (Art. 2 Abs. 2 S. 1 GG) – und der mit dem Einsatz verbundenen Gefahr für Unbeteiligte – stellen die §§ 67 und 68

---

[85] Vgl. VwV PolG zu § 68 Abs. 3 PolG; § 12 Rn 55.
[86] Deger, in: Stephan/Deger, Polizeigesetz BW, § 53 Rn 29.

V. Unmittelbarer Zwang

PolG besondere und zusätzliche Anforderungen an den Gebrauch von Schusswaffen (Pistolen, Revolver, Tränengassprühpistole, Maschinenpistole etc.).

Der Schusswaffengebrauch ist gem. **§ 67 Abs. 1 S. 1 PolG** nur erlaubt, wenn die **allgemeinen Voraussetzungen** für die Anwendung des unmittelbaren Zwangs **vorliegen**[87] – also insbesondere die Anforderungen des **§ 66 Abs. 1 bis 4 PolG** – und **zusätzlich** einfache körperliche Gewalt sowie verfügbare Hilfsmittel der körperlichen Gewalt oder mitgeführte Hiebwaffen erfolglos angewandt worden sind oder ihre Anwendung offensichtlich keinen Erfolg verspricht.

Gem. **§ 67 Abs. 1 S. 2 PolG** darf auf **Personen** erst geschossen werden, wenn der polizeiliche Zweck durch Waffenwirkung gegen Sachen nicht erreicht werden kann. Aus dem Grundsatz der Verhältnismäßigkeit folgt, dass **Ziel des Schusswaffengebrauchs** nur sein darf, eine Person **angriffs- und fluchtunfähig** zu machen.[88] Nur die Verletzung, nicht die Tötung, wird dabei in Kauf genommen. Grundsätzlich ist auf die Beine zu zielen. Beim Schuss auf Hände und Arme besteht die Gefahr tödlicher Verletzungen. Gegenüber **Personen**, die dem äußeren Eindruck nach noch **nicht 14 Jahre alt** (Kinder), **gebrechlich oder hilflos** sind, ist der Schusswaffengebrauch grundsätzlich **unzulässig**.[89]

67

Der **Schusswaffengebrauch gegenüber Sachen** ist auf das erforderliche Mindestmaß zu beschränken. Ist dabei die Verletzung einer Person wahrscheinlich, ist er nur zulässig, wenn die Voraussetzungen für den Schusswaffengebrauch gegen Personen vorliegen. Auch beim **Schusswaffengebrauch gegen Fahrzeuge** sind besondere Anforderungen zu beachten: Der Schusswaffengebrauch gegen ein Fahrzeug soll dieses möglichst durch Beschädigung der Bereifung, des Tanks, Motors, Kühlers etc. **fahruntauglich** machen.[90]

68

Gem. **§ 67 Abs. 2 S. 1 PolG** ist der Schusswaffengebrauch unzulässig, wenn erkennbar **Unbeteiligte** mit hoher Wahrscheinlichkeit gefährdet werden. Unbeteiligt ist jede Person, die bei der Handlung, gegen die sich die polizeiliche Maßnahme richtet, nicht mitwirkt, also etwa Passanten, Journalisten, Schaulustige, Geiseln.[91] Ist der Schusswaffengebrauch das einzige Mittel zur Abwehr einer **gegenwärtigen Lebensgefahr**, ist er zulässig, auch wenn Unbeteiligte gefährdet werden können. In einem derartigen Fall, bei dem sich gegenwärtige Lebensgefahr und der Zwang zur Gefährdung eines Unbeteiligten gegenüberstehen, soll notfalls zur Rettung aus gegenwärtiger Lebensgefahr das geringere Risiko einer Verletzung Unbeteiligter in Kauf genommen werden. Die bloße Gefährdung Unbeteiligter bewirkt somit noch kein Verbot des Schusswaffengebrauchs.

69

Da weder bei einem **Warnschuss** noch bei **Alarm- oder Signalschüssen** auf Personen oder Sachen eingewirkt wird, unterliegt dieser Schusswaffeneinsatz nicht den strengen rechtsstaatlichen Bindungen des § 67 PolG.

70

Die Regelung des § 66 Abs. 2 PolG gilt grundsätzlich auch für die **Androhung des Schusswaffengebrauchs**. Die **VwV PolG** enthält dazu konkrete Hinweise: „Hier Polizei! Halt, oder ich schieße!". Ist in akuten Fällen ein Aufruf nicht möglich oder verspricht er keinen Erfolg, kann der Schusswaffengebrauch auch durch **Warnschüsse** angedroht werden.[92]

71

---

87 Beck/Ryter, Fälle und Lösungen, S. 92.
88 BGH, NJW 1999, 2533.
89 Vgl. Nr. 2 der VwV PolG zu § 67 PolG u. § 41 Abs. 3 ME PolG.
90 Vgl. Nr. 3 der VwV PolG zu § 67 Abs. 1 PolG.
91 Vgl. die Hinweise der VwV PolG zu § 67 Abs. 2 PolG; krit. dazu mit Recht Sander, in: Belz/Mußmann/Kahlert/Sander, Polizeigesetz BW, § 53 Rn 13.
92 Vgl. Nr. 5 der VwV PolG zu § 67 PolG; vgl. auch § 39 Abs. 2 u. 3 Satz 2 ME PolG, u. Graf, in: Pöltl/Ruder, Öffentliche Sicherheit und Ordnung, Stichwort „Warnschuss".

c) Gezielter Rettungsschuss (§ 68 Abs. 2 PolG)
aa) Allgemeines

72 Die Regelung in § 68 Abs. 2 PolG wurde durch **Änderungsgesetz vom 22.10.1991** (GBl. S. 625) neu in das PolG eingeführt.

§ 68 Abs. 2 PolG ermächtigt den Polizeivollzugsdienst, in begründeten Ausnahmefällen zur Rettung des Lebens und der Gesundheit eines Opfers auf einen Störer einen gezielten Schuss abzugeben, der den Tod dieses Menschen vorsätzlich herbeiführt oder ihn zumindest billigend in Kauf nimmt. Es handelt sich um die bewusste staatliche Tötung eines Menschen, um eine von diesem ausgehende gegenwärtige Gefahr abzuwehren. Wegen des verfassungsrechtlich gebotenen Schutzes des menschlichen Lebens und der körperlichen Unversehrtheit sowie der Rechtsklarheit wird der sog. **gezielte bzw. finale Todes- oder Rettungsschuss** auf die Fälle beschränkt, in denen er das einzige Mittel zur Abwehr einer gegenwärtigen Lebensgefahr oder der gegenwärtigen Gefahr einer schwerwiegenden Verletzung der körperlichen Unversehrtheit ist.

Das **Grundrecht auf Leben** steht unter dem ausdrücklichen Gesetzesvorbehalt des **Art. 2 Abs. 2 S. 3 GG**, wonach in das Recht auf Leben und in die körperliche Gesundheit nur „aufgrund eines Gesetzes" eingegriffen werden darf. In § 68 Abs. 2 PolG wurden vom Gesetzgeber die Voraussetzungen festgelegt, unter denen im Rahmen des polizeilichen Schusswaffengebrauchs ein gezielter Schuss erlaubt ist, der mit an Sicherheit grenzender Wahrscheinlichkeit sofort tödlich wirkt. In polizeitaktischer Hinsicht ist das Ziel des Schusswaffengebrauchs „nur" die Beendigung der Angriffsfähigkeit eines Störers.

Die **Recht- und Verfassungsmäßigkeit** dieser Vollzugsmaßnahme wird auch heute noch kontrovers diskutiert. Die Meinungen reichen von einem absoluten Verbot einer gezielten Tötung bis hin zur Zulassung des gezielten Todesschusses zum Schutz von Sachwerten.[93] Mit Recht weist *Gusy* darauf hin, dass die grundrechtliche Problematik des Todesschusses keinesfalls gelöst ist, da eine Abwägung von „Leben gegen Leben" grundsätzlich unzulässig ist.[94]

Der gezielte Todesschuss unterscheidet sich vom sog. **tödlichen Fehlschuss**. Dieser liegt vor, wenn ein Polizeibeamter auf Körperpartien eines Menschen zielt, deren Verletzung mit an Sicherheit grenzender Wahrscheinlichkeit nicht tödlich wirkt, dabei aber andere Körperteile trifft und dadurch den Tod eines Menschen bewirkt.[95]

bb) Voraussetzungen

73 Der **finale Todesschuss** ist gem. § 68 Abs. 2 PolG nur zulässig, wenn er das **einzige Mittel** zur Abwehr einer gegenwärtigen Lebensgefahr oder einer schwerwiegenden Verletzung der körperlichen Unversehrtheit ist. Ob noch andere Mittel zur Gefahrenabwehr zur Verfügung stehen, ist „unter Abwägung aller Tatumstände einschließlich des Verhaltens und der Äußerungen der Personen, von denen die Gefahr ausgeht, im Einzelfall zu entscheiden. Verhandlungsmöglichkeiten sind grundsätzlich auszuschöpfen" (so Nr. 1 der VwV PolG zu § 68 Abs. 2 PolG).

Eine **gegenwärtige Lebensgefahr** liegt vor, wenn die Vernichtung des Lebens sofort oder in allernächster Zukunft mit an Sicherheit grenzender Wahrscheinlichkeit zu erwarten ist (§ 4 Rn 32). **Schwerwiegende Verletzungen** der körperlichen Unversehrtheit sind gegeben, wenn die Voraussetzungen des § 226 Abs. 1 StGB erfüllt sind (Verlust wichtiger Glieder des Körpers, des Sehvermögens, des Gehörs etc.; vgl. Nr. 2 der

---

93 Vgl. Graulich, in Lisken/Denninger, Handbuch des Polizeirechts, Kap. E Rn 949 ff.
94 Gusy, Polizei- und Ordnungsrecht, Rn 451, unter Bezugnahme auf BVerfGE 115, 118; 162, 165, zum Luft-SiG.
95 Graulich, in: Lisken/Denninger, Handbuch des Polizeirechts, Kap. E Rn 953.

VwV PolG zu § 68 Abs. 2 PolG[96]). **Zum Schutz anderer Rechtsgüter** (etwa Freiheit, Sachgüter) ist ein mit an Sicherheit grenzender Wahrscheinlichkeit tödlich wirkender Schuss **nicht zulässig**. Insoweit kommt nur ein Schusswaffengebrauch im Rahmen des § 68 Abs. 1 PolG in Betracht. Diese Beschränkung ist mit Rücksicht auf den Grundsatz der Verhältnismäßigkeit geboten.

Beispiel: Bankräuber R droht mit vorgehaltener Pistole, eine Geisel zu erschießen. Nach mehrfacher Androhung des Schusswaffengebrauchs tötet der Polizeibeamte P den R durch einen gezielten Schuss in den Kopf und rettet dadurch das Leben der Geisel (vgl. auch Guldi, VBlBW 1996, 198, 235).

Die VwV PolG weist ausdrücklich darauf hin, dass die **Befugnis zur Abgabe eines gezielten Todesschusses (= Anwendung des unmittelbaren Zwangs im engen Sinn)** jedem Polizeibeamten zusteht. Eine Anordnung durch den Polizeiführer ist nicht erforderlich (Nr. 3 der VwV PolG zu § 68 Abs. 2 PolG).

4. Notrechtsvorbehalt

Gem. **§ 68 Abs. 4 PolG** bleibt das Recht zum Gebrauch von Schusswaffen **aufgrund anderer gesetzlicher Vorschriften** unberührt (sog. Notrechtsvorbehalt, vgl. auch § 10 Abs. 3 UZwG). Zu den **Regelungen in anderen Gesetzen** zählen etwa die **Notwehr** gem. § 32 StGB, die Notwehr gem. § 227 BGB und der **Notstand** gem. § 34 StGB, §§ 228, 904 BGB.[97] Durch diese Regelungen wird klargestellt, dass diese Notrechtsvorbehalte auch für Polizeibeamte bei der Ausübung ihres Dienstes gelten.[98] Durch sie werden aber der Polizei **keine zusätzlichen Befugnisse** eingeräumt, denn diese Notwehr- und Notstandssituationen sind keine Ermächtigungsgrundlagen für hoheitliches Handeln. Auch die strafrechtliche Nothilfe (§ 32 Abs. 2 StGB) stellt keine Rechtsgrundlage für einen gezielten Rettungsschuss durch Polizeivollzugsbeamte dar. Die genannten Bestimmungen können aber die Beamten des Polizeivollzugsdienstes im Fall der Überschreitung ihrer **polizeirechtlichen** Befugnisse vor straf- oder zivilrechtlichen Sanktionen bewahren.

Fall 47: Ein 24-Jähriger wurde bei einem Polizeieinsatz von mehreren Schüssen getroffen und hierdurch tödlich verletzt. Er hatte zuvor mehrere Polizeibeamte mit einem vorgehaltenen Küchenmesser bedroht. Vorangegangen waren mehrere wiederholte Aufforderungen der Polizeibeamten, das Messer niederzulegen, die Abgabe eines Warnschusses sowie zwei Durchschüsse im Knie- und Armbereich. Die Eltern des Getöteten waren überzeugt, dass der Tod ihres Sohnes weder gerechtfertigt noch entschuldigt werden könne und begehrten die Durchführung eines Strafverfahrens gegen zwei Polizeibeamte.

Die zuständige Staatsanwaltschaft hatte das im **Fall 47** unter anderem wegen Totschlags geführte Ermittlungsverfahren gegen die am Einsatz beteiligten Beamten eingestellt, weil nach dem Ermittlungsergebnis zugunsten der beschuldigten Beamten von einer Rechtfertigung der Tötung durch Notwehr i. S. d. § 32 StGB auszugehen und der Einsatz von Schusswaffen nach dem (hier: bayerischen) Polizeirecht zulässig gewesen sei. Der Beschwerde gem. § 172 Abs. 1 StPO gab der Generalstaatsanwalt keine Folge. Der daraufhin von den Eltern gestellte Antrag auf gerichtliche Entscheidung wurde abgelehnt. Das **BVerfG** nahm die Verfassungsbeschwerde der Eltern gegen diese gerichtliche Entscheidung nicht an.[99]

---

96 Dort wird „§ 224 Abs. 1 StGB" (gefährliche Körperverletzung) zitiert, was offensichtlich ein Versehen ist. Gemeint sein muss § 226 Abs. 1 StGB (schwere Körperverletzung), da § 68 Abs. 2 PolG von einer „schwerwiegenden Verletzung" ausgeht und Nr. 2 der VwV PolG die Tatbestandsvoraussetzungen des § 226 Abs. 1 StGB aufzählt.
97 Zur Erforderlichkeit des Schusswaffengebrauchs bei Notwehr vgl. BGH, NJW 1991, 563.
98 Deger, in: Stephan/Deger, Polizeigesetz BW, § 54 Rn 32.
99 NStZ-RR 2015, 117.

5. Gebrauch von Explosivmitteln (§ 69 PolG)
a) Gesetzgebungsverfahren

75 Durch Art. 1 Nr. 6 des **Gesetzes zur Änderung des Polizeigesetzes** vom 28.11.2017 wurde § 69 (bis 2021 § 54 a) in das **PolG** eingefügt.[100] Der Gesetzgeber wollte angesichts der anhaltend hohen abstrakten Gefahr terroristischer Anschläge – insbesondere aus dem islamistischen Spektrum – die polizeilichen Eingriffsbefugnisse verbessern, um dieser vom internationalen Terrorismus ausgehenden Bedrohung wirksamer als bisher begegnen zu können.[101] Es soll eine **effektivere Bekämpfung von Gewalt und Terrorismus** erreicht werden.[102]

Der Gesetzgeber sah auch im Hinblick auf die Regelungen zum Waffengebrauch Handlungsbedarf. Gerade **im Zusammenhang mit terroristischen Anschlägen** soll es zu Situationen kommen können, die neben oder anstelle des Gebrauchs von Schusswaffen auch den Einsatz von Handgranaten oder anderen Explosivmitteln notwendig machen können.[103] Gerade die Erfahrungen mit Antiterroreinsätzen in Frankreich sollen gezeigt haben, dass es in Ausnahmefällen notwendig werden kann, Explosivmittel aus der Distanz einzusetzen, um das Betreten eines Gefahrenbereichs zu vermeiden. In BW soll die Anwendung dieser Explosivmittel grundsätzlich den **Einsatzkräften des Spezialeinsatzkommandos** (SEK) vorbehalten bleiben.[104]

b) Voraussetzungen im Allgemeinen

76 § 69 PolG ist weitgehend an die Regelungen des Schusswaffengebrauchs (vgl. zuvor § 12 Rn 58 ff.) angelehnt. Aus Gründen der Verhältnismäßigkeit gestattet der Gesetzgeber die **Anwendung von Explosivmittel nur unter engen tatbestandlichen Voraussetzungen**.

Explosivmittel sind solche Stoffe, die (regelmäßig) von einem festen Mantel umgeben sind und wegen ihrer chemischen Beschaffenheit nach Zündung unter rascher Ausdehnung ihres Volumens unter dem Druck der sich durch ihren Zerfall entwickelnden Kraft Sprengwirkung ausüben.[105] Sie sind als **Waffen** einzustufen. Zu ihnen zählen Handgranaten, Sprenggeschosse, die aus Schusswaffen verschossen werden können, und Sprengmittel. Pyrotechnische Irritationsmittel, die überwiegend den Zweck verfolgen, Licht und Lärm zu erzeugen, sind entsprechend dieser Definition keine Explosivmittel.[106]

77 Für den Einsatz von Explosivmitteln gelten die **allgemeinen gesetzlichen Voraussetzungen für die Anwendung von Polizeizwang**, wie sie die §§ 63 ff. PolG vorgeben. Als Mittel des unmittelbaren Zwangs (vgl. § 64 Abs. 1 PolG: „Waffe") **obliegt der Einsatz von Explosivmitteln ausschließlich den Beamten des Polizeivollzugsdiensts**, wie unmittelbar aus § 65 PolG folgt.

c) Reichweite der Regelung

78 **§ 69 PolG** ist für den Gebrauch von Explosionsmitteln **keine abschließende Regelung**. Dies folgt aus dem Verweis in § 69 Abs. 3 PolG auf § 68 Abs. 4 PolG. Danach bleibt das Recht zum Gebrauch von Explosionsmitteln aufgrund anderer gesetzlicher Vorschriften von § 69 PolG unberührt. Vgl. dazu im Einzelnen § 12 Rn 74.

---

[100] GBl. S. 624, 629. Vgl. dazu auch Gesetzentwurf v. 26.9.2017, LT-Drs. 16/2741; erste Beratung im Landtag am 11.20.2017, Plenarprot. 16/42, S. 444 bis 453; Beschlussempfehlung und Bericht des Ausschusses für Inneres, Digitalisierung und Migration, LT-Drs. 16/2915; zweite Beratung im Landtag am 15.11.2017, Plenarprot. 16/47; Gesetzesbeschluss, LT-Drs.16/3011.
[101] LT-Drs. 16/2741, S. 1, 20.
[102] LT-Drs. 16/2741, S. 20.
[103] LT-Drs. 16/2741, S. 22, 41.
[104] LT-Drs. 16/2741, S. 41.
[105] LT-Drs. 16/2741, S. 40 f.
[106] LT-Drs. 16/2741, S. 42.

d) § 69 Abs. 1 PolG

Gem. **§ 69 Abs. 1 PolG** dürfen Explosivmittel gegen Personen nur in den Fällen des § 68 Abs 1 Nr. 1, 4 PolG angewendet werden, wenn der vorherige Gebrauch anderer Waffen erfolglos geblieben ist oder offensichtlich keinen Erfolg verspricht. Damit sieht § 69 PolG folgende **tatbestandlichen Voraussetzungen** für den Einsatz von Explosivmitteln vor: 79

- **Verhinderung von Taten i. S. d. § 68 Abs. 1 Nr. 1 PolG**
  Der Einsatz der Explosivmittel muss der Verhinderung der unmittelbar bevorstehenden Ausführung oder der Fortsetzung einer rechtswidrigen Tat dienen, die sich den Umständen nach als ein Verbrechen oder als ein Vergehen darstellt, das unter Anwendung oder Mitführung von Schusswaffen oder Sprengstoffen begangen werden soll oder ausgeführt wird (vgl. dazu § 12 Rn 59)
- **Gewaltsame Befreiung gem. § 68 Abs. 1 Nr. 4 PolG**
  Der Einsatz der Explosivmittel erfolgt gegen eine Person, die mit Gewalt einen Gefangenen oder jemanden, dessen Sicherungsverwahrung (§§ 66, 66 b StGB) oder Unterbringung in einem psychiatrischen Krankenhaus (§§ 63 StGB, 126 a StPO) oder Unterbringung in einer Entziehungsanstalt (§§ 64 StGB, 126 a StPO) angeordnet ist, aus dem amtlichen Gewahrsam zu befreien versucht (vgl. dazu § 12 Rn 63),
- **Erfolgloser vorheriger Gebrauch anderer Waffen**
  Der Einsatz von Explosivmitteln setzt voraus, dass zuvor andere Waffen, deren Gebrauch weniger schwerwiegend und weitreichend ist, erfolglos eingesetzt wurden. Diese Bestimmung ist Ausfluss der **Verhältnismäßigkeit im engeren Sinn**, entspricht dem § 66 Abs. 1 PolG und verlangt den **vorherigen erfolglosen Einsatz milderer Mittel**. Mildere Mittel der Gewaltanwendung und Waffen in diesem Sinne sind etwa einfache körperliche Gewalt, Hilfsmittel der körperlichen Gewalt, Hiebwaffen, Elektroschocker und Schusswaffen jeglicher Art.
- **Einsatz anderer Waffen offensichtlich nicht erfolgversprechend**
  Eine Abweichung vom Grundsatz des erfolglosen vorherigen Einsatz von milderer Gewalt und anderen Waffen ist nur möglich – dann aber auch zulässig und rechtmäßig –, wenn der **Gebrauch anderer Waffen offensichtlich keinen Erfolg verspricht**. Dabei muss auf die Sichtweise eines sachkundigen Beamten des Polizeivollzugsdients zum Zeitpunkt der Entscheidung über den Einsatz der Explosivmittel abgestellt werden. Mussten die zur Entscheidung berufenen Polizeivollzugsbeamten davon ausgehen, dass sie die Gefährdungssituation nur durch den sofortigen Einsatz von Explosivmitteln beseitigen können und der Einsatz anderer und milderer Waffen dies nicht erreichen kann, dann ist der Einsatz der Explosivmittel von § 69 Abs. 1 PolG abgedeckt. Eine **nachträglich andere Beurteilung des Einsatzes** ist **unschädlich** (dies ist auch aus § 66 Abs. 3 PolG zu folgern). Da der Einsatz von Explosivmitteln den Sondereinsatzkräften der Polizei überlassen bleiben soll und § 69 Abs. 3 PolG weitere Kontrollpflichten vorsieht, dürfte eine sachkundige Beurteilung der Einsatzlage in der Praxis gewährleistet sein.

Eine Anwendung von Explosivmitteln gegen Personen, um diese i. S. d. § 68 Abs. 1 Nr. 2, 3 PolG fluchtunfähig zu machen (vgl. dazu § 12 Rn 60 bis 62), ist nach dem eindeutigen Gesetzeswortlaut und dem Willen des Gesetzgebers[107] nicht zulässig.

e) § 69 Abs. 2 PolG

§ 69 Abs. 2 PolG bestimmt, dass Explosivmittel **nicht gegen eine Menschenmenge** eingesetzt werden dürfen. Damit soll verhindert werden, dass wegen der eingeschränkten Kontrollierbarkeit von Explosivmitteln unüberschaubare Personenschäden – auch 80

---
107 LT-Drs. 16/2741, S. 41.

bei unbeteiligten dritten Personen – entstehen. Die Einschränkung ist Ausfluss des Grundsatzes der Verhältnismäßigkeit.[108]

Eine **„Menschenmenge"** i. S. d. § 69 Abs. 2 PolG liegt vor, wenn eine **größere Ansammlung von Personen** gegeben ist, bei der es auf das Hinzukommen oder Weggehen einzelner Personen nicht ankommt (vgl. dazu im Einzelnen § 12 Rn 64). Daher können Explosivmittel durchaus gegen **eine Mehrzahl von Gefährdern** – etwa Terroristen – eingesetzt werden, solange diese klar identifizierbar und von unbeteiligten dritten Personen unterscheidbar sind. Die Grenze ist dort zu ziehen, wo eine **Fremdgefährdung** nicht mehr mit der erforderlichen Sicherheit ausgeschlossen werden kann.

f) § 69 Abs. 3 PolG

81 **§ 69 Abs. 3 PolG** legt fest, dass der Gebrauch von Explosivmitteln gegen Personen der **Anordnung durch die Leitung eines regionalen Polizeipräsidiums, des Polizeipräsidiums Einsatz oder des LKA** bedarf. Diese können ihre Anordnungsbefugnis auf besonders beauftragte Beamte des höheren Dienstes übertragen (§ 69 Abs. 3 S. 2 PolG). Wegen der schwerwiegenden Folgen eines Explosivmitteleinsatzes soll sichergestellt sein, dass die abschließende Entscheidungsbefugnis den Leitungsebenen des Polizeivollzugsdienstes obliegt. Näheres zur Übertragung der Anordnungsbefugnis ergibt sich aus **§ 4 Abs. 1 DVO PolG**.

g) § 69 Abs. 4 PolG

82 **§ 69 Abs. 4 PolG** legt fest, dass für den Gebrauch von Explosivmitteln im Übrigen § 67 Abs. 1 und 2 S. 1 PolG sowie § 68 Abs. 2 und 4 PolG entsprechend gelten. **Weitere Voraussetzungen** für den Einsatz von Explosionsmitteln sind daher:

- **Anwendung unmittelbaren Zwangs zulässig | kein milderes Mittel**

  Der Gebrauch von Explosionsmitteln ist nur zulässig, wenn die allgemeinen Voraussetzungen für die Anwendung unmittelbaren Zwangs vorliegen und wenn einfache körperliche Gewalt sowie verfügbare Hilfsmittel der körperlichen Gewalt oder mitgeführte Hiebwaffen erfolglos angewandt worden sind oder ihre Anwendung offensichtlich keinen Erfolg verspricht. Explosivmittel dürfen erst eingesetzt werden, wenn der polizeiliche Zweck durch Waffenwirkung gegen Sachen nicht erreicht werden kann. (§ 69 Abs. 4 i. V. m. § 67 Abs. 1 PolG).

- **Keine Gefährdung Unbeteiligter**

  Der Gebrauch von Explosionsmitteln ist unzulässig, wenn erkennbar Unbeteiligte mit hoher Wahrscheinlichkeit gefährdet werden (§ 69 PolG i. V. m. § 67 Abs. 2 S. 1 PolG). Vgl. dazu im Einzelnen § 12 Rn 55.

- **Tötung durch Explosionsmitteln nur im extremen Ausnahmefall**

  Der Einsatz von Explosionsmitteln, der mit an Sicherheit grenzender Wahrscheinlichkeit tödlich wirken wird, ist nur zulässig, wenn er das einzige Mittel zur Abwehr einer gegenwärtigen Lebensgefahr oder der gegenwärtigen Gefahr einer schwerwiegenden Verletzung der körperlichen Unversehrtheit ist (§ 69 Abs. 4 PolG i. V. m. § 68 Abs. 2 PolG). Letztlich muss der Einsatz der Explosivmittel das **einzig denkbare und geeignete Mittel** sein; vgl. dazu im Einzelnen § 12 Rn 79.

---

[108] LT-Drs. 16/2741, S. 41.

VI. Rechtsschutz

1. Rechtsschutz gegen Vollstreckungsmaßnahmen im Bereich der Gefahrenabwehr

a) Widerspruch und Anfechtungsklage

Soweit die Maßnahmen der Verwaltungsvollstreckung als Verwaltungsakte zu qualifizieren sind, kommen als Rechtsbehelfe **Widerspruch und Anfechtungsklage** in Betracht (vgl. §§ 42 Abs. 1, 68 ff., 113 Abs. 1 S. 1 VwGO). Dies gilt für die Androhung der Vollstreckung, für die Festsetzung des angedrohten Zwangsmittels und für die Kostenbescheide.

Fall 48: In einer gewerberechtlichen Erlaubnis (= Grundverfügung) werden dem Antragsteller A unter der Überschrift „Bedingungen/Auflagen" in über 20 Einzelpunkten verschiedene Verhaltenspflichten unterschiedlichen Gewichts auferlegt. Die sofortige Vollziehung dieser Verfügung wird angeordnet. Für den Fall, dass diese Bedingungen / Auflagen nicht eingehalten werden, wird pauschal ein Zwangsgeld in Höhe von 2.500 Euro angedroht. Als A einer der genannten Verhaltenspflichten nicht nachkommt, setzt die Behörde das angedrohte Zwangsgeld fest (vgl. VGH BW, VBlBW 1996, 65).

Im **Fall 48** war zulässiger **Rechtsbehelf** gegen die Androhung des Zwangsmittels „Zwangsgeld" (= Verwaltungsakt) der Widerspruch / die Anfechtungsklage. Im entschiedenen Fall war die **Zwangsgeldandrohung rechtswidrig**, weil sie gegen das **Bestimmtheitsgebot** verstieß (vgl. § 20 Abs. 3 S. 2 LVwVG). Die Höhe des pauschal angedrohten Zwangsgelds einerseits und die Vielzahl sowie die Unterschiedlichkeit der „Auflagen / Bedingungen" andererseits schließen eine bestimmte oder auch nur bestimmbare Zuordnung des Zwangsgelds zu einzelnen Handlungs-, Duldungs- oder Unterlassungspflichten aus. Aus diesem Grund ist auch der **Bescheid über die Festsetzung** des „angedrohten" Zwangsgeldes **rechtswidrig** und eine dagegen erhobene Anfechtungsklage begründet (so VGH BW a. a. O.).

Soweit die Vollstreckungsmaßnahme als **Realakt** zu qualifizieren ist, kommt als Rechtsbehelf die allgemeine **Feststellungsklage** gem. § 43 Abs. 1 VwGO in Betracht. Dies gilt insbesondere für Maßnahmen der letzten Stufe im Vollstreckungsverfahren (vgl. § 12 Rn 32, 39).

Mit dem Rechtsbehelf gegen eine Vollstreckungsmaßnahme können grundsätzlich keine Einwendungen gegen die Rechtmäßigkeit der Grundverfügung erhoben werden, die der Vollstreckung vorausgegangen ist (vgl. § 12 Rn 31).

b) Fortsetzungsfeststellungsklage

Da in den meisten Fällen die Anwendung des Zwangsmittels vor einer gerichtlichen Klärung vollzogen sein wird, kommt als weiterer Rechtsbehelf die **nachträgliche** Prüfung der Rechtmäßigkeit im Wege der **Fortsetzungsfeststellungsklage** gem. § 113 Abs. 1 S. 4 VwGO in Betracht. Ihr Ziel ist die gerichtliche Feststellung, dass ein erledigter Verwaltungsakt (hier: Maßnahme der Verwaltungsvollstreckung) rechtswidrig war. Aus der Anfechtungsklage wird dann eine Feststellungsklage.

Nach **h. L.** ist die Klage nicht nur dann zulässig, wenn sich ein Verwaltungsakt nach Erhebung einer Anfechtungsklage erledigt hat, sondern auch dann, wenn die Erledigung bereits vor Klageerhebung eingetreten ist.[109] Die Fortsetzungsfeststellungsklage ist nur **zulässig**, wenn der Kläger ein berechtigtes Interesse an der begehrten Feststellung, das sog. **besondere Feststellungsinteresse**, hat. Hierfür genügt jedes durch vernünftige Erwägungen nach Lage des Falles anzuerkennende schutzwürdige Interesse rechtlicher, wirtschaftlicher oder auch ideeller Art. Entscheidend ist, dass die gerichtliche Entscheidung geeignet ist, die Position eines Klägers in den strittigen Bereichen zu ver-

---

109 Schenke/Schenke, in: Kopp/Schenke, § 113 VwGO Rn 99; zum Prüfungsschema vgl. Knorr, VBlBW 5/2010, Sonderbeilage, 7 ff.

bessern.[110] Die Rechtslehre unterscheidet hierbei verschiedene Fallgruppen, bei deren Vorliegen das Feststellungsinteresse bejaht wird.[111]

Beispiele:

- Mit einer **Fortsetzungsfeststellungsklage** begehrte die Klägerin die Feststellung, dass die gegenüber ihr von der Polizei durchgeführten Maßnahmen der Anfertigung von Lichtbildern, der körperlichen Durchsuchung, des mit diesen Maßnahmen verbundenen Festhaltens auf dem Polizeirevier sowie der Speicherung von Daten rechtswidrig waren. Da sich der streitige Verwaltungsakt mit Abschluss der Personenfeststellung bereits vor Klageerhebung erledigt hatte, war die Klage in analoger Anwendung des § 114 Abs. 1 S. 4 VwGO statthaft. Das VG hatte der Klage teilweise stattgegeben. Im Berufungsverfahren bejahte der VGH BW ein berechtigtes Interesse an der begehrten Feststellung aus der erstrebten Rehabilitation. Der Berufung wurde teilweise stattgegeben.[112]
- Im Zusammenhang mit der Befragung und Kontrolle einer „ausländisch aussehenden Person" in einem Bahnhofsgebäude beobachtete die K den Einsatz von Polizeibeamten und stellte sich etwa 1,5 m seitlich neben diese. K wollte dadurch der kontrollierten Person ihre Unterstützung signalisieren. Nachdem K der Aufforderung der Polizei, sich zu entfernen, nicht Folge geleistet hatte, wurde ihr gegenüber ein Platzverweis ausgesprochen. Da sie diesen nicht befolgte, wurde sie unter Einsatz eines Polizeigriffs aus dem Bahnhofsgebäude gebracht. Wegen dieses Einsatzes hatte K beim zuständigen Verwaltungsgericht (VG) Klage erhoben mit dem Antrag, die **Rechtswidrigkeit** des angeordneten **Platzverweises** (nachträglich) festzustellen. Das VG hatte die Klage abgewiesen. Auf die Berufung der K entschied das OVG RP, dass die **Fortsetzungsfeststellungsklage** der K **statthaft** sei. Nach ständiger Rechtsprechung des BVerwG finde § 113 Abs. 1 S. 4 VwGO in den Fällen, in denen sich – wie in diesem Fall – der Verwaltungsakt bereits vor Klageerhebung erledigt hat, entsprechende Anwendung (BVerwGE 131, 216).[113]

2. Rechtsschutz gegen Vollstreckungsmaßnahmen im Straf- und Ordnungswidrigkeitenverfahren

85 Soweit die Polizei Maßnahmen zur **Verfolgung von strafbaren Handlungen und Ordnungswidrigkeiten** (vgl. § 163 StPO) durchführt und als Justizbehörde im funktionellen Sinne – also nicht als Gefahrenabwehrbehörde – handelt (vgl. § 13 Rn 3 ff.), ist gem. § 23 EGGVG der **Rechtsweg zu den ordentlichen Gerichten eröffnet**. Dies gilt insbesondere für die Anwendung des unmittelbaren Zwangs nach den §§ 63 ff. PolG, da diese Bestimmungen auch für die Tätigkeit der Polizei bei der Verfolgung von Straftaten und Ordnungswidrigkeiten gelten.

---

110 BVerwGE 146, 303 m. w. N.
111 Vgl. Schenke/Schenke, in: Kopp/Schenke, § 113 VwGO Rn 129 ff.; vgl. auch Lindner, NVwZ 2014, 180.
112 VGH BW, VBlBW 2011, 231; vgl. auch Knorr, VBlBW 5/2010, Sonderbeilage, 7 ff.
113 OVG RP, LKRZ 2014, 363.

§ 13: Die Polizei im Straf- und Ordnungswidrigkeitenverfahren

I. Die Polizei im Strafverfahren

1. Aufgabenübertragung durch die Strafprozessordnung

Neben der Aufgabe der Gefahrenabwehr (§ 1 Abs. 1 PolG), dem Schutz der Rechte Privater (§ 2 Abs. 2 PolG) und der Vollzugs- und Amtshilfe (Art. 35 Abs. 1 GG, §§ 4 bis 8 LVwVfG, § 60 Abs. 5 PolG) hat die Polizei die ihr „nach anderen Rechtsvorschriften" übertragenen Aufgaben wahrzunehmen (**§ 1 Abs. 2 PolG**). Dazu zählen insbesondere die ihr durch die Strafprozessordnung und das Ordnungswidrigkeitenrecht **übertragenen Aufgaben**. Das PolG BW erwähnt die zweite wichtige Aufgabe der Polizei, Straftaten und Ordnungswidrigkeiten zu verfolgen, nicht ausdrücklich.

Ausgangspunkt dieser Aufgabenzuweisung ist die **Unterscheidung zwischen Maßnahmen der Prävention und der Repression**.[1] Beim **präventiven** Polizeihandeln (Gefahrenabwehr) geht es in erster Linie um eine ereignisbezogene, prognostisch fundierte, möglichst effektive und flexible Reaktion auf eine Schadenswahrscheinlichkeit. Das **repressive** Polizeihandeln (Strafverfolgung) ist im Gegensatz dazu als Bestandteil eines tat- und täterbezogenen, vergangenheitsfundierten, an der Einzelfallgerechtigkeit orientierten Verfahrens zu sehen.[2] Aufgabe des **Strafverfahrens** ist es, die Berechtigung des **Verdachts einer strafbaren Handlung** zu überprüfen. Das Strafverfahren beginnt mit dem **Ermittlungsverfahren**, das nach dem grundsätzlich geltenden **Legalitätsprinzip** immer dann eingeleitet werden muss, wenn „zureichende tatsächliche Anhaltspunkte" für die Begehung einer Straftat vorliegen (§ 152 Abs. 2 StPO). Die Anforderungen an diesen **Anfangsverdacht** sind gering. Es reicht aus, wenn aufgrund von Indizien nach kriminalistischer Erfahrung die Möglichkeit eines strafbaren und verfolgbaren Verhaltens besteht.[3]

Nach dem normativen Konzept der StPO wird das strafprozessuale Ermittlungsverfahren unter der Gesamtverantwortung der **Staatsanwaltschaft** geführt. Sie und nicht die Polizei ist von Gesetzes wegen **Herrin des strafprozessualen Ermittlungsverfahrens** als Vorstufe der Vorbereitung der öffentlichen Klage gem. §§ 158 ff. StPO. Als „Kopf ohne Hände" muss sie sich der Hilfe der Polizei als der „verlängerte Arm der Staatsanwaltschaft" bedienen.[4] Gem. **§ 160 StPO** hat die Staatsanwaltschaft den Sachverhalt zu erforschen, insbesondere Ermittlungen einzuleiten, wenn sie durch eine Anzeige oder auf anderem Weg vom Verdacht einer Straftat Kenntnis erhält. Gem. **§ 161 S. 1 StPO** kann die Staatsanwaltschaft Ermittlungen selbst vornehmen oder durch die Behörden und Beamten des Polizeivollzugsdienstes vornehmen lassen.

2. Aufgaben der Polizei im Strafverfahren

Die Polizei wird im Strafverfahren vor allem während des Ermittlungsverfahrens tätig. Auch für sie gilt das **Legalitätsprinzip**. Gem. **§ 163 StPO** haben die Behörden und Beamten des Polizeivollzugsdienstes „Straftaten zu erforschen und alle keinen Aufschub gestattenden Anordnungen zu treffen, um die Verdunkelung einer Sache zu verhüten". Diese Aufgabennorm enthält somit zwei Hauptaufgaben der Polizei im Strafverfahren: Die **Aufklärung** möglicher Straftaten und die **Sicherungsaufgabe** hinsichtlich des Strafprozesses.[5] Weitere polizeiliche Aufgaben folgen mittelbar aus **§ 152 GVG** i. V. m.

---

[1] Thiel, Polizei- und Ordnungsrecht, § 1 Rn 14, § 4 Rn 17 ff.
[2] Denninger, in: Lisken/Denninger, Handbuch des Polizeirechts, Kap. D Rn 172.
[3] BGH, NJW 1989, 96, 97.
[4] BVerwGE 47, 255.
[5] Gusy, Polizei- und Ordnungsrecht, Rn 17.

der StPO. Diese überträgt zahlreiche Aufgaben den Staatsanwaltschaften, die aber – wie bereits erwähnt – nicht selbst handeln können.

4 Die polizeilichen Aufgaben / Befugnisse nach der StPO stehen zum Teil generell bzw. **allen** Polizeivollzugsbeamten zu (vgl. etwa Maßnahmen nach § 81 b, § 127 Abs. 2 StPO). In vielen Fällen ist aber Voraussetzung für die Wahrnehmung polizeilicher Tätigkeiten, dass der betreffende Polizeibeamte **Ermittlungsperson der Staatsanwaltschaft** ist. In der **Verordnung der Landesregierung über die Ermittlungspersonen der Staatsanwaltschaft** vom 12.2.1996 (GBl. S. 184) werden die Angehörigen bestimmter Beamten- und Angestelltengruppen beim Polizeivollzugsdienst des Landes aufgelistet. Gem. § 152 Abs. 1 StPO sind diese Ermittlungspersonen verpflichtet, den Anordnungen der Staatsanwaltschaft Folge zu leisten. Sie können alle Befugnisse von Polizeibeamten und zudem bestimmte Befugnisse der Staatsanwaltschaft oder der Gerichte im Falle von deren Unerreichbarkeit wahrnehmen (vgl. § 13 Rn 10). In bestimmten Fällen ergibt sich die Bestellung eines Ermittlungsbeamten auch unmittelbar aus dem Gesetz (vgl. etwa §§ 4 Abs. 1, Abs. 2, 18 Abs. 1, 19 Abs. 1 BKAG).

5 Gem. **§ 163 Abs. 1 StPO** hat die Polizei zur Sicherung der Strafverfolgung (nur) die Maßnahmen zu treffen, die keinen Aufschub dulden und danach ihre Ermittlungen ohne Verzug an die Staatsanwaltschaft weiter zu geben. Diese entscheidet dann über das weitere Vorgehen. Diese gesetzliche Aufgabenverteilung zwischen der Polizei und Staatsanwaltschaft entspricht aber in weiten Bereichen nicht der **Realität**.[6] Denn die faktische Herrschaft über die Ermittlungstätigkeit liegt weitgehend bei der Polizei. Zu Recht spricht deshalb in diesem Zusammenhang *Denninger* von einem tatsächlichen „Funktionsverlust der Staatsanwaltschaft".[7] In vielen Fällen führt die Polizei die ihr notwendig erscheinenden Ermittlungen eigenständig durch und leitet den Vorgang erst nach Abschluss der Ermittlungen an die Staatsanwaltschaft weiter. Die faktische Macht der Polizeivollzugsbeamten kann hierbei zu Folgen führen, die rechtsstaatlich bedenklich sind.

Beispiele:
- Der Polizeivollzugsbeamte P leitet ein strafrechtliches Ermittlungsverfahren gegen **Fußballfan F** ein. Bevor P den Vorgang an die Staatsanwaltschaft abgibt, speichert er Daten über F in der **Datei Gewalttäter Sport**. Obwohl das Ermittlungsverfahren von der Staatsanwaltschaft kurz darauf gem. § 170 Abs. 2 StPO eingestellt wird, bleibt die Speicherung bestehen. Infolge dessen erhält F ein (rechtswidriges) **Ausreiseverbot** zur Fußball-EM 2008 in die Schweiz (vgl. VG Stuttgart, openJur 2012, 61893; zur Verbunddatei „Gewalttäter Sport" vgl. auch BVerwGE 137, 113 bis 123).
- Polizeivollzugsbeamter P leitet ein strafrechtliches Ermittlungsverfahren gegen **Fußballfan F** ein. Bevor P den Vorgang an die Staatsanwaltschaft abgibt, teilt er seine Ermittlungsergebnisse ohne Entscheidung der Staatsanwaltschaft i. S. d. § 478 StPO dem DFB oder einem Fußballverein mit und regt dort ein bundesweites **Stadionverbot gegen F** an. Der DFB oder der Verein sprechen das Verbot antragsgemäß aus. Die Staatsanwaltschaft entscheidet nach Erhalt der polizeilichen Ermittlungsakten, das Strafverfahren gegen F gem. § 153 StPO einzustellen und nicht gem. § 170 Abs. 2 StPO. Da das Verfahren unanfechtbar „nur" gem. § 153 StPO eingestellt wurde, bleibt das Stadionverbot gegen F bestehen, wohingegen es bei einer Verfahrenseinstellung gem. § 170 Abs. 2 StPO aufgrund der DFB-Stadionverbotsrichtlinien aufzuheben gewesen wäre.

6 Die **§§ 161, 163 Abs. 1 S. 1 StPO** sind lediglich sog. **Aufgabenzuweisungsnormen**, durch welche die Polizei verpflichtet wird, die Aufgabe der Strafverfolgung wahrzunehmen. Sie ermächtigen die Polizei daher nicht zu Eingriffen in die Rechte Dritter.[8] Dies gilt auch für das sog. **Recht des ersten Zugriffs** gem. § 163 Abs. 1 StPO. Die Auffassung, dass sich aus dem Wortlaut des § 163 Abs. 1 S. 1 StPO auch eine Befugnis / Eingriffsermächtigung ergibt, alle keinen Aufschub gestattenden Anordnungen wenigstens

---
6 So auch Frister, in: Lisken/Denninger, Handbuch des Polizeirechts, Kap. F Rn 16.
7 Denninger, in: Lisken/Denninger, Handbuch des Polizeirechts, Kap. D Rn 183.
8 Schenke, Polizei- und Ordnungsrecht, Rn 414.

unterhalb einer gewissen Intensitätsschwelle zu treffen (sog. Schwellentheorie), ist abzulehnen.[9]

Gem. § 161 S. 2 StPO ist die Staatsanwaltschaft der Polizei gegenüber weisungsberechtigt. Das Weisungsrecht beschränkt sich (nur) auf den Bereich der Strafverfolgung, nicht auf Maßnahmen der Gefahrenabwehr. Bei **Gemengelagen** entscheidet letztlich die Polizei vor Ort.[10] Die uneingeschränkte **Weisungsbefugnis der Staatsanwaltschaft** im Rahmen der Strafverfolgung erstreckt sich hierbei nicht nur auf das „ob", sondern auch auf das „wie" des polizeilichen Handelns. Aus § 152 Abs. 1 GVG ergibt sich, dass die Staatsanwaltschaft gegenüber den Ermittlungsbeamten ein Weisungsrecht als deren Dienstvorgesetzte ausüben kann.

3. Eingriffsermächtigungen und Befugnisse

a) Zuordnung zum Strafprozessrecht

Die **Aufklärung und Verfolgung von Straftaten** stellen wichtige Aufgaben der Polizei dar. Diese Aufgaben und folglich auch die Befugnisse der Polizei bei der Strafverfolgung sind dem Strafprozessrecht zuzuordnen. Sie sind deshalb **vorwiegend in der StPO** – also im Verfahrensrecht der Justiz – **geregelt**. Nach dem **Trennungsprinzip** hat die Polizei im strafprozessualen Ermittlungsverfahren eine andere organisatorische Stellung als bei ihrer Tätigkeit im Bereich der Gefahrenabwehr. Für die Strafverfolgung gelten andere Grundsätze als bei der Wahrnehmung präventiver Aufgaben. Im Bereich der Strafverfolgung gilt für die Polizei das **Legalitätsprinzip**. **Legalität** bedeutet Gesetzmäßigkeit und fordert die Übereinstimmung staatlichen Handelns mit den geltenden Gesetzen. Gem. § 152 Abs. 2 StPO besteht **eine Verpflichtung, Straftaten zu verfolgen**. Gem. § 161 Abs. 1 S. 2 StPO sind die Behörden und Bediensteten des Polizeidienstes im Rahmen der Strafverfolgung verpflichtet, dem Ersuchen oder Auftrag der Staatsanwaltschaft zu genügen. Diese unbedingte **Verfolgungspflicht** dient der Verwirklichung des Gleichheitsgrundsatzes und der General- und Spezialpräventionsfunktion des Strafrechts. Ein Verstoß gegen das Legalitätsprinzip ist gem. §§ 258, 258 a StGB (Strafvereitelung im Amt) strafbar, die Verfolgung eines Unschuldigen gem. § 344 StGB. Weiterhin bestehen unterschiedliche Tatbestandsvoraussetzungen für das polizeiliche Handeln im Strafverfahren. Auch der Rechtsschutz gegen Maßnahmen der Polizei im Ermittlungsverfahren ist anders ausgestaltet als im Bereich der Gefahrenabwehr.

Die Unterscheidung zwischen präventiver und strafverfolgender polizeilicher Tätigkeit ist auch für die **Abgrenzung der Regelungskompetenz** von Bedeutung.[11] Gem. Art. 74 Nr. 1 GG fällt unter die konkurrierende Gesetzgebungszuständigkeit u. a. auch das **gerichtliche Verfahren**, zu dem auch die Tätigkeit der Polizei im strafverfolgenden Ermittlungsverfahren zählt. Solange und soweit der Bund auf diesem Gebiet von seiner Gesetzgebungsbefugnis Gebrauch gemacht hat, tritt die Sperrwirkung des Art. 72 Abs. 1 GG ein, wonach die Länder die Befugnis zur Gesetzgebung nur haben, solange und soweit der Bund von seiner Zuständigkeit nicht durch Gesetz Gebrauch gemacht hat (vgl. § 2 Rn 4). Da auch die Befugnisse zu Rechtseingriffen in der StPO ausführlich normiert sind, kommt eine **ergänzende Heranziehung des Polizeirechts** zur Ausfüllung strafprozessualer Regelungslücken grundsätzlich nicht in Betracht. Sie hat nur Bedeutung für die Anwendung des unmittelbaren Zwangs (vgl. § 12 Rn 2). Der Landesgesetzgeber ist nur befugt, die Tätigkeit der Polizei im Bereich der Gefahrenabwehr zu regeln.[12]

---

9 Vgl. dazu Denninger, in: Lisken/Denninger, Handbuch des Polizeirechts, Kap. D Rn 174.
10 Frister, in: Lisken/Denninger, Handbuch des Polizeirechts, Kap. F Rn 19.
11 Thiel, Polizei- und Ordnungsrecht, § 4 Rn 18.
12 Vgl. dazu auch die Hinweise in § 4 Rn 5 f.

9 Die **Befugnisse der Polizei im Bereich der Strafverfolgung** sind, wie sich aus dem in § 6 EGStPO enthaltenen **Kodifikationsprinzip** ergibt, **abschließend geregelt**.[13] Die Eingriffsbefugnisse der Polizei bei der strafverfolgenden Tätigkeit richten sich deshalb allein nach der StPO. Andernfalls besteht die Gefahr, dass die strafprozessualen Verfahrensgarantien präventivpolizeilich unterlaufen werden.

b) Einzelne Befugnisse

10 Das Strafprozessrecht enthält **keine Generalermächtigung**, sondern regelt die **Befugnisse der Polizei in einer Vielzahl spezieller, einzelner Ermächtigungsgrundlagen**. Hierbei muss zwischen den Maßnahmen unterschieden werden, die allen Behörden und Beamten des Polizeivollzugsdienstes zustehen und solchen, die den Ermittlungspersonen der Staatsanwaltschaft eingeräumt sind (§ 13 Rn 4).

Alle Polizeibeamten haben etwa das Recht zur vorläufigen Festnahme (§§ 127 Abs. 1 S. 1, Abs. 2, 163 b Abs. 1 S. 2 StPO), das Recht zur Vornahme erkennungsdienstlicher Maßnahmen (§§ 81 b, 163 b Abs. 1 S. 3 StPO), das Recht zum Einsatz besonderer für Observationszwecke bestimmter technischer Mittel außerhalb von Wohnungen (§ 100 h StPO) sowie das Recht zur Identitätsfeststellung (§ 163 b StPO). Bei Gefahr im Verzug besteht darüber hinaus die Möglichkeit, einen verdeckten Ermittler einzusetzen (§ 100 b StPO).

Die **Ermittlungspersonen der Staatsanwaltschaft** haben bei **Gefahr im Verzug** weitere Eingriffsrechte. Sie können etwa Beschlagnahmen (§§ 98 Abs. 1 S. 1, 111 e Abs. 1 S. 2 StPO), Durchsuchungen (§§ 102, 105 Abs. 1 S. 1 StPO), körperliche Eingriffe und Untersuchungen (§§ 81 a Abs. 1 u. 2, 81 c Abs. 1 u. 2, Abs. 5 S. 1 StPO) sowie eine Schleppnetzfahndung (§ 163 d Abs. 1, 2 S. 1 StPO) und die Einrichtung von Kontrollstellen (§ 111 Abs. 1 und 2 StPO) anordnen.[14]

4. Abgrenzungsprobleme

a) Abgrenzung zwischen Maßnahmen der Gefahrenabwehr und Strafverfolgung

11 Gem. **§ 1 Abs. 1 PolG** hat die Polizei einerseits die Aufgabe der Gefahrenabwehr. Gem. **§ 2 Abs. 2 PolG** hat sie andererseits auch die ihr durch die Bestimmungen der StPO übertragenen Aufgaben der Strafverfolgung wahrzunehmen (**sog. Doppelfunktion der Polizei**). Im Regelfall bereitet die **Abgrenzung** zwischen diesen beiden Tätigkeitsbereichen keine besonderen Probleme: **Maßnahmen der Gefahrenabwehr** sind auf die Zukunft gerichtet. Sie sollen den Eintritt eines drohenden Schadens verhindern. Demgegenüber ist die **Strafverfolgung** vergangenheitsbezogen: Eine bereits begangene Straftat soll ermittelt werden (vgl. § 13 Rn 1).[15] **Maßnahmen gem. § 163 StPO** setzen einen hinreichenden **Anfangsverdacht** voraus (§ 152 Abs. 2 StPO). Liegt diese Voraussetzung vor, dürfen polizeiliche Maßnahmen nur noch auf die StPO und nicht (mehr) auf das PolG gestützt werden.

b) Abgrenzung zwischen Maßnahmen der Gefahrenverhütung und Strafverfolgung

12 Nach verschiedenen Regelungen im PolG wird die Polizei auch zur vorbeugenden Bekämpfung von Straftaten tätig (vgl. § 4 Rn 5 f.). Maßnahmen zur vorbeugenden Bekämpfung von Straftaten werden – zusammen mit der sog. Gefahrenvorsorge – der **Gefahrenabwehr** und nicht der Strafverfolgung zugerechnet. Nach **VGH BW** umfasste der **Begriff der vorbeugenden Bekämpfung von Straftaten** in § 22 Abs. 2 und 3 PolG 1992 (Besondere Mittel der Datenerhebung) nur die Verhütung von Straftaten (Ver-

---

13 Schenke, Polizei- und Ordnungsrecht, Rn 416.
14 Vgl. im Einzelnen Frister, in: Lisken/Denninger, Handbuch des Polizeirechts, Kap. F Rn 21 ff.
15 Kniesel, Die Polizei 2018, 265 f.

hinderungsvorsorge), nicht jedoch die Vorsorge für die Verfolgung künftiger Straftaten (Strafverfolgungsvorsorge).[16] Diese Grundsatzentscheidung gilt generell bei der Auslegung dieses unbestimmten Rechtsbegriffs, der sich seit Geltung des PolG 2020 in § 41 Abs. 1 Nr. 2, § 43 Abs. 3, § 56 Abs. 1 S. 1, § 75 Abs. 3 PolG findet. Vorbeugende Gefahrenabwehr ist (nur) Gefahrenverhütung. Eine Gefahr soll erst gar nicht auftreten. Aus diesem Grund sind **Maßnahmen zur Verhütung und Verhinderung von Straftaten** im Vorfeld eines Tatverdachts nach h. L. der präventiven Tätigkeit der Polizei zuzuordnen.[17] Demgegenüber werden Maßnahmen zur **Vorsorge für die Strafverfolgung** der repressiven Tätigkeit der Polizei zugerechnet. Denn wer für eine Situation „vorsorgt", sich auf diese „vorbereitet", rechnet mit ihrem Eintritt und will dann „gewappnet" sein.[18]

c) Doppelfunktionale Maßnahmen

In bestimmten Fällen überschneiden sich gefahrenabwehrendes und strafverfolgendes Handeln der Polizei. Ihre Maßnahmen können in diesen Fällen sowohl dem präventivem Schutz bedrohter Rechtsgüter als auch der Strafverfolgung zugeordnet werden und somit sowohl auf eine Rechtsgrundlage im PolG als auch in der StPO gestützt werden. Mit der Problematik dieser sog. **„doppelfunktionalen Maßnahmen"**, die zum Polizeialltag gehören, setzt sich die Rechtslehre insbesondere im Zusammenhang mit der Bestimmung des maßgebenden **Rechtswegs** auseinander.[19] 13

Beispiele:
- Die Polizei verbringt Personen, die sich schon seit längerer Zeit an einem Maifeuer mitten in der Innenstadt auf einer öffentlichen Straße aufhalten, zum Polizeirevier, um dort ihre Personalien festzustellen. Von den Personen, die sich um das Maifeuer aufhielten, gingen mehrere Störungen der öffentlichen Sicherheit aus (vgl. VG Freiburg, Urt. v. 5.2.2009 – 4 K 961/08; Knorr, Sonderbeilage VBlBW 5/2010, Fall 2).
- Die polizeiliche Räumung eines besetzten Hauses kann zur Beendigung der Eigentumsstörung erfolgen (= Gefahrenabwehr) und im Falle eines Strafantrags durch den Eigentümer gem. § 123 Abs. 2 StGB zur strafrechtlichen Verfolgung des Hausfriedensbruchs (VGH BW, VBlBW 1989, 16; vgl. zudem die Hinweise in § 3 Rn 85).
- Standardmaßnahmen wie Personenfeststellung, Durchsuchungen oder Beschlagnahmen können sowohl der Gefahrenabwehr als auch der Strafverfolgung dienen. Auch Einsätze zur Datenerhebung, wie etwa die Videoüberwachung öffentlicher Plätze (vgl. § 10 Rn 235 ff.) oder der Einsatz automatischer Kennzeichenlesesysteme (vgl. § 10 Rn 432 ff.) können sowohl präventiven als auch repressiven Zwecken dienen.

In **Rechtsprechung und Literatur** werden zur Frage, wie sog. doppelfunktionale Maßnahmen rechtlich einzuordnen sind, unterschiedliche Auffassungen vertreten:[20] 14

- Eine **M. M.** in der Literatur geht davon aus, dass ein Rückgriff auf das Recht der Gefahrabwehr immer dann ausgeschlossen ist, wenn zugleich der Anfangsverdacht einer Straftat besteht (**Ausschluss der Gefahrenabwehr**).
- Auf der Grundlage der **Schwerpunkttheorie** wird davon ausgegangen, dass sich die rechtliche Einordnung einer polizeiliche Maßnahme danach richtet, wo der Schwerpunkt der Maßnahme zu sehen ist. Dies dürfte die insgesamt noch **h. M.** sein.[21]

---

16 VGH BW, DVBl 2014, 1002.
17 Vgl. § 4 Rn 5; Deger, in: Stephan/Deger, Polizeigesetz BW, § 1 Rn 4; Kahlert, in: Belz/Mußmann/Kahlert/Sander, Polizeigesetz BW, § 1 Rn 46; Hippeli, JuS 2020, 452, 456.
18 So Denninger, in: Lisken/Denninger, Handbuch des Polizeirechts, Kap. D Rn 202.
19 Vgl. Denninger, in: Lisken/Denninger, Handbuch des Polizeirechts, Kap. D Rn 194 ff., der in diesem Zusammenhang von einer „präventiv-repressiven Gemengelage" spricht; Deger, in: Stephan/Deger, Polizeigesetz BW, § 1 Rn 7; Trurnit, JURA 2019, 258, 260 f.; Albrecht, HRRS 2017, 446, 449; Knorr, Sonderbeilage VBlBW 5/2010, Fall 2.
20 Vgl. dazu die Übersicht bei Albrecht, HRRS 2017, 446, 449 f., Thiel, Polizei- und Ordnungsrecht, § 4 Rn 23; Kingreen/Poscher, Polizei- und Ordnungsrecht, § 2 Rn 9 bis 14, sowie bei BGH, NJW 2017, 3173 (Rn 22 bis 24).
21 Möstl, in: Möstl/Trurnit, Polizeirecht BW, Rn 90; Albrecht, HRRS 2017, 446, 450; Borsdorff, in: Möllers, Wörterbuch der Polizei, S. 581; Graf, in: Pöltl/Ruder, Öffentliche Sicherheit und Ordnung, Stichwort „doppelfunk-

- Eine weitere Auffassung geht davon aus, dass auch nach Einleitung eines Strafverfahrens **Strafverfolgung und Gefahrenabwehr parallel** betrieben werden können.[22]

15 Richtigerweise wird man für die Frage, ob in diesen Fällen die Polizei zur Gefahrenabwehr nach dem PolG oder als Justizbehörde auf dem Gebiet der Strafrechtspflege tätig wird, eine **differenzierte Betrachtungsweise** anstellen müssen.

Für die **Wahl des Rechtswegs** kann es nur eine klare Entscheidung geben, da es keine parallelen Rechtwege für einen rechtlichen Sachverhalt geben sollte.[23] Bei **materiellen Rechtsanwendungen**, etwa der Frage der weiteren Verwendung von im Wege der Gefahrenabwehr gewonnenen Erkenntnissen im Strafverfahren, kommt eine abweichende Behandlung der Frage in Betracht.

16 Bei der **Bestimmung des richtigen Rechtswegs** gilt: Bei doppelfunktionalen Maßnahmen kann **nur das eine oder das andere Recht angewandt werden**.[24] Für Einsätze der Polizei im Bereich der Gefahrenabwehr sind grundsätzlich die **Verwaltungsgerichte** zuständig (§ 40 Abs. 1 VwGO). Bei ihrer Tätigkeit als Justizbehörde unterliegt die Polizei dagegen der **Rechtskontrolle durch die ordentlichen Gerichte** (§§ 23 ff. EGGVG). Hier muss richtigerweise die sog. **Schwerpunkttheorie** zur Anwendung kommen.[25] Entscheidend ist danach, worin der **Schwerpunkt der polizeilichen Maßnahme** lag. Für die Bestimmung der Maßnahme im Einzelfall ist entscheidend „zum einen das Schwergewicht des polizeilichen Handelns – zum anderen der damit verbundene Zweck".[26] Es ist eine sog. **Dominanzentscheidung** zu treffen.[27] Soweit der Grund des polizeilichen Handelns der betroffenen Person nicht selbst von der Polizei genannt wurde, ist für die Abgrenzung maßgebend, wie sich der konkrete Sachverhalt einem verständigen Bürger in der Lage der betroffenen Person bei natürlicher Betrachtungsweise darstellt.[28] Dabei muss der **Sachverhalt** im allgemeinen **einheitlich betrachtet** werden, soweit nicht einzelne Teile objektiv abtrennbar sind. Wird nach der Feststellung des Schwerpunkts der jeweiligen Maßnahmen der gebotene Rechtsweg beschritten, entscheidet gem. **§ 19 Abs. 2 S. 1 GVG** das Gericht des zulässigen Rechtsweges den Rechtsstreit **unter allen in Betracht kommenden rechtlichen Gesichtspunkten**.[29]

Bei der Beurteilung des Schwerpunkts gibt es **keinen grundlegenden Vorrang** für die Prävention oder für die Strafverfolgung[30], die Entscheidung ist vielmehr individuell für jeden Einzelfall zu treffen. Wurde die Polizei gegenüber einer betroffenen Person bei einem einheitlichen Vorgang sowohl präventiv als auch im Wege der Strafverfolgung tätig (vgl. dazu § 13 Rn 17), kommt im Einzelfall bei klar abzugrenzenden einzelnen Polizeimaßnahmen auch eine **gesonderte Anfechtung der Maßnahmen auf zwei Rechtswegen** in Betracht. Ist eine solche Trennung nicht möglich, können alle Maßnahmen auf dem Rechtsweg angefochten werden, der nach dem Schwerpunkt der gesamten Maßnahmen zu beschreiten ist.

Lässt sich eine Maßnahme der Polizei (hier: Ingewahrsamnahme) nicht eindeutig einer repressiven oder präventiven Zielrichtung zuordnen, soll nach **OVG NRW** eine **Verweisung** von einem angerufenen Verwaltungsgericht an die ordentliche Gerichtsbarkeit jedenfalls dann nicht in Betracht kommen, wenn die Maßnahme bei verständiger Würdi-

---

tionale Maßnahme"; Bialon/Springer, Eingriffsrecht, Kap. 4 Rn 44; Ibler, in: Ennuschat/Ibler/Remmert, § 2 Rn 132 f., 420; Rausch, Landesrecht BW, § 3 Rn 15.
22 So ausdrücklich nunmehr der 2. Senat des BGH, NJW 2017, 3173, 3176 (Rn 25 ff.), krit. dazu Lenk, NVwZ 2018, 38 ff., eher zust. Fabis, S. 81, 91 f.
23 **A. A.** etwa Walden, Zweckbindung, S. 197.
24 Trurnit, Eingriffsrecht, Rn 55.
25 Ebenso HambOVG, openJur 2018, 6483 (Rn 23) = DÖV 2019, 37 (Ls.); **a. A.** Schenke, VerwArch 2019, 436, 440 f. m w. N.
26 Albrecht, HRRS 2017, 446, 450; vgl. auch Lenk, NVwZ 2018, 38, 40 m. w. N.
27 Vgl. Borsdorff, in: Möllers, Wörterbuch der Polizei, S. 581.
28 HambOVG, openJur 2018, 6483 (Rn 24) = DÖV 2019, 37 (Ls.).
29 Kingreen/Poscher, Polizei- und Ordnungsrecht, § 2 Rn 14.
30 Vgl. dazu auch Möstl, in: Möstl/Trurnit, Polizeirecht BW, Rn 91.

gung aus der Perspektive der betroffenen Person zumindest auch präventiv-polizeiliche Zwecke verfolgt und auf eine präventiv-polizeiliche Ermächtigungsgrundlage gestützt sein kann. Das soll erst recht gelten, wenn für die betroffene Person nicht ersichtlich ist, dass ihr Verhalten strafrechtlich verfolgt wird.[31] Nach **OLG Karlsruhe** ist eine **Verweisung** innerhalb der ordentlichen Gerichtsbarkeit ausgeschlossen, wenn ein Verwaltungsgericht ein Verfahren mit bindender Wirkung an das OLG verwiesen hat.[32]

In Fällen, in denen es für eine betroffene Person nicht oder nur schwer feststellbar ist, ob eine ihr gegenüber vorgenommene Maßnahme der Gefahrenabwehr oder der Strafverfolgung dient bzw. gedient hat, steht ihr ein aus dem Rechtsstaatsprinzip abgeleiteter **Anspruch** gegenüber der Polizei **auf Mitteilung des Zwecks** der Maßnahme zu. Zur schriftlichen Bestätigung eines Verwaltungsakts ist die Polizei verpflichtet, wenn daran ein berechtigtes Interesse besteht und die betroffene Person dies verlangt (vgl. § 37 Abs. 2 S. 2 LVwVfG). Da das jeweils angerufene Gericht gem. § 17 Abs. 2 S. 1 GVG verpflichtet ist, sowohl die polizeirechtliche als auch die strafprozessuale Ermächtigungsgrundlage einer doppelfunktionalen Maßnahme zu prüfen, führt die Anfechtung einer Maßnahme nicht zur Spaltung bzw. Verdoppelung des Rechtswegs.[33] Hält das angerufene Gericht den Rechtsweg für nicht gegeben, hat dies im Übrigen nicht die Abweisung der Klage, sondern nur die Verweisung des Rechtsstreits an das sachlich zuständige Gericht zur Folge (§ 17 a Abs. 2 GVG).

Bei der **materiellen Rechtsanwendung** ist davon auszugehen, dass es bei doppelfunktionalen Maßnahmen der Polizei auch im Fall einer strafrechtlichen Ermittlung nicht verwehrt ist, **zugleich** im Bereich der Gefahrenabwehr tätig zu sein.[34] Es entspricht den Anforderungen der polizeilichen Praxis, eine **Parallelität der polizeilichen Aufgabenerfüllung** zuzulassen. Der 2. Strafrechtssenat des BGH weist zu Recht darauf hin, dass es **keinen allgemeinen Vorrang eines der beiden Rechtsgebiete** gibt. Beide Aufgaben obliegen dem Polizeivollzugsdienst zur eigenen Erledigung und haben in der Polizeipraxis viele Überschneidungen. Insbesondere bei **Gemengelagen** bleiben strafprozessuale und gefahrenabwehrrechtliche Maßnahmen grundsätzlich nebeneinander anwendbar.[35] Die Grenzen zwischen präventivem Handeln und repressivem Vorgehen können fließend sein und sich je nach Sachlage kurzfristig und kaum vorhersehbar verändern.[36] Richtigerweise darf es der Polizei in diesen Fällen nicht verwehrt sein, zum Schutz der öffentlichen Sicherheit und Ordnung tätig zu sein. Ist die Polizei sowohl im Bereich der Gefahrenabwehr als auch im Bereich der Strafverfolgung tätig, beurteilt sich die Rechtmäßigkeit ihrer Maßnahmen ausschließlich nach den gefahrenabwehrrechtlichen Voraussetzungen.[37]

Im **Bereich der Gefahrenabwehr gewonnene Erkenntnisse** können ggf. auch im anschließenden Strafverfahren verwertet werden.[38] Hier stellt sich dann auch die Frage, ob eine bewusste Umgehung strafprozessualer Regelungen vorliegt, die ggf. zu einem Verwertungsverbot der im Gefahrenbereich gewonnenen Erkenntnisse im Strafverfahren führt.[39] Weiter verwertbar können etwa Erkenntnisse sein, die durch die Polizei bei

---

31 OVG NRW, NVwZ-RR 2014, 863.
32 OLG Karlsruhe, NJW 2013, 3738.
33 Würtenberger/Heckmann/Tanneberger, Polizeirecht BW, § 4 Rn 73. So prüft etwa der BGH im strafprozessualen Verfahren auch die rechtlichen Voraussetzungen gefahrenrechtlicher Maßnahmen auf der Grundlage des Polizeirecht (vgl. BGH, NJW 2017, 3171; NStZ-RR 2018, 146, 147; Lenk, NVwZ 2018, 38, 40); krit. hierzu Danne, Die Polizei 2018, 210, 213.
34 Wie hier BGH, NJW 2017, 3173, 3176 (Rn 25 ff.); NStZ-RR 2018, 146, 147; Möstl, in: Möstl/Trurnit, Polizeirecht BW, Rn 91; Thiel, Polizei- und Ordnungsrecht, § 4 Rn 25; i. E. ebenso Danne, Die Polizei, 2018, 214, 216, **a. A.** etwa Rausch, Landesrecht BW, § 3 Rn 15 (Schwerpunkttheorie); Schefer, S. 186 (für legendierte Kontrollen).
35 BGH, NJW 2017, 3173, 3176 (Rn 26).
36 BGH, NJW 2017, 3173, 3176 (Rn 31).
37 BGH, NStZ-RR 2018, 146, 147.
38 BGH, NJW 2017, 3173, 3177 (Rn 38 ff.).
39 BGH, NJW 2017, 3173, 3177 (Rn 33); NStZ-RR 2018, 146, 147.

einer **gefahrenabwehrrechtlich zulässigen Fahrzeugdurchsuchung** gewonnen wurden.[40]

II. Die Polizei im Ordnungswidrigkeitenverfahren

18 Eine **Ordnungswidrigkeit** ist eine rechtswidrige und vorwerfbare Handlung, die den Tatbestand eines Gesetzes verwirklicht, das die Ahndung mit einer Geldbuße zulässt (§ 1 Abs. 1 OWiG). Das OWiG selbst enthält nur wenige Ordnungswidrigkeitentatbestände (§§ 111 bis 130 OWiG). Doch gilt dieses Gesetz für alle Ordnungswidrigkeiten sowohl nach Bundes- als auch nach Landesrecht (§ 2 OWiG). Gem. **§ 26 Abs. 1 PolG** handelt ordnungswidrig, wer schuldhaft gegen einen in einer **Polizeiverordnung** bestimmten Tatbestand zuwiderhandelt (vgl. § 9 Rn 68 f.). In **§ 133 Abs. 1 PolG** sind weitere **Ordnungswidrigkeitentatbestände** bei Zuwiderhandlungen gegen Maßnahmen gem. § 30 PolG (Platzverweis, Aufenthaltsverbot, Wohnungsverweis etc.) festgelegt (vgl. § 11 Rn 77 ff.).

Gem. **§ 53 Abs. 1 OWiG** haben die Behörden und Beamten des Polizeivollzugsdienstes **nach pflichtgemäßem Ermessen Ordnungswidrigkeiten zu erforschen und dabei alle unaufschiebbaren Anordnungen zu treffen**, um die Verdunkelung der Sache zu verhüten. Dieselben Pflichten haben auch die Verwaltungsbehörden gem. §§ 35, 36 OWiG. Für das Verfahren gilt grundsätzlich die StPO.[41] Da Ordnungswidrigkeiten (sog. Ordnungs- oder Polizeiunrecht) im Vergleich zu den kriminellen Vergehen einen deutlich geringeren Unrechtsgehalt besitzen und als Sanktionen nur Geldbuße (§§ 17 ff. OWiG) und Verwarnungsgeld (§ 56 OWiG) zur Folge haben, gilt das **Opportunitätsprinzip**: Die Verfolgung von Ordnungswidrigkeiten liegt im pflichtgemäßen Ermessen der Verfolgungsbehörde. Diese kann etwa das Verfahren, solange es bei ihr anhängig ist, einstellen (§ 47 Abs. 1 OWiG). Die Behörden und Beamten des Polizeidienstes haben bei der Erforschung von Ordnungswidrigkeiten dieselben Rechte und Pflichten wie bei der Verfolgung von Straftaten, soweit das OWiG nichts anderes bestimmt. Die Beamten des Polizeidienstes, die zu Ermittlungsbeamten der Staatsanwaltschaft bestellt sind, können gem. **§ 53 Abs. 2 OWiG** nach den für sie geltenden Vorschriften der StPO Beschlagnahmen, Durchsuchungen, Untersuchungen und sonstige Maßnahmen anordnen (vgl. § 13 Rn 10).

19 Für das **Bußgeldverfahren** gelten, soweit das OWiG nichts anderes bestimmt, sinngemäß die Vorschriften der allgemeinen Gesetze über das Strafverfahren, namentlich die der StPO, des GVG und des JGG (§ 46 Abs. 1 OWiG). „Herrin" des Bußgeldverfahrens ist die Verwaltungsbehörde (§§ 36, 46 Abs. 2 OWiG) als Verfolgungsbehörde mit einem **Weisungsrecht** gegenüber der Polizei (vgl. § 161 StPO). Das Weisungsrecht ist gem. § 46 Abs. 3 und 4 OWiG (Übermaßverbot) und gem. § 53 Abs. 1 OWiG eingeschränkt. Kraft besonderer gesetzlicher Übertragung (§ 36 Abs. 1 Nr. 1 OWiG) kann die Polizei die Rolle der Verwaltungsbehörde als zuständige Verfolgungs- und Ahndungsbehörde selbst übernehmen. **Zuständige Verwaltungsbehörde** für die Ahndung von Ordnungswidrigkeiten i. S. d. § 36 Abs. 1 Nr. 1 OWiG ist gem. **§ 26 Abs. 4 PolG** die Ortspolizeibehörde, bzw. gem. **§ 133 Abs. 3 S. 1 PolG** die Polizeibehörde, die eine Anordnung gem. § 30 PolG getroffen hat. Ist die Anordnung gem. § 30 PolG vom Polizeivollzugsdienst getroffen worden, ist gem. **§ 133 Abs. 2 S. 2 PolG** Verwaltungsbehörde die örtlich zuständige Polizeibehörde. Sie hat im Bußgeldverfahren dieselben Rechte wie die Staatsanwaltschaft bei der Verfolgung von Straftaten (§ 46 Abs. 2 OWiG).

Nach Abschluss der Ermittlungen erlässt die zuständige Behörde entweder einen Bußgeldbescheid (§ 65 OWiG), bei geringfügigen Ordnungswidrigkeiten eine Verwarnung (§§ 57 Abs. 2, 58, 59 OWiG) oder sie stellt das Verfahren ein (§ 47 Abs. 1 OWiG).

---

[40] BGH, NJW 2017, 3173, 3177 (Rn 38 ff.), u. NStZ-RR 2018, 146, 147: Zulässigkeit der Verwertung nach § 161 Abs. 2 StPO.
[41] § 46 OWiG; Deger, in: Stephan/Deger, Polizeigesetz BW, § 1 Rn 85.

§ 14: Entschädigungs- und Ausgleichsansprüche für polizeiliche Maßnahmen

I. Allgemeines

Polizeiliche Maßnahmen greifen regelmäßig in die Rechte Dritter ein, insbesondere in Freiheits- und Vermögensrechte. Die Frage ist deshalb, ob – und falls ja, in welchen Fällen – eine betroffene Person gegen die Polizei bzw. deren Kostenträger Entschädigungs- oder Ausgleichsansprüche geltend machen kann, wenn ihr durch polizeiliches Handeln oder Unterlassen ein Schaden entstanden ist.

Das **Recht der polizeilichen Ersatzleistungen ist Teil des Staatshaftungsrechts**, das aber nicht einheitlich geregelt ist. Teilweise sieht das PolG selbst Entschädigungsansprüche vor, teilweise muss auf die allgemeinen Haftungsbestimmungen wie Aufopferung, Amtshaftung, Enteignung oder Folgenbeseitigung zurückgegriffen werden.[1] Hierbei ist insbesondere zwischen Entschädigungen bei rechtmäßigen (II.) und rechtswidrigen (III.) Maßnahmen der Polizei zu unterscheiden. Außerdem ist zwischen Ersatzansprüchen Unbeteiligter (II.4) und freiwilliger Helfer (II.5) zu differenzieren.

Bei der Prüfung von Entschädigungsforderungen gegen die Polizei muss schon wegen der unterschiedlichen Rechts- und Anspruchsgrundlagen zwischen rechtmäßigen und rechtswidrigen Maßnahmen unterschieden werden. Einen Sonderfall bildet der **Vollzug rechtswidriger Gesetze**. Hier ist mit der höchstrichterlichen Rechtsprechung[2] davon auszugehen, dass keine Folgenbeseitigungs- und Ausgleichansprüche bestehen.[3] Der Folgenbeseitigungsanspruch knüpft an ein rechtswidriges Behördenhandeln an, das bei sonst rechtmäßigem Vollzug rechtswidriger Gesetze nicht vorliegt.[4] Gleiches gilt für einen Amtshaftungsanspruch, der auf der Anwendung eines rechtswidrigen Gesetzes beruht.[5]

II. Entschädigung bei rechtmäßigen Maßnahmen

1. Ansprüche des Störers

Der rechtmäßig in Anspruch genommene Störer (§§ 6, 7 PolG) hat grundsätzlich keinen Anspruch auf Entschädigung. Er bringt **kein Sonderopfer**, sondern wird nur in die Schranken der allgemeinen Rechtsordnung zurückverwiesen. Die **Polizeipflicht** ist Attribut der Sozialbindung des Eigentums.[6]

Der nach allgemeinen polizeilichen Grundsätzen verantwortlichen Person wird nur ausnahmsweise durch spezialgesetzliche Regelungen Entschädigung gewährt, wenn eine **besondere Härte** für die betroffene Person gegeben ist.[7] Diese spezialgesetzlichen Regelungen haben Anwendungsvorrang.

---

1 Spitzlei/Hautkappe, DÖV 2018, 134 ff.
2 BVerwG, NVwZ 2017, 481; BGH, NVwZ 2015, 1309.
3 **A. A.** Detterbeck, NVwZ 2019, 97 ff., 103.
4 BVerwG, NVwZ 2017, 481, 484 (Rn 36 f.).
5 BGH, NVwZ 2015, 1309, 1313 (Rn 33).
6 BVerwGE 38, 209 ff.
7 Vgl. etwa § 56 IfSG (Entschädigung bei Erwerbsbeschränkungen für erkrankte Personen), §§ 66 ff. TierSG (Entschädigung für die Tötung seuchenbefallener Tiere), § 51 GewO (Untersagung wegen überwiegender Nachteile und Gefahren für das Gemeinwohl), § 32 LKatSG; Maurer/Waldhoff, Allgemeines Verwaltungsrecht, § 29 Rn 32.

2. Ansprüche des Nichtstörers gem. § 100 PolG

3 Gem. **§ 100 Abs. 1 S. 1 PolG** kann **in den Fällen des § 9 PolG** diejenige Person, gegenüber der die Polizei eine Maßnahme getroffen hat, eine **angemessene Entschädigung** für den ihr durch die Maßnahme entstandenen Schaden verlangen. Nach dem Wortlaut der Vorschrift ist der Anspruch auf die Fälle des polizeilichen Notstands begrenzt (vgl. § 5 Rn 47 ff.). **Anspruchsberechtigt** ist grundsätzlich diejenige Person, welche die Polizei gem. § 9 PolG **rechtmäßig** in Anspruch genommen hat. Nach der hier vertretenen Auffassung stehen aber Entschädigungsansprüche auch dem Nichtstörer zu, dem gegenüber die Polizei eine rechtswidrige Maßnahme vorgenommen hat.[8]

Fall 49: Die Ortspolizeibehörde beschlagnahmt durch entsprechende Verfügung die Wohnung des E und weist zur Vermeidung von Obdachlosigkeit die Familie F in die Wohnung ein. In diesem Fall des sog. polizeilichen Notstands hat E gegenüber der Polizei gem. § 100 PolG einen Anspruch auf Entschädigung. Der Anspruch ist nicht auf vollen Schadensersatz, sondern nur auf **angemessene Entschädigung** in Geld gerichtet. Ausgeglichen werden soll der durch die polizeiliche Maßnahme entstandene Vermögensverlust, das **Sonderopfer**.[9]

Im **Fall 49** besteht der Anspruch regelmäßig in der Erstattung des entgangenen Mietzinses (= ortsübliche bzw. vertraglich vereinbarte Miete einschließlich der Nebenkosten).[10]

4 Gem. **§ 100 Abs. 1 S. 2 PolG** sind bei der **Bemessung bzw. Begrenzung des Entschädigungsanspruchs** alle **Umstände des Einzelfalls** zu berücksichtigen, insbesondere Art und Vorhersehbarkeit des Schadens, und ob die geschädigte Person oder ihr Vermögen durch die Maßnahme der Polizei geschützt worden sind. Durch diese Regelung sollen unabsehbare Haftungsfolgen für das polizeiliche Handeln vermieden werden.[11]

Beispiel: Die zum Schutz von Leib und Leben erforderliche polizeiliche Evakuierung und Sperrung eines betroffenen Wohngebiets zur Entschärfung einer Fliegerbombe aus dem zweiten Weltkrieg hat grundsätzlich Entschädigungs- und Schadensersatzansprüche zur Folge. Die gem. § 100 Abs. 1 S. 2 PolG vorzunehmende Abwägung aller Umstände / Haftungsbegrenzung kann aber zu dem Ergebnis führen, dass derartige Ansprüche ausgeschlossen sind.[12]

5 Erstattet wird in jedem Fall der **unmittelbare Schaden**, also die nachteilige Änderung, die am verletzten Recht oder Rechtsgut der anspruchsberechtigten Person selbst entstanden ist.[13] Zum unmittelbaren Schaden zählt auch der entgangene Gewinn und ein Verdienstausfall des in Anspruch genommenen Nichtstörers.[14]

Beispielsfälle:

- **Fall 50:** Ein **Sonderkommando der Polizei** nimmt zur Vorbereitung eines Einsatzes in einem Nachbargebäude die Wohnung des E in Beschlag. E kann deshalb nicht zur Arbeit und erleidet dadurch einen Verdienstausfall. Bei dem Einsatz geht auch eine Fensterscheibe zu Bruch. E hat gem. § 100 PolG einen Anspruch auf Schadensausgleich für die Reparatur des Fensters und auf Ersatz seines Verdienstausfalls. **Str.** ist, ob darüber hinaus weitere mittelbare Schäden (Folgeschäden wie Nutzungsausfall, Schmerzensgeld etc.) von dem Entschädigungsanspruch erfasst werden.
- **Fall 51:** Durch die **Beschlagnahme einer Wohnung** zur Einweisung der bisherigen Mieter M als Obdachlose wird Hauseigentümer E daran gehindert, die Wohnung der M an dem vorgesehenen Räumungstermin zu räumen und sofort mit der Renovierung der Wohnung zu beginnen. Durch diese Verzögerung entsteht ihm ein Schaden, da er die bereits bestellten Handwerker absagen muss und nach der Beendigung der Beschlagnahme die Handwerker nicht mehr zu denselben Konditionen mit der Renovierung beauftragen kann. Grundsätzlich ist ein derartiger

---

8 **H. L.**, vgl. Deger, in: Stephan/Deger, Polizeigesetz BW, § 55 Rn 1.
9 Deger in: Stephan/Deger, Polizeigesetz BW, § 55 Rn 15.
10 Deger, in: Stephan/Deger, Polizeigesetz BW, § 55 Rn 16.
11 Zeitler/Trurnit, Polizeirecht BW, Rn 1048.
12 So i. E. OLG Koblenz, MDR 2010, 153, zur vergleichbaren Regelung in Rheinland-Pfalz.
13 Grüneberg, in: Palandt, Vorb. vor § 249 BGB Rn 15.
14 Deger, in: Stephan/Deger, Polizeigesetz BW, § 55 Rn 16 m. w. N.

Anspruch zu verneinen.[15] Zuzustimmen ist Buchberger/Rachor, die unter Hinweis auf die Rechtsprechung des BGH zum Aufopferungsanspruch die Auffassung vertreten, dass es auf die Unterscheidung zwischen einem sog. unmittelbaren und mittelbaren Schaden letztlich gar nicht ankommt: Bei der Berechnung des Schadensausgleichs ist vielmehr entscheidend, ob ein Schadensausgleich zur Abwendung einer **unbilligen Härte** geboten erscheint.[16] Über das Bestehen eines Anspruchs muss daher im Einzelfall entschieden werden.

Im **Fall 51** dürfte, wenn überhaupt, ein Entschädigungsanspruch des E wegen der zu erwartenden Mehrausgaben für die Handwerker nur in Frage kommen, wenn er den Eintritt eines Schadens durch Vorlage entsprechender verbindlicher Kostenvoranschläge / Rechnungen nachweisen kann.

Gem. **§ 100 Abs. 1 S. 3 PolG** kann bei der Bemessung des Anspruchs ein **Mitverschulden der geschädigten Person** berücksichtigt werden. Zweck der Entschädigungsregelung des § 100 PolG ist der Ausgleich eines Sonderopfers. Maßnahmen, die dem Schutz der in Anspruch genommenen Person und ihres Vermögens dienen, stellen aber regelmäßig für diese gerade keine sachlich ungerechtfertigte Sonderbelastung dar. Aus diesen Gründen kann der Anspruch bei einem Mitverschulden der geschädigten Person gem. § 254 BGB begrenzt werden. **Mitverschulden** i. S. d. § 254 BGB bedeutet nicht eine vorwerfbare und rechtswidrige Verletzung einer gegenüber einer anderen Person oder der Allgemeinheit bestehenden Pflicht, sondern ist der vorwerfbare Verstoß gegen Gebote des eigenen Interesses. § 254 BGB beruht auf dem Gedanken, dass diejenige Person, welche die Sorgfalt außer Acht lässt, die nach Lage der Sache erforderlich erscheint, um sich selbst vor Schaden zu bewahren, den Verlust oder die Kürzung ihres Anspruchs hinnehmen muss.[17] 6

Zur Entschädigung ist der Staat oder die Körperschaft **verpflichtet**, in deren **Dienst** der Beamte steht, der die Maßnahme getroffen hat (**§ 101 Abs. 1 S. 1 PolG**). Bei Beamten des Polizeivollzugsdienstes ist dies das Land BW (§ 115 PolG). Werden Beschäftigte einer Ortspolizeibehörde tätig, ist die Gemeinde entschädigungspflichtig (vgl. § 107 Abs. 4 PolG). Ist die Maßnahme von einem Polizeibeamten auf **Weisung** einer Polizeibehörde getroffen worden, so ist der Staat durch die Körperschaft, der die Polizeibehörde angehört, zur Entschädigung verpflichtet (**§ 101 S. 2 PolG**). 7

Die so in Anspruch genommene **Anstellungskörperschaft** kann gem. **§ 102 PolG** in entsprechender Anwendung der Vorschriften über die Geschäftsführung ohne Auftrag (§§ 677 ff. BGB) vom Handlungs- oder Zustandsstörer Ersatz verlangen. Die Voraussetzungen einer Ersatzpflicht ergeben sich ausschließlich aus dem PolG.

Der Anspruch ist auf Geld gerichtet. Gem. **§ 103 S. 1 PolG** entscheiden über die Ansprüche die ordentlichen Gerichte (vgl. auch § 40 Abs. 2 S. 1 VwGO). Die besonderen Verfahrensregeln des § 132 Abs. 2 PolG finden keine Anwendung (§ 103 S. 2 PolG). 8

Unter entsprechender Anwendung der Vorschriften des BGB (§ 195 BGB) **verjährt** der Entschädigungsanspruch nach § 100 PolG in drei Jahren.[18]

3. Ansprüche des Anscheinsstörers gem. § 100 Abs. 1 PolG analog

Obwohl nach dem Wortlaut des § 100 PolG die Vorschrift auf die Fälle des § 9 Abs. 1 PolG beschränkt ist, wird in der Rechtslehre die Frage diskutiert, ob und in welchen Fällen bei der **Anscheinsgefahr bzw.** dem sog. **Anscheinsstörer** in entsprechender Anwendung der §§ 100 ff. PolG ein Entschädigungsanspruch zusteht.[19] Eine **Anscheinsgefahr** besteht, wenn sich nach verständiger Würdigung der Umstände **ex an-** 9

---

15 So auch Würtenberger/Heckmann/Tanneberger, Polizeirecht BW, § 9 Rn 11 ff.; **diff.** Deger, in: Stephan/Deger, Polizeigesetz BW, § 55 Rn 16.
16 Buchberger/Rachor, in: Lisken/Denninger, Handbuch des Polizeirechts, Kap. M Rn 107, unter Hinweis auf die entsprechenden Vorschriften in den Polizeigesetzen anderer Bundesländer.
17 So mit Recht Buchberger/Rachor, in: Lisken/Denninger, Handbuch des Polizeirechts, Kap. M, Rn 109.
18 Zeitler/Trurnit, Polizeigesetz BW, Rn 1056.
19 Vgl. dazu insgesamt Meyer, JA 2017, 1259, 1263 f.

te (also im Zeitpunkt der Entscheidung über die Durchführung einer polizeilichen Maßnahme) eine Gefahr ergibt, obwohl sich die Lage **ex post** (= nachträglich) als ungefährlich erweist und zu keinem Zeitpunkt eine wirkliche Gefahr für ein polizeiliches Schutzgut bestand.[20]
Überwiegend wird die Anscheinsgefahr als **echte Gefahr** im polizeirechtlichen Sinne und nicht als eigene Art der Gefahr im Sinne des Polizeirechts angesehen.[21] Nur so kann die Effektivität der Gefahrenabwehr sichergestellt werden, da eine Gefahrenabwehrmaßnahme typischerweise auf einer vorhergehenden Prognoseentscheidung beruht.[22]

10 **Anscheinsstörer** ist derjenige, bei dem zunächst eine hinreichende Wahrscheinlichkeit für die Störereigenschaft spricht, sich diese Einschätzung später aber als fehlerhaft erweist. Ob dem Anscheinsstörer Entschädigungsansprüche in entsprechender Anwendung des § 100 PolG zustehen, hängt nach **h. L.** davon ab, ob ihm der Anschein, Störer zu sein, zugerechnet werden kann oder nicht. Ergibt eine ex-post-Betrachtung, dass dem Anscheinsstörer der Anschein einer Gefahr nicht zugerechnet werden kann, steht ihm der Entschädigungsanspruch zu.[23] Hat dagegen der Anscheinsstörer den Anschein der Gefahr in zurechenbarer bzw. vorwerfbarer Weise verursacht, kann die Entschädigungspflicht gemindert oder ganz ausgeschlossen werden. Entscheidend ist hierbei nicht nur die Verursachung des Gefahrenanscheins, sondern die Vorwerfbarkeit im Sinne eines Verschuldens.[24] Hierbei ist auf die Sachlage abzustellen, wie sie sich bei späterer rückschauender Betrachtung darstellt. Danach ist eine Entschädigung ausgeschlossen, wenn und soweit der Anscheinsstörer den Anschein der Gefahr vorsätzlich oder grob fahrlässig verursacht bzw. in ungewöhnlichem Maß die Sorgfalt außer Acht gelassen hat.[25]

Fall 52: Wohnungsinhaber W befindet sich für längere Zeit im Urlaub. Über seine urlaubsbedingte Abwesenheit hat er niemand informiert – auch nicht seine direkten Wohnungsnachbarn. Damit der Eindruck entsteht, er wäre zu Hause, lässt W über eine Zeitschaltuhr Licht und einen Fernsehapparat ein- und ausschalten. Als diese Anlage an einem Abend wieder in Betrieb ist, nehmen die Nachbarn an, dass sich in der Wohnung des W Einbrecher befinden. Sie alarmieren deshalb die Polizei. Diese beschädigt beim gewaltsamen Eindringen in die Wohnung die Haustüre des W. Hat W gegenüber der Polizei nach § 100 PolG in entsprechender Anwendung des § 100 PolG einen Entschädigungsanspruch (Ersatz der Reparaturkosten für die beschädigte Haustüre)?

Im **Fall 52** war der Wohnungsinhaber keine unbeteiligte Person i. S. d. § 9 PolG. Denn ein polizeilicher Notstand lag (objektiv) nicht vor. Die Vorschrift des § 100 PolG kann daher nur **analog** angewandt werden.[26] Ob W ein Entschädigungsanspruch zusteht, hängt davon ab, ob ihm als Anscheinsstörer der Anschein der Gefahr zugerechnet werden kann oder nicht.[27] Erforderlich ist eine Prüfung aller konkreten Umstände des Einzelfalls (vgl. § 100 Abs. 1 **S. 2** PolG). Da eine Anscheinsgefahr vorlag, steht ihm unter entsprechender Anwendung des § 100 Abs. 1 **S. 1** PolG grundsätzlich ein Entschädigungsanspruch zu. Er muss sich aber nach § 100 Abs. 1 **S. 3** PolG eventuelle Versäumnisse anrechnen lassen. Insbesondere bei längerer Abwesenheit hätte der Wohnungsinhaber seine Nachbarn informieren und dadurch den Anschein einer Gefahr vermeiden können. Dieses Unterlassen kann ihm bei der Festlegung des Schadensumfangs ent-

---

20 VGH BW, VBlBW 2014, 56 (Rn 29); vgl. auch die Hinweise in § 4 Rn 41.
21 Vgl. BVerwGE 45, 51, 58; VGH BW, VBlBW 1993, 298, 300.
22 So mit Recht Klaß, JA 2014, 273, 275.
23 So auch Deger, in: Stephan/Deger, Polizeigesetz BW, § 55 Rn 11.
24 BGHZ 117, 303, 305 ff.; BGHZ 126, 279; Gusy, Polizei- und Ordnungsrecht, Rn 470.
25 So Buchberger/Rachor, in: Lisken/Denninger, Handbuch des Polizeirechts, Kap. M Rn 48 m. w. N.
26 **A. A.** Spitzlei/Hautkappe, DÖV 2018, 134, 141 f., die als Rechtsgrundlage den Aufopferungsanspruch annehmen.
27 Meyer, JA 2017, 1259, 1264.

gegengehalten und der Anspruch entsprechend reduziert oder ausgeschlossen werden.²⁸

Dieselben Grundsätze gelten auch für die Frage, ob dem **Verdachtsstörer** ein Entschädigungsanspruch zusteht. Beim **Gefahrenverdacht** hält die Polizei aufgrund objektiver Umstände das Vorhandensein der Gefahr zwar für möglich, aber nicht für sicher. Ihre Abwehrmaßnahmen sind daher vorrangig auf die Klärung der Gefahrensituation zu richten. Wird ein sog. Verdachtsstörer für polizeiliche Maßnahmen in Anspruch genommen und stellt sich dann heraus, dass diese nicht erforderlich bzw. begründet waren, steht ihm entsprechend der Regelung in § 100 PolG ein Entschädigungsanspruch zu, soweit er den Verdacht nicht zurechenbar verursacht hat. Ist dies der Fall – hat also der Verdachtsstörer den Gefahrenverdacht zurechenbar veranlasst –, kann er keine Entschädigung beanspruchen.²⁹

4. Ansprüche unbeteiligter Dritter

Wird jemand unbeabsichtigt oder zufällig – also nicht als Störer gem. §§ 6, 7 PolG oder im Fall des polizeilichen Notstands unter den Voraussetzungen des § 9 PolG – durch eine (rechtmäßige) polizeiliche Maßnahme, die sich gegen einen anderen richtet, geschädigt (sog. Zufallsschaden), besteht grundsätzlich ein **Entschädigungsanspruch in entsprechender Anwendung der Grundsätze des § 100 PolG**.³⁰ Der Inanspruchnahme eines Nichtstörers steht es gleich, wenn eine unbeteiligte dritte Person bei Vornahme einer rechtmäßigen, nicht gegen sie gerichteten polizeilichen Maßnahme geschädigt worden ist. Maßgebend ist, dass die Polizei tatsächlich eine Maßnahme durchgeführt hat. Auf ein Verschulden der handelnden Person kommt es nicht an.

Beispiele:
- Ein **Hauseigentümer** kann Entschädigung für die Beschädigung seiner Haustüren verlangen, die von der Polizei bei der vergeblichen Suche nach einem Tatverdächtigen gewaltsam geöffnet wurden.³¹
- Beim **Gebrauch der Schusswaffe** durch die Polizei wird ein Passant von einer abprallenden Kugel getroffen.

5. Ansprüche freiwilliger Helfer

Im PolG fehlen – im Unterschied zu anderen Bundesländern³² – Bestimmungen, die den freiwilligen Helfern der Polizei (sog. Not- bzw. Polizeihelfer) einen Anspruch auf Ausgleich von Schäden gewähren, die ihnen bei ihrer Hilfe entstanden sind. Eine **analoge Anwendung des § 100 PolG** wird von der Rechtslehre **abgelehnt**, da dem Helfer bei freiwilliger Hilfe anders als bei § 100 PolG kein Sonderopfer auferlegt wird.³³ In Betracht kommt lediglich ein Anspruch auf Heilbehandlung, Verletztengeld und Ersatz von Sachschäden gegen den Sozialversicherungsträger gem. § 2 Abs. 1 Nr. 11 bis 13 SGB VII im Rahmen der **gesetzlichen Unfallversicherung**. Diese Regelungen gelten auch für Schäden, die bei einer Hilfsleistung nach § 323 c StGB entstehen. Ggf. steht dem Polizeihelfer gegen die Polizei auch ein privatrechtlicher Anspruch auf Erstattung

---

28 Das VG Berlin hat im entschiedenen Fall wegen der unterlassenen Benachrichtigung der Nachbarn einen Entschädigungsanspruch abgelehnt (NJW 1991, 2854). Vgl. zu einem ähnlichen Fall OLG Köln, DÖV 1996, 86 ff.
29 Deger, in: Stephan/Deger, Polizeigesetz BW, § 55, Rn 11 m. w. N.; nach OLG Karlsruhe besteht ein Entschädigungsanspruch, wenn der Störer die Verdacht begründenden Umstände nicht zu verantworten hat (DVBl 2013, 1206).
30 So i. E. auch Zeidler/Trurnit, Polizeigesetz BW, Rn 1066. **A. A.** Spitzlei/Hautkappe, DÖV 2018, 134, 142, die als Rechtsgrundlage den Aufopferungsanspruch annehmen; ebenso Schenke, Polizei- und Ordnungsrecht, Rn 691.
31 LG Köln, NVwZ 1992, 1125.
32 Vgl. den Überblick bei Spitzlei/Hautkappe, DÖV 2018, 134, 135 bis 137.
33 Deger, in: Stephan/Deger, Polizeigesetz BW, § 55 Rn 7; Würtenberger/Heckmann/Tanneberger, Polizeirecht BW, § 9 Rn 40; Spitzlei/Hautkappe, DÖV 2018, 134, 142.

von Aufwendungen zu nach den Grundsätzen der Geschäftsführung ohne Auftrag (§§ 683, 670 BGB analog) oder aus einem Auftragsverhältnis.[34]

6. Anspruch aus enteignungsgleichem Eingriff und Aufopferungsanspruch

14 Bei rechtmäßigen Maßnahmen der Polizei kann der geschädigten Person für Körperschäden ein **Aufopferungsanspruch** und für Vermögensschäden ein Anspruch aus **enteignungsgleichem Eingriff** zustehen. Voraussetzung des Aufopferungsanspruchs ist ein hoheitlicher Eingriff in nicht vermögenswerte Rechte, der für die betroffene Person ein Sonderopfer in Gestalt eines Vermögensschadens darstellt. Der enteignungsgleiche Eingriff ist die durch eine hoheitliche Maßnahme unmittelbar bewirkte rechtswidrige Beeinträchtigung einer als Eigentum geschützten Rechtsposition.

Fall 53: E ist Eigentümer einer Eigentumswohnung, die er seit knapp einem Jahr an M vermietet hat. Die Polizei hegt seit längerem den Verdacht, dass M mit Betäubungsmitteln in nicht unerheblicher Menge handelt. M war vor einigen Jahren bereits in Drogendelikte verstrickt, wovon auch sein Vermieter E Kenntnis hat. Ein Spezialkommando der Polizei verschafft sich Zutritt zur Wohnung des M, wobei das Eigentum des E (einige Fenster und der Teppichboden) beschädigt wird. Zweck der Wohnungsdurchsuchung gem. §§ 102, 105 StPO war, Betäubungsmittel zu suchen. Steht dem E für die Beschädigung seines Eigentums ein Anspruch auf Entschädigung zu?

Das zuständige Landgericht hat im **Fall 53** der Klage des E auf Entschädigung stattgegeben. Das OLG hat auf die Berufung des beklagten Landes unter Abänderung der erstinstanzlichen Entscheidung die Klage abgewiesen. Auf die Revision des Klägers (= E) hin hat der BGH das angefochtene Urteil aufgehoben und die Sache zur neuen Verhandlung an die Vorinstanz zurückgewiesen.[35] Nach Ansicht des **BGH** steht dem Vermieter einer Wohnung für Schäden, die im Zuge einer rechtmäßigen Durchsuchung der Wohnung im Rahmen eines **strafrechtlichen** Ermittlungsverfahrens gegen den Mieter verursacht wurden, **grundsätzlich** ein Anspruch aus enteignendem Eingriff zu. Dieselben Grundsätze gelten auch für das präventive Handeln der Polizei. Ansprüche aus enteignendem Eingriff kommen dann in Betracht, wenn an sich rechtmäßige hoheitliche Maßnahmen bei einer betroffenen Person unmittelbar zu Nachteilen führen, die sie aus rechtlichen oder tatsächlichen Gründen hinnehmen muss, die aber die Schwelle des enteignungsrechtlich Zumutbaren übersteigen. Der Vermieter wurde, so der BGH, einem staatlichen Eingriff ausgesetzt, der ihn anders als andere Eigentümer zu einer **Aufopferung** im öffentlichen Interesse zwang. Ein dem Anspruch auf enteignendem Eingriff zugrundeliegendes **Sonderopfer** kann allerdings dann zu verneinen sein, wenn der Vermieter weiß beziehungsweise davon erfährt oder es sich aufdrängen muss, dass die Wohnung für die Begehung von Straftaten benutzt wird oder werden soll und wenn er gleichwohl den Mietvertrag abschließt oder von einem Kündigungsrecht keinen Gebrauch macht (BGHZ a. a. O.).

III. Entschädigung bei rechtswidrigen Maßnahmen
1. Ansprüche wegen schuldhaft rechtswidriger Maßnahmen
a) Allgemeines

15 Der Rechtsstaat bindet die Staatsgewalt an das Recht (Art. 20 Abs. 3 GG). Art. 19 Abs. 4 S. 1 GG eröffnet den Rechtsweg, auf dem Gerichte überprüfen, ob die Staatsgewalt den Bürger in dessen Rechten verletzt hat. Art. 34 S. 1 GG gewährleistet, dass der Staat den Bürger für **Amtspflichtverletzungen** entschädigt. Verletzt ein Beamter in Ausübung eines ihm anvertrauten öffentlichen Amtes vorsätzlich oder fahrlässig die ihm einem Dritten gegenüber obliegende Amtspflicht, so hat grundsätzlich der Staat oder die Körperschaft, in deren Dienst der Beamte steht, den der dritten Person daraus ent-

---

34 So auch Schenke, Polizei- und Ordnungsrecht, Rn 694.
35 Sachverhalt nach BGHZ 197, 43 ff.; vgl. auch Urteilsbesprechung in JA 2014, 558; Maurer/Waldhoff, Allgemeines Verwaltungsrecht, § 27 Rn 88 ff.

stehenden Schaden zu ersetzen (§ 839 Abs. 1 S. 1 BGB). Die wichtigste Anspruchsgrundlage für die **Amtshaftung** ist der Anspruch aus **§ 839 Abs. 1 S. 1 BGB i. V. m. Art. 34 GG.**

Polizeiliche Maßnahmen der Gefahrenabwehr, die einen Schadensersatzanspruch begründen können, sind sowohl Verwaltungsakte als auch Realakte. **Beamter** i. S. d. § 839 BGB i. V. m. Art. 34 GG ist nach dem sog. **haftungsrechtlichen Beamtenbegriff** jeder, der im Zusammenhang mit einer ihm anvertrauten hoheitlichen Aufgabe handelt, also funktionell öffentliche Gewalt ausübt. Unter diesen Begriff fallen sowohl die Beschäftigten der allgemeinen Polizeibehörden als auch des Polizeivollzugsdienstes. Die Amtshaftung setzt voraus, dass ein Amtswalter eine ihm obliegende Amtspflicht verletzt.[36] Zudem muss die verletzte Amtspflicht „einem Dritten gegenüber" obliegen. Weiterhin verlangt § 839 Abs. 1 S. 1 BGB ein **Verschulden**. Der **Amtshaftungsanspruch** ist auf eine angemessene **Entschädigung in Geld** gerichtet (vgl. §§ 249 bis 254 BGB). Er umfasst gem. § 252 BGB entgangenen Gewinn und gem. § 253 BGB in den durch Gesetz bestimmten Fällen Geldersatz auch für den Nichtvermögensschaden. Die Berechnung erfolgt nach der sog. **Differenzhypothese**: Auszugleichen ist danach die Differenz zwischen dem hypothetischen Zustand ohne und dem eingetretenen Zustand mit Amtspflichtverletzung.

Der Anspruch **verjährt** grundsätzlich gem. §§ 195, 199 Abs. 1 BGB in drei Jahren. Über **Amtshaftungsansprüche** entscheiden die **ordentlichen Gerichte** gem. § 40 Abs. 2 S. 2 VwGO, vgl. Art. 34 S. 3 GG.[37]

b) Beispiele

Beispiele für Ansprüche Dritter gegen den Staat wegen rechtswidriger und schuldhafter Verletzung von Amtspflichten durch Polizeibeamte:
- **BVerfG** zum Anspruch auf Schmerzensgeld wegen rechtswidriger Freiheitsentziehung durch **Gewahrsamnahme** während einer Demonstration anlässlich eines Castortransports.[38]
- **OLG Frankfurt** zur **Geldentschädigung für Amtspflichtverletzungen** durch Polizeibeamte (**Fall Daschner**).[39]
- **OLG Karlsruhe** zur **Schadensersatzpflicht des Landes** wegen rechtswidriger polizeilicher **Ingewahrsamnahme** eines Jugendlichen mit einer geistigen Behinderung.[40]
- **OLG Hamm** zur Amtshaftung beim **Einsatz eines Polizeihundes**.[41]
- **BGH** zur Haftung des Dienstherrn bei Schaden durch unsorgfältige **Verwahrung einer Polizeiwaffe**.[42]

c) Schadensersatz bei rechtswidriger Datenverarbeitung

Eine **Sonderregelung für Schadensersatzansprüche** stellt **§ 131 PolG** dar. Die Regelung wurde mit dem **PolG 2020** neu eingefügt. Sie setzt **Art. 56 DSRL 2016/680** um und schließt zudem die durch den Wegfall des § 25 LDSG a. F. entstandene Lücke. Erfasst werden von § 131 PolG **sowohl materielle als auch immaterielle Schäden**.[43]

Gem. **§ 131 Abs. 1 S. 1 PolG** hat die Polizei einer betroffenen Person den **Schaden zu ersetzen**, der durch eine nach dem PolG **rechtswidrige Verarbeitung personenbezogener Daten** entsteht. Die Ersatzpflicht entfällt gem. **§ 131 Abs. 1 S. 2 PolG**, wenn die Polizei nachweisen kann, dass der Umstand, durch den der Schaden eingetreten ist, nicht von ihr zu vertreten ist. Gem. **§ 131 Abs. 1 S. 3 PolG** gilt § 101 PolG entsprechend, so dass zur Entschädigung der Staat oder die Körperschaft verpflichtet ist, in

---

36 Vgl. dazu im Einzelnen Spitzlei/Hautkappe, DÖV 2018, 134, 138, 143.
37 Vgl. im Einzelnen Maurer/Waldhoff, Allgemeines Verwaltungsrecht, § 26 Rn 43 ff.; Hartmann/Tieben, JA 2014, 401, 401 ff.
38 BVerfG, NJW 2010, 433.
39 OLG Frankfurt, NJW 2007, 2494.
40 OLG Karlsruhe, VBlBW 2000, 329.
41 OLG Hamm, NVwZ-RR 1997, 460.
42 BGH, NVwZ 2000, 467.
43 LT-Drs. 16/8484, S. 188

deren Dienst der Beamte steht, der die Maßnahme getroffen hat. Ist die Maßnahme von einem Polizeibeamten auf Weisung einer Polizeibehörde getroffen worden, so ist der Staat oder die Körperschaft, der die Polizeibehörde angehört, zur Entschädigung verpflichtet (vgl. dazu die Ausführungen in § 15 Rn 7).

Aus **§ 131 Abs. 2 PolG** folgt, dass die betroffene Person wegen eines Schadens, der nicht Vermögensschaden ist, eine **angemessene Entschädigung in Geld** verlangen kann. Lässt sich bei einer automatisierten Verarbeitung personenbezogener Daten nicht ermitteln, welcher von mehreren gemeinsam Verantwortlichen den Schaden zu vertreten hat, haften diese als **Gesamtschuldner (§ 131 Abs. 3 S. 1 PolG)**. Bei der Datenverarbeitung im **polizeilichen Informationsverbund** gilt das BKA gegenüber einer betroffenen Person als allein Verantwortlicher, da § 86 BKAG unberührt bleibt (**§ 131 Abs. 3 S. 2 PolG**). War bei der Entstehung des Schadens ein Verschulden der betroffenen Person mitursächlich, ist § 254 BGB (**Mitverschulden**) entsprechend anzuwenden (**§ 131 Abs. 4 PolG**). Gem. **§ 131 Abs. 5 PolG** finden auf die **Verjährung** die für unerlaubte Handlungen geltenden Verjährungsvorschriften des BGB entsprechende Anwendung, es gilt damit insbesondere die besondere Verjährungsfrist des § 852 BGB.

Den **Rechtsweg** für Streitigkeiten über Schadensersatzansprüche nach § 131 Abs. 1 PolG weist **§ 131 Abs. 6 PolG** den **ordentlichen Gerichten** zu.

2. Ansprüche des rechtswidrig in Anspruch genommenen Nichtstörers

19 Wird ein notstandspflichtiger Nichtstörer gem. § 9 PolG durch eine **rechtswidrige** polizeiliche Maßnahme in Anspruch genommen, hat er neben den genannten amtshaftungsrechtlichen Ansprüchen auch einen **Entschädigungsanspruch** gem. § 100 Abs. 1 S. 1 PolG. Gem. § 100 PolG ist entscheidend, ob eine Person als Nichtstörer in Anspruch genommen worden ist. Auf die rechtliche Qualität der polizeilichen Maßnahme kommt es nicht an.[44] Dem zu Unrecht in Anspruch genommenen Störer steht deshalb der Entschädigungsanspruch entsprechend der Vorschrift des § 100 PolG zu.

20 Darüber hinaus kann ein **Anspruch auf Beseitigung der Folgen** (Folgenbeseitigungsanspruch) bestehen. Der **Folgenbeseitigungsanspruch** richtet sich auf die Wiederherstellung des ursprünglichen Zustands durch Beseitigung der Folgen des rechtswidrigen Verwaltungshandelns. Orientierungspunkt ist der Zustand, der vor dem rechtswidrigen Eingriff bestand. Mehr oder etwas anderes kann nicht verlangt werden.[45] Dem durch einen hoheitlichen Eingriff in seinen Rechten betroffenen Bürger geht es häufig nicht (nur) um Geldersatz, sondern auch um Wiederherstellung des vor dem Eingriff bestehenden Zustands.

Beispiel: Nach Ablauf der Frist für die Beschlagnahme einer Wohnung, in der Obdachlose von der Ortspolizeibehörde zur Vermeidung deren Obdachlosigkeit eingewiesen wurden, hat der Wohnungsinhaber gegen die Obdachlosenbehörde einen **Anspruch auf Räumung der Wohnung**.[46]

Der Folgenbeseitigungsanspruch erfasst nur die unmittelbaren Folgen eines hoheitlichen Eingriffs. Als öffentlich-rechtlicher Anspruch ist er vor den Verwaltungsgerichten im Wege der allgemeinen Leistungsklage geltend zu machen.

---

44 So auch Zeitler/Trurnit, Polizeirecht BW, Rn 1074 m. w. N.; nach Würtenberger/Heckmann/Tanneberger, Polizeirecht BW, § 9 Rn 27, besteht ein Anspruch aus enteignungs- bzw. aufopferungsgleichem Eingriff.
45 BVerwGE 69, 366, 370 ff.; Maurer/Waldhoff, Allgemeines Verwaltungsrecht, § 30 Rn 1.
46 Vgl. VGH BW, VBlBW 1997, 187; vgl. auch § 6 Rn 66, § 11 Rn 304.

§ 15: Kosten der Polizei

I. Allgemeines

Unter dem Stichwort „Polizeikosten" werden vor allem **zwei Themenbereiche** erörtert: 1
- Welche Körperschaft (Gemeinde, Kreis, Land etc.) trägt die Kosten der Polizei (etwa für Ausbildung, Dienstbezüge, Ausrüstung etc.)?
- In welchen Fällen kann die Polizei von dritten Personen Kostenersatz, Gebühren und Auslagen für die von ihr durchgeführten Maßnahmen verlangen? Zum einen geht es hier um Fragen, ob und aufgrund welcher gesetzlicher Regelungen **Kostenbescheide** festgesetzt werden können. Zum anderen geht es um die Problematik, ob und unter welchen Voraussetzungen die Polizei für **Einsätze bei privaten Großveranstaltungen** (etwa bedeutsame Sportereignisse wie Bundesligaspiele, Pop- und Rockkonzerte) oder **bei Großeinsätzen** wie etwa Sicherung der Transporte von radioaktivem Material (Castor-Transporte) oder Demonstrationen etc. Kostenersatz verlangen kann (vgl. dazu § 15 Rn 42 ff.).

Zur Lösung dieser Problembereiche enthält das **PolG nur wenige und unvollständige Regelungen**. In der Regel findet sich deswegen auch keine Rechtsgrundlage für den Ersatz der durch eine „aus dem Ruder gelaufene" **Facebook-Party** entstandenen Polizeieinsatzkosten.[1]

In **§ 127 Abs. 1, 2 PolG** wird die staatsinterne **Trägerschaft** der Kosten für die allgemeinen Polizeibehörden und für den Polizeivollzugsdienst festgelegt. **§ 127 Abs. 3 PolG** enthält eine **Legaldefinition zum Kostenbegriff**.

II. Kosten und Kostenträgerschaft

1. Kosten

Unter „Kosten der Polizei", „Polizeikosten" oder **Kosten i. S. d. § 127 PolG** werden die 2
„unmittelbaren oder mittelbaren persönlichen und sachlichen Ausgaben für die allgemeinen Polizeibehörden und den Polizeivollzugsdienst" verstanden (**§ 127 Abs. 3 PolG**). Darunter fallen etwa Ausgaben für die Ausbildung, Vergütung des Personals oder für die Ausstattung der Polizei mit Uniformen, Dienstfahrzeugen etc. Die Begriffsbestimmung ist nur für die in § 127 PolG genannten Kostenarten maßgebend.

---

[1] Vgl. dazu Herberger, VBlBW 2015, 445, 451 f.

Schaubild Nr. 21
Kostenarten
Kosten für die allgemeinen Polizeibehörden und den Polizeivollzugsdienst i. S. d. § 127 PolG sind:

	persönliche Kosten (Personalausgaben wie z.B. Dienstbezüge, Ruhegelder)	sächliche Kosten (Ausgaben für Sachaufwand wie z.b. Ausgaben für Verwaltungsvermögen (Gebäude), Anschaffung / Unterhaltung der Polizeiausrüstung)
unmittelbare Kosten = Ausgaben für Einrichtung u. Unterhaltung	unmittelbare, persönliche, etwa Gehälter, Ausbildung, Beihilfe, Ruhegehälter, Versorgungsbezüge, Abfindungen, Trennungsgelder, Beihilfen	unmittelbare sächliche, etwa Ausrüstung mit Fahrzeugen, Waffen, Wasserwerfer, Munition, EDV, Bekleidung
mittelbare Kosten = Ausgaben, die durch die Tätigkeit der Polizei nach Außen entstehen	mittelbare persönliche, etwa: Vergütung vertraglich herangezogener Dritter zur Herstellung polizeimäßiger Zustände wie etwa von Sachverständigen, Dolmetschern etc. Reisekosten zum Einsatzort	mittelbare sächliche, etwa Ausgaben für Blutentnahme u. -untersuchung anlässlich einer Kfz-Kontrolle, Anwendung unmittelbaren Zwangs, verauslagte Kosten der Ersatzvornahme, Kosten von Eil- und Notmaßnahmen

2. Kostenträger

3 Gem. **§ 127 Abs. 1 PolG** tragen die **Gemeinden** die beim Vollzug des PolG anfallenden Kosten für die **Ortspolizeibehörden** (§ 107 Abs. 4 PolG) und zusätzlich in den Stadtkreisen und in den Großen Kreisstädten auch die Kosten für die **Kreispolizeibehörden** (§ 107 Abs. 3 PolG). Die Gemeinden sind auch Träger der Kosten für die **gemeindlichen Vollzugsbediensteten** (§ 125 PolG). Grundsätzlich tragen die Gemeinden auch die Kosten für Maßnahmen der Ortspolizeibehörde, die diese auf Weisung einer Fachaufsichtsbehörde (vgl. § 110 PolG) durchführt.[2] Gem. **§ 129 Abs. 5 GemO** haben die Gemeinden gegen das Land einen **Anspruch auf Kostenerstattung**, wenn ihnen bei der Wahrnehmung polizeilicher Aufgaben Kosten infolge einer fehlerhaften Weisung des Landes entstehen (vgl. auch Ziff. 3 VwV zu § 125 GemO). Zur Sicherung dieses Anspruchs wird den Gemeinden empfohlen, auf den Erlass **schriftlicher** Weisungen der (jeweiligen) Fachaufsichtsbehörde zu bestehen. Handelt eine Polizeibehörde gem. § 113 Abs. 2 PolG bei **Gefahr im Verzug** für die örtlich zuständige Polizeibehörde, trifft diese die notwendigen Maßnahmen im eigenen Namen mit der Folge, dass sie als ausführende Polizeibehörde – und nicht die eigentlich örtlich zuständige Behörde – die Kosten des Einsatzes trägt.[3]

---

2 So auch Deger, in: Stephan/Deger, Polizeigesetz BW, § 82 Rn 17.
3 Deger, in: Stephan/Deger, Polizeigesetz BW, § 82 Rn 17.

Handelt es sich bei der handelnden Kreispolizeibehörde um ein Landratsamt (§ 107 Abs. 3 PolG), werden sowohl die Kosten für die personelle Ausstattung als auch für den Sachaufwand vom **Landkreis** getragen (vgl. § 52 Abs. 2 S. 1 und Ausnahmeregelungen in S. 2 LKrO). Vom **Land** werden gem. **§ 127 Abs. 2 PolG** – vorbehaltlich besonderer gesetzlicher Bestimmungen – die Kosten für den **Polizeivollzugsdienst** (§§ 115 ff. PolG) und für die nicht in Abs. 1 genannten übrigen allgemeinen staatlichen Polizeibehörden (§ 106 Abs. 1 Nr. 1 und 2 PolG) getragen. Im **Verwaltungsabkommen** zwischen dem Bund und den Bundesländern vom 27.10.1950 ist die Kostenaufteilung für die **Bereitschaftspolizei** näher geregelt. Dort wurde etwa vereinbart, dass der **Bund** die Kosten für die Bewaffnung und für das Gerät trägt. Das Land ist auch dann zur Kostenübernahme verpflichtet, wenn eine Polizeidienststelle gem. **§ 119 PolG** aufgrund einer Weisung einer Ortspolizeibehörde handelt, selbst wenn die Anweisung rechtswidrig ist.[4]

III. Polizeikostenersatz von Dritten
1. Einführung in die Problematik

Grundsätzlich trägt die **Allgemeinheit** über das allgemeine Steuer- und Finanzaufkommen die Kosten für die Maßnahmen der Polizei zur Sicherung und Wiederherstellung der öffentlichen Sicherheit (sog. **Steuerstaatsprinzip**). Maßnahmen der Gefahrenabwehr sind daher in der Regel für den einzelnen Bürger kostenfrei. „**Der Schutz des Bürgers ist im Prinzip kostenfrei und wird durch die Allgemeinheit aus Steuermitteln finanziert**".[5]

Dieser Grundsatz kommt dann nicht zum Tragen, wenn ein **Störer bzw. eine polizeipflichtige Person** Kosten der Gefahrenabwehr verursacht. Schleppt etwa die Polizei ein rechtswidrig abgestelltes Fahrzeug ab und beseitigt sie durch die Beauftragung eines Abschleppunternehmers die Beeinträchtigung der öffentlichen Sicherheit, ist es legitim, vom Störer (= verantwortlicher Fahrzeughalter, -führer) zu verlangen, dass er für die Kosten der polizeilichen Maßnahme aufkommt. In diesen Fällen stellt die Kostenlast die Fortsetzung der nicht erfüllten Polizeipflicht dar.[6] Von diesen Fällen sind die Bemühungen zu unterscheiden, immer wieder neue, zusätzliche Verwaltungskosten- und Gebührentatbestände zu schaffen, um auch Nichtstörer wie etwa den **Veranstalter / Teilnehmer einer Großveranstaltung** (etwa Bundesligafußballspiel) oder einer **Großdemonstration** zum Ersatz der Einsatzkosten der Polizei heran zu ziehen. Ein Beispiel ist die **Änderung des Landesgebührenrechts** in **Bremen**, durch die eine Änderung des Gebühren- und Beitragsgesetzes bei gewinnorientierten Großveranstaltungen, bei denen die Polizei mit erheblichen gewalttätigen Auseinandersetzungen rechnet, dem Fußballverein Werder Bremen und / oder der DFL die Kosten für den verstärkten Polizeieinsatz in Rechnung zu stellen.[7] Mit Recht weist *Sailer* darauf hin, dass die damit zusammenhängenden Rechtsfragen, ob und inwieweit ein **gebührenfinanzierter Dienstleistungsstaat** den Kernbereich hoheitlicher Tätigkeit erfassen darf, sowie ob und wann ihm das **Steuerstaatsprinzip** Grenzen setzt, im Einzelnen noch nicht ausreichend geklärt sind.[8] Schon aus rechtsstaatlichen Gründen muss die Zulässigkeit einer Kosten- und Gebührenerhebung in jedem Einzelfall unter Wahrung der verfassungsrechtlichen Schranken geprüft werden.

---

4 Kahlert, in: Belz/Mußmann/Kahlert/Sander, Polizeigesetz BW, § 82 Rn 5.
5 Deger, in: Stephan/Deger, Polizeigesetz BW, § 82 Rn 6 m. w. N.; ebenso Landesregierung BW in LT-Drs. 16/8813, S. 4.
6 Würtenberger/Heckmann/Tanneberger, Polizeirecht BW, § 10 Rn 5; VG Stuttgart, openJur 2020, 76028 (Rn 42); vgl. auch Kappler, NVwZ 2021, 20, 21.
7 Vgl. dazu eingehender § 15 Rn 44 ff.
8 Buchberger/Sailer, in: Lisken/Denninger, Handbuch des Polizeirechts, Kap. M Rn 145. Vgl. auch die Hinweise in § 15 Rn 42 ff.

6 Grundsätzlich kommt – bei entsprechender allgemeiner Rechtsgrundlage – eine Gebührenerhebung auch in Betracht, wenn ein Polizeieinsatz aufgrund des **Vortäuschens einer Gefahrenlage** erfolgte. Bei einer **unterlassenen Benachrichtigung der Polizei** setzt dies aber voraus, dass eine **Garantenpflicht zur Aufklärung** bestand.[9]

2. Erfordernis einer Ermächtigungsgrundlage

7 Nach dem **Grundsatz des Vorbehalts des Gesetzes** (Art. 20 Abs. 3 GG, vgl. dazu auch § 6 Rn 11 f.) bedarf ein Kostenersatz gegenüber Dritten einer ausdrücklichen gesetzlichen Ermächtigung. Wenn die Polizei hoheitliche Kosten geltend machen will, muss sie ihre Forderungen auf eine gesetzliche Grundlage stützen.[10] Das **PolG** regelt den Kostenersatz nicht einheitlich oder abschließend und enthält nur wenige Kostenvorschriften. Nach welcher Norm und unter welchen Voraussetzungen Kostenersatz verlangt werden kann, hängt davon ab, welche Maßnahme konkret durchgeführt wurde.

Aus dem **PolG** ergeben sich folgende Kostenvorschriften:
- Kostenersatz gem. § 8 Abs. 2 PolG (unmittelbare Ausführung). Wichtiger Anwendungsfall ist die Festsetzung von **Abschleppkosten**.
- Kostenersatz gem. § 39 Abs. 2 PolG bei Verwertung, Unbrauchbarmachung oder Vernichtung einer **eingezogenen** Sache.
- Kostenersatz für die Verwahrung und Notveräußerung **sichergestellter** und **beschlagnahmter** Sachen gem. § 3 Abs. 3 S. 1 und Abs. 3 DVO PolG / § 130 Abs. 1 Nr. 4 PolG.

Diese speziellen Regelungen gehen den allgemeinen Vorschriften des Kosten- und Gebührenrechts vor.

Weitere Ermächtigungsgrundlagen für Kostenerhebungen sind:
- Die Vorschriften des LVwVG / LVwVGKO in Fällen der Verwaltungsvollstreckung über § 63 Abs. 1 und 2, § 66 Abs. 4 PolG. Wichtiger Anwendungsfall ist die Geltendmachung / Festsetzung der Kosten einer polizeilichen **Abschleppmaßnahme, die im Wege der Ersatzvornahme ausgeführt wird** (vgl. § 15 Rn 25 ff.).
- Das **LGebG** i. V. m. LGebO / GebVerz (vgl. § 15 Rn 35 ff.).
- Kommunalrechtliche **Verwaltungsgebührensatzungen** nach § 11 KAG / § 4 GemO (vgl. § 15 Rn 37).

3. Festsetzung durch Kostenbescheid

8 Die Geltendmachung der Kosten, die der Polizei im Zusammenhang mit der Durchführung von polizeilichen Maßnahmen entstanden sind, erfolgt regelmäßig durch den Erlass eines Kostenbescheids (auch Leistungsbescheid genannt). Der **Kostenbescheid** stellt einen belastenden Verwaltungsakt dar, so dass die formellen und materiellen Anforderungen an die Rechtmäßigkeit eines Verwaltungsakts zu beachten sind. Durch die Konkretisierung und Individualisierung einer Kostenfolge greift die Verwaltung in die allgemeine Handlungsfreiheit (Art. 2 Abs. 1 GG) des Adressaten ein. Zudem verschafft die Festsetzung einer Forderung durch Verwaltungsakt der Verwaltung (= Gläubiger) einen **Vollstreckungstitel** (vgl. § 2 LVwVG). Aus diesen Gründen gilt der Grundsatz des Vorbehalts des Gesetzes (vgl. dazu auch § 6 Rn 11 f.) nicht nur für den Kostenerstattungsanspruch selbst, sondern auch für die Befugnis, diesen durch Verwaltungsakt (= Kosten- oder Leistungsbescheid) festzusetzen. Diese notwendige Rechtsgrundlage findet sich regelmäßig in der Ermächtigungsnorm zur Festsetzung von Polizeikosten.[11]

---

[9] NdsOVG, NVwZ-RR 2015, 483, 483 f.
[10] Zeitler/Trurnit, Polizeirecht BW, Rn 1014; Kappler, NVwZ 2021, 20 f.
[11] Zur Problematik vgl. Albers, Sonderbeilage VBlBW Heft 7/2013, 25, 26; Buchberger/Sailer, in: Lisken/Denninger, Handbuch des Polizeirechts, Kap. M Rn 182.

Die **Rechtmäßigkeit** eines Kostenbescheids – sog. Kosten- bzw. **Sekundärebene** – 9
hängt eng mit der Rechtsnatur und Rechtmäßigkeit der kostenauslösenden Maßnahme
– sog. **Primärebene** – zusammen.[12] Grundsätzlich besteht eine Kostenerstattungspflicht nur, wenn dem Kostenbescheid eine in formeller und materieller Hinsicht rechtmäßige Maßnahme zugrunde liegt.[13]

Beispiel: Die Polizei lässt im Wege der unmittelbaren Ausführung gem. § 8 Abs. 1 PolG ein Kfz abschleppen. Ein Kostenerstattungsanspruch gem. § 8 Abs. 2 PolG besteht nur, wenn die der Kostenerstattung zugrundeliegende unmittelbare Ausführung in formeller und materieller Hinsicht rechtmäßig war. Führt etwa die Polizei die unmittelbare Ausführung aus, ohne hierzu gem. § 8 Abs. 1 PolG berechtigt gewesen zu sein, ist der betroffene Störer / Adressat eines Kostenbescheids nicht ersatzpflichtig.[14]

Die Festsetzung der Kostenerstattung durch Verwaltungsakt stellt weder eine Anforderung von öffentlichen Abgaben und Kosten gem. § 80 Abs. 2 S. 1 Nr. 1 VwGO noch eine 10
Maßnahme in der Verwaltungsvollstreckung gem. § 80 Abs. 2 S. 1 Nr. 2 VwGO dar. Vielmehr handelt es sich um einen nicht abgabeähnlichen fiskalischen Ersatzanspruch für verauslagte Aufwendungen, der regelmäßig nicht mehr der Beugung des Willens des Störers dient. Aus diesem Grund gilt der Grundsatz des § 80 Abs. 1 S. 1 VwGO: **Widerspruch und Anfechtungsklage** gegen einen Leistungsbescheid haben **aufschiebende Wirkung**.[15] In der Verwaltungspraxis führt dies zu der misslichen Folge, dass die Kostengläubiger (Kommunen / Land) oft jahrelang auf die Zahlung der von ihnen verauslagten Kosten warten müssen.

a) Formelle Voraussetzungen eines Kostenbescheids

In formeller Hinsicht ist beim Erlass eines Kostenbescheids neben der Zuständigkeit, 11
Form (vgl. § 37 Abs. 1 LVwVfG) und Begründung (§ 39 Abs. 1 LVwVfG) insbesondere die
Anhörungspflicht nach § 28 Abs 1 LVwVfG zu beachten (§ 6 Rn 24; beachte auch die Ausnahmen bei Maßnahmen nach dem Verwaltungsvollstreckungsrecht gem. § 28 Abs. 2 Nr. 5 LVwVfG). Gem. § 45 Abs. 1 Nr. 3, Abs. 2 LVwVfG kann die Anhörung bis zum Abschluss der letzten Tatsacheninstanz des verwaltungsgerichtlichen Verfahrens (also regelmäßig auch im Widerspruchsverfahren) nachgeholt werden.

b) Materielle Voraussetzungen eines Kostenbescheids

Ein Kostenbescheid ist **rechtmäßig**, wenn die der Kostenerstattung zugrundeliegende 12
Maßnahme (etwa Vollstreckungsmaßnahme) rechtmäßig war und die Vorschriften über den Grund und die Höhe der Kostenforderung eingehalten wurden. Als belastender Verwaltungsakt bedarf der Kostenbescheid insbesondere einer Ermächtigungsgrundlage. Die Rechtsgrundlage für Kostenersatzansprüche der Polizei hängt davon ab, welche Maßnahme konkret durchgeführt wurde. Die Anspruchsgrundlage kann sich direkt aus dem PolG, aus dem Vollstreckungsrecht oder aus sonstigen Erstattungsregelungen (vgl. etwa § 31 Abs. 2 BestattG, Gebührenrecht, BGB etc.) ergeben. Nachfolgend werden einzelne Kostenerstattungsansprüche näher erläutert.

Die Entscheidung, Kostenersatz zu verlangen, steht im **pflichtgemäßen Ermessen** der 13
Behörde. Dem Zweck der Ermächtigung und dem Grundsatz der Verhältnismäßigkeit entspricht es in der Regel, wenn die Behörde die ihr entstandenen Kosten geltend

---

12 Vgl. zu dieser Unterscheidung VGH BW, openJur 2020, 34060 (Rn 78); Klenner, JuS 2020, 1040, 1041, 1043.
13 VGH BW, VBlBW 2004, 213; VBlBW 1993, 293; BremOVG, NVwZ 2020, 1374 f. (Rn 54, 57); **str.** (vgl. dazu den Überblick bei VG Stuttgart, openJur 2020, 76028 [Rn 26 bis 28]). Zur Prüfung der Rechtmäßigkeit eines Kostenbescheids vgl. etwa Neumann, VBlBW 2014, 357, 391 ff; vgl. auch Prüfungsschema, Schaubild Nr. 21.
14 VGH BW, VBlBW 1993, 298.
15 VGH BW, NVwZ-RR 1991, 512; Buchberger/Sailer, in: Lisken/Denninger, Handbuch des Polizeirechts, Kap. M Rn 183.

macht. Grundsätzlich ist die Polizei verpflichtet, Kostenersatz zu verlangen.[16] Eine **Abweichung** von dieser Regel kommt nur in **atypischen Fällen** in Betracht. Ein derartiger Fall ist etwa anzunehmen, wenn von einem Fahrzeug, das rechtmäßig geparkt wurde, durch Änderung der Verkehrsregelung eine Störung der öffentlichen Sicherheit ausgeht, die nicht vorhersehbar war und die nicht in der Risikosphäre der verantwortlichen Person liegt[17] oder wenn eine Störung nicht schuldhaft verursacht wurde.[18]

4. Einzelne Kostenerstattungsansprüche
a) Kostenersatz bei unmittelbarer Ausführung

14   Gem. **§ 8 Abs. 2 S. 1 PolG** sind die Verantwortlichen i. S. d. §§ 6, 7 PolG (Störer) verpflichtet, der Polizei die durch die unmittelbare Ausführung entstandenen Kosten zu ersetzen. Bei der unmittelbaren Ausführung ergreift die Polizei selbst – ohne vorausgegangenen Verwaltungsakt – Maßnahmen zur Gefahrenabwehr, da durch eine Anordnung gegen den / die Verantwortlichen der polizeiliche Zweck nicht bzw. nicht rechtzeitig erreicht werden kann. Da die Polizei in erster Linie eine dem **Störer** obliegende Aufgabe wahrnimmt, ist es folgerichtig, diesen zum Kostenersatz zu verpflichten.

§ 8 Abs. 2 PolG stellt eine **Ermächtigungsgrundlage** zur Kostenerhebung dar und regelt den Kostenersatz für eine unmittelbare Ausführung **speziell und abschließend**. Andere Anspruchsgrundlagen wie etwa aus Geschäftsführung ohne Auftrag, ungerechtfertigter Bereicherung etc. sind ausgeschlossen.[19]

15   **Kosten** i. S. d. § 8 Abs. 2 PolG sind die Mehrausgaben, die durch die unmittelbare Ausführung entstanden sind, also nicht die ohnehin entstehenden allgemeinen Personal- und Sachkosten der Verwaltung. **Mehrausgaben** sind vor allem die Aufwendungen für den Einsatz von dritten Personen (etwa Kosten eines Abschleppunternehmers oder Handwerkers) und besondere Sachkosten der Polizei im Fall der Selbstvornahme. Die Verpflichtung zum Kostenersatz umfasst alle Ausgaben, die anlässlich der unmittelbaren Ausführung notwendig und erforderlich waren, insbesondere Kosten für Gutachter, Übersetzer, Dolmetscher oder für die Beauftragung von Abschleppunternehmen. Der **Umfang der Kosten** hat sich dabei an den Grundsätzen der Kostenerstattungspflicht des erreichbaren Störers im Fall der Ersatzvornahme zu orientieren. Zu Recht weist *Deger* darauf hin, dass die unmittelbare Ausführung der Ersatzvornahme ähnlich ist, weshalb Unterschiede in der Kostenerstattung kaum überzeugen.[20] Die Vorschriften der LVwVGKO können entsprechend herangezogen werden. Der Hauptanwendungsfall besteht in der Geltendmachung von **Abschleppkosten**.

16   **Zur Begrenzung des Kostenumfangs** hat der BGH im Zusammenhang mit einer **privaten Abschleppmaßnahme** entschieden, dass Falschparker dem privaten Besitzer einer Parkfläche (hier Kundenparkplatz eines Fitness-Studios) keine Abschleppkosten erstatten müssen, die unangemessen hoch sind. Die Ersatzpflicht des Falschparkers wird durch das **Wirtschaftlichkeitsgebot** begrenzt. Maßgeblich ist unter anderem, wie hoch die **ortsüblichen** Kosten für das Abschleppen und die unmittelbar mit der Vorbereitung des Abschleppvorgangs verbundenen Dienstleistungen sind.[21]

17   Die Kostenerstattungspflicht gem. § 8 Abs. 2 PolG besteht nur, wenn der Kostenerstattung eine rechtmäßige unmittelbare Ausführung gem. § 8 Abs. 1 PolG zugrunde liegt. Aus diesem Grund muss die Behörde vor einer Kostenerhebung auch die formelle und

---

16   Sog. indiziertes Ermessen; vgl. VGH BW, VBIBW 2011, 154; Deger, in: Stephan/Deger, Polizeigesetz BW, § 8 Rn 27.
17   VGH BW, VBIBW 2007, 350.
18   HessVGH, NVwZ-RR 1995, 29.
19   VGH BW, VBIBW 2002, 161.
20   Deger, in: Stephan/Deger, Polizeigesetz BW, § 8 Rn 29; ähnlich VG Magdeburg, openJur 2014, 28292 (Rn 15 ff.).
21   BGH, NJW 2014, 3727.

materielle Rechtmäßigkeit einer **fiktiven Grundverfügung** prüfen.[22] Die Rechtmäßigkeit der der Kostenforderung zugrundeliegenden unmittelbaren Ausführung wird inzident im Falle des Widerspruchs / einer Anfechtungsklage gegen den Kostenbescheid geprüft.

Fall 54: Die Gemeinde G erlässt gegenüber dem Inhaber eines landwirtschaftlichen Betriebes L einen Kostenbescheid, durch den sie Kostenersatz für den Heimtransport von 33 Erntehelfern nach Kroatien geltend macht. Diese Helfer waren bei L beschäftigt und untergebracht. Nach der fristlosen Kündigung der Unterbringung und der Drohung, die Helfer „vom Hof zu jagen", beauftragte die Gemeinde zur Vermeidung der drohenden Obdachlosigkeit kurzfristig ein privates Busunternehmen mit der Rückführung der Erntehelfer nach Kroatien. Durch den Kostenbescheid auf der Grundlage des § 8 Abs. 2 PolG wurden dem L die Kosten des Busunternehmers in Höhe von rund 2.520 Euro in Rechnung gestellt

Das **VG Sigmaringen** hat im **Fall 54** die gegen den Leistungsbescheid erhobene Anfechtungsklage des L als unbegründet zurückgewiesen.[23]

Rechtsgrundlage des Bescheids war § 8 Abs. 2 S. 1 PolG. Nach Auffassung des Gerichts war **die dem Kostenbescheid zugrundeliegende Maßnahme** – die Rückführung der Erntehelfer im Wege der unmittelbaren Ausführung – (= Primärebene) **rechtmäßig**. Die Ortspolizeibehörde war verpflichtet, die (drohende) Obdachlosigkeit der Erntehelfer als Störung der öffentlichen Sicherheit zu verhindern, wobei sie diese Aufgabe unter Berücksichtigung aller Umstände nach pflichtgemäßem Ermessen zu erfüllen hatte. Die Gefahr der Obdachlosigkeit der Erntehelfer, so das VG, „lag auf der Hand": Mangels Sprachkenntnissen und Geld waren sie nicht in der Lage, als Störer die drohende Störung der öffentlichen Sicherheit selbst abzuwenden (siehe § 8 Abs. 1 PolG). Mit der kurzfristigen Organisation des Rücktransportes hat die Ortspolizeibehörde ihr Handlungsermessen rechtsfehlerfrei ausgeübt.

Auch der **Kostenbescheid** (= Sekundärebene) war nach Meinung des VG Sigmaringen **rechtmäßig**. Die Kostentragungspflicht trifft grundsätzlich die für den Gefahrenzustand verantwortliche Person. Der Kläger (= Adressat des Leistungsbescheids, hier L) war als Handlungsstörer anzusehen, da er durch die fristlose Kündigung der Arbeits- und Mietverhältnisse die drohende Obdachlosigkeit herbeigeführt hatte. Mit seinem Verhalten hatte er die polizeiliche Gefahrengrenze überschritten. Auch die Höhe der Kosten entsprechend der Rechnung des Busunternehmens wurde vom Gericht nicht beanstandet (so VG Sigmaringen a. a. O.).

Weitere Beispiele: 18
- Kostenersatz bei **Umsetzungs- und Abschleppmaßnahmen**, die im Wege der unmittelbaren Ausführung durch die Beauftragung eines Unternehmers etc. durchgeführt werden (vgl. dazu Hartmann, VBlBW 2012, 279, 321 ff.).
- Kostenersatz für die Veranlassung einer **Bestattung** durch die Ortspolizeibehörde im Wege der unmittelbaren Ausführung gem. § 31 Abs. 2 BestattG, wenn die bestattungspflichtigen Angehörigen nicht für die Bestattung sorgen (VGH BW VBlBW 2008, 137; VGH BW, BWGZ 2004, 314).
- Nach VGH BW sind die **Kosten** für einen **Feuerwehreinsatz** keine erstattungsfähigen Auslagen i. S. d. § 8 Abs. 2 PolG. Im entschiedenen Fall hatte die Feuerwehr keine Amtshilfe geleistet, sondern eine eigene Aufgabe gem. § 2 Abs. 2 FwG erfüllt (VBlBW 2011, 153; ebenso BayVGH, BayVBl 2020, 488 = DÖV 2020, 491 [nur Ls.] bei Absicherung einer Schadensstelle).

Gem. § 129 PolG steht der Polizei in den Fällen der Kostenerstattung für Maßnahmen 19 gem. § 8 Abs. 1 PolG die **Zurückhaltungsbefugnis** zu (vgl. § 15 Rn 40).

b) Kostenersatz bei Verwertung eingezogener Sachen

§ 39 Abs. 4 PolG ermächtigt die allgemeine **Polizeibehörde**, die Kosten der **Verwertung**, **Unbrauchbarmachung** oder **Vernichtung** einer **eingezogenen Sache** gegenüber der betroffenen Person (= regelmäßig der Eigentümer) geltend zu machen (zur Einziehung vgl. § 11 Rn 305 ff.). Für die Anordnung der Standardmaßnahme und folglich 20

---
22 Siehe dazu Hartmann, VBlBW 2012, 279, 321 ff.
23 VG Sigmaringen, openJur 2012, 67155.

auch für die Kostenfestsetzung ist ausschließlich die allgemeine Polizeibehörde zuständig. Der Kostenersatz wird durch Kostenbescheid geltend gemacht. Für den Erlass dieses Kostenbescheids gelten die unter § 15 Rn 8 ff. dargestellten Grundsätze.

Fall 55: Bei einer Verkehrskontrolle stellt der Polizeivollzugsdienst fest, dass der Motorroller des F manipuliert wurde und beschlagnahmt das Fahrzeug. Die Manipulation (Entfernung der technischen Vorrichtungen zur Begrenzung der Höchstgeschwindigkeit) wird von einem Gutachter bestätigt. Da sich F völlig uneinsichtig zeigt, wird der Roller von der Polizeibehörde eingezogen und im Wege einer öffentlichen Versteigerung verwertet (vgl. § 39 Abs. 2 PolG, § 383 Abs. 3 BGB).

Die Kosten der Versteigerung kann die Polizeibehörde im **Fall 55** dem F durch entsprechenden Kostenbescheid gem. § 39 Abs. 4 PolG in Rechnung stellen.

c) Kostenersatz bei Verwertung sichergestellter und beschlagnahmter Sachen

21 Gem. **§ 130 Abs. 1 Nr. 4 PolG i. V. m. § 3 Abs. 2 S. 2 DVO PolG** kann die **Polizei** die Kosten für die **Verwertung, Unbrauchbarmachung oder Vernichtung sichergestellter Sachen** (vgl. § 37 PolG) dem Eigentümer oder rechtmäßigen Inhaber der tatsächlichen Gewalt in Rechnung stellen. Dasselbe gilt gem. § 3 Abs. 3 DVO PolG auch für die Festsetzung der Kosten einer Verwertung (s. o.) für **beschlagnahmte** Sachen. Für die Kostenfestsetzung gelten die unter § 15 Rn 8 ff. dargestellten Grundsätze.

d) Aufwendungsersatz für die Verwahrung von sichergestellten oder beschlagnahmten Sachen

22 Gem. **§ 130 Abs. 1 Nr. 4 PolG i. V. m. § 3 Abs. 1 S. 3 DVO PolG** kann die **Polizei** von dem Eigentümer oder dem rechtmäßigen Inhaber der tatsächlichen Gewalt Ersatz für die Aufwendungen geltend machen, die ihr „zum Zwecke der Verwahrung" einer gem. § 37 PolG **sichergestellten** Sache entstanden sind. Gem. **§ 3 Abs. 3 DVO PolG** gilt diese Ermächtigungsgrundlage auch für Aufwendungen für die Verwahrung **beschlagnahmter** Sachen.

Fall 56: Auf Wunsch der Gemeinde (Straßenbaulastträgerin) beschlagnahmt die Ortspolizeibehörde einen auf einem öffentlichen Gehweg abgestellten Container für Altkleider, da weder eine Sondernutzungserlaubnis nach § 16 StrG beantragt wurde / vorliegt noch der Eigentümer / Berechtigte herauszufinden ist. Der Container wird auf einem von der Polizei extra zu diesem Zweck angemieteten Platz abgestellt bzw. verwahrt.

Meldet sich im **Fall 56** doch noch eine berechtigte Person, kann die Polizei von ihr Ersatz ihrer Aufwendungen (Kosten der Verbringung des Containers, Verwahrkosten in Form der Mietkosten etc.) verlangen. Gem. **§ 3 Abs. 1 S. 3 DVO PolG** steht der Polizei ein **Zurückbehaltungsrecht** zu.

23 Für den **Polizeivollzugsdienst** ergibt sich eine Ermächtigungsgrundlage zur Kostenfestsetzung bei der Verwahrung sichergestellter und beschlagnahmter Sachen aus dem **LGebG** i. V. m. Nr. 15.5 des Gebührenverzeichnisses (Grund- und Tagesgebühr, vgl. § 15 Rn 35).

24 Soweit die **Gemeinden** Kostenträger der Polizei sind, können sie die Kosten für die **Verwahrung** von Sachen (etwa für abgeschleppte, beschlagnahmte oder sichergestellte Fahrzeuge etc.) nur auf der Grundlage einer eigenen **Gebührensatzung** nach den Bestimmungen des KAG / § 4 GemO erheben (vgl. **Fall 58** in § 15 Rn 37).

e) Kostenersatz für Vollstreckungshandlungen

25 Gem. **§ 31 LVwVG** können für **Amtshandlungen** nach dem LVwVG Kosten (Gebühren und Auslagen) erhoben werden. Für die Polizei gilt diese **Ermächtigungsgrundlage** zur Kostenerhebung über **§ 63 Abs. 1 bzw. § 66 Abs. 4 PolG**, wenn im Bereich der Gefahrenabwehr zur Durchsetzung eines Verwaltungsakts Zwangsmittel angewendet werden. Die gebührenpflichtigen Tatbestände und der Umfang der zu erstattenden Auslagen

sind im Einzelnen in der **LVwVGKO** geregelt. Wichtiger Anwendungsfall ist die Geltendmachung von **Abschleppkosten**.

Fall 57: Der Gemeindevollzugsbedienstete G fordert den Fahrzeugführer F auf, seinen rechtswidrig auf einem Gehweg abgestellten Pkw umgehend wegzufahren. Als F dieser Anordnung nicht Folge leistet, sondern sich, ohne weitere Erklärungen abzugeben, einfach entfernt, beauftragt G das Abschleppunternehmen A mit der Beseitigung des Fahrzeugs. Die Gemeindeverwaltung stellt dem F danach die Kosten der Abschleppmaßnahme durch entsprechenden Kostenbescheid in Rechnung.[24]

Das Abschleppen des Fahrzeugs erfolgte im **Fall 57** im Wege einer (rechtmäßigen) Vollstreckungsmaßnahme. **In der Aufforderung** des Gemeindevollzugsbediensteten G, **den Pkw unverzüglich zu entfernen, lag ein mündlich** gem. § 37 Abs. 2 S. 1 LVwVfG **ergangener befehlender Verwaltungsakt** i. S. d. § 35 S. 1, § 1 Abs. 1 LVwVfG. Ermächtigungsgrundlage für die Anordnung der Abschleppmaßnahme war die polizeiliche Generalklausel gem. §§ 1, 3 PolG. Diese **Grundverfügung** war gem. § 80 Abs. 2 S. 1 Nr. 2 VwGO **sofort vollziehbar** und somit gem. § 2 Nr. 2 LVwVG auch formell **vollstreckbar**. Ermächtigungsgrundlage für die Vollstreckungshandlung ist § 63 Abs. 1 PolG i. V. m. §§ 25, 2 Nr. 2 LVwVG. Die **Ersatzvornahme** gem. § 25 LVwVG war auch das geeignete und erforderliche Mittel zur Beseitigung der Störung der öffentlichen Sicherheit. Eine ordnungsgemäße Vollstreckung lag somit vor (vgl. § 21 LVwVG). Die der Polizei durch die Beauftragung des Abschleppunternehmers entstandenen Abschleppkosten sind **Kosten der Verwaltungsvollstreckung** und daher gem. § 31 LVwVG i. V. m. § 63 Abs. 1 PolG, § 25 LVwVG festzusetzen. Die Behörde hat auch bei der Festsetzung der Kosten ihr Entschließungsermessen fehlerfrei ausgeübt. Eine unbillige Härte lag nicht vor (vgl. § 63 Abs. 1 PolG, §§ 25, 31 Abs. 6 LVwVG, § 22 Abs. 2 LGebG).

Zuständige Behörde für den Erlass des Kostenbescheids ist gem. § 31 Abs. 6 LVwVG i. V. m. § 4 Abs. 1 LGebG die Behörde, welche die Vollstreckungsmaßnahme durchgeführt hat. Gem. § 4 Abs. 1 LVwVG ist die Behörde, die den Verwaltungsakt erlassen hat, auch **Vollstreckungsbehörde**.

Kostenschuldner ist gem. § 31 Abs. 2 LVwVG die pflichtige Person. Gem. § 31 Abs. 6 LVwVG sind auf die Kosten im Übrigen § 4 Abs. 1, § 5 Abs. 2, §§ 10, 12, 17, 18 und 21 bis 23 LGebG sinngemäß anzuwenden, soweit für die Vollstreckungsbehörde keine anderen Kostenvorschriften gelten. Für Gemeinden und Landkreise etwa sind die Vorschriften des KAG bzw. die jeweiligen kommunalen Gebührensatzungen maßgebend. **Gebühren- und Auslagengläubiger** ist der Rechtsträger der Behörde, welche die öffentliche Leistung erbringt (§ 6 LGebG).

Der Kostenersatz für die Androhung und Festsetzung von **Zwangsgeld** (vgl. § 12 Rn 34 ff.) richtet sich nach § 63 Abs. 1 PolG, §§ 23, 20, 31 LVwVG i. V. m. §§ 5, 8 LVwVGKO.

Für die Androhung und Durchführung der **Ersatzvornahme** (vgl. § 12 Rn 8) gelten § 63 Abs. 1 PolG, §§ 20, 25, 31 Abs. 5 LVwVG i. V. m. §§ 5, 6 und 8 LVwVGKO. Gem. § 20 Abs. 5 LVwVG sind der verantwortlichen Person die voraussichtlich entstehenden **Kosten der Ersatzvornahme** schon bei der Androhung des Zwangsmittels mitzuteilen. Regelmäßig empfiehlt es sich für die Polizei, vorher einen verbindlichen **Kostenvoranschlag** einzuholen, welcher der pflichtigen Person auch zur Kenntnis und Nachprüfung gegeben werden kann.

Die Anforderung der **Vorauszahlung** stellt einen Verwaltungsakt dar. Sie ist keine Maßnahme der Verwaltungsvollstreckung, so dass § 12 S. 1 LVwVG nicht gilt. Die Anforderung der Kosten der Ersatzvornahme stellt **keine Maßnahme in der Vollstreckung** gem. § 80 Abs. 2 S. 1 Nr. 3 VwGO i. V. m. § 12 S. 1 LVwVG dar, da die Ersatzvornahme bereits durchgeführt worden ist. Sie ist auch **keine Kostenanforderung** i. S. d. § 80

---
[24] Vgl. auch Klenner, JuS 2020, 1044 ff.; Neumann, VBlBW 2014, 357, 391 ff; Baumann, VBlBW 2012, 279, 321 ff.

Abs. 2 S. 1 Nr. 1 VwGO. Dies hat zur Folge, dass ein **Widerspruch** gegen den Kostenbescheid gem. § 80 Abs. 1 S. 1 VwGO **aufschiebende Wirkung** hat (vgl. auch Hinweise in § 12 Rn 18 ff.).[25]

32 Die Kosten für die Ersatzvornahme sind in der **LVwVGKO** geregelt. In **§ 6 Abs. 1 u. 2 LVwVGKO** ist die Gebührenerhebung im Fall der **Selbstvornahme** festgelegt. Führt eine **dritte Person** die Ersatzvornahme im Auftrag der Vollstreckungsbehörde durch (Fremdvornahme), wird nach der Regelung in **§ 6 Abs. 3 S. 1 LVwVGKO** zur **Abgeltung der eigenen Aufwendungen** eine Gebühr von bis zu 10 % des Betrages erhoben, der an die beauftragte Person zu zahlen ist, höchstens jedoch 2.500,00 Euro. In **§ 6 Abs. 3 S. 2 u. 3 LVwVGKO** werden Hinweise zur **Gebührenbemessung** gegeben. Die Aufwendungen für die Beauftragung einer dritten Person werden – neben der Gebühr nach § 6 Abs. 3 LVwVGKO – als **Auslagen** gem. § 8 Abs. 1 Nr. 8 LVwVGKO geltend gemacht. Regelmäßig sind der pflichtigen Person die Kosten aufzuerlegen, welche die Behörde wegen der vertraglichen Abmachungen bezahlen muss.

33 Die Kostenerstattungspflicht erfasst grundsätzlich auch die **Aufwendungen für** einen **abgebrochenen Abschleppvorgang**. Die Auferlegung der Kosten für eine durchgeführte **Leerfahrt** eines Abschleppunternehmens ist jedenfalls dann rechtmäßig, wenn die Kosten bereits angefallen sind und die Beauftragung des Unternehmens nicht mehr rechtzeitig storniert werden konnte. Die Ersatzvornahme erfasst alle Handlungen, die innerhalb des zeitlichen Rahmens liegen, welche mit der Beauftragung des Abschleppunternehmens beginnen und mit der Einstellung der Vollstreckung enden.[26] Kosten einer rechtswidrig durchgeführten Ersatzvornahme können auch nicht unter dem Gesichtspunkt der Geschäftsführung ohne Auftrag oder des öffentlich-rechtlichen Erstattungsanspruchs ersetzt werden, da die Kostenregelung im PolG bzw. im Landesverwaltungsvollstreckungsrecht eine abschließende Spezialregelung darstellt.[27]

34 Der Kostenersatzanspruch für die **Anwendung des unmittelbaren Zwangs** (vgl. § 12 Rn 49 ff.) folgt aus §§ 63 Abs. 2, 66 Abs. 4 PolG i. V. m. § 31 Abs. 4 LVwVG und §§ 7, 8 LVwVGKO. Gem. § 7 LVwVGKO wird für die Anwendung des unmittelbaren Zwangs nach den §§ 26 bis 28 LVwVG und in den Fällen des § 66 Abs. 4 PolG eine **Gebühr** erhoben. Ihre Höhe richtet sich nach § 7 Abs. 2 LVwVGKO. Die sächlichen Kosten für Fahrzeugeinsatz, technische Hilfsmittel etc. können als Auslagen gem. § 8 Abs. 1 Nr. 6 LVwVGKO geltend gemacht werden.

5. Kostenersatz für öffentliche Leistungen nach dem Landesgebührengesetz

a) Landesgebührengesetz (LGebG)

35 Als weitere Ermächtigungsgrundlage für die Geltendmachung von Polizeikosten kommt das **LGebG** in Betracht, wenn keine speziellen Kostenvorschriften des PolG einschlägig sind. Gem. § 4 Abs. 1 LGebG setzen die Behörden, die eine öffentliche Leistung erbringen, für individuell zurechenbare öffentliche Leistungen, Gebühren und Auslagen nach diesem Gesetz fest. Eine **öffentliche Leistung** ist behördliches Handeln (siehe Begriffsbestimmung in § 2 Abs. 2 S. 1 LGebG; der unbestimmte Rechtsbegriff ersetzt den früheren zentralen gebührenrechtlichen Begriff der „Amtshandlung"). Individuell zurechenbar ist eine öffentliche Leistung, wenn sie im Interesse eines Einzelnen erbracht wird; insbesondere gehört dazu auch die verantwortliche Veranlassung einer öffentlichen Leistung (vgl. § 2 Abs. 3 LGebG).

Gem. **§ 4 Abs. 2 LGebG** setzen die obersten Landesbehörden für ihren Geschäftsbereich die gebührenpflichtigen Tatbestände und die Höhe der Gebühren durch Rechtsverordnung fest. Nur soweit dies geschehen ist, kann eine **Gebührenpflicht** entstehen.

---

25 VGH BW, NVwZ-RR 1997, 74.
26 VGH BW, VBlBW 2003, 74, 75, u. HambOVG, DVBl 2008, 999 (Ls.).
27 OVG NRW, NVwZ-RR 2008, 437, 438.

III. Polizeikostenersatz von Dritten 611

Allein mit der individuellen Zurechenbarkeit einer Leistung kann die Gebührenpflicht nicht begründet werden.[28] **Behörde** ist nach **§ 2 Abs. 1 LGebG** jede Stelle, die Aufgaben der öffentlichen Verwaltung wahrnimmt. Behörden in diesem Sinne sind die **staatlichen** Polizeibehörden und Polizeidienststellen (§ 106 Abs. 1 Nr. 1 bis 3, Abs. 2, § 115 ff. PolG).[29]

Beispiel: Im Zusammenhang mit tätlichen Auseinandersetzungen rivalisierender Fußballfangruppen wird S zunächst von der Polizei festgehalten. Zur Verhinderung weiterer Störungen wird er in Gewahrsam genommen und mit einem Bus zu einem Zentralgewahrsam des Polizeipräsidiums gebracht. Mit einem Gebührenbescheid zog das Polizeipräsidium den S auf der Grundlage des LGebG / LGebO zu den Kosten für den Transport und für die Unterbringung im Polizeigewahrsam heran.[30]

36

Gem. § 1 S. 3, § 4 Abs. 3 LGebG setzen die Landratsämter, Verwaltungsgemeinschaften und Gemeinden für ihren Bereich, soweit sie Aufgaben der unteren Verwaltungsbehörden im Sinne des LVwVG wahrnehmen, die gebührenpflichtigen Tatbestände und die Höhen der Gebühren in einer **Verwaltungsgebührensatzung** mit entsprechendem Gebührenverzeichnis nach den Bestimmungen der GemO (§ 4 Abs. 3 GemO) in Verbindung mit den Regelungen des KAG (vgl. insbes. § 11 KAG) fest. Dasselbe gilt, wenn die Gemeinden als Ortspolizeibehörde bzw. im weisungsfreien Bereich handeln.

37

Fall 58: Der gemeindliche Vollzugsbedienstete der Stadt E lässt ein rechtswidrig abgestelltes Fahrzeug abschleppen und auf das stadteigene Gelände des Bauhofs bringen. E kann nur dann **Gebühren** für die **Verwahrung** des Fahrzeugs erheben, wenn die Stadt E einen entsprechenden Gebührentatbestand und die Höhe der Gebühr (Tages-/Stundensätze) in ihrer Satzung über die Festsetzung von Gebührensätzen für öffentliche Leistungen geregelt hat. Nach **VGH BW** können Kosten der Verwahrung nicht unmittelbar auf § 16 Abs. 8 StrG (Beendigung einer Straßennutzung ohne Sondernutzung oder wegen Missachtung von Pflichten) gestützt werden. Eine entsprechende Anwendung der Grundsätze der §§ 689, 693 BGB (Geschäftsführung ohne Auftrag) kommt als Anspruchsgrundlage ebenfalls nicht in Betracht (so VGH BW, NJW 2007, 1375 [= openJur 2013, 14498]).

b) Gebührenverordnung des IM (LGebO IM)

Für Leistungen des **Polizeivollzugsdienstes** gilt die **GebVO IM**. Im **Gebührenverzeichnis** (GebVerz) sind neben den allgemeinen leistungsübergreifenden gebührenrechtlichen Tatbeständen in Nr. 15.1 bis 15.15 spezielle, leistungsbereichsbezogene Gebührentatbestände aufgelistet, die den **Polizeivollzugsdienst** zur Gebührenerhebung für die dort genannten Maßnahmen ermächtigen. Darunter fallen Gebühren (regelmäßig Stundensätze) für die polizeiliche Begleitung von Transporten (Nr. 15.1 ff. GebVerz), Ingewahrsamnahme von Personen (Nr. 15.2 ff. GebVerz), Transport von Personen, Tieren und Sachen (Nr. 15.3 ff. GebVerz), Reinigung von Gebäuden, Fahrzeugen etc. (Nr. 15.4 ff. GebVerz), Verwahrung sichergestellter und beschlagnahmter Fahrzeuge und anderer Sachen (Nr. 15.5 ff. GebVerz), unmittelbare Ausführung (Nr. 15.6 GebVerz), Bergung von Wasserfahrzeugen (Nr. 15.7 GebVerz), missbräuchliche Veranlassung von Polizeieinsätzen (Nr. 15.8 GebVerz)[31], Einsatz von Polizeikräften wegen einer Alarmierung (Nr. 15.9 GebVerz), Suche nach vermissten Personen (Nr. 15.10 GebVerz), Einsatz eines Polizeidiensthundes (Nr. 15.11 GebVerz), Einsatz eines Polizeihubschraubers (Nr. 15.12 GebVerz), Einsatz von Polizeikräften bei Ruhestörungen und Streitigkeiten (Nr. 15.13 GebVerz), Ausstellung von Bescheinigungen und Beantwortung von schriftlichen Auskunftsersuchen (Nr. 15.14 GebVerz) und die **Auffangregelung Nr. 15.15 GebVerz** (mit

38

---

28 VGH BW, VBlBW 2014, 56, 57.
29 VG Stuttgart, openJur 2020, 76028 (Rn 41).
30 VGH BW, VBlBW 2014, 56, 57.
31 Zu dessen teilweiser Unwirksamkeit (unwirksam ist Nr. 15.8.1 Alt. 2 GebVerz) vgl. VGH BW, openJur 2020, 34060 (insb. Rn 89 ff., 93, 98). Danach genügt der Begriff „Veranlassung" nicht, sondern es müsste „zurechenbare Veranlassung" heißen.

Recht weisen *Zeitler/Trurnit* darauf hin, dass gegen diese „gebührenrechtliche Generalklausel" wegen ihrer Unbestimmtheit rechtliche Bedenken bestehen).[32]

6. Im Besonderen: Gebührenerhebung bei missbräuchlicher Veranlassung von Polizeieinsätzen (Nr. 15.8 GebVerz)

39 In der Verwaltungspraxis stellt sich immer wieder die Frage, ob und inwieweit die Polizei für die missbräuchliche Veranlassung von Polizeieinsätzen oder bei Einsätzen im Zusammenhang mit der Auslösung eines **Fehlalarms**, also bei technischen Alarmierungen, die grundlos ausgelöst worden sind oder deren Anlass nicht vom Anlagebetreiber nachgewiesen worden ist, Kostenersatz verlangen kann.

Für Einsätze des **Polizeivollzugsdienstes** ergeben sich eindeutige Regelungen aus dem **LGebG** i. V. m. der **LGebO IM**. Gem. **Nr. 15.8 GebVerz** fallen für eine **missbräuchliche Veranlassung von Polizeieinsätzen**, insbesondere für eine **missbräuchliche Alarmierung** oder Vortäuschung einer Gefahrenlage, je angefangene Stunde und Beamter Gebühren an.

Nach **VGH BW** ist die Vorschrift **Nr. 15.8 GebVerz eng auszulegen**.[33] In **objektiver Hinsicht** verlangt der Kostenersatz einen tatsächlich nicht erforderlichen Polizeieinsatz. In der zweiten Fallalternative zudem eine – tatsächlich nicht bestehende – Gefahrenlage, d. h. eine **Anscheinsgefahr**. Die missbräuchliche Veranlassung eines Polizeieinsatzes in objektiver Hinsicht setzt nicht zwingend das Bestehen einer konkreten Gefahr voraussetzt. Vielmehr ist es grundsätzlich möglich, denjenigen, der bei Vorliegen eines **Gefahrenverdachts** die den Verdacht begründenden Umstände zurechenbar veranlasst und zu verantworten hat, in gleicher Weise wie den Anscheinsstörer zu den Kosten des Polizeieinsatzes heranzuziehen (so VGH BW a. a. O.).[34]

In **subjektiver Hinsicht** setzt Nr. 15.8 GebVerz zumindest ein bedingt vorsätzliches Handeln des Verursachers voraus. Es ist also erforderlich, „dass der Verursacher durch sein Verhalten das Hervorrufen einer Anscheinsgefahr oder eines Gefahrenverdachts entweder bezweckt (Absicht) oder als sicher erwartet (direkter Vorsatz) oder jedenfalls für möglich hält und billigend in Kauf nimmt und sich damit abfindet (bedingter Vorsatz)".[35] Es obliegt dem Verursacher, diese **Vermutung zu widerlegen**.[36] Ausdrücklich wird in Nr. 15.8 GebVerz klargestellt, dass eine Gebührenerhebung entfällt, wenn Anhaltspunkte für eine begründete Alarmauslösung vorliegen.

Für den Einsatz von Polizeikräften wegen eines **Fehlalarms** gilt die Regelung in **Nr. 15.9 GebVerz**. Ein Fehlalarm liegt etwa vor, wenn nachgewiesen wird, dass die Anlage durch Betrunkene, unachtsame Passanten oder technische Defekte ausgelöst wurde.

Im Übrigen ist zu prüfen, wem die Alarmierung gem. § 5 Abs. 1 Nr. 1 i. V. m § 2 Abs. 3 LGebG **zuzurechnen** ist. Bei der Auslegung können die von der Rechtsprechung zum früheren Gebührenrecht entwickelten Grundsätze entsprechend herangezogen werden. Wurde der Alarm aufgrund einer tatsächlich begangenen oder zumindest versuchten Straftat ausgelöst, ist der durch die private Alarmanlage ausgelöste Polizeieinsatz einem Gebührenschuldner nicht zuzurechnen und deshalb gebührenfrei.[37] Führten dagegen technische Defekte oder andere, nicht mit der Begehung einer Straftat zusammenhängende Umstände zum Alarm und diente der Polizeieinsatz überwiegend dem privaten Interesse eines Anlagenbetreibers, kann die Polizei die Kosten eines Fehl-

---

32 Zeitler/Trurnit, Polizeirecht BW, Rn 1036.
33 VGH BW, VBlBW 2014, 56, 57; vgl. auch Deger, in: Stephan/Deger, Polizeigesetz BW, § 82 Rn 8.
34 Vgl. zur teilweisen Unwirksamkeit der Nr. 15.8 im Übrigen auch VGH BW, openJur 2020, 34060 (Rn 84 ff.).
35 So VGH BW, VBlBW 2014, 56; siehe auch Buchberger/Sailer, in: Lisken/Denninger, Handbuch des Polizeirechts, Kap. M Rn 244 ff., 248.
36 Vogel, DÖV 2019, 193, 194 m. w. N.
37 Vogel, DÖV 2019, 193 f.

alarms in Rechnung stellen.[38] Die Rechtsprechung billigt die Gebührenbelastung des Betreibers auch im Fall der **Unerweislichkeit des Grundes der Alarmierung**, weil das besondere Fehlerpotential der Alarmanlage der Sphäre des Betreibers zuzurechnen ist.[39]

7. Zurückhaltungsbefugnis

Gem. **§ 129 PolG** kann die Polizei die Herausgabe von Sachen, deren Besitz sie aufgrund einer polizeilichen Maßnahme gem. § 8 Abs. 1, § 37 Abs. 1, § 38 Abs. 1 oder § 63 Abs. 1 PolG i. V. m. § 25 LVwVG (Ersatzvornahme) erlangt hat, von der Zahlung der entstandenen Kosten abhängig machen (Neuregelung durch Änderungsgesetz vom 18.11.2008 [GBl. S. 390]). Die Ausübung der Zurückbehaltungsbefugnis steht im **Ermessen** der Behörde.[40] 40

Die **Zurückhaltungsbefugnis** besteht nur, wenn eine **rechtmäßige** polizeiliche Maßnahme, die der Kostenforderung zugrunde liegt, durchgeführt wurde (etwa Abschleppmaßnahme in Form der unmittelbaren Ausführung / durch Ersatzvornahme).[41] Wegen der Beschränkung auf die ausdrücklich in der Vorschrift abschließend genannten Anwendungsfälle spricht das Gesetz nur von einer Zurückhaltungsbefugnis, nicht von einem weitergehenden Zurückbehaltungsrecht. Die Regelung kann somit nicht auf andere polizeiliche Maßnahmen übertragen werden. Besteht eine Zurückhaltungsbefugnis, muss die Polizei die zurückbehaltene Sache (etwa das abgeschleppte Fahrzeug) nur **Zug um Zug** gegen Bezahlung der Kosten herausgegeben (vgl. § 274 BGB). Die Zurückbehaltungsbefugnis besteht nur, wenn die Polizei einen **fälligen** Anspruch auf Kostenerstattung hat (vgl. § 271 BGB). Die Ausübung der Zurückhaltungsbefugnis kann im Einzelfall gegen das **Übermaßverbot** verstoßen.[42] Allein eine **längere Dauer der Zurückbehaltung** führt ohne das Hinzutreten weiterer Umstände in der Regel nicht zur Unverhältnismäßigkeit der Maßnahme.[43]

Erhebt die von der Maßnahme betroffene Person **Widerspruch** gegen den Kostenbescheid, mit dem die Kosten für das Abschleppen und die Verwahrung festgesetzt werden, entfaltet der Widerspruch **aufschiebende Wirkung und hindert die Ausübung der Zurückbehaltungsbefugnis**.[44]

Gem. **§ 129 S. 2 PolG** kann die Polizei eine dritte Person (etwa Abschleppunternehmer), dem sie die Verwahrung einer Sache (abgeschleppter Pkw) übertragen hat, durch Verwaltungsakt ermächtigen, Zahlungen in Empfang zu nehmen. Eine bestimmte Form ist für diesen Verwaltungsakt nicht vorgeschrieben.[45] Mit der Bezahlung der Kosten durch den Eigentümer / Berechtigten an den Dritten ist die Kostenforderung der Polizei erfüllt und damit erloschen (§ 362 BGB). 41

8. Kostenersatz bei privaten Großveranstaltungen und Demonstrationen

a) Allgemeines

Die Frage, ob und inwieweit die Polizei bei **Großveranstaltungen** (etwa Bundesliga-Fußballspiele, Pop-Konzerte, Weinfeste) oder auch bei großen **Demonstrationen** (Castor-Transporte, G8 Gipfel-Treffen) von den Veranstaltern / Verantwortlichen Ersatz der Einsatzkosten verlangen kann, wird sowohl in der Rechtslehre als auch in der Politik 42

---

38 VGH BW, NVwZ 1988, 271; Vogel, DÖV 2019, 193, 194.
39 BVerwG, DÖV 1992, 265; Vogel, DÖV 2019, 193, 194; krit. dazu Buchberger/Sailer, in: Lisken/Denninger, Handbuch des Polizeirechts, Kap. M Rn 249 ff.
40 VGH BW, NJW 2020, 701, 703 (Rn 23).
41 Deger, in: Stephan/Deger, Polizeigesetz BW, § 83 a Rn 3.
42 HambOVG, NJW 2007, 3513.
43 VGH BW, NJW 2020, 701, 703 f. (Rn 24 ff.).
44 VGH BW, NJW 2020, 701, 703 f. (Rn 18 ff.); a. A. BayVGH, BayVBl 1994, 372.
45 Deger, in: Stephan/Deger, Polizeigesetz BW, § 83 a Rn 5.

nach wie vor kontrovers diskutiert.⁴⁶ Weitere Aktualität erlangte diese Fragestellung durch die Änderung des Gebühren- und Beitragsgesetzes⁴⁷ der Freien Hansestadt **Bremen**, wodurch nunmehr eine Gebührenerhebung für die Polizeieinsätze bei Großveranstaltungen möglich ist.

Nicht ganz zu Unrecht weisen *Buchberger/Sailer* darauf hin, dass sich angesichts der Millionen Ausgaben des Staates für die Polizeieinsätze gerade bei kommerziellen Großveranstaltungen ein Bedarf an entsprechenden Kostenabwälzungen auf den privaten Nutznießer „nicht von der Hand weisen lässt."⁴⁸ Andererseits wird auch nicht ganz zu Unrecht darauf hingewiesen, dass für viele negative Begleiterscheinungen von Großveranstaltungen die Ursache für polizeiliche Störungen und Straftaten bei den Besuchern und nicht bei den Veranstaltern zu suchen ist.⁴⁹ Wenn derartige Bemühungen überhaupt zum Erfolg führen sollen, dann kann dies – wenn überhaupt – nur auf der **Grundlage einer gesetzlichen Regelung** geschehen. Die in BW von 1968 bis zum Jahre 1991 gegoltene Regelung in § 81 Abs. 2 PolG a. F., wonach eine Kostenerstattungspflicht des Veranstalters von privaten Veranstaltungen bestand, soweit die Kosten „dadurch entstehen, dass weitere als die im üblichen örtlichen Dienst eingesetzten Polizeibeamten herangezogen werden müssen", konnte einer rechtlichen Prüfung nicht stand halten und wurde deshalb aufgehoben (GBl. 1991 S. 625).⁵⁰ Eine **polizeirechtliche** Haftung des Veranstalters für diese Einsatzkosten kommt regelmäßig schon deshalb nicht in Frage, weil er nicht **Störer** im polizeirechtlichen Sinne ist. Auch über die Figur des **Zweckveranlassers** ist eine Zurechnung des Verhaltens der Besucher einer Großveranstaltung grundsätzlich ausgeschlossen (vgl. dazu § 5 Rn 7 ff.).⁵¹ Da auch in diesen Fällen zwischen der Primärebene des polizeilichen Eingriffs und der Sekundärebene der Kostenpflicht unterschieden werden muss, scheitert eine Kostenerstattung zudem daran, dass die Kostenlast eine **rechtmäßige** Heranziehung des Veranstalters – seine Störereigenschaft unterstellt – zu den konkreten kostenträchtigen Maßnahmen voraussetzt.

Die Beteiligung eines Veranstalters an den Kosten einer privaten Großveranstaltung kann daher nur über das **Gebührenrecht** erfolgen.⁵² Dazu ist aber erforderlich, dass ein entsprechender **gesetzlicher** Gebührentatbestand vorhanden ist. Zuzustimmen ist den Ausführungen von *Buchberger/Sailer*, wonach im Hinblick auf die durch die Kostenerhebung berührten Grundrechte des Veranstalters und zur Wahrung der Rechtssicherheit die Bestimmung und **Begrenzung** des Kostenumfangs erforderlich ist: „Es wird deshalb geboten sein, entweder gesetzliche Obergrenzen festzulegen oder – zumindest – die Verpflichtung zur Abgabe eines verbindlichen „Kostenvoranschlags" der Polizei vor Durchführung der Veranstaltung vorzusehen".⁵³ Nach *Braun* ist eine Gebühren-/Beitragserhebung durch den **Landesgesetzgeber „rechtlich möglich"**.⁵⁴ Von Verfassung wegen nur eingeschränkt zulässig sind gebührenrechtliche Kostenabwälzungen für politische, gewerkschaftliche und religiöse Veranstaltungen, soweit sie nicht kommerzieller Natur sind.⁵⁵

43 Dieselben Grundsätze gelten auch für Kostenerstattungsansprüche im Zusammenhang mit **Demonstrationen**: Kosten- und gebührenrechtliche Regelungen dürfen nicht dazu führen, dass das Demonstrationsrecht, das Grundrecht auf freie Meinungsäußerung

---

46 Vgl. dazu etwa Hoss, Polizeikosten, S. 1 f., 12 ff.
47 Durch Art. 1 des Gesetzes von 4.11.2014 (Brem. GBl. S. 457, ber. S. 547). Vgl. dazu auch § 15 Rn 46.
48 Buchberger/Sailer, in Lisken/Denninger, Handbuch des Polizeirechts, Kap. M Rn 201.
49 Vgl. etwa Böhm, NJW 2015, 3000 f.
50 Vgl. dazu auch LT-Drs. 16/8813, S. 5.
51 Vgl. dazu Klein, GSZ 2018, 175 f.
52 Vgl. dazu etwa Weill, NVwZ 2018, 846, 847 ff.; Pötsch, NVwZ 2018, 868 ff.
53 Buchberger/Sailer, in: Lisken/Denninger, Handbuch des Polizeirechts, Kap. M Rn 209.
54 Braun, Die Polizei 2013, 321, 326; ebenso Heise, NVwZ 2015, 262, 265 f.
55 BVerfG, NVwZ, 2008, 414, zur Rechtswidrigkeit eines Kostenbescheids für den Erlass versammlungsrechtlicher Auflagen.

(Art. 5 GG) und die Versammlungsfreiheit (Art. 8 GG) nicht mehr wahrgenommen werden können oder ein entsprechender Abschreckungseffekt entsteht. Polizeikosten im Zusammenhang mit Demonstrationen sollten daher grundsätzlich als „Kosten der Demokratie" aus den allgemeinen Deckungsmitteln, wie etwa aus Steuern, bezahlt werden.[56] Die Heranziehung einer einzelnen **teilnehmenden Person** einer Demonstration zu bestimmten Kosten kann in Betracht kommen, wenn und soweit die Voraussetzungen für eine **Inanspruchnahme als Störer gem. §§ 6, 7 PolG** vorliegen. Wird etwa eine Demonstration aufgelöst und weigern sich Teilnehmer trotz Aufforderung, sich zu entfernen, sind sie im polizeirechtlichen Sinne Störer mit der Folge, dass gegen sie mit entsprechender Kostenfolge durch unmittelbaren Zwang eingeschritten werden kann.[57]

b) Kostenersatz bei Fußballspielen im Besonderen

Besonders intensiv erfolgt in den letzten Jahren die Diskussion über den **Kostenersatz von Polizeieinsätzen bei Fußballspielen**. Dort kommt es immer häufiger rund um die Fußballspiele zu massiven polizeirechtlichen Störungen und Straftaten rivalisierenden Vereinsanhänger, insbesondere auch durch sog. Hooligans, die Fußballspiele vielfach nur als Anlass für massive Störungen und Straftaten nutzen.[58] Art und Umfang der Ausschreitungen und Störungen sind sehr unterschiedlich ausgeprägt.[59] Durch die massiven Polizeieinsätze bei Profispielen des Fußballs entstehen der Allgemeinheit **hohe Kosten**.[60]

44

Die Diskussionen über Richtigkeit und Rechtmäßigkeit einer Kostenerstattung für Polizeieinsätze bei Fußballspielen erfassen nicht nur den Bereich der juristischen Literatur und Wissenschaft, sondern auch die **Rechtspolitik** und die **Verbandsvertreter des deutschen Fußballs**.[61] Die Auswirkungen einer Kostenerstattung sind nicht nur juristischer, sondern auch tatsächlicher Natur. Für das am 19.5.2015 zwischen dem SV Werder Bremen und dem Hamburger SV stattgefundene legendäre Nordderby hatte das Land Bremen für seinen Polizeieinsatz eine Kostenerstattung in Höhe von 425.718,11 Euro in Rechnung gestellt.[62] Diese Kosten stellen für die Fußballvereine **erhebliche zusätzliche finanzielle Belastungen** dar, die nicht ohne Weiteres zu stemmen sind.[63] In **BW** betrugen die Kosten für Polizeieinsätze bei Spielen der ersten fünf Fußballligen in der **Saison 2019/20 ca. 6,38 Mio. Euro**.[64]

Kernproblem bei der Inanspruchnahme des Fußballvereins (Heimmannschaft) als Veranstalter des jeweiligen Fußballspiels ist die Frage der **Verursachung**.[65] Zu fragen ist, ob der das Spiel ausrichtenden Heimmannschaft die aus dem Verhalten der Fußballfans resultierenden Folgen i. S. d. Polizeirechts zugerechnet werden können. Richtigerweise ist davon auszugehen, dass der **Fußballverein kein Zweckveranlasser** und damit auch **kein Störer** ist, denn das Fußballspiel als solches ist kein Grund und Auslöser

45

---

56 So zutr. Buchberger/Sailer, in: Lisken/Denninger, Handbuch des Polizeirechts, Kap. M Rn 220.
57 BVerfG, NVwZ 2010, 1482; vgl. Gebührentatbestände GebVerz Nr. 15.2 (Ingewahrsamnahme) und Nr. 15.3.1 (Transport von Personen).
58 Zu den Hintergründen und Ursachen der angespannten Sicherheitslage im deutschen Profifußball vgl. Mayer, Polizeikosten, S. 73 ff.; zu den Eingriffs- und Handlungsmöglichkeiten der Polizei bei Fußballspielen vgl. Knape, Die Polizei 2018, 143, 145 ff., sowie Kirchhoff, NVwZ 2017, 294 ff.
59 Vgl. dazu die sehr umfassende Übersicht bei Przybulewski, Die Polizei 2018, 240 ff.
60 Lampart, Polizeikosten, S. 19 f.
61 Vgl. dazu etwa Hoss, Polizeikosten, S. 13 bis 15; Lampart, Polizeikosten, S. 19 bis 23; Drechsler, NVwZ 2020, 433 ff.; Böhm, NJW 2015, 3000 f.; König, VBlBW 2018, 497, 504.
62 Böhm, NJW 2015, 3000; BremOVG, NVwZ 2018, 913; vgl. auch Kempny, DVBl 2017, 862, 863; Burbach, ZJS 2018, 369. Vgl. zu den Kosten für Sicherheitseinsätze der Polizei bei Fußballspielen auch Ruffert, NJW 2018, 1022, 1024.
63 Vgl. dazu auch die weiteren Hinweise bei Hoss, Polizeikosten, S. 27 bis 35; Buchberger/Sailer, in: Lisken/ Denninger, Handbuch des Polizeirechts, Kap. M Rn 201 f., 214.
64 LT-Drs. 16/8813, S. 9.
65 Brüning, VerwArch 2015, 420 ff.

für Gewalttaten.[66] Die Fußballvereine haben darüber hinaus gar kein Interesse an solchen negativen Begleiterscheinungen, sondern treten offen und im Rahmen ihrer Möglichkeiten für ein in jeder Hinsicht faires Spiel ein, ihre Fußballspiele sollen ein friedlich-sportliches Ereignis für alle Bevölkerungskreise sein.[67] Sie ergreifen seit Jahren zahlreiche Maßnahmen zur Verbesserung der Sicherheit ihrer Fußballspiele.[68] Es erscheint daher insgesamt eher Zurückhaltung geboten.[69]

Das PolG BW enthielt von 1955 bis 1991 mit **§ 81 Abs. 2 S. 1 PolG a. F.** eine ausdrückliche Möglichkeit zum Ersatz von durch private Veranstaltungen entstandenen Kosten der Polizei.[70] Die Rechtmäßigkeit dieser Regelung war durch den VGH BW bestätigt worden.[71] Die Regelung wurde letztlich aufgehoben, um eine **Wettbewerbsverzerrung** zulasten des Standorts BW zu verhindern.[72] Eine Ersatzregelung wurde bis heute vom Landesgesetzgeber bewusst nicht geschaffen.

Das **PolG** in der geltenden Fassung bietet damit **keine Rechtsgrundlage** zur Heranziehung der Fußballvereine zur Erstattung der durch Polizeieinsätze bei Fußballspielen entstandenen Kosten. Vielmehr bedürfte es für eine rechtlich wirksame Kostenerstattung einer **eigenständigen gebührenrechtlichen Rechtsgrundlage**.[73]

46 **Rechtsgrundlage** für eine Kostenerstattung von Polizeieinsätzen kann das **Gebührenrecht** sein.[74] Hierfür bedarf es in jedem Fall eines hinreichend konkretisierten gesetzlichen Gebührentatbestands.[75] Richtigerweise wird aus dem Grundsatz der Verhältnismäßigkeit auch eine **Begrenzung des Kostenumfangs** zu fordern sein.[76] Selbst Fußballvereinen und Spielvereinigungen wie der DFL[77] (Deutsche Fußball Liga e. V., der den Spielbetrieb der Bundesliga und 2. Bundesliga organisiert), die durch die Fußballspiele und deren Vermarktung hohe Einnahmen erzielen, ist es angesichts der heutigen Kostenstruktur des Profi-Fußballs kaum zumutbar, die Kosten von Polizeieinsätzen in voller Höhe zu erstatten.

Als erstes und bislang einziges Bundesland hat **Bremen** eine **eigene gesetzliche Regelung im Gebührenrecht** geschaffen.[78] Durch das Gesetz zur Änderung des Bremischen Gebühren- und Beitragsgesetzes vom 4.11.2014[79] wurde die Möglichkeit geschaffen, auch Gebühren für öffentliche Leistungen festzusetzen, die im individuellen Interesse eines Einzelnen erfolgen.[80] Erst durch einen Vorschlag des Haushalts- und Fi-

---

66 Buchberger/Sailer, in: Lisken/Denninger, Handbuch des Polizeirechts, Kap. M Rn 203 f.; Mayer, Polizeikosten, S. 158 ff., 175; Hoss, Polizeikosten, S. 60 ff., 65, 70; Trurnit, in: Möstl/Trurnit, Polizeirecht BW, § 6 Rn 17, 17.1; Schmidt, Polizei- und Ordnungsrecht, Rn 994; Ebert, Die Polizei 2020, 82; Trute, Die Verwaltung 2020, 99, 102; König, VBlBW 2018, 497, 500; Brüning, VerwArch 2015, 420 bis 423; i. E. ebenso Kempny, DVBl 2017, 862, 866; Siegel, DÖV 2014, 867, 869; Burbach, ZJS 2018, 369, 370; vgl. auch Buchholtz, JuS 2019, 1184, 1188 ff., zum Fußballfan als Zweckveranlasser.
67 In diesem Sinne auch Lampart, Polizeikosten S. 141 f.; Böhm, NJW 2015, 3000, 3001 f.; diff. Heise, NVwZ 2015, 262, 265 f.
68 Vgl. dazu Mayer, Polizeikosten, S. 112 ff.
69 Drechsler, NVwZ 2020, 433 ff.
70 Vgl. dazu auch Hoss, Polizeikosten, S. 12 f.; Klein, GSZ 2018, 175, 176.
71 NVwZ 1986, 657.
72 Lampart, Polizeikosten, S. 187 f.; König, VBlBW 2018, 497, 499; Hoss, Polizeikosten, S. 13; LT-Drs. 16/8813, S. 5.
73 Burbach, ZJS 2018, 369, 370.
74 **A. A.** Lampart, Polizeikosten, S. 25 ff., 162, mit Hinweis auf die begrenzende Wirkung des Steuerstaatsprinzips.
75 König, VBlBW 2018, 497, 501.
76 So zutr. Buchberger/Sailer, in: Lisken/Denninger, Handbuch des Polizeirechts, Kap. M Rn 209.
77 Generell krit. zur gebührenrechtlichen Verantwortlichkeit und Heranziehung der DFL Buchberger/Sailer, in: Lisken/Denninger, Handbuch des Polizeirechts, Kap. M Rn 216.
78 Zust. Wienbracke, DVBl 2019, 344, 335 ff. vgl. dazu auch Brüning, VerwArch 2015, 417 f.; Klein, DVBl 2015, 275 f.
79 Brem. GBl 2014, 457, 547. Vgl. den Gesetzentwurf v. 22.7.2014, Brem. LT-Drs. 18/1502. Vgl. zur Entstehungsgeschichte Mayer, Polizeikosten, S. 179 ff.
80 So ausdrücklich die Begründung des Haushalts- und Finanzausschusses in Brem. LR-Drs. 18/1591 v. 21.10.2014, S. 1.

nanzausschusses wurde in § 4 BremGebBeitrG[81] eine neue **Gebührenregelung zur Heranziehung von Veranstaltern** geschaffen, die vor allem auch den Fußballsport im Blick hat.[82] Gem. **§ 4 Abs. 4 BremGebBeitrG** wird von Veranstaltern, die eine gewinnorientierte Veranstaltung durchführen, an der voraussichtlich mehr als 5.000 Personen zugleich teilnehmen wollen, eine Gebühr erhoben, wenn wegen der erfahrungsgemäß zu erwartenden Gewalthandlungen vor, während und nach der Veranstaltung am Veranstaltungsort, an den Zugangs- und Abgangswegen oder sonst im räumlichen Umfeld der Einsatz von zusätzlichen Polizeikräften vorhersehbar erforderlich sein wird. Die Gebühr ist dabei nach dem Mehraufwand zu berechnen, der aufgrund der zusätzlichen Bereitstellung von Polizeikräften entsteht. Der Veranstalter ist vor der Veranstaltung über die voraussichtliche Gebührenpflicht zu unterrichten. Der bremische Gesetzgeber wollte mit der Neuregelung ausdrücklich die mit Gewinnerzielungsabsicht tätige **Deutsche Fußball Liga an den Kosten der Polizeieinsätze beteiligen**.[83] Anders als die im Polizeirecht sehr umstrittene Heranziehung des Zweckveranlassers (vgl. dazu § 15 Rn 45) wendet das Gebührenrecht zur Heranziehung des Veranstalters das **Vorteilsprinzip** an.[84]

Aktuell ist nicht zu erwarten, dass **weitere Bundesländer** ähnliche Regelungen zur (teilweisen) Erstattung von Polizeikosten treffen werden.[85] Ob unter diesen Umständen die Regelung im Bundesland Bremen unter Wettbewerbsgesichtspunkten Bestand haben wird, ist fraglich.[86] Die Landesregierung BW hält an den **Stadionallianzen** als etabliertem und bewährtem Sicherheitskonzept fest und sieht die Einführung einer Kostenpflicht – auch unter Gesichtspunkten einer Wettbewerbsverzerrung im Profifußball – eher kritisch.[87]

Das **BremOVG** hat mit **Urteil vom 5.2.2018**[88] in zweiter Instanz das zuvor ergangene 47 anderslautende Urteil des VG Bremen[89] aufgehoben und die Klage gegen einen aus Anlass des Polizeieinsatzes beim Fußballspiel der 1. Bundesliga zwischen dem SV Werder Bremen und dem Hamburger SV (ohne Zweifel ein fanbedingtes sog. „Hochrisikospiel") am 19.4.2015 erlassenen Gebührenbescheid in Höhe von 425.718,11 Euro abgewiesen. Grundlegend ist dafür, dass das BremOVG in seiner Entscheidung dem **Veranstalter des Fußballspiels die Notwendigkeit des Polizeieinsatzes zurechnet**. Aus Sicht des Polizeirechts ist dabei interessant, dass das BremOVG davon ausgeht, dass der SV Werder Bremen grundsätzlich Möglichkeiten gehabt habe, das Bundesligaspiel so auszugestalten, dass es zu keinen Ausschreitungen komme und der Polizeieinsatz in dieser Größenordnung obsolet gewesen wäre.[90] Diese Auffassung erscheint jedoch lebensfremd, denn kein Fußballverein hat irgendein Interesse an gewalttätigen Auseinandersetzungen anlässlich eines Heimspiels, und durch Fans bedingte Gewalttätigkeiten könnten sicher nur durch Ausschluss aller Zuschauer oder durch Absage des Spiels verhindert werden, beides wäre aber mit der Idee des Fußballs nicht vereinbar.[91] Das BremOVG führt aus, dass der **Veranstalter „dem Polizeieinsatz jedenfalls näher als**

---

81 Bremisches Gebühren- und Beitragsgesetz (BremGebBeitrG) v. 16.7.1979 (Brem. GBl. S. 279), zuletzt geändert durch Art. 1 des Gesetzes v. 26.9.2017 (Brem. GBl. S. 394).
82 Brem. LR-Drs. 18/1591, S. 2. Sehr deutlich wurde dies auch in der 2. Lesung des Gesetzentwurfs in der Bremischen Bürgerschaft, vgl. Plenarprotokoll der 68. Sitzung v. 22.10.2014, 18. WP, S. 5063, 5064 ff. Vgl. eingehender zur Entstehung der gesetzlichen Regelung Hoss, Polizeikosten, S. 36 bis 43.
83 Vgl. Brem. LR-Drs. 18/1591, S. 3. Vom BVerwG als mit Art. 3 Abs. 1 GG vereinbar bestätigt (NVwZ 2019, 1444, 1453 ff. (Rn 83 ff.).
84 Klein, DVBl 2015, 275, 277; Mayer, Polizeikosten, S. 197 ff.
85 So auch die Einschätzung der Landesregierung BW in LT-Drs. 16/8813, S. 5.
86 In diesem Sinne auch Frank, VerwArch 2020, 250, 262 ff., 269.
87 LT-Drs. 16/8813, S. 4 ff.
88 NVwZ 2018, 913; vgl. die Besprechung von Burbach, ZJS 2018, 369 ff.
89 Vgl. dazu eingehender Hoss, Polizeikosten, S. 45 bis 52.
90 BremOVG, NVwZ 2018, 913 (Rn 38).
91 I. E. ebenso Burbach, ZJS 2018, 158 f., mit Hinweis auf einen Verstoß gegen Art. 12 GG; zu Alternativen gegenüber einem Gebührenbescheid vgl. auch Hoss, Polizeikosten, S. 141 bis 151.

die **Allgemeinheit" stünde**, was zwar für das Gebührenrecht zutreffend sein dürfte[92], aber keine Zurechenbarkeit als Zweckveranlasser i. S. d. Polizeirechts begründet, eine bloße Zurechnung im Wege einer conditio sine qua non reicht dafür nicht aus. Entscheidend für die Zweckveranlassung ist die **enge kausale Verknüpfung** aus dem Verhalten des Zweckveranlassers (hier: Durchführung des Bundesligaspiels) und der polizeirechtlichen Folge (hier: gewalttätige Auseinandersetzung einiger Fußballfans), der Veranstalter muss die Folge bezwecken oder die Störung muss sich zwangsläufig einstellen.[93] Hiervon kann nach den obigen Ausführungen[94] bei der Durchführung eines Fußballspiels nur ausgegangen werden, wenn der das Heimspiel durchführende Verein nicht alle in seiner Befugnis stehenden Möglichkeiten ausgenutzt hätte, Fußballchaoten und Hooligans vom Besuch des Spiels auszuschließen.

48 Das **BVerwG** hat die Entscheidung des BremOVG in letzter Instanz bestätigt.[95] Es geht dabei davon aus, dass gegen die gesetzliche Regelung zur Erhebung einer Gebühr **keine grundlegenden rechtlichen Bedenken** bestünden. Der Veranstalter werde nicht (anteilig) an den Kosten für die polizeiliche Gefahrenabwehrtätigkeit als solche beteiligt, sondern vielmehr werde die Gebühr für den Mehraufwand erhoben, der aufgrund der zusätzlichen Bereitstellung von Polizeikräften aus Anlass einer konkreten Veranstaltung entstehe, für die auf der Grundlage tatsächlicher Erfahrungen besondere Sicherheitsrisiken prognostiziert würden. Es gehe ausschließlich um einen darüber hinausgehenden, **besonderen Aufwand**, der **aus Anlass einer bestimmten Hochrisiko-Veranstaltung**, die zudem auf Gewinnerzielung ausgerichtet sein müsse, nach polizeilicher Lagebeurteilung notwendig werde.[96] Solche Mehrkosten müssten von Verfassung wegen nicht notwendig dem Steuerzahler angelastet werden, der Gesetzgeber dürfe vielmehr eine solche besondere Leistung der polizeilichen Sicherheitsvorsorge von den allgemeinen Kosten der polizeilichen Gefahrenabwehr trennen und sie – soweit die weiteren Voraussetzungen, insbesondere die erforderliche Zurechenbarkeit, vorlägen – der Gebührenpflicht unterwerfen.[97] Die Abgabe werde durch vernünftige Erwägungen des Gemeinwohls gerechtfertigt, denn sie diene der **Herstellung von Lastengerechtigkeit**. Die immens gestiegenen Kosten für Polizeieinsätze aus Anlass von Großveranstaltungen, namentlich unfriedlich verlaufener Fußballveranstaltungen, sollten künftig nicht mehr zulasten der Allgemeinheit aus dem Steueraufkommen finanziert, sondern dem wirtschaftlich Begünstigten in Rechnung gestellt werden.[98] Das BVerwG geht insbesondere davon aus, dass der besondere **polizeiliche Mehraufwand** auch gerade **dem Veranstalter einer gewinnorientierten Veranstaltung zuzurechnen** sei. Denn dieser ziehe aus der Risikominimierung, die der zusätzliche Polizeieinsatz bewirke, einen (wirtschaftlichen) **Sondervorteil**. Der Veranstalter einer risikobehafteten Großveranstaltung sei auf die verstärkte Sicherheitsvorsorge angewiesen, und zwar nicht nur am Veranstaltungsort selbst und während der eigentlichen Dauer der Veranstaltung, sondern

---

92 Zust. Schoch, in: Schoch, Besonderes Verwaltungsrecht, Kap. 1 Rn 996; Hoss, Polizeikosten, S. 96; Klein, GSZ 2018, 175, 178 ff.; König, VBIBW 2018, 497, 502 f.; Weill, NVwZ 2018, 846, 849; Pötsch, NVwZ 2018, 868, 869 f.; Ruffert, JuS 2018, 1022, 1024; Stöcker, Die Polizei 2018, 300 f., 304 f.; **a. A.** Klein, DVBl 2015, 275, 279 f.; Mayer, Polizeikosten, S. 193 ff., 246.
93 Vgl. dazu auch § 5 Rn 7. I. E. ebenso Buchberger/Sailer, in: Lisken/Denninger, Handbuch des Polizeirechts, Kap. M Rn 216, zumindest in Bezug auf die Sicherheitsmaßnahmen außerhalb des Fußballstadions. Mayer, Polizeikosten, S. 193 ff., kommt nach grundlegender Prüfung zu dem Ergebnis, dass auch keine Zurechenbarkeit im Sinne des Gebührenrechts begründet werden kann (a. A. etwa Schoch, in: Schoch, Besonderes Verwaltungsrecht, Kap. 1 Rn 996).
94 Vgl. oben § 15 Rn 45.
95 BVerwG, NVwZ 2019, 1444 ff. (= NJW 2019, 3317 ff.); vgl. auch die Zusammenfassung des Urteils durch Selmer, JuS 2020, 93 f.
96 BVerwG, NVwZ 2019, 1444, 1446 (Rn 27), 1452 (Rn 79). Zust. Kämmerer/Kleiner, JuS 2020, 155, 159, krit. dagegen Brüning, NVwZ 2019, 1416 ff.; **a. A.** Lampart, Polizeikosten, S. 228 ff., 248, der von einem Verstoß gegen Art. 12 GG ausgeht.
97 BVerwG, NVwZ 2019, 1444, 1446 (Rn 28), 1451 (Rn 73 ff.).
98 BVerwG, NVwZ 2019, 1444, 1451 (Rn 69).

auch im räumlichen und zeitlichen Zusammenhang mit der Veranstaltung.[99] Im Hinblick auf die **Bestimmtheit** des § 4 Abs 4 BremGebBeitrG bestanden aus Sicht des **BVerwG keine durchgreifenden rechtlichen Bedenken.**[100]
Das BVerwG weist in seiner Entscheidung richtigerweise darauf hin, dass durch § 4 Abs. 4 BremGebBeitrG der Veranstalter nicht polizeirechtlich als Störer der öffentlichen Sicherheit, sondern **ausschließlich gebührenrechtlich** als Nutznießer der verstärkten Polizeipräsenz in Anspruch genommen wird. Eine mögliche Störereigenschaft im Sinne des PolG (vom BVerwG ausdrücklich offen gelassen[101]) steht einer Inanspruchnahme über das Gebührenrecht nicht entgegen. Es ist dann aber ausgeschlossen, dass der Veranstalter zugleich (und damit doppelt) nicht nur als Gebührenschuldner, sondern noch als Störer in Anspruch genommen wird – es darf **keine doppelte Inanspruchnahme** nach Gebührenrecht und Polizeirecht geben.[102]

Schaubild Nr. 22

Prüfungsschema zur Rechtmäßigkeit eines Kostenbescheids am Beispiel einer Abschleppmaßnahme durch Ersatzvornahme

Hinweis: zum Beispiel einer Abschleppmaßnahme in der Form der Ersatzvornahme vgl. § 15 Rn 26 (**Fall 57**).

I. **Wirksame Ermächtigungsgrundlage für die Kostenerhebung / -festsetzung** für den Bescheid gegeben? (vgl. etwa § 63 Abs. 1 PolG, §§ 31 Abs. 1 und 4, 23, 25 LVwVG i. V. m. §§ 6, 8 LVwVGKO bei Ersatzvornahme).

II. **Prüfung der formellen Rechtmäßigkeit des Kostenbescheids**
1. **Zuständige Behörde** für den Erlass des Kostenbescheids nach § 31 Abs. 6 LVwVG i. V. m. § 4 LGebG gegeben?
2. Beachtung der **Verfahrensbestimmungen** (u. a.):
   – Anhörung nach § 28 Abs. 1 LVwVfG,
   – Bestimmtheit (§ 37 Abs. 1 LVwVfG)
   – Form (§ 37 Abs. 2 bis 5 LVwVfG)
   – Begründung (§ 39 LVwVfG)

III. **Prüfung der materiellen Rechtmäßigkeit des Kostenbescheids:**
   Der Kostenbescheid ist materiell rechtmäßig, wenn die kostenpflichtige Vollstreckungsmaßnahme ihrerseits rechtmäßig war und die Vorschriften über Grund und Höhe der Kostenforderung beachtet wurden.
1. **Rechtmäßigkeit der kostenpflichtigen Vollstreckungsmaßnahme** (= Grundverfügung, etwa Anordnung / Festsetzung der Ersatzvornahme)
   – Ermächtigungsgrundlage für die Vollstreckungsmaßnahme / Ersatzvornahme gegeben? (§ 63 Abs. 1 PolG, § 25, § 2 Nr. 2 LVwVG)
   – Formelle Rechtmäßigkeit der Vollstreckungsmaßnahme (u. a. zuständige Behörde nach § 4 LVwVG, Verfahren)
   – Materielle Rechtmäßigkeit der Vollstreckungsmaßnahme:
     a) Vorliegen der allgemeinen Vollstreckungsvoraussetzungen nach § 2 LVwVG: vollstreckbare und rechtmäßige Grundverfügung
     b) Formelle Rechtmäßigkeit der Vollstreckungsmaßnahme (Ermächtigungsgrundlage, Zuständigkeit, Verfahren, Form)
     c) Materielle Rechtmäßigkeit der Vollstreckungsmaßnahme – (Ermächtigungsgrundlage, Verstoß gegen die öffentliche Sicherheit)
     d) Weitere Voraussetzungen der Rechtmäßigkeit der Vollstreckungsmaßnahme:

---

99 BVerwG, NVwZ 2019, 1444.
100 BVerwG, NVwZ 2019, 1444, 1448 bis 1451 (Rn 40 bis 66); ebenso Kämmerer/Kleiner, JuS 2020, 155, 158; i. E. auch Hoss, Polizeikosten, S. 107 f.; **a. A.** Lampart, Polizeikosten, S. 193 ff., 201.
101 BVerwG, NVwZ 2019, 1444, 1447 (Rn 37 m. w. N.).
102 BVerwG, NVwZ 2019, 1444 1447 ff. (Rn 35 ff.), 1448 (Rn 39), 1456 (Rn 112 ff.).

- Androhung der Ersatzvornahme erfolgt (§ 20 LVwVG)
- Festsetzung des Zwangsmittels
- Anwendung des richtigen Zwangsmittels
- Pflichtgemäße Ermessensausübung
- Beachtung des Grundsatzes der Verhältnismäßigkeit, insbesondere der Erforderlichkeit der Ersatzvornahme

Ergebnis zur Prüfung der Rechtmäßigkeit der kostenpflichtigen Vollstreckungsmaßnahme

2. **Rechtmäßigkeit der Höhe des Kostenbescheids**
   (u. a. zutreffende Kostenberechnung)

Gesamtergebnis: Der Kostenbescheid ist rechtmäßig und verletzt den Widerspruchsführer / Kläger nicht in seinen Rechten.

Sachregister

(Die Verweise erfolgen durch „§" nach Kapitel in Verbindung der dortigen Rn. Beachten Sie bitte auch das Inhaltsverzeichnis und die Schaubilder. Im Online-Angebot befindliche Fundstellen sind mit „(o)" gekennzeichnet)

Abbruch des Abschleppvorgangs, § 8 Rn 15, § 15 Rn 33
Abgaben, öffentliche § 12 Rn 19
Abgeordnete, Beobachtung § 16 Rn 13 (o)
Abgleich von Daten § 10 Rn 314 bis 324
– Begriff § 10 Rn 315
– bei Kennzeichenlesesystemen § 10 Rn 450
– bei Razzia § 11 Rn 37
– Jokersuche § 10 Rn 450
– mit anderen Diensten § 10 Rn 326
– mit polizeilichen Daten § 10 Rn 316 bis 323
– Nichttrefferfall § 10 Rn 450
– Rasterfahndung § 10 Rn 325 bis 343
– sonstiger Datenabgleich § 10 Rn 532
– Trefferfall § 10 Rn 459
– Zweck § 10 Rn 315
Abhören des nicht öffentlich gesprochenen Wortes § 10 Rn 422 ff., 504 ff.
Abrufberechtigung, polizeifremde Daten § 10 Rn 317
Abrufverfahren, automatisiertes § 10 Rn 576 (o)
Abschleppen von Kfz § 8 Rn 13 ff.
– bei Verkehrsbehinderung § 8 Rn 3, 23
– bei Verkehrseinrichtungen § 8 Rn 14 ff.
– bei Verkehrszeichen § 8 Rn 14 ff.
– durch Beschlagnahme § 8 Rn 22
– durch Ersatzvornahme § 8 Rn 14 ff.
– durch Sicherstellung § 8 Rn 20, 21
– durch unmittelbare Ausführung § 8 Rn 20
– Ermächtigungsgrundlagen § 8 Rn 5
– Kostenersatz § 15 Rn 5 ff., Rn 17
– rechtzeitige Zweckerreichung § 8 Rn 5
– Verhältnismäßigkeit § 8 Rn 23 ff.
– von privatem Stellplatz § 3 Rn 85
– vor privater Grundstückszufahrt § 8 Rn 20
– Zurückbehaltungsbefugnis § 15 Rn 40
Abschleppkosten § 15 Rn 5 ff., siehe Abschleppen
Absolutismus § 1 Rn 3
Abspritzen von Fahrzeugen, Verbot § 9 Rn 21
Abstrakte Gefahr, § 4 Rn 29, siehe Gefahr
– bei PolVO § 9 Rn 20
Abtasten § 11 Rn 205, 227
Adäquanztheorie § 5 Rn 5
Adressat polizeilicher Maßnahmen § 5 Rn 1 ff.
– bei Vollstreckung § 12 Rn 42 ff.

AEUV (Vertrag über die Arbeitsweise der Europäischen Union) § 1 Rn 42
Äquivalenztheorie § 5 Rn 5
Agentur der Europäischen Union § 1 Rn 45, 46, 47, 52, 57, 58
AKLS (automatisches Kennzeichenlesesystem) § 10 Rn 432
Akte
– Begriff § 10 Rn 607 (o)
– Einschränkung der Verarbeitung § 10 Rn 607 (o)
– Löschung § 10 Rn 604 bis 607 (o)
– Vermerk der Berichtigung § 10 Rn 607 (o)
– Vernichtung § 10 Rn 607 (o)
Akteneinsicht, Recht auf § 6 Rn 25, § 10 Rn 626 (o)
Aktenzusendung § 6 Rn 25
Alarmanlage, Kostenersatz § 15 Rn 39
Alarmschuss § 12 Rn 62
Alarmierung, missbräuchliche § 15 Rn 39
Aliud, Verbringung einer Person als § 11 Rn 191
Allgemeine Datenschutznormen § 10 Rn 76 bis 173
Allgemeine Grundsätze der Datenverarbeitung § 10 Rn 95 bis 118
Allgemeine Leistungsklage § 7 Rn 11
Allgemeines Persönlichkeitsrecht, siehe Grundrecht
Allgemeingüter § 5 Rn 23
Allgemeinverfügung § 6 Rn ff.
– Adressatenkreis § 6 Rn 7
– Beispiele § 6 Rn 8
– Bekanntgabe § 6 Rn 9
– Polizeiverfügung § 6 Rn 7
– Polizeiverordnung § 9 Rn 2, 3
Alkoholgenuss auf öffentlichen Straßen, Verbot durch
– Allgemeinverfügung § 6 Rn 8, § 9 Rn 3
– Polizeiverordnung § 9 Rn 3, 11, 21, 24, 26 ff.
Alkoholkonsumverbot § 9 Rn 11, 26 ff.
– Muster einer Polizeiverordnung § 9 Rn 41
Alternativ-Entwurf, einheitliches PolG § 2 Rn 8 ff.
Ambrosia-Pflanze, Bekämpfung der § 6 Rn 19
Amsterdamer Vertrag § 1 Rn 42

Amtsgeheimnis § 10 Rn 333, 587
Amtshaftungsanspruch § 11 Rn 276, § 14 Rn 15
– Beispiele § 14 Rn 17
Amtshandlung
– Kostenersatz § 15 Rn 35
– von ausländischen Vollzugsbeamten § 3 Rn 99
– von Polizeibeamten anderer Länder/Staaten § 3 Rn 94 ff.
– von Polizeibeamten des Bundes in BW § 3 Rn 98
– von Polizeibeamten des Landes außerhalb der BRD § 3 Rn 101
von Polizeibeamten des Landes außerhalb des Landes § 3 Rn 100

Amtshilfe § 3 Rn 56
Amtspflichtverletzung § 14 Rn 15
– Amtshaftung § 14 Rn 15 f.
– Beispiele § 14 Rn 17
– Entschädigungsansprüche § 14 Rn 16
Andere Stellen § 3 Rn 74, 95 ff.
Androhung
– Bestimmtheit § 12 Rn 35
von Zwangsmitteln § 12 Rn 34 ff.

Anfangsverdacht, hinreichender § 13 Rn 11
Anfechtungsklage
– gegen Polizeiverfügungen § 6 Rn 42
– gegen Vollstreckungshandlungen § 12 Rn 83
Anfertigung
– von Bild- und Tonaufzeichnungen § 10 Rn 224
– von Lichtbildern, Datenerhebung § 10 Rn 365 ff.
Angaben
– sachdienliche § 10 Rn 207
– über eine Person § 11 Rn 11
Angehöriger, bestattungspflichtiger § 5 Rn 15
Angemessenheit, Grundsatz der § 6 Rn 33
Angemessenheitsbeschluss, EU-Kommission § 10 Rn 582 (o)
Anhaltepflicht, Befragung § 10 Rn 208
Anhalterecht § 11 Rn 52, § 12 Rn 66
Anhörungspflicht § 6 Rn 24, § 8 Rn 11, § 11 Rn 98
Annäherungsverbot, Wohnung § 11 Rn 95 ff.
Annexkompetenz § 2 Rn 6
Anonymisieren, Daten § 10 Rn 89 (Begriff), 109 f., 565, 567 f., 599
Anordnung der sofortigen Vollziehung § 12 Rn 25 ff.
– Begründung § 12 Rn 28
– Formulierungs-Beispiel § 12 Rn 25

– Rechtmäßigkeit der Grundverfügung § 12 Rn 28
– Rechtsbehelfe § 12 Rn 30
– Verbindung mit Grundverfügung § 12 Rn 27
– Vollzugsinteresse § 12 Rn 28
Anordnung von Polizeivollzugsbeamten § 12 Rn 22
Ansammlung, Datenerhebung, Begriff § 10 Rn 228
Anscheinsgefahr § 4 Rn 41, § 11 Rn 183, 261, § 14 Rn 9
Anscheinsstörer § 4 Rn 41, § 14 Rn 10
– Entschädigungsansprüche § 14 Rn 9
Anscheinsverursacher, siehe Anscheinsstörer
Anschläge vom 11.9.2001 in den USA § 1 Rn 16, § 16 Rn 1 (o)
Anschlussunterbringung von Flüchtlingen § 6 Rn 57 ff.
Anschrift, ladungsfähige § 6 Rn 39
Anspruch auf
– Auskunft über gespeicherte Daten § 10 Rn 625 f. (o)
– Berichtigung von Daten § 10 Rn 627 (o)
– Einschränkung von Daten § 10 Rn 627 (o)
– Einschreiten § 6 Rn 30 ff., 52, § 11 Rn 92
– Einweisung Obdachloser § 6 Rn 52
– Entschädigung § 14 Rn 1 ff.
– ermessensfehlerfreie Entscheidung § 6 Rn 30
– Folgenbeseitigung § 5 Rn 52, § 6 Rn 66, § 11 Rn 303, § 14 Rn 20
– Löschung von Daten § 10 Rn 627 (o)
– Vernichtung erkennungsdienstlicher Unterlagen § 11 Rn 329
Anstellungskörperschaft § 14 Rn 7
Antiterrordatei (ATDG) § 16 Rn 3, 12 (o)
Antragsdelikte, Zuständigkeit der Polizei § 3 Rn 85
– Hausrecht § 4 Rn 54
– Hausverbot § 4 Rn 57
Antreffen einer Person § 11 Rn 27, 29
Anwendung von Zwangsmitteln § 12 Rn 39
– Begriff § 12 Rn 39
– Rechtscharakter § 12 Rn 41
– Zuständigkeitsregelung § 12 Rn 40
Anwendungsvorrang vor Spezialermächtigungen § 6 Rn 13, § 9 Rn 45, § 11 Rn 1
Anwohnerparkzone, Abschleppen § 8 Rn 15
Äquivalenzprinzip § 5 Rn 5
Äquivalenztheorie § 5 Rn 5
Arbeitsraum, Betreten § 11 Rn 267
Arrestzelle, Gewahrsam § 11 Rn 5, 179
Asylbewerber, Obdachlosigkeit § 6 Rn 54
Atemalkoholtest § 11 Rn 184
Atommülltransporte § 1 Rn 15

Aufenthaltsbestimmende Maßnahmen § 11 Rn 78, 104
Auf frischer Tat betroffen § 12 Rn 67
Aufenthaltsort einer Person
– Bestimmung § 11 Rn 78, 104
– Feststellung § 10 Rn 368, 549
– Vorgabe § 11 Rn 105 ff.
Aufenthaltsverbot § 11 Rn 89 ff.
– Anwendungsvorrang § 11 Rn 90
– Begriff § 11 Rn 89
– Beschränkungen § 11 Rn 93
– bei Alkoholkonsum § 9 Rn 21, 26 ff.
– Vollstreckung § 12 Rn 4
– Voraussetzungen § 11 Rn 92
– Zuständigkeit, örtliche § 11 Rn 91
Aufenthaltsvorgabe § 11 Rn 101 ff., **105 ff.**
– Antragsinhalt § 11 Rn 122
– Arten der § 11 Rn 110
– Gefahr im Verzug § 11 Rn 121
– Gefahrverdacht § 11 Rn 108
– Gerichtliche Anordnung § 11 Rn 123 f.
– Grenzen § 11 Rn 125
– Rechtsmittel § 11 Rn 126
– Richtervorbehalt § 11 Rn 117 ff.
– Strafbewehrung § 11 Rn 127 ff.
– und Generalklausel § 11 Rn 104
– Verhältnismäßigkeit § 11 Rn 111, 125
– Voraussetzungen § 11 Rn 105 ff.
– Zeitraum § 11 Rn 108 f.
– Zuständigkeit § 11 Rn 106
Aufgaben der Polizei § 4 Rn 2 ff.
– Dreiheit der Polizeiaufgaben § 4 Rn 3
– bei drohender Gefahr § 4 Rn 4
– Gefahrenvorsorge § 4 Rn 3
– im Ordnungswidrigkeiten-Verfahren § 4 Rn 11, § 13 Rn 1 ff.
– im Strafverfahren § 4 Rn 11, § 13 Rn 1 ff.
– Öffentlichkeitsarbeit § 4 Rn 8 ff.
– präventive § 4 Rn 2, § 13 Rn 1
– repressive § 4 Rn 2, 10, § 13 Rn 1 ff.
– übertragene § 4 Rn 11 ff., § 13 Rn 1 ff.
– Verhinderungsvorsorge § 4 Rn 5
– Verhütung von Straftaten § 4 Rn 3, 11
– vorbeugende Bekämpfung von Straftaten § 4 Rn 3, 5
– Vorfeldtätigkeiten § 4 Rn 3 ff.
– Vorsorge für die Verfolgung von Straftaten § 4 Rn 5
Aufgabenabgrenzungsnorm § 4 Rn 14
Aufgabenübertragung, GVD § 3 Rn 60 ff.
Aufgabenverteilung zwischen Polizeibehörden und -Polizeivollzugsdienst § 3 Rn 43 ff.
Aufgabenwandel der Polizei § 4 Rn 3
Aufgabenzuweisungsnorm § 4 Rn 13, § 6 Rn 12, § 13 Rn 6
Aufgedrängte Daten § 10 Rn 144

Aufhalten, sich § 11 Rn 27, 223 f.
Aufklärung, Philosophie § 1 Rn 4
Aufklärungsaktion § 7 Rn 1
Aufopferungsanspruch § 14 Rn 14
Aufschiebende Wirkung § 12 Rn 18 ff.
– Anordnung der sofortigen Vollziehung § 12 Rn 25 ff.
– Ausnahmen § 12 Rn 20 ff.
– Grundsatz § 12 Rn 18
– Rechtsbehelfe § 12 Rn 30
– Wegfall § 12 Rn 18
Aufsichtsbehörde für den Datenschutz nach dem PolG
– Anrufung durch betroffene Person § 10 Rn 628 bis 630 (o)
– Aufgaben § 10 Rn 636 (o)
– Befugnisse § 10 Rn 637 (o)
– Begriff § 10 Rn 87
– Prüfung durch § 10 Rn 630 (o)
– Zuständigkeit § 10 Rn 635 (o)
Aufsichtsvertretung § 3 Rn 26
Auftragsverarbeiter, im Datenschutzrecht § 10 Rn 87, **613**
Aufzeichnen des nicht öffentlich gesprochenen Wortes § 10 Rn 367 ff.
Aufzeichnung von Telefonanrufen, siehe Telefonanrufe
Ausbildungszwecke, Datenverarbeitung § 10 Rn 567 bis 569 (o)
Ausfertigung, Polizeiverordnung § 9 Rn 61
Ausfertigungsvermerk, Polizeiverordnung § 9 Rn 61
Ausgangsveranstaltung, Versammlungsrecht § 5 Rn 11
Auskunftsrecht von Datenverarbeitung betroffener Personen § 10 Rn 625 f. (o)
Auskunftsstelle, zentrale, LKA § 10 Rn 313
Auskunftsverweigerungsrechte
- bei Datenverarbeitung durch Polizei § 10 Rn 626 (o)
- Landesinformationsfreiheitsgesetz § 6 Rn 26
Auslagen, Kosten § 12 Rn 21, § 15 Rn 32
Ausländervereine § 6 Rn 14
Auslandsnachrichtendienst § 16 Rn 15 (o)
Auslegung, verfassungskonforme § 5 Rn 28
Ausnahmebewilligung (von einem gesetzlichen Verbot) § 6 Rn 3
Aussagepflicht, Befragung § 10 Rn 209
Ausschreibung von Personen / Kraftfahrzeugen § 10 Rn 548 bis 561
– Anwendungsfälle § 10 Rn 552
– Beendigung § 10 Rn 560
– Befristung § 10 Rn 559
– Begründung der Anordnung § 10 Rn 555

- behördliche Anordnung § 10 Rn 554 f.
- Benachrichtigung der betroffenen Personen § 10 Rn 561
- Beobachtung § 10 Rn 549
- Bewegungsbilder § 10 Rn 549
- Dreistufigkeit der Maßnahme § 10 Rn 553
- Ersttäter § 10 Rn 557
- europaweit § 10 Rn 548
- Fallzahlen § 10 Rn 552
- gezielte Kontrolle § 10 Rn 550
- INPOL § 10 Rn 548
- Intensivtäter, gefährliche § 10 Rn 557
- Kennzeichnungspflicht der Daten § 10 Rn 561
- Löschungspflichten § 10 Rn 560
- Protokollierungspflichten § 10 Rn 561
- repressive Gründe § 10 Rn 551
- Schriftform der Anordnung § 10 Rn 555
- SIS § 10 Rn 548
- Tatbestandsvoraussetzungen § 10 Rn 556 f.
- Übermittlung Erkenntnisse an ersuchende Stelle § 10 Rn 558
- verdeckte Registrierung § 10 Rn 559
- Zuständigkeit § 10 Rn 554
- Zweck § 10 Rn 549

Außenbeamte der Bußgeldstelle § 9 Rn 69
Außerkrafttreten einer Polizeiverordnung § 9 Rn 65
Aussetzung des Vollzugs einer Polizeiverordnung § 9 Rn 73
Aussonderung von Daten § 10 Rn 335, 342
Ausstiegsberatung § 10 Rn 199
Aus- und Fortbildung, Datennutzung § 10 Rn 567 bis 569
Aus- und Fortbildungseinrichtungen § 3 Rn 34
Auswahl-Ermessen, siehe auch Ermessen § 5 Rn 39
- Auswahlkriterien § 5 Rn 41
- bei Auswahl des Vollstreckungsmittels § 12 Rn 47
- bei der Gefahrenabwehr § 5 Rn 41
- bei der Kostenerhebung § 5 Rn 43
- bei mehreren Kostenpflichtigen § 5 Rn 44 ff.
- bei unmittelbarer Ausführung § 8 Rn 6
- Racial Profiling § 5 Rn 40
- unter mehreren Verantwortlichen § 5 Rn 39 ff.
- zwischen Zusatzverantwortlichem und Verursacher § 5 Rn 41

Ausweispapiere
- erkennungsdienstliche Behandlung § 11 Rn 323
- Personenfeststellung § 11 Rn 50

Authentizitätsfunktion § 9 Rn 61
Automatisches Kennzeichenlesesystem § 10 Rn 432 bis 460

Automatisierte Bildauswertung § 10 Rn 242 bis 247
- Begriff § 10 Rn 244
- informelle Selbstbestimmung § 10 Rn 246
- Tonauswertung § 10 Rn 245
- Verfassungsrecht § 10 Rn 246
- Verhältnismäßigkeit § 10 Rn 246
- Zuständigkeit § 10 Rn 247
- Zweck § 10 Rn 242 f.

Automatisierte Datenverarbeitung § 10 Rn 67, 84, 94, 242 ff.
Automatisiertes Abrufverfahren § 10 Rn 576 (o)
Autowaschen
- auf Privatgrundstücken § 9 Rn 21
- Verbot durch Polizeiverordnung § 9 Rn 21

Autowrack § 8 Rn 22

Badisches Polizeistrafgesetzbuch § 1 Rn 6
Baggersee, Benutzungsordnung § 9 Rn 10
Bahnhof, gefährdeter Ort § 11 Rn 29
Bahnpolizei § 16 Rn 5 (o)
Bandenkriminalität § 16 Rn 1 (o)
Bargeld, Sicherstellung § 11 Rn 274
BDSG, siehe Bundesdatenschutzgesetz
Beamtenbegriff, haftungsrechtlicher § 14 Rn 16
Bedingungstheorie § 5 Rn 5
Befragung § 10 Rn 202 bis 221
- Abgrenzung StPO § 10 Rn 202, 205
- Adressat § 10 Rn 207
- Angabe zur Person § 10 Rn 209
- Anhaltspflicht § 10 Rn 208
- Anpassungen durch PolG 2020 § 10 Rn 202, 204
- Auskunftspflicht § 10 Rn 208, 210
- Auskunftsverweigerung § 10 Rn 211 f.
- Auskunftsverweigerungsrechte § 10 Rn 211 f.
- Aussagepflicht § 10 Rn 209 bis 212
- Begriff § 10 Rn 205
- Duldung § 10 Rn 205
- Ermächtigungsgrundlage § 10 Rn 207
- Fragerecht § 10 Rn 207, 208
- Gefahrerforschung § 10 Rn 207
- Gefahrverdacht § 10 Rn 207
- Rechtscharakter § 10 Rn 205
- Vorbereitung auf die Gefahrenabwehr § 10 Rn 202
- Zuständigkeit § 10 Rn 206

Befristung, Polizeiverordnung zwecks Alkoholverbot § 9 Rn 39
Betroffene Person, Datenverarbeitung, Garantien zum Schutz § 10 Rn 97
Befugnisnorm § 4 Rn 13
- für Standardmaßnahmen § 11 Rn 8 ff.

Sachregister 625

- Generalklausel § 9 Rn 6 ff.
- im Strafverfahren § 13 Rn 10

Begleiteingriff § 11 Rn 228

Begriffsbestimmungen im Datenschutzrecht des PolG § 10 Rn 86 bis 94

Begründungspflicht
- Anordnung der sofortigen Vollziehung § 12 Rn 28
- Polizeiverfügung § 6 Rn 23

Behindertenparkplatz, Abschleppen § 8 Rn 24

Behörde § 6 Rn 1

Behördenaufbau, mehrstufiger § 3 Rn 12

Behördenleiter, Vorbehalt § 10 Rn 337, 339, 376, 384, 386, 414, 422, 406, 491, 498, 501, 510, 526, 546, 554

Bekanntgabe Polizeiverfügung § 6 Rn 36 ff.

Bekanntmachung einer Polizeiverordnung § 9 Rn 62

Belästigung, bloße § 4 Rn 20

Beliehene § 3 Rn 66, 74

Benachrichtigungspflichten der Polizei im Datenschutz § 10 Rn 616 bis 623 (o)
- Adressat § 10 Rn 620 (o)
- bei verdeckten und eingriffsintensiven Maßnahmen § 10 Rn 619 f. (o)
- im Strafverfahren § 10 Rn 620 (o)
- Mindestinhalt § 10 Rn 620 (o)
- Richtervorbehalt § 10 Rn 620 (o)
- Verdeckte Ermittler § 10 Rn 620 (o)
- Vertrauenspersonen, Schutz § 10 Rn 620 (o)
- Zustimmung Landesamt für Verfassungsschutz § 10 Rn 620 (o)

Benutzungsordnung für Spielplatz § 9 Rn 5, 72

Benutzungszeiten für Spielplatz § 9 Rn 5, 72

Beobachtung, polizeiliche
- durch Ausschreibung § 10 Rn 548 ff.
- durch längerfristige Observation § 10 Rn 363 f.
- von in Gewahrsam genommenen Personen § 10 Rn 276

Beratungen, Realakte § 7 Rn 1

Berechtigungsschein, Kontrolle § 11 Rn 54

Bereitschaftspolizei § 3 Rn 32
- Inspekteur § 16 Rn 9 (o)
- Verwaltungsabkommen über Aufstellung § 16 Rn 9 (o)

Bergwerkseigentum § 5 Rn 22

Berichtigung von Daten § 10 Rn 604, 627 (o)
- Durchsetzung des Anspruchs § 10 Rn 627 (o)
- Richtigkeit der Daten, Grundsatz § 10 Rn 102 bis 106
- unrichtige Daten, Begriff § 10 Rn 102 bis 106

Berufsgeheimnis § 10 Rn 211, 333, 410

Berufsgeheimnisträger, Zeugnisverweigerungsrechte § 10 Rn 211

Berufshelfer § 10 Rn 211

Beschlagnahme § 11 Rn 283 ff.
- Abschleppmaßnahme § 8 Rn 22
- Aufhebung § 11 Rn 294
- Begriff § 11 Rn 284
- bei Obdachlosenunterbringung § 11 Rn 288 ff.
- bei Strafverfolgung § 11 Rn 296
- Dauer § 11 Rn 284, **293**, 303
- Entschädigung § 14 Rn 5
- Folgenbeseitigung § 11 Rn 304
- Frist § 11 Rn 293
- Gründe § 11 Rn 286 ff.
- Kfz § 4 Rn 23, § 11 Rn 314
- Kunsturhebergesetz § 11 Rn 299
- Notstandseingriff, Nachrangigkeit § 5 Rn 50
- Presserecht § 11 Rn 297 f.
- Räumungstitel § 11 Rn 302
- Räumungsverfügung § 6 Rn 66
- Rechtsschutz § 11 Rn 295
- Spezialermächtigungen § 11 Rn 296 bis 298
- Verfahrensvorschriften § 11 Rn 292
- Verstrickungsbruch § 11 Rn 291
- Verwahrungsverhältnis § 11 Rn 291
- von Bildmaterial zu Polizeieinsätzen § 11 Rn 299
- von Druckwerken § 11 Rn 297
- von Fahrzeugen § 8 Rn 22, § 11 Rn 314
- von Filmen § 11 Rn 299
- von Forderungen § 11 Rn 290
- von Lichtbildern § 11 Rn 299
- von Liegefahrrad § 11 Rn 294
- von Presseerzeugnissen § 11 Rn 297 f.
- von Radarwarngerät § 11 Rn 286, 307, 314
- von Tieren § 5 Rn 23
- von Wagenburg § 6 Rn 33
- von Wohnungen § 11 Rn 288 ff.
- Zuständigkeit § 11 Rn 285

Beschuldigteneigenschaft § 11 Rn 323

Beseitigungsanspruch § 7 Rn 10

Beseitigungsgewahrsam § 11 Rn 181

Besichtigungsrechte § 11 Rn 252

Besitzdiener, Verantwortlichkeit § 5 Rn 29

Besitzer, Verantwortlichkeit § 5 Rn 29

Besitzerprinzip § 10 Rn 311

Besondere Mittel der Datenerhebung § 10 Rn 344 bis 401
- Anpassung durch das PolG 2020 § 10 Rn 344
- Aufgabenerfüllung, Gefährdung / Erschwernis § 10 Rn 360

- Befugnis zur Datenerhebung § 10 Rn 349 bis 361
- Behördenleitung, Anordnungsbefugnis § 10 Rn 375 bis 379
- Berichtspflicht an Landtag § 10 Rn 400
- betroffene Personen § 10 Rn 349 bis 361
- Einsatz technischer Mittel § 10 Rn 365 bis 367
- Ermessen § 10 Rn 372
- Gefahrenabwehr § 10 Rn 351 f.
- Identität des Verdeckten Ermittlers, Schutz § 10 Rn 391
- Kernbereich privater Lebensgestaltung, Schutz § 10 Rn 8 ff., 344, 392 bis 398
- Kontaktperson § 10 Rn 356 bis 359
- längerfristige Observation § 10 Rn 363 f.
- Legaldefinition § 10 Rn 345
- Löschungspflicht § 10 Rn 399
- Nichtstörer § 10 Rn 352
- Prokollierungspflicht § 10 Rn 379, 398, 401
- Rechtsschutz § 10 Rn 387
- Richtervorbehalt § 10 Rn 380 bis 390, 395
- Störer § 10 Rn 352
- Straftat, Gefahr der Begehung § 10 Rn 353 bis 355
- Straftat mit erheblicher Bedeutung § 10 Rn 373 f.
- technische Mittel § 10 Rn 345
- technische Observationsmittel § 10 Rn 368
- unbeteiligte Dritte § 10 Rn 359, 361
- Verdeckter Ermittler § 10 Rn 369 f.
- Verfassungsrecht § 10 Rn 347
- Vertrauensperson § 10 Rn 371
- Zuständigkeit § 10 Rn 350

Bestandsdatenauskunft
- Änderungen durch PolG 2020 § 10 Rn 465
- Ermächtigung § 10 Rn 466 bis 469
- Gefahrenabwehr § 10 Rn 466 f.
- Mitwirkungspflicht der Diensteanbieter § 10 Rn 470
- Protokollierungspflicht § 10 Rn 471
- Telekommunikationsbestandsdaten, Begriff § 10 Rn 466
- unbeteiligte Dritte § 10 Rn 470
- Zuständigkeit § 10 Rn 466

Bestandskraft § 12 Rn 31
Bestattung, Maßnahmen nach BestattG § 3 Rn 45, § 5 Rn 15, § 6 Rn 17
Bestattungspflicht von Angehörigen § 5 Rn 15
Bestattungsverordnung § 3 Rn 45
Bestimmtheitsgrundsatz § 6 Rn 34, § 9 Rn 42, § 12 Rn 4
- Beispiele § 6 Rn 35
- Vollstreckung § 12 Rn 83
Betäubungsmittel, als Hilfsmittel körperlicher Gewalt § 12 Rn 51

Betäubungsmittelgesetz, Verstöße § 11 Rn 183
Betreiber eines Lebensmittelmarktes als Zweckveranlasser § 5 Rn 8
Betreten
- Begriff § 11 Rn 256 (Wohnung)
- der freien Landschaft, Verbot § 9 Rn 10
- durch Verdeckte Ermittler § 10 Rn 391
- Nachtzeit § 11 Rn 265
- von Arbeitsräumen § 11 Rn 267
- von Betriebsräumen § 11 Rn 267
- von Geschäftsräumen § 11 Rn 267
- von Wohnungen § 11 Rn 250 ff.
Betretungsrechte § 11 Rn 252
Betretungsverbot § 11 Rn 95 ff.
- für Bundesligafanclub § 6 Rn 8
Betreuer, Verantwortlichkeit § 5 Rn 17
Betriebsraum, Betreten § 11 Rn 267
Betroffene Person, Datenverarbeitung
- Anrufung Aufsichtsbehörde für Datenschutz § 10 Rn 628 bis 630 (o)
- Anspruch auf Datenberichtigung § 10 Rn 627 (o)
- Anspruch auf Datenlöschung § 10 Rn 627 (o)
- Anspruch auf Einschränkung verarbeiteter Daten § 10 Rn 627 (o)
- Auskunftsrecht § 10 Rn 625 f. (o)
- Kategorien § 10 Rn 69, 213, 217
- Rechte § 10 Rn 624 bis 630 (o)
- Ziele der Schutzrechte § 10 Rn 624 (o)
Betteln, Verbot § 9 Rn 21, § 12 Rn 22
Beugehaft § 12 Rn 7
Beugemaßnahme § 12 Rn 1, 4
Beugemittel § 12 Rn 4
Bewachungsgewerbe § 3 Rn 69 ff.
Bewegliche Sache (Durchsuchung) § 11 Rn 228
Bewegungen einer Person, Feststellung § 10 Rn 368, 549
Bewegungsbilder § 10 Rn 549
Bewegungsfreiheit, Einschränkung (Gewahrsam) § 11 Rn 172 ff.
Bezirksübergreifende Aufgaben, Zuständigkeit § 3 Rn 92
Bilaterale Polizeiverträge § 1 Rn 61
Bildaufzeichnung § 10 Rn 222 ff., 345 f.
Bildmaterial von Polizeieinsätzen, Beschlagnahme § 11 Rn 299
Bild- und Tonaufzeichnungen § 10 Rn 222 bis 292, siehe auch Videoaufzeichnung
- an besonders gefährdeten Objekten § 10 Rn 233 f.
- Anfertigung von § 10 Rn 224
- automatisierte Auswertung § 10 Rn 242 bis 247

Sachregister

- bei Veranstaltungen § 10 Rn 228 bis 232
- Bodycams § 10 Rn 248 bis 270, siehe bei Bodycams
- Hinweispflicht bei offener Aufzeichnung § 10 Rn 281 f.
- Löschungspflicht § 10 Rn 283 bis 295
- von Kriminalitätsbrennpunkten § 10 Rn 235 bis 241
- Richtervorbehalt bei weiterer Datenverarbeitung § 10 Rn 261 bis 266
- zur polizeilichen Öffentlichkeitsarbeit § 10 Rn 226

Binnenschifffahrt § 16 Rn 8 (o)
Biometrische Daten, Begriff § 10 Rn 86
BKA siehe Bundeskriminalamt
BKAG-Urteil des BVerfG § 10 Rn 4 bis 7
Blendgranate § 12 Rn 51
Blutprobe, Entnahme § 11 Rn 322
BND siehe Bundesnachrichtendienst
Bodenschutzrecht § 5 Rn 27
Bodycam, Datenerhebung durch § 10 Rn 228 bis 275
- Änderungen durch PolG 2020 § 10 Rn 223, 248
- Akzeptanz § 10 Rn 249
- Begrifflichkeit und EU-Recht § 10 Rn 251
- bei Betroffenheit Dritter § 10 Rn 270
- doppelfunktionale Maßnahme § 10 Rn 250
- Einsatz im öffentlichen Raum § 10 Rn 262
- Einsatz in Arbeits-, Betriebs- und Geschäftsräumen § 10 Rn 258, 263 f.
- Einsatz in Wohnungen § 10 Rn 255 bis 257, 265
- Einwilligung § 10 Rn 225, 259
- Ermessen beim Einsatz § 10 Rn 254
- Gesetzesvorbehalt § 10 Rn 225
- Gesetzgebungszuständigkeit § 10 Rn 250
- Gesetzgebungsverfahren § 10 Rn 222 f.
- Hinweispflicht § 10 Rn 286
- Kernbereich privater Lebensgestaltung § 10 Rn 8 ff., 275 f.
- Landesbeauftragter für Datenschutz § 10 Rn 267
- Löschungspflicht § 10 Rn 286 f.
- längere Datenspeicherung § 10 Rn 277 bis 279
- Pre-Recording, Zulässigkeit § 10 Rn 268 f.
- Praxishinweise zur Anwendung § 10 Rn 260
- Recht auf informationelle Selbstbestimmung § 10 Rn 261
- Rechtsschutz § 10 Rn 273, 288
- Richtervorbehalt bei weiterer Datenverarbeitung § 10 Rn 271 bis 276
- Unverletzlichkeit der Wohnung, Grundrecht § 10 Rn 261

- verfassungsrechtliche Zulässigkeit § 10 Rn 261 bis 266
- Verwendungsverbot, absolutes § 10 Rn 15, 267
- Verwertungsverbot, absolutes § 10 Rn 15, 267
- Voraussetzungen § 10 Rn 253 bis 260
- Zuständigkeit § 10 Rn 252
- Zweck § 10 Rn 248

Bordell
- Betrieb § 4 Rn 66
- gefährlicher Ort § 11 Rn 27
- Flatrate-Angebote § 4 Rn 51

Brandschutz, Annexkompetenz § 2 Rn 6
Brandschutzzone, Abschleppen § 8 Rn 15, 24
Brecheisen § 12 Rn 51
Bundesamt für Verfassungsschutz § 16 Rn 13 (o)
Bundesanstalt für Güterverkehr § 16 Rn 11 (o)
Bundesarbeitsgemeinschaft (BAG) Wohnungslosenhilfe § 6 Rn 44
Bundesbahnpolizei § 16 Rn 5 (o)
Bundesbodenschutzgesetz (BBodSchG) § 5 Rn 27
Bundesdatenschutzgesetz § 10 Rn 28 bis 35
- Anpassung an DSGVO § 10 Rn 29
- Anwendungsbereiche § 10 Rn 30, 33
- Gefahrenabwehr (Anwendung auf) § 10 Rn 33
- Inhalte § 10 Rn 31
- Ordnungswidrigkeit (Anwendung auf) § 10 Rn 34
- Struktur § 10 Rn 29
- Umsetzung der DSRL 2016/680 § 10 Rn 29, **32 f.**
- Verhältnis zum OWiG § 10 Rn 38
- Verhältnis zur DSGVO § 10 Rn 30
- Verhältnis zur StPO § 10 Rn 37
- Videoüberwachung § 10 Rn 31

Bundeseigene Verwaltung § 16 Rn 1 (o)
Bundesfreundliches Verhalten, Grundsatz § 3 Rn 101
Bundesgrenzschutz § 16 Rn 5 (o)
Bundeskriminalamt § 16 Rn 2 ff. (o)
- Antiterrordatei § 16 Rn 3, 12 (o)
- Aufstellung über Datenschutzniveau in Drittstaaten § 10 Rn 583, 589 (o)
- Aufgaben § 16 Rn 2 (o)5
- BKA-Gesetz (BKAG) § 1 Rn 15 f., § 16 Rn 2, 12 (o)
- Dateien § 10 Rn 317
- Dateienverbund § 10 Rn 317
- Sachfahndungsdateien § 10 Rn 459
- Terrorismusabwehrzentrum § 1 Rn 16

- Zentralstelle für Auskunfts- u. Nachrichtenwesen § 16 Rn 2 (o)
- Zentralstelle f. elektronischen Datenverbund § 10 Rn 317

Bundesländer, neue § 1 Rn 14
Bundesnachrichtendienst § 16 Rn 15 (o)
- parlamentarische Kontrolle § 16 Rn 16 (o)
Bundesoberbehörde § 16 Rn 2 (o)
Bundesorgane, Schutz § 3 Rn 10
Bundespolizei § 16 Rn 5 f. (o)
- Aufgaben § 16 Rn 6 (o)
- Generalklausel § 16 Rn 6 (o)
Bundespolizeibehörden § 16 Rn 5 (o)
Bundestag, Ordnungsdienst § 16 Rn 7 (o)
Bundestagsabgeordnete, Beobachtung § 16 Rn 13
Bundestagspräsident § 16 Rn 7 (o)
Bundesverfassungsschutzgesetz (BVerfSchG) § 16 Rn 13 (o)
Bundeswasserstraßen § 16 Rn 8 (o)
Bürgermeister, Zuständigkeit § 3 Rn 10
Busparkplatz, Abschleppen § 8 Rn 24
Bußgeldbehörde § 9 Rn 69
- Datenschutz § 10 Rn 49 bis 55
Bußgeldbewehrung, Polizeiverordnung, § 9 Rn 68 ff.
Bußgeldstelle, Außenbeamter § 9 Rn 69
Bußgeldtatbestand § 9 Rn 68
Bußgeldverfahren § 9 Rn 69, § 13 Rn 19

Castor-Transporte § 1 Rn 15
Conditio-sine-qua-non-Formel § 5 Rn 5
Cop Culture § 3 Rn 36
Corona-Krise § 1 Rn 24, 59, § 6 Rn 14
Corona-Pandemie § 10 Rn 63, § 16 Rn 5 (o)
COSI § 1 Rn 44
COVID-19, Erkrankung § 1 Rn 24

Daktyloskopie § 11 Rn 322
Damenboxkämpfe § 4 Rn 68
Damen-Schlamm-Catch, oben ohne § 4 Rn 68
Daschner, Fall Geldentschädigung § 14 Rn 17
Datei
- automatisierte § 10 Rn 82, 315, 326, 329
- Begriff § 10 Rn 70 (zu Dateisystem)
- beim BKA § 10 Rn 317
- erkennungsdienstliche (ED) § 10 Rn 317
- Gewalttäter Sport § 11 Rn 92, § 13 Rn 5
- Haftdatei (HD) § 10 Rn 317
- INPOL-Sachfahndungsdatei § 10 Rn 317, 460
- Kriminalaktennachweis (KAN) § 10 Rn 317, 529
- Personenauskunftsdatei (PAD) § 10 Rn 317

- Personen- und Sachfahndung § 10 Rn 317
- PIOS-Dateien § 10 Rn 317
- POLAS-Auskunftssystem § 10 Rn 317
- polizeieigene § 10 Rn 317
- polizeifremde § 10 Rn 317
- projektbezogene, gemeinsame § 10 Rn 303 ff.
- SIS-Sachfahndung § 10 Rn 448
Dateiengesetz, gemeinsame § 1 Rn 16
Dateisystem § 10 Rn 67
Daten
- Abgleich § 10 Rn 314 bis 324
- Anonymisierung § 10 Rn 89, 110 f.
- aufgedrängte § 10 Rn 144, 152
- Auskunft, siehe Auskunft über Daten
- Berichtigung unrichtiger Daten § 10 Rn 105, 604
- biometrische, Begriff § 10 Rn 86
- Einwilligung in Verarbeitung § 10 Rn 93, 159 f., **175 bis 201**
- für Ausbildungszwecke § 10 Rn 567 f.
- genetische Daten, Begriff § 10 Rn 86
- Gesundheitsdaten, Begriff § 10 Rn 86
- Grunddaten § 10 Rn **151**, 183, 197, 335, 598
- hypothetische Datenneuerhebung, Grundsatz der § 10 Rn 130 f., 146, 212
- Kategorien, besondere personenbezogener, § 10 Rn 92 (Begriff), 160, 190
- Kenntlichmachung subjektiver Daten, Pflicht zur § 10 Rn 107 f.
- Kennzeichnungspflicht bei Speicherung § 10 Rn 597 bis 599 (o)
- Löschung unrichtiger Daten § 10 Rn 105, 604, 627
- neuester Stand § 10 Rn 103
- personenbezogene, Begriff § 10 Rn 86, 92
- Pseudonomysierung § 10 Rn 90
- Qualität § 10 Rn 102
- Richtigkeit der Daten bei der Verarbeitung, Grundsatz § 10 Rn 102 bis 106
- Speicherung § 10 Rn 23, 46, 64, 67, 68, 88, 109, 111, 142, 144, 152, 153, 224, 225, 251, 265, 272, 277, 283, 284, 295, 298, 315, 365, 399, 454, 457, 593, 597, 603, 606
- Speicherbegrenzung der, Grundsatz § 10 Rn 109
- Übermittlung § 10 Rn 163 ff., 569 ff.
- Überprüfungspflicht bei der Verabeitung § 10 Rn 95
- Verarbeitung, Begriff § 10 Rn 68, 88
- Verletzung des Schutzes personenbezogener Daten § 10 Rn 86
- weitere Verarbeitung § 10 Rn 121 bis 132, 563 bis 569

- zur Identifizierung einer Person § 10 Rn 151
- Zweck § 10 Rn 152
- Zweckänderungen § 10 Rn 130 ff.
- Zweckbindungsgebot § 10 Rn 130

Datenabgleich, siehe unter Abgleich

Datenerhebung
- Abhören des nicht öffentlich gesprochenen Wortes § 10 Rn 347
- allgemeine Pflichten § 10 Rn 119 bis 129
- Anfertigung von Lichtbildern und Bildaufzeichnungen § 10 Rn 222 ff., 365 f.
- Aufzeichnung von Telefonanrufen § 10 Rn 289 bis 302
- Ausschreibung von Personen / Kfz § 10 Rn 548 ff.
- Befragung § 10 Rn 202 ff.
- besondere Mittel der § 10 Rn 344 bis 401
- Bestandsdatenauskunft § 10 Rn 465 bis 472
- bei Dritten § 10 Rn 121, 127, 129
- Einsatz automatischer Kennzeichenlesesysteme § 10 Rn 432 ff.
- Einsatz besonderer technischer Mittel § 10 Rn 344 ff.
- Einsatz einer Vertrauensperson § 10 Rn 371
- Feststellung des Aufenthaltsortes § 10 Rn 368
- Feststellung von Bewegungen § 10 Rn 368
- Grundsatz der Offenheit § 10 Rn 120, 123
- Grundsatz der Unmittelbarkeit § 10 Rn 121
- Hinweispflichten § 10 Rn 124 bis 129
- hypothetische Datenneuerhebung, Grundsatz der § 10 Rn 130 f., 146, 212
- in / aus Wohnungen § 10 Rn 402 bis 431
- Kenntnisnahme der betroffenen Person § 10 Rn 120 bis 122
- Kernbereich privater Lebensgestaltung, Schutz § 10 Rn **8 ff.**, 344, 392 bis 398, 426 bis 429, 531 bis 535
- Observation § 10 Rn 363 ff.
- offene § 10 Rn 120, 129
- Rangfolge der betroffenen Personen § 10 Rn 120
- Recht auf informationelle Selbstbestimmung § 10 Rn **2 ff.**, 96, 158, 225, 236, 259, 269
- Richtervorbehalt § 10 Rn 380 bis 390, 395
- Telekommunikationsüberwachung § 10 Rn 504 ff.
- Telefonanrufe bei der Polizei § 10 Rn 289 bis 302
- Unterbrechung § 10 Rn 14, 393, 395, 532, 543
- verdeckte § 10 Rn 121, 123, 128, 129
- Verdeckter Ermittler § 10 Rn 369 f., 381, 391
- Videoüberwachung öffentlicher Räume § 10 Rn 235 bis 241
- zum Schutz privater Rechte § 10 Rn **83**, 202, 284, 299, 436, 439
- zur Erfüllung anderer Aufgaben § 10 Rn 220 f.
- zur Gefahrenabwehr § 10 Rn 213 bis 216
- zur Vollzugshilfe § 10 Rn 83, 202
- zur Vorbereitung auf die Gefahrenabwehr § 10 Rn 202
- zur vorbeugenden Bekämpfung von Straftaten § 10 Rn 217 bis 219

Datenidendität § 10 Rn 100

Datenlöschung
- Ausnahmen § 10 Rn 605 (o)
- Begriff § 10 Rn **68**, 88
- bei Zuverlässigkeitsprüfung § 10 Rn 196 bis 198
- durch Polizeivollzugsdienst § 10 Rn 604 (o)
- durch Polizeibehörden § 10 Rn 604 (o)
- Durchsetzung des Anspruchs § 10 Rn 627 (o)
- Informationspflicht § 10 Rn 605 (o)
- Löschungsanspruch § 10 Rn 627 (o)
- Pflicht zur § 10 Rn 603 bis 607 (o)
- Überprüfungsfrist § 10 Rn 604 (o)
- Überprüfungspflicht § 10 Rn 603 ff. (o)
- Verpflichtung zur Löschung § 10 Rn 603 ff. (o)
- von Akten § 10 Rn 607 (o)
- von Daten in Akten § 10 Rn 607 (o)

Datenminimierung, Grundsatz der § 10 Rn 100 f.

Datenneuerhebung, Grundsatz der hypothetischen § 10 Rn 130 f., 146, 212

Datenschutzbeauftragter
- Aufgaben § 10 Rn 634 (o)
- Benennung § 10 Rn 632 (o)
- DSRL 2016/680 § 10 Rn 601 (o)
- Einbindung § 10 Rn 633 (o)
- externer § 10 Rn 632 (o)
- gemeinsamer § 10 Rn 632 (o)
- Interessenkonflikt § 10 Rn 633 (o)
- Qualifikation § 10 Rn 632 (o)
- Stellung § 10 Rn 633 (o)
- Unterstützung § 10 Rn 633 (o)
- Weisungsfreiheit § 10 Rn 633 (o)

Datenschutz durch EU-Recht § 10 Rn 17 ff.

Datenschutz-Grundverordnung (DSGVO) § 10 Rn 17 bis 21
- Anwendung im Bereich des Polizeirechts § 10 Rn 83 f.
- Anwendungsbereich § 10 Rn 20
- Anwendungssytematik § 10 Rn 54 bis 62
- Definitionen in der DSGVO § 10 Rn 21

- Ergänzungen durch nationales Recht § 10 Rn 19
- Entstehung § 10 Rn 17
- Inkrafttreten § 10 Rn 17
- Öffnungsklauseln § 10 Rn 19
- unmittelbare Geltung in Deutschland, § 10 Rn 17
- Verhältnis zum BDSG § 10 Rn 30
- Verhältnis zum LDSG § 10 Rn 40
- Verhältnis zum PolG § 10 Rn Rn 55 bis 85, 60 bis 62, 83
- Verhältnis zur DSLR 2016/680 § 10 Rn 20, 24
- Zweckänderung bei der Datenverarbeitung § 10 Rn 146
- Ziele § 10 Rn 18

Datenschutz im PolG
- Adressat § 10 Rn 79
- allgemeine Datenschutznormen § 10 Rn 76 bis 173
- allgemeine Grundsätze der Datenverarbeitung § 10 Rn 95 bis 118
- Anonymisierung, Daten § 10 Rn 89, 109 f.
- Anrufung Aufsichtsbehörde durch betroffene Person § 10 Rn 628 bis 630 (o)
- Anspruch betroffener Personen auf Datenberichtigung § 10 Rn 627 (o)
- Anspruch betroffener Personen auf Datenlöschung § 10 Rn 627 (o)
- Anspruch betroffener Personen auf Einschränkung verarbeiteter Daten § 10 Rn 627 (o)
- Anwendungsbereich § 10 Rn 78 bis 81
- Anwendungssytematik § 10 Rn 54 bis 62
- aufgedrängte Daten § 10 Rn 144, 152
- Aufsichtsbehörde § 10 Rn 87 (Begriff), 628 bis 640 (Anrufung), **635 bis 637** (Aufgaben)
- Auftragsverarbeiter § 10 Rn 87, **613**
- Auskunftsrecht betroffener Personen § 10 Rn 625 f. (o)
- Auslegung § 10 Rn 75
- automatisierte Datenverarbeitung § 10 Rn 67, 84, 94
- automatisierte Entscheidungsfindung § 10 Rn 615 (o)
- Begrifflichkeiten § 10 Rn 67 bis 69
- Begriffsbestimmungen § 10 Rn 86 bis 94
- Benachrichtigungspflichten der Polizei § 10 Rn 616 bis 623 (o)
- biometrische Daten, Begriff § 10 Rn 87
- Dateisystem § 10 Rn 67, 91
- Dateinidentität § 10 Rn 100
- Datenminimierung, Grundsatz der § 10 Rn 100 f.
- Datenschutzbeauftragter § 10 Rn 631 bis 634 (o)
- Datenschutzmanagementsystem § 10 Rn 111, 119, 156, 185, 608, **610**
- Datenverarbeitung, Begriff § 10 Rn 68, 88
- Dokumentationspflichten § 10 Rn 117 f.
- DSGVO, Anwendung § 10 Rn 83
- Einwilligung § 10 Rn 93, 159 f., **175 bis 200**
- Empfänger von Daten, Begriff § 10 Rn 87
- Folgeabschätzung § 10 Rn 609 (o)
- Garantien zum Schutz der Rechte betroffener Personen § 10 Rn 96
- genetische Daten, Begriff § 10 Rn 87
- Gesundheitsdaten, Begriff § 10 Rn 87
- Handakten § 10 Rn 67, 84
- Hinweispflichten § 10 Rn 124 bis 129
- Historie § 10 Rn 64
- hypothetische Datenneuerhebung, Grundsatz der § 10 Rn 130 f., 146, 212
- Identifizierung einer Person § 10 Rn 151
- Informationspflichten der Polizei § 10 Rn 168, 171 f., **616 bis 623**
- Internationale Organisation, Begriff § 10 Rn 87
- Kategorien betroffener Personen § 10 Rn 69, 213, 217, 590 bis 592
- Kategorien personenbezogener Daten § 10 Rn 92 (Begriff), 160, 190, 594 bis 596 (Verarbeitung)
- Kennzeichnungspflicht § 10 Rn 597 bis 599 (o)
- Kernbereich privater Lebensgestaltung § 10 Rn 8 ff., 275 f., 392 bis 398, 531 bis 535
- Korrekturpflicht § 10 Rn 603 bis 607 (o)
- Kriminalitätsbekämpfung § 10 Rn 80
- Löschungspflicht § 10 Rn 603 bis 607 (o)
- LDSG, Anwendung § 10 Rn 83
- lex specialis § 10 Rn 65
- Meldepflichten der Polizei § 10 Rn 616 bis 622 (o)
- Mitteilungspflichten der Polizei § 10 Rn 169 f.
- nichtautomatisierte Datenverarbeitung § 10 Rn 67, 84, 94
- personenbezogene Daten § 10 Rn 92
- Profiling § 10 Rn 87
- Pseudonomisierung, Daten § 10 Rn 90
- Protokollierungspflichten § 10 Rn 600 bis 602 (o)
- Rechte betroffener Personen § 10 Rn 624 bis 630 (o)
- Rechtmäßigkeit der Datenverarbeitung, Grundsatz § 10 Rn 97
- Richtervorbehalt § 10 Rn 261 bis 266, 380 bis 390, 620
- Richtigkeit der Daten, Grundsatz § 10 Rn 102 bis 106

Sachregister

- richtlinienkonforme Auslegung § 10 Rn 81
- Riskoabschätzung § 10 Rn 611 (o)
- sachlicher Anwendungsbereich § 10 Rn 80 f.
- Sicherheit der Datenverarbeitung § 10 Rn 112, **608 f.**
- Speicherbegrenzung, Grundsatz § 10 Rn 109
- Systematik, § 10 Rn 71 bis 75
- Systemdatenschutz § 10 Rn 113
- Technikfolgenabschätzung § 10 Rn 611 (o)
- Telefonanrufe, Aufzeichnung § 10 Rn 289 bis 301
- Transparenzgebot § 10 Rn 114 bis 116, 124
- Treu und Glaube der Datenverarbeitung, Grundsatz § 10 Rn 99
- Überblick über Regelungen im PolG § 10 Rn 74
- Überprüfungspflicht, allgemein § 10 Rn 603 bis 607 (o)
- Überprüfungspflicht bei der Datenübermittlung § 10 Rn 166
- Überprüfungspflicht bei der Datenverarbeitung § 10 Rn 104
- Umsetzung der DSLR 2016/680 § 10 Rn 59, **63**
- verantwortliche Stelle § 10 Rn 137 bis 139
- Verantwortlicher § 10 Rn 81 (Begriff), 137 bis 139
- Verfassungsrecht § 10 Rn 66
- Verhältnis zum BDSG § 10 Rn 60
- Verhältnis zum LDSG § 10 Rn 43, 60 bis 62, 65, 83
- Verhältnis zur DSGVO § 10 Rn 55 bis 58, 60 bis 62, 83
- Verzeichnis aller Verarbeitungstätigkeiten § 10 Rn 612 (o)
- Vorgehensweise § 10 Rn 62, 84
- Zweckänderung bei der Datenverarbeitung § 10 Rn 99, 146 bis 155, 156 bis 161
- Zweckbindung bei der Datenverarbeitung, Grundsatz § 10 Rn 98 f., 136, **140 f.**
- Zweckfestlegung bei der Datenverarbeitung § 10 Rn 98 f.

Datenschutzmanagementsystem § 10 Rn 111, 117, 156, 185, 608, **610**

Datenschutzregelung im PolG, Überlick § 10 Rn 74

Datenschutz-Richtlinie (EU) 2016/680, siehe Richtlinie (EU) 2016/680

Datensystem § 10 Rn 67, 91

Datenübermittlung
- allgemeine Grundsätze § 10 Rn 163 bis 173
- Angemessenheitsbeschluss § 10 Rn 582 (o)
- Antrag § 10 Rn 576 (o)
- an ausländische öffentliche Stellen § 10 Rn 580 bis 585 (o)
- an Mitgliedstaaten der EU § 10 Rn 167, 577 bis 579
- an nichtöffentliche Stellen § 10 Rn 575
- an Organisationen der EU § 10 Rn 173
- an Personen außerhalb des öffentlichen Bereichs § 10 Rn 575
- an sonstige öffentliche Stellen § 10 Rn 574 (o)
- automatisiertes Abrufverfahren § 10 Rn 576 (o)
- automatisierte Entscheidungsfindung § 10 Rn 615 (o)
- Berichtspflicht an den Landtag § 10 Rn 580 (o)
- besondere Regelungen § 10 Rn 570 bis 589 (o)
- Ersuchen § 10 Rn 576 (o)
- gesetzliche Garantien § 10 Rn 582 (o)
- hypothetische Datenerneuerung, Grundsatz § 10 Rn 571, 574, 578(o)
- im nationalen Bereich § 10 Rn 571 bis 574 (o)
- Informationspflichten der Polizei § 10 Rn 168, 174 f.
- innerhalb der Polizei § 10 Rn 572 f. (o)
- Mitteilungspflichten der Polizei § 10 Rn 169 f.
- Qualität der übermittelten Daten § 10 Rn 169
- Pflicht zur Richtigkeit § 10 Rn 165
- Ratsbeschluss Prüm § 10 Rn 579 (o)
- Übermittlungsverbote § 10 Rn 165 f., 586 f.
- Überprüfungspflicht § 10 Rn 166, 167
- unrichtige Daten, Verbot der Übermittlung § 10 Rn 147 f.
- unvollständige Daten, Verbot der Übermittlung § 10 Rn 165 f.
- veraltete Daten, Verbot der Übermittlung, § 10 Rn 165 f.
- Verweigerungsgründe § 10 Rn 586, 588 (o)

Datenverarbeitung
- allgemeine Grundsätze der (§ 12 PolG) § 10 Rn 95 bis 118
- Anrufung Aufsichtsbehörde durch betroffene Person § 10 Rn 628 bis 630 (o)
- Anspruch betroffener Personen auf Datenberichtigung § 10 Rn 627 (o)
- Anspruch betroffener Personen auf Datenlöschung § 10 Rn 627 (o)
- Anspruch betroffener Personen auf Einschränkung verarbeiteter Daten § 10 Rn 627 (o)
- aufgedrängter Daten § 10 Rn 142, 144, 152
- Auftragsverarbeitung § 10 Rn 613 (o)

- Auskunftsrecht betroffener Personen § 10 Rn 625 f. (o)
- Begriff § 10 Rn 68, 88
- Datenidentität § 10 Rn 100
- Datenminimierung, Grundsatz der § 10 Rn 100 f.
- Datenschutzmanagementsystem § 10 Rn 111, 117, 156, 185, 608, **610**
- Dokumentationspflichten § 10 Rn 117 f.
- Einwilligung in § 10 Rn 93, 159 f., **175 bis 200**
- Erhebung von Daten § 10 Rn **68**, 88
- EU-Recht § 10 Rn 68
- Folgeabschätzung § 10 Rn 609 (o)
- Garantien zum Schutz der § 10 Rn 96
- Grundnorm der (§ 14 Abs. 1 PolG) § 10 Rn 134 f.
- Grundrechtseingriff § 10 Rn 2 ff.
- Hinweispflichten § 10 Rn 124 bis 129
- Integrität der § 10 Rn 112
- Kategorien personenbezogener Daten § 10 Rn 160, 190, 594 bis 596
- Kenntlichmachung subjektiver Daten, Pflicht zur § 10 Rn 107 f.
- Kernbereich privater Lebensgestaltung § 10 Rn 8 ff., 275 f.
- Rechte betroffener Personen § 10 Rn 624 bis 626 (o)
- Rechtmäßigkeit, Grundsatz § 10 Rn 97
- Richtervorbehalt bei weiterer § 10 Rn 261 bis 266
- Richtigkeit der Daten, Grundsatz § 10 Rn 102 bis 106
- Riskoabschätzung § 10 Rn 611 (o)
- Sicherheit der § 10 Rn 112, **608 f.**
- Speicherbegrenzung, Grundsatz § 10 Rn 109
- Systemdatenschutz bei der § 10 Rn 113
- Technikfolgenabschätzung § 10 Rn 611 (o)
- Telefonanrufe, Aufzeichnung § 10 Rn 275 bis 288
- Transparenzgebot § 10 Rn 114 bis 116, 124
- Treu und Glaube, Grundsatz § 10 Rn 97
- Überprüfungspflicht § 10 Rn 95, 110
- Verarbeitungsverbot unrichtiger Daten § 10 Rn 105
- verantwortliche Stelle § 10 Rn 137 bis 139
- Verantwortlicher § 10 Rn 137 bis 139
- Verhältnis des PolG zu anderen Datenschutzregelungen § 10 Rn 55 ff., 77 ff.
- Verhältnis EU-Recht und deutsches Recht § 10 Rn 17 ff., **51 ff.**
- Vertraulichkeit der § 10 Rn 112
- Verzeichnis aller Verarbeitungstätigkeiten § 10 Rn 612 (o)
- Voraussetzungen § 10 Rn 134 f.
- weitere Verarbeitung § 10 Rn 110 ff.
- Zweckänderung § 10 Rn 99, 136, 146 bis 155, 156 bis 162
- Zweckbeibehaltung § 10 Rn 136
- Zweckbindung, Grundsatz der § 10 Rn 136, **140 f.**
- Zweckfestlegung § 10 Rn 98 f.

Datenverarbeitung, weitere
- allgemeine Regeln der § 10 Rn 130 bis 162
- aufgedrängter Daten § 10 Rn 144, 151
- Begriffe § 10 Rn 130 ff.
- bei Wohnraumüberwachung § 10 Rn 145, 153 bis 155, 161
- Datenabgleich § 10 Rn 314 ff.
- der von der Polizei erhobenen Daten (bei Zweckbeibehaltung) § 10 Rn 142 f.
- durch Polizeivollzugsdienst § 10 Rn 130 ff.
- Grundnorm der Datenverarbeitung (§ 14 Abs. 1 PolG) § 10 Rn 134 f.
- hypothetische Datenneuerhebung, Grundsatz § 10 Rn 130 f., 146, 212
- Richtervorbehalt § 10 Rn 261 bis 266
- Speicherzweck bei aufgedrängten Daten § 10 Rn 144
- Verwertung rechtswidrig erlangter Daten § 10 Rn 797
- zur Identifizierung einer Person § 10 Rn 151
- Zweckänderungen § 10 Rn 130 ff., **146 bis 155, 156 bis 162**
- Zweckbindung, Grundatz der § 10 Rn 130, **140 f.**

Datenverbund, elektronischer § 10 Rn 317
Dauerobservation von Straftätern § 10 Rn 364
DawaFFM (Salafistenverein) § 6 Rn 14
Demokratiegebot § 4 Rn 69
Demonstration
- Gegendemonstration § 5 Rn 11
- Inanspruchnahme Nichtverantwortlicher § 5 Rn 47
- Kostenersatz § 15 Rn 43
- Maßnahmen § 5 Rn 47
- Zweckveranlasser § 5 Rn 47
Demonstrationsfreiheit § 5 Rn 50
Dereliktion, Verantwortlichkeit § 5 Rn 26 f., § 11 Rn 282
Deutsche Demokratische Republik (DDR) § 1 Rn 14
Deutsche Volkspolizei § 1 Rn 14
Deutscher Bundestag, Ordnungsdienst § 16 Rn 7 (o)
Dieb, Verantwortlichkeit § 5 Rn 29
Dienstanweisung, Aufgabenübertragung GVD § 3 Rn 61
Dienstaufsicht
- Begriff § 3 Rn 20
- bei Polizeiverordnungen § 9 Rn 66

Sachregister 633

- Mittel § 3 Rn 20
- über die Polizeibehörden § 3 Rn 20 ff.
- über den Polizeivollzugsdienst § 3 Rn 36

Dienstaufsichtsbeschwerde § 3 Rn 20
Dienstbezirk § 3 Rn 30, 91 ff.
Diensteanbieter, Mitwirkung § 10 Rn 471, 500, 502, 528
Diensthunde § 12 Rn 51
Dienstleistungsstaat, gebührenfinanzierter § 15 Rn 5
Dienstpferde § 12 Rn 51
Differenzhypothese § 14 Rn 16
Dinglicher Arrest, Anordnung § 11 Rn 182
Direktion Polizeireviere § 12 Rn 27
Direktor, Europol § 1 Rn 49
Dirnenwohnheim § 4 Rn 66, 68
Dokumentationspflichten im Datenschutz
- datenschutzrechtliche Grundpflichten, Einhaltung § 10 Rn 117 f.
- Zuverlässigkeitsprüfung § 10 Rn 196 bis 198

Dokumente wie Ausweispapiere etc. § 11 Rn 11, 15, 50, 51, 54, 282, 286, 324
Doppelfunktion der Polizei § 13 Rn 11
Doppelfunktionale Maßnahme § 13 Rn 13
- Abgrenzung § 13 Rn 13 ff.
- Einsatz von Bodycams § 10 Rn 250
- materielle Rechtsanwendung § 13 Rn 17
- Rechtsweg § 13 Rn 16
- Videoüberwachung von Kriminalitätsbrennpunkten § 10 Rn 235

Dritter, Datenverarbeitung § 10 Rn 112, 129, 205, 222, 270, 285, 300, 357, 361, 410, 486, 504, 540, 544, 595
Drittortauseinandersetzungen § 11 Rn 92
Drogenszene
- Aufenthaltsverbot § 12 Rn 4
- Beseitigungsgewahrsam § 11 Rn 181, 183

Drohende Gefahr, siehe auch Gefahr § 4 Rn 5, 37 ff.
Drohnen
- Abwehr durch Polizei § 4 Rn 61
- Anwendung der Generalklausel § 6 Rn 20
- Einsatz durch Polizei § 10 Rn 228

Druckwerk-Beschlagnahme § 11 Rn 297 f.
DSGVO, siehe Datenschutz-Grundverordnung
DSRL 2016/680, siehe Richtlinie (EU) 2016/680
Duldungsverfügung § 7 Rn 2
Durchführungsverordnung PolG (DVO PolG) § 1 Rn 26, § 3 Rn 28
Durchsuchung von Personen § 11 Rn 154 ff.
- Begriff § 11 Rn 205
- bei Personenfeststellung § 11 Rn 51
- Durchführung § 11 Rn 227

- Gründe § 11 Rn 210 ff.
- Rechtscharakter § 11 Rn 207
- Untersuchung, körperliche § 11 Rn 206
- Zulässigkeitsvoraussetzungen § 11 Rn 210 ff.
- Zuständigkeit § 11 Rn 208

Durchsuchung von Sachen § 11 Rn 204 ff.
- Adressat § 11 Rn 228
- Begriff § 11 Rn 228
- bei Personenfeststellung § 11 Rn 51
- Durchsuchungsgründe § 11 Rn 232 ff.
- von Fahrzeugen § 11 Rn 228, 247

Durchsuchung von Wohnungen § 11 Rn 250 ff.
- Begriff der Durchsuchung § 11 Rn 257
- Begriff der Wohnung § 11 Rn 255
- Betreten § 11 Rn 256
- gegen den Willen § 11 Rn 260
- Grundrechtseingriff § 11 Rn 251
- Niederschrift § 11 Rn 271
- Recht auf Anwesenheit § 11 Rn 271
- Rechtscharakter § 11 Rn 253
- Rechtsschutz § 11 Rn 268 ff.
- Richtervorbehalt § 11 Rn 254, 268 ff.
- Tatbestandsvoraussetzungen § 11 Rn 261 ff.
- während der Nachtzeit § 11 Rn 260, 265 f.
- Wohnungsinhaber § 11 Rn 259
- Zuständigkeit § 11 Rn 253

Echtzeitdatenerhebung § 10 Rn 471
ED-Behandlung § 11 Rn 319 ff.
Effektivität, Grundsatz
- der Gefahrenabwehr § 5 Rn 41
- bei Kostenverteilung § 5 Rn 46

EG-Verträge siehe EU-Verträge
Ehe, Schutz § 11 Rn 95 ff.
Eigensicherung § 11 Rn 210, 226
Eigentum
- Begriff § 5 Rn 22
- Herausgabeanspruch § 11 Rn 281

Eigentümer § 5 Rn 22
Eigentumsaufgabe § 5 Rn 26 f.
Eigentumsbeeinträchtigung, Haftungsbegrenzung § 5 Rn 25
Eigentumsbegriff, polizeirechtlicher § 5 Rn 22
Eigentumserwerb § 5 Rn 24
Eigentumsverlust § 5 Rn 26
Eigentumsvermutung § 11 Rn 274 f.
Eilzuständigkeit des Polizeivollzugsdienstes § 3 Rn 50, § 12 Rn 22
Eingriffsverwaltung § 6 Rn 11
Einheitssystem § 1 Rn 12
Einkesselung § 11 Rn 180
Einrichtung, öffentliche § 4 Rn 50, § 6 Rn 63
Einrichtungen des Staates, Schutz § 4 Rn 50

Einrichtungen für den Polizeivollzugsdienst § 3 Rn 34 ff.
Einschätzungsspielraum § 3 Rn 53
Einschließung § 11 Rn 180
Einschreibebrief § 6 Rn 36
Einschreiten, Anspruch auf § 6 Rn 30, 52
Einstellung der Vollstreckung § 12 Rn 48
Einweisung von Obdachlosen § 12 Rn 53
Einweisungsanspruch Obdachloser § 12 Rn 53
Einweisungsverfügung, Rechtscharakter § 6 Rn 2, 62
Einwilligung
– bei Fallkonferenzen § 10 Rn 199
– bei Zuverlässigkeitsprüfung § 10 Rn 178 bis 180, **181 bis 185**
– besondere Kategorien personenbezogener Daten, Verarbeitung, Einwilligungserklärung § 10 Rn 190
– Form der Einwilligungserklärung § 10 Rn 188
– in Ausstiegsberatung § 10 Rn 199
– in Datenverarbeitung § 10 Rn 93, 159 f., **175 bis 201**
– in Videoüberwachung § 10 Rn 225, 259
– Inhalte der Einwilligungserklärung in Zuverlässigkeitsprüfung § 10 Rn 186 bis 191
– Muster einer Einwilligungserklärung § 10 Rn 187
– Rechtsfehler, Folgen § 10 Rn 191
– Widerruf § 10 Rn 186, 187, 197
– Zulässigkeit bei Datenverarbeitungen nach dem PolG § 10 Rn 199 f.
Einzelmaßnahmen, polizeiliche § 11 Rn 1 ff., siehe Standardmaßnahmen
Einzelrechtsnachfolge, in die Polizeipflicht § 5 Rn 33
Einzelverfügung § 6 Rn 6
Einziehung § 11 Rn 305 ff.
– Begriff § 11 Rn 305
– Beweislast der Behörde § 11 Rn 312
– Eigentumsübergang § 11 Rn 306
– Fahrzeug § 11 Rn 314
– Frist § 11 Rn 311
– Gegenstände im OWi-Verfahren § 9 Rn 70
– Kosten § 11 Rn 315
– Ordnungswidrigkeitenverfahren § 9 Rn 70
– Polizeiverordnung § 9 Rn 70
– Radarwarngerät § 11 Rn 307, 314
– Schriftform § 11 Rn 309
– Vernichtung § 11 Rn 313 ff.
– Verwertung § 11 Rn 313 ff.
– Wirksamkeit § 6 Rn 36, § 11 Rn 306
– Zulässigkeitsvoraussetzungen § 11 Rn 310 ff.
– Zuständigkeit § 11 Rn 308

Eisenbahn, gefährdeter Ort § 11 Rn 29
Elektronische Aufenthaltsüberwachung § 11 Rn 130 ff.
– Antrag bei Gericht § 11 Rn 164
– automatisierte Verarbeitung der Daten § 11 Rn 152 f.
– Benehmen mit dem BKA § 11 Rn 141
– Bundeskriminalamt § 11 Rn 141
– Datenauskunft § 11 Rn 157
– Datenerhebung § 11 Rn 157
– Datennutzung § 11 Rn 158
– Datenverarbeitung § 11 Rn 143
– Datenverwendung § 11 Rn 147 ff.
– Datenweitergabe § 11 Rn 158
– Einwilligung § 11 Rn 148 f.
– Gefahr im Verzug § 11 Rn 163
– Gefahrverdacht § 11 Rn 136
– gerichtliche Anordnung § 11 Rn 165 f.
– Gesetzgebungskompetenz § 11 Rn 131
– Grenzen § 11 Rn 167
– Grundrechte, Einschränkung § 11 Rn 132 f., 145 f., 151
– Historie § 11 Rn 134
– informationelle Selbstbestimmung § 11 Rn 151
– Kennzeichnung der Daten § 11 Rn 152 f.
– Löschung der Daten § 11 Rn 153 ff.
– Protokollierungspflicht § 11 Rn 156
– Rechtsmittel § 11 Rn 168
– Richtervorbehalt § 11 Rn 159 ff.
– Schutz der Wohnung § 11 Rn 144 ff.
– Strafbewehrung § 11 Rn 169 ff.
– Verhältnismäßigkeit § 11 Rn 140, 167
– Verhütung von Straftaten § 11 Rn 135
– Voraussetzungen § 11 Rn 135 ff.
– Wohnung, Schutz der § 11 Rn 144 ff.
– Ziel § 11 Rn 135
– Zuständigkeit § 11 Rn 137
Eltern, Verantwortlichkeit § 5 Rn 17
E-Mail, Fernmeldegeheimnis § 10 Rn 461
Empfänger
– Datenverarbeitung § 10 Rn 87
– private § 10 Rn 575 (o)
– von Daten, Begriff § 10 Rn 87
EMRK, siehe Europäische Menschenrechtskonvention
Enteignungsgleicher Eingriff, Entschädigung § 14 Rn 14
Entführung, Wohnungsdurchsuchung § 11 Rn 264
Entkleiden § 11 Rn 213
Entpolizeilichung § 1 Rn 11
Entschädigungsansprüche § 14 Rn 2 ff.
– Aufopferung § 14 Rn 14
– bei Gefahrenverdacht § 14 Rn 11

Sachregister

- bei enteignungsgleichem Eingriff § 14 Rn 14
- bei rechtmäßigen Maßnahmen § 14 Rn 2 ff.
- bei rechtswidrigen Maßnahmen § 14 Rn 15 ff.
- bei Vorladung § 11 Rn 60
- bei Wohnungsbeschlagnahmen § 14 Rn 5
- des Anscheinsstörers § 14 Rn 9 ff.
- des Nichtstörers § 14 Rn 3 ff.
- des Störers § 14 Rn 2
- des Verdachtsstörers § 14 Rn 10
- freiwilliger Helfer § 14 Rn 13
- Mitverschulden § 14 Rn 6, 10
- unbeteiligter Dritter § 14 Rn 12
- unbillige Härte § 14 Rn 5
- Verjährung § 14 Rn 8

Entscheidungsvorrang der Polizeibehörde § 3 Rn 51
Entschließungsermessen § 3 Rn 85, § 6 Rn 28
Erbbauberechtigter, Verantwortlichkeit § 5 Rn 24
Erbe, Polizeipflicht § 5 Rn 32 f.
Erbfall, Rechtsnachfolge in Polizeipflicht § 5 Rn 32
Erfrierungstod § 11 Rn 186
Erforderlichkeit, Grundsatz § 10 Rn **100**, 109, 570, 618, § 11 Rn 150, 186
Ergänzungsfunktion des Polizeirechts (Polizeizwang) § 12 Rn 2
Erkennungsdienstliche Datei § 10 Rn 317
Erkennungsdienstliche Maßnahmen § 11 Rn 319 ff.
- Abgrenzungen zur StPO § 11 Rn 323
- Anwendungsbereich § 11 Rn 323
- Aufbewahrung § 11 Rn 327 f.
- Begriffe § 11 Rn 322
- Beispiel § 11 Rn 5
- Beschuldigteneigenschaft § 11 Rn 323
- Einwilligung § 11 Rn 320 f.
- Kindern gegenüber § 11 Rn 323, 325
- Legaldefinition § 11 Rn 319
- Rechtscharakter § 11 Rn 5, 327
- Strafunmündigen gegenüber § 11 Rn 325
- Tatbestandsvoraussetzungen § 11 Rn 324 ff.
- Verfahren § 11 Rn 327
- Vernichtung § 11 Rn 328, 330
- Vorladung zur Durchführung § 11 Rn 57
- Zuständigkeit § 11 Rn 327

Erlaubnis § 6 Rn 3
- Rechtscharakter § 6 Rn 3
Erlaubnisvorbehalt § 6 Rn 3
Ermächtigungsgrundlage
- geschichtliche Entwicklung § 1 Rn 2 ff.
- Gesetzesvorbehalt § 6 Rn 11 f.
- Kostenerstattung § 15 Rn 7

- Polizeiverordnung § 9 Rn 6 ff.
- Verwaltungsakt § 6 Rn 10 ff.
- zwingende Angabe (Polizeiverordnung) § 9 Rn 57

Ermessen § 6 Rn 28 ff.
- Anspruch auf (fehlerfreie) Ausübung § 6 Rn 29
- Auswahlermessen § 6 Rn 28, § 8 Rn 341
- Auswahlkriterien § 5 Rn 41 f.
- Begriff § 6 Rn 28, 32
- beim Erlass von Polizeiverfügungen § 6 Rn 28 ff.
- bei Störerauswahl § 5 Rn 41 f.
- beim Kostenersatz § 5 Rn 43 ff.
- Entschließungsermessen § 3 Rn 85, § 6 Rn 28
- Ermessensfehler § 5 Rn 46, § 6 Rn 32
- Ermessensreduzierung auf Null § 6 Rn 30, 31, 52, § 11 Rn 98
- Opportunitätsprinzip § 6 Rn 28
- Pflicht zum Einschreiten § 6 Rn 30
- pflichtmäßiges Ermessen § 6 Rn 29
- subjektiv-öffentliches Recht auf Einschreiten § 6 Rn 30
- unter mehreren Kostenpflichtigen § 5 Rn 43 ff.
- unter mehreren Verantwortlichen § 5 Rn 1 f.

Ermessensfehler § 5 Rn 46, § 6 Rn 32
Ermessensschrumpfung auf Null § 6 Rn 30, 31, 52, § 11 Rn 98
- Beispiele § 6 Rn 31
- bei häuslicher Gewalt § 11 Rn 98
- bei Obdachlosigkeit § 6 Rn 52

Ermittler, Verdeckter
- Begriff § 10 Rn 369
- Dokumentationspflicht § 10 Rn 398
- Eingriffsbefugnisse § 10 Rn 370
- Einsatz § 10 Rn 369 f., 391
- Legende § 10 Rn 391
- Löschungspflicht Daten § 10 Rn 399
- Protokollierungspflicht § 10 Rn 398, 401
- Rechtsschutz § 10 Rn 387
- Richtervorbehalt § 10 Rn 380 bis 390
- Schutz bei Benachrichtigungspflichten der Polizei § 10 Rn 620 (o)
- Transparenzgebot (Datenverarbeitung) § 10 Rn 115, 124
- Unterrichtspflicht § 10 Rn 400
- Zulässigkeit § 10 Rn 344 ff., 369 f., 391

Ermittlungspersonen der Staatsanwaltschaft § 13 Rn 4
- Befugnisse § 13 Rn 10
- Gemeindevollzugsbedienstete § 3 Rn 63
- Verordnung des Landes über § 13 Rn 4

Ermittlungsverfahren, Staatsanwaltschaft § 13 Rn 2

Erreichbarkeit der zuständigen Stelle § 8 Rn 4
Ersatzvornahme § 12 Rn 8 ff.
- Abschleppmaßnahme § 8 Rn 14 ff.
- Adressat § 12 Rn 42 f.
- Androhung § 12 Rn 35
- Anwendung § 12 Rn 39 f.
- Auswahl des Zwangsmittels § 12 Rn 47
- Begriff § 12 Rn 8
- Ermessen § 12 Rn 38
- Festsetzung § 12 Rn 37
- Fremdvornahme § 12 Rn 10
- Fristsetzung § 12 Rn 36
- Kostenersatz § 15 Rn 31
- Rechtscharakter § 12 Rn 41
- Selbstvornahme § 12 Rn 10
- vertretbare Handlung § 12 Rn 9
- Vollstreckungsmittel § 12 Rn 8 ff.
Ersatzzuständigkeit § 3 Rn 50
Erster Zugriff § 13 Rn 6
Ersttäter § 10 Rn 556
Ersuchen, Datenübermittlung § 10 Rn 576 (o)
Erzwingungsfrist § 12 Rn 36
EU-Agentur § 1 Rn 46, 47, 52, 57, 58
EU-Datenschutz-Richtlinie 2016/680 § 10 Rn 21 ff.
EU-Datenschutzregelungen § 10 Rn 17 ff.
EU-Datenschutz-Grundverordnung § 1 Rn 8 ff.
Eurojust § 1 Rn 40, 52 ff., § 10 Rn 192
Eurojust-Gesetz (EJG) § 1 Rn 52
Europäische Grenzpolizei § 1 Rn 57 ff., § 16 Rn 5 (o)
Europäische Grenzschutzagentur § 1 Rn 57
Europäische Menschenrechtskonvention (EMRK)
- Einkesselung § 11 Rn 180
- Folterverbot § 11 Rn 317, § 12 Rn 57
- Kennzeichnungspflicht von Polizeibeamten § 3 Rn 41
- längerfristige Observation § 10 Rn 364
- Präventivgewahrsam § 11 Rn 174, 182
- Unverletzlichkeit der Wohnung § 11 Rn 251
Europäische Staatsanwaltschaft § 1 Rn 54 ff., § 10 Rn 173
Europäische Zusammenarbeit § 1 Rn 36 ff.
Europäischer Gerichtshof (EuGH) § 1 Rn 45, § 11 Rn 46, 299
Europäischer Gerichtshof für Menschenrechte (EGMR) § 10 Rn 34, 364, § 11 Rn 174, 180, 182
Europäisches Polizeiamt § 1 Rn 37, 46 ff.
Europol § 1 Rn 46 ff., § 16 Rn 2 (o)
- Datenauskunft § 1 Rn 48
- Datenübermittlung an Europol § 10 Rn 173
- Exekutivdirektor § 1 Rn 49
- Gesetz § 1 Rn 46
- Informationssystem § 1 Rn 48

- Kontrolle § 1 Rn 51
- nationale Stellen § 1 Rn 49
- Organe § 1 Rn 49
- Verordnung (EuropolVO) § 1 Rn 47
- Verwaltungsrat § 1 Rn 49
EU-Mitgliedsstaaten, Datenübermittlung an § 10 Rn 577 ff. (o)
EU-Operation Triton § 1 Rn 58
EU-Rahmenbeschluss 2008/977/JI § 10 Rn 21
EU-Ratsbeschluss 2008/615/JI § 10 Rn 317, 579
EUV § 1 Rn 43
EU-Verträge § 1 Rn 36 ff.
Evakuierung Wohngebiet § 14 Rn 4
Ex-ante-Sicht § 4 Rn 25, 39, § 14 Rn 9
Ex-post-Sicht § 4 Rn 26, 39, § 14 Rn 9
Exekutivverbot für Geheimdienste § 16 Rn 12 (o)
Exkulpationsmöglichkeit § 5 Rn 19
E-Zigaretten, Warnung vor § 4 Rn 17

Facebook, Nutzung durch Polizei § 4 Rn 8 ff.
Facebook-Party
- Untersagung § 6 Rn 7, 19
- Zweckveranlassung § 5 Rn 10

Fachaufsicht § 3 Rn 16, 38, 57, 91
Fachaufsichtsbehörde, Notzuständigkeit § 3 Rn 16
Fahndung § 11 Rn 30, 33, 35
Fahndungsabgleich von KfZ-Kennzeichen § 10 Rn 448
Fahndungsbestand § 10 Rn 452
Fahndungsdatei § 10 Rn 448, 552
Fahrzeug
- Abschleppen, siehe Abschleppen von Kfz
- Ausschreibung zur Kontrolle § 10 Rn 548 ff.
- Beschlagnahme § 8 Rn 22, § 11 Rn 286, 314
- Durchsuchung § 11 Rn 229, 247
- Sicherstellung § 11 Rn 273, 278
- Zulassung, Entziehung nach StVZO § 6 Rn 14
Fahrzeughalter, Störer § 5 Rn 45
Fallkonferenzen § 10 Rn 199
Faltblatt zur Aufklärung über Sekten § 4 Rn 17
Familie, Schutz § 6 Rn 46, § 11 Rn 95 ff.
Fehlalarm, Gebühren § 15 Rn 39
Fehlschuss, tödlicher § 12 Rn 72
Feiertagsgesetz § 6 Rn 20
Feldjäger § 3 Rn 74
Fernmeldegeheimnis § 10 Rn 290, 333, **462**, 505, 506
Fesseln § 12 Rn 51

Fesselung § 12 Rn 52
Festhalten § 11 Rn 51
- Durchsuchung § 11 Rn 205
- Gewahrsam § 11 Rn 179
- Sistierung § 11 Rn 53
Festsetzung eines Zwangsmittels § 12 Rn 37 ff.
Feststellungsklage
- allgemeine § 7 Rn 11, § 12 Rn 84
- nachträgliche § 10 Rn 288, 302, 387, 493, § 12 Rn 83
- Fortsetzungsfeststellungsklage § 11 Rn 14, 327, § 12 Rn 83
- Feststellungsinteresse § 12 Rn 83
Feuerwehr
- als andere Stelle § 3 Rn 74
- Beauftragung zur Schadensabwehr § 8 Rn 5
- Kostenerstattungsanspruch § 8 Rn 9
Feuerwerkskörper, Durchsuchung § 11 Rn 212
Film – Beschlagnahme § 11 Rn 299
Finaler Rettungsschuss § 12 Rn 72 ff.
Fingerabdruck § 11 Rn 319, 321
- Daktyloskopie § 11 Rn 321
- genetischer § 11 Rn 321
Fischereiaufseher § 3 Rn 68
Flatrate-Angebote, Bordell § 4 Rn 61, 68
Fluchtvereitelung, Schusswaffengebrauch § 12 Rn 62
Flüchtlingskrise § 1 Rn 59
Flughafen, gefährdeter Ort § 11 Rn 29
Flüchtlinge, Anschlussunterbringung § 6 Rn 57 ff.
Flüchtlingsaufnahmegesetz (FlüAG) § 6 Rn 57
- Durchführungsverordnung zum (DVO FlüAG) § 6 Rn 57
Folgenbeseitigungsanspruch § 5 Rn 52, § 14 Rn 20
- auf Räumung einer beschlagnahmten Wohnung § 6 Rn 66, § 11 Rn 304, § 14 Rn 20
Folterverbot § 11 Rn 317, § 12 Rn 57
Formerfordernisse
- Polizeiverfügung § 6 Rn 23 ff.
- Polizeiverordnung § 9 Rn 56 ff.
Formfreiheit, Grundsatz § 6 Rn 23
Forstschutzbeauftragter § 3 Rn 68
Fortsetzungsfeststellungsklage § 11 Rn 14, 327, § 12 Rn 83
- Beispiel § 12 Rn 83
- Feststellungsinteresse § 12 Rn 83
Fotoapparat, Beschlagnahme § 11 Rn 299
Fotografien einer Person § 3 Rn 80, § 6 Rn 6, § 10 Rn 226
Fotografieren von Polizeibeamten § 6 Rn 6, § 11 Rn 299

Fotografieren zur polizeilichen Öffentlichkeitsarbeit § 10 Rn 226
Fotografierverbot § 6 Rn 6, § 11 Rn 299
Französische Republik, bilateraler Polizeivertrag § 1 Rn 63
Free-Fight § 4 Rn 68
Freie Entfaltung der Persönlichkeit, Grundrecht § 11 Rn 205
Freiheit der Person, Grundrecht § 11 Rn 173 f.
Freiheitliche demokratische Grundordnung, Schutz § 4 Rn 49
Freiheitsbeschränkung, Maßnahme § 10 Rn 208, § 11 Rn 51, 59
Freiheitsentziehung, Maßnahme § 11 Rn 59, 175, 193
Freiwillige Obdachlosigkeit § 6 Rn 47
Freiwilliger Polizeidienst § 3 Rn 65 ff.
Freizügigkeit, siehe Grundrecht auf § 6 Rn 50 (Obdachlosigkeit), § 11 Rn 82 f., 97, 103, 133
Fremdvornahme § 12 Rn 10
Frist, angemessene bei Vollstreckung § 12 Rn 36
Frontex
- Agentur der EU § 1 Rn 57
- Aufgaben § 1 Rn 57
- Einsatzgebiet § 1 Rn 58
- europäische Grenzschutzagentur § 1 Rn 57 ff.
- Flüchtlingskrise § 1 Rn 59
- Operationen Mare Nostrum | Triton § 1 Rn 58
- Schengener Grenzkodex § 1 Rn 59
- Seeaußengrenzenverordnung § 1 Rn 58
Führerschein, Ausweisdokument § 11 Rn 50
Führungs- und Lagezentrum § 3 Rn 31
Fütterungsverbot
- Ratten § 3 Rn 14
- Tauben § 9 Rn 10
- Verstöße § 4 Rn 61
Fundbehörde § 11 Rn 282
Fundsache, Sicherstellung § 11 Rn 282
Funktionsfähigkeit staatlicher Einrichtungen, Schutz § 6 Rn 48, 65
Funkverkehr, Überwachung § 10 Rn 462
Funkzelle § 10 Rn 463, 540
Fußfessel § 12 Rn 52
Fußgängerzone § 8 Rn 24

Gaffer, Schutz vor § 4 Rn 52, 61, § 10 Rn 228
Galileo, Einsatz Datenerhebung § 10 Rn 368
Garantien des Datenschutzes im PolG § 10 Rn 96
Gebäudegruppe, Durchsuchung § 11 Rn 264
Gebrauchsüberlassungsverhältnis, Notunterkunft § 6 Rn 63

Gebrechliche Person, § 12 Rn 59
Gebühren § 15 Rn 35 ff.
- Auffangregelung § 15 Rn 38
- bei missbräuchlicher Veranlassung § 15 Rn 39
- Bemessung § 15 Rn 32
- Erhebung § 15 Rn 35
- Gebührenverordnung des IM (GebVO IM) § 15 Rn 38
- Gebührenverzeichnis (GebVerz IM) § 15 Rn 38 f.
- Kosten § 12 Rn 21
- Landesgebührengesetz (LGebG) § 15 Rn 35
- Sätze § 15 Rn 38
- Verwaltungsgebührensatzung § 15 Rn 37
Gebührentatbestände, LGebG § 15 Rn 38
Geeignetheit, Grundsatz § 6 Rn 33
Gefahr
- abstrakte § 4 Rn 29 f.
- Anscheinsgefahr § 4 Rn 41, § 11 Rn 183, 261, § 14 Rn 9
- Anschlagsgefahr § 11 Rn 138
- Begriffe § 4 Rn 18 ff.
- Belästigung, Abgrenzung § 4 Rn 20
- Beurteilungsgrundlagen § 4 Rn 26
- dringende § 4 Rn 33
- drohende § 4 Rn 4, 37 ff.
- erhebliche § 4 Rn 61, § 10 Rn 229, § 11 Rn 22, 98, 219, 241
- für Leib und Leben § 4 Rn 44, § 11 Rn 98 184, 227, § 12 Rn 73
- Gefahrenschwelle § 4 Rn 20
- gegenwärtige § 4 Rn 32, § 11 Rn 147, 158, § 12 Rn 69
- gemeine § 4 Rn 34
- im Verzug § 3 Rn 5, 75, § 4 Rn 35, § 10 Rn 386, 421 bis 425, 498 f., 526 f., § 11 Rn 119, 121, 128, 163, 170, 269, § 12 Rn 17
- konkrete § 4 Rn 28, § 6 Rn 5
- latente § 4 Rn 36
- potenzielle § 4 Rn 36
- Prognose § 4 Rn 25 f.
- Putativgefahr § 4 Rn 40
- Schadenseintritt § 4 Rn 22 f.
- Scheingefahr § 4 Rn 40
- subjektiver Gefahrbegriff § 4 Rn 25
- unmittelbar bevorstehende § 4 Rn 32, § 11 Rn 98
- Vorsorge § 4 Rn 5 f.
Gefahrbegriff, subjektiver § 4 Rn 25
Gefährderanschreiben § 4 Rn 13
Gefährderansprache § 4 Rn 13, § 7 Rn 3 ff.
Gefährdete Objekte § 11 Rn 13, 29, 225
Gefährdungsrisiko § 10 Rn 229

Gefahrenabwehr, Aufgaben § 4 Rn 2 ff.
Gefahrenabwehrverordnung § 9 Rn 1 ff.
Gefahrenprognose § 11 Rn 69, 72, 92 f., 98, 182, 212, 289
Gefahrenschwelle, polizeiliche § 5 Rn 6
Gefahrenverdacht § 4 Rn 45, § 9 Rn 24, § 14 Rn 11
Gefahrenvorbeugende Aufgaben § 4 Rn 3 ff.
Gefahrenvorfeld § 4 Rn 3 ff.
- Befugnisse § 4 Rn 15
Gefahrenvorsorge § 4 Rn 5, § 6 Rn 19, § 9 Rn 24 (Polizeiverordnung), § 10 Rn 236 (Videoüberwachung)
Gefahrerforschungsmaßnahme § 4 Rn 46, § 6 Rn 14
Gefahrhundeverordnung § 9 Rn 1 ff., 12 ff.
Gefährlicher Hund § 9 Rn 12 ff.
Gefährlicher Ort § 11 Rn 6, 13, 26, 245
Gefährliches Werkzeug § 11 Rn 226
Gegenstände der bundeseigenen Verwaltung § 16 Rn 1 (o)
Gegenüberstellung § 11 Rn 50, 322
Gegenvorstellung § 3 Rn 25
Geheime Staatspolizei (Gestapo) § 1 Rn 9
Geheimdienste § 10 Rn 2
- Exekutivverbot § 16 Rn 12 (o)
Geheimhaltungsrecht § 10 Rn 212
Gehweg-Beratungsangebot, aggressives, Verbot § 6 Rn 20
Geiselnahme
- Folterverbot § 11 Rn 317
- gezielter Rettungsschuss § 8 Rn 43, § 12 Rn 73
Geldforderung, Vollstreckung § 12 Rn 3
Geltungsdauer, Polizeiverordnung § 9 Rn 65
Gemeinde
- als Ortspolizeibehörde § 3 Rn 11
- als Träger von Notunterkünften § 6 Rn 56, 58
- Kostenträger § 15 Rn 3
- Vermutung der Zuständigkeit § 3 Rn 43
Gemeindegebiet, Zuständigkeit § 3 Rn 91, § 9 Rn 55
Gemeindliche Vollzugsbedienstete § 3 Rn 60 ff.
- Aufgaben § 3 Rn 61
- Befugnisse § 3 Rn 62
- Bewaffnung § 3 Rn 64
- Dienstverhältnis § 3 Rn 60
- Ermittlungspersonen der Staatsanwaltschaft § 3 Rn 63
- Rechte als Polizeibeamte § 3 Rn 63
- Zuständigkeiten § 3 Rn 60 ff.
Gemeingebrauch
- an einem Gewässer § 9 Rn 10
- bei Straßennutzung § 6 Rn 20

Sachregister 639

Gemeinsame Dateiengesetze § 1 Rn 16
Gemeinsame Zentren § 1 Rn 62
Gemeinschaftsunterkunft, Grundrechtsschutz Wohnung § 11 Rn 259
Generalermächtigung § 6 Rn 12, 19 ff., 62, § 9 Rn 6
Generalklausel, siehe Generalermächtigung
Genetische Daten, Begriff § 10 Rn 87
Genomanalyse § 11 Rn 322
Geräte- und Maschinenlärmschutzverordnung (32. BImSchV) § 9 Rn 19
Gerichtsvollzieher, Datenverarbeitung § 10 Rn 216
Gesamthaftung § 5 Rn 19
Gesamtrechtsnachfolgetatbestand § 5 Rn 32
Gesamtrechtsnachfolge
– in die Polizeipflicht § 5 Rn 32
– Vollstreckung § 12 Rn 43
Gesamtschuldnerschaft, Kostentragung § 5 Rn 44
Geschäftsbereich der Ministerien § 9 Rn 48
Geschäftsfähigkeit, Adressat polizeilicher Maßnahmen § 5 Rn 2
Geschäftsherr, Verantwortlichkeit § 5 Rn 18
Geschäftsräume
– Betreten § 11 Rn 267
– Schutz Art. 13 GG § 10 Rn 263 f., 408, § 11 Rn 240
Geschäftsunfähigkeit, Bekanntgabe Verwaltungsakt § 6 Rn 38
Geschwindigkeitsmessungen (Warnung) § 4 Rn 53
Gesetz zur Reform der Verwaltungsstruktur § 1 Rn 27, § 3 Rn 18
Gesetz zur Umsetzung der Polizeistruktur 2020 § 1 Rn 31, § 3 Rn 6 ff.
Gesetz zur Umsetzung der Polizeistrukturreform § 1 Rn 29 ff., § 3 Rn 6 ff.
Gesetzesvorbehalt, Grundsatz § 3 Rn 45, 66, 71, 78, § 6 Rn 11, § 9 Rn 9, § 11 Rn 1, § 12 Rn 7
Gesetzesvorrang, Grundsatz § 9 Rn 45
Gesetzgebungsbefugnis
– ausschließliche § 2 Rn 3
– der Länder § 2 Rn 1 ff.
– des Bundes § 2 Rn 2
– für Polizeirecht § 2 Rn 1 ff.
– geschriebene § 2 Rn 3 ff.
– konkurrierende § 2 Rn 4
– kraft Sachzusammenhangs § 2 Rn 6
Gestapo § 1 Rn 9
Gesundheitsdaten, Begriff § 10 Rn 87
Gewahrsam § 11 Rn 172 ff.
– amtlicher § 12 Rn 68
– Änderungen durch das PolG 2020 § 11 Rn 172

– auf eigenes Verlangen § 11 Rn 185
– Aufhebung § 11 Rn 202
– Begriff § 11 Rn 173
– Beobachtung § 10 Rn 282
– Beseitigungsgewahrsam § 11 Rn 183
– Dauer § 11 Rn 200
– Durchführung § 11 Rn 201
– Durchsuchung § 11 Rn 209
– Erfrierungstod § 11 Rn 186
– Gründe § 11 Rn 181 ff.
– Identitätsgewahrsam § 11 Rn 190
– Ort § 11 Rn 179 f.
– Präventivgewahrsam § 11 Rn 174, 181 ff.
– Rechtscharakter § 11 Rn 176
– Rechtsschutz § 11 Rn 203
– Richtervorbehalt § 11 Rn 174, **193 ff.**
– Schusswaffengebrauch § 12 Rn 38
– Schutzgewahrsam § 11 Rn 184 ff.
– Selbsttötung, Verhinderung § 11 Rn 187 ff.
– Spontangewahrsam § 11 Rn 194
– Ultima Ratio § 11 Rn 175
– Unterbindungsgewahrsam § 2 Rn 181 ff.
– Verbringungsgewahrsam § 11 Rn 191
– Verhinderungsgewahrsam § 11 Rn 181
– zur Vermeidung von Selbsttötungen § 11 Rn 187 ff.
– Zuständigkeit § 11 Rn 178
– Zweck § 11 Rn 173, 196
Gewalt
– Ermächtigungsgrundlage § 11 Rn 2, 95 ff.
– Ermessensschrumpfung § 6 Rn 31
– gegen Polizeibeamte § 12 Rn 1
– Gewahrsamnahme § 11 Rn 182
– Hilfsmittel § 12 Rn 51
– häusliche § 3 Rn 85, § 4 Rn 59 f., § 6 Rn 31, § 11 Rn 2
– körperliche § 12 Rn 1, 49
– Wohnungsverweis § 11 Rn 95 ff.
Gewaltmonopol, staatliches § 3 Rn 71, **§ 12 Rn 1**
Gewaltschutzgesetz (GewSchG) § 11 Rn 95
Gewalttäter Sport, Datei § 11 Rn 92, § 13 Rn 5
Gewehr § 12 Rn 54
Gewerbeaufsichtsamt § 3 Rn 18
Glasbehältnisse, Verbot der Mitführung
– durch Polizeiverordnung § 9 Rn 24, 71
– durch Verwaltungsakt § 6 Rn 8, 20
Glaubhaftmachung § 11 Rn 281
Gleichheitsgrundsatz § 9 Rn 44
Gotchaspiel § 4 Rn 68
GPS, Einsatz § 10 Rn 368
Grenzpolizei, europäische § 16 Rn 5 (o)
Grenzschutz § 4 Rn 6
Grenzschutzsystem, europäisches § 1 Rn 38
Grenzüberschreitende Einsätze § 3 Rn 94
Grenzüberschreitende Kriminalität § 11 Rn 39

– Personenfeststellung § 11 Rn 39
Grenzüberschreitende Zusammenarbeit § 1 Rn 38 ff.
Großveranstaltung
– Kostenersatz § 15 Rn 939
– Zuverlässigkeitsprüfung für Tätigkeit bei § 10 Rn 181 bis 185
Grünanlage, öffentliche, Polizeiverordnung § 9 Rn 1
Grunddaten § 10 Rn **151**, 183, 197, **335**, 598
Grundnorm der Datenverarbeitung (§ 14 Abs. 1 PolG) § 10 Rn 134 f.
Grundrechte, allgemein
– Abwehr- und Schutzfunktion § 4 Rn 62
– als objektive Wertmaßstäbe § 4 Rn 64
– als subjektive Rechte § 4 Rn 62
– Anspruch auf polizeiliches Einschreiten § 4 Rn 63
– Maßstab für das polizeiliche Handeln § 4 Rn 64
– Schutzpflicht des Staats § 4 Rn 63
Grundrechte, einzelne
– auf allgemeine Handlungsfreiheit § 11 Rn 82
– auf Gewährleistung der Vertraulichkeit informationstechnischer Systeme § 10 Rn 3
– auf informationelle Selbstbestimmung § 10 Rn 2 ff.
– Fernmeldegeheimnis § 10 Rn 290, 333, **462**, 505, 506
– freie Entfaltung der Persönlichkeit § 6 Rn 46, § 11 Rn 205
– Freiheit der Person § 6 Rn 46, § 11 Rn 174
– Freizügigkeit § 6 Rn 50 (Obdachlosigkeit), § 11 Rn 82, 89, 97
– IT-Grundrecht § 10 Rn 3
– Presse-, Funk- u. Filmfreiheit § 11 Rn 297
– Recht auf Leben § 12 Rn 72, 74
– Recht auf körperliche Unversehrtheit § 12 Rn 74
– Schutz von Ehe und Familie § 6 Rn 46, § 11 Rn 95
– Unverletzlichkeit der Wohnung § 10 Rn 261 ff., 403, 408, § 11 Rn 251
– Versammlungsfreiheit § 6 Rn 15 f.
– Würde des Menschen § 10 Rn 403, § 11 Rn 316, § 12 Rn 57
Grundrechtsorientierte Auslegung § 4 Rn 64
Grundsatz
– der Angemessenheit § 6 Rn 33
– der Bestimmtheit § 6 Rn 34, § 9 Rn 42, 47
– der Effektivität der Gefahrenabwehr § 5 Rn 41
– der Erforderlichkeit § 6 Rn 33, § 10 Rn 46, **70**, **110**, 569, 606

– der Formfreiheit von Verwaltungsakten § 6 Rn 23
– der Geeignetheit § 6 Rn 33
– der gerechten Lastenverteilung § 6 Rn 46
– der Gleichbehandlung, Polizeiverordnung § 9 Rn 44
– der hypothetischen Datenneuerhebung § 10 Rn 124 f.,147, 212, 571, 573, 578
– der Landesexekutive § 16 Rn 1 (o)
– der Normenklarheit § 9 Rn 42
– der Offenheit § 10 Rn 123
– der Spezialität § 6 Rn 13, 21, § 9 Rn 9
– der Subsidiarität § 10 Rn 30, 51
– der Trennung von Polizei und Nachrichtendienste § 16 Rn 12 (o)
– der Unmittelbarkeit § 10 Rn 110
– der Verhältnismäßigkeit § 6 Rn 33, § 9 Rn 43
– der Zuständigkeit der Polizeibehörde § 3 Rn 43
– des bundesfreundlichen Verhaltens § 3 Rn 101
– des geringsten Eingriffs § 12 Rn 55
– des Gesetzesvorbehaltes § 6 Rn 11, § 9 Rn 9, § 12 Rn 1
– des mildesten Mittels § 12 Rn 55
– pro-rata-Grundsatz § 5 Rn 46
Grundsätze, allgemeine der Datenverarbeitung § 10 Rn 95 bis 118
Grundverfügung § 6 Rn 1, 7, 43
– als Vollstreckungsgrundlage § 6 Rn 43, § 12 Rn 34
– bei Kostenerstattung § 15 Rn 17
– bei Standardmaßnahmen § 11 Rn 2
– fiktive bei unmittelbarer Ausführung § 8 Rn 3
– Rechtmäßigkeit § 12 Rn 31, § 15 Rn 17
– sofortige Vollziehung § 12 Rn 25
– Verkehrszeichen § 8 Rn 14
Güterabwägung § 6 Rn 33
Güterverkehr, Bundesamt § 16 Rn 11 (o)

Haftdatei (HD) § 10 Rn 317
Hahn, Haltung § 6 Rn 20
Halter, Haftung für Abschleppkosten § 5 Rn 21 ff., 27, § 8 Rn 1, 3
Halteverbotszone
– Abschleppen § 8 Rn 15
– mobile Verkehrsschilder § 8 Rn 16 ff.
Handakte, Anwendung Datenschutz § 10 Rn 67, 84
Handlung
– unvertretbare § 12 Rn 9, 11 (Beispiel)
– vertretbare § 12 Rn 9
Handlungsfähigkeit § 5 Rn 2
Handlungsfreiheit, allgemeine § 11 Rn 82

Handlungsstörer § 5 Rn 3, 12 ff.
Handlungsunfähigkeit, Bekanntgabe Verwaltungsakt § 6 Rn 38
Handlungswille § 5 Rn 13
Handschelle § 12 Rn 52
Handynummer, Abschleppen § 8 Rn 23
Häufigkeit öffentlicher Störungen, Polizeiverordnung § 9 Rn 30 ff.
Hausbesetzung § 3 Rn 21, 85, § 6 Rn 31
Hausfriedensbruch § 3 Rn 85, § 4 Rn 57, 60
Haus- und Gartenarbeiten § 9 Rn 19
Häusliche Gewalt, siehe Gewalt häusliche
Häusliche Gewalt, Bekämpfung, siehe Gewalt
Hausnummer, PolVO Muster Gemeindetag § 9 Rn 1
Hausrecht § 4 Rn 54 ff.
– Abgrenzung § 4 Rn 54
– bei Antragsdelikten § 4 Rn 57
– Durchsetzung des Hausverbots § 4 Rn 58
– Schutz des privaten § 4 Rn 57
– Übertragung § 4 Rn 56
Hausverbot § 4 Rn 54 ff.
– Durchsetzung § 4 Rn 58
HD (Haftdatei) § 10 Rn 317
Heilungsvorschriften, PolVO § 9 Rn 63
Heimbetreiber als Zweckveranlasser § 5 Rn 8
Heimwerkergeräte § 9 Rn 19
Helfer, freiwillige, Entschädigung § 14 Rn 13
Hells-Angels-Bewegung § 6 Rn 14
Herausgabeanspruch § 11 Rn 281
Herrenlos
– Hund § 8 Rn 3
– Sache § 4 Rn 28, § 11 Rn 228, 245 f., 282
Hiebwaffe § 12 Rn 54
Hierarchie der Ermächtigung § 9 Rn 45
Hilfeleistung, Entschädigung § 14 Rn 13
Hilflosigkeit
– Durchsuchung einer Sache § 11 Rn 233
– Gewahrsamnahme § 11 Rn 184
Hilfsmittel der körperlichen Gewalt § 12 Rn 51 ff.
– psychisch wirkende § 12 Rn 50
Himmelslaterne, Verbot des Aufsteigens § 9 Rn 21
Hintermann, Zweckveranlasser § 5 Rn 8, 20
Hochschule für Polizei § 3 Rn 34
Hoheitsträger, Zuständigkeit der Polizei § 3 Rn 86 ff.
Homosexualität § 4 Rn 66
Hooligans
– Aufenthaltssteuerung § 11 Rn 104
– Aufenthaltsverbot § 11 Rn 93
– Ausreiseuntersagung § 6 Rn 14
– Ingewahrsamnahme § 11 Rn 174
– Meldeauflage § 6 Rn 20
– Störungen § 5 Rn 9

Hütchenspiel, Verbot § 4 Rn 61
Hunde
– Ausführgebot § 6 Rn 33
– Begriffe § 9 Rn 15
– Betretungsverbot, Stadtgarten § 11 Rn 83
– bissig § 9 Rn 15, 18
– Erlaubnispflicht § 9 Rn 16
– Gebell § 4 Rn 20
– herrenlos § 8 Rn 3
– Hundehaltereigenschaft § 9 Rn 18
– Hundekot, Beseitigungspflicht § 3 Rn 54, § 9 Rn 21
– HuV BW § 9 Rn 13 ff.
– Kampfhunde § 9 Rn 15, 42, 44
– Kampfhundeeigenschaft § 9 Rn 42, 44
– Leinenzwang § 6 Rn 33, § 9 Rn 17, 22, 42, 43
– Maulkorbzwang § 9 Rn 13, 17, 18
– Rassen § 9 Rn 17
– Untersagung Hundehaltung § 9 Rn 16 ff.
– VwVgH § 9 Rn 13
– Züchtungsverbot § 2 Rn 2
Hundehaltereigenschaft § 9 Rn 18
Hundeverbringungs- und Einfuhrbeschränkungsgesetz § 2 Rn 2
Hypothetische Datenneuerhebung, Grundsatz § 10 Rn 130 f., 146, 151, 212, 305, 339, 571 f. (o), 574 (o), 576 (o), 578 (o), 581 (o), 597 (o), § 16 Rn 3 (o), 15 (o)

ICPO-Interpol § 1 Rn 44
Identitätsfeststellung § 11 Rn 8 ff., siehe auch Personenfeststellung
– Auskunft über Identität einer Person § 10 Rn 626 (o)
– Durchsuchung an Kontrollstellen § 11 Rn 246
– erkennungsdienstliche Maßnahmen § 11 Rn 324
– Fahrzeugdurchsuchung an Kontrollstellen § 11 Rn 247
– Identitätsnachweis § 10 Rn 626 (o)
– weitere Verarbeitung von Daten zur § 10 Rn 151
Identitätsgewahrsam § 11 Rn 190
IMEI-Nummer § 10 Rn 463, 524, 540
IMSI-Catcher § 10 Rn 463, 540, 547
Inanspruchnahme Nichtverantwortlicher § 5 Rn 47 ff.
– Entschädigung § 5 Rn 53
– Nachrangigkeit § 5 Rn 48, 50
– Verhältnismäßigkeit § 5 Rn 51
– Übermaßverbot § 5 Rn 51
– unmittelbar bevorstehende Störung § 5 Rn 49
– zeitliches Übermaßverbot § 5 Rn 52

Infektionsschutzgesetz (IfSG)
- Betretungsrecht § 12 Rn 40
- Corona-Krise § 1 Rn 24, § 6 Rn 14
- COVID-19, Erkrankung § 1 Rn 24
- Maßnahmen § 3 Rn 49
- SARS-CoV-2, Virus § 1 Rn 24, § 6 Rn 14
- Spezialermächtigungen § 6 Rn 14
- Zuständigkeit Polizeivollzugsdienst § 3 Rn 49, § 12 Rn 40
- Zwangsmittel § 12 Rn 40

Informanten der Polizei § 10 Rn 346, 369

Informationelle Selbstbestimmung
- Datenschutz § 10 Rn 2 f., 225, 236, 244, 261
- elektronische Aufenthaltsüberwachung § 11 Rn 151
- erkennungsdienstliche Maßnahmen § 11 Rn 319
- Gefährdetenansprache § 11 Rn 65, 75
- Personenfeststellung § 11 Rn 9, 15, 20, 42 f.
- Schleierfahndung § 11 Rn 42 f.

Informationsaustauschbehörde, siehe BKA § 16 Rn 2 ff. (o)

Informationspflichten der Polizei im Datenschutz § 10 Rn 616 bis 623 (o)
- auf der Website § 10 Rn 617 (o)
- DSRL 2016/680 § 10 Rn 617 (o)
- Inhalt § 10 Rn 618 (o)
- Zweck § 10 Rn 617 (o)

Informationstechnische Systeme, Begriff § 10 Rn 515

Informationszugangsgesetze
- Informationsanspruch gegenüber Polizei § 6 Rn 26
- Sperrwirkung des datenschutzrechtlichen Auskunftsanspruchs § 10 Rn 625 (o)

Ingewahrsamnahme § 11 Rn 172 ff., siehe Gewahrsam

Inhaber der tatsächlichen Gewalt, Verantwortlichkeit § 4 Rn 31

Inkrafttreten, PolVO § 9 Rn 63

Innenministerium (IM)
- Fachaufsicht § 3 Rn 38
- Geschäftsbereich § 3 Rn 8
- landeseinheitliche Regelungen § 3 Rn 57
- oberste Führungsstelle § 3 Rn 29
- sonstige Zuständigkeiten § 3 Rn 58
- Wahrnehmung vollzugspolizeilicher Aufgaben § 3 Rn 57

Innere Sicherheit, Aufgabe der Polizei § 4 Rn 2

Innerhalb einer geschlossenen Ortschaft, Leinenpflicht, Bestimmtheit § 6 Rn 35

INPOL – Bund-Dateien, siehe Datei

INPOL-Sachfahndung-Datei § 10 Rn 317, 448, 548, siehe Datei

Inspekteur, Bereitschaftspolizeien § 16 Rn 9 (o)

Instanzenverschiebung § 3 Rn 16

Instanzielle Zuständigkeit der Polizeibehörden § 3 Rn 12

Integrität der Datenverarbeitung § 10 Rn 113

Intensivtäter, gefährlicher § 10 Rn 201, 557

Interesse, öffentliches § 4 Rn 71

Internet-Portal-Adresse § 10 Rn 468

Internet, Überwachung § 10 Rn 462 ff.

Interpol § 1 Rn 44

Inzidente Normenkontrolle § 9 Rn 74

Jagdaufseher § 3 Rn 68
Jedermann, Datenerhebung § 10 Rn 215
Je-desto-Formel § 4 Rn 23, § 10 Rn 354, 355, 482, 483
Jokersuche, Datenabgleich § 10 Rn 460
Jugendamt § 3 Rn 74
Jugendsekte, Warnung vor § 4 Rn 17
Justizbehörden, Datenschutz § 10 Rn 49 bis 53
Justizvergütungs- u. Entschädigungsgesetz (JVEG) § 10 Rn 471, 500, 530, § 11 Rn 60

Kältetod § 11 Rn 186
Kameradschaftsabend, rechtsgerichteter § 6 Rn 16
Kamera-Monitor-Prinzip § 10 Rn 224
Kampfhunde § 9 Rn 12 ff., siehe Hunde
Kampfhundeverordnung § 9 Rn 12 ff.
Karavan-Synagogen-Denkmal § 10 Rn 236
Karneval, Glasmitführungsverbot § 6 Rn 8
Katastrophenschutzbehörde § 3 Rn 9
Katastrophenschutzgesetz, Spezialgesetz § 6 Rn 17
Kategorien betroffener Personen im PolG § 10 Rn 69, 213, 218, 591 bis 592
Kausalitäts-Theorien § 5 Rn 5 ff.
Kenntlichmachung subjektiver Daten, Pflicht zur § 10 Rn 107 f.
Kennzeichen, Kfz, Durchsuchung § 11 Rn 249
Kennzeichenlesesystem § 10 Rn 432 bis 460
- Änderungen durch PolG 2020 § 10 Rn 432
- Begriff § 10 Rn 432 f.
- Beschränkungen des Einsatzes § 10 Rn 444
- Datenabgleich § 10 Rn 447 bis 451
- Erfassung von Kennzeichen § 10 Rn 439 bis 446
- Funktionsweise § 10 Rn 433
- INPOL-Abgleich § 10 Rn 448
- Jokersuche § 10 Rn 451
- Kontrollstelle, Einrichtung einer § 10 Rn 441

Sachregister 643

- Löschungspflicht § 10 Rn 453
- Nichttrefferfall § 10 Rn 454
- Protokollierungspflicht § 10 Rn 445, 455
- Protokollierungsverbot § 10 Rn 454
- Recht auf Vergessenwerden § 10 Rn 454
- SIS-Abgleich § 10 Rn 448
- Trefferfall, Maßnahmen § 10 Rn 456 bis 460
- Verfassungsrecht § 10 Rn 434 bis 438, 442, 451
- Zuständigkeit § 10 Rn 446

Kennzeichnungspflicht bei Datenspeicherung § 10 Rn 597 bis 599 (o)

Kernbereich privater Lebensgestaltung, Schutz § 10 Rn 6, **8 ff.**, 275 f., 344, 392 bis 498, 426 bis 429, 531 bis 535, § 11 Rn 145 f., 151

Kfz siehe Fahrzeug

Kinder
- erkennungsdienstliche Maßnahmen § 11 Rn 323, 325
- Schusswaffengebrauch § 12 Rn 59

Kodifikationsprinzip § 13 Rn 9

Kommunale Kriminalprävention § 4 Rn 7

Kommunikation, vertrauliche, Schutz § 10 Rn 66

Konkubinat § 4 Rn 66

Kontaktierungsversuch, Abschleppen Kfz § 8 Rn 24

Kontaktperson § 10 Rn 356 bis 359

Kontaktverbot § 9 Rn 59 ff., **112 ff.**
- Antragsinhalt § 11 Rn 122
- Gefahr im Verzug § 11 Rn 121
- Gerichtliche Anordnung § 11 Rn 123 f.
- Grenzen § 11 Rn 125
- Rechtsmittel § 11 Rn 126
- Richtervorbehalt § 11 Rn 117 ff.
- Strafbewehrung § 11 Rn 127 ff.
- Umfang § 11 Rn 115
- und Generalklausel § 11 Rn 104
- Verhältnismäßigkeit § 11 Rn 116, 125
- Voraussetzungen § 11 Rn 112 ff.
- Zeitraum § 11 Rn 116
- Zuständigkeit § 11 Rn 113

Kontrollbereich
- Durchsuchung § 11 Rn 247, 248
- Personenfeststellung § 11 Rn 35, 36,

Kontrolle, parlamentarische § 10 Rn 623 (o)

Kontrollstelle, polizeiliche § 11 Rn 31 ff., 247 f.

Koordinierungsstelle Häusliche Gewalt, Pilotprojekt § 3 Rn 85

Körpergröße § 11 Rn 322

Körperkameras, siehe Bodycams § 10 Rn 248 bis 270

körperliche Durchsuchung § 11 Rn 204 ff.
- Merkmale § 11 Rn 206
- Rechtscharakter § 11 Rn 207
- Untersuchung § 11 Rn 206

Körperöffnungen § 11 Rn 205

Körperzelle § 11 Rn 322

Kosten § 15 Rn 1 ff.
- Abgebrochener Abschleppvorgang § 8 Rn 15, § 15 Rn 33
- Abschleppen Pkw § 15 Rn 9
- Anhörungspflicht § 15 Rn 11
- Arten § 15 Rn 2
- Auswahl unter Störern § 5 Rn 43 ff.
- Begriff § 15 Rn 2
- der Polizei § 15 Rn 1 ff.
- Ermächtigungsgrundlagen § 15 Rn 7
- Ermessen § 5 Rn 43, § 15 Rn 13
- Ersatz bei Bestattung § 15 Rn 18
- Ersatz bei Demonstrationen § 15 Rn 42 f.
- Ersatz bei Ersatzvornahme § 15 Rn 26, 30
- Ersatz bei Feuerwehreinsatz § 15 Rn 18
- Ersatz bei Bundesliga-Fußballspielen § 15 Rn 44 ff.
- Ersatz bei Großveranstaltungen § 15 Rn 42
- Ersatz bei Sicherstellung § 11 Rn 280
- Ersatz bei Umsetzungsmaßnahmen Kfz § 15 Rn 18
- Ersatz bei unmittelbarer Ausführung § 15 Rn 14 ff.
- Ersatz bei Verwahrung § 15 Rn 22 ff., 37
- Ersatz bei Verwertung § 15 Rn 20 f.
- Fehlalarm § 15 Rn 39
- Festsetzung § 15 Rn 8 ff.
- für Anwendung unmittelbaren Zwangs § 15 Rn 34
- für öffentliche Leistungen (LGebG) § 15 Rn 35 ff.
- für Vollstreckungshandlungen § 15 Rn 25 ff.
- im Sinne des § 70 Abs. 1 Satz 1 Nr. 1 VwGO § 12 Rn 21
- Kostenbescheid § 15 Rn 8 ff.
- Primärebene § 15 Rn 17
- Prüfungsschema Schaubild Nr. 21
- Schuldner § 15 Rn 28
- Sekundärebene § 15 Rn 9, 17, 42
- Träger § 15 Rn 3 f.
- Vorauszahlung § 15 Rn 31

Kostenbescheid § 15 Rn 8 ff., siehe auch Kosten
- Festsetzung § 15 Rn 8
- formelle Voraussetzungen § 15 Rn 11
- materielle Voraussetzungen § 15 Rn 12 f.
- Schuldner § 15 Rn 28
- Sekundärebene § 15 Rn 17

Kostenersatz bei Fußballspielen § 15 Rn 44 ff.

Kostenersatz bei Großdemonstrationen § 15 Rn 42 f.

Kostenersatz bei Großveranstaltungen § 15 Rn 42 f.
Kostenschuldner, Auswahl § 5 Rn 43 ff.
Kostenträgerschaft § 15 Rn 3 f.
Kostenumfang, Begrenzung § 15 Rn 16
Kostenvoranschlag § 15 Rn 30
Kraftfahrzeug, siehe Fahrzeug
Kraftwerk, gefährdeter Ort § 11 Rn 29
Kreispolizeibehörde § 3 Rn 9, 21
– als Widerspruchsbehörde § 3 Rn 41
Kreuzberg-Urteil § 1 Rn 7
Kriminalität, grenzüberschreitende § 11 Rn 29 ff.
Kriminalitätsbekämpfung, Anwendung Datenschutzrecht des PolG § 10 Rn 80
Kriminalitätsbrennpunkt, Videoüberwachung § 10 Rn 231 bis 237
Kriminalitätslagebild § 10 Rn 237
Kriminalpolizei § 3 Rn 31
Kriminalpolizeidirektion § 3 Rn 31
Kriminalprävention § 4 Rn 7
Kuhglockengeläut, Verbot § 6 Rn 20
Künftige Störungen, Erlass Polizeiverordnung § 9 Rn 34
Kunsturhebergesetz § 11 Rn 299
Kuttenverbot § 4 Rn 28

Ladezone, Abschleppen Kfz § 8 Rn 24
Ladung, formlose § 11 Rn 55
Lage, hilflose, Gewahrsam § 11 Rn 184
Lageerkenntnis bei Wohnungsdursuchung § 11 Rn 261
Lagern, zum Zweck des Alkoholgenusses, PolVO § 9 Rn 42
Lagezentrum § 3 Rn 31 (Polizeipräsidium), § 3 Rn 59 (IM)
Landesamt für Verfassungsschutz
– projektbezogene gemeinsame Dateien § 10 Rn 303 bis 313
– Wohnraumüberwachung § 10 Rn 403
– Zustimmung bei Benachrichtigungen § 10 Rn 620 (o)
Landesbeauftragter für Datenschutz § 10 Rn 48, 267
– Kooperationsgebot der Polizei § 10 Rn 622 (o)
Landesdatenschutzgesetz
– Anpassung an das EU-Datenschutzrecht, § 10 Rn 39 f.
– Anwendung im Bereich des Polizeirechts § 10 Rn 83 f.
– Ergänzung der DSGVO § 10 Rn 41
– Geltungsbereich § 10 Rn 41
– Hausrecht und Videoüberwachung § 10 Rn 45

– Landesdatenschutzbeauftragter § 10 Rn 48, 267
– Öffnungsklauseln der DSGVO § 10 Rn 40 f.
– öffentlich zugängliche Räume, Videoüberwachung § 10 Rn 46
– subsidiäre Geltung § 10 Rn 42 f.
– Übergangsregelung § 10 Rn 43
– Verhältnis zum PolG § 10 Rn 43, 60 bis 69, 65, 83
– Verhältnis zur DSGVO § 10 Rn 40
– Videoüberwachung § 10 Rn 44 bis 47
– Wiederholungsverbot (EU-Recht) § 10 Rn 41
Landeseinheitliche Regelung (IM) § 3 Rn 57
Landesgebührengesetz § 15 Rn 35
Landesgebührenverordnung des IM § 3 Rn 44
Landesinformationsfreiheitsgesetz § 6 Rn 26
Landeskriminalamt (LKA) § 3 Rn 33, 38, 93
– Auskunft über Daten § 10 Rn 313
– Fachaufsicht § 3 Rn 38
– gemeinsame projektbezogene Datei § 10 Rn 310
– kriminalpolizeiliche Zentral- und Servicestelle § 3 Rn 33
– zentrale Auskunftsstelle § 10 Rn 313
Landesnichtraucherschutzgesetz § 6 Rn 17
Landespolizeibehörden § 3 Rn 8 ff.
Landespolizeiorchester § 3 Rn 36
Landespolizeipräsident § 3 Rn 29
Landespressegesetz § 11 Rn 297, 298
Landkreis, Kostenträger § 15 Rn 4
Landrat § 3 Rn 10
Landratsamt § 3 Rn 10
Landtag, Unterrichtungsplicht der Polizei § 10 Rn 623 (o)
Landtagspräsidentin § 3 Rn 19
Langlaufloipe, Schutz § 9 Rn 10
Lärmbelästigung, Schutz vor § 9 Rn 1 ff.
– Baumaschinen § 9 Rn 19
– Heimwerkergeräte § 9 Rn 19
– Rasenmäher § 9 Rn 19
– Spielplatz § 9 Rn 5
– Tierlärm § 9 Rn 3, 13
Laserdrom § 4 Rn 68
Laserspiele § 4 Rn 68
Lastenverteilung, gerechte § 5 Rn 46
Lauschangriff § 10 Rn 402 ff.
Lautsprecher, Betrieb § 6 Rn 3
Landesbauordnung (LBO), Spezialvorschrift § 6 Rn 17
LDSG, siehe Landesdatenschutzgesetz
Leben, Recht auf § 11 Rn 227, § 12 Rn 72, 74
Lebensgefahr, gegenwärtige § 4 Rn 44, § 11 Rn 227, § 12 Rn 61, 73
Lebensgestaltung, Kernbereich privater, siehe Kernbereich privater Lebensgestaltung

Lebensmittel, Warnungen vor, § 4 Rn 17
Leerfahrt, Kosten § 8 Rn 15, § 15 Rn 33
Legalitätsprinzip § 6 Rn 33, § 13 Rn 1
Legende, Verdeckter Ermittler § 10 Rn 391
Leiche, Bestattung, siehe Bestattung
Leinenzwang § 6 Rn 33, 35, § 9 Rn 13, 22, 42, 43, 45, 55, 65, 69
Leistung, öffentliche § 15 Rn 35
Leistungsbescheid, siehe Kostenbescheid
LKA, siehe Landeskriminalamt
Lichtbilder, Anfertigung § 11 Rn 299
Lieferverbot, nächtliches § 5 Rn 8
Liegefahrrad, Beschlagnahme § 11 Rn 286, 294
Liga der freien Wohlfahrtspflege § 6 Rn 44
Lissabon-Vertrag § 1 Rn 43
Löschung von Daten, siehe Datenlöschung
LPresseG § 11 Rn 297, 298
Luftfahrzeugführer § 3 Rn 68
Luftsicherheit § 16 Rn 5 (o)

Maastricht, Verträge § 1 Rn 36, 46
MAD § 16 Rn 12, 14 (o)
MADG § 16 Rn 12, 14 (o)
Malware § 10 Rn 514
Maschinengewehr, Waffe § 12 Rn 54
– Pistole, Waffe § 12 Rn 54
Maßnahme, doppelfunktionale § 13 Rn 13
Materieller Polizeibegriff § 3 Rn 4
Maulkorbzwang, Angemessenheit § 6 Rn 33
Meldeauflage § 6 Rn 20, § 11 Rn 30
Meldepflichten der Polizei im Datenschutz § 10 Rn 616 ff. (o), **621** (o)
Menschenansammlung, Verbot § 6 Rn 8
Menschenmenge, Polizeiverordnung zwecks Alkoholverbot § 9 Rn 35
Menschenmenge, Schusswaffengebrauch § 12 Rn 64, 70
Menschenwürde, Maßstab § 6 Rn 60, § 10 Rn 403, § 11 Rn 239 f.
Merkmale, äußerliche, Feststellung § 11 Rn 322
Messiesyndrom § 6 Rn 14
Messungen § 11 Rn 322
Militärischer Abschirmdienst (MAD) § 16 Rn 12, 14 (o)
Militärpolizei § 1 Rn 10
Minderung des Entschädigungsanspruchs § 14 Rn 6
Mindestanforderungen, Notunterkunft § 6 Rn 60
Misshandlungsverbot, siehe Folterverbot
Miteigentum, Verantwortlichkeit § 5 Rn 24
Mitführen eines Gegenstandes, Durchsuchung § 11 Rn 232

Mitgliedstaaten der EU, Datenübermittlung § 10 Rn 577 bis 579 (o)
Mitnahmeverbot für alkoholische Getränke
– durch Allgemeinverfügung § 6 Rn 8
– durch Polizeiverordnung § 9 Rn 3, 11, 24 f., **26 ff.**, 40, 72
Mittagsruhe, Schutz § 9 Rn 19
Mitteilung über das Antreffen von Personen § 10 Rn 548 ff.
Mittel der Datenerhebung, siehe besondere § 10 Rn 630 ff.
Mitverschulden, Schadensersatz § 14 Rn 6, 10
Mixed Martial Arts (MMA) § 4 Rn 68
Mobilfunk, Überwachung § 10 Rn 504 ff.
Mobilfunkteilnehmer § 10 Rn 544
Mobiltelefon, Ermittlung des Standortes § 10 Rn 540
Mobiltelefonnummer, Abschleppen § 8 Rn 23
Musterentwurf, PolG des Bundes u. der Länder § 2 Rn 8 ff.

Nachbarhilfe, grenzüberschreitende § 3 Rn 95
Nacheile, grenzüberschreitende § 3 Rn 95, 100
Nachfolgefähig § 12 Rn 43
Nachfolgetatbestand § 12 Rn 43
Nachforschungspflicht, Abschleppen § 8 Rn 23
Nachrangigkeit der Inanspruchnahme des Nichtstörers § 5 Rn 50
Nachtzeit, Durchsuchung von Wohnungen § 11 Rn 263, **265 f.**
Nackter Körper, Zurschaustellung § 4 Rn 68
Nacktgehen § 4 Rn 68
Nagelgurt § 12 Rn 51
Nahaufnahmen von Polizeieinsätzen § 11 Rn 299
Nationale Stellen, Europol § 1 Rn 49
Nationales Zentralbüro § 16 Rn 2 (o)
Nationalsozialismus § 1 Rn 9
Nationalsozialistischer Untergrund (NSU) § 1 Rn 17, § 16 Rn 1, 13 (o)
Navigationsgeräte, Einsatz § 10 Rn 368
Nebelstoffe § 12 Rn 51
Nebenzwecke, weitere Datenverarbeitung § 10 Rn 567 (o)
Next Generation Prüm § 1 Rn 60
Nichtautomatisierte Datenverarbeitung § 10 Rn 67, 84, 94
Nichterreichbarkeit § 3 Rn 76
Nicht öffentlich gesprochenes Wort § 10 Rn 367
Nichtpolizeiliche Stellen § 3 Rn 74
Nichtstörer, Ansprüche § 11 Rn 301, 304, § 14 Rn 3 ff., 18 f.

Nichttrefferfall, Datenabgleich § 10 Rn 443, 453
Nichtverantwortlicher, Inanspruchnahme § 5 Rn 47 ff.
- Anspruch auf Entschädigung § 5 Rn 53, § 11 Rn 301
- Anspruch auf Folgenbeseitigung § 11 Rn 304
- Anwendungsbereich § 5 Rn 48
- Nachrangigkeit § 5 Rn 50
- Übermaßverbot § 5 Rn 52
- Ultima Ratio § 11 Rn 301
- Wohnraumüberwachung § 10 Rn 406
- Zumutbarkeitsgrenze § 5 Rn 51
Niederschrift über die Wohnungsdurchsuchung § 11 Rn 257
Normenhierarchie § 9 Rn 45
Normenkontrolle, inzidente § 9 Rn 74
Normenkontrollverfahren § 9 Rn 72 ff.
Notfallzuständigkeit des Polizeivollzugsdienstes § 3 Rn 50
Notrechtsvorbehalt § 12 Rn 74
Notstand, polizeilicher § 5 Rn 47 ff.
- bei Schusswaffengebrauch § 12 Rn 74
- Beschlagnahme einer Wohnung § 11 Rn 301
- Entschädigungsansprüche § 14 Rn 3 ff.
- Innenministerium § 3 Rn 58 f.
Notstandseingriff, Beispiel § 12 Rn 74
- Nachrangigkeit § 5 Rn 50
Notunterkunft, siehe auch Obdachlosigkeit
- Anspruch auf Einweisung § 6 Rn 52
- eigenmächtiger Bezug § 4 Rn 50
- Einweisung § 6 Rn 63
- Grundrechtsschutz Wohnung § 11 Rn 259
- Mindestanforderungen § 6 Rn 60
- öffentliche Einrichtung § 4 Rn 50
- Räumung § 4 Rn 50
- Umsetzung § 6 Rn 65
Notwehr § 12 Rn 74
Notzuständigkeit
- der Fachaufsichtsbehörde § 3 Rn 16
- der nachgeordneten allgemeinen Behörde § 3 Rn 16
- des Polizeivollzugsdienstes § 3 Rn 50 ff.
- örtliche § 3 Rn 92
- überörtliche § 3 Rn 92
NSA (National Security-Agency) § 1 Rn 19
NSU-Ausschuss § 1 Rn 17
NSU-Mordserie § 1 Rn 17, § 16 Rn 1, 13 (o)
Nutzungsdaten, Erhebung, siehe Telekommunikationsverkehrsdaten, Erhebung

Obdachlosigkeit § 6 Rn 307 ff.
- Abgrenzung zum Sozialrecht § 6 Rn 61
- Adressat § 6 Rn 54

- Anschlussunterbringung von Flüchtlingen § 6 Rn 57 ff.
- Anspruch auf Einweisung § 6 Rn 52, 55
- Asylbewerberstatus § 6 Rn 54
- Bedeutung, gesellschaftliche § 6 Rn 44
- Befristung § 6 Rn 61, 62
- Benutzungsverhältnis § 6 Rn 63
- Bereitstellungspflicht der Gemeinde § 6 Rn 56
- Beschlagnahme von Wohnungen § 6 Rn 67, § 11 Rn 300 ff.
- Einweisungsverfügung § 6 Rn 63
- Flüchtlinge § 6 Rn 57 ff.
- Folgenbeseitigungsanspruch § 6 Rn 66
- freiwillige § 6 Rn 47
- Gefahr für die öffentliche Sicherheit § 6 Rn 46
- menschenwürdige Unterbringung § 6 Rn 60
- Mindestanforderungen an Unterkunft § 6 Rn 60
- Nationalität § 6 Rn 54
- Notunterkunft, Einrichtungszweck § 9 Rn 4
- örtliche Zuständigkeit § 6 Rn 50
- Ortspolizeibehörde, Zuständigkeit § 6 Rn 49
- Räumungsverfügung § 6 Rn 66
- Sanktionsmöglichkeiten § 6 Rn 64
- Schadensersatzansprüche § 14 Rn 3, 5, 19
- Sozialhilfeträger, Abgrenzung § 6 Rn 61
- Überbrückungscharakter § 6 Rn 61
- Umsetzungsverfügung § 6 Rn 65
- unfreiwillige § 6 Rn 46
- Vorrang der Selbsthilfe § 6 Rn 51
- Wiedereinweisung § 6 Rn 63, 66
- Zuständigkeit § 6 Rn 49
- Zweck der Einweisung § 6 Rn 63
Objekt, gefährdetes, Begriff § 10 Rn 233
Objektive Rechtsordnung, Schutz § 4 Rn 52 (Gaffen), 57 ff.
Observation, längerfristige § 10 Rn 344 bis 401
- Begriff § 10 Rn 363
- Dokumentationspflicht § 10 Rn 398
- Eingriffsvoraussetzungen § 10 Rn 349 ff.
- Löschungspflicht § 10 Rn 399
- Protokollierungspflicht § 10 Rn 398, 401
- Rechtsschutz § 10 Rn 387
- Richtervorbehalt § 10 Rn 380 bis 390
- Unterrichtungspflicht § 10 Rn 400
- von Straftätern „rund um die Uhr" § 10 Rn 360
- Zuständigkeit § 10 Rn 350
Offenheit, Grundsatz § 10 Rn 123
Öffentlich zugänglicher Ort § 9 Rn 27 ff.
Öffentliche Abgaben § 12 Rn 20

Sachregister 647

Öffentliche Ansammlung, Personenfeststellung § 11 Rn 16 ff.
Öffentliche Bekanntmachung, Polizeiverordnung § 9 Rn 62 f.
Öffentliche Einrichtung § 4 Rn 50, § 6 Rn 63
Öffentliche Liegenschaft, Zuverlässigkeitsprüfung für Tätigkeit in § 10 Rn 181 bis 185
Öffentliche Leistung § 15 Rn 35
Öffentliche Ordnung, Schutzgut § 4 Rn 66 ff.
– als Auffangtatbestand § 4 Rn 69
– Begriff § 4 Rn 66
– Beispiele aus der Rechtsprechung § 4 Rn 68
– Gewahrsamnahme § 11 Rn 182
– Kritik § 4 Rn 69
– Platzverweis § 11 Rn 77 f.
– Rechtsextremismus § 4 Rn 67
– Reichskriegsflagge, Verbot der öfffetlichen Nutzung § 4 Rn 67
– Renaissance § 4 Rn 67
– Versammlungsverbot § 4 Rn 67
Öffentliche Sicherheit § 4 Rn 48 ff.
– Begriff § 4 Rn 48
– Schutz der freiheitlichen Grundordnung § 4 Rn 49
– Schutz der kollektiven Rechtsgüter § 4 Rn 51
– Schutz der objektiven Rechtsordnung § 4 Rn 59
– Schutz der Rechte Privater § 3 Rn 79 ff., § 4 Rn 60
– Schutz des Staates § 4 Rn 49 ff.
– Schutz der subjektiven Rechte § 4 Rn 62 ff.
Öffentliche Versammlung, Personenfeststellung § 11 Rn 16 ff.
Öffentliches Interesse § 4 Rn 71
Öffentlichkeitsfahndung § 10 Rn 294
Online-Durchsuchung § 10 Rn 145, 153, **464**
Opfergrenze, polizeiliche § 5 Rn 51
Opportunitätsprinzip § 6 Rn 28, 52, § 13 Rn 18
Ordnung, siehe unter öffentlicher Ordnung
Ordnungsbehördensystem § 1 Rn 11
Ordnungsdienst des Deutschen Bundestages § 16 Rn 7 (o)
Ordnungswidrigkeiten § 13 Rn 18 ff.
– Aufgabe der Polizei § 13 Rn 1, **18**
– Befugnisse der Polizei § 9 Rn 69
– Begriff § 13 Rn 18
– Bußgeldbewehrung § 9 Rn 69
– Bußgeldverfahren § 13 Rn 19
– Datenschutz § 10 Rn 38, 82
– erkennungsdienstliche Maßnahmen § 11 Rn 323
– Opportunitätsprinzip § 13 Rn 18

– Schutzgut objektive Rechtsordnung § 4 Rn 61
– Standardmaßnahmen, Verhältnis § 11 Rn 3
– Verfahren § 13 Rn 18
– Verstoß gegen PolVO § 9 Rn 69
– Verwarnung § 9 Rn 69
– von erheblicher Bedeutung § 11 Rn 182
– Weisungsrecht § 13 Rn 19
– Zuständige Verwaltungsbehörde § 13 Rn 19
Ordnungswidrigkeitengesetz
– Anpassung an das EU-Datenschutzrecht § 10 Rn 38
– Verhältnis zum BDSG § 10 Rn 38
– Verhältnis zum PolG § 10 Rn 82, 84
Organisation der Polizei § 3 Rn 6 ff.
– der Polizeibehörden § 3 Rn 7 ff.
– des Polizeivollzugsdienstes § 3 Rn 28 ff.
Organisation – VwV-PolGOrg § 3 Rn 28
Organisationshandlungen, Realakte § 7 Rn 2
Organisierte Kriminalität (OrgKG) § 1 Rn 15
Organzuständigkeit § 6 Rn 49
– Polizeiverordnung § 9 Rn 50 ff.
Ort, gefährdeter § 11 Rn 29
Ort, gefährlicher § 11 Rn 26
Ort, öffentlich zugänglicher § 9 Rn 27 ff.
Ortshaftung § 11 Rn 31
Ortspolizeibehörde § 3 Rn 11 ff.
– Fachaufsicht § 3 Rn 40
– fachliche Weisungen § 3 Rn 40
– gemeindliche Vollzugsbedienstete § 3 Rn 60 ff.
– Kostenträger § 15 Rn 3
– Maßnahmen nach dem BestattG § 3 Rn 45
– Obdachlosenunterbringung § 6 Rn 2, 49
– Sachliche Zuständigkeit § 3 Rn 13 ff., 43, § 6 Rn 22, § 9 Rn 46 f.
– Weisungsrecht § 3 Rn 40
– Zuständigkeitsvermutung § 3 Rn 13, 43, § 9 Rn 46 f.
– Zuständigkeit Polizeiverordnung § 9 Rn 46 f.

PAD, Personenauskunftsdatei § 10 Rn 317
Paintballspiel § 4 Rn 68
Parallelaufsicht § 3 Rn 21, 23
Parallelzuständigkeit § 3 Rn 40, 48, § 9 Rn 46
Parkscheinautomat, Abschleppmaßnahme § 8 Rn 18
Parlamentarische Kontrolle, Datenerhebung § 10 Rn 623 (o)
Parlamentarische Kontrolle der Nachrichtendienste § 16 Rn 16 (o)
PaßG § 6 Rn 14
Peep-Show § 4 Rn 68
Person, Ausschreibung § 10 Rn 548 ff.
Personalausgaben, Kosten § 15 Rn 2

PAuswG § 6 Rn 14
Personalien, Angaben zur Person § 11 Rn 9
Personen, Durchsuchung § 11 Rn 204 ff.
- gleichen Geschlechts, Durchsuchung § 11 Rn 227
Personenauskunftsdatei (PAD) § 10 Rn 317
Personenbezogene Daten
- Begriff § 10 Rn 87
- besondere Kategorien § 10 Rn 92 (Begriff), 141, 190
- Verletzung des Schutzes § 10 Rn 621
Personenfeststellung § 11 Rn 8 ff.
- Adressat § 11 Rn 10
- an einer Kontrollstelle § 11 Rn 30 ff.
- an gefährlichen Orten § 11 Rn 26 ff.
- Änderungen durch das PolG 2020 § 11 Rn 8
- Anhalten § 11 Rn 52
- Befragung § 10 Rn 202 ff., § 11 Rn 11
- Begriff § 11 Rn 9
- doppelfunktionale Maßnahme § 11 Rn 12
- bei Durchsuchung § 11 Rn 51, 53
- bei erkennungsdienstlichen Maßnahmen § 11 Rn 320, 322
- Folgeeingriffe § 11 Rn 9
- Gefahrenabwehr § 11 Rn 12
- Gefahrenvorfeld § 11 Rn 13
- Grunddaten § 11 Rn 9
- informationelle Selbstbestimmung, Recht auf § 11 Rn 9
- innerhalb eines Kontrollbereichs § 11 Rn 30
- Kontrolle von Berechtigungsscheinen § 11 Rn 54
- Maßnahmen zur § 11 Rn 50 ff.
- öffentliche Ansammmlung § 11 Rn 16 ff.
- öffentliche Versammlung § 11 Rn 16 ff.
- Pflicht sich auszuweisen § 11 Rn 9
- Rechtscharakter § 11 Rn 14
- Schleierfahndung § 11 Rn 39 ff.
- Umfang § 11 Rn 11
- zum Schutz gefährdeter Objekte § 11 Rn 29
- zur Abwehr einer konkreten Gefahr § 11 Rn 15
- zur Bekämpfung grenzüberschreitender Kriminalität § 11 Rn 39 ff.
- zur Sicherung zivilrechtlicher Ansprüche § 11 Rn 15
- Zuständigkeit § 11 Rn 7
- Zweck § 11 Rn 9
Personensorge § 5 Rn 17
Personensorgeberechtigter, Verantwortlichkeit § 5 Rn 17
Pfändung, Beschlagnahme § 11 Rn 285, **290**
Pfändungsverfügung § 11 Rn 290
Pflichtaufgaben nach Weisung § 3 Rn 10, § 6 Rn 49

Pflichten, höchstpersönliche § 12 Rn 43
PIN § 10 Rn 467
PIOS-Dateien § 10 Rn 317
Pistole § 12 Rn 54, 58
Plakatieren, wildes § 11 Rn 298
Platzanweisung § 11 Rn 78
Platzverweis § 11 Rn 77 ff.
POLAS-Auskunftssystem § 10 Rn 317
Politeia / politia § 1 Rn 1
Polizeiamt Europol § 1 Rn 17, 36, **46 ff.**, § 10 Rn 173
Polizeibegriff § 1 Rn 1 ff.
- geschichtliche Entwicklung § 1 Rn 1 ff.
- formeller § 3 Rn 43 f.
- in BW § 1 Rn 40 f.
- institutioneller § 1 Rn 37 f.
- materieller § 1 Rn 39
Polizeibehörde § 3 Rn 8 ff.
- Abgrenzung Polizeivollzugsdienst § 3 Rn 43
- allgemeine § 3 Rn 7 ff.
- Arten § 3 Rn 7 ff.
- Aufsicht § 3 Rn 20 ff.
- Begriff § 3 Rn 6
- besondere § 3 Rn 17 ff.
- Entscheidungsvorrang § 3 Rn 51
- Zuständigkeiten § 3 Rn 12 ff.
Polizeibehördensystem § 1 Rn 12, § 3 Rn 3
Polizeidienst, Freiwilliger § 3 Rn 65 ff.
Polizeidienststelle § 3 Rn 30 ff.
- regionale § 3 Rn 30
Polizeidirektion § 3 Rn 87
Polizeieinsatz, Filmen § 11 Rn 299
Polizeifestigkeit
- Presserecht § 11 Rn 297
- Versammlungsrecht § 6 Rn 15, § 10 Rn 227, § 11 Rn 17, 34, 88
Polizeifolter § 11 Rn 317, § 12 Rn 57
Polizeigefahr, Grundsätze § 4 Rn 18 ff.
PolG BW
- Reformbedürftigkeit § 1 Rn 66 ff.
- Überblick über Änderungen § 1 Rn 64 ff.
PolG, ergänzende Heranziehung StPO § 12 Rn 2
PolG 2020
- Änderungen im Datenschutz § 10 Rn 71
- Inhalte § 1 Rn 35
Polizeigewalt des Bundestagspräsidenten § 16 Rn 7 (o)
Polizeihelfer, Entschädigungsansprüche § 14 Rn 13
Polizeihubschrauberstaffel § 3 Rn 32
Polizeihund, Einsatz / Entschädigung § 14 Rn 17
Polizeihundeführer § 3 Rn 32
Polizeikessel § 11 Rn 180
Polizeikosten § 15 Rn 1 ff., siehe auch Kosten

Polizeiliche Beobachtung, siehe Beobachtung
Polizeiliche Vorfeldtätigkeiten § 4 Rn 3
Polizeilicher Notstand, siehe Notstand
Polizeiorganisation – VwV-PolOrg § 3 Rn 28
Polizeipflicht § 5 Rn 1 ff.
- Begriff § 5 Rn 1, § 14 Rn 2
- Entschädigungsansprüche § 14 Rn 2 ff.
- gegenüber Hoheitsträgern § 3 Rn 86 ff.
- konkretisierte § 5 Rn 31
- materielle § 5 Rn 1
- Rechtsnachfolge § 5 Rn 30 ff.
- Verjährung § 5 Rn 37 f.
- verschuldensunabhängig § 5 Rn 4
Polizeipräsidium Bildung § 3 Rn 34
Polizeipräsidium Einsatz § 3 Rn 29, 31, 32, 93
Polizeirecht, ergänzende Heranziehung im Strafverfahren § 13 Rn 8
Polizeirecht im engeren Sinn § 2 Rn 1
Polizeistaat § 1 Rn 4
Polizeistrafgesetzbuch § 1 Rn 6
Polizeitätigkeit, grenzüberschreitende § 3 Rn 94, § 11 Rn 39
Polizeiverfügung § 6 Rn 1 ff.
- Adressat § 6 Rn 27
- Allgemeinverfügung § 6 Rn 7 ff.
- Anfechtungsklage § 6 Rn 42
- Anhörungspflicht § 6 Rn 24
- Begriff § 6 Rn 1
- Begründungspflicht § 6 Rn 23
- Beispiele § 6 Rn 20
- Bekanntgabe § 6 Rn 36 ff.
- Bestimmtheit § 6 Rn 34 f.
- Einweisung von Obdachlosen § 6 Rn 63
- Einzelverfügung § 6 Rn 6
- Ermächtigungsgrundlagen § 6 Rn 10 ff.
- Ermessen § 6 Rn 28 ff.
- Form § 6 Rn 23
- Formelle Rechtmäßigkeitsvoraussetzungen § 6 Rn 21 ff.
- Gefahr, konkrete § 4 Rn 28, § 6 Rn 5
- Rechtsbehelfe § 6 Rn 40 ff.
- Spezialermächtigungen § 6 Rn 13 ff.
- Verfahrensgrundsätze § 6 Rn 24 ff.
- Verhältnismäßigkeit § 6 Rn 33
- Versammlungsrecht § 6 Rn 15 f.
- Vollstreckung § 6 Rn 43
- Widerspruch § 6 Rn 41
- Zuständigkeit § 6 Rn 21 f.
- Zustellung § 6 Rn 39
Polizeiverordnung § 9 Rn 1 ff.
- Abgrenzung zur Benutzungsordnung § 9 Rn 4 f.
- Abgrenzung zur Sperrzeitverordnung § 9 Rn 10
- Abgrenzung zum Verwaltungsakt § 9 Rn 2 f.
- abstrakte Gefahr § 9 Rn 20
- Alkoholkonsum, Verbot § 9 Rn 11, 21, 24, **26 ff.**
- Änderung § 9 Rn 66
- Aufenthaltsverbot § 9 Rn 3
- Authebung § 9 Rn 67
- Ausfertigung § 9 Rn 61
- Außerkrafttreten § 9 Rn 65
- Aussetzung des Vollzugs § 9 Rn 73
- Befristung § 9 Rn 39
- Begriff § 9 Rn 1
- Beispiele § 9 Rn 1
- Bestimmtheit § 9 Rn 42
- Bußgeldbewehrung § 9 Rn 68 f.
- Einziehung eines Gegenstands § 9 Rn 70
- Ermächtigungsgrundlage § 9 Rn 6 ff.
- Formerfordernisse § 9 Rn 56 ff.
- Gefahr § 9 Rn 20
- Gefahrenvorsorge § 9 Rn 24
- Gegenstand, Einziehung § 9 Rn 70
- Geltungsbereich § 9 Rn 2, 27 f., 37
- Geltungsdauer § 9 Rn 65
- Geräte- und Maschinenlärm § 9 Rn 19
- Gefährliche Hunde, Polizeiverordnung § 9 Rn 12 ff.
- Gesetzesvorbehalt § 9 Rn 9
- Glasmitführungsverbot § 9 Rn 3, 24, 43, 71, 72
- Gleichbehandlung § 9 Rn 44
- Häufigkeit öffentlicher Störungen § 9 Rn 30 ff.
- Heilungsvorschriften § 9 Rn 63
- Hundekot, Beseitigungspflicht § 9 Rn 21
- Hunde, gefährliche § 9 Rn 12 ff.
- HuV BW § 9 Rn 12 ff., **13**
- Inkrafttreten § 9 Rn 64
- inzidente Normenkontrolle § 9 Rn 74
- Kausalität, siehe Ursachenzusammenhang
- künftige Störungen § 9 Rn 34
- Langlaufloipe § 9 Rn 10
- Leinenzwang für Hunde § 9 Rn 13, 22, 42, 43, 45, 55, 65, 69
- Menschenmenge § 9 Rn 35
- Muster des Gemeindetags § 9 Rn 1, 21
- Muster einer Polizeiverordnung gem. § 9 a PolG § 9 Rn 41
- Normenkontrollverfahren § 9 Rn 72 f.
- öffentlich zugänglicher Ort § 9 Rn 27 ff.
- Prüfung der Fachaufsicht § 9 Rn 66
- räumliche Begrenzung § 9 Rn 37
- Rechtmäßigkeitsvoraussetzungen § 9 Rn 6 ff.
- Rechtsbehelfe § 9 Rn 72 ff.
- Rechtsprechungsübersicht § 9 Rn 25
- Rückwirkung, Verbot § 9 Rn 64
- Sollerfordernisse § 9 Rn 60

- Spezialermächtigungen § 9 Rn 9 f.
- Taubenfütterungsverbot § 9 Rn 10
- über das Halten gefährlicher Hunde § 9 Rn 12 ff.
- über Verbot des Alkoholkonsums § 9 Rn 26 ff.
- über Verbot des Bettelns § 9 Rn 21
- Ursachenzusammenhang § 9 Rn 23
- Verhältnismäßigkeit § 9 Rn 36, 43
- Verkündung § 9 Rn 62
- Vorsorgemaßnahmen, Unzulässigkeit § 9 Rn 24
- VwVgH § 9 Rn 12 ff., **13**
- Zeitregelung § 9 Rn 38
- zum Schutz öffentlicher Grünanlagen § 9 Rn 3
- zum Schutz von Skiwanderwegen § 9 Rn 10
- zum Schutz vor umweltschädliches Verhalten § 9 Rn 3, 19
- Zuständigkeiten § 9 Rn 46 ff.

Polizeiverordnung über das Halten gefährlicher Hunde § 9 Rn 12 ff.
- abstrakte Gefahr § 9 Rn 14
- Begriffsbestimmungen § 9 Rn 15
- Bissige Hunde § 9 Rn 15, 18
- Feststellung der Gefährlichkeit § 9 Rn 18
- gefährliche Hunde § 9 Rn 15
- Halterpflichten § 9 Rn 17
- Hundehaltereigenschaft § 9 Rn 18
- HuV BW § 9 Rn 12 ff., **13**
- Kampfhunde § 9 Rn 15
- Leinenzwang § 9 Rn 17
- Maßnahmen § 9 Rn 16 ff.
- Maulkorbzwang § 9 Rn 17, 18
- Rechtsgrundlagen § 9 Rn 12
- VwVgH § 9 Rn 12, **13**

Polizeiverträge § 1 Rn 61

Polizeivollzugsdienst
- Aufbau § 3 Rn 28 ff.
- Aufgabenverteilung Polizeibehörde § 3 Rn 43 ff.
- ausschließliche Zuständigkeit § 3 Rn 47
- Dienstaufsicht § 3 Rn 37
- DVO PolG § 3 Rn 28
- Eilzuständigkeit § 3 Rn 50 ff.
- Einrichtungen für den § 3 Rn 34 f.
- Fachaufsicht § 3 Rn 38 ff.
- Innenministerium, landeseinheitliche Regelungen § 3 Rn 57
- LKA § 3 Rn 33
- Notfallzuständigkeit § 3 Rn 50 ff.
- Örtliche Zuständigkeit § 3 Rn 93
- Ortspolizeibehörde, Weisungsrecht § 3 Rn 40
- Parallelzuständigkeit § 3 Rn 48

- PolRG § 3 Rn 6, 28, 29
- Polizeidienststellen des Landes § 3 Rn 30 ff.
- Polizeipräsidien, regionale § 3 Rn 31
- Polizeipräsidium Einsatz § 3 Rn 32
- regionale Polizeidienststellen § 3 Rn 30 f.
- Schutzpolizei § 3 Rn 31
- Vollzugshilfe § 3 Rn 55
- VwV-PolOrg § 3 Rn 28
- Zuständigkeit, Infektionsschutz § 3 Rn 49

Polizeizwang § 6 Rn 43, § 12 Rn 1 ff.
- Abgrenzung zur unmittelbaren Ausführung § 6 Rn 4, § 7 Rn 6, § 8 Rn 2
- Adressat § 12 Rn 42
- Androhung § 12 Rn 34 ff.
- Anwendung § 12 Rn 39 f.
- Auswahl Zwangsmittel § 12 Rn 47
- Begriff § 12 Rn 1
- Beugemaßnahme § 12 Rn 1
- Einstellung § 12 Rn 48
- Ersatzvornahme § 12 Rn 8 ff.
- Festsetzung § 12 Rn 37 f.
- gegen Rechtsnachfolger § 12 Rn 43
- Grundverfügung § 12 Rn 31
- Kostenfragen § 15 Rn 21 ff.
- Rechtsschutz § 12 Rn 41, 83 ff.
- Verfahren § 12 Rn 32 ff.
- vollstreckbarer Verwaltungsakt § 12 Rn 12 ff.
- Vollstreckungsbehörde § 12 Rn 44 ff.
- vollstreckungsfähiger Verwaltungsakt § 12 Rn 13 ff.
- unmittelbarer Zwang § 12 Rn 11, 49 ff.
- Zwangsgeld § 12 Rn 4 ff.
- Zwangshaft § 12 Rn 7
- Zwangsmittel § 12 Rn 2 ff.

Polizei des Bundes § 16 Rn 1 ff. (o)
Polizei, europäische § 1 Rn 46 ff.
Polizei im Ordnungswidrigkeitenverfahren § 13 Rn 18 f.
Polizei im Strafverfahren § 13 Rn 3 ff.
Polizey § 1 Rn 2
Post- und Fernmeldegeheimnis § 10 Rn 505
Präsident des deutschen Bundestags § 16 Rn 7 (o)
Prävention § 4 Rn 3, § 13 Rn 1
Präventivgewahrsam § 11 Rn 5, 174, 181
Pre-Recording, bei Einsatz von Bodycams, Zulässigkeit § 10 Rn 103 f.
Presse und Polizei § 6 Rn 6, § 11 Rn 297 f.
Presseaufnahmen, Untersagung § 6 Rn 6, § 11 Rn 299 ff.
Presseerzeugnis § 11 Rn 297
Pressefotograf § 6 Rn 6, § 11 Rn 299
Pressefreiheit § 11 Rn 297
Preußisches Allgemeines Landrecht § 1 Rn 4

Preußisches Oberverwaltungsgericht § 1 Rn 7
Preußisches Polizeiverwaltungsgesetz § 1
 Rn 8
Primärebene, Kostenbescheid § 15 Rn 8
Prinzip gerechter Lastenverteilung § 5 Rn 46
Private Empfänger, Daten § 10 Rn 575 (o)
Private Lebensgestaltung, Kernbereich, siehe
 Kernbereich privater Lebensgestaltung
Private mit polizeilichen Aufgaben (Beliehene)
 § 3 Rn 67, 74
Private Rechte, Schutz § 3 Rn 79 ff.
Private Sicherheitsdienste § 3 Rn 69 ff.
Privatisierung, Grenzen § 3 Rn 70 f.
Profiling § 10 Rn 87

Programm „Innere Sicherheit", BKA § 1 Rn 16

Prognose § 4 Rn 23 ff., 38, 39
– Beurteilungsgrundlagen § 4 Rn 26
– über Geschehensablauf § 4 Rn 25
Projektbezogene Datei, gemeinsame, LKA
 § 10 Rn 303 ff.
Projektbezogene Zusammenarbeit LKA § 10
 Rn 303 ff.
Projektdatei, LKA § 10 Rn 303 ff.
Pro-rata-Grundsatz § 5 Rn 44
Prostitution § 4 Rn 61, 66, 68
– gefährlicher Ort § 11 Rn 26 f.
– Sittenwidrigkeit § 4 Rn 68
Prostitutionsgesetz § 4 Rn 68
Protokollierungspflichten § 10 Rn 600 bis 612
 (o)
Prüfungsrechte § 11 Rn 252
Prüm, Ratsbeschluss § 1 Rn 60, § 3 Rn 99
Prümer-Vertrag, EU, Datenverarbeitung § 10
 Rn 579 (o)
Pseudonymisierung, Daten § 10 Rn 90
Public-Viewing-Veranstaltung § 11 Rn 92
PUK § 10 Rn 467
Punkszene
– Aufenthaltsverbot § 6 Rn 8, § 9 Rn 2
– Verbot von Chaos-Tagen § 6 Rn 8
Putativgefahr § 4 Rn 40

Quasarspiel § 4 Rn 68
Quelle, allgemein zugängliche § 10 Rn 120
Quellenperson § 10 Rn 129
Quellen-Telekommunikationsüberwachung
 § 10 Rn 504 ff.

Racial Profiling § 1 Rn 20, § 5 Rn 40, § 10
 Rn 595 (o)
Räumung, Wohnung, Anspruch auf § 6 Rn 66
Räumungstitel, Beschlagnahme § 11 Rn 302,
 304
Räumungsverfügung, Wohnung § 6 Rn 66

Radarwarngerät
– Beschlagnahme § 11 Rn 286
– Einziehung § 11 Rn 307, 314
– Ordnungswidrigkeit § 11 Rn 307
Warnung vor § 4 Rn 53

Rangverhältnis
– bei Störerauswahl § 5 Rn 39 ff.
– bei Zwangsmittel § 12 Rn 47
– der Ermächtigungen § 6 Rn 13
Rassismus bei der Polizei § 5 Rn 40
Rasterfahndung § 10 Rn 325 bis 343
– Anpassungen durch PolG 2020 § 10
 Rn 325
– Anspruch auf Übermittlung der Daten § 10
 Rn 332
– Aussonderung von Daten § 10 Rn 335
– Begriff § 10 Rn 326
– Beispiel § 10 Rn 326
– Benachrichtigungspflichten § 10 Rn 339
– Berufs- und Amtsgeheimnis § 10 Rn 333
– Datenabgleich § 10 Rn 332
– Dokumentationspflicht § 10 Rn 340 f.
– Erforderlichkeit § 10 Rn 331
– Grunddaten § 10 Rn 335
– konkrete Gefahr § 10 Rn 332
– Löschungspflicht § 10 Rn 339
– negative § 10 Rn 327
– Pflicht zur Datenübermittlung § 10 Rn 332
– positive § 10 Rn 327
– Protokollierungspflichten § 10 Rn 343
– Rechtscharakter § 10 Rn 332
– Rechtsschutz § 10 Rn 338, 342
– Richtervorbehalt § 10 Rn 336 bis 338
– unverdächtige Personen § 10 Rn 327
– Verfassungsmäßigkeit § 10 Rn 326
– Voraussetzungen § 10 Rn 329 bis 333
– Zuständigkeit § 10 Rn 334
Rat der EU § 1 Rn 43
Rat für Justiz und Inneres § 1 Rn 43
Ratsbeschluss Europol § 1 Rn 46
Ratsbeschluss Prüm § 1 Rn 60, § 3 Rn 99,
 § 10 Rn 579 (o)
Ratten, Fütterungsverbot § 3 Rn 14
Razzia § 11 Rn 28, 224, 245
Realakt § 7 Rn 1 ff.
– Abgrenzung zum VA § 6 Rn 4, § 7 Rn **6**, § 8
 Rn 2, 11, § 11 Rn 6, 62, 63, 68, 208, 230,
 274
– Begriff § 7 Rn 1
– Beispiele § 7 Rn 2, § 10 Rn 288, 302, 387,
 493
– Gefährderansprache § 7 Rn 3 ff., § 11
 Rn 61 ff.
– Rechtmäßigkeitsvoraussetzungen § 7
 Rn 7 ff.

- Rechtscharakter § 7 Rn 1
- Rechtsschutz § 7 Rn 11
- Standardmaßnahme § 11 Rn 6
- Warnungen § 4 Rn 17, § 7 Rn 1, 4, 8

Recht am eigenen Bild § 3 Rn 79, § 11 Rn 287
- Polizeibeamter § 3 Rn 79

Recht am gesprochenen Wort § 10 Rn 290, 347

Recht auf Akteneinsicht § 6 Rn 24 f.

Recht auf informationelle Selbstbestimmung, siehe informationelle Selbstbestimmung § 10 Rn 2 ff., § 11 Rn 21, 242

Recht auf Vergessenwerden § 10 Rn 454

Recht des ersten Zugriffs § 13 Rn 6

Rechte, private § 3 Rn 79, **80**, § 4 Rn 62

Rechte, staatsbürgerliche § 4 Rn 2

Rechtsaufsicht § 3 Rn 22, 39

Rechtsbehelfe, siehe Rechtsschutz

Rechtsbehelfsbelehrung § 6 Rn 40

Rechtsextremismus, Gefahren § 10 Rn 25

Rechtsgrundlage, Polizeiverordnung, Angabe § 9 Rn 57

Rechtsgut, kollektives § 4 Rn 51

Rechtmäßigkeit der Datenverarbeitung, Grundsatz § 10 Rn 97

Rechtsnachfolge in die Polizeipflicht § 5 Rn 30 ff.
- Vollstreckung § 12 Rn 43

Rechtsnachfolgefähigkeit § 5 Rn 32, § 12 Rn 43

Rechtsordnung, objektive, Schutz § 4 Rn 59 ff.

Rechtsschutz
- bei Polizeiverordnung § 9 Rn 72 ff.
- bei Realakten § 7 Rn 11
- bei unmittelbarer Ausführung § 7 Rn 11, § 8 Rn 2
- gegen Aufzeichnung von Telefonanrufen § 10 Rn 302
- gegen Datenerhebung in / aus Wohnungen § 10 Rn 416
- gegen doppelfunktionale Maßnahme § 13 Rn 15 ff.
- gegen Einsatz Verdeckter Ermittler § 10 Rn 387
- gegen Kostenbescheid § 15 Rn 8, 10
- gegen Maßnahmen der Strafverfolgung § 13 Rn 11 ff.
- gegen Observation § 10 Rn 387
- gegen Polizeiverfügung § 6 Rn 40 ff.
- gegen Rasterfahndung § 10 Rn 342
- gegen Standardmaßnahmen § 11 Rn 4 ff., 6
- gegen verdeckte Datenerhebung § 7 Rn 1, 11
- gegen Videoüberwachung § 10 Rn 288
- gegen Vollstreckungsmaßnahmen § 12 Rn 41, 83 ff.
- gegen Weisung § 3 Rn 25

Rechtsstaatsprinzip § 9 Rn 42, 62

Rechtsverordnung, siehe Polizeiverordnung § 9 Rn 1 ff., **10**

Rechtsverordnung über Zuständigkeiten nach dem VersammlG § 3 Rn 92

Rechtsweg, bei doppelfunktionalen Maßnahmen § 13 Rn 15 ff.

Reform der Verwaltungsstruktur (VRG) § 3 Rn 18

Regierungsbezirk § 3 Rn 91

Regierungspräsidium § 3 Rn 9
- als Landespolizeibehörde § 3 Rn 9

Registrierung, verdeckte § 10 Rn 549

Reichskriegsflagge, Verbot der öffentlichen Nutzung § 4 Rn 67

Reichskriminalpolizeiamt § 1 Rn 10

Reizstoffe § 12 Rn 51

Reizstoffgewehr § 12 Rn 54

Reizstoffsprühgerät § 12 Rn 54

Repression § 13 Rn 1

Repressive Aufgaben des Polizeirechts § 13 Rn 1 ff.

Rettungsdienst, Schutz des Einsatzes § 4 Rn 52, 61

Rettungsschuss, finaler § 12 Rn 72 ff.
- Beispiel § 6 Rn 43

Revolver, Waffe § 12 Rn 54

Richterliche Entscheidung, unverzügliche § 11 Rn 195

Richtervorbehalt § 10 Rn 6, Rn 261 bis 266, 336 bis 338, 380 bis 390, 395, 411 bis 420, 428, 488 bis 497, 517 bis 525, 543, 620, § 11 Rn 53, 101, 117 ff., 125, 130, 159 ff., 167, 174, 185, 193 ff., 254, 268 ff.

Richtigkeit von verarbeiteten Daten § 10 Rn 102 bis 106

Richtlinie (EU) 2016/680 (DSLR 2016/680) § 10 Rn 21 bis 27
- Adressaten § 10 Rn 26
- Anwendungssytematik § 10 Rn 54 bis 62
- Geltungsbereich § 10 Rn 22 bis 25
- Bußgeldbehörden in BW, § 10 Rn 50
- Inhalt § 10 Rn 27
- Justizbehörden in BW § 10 Rn 50
- lex specialis § 10 Rn 22, 24
- Ordnungswidrigkeit (Anwendung auf) § 10 Rn 24, 34
- Umsetzung im PolG BW § 10 Rn 63, 71 bis 73
- Umsetzung in nationales Recht § 10 Rn 21
- unmittelbare Geltung bis Inkrafttreten des PolG 2020 § 10 Rn 42
- Verhältnis zur DSGVO § 10 Rn 22, 24

- Ziele § 10 Rn 23
Richtlinienkonforme Gesetzesanwendung / Auslegung § 10 Rn 35, 75, 91
Richtmikrofon § 10 Rn 345, 406, 408
Risikoveranstaltung, Verbot § 5 Rn 47
Risikoverteilung, Zustandshaftung § 5 Rn 29
Roller, frisierter, Einziehung § 11 Rn 314
Röntgenaufnahmen § 11 Rn 322
Rückkehrverbot, Wohnung § 11 Rn 95 ff.
Rückwirkung von Polizeiverordnungen § 9 Rn 64
Ruf- und Sichtweite, Abschleppen § 8 Rn 23
Ruhe störender Lärm § 6 Rn 35
Rundumüberwachung § 10 Rn 66, 364

Sachbegriff des BGB § 5 Rn 22
Sache, Begriff § 5 Rn 22, § 11 Rn 229
– Durchsuchung § 11 Rn 229 ff.
– von besonderen Wert § 11 Rn 23, 73, 221, 242
Sachfahndungsdatei § 10 Rn 448
Sachherrschaft, zivilrechtliche § 5 Rn 25, 29
Sachzusammenhang, Zuständigkeit kraft § 2 Rn 6
Salafistische Bestrebungen § 6 Rn 14
Sammelkontrolle § 11 Rn 28
Sammelunterkunft, Grundrechtsschutz Wohnung § 11 Rn 259
SARS-CoV-2, Virus § 1 Rn 24, 59, § 6 Rn 14
Satzung
– über die Benutzung von Obdachlosenunterkünften § 6 Rn 63, § 9 Rn 4
– über die öffentliche Bekanntmachung § 9 Rn 62
Schaden § 4 Rn 20 ff.
– Begriff § 4 Rn 22, § 14 Rn 5
– Beurteilungsgrundlagen § 4 Rn 26
– Beurteilungszeitpunkt § 4 Rn 25
– Drohen § 4 Rn 23
– Je-desto-Formel § 4 Rn 23
– mittelbarer § 14 Rn 5
– Prognose § 4 Rn 25
– unmittelbarer § 14 Rn 5
Schadensersatzansprüche, Sicherstellung § 11 Rn 276
Schaufensterwerbung, Zweckveranlasser § 5 Rn 8
Scheingefahr § 4 Rn 40
Scheinkäufer § 10 Rn 369
Schengen-Acquis § 10 Rn 55
Schengener Durchführungsübereinkommen (SDÜ) § 1 Rn 38
Schengener Übereinkommen § 1 Rn 38
Schengener Informationssystem „SIS I" § 1 Rn 38

Schengener Informationssystem „SIS II" § 1 Rn 39
Schifffahrtspolizei § 16 Rn 8 (o)
Schläfer § 10 Rn 326, 342
Schlagstockeinsatz § 7 Rn 2, § 12 Rn 41
Schleierfahndung § 11 Rn 39 ff.
Schleppnetzfahndung § 13 Rn 10
Schlichtes Verwaltungshandeln, Realakt § 7 Rn 1
Schock-Lähmungswaffen § 12 Rn 54
Schriftform
– Einziehung § 11 Rn 309
– Polizeiverfügung § 6 Rn 23
Schützenfest, Glasmitführungsverbot § 6 Rn 8
Schusswaffengebrauch § 12 Rn 58 ff.
– abgestuftes Verfahren § 12 Rn 55
– allgemeine Voraussetzungen § 12 Rn 58
– Androhung § 12 Rn 56, 58
– Begriff § 12 Rn 58
– Beispiel § 6 Rn 43
– gegen eine Menschenmenge § 12 Rn 70 f.
– gegen einzelne Personen § 12 Rn 65 ff.
– gegen Fahrzeuge § 12 Rn 60
– gegen Kinder § 12 Rn 59
– gegen Sachen § 12 Rn 60
– gezielter Rettungsschuss § 12 Rn 72 ff.
– Notrechtsvorbehalt § 12 Rn 74
– zum Anhalten einer Person § 12 Rn 66 f.
– zur Sicherung amtlichen Gewahrsams § 12 Rn 68
– zur Verhinderung der gewaltsamen Befreiung § 12 Rn 69
– zur Verhinderung von Straftaten § 12 Rn 65
Schutz des Staates § 4 Rn 49 ff.
Schutz kollektiver Rechtsgüter § 4 Rn 51
Schutz privater Rechte § 3 Rn 79 ff., § 4 Rn 60
– Antrag auf § 3 Rn 81
– Aufgabe der Polizei § 3 Rn 80
– bei Antragsdelikten § 4 Rn 60
– Datenerhebung zum § 10 Rn **83**, 202, 284, 299, 436, 439
– Definition § 3 Rn 80
– privates Recht § 3 Rn 80
– Selbsthilfe § 3 Rn 83
– subsidiäre Zuständigkeit § 3 Rn 82
– vorläufige Maßnahme § 3 Rn 84
Schutzgewahrsam § 11 Rn 184 ff.
Schutzpflicht des Staates § 4 Rn 62 ff.
Schutzpolizei § 3 Rn 31
Schutzschild § 12 Rn 51
Schwarzer Donnerstag, Stuttgart 21 § 1 Rn 18
Schweinemästerfall § 4 Rn 36
Schweizer Eidgenossenschaft, bilateraler Polizeivertrag § 1 Rn 63
Schwerbehindertenparkplatz § 8 Rn 8, 15
Scientology-Sekte, Warnung vor § 4 Rn 17

SDÜ § 1 Rn 38
Security § 3 Rn 69
Seeaußengrenzenverordnung § 1 Rn 58
Seeschifffahrt § 16 Rn 8 (o)
Seeuferbereich, Konstanzer Glasverbot § 9 Rn 3, **24**
Sektenbroschüre, Warnung vor § 4 Rn 17
Sekundärebene, Kostenbescheid § 15 Rn 5
Selbstbelastungsfreiheit, Grundsatz der § 10 Rn 221
Selbstbestimmung, informationelle § 10 Rn 2 f., 225, 236, 244, 261, § 11 Rn 9, 15, 20, 42 f., 65, 75, 151, 319
Selbstbestimmungsrecht § 11 Rn 187
Selbsteintrittsrecht der Fachaufsichtsbehörde § 3 Rn 16, 26, 57, § 9 Rn 48
Selbstgefährdung § 11 Rn 187
Selbsthilfe, Vorrang Obdachlosigkeit § 6 Rn 51
Selbsttötung
– Anspruch auf (Sterbehilfe-Urteil des BVerfG) § 11 Rn 187 ff.
– Schutzgewahrsam § 11 Rn 184 ff.
Selbstvornahme § 12 Rn 10
Sexualstraftäter, Observation § 10 Rn 364
Shisha-Lokal § 6 Rn 17
Sicherheit, § 4 Rn 48 ff., siehe **öffentliche** Sicherheit
Sicherheit in der Datenverarbeitung § 10 Rn 112, **608 bis 615 (o)**
– Auftragsverarbeitung § 10 Rn 613 (o)
– automatisierte Entscheidungsfindung § 10 Rn 615 (o)
– Datenschutz-Folgeabschätzung § 10 Rn 609 (o)
– Datenschutzmanagementsystem § 10 Rn 111, 117, 156, 185, 608 (o), **610 (o)**
– Mehrzahl an Verantwortlichen § 10 Rn 614 (o)
– Riskoabschätzung § 10 Rn 611 (o)
– Technikfolgenabschätzung § 10 Rn 611 (o)
– umfassende Dokumentation § 10 Rn 612 (o)
– Verzeichnis aller Verarbeitungstätigkeiten § 10 Rn 612 (o)
Sicherheitsbehörden, besondere § 16 Rn 12 ff. (o)
Sicherheitsdienste, private § 3 Rn 69 ff.
– Befugnisse § 3 Rn 71
– Erlaubnispflicht § 3 Rn 72
Sicherheitsverwahrung, Observation § 10 Rn 364
Sicherstellung § 11 Rn 273 ff.
– Abschleppmaßnahme § 8 Rn 21
– Anfechtung § 11 Rn 274
– Aufhebung § 11 Rn 281

– Begriff § 11 Rn 273
– bei Durchsuchung von Personen § 11 Rn 211
– bei Durchsuchung von Sachen § 11 Rn 234
– bei Durchsuchung von Wohnungen § 11 Rn 262
– Ermessen § 11 Rn 274
– Kosten § 11 Rn 280
– Rechtscharakter § 11 Rn 274
– Schadensersatz § 11 Rn 275
– Schutz privater Rechte § 11 Rn 273
– Unterrichtungspflicht § 11 Rn 275
– Verhältnismäßigkeit § 11 Rn 278
– Verwahrungsverhältnis § 11 Rn 276
– Verwertung § 11 Rn 279
– von Bargeld § 11 Rn 274
– von Fahrzeugen § 11 Rn 273, **278**
– von Fundsachen § 11 Rn 282
– von Tieren § 11 Rn 282
– von Warenlager § 11 Rn 274
Sicherungseigentümer, Verantwortlichkeit § 5 Rn 24
Sieben-Länder-Abkommen Prüm § 1 Rn 60
Signalmunition, Durchsuchung § 11 Rn 212
Silvesterknaller, Umgang mit § 7 Rn 7
SIM-Karte § 10 Rn 524, 540
SIRENE § 1 Rn 38
SIS § 1 Rn 38 bis 41, § 10 Rn 448
SIS-Sachfahndung-Datei § 10 Rn 448
Sistierung § 11 Rn 15, 51, 53, 190, 324
Sittengesetz § 4 Rn 66
Sitzblockade, Kostenverteilung § 5 Rn 44, 46
Skiwanderwege, Schutz § 9 Rn 10
Sondernutzungserlaubnis § 6 Rn 3
Sonderopfer § 14 Rn 2, 3, 14
Sonderrechtsnachfolge § 5 Rn 33
Sonderrisiko, Verantwortlichkeit § 5 Rn 20
Sonn- und Feiertag § 6 Rn 20, siehe auch Feiertagsgesetz,
Sorgeberechtigter, Verantwortlichkeit § 5 Rn 17
Sowjetisch besetzte Zone § 1 Rn 14
Sozialrecht, Abgrenzung zum Polizeirecht § 6 Rn 61
Speicherung von Daten, siehe Datenverarbeitung
Sperrgebietsverordnung § 5 Rn 8
Sperrgerät § 12 Rn 51
Sperrwirkung für Generalklausel § 11 Rn 1
Sperrzeitverordnung § 9 Rn 10
Spezialermächtigungen für Polizeiverfügungen § 6 Rn 13 ff.
– bundesgesetzliche, Beispiele § 6 Rn 14
– landesrechtliche, Beispiele § 6 Rn 17
– Standardmaßnahmen § 6 Rn 18

Spezialität, Grundsatz § 6 Rn 13 ff., § 9 Rn 10, § 11 Rn 3
Spielplatz
- Benutzungsordnung § 9 Rn 5
- Lärm § 9 Rn 5
Spontangewahrsam § 11 Rn 195
Sprengmittel § 12 Rn 51
SS-Staat § 1 Rn 9
SSD (Staatssicherheitsdienst) § 1 Rn 14
Staatliche Einrichtungen, Schutz § 4 Rn 49 ff.
Staatliches Gewaltmonopol § 3 Rn 71
Staatsanwaltschaft § 13 Rn 2, 4
- Ermittlungspersonen § 13 Rn 4, 10
- Ermittlungstätigkeit § 13 Rn 5
- Ermittlungsverfahren § 13 Rn 2
- Übermittlung von Daten § 10 Rn 587, 620 (o)
- Weisungsbefugnis § 13 Rn 6
Staatsbesuch, Schutz § 4 Rn 52
Staatsbürgerliche Rechte, Schutz § 4 Rn 64, 65
Staatshaftungsrecht § 15 Rn 880
Staatsschutz § 16 Rn 12 (o)
Staatssicherheitsdienst (SSD) § 1 Rn 14
Staatstrojaner § 10 Rn 514
Stadionverbot § 13 Rn 5
Stadtkreise § 3 Rn 10
Stalking, Maßnahmen § 4 Rn 61
Stalking, Verstoß gegen öffentliche Sicherheit § 4 Rn 61
Standardmaßnahmen § 11 Rn 1 ff.
- als abschließende Spezialvorschrift § 6 Rn 18, § 12 Rn 2
- Aufenthaltsüberwachung, elektronische § 11 Rn 130 ff.
- Aufenthaltsverbot § 11 Rn 89 ff.
- Aufenthaltsvorgabe § 11 Rn 101 ff., **105 ff.**
- Beschlagnahme § 11 Rn 283 ff.
- Betreten und Durchsuchen von Wohnungen § 11 Rn 250 ff.
- Durchsuchung von Personen § 11 Rn 204 ff.
- Durchsuchung von Sachen § 11 Rn 229 ff.
- Einziehung § 11 Rn 305 ff.
- Elektronische Aufenthaltsüberwachung § 11 Rn 130 ff.
- Erkennungsdienstliche Maßnahmen § 11 Rn 319 ff.
- Gewahrsam § 11 Rn 172 ff.
- Grundverfügung § 11 Rn 5
- Kontaktverbot § 11 Rn 101 ff., **112 ff.**
- Kontrolle Berechtigungsscheine § 11 Rn 54
- Personenfeststellung § 11 Rn 8 ff.
- Platzverweis § 11 Rn 77 ff.
- Rechtscharakter § 11 Rn 4
- Sicherstellung § 11 Rn 273 ff.

- Vernehmung § 11 Rn 316 ff.
- Vorladung § 11 Rn 55 ff.
- Wohnungsverweis § 11 Rn 95 ff.
- Zuständigkeit § 11 Rn 7
Ständiger Ausschuss für die operative Zusammenarbeit (COSI) § 1 Rn 43
Stasi (Staatssicherheit) § 1 Rn 14
Statistik, weitere Datennutzung § 10 Rn 567 bis 569 (o)
Stelle
- andere § 3 Rn 74
- datenverarbeitende § 10 Rn 79, **137 bis 139**
- nichtöffentliche Stelle § 10 Rn 194
- öffentliche § 10 Rn 193
- überstaatliche § 10 Rn 578 (o)
- verantwortliche § 10 Rn **138**, 606
Sterbehilfe-Urteil des BVerfG § 11 Rn 187 ff.
Steuerstaatsprinzip § 15 Rn 5
Stichtagserhebung, Liga der freien Wohlfahrtspflege § 6 Rn 44
Störer, § 5 Rn 1 ff., siehe auch Adressat polizeiliche Maßnahme
- Auswahl unter Kostenpflichtigen § 5 Rn 43 ff.
- Auswahl unter Polizeipflichtigen § 5 Rn 41 f.
- Handlungsstörer § 5 Rn 12 ff.
- Rechtsnachfolge in die Polizeipflicht § 5 Rn 31 ff.
- ungeeigneter § 8 Rn 5
- Zusatzverantwortlichkeit § 5 Rn 17 ff.
- Zustandsstörer § 5 Rn 21 ff.
- Zweckveranlasser § 5 Rn 7 ff.
Störereigenschaft, Datenabgleich § 10 Rn 306
Störermehrheit § 5 Rn 1 ff., 39 ff.
Störung
- der öffentlichen Sicherheit und Ordnung § 4 Rn 70
- künftige, Polizeiverordnung § 9 Rn 34
- unmittelbar bevorstehende § 4 Rn 32
Strafprozessordnung § 12 Rn 2, § 13 Rn 6
- Anpassung an EU-Datenschutzrecht § 10 Rn 36 f.
- Verhältnis zum BDSG § 10 Rn 37
- Verhältnis zum PolG § 10 Rn 82, 84
Strafprozessrecht, Anpassung an EU-Datenschutzrecht, § 10 Rn 36 f.
Straftaten
- Aufklärung § 13 Rn 3, 7
- Bekämpfung § 13 Rn 12
- Datenschutz bei § 10 Rn 36 f., 82
- gegen Leib und Leben § 11 Rn 32, 98, 184, 228
- mit erheblicher Bedeutung, Legaldefinition § 10 Rn 374

- schwerwiegender Art (Schusswaffengebrauch) § 12 Rn 71
- Verfolgung § 13 Rn 7
- Verhütung von § 4 Rn 3
- Vorbeugende Bekämpfung von § 4 Rn 3 ff., § 10 Rn **190**, § 13 Rn 12

Strafunmündigkeit § 11 Rn 323, 325
Strafverfahren, Polizei im § 13 Rn 1 ff.
- Abgrenzung zur Gefahrenabwehr § 13 Rn 1, **11 ff.**
- Abgrenzung zur Gefahrenverhütung § 13 Rn 12
- Aufgaben § 13 Rn 3 ff.
- Aufgabenzuweisungsnorm § 13 Rn 6
- Aufklärung von Straftaten § 13 Rn 3
- Befugnisse § 13 Rn 10
- Beschuldigteneigenschaft § 11 Rn 244
- doppelfunktionale Maßnahmen § 13 Rn 13 ff.
- ergänzende Heranziehung des Polizeirechts § 12 Rn 2
- Legalitätsprinzip § 13 Rn 1, 7
- Polizei im § 13 Rn 1 ff.
- Rechtsweg § 13 Rn 16
- Verhältnis zu Standardmaßnahmen § 11 Rn 3
- Vorrang des Bundesrechts § 11 Rn 323

Straßenkriminalität § 10 Rn 241
Straßenverkehrsbehörde § 8 Rn 14
Straßenverkehrszulassungsordnung, Kfz-Zulassung § 6 Rn 14
Streifendienst des deutsches Bundestags § 16 Rn 7 (o)
Streifentätigkeit, Realakte § 7 Rn 1
Strompolizei § 16 Rn 8 (o)
Stuttgart 21, Polizeieinsatz § 1 Rn 18, § 12 Rn 53
Stuttgarter Randale-Nacht § 10 Rn 249
Subjektive Rechte des Einzelnen, Schutz § 4 Rn 62
Subsidiarität, Grundsatz § 3 Rn 73 ff., § 6 Rn 13, § 9 Rn 9 ff.
Subsidiäre Zuständigkeiten der Polizei § 3 Rn 73 ff.
Suizid § 11 Rn 184, **187 ff.**, 287
- Anspruch auf Selbsttötung (Sterbehilfe-Urteil des BVerfG) § 11 Rn 187 ff.

Systemdatenschutz § 10 Rn 113

Tätigwerden für andere Stellen § 3 Rn 73 ff.
Tätigwerden, rechtzeitiges § 3 Rn 76
Tätigwerden, sofortiges § 3 Rn 52
Talsperre, gefährdeter Ort § 11 Rn 29
Tarnurkunde § 10 Rn 369
Tatverdacht, dringender § 12 Rn 67
Taube, Fütterungsverbot § 9 Rn 10

Taxenstand, Abschleppen § 8 Rn 15
Technikzentrum für Spezialeinheiten § 3 Rn 32
Technische Mittel zur Datenerhebung § 10 Rn 344 ff.
Telefonanrufe, Aufzeichnung
- Betroffenheit Dritter § 10 Rn 300
- Einwilligung § 10 Rn 289
- Ermächtigung § 10 Rn 289
- Hinweispflicht § 10 Rn 319
- Informationspflichten § 10 Rn 302
- Löschung § 10 Rn 297 bis 299
- Notruf § 10 Rn 291 bis 293
- Rechtsschutz § 10 Rn 302
- sachdienliche Hinweise § 10 Rn 291 bis 293
- Verfassungsrecht § 10 Rn 290
- weitere Verarbeitung § 10 Rn 297 bis 299
- Zuständigkeit § 10 Rn 296

Telekommunikation, Maßnahmen § 10 Rn 461 bis 547
- Änderungen durch das PolG 2020 § 10 Rn 461
- Bestandsdatenauskunft § 10 Rn 465 bis 472
- Erhebung von Nutzungsdaten § 10 Rn 473 bis 503
- Erhebung vom Telekommunikationsdaten § 10 Rn 473 bis 503
- Kennungsermittlung § 10 Rn 538 f., 540 bis 543, 547
- Standortermittlung § 10 Rn 538 f., 540 bis 543, 547
- Überwachung der Telekommunikation § 10 Rn 504 bis 536
- Unterbrechung von Verbindungen § 10 Rn 538 f., 540 bis 543, 547
- Verfassungsrecht § 10 Rn 462 bis 464
- Verhinderung von Verbindungen § 10 Rn 538 f., 540 bis 543, 547

Telekommunikationsanlagen § 10 Rn 462
Telekommunikationsbestandsdaten, Ermittlung § 10 Rn 465 bis 472
Telekommunikationsdienste § 10 Rn 463, 471
Telekommunikation, Überwachung § 10 Rn 504 bis 537
- Anpassungen durch das PolG 2020 § 10 Rn 504
- automatische Aufzeichnung § 10 Rn 532, 533
- Befristung der Maßnahme § 10 Rn 525
- Benachrichtigungspflicht der betroffenen Person § 10 Rn 536
- Berichtspflicht an den Landtag § 10 Rn 536
- Dokumentationspflichten § 10 Rn 535
- Gefahr im Verzug § 10 Rn 526 f.

Sachregister

- gerichtliche Anordnung § 10 Rn 523 bis 525
- Historie § 10 Rn 504
- informationstechnische Systeme, Eingriff § 10 Rn 515
- Kennzeichnungspflicht der Daten § 10 Rn 536
- Kernbereich privater Lebensgestaltung, Schutz § 10 Rn 8 ff., 531 bis 535
- Kontrolle durch Datenschutzbeauftragten § 10 Rn 536
- Mitwirkungspflichten von Diensteanbietern § 10 Rn 528 bis 530
- Quellen-TKÜ § 10 Rn 514 f.
- Protokollierungspflichten § 10 Rn 536
- Rechtsschutz § 10 Rn 520, 521
- Richtervorbehalt § 10 Rn 517 bis 525, 533
- Überprüfungspflicht § 10 Rn 13
- unbeteiligte Dritte § 10 Rn 513
- Verarbeitungsverbot § 10 Rn 15, 533 f.
- Verdacht einer schweren Straftat § 10 Rn 509
- Verfassungsrecht § 10 Rn 505 bis 507
- Verhältnismäßigkeit § 10 Rn 512, 515, 516
- Verwertungsverbot § 10 Rn 545 bis 548, 550 f.
- Voraussetzungen § 10 Rn 508 bis 513
- Zielsetzung § 10 Rn 504

Telekommunikationsverkehrsdaten, Erhebung § 10 Rn 473 bis 503
- Abbruch der Maßnahme § 10 Rn 502
- Änderungen durch das PolG 2020 § 10 Rn 473, 475
- behördliche Anordnung § 10 Rn 501
- Berichtspflicht an den Landtag § 10 Rn 503
- Ermächtigung § 10 Rn 476 bis 487
- Gefahr im Verzug § 10 Rn 498 f.
- Gefährdung der Aufgabenerfüllung § 10 Rn 486
- gerichtliche Anordnung § 10 Rn 495 bis 497
- hilflose Person § 10 Rn 501
- individuelles Verhalten § 10 Rn 483
- konkrete Gefahr § 10 Rn 477
- Mitwirkungspflicht des Diensteanbieters § 10 Rn 500
- Nachrichtenmittler § 10 Rn 484
- Nichtstörer § 10 Rn 478
- Nutzung des Telefonanschlusses oder Telefons eines Dritten § 10 Rn 485
- potenzieller Straftäter § 10 Rn 479
- Protokollierungspflicht § 10 Rn 503
- Rechtsschutz § 10 Rn 493
- Richtervorbehalt § 10 Rn 488 bis 497
- Störer § 10 Rn 478
- terroristische Straftaten § 10 Rn 480

- überschaubarer Zeitraum § 10 Rn 482
- unbeteiligte Dritte § 10 Rn 487
- Verdacht einer schweren Straftat § 10 Rn 481
- Zuständigkeit § 10 Rn 474

Telemediendienste § 10 Rn 471
Terroranschläge New-York § 10 Rn 24
Terrorismus § 10 Rn 6
- islamistischer § 1 Rn 16, 21 f., § 10 Rn 222, 242, 326, 354 f., 504

Terrorismusabwehrzentrum (GTAZ) § 1 Rn 16
Theorie der rechtswidrigen Verursachung § 5 Rn 5
Tiere
- Beschlagnahme § 11 Rn 286
- Durchsuchung § 11 Rn 229
- Einziehung § 11 Rn 307, 309 (Hund)
- herrenlose § 8 Rn 3
- Sachbegriff § 5 Rn 23
- Sicherstellung § 11 Rn 282 (Hund)
- Fütterungsverbot § 3 Rn 14, § 4 Rn 61, § 9 Rn 10

Tiergefahren, Schutz vor § 6 Rn 20, § 9 Rn 3
Tierlärm, Schutz vor § 6 Rn 20, § 9 Rn 3
Tierschutzgesetz § 6 Rn 14
Tierseuchengesetz § 6 Rn 14
TKG, siehe Telekommunikation § 10 Rn 461 ff.
TKÜ § 10 Rn 461 ff.
Todesschuss, siehe Rettungsschuss § 12 Rn 72 ff.
Tonaufzeichnungen, Anfertigung § 10 Rn 222 ff.
Transparenzgebot (Datenschutz)
- der Datenerhebung § 10 Rn 124
- bei der Datenverarbeitung § 10 Rn 114 bis 116
- bei verdeckten Ermittlungen § 10 Rn 115
- Erfüllung im PolG § 10 Rn 116

Transport, Kosten für Begleitung § 15 Rn 1, 38, 42
Trefferfall, Datenabgleich § 10 Rn 456 ff.
Trennsystem § 1 Rn 11, § 3 Rn 3, 6
Trennungsgebot (Polizei)
- bei gemeinsamer Projektdatei § 10 Rn 303
- Strafverfahren § 13 Rn 7
- Verfassungsschutz § 16 Rn 12 (o)

Treu und Glaube in der Datenverarbeitung, Grundsatz § 10 Rn 97
TREVI-Gruppe § 1 Rn 36
Triton, EU-Operation § 1 Rn 58

Überbrückungscharakter, Obdachlose § 6 Rn 61
Übergangstatbestand § 5 Rn 32
Übermaßverbot § 6 Rn 33, siehe Verhältnismäßigkeit

- beim polizeilichen Notstand § 5 Rn 51 f.
- beim unmittelbaren Zwang § 12 Rn 52, 55
- zeitliches § 5 Rn 53

Übermittlung von Daten, siehe Datenübermittlung

Überprüfungspflicht (bei der Datenverarbeitung)
- allgemein § 10 Rn 603 bis 607 (o)
- bei der Datenübermittlung § 10 Rn 166
- bei der Datenverarbeitung § 10 Rn 104
- Höchstfrist § 10 Rn 604 (o)

Uferbereich, Baggersee § 9 Rn 10
Ultima Ratio § 10 Rn 347, 402, 404
Ultra, polizeibekannter § 11 Rn 92
Ultrascene § 11 Rn 92, 93
Umsetzung eines Pkw § 8 Rn 25
Umsetzung Obdachloser § 3 Rn 55, § 6 Rn **65**, § 12 Rn 1
Umweltschädliches Verhalten, Polizeiverordnung § 9 Rn 1 ff.
Unanfechtbarkeit von Verwaltungsakten § 12 Rn 16
Unaufschiebbare Maßnahmen § 3 Rn 77

Unbeteiligte
- Entschädigungsansprüche § 14 Rn 3 ff., 12
- Gefährdung durch Schusswaffengebrauch § 12 Rn 55, 61, 82
- Maßnahmen gegen § 5 Rn 47 ff.

Unbrauchbarmachung § 11 Rn 274, 279, 305, 313 f.
Unfallversicherung, gesetzliche § 14 Rn 13
Unfreiwillige Obdachlosigkeit § 6 Rn 46 ff.
Unglücksfall § 11 Rn 18, 216, 237
Unmittelbare Ausführung § 8 Rn 1 ff.
- Abgrenzungen § 8 Rn 8
- Abschleppmaßnahmen § 8 Rn 20
- Begriff § 8 Rn 1
- Fremdvornahme § 8 Rn 9
- Kostenbescheid § 8 Rn 12
- Kostenersatz § 8 Rn 9, 10
- pflichtgemäßes Ermessen § 8 Rn 6
- Rechtmäßigkeitsvoraussetzungen § 8 Rn 3 ff.
- Rechtscharakter § 8 Rn 2
- Rechtsschutz § 8 Rn 11
- rechtzeitige Zweckerreichung § 8 Rn 5
- Selbstvornahme § 8 Rn 9
- unverzügliche Unterrichtung § 8 Rn 7
- Verhältnismäßigkeit § 8 Rn 23 ff.
- Zurückbehaltungsbefugnis § 15 Rn 40

Unmittelbare Verursachung § 5 Rn 5 ff.
Unmittelbare Wirkung der DSGVO § 10 Rn 17
Unmittelbarer Zwang § 12 Rn 11, 49 ff.
- Adressat § 12 Rn 42 f.
- Androhung § 12 Rn 33 ff., **55**
- Anwendung § 12 Rn 39 f.
- Auswahl Zwangsmittel § 12 Rn 47
- Begriff § 12 Rn 1, 49
- Fesselung § 12 Rn 52
- Festsetzung § 12 Rn 37 f.
- gegen Rechtsnachfolger § 12 Rn 43
- gezielter Rettungsschuss § 12 Rn 72 f.
- Hilfsmittel der körperlichen Gewalt § 12 Rn 51
- Körperliche Gewalt § 12 Rn 50
- Kostenersatz § 15 Rn 26 ff.
- Mittel § 12 Rn 50 ff.
- Rechtscharakter § 12 Rn 41
- Rechtsschutz § 12 Rn 83 ff.
- Schlagstockeinsatz § 12 Rn 55
- Schusswaffengebrauch § 12 Rn 64 ff.
- Übermaßverbot § 12 Rn 52, 55
- Verbot der Folter § 12 Rn 57
- Verfahren § 12 Rn 32 ff.
- Vollstreckungsbehörde § 12 Rn 45 f.
- Voraussetzungen § 12 Rn 12 ff.
- Waffen § 12 Rn 54
- Wasserwerfereinsatz § 12 Rn 53
- Zuständigkeit § 12 Rn 45 f.

Unmittelbarkeit, Grundsatz § 10 Rn 120
Unterbindungsgewahrsam § 11 Rn 181 ff.
Untere Verwaltungsbehörde § 3 Rn 10
Unterlassen, Polizeipflicht § 5 Rn 13, 15 f.
Unterrichtungspflicht
- bei Datenverarbeitung § 10 Rn 616 bis 623 (o)
- bei Tätigwerden für andere Stelle § 3 Rn 78
- bei unmittelbarer Ausführung § 8 Rn 7
- der Polizeibehörden § 3 Rn 27
- der Fachaufsicht § 3 Rn 39
- des Landtags BW § 10 Rn 623 (o)

Untersuchung, körperliche § 11 Rn 206
Untersuchungsausschuss
- NSA (National Security Agency) § 1 Rn 19
- NSU (Nationalsozialistischer Untergrund) § 1 Rn 17
- Stuttgart 21 § 1 Rn 18

Untunlich, Bekanntgabe Allgemeinverfügung § 6 Rn 9
Unverletzlichkeit der Wohnung § 10 Rn 261, 271, 403, 506, § 11 Rn 251 ff.
Unversehrtheit, körperliche § 12 Rn 56, 72, 73
Unvertretbare Handlung § 12 Rn 9, 11
Unverzüglich § 3 Rn 78, § 11 Rn 100, 121, 125, 144, 146, 163, 167, 192, 193, 194, 195, 198, 201, 272, 275, 292, § 12 Rn 36
Ursachenzusammenhang, Polizeiverordnung § 9 Rn 23

Sachregister

VAD-Anhaltesystem § 12 Rn 51
VEME PolG (Vorentwurf zur Änderung des Musterentwurfes eines Polizeigesetzes) § 2 Rn 9
Veränderung von Daten, Begriff § 10 Rn 68, 88
Verarbeitung von Daten, siehe Datenverarbeitung
Veranstalterverantwortlichkeit bei Fußballspielen § 5 Rn 9, 47, § 15 Rn **46 ff.**
Veranstaltung, öffentliche, Datenerhebung, Begriff § 10 Rn 228
Veranstaltung des Staates, Schutz § 4 Rn 52
Verantwortliche Stelle im Datenschutzrecht § 10 Rn 137 bis 139
Verantwortlicher im Datenschutzrecht § 10 Rn 95 (Begriff), 137 bis 139
Verantwortlichkeit, polizeiliche § 5 Rn 1 ff.
Verarbeitung von Daten, siehe Datenverarbeitung
Verbot mit Erlaubnisvorbehalt § 6 Rn 3
Verbrechen § 10 Rn 149, 374
Verbringungsgewahrsam § 11 Rn 191
Verdacht, Gefahrenverursachung § 4 Rn 45 ff.
Verdachtsstörer § 4 Rn 42, § 14 Rn 10
Verdeckte Maßnahmen, Protokollierungspflicht § 10 Rn 600 bis 602 (o)
Verdeckter Ermittler siehe Ermittler § 10 Rn 344 ff., 369 f., 391
Vereinsgesetz § 6 Rn 14
Vereinsverbot § 6 Rn 14
Verfahrensverzeichnis § 10 Rn 312
Verfassungsbeschwerde § 10 Rn 326, 433
Verfassungskonforme Auslegung § 5 Rn 28
Verfassungsmäßige Ordnung, Schutz § 4 Rn 49
Verfassungsschutz, Bundesamt § 16 Rn 13 (o)
Verfassungsschutz, siehe Landesamt für Verfassungsschutz
Verfolgung von Straftaten § 4 Rn 11, § 13 Rn 3 ff., 7
Verfolgungsjagd § 12 Rn 66
Verfolgungspflicht § 13 Rn 7
Verfügung, siehe Polizeiverfügung
Verfügungsgewalt über Sache § 11 Rn 284
Vergleich von Daten § 10 Rn 314 ff.
Vergessenwerden, Recht auf § 10 Rn 454
Verhalten § 5 Rn 13
Verhaltensverantwortlichkeit § 5 Rn 12 ff.
– Begriff des Verhaltens § 5 Rn 12
– durch Dereliktion § 5 Rn 27
– für eigenes Verhalten § 5 Rn 22
– für fremdes Verhalten § 5 Rn 17 ff.
– für Herbeiführung eines Sonderrisikos § 5 Rn 20
– Rechtsnachfolge § 5 Rn 30 ff.

– Unterlassen § 5 Rn 15
Verhältnismäßigkeit § 6 Rn 33, § 9 Rn 43, § 11 Rn 1
– beim Abschleppen von Pkws § 8 Rn 357 ff.
– bei Aufenthaltsverbot § 11 Rn 92
– bei Aufenthaltsvorgaben § 11 Rn 111, 125
– bei Beschlagnahmen § 11 Rn 293, 301
– bei Durchsuchung von Personen § 11 Rn 212 f., 222
– bei Durchsuchung von Sachen § 11 Rn 228, 244
– bei Durchsuchung von Wohnungen § 11 Rn 251, 263
– bei elektronischer Aufenthaltsüberwachung § 11 Rn 140, 150 f., 167
– bei erkennungsdienstlichen Maßnahmen § 11 Rn 325 ff.
– bei Gefährderansprache § 11 Rn 65, 75, **76**
– bei Gewahrsam § 11 Rn 182, 187
– bei Inanspruchnahme Unbeteiligter § 5 Rn 265 ff.
– bei Kontaktverboten § 11 Rn 116, 125
– bei Personenfeststellungen § 11 Rn 25
– bei Polizeiverfügungen § 6 Rn 33
– bei Polizeiverordnungen § 9 Rn 43
– bei Sicherstellung von Fahrzeugen § 11 Rn 278
– bei Wohnungsverweis § 11 Rn 99
Verhinderung von Straftaten § 4 Rn 3, 5
Verhütung von Straftaten § 4 Rn 5
Verjährung
– Amtshaftungsanspruch § 14 Rn 16
– Entschädigungsanspruch § 14 Rn 8
– Polizeipflicht § 5 Rn 37 f.
Verkehrsdaten § 10 Rn 461, 463, 471, **473 ff.**, 500
Verkehrseinrichtung § 8 Rn 14, siehe Verkehrszeichen
Verkehrsinformationssystem, Datenabgleich § 10 Rn 324
Verkehrspolizeidirektion (frühere) § 3 Rn 31
Verkehrsunfallbericht § 4 Rn 15
Verkehrsunfallprävention § 3 Rn 33, § 4 Rn 15
Verkehrsverstöße, qualifizierte § 8 Rn 24
Verkehrszeichen § 8 Rn 14 ff.
– Abschleppmaßnahmen § 8 Rn 14
– als Allgemeinverfügung § 8 Rn 8
– Geltungsdauer § 8 Rn 16
– Wegfahrgebot § 8 Rn 14
– Wegfall der aufschiebenden Wirkung, Widerspruch § 12 Rn 23
– Widerspruchsfrist § 8 Rn 19
– Wirksamkeit durch Aufstellung § 8 Rn 16
– Zuständigkeit für Vollstreckung § 8 Rn 14
Verkehrszeichenrechtsprechung § 8 Rn 14 ff.
Verkündung, Polizeiverordnung § 9 Rn 62 f.

Verkündungsgesetz § 9 Rn 62
Vermutung
– der Zuständigkeit der Ortspolizeibehörde § 3 Rn 70 ff.
– der Zuständigkeit der Polizeibehörde § 3 Rn 97
Vernehmung § 11 Rn 316 ff.
– Begriff § 11 Rn 316
– Folterverbot § 11 Rn 317
– Menschwürde, Grundsatz der Unantastbarkeit § 11 Rn 316
Vernichtung, Sicherstellung § 11 Rn 279
Vernichtung von Unterlagen § 11 Rn 328
– Recht auf § 11 Rn 330
Verordnung des Landes über Ermittlungspersonen § 13 Rn 4
Verordnung über das Halten gefährlicher Hunde § 9 Rn 12 ff.
Verordnung zur Gefahrenabwehr § 9 Rn 1 ff., siehe Polizeiverordnung
Verrichtungsgehilfe § 5 Rn 18
Versammlung
– Abgrenzung zu Veranstaltungen / Ansammlungen § 11 Rn 17, 34, 212, 236
– Auflösung § 6 Rn 16
– Ausgangsveranstaltung § 5 Rn 11
– friedliche § 5 Rn 50
– Gefährderansprache § 11 Rn 67 ff.
– Platzverweis § 11 Rn 87, **88**
– Videoaufnahmen § 10 Rn 227
– vor Beginn § 6 Rn 16
Versammlungsfreiheit § 5 Rn 50, § 11 Rn 19, 216, 238
Versammlungslokal, baufälliges § 6 Rn 282
Versammlungsrecht
– Einkesselung § 6 Rn 16
– Polizeifestigkeit § 6 Rn 15, § 10 Rn 227, § 11 Rn 17, 34, 88, 214, 236
– Rechtsextremismus, Maßnahmen § 4 Rn 67
– Rückgriff auf PolG § 6 Rn 15
– Videoaufnahmen § 10 Rn 227
– Zweckveranlasser § 5 Rn 11
Versammlungsverbot, präventives § 6 Rn 71
Versammlungs-ZuständigkeitsVO § 3 Rn 92
Versetzen, Pkw § 8 Rn 25
Versteigerung, öffentliche § 11 Rn 307, 313 f.
Verstrickungsbruch § 11 Rn 291
Vertrag von Amsterdam § 1 Rn 37, 42
Vertrag von Lissabon § 1 Rn 43, 52
Vertrag von Maastricht § 1 Rn 36, 46
Vertrag von Nizza § 1 Rn 37
Vertrag von Prüm § 1 Rn 60, § 10 Rn 579 (o)
Vertrag über die Arbeitsweise der Europäischen Union (AEUV) § 1 Rn 43, 47, 52 ff.
Vertrag über die Europäische Union (EUV) § 1 Rn 43

Vertrauensperson
– Einsatz zur Datenerhebung § 10 Rn 371
– Schutz bei Benachrichtigungspflichten der Polizei § 10 Rn 620 (o)
Vertraulichkeit
– der Datenverarbeitung § 10 Rn 112
– der Kommunikation § 10 Rn 211, 278, 462
Vertretbare Handlung § 12 Rn 9
Verunreinigung von Straßen durch Hundekot § 3 Rn 54, § 9 Rn 21
Verursacher § 5 Rn 5 ff.
Verursachung, Theorie der unmittelbaren § 5 Rn 5
Verwahrungsverhältnis, öffentlich-rechtliches
– bei der Beschlagnahme § 11 Rn 291, 300 (Wohnung)
– bei der Sicherstellung § 11 Rn 276 ff.
– beim Abschleppen von Kfz § 11 Rn 278
– Kostenersatz § 15 Rn 22 ff., 37
Verwaltungsabkommen über die Bereitschaftspolizeien § 16 Rn 9 (o)
Verwaltungsakt
– Dauerverwaltungsakt § 11 Rn 99, 176, 202
– feststellender § 6 Rn 2, § 12 Rn 13
– Polizeiverfügung § 6 Rn 1 ff.
– privatrechtsgestaltender § 11 Rn 305
– rechtsgestaltender § 6 Rn 2
– vollstreckbarer § 12 Rn 14
– vollstreckungsfähiger § 12 Rn 13
– zur Duldung (Beispiel) § 11 Rn 236
Verwaltungsbehörde, untere § 3 Rn 10
Verwaltungsgebühren § 15 Rn 35 ff.
Verwaltungsgebührensatzung § 15 Rn 37
Verwaltungshandeln, schlichtes § 7 Rn 1
Verwaltungskompetenzen § 2 Rn 7
Verwaltungsstruktur-Reformgesetz § 1 Rn 27, § 3 Rn 18
Verwaltungsvollstreckung § 12 Rn 1 ff.
Verwaltungsvollstreckungskostenordnung (LVwKGKO) § 15 Rn 32
Verwaltungsvorschrift des IM (VwV PolG) § 1 Rn 25
Verwaltungsvorschrift Organisation-VwVPol-Org § 3 Rn 28
Verwaltungsvorschrift über das Halten gefährlicher Hunde § 9 Rn 12
Verwarnung § 9 Rn 69
Verwarnungsgeld § 9 Rn 69
Verwendungszweck, Daten § 10 Rn 130 ff.
Verwertung
– bei der Sicherstellung § 11 Rn 279
– rechtswidrig erlangter Daten § 10 Rn 97
– von Daten aus Wohnraumüberwachung § 10 Rn 145, 153 bis 155, 162
Verwertungsverbot § 4 Rn 64 (mit Fn 145), § 10 Rn 97, 211, 347, 410, 634

Verzug, Gefahr im § 3 Rn 52, 75, § 4 Rn 35, § 10 Rn 155, 378, 386, 411, 416, 421, 422 ff., 489, 498 f., 519, 526 f., 542, § 11 Rn 119, 121, 128, 163, 170, 269, § 12 Rn 17
Videotelefonie § 10 Rn 515
Videoüberwachung § 10 Rn 222 bis 288
– an besonders gefährdeten Orten § 10 Rn 233 f.
– Änderungen durch das PolG 2020 § 10 Rn 223, 225, 248
– Anfertigung von Bild- und Tonaufnahmen § 10 Rn 224
– automatisierte Bildauswertung § 10 Rn 242 bis 247
– Bodycams § 10 Rn 248 bis 270, siehe auch Bodycams
– doppelfunktionale Maßnahme § 10 Rn 235
– Einwilligung § 10 Rn 225
– erhebliche Gefahr § 10 Rn 229
– Gesetzesvorbehalt § 10 Rn 226
– Hinweispflicht § 10 Rn 239, 281 f.
– Historie der offenen § 10 Rn 222 f.
– informationelle Selbstbestimmung § 10 Rn 225, 236, 244, 261
– Kernbereich privater Lebensgestaltung, Schutz § 10 Rn 8 ff., 275 f.
– Körperkameras, siehe Bodycams
– Löschungspflicht § 10 Rn 217 bis 290
– offene § 10 Rn 239, 281 f.
– Rechtscharakter § 10 Rn 288
– Rechtsschutz § 10 Rn 288
– Richtervorbehalt bei weiterer Datenverarbeitung § 10 Rn 261 bis 266
– VersammlG § 10 Rn 227
– vom Hauseingang § 10 Rn 365
– von Ansammlungen § 10 Rn 228 bis 232
– von in Gewahrsam genommenen Personen § 10 Rn 280
– von Kriminalitätsbrennpunkten § 10 Rn 235 bis 247
– von Veranstaltungen § 10 Rn 228 bis 232
– Zuständigkeit § 10 Rn 227, 232, 234, 238, 244, 252
Virus, COVID-19 § 1 Rn 25, 59, § 6 Rn 14
V-Leute, zentrale Datei § 16 Rn 13 (o)
Voice over IP § 10 Rn 515
Volksfest, Aufenthaltsverbot § 11 Rn 93
Volkspolizei, Deutsche § 1 Rn 14
Volkspolizeigesetz § 1 Rn 14
Volkszählung § 4 Rn 49
Volkszählungsurteil BVerfG § 4 Rn 49
Vollstreckbarer Verwaltungsakt § 12 Rn 12 ff.
Vollstreckung § 12 Rn 1 ff.
– Abgrenzung Realakt § 8 Rn 8
– Adressat § 12 Rn 42 f.

– Einstellung § 12 Rn 48
– Einwendungen, Ausschluss § 12 Rn 33
– Rechtmäßigkeit der Grundverfügung § 12 Rn 31
– rechtsmissbräuchliche § 12 Rn 31
– Verfahrensabschnitte § 12 Rn 32
– Vollstreckungsbehörde § 12 Rn 44 ff.
– Vollstreckungsverfahren § 12 Rn 32 ff.
– Voraussetzungen § 12 Rn 12 ff.
Vollstreckungsbehörde § 12 Rn 44 ff.
– für unmittelbaren Zwang § 12 Rn 45 f.
Vollstreckungsfähiger Verwaltungsakt § 19 Rn 12
Vollstreckungshindernis § 12 Rn 37, 42
Vollstreckungskostenordnung (LVwVGKO) § 15 Rn 32
Vollstreckungstitel § 6 Rn 43, § 12 Rn 1, 12
Vollstreckungsverfahren § 6 Rn 43, § 12 Rn 1 ff.
Vollziehung, sofortige § 12 Rn 25 ff.
Vollzugsbedienstete, gemeindliche § 3 Rn 60 ff., siehe auch gemeindliche Vollzugsbedienstete
Vollzugshandlung § 3 Rn 55
Vollzugshilfe § 3 Rn 55 f.
– durch Gemeindevollzugsbedienstete § 3 Rn 61
Vollzugsinteresse, überwiegendes § 12 Rn 28
Vollzugsorgane, eigene § 6 Rn 43
Vorauszahlung § 15 Rn 31
Vorbehalt des Gesetzes § 6 Rn 10, § 11 Rn 97, § 12 Rn 1
Vorbereitung auf die Gefahrenabwehr § 4 Rn 3, § 10 Rn 202
Vorbeugende Bekämpfung von Straftaten
– Befugnisnormen, Beispiele § 4 Rn 16
– Begriff § 4 Rn 4, § 10 Rn 236
– Datenerhebung zur § 10 Rn 218
– erkennungsdienstliche Behandlung § 11 Rn 325
– Verarbeitung von Daten § 10 Rn 82
Vorentwurf zur Änderung des Musterentwurfs eines PolG (VEME) § 2 Rn 9
Vorfeldtätigkeiten § 4 Rn 3
Vorführung § 11 Rn 59
Vorgangsverwaltung, Datennutzung § 10 Rn 567 bis 569 (o)
Vorgehen, anonymes § 10 Rn 123
Vorladung § 11 Rn 55 ff.
– Begriff § 11 Rn 55
– Entschädigung § 11 Rn 60
– Rechtscharakter § 11 Rn 55
– spezielle Regelungen § 11 Rn 55
– Verfahrensbestimmungen § 11 Rn 58
– Vollstreckung § 11 Rn 59
– Vorladungszwecke § 11 Rn 56 f.

– zwangsweise Durchsetzung § 11 Rn 59
Vormund, Verantwortlichkeit § 5 Rn 17
Vorrang des Gesetzes, Grundsatz § 9 Rn 45
Vorrang eines Zwangsmittels § 12 Rn 47
Vorratsdatenspeicherung § 1 Rn 45
Vorsorgemaßnahmen **§ 4 Rn 5**, § 6 Rn 5
VRG (Gesetz zur Reform der Verwaltungsstruktur) § 1 Rn 27, § 3 Rn 18
VwV-PolOrg § 3 Rn 28
V-Personen § 10 Rn 371

Wach- und Sicherheitsunternehmen § 3 Rn 69 ff. (Einsatz für staatliche Aufgaben), § 10 Rn 181 ff. (Zuverlässigkeitsprüfung)
Waffen § 12 Rn 54
Waffengesetz § 12 Rn 54
Wagenburg, Beschlagnahme § 6 Rn 33
Warenlager, Sicherstellung § 11 Rn 274
Warnschuss § 12 Rn 62 f.
Warnung, öffentliche § 4 Rn 17, § 7 Rn 1, 4, 8
– Berufsfreiheit, Eingriff in § 4 Rn 17
– Realakt § 7 Rn 8
– Verhältnismäßigkeit § 4 Rn 17
– vor E-Zigaretten § 4 Rn 17
– vor Geschwindigkeitsmessungen § 4 Rn 53
– vor Jugendreligionen § 4 Rn 17
– vor Lebensmitteln § 4 Rn 17, § 7 Rn 8
– vor polizeilichen Maßnahmen § 4 Rn 53
– vor Radarfallen § 4 Rn 53
– vor Rechtsextremismus § 4 Rn 17
– zeitliche Begrenzung § 4 Rn 17
Waschgelegenheit, Notunterkunft § 6 Rn 60
Wasserpfeife § 6 Rn 17
Wasserschutzpolizei § 3 Rn 31, 32
Wasserwerfer § 12 Rn 51, 56, 65
Wasserwerfereinsatz § 12 Rn 53, 55
Wegfahrgebot, Verkehrszeichen § 8 Rn 14, § 12 Rn 8
Wegfall der aufschiebenden Wirkung § 12 Rn 18
Wegnahme einer Sache (Beschlagnahme) § 11 Rn 284
Weisungsaufgaben § 3 Rn 10
Weisungsrecht § 3 Rn 24 ff.
– bei Parallelzuständigkeiten § 3 Rn 23
– bei Polizeiverordnungen § 9 Rn 66
– der Staatsanwaltschaft § 3 Rn 33, § 13 Rn 6
– Form § 3 Rn 24
– Rechtsschutz § 3 Rn 25
– Regressansprüche § 3 Rn 24
– über den Polizeivollzugsdienst § 3 Rn 38 ff.
Weitere Verarbeitung von Daten § 10 Rn 121 bis 132, 563 bis 569 (o)
– Aus- und Fortbildung § 10 Rn 567 bis 569 (o)
– Statistik § 10 Rn 567 bis 569 (o)

– Vorgangsverwaltung § 10 Rn 567 bis 579 (o)
– wissenschaftliche Forschung § 10 Rn 563 bis 566 (o)
Werkzeuge, gefährliche § 11 Rn 227
Widerspruch, gegen Polizeiverfügungen § 6 Rn 41
– Abhilfeentscheidung § 6 Rn 41
– Form § 6 Rn 41
– Frist § 6 Rn 40, 41
– gegen Vollstreckungshandlung § 12 Rn 83
Widerspruchsbehörde
– bei Polizeiverfügungen § 6 Rn 41
– bei Verwaltungsakten einer Polizeidienststelle § 3 Rn 41
– Fachaufsichtsbehörde als § 3 Rn 41
– Kreispolizeibehörde als § 3 Rn 41
Widerspruchsbescheid § 6 Rn 41
Willkürverbot § 5 Rn 43, 44, 46
Wirkung, aufschiebende § 12 Rn 18
Wohlfahrt § 1 Rn 3
Wohnung
– Anordnungsverbot der Datenerhebung § 10 Rn 13
– Begriff § 10 Rn 408, § 11 Rn 255
– behördliche Anordnung der Wohnungsüberwachung § 10 Rn 421 bis 425
– Beschlagnahme § 11 Rn 222 ff.
– Betreten § 11 Rn 250 ff., **256**, 258
– Bodycam, Einsatz in Wohnung § 10 Rn Rn 255 bis 257, 265
– Datenerhebung in / aus § 10 Rn 402 bis 431
– Datenverwertungsverbot, absolutes § 10 Rn 15
– Dokumentationspflichten bei Datenerhebung in / aus § 10 Rn 429, 431
– Durchsuchung § 11 Rn 256 ff., **263**, 264
– Gefahr im Verzug bei Datenerhebung in / aus § 10 Rn 421 bis 425
– Geschäftsräume § 10 Rn 258, 263 f., 408, § 12 Rn 49
– Kernbereich privater Lebensgestaltung, Schutz § 10 Rn 8 ff., 426 bis 429
– Lauschangriff § 10 Rn 402
– Niederschrift über die Durchsuchung § 11 Rn 263
– Richtervorbehalt bei Datenerhebung aus § 10 Rn 411 bis 420, 428
– Überwachung § 10 Rn 404 bis 410
– unbeteiligte Dritte bei Datenerhebung in / aus § 10 Rn 410
– Unterbrechungsgebot bei Datenerhebung § 10 Rn 14
– Unterscheidung Betreten / Durchsuchen § 11 Rn 258

Sachregister

- Unverletzlichkeit § 10 Rn 261, 271, § 11 Rn 278
- weitere Datenverarbeitung § 10 Rn 145, 153 bis 155

Wohnungsdurchsuchung § 11 Rn 250 ff.
Wohnungsinhaber § 11 Rn 259
Wohnungsnot § 6 Rn 44
Wohnungsverweis § 11 Rn 95 ff.
- Anhörungspflicht § 11 Rn 98
- Befristungen § 11 Rn 99
- Begriff § 11 Rn 95
- Beispiele § 6 Rn 1, § 11 Rn 98
- Dauerverwaltungsakt § 11 Rn 96
- Einverständnis des Opfers § 11 Rn 98
- Ermessensschrumpfung § 11 Rn 98
- Gefahrenprognose § 11 Rn 98
- Geltungsdauer § 11 Rn 99
- Gewaltschutzgesetz § 11 Rn 95
- Grundrecht auf Freizügigkeit § 11 Rn 97
- Mitteilungspflicht des Gerichts (GewSchG) § 11 Rn 100
- Rechtscharakter § 11 Rn 96
- Voraussetzungen § 11 Rn 98

Württemberg, Polizeistrafgesetzbuch § 1 Rn 6

Zählsorgetelefon, Volkszählung § 4 Rn 49
Zentrale V-Leute-Datei § 16 Rn 13 (o)
Zentralstelle für Auskunfts- und Nachrichtenwesen, BKA § 16 Rn 2 (o)
Zentralstelle für elektronischen Datenverbund, BKA § 16 Rn 2 (o)
Zeugnisverweigerungsrechte § 10 Rn 211, 347
Zollfahndungsdienstgesetz § 16 Rn 10 (o)
Zollkriminalamt § 16 Rn 10 (o)
Züchtungsverbot für Hunde § 2 Rn 2
Zufallswissen (weitere Datenverarbeitung) § 10 Rn 142
Zugriff, erster § 13 Rn 6
Zug um Zug § 15 Rn 40
Zulassung, Kfz, Wegnahme nach StVZO § 6 Rn 14
Zumutbarkeitsgrenze § 5 Rn 51
Zurschaustellung des nackten Körpers § 4 Rn 68
Zurückbehaltungsbefugnis § 15 Rn 40
Zusatzverantwortlichkeit § 5 Rn 17 ff.
- des Geschäftsherrn für Verrichtungsgehilfen § 5 Rn 18
- des Sorgeberechtigten § 5 Rn 17

Zuständigkeit
- Annex-Kompetenz § 2 Rn 6
- ausschließliche des Polizeivollzugsdienstes § 3 Rn 47
- der Ministerien § 3 Rn 45
- Eil-/Not § 3 Rn 50 ff.
- für Polizeiverfügung § 6 Rn 21 f.
- für Polizeiverordnung § 9 Rn 46 ff.
- für Standardmaßnahmen § 11 Rn 7
- für Vollstreckungsmaßnahmen § 12 Rn 40, 44 ff.
- gegenüber Hoheitsträgern § 3 Rn 86 ff.
- instanzielle § 3 Rn 12, 14, 57, § 9 Rn 48 f.
- kraft Sachzusammenhangs § 2 Rn 6
- Organzuständigkeit § 6 Rn 49 (Polizeiverfügung), § 9 Rn 50 ff. (Polizeiverordnung)
- örtliche § 3 Rn 91 ff., § 6 Rn 22, 50, § 9 Rn 55
- Ortspolizeibehörde § 3 Rn 13 ff.
- parallele § 3 Rn 48 f., § 9 Rn 46
- primäre § 3 Rn 85
- sachliche § 3 Rn 43, § 6 Rn 22
- subsidiäre § 3 Rn 73 ff., § 6 Rn 21

Zuständigkeit des Bundes für Polizeirecht § 2 Rn 2 ff.
- ausschließliche § 2 Rn 3
- geschriebene § 2 Rn 3
- konkurrierende § 2 Rn 4 f.
- kraft Sachzusammenhangs § 2 Rn 6

Zuständigkeit der Länder für Polizeirecht § 2 Rn 1

Zuständigkeitsvermutung der Ortspolizeibehörde § 3 Rn 13 ff., 37
Zuständigkeitsverschiebung § 4 Rn 35
Zustandshaftung, Rechtsnachfolge § 5 Rn 32 ff., 35
Zustandsstörer § 5 Rn 21 ff.
Zustandsverantwortlichkeit § 5 Rn 21 ff.
- bei Eigentumsaufgabe § 5 Rn 26 f.
- des Eigentümers § 5 Rn 22 ff., § 8 Rn 4
- Eigentumsbegriff § 5 Rn 22
- Haftungsbegrenzungen § 5 Rn 25
- Rechtsnachfolge § 5 Rn 31 ff.

Zustellung, öffentliche § 6 Rn 39
Zustellung von Polizeiverfügungen § 6 Rn 39
Zustellungsmängel § 6 Rn 39
Zustellungszeitpunkt § 6 Rn 39
Zustimmungsbedürfnis, Polizeiverordnung § 9 Rn 59
Zustimmungsvorbehalt, Polizeiverordnung § 9 Rn 50
Zuverlässigkeitsprüfung
- Auskunft der Polizei, Umfang § 10 Rn 194 f.
- Datenabgleich zum Zweck der § 10 Rn 183
- Dokumentationspflichten der Polizei § 10 Rn 196
- Einwilligung in Datenverarbeitung durch Polizei § 10 Rn 181 bis 191, **199 bis 201**
- Großveranstaltungen, Tätigkeit bei § 10 Rn 181
- Hinweispflichten der Polizei § 10 Rn 193
- Löschungspflichten § 10 Rn 196 bis 198

- Mitteilungspflicht einer nichtöffentlichen Stelle § 10 Rn 195
- Nachweis der Zuverlässigkeit durch ersuchende Stelle § 10 Rn 182
- öffentliche Liegenschaften, Tätigkeit in § 10 Rn 181
- Umfang der notwendigen Einwilligung § 10 Rn 185
- Verarbeitung von Daten zum Zweck der § 10 Rn 182
- Verantwortung der ersuchenden Stelle für Einwilligungserklärung § 10 Rn 184, 189
- verfassungsrechtliche Zulässigkeit § 10 Rn 179 f.
- Wiederholungsprüfung § 10 Rn 198
- Zweckbindung der übermittelten Daten § 10 Rn 193
- Zuverlässigkeit, Begriff § 10 Rn 181

Zwang, Vernehmung § 11 Rn 317

Zwangsgeld § 12 Rn 4 ff.
- als Mittel des Polizeizwangs § 12 Rn 4
- Androhung § 12 Rn 4, 34 f.,
- Adressat § 12 Rn 42 f.
- Anwendung im engeren Sinn § 12 Rn 39
- Auswahl des Zwangsmittels § 12 Rn 47
- Beugemittel § 12 Rn 4
- Bestimmtheitsgrundsatz § 12 Rn 4
- Ermessen (Auswahl) § 12 Rn 47
- Festsetzung § 12 Rn 37 f.
- Frist § 12 Rn 36
- Höhe § 12 Rn 5
- Kostenersatz § 15 Rn 25, 29
- Rechtscharakter § 12 Rn 41
- Vollstreckung § 12 Rn 4, 6
- Vollstreckungsbehörde § 12 Rn 40

Zwangshaft
- als Mittel des Polizeizwangs § 12 Rn 7
- Androhung § 12 Rn 34 f.
- Vollstreckung § 12 Rn 7

Zwangsmittel § 12 Rn 2 ff.
- Adressat § 12 Rn 42 f.
- Androhung § 12 Rn 34 f.
- Anwendung § 12 Rn 39 ff.
- Festsetzung § 12 Rn 37 f.
- Rechtscharakter § 13 Rn 40
- Rechtsschutz § 12 Rn 83 ff.
- Vollstreckungsbehörde § 12 Rn 44 ff.

Zweckänderung bei der Datenverarbeitung
- Grundsätze § 10 Rn 99, **120 ff.**
- Nutzung zu besonderen Zwecken § 10 Rn 563 ff. (o)
- bei weiterer Datenverarbeitung zu anderen Zwecken § 10 Rn 156 bis 162
- bei weiterer Datenverarbeitung zu polizeilichen Zwecken § 10 Rn 146 bis 155

Zweckbeibehaltung bei der Datenverarbeitung
- Grundsatz § 10 Rn 136
- weitere Datenverarbeitung bei § 10 Rn 142 f.

Zweckbindung bei der Datenverarbeitung, Grundsatz § 10 Rn 98 f., **130 ff.**

Zweckenfremdungsverbot, Durchsetzung durch Polizeirecht § 6 Rn 20

Zweckfestlegung bei der Datenverarbeitung § 10 Rn 98 f.

Zweckerreichung, unmittelbare Ausführung § 8 Rn 5

Zweckmäßigkeitsaufsicht § 3 Rn 39

Zweckveranlasser **§ 5 Rn 7 ff.**, § 15 Rn 42
- bei Demonstrationen § 5 Rn 11
- bei Facebook-Party § 5 Rn 10
- bei Großveranstaltungen § 5 Rn 9, § 15 Rn 42
- Betreiber Lebensmittelmarkt § 5 Rn 8
- Heimbetreiber § 5 Rn 8
- Hintermann § 5 Rn 8
- Kostenersatz § 15 Rn 42
- Prostituierte § 5 Rn 8
- Schaufensterwerbung § 5 Rn 8

Zwickauer Terrorzelle § 1 Rn 17